权威性 科学性 准确性 实用性

# 2013年 长三角年鉴

YEARBOOK OF CHANGJIANG DELTA DEVELOPMENT(2013)

长三角联合研究中心 / 主办
长三角城市经济协调会办公室 / 联办
孙克强 / 执行主编

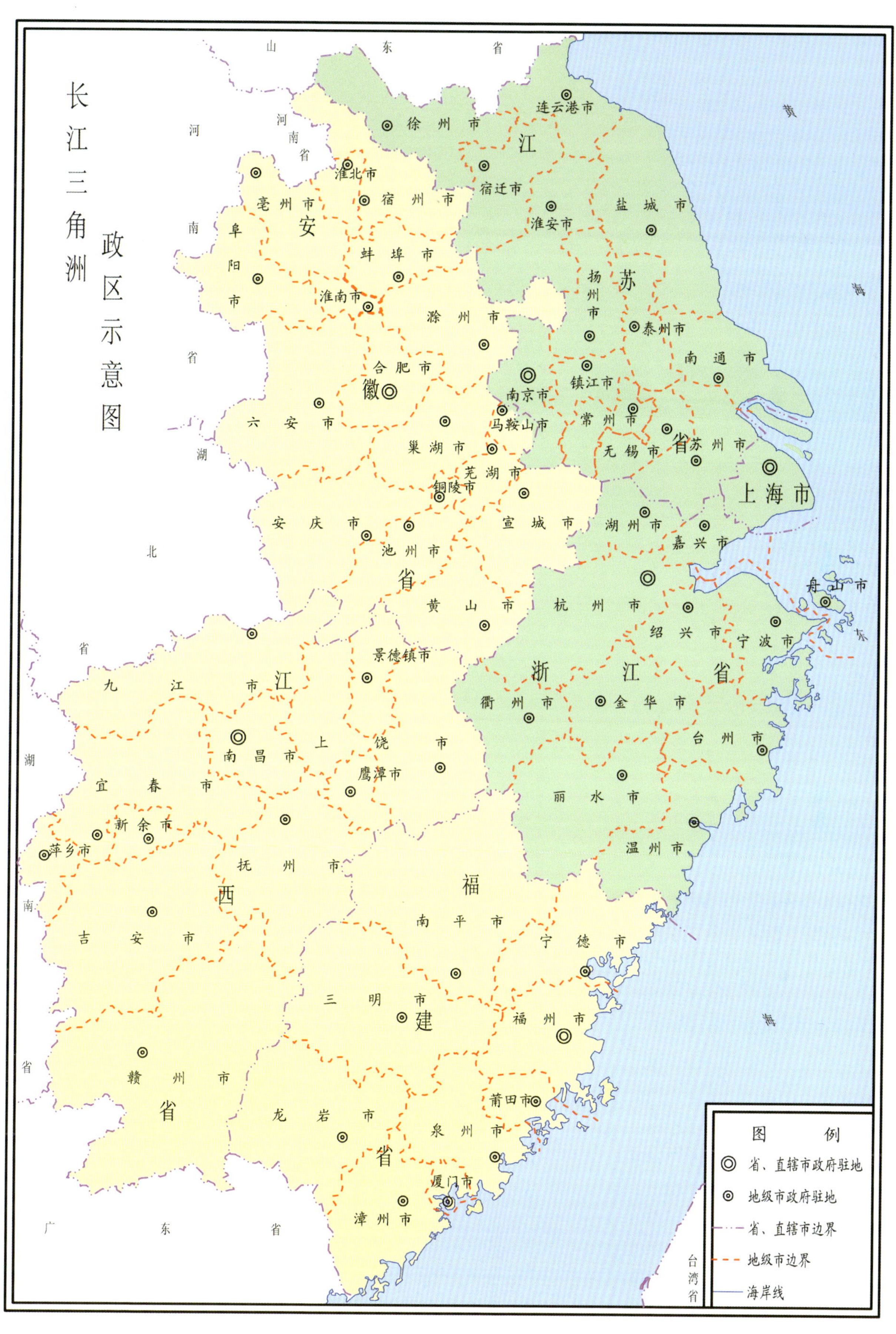
长江三角洲政区示意图
山东省
河南省
湖北省
湖南省
广东省
台湾省
黄海
东海
江苏省
安徽省
浙江省
江西省
福建省
上海市
连云港市
徐州市
宿迁市
淮安市
盐城市
扬州市
泰州市
南通市
南京市
镇江市
常州市
无锡市
苏州市
淮北市
亳州市
宿州市
阜阳市
蚌埠市
淮南市
滁州市
合肥市
六安市
巢湖市
马鞍山市
芜湖市
铜陵市
安庆市
池州市
宣城市
黄山市
湖州市
嘉兴市
杭州市
绍兴市
宁波市
舟山市
衢州市
金华市
台州市
丽水市
温州市
九江市
景德镇市
南昌市
上饶市
鹰潭市
宜春市
新余市
萍乡市
抚州市
吉安市
赣州市
南平市
宁德市
三明市
福州市
莆田市
龙岩市
泉州市
厦门市
漳州市
图例
省、直辖市政府驻地
地级市政府驻地
省、直辖市边界
地级市边界
海岸线

# 长三角联合研究中心

网址：www.yangtze.org.cn

## 发展宗旨

长三角联合研究中心是由上海社会科学院、江苏省社会科学院、浙江省社会科学院共同创办的合作研究平台。

长三角联合研究中心整合江浙沪三地社会科学院的专业研究力量，着重研究长三角地区城市、产业发展和区域合作问题，并为政府和社会提供决策咨询服务。

长三角联合研究中心将为江浙沪三地的学者和政府部门搭建一个共同探讨长三角区域发展与合作的学术平台、交流平台和信息平台。

## 组织领导

长三角联合研究中心由江浙沪三地社会科学院院长担任主任、副院长担任副主任、科研处处长担任秘书长，由秘书长全面负责中心的日常运行与管理工作。

长三角联合研究中心设立学术咨询委员会，指导各项科研工作和年鉴、蓝皮书的编撰工作。

长三角联合研究中心在江浙沪三地社会科学院科研处同时挂牌，在上海社会科学院科研处设立联络办公室。

## 组织构架

上海社会科学院　江苏省社会科学院　浙江省社会科学院

长三角联合研究中心

- 学术咨询委员会
- 城市与区域研究部
- 产业与企业研究部
- 旅游研究部
- 汽车产业研究部
- 房地产研究部
- 长三角蓝皮书编辑部
- 长三角年鉴编辑部
- 长三角研究编辑部
- 长三角观察编辑部
- 长三角学术论坛部
- 长三角文献资料库
- 长三角联合网

# 编 辑 部

# 《长三角年鉴》 编纂指导委员会

（排名不分先后）

# 长三角城市经济协调会第十三次市长联席会议

主题是“创新、绿色、融合”

创新：不仅包括科技、文化、经济、商业、社会等方面创新，还包括城市体制、机制创新以及城市间区域协同创新。

绿色：包括环境保护、生态平衡，走上真正的绿色发展道路，实现“生态宜居，美丽城市”的生态文明建设目标。

融合：秉承合作共赢理念，加强区域内的协调沟通，实现分工协作、优势互补，实现区域经济一体化。

安徽省领导，国家发改委、环保部有关司局领导，各成员城市市长，长三角协调会秘书长、办公室主任等在会场合影留念

（市长高峰论坛）长三角城市群的市长代表们齐聚一堂畅谈发展

# 浙江省杭州市

2012年，杭州市实现地区生产总值7803.98亿元，增长9%；财政总收入1627.89亿元，增长9.3%，其中地方财政收入859.99亿元，增长9.5%；城镇居民人均可支配收入37511元，农村居民人均纯收入17017元，分别增长10.1%和11.6%；新增城镇就业人数24.36万人，城镇登记失业率1.63%；居民消费价格涨幅2.5%；人口自然增长率3.95‰。

12月26日，杭长高速二期工程正式通车

经济平稳健康发展。全市完成固定资产投资3722.75亿元，增长20.1%。社会消费稳步提高。全市实现社会消费品零售总额2944.63亿元，增长15.5%。“购物天堂、美食之都”100个重点项目有序推进，“大湖滨商圈”精品工程、武林广场综合体、杭州国际商贸城加快建设，“北山之夜”特色街、西塘河台湾美食街建成运营。成功举办第十四届西博会和第八届中国国际动漫节。产业结构不断优化。十大产业实现增加值3511.85亿元，增长13.6%。

之江大桥及北接线工程交工验收

城市功能持续提升。地铁1号线建成运营，2号线东南段完成13座车站主体结构。萧山国际机场航站楼和第二跑道建成使用。杭宁高铁、铁路东站枢纽基本建成。杭长高速杭州段、之江大桥顺利竣工，临金高速、千黄高速、绕城西复线等项目积极推进。城市综合服务功能不断提升。主城区新建停车泊位5.2万个，其中公共泊位8700个。市区河道等综保工程加快建设，完成12条河道整治，京杭大运河杭州景区获4A级评定。数字城管网络覆盖面积达351平方千米。

11月24日，杭州地铁1号线正式开通

2012年杭州国际马拉松赛

4月28日，第八届中国国际动漫产业博览会在白马湖生态创意城开幕

西湖全景

城乡统筹成效显著。实施区县协作项目 293 个，落实协作资金 3.25 亿元。实施产业西进项目 139 个，总投资 455.4 亿元。大企业大集团参与中心镇建设项目 30 个，总投资 103.6 亿元。4 个省级小城市培育试点加快建设，第二批 8 个市级“风情小镇”创建有序启动，26 个中心镇培育力度继续加强。建设“三江两岸”黄金旅游线，开展 21 个乡镇、62 个美丽乡村精品村、339 个重点村整治。加大 193 个中心村培育力度，打造 17 条美丽乡村精品线路。改造农村住房 43579 户、农村困难家庭危房 2799 户。完成下山移民7381人，培训农民11.52万人。建成农村联网公路200千米，除险加固病险水库40座，综合整治农村河道384.2千米。

生态环境持续改善。建设省级工业循环经济示范园区 3 个、示范企业 40 个。“三江两岸”生态保护与环境整治深入推进，建设两岸绿道 86.8 千米，累计关停污染企业 476 个，取缔砂石码头 87 个。新增森林蓄积量 180 万立方米，森林覆盖率达 64.77%。城区新增绿地 441 万平方米，绿化覆盖率达 40%。八城区和富阳市通过新一轮环保模范城市国家级复检，淳安县、西湖区通过国家级生态县（区）验收，千岛湖成功列入全国良好生态环境保护试点。开展河道生态治理和水环境改善试点，45 条（段）城市河道摘掉劣Ⅴ类水质帽子。实时公布 PM2.5 监测数据，全年市区环境空气优良天数为 336 天，优良率为 91.8%。

打造“最美杭州”精神文化品牌。“最美妈妈”吴菊萍、“最美司机”吴斌、“最美爸爸”黄小荣……杭州不断涌现出“最美”典型，“最美杭州人”为杭州筑起了一座座“最美丰碑”，“最美现象”从开始的一株株“盆景”发展孕育成一片引人入胜的“风景”，释放出巨大的“正能量”，让“最美”遍地开花。

2012 年，杭州市连续第 9 年蝉联“中国最具幸福感城市”桂冠。《福布斯》发布“2012 中国大陆最佳商业城市排行榜”，杭州居第 2 位。在“2012 中国政府信息公开评估活动”中，杭州市获“政府透明度领先奖”。中国社会科学院发布《公共服务蓝皮书》，杭州市名列市民安全感城市第 5 位。杭州市还获得“工艺与民间艺术之都”、首批国家知识产权示范城市、首批国家级文化和科技融合示范基地、2012 年度中国服务型政府十佳城市、全国双拥模范城、中国十大最佳休闲城市、“2012 品牌中国会展行业金谱奖——最佳品牌会奖目的地城市”、“2012 品牌中国旅游行业金谱奖——最佳品牌旅游目的地城市”、TOP10 最佳旅游目的地、2012 年中国文化创意产业最具影响力的十大城市第 3 位等多项荣誉。

北山之夜

紫金（江宁）科技创业特别社区

2012第五届名城会开幕式表演

绿色城市



**产业基地**

南京重点发展软件和服务外包、信息服务等"八大现代服务业"。2012年，南京市实现服务业增加值3846.15亿元。其中，完成软件业务收入2076亿元，在全国城市中排名第三；实现科技服务业务收入260.93亿元，获认首批国家知识产权示范城市。南京市高技术产业完成工业总产值占全市工业比重已达21.3%，继续推进智能电网、现代通信、生物医药等"八大新兴产业"发展，2012年实现主营业务收入3608.5亿元。南京致力于发展都市型现代农业，2012年完成农林牧渔及农林牧渔服务业总产值318.55亿元。

**宜居城市**

南京深入实施蓝天、清水、绿化建设行动计划，2012年空气质量优良天数为317天，优良率达到87%，人均公园绿地面积达到14.2平方米，城镇绿化覆盖率为44.6%，林木覆盖率为27.26%。截至2012年末，南京拥有医疗卫生机构2305个，社区服务机构832个。南京持续开展残疾人"助学、助听、助行、助业"四助活动，于2011年成功创建全国无障碍环境建设示范城市。2012年，南京已连续第四次获评"中国最具幸福感城市"，并获得"2012中国幸福宜居城市大奖"。

南京长江沿岸

# 安徽省合肥市

崛起的高新技术产业开发区

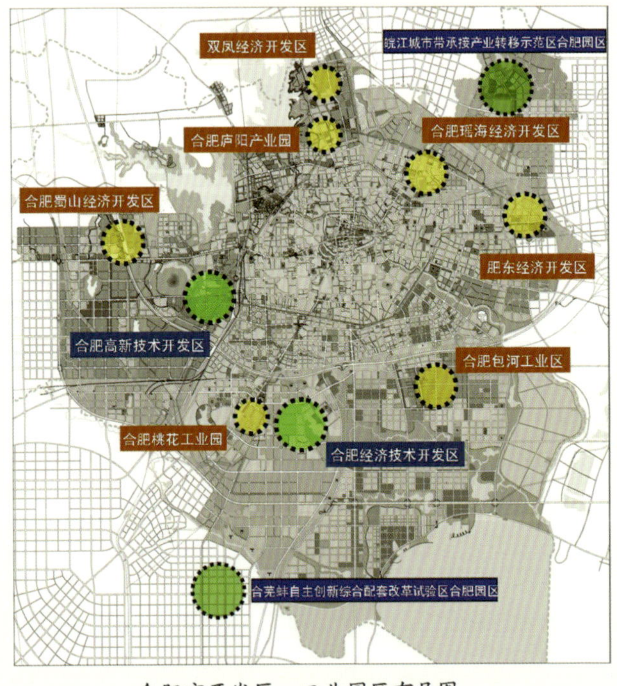

合肥市开发区、工业园区布局图

承接产业转移势头强劲。合肥承接产业转移集中示范园区获得省政府批准。与央企合作新签约项目 80 个，总投资 2274.2 亿元。在肥投资境外世界 500 强企业达 32 家。争取中央和省级资金 17.7 亿元，其中中央资金 15 亿元；获得国际金融组织和外国政府贷款 2.8 亿美元。省“861”和市“1346”行动计划项目分别完成投资 880 亿元、1540 亿元，分别完成年度计划的 121%、111%。美亚光电、景智电子液晶面板项目、派雅新能源、荣事达变频电机和洗衣机项目、昌河一期、美的中央空调、花王日用品、罗河铁矿采选项目等一批产业层次高、带动力强的重大项目加快建设或建成投产。

引资总量持续提升。2012 年合肥市招商引资实现 2102 亿元，同比增长 24%。其中，外商直接投资 16.01 亿美元，同比增长 23.14%，境外企业的投资平稳增长；工业实际引资 1167.5 亿元，占比超过 50%；房地产业实际引资 680.48 亿元，占比较去年同期下降 3.51 个百分点；产业结构进一步优化。2012 年全市新建省外项目 1367 个，计划总投资 2697 亿元，新批外商企业 63 家，计划总投资 16.6 亿美元，其中投资规模在亿元以上的项目 468 个，战略性新兴产业项目 61 个。

合肥市召开招商引资工作大会

大项目量质齐升。2012 年合肥市共引进大项目 95 个，总投资 1231.63 亿元，占全年新建及新批的 1430 个项目投资总额的 43.96%。其中，工业大项目 35 个，总投资超 50 亿元以上的工业大项目 2 个，现代服务业大项目 60 个。

总部经济项目异军突起。省内外大企业纷纷在肥设立区域性总部，全年共引进 10 个总部经济项目，其中神华集团在肥设立的安徽区域总部仅注册资本就达到 32 亿元。而五星级酒店、城市综合体、商业中心、餐饮美食等特色街区的建设，则使城市的配套功能更加完善，为居民休闲购物提供了便利，彰显出合肥宜居宜业的城市特色。

"大湖名城"的城市定位提出之后，万达旅游地产、青岛帆船俱乐部、德国游艇等一系列围绕环巢湖旅游开发的项目正在积极洽谈之中。

滨湖新姿

可驱动10万吨巨轮的首台机

京东方厂区外景

合肥京东方光电科技有限公司主要从事电视和电脑用液晶面板的设计开发、制造与销售，其生产的 32 英寸电视用液晶显示模组产品应用了 ADS、低电阻 TFT 金属铝线等自有技术，作为中国大陆首款电视用液晶显示模组产品，填补了国内中大尺寸液晶电视面板制造的空白。

18.5英寸液晶显示模组产品作为合肥京东方第一款产品，其主要应用了4 mask 工艺技术和LED背光的技术，具有市场份额大、经济效益高、下游产业链完善、良品率高等优点，它的成功量产，对调整公司乃至地方的出口结构，优化产业布局，具有重要的意义。

荣事达三洋

家电产业目前是合肥市第一大支柱产业，已构建了从研发、零件制造、整机组装、物流、售后服务为一体的完整产业链，云集了海尔、美的、三洋、长虹、格力等国内知名家电企业，是三大“中国家电产业基地”之一。2012 年完成产值 1309.4 亿元，增加值 298.9 亿元，同比增长 12.6%。

荣事达三洋是由原荣事达集团公司和日本三洋电机株式会社等共同投资成立的中日合资企业，坐落在合肥高新技术产业开发区，1994 年 11 月正式投产，2004 年 7 月公司在上海证券交易所 A 股正式上市（股票代码：600983），主要生产洗衣机、微波炉及核心部件等产品，其中洗衣机、微波炉市场占有率双双位居行业第三位。公司先后被评为“全国优秀外商投资企业”、“中国最具创新力企业”。2011 年，合肥三洋正式推出公司自主高端品牌——DIQUA 帝度。2012 年，完成产值 108.42 亿元，同比增长 31.3%。目前，新增冰箱及生活电器项目正在加紧建设中。

合肥市先后荣膺：

全国首个也是唯一一个科技创新型试点市

全国首个节约集约用地试点市

世界科技城市联盟（WTA）会员城市

中国服务外包示范城市

国家动漫产业基地

国家级汽车及零部件出口基地城市

加工贸易梯度转移重点承接城市

全国科技进步先进市

全国投资环境 50 优城市

全国十大经商成本最低城市

跨国公司眼中最具投资价值的中国城市

浙商（省外）最佳投资城市

全球经济增长最快 20 强城市

全国科技兴贸重点城市

全国专利工作试点城市

全国制造业信息化重点城市

全国城市信息化试点城市

国家知识产权示范城市创建市

全国文明城市工作先进城市

全国社会治安综合治理“长安杯”

全国首批园林城市

全国优秀生态旅游城市

全国十大最具投资潜力城市

中国未来十年最具潜力城市

全国社会管理创新综合试点市

中国十佳宜居城市

中国十大美丽城市

十大最具幸福感城市之一

外籍人才眼中最具吸引力的十大城市之一

央视财经频道发布“中国最幸福城市”

政务环境最受关注城市

世界著名杂志《经济学人》发布：人均 GDP 合肥增速全球第一

……

滨湖国际会展中心

政务文化新区

滨湖新区

# 浙江省衢州市

城市夜景

衢州市位于浙江省西部、钱塘江源头，南接福建南平，西邻江西上饶、景德镇，北连安徽黄山，东与杭州、金华、丽水市相衔。现辖龙游、开化、常山3个县，柯城、衢江2个区和江山市，地域面积8841平方公里，总人口252万。

人文荟萃的国家级历史文化名城。衢州自东汉初平三年（192年）设新安县，至今已有1800多年的建城史。是圣人孔子后裔的世居地，衢州孔氏南宗家庙是全国仅有的两座孔氏家庙之一；也是伟人毛泽东的祖籍地，江山市清漾村被专家学者公认为“江南毛氏发祥地”和毛泽东祖籍地；还是围棋文化发源地，烂柯山有“围棋仙地”之美誉。

“四省通衢”的浙西交通枢纽城市。衢州承东启西，连南贯北，是连接长三角、泛珠三角和海西经济区的重要节点城市，民航、铁路、公路、水运齐全。民航直达北京、深圳、厦门等;浙赣铁路及建设中的杭（州）长（沙）高铁、九景衢铁路横贯全境;杭金衢、杭新景、黄衢南、龙丽温四条高速公路形成“两横两纵”路网框架。衢州到杭州2小时车程，到上海、宁波约3小时车程。

资源丰富的国家级生态示范区。全市森林覆盖率达71.5%,水资源总量近100亿立方米,地表水质绝大部分达到一、二级饮用水标准。境内山川秀美、地貌多姿，有世界自然遗产地江郎山，有5个国家级森林公园、2个国家级自然保护区和湿地公园以及一批5A、4A级风景区，是国家生态休闲度假旅游实验区，成功创建中国优秀旅游城市。

突出工业立市战略，打好城市建设管理和旅游业大发展攻坚战。坚持产业高端化发展，是国家级氟硅新材料产业基地、空气动力机械制造业基地、特种纸产业基地、省级光伏产业基地、电子元器件及材料产业基地；完善城市功能、提升城市品质，成功创建国家卫生城市等称号；“五龙湖国家生态度假旅游实验区”建设获国家旅游局批复，信安湖、江郎山旅游集聚区建设加快推进，2个国家5A级旅游景区创建全面启动，乡村休闲旅游转型提升不断推进。2012年全市实现生产总值982.8亿元，增长8.7%；人均生产总值达6161美元；财政总收入106.4亿元，增长12%；城镇居民人均可支配收入26232元，增长12.9%；农村居民人均纯收入10714元，增长11.2%。

领导视察企业

经济合作

建设“两地三城”，实现“两个崛起”。“十二五”期间，将全面贯彻落实党的科学发展观，围绕加快衢州山区科学发展试验区建设，继续全力推进“一个中心、两大战役”，更加突出产业转型、城市带动、基层基础、作风转变，奋力推动衢州发展新跨越，努力把衢州建设成为浙江海洋经济的绿色腹地、山区经济的示范高地和神形兼备的人文生态城、开放包容的活力创业城、和美富庶的民生幸福城，加快在全省后发崛起和四省边际率先崛起。

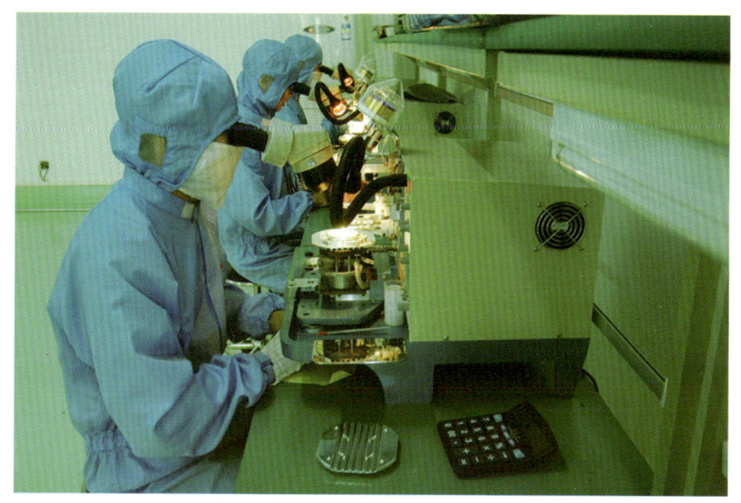
新材料产业

装备制造业

# 江苏省扬州市

瘦西湖

扬州市位于江苏省中部，南濒长江，西连南京，北负淮河，中贯京杭大运河。全市总面积6591平方公里，户籍人口458.42万，市区面积2351平方公里，市区人口230.13万，辖2市1县3区。

扬州是一座人文名城，有2500年建城史，自古为水陆交通枢纽、南北漕运咽喉，是国务院首批公布的24座历史文化名城之一。扬州是一座生态名城，近十年来，市区每年新增城市绿化面积100万平方米以上，全市森林—湿地覆盖率达51.5%，市域每年空气质量优良天数持续保持在320天以上。扬州是一座精致名城，古迹、遗址、文物众多，5.09平方公里的明清古城历史风貌保存完好，有各类文保单位168个；产业发展日趋创新集约，汽车船舶、石油化工、机械装备等三大支柱产业实现提升发展，新能源、新光源、新材料、智能电网、电子书和软件信息服务业等新兴产业加速集聚，创成汽车及零部件、半导体照明、绿色新能源、智能电网、数字出版等多个国家级特色产业基地。扬州是一座宜居名城，社会保障体系较为健全，“15分钟健康圈”、“15分钟教育圈”、15分钟就业服务体系和多层次住房保障体系基本形成，以“四位一体”社区治理模式为抓手的社区建设走在全国前列，公众安全感连续8年保持在96%以上。扬州先后获得国家卫生城市、国家园林城市、国家森林城市、国家环保模范城市、国家生态示范市、国家文明城市和“联合国人居奖”等城市荣誉。

南水北调东线源头－江都水利枢纽

扬州市坚持“稳中求进、进字当先，好中求快、快字当头”的工作导向，加快推进“两个率先”，全市经济社会取得新的发展。2012年，全市实现地区生产总值2933.2亿元，增长11.7%；财政总收入554.51亿元，增长10.7%；公共财政预算收入225亿元，增长3.2%；城市居民人均可支配收入28001元，增长13.0%；农民人均纯收入12686元，增长14.7%。全市总体上全面建成小康社会。在《2012中国城市竞争力蓝皮书》中，扬州综合竞争力在两岸四地294个地级以上城市中列第39位；在《福布斯》“2012中国大陆创新能力最强城市”榜中，扬州位列第19位。

今天，扬州市以建设“创新扬州、精致扬州、幸福扬州”和世界名城为目标，以科学发展观为指导，坚持创新发展、跨越发展、和谐发展，加快发展国际化产业、引进国际化人才、建设国际化城市，在全面建成更高水平小康社会基础上向基本现代化阔步迈进。力争到2015年，沿河地区努力建成更高水平小康社会，沿江地区率先基本实现现代化，中心城市核心区展现名城新形象；到2020年，全市初步建成世界名城。

夜色中璀璨古运河

京杭之心城市综合体

文昌阁

文化艺术中心

扬州泰州机场

古运河畔扬州古城

# 江苏省淮安市

淮安市地处长江三角洲北部，是独具魅力的国家历史文化名城、国家卫生城市、国家园林城市、国家环保模范城市、中国优秀旅游城市、江苏省文明城市、国家低碳试点城市。总面积 1.01 万平方公里，人口 540 万。现辖涟水、洪泽、金湖、盱眙 4 县，清河、清浦、淮安、淮阴 4 区以及淮安经济技术开发区、淮安工业园区、淮安生态新城。市区建成区面积 142 平方公里，人口 142 万。

市委书记姚晓东深入基层开展“三进三帮”活动

淮安是底蕴深厚的历史古城。秦时置县，至今已有 2200 多年历史。境内有著名的旧石器时代“下草湾文化”和新石器时代“青莲岗文化”遗址。明清鼎盛时期是全国漕运指挥中心、河道治理中心，是京杭大运河沿线“四大都市”之一，被誉为“中国运河之都”。淮安名人辈出，是一代伟人周恩来的故乡，历史上诞生过大军事家韩信、汉赋大家枚乘、巾帼英雄梁红玉、民族英雄关天培、《西游记》作者吴承恩、《老残游记》作者刘鹗等。苏皖边区政府、新四军军部曾在此设立，刘少奇、陈毅等许多老一辈革命家在淮安留下了革命的光辉足迹。

全力推进淮河生态经济带发展战略

淮安是物产丰饶的鱼米之乡。西有美丽清纯的洪泽湖，东有盛产鱼虾蟹蟹的高邮湖、白马湖、宝应湖。全境平原广袤，粮丰林茂，水域宽广，生态良好，是全国闻名的绿色农副产品产加销基地。地下蕴藏岩盐、芒硝、凹凸棒土等非金属矿产资源，其中岩盐储量达 1300 亿吨，凹凸棒土探明储量占全国 70%。

淮安是快速崛起的工业新城。拥有国家级经济技术开发区和综合保税区等发展平台，现有各类工业企业 1 万多家，已形成 IT、特钢、盐化工新材料、食品加工等四大主导产业，以及高端装备制造和新能源汽车及零部件加工等新兴产业。台湾鸿海集团、台湾达方电子股份有限公司、台湾玻璃工业公司等近千家台资企业落户淮安，是继深圳、东莞、苏州之后，又一个台商投资密集区和品牌企业集中区。在 2010 年创成国家环保模范城市的基础上，2011 年和 2012 年相继获批江苏首批和全国第二批低碳试点城市，与 2010 年相比，2012 年单位 GDP 能耗、二氧化碳排放量分别下降 8.6% 和 9.8%，节能工作连续 4 年受到江苏省政府表彰；全年空气质量优良率超过 90%；创成全国可再生能源建筑应用示范市、低碳交通运输体系建设试点市。

正在崛起的淮安生态新城

总投资 300 亿元的宁淮现代服务业集聚区

市长曲福田和市委常委、常务副市长王正喜参观教育教学成果

市委副书记练月琴视察农业农村工作



淮安是区位突出的交通枢纽。自古就是漕运枢纽、盐运要冲、“南船北马”交汇之地，京沪、宁宿徐、徐淮盐等五条高速公路在境内交汇，新长铁路纵贯全境，连淮扬镇高速铁路已获国家批准即将开工建设，京杭大运河、淮河、苏北灌溉总渠、盐河等河湖交错、通江达海，淮安涟水机场已开通北京、上海、香港、重庆、广州等17条航线，初步形成公、铁、水、空并举的综合交通网络。

淮安是风光秀丽的旅游胜地。全市共有旅游景区、景点60多处，有烟波浩淼的洪泽湖、“明代第一陵”——明祖陵、“江苏九寨沟”——铁山寺自然保护区、国家级森林公园盱眙第一山、金湖万亩荷花荡等。境内保存着周恩来故居、周恩来纪念馆及韩信故里、吴承恩故居、关天培祠等历代名人的故居遗迹。

淮安是众口皆宜的美食之乡。是我国四大传统名菜系之一淮扬菜的重要发源地，现存淮菜名点1300余种，新中国开国宴席选用的就是淮扬菜。其中，淮安软兜、平桥豆腐、盱眙龙虾、洪泽湖大闸蟹、活鱼锅贴等淮上佳肴名扬海内外。为了让广大人民群众享食淮扬菜，组建了中国淮扬菜集团和淮扬菜文化研究院等，一年一度的中国淮扬菜美食文化节、中国盱眙国际龙虾节等节庆活动，多角度、多层次展示了淮扬菜的美食文化。

淮安是极具潜力的开放城市。与日本、美国、欧盟、香港等164个国家和地区建立了贸易往来。吸引了富士康科技集团、韩泰轮胎等一批国际知名大公司、大企业来淮投资。先后与法国、美国、韩国、意大利、日本、俄罗斯等国家的28个城市建立了友好交流关系。拥有7所高校、43所中专校。投资软环境优越，大力推进“诚信、团队、效率”建设，凡是承诺过的事情，坚决兑现到位，已连续两年被评为“浙商重点推荐投资城市”，连续四年被台湾电电公会评为“大陆地区投资环境值得推荐城市”，并于2011年排名跃升至首位，2012年被评为“大陆地区投资环境极力推荐城市”。

站在新的历史起点上，淮安市正以习总书记“把周总理的家乡建设好很有象征意义”的殷殷嘱托为动力，积极抢抓江苏省委、省政府支持淮安加快苏北重要中心城市建设机遇，努力使习总书记提出的中华民族伟大复兴的“中国梦”和周总理一生追求的“中华崛起梦”在淮安早日展现现实模样。“十二五”期间，淮安市将紧紧围绕加快建设苏北重要中心城市和全面建成小康社会的总体目标，大力实施工业强市、开放引领、创新驱动、全民创业、城乡一体化和生态优先“六大战略”，全力推动优势特色产业、县域经济、对内对外开放、区域创新、新型城镇化等五个重点领域迅速突破，奋力实现发展路径、指标、形象和贡献“四个跨越”，努力向建设富庶、美丽、幸福的苏北重要中心城市宏伟目标迈进。

江苏国信淮安燃气发电有限公司一期工程竣工投产

壮丽东南第一州

# 浙江省宁波市

2012年，宁波市全面实施“六个加快”战略，坚持“稳中求进、进中求好”工作总基调，奋力开拓，攻坚克难，进一步开启稳定增长、转型发展、民生改善的新局面。全年实现地区生产总值6582.21亿元，增长7.8%；人均生产总值86228元（按常住人口计算）。地方财政收入725.50亿元，增长10.3%，城镇居民人均可支配收入37902元，农村居民人均纯收入18475元，分别增长11.3%和11.8%；居民消费价格指数101.7%。

象山港大桥通车

促进稳定增长，加强需求协调拉动。实现投资快速增长，完成固定资产投资2901.43亿元、增长21.6%，其中工业投资增长22.3%。加强出口退税、信保等政策支持，引导企业巩固传统市场、开拓新兴市场，全市完成自营进出口总额965.73亿美元。加快城市商圈、商业特色街和农村商贸流通网络建设，全市商品销售总额首次突破万亿元，社会消费品零售总额2329.26亿元，增长15.4%。

全球最大集装箱船“达飞·马可波罗”首航宁波

围绕转型升级，加快调整产业结构。全年全市第一产业实现增加值268.52亿元，增长1.0%；第二产业3516.84亿元，增长6.0%，其中工业3170.07亿元，增长6.0%；第三产业2796.85亿元，增长10.9%。三次产业的比重为4.08: 53.43: 42.49，第三产业增加值占比提高近两个百分点。实施工业“4+4+4”产业升级工程，新产品产值率达20.2%，高新技术产业产值占规上工业总产值比重达28.7%。推进海洋经济发展，宁波大宗商品交易所、宁波航运交易所列入国家电子商务试点项目，梅山保税港区汽车整车进口口岸获批，浙台（象山石浦）经贸合作区加快建设。

强化功能特色，推进城乡区域统筹发展。提升中心城区辐射带动功能，加快建设东部新城、南部新城等区块。实施“三江六岸”滨江休闲带工程，打通“断头路”21条，整治主干道17条、背街小巷42条。余慈地区基础设施共建共享有序推进，奉化滨海新区开发建设稳步实施，宁波三门湾区域发展规划通过专家评审。完善“内接外联”大交通体系，象山港大桥建成通车，绕城高速11条连接线全部建成，城市轨道交通1号线一期和2号线一期、铁路宁波站改建等有序推进。

和丰创意广场

第二届中国(宁波)智慧城市技术与应用产品博览会

海外留学人才创业行

东钱湖环湖骑行

海峡两岸交流基地授牌

上海大众浙江（宁波）项目奠基

宁波航运交易所开业运行

首届世界“宁波帮”大会

增强发展活力，深化改革开放合作。深入推进各项综合配套改革试点，完善民间投资政策体系，开展营业税改征增值税试点。实施低丘缓坡荒滩开发利用试点，开展“批而未供、供而未用”土地消化利用专项行动，盘活消化利用土地9.4万亩。加强金融改革创新，改制重组成立宁波通商银行、东海银行等，新增上市公司5家。转变外贸发展方式，扩大“两自一高”产品出口，服务外包、离岸服务外包执行额分别增长34.1%和46.4%。

改善民生福祉，办好实事工程。宁波市公共财政用于就业社保、教育、医疗卫生的支出分别增长34.8%、20.4%和19.5%。培训城乡劳动力23.1万人，城镇新增就业15.2万人，实现充分就业县(市)区全覆盖。“无欠薪宁波”行动深入开展。促进居民创业，建成创业服务平台169个，获“全国创业先进城市”称号。落实社会保险“五缓四减三补贴”政策，职工医保实现省域、市域“一卡通”，在浙江省率先实现城乡低保一体化。完善住房保障体系，开工建设保障性住房109.4万平方米。推进教育现代化，宁波大学成为部省市共建高校。发展文化体育事业，4部作品获全国“五个一工程”奖，运动员在奥运会、残奥会上取得历史最好成绩。

# 江苏省无锡市

蠡湖全景

无锡市地处长江三角洲区域核心位置，区位交通优势明显，沿江（长江）、临湖（太湖）、毗邻上海，是华东地区区域性交通枢纽城市。“十二五”以来，无锡紧紧围绕率先基本实现现代化的奋斗目标，加快打造“四个无锡”（魅力无锡、创新无锡、创业无锡、幸福无锡），加快建设“三地三中心”（新兴产业发展高地、先进制造业基地、旅游度假胜地；科技创新创业人才集聚中心、文化创意中心、商贸物流中心），基本实现现代化的初步形态已经显现。先后获得中国十大最具经济活力城市、中国最具幸福感城市等称号，并获中国人居环境奖，跻身国家创新型试点城市、国际花园城市，成为内地最宜居城市。2012 年实现地区生产总值 7568 亿元，人均 GDP117357 元；实现地方公共财政预算收入 658 亿元；实现进出口总额 707.75 亿美元，其中出口总额 413.14 亿美元；高新技术产业增加值占规模以上工业增加值比重达到 50.3%；全社会固定资产投资累计 3618 亿元。

无锡大剧院

产业结构调整稳步推进。无锡坚持人才引领和创新驱动战略，把推进经济结构战略性调整作为转变发展方式的主攻方向，努力建设创新经济领军城市，产业创新能力和国际竞争力得到持续提升。“530”人才政策效应凸显，产学研合作进一步拓展，清华大学无锡应用研究院、华中科技大学无锡研究院等先后落户无锡，诺贝尔奖获得者领衔的生物科技中国（宜兴）研究院、国家级国际合作基地“中美科技创新园”成功落户。《无锡国家传感网创新示范区发展规划纲要》获国务院批准。2012 年，全市三次产业结构进一步优化，达到 1.8: 53: 45.2；物联网、新能源等八大战略性新兴产业营销收入 6043.66 亿元；全市 R&D 占 GDP 比重增加到 2.65%。

区域城市化协调发展。坚持实施中心城市带动战略，大力优化空间布局，推动城乡一体化发展，提升城市辐射能级和城乡集约化开发建设水平。坚持规划先行，实现城乡规划全覆盖，城乡基础设施建设一体化推进。建设新城，改造老城，重点突出太湖新城、马山国际旅游岛、古运河风光带“一城一岛一带”建设。特色产业转型发展优化，加快推进产业向城镇园区集中集聚，农业向规模经营集中，农民向城镇和新型社区集中。

尚贤湖湿地

社会民生持续改善。坚持以人为本、民生为先，努力让发展成果更多体现在人民生活水平上，建设幸福城市。全力实施居民收入倍增计划，居民收入持续提高，2012 年城镇人均可支配收入、农民人均纯收入分别达到 35663 元、18509 元。扎实推进就业和保障，城镇登记失业率始终控制在 3% 以下；社会保障体系不断完善，职工基本养老、职工基本医疗、失业、工伤、生育等五大社会保险覆盖面均超过 98%；城乡最低生活保障率先在全省实现低保标准的同域对接、城乡并轨，2012 年全市最低工资标准提高到 1320 元，市区城乡居民低保标准提高到 530 元。社会事业高位均衡发展，教育现代化有力推进，公共文化体育服务体系不断完善，公共卫生和医疗服务水平全面提升，基本建成三大便民服务圈，即城乡社区 10 分钟体育健身圈、15 分钟文化生活圈、以居民居住点为中心的 15 分钟健康服务圈。

江南大学

生态文明建设全面加强。大力推进太湖保护区建设，以水、大气环境治理为重点，着力加强污染综合治理，实施总量倒逼机制和生态补偿机制，实现生态环境持续改善。深入推进太湖生态清淤工程，深化蠡湖水环境深度治理和生态修复，太湖无锡水域水质均明显改善。节能减排强势推进，城镇生活污水处理厂和管网加快建设，2012 年，主城区生活污水集中处理率达到 96% 以上，乡镇生活污水集中处理率达到 85% 以上。加大大气污染防治力度，2012 年空气质量优良率超过 94%，建成区绿化覆盖率达到 42.68%，林木覆盖率超过 25%。

无锡古运河清明桥

# 江苏省常州市

常州市是一座充满现代气息的新兴制造业和创新之城。现辖两市五区，行政区划总面积4372平方公里，常住人口465万。2012年，全市实现GDP3970亿元，服务业增加值比重达43.9%，按常住人口计算人均GDP13471美元，公共财政预算收入379亿元，城镇居民人均可支配收入33587元，农民人均纯收入16737元，实际到账外资33.6亿美元，高新技术产业产值占规模工业比重达39.4%。

常州历史悠久灿烂，有着近3000年建城史，历来儒风蔚然、人文荟萃，历史上曾出过15名状元、1947名进士。常州籍两院院士达63名。常州区位优越，交通路网四通八达，水网纵横交织、连江通海，长江常州港为国家一类口岸，E级民航常州机场架起通达全国18个大中城市的空中走廊。常州产业基础扎实，形成了先进装备制造等10个国家级特色产业基地。目前正加快建设国家创新型科技园区，大力发展智能装备制造、以碳科技引领的新材料、光伏新能源等战略性新兴产业。常州公共服务领先，亮点频现，在全省率先实现城乡公交一体化，持续保持“全国交通畅通工程”A类管理水平地级市之首。在全省率先做到市区所有公共文化设施免费开放，率先实现廉租住房和经济适用住房保障应保尽保。市区公园全部免费敞开，连续开展老小区综合整治，获“中国人居环境范例奖”。常州城市品牌响亮，先后被评为全国优秀旅游城市、国家卫生城市、国家环保模范城市、国家园林城市、全国精神文明建设十强市、全国科技创新示范市等。2011年，顺利通过国家生态市部级考核，并创建成为全国文明城市；2012年，荣获国际花园城市金奖和特别奖。

常州科教城

当前，常州已全面开启现代化建设征程，将坚持率先发展、特色发展、和谐发展的发展理念，坚持民生幸福、生态宜居、节约集约的发展导向，坚持创新驱动、城乡一体、改革开放的发展路径，着力推进经济现代化、城乡现代化、社会现代化和生态文明、政治文明建设，促进人的全面发展，围绕建设“自主创新先导区、现代产业集聚区、城乡一体化发展先行区、开放合作引领区、富裕文明宜居区”，积极做到在创新探索上率先、在整体推进上率先、在发展质量上率先，努力走出一条具有时代特征、体现常州特色、得到百姓认可的现代化道路。

常州科教城国家大学科技园

新誉集团全景图

# 编写说明

近年来，长江三角洲地区的发展引起了人们的广泛关注，以长江三角洲的发展为对象的研究活动迅速兴起。为组织和协调区域内的重要学术研究力量，进一步加强对长江三角洲地区的跟踪报道与深入研究，2005 年 12 月，由上海社会科学院、江苏省社会科学院、浙江省社会科学院共同发起和成立了“长三角联合研究中心”，以期发挥三院雄厚的专业研究力量，共同关注和研究长三角的发展问题。《长三角年鉴》的编写和出版即为该中心的年度工作内容之一。

目前，对“长江三角洲地区”有三种不同的解释：第一种是“小长三角”的概念，包括上海市，江苏省的苏州、无锡、常州、镇江、南京、南通、泰州、扬州，浙江的嘉兴、湖州、杭州、绍兴、宁波、舟山和台州，共 16 个城市及其周边地区。第二种是“大长三角”的概念，包括上海市、江苏省和浙江省的全部行政区域。第三种是“泛长三角”的概念，包括上海市、江苏省、浙江省与安徽省等邻近省份。本年鉴中使用的“长江三角洲地区”基本上是“大长三角”的概念，主要是指上海、江苏和浙江两省一市的全部及安徽省的部分地区。

《长三角年鉴》重点分析长三角地区年度经济社会发展的基本情况与基本成就。在年鉴的部分内容中使用了前几年的发展数据，主要用于说明事情发展变化的过程，便于使用者从历史变化的角度对长三角地区的发展有一个整体认识。部分数据使用了相关地区的政府工作报告和年度统计公报中的材料。

《长三角年鉴》主要开设以下栏目：长三角区域概况，重点介绍和分析本区域的自然条件与自然状况、人口情况、行政区划及文化和旅游资源等；长三角地区区域经济社会发展报告，介绍和分析长三角地区三次产业结构和市县发展情况，同时对一年中上海市、江苏省、浙江省和安徽省及各省辖市经济社会发展的主要进展与主要成就进行分析和研究；长三角地区产业经济社会发展报告，重点是从长三角整体的角度对区域内年度经济社会发展的主要方面进行分析和总结；长三角地区经济社会发展重要指标，用经济发展数据和社会发展数据介绍、分析和研究长三角总体和各市县综合实力、居民收入、经济国际化水平、社会财富等；重要文献，主要介绍一年中上海市、江苏省和浙江省政府制定和实施的重要文件，以及理论界研究长三角地区发展问题的代表性成果；大事记。

《长三角年鉴》采用篇章编辑法编写，篇下设章，篇和章的标题分别使用不同字体和字号以示区别，篇目标明于页眉，以便于检索。

长三角联合研究中心

# 目　录
# Content

**长三角年鉴(2013)**
Yangtze River Delta Yearbook 2013

# 第一篇

# 长三角区域概况

# 第一章　自然地理

## 一　位　　置

长三角区域包括上海、江苏、浙江两省一市，位于我国华东地区东部，介于东经116°18′－123°，北纬27°12′－35°20′之间。东岸濒临黄海和东海，西部与安徽、江西接壤，北部毗邻山东，南部紧邻福建。淮河、长江、钱塘江等大型河流穿越长三角地区入海。区域总面积21.07万平方公里，其中陆域面积19.33万平方公里。

上海，简称沪。位于北纬31°14′，东经121°29′。它北界长江入海口，东濒东海，南临杭州湾，西接江苏、浙江两省。全市面积6340.5平方公里，占全国总面积的0.06%，南北长约120公里，东西宽约100公里。上海地处长江三角洲东缘，位于我国南北弧形海岸线中部，交通便利，腹地广阔，地理位置优越，是一个良好的江海港口。

江苏，简称苏。位于我国大陆东部沿海中心，介于东经116°18′－121°57′，北纬30°45′－35°20′之间，东濒黄海，西连安徽，北接山东，东南与浙江和上海毗邻。全省面积10.26万平方公里，占全国总面积的1.1%。其中平原面积7.06万平方公里，水面面积1.73万平方公里。海岸线长954公里。

浙江，简称浙。位于中国东南沿海长江三角洲南翼，介于北纬27°12′－31°31′和东经118°－123°之间，东濒东海，南界福建，西与江西、安徽相连，北与上海，江苏为邻。东西与南北的直线距离均为450公里左右，陆域面积10.18万平方公里，占全国总面积的1.06%。海岸线总长6486.24公里，占全国海岸线总长的20.3%，居全国首位，可建万吨级以上泊位的深水岸线290.4公里，占全国的1/3以上。

## 二　地　　貌

长三角区域地貌以平原和丘陵为主，其中长江以北（江苏北部地区）多为平原地形，长江两岸和长江以南多为丘陵。

上海全境除西南部有少数丘陵山脉外，全为坦荡低平的长江三角洲冲积平原的一部分，平均海拔高度4米左右，陆地地势总体呈现由东向西低微倾斜。大金山为上海境内最高点，海拔高度103.4米。境内辖有崇明、长兴、横沙三个岛屿，其中崇明岛是我国的第三大岛，由长江挟带下来的泥沙冲积而成，面积为1041.21平方公里。

江苏地形地势低平，河湖众多，平原、水域面积分别占69%和17%，比例之高在全国居首位，主要有苏南平原、江淮平原、黄淮平原和东部滨海平原。低山丘陵面积占14%，主要分布在盱眙－响水一线以北和省境西南部，主要有老山山脉、云台山脉、宁镇山脉、茅山山脉、宜溧山脉。连云港市郊的云台山玉女峰为全省最高峰，海拔625米。

浙江地形复杂，山地和丘陵占70.4%，平原和盆地占23.2%，河流和湖泊占6.4%，有“七山一水两分田”之说。地势由西南向东北呈阶梯状倾斜。大致可分为浙北平原、浙西丘陵、浙东丘陵、中部金衢盆地、浙南山地、东南沿海平原及滨海岛屿等六个地形区。位于龙泉市境内的黄茅尖，海拔1929

米，为全省最高峰。面积大于500平方米的海岛有3061个，是全国岛屿最多的省份，其中面积495.4平方公里的舟山岛为我国第四大岛。

## 三　水　系

长三角区域内河湖交错，水系众多，由北向南主要有淮河、长江、钱塘江等三大天然水系，东西方向有京杭大运河贯穿江苏省和浙江省北部。洪泽湖、太湖是区域内的主要湖泊，杭州湾、温州湾等是区域内的主要港湾。

上海河网大多属黄浦江水系，主要河流有黄浦江及其支流吴淞江（苏州河）、川扬河、淀浦河等。黄浦江源自太湖，全长113公里，流经市区，江道宽度300－770米，平均360米，终年不冻，是上海的水上交通要道。苏州河河道平均宽度45米，在上海市境内段长54公里。上海最大的湖泊为淀山湖，面积为62平方公里。

江苏境内河川交错，水网密布。长江横穿东西400多公里，大运河纵贯南北690公里，西南部有秦淮河，北部有苏北灌溉总渠、新沭河、通扬运河等，构成完整的水道系统，富航运、灌溉和水产养殖之利。有大小湖泊290多个，全国五大淡水湖，江苏得其二，苏南有太湖，苏北平原有洪泽湖。海岸线南起长江口北岸启东市连兴港东侧蓼家嘴角，北止赣榆县绣针河口，长954公里。

浙江海域广阔，海岸曲折，形成了众多的港湾，如杭州湾、象山港、三门湾、台州湾、温州湾、乐清湾等。杭州湾是浙江省最大的港湾，钱塘江河口呈喇叭形，由于潮汐的作用，在海宁附近形成举世闻名的钱江潮。全省河流众多，主要有钱塘江、瓯江、灵江、苕溪、甬江、飞云江、鳌江、京杭运河（浙江段）等水系。钱塘江全长约605公里，是省内第一大江，京杭运河贯穿杭嘉湖平原中部，在浙江境内长129公里。杭州西湖、绍兴东湖、嘉兴南湖、宁波东钱湖为浙江四大名湖，此外还有人工湖泊千岛湖（即新安江水库）。

# 第二章　气　　候

长三角区域为亚热带和暖温带的季风气候，大致以淮河一灌溉总渠一线为界，该线以北（苏北地区）属暖温带湿润季风气候，该线以南（江苏省中南部、上海市、浙江省）属亚热带湿润季风气候。区域内气候温和湿润、四季分明，除淮河一灌溉总渠一线以北的地区外，受梅雨和台风的影响较大，雨季较长，降水较多，均为雨热同步变化的区域，多数地区年降雨量在1000毫米以上。

## 一　上海市

上海属北亚热带季风气候，四季分明，日照充分，雨量充沛，气候温和湿润，春秋较短，冬夏较长。2012年，上海年平均气温为17.1℃，比常年平均值（16.2℃）高0.9℃，比2011年低0.1℃，无霜期324天，比上年增加11天。年极端最高气温为38℃，比上年低0.3℃；年极端最低气温为－2.5℃，较上年高1.9℃。年日照时间1420.1小时，较上年多28.1小时。

2012年，上海市平均降水量为1435.8毫米，比上年增加532.9毫米，降水最多的月份是8月份，降水量253.2毫米，降水最少的是10月份，降水量金18.9毫米，降雨日151天，蒸发量713.6毫米。

## 二　江苏省

江苏气候具有明显的季风特征，处于亚热带季风气候向暖温带季风气候的过渡地带，大致以淮河一灌溉总渠一线为界，以南属亚热带湿润季风气候，以北属暖温带湿润季风气候。全省气候温和，雨量适中，四季分明，气温由北而南递增。

2012年，江苏年平均气温为15.2℃，较常年同期偏低0.1℃，异常度值为0，属正常范围。全省各站年平均气温13.6℃（赣榆）～17.0℃（苏州），呈南高北低分布。极端最高气温39.8℃，6月13日出现在沛县。极端最低气温－11.1℃，1月23日出现在灌云。春季、夏季气温偏高，秋季、冬季气温偏低：冬季平均气温2.9℃，较常年同期偏低0.7℃；春季平均气温15.3℃，较常年同期偏高0.9℃；夏季平均气温26.9℃，较常年同期偏高0.7℃；秋季平均气温16.4℃，较常年同期偏低0.5℃。全省平均降水量为994.5毫米，较常年同期（1025.3毫米）偏少近1成，苏南南部、江淮东北部和泰州地区偏多1～4成，其他地区偏少1～3成。冬季、春季降水偏少，夏季、秋季降水基本持平，12月降水异常偏多：冬季较常年同期偏少2.6成；春季较常年同期偏少1成左右；夏季较常年同期偏少1成，降水主要集中在沿淮西部、连云港及苏南中部地区；秋季全省平均降水量186.8毫米，与常年同期持平。2012年12月，全省平均降水量为67.0毫米，较常年同期偏多1.6倍。全省各站日照时数为1690小时（仪征）～2352.3小时（赣榆），除苏南南部地区略偏多外，其他大部分地区较常年偏少1～3成。

综合评价2012年为较好的气候年景，主要气候事件有：1月～3月上旬北部干冷，沿江及苏南低温阴雨过程频发，苏南雨日异常偏多，偏多程度列1961年来历史第二位，淮北部分地区连续无降水日数达到极端事件标准。年内气温起伏大，1月～3月中旬出现持续低温天气；3月下旬起气温转暖，4月平均气温为1961年以来历史同期第二高值；6、7月份出现四段高温天气，夏季高温日数较常年偏多；8月下旬气温出现转折，秋季持续偏低；12月内出现5次较强的冷空气天气过程，其中4次达寒潮标准。入梅晚，出梅迟，梅雨期内暴雨频繁，日降水量、连续3日降水量、连续降水日数等多个指标达到极端气候事件标准。6、7月高温日数较常年明显偏多，共出现四段高温，分别出现在6月13日、6月30日～7月6日、7月8日～11日、7月20日～8月1日。8月台风影响异常偏多，先后受到5个近海和登陆台风的直接或外围环流系统影响，分别是9号台风“苏拉”、10号台风“达维”、11号强台风“海葵”、14号台风“天秤”和15号超强台风“布拉万”，其中“海葵”的影响特别严重。12月强冷空气频频来袭，共有5次较强的冷空气影响，分别出现在12月2～4日、7～8日、17～19日、21～24日和28～30日。主要的灾情有：寒潮、冷空气，大雾，1月～3月上旬北干南湿，强对流天气，入(出)梅晚、梅雨期正常、降水北多南少，台风，暴雨洪涝，高温，低温冰冻。

## 三 浙江省

浙江属于亚热带季风气候，四季分明，气温适中，光照较多，雨量丰沛，雨热季节变化同步，气候资源配制多样，气象灾害繁多。

2012年，浙江全省年平均气温17.1℃，与常年同期持平。年高温日数全省平均23天，较常年偏多2天；年低温日数全省平均16天，较常年偏少4天。冬季全省平均气温5.9℃，比常年同期偏低0.8℃；春季全省平均气温16.7℃，比常年同期偏高0.8℃；夏季全省平均气温27.4℃，比常年同期偏高0.5℃；秋季全省平均气温18.4℃，比常年同期偏低0.5℃。全省年平均降水量1959.5毫米，比常年同期偏多3成，全省年降水总量特多，创近50年来新高。各地分布在1336.6(嵊泗)～2549.3mm(开化)之间，富阳、桐庐、德清、海盐、慈溪、余姚、鄞州、北仑、宁海、江山、绍兴、诸暨、上虞、嵊州、玉环、瑞安降水量破历史同期最多记录。与常年同期相比，各地降水量均偏多，偏多幅度在1～7成之间，其中宁波部分地区、上虞、浦江、丽水、常山、江山偏多5成以上。日照时数全省平均为1636.2小时，比常年同期偏少123.1小时，各地分布在1379.4(缙云)～1883.5小时(嘉善)之间，缙云、青田、永嘉、平阳、嵊泗5县(市区)日照时数破历史同期最少记录。

全年气候异常多变，元月多大雪天气，严重影响交通；一季度出现严重阴雨寡照天气，日照为1961年以来最少，持续连阴雨对人民生活、农作物生长、交通安全等造成严重影响；4月初浙中北遭受冷空气偏北大风袭击，长兴县和平镇横山群叶茶场房屋倒塌，致7人死亡25余人受伤；4月下旬淳安县出现1961年以来4月最大暴雨，22个乡镇受灾；2012年梅汛期偏短13天，梅雨量少，但降水集中，首场暴雨强度罕见，梅雨期间共造成直接经济损失约17.6亿元；8月浙北遭遇1957年以来最强台风“海葵”正面袭击，造成全省652.9万人受灾，紧急转移170.4万人，直接经济损失236.3亿元；9月雷暴天气频发，地闪次数为近6年最高，浙北多地发生雷击事件，造成2人死亡；夏季持续高温热浪，部分地区突破40℃，持续高温造成交通事故增多，高速公路日平均事故量多达50余起；10月下旬出现持续灰霾天气，浙中北影响较重，对路面交通和航班起降造成一定影响，医院呼吸道病人大大增加。

# 第三章 自然资源

长三角区域自然资源较为丰富，因平原、水面面积所占比例较大，水产资源充裕，江苏的吕四、海洲湾等四大渔场盛产黄鱼、带鱼、昌鱼、虾类、蟹类及贝藻类水产品，同时也是全国河蟹、鳗鱼苗的主要产地；浙江海域历来是全国最大的渔场，舟山渔场是我国最大的渔场，也是世界四大渔场之一，东海大黄鱼誉满全球。长三角区域的矿产资源以非金属矿产为主，用于建筑、化工、冶金辅助等多种用途。上海市面积较小，资源相对贫乏。

## 一 土地资源

长三角区域总面积占全国国土面积的 2.1%，江南地区历史上是我国的鱼米之乡，但受工业化进程和自然原因影响，耕地流失的情况较为严重，近年两省一市耕地面积均有减少，在城镇化快速发展的同时，如何保护有限的耕地是需要两省一市迫切关注的问题。

2012 年，上海共有耕地面积 19.90 万公顷，较上年减少 0.06 万公顷，其中水田 13.82 万公顷，较上年减少 1.39 万公顷，水浇地 6.08 万公顷。总播种面积 39.00 万公顷，较上年减少 0.94 万公顷。其中，粮食种植面积 18.76 万公顷，较上年增加 0.13 万公顷；经济作物播种面积 20.24 万公顷，较上年减少 1.19 万公顷。农村人口人均占有耕地 1.03 亩，比上年增加了 0.068 亩。土地面积 6340.5 平方公里，人口密度 3754 人/平方公里，较上年增加了 52 人/平方公里，土地资源十分紧张。

2012 年，江苏土地面积 10.26 万平方公里，人口密度 772 人/平方公里，较上年增加 2 人/平方公里，土地人口负荷量较高，耕地后备资源集中于海岸带。农作物总播种面积 7651.57 千公顷，较上年减少 11.68 千公顷，其中粮食作物播种面积 5336.57 千公顷，较上年增加 17.37 千公顷。1996 年以来，随着经济高速发展，江苏省土地利用结构变化快，耕地流失强度大，非农占用耕地不断增加。

浙江全省陆域 10.18 万平方公里，其中平原占 23.2%，有“七山一水二分田”之说。2012 年，农作物播种面积 2450.48 千公顷，其中粮食播种面积 1251.55 千公顷，分别比上年减少 12.22 千公顷和 2.58 千公顷。粮食单产 6151 公斤/公顷，比上年减少 81 公斤/公顷，粮食总产量为 769.80 万吨，比上年减少 11.8 万吨。

## 二 水资源

长三角区域河湖众多，水网密布，主要有江苏的洪泽湖、太湖、骆马湖、高邮湖、邵伯湖和浙江的杭州西湖、绍兴东湖、嘉兴南湖、鄞县东钱湖等著名湖泊，除淮河、长江、钱塘江、京杭大运河等重要河流以外，还有江苏的秦淮河、苏北灌溉总渠、新沭河、通扬运河，浙江的瓯江、灵江、苕溪、南江、飞云江、鳌江、曹娥江等水系。

上海地区河湖众多，水网密布，水资源总量丰富，水面积占全市总面积的 11%，但人均水资源紧张，河湖污染较严重。2012 年，上海累计降水量达 1 435.8 毫米，自来水建设投资额 40.75 亿元，较上年减少 1.1 亿元。水厂个数 78 个，较上年减少 12 个，供水更为集中；水厂生产能力 1145 万立方米/日，较上年减少 4 万立方米/日；供水管道长度 34904 公里，较上年增加 2687 公里；供水总量 31 亿立方米，售水总量24亿立方米，均较上年持平；工业用水5亿立方米，生活用水19亿立方米，其中居民生活用水10亿立方米；人均日居民生活用水量115升，较上年增加2升。废水排放总量22.05亿吨，其中工业废水排放总量4.77亿吨，分别较上年增加2.19亿吨和0.31万吨；废水化学需氧量排放总量24.26万吨，其中工业废水化学需氧量排放总量2.62万吨，分别较上年减少0.64万吨和0.12万吨；工业重复用水量778841万吨，较上年增加30948万吨；污水处理厂数53座，与上年持平，污水处理厂污水处理量200685万吨，较上年增加7331万吨。

江苏省境内地势平坦，水系发达，主要有洪泽湖、太湖、骆马湖、高邮湖、邵伯湖等。江苏省水系分属长江、淮河两大流域，淮河流域又按习惯分为淮河和沂沭泗两个水系。南部属长江流域，长江是我国最大的河流，其长度及水量均列世界第三位，是全省沿江地区引排水的动脉，太湖属长江水系。中部为淮河水系，南以通扬运河与长江水系分界，北以废黄河与沂沭泗水系分开。2012年，江苏水资源总量373.3亿立方米，其中，地表水资源量279.1亿立方米，地下水资源量110.2亿立方米，重复计算量15.99亿立方米。按流域分，淮河流域、长江流域、太湖流域水资源总量分别为232.5亿立方米、58.58亿立方米和82.21亿立方米。全省13个省管湖泊，除南四湖、石臼湖、里下河湖荡外，其余10个湖泊年末蓄水总量130.10亿立方米，比年初蓄水总量增加3.14亿立方米；6座大型水库年末蓄水总量5.91亿立方米，比年初增加0.41亿立方米；年末浅层地下水储存量比年初少4.96亿立方米，水位全部处于相对稳定区。近年来，江苏通过实行最严格的水资源管理制度，加强需水管理，控制用水总量，加大节水力度，严格水资源开发利用、用水效率和纳污控制红线，有效促进了水资源的合理配置、节约利用和有效保护，为全省经济社会又好又快发展提供了安全可靠的水资源保障。2012年总用水量较上年略有减少，城市用水保障水平提高，供水格局日趋优化，地下水开采量持续下降；万元工业增加值用水量等节水指标进一步下降，用水效率明显提高。全省总用水量552.2亿立方米，地表水源占98.2%，地下水源占1.8%，耗水率50.1%。总用水中，生产用水514.2亿立方米，生活用水34.7亿立方米，生态用水3.3亿立方米。全省万元地区生产总值用水量102立方米，万元工业增加值用水量19立方米，主要节水指标位居全国先进水平。2012年，全省监测831条河流，1691个水质断面，控制河长18764公里。综合评价结果，优于Ⅲ类水（含Ⅲ类水）的断面600个，占35.5%，控制河长7167公里，占38.2%。监测水库和湖泊水域288个水质断面，综合评价结果，优于Ⅲ类水的断面221个，占76.7%。监测重点水功能区450个，249个达标，达标率55.3%，水环境质量稳中有升。

2012年浙江省全年平均降水量为1959.5毫米，降水量明显偏多。水资源总量1444.79亿标立方米，较上年增加700.58亿标立方米，增加近1倍；总供水量222.31亿标立方米，较上年增加0.07亿标立方米。用水量构成中，农田灌溉占34.1%，农牧渔畜占7%，工业占27.3%，居民生活占12.4%，城镇公共用水占6.3%，环境配水占10.9%，生态环境用水占2%。淡水已养殖面积213.22千公顷，海水已养殖面积89.75千公顷。自来水全年供水总量281165万吨，其中生活用水量134079，分别比上年增加7574万吨和3498万吨；人均日生活用水量195.81升，比上年减少0.49升；用水普及率99.88%，比上年增加0.04%。污水处理率87.5%，比上年增加2.41%。废水排放总量420960万吨，较上年增加543万吨；其中工业、城镇生活及其他、集中式治理设施污水排放废水排放总量分别为175416万吨、245049万吨、495万吨，分别较上年减少7009万吨、增加7457万吨、增加95万吨。工业重复用水率67.8%，比上年增加4.5%。

## 三　矿产资源

长三角的矿产资源主要分布于江苏、浙江两省，其中江苏的矿产资源相对丰富，有煤炭、石油、天

然气等能源矿产和大量的非金属矿产，另有一定数量的金属矿产。浙江的矿产资源以非金属矿产为主，多用于建筑材料的生产等用途。

上海矿产资源相当贫乏，基本无一次常规能源，所需的能源都要靠其他省市的支援。但是，具有一定数量和较高质量的二次能源生产，产品主要是电力、石油油品、焦煤和煤气（包括液化石油气）。其他可以利用开发的能源还有沼气、风能、潮汐及太阳能。据初步估算，东海大陆架油气资源储量约有60亿吨，是我国近海海域最大的含油气盆地；附近的南黄海，经过调查和勘探，也发现油气资源，估算有2.9亿吨储量。长江口浅海底下，还发现有锆石、钛铁砂、石榴石、金红石等重要矿物。

江苏省矿产资源分布广泛，品种较多，已发现各类矿产133种，其中查明资源储量的有66种。已发现矿产总类构成中，能源矿产、金属矿产、非金属矿产、水气矿产分别占5%、33%、59%和3%。能源矿产主要有煤炭、石油和天然气；非金属矿产有硫、磷、钠盐、水晶、兰晶石、蓝宝石、金刚石、高岭土、石灰石、石英砂、大理石、陶瓷粘土；金属矿产有铁、铜、铅、锌、银、金、锶、锰等。粘土类矿产、建材类矿产、化工原料矿产、冶金辅助原料矿产、特种用途矿产和有色金属矿产，是江苏矿产资源的优势。矿产资源分布既广泛又相对集中，矿产地98%都分布在苏北和苏南，苏中只占到2%。

浙江矿产资源种类较多，已发现矿产113中，其中以非金属矿产为主，已发现72种。石煤、明矾石、叶蜡石、水泥用凝灰岩、建筑用凝灰岩等储量居全国首位，萤石居全国第二位，硅藻土居第三位。矿产资源总的特点是丰歉并存，除部分非金属矿产外，大部分矿产保有储量不能满足开采需求。其中，非金属矿产丰富，多数矿床规模大，埋藏浅，开采条件好；金属矿产点多面广，但规模不大，且矿石组成复杂，共伴生多种元素，铁矿资源有限，铜、钼矿质优，但后备储量不足，铅锌量较大，但以贫矿为主；陆域燃料（煤炭、石油）矿产贫乏，东海大陆架盆地有着良好的石油和天然气开发前景。

## 四　生物资源

长三角地区生物资源较为丰富，其中江苏、浙江两省的野生植物资源品种繁多，上海位于东海、黄海、长江三水交汇处，海淡水交汇，水产资源丰富。

上海滨临东海，有丰富的水产资源，据统计，东海、黄海的水产资源有700多种。此外，上海地处长江口，这里江面宽阔，海淡水交汇，是鱼类索饵、繁殖、栖息的场所，有各种鱼类108种，其中经济鱼类有20多种。上海有众多的天然湖泊，螺蚬蚌等底栖生物资源比较丰富。稠密的水网，为淡水养殖提供了良好的条件，标准化水产养殖面积近7万亩。

江苏共有维管束植物2400多种；野生动物资源有脊椎动物（除鱼类）584种、约占全国的23.5%，有鸟类448种、占全国总数的36%，还有鱼类500多种等。有关研究表明，江苏境内有可开发利用的野生植物600多种，其中具利用价值的野生蔬菜种类就有192种之多。江苏水产资源丰富，有广阔的海涂、浅海，东部沿海渔场面积达15.4万平方公里，其中包括著名的吕泗、海州湾等四大渔场，盛产黄鱼、带鱼、昌鱼、虾类、蟹类及贝藻类等。江苏也是全国河蟹、鳗鱼苗的主要产地。内陆水面2600多万亩，养殖面积815万亩，有淡水鱼类140余种，已利用的有40多种。被称为“长江三鲜”的鲥鱼、刀鱼、河豚，“太湖三白”的白鱼、银鱼、白虾，都是水中珍品。

浙江是我国高产综合性农业区，经济林以茶园、桑园、油茶林、果园为主，其中，茶、桑、柑橘等中外闻名。树种资源丰富，素有“东南植物宝库”之称。野生动物种类繁多，有123种动物被列入国家重点保护野生动物名录。浙江海域历来是全国最大的渔场，渔业资源的蕴藏量在205万吨以上，2011年捕捞及养殖量已超过500万吨。

# 第四章 人口和社会保障

## 一 人口规模

2012年长三角两省一市人口总量继续保持低速增长。年末区域内常住人口15777.41万人，比上年末增加68.15万人；户籍人口数13779.75，比上年增加64.83万人。全年出生人口142.14万人，人口出生率10.32‰；死亡96.6万人，死亡率7.01‰，出生率、死亡率均较上年有所增长；人口自然增长率3.03‰。人口出生率由高到低依次是浙江、江苏、上海，死亡率由高到低依次是上海、江苏、浙江。

表1 2012年长三角人口规模变化 单位：万人，‰

| | 上海 | 江苏 | 浙江 | 长三角 |
|---|---|---|---|---|
| 年末常住人口 | 2380.43 | 7919.98 | 5477 | 15777.41 |
| 常住人口增加数 | 32.97 | 21.18 | 14 | 68.15 |
| 户籍人口数 | 1426.93 | 7553.48 | 4799.34 | 13779.75 |
| 出生人口数 | 12.11 | 74.67 | 55.36 | 142.14 |
| 人口出生率 | 8.51 | 9.44 | 10.12 | 10.32 |
| 死亡人口数 | 11.74 | 55.29 | 30.2 | 96.6 |
| 人口死亡率 | 8.25 | 6.99 | 5.52 | 7.01 |
| 人口自然增长数 | 0.37 | 19.38 | 25.16 | 44.91 |
| 人口自然增长率 | 0.26 | 2.45 | 4.6 | 3.03 |

数据来源：2013年上海市、江苏省、浙江省统计年鉴

2012年，上海年末户籍人口达1426.93万人，比上年增加7.57万人，全市常住人口2380.43万人，比上年增加32.97万人。全年人口出生率8.51‰，人口死亡率8.25‰；自然增长率为0.26‰。

2012年，江苏年末户籍人口达7553.48万人，比上年增加39.23万人，全省常住人口7919.98万人，比上年增加21.18万人。全年人口出生率9.44‰，人口死亡率6.99‰；自然增长率为2.45‰。

2012年，浙江年末户籍人口达4799.34万人，比上年增加18.03万人，常住人口5477万人，比上年增加14万人。全年人口出生率10.12‰，人口死亡率为5.52‰，自然增长率为4.6‰。

## 二 人口自然变动

长三角区域的人口自然变动情况与全国的情况趋于一致，部分地区略有不同。经过建国后的两次人口生育高峰，长三角两省一市的人口再生产类型已经由高出生、低死亡、高增长逐渐过渡到了低出生、低死亡、低增长的状况，人口自然增长率近年来一直维持在较低的水平。

上海是全国除港澳台地区外的省、自治区、直辖市中第一个出现人口自然变动负增长的地区，人口自然增长率从1993年开始出现负增长，2013年人口自然增长率是1993年后的首个正增长。2003年，全市户籍人口出生率为4.3‰，死亡率为7.5‰，自然增长率为－3.2‰，为改革开放以来的最低人口自然增长率。上海市常住人口增长原因主要是人口净迁入，外来流动人口是上海人口总量增长的主要来源。上海外来流动人口1988年仅为106万，2000年第五次人口普查时已经升至387.11万人。上海已经成为全国三大省际人口流动中心之一。2012年，上海市人口增长率为0.26‰。

**表2　上海市历年人口自然变动情况**　　单位：万人，‰

| 年份 | 出　生 | | 死　亡 | | 自然增长 | |
|---|---|---|---|---|---|---|
| | 人数 | 出生率 | 人数 | 出生率 | 人数 | 自然增长率 |
| 1978 | 12.36 | 11.3 | 6.82 | 6.2 | 5.54 | 5.1 |
| 1980 | 14.31 | 12.6 | 7.39 | 6.5 | 6.92 | 6.1 |
| 1985 | 15.43 | 12.7 | 8.1 | 6.7 | 7.33 | 6 |
| 1990 | 13.12 | 10.2 | 8.63 | 6.7 | 4.49 | 3.5 |
| 1991 | 10.08 | 7.8 | 8.56 | 6.7 | 1.52 | 1.1 |
| 1992 | 9.37 | 7.3 | 9.1 | 7.1 | 0.27 | 0.2 |
| 1993 | 8.4 | 6.5 | 9.4 | 7.3 | －1 | －0.8 |
| 1994 | 7.63 | 5.9 | 9.42 | 7.3 | －1.79 | －1.4 |
| 1995 | 7.11 | 5.5 | 9.79 | 7.5 | －2.68 | －2 |
| 1996 | 6.79 | 5.2 | 9.77 | 7.5 | －2.98 | －2.3 |
| 1997 | 6.42 | 4.9 | 9.57 | 7.3 | －3.15 | －2.4 |
| 1998 | 6.17 | 4.7 | 10.13 | 7.8 | －3.96 | －3.1 |
| 1999 | 6.56 | 5 | 9.54 | 7.3 | －2.98 | －2.3 |
| 2000 | 6.95 | 5.3 | 9.45 | 7.2 | －2.5 | －1.9 |
| 2001 | 5.76 | 4.4 | 9.34 | 7.1 | －3.58 | －2.7 |
| 2002 | 6.2 | 4.7 | 9.67 | 7.3 | －3.47 | －2.6 |
| 2003 | 5.73 | 4.3 | 10.07 | 7.5 | －4.34 | －3.2 |
| 2004 | 8.09 | 6 | 9.65 | 7.2 | －1.56 | －1.2 |
| 2005 | 8.24 | 6.1 | 10.23 | 7.54 | －2.01 | －1.5 |
| 2006 | 8.12 | 5.95 | 9.8 | 7.18 | －1.68 | －1.23 |
| 2007 | 10.08 | 7.34 | 10.22 | 7.44 | －0.14 | －0.1 |
| 2008 | 9.67 | 6.98 | 10.70 | 7.73 | －1.03 | －0.75 |
| 2009 | 9.23 | 6.62 | 10.67 | 7.64 | －1.44 | －1.02 |
| 2010 | 10.02 | 7.13 | 10.87 | 7.73 | －0.84 | －0.60 |

（续表）

| | | | | | | |
|---|---|---|---|---|---|---|
| 2011 | 10.15 | 7.17 | 11.11 | 7.85 | －0.96 | －0.68 |
| 2012 | 12.11 | 8.51 | 11.74 | 8.25 | 0.37 | 0.26 |

数据来源：2013年上海市统计年鉴

进入新世纪，江苏省人口增长始终保持“低出生、低死亡、低自然增长”的现代人口再生产模式。“九五”期间，全省人口出生率由12.32‰下降到9.08‰，自然增长率由5.76‰下降到2.56‰。“十五”、“十一五”期间，尽管出现小幅波动，但全省人口出生率和自然增长率仍稳定在10‰和3‰以内。2002年，是全省人口出生率自90年代持续下降以来首次出现上升，与2001年相比上升了0.14个千分点。2004年，人口出生率第二次上升的幅度较前次增加了0.26个千分点，自然增长率为2.25‰，与上年相比增加了0.24个千分点，成为近20年来的首次回升。但与“九五”期末的2000年相比，仍然低0.31个千分点，比第三次生育高峰最低点的1984年（4.52‰）低2.27个千分点。2012年，人口出生率较2011年下降了0.15个千分点，自然增长率下降0.16个百分点。稳定的现代人口再生产类型，主要得益于全省经济快速发展、社会进步、政策引导，以及人们在思想观念上、经济上、生活方式上发生的深刻变化，从而直接影响到全民婚育观的转变。人口自然增长率和出生率的上升则是受第三次人口生育高峰和外来人口转变为户籍人口增加等因素的影响，一定程度上减轻了人口老龄化的压力。

**表3 江苏省历年人口自然变动情况**

单位：万人，‰

| 年份 | 出生 | | 死亡 | | 自然增长 | |
|---|---|---|---|---|---|---|
| | 人数 | 出生率 | 人数 | 死亡率 | 人数 | 自然增长率 |
| 1978 | 90.62 | 15.63 | 35.32 | 6.09 | 55.30 | 9.54 |
| 1980 | 86.90 | 14.69 | 38.87 | 6.57 | 48.03 | 8.12 |
| 1985 | 67.11 | 10.84 | 36.35 | 5.87 | 30.76 | 4.97 |
| 1989 | 111.27 | 17.15 | 36.31 | 5.60 | 74.96 | 11.55 |
| 1990 | 137.96 | 20.54 | 43.86 | 6.53 | 94.10 | 14.01 |
| 1991 | 116.03 | 17.05 | 44.23 | 6.50 | 71.80 | 10.55 |
| 1992 | 108.04 | 15.71 | 46.49 | 6.76 | 61.55 | 8.95 |
| 1993 | 96.94 | 13.97 | 45.87 | 6.61 | 51.07 | 7.36 |
| 1994 | 96.38 | 13.78 | 47.98 | 6.86 | 48.40 | 6.92 |
| 1995 | 86.77 | 12.32 | 46.20 | 6.56 | 40.57 | 5.76 |
| 1996 | 85.84 | 12.11 | 46.64 | 6.58 | 39.20 | 5.53 |
| 1997 | 81.47 | 11.43 | 48.76 | 6.84 | 32.71 | 4.59 |
| 1998 | 78.60 | 10.97 | 49.01 | 6.84 | 29.59 | 4.13 |
| 1999 | 75.58 | 10.50 | 49.95 | 6.94 | 25.63 | 3.56 |
| 2000 | 66.01 | 9.08 | 47.40 | 6.52 | 18.61 | 2.56 |

（续表）

| 2001 | 66.28 | 9.03 | 48.60 | 6.62 | 17.68 | 2.41 |
|---|---|---|---|---|---|---|
| 2002 | 67.56 | 9.17 | 51.50 | 6.99 | 16.06 | 2.18 |
| 2003 | 66.83 | 9.04 | 51.98 | 7.03 | 14.85 | 2.01 |
| 2004 | 70.11 | 9.45 | 53.42 | 7.20 | 16.69 | 2.25 |
| 2005 | 68.68 | 9.24 | 52.25 | 7.03 | 16.43 | 2.21 |
| 2006 | 69.96 | 9.36 | 52.92 | 7.08 | 17.04 | 2.28 |
| 2007 | 71.08 | 9.37 | 53.64 | 7.07 | 17.44 | 2.30 |
| 2008 | 71.44 | 9.34 | 53.86 | 7.04 | 17.58 | 2.30 |
| 2009 | 73.54 | 9.55 | 53.83 | 6.99 | 19.71 | 2.56 |
| 2010 | 75.89 | 9.73 | 53.64 | 6.88 | 22.25 | 2.85 |
| 2011 | 75.61 | 9.59 | 55.03 | 6.98 | 20.58 | 2.61 |
| 2012 | 74.67 | 9.44 | 55.29 | 6.99 | 19.38 | 2.45 |

数据来源:2013年江苏省统计年鉴

中华人民共和国成立以来,浙江人口的发展变化起伏较大。根据增长率高低,可分为五个时期,即两个高峰,一个低谷和一个稳定下降期。第一阶段(1949－1958),是浙江省人口增长的第一个高峰期,年均增长率高达2.43%,第二阶段(1959－1961),是人口增长低谷期,年均增长率只有1.21%,第三阶段(1962－1966),是人口增长的第二个高峰期,年均增长率高达2.66%,第四阶段(1967－1979),是增长率稳定下降时期,年均增长率为1.79%,第五阶段(1980至今)迈向低速增长时期,1980－1990年年均增长1.03%,到1997年人口自然增长率已降至4.93‰。浙江人口再生产类型已完成由高出生、低死亡、高增长向低出生、低死亡、低增长的转变。进入20世纪90年代,浙江省人口生育水平有以下特点:总出生水平较低,但总出生量较大,地区间生育水平差异显著,其影响因素主要是经济、社会、政策以及人口再生产内部规律。

**表4　浙江省历年人口自然变动情况**

单位:万人,‰

| 年份 | 出生 | | 死亡 | | 自然增长 | |
|---|---|---|---|---|---|---|
| | 人数 | 出生率 | 人数 | 死亡率 | 人数 | 自然增长率 |
| 1970 | 85.93 | 26.16 | 19.57 | 5.96 | 66.36 | 20.2 |
| 1971 | 86.16 | 25.7 | 20.45 | 6.1 | 65.71 | 19.6 |
| 1972 | 83.72 | 24.48 | 20.6 | 6.02 | 63.12 | 18.46 |
| 1973 | 80.92 | 23.24 | 21.16 | 6.08 | 59.76 | 17.16 |
| 1974 | 74 | 20.92 | 21.78 | 6.16 | 52.22 | 14.76 |
| 1975 | 69.92 | 19.49 | 22.64 | 6.31 | 47.28 | 13.18 |
| 1976 | 68.99 | 18.96 | 22 | 6.05 | 46.99 | 12.91 |

（续表）

| | | | | | | |
|---|---|---|---|---|---|---|
| 1977 | 69.78 | 18.94 | 24.13 | 6.55 | 45.65 | 12.39 |
| 1978 | 67.75 | 18.17 | 21.75 | 5.83 | 46 | 12.34 |
| 1979 | 67.82 | 17.98 | 22.23 | 5.89 | 45.59 | 12.09 |
| 1980 | 59.4 | 15.59 | 23.97 | 6.29 | 35.43 | 9.3 |
| 1981 | 69 | 17.93 | 24.12 | 6.27 | 44.89 | 11.66 |
| 1982 | 71.38 | 18.31 | 23.17 | 5.94 | 48.21 | 12.37 |
| 1983 | 62.66 | 15.89 | 25.13 | 6.37 | 37.53 | 9.52 |
| 1984 | 49.8 | 12.52 | 23.82 | 5.99 | 25.97 | 6.53 |
| 1985 | 50.59 | 12.61 | 24.25 | 6.05 | 26.34 | 6.56 |
| 1986 | 64.64 | 15.96 | 24.06 | 5.94 | 40.58 | 10.02 |
| 1987 | 69.67 | 17.01 | 28.34 | 6.92 | 41.33 | 10.09 |
| 1988 | 64.42 | 15.54 | 26.32 | 6.35 | 38.1 | 9.19 |
| 1989 | 63.68 | 15.2 | 26.85 | 6.41 | 36.83 | 8.79 |
| 1990 | 64.75 | 15.33 | 26.65 | 6.31 | 38.1 | 9.02 |
| 1991 | 61.59 | 14.48 | 27.18 | 6.39 | 34.41 | 8.09 |
| 1992 | 63.1 | 14.72 | 28.17 | 6.57 | 34.93 | 8.15 |
| 1993 | 58.79 | 13.61 | 28.42 | 6.58 | 30.37 | 7.03 |
| 1994 | 56.67 | 13.24 | 28.25 | 6.64 | 28.42 | 6.6 |
| 1995 | 54.52 | 12.66 | 29.07 | 6.75 | 25.45 | 5.91 |
| 1996 | 53.21 | 12.09 | 28.96 | 6.58 | 24.25 | 5.51 |
| 1997 | 50.47 | 11.41 | 28.66 | 6.48 | 21.81 | 4.93 |
| 1998 | 49.57 | 11.15 | 28.14 | 6.33 | 21.43 | 4.82 |
| 1999 | 47.51 | 10.64 | 28.36 | 6.35 | 19.15 | 4.29 |
| 2000 | 48.09 | 10.3 | 28.63 | 6.13 | 19.46 | 4.17 |
| 2001 | 46.14 | 10.02 | 28.78 | 6.25 | 17.39 | 3.77 |
| 2002 | 46.2 | 9.98 | 28.7 | 6.19 | 33.5 | 3.79 |
| 2003 | 45 | 9.66 | 29.7 | 6.38 | 15.3 | 3.28 |
| 2004 | 50.12 | 10.71 | 26.95 | 5.76 | 40.02 | 4.95 |
| 2005 | 54.37 | 11.1 | 29.78 | 6.08 | 24.59 | 5.02 |
| 2006 | 50.78 | 10.29 | 26.75 | 5.42 | 24.03 | 4.87 |
| 2007 | 52.11 | 10.38 | 27.96 | 5.57 | 24.15 | 4.81 |

（续表）

| | | | | | | |
|---|---|---|---|---|---|---|
| 2008 | 51.92 | 10.20 | 28.61 | 5.62 | 23.31 | 4.58 |
| 2009 | 52.6 | 10.22 | 28.8 | 5.59 | 23.8 | 4.63 |
| 2010 | 55.08 | 10.27 | 29.70 | 5.54 | 25.38 | 4.73 |
| 2011 | 51.66 | 9.47 | 29.46 | 5.40 | 22.20 | 4.07 |
| 2012 | 55.36 | 10.12 | 30.20 | 5.52 | 25.16 | 4.60 |

数据来源：2013年浙江省统计年鉴

# 三　人口构成

长三角区域内的人口构成变化的最明显趋势是人口老龄化，由于计划生育政策的严格执行，以及生活水平的提高和医疗条件的改善，少儿人口的比重呈下降趋势，老年人口的比重上升较快，老龄化社会的形成有加快的趋势。

2012年上海户籍人口年龄构成中，17岁及以下人口为150.72万人，占总人口的10.56%，较上年上升0.19个百分点；18—59岁的人口为908.89万人，占总人口的63.705.13%，比上年下降1.43个百分点；60岁及以上的人口为367.32万人，占总人口的25.74%，较上年上升1.24个百分点。与上年相比，60岁及以上人口的比重明显上升，人口抚养比进一步增加。60岁及以上人口中，60—64岁人口占33.23%，65—79岁人口占48.52%，80岁及以上人口达18.25%，人口平均预期寿命达82.61岁，较上年增加0.1岁，老龄人口呈现高龄化趋势。性别构成，男性为709.62万人，女性为717.31万人，男女性别比为98.93。农业人口146.11万人，非农业人口1280.82万人，非农业人口占总人口比重为89.8%，较上年增0.5个百分点，保持稳步增长。

从1982年开始，江苏省人口年龄结构发生了较大的变化，少儿人口比重持续下降，老年人口比重上升较快，在进入成年型人口的同时，开始向年老型人口过渡，并于1986年在全国率先进入老年型。2000年人口普查时，全省0—14岁人口占总人口的19.64%，65岁及以上人口占8.84%，分别比1990年人口普查时下降4.11个百分点、上升2.05个百分点。进入新世纪，全省人口老年化速度明显加快。根据2012年抽样调查数据，0－14岁人口占13.15%，较2011年下降0.12个百分点；15－64岁人口占75.08%，较2011年下降0.27个百分点；65岁及以上人口占11.77%，较2011上升0.38个百分点。老龄人口比重不断上升，其原因一方面是由于近年来全省人口出生率一直稳定在较低水平，0－14少儿比重逐年减少；另一方面，随着生活水平的提高，医疗条件改善，人均预期寿命不断提高。2012年，江苏乡村人口2929.89万人，占总人口的37.0%；城镇人口4990.09万人，占总人口的63%。户籍人口中男性3832.55万人，女性3720.93万人，男女性别比103。

2012浙江人口年龄结构，18岁以下人口808.58万人，占16. 85%，较上年下降0.12个百分点；18－60岁的人口3133.25万人，占65.27%，下降0.49个百分点；60岁以上人口858.52万人，占17.89 27%，上升0.62个百分点，老年人口比重继续攀升。男性为2433.68万人，女性为2365.66万人，性别比为103。农业人口3277.74万人，非农业人口1521.61万人，非农业人口比重31.7%，较上年上升0.29个百分点。

# 四 劳动、收入与社会保障

## 一、上海市

上海市把保障和改善民生放在重中之重位置，统筹解决民生问题，人民生活继续改善。

实施积极的就业政策，多渠道扩大和促进就业，2012年全年新增就业岗位61.38万个。其中，农村富余劳动力实现非农就业11.02万个。新安置就业困难人员16688人，消除零就业家庭370户。全年帮助成功创业人数10669人，帮助7330名长期失业青年实现就业。高技能人才占技能劳动者比例达到27.03%。至年末，全市城镇登记失业人员27.05万人，城镇登记失业率为4.2%。

2012年，城市居民家庭人均年可支配收入40188元，比上年增长10.9%，扣除价格因素，实际增长7.9%；农村居民家庭人均年可支配收入17401元，增长11.2%，扣除价格因素，实际增长8.2%。城市居民人均年消费支出26253元，增长4.6%。其中，服务性消费支出7955元，占消费支出的比重为30.3%。农村居民人均年生活消费支出12096元，增长7.3%。其中，服务性消费支出3551元，占消费支出的比重为29.4%。

2012年末，全市共有1326.38万人（包括离退休人员）参加城镇基本养老保险，有617.35万人参加失业保险，全年领取失业保险金的人数为21.29万人。城镇最低生活保障标准从上年的每人每月505元提高到570元，农村最低生活保障标准从每人每年4320元提高到5160元。最低工资从1280元提高到1450元。全市共有1375.98万人（包括离退休人员）参加城镇职工基本医疗保险；113.7万农民参加农村合作医疗保险，参合率达99%。共有各类提供住宿的收养性社会服务机构636个，床位10.81万张，收养各类人员7.16万人，其中养老机构631家，床位10.52万张。全年各级政府支出城镇居民最低生活保障金13.57亿元，农村居民最低生活保障金1.42亿元，粮油帮困资金0.69亿元，医疗救助金2.15亿元。

## 二、江苏省

江苏就业形势保持稳定。2012年末全省就业人口4759.53万人，其中第一产业989.98万人，第二产业2032.32万人，第三产业1737.23万人。城镇地区就业人口2922.38万人，城镇登记失业率为3.14%；促进下岗失业人员再就业66.71万人，其中就业困难人员再就业16.08万人；新增农村劳动力转移25.9万人。

扎实推进民生幸福工程，实施居民收入七年倍增计划，城乡居民收入稳步增长，民生质量显著改善。2012年，城镇居民人均可支配收入29677元，比上年增长12.7%，扣除物价上涨因素，实际增长9.9%，城镇居民人均可支配收入中位数25979元，同比增长16.1%；农村居民人均纯收入达12202元，比上年增长12.9%，扣除物价上涨因素，实际增长10.1%，农村居民人均纯收入中位数10396元，同比增长13%。城乡居民居住条件有所改善。城镇居民人均住房建筑面积为35.2平方米，农村居民人均住房面积为49.9平方米。

社会保障水平稳步提高。城乡居民低保、医疗和养老保险实现全覆盖，社会保险主要险种覆盖率达95%以上。2012年末全省企业职工基本养老保险、城镇职工基本医疗保险、失业保险参保人数分别达2308万人（含参保离退休人员）、2154万人（含参保退休人员）和1332万人，分别比上年末增加197万人、142万人和94万人。年末享受企业职工基本养老保险离退休人员511万人，享受城镇职工

基本医疗保险退休人员 508 万人。年末城乡居民社会养老保险参保人数 1479 万人，领取基础养老金人数 880 万人。年末城镇居民基本医疗保险参保人数为 1453 万人，比上年末减少 58 万人。保障性安居工程建设有序推进。全省新开工保障性住房 32.8 万套、竣工 15.3 万套(户)，分别完成年度目标的 104.1%、117.7%。

## 三、浙江省

全年新增城镇就业人数 98.7 万人，其中 42.2 万名城镇失业人员实现再就业。年末城镇登记失业率为 3.01%，比上年末下降 0.11 个百分点。

城乡住户抽样调查，全省城镇居民人均可支配收入 34550 元，农村居民人均纯收入 14552 元，扣除价格因素，分别比上年实际增长 9.2%和 8.8%。城镇居民人均消费支出 21545 元，比上年实际增长 3.1%；农村居民人均生活消费支出 10208 元，实际增长 3.5%。城镇居民家庭恩格尔系数为 35.1%，比上年上升 0.5 个百分点；农村居民家庭恩格尔系数为 37.7%，比上年上升 0.1 个百分点。

全年城镇居民人均可支配收入中位数为 30613 元，比上年增加 3330 元，增长 12.2%；农村居民人均纯收入中位数为 12787 元，比上年增加 1234 元，增长 10.7%。

全年参加企业基本养老保险人数 2083.3 万人，参加城镇职工基本医疗保险人数 1671 万人，参加失业保险人数 1065.4 万人，参加工伤保险人数 1731.7 万人，参加生育保险人数 1084.8 万人，分别比上年增加 261.5 万人、156.6 万人、84.8 万人、120.9 万人和 105 万人。企业退休人员基本养老金月人均水平超过 2000 元，居全国省区前列。城乡居保基础养老金最低标准提高到 80 元，失业保险金平均水平为 941 元，因工死亡职工供养亲属抚恤金月人均提高 105 元。

年末新型农村合作医疗参合人数 2872.9 万人，参合率为 97.7%；人均筹资标准为 482.5 元，比上年增加 97.9 元，其中，财政补助 342.2 元，比上年增加 69.2 元；所有统筹地区最高支付限额全部达到当地农村居民人均纯收入 6 倍以上。新农合统筹地区政策内住院报销比例为 72.1%，比上年提高 8.7 个百分点；统筹区域内新农合定点医疗机构即时结报率达到 100%。

年末在册低保对象 67.5 万人，其中，城镇 7.8 万人，农村 59.7 万人；低保资金支出 17.6 亿元，比上年增长 13.8%；城乡低保平均标准分别为每人每月 476.78 元和 350.03 元，分别增长 8%和 14%；获得生活补助的城乡低收入家庭持证重度残疾人 7.7 万名，发放补助金额 2.3 亿元，分别增长 12.4%和 36.5%。

全年共支出医疗救助资金 7.5 亿元，比上年增加 1 亿元。投入资金 19.7 亿元，新增各类养老机构床位数 3.2 万张，建设社区居家养老服务照料中心 1298 个。

# 第五章　行政区划

## 一　概　　况

长三角的行政区划由江苏、浙江、上海两省一市构成，其中江苏、浙江两省共设24个省辖市。

### 一、上海市

2012年，上海共有16个区、1个县，共108个镇，2个乡，98个街道办事处。全市有居民委员会3914个，较上年增加172个，村民委员会1702个。

表1　上海市行政区划　　单位：个

| 行政区 | 镇 | 乡 | 街道办事处 | 居民委员会 | 村民委员会 |
|---|---|---|---|---|---|
| 全　市 | 108 | 2 | 98 | 3914 | 1702 |
| 浦江新区 | 24 | | 13 | 795 | |
| 黄浦区 | | | 10 | 189 | |
| 徐汇区 | 1 | | 12 | 306 | |
| 长宁区 | 1 | | 9 | 182 | |
| 静安区 | | | 5 | 73 | |
| 普陀区 | 3 | | 6 | 233 | 7 |
| 闸北区 | 1 | | 8 | 208 | 1 |
| 虹口区 | | | 8 | 229 | |
| 杨浦区 | 1 | | 11 | 305 | |
| 闵行区 | 9 | | 3 | 387 | 136 |
| 宝山区 | 9 | | 3 | 347 | 108 |
| 嘉定区 | 7 | | 3 | 137 | 147 |
| 金山区 | 9 | | 1 | 87 | 124 |
| 松江区 | 11 | | 4 | 182 | 87 |
| 青浦区 | 8 | | 3 | 88 | 184 |
| 奉贤区 | 8 | | | 100 | 177 |
| 崇明县 | 16 | 2 | | 66 | 270 |

数据来源：2013年上海市统计年鉴

## 二、江苏省

至2012年底，江苏省辖13个地级市，省辖市下辖102个县、市、区，包括24个县、24个县级市、54个市辖区，共有836镇、95个乡、349个街道办事处，15166个村民委员会、6328个居民委员会。

**表2　江苏省行政区划**

单位：个

| 市　名 | 各级市单位数 | 县级单位数 | 镇 | 乡 | 街道办事处 | 村民委员会 | 居民委员会 |
|---|---|---|---|---|---|---|---|
| 江苏全省 | 37 | 102 | 836 | 95 | 349 | 15166 | 6328 |
| 南京市 | 1 | 13 | 19 |  | 81 | 452 | 796 |
| 无锡市 | 3 | 8 | 32 |  | 51 | 657 | 593 |
| 徐州市 | 3 | 10 | 113 |  | 41 | 2082 | 610 |
| 常州市 | 3 | 7 | 37 |  | 21 | 777 | 354 |
| 苏州市 | 5 | 9 | 55 |  | 40 | 1081 | 928 |
| 南通市 | 4 | 8 | 82 | 2 | 23 | 1340 | 574 |
| 连云港市 | 1 | 7 | 53 | 30 | 18 | 1438 | 238 |
| 淮安市 | 1 | 8 | 91 | 24 | 11 | 1458 | 241 |
| 盐城市 | 3 | 9 | 99 |  | 13 | 1857 | 568 |
| 扬州市 | 3 | 6 | 71 | 4 | 12 | 1021 | 352 |
| 镇江市 | 4 | 6 | 35 |  | 18 | 504 | 286 |
| 泰州市 | 5 | 6 | 74 | 6 | 16 | 1471 | 395 |
| 宿迁市 | 1 | 5 | 75 | 29 | 4 | 1028 | 393 |

数据来源：2013年江苏省统计年鉴

## 三、浙江省

2012年末，浙江全省共有11个地级市，32个市辖区，58个县级市，650个建制镇，279个乡，28798个村。

**表3　浙江省行政区划**

单位：个

| 市　名 | 市辖区 | 县级市 | 建制镇 | 乡 | 村 |
|---|---|---|---|---|---|
| 浙江全省 | 32 | 58 | 650 | 279 | 28798 |
| 杭州市 | 8 | 5 | 86 | 23 | 2072 |
| 宁波市 | 6 | 5 | 78 | 11 | 2567 |
| 嘉兴市 | 2 | 5 | 44 |  | 815 |
| 湖州市 | 2 | 3 | 41 | 11 | 985 |

（续表）

| | | | | | |
|---|---|---|---|---|---|
| 绍兴市 | 1 | 5 | 79 | 15 | 2186 |
| 舟山市 | 2 | 2 | 21 | 11 | 344 |
| 温州市 | 3 | 8 | 64 | 6 | 5403 |
| 金华市 | 2 | 7 | 76 | 36 | 4803 |
| 衢州市 | 2 | 4 | 45 | 43 | 1748 |
| 台州市 | 3 | 6 | 64 | 28 | 5025 |
| 丽水市 | 1 | 8 | 52 | 95 | 2850 |

数据来源：2013年浙江省统计年鉴

# 二 行政区划变更

建国以来，长三角两省一市范围内的行政区划变更一直存在，但近年来变更的主要内容是“区县合并”、“撤县设区”、“撤乡并镇”。经过撤并，基层政府的组织机构得以精简，冗员得以分流，地方政府的财政负担明显降低，政府的办事效率显著提高。

## 一、上海市

《上海市人民政府关于同意浦东新区部分行政区划调整的批复》（沪府〔2012〕89号），浦东新区撤销申港街道、芦潮港镇建制，调整老港镇部分行政区划，设立南汇新城镇。南汇新城镇由原申港街道、芦潮港镇和老港镇大治河以南（不含大河村和东河村）的区域合并组成，东至长江，南至杭州湾，西至奉贤区和浦东新区泥城镇、书院镇边界，北至大治河。政府驻地申港大道200号。

## 二、江苏省

《江苏省政府关于淮安市楚州区更名为淮安市淮安区的通知》（苏政发〔2012〕16号），经国务院批准，淮安市楚州区更名为淮安市淮安区。

《江苏省政府关于调整苏州市部分行政区划的通知》（苏政发〔2012〕116号），经国务院批准，对苏州市行政区划做如下调整：撤销苏州市沧浪区、平江区、金阊区，设立苏州市姑苏区，以原沧浪区、平江区、金阊区的行政区域为姑苏区的行政区域，姑苏区人民政府驻苏锦街道平川路510号；撤销县级吴江市，设立苏州市吴江区，以原县级吴江市的行政区域为吴江区的行政区域，吴江区人民政府驻滨湖街道人民路1000号。

《江苏省政府关于调整如皋市石庄镇长江镇行政区划的批复》（苏政复〔2012〕5号），同意将南通市如皋市石庄镇场东居委会划归长江镇管辖。行政区划调整后，石庄镇行政区域面积61.81平方公里，人口6.28万人，辖9个居委会、7个村委会；长江镇行政区域面积72.57平方公里，人口8.07万人，辖19个居委会。

《江苏省政府关于调整南京市浦口区部分行政区划的批复》（苏政复〔2012〕53号），南京市浦口区行政区划调整如下：将浦口区乌江镇与桥林街道办事处合并，设立新的桥林街道办事处。街道办事处驻明因路1号；撤销浦口区石桥镇、星甸镇，将原两镇所辖区域合并，设立星甸街道办事处，街道办事

处驻原星甸集镇中心街38号;将原星甸镇万隆居委会西至绕镇公路、北至汤泉街道办事处瓦殿村、东至龙华居委会、南至解放桥居委会的区域(新金居委会)及龙山、龙井、龙华3个居委会和大黄村委会划归汤泉街道办事处管理。行政区划调整后,桥林街道办事处行政区域面积184.95平方公里,人口6.7万人,管理12个居委会、11个村委会。汤泉街道办事处行政区域面积109平方公里,人口3.35万人,管理9个居委会、5个村委会。星甸街道办事处行政区域面积141.19平方公里,人口5.04万人,管理8个居委会、6个村委会。

《江苏省政府关于调整南京市六合区部分行政区划的批复》(苏政复〔2012〕66号),南京市六合区行政区划调整如下:六合区瓜埠镇与雄州街道办事处合并,设立新的雄州街道办事处,街道办事处驻雄州东路299号;六合区新篁镇与横梁街道办事处合并,设立新的横梁街道办事处,街道办事处驻滕营路1号;六合区玉带镇与长芦街道办事处合并,设立新的长芦街道办事处,街道办事处驻白玉路58;六合区龙袍镇、东沟镇,将原两镇所辖区域合并设立龙袍街道办事处,街道办事处驻龙腾路1号;撤销六合区马鞍镇、马集镇,将原两镇所辖区域合并设立马鞍街道办事处,街道办事处驻人民路54号。

《江苏省政府关于调整海门市行政区划的批复》(苏政复〔2012〕103号),海门市撤销海门镇、德胜镇、三星镇,设立海门街道、滨江街道和新的三星镇;撤销三厂镇、临江镇,以八匡河为界,分别设立三厂街道、新的临江镇;撤销常乐镇、麒麟镇,设立新的常乐镇;撤销悦来镇、万年镇、三阳镇,设立新的悦来镇;撤销四甲镇、货隆镇,设立新的四甲镇;撤销余东镇、树勋镇,设立新的余东镇;撤销正余镇、王浩镇,设立新的正余镇。将包场镇、东灶港镇、刘浩镇合并设立新的包场镇。

## 三、浙江省

《浙江省人民政府关于长兴县部分行政区划调整的批复》(浙政函〔2012〕87号),长兴县部分行政区划调整如下:撤销吴山乡建制,将其行政区域并入和平镇;撤销二界岭乡建制,并入泗安镇;撤销雉城镇建制,其行政区域改由县政府直辖,在此行政区域内设立雉城、画溪、太湖3个街道办事处。

《浙江省人民政府关于安吉县部分行政区划调整的批复》(浙政函〔2012〕73号),安吉县部分行政区划调整如下:撤销昆铜乡建制,其行政区域并入梅溪镇。调整后,梅溪镇辖3个社区、22个行政村,镇政府驻地不变(晓墅村)。撤销高禹镇、良朋镇建制,合并设立天子湖镇。天子湖镇辖2个居民区、20个行政村,镇政府驻南店村。调整后,安吉县辖递铺、梅溪、孝丰、杭垓、章村、报福、天荒坪、鄣吴、天子湖9个镇和上墅、山川、皈山、溪龙4个乡。

《关于鄞州区下应街道行政区划调整的批复》(甬政发〔2012〕72号),将下应街道以鄞县大道为界拆分为两个街道,鄞县大道以北潘火管委会托管区域成立潘火街道,鄞县大道以南区域仍由下应街道管辖。下应街道辖区范围东至东钱湖镇边界,南至首南街道、云龙镇、姜山镇边界,西至甬台温高速,北至鄞县大道,面积9平方公里,户籍人口1.3万人,流动人口2.8万人,下辖黎明、史家码、江六、河东、河西、胜利、东升、姜村、湾底等9个行政村,东兴、天宫2个社区,1个下应居委会。街道办事处暂驻湾底村。潘火街道辖区范围东至邱隘镇、东钱湖镇边界,南至鄞县大道,西至甬台温高速及中河街道边界,北至江东区边界,面积14.25平方公里,户籍人口1.9万人,流动人口5.2万,下辖殷家坑、小花园、潘火桥、妙胜、曹隘、王家弄、土桥等7个行政村,东南、雅苑、东莺、世纪、紫郡、同欣、尚诚、星苑等8个社区。街道办事处驻诚信路668号。调整后鄞州区的行政区划为17镇、1个乡、7个街道。

# 第六章 文化和旅游

## 一 文 化

长三角区域在春秋时期是吴、越文化的所在地，自春秋以来，长三角区域的人们依托长江和钱塘江两大流域繁衍生息。现在长江三角洲城市群的形成，有着源远流长的历史文化互动基础。新石器时代文化遗址的大量发现与发掘，揭示了长三角文化发展的历史源头。新中国建立后，长三角地区继续在文化上蓬勃发展，迎来前所未有的历史发展契机。长三角的文化精神，是长三角在区域竞争中借以制胜争优的“软实力”的核心所在，支撑着长三角创造出一个又一个的经济社会发展奇迹。

### 一、上海市

上海位于长江三角洲冲积平原，因吴淞江支流上海浦而得名。春秋时属吴，战国时先后属越、楚。古时当地渔民创造了捕鱼工具“扈”，又因为当时江流入海处称“渎”，因此，松江下游一带被称为“扈渎”，以后又改“扈”为“沪”，故上海简称“沪”。上海是中国的历史文化名城，被誉为“江海之通津，东南之都会”。“两千年历史看西安，一千年历史看北京，一百年历史看上海”，上海是近现代中国的“缩影”，拥有厚重的历史底蕴。作为党的诞生地，更为这座城市增添了一份独特的光彩。2012 年，成功举办“上海之春”国际音乐节、第十四届中国上海国际艺术节、第十五届上海国际电影节、第八届中国国际动漫游戏博览会等重大文化活动。

2012 年末，全市有市、区(县)级文化馆、群众艺术馆 27 个，艺术表演团体 154 个，市、区(县)级公共图书馆 25 个，档案馆 41 个，博物馆 109 个。全市共有公共广播节目 21 套，公共电视节目 25 套。有线电视用户 641.9 万户，有线数字电视用户 409 万户。全年生产电视剧 52 部 1684 集，动画电视 3824 分钟。全年共出版报纸 14.54 亿份，各类期刊 1.77 亿册，图书 3.35 亿册。摄制完成 7 部专题片。中华艺术宫、上海当代艺术博物馆开馆运营。年内完成郊区县 100 万户有线电视数字化整体转换和 100 万户 NGB 改造。

### 二、江苏省

江苏是中国古代吴越文化、长江文化的发祥地。南京汤山直立人化石将这块富饶土地的文明史追溯到距今 35 万年前的远古时期。在苏北东海、太湖中的三山岛、金坛市青龙山均发现有旧石器时代晚期的遗址，新石器时代的文化遗址中较为重要的有徐淮地区的青莲岗文化和大汶口文化，南京地区的北阴阳营文化，太湖地区的马家浜文化、崧泽文化和良渚文化。隋唐以降，随着中国的经济、文化中心南移，江淮之地更是人才荟萃，有“金陵会稽，文士成林”之称。

2012 年，公共文化服务水平继续提高。年末全省共有文化馆、群众艺术馆 119 个，公共图书馆 112 个，博物馆 264 个，美术馆 15 个，综合档案馆 122 个，向社会开放档案 402 万卷(件、册)。共有广播电台 14 座，中短波广播发射台和转播台 21 座，电视台 14 座，广播综合人口覆盖率和电视综合人口覆盖率分别达 99.99%和 99.88%。有线电视用户 2091.66 万户，比上年增长 5.3%。生产故事影剧

片 27 部。全年报纸出版 29.4 亿份,杂志出版 1.2 亿册,图书出版 5.2 亿册。

### 三、浙江省

位于今浙江省境内的距今 6000—7000 年的河姆渡文化和距今 4000—5000 年的良渚文化是浙江悠久灿烂的史前文化的杰出代表。在浙江余姚河姆渡遗址出土的大量文物中,有种类齐全的骨、石、陶、木制成的生产工具和生活用具,大量保存完好的古代稻谷,榫卯结构清楚的木构件,以及色彩鲜艳的漆碗,依然能吹出动听音响的陶埙、骨哨等。良渚文化以发达的黑陶制作和精美绝伦的玉器制作闻名,曾经存在世界上早期的大规模犁耕稻作农业、大型营建工程及社会组织形态。河姆渡文化、良渚文化的发现,证明了长江流域也是中华民族的发祥地之一。浙江文化历史悠久,手工业发达,如春秋、战国时(前 770—前 221 年)越国的铸剑,东汉时(25—220 年)的制瓷技术和铜镜制作工艺,唐代(618—907 年)以后的丝绸、雕版印刷、造塔、寺院建筑、佛像雕塑技艺。始镌于南齐建武年间(494—497 年)的新昌大佛寺弥勒像,被称为“江南第一大佛”。北宋开宝三年(970 年)建的杭州六和塔、唐中和四年(884 年建内塔)和北宋开宝年间(968—975 年建外塔)建的湖州飞英塔等,被誉为全国造塔工艺的典范。

2012 年末,全省共有艺术表演团体 64 个,群艺(文化)馆 102 个,公共图书馆 97 个,博物馆 128 个。省市级广播电台、电视台各 12 座,县级广播电视台 66 家。有线电视用户 1384.6 万户,比上年增长 4.7%;广播、电视综合覆盖率分别为 99.5%和 99.6%。全年共审查电影 40 部,制作电视剧 75 部 2803 集。共有 36 部浙产电视剧在央视及全国各卫视播出。制作动画片 46 部 2968 集超过 35000 分钟,《锋速战警》等 11 部动画片列入国家广电总局今年推荐优秀动画片。全年广播影视经营收入 220 亿元,比上年增长 10.0%,其中电影票房收入 13.7 亿元,增长 40.5%。全年观影 3440.6 万人次,共完成 30.5 万场农村电影放映任务。全省 14 家图书出版社,共出版图书 10966 种,总印数 3.4 亿册,比上年增长 4.6%;公开发行报纸 71 种,年出版量 34.8 亿份,平均每千人每天拥有 174 份报纸;出版期刊 222 种,比上年增加 2 种,年出版量 0.79 亿册,增长 0.6%。全省共有综合档案馆 98 个,已开放各类档案 12311 个全宗,共计 255.5 万卷,37.5 万件。

## 二 旅 游

长三角区域山水秀丽,景色怡人,旅游资源丰富。它是一个异常活跃、极富生命力的区域,将跻身于世界第六大都市圈,除了它雄厚的经济实力外,得天独厚的地理位置和气候条件及快捷便利的三小时交通圈,提升了区域旅游经济。

### 一、上海市

上海旅游资源丰富,作为历史文化名城,中国近代历史上的许多重大历史事件都发生在这里,130 余处国家级和市级文物保护单位、众多的园林、博物馆、宗教寺院及有世界建筑博览会之称的城市建筑群,吸引了大量的中外游客。

上海是我国最大的经济中心和世界著名的港口城市,也是一座历史悠久的文化城市。古代这里为海滨村镇,唐天宝十年(751)设华亭县,宋设上海镇,元置上海县。上海具有光荣的革命历史,是中国共产党的诞生地,近、现代许多重要历史事件和历史人物的活动都发生在这里,如小刀会起义、五卅运动、上海工人三次武装起义、松沪抗战等。现存革命遗址有中共一大会址、孙中山故居、鲁迅墓、宋庆龄墓、龙华革命烈士纪念地等。文物古迹有龙华塔、松江方塔、豫园、秋霞浦、唐经幢等。上海近代的各式外国风格建筑在建筑史上也具有重要价值。20世纪90年代以来,上海相继建成了一批享誉国内外的功能性建筑,构成了迷人的都市风景线,同时也成为上海的旅游新景观,向世人展示了上海的新风貌。有象征上海的外滩;有被誉为"城市绿肺"的人民广场;有创造了十个"世界第一"的东方明珠广播电视塔;有中国第一摩天大楼金茂大厦;以及南京路步行街、上海博物馆、上海大剧院、上海城市规划展示馆等。上海除了港口城市的特点外,还是中国的重要工业城市,其工业生产已有一个半世纪的历史。上海素有购物天堂之美称上,也是全国少数几个会展业发达的中心城市之一,新型的全球采购交易平台已初步形成并呈高速发展之势。

2012年,实现旅游产业增加值1497.68亿元,比上年增长4.9%,有星级宾馆278家,旅行社1183家,A级旅游景区(点)82家,红色旅游基地34个。全年接待国际旅游入境人数800.4万人次,比上年下降2.1%;其中入境外国人633.03万人次,下降2.4%,港、澳、台同胞167.37万人次,下降1.1%。全年接待国内旅游者25093.69万人次,比上年增长8.7%。全年入境旅游外汇收入55.82亿美元,比上年下降4.3%;国内旅游收入3224.39亿元,增长15.7%。

## 三、江苏省

江苏是全国七大重点旅游省份之一,旅游资源丰富,自然景观与人文景观交相辉映,名山、名湖、名泉、名园、名寺遍布各地,南京、苏州、扬州、镇江、徐州、淮安、常熟、无锡、南通均是中国的历史文化名城。南京的六朝胜迹,苏州的古典园林,无锡的太湖风光,扬州的汉唐文化,徐州的秦汉遗址,连云港的海域仙境,镇江的山林寺院,以及陶都宜兴的洞天竹海等,令人留连忘返。截止2012年底,全省共有世界文化遗产2项10处,分别是苏州古典园林(沧浪亭、狮子林、留园、拙政园、网师园、环秀山庄、退思园、艺圃、耦园)和南京明孝陵("明清皇家陵寝"的扩展项目),世界人类口述和非物质遗产代表作2项(昆曲、古琴)。

太湖烟波浩渺,景色之佳居全国五大淡水湖之首,南京玄武湖、莫愁湖、扬州瘦西湖、苏州阳澄湖、徐州云龙湖、溧阳天目湖皆独具风情。镇江中泠泉称"天下第一泉",无锡惠山泉称"天下第二泉",苏州虎丘憨泉称"天下第三泉",南京汤山温泉、东海汤庙温泉等也颇具盛名。南京钟山、清凉山(石头山)、镇江三山(北固山、金山、焦山)苍翠雄秀。句容和金坛交界处的茅山是我国东南道教中心、全国重点道观之一,有道教"第一福地"、"第八洞天"之称。南通狼山是全国佛教八小名山之一。陶都宜兴号称"洞天世界"。连云港花果山因结缘《西游记》而闻名海内外。古典园林举世闻名,苏州拙政园、留园跻身全国四大名园,苏州9家古典园林被列为世界文化遗产。南京栖霞寺、镇江金山寺、扬州大明寺、苏州寒山寺、常熟兴福寺、常州天宁寺、句容隆昌寺等都是著名古刹。连云港锦屏山将军崖岩画被称为"我国最早的一部天书";孔望山东汉摩崖造像是迄今为止我国发现的最早的佛教摩崖造像,比敦煌石窟还早一二百年,有"九州第一窟"之誉。武进春秋淹城是我国目前保存的最古老、最为完整的地面城池建筑遗址。徐州汉画像石,南京、丹阳帝王墓前留下的六朝石刻,是中国古代雕刻艺术的瑰宝。徐州狮子山发现的西汉兵马俑被考古学界称为第三大奇迹。南京明城墙不仅仅是我国城墙之最长者,也是世界上最大的砖城之一。近现代历史纪念地众多,如南京静海寺、太平天国天王府、总统府、中山陵、淮安周恩来纪念馆、南京梅园新村、雨花台烈士陵园、渡江胜利纪念碑、侵华日军南京大屠杀纪念馆、徐州淮海战役烈士纪念塔、盐城新四军纪念馆等。

2012年,旅游业发展加快。全年接待国内旅游人数4.6亿人次,比上年增长12.8%;实现国内旅游收入6055.8亿元,增长17.3%。全年入境旅游人数791.5万人次,比上年增长7.4%。其中,外国人575.2万人次,增长6.9%;港澳台同胞216.3万人次,增长8.5%。国际旅游外汇收入63.0亿美

元，增长11.4%。旅行社组织公民自费出境旅游90.7万人次，增长43.1%。

## 三、浙江省

浙江旅游资源数量众多，类型丰富，特色明显，知名度较高。有重要地貌景观资源800余处，水域景观资源200余处，生物景观资源100余处，人文景观资源100余处。至2012年底，共有国家级旅游度假区1处，国家级自然保护区9处(其中南麂列岛国家海洋自然保护区是我国唯一加入联合国世界人类生物圈保护组织的海岛)，国家级历史文化名城7处，5A级旅游区(点)9个。旅游资源总量名列全国前茅，是全国有名的旅游资源大省。主要的旅游景点有杭州西湖、普陀山、钱塘观潮、千岛湖、莫干山、奉化溪口等。开辟了浙东风情游、浙西名山名水游、浙北运河古镇游、浙南奇山奇水游等旅游路线。建立了以杭州为中心江南水乡特色的杭绍旅游区；以佛教、文化为主的宁舟台旅游区；以奇山奇水、民俗文化为主要内容的温丽台旅游区；以本地历史文化、山水风情为基础的金衢旅游区；以运河古镇为基础的杭嘉湖旅游区。

浙江的特色旅游比较发达。钱江观潮、书法、垂钓、气功保健、古民居观赏、佛教朝拜、道教养生、生态考察、"农家乐"、"渔家乐"之旅等多项具有浓郁浙江特色的旅游项目，深受国内外游客的青睐。中国国际钱江观潮节、西湖博览会、宁波国际服装节、绍兴国际书法节、舟山国际沙雕节等旅游节庆活动丰富多彩。省会杭州是我国七大古都之一，也是中国著名的风景旅游城市，以秀丽迷人的西湖自然风光闻名于世。多年来，浙江省在重点开发杭州风景名胜区的同时，致力于开发全省各地的旅游资源，逐步建立了以杭州为中心的全省旅游网络，形成了浙东水乡佛国游、浙南奇山秀水游、浙西名山名水游、浙北丝绸古镇游四条精品旅游线路。西湖三面环山一面临城，面积4.65平方公里。千岛湖位于杭州和黄山之间的浙江省淳安县，千岛湖位于浙江省西北的淳安县。处于杭州和黄山之间，东距杭州180公里左右，西距黄山160公里左右。千岛湖由一千多个岛屿组成，森林覆盖率达80%以上，已经开放了二十多个旅游景点。西塘、南浔、乌镇是浙江的著名古镇。

2012年，全年实现旅游总收入4801.2亿元，比上年增长17.7%。其中，接待国内旅游者3.91亿人次，增长14.1%，实现国内旅游收入4475.8亿元，增长18.2%；接待入境旅游者866万人次，增长11.9%，实现旅游外汇收入51.5亿美元，增长13.4%。

# 第二篇

# 长三角地区区域经济社会发展报告

# 第一章　长三角地区2012年经济社会发展总报告

2012年，在贯彻科学发展观、促进经济社会又好又快发展方面，长三角地区在全国发展中仍处于领先位置。

## 一　长三角地区生产总值

### 一、长三角地区生产总值总体情况

2012年，长三角地区保持了持续增长势头，地区生产总值达到了108905.3亿元。

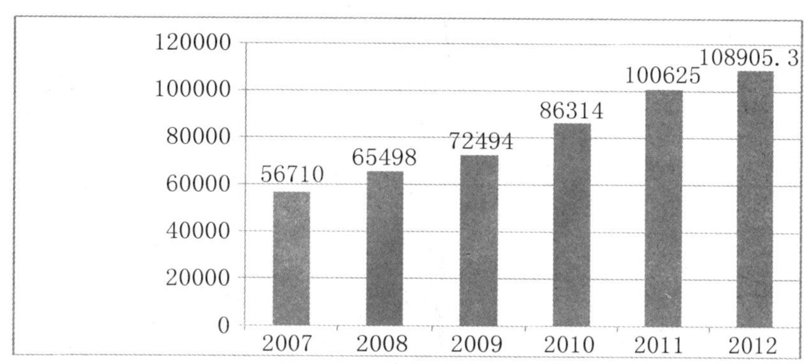


**图1　2007—2012年长三角地区生产总值情况（单位：亿元）**

### 二、上海市、江苏省和浙江省地区生产总值情况

2012年，长三角两省一市地区生产总值仍然维持了高速稳定增长，其中江苏以54058.22亿元居于长三角首位，浙江次之（34665.33亿元），上海第三（20181.72亿元）。

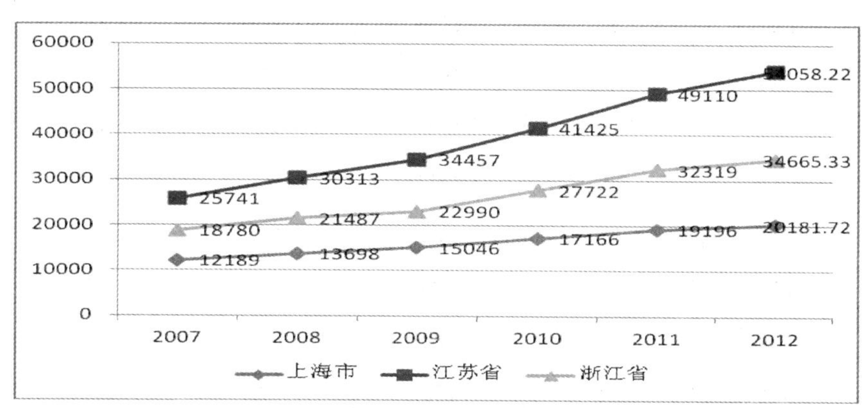


**图2　2007—2012年上海市、江苏省和浙江省地区生产总值情况（单位：亿元）**

## 三、长三角地区各省辖市地区生产总值情况

2012年，长三角24个地级市地区生产总值排名基本保持稳定。前五名依次是苏州市(12012亿元)、杭州市(7802亿元)、无锡市(7568亿元)、南京市(7202亿元)和宁波市(6582亿元)。

2012年，徐州、盐城和扬州地区生产总值排名上升。

**表1 2010—2012年长三角地区各省辖市地区生产总值情况(单位:亿元)**

| 项目<br>地区 | 2010年总值 | 2010年排名 | 2011年总值 | 2011年排名 | 2012年总值 | 2012年排名 |
|---|---|---|---|---|---|---|
| 苏州市 | 9229 | 1 | 10717 | 1 | 12012 | 1 |
| 杭州市 | 5949 | 2 | 7019 | 2 | 7802 | 2 |
| 无锡市 | 5793 | 3 | 6880 | 3 | 7568 | 3 |
| 宁波市 | 5163 | 4 | 6059 | 4 | 6582 | 5 |
| 南京市 | 5131 | 5 | 6146 | 5 | 7202 | 4 |
| 南通市 | 3466 | 6 | 4080 | 6 | 4559 | 6 |
| 常州市 | 3045 | 7 | 3581 | 7 | 3970 | 8 |
| 徐州市 | 2942 | 8 | 3552 | 8 | 4017 | 7 |
| 温州市 | 2925 | 9 | 3419 | 9 | 3669 | 9 |
| 绍兴市 | 2795 | 10 | 3332 | 10 | 3654 | 10 |
| 台州市 | 2426 | 11 | 2795 | 11 | 2911 | 13 |
| 盐城市 | 2333 | 12 | 2771 | 12 | 3120 | 11 |
| 嘉兴市 | 2300 | 13 | 2677 | 13 | 2891 | 14 |
| 扬州市 | 2229 | 14 | 2630 | 14 | 2933 | 12 |
| 金华市 | 2110 | 15 | 2458 | 15 | 2711 | 15 |
| 泰州市 | 2049 | 16 | 2423 | 16 | 2702 | 16 |
| 镇江市 | 1988 | 17 | 2311 | 17 | 2630 | 17 |
| 淮安市 | 1388 | 18 | 1690 | 18 | 1921 | 18 |
| 湖州市 | 1302 | 19 | 1520 | 19 | 1664 | 19 |
| 连云港市 | 1193 | 20 | 1411 | 20 | 1603 | 20 |
| 宿迁市 | 1064 | 21 | 1321 | 21 | 1522 | 21 |
| 衢州市 | 755 | 22 | 920 | 22 | 972 | 22 |
| 丽水市 | 663 | 23 | 798 | 23 | 894 | 23 |
| 舟山市 | 644 | 24 | 773 | 24 | 853 | 24 |

# 四、长三角地区各县(市)地区生产总值情况

长三角地区包括了江苏 48 个县(市)、浙江 58 个县(市)和上海 1 个县共 107 个县(市)(由于吴江市被并入了苏州市城区,故相较于 2011 年少了一个县(市))。

各县市地区生产总值排序情况相较于 2011 年发生了很大变化,但前十名变化不大,除了因吴江市被撤市改区原排在 12 位的丹阳市提前到第 9 位。苏南的昆山市、江阴市、张家港市、常熟市和宜兴市牢牢占据了前五名,六至十名分别是绍兴县、慈溪市、太仓市、丹阳市和诸暨市。

**表 2　2010—2012 年长三角地区各县(市)地区生产总值情况(单位:亿元)**

| 地区＼项目 | 2010 年总值 | 2010 年排名 | 2011 年总值 | 2011 年排名 | 2012 年总值 | 2012 年排名 |
|---|---|---|---|---|---|---|
| 昆山市 | 2100.28 | 1 | 2432.25 | 1 | 2725.32 | 1 |
| 江阴市 | 2000.92 | 2 | 2335.87 | 2 | 2535.38 | 2 |
| 张家港市 | 1603.51 | 3 | 1860.28 | 3 | 2050.58 | 3 |
| 常熟市 | 1453.61 | 4 | 1710.45 | 4 | 1870.19 | 4 |
| 吴江市 | 1003.39 | 5 | 1192.28 | 5 | — | — |
| 宜兴市 | 805.82 | 6 | 980.39 | 6 | 1085.98 | 5 |
| 绍兴县 | 776.11 | 7 | 931.8 | 7 | 1014.77 | 6 |
| 慈溪市 | 757.42 | 8 | 877.18 | 8 | 958.21 | 7 |
| 太仓市 | 730.32 | 9 | 867.53 | 9 | 955.12 | 8 |
| 诸暨市 | 621.54 | 10 | 740.02 | 10 | 821.90 | 10 |
| 义乌市 | 619.91 | 11 | 729.68 | 11 | 806.03 | 11 |
| 丹阳市 | 607.67 | 12 | 724.90 | 12 | 830.51 | 9 |
| 温岭市 | 581.46 | 13 | 678.62 | 13 | 683.84 | 13 |
| 余姚市 | 567.88 | 14 | 658.77 | 14 | 709.07 | 12 |
| 海门市 | 500.10 | 15 | 590.33 | 15 | 663.10 | 14 |
| 乐清市 | 495.84 | 16 | 571.17 | 16 | 599.43 | 16 |
| 江都市 | 488.88 | 17 | — | — | — | — |
| 瑞安市 | 457.22 | 18 | 521.71 | 20 | 559.32 | 21 |
| 海宁市 | 455.83 | 19 | 532.67 | 18 | 581.25 | 19 |
| 靖江市 | 441.00 | 20 | 538.98 | 17 | 600.85 | 15 |
| 上虞市 | 436.26 | 21 | 523.66 | 19 | 577.46 | 20 |
| 如皋市 | 431.00 | 22 | 520.67 | 21 | 590.17 | 17 |
| 启东市 | 430.04 | 23 | 520.17 | 22 | 589.14 | 18 |

（续表）

| | | | | | | |
|---|---|---|---|---|---|---|
| 溧阳市 | 424.66 | 24 | 503.78 | 23 | 559.20 | 22 |
| 富阳市 | 415.67 | 25 | 491.1 | 24 | 541.83 | 24 |
| 桐乡市 | 409.25 | 26 | 483.78 | 26 | 526.87 | 25 |
| 泰兴市 | 407.58 | 27 | 486.39 | 25 | 543.55 | 23 |
| 兴化市 | 387.11 | 28 | 459.47 | 27 | 512.36 | 27 |
| 东台市 | 381.54 | 29 | 447.92 | 29 | 506.69 | 28 |
| 邳州市 | 365.39 | 30 | 448.86 | 28 | 513.49 | 26 |
| 海安县 | 355.57 | 31 | 429.52 | 30 | 480.14 | 30 |
| 如东县 | 352.36 | 32 | 425.45 | 31 | 478.00 | 31 |
| 平湖市 | 340.53 | 33 | 393.43 | 33 | 422.84 | 33 |
| 临海市 | 328.01 | 34 | 382.05 | 34 | 387.77 | 37 |
| 永康市 | 310.48 | 35 | 355.39 | 39 | 392.09 | 36 |
| 沭阳县 | 308.49 | 36 | 410.45 | 32 | 480.50 | 29 |
| 金坛市 | 308.28 | 37 | 365.10 | 36 | 373.81 | 39 |
| 玉环县 | 308.22 | 38 | 361.52 | 38 | 370.54 | 42 |
| 姜堰市 | 306.76 | 39 | 364.08 | 37 | 405.86 | 34 |
| 沛　县 | 301.60 | 40 | 376.98 | 35 | 431.30 | 32 |
| 大丰市 | 293.58 | 41 | 346.96 | 40 | 393.36 | 35 |
| 临安市 | 287.66 | 42 | 340.39 | 41 | 381.35 | 38 |
| 东阳市 | 286.86 | 43 | 337.75 | 42 | 373.58 | 40 |
| 长兴县 | 283.93 | 44 | 334.41 | 43 | 370.79 | 41 |
| 仪征市 | 280.70 | 45 | 333.41 | 44 | 370.27 | 43 |
| 宁海县 | 278.74 | 46 | 323.32 | 46 | 352.53 | 48 |
| 嘉善县 | 276.11 | 47 | 323.2 | 47 | 345.36 | 50 |
| 嵊州市 | 273.35 | 48 | 327.92 | 45 | 363.98 | 46 |
| 象山县 | 271.73 | 49 | 318.21 | 48 | 337.16 | 51 |
| 高邮市 | 255.81 | 50 | 302.50 | 51 | 336.00 | 53 |
| 苍南县 | 254.80 | 51 | 294.92 | 54 | 325.52 | 55 |
| 溧水县 | 250.16 | 52 | 303.77 | 49 | 369.38 | 44 |
| 高淳县 | 247.26 | 53 | 302.82 | 50 | 365.27 | 45 |
| 扬中市 | 246.99 | 54 | 300.05 | 53 | 360.20 | 47 |

（续表）

| | | | | | | |
|---|---|---|---|---|---|---|
| 建湖县 | 245.97 | 55 | 288.77 | 57 | 324.47 | 56 |
| 射阳县 | 244.67 | 56 | 287.98 | 58 | 320.31 | 58 |
| 句容市 | 243.09 | 57 | 291.89 | 55 | 336.86 | 52 |
| 宝应县 | 242.86 | 58 | 291.93 | 56 | 323.03 | 57 |
| 新沂市 | 241.20 | 59 | 301.37 | 52 | 350.16 | 49 |
| 德清县 | 240.16 | 60 | 278.27 | 60 | 307.25 | 59 |
| 海盐县 | 238.29 | 61 | 273.76 | 61 | 301.20 | 61 |
| 奉化市 | 225.07 | 62 | 259.87 | 62 | 274.25 | 65 |
| 赣榆县 | 223.07 | 63 | 283.07 | 59 | 331.36 | 54 |
| 新昌县 | 215.11 | 64 | 256.21 | 63 | 282.94 | 62 |
| 阜宁县 | 206.16 | 65 | 244.09 | 66 | 274.99 | 64 |
| 永嘉县 | 205.05 | 66 | 237.66 | 69 | 261.02 | 69 |
| 平阳县 | 202.59 | 67 | 232.46 | 71 | 259.76 | 70 |
| 东海县 | 200.14 | 68 | 245.67 | 65 | 277.30 | 63 |
| 睢宁县 | 200.10 | 69 | 252.36 | 64 | 302.45 | 60 |
| 滨海县 | 198.16 | 70 | 238.00 | 68 | 267.69 | 67 |
| 桐庐县 | 197.93 | 71 | 233.52 | 70 | 258.13 | 71 |
| 崇明县 | 194.40 | 72 | 224.1 | 73 | 236.30 | 74 |
| 泗阳县 | 192.20 | 73 | 238.18 | 67 | 273.74 | 66 |
| 安吉县 | 190.13 | 74 | 222.05 | 75 | 246.00 | 73 |
| 建德市 | 189.65 | 75 | 224.01 | 74 | 247.73 | 72 |
| 泗洪县 | 181.00 | 76 | 226.05 | 72 | 264.63 | 68 |
| 兰溪市 | 180.31 | 77 | 211.01 | 76 | 231.13 | 75 |
| 江山市 | 170.22 | 78 | 203.19 | 77 | 216.19 | 80 |
| 涟水县 | 157.45 | 79 | 194.54 | 78 | 228.64 | 77 |
| 盱眙县 | 154.25 | 80 | 191.19 | 80 | 221.88 | 78 |
| 丰　县 | 150.18 | 81 | 190.61 | 81 | 228.73 | 76 |
| 灌云县 | 150.13 | 82 | 192.22 | 79 | 220.29 | 79 |
| 灌南县 | 140.08 | 83 | 182.33 | 82 | 210.47 | 81 |
| 响水县 | 135.20 | 84 | 161.16 | 83 | 181.35 | 82 |
| 浦江县 | 131.63 | 85 | 151.06 | 85 | 167.24 | 83 |

（续表）

| | | | | | | |
|---|---|---|---|---|---|---|
| 武义县 | 128.50 | 86 | 150.59 | 86 | 164.52 | 84 |
| 岱山县 | 128.08 | 87 | 153.11 | 84 | 164.50 | 85 |
| 天台县 | 118.58 | 88 | 139.83 | 89 | 148.36 | 91 |
| 龙游县 | 118.27 | 89 | 146.96 | 87 | 163.07 | 86 |
| 淳安县 | 117.48 | 90 | 140.17 | 88 | 159.73 | 87 |
| 青田县 | 114.26 | 91 | 137.75 | 90 | 154.84 | 90 |
| 缙云县 | 112.17 | 92 | 137.12 | 91 | 156.12 | 88 |
| 三门县 | 106.62 | 93 | 125.81 | 93 | 130.19 | 93 |
| 洪泽县 | 105.15 | 94 | 133.83 | 92 | 155.09 | 89 |
| 仙居县 | 100.95 | 95 | 119.77 | 95 | 125.70 | 94 |
| 金湖县 | 98.55 | 96 | 121.96 | 94 | 142.39 | 92 |
| 常山县 | 75.49 | 97 | 92.41 | 96 | 98.96 | 95 |
| 开化县 | 70.23 | 98 | 81.67 | 97 | 87.26 | 96 |
| 龙泉市 | 62.59 | 99 | 76.99 | 98 | 85.95 | 97 |
| 嵊泗县 | 58.90 | 100 | 56.9 | 101 | 65.87 | 100 |
| 遂昌县 | 57.66 | 101 | 68.13 | 99 | 76.71 | 98 |
| 磐安县 | 48.22 | 102 | 56.67 | 102 | 62.76 | 101 |
| 松阳县 | 47.50 | 103 | 58.45 | 100 | 66.23 | 99 |
| 文成县 | 40.52 | 104 | 47.41 | 103 | 52.67 | 102 |
| 泰顺县 | 39.77 | 105 | 46.67 | 104 | 51.98 | 103 |
| 洞头县 | 34.36 | 106 | 39.32 | 105 | 44.14 | 104 |
| 云和县 | 33.51 | 107 | 39.24 | 106 | 43.92 | 105 |
| 庆元县 | 31.70 | 108 | 38.28 | 107 | 43.30 | 106 |
| 景宁县 | 26.70 | 109 | 32.41 | 108 | 35.38 | 107 |

注：上海市崇明县数据来源于其2012年统计公报。

# 二 长三角地区第一产业发展情况

## 一、长三角地区第一产业发展总体情况

2012 年，长三角地区第一产业实现了稳定增长，第一产业产值达到了 5213.97 亿元。

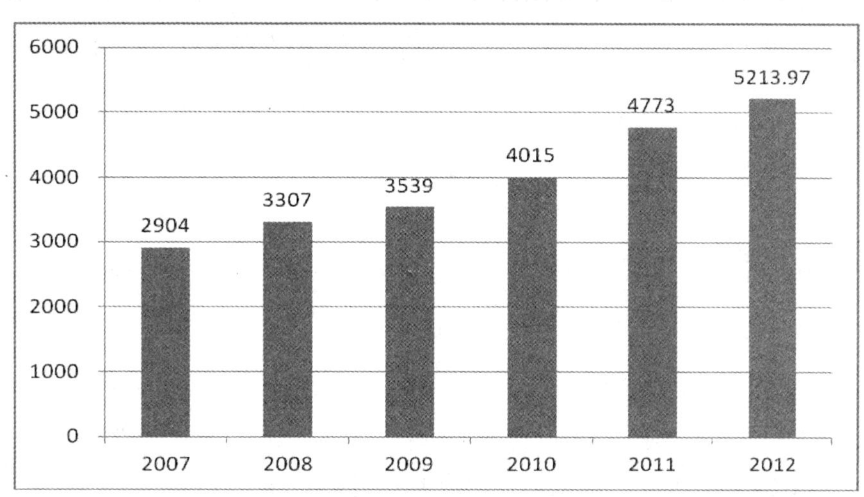


**图 3 2007—2012 年长三角地区第一产业产值情况（单位：亿元）**

## 二、上海市、江苏省和浙江省第一产业发展情况

2012 年，长三角两省一市第一产业仍然维持了稳定增长，其中江苏以 3418.29 亿元居于长三角首位，浙江次之（1667.88 亿元），上海第三（127.8 亿元）。

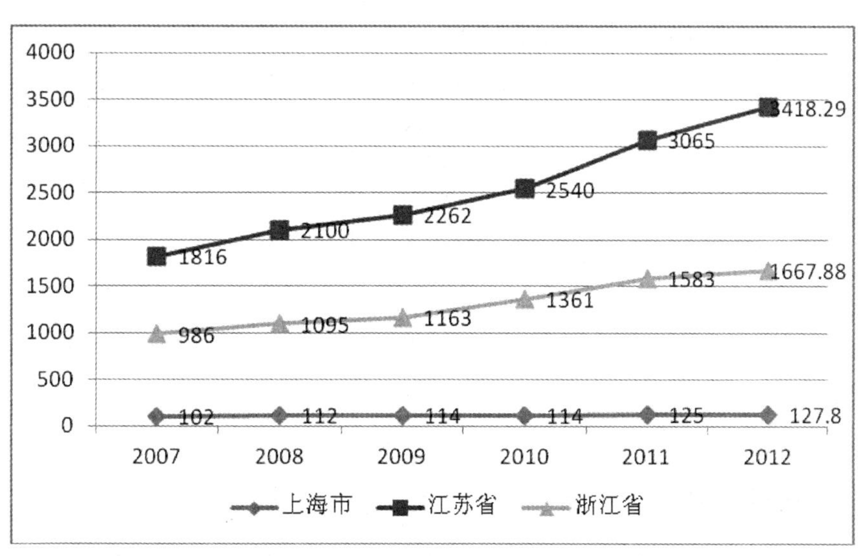


**图 4 2007—2012 年上海市、江苏省和浙江省第一产业产值情况（单位：亿元）**

## 三、长三角地区各省辖市第一产业发展情况

2012 年长三角 24 个地市的第一产业产值都较上年有了较大提高，各市的排名基本上比较稳定，排在前五位的分别是：盐城市（456.13 亿元）、徐州市（382.46 亿元）、南通市（319.09 亿元）、宁波市（268.52 亿元）和杭州市（255.11 亿元）。

表 3　2010—2012 年长三角地区各省辖市第一产业产值情况（单位：亿元）

| 项目<br>地区 | 2010 年总值 | 2010 年排名 | 2011 年总值 | 2011 年排名 | 2012 年总值 | 2012 年排名 |
|---|---|---|---|---|---|---|
| 盐城市 | 374.21 | 1 | 416.83 | 1 | 456.13 | 1 |
| 徐州市 | 282.82 | 2 | 334.54 | 2 | 382.46 | 2 |
| 南通市 | 266.22 | 3 | 287.21 | 3 | 319.09 | 3 |
| 宁波市 | 219.13 | 4 | 255.23 | 4 | 268.52 | 4 |
| 杭州市 | 208.41 | 5 | 236.77 | 5 | 255.11 | 5 |
| 淮安市 | 195.97 | 6 | 223.46 | 6 | 247.98 | 6 |
| 宿迁市 | 187.09 | 7 | 209.72 | 7 | 226.80 | 8 |
| 连云港市 | 182.60 | 8 | 204.11 | 8 | 232.40 | 7 |
| 扬州市 | 161.37 | 9 | 184.54 | 10 | 205.19 | 9 |
| 台州市 | 160.42 | 10 | 188.9 | 9 | 200.91 | 10 |
| 苏州市 | 155.79 | 11 | 177.75 | 11 | 195.08 | 11 |
| 泰州市 | 151.65 | 12 | 175.11 | 12 | 191.75 | 12 |
| 绍兴市 | 149.67 | 13 | 172.1 | 13 | 184.80 | 14 |
| 南京市 | 142.29 | 14 | 164.28 | 14 | 185.06 | 13 |
| 嘉兴市 | 127.00 | 15 | 142.8 | 15 | 151.39 | 15 |
| 金华市 | 108.03 | 16 | 125.43 | 16 | 134.46 | 17 |
| 无锡市 | 104.94 | 17 | 122.98 | 17 | 137.22 | 16 |
| 湖州市 | 104.22 | 18 | 116.22 | 18 | 122.65 | 19 |
| 常州市 | 99.78 | 19 | 111.78 | 19 | 126.37 | 18 |
| 温州市 | 93.69 | 20 | 107.88 | 20 | 114.22 | 21 |
| 镇江市 | 81.53 | 21 | 100.77 | 21 | 115.77 | 20 |
| 衢州市 | 64.68 | 22 | 76.15 | 22 | 79.75 | 23 |
| 丽水市 | 62.93 | 23 | 72.62 | 24 | 79.37 | 24 |
| 舟山市 | 62.02 | 24 | 76.04 | 23 | 83.06 | 22 |

## 四、长三角地区各县(市)第一产业发展情况

2012年长三角地区各县(市)第一产业产值较2011年都有了较大增长,前十位均属于江苏省,分别是兴化市、邳州市、东台市、沭阳县、射阳县、沛县、大丰市、启东市、睢宁县和如东县。

**表4　2010—2012年长三角地区各县(市)第一产业产值情况(单位:亿元)**

| 项目<br>地区 | 2010年总值 | 2010年排名 | 2011年总值 | 2011年排名 | 2012年总值 | 2012年排名 |
|---|---|---|---|---|---|---|
| 兴化市 | 64.51 | 1 | 74.18 | 1 | 81.54 | 1 |
| 东台市 | 63.37 | 2 | 71.49 | 2 | 78.33 | 3 |
| 邳州市 | 59.58 | 3 | 69.92 | 3 | 79.32 | 2 |
| 沭阳县 | 57.33 | 4 | 65.86 | 4 | 71.76 | 4 |
| 射阳县 | 55.37 | 5 | 63.66 | 5 | 69.59 | 5 |
| 启东市 | 54.49 | 6 | 55.96 | 8 | 61.48 | 8 |
| 大丰市 | 52.17 | 7 | 57.90 | 7 | 63.34 | 7 |
| 沛　县 | 50.00 | 8 | 59.80 | 6 | 67.91 | 6 |
| 如东县 | 45.10 | 9 | 50.50 | 11 | 56.56 | 10 |
| 高邮市 | 44.38 | 10 | 50.47 | 12 | 55.96 | 11 |
| 象山县 | 43.22 | 11 | 53.02 | 9 | 53.77 | 13 |
| 宝应县 | 43.17 | 12 | 49.75 | 14 | 55.43 | 12 |
| 睢宁县 | 42.36 | 13 | 50.90 | 10 | 57.18 | 9 |
| 温岭市 | 42.05 | 14 | 50.25 | 13 | 53.53 | 14 |
| 涟水县 | 41.89 | 15 | 47.43 | 15 | 45.01 | 31 |
| 如皋市 | 41.35 | 16 | 46.99 | 16 | 52.77 | 15 |
| 泗洪县 | 41.30 | 17 | 44.60 | 19 | 49.17 | 20 |
| 东海县 | 41.10 | 18 | 45.42 | 17 | 51.02 | 16 |
| 滨海县 | 41.09 | 19 | 45.41 | 18 | 49.70 | 19 |
| 灌云县 | 40.99 | 20 | 44.29 | 20 | 50.34 | 18 |
| 慈溪市 | 38.34 | 21 | 43.57 | 21 | 46.54 | 26 |
| 海安县 | 38.25 | 22 | 42.94 | 25 | 47.69 | 23 |
| 阜宁县 | 37.73 | 23 | 42.30 | 28 | 46.34 | 29 |
| 诸暨市 | 37.68 | 24 | 43.35 | 23 | 46.69 | 25 |
| 海门市 | 37.29 | 25 | 41.39 | 30 | 46.50 | 27 |

（续表）

| | | | | | | |
|---|---|---|---|---|---|---|
| 泗阳县 | 37.21 | 26 | 42.50 | 26 | 46.21 | 30 |
| 江都市 | 36.72 | 27 | —— | —— | —— | —— |
| 赣榆县 | 36.64 | 28 | 43.43 | 22 | 50.46 | 17 |
| 宜兴市 | 36.32 | 29 | 42.48 | 27 | 47.68 | 24 |
| 江阴市 | 36.26 | 30 | 43.02 | 24 | 47.69 | 22 |
| 新沂市 | 36.09 | 31 | 42.14 | 29 | 47.91 | 21 |
| 建湖县 | 35.80 | 32 | 38.51 | 35 | 42.13 | 35 |
| 余姚市 | 35.38 | 33 | 40.38 | 31 | 43.46 | 33 |
| 丰　县 | 34.01 | 34 | 40.38 | 32 | 46.39 | 28 |
| 泰兴市 | 33.66 | 35 | 39.23 | 33 | 42.80 | 34 |
| 丹阳市 | 31.91 | 36 | 38.80 | 34 | 44.79 | 32 |
| 上虞市 | 31.51 | 37 | 36.56 | 36 | 39.24 | 38 |
| 盱眙县 | 30.21 | 38 | 35.79 | 37 | 40.49 | 36 |
| 溧阳市 | 30.18 | 39 | 34.49 | 38 | 39.02 | 39 |
| 宁海县 | 29.93 | 40 | 34.49 | 39 | 36.41 | 41 |
| 响水县 | 29.44 | 41 | 32.50 | 46 | 35.58 | 45 |
| 常熟市 | 29.40 | 42 | 33.65 | 42 | 37.02 | 40 |
| 灌南县 | 29.19 | 43 | 34.33 | 40 | 39.39 | 37 |
| 绍兴县 | 28.79 | 44 | 33.21 | 43 | 35.65 | 44 |
| 富阳市 | 28.67 | 45 | 33.16 | 44 | 35.99 | 42 |
| 临海市 | 28.51 | 46 | 33.73 | 41 | 35.99 | 43 |
| 嵊州市 | 28.40 | 47 | 32.62 | 45 | 35.29 | 46 |
| 吴江市 | 27.04 | 48 | 30.97 | 48 | —— | —— |
| 临安市 | 26.99 | 49 | 31.1 | 47 | 33.65 | 47 |
| 太仓市 | 26.98 | 50 | 30.88 | 49 | 33.61 | 48 |
| 长兴县 | 25.57 | 51 | 28.84 | 51 | 30.48 | 52 |
| 姜堰市 | 24.91 | 52 | 28.89 | 50 | 31.68 | 51 |
| 桐乡市 | 24.47 | 53 | 26.78 | 54 | 31.89 | 49 |
| 句容市 | 23.61 | 54 | 27.56 | 52 | 31.71 | 50 |
| 高淳县 | 23.46 | 55 | 27.09 | 53 | 30.29 | 53 |
| 溧水县 | 22.38 | 56 | 26.01 | 56 | 29.33 | 54 |

（续表）

| | | | | | | |
|---|---|---|---|---|---|---|
| 奉化市 | 21.98 | 57 | 26.03 | 55 | 27.67 | 55 |
| 金坛市 | 21.97 | 58 | 24.08 | 61 | 27.64 | 56 |
| 张家港市 | 21.94 | 59 | 25.03 | 57 | 27.53 | 57 |
| 淳安县 | 21.84 | 60 | 24.88 | 58 | 27.08 | 58 |
| 安吉县 | 21.69 | 61 | 23.72 | 64 | 25.34 | 61 |
| 海宁市 | 21.27 | 62 | 24.26 | 59 | 25.30 | 63 |
| 嘉善县 | 20.77 | 63 | 22.95 | 65 | 23.68 | 66 |
| 建德市 | 20.76 | 64 | 23.86 | 62 | 25.81 | 60 |
| 苍南县 | 20.33 | 65 | 23.78 | 63 | 26.09 | 59 |
| 玉环县 | 19.79 | 66 | 24.25 | 60 | 25.31 | 62 |
| 昆山市 | 19.40 | 67 | 22.17 | 66 | 24.46 | 65 |
| 崇明县 | 18.92 | 68 | 20.7 | 70 | 22.20 | 70 |
| 洪泽县 | 18.61 | 69 | 22.07 | 67 | 25.17 | 64 |
| 兰溪市 | 17.94 | 70 | 21.03 | 69 | 22.28 | 69 |
| 海盐县 | 17.87 | 71 | 20.36 | 71 | 21.01 | 73 |
| 德清县 | 17.83 | 72 | 20.31 | 72 | 21.30 | 72 |
| 义乌市 | 17.21 | 73 | 19.85 | 74 | 21.41 | 71 |
| 岱山县 | 17.20 | 74 | 21.6 | 68 | 23.52 | 67 |
| 金湖县 | 16.94 | 75 | 20.10 | 73 | 22.94 | 68 |
| 乐清市 | 16.62 | 76 | 18.4 | 77 | 19.69 | 78 |
| 江山市 | 16.27 | 77 | 19.17 | 76 | 19.88 | 75 |
| 三门县 | 16.19 | 78 | 19.4 | 75 | 21.00 | 74 |
| 平湖市 | 16.10 | 79 | 17.87 | 81 | 17.87 | 83 |
| 桐庐县 | 16.00 | 80 | 18.33 | 78 | 19.74 | 76 |
| 新昌县 | 15.98 | 81 | 18.15 | 79 | 19.71 | 77 |
| 瑞安市 | 15.17 | 82 | 17.95 | 80 | 18.80 | 81 |
| 仪征市 | 15.13 | 83 | 17.71 | 82 | 19.30 | 79 |
| 靖江市 | 14.83 | 84 | 17.41 | 83 | 18.88 | 80 |
| 东阳市 | 14.25 | 85 | 16.62 | 84 | 17.98 | 82 |
| 武义县 | 11.47 | 86 | 13.47 | 86 | 14.44 | 85 |
| 嵊泗县 | 11.29 | 87 | 14.32 | 85 | 16.08 | 84 |

（续表）

| | | | | | | |
|---|---|---|---|---|---|---|
| 平阳县 | 10.95 | 88 | 12.73 | 87 | 13.41 | 86 |
| 仙居县 | 10.87 | 89 | 12.25 | 89 | 13.11 | 87 |
| 龙游县 | 10.43 | 90 | 12.4 | 88 | 13.04 | 88 |
| 天台县 | 10.26 | 91 | 10.78 | 91 | 11.69 | 89 |
| 开化县 | 9.75 | 92 | 11.18 | 90 | 11.49 | 91 |
| 松阳县 | 9.29 | 93 | 10.74 | 92 | 11.46 | 93 |
| 龙泉市 | 9.28 | 94 | 10.61 | 93 | 11.49 | 92 |
| 扬中市 | 8.21 | 95 | 10.01 | 94 | 11.5 | 90 |
| 永嘉县 | 7.84 | 96 | 9.17 | 95 | 9.84 | 94 |
| 永康市 | 7.43 | 97 | 8.4 | 97 | 8.76 | 98 |
| 磐安县 | 7.28 | 98 | 8.6 | 96 | 9.60 | 95 |
| 遂昌县 | 7.14 | 99 | 8.28 | 98 | 9.34 | 96 |
| 浦江县 | 6.98 | 100 | 8.09 | 99 | 9.10 | 97 |
| 缙云县 | 6.74 | 101 | 7.94 | 100 | 8.67 | 99 |
| 常山县 | 6.17 | 102 | 7.19 | 101 | 7.57 | 100 |
| 青田县 | 5.32 | 103 | 6.25 | 102 | 6.78 | 101 |
| 庆元县 | 5.08 | 104 | 6.03 | 103 | 6.58 | 102 |
| 泰顺县 | 4.61 | 105 | 5.37 | 105 | 5.58 | 105 |
| 景宁县 | 4.39 | 106 | 5.24 | 106 | 5.85 | 103 |
| 文成县 | 4.26 | 107 | 5.46 | 104 | 5.84 | 104 |
| 洞头县 | 3.34 | 108 | 3.74 | 107 | 3.81 | 107 |
| 云和县 | 3.31 | 109 | 3.73 | 108 | 3.96 | 106 |

注：上海市崇明县数据来源于其 2012 年统计公报。

# 三　长三角地区第二产业发展情况

## 一、长三角地区第二产业发展总体情况

2012 年，长三角地区第二产业实现了快速增长，第二产业产值达到了 52293.04 亿元。

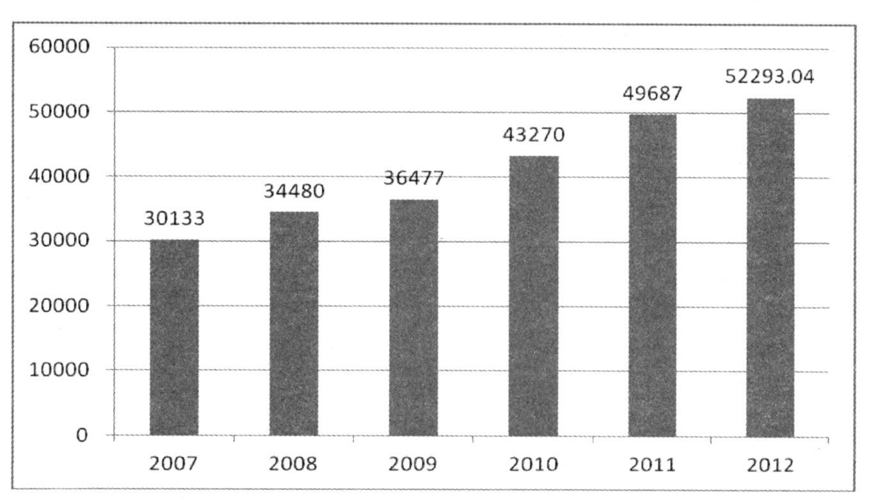


**图 5　2007—2012 年长三角地区第二产业产值情况（单位：亿元）**

## 二、上海市、江苏省和浙江省第二产业发展情况

2012 年，长三角两省一市第二产业实现了稳定增长，其中江苏作为工业大省以 27121.95 亿元遥遥领先于浙江（17316.32 亿元）和上海（7854.77 亿元）。

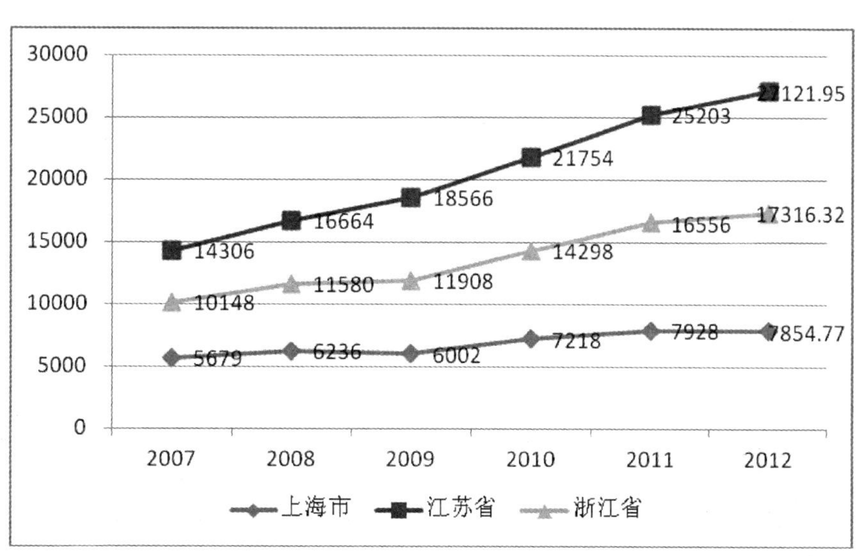


**图 6　2007—2012 年上海市、江苏省和浙江省第二产业产值情况（单位：亿元）**

## 三、长三角地区各省辖市第二产业发展情况

2012 年长三角 24 个地市的第二产业产值都较上年有了较大提高，排在前五位的分别是：苏州市（6502.25 亿元）、无锡市（4012.03 亿元）、杭州市（3572.63 亿元）、宁波市（3516.84 亿元）和南京市（3170.78 亿元），徐州市进入前十位。

表 5　2010—2012 年长三角地区各省辖市第二产业产值情况（单位：亿元）

| 项目<br>地区 | 2010 年总值 | 2010 年排名 | 2011 年总值 | 2011 年排名 | 2012 年总值 | 2012 年排名 |
|---|---|---|---|---|---|---|
| 苏州市 | 5253.81 | 1 | 5957.74 | 1 | 6502.25 | 1 |
| 无锡市 | 3208.79 | 2 | 3728.12 | 2 | 4012.03 | 2 |
| 宁波市 | 2870.69 | 3 | 3349.53 | 3 | 3516.84 | 4 |
| 杭州市 | 2844.07 | 4 | 3323.79 | 4 | 3572.63 | 3 |
| 南京市 | 2327.86 | 5 | 2760.84 | 5 | 3170.78 | 5 |
| 南通市 | 1908.56 | 6 | 2221.48 | 6 | 2414.11 | 6 |
| 常州市 | 1683.68 | 7 | 1950.84 | 7 | 2100.76 | 7 |
| 绍兴市 | 1566.61 | 8 | 1834.34 | 8 | 1962.41 | 9 |
| 温州市 | 1533.46 | 9 | 1760.72 | 10 | 1852.99 | 10 |
| 徐州市 | 1490.92 | 10 | 1777.04 | 9 | 1968.52 | 8 |
| 嘉兴市 | 1339.57 | 11 | 1537.26 | 11 | 1603.08 | 11 |
| 台州市 | 1254.33 | 12 | 1443.97 | 12 | 1419.47 | 16 |
| 扬州市 | 1229.34 | 13 | 1427.87 | 13 | 1554.46 | 12 |
| 泰州市 | 1125.85 | 14 | 1308.21 | 14 | 1434.53 | 14 |
| 镇江市 | 1120.63 | 15 | 1272.39 | 16 | 1419.54 | 15 |
| 盐城市 | 1096.55 | 16 | 1306.26 | 15 | 1472.87 | 13 |
| 金华市 | 1086.02 | 17 | 1246.09 | 17 | 1344.69 | 17 |
| 湖州市 | 715.01 | 18 | 817.71 | 18 | 886.42 | 19 |
| 淮安市 | 647.10 | 19 | 794.18 | 19 | 889.20 | 18 |
| 连云港 | 545.07 | 20 | 654.28 | 20 | 736.14 | 20 |
| 宿迁市 | 479.14 | 21 | 614.48 | 21 | 716.85 | 21 |
| 衢州市 | 414.46 | 22 | 511.02 | 22 | 516.34 | 22 |
| 丽水市 | 328.60 | 23 | 401.78 | 23 | 449.50 | 23 |
| 舟山市 | 293.29 | 24 | 349.16 | 24 | 382.94 | 24 |

## 四、长三角地区各县(市)第二产业发展情况

2012年除个别县(市)外，长三角各县(市)第二产业产值较2011年都有了较大增长，排在前4位的均属于江苏，分别是昆山市、江阴市、张家港市、常熟市，五至十位分别是绍兴县、宜兴市、慈溪市、太仓市、诸暨市和丹阳市。

**表6　2010—2012年长三角地区各县(市)第二产业产值情况(单位:亿元)**

| 地区＼项目 | 2010年总值 | 2010年排名 | 2011年总值 | 2011年排名 | 2012年总值 | 2012年排名 |
|---|---|---|---|---|---|---|
| 昆山市 | 1345.86 | 1 | 1510.06 | 1 | 1631.25 | 1 |
| 江阴市 | 1184.23 | 2 | 1354.31 | 2 | 1443.91 | 2 |
| 张家港市 | 974.75 | 3 | 1098.01 | 3 | 1175.51 | 3 |
| 常熟市 | 815.89 | 4 | 938.07 | 4 | 996.95 | 4 |
| 吴江市 | 605.10 | 5 | 699.48 | 5 | —— | —— |
| 绍兴县 | 473.40 | 6 | 554.88 | 6 | 589.33 | 5 |
| 慈溪市 | 456.18 | 7 | 526.86 | 8 | 560.04 | 7 |
| 宜兴市 | 447.16 | 8 | 536.02 | 7 | 581.22 | 6 |
| 太仓市 | 418.96 | 9 | 485.72 | 9 | 520.36 | 8 |
| 诸暨市 | 363.45 | 10 | 423.87 | 10 | 459.94 | 9 |
| 丹阳市 | 345.19 | 11 | 400.20 | 11 | 447.76 | 10 |
| 余姚市 | 338.37 | 12 | 394.29 | 12 | 422.33 | 11 |
| 温岭市 | 310.40 | 13 | 361.4 | 13 | 324.48 | 17 |
| 乐清市 | 306.21 | 14 | 346.62 | 15 | 348.97 | 13 |
| 海门市 | 301.95 | 15 | 348.22 | 14 | 377.60 | 12 |
| 海宁市 | 278.30 | 16 | 320.77 | 16 | 339.63 | 14 |
| 江都市 | 275.86 | 17 | —— | —— | —— | —— |
| 义乌市 | 266.32 | 18 | 309.96 | 17 | 333.30 | 16 |
| 靖江市 | 253.78 | 19 | 306.15 | 18 | 335.88 | 15 |
| 上虞市 | 252.60 | 20 | 296.44 | 20 | 321.47 | 19 |
| 富阳市 | 252.14 | 21 | 297.23 | 19 | 322.30 | 18 |
| 如皋市 | 244.85 | 22 | 288.82 | 21 | 318.49 | 20 |
| 溧阳市 | 244.03 | 23 | 283.92 | 22 | 306.58 | 21 |
| 瑞安市 | 237.18 | 24 | 263.4 | 26 | 276.36 | 25 |

（续表）

| | | | | | | |
|---|---|---|---|---|---|---|
| 启东市 | 229.98 | 25 | 277.11 | 23 | 306.09 | 22 |
| 桐乡市 | 226.94 | 26 | 265.56 | 24 | 277.27 | 24 |
| 泰兴市 | 224.45 | 27 | 264.88 | 25 | 291.15 | 23 |
| 平湖市 | 217.42 | 28 | 248.98 | 27 | 262.37 | 26 |
| 永康市 | 200.38 | 29 | 225.94 | 30 | 245.29 | 28 |
| 玉环县 | 195.96 | 30 | 229.32 | 28 | 224.95 | 31 |
| 海安县 | 193.26 | 31 | 228.01 | 29 | 246.30 | 27 |
| 如东县 | 188.25 | 32 | 223.13 | 31 | 243.03 | 29 |
| 临海市 | 175.57 | 33 | 204.37 | 33 | 197.45 | 44 |
| 东台市 | 175.07 | 34 | 205.43 | 32 | 231.89 | 30 |
| 金坛市 | 173.71 | 35 | 203.94 | 34 | 197.80 | 43 |
| 兴化市 | 173.02 | 36 | 202.83 | 35 | 222.50 | 33 |
| 仪征市 | 168.63 | 37 | 196.19 | 38 | 212.86 | 37 |
| 临安市 | 168.27 | 38 | 198.71 | 36 | 218.43 | 36 |
| 姜堰市 | 165.28 | 39 | 192.17 | 39 | 210.80 | 38 |
| 嘉善县 | 164.00 | 40 | 190.63 | 40 | 198.99 | 42 |
| 邳州市 | 160.75 | 41 | 198.50 | 37 | 223.64 | 32 |
| 长兴县 | 158.74 | 42 | 181.85 | 44 | 199.57 | 41 |
| 宁海县 | 158.11 | 43 | 183.19 | 43 | 194.84 | 45 |
| 溧水县 | 156.60 | 44 | 188.57 | 41 | 222.11 | 34 |
| 海盐县 | 151.66 | 45 | 170.23 | 50 | 177.07 | 50 |
| 东阳市 | 149.09 | 46 | 172.5 | 46 | 186.50 | 47 |
| 扬中市 | 145.23 | 47 | 171.82 | 47 | 202.69 | 40 |
| 嵊州市 | 144.84 | 48 | 170.82 | 49 | 185.91 | 48 |
| 沛　县 | 144.23 | 49 | 181.09 | 45 | 203.81 | 39 |
| 德清县 | 141.73 | 50 | 160.05 | 51 | 175.30 | 51 |
| 高淳县 | 141.29 | 51 | 171.09 | 48 | 193.31 | 46 |
| 沭阳县 | 135.74 | 52 | 185.57 | 42 | 220.49 | 35 |
| 句容市 | 134.13 | 53 | 157.86 | 52 | 177.89 | 49 |
| 象山县 | 132.70 | 54 | 149.16 | 54 | 158.39 | 55 |
| 大丰市 | 128.63 | 55 | 153.39 | 53 | 173.82 | 52 |

（续表）

| | | | | | | |
|---|---|---|---|---|---|---|
| 高邮市 | 127.54 | 56 | 145.63 | 56 | 156.05 | 56 |
| 永嘉县 | 126.12 | 57 | 146.89 | 55 | 159.49 | 54 |
| 苍南县 | 123.05 | 58 | 142.86 | 58 | 154.02 | 58 |
| 桐庐县 | 121.40 | 59 | 141.99 | 59 | 152.88 | 59 |
| 新昌县 | 118.78 | 60 | 138 | 62 | 148.59 | 62 |
| 宝应县 | 116.58 | 61 | 139.45 | 60 | 151.85 | 60 |
| 建湖县 | 115.93 | 62 | 138.02 | 61 | 154.35 | 57 |
| 奉化市 | 109.86 | 63 | 126.03 | 66 | 130.31 | 68 |
| 赣榆县 | 109.56 | 64 | 144.44 | 57 | 166.07 | 53 |
| 崇明县 | 108.30 | 65 | 126.6 | 65 | 125.50 | 72 |
| 建德市 | 107.17 | 66 | 127.01 | 64 | 137.33 | 64 |
| 兰溪市 | 106.18 | 67 | 123.55 | 67 | 132.64 | 65 |
| 新沂市 | 103.30 | 68 | 129.94 | 63 | 149.44 | 61 |
| 平阳县 | 101.81 | 69 | 115.89 | 73 | 128.59 | 70 |
| 射阳县 | 99.70 | 70 | 117.78 | 70 | 129.38 | 69 |
| 江山市 | 98.89 | 71 | 118.34 | 69 | 122.10 | 73 |
| 阜宁县 | 97.94 | 72 | 117.14 | 71 | 131.61 | 67 |
| 安吉县 | 96.02 | 73 | 108.22 | 75 | 119.02 | 74 |
| 泗阳县 | 92.26 | 74 | 119.27 | 68 | 137.97 | 63 |
| 东海县 | 91.21 | 75 | 116.44 | 72 | 127.37 | 71 |
| 睢宁县 | 85.70 | 76 | 109.35 | 74 | 132.34 | 66 |
| 滨海县 | 84.87 | 77 | 104.34 | 76 | 117.89 | 75 |
| 浦江县 | 81.79 | 78 | 92.05 | 78 | 99.61 | 80 |
| 武义县 | 74.34 | 79 | 85.52 | 84 | 91.55 | 87 |
| 岱山县 | 73.89 | 80 | 87.15 | 82 | 93.35 | 84 |
| \泗洪县 | 73.31 | 81 | 93.70 | 77 | 111.14 | 76 |
| 盱眙县 | 71.05 | 82 | 84.17 | 85 | 96.50 | 81 |
| 灌南县 | 70.37 | 83 | 91.38 | 79 | 105.28 | 77 |
| 灌云县 | 69.88 | 84 | 90.29 | 80 | 102.23 | 79 |
| 青田县 | 69.31 | 85 | 83.2 | 86 | 92.55 | 86 |
| 龙游县 | 69.18 | 86 | 87.26 | 81 | 95.52 | 82 |

（续表）

| | | | | | | |
|---|---|---|---|---|---|---|
| 丰　县 | 67.57 | 87 | 86.98 | 83 | 103.82 | 78 |
| 缙云县 | 66.78 | 88 | 81.24 | 87 | 92.67 | 85 |
| 涟水县 | 65.05 | 89 | 76.78 | 89 | 93.66 | 83 |
| 响水县 | 64.87 | 90 | 79.62 | 88 | 89.85 | 88 |
| 天台县 | 52.70 | 91 | 63.18 | 90 | 64.43 | 91 |
| 淳安县 | 49.87 | 92 | 60.39 | 91 | 68.10 | 89 |
| 三门县 | 49.22 | 93 | 57.27 | 93 | 54.81 | 94 |
| 洪泽县 | 46.08 | 94 | 59.16 | 92 | 66.89 | 90 |
| 仙居县 | 45.69 | 95 | 54.83 | 94 | 55.42 | 93 |
| 金湖县 | 43.16 | 96 | 50.92 | 96 | 58.42 | 92 |
| 常山县 | 41.26 | 97 | 51.62 | 95 | 52.51 | 95 |
| 龙泉市 | 37.46 | 98 | 35.67 | 98 | 40.59 | 97 |
| 开化县 | 35.77 | 99 | 40.62 | 97 | 40.76 | 96 |
| 遂昌县 | 26.85 | 100 | 31.66 | 99 | 35.23 | 98 |
| 磐安县 | 25.88 | 101 | 29.32 | 100 | 31.66 | 99 |
| 嵊泗县 | 20.20 | 102 | 7.76 | 108 | 10.28 | 107 |
| 松阳县 | 19.67 | 103 | 25.74 | 101 | 30.32 | 100 |
| 云和县 | 17.66 | 104 | 20.8 | 102 | 23.71 | 101 |
| 泰顺县 | 14.49 | 105 | 16.46 | 104 | 19.44 | 103 |
| 庆元县 | 14.37 | 106 | 17.58 | 103 | 19.99 | 102 |
| 文成县 | 13.86 | 107 | 16.16 | 105 | 18.69 | 104 |
| 洞头县 | 13.03 | 108 | 15.78 | 106 | 18.68 | 105 |
| 景宁县 | 10.17 | 109 | 12.23 | 107 | 13.04 | 106 |

注：上海市崇明县数据来源于其 2012 年统计公报。

# 四　长三角地区第三产业发展情况

## 一、长三角地区第三产业发展总体情况

2012年，长三角地区第三产业实现了快速增长，第三产业产值达到了51398.26亿元，与长三角第二产业产值差距进一步缩小。

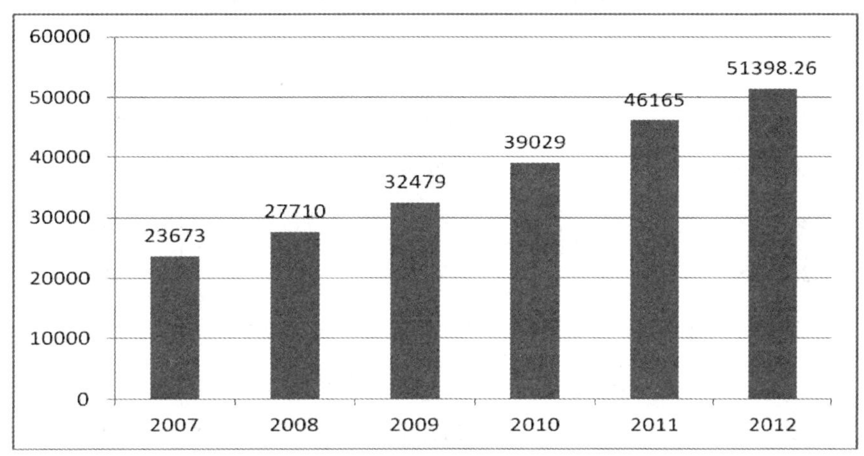


**图7　2007—2012年长三角地区第三产业产值情况（单位：亿元）**

## 二、上海市、江苏省和浙江省第三产业发展情况

2012年，长三角两省一市第三产业实现了稳定增长，排序仍然是江苏居于第一（23517.98亿元），浙江第二（15681.13亿元）、上海第三（12199.15亿元）。

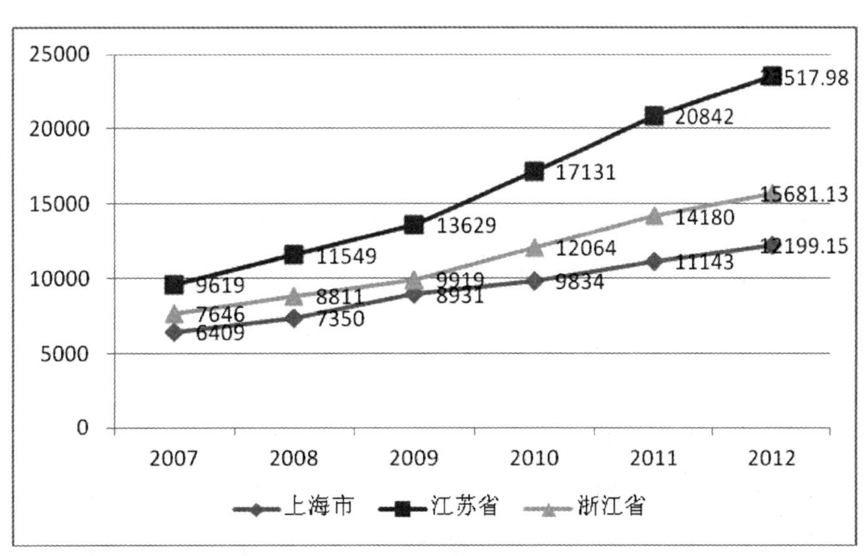


**图8　2007—2012年上海市、江苏省和浙江省第三产业产值情况（单位：亿元）**

## 三、长三角地区各省辖市第三产业发展情况

2012年长三角24个地市的第三产业产值都较上年有了较大提高，排在前五位的分别是：苏州市(5314.32亿元)、杭州市(3974.27亿元)、南京市(3845.73亿元)、无锡市(3418.90亿元)和宁波市(2796.85亿元)。

**表7　2010—2012年长三角地区各省辖市第三产业产值情况(单位：亿元)**

| 项目<br>地区 | 2010年总值 | 2010年排名 | 2011年总值 | 2011年排名 | 2012年总值 | 2012年排名 |
|---|---|---|---|---|---|---|
| 苏州市 | 3819.31 | 1 | 4581.50 | 1 | 5314.32 | 1 |
| 杭州市 | 2896.69 | 2 | 3458.5 | 2 | 3974.27 | 2 |
| 南京市 | 2660.49 | 3 | 3220.41 | 3 | 3845.73 | 3 |
| 无锡市 | 2479.57 | 4 | 3029.05 | 4 | 3418.90 | 4 |
| 宁波市 | 2073.18 | 5 | 2454.49 | 5 | 2796.85 | 5 |
| 温州市 | 1297.89 | 6 | 1549.94 | 7 | 1701.98 | 8 |
| 南通市 | 1290.89 | 7 | 1571.53 | 6 | 1825.47 | 6 |
| 常州市 | 1261.43 | 8 | 1518.37 | 8 | 1742.74 | 7 |
| 徐州市 | 1168.40 | 9 | 1440.07 | 9 | 1665.60 | 9 |
| 绍兴市 | 1078.93 | 10 | 1325.56 | 10 | 1506.82 | 10 |
| 台州市 | 1011.70 | 11 | 1162.04 | 11 | 1290.87 | 11 |
| 金华市 | 902.05 | 12 | 1086.55 | 12 | 1231.62 | 12 |
| 盐城市 | 862.00 | 13 | 1048.24 | 13 | 1191.00 | 13 |
| 扬州市 | 838.78 | 14 | 1017.89 | 14 | 1173.55 | 14 |
| 嘉兴市 | 833.63 | 15 | 997.03 | 15 | 1136.10 | 15 |
| 镇江市 | 785.48 | 16 | 938.29 | 17 | 1095.11 | 16 |
| 泰州市 | 771.22 | 17 | 939.29 | 16 | 1075.39 | 17 |
| 淮安市 | 545.00 | 18 | 672.36 | 18 | 783.73 | 18 |
| 湖州市 | 482.50 | 19 | 586.13 | 19 | 655.24 | 19 |
| 连云港 | 465.64 | 20 | 552.13 | 20 | 634.88 | 20 |
| 宿迁市 | 397.86 | 21 | 496.63 | 21 | 578.38 | 21 |
| 舟山市 | 289.00 | 22 | 347.55 | 22 | 387.18 | 22 |
| 衢州市 | 276.34 | 23 | 332.44 | 23 | 376.16 | 23 |
| 丽水市 | 258.97 | 24 | 323.82 | 24 | 365.23 | 24 |

## 四、长三角地区各县（市）第三产业发展情况

2012年长三角各县（市）第三产业产值较2011年都有了较大增长，排在前5位的均属于江苏，分别是昆山市、江阴市、张家港市、常熟市和宜兴市，六至十位分别是义乌市、太仓市、绍兴县、慈溪市和丹阳市。

**表8　2010—2012年长三角地区各县（市）第三产业产值情况（单位：亿元）**

| 地区 \ 项目 | 2010年总值 | 2010年排名 | 2011年总值 | 2011年排名 | 2012年总值 | 2012年排名 |
|---|---|---|---|---|---|---|
| 江阴市 | 780.43 | 1 | 938.54 | 1 | 1043.78 | 2 |
| 昆山市 | 735.02 | 2 | 900.02 | 2 | 1069.61 | 1 |
| 常熟市 | 608.32 | 3 | 738.73 | 3 | 836.22 | 4 |
| 张家港市 | 606.82 | 4 | 737.24 | 4 | 847.54 | 3 |
| 吴江市 | 371.25 | 5 | 461.83 | 5 | —— | —— |
| 义乌市 | 336.38 | 6 | 399.87 | 7 | 451.32 | 6 |
| 宜兴市 | 322.34 | 7 | 401.89 | 6 | 457.08 | 5 |
| 太仓市 | 284.38 | 8 | 350.93 | 8 | 401.15 | 7 |
| 绍兴县 | 273.93 | 9 | 343.72 | 9 | 389.79 | 8 |
| 慈溪市 | 262.90 | 10 | 306.75 | 10 | 351.63 | 9 |
| 丹阳市 | 230.56 | 11 | 285.90 | 11 | 337.96 | 10 |
| 温岭市 | 229.01 | 12 | 266.97 | 13 | 305.83 | 12 |
| 诸暨市 | 220.40 | 13 | 272.79 | 12 | 315.27 | 11 |
| 瑞安市 | 204.87 | 14 | 240.36 | 14 | 264.12 | 13 |
| 余姚市 | 194.13 | 15 | 224.1 | 15 | 243.27 | 15 |
| 江都市 | 176.30 | 16 | —— | —— | —— | —— |
| 乐清市 | 173.01 | 17 | 206.15 | 17 | 230.77 | 17 |
| 靖江市 | 172.39 | 18 | 215.32 | 16 | 246.09 | 14 |
| 海门市 | 160.86 | 19 | 200.72 | 18 | 239.00 | 16 |
| 桐乡市 | 157.85 | 20 | 191.44 | 19 | 217.72 | 20 |
| 海宁市 | 156.26 | 21 | 187.63 | 21 | 216.33 | 22 |
| 上虞市 | 152.15 | 22 | 190.66 | 20 | 216.75 | 21 |
| 溧阳市 | 150.45 | 23 | 185.37 | 23 | 213.60 | 23 |
| 兴化市 | 149.58 | 24 | 182.46 | 25 | 208.32 | 26 |

（续表）

| | | | | | | |
|---|---|---|---|---|---|---|
| 泰兴市 | 149.47 | 25 | 182.28 | 26 | 209.60 | 25 |
| 启东市 | 145.57 | 26 | 187.10 | 22 | 221.57 | 18 |
| 邳州市 | 145.06 | 27 | 180.44 | 27 | 210.53 | 24 |
| 如皋市 | 144.80 | 28 | 184.86 | 24 | 218.90 | 19 |
| 东台市 | 143.10 | 29 | 171.00 | 28 | 196.47 | 27 |
| 富阳市 | 134.86 | 30 | 160.71 | 29 | 183.54 | 30 |
| 海安县 | 124.06 | 31 | 158.57 | 31 | 186.15 | 29 |
| 临海市 | 123.94 | 32 | 143.95 | 34 | 154.33 | 36 |
| 东阳市 | 123.52 | 33 | 148.63 | 33 | 169.10 | 32 |
| 如东县 | 119.01 | 34 | 151.82 | 32 | 178.41 | 31 |
| 姜堰市 | 116.57 | 35 | 143.02 | 35 | 163.38 | 33 |
| 沭阳县 | 115.42 | 36 | 159.02 | 30 | 188.25 | 28 |
| 大丰市 | 112.78 | 37 | 135.67 | 38 | 156.20 | 35 |
| 金坛市 | 112.60 | 38 | 137.08 | 36 | 148.37 | 38 |
| 苍南县 | 111.42 | 39 | 128.27 | 40 | 145.42 | 40 |
| 沛　县 | 107.37 | 40 | 136.09 | 37 | 159.58 | 34 |
| 平湖市 | 107.01 | 41 | 126.58 | 41 | 142.60 | 42 |
| 永康市 | 102.67 | 42 | 121.05 | 44 | 138.04 | 46 |
| 新沂市 | 101.81 | 43 | 129.29 | 39 | 152.81 | 37 |
| 嵊州市 | 100.12 | 44 | 124.48 | 42 | 142.79 | 41 |
| 长兴县 | 99.63 | 45 | 123.72 | 43 | 140.74 | 44 |
| 仪征市 | 96.94 | 46 | 119.51 | 41 | 138.11 | 45 |
| 象山县 | 95.82 | 47 | 116.03 | 47 | 125.01 | 50 |
| 建湖县 | 94.24 | 48 | 112.24 | 48 | 127.99 | 48 |
| 扬中市 | 93.55 | 49 | 118.22 | 46 | 146.01 | 39 |
| 奉化市 | 93.23 | 50 | 107.81 | 52 | 116.27 | 58 |
| 玉环县 | 92.47 | 51 | 107.95 | 51 | 120.28 | 55 |
| 临安市 | 92.40 | 52 | 110.58 | 49 | 129.27 | 47 |
| 嘉善县 | 91.33 | 53 | 109.62 | 50 | 122.69 | 52 |
| 宁海县 | 90.70 | 54 | 105.64 | 56 | 121.28 | 54 |
| 平阳县 | 89.83 | 55 | 103.84 | 58 | 117.76 | 57 |

（续表）

| | | | | | | |
|---|---|---|---|---|---|---|
| 射阳县 | 89.60 | 56 | 106.54 | 53 | 121.34 | 53 |
| 句容市 | 85.35 | 57 | 106.47 | 54 | 127.26 | 49 |
| 高邮市 | 83.89 | 58 | 106.40 | 55 | 123.99 | 51 |
| 宝应县 | 83.11 | 59 | 102.33 | 59 | 115.75 | 59 |
| 高淳县 | 82.51 | 60 | 104.64 | 57 | 141.67 | 43 |
| 德清县 | 80.60 | 61 | 97.91 | 61 | 110.65 | 63 |
| 新昌县 | 80.36 | 62 | 100.07 | 60 | 114.63 | 61 |
| 赣榆县 | 76.87 | 63 | 95.20 | 62 | 114.83 | 60 |
| 安吉县 | 72.42 | 64 | 90.11 | 64 | 101.64 | 66 |
| 滨海县 | 72.20 | 65 | 88.25 | 66 | 100.10 | 67 |
| 睢宁县 | 72.04 | 66 | 92.11 | 63 | 112.93 | 62 |
| 溧水县 | 71.18 | 67 | 89.19 | 65 | 117.94 | 56 |
| 永嘉县 | 71.09 | 68 | 81.59 | 71 | 91.69 | 70 |
| 阜宁县 | 70.49 | 69 | 84.65 | 68 | 97.04 | 69 |
| 海盐县 | 68.76 | 70 | 83.17 | 70 | 103.12 | 65 |
| 东海县 | 67.83 | 71 | 83.81 | 69 | 98.91 | 68 |
| 崇明县 | 67.20 | 72 | 76.8 | 72 | 88.60 | 73 |
| 泗洪县 | 66.39 | 73 | 87.75 | 67 | 104.32 | 64 |
| 泗阳县 | 62.73 | 74 | 76.41 | 73 | 89.56 | 72 |
| 建德市 | 61.72 | 75 | 73.14 | 75 | 84.58 | 76 |
| 桐庐县 | 60.53 | 76 | 73.2 | 74 | 85.51 | 74 |
| 兰溪市 | 56.19 | 77 | 66.43 | 78 | 76.21 | 78 |
| 天台县 | 55.62 | 78 | 65.88 | 79 | 72.24 | 80 |
| 江山市 | 55.06 | 79 | 65.68 | 80 | 74.22 | 79 |
| 盱眙县 | 52.99 | 80 | 71.23 | 76 | 84.89 | 75 |
| 涟水县 | 50.51 | 81 | 70.33 | 77 | 89.97 | 71 |
| 丰　县 | 48.60 | 82 | 63.35 | 81 | 78.52 | 77 |
| 淳安县 | 45.77 | 83 | 54.91 | 84 | 64.55 | 83 |
| 仙居县 | 44.40 | 84 | 52.69 | 85 | 57.17 | 88 |
| 武义县 | 43.79 | 85 | 51.6 | 87 | 58.52 | 87 |
| 浦江县 | 42.86 | 86 | 50.91 | 89 | 58.53 | 86 |

（续表）

| | | | | | | |
|---|---|---|---|---|---|---|
| 三门县 | 41.22 | 87 | 49.14 | 90 | 54.37 | 93 |
| 响水县 | 40.89 | 88 | 49.04 | 91 | 55.92 | 89 |
| 灌南县 | 40.52 | 89 | 56.62 | 83 | 65.80 | 82 |
| 洪泽县 | 40.46 | 90 | 52.60 | 86 | 63.03 | 84 |
| 青田县 | 39.63 | 91 | 48.3 | 92 | 55.51 | 90 |
| 灌云县 | 39.26 | 92 | 57.64 | 82 | 67.72 | 81 |
| 龙游县 | 38.66 | 93 | 47.3 | 94 | 54.51 | 92 |
| 缙云县 | 38.64 | 94 | 47.93 | 93 | 54.77 | 91 |
| 金湖县 | 38.45 | 95 | 50.94 | 88 | 61.03 | 85 |
| 岱山县 | 36.99 | 96 | 44.36 | 95 | 47.63 | 94 |
| 常山县 | 28.05 | 97 | 33.6 | 97 | 38.88 | 96 |
| 嵊泗县 | 27.41 | 98 | 34.82 | 96 | 39.51 | 95 |
| 龙泉市 | 24.94 | 99 | 30.71 | 98 | 33.86 | 98 |
| 开化县 | 24.71 | 100 | 29.87 | 99 | 35.01 | 97 |
| 遂昌县 | 23.64 | 101 | 28.2 | 100 | 32.14 | 99 |
| 文成县 | 22.39 | 102 | 25.8 | 101 | 28.14 | 100 |
| 泰顺县 | 20.67 | 103 | 24.82 | 102 | 26.97 | 101 |
| 松阳县 | 18.54 | 104 | 21.96 | 103 | 24.46 | 102 |
| 洞头县 | 17.98 | 105 | 19.8 | 104 | 21.65 | 103 |
| 磐安县 | 15.07 | 106 | 18.74 | 105 | 21.50 | 104 |
| 云和县 | 12.54 | 107 | 14.71 | 107 | 16.24 | 107 |
| 庆元县 | 12.26 | 108 | 14.68 | 108 | 16.73 | 105 |
| 景宁县 | 12.14 | 109 | 14.94 | 106 | 16.49 | 106 |

注：上海市崇明县数据来源于其2012年统计公报。

# 五　长三角地区财政收入情况

## 一、长三角地区财政收入总体情况

2012 年长三角地区财政收入持续增加，达到了 13045.63 亿元。

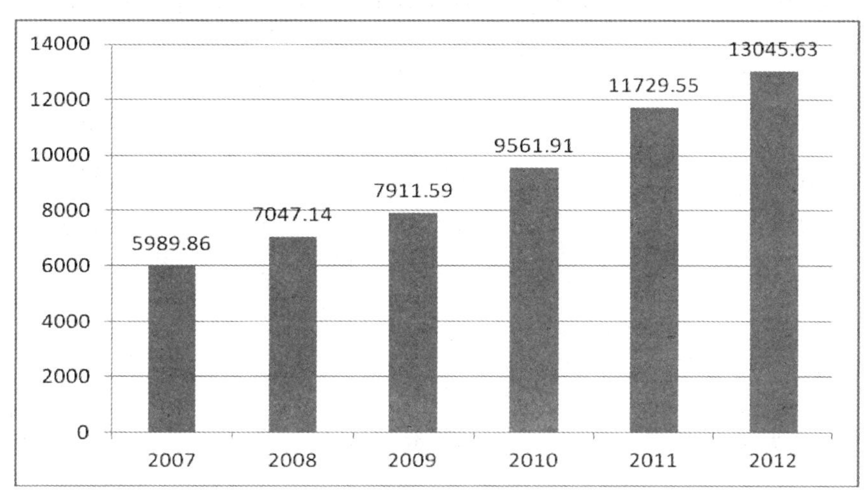


**图 9　2007—2012 年长三角地区财政收入情况(单位:亿元)**

## 二、上海市、江苏省和浙江省财政收入情况

2012 年，江苏省地方财政收入依旧增长迅速，以 5860.69 亿元位居第一，其次是上海市(3743.71 亿元)，第三是浙江(3441.23 亿元)。

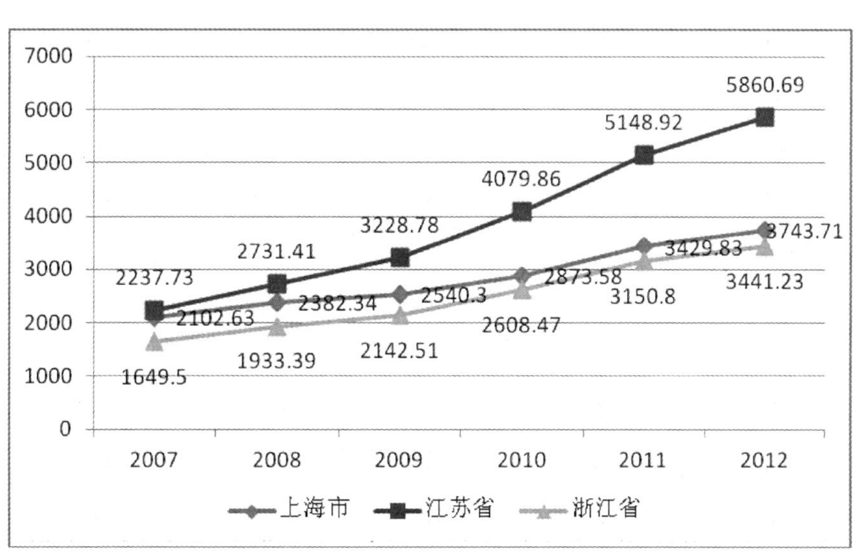


**图 10　2007—2012 年上海市、江苏省和浙江省财政收入情况(单位:亿元)**

## 三、长三角地区各省辖市财政收入情况

2012 年长三角各地市财政收入较上年增长比较显著，排在前五名的依次是苏州市（1204.33 亿元）、杭州市（859.99 亿元）、南京市（733.02 亿元）、宁波市（725.5 亿元）和无锡市（658.03 亿元）。

**表 9　2010—2012 年长三角地区各省辖市财政收入情况（单位：亿元）**

| 项目<br>地区 | 2010 年总值 | 2010 年排名 | 2011 年总值 | 2011 年排名 | 2012 年总值 | 2012 年排名 |
|---|---|---|---|---|---|---|
| 苏州市 | 900.55 | 1 | 1100.88 | 1 | 1204.33 | 1 |
| 杭州市 | 671.34 | 2 | 785.15 | 2 | 859.99 | 2 |
| 宁波市 | 530.93 | 3 | 657.55 | 3 | 725.50 | 4 |
| 南京市 | 518.80 | 4 | 635.00 | 4 | 733.02 | 3 |
| 无锡市 | 511.89 | 5 | 615.00 | 5 | 658.03 | 5 |
| 南通市 | 290.81 | 6 | 373.69 | 6 | 419.72 | 6 |
| 常州市 | 286.18 | 7 | 350.88 | 7 | 378.99 | 7 |
| 温州市 | 228.49 | 8 | 270.87 | 9 | 289.64 | 10 |
| 徐州市 | 222.16 | 9 | 318.42 | 8 | 366.76 | 8 |
| 绍兴市 | 193.23 | 10 | 239.69 | 11 | 265.76 | 11 |
| 盐城市 | 191.35 | 11 | 269.04 | 10 | 312.78 | 9 |
| 嘉兴市 | 176.83 | 12 | 226.4 | 12 | 257.73 | 12 |
| 泰州市 | 170.80 | 13 | 218.00 | 14 | 223.62 | 15 |
| 扬州市 | 167.78 | 14 | 218.08 | 13 | 225.00 | 14 |
| 台州市 | 164.88 | 15 | 200.12 | 16 | 220.42 | 16 |
| 金华市 | 155.93 | 16 | 185.77 | 17 | 214.89 | 18 |
| 淮安市 | 141.43 | 17 | 204.63 | 15 | 233.61 | 13 |
| 连云港 | 141.39 | 18 | 180.08 | 19 | 208.94 | 19 |
| 镇江市 | 138.10 | 19 | 181.90 | 18 | 215.48 | 17 |
| 湖州市 | 97.27 | 20 | 122.12 | 20 | 138.55 | 21 |
| 宿迁市 | 89.57 | 21 | 120.98 | 21 | 158.13 | 20 |
| 舟山市 | 61.04 | 22 | 76.48 | 22 | 85.56 | 22 |
| 衢州市 | 46.98 | 23 | 57.57 | 23 | 63.42 | 24 |
| 丽水市 | 44.94 | 24 | 57.36 | 24 | 64.61 | 23 |

## 四、长三角地区各县(市)财政收入情况

2012 年长三角 107 个县(市)地方财政收入差距还是比较大的,排在前 5 名的仍然属于江苏,分别是昆山市、江阴市、张家港市、常熟市和太仓市,六至十名则是慈溪市、宜兴市、绍兴县、余姚市和义乌市。

表 10　2010—2012 年长三角地区各县(市)财政收入情况(单位:亿元)

| 项目<br>地区 | 2010 年总值 | 2010 年排名 | 2011 年总值 | 2011 年排名 | 2012 年总值 | 2012 年排名 |
|---|---|---|---|---|---|---|
| 昆山市 | 163.13 | 1 | 200.22 | 1 | 220.28 | 1 |
| 江阴市 | 130.72 | 2 | 153.37 | 2 | 167.19 | 2 |
| 张家港市 | 116.06 | 3 | 142.32 | 3 | 149.61 | 3 |
| 常熟市 | 100.09 | 4 | 122.50 | 4 | 128.15 | 4 |
| 吴江市 | 90.28 | 5 | 112.88 | 5 | —— | —— |
| 太仓市 | 70.00 | 6 | 85.41 | 6 | 90.15 | 5 |
| 宜兴市 | 58.02 | 7 | 71.20 | 8 | 78.38 | 7 |
| 慈溪市 | 57.19 | 8 | 71.52 | 7 | 81.39 | 6 |
| 绍兴县 | 51.76 | 9 | 63.77 | 9 | 70.44 | 8 |
| 余姚市 | 44.04 | 10 | 55.02 | 10 | 61.69 | 9 |
| 义乌市 | 42.76 | 11 | 50.46 | 11 | 57.42 | 10 |
| 诸暨市 | 37.33 | 12 | 45.75 | 13 | 52.62 | 12 |
| 靖江市 | 36.89 | 13 | 48.68 | 12 | 44.01 | 19 |
| 乐清市 | 34.36 | 14 | 41.66 | 17 | 45.72 | 17 |
| 如皋市 | 33.69 | 15 | 45.63 | 14 | 53.60 | 11 |
| 瑞安市 | 32.70 | 16 | 38.68 | 21 | 40.65 | 24 |
| 富阳市 | 32.65 | 17 | 40.95 | 19 | 42.01 | 22 |
| 海门市 | 31.27 | 18 | 42.35 | 16 | 51.61 | 14 |
| 启东市 | 31.26 | 19 | 44.07 | 15 | 52.21 | 13 |
| 温岭市 | 30.59 | 20 | 36.17 | 25 | 38.87 | 29 |
| 海宁市 | 30.33 | 21 | 38.82 | 20 | 44.29 | 18 |
| 丹阳市 | 30.00 | 22 | 41.13 | 18 | 50.09 | 15 |
| 上虞市 | 29.16 | 23 | 35.52 | 27 | 39.19 | 27 |
| 溧阳市 | 29.00 | 24 | 37.13 | 23 | 40.50 | 25 |

（续表）

| | | | | | | |
|---|---|---|---|---|---|---|
| 桐乡市 | 28.30 | 25 | 36.29 | 24 | 41.76 | 23 |
| 崇明县 | 28.04 | 26 | 34.8 | 29 | 37.00 | 32 |
| 江都市 | 26.85 | 27 | —— | —— | —— | —— |
| 沭阳县 | 26.26 | 28 | 37.28 | 22 | 48.79 | 16 |
| 东台市 | 26.18 | 29 | 35.92 | 26 | 43.67 | 20 |
| 平湖市 | 25.51 | 30 | 32.44 | 30 | 38.02 | 30 |
| 邳州市 | 23.10 | 31 | 35.08 | 28 | 42.12 | 21 |
| 泰兴市 | 22.73 | 32 | 27.90 | 36 | 32.61 | 36 |
| 永康市 | 22.40 | 33 | 25.26 | 43 | 30.12 | 38 |
| 长兴县 | 22.36 | 34 | 30.75 | 32 | 35.51 | 33 |
| 临海市 | 22.13 | 35 | 26.2 | 39 | 28.61 | 44 |
| 沛　县 | 21.24 | 36 | 31.90 | 31 | 38.96 | 28 |
| 兴化市 | 21.13 | 37 | 25.56 | 41 | 29.46 | 41 |
| 宁海县 | 21.01 | 38 | 26.59 | 37 | 29.84 | 40 |
| 大丰市 | 20.67 | 39 | 30.07 | 33 | 40.01 | 26 |
| 海安县 | 20.52 | 40 | 28.51 | 34 | 37.53 | 31 |
| 象山县 | 20.09 | 41 | 24.83 | 45 | 27.28 | 47 |
| 建湖县 | 20.04 | 42 | 28.25 | 35 | 32.94 | 34 |
| 溧水县 | 20.02 | 43 | 25.00 | 44 | 29.20 | 43 |
| 东阳市 | 19.40 | 44 | 23.95 | 47 | 30.11 | 39 |
| 仪征市 | 19.22 | 45 | 25.95 | 40 | 24.66 | 57 |
| 如东县 | 19.04 | 46 | 25.39 | 42 | 32.17 | 37 |
| 嘉善县 | 18.82 | 47 | 24.32 | 46 | 27.31 | 46 |
| 德清县 | 18.60 | 48 | 23.4 | 50 | 27.19 | 48 |
| 赣榆县 | 18.40 | 49 | 23.81 | 48 | 29.21 | 42 |
| 玉环县 | 18.25 | 50 | 21.69 | 56 | 25.11 | 53 |
| 灌南县 | 18.18 | 51 | 22.22 | 53 | 25.59 | 50 |
| 金坛市 | 18.03 | 52 | 23.08 | 52 | 23.11 | 62 |
| 东海县 | 18.02 | 53 | 23.50 | 49 | 27.46 | 45 |
| 奉化市 | 17.91 | 54 | 21.96 | 55 | 24.37 | 58 |
| 姜堰市 | 17.60 | 55 | 22.19 | 54 | 23.54 | 60 |

（续表）

| | | | | | | |
|---|---|---|---|---|---|---|
| 新沂市 | 17.58 | 56 | 26.51 | 38 | 32.85 | 35 |
| 临安市 | 16.97 | 57 | 21.1 | 58 | 23.66 | 59 |
| 灌云县 | 16.47 | 58 | 21.61 | 57 | 25.86 | 49 |
| 阜宁县 | 16.45 | 59 | 23.14 | 51 | 25.48 | 52 |
| 宝应县 | 15.68 | 60 | 20.58 | 60 | 20.71 | 71 |
| 苍南县 | 14.95 | 61 | 17.43 | 71 | 19.33 | 77 |
| 射阳县 | 14.75 | 62 | 19.01 | 68 | 20.80 | 70 |
| 扬中市 | 14.75 | 63 | 19.60 | 67 | 22.57 | 63 |
| 句容市 | 14.58 | 64 | 20.50 | 61 | 25.02 | 54 |
| 滨海县 | 14.52 | 65 | 20.77 | 59 | 24.94 | 55 |
| 高邮市 | 14.42 | 66 | 20.49 | 62 | 21.72 | 67 |
| 安吉县 | 13.93 | 67 | 16.66 | 78 | 21.08 | 69 |
| 盱眙县 | 13.83 | 68 | 20.11 | 65 | 23.15 | 61 |
| 永嘉县 | 13.74 | 69 | 16.27 | 79 | 18.45 | 78 |
| 海盐县 | 13.68 | 70 | 17.18 | 74 | 22.33 | 64 |
| 高淳县 | 13.50 | 71 | 18.00 | 70 | 22.00 | 65 |
| 新昌县 | 13.50 | 72 | 16.99 | 76 | 20.00 | 72 |
| 平阳县 | 13.35 | 73 | 16.75 | 77 | 17.12 | 79 |
| 泗洪县 | 13.26 | 74 | 14.88 | 80 | 19.76 | 73 |
| 嵊州市 | 13.15 | 75 | 18.43 | 69 | 19.75 | 74 |
| 桐庐县 | 13.08 | 76 | 17.19 | 73 | 19.51 | 76 |
| 睢宁县 | 12.94 | 77 | 20.20 | 64 | 25.56 | 51 |
| 丰　县 | 12.89 | 78 | 19.66 | 66 | 24.92 | 56 |
| 泗阳县 | 12.51 | 79 | 17.33 | 72 | 21.76 | 66 |
| 建德市 | 12.01 | 80 | 14.11 | 82 | 16.00 | 82 |
| 兰溪市 | 11.22 | 81 | 13.57 | 83 | 16.15 | 81 |
| 响水县 | 10.80 | 82 | 17.01 | 75 | 19.73 | 75 |
| 涟水县 | 10.68 | 83 | 20.28 | 63 | 21.62 | 68 |
| 洪泽县 | 10.66 | 84 | 14.85 | 81 | 17.10 | 80 |
| 浦江县 | 9.01 | 85 | 10.58 | 86 | 11.54 | 85 |
| 武义县 | 8.87 | 86 | 11.07 | 85 | 12.43 | 84 |

（续表）

| | | | | | | |
|---|---|---|---|---|---|---|
| 金湖县 | 8.75 | 87 | 13.00 | 84 | 15.35 | 83 |
| 青田县 | 8.13 | 88 | 9.32 | 91 | 10.54 | 90 |
| 三门县 | 8.07 | 89 | 9.6 | 89 | 10.68 | 89 |
| 江山市 | 8.04 | 90 | 10.02 | 87 | 11.14 | 87 |
| 天台县 | 7.81 | 91 | 9.66 | 88 | 11.07 | 88 |
| 淳安县 | 7.20 | 92 | 9.52 | 90 | 11.21 | 86 |
| 岱山县 | 6.76 | 93 | 8.47 | 92 | 9.77 | 91 |
| 龙游县 | 5.81 | 94 | 7.09 | 93 | 8.05 | 92 |
| 仙居县 | 5.67 | 95 | 6.86 | 94 | 7.90 | 93 |
| 缙云县 | 5.14 | 96 | 6.62 | 95 | 7.44 | 94 |
| 常山县 | 4.49 | 97 | 5.31 | 96 | 5.72 | 95 |
| 嵊泗县 | 4.00 | 98 | 4.37 | 99 | 4.86 | 98 |
| 开化县 | 3.85 | 99 | 4.34 | 100 | 4.57 | 101 |
| 遂昌县 | 3.69 | 100 | 4.18 | 101 | 4.67 | 99 |
| 文成县 | 3.48 | 101 | 4.74 | 97 | 4.93 | 96 |
| 泰顺县 | 3.43 | 102 | 4.63 | 98 | 4.92 | 97 |
| 磐安县 | 3.28 | 103 | 4.01 | 103 | 4.53 | 102 |
| 龙泉市 | 3.21 | 104 | 4.09 | 102 | 4.64 | 100 |
| 洞头县 | 2.74 | 105 | 3.07 | 105 | 3.39 | 104 |
| 松阳县 | 2.55 | 106 | 2.92 | 106 | 3.30 | 105 |
| 景宁县 | 2.24 | 107 | 3.67 | 104 | 4.09 | 103 |
| 云和县 | 2.03 | 108 | 2.45 | 107 | 2.87 | 106 |
| 庆元县 | 1.55 | 109 | 1.88 | 108 | 2.15 | 107 |

注：上海市崇明县数据来源于其2012年统计公报。

# 六　长三角地区城镇居民可支配收入情况

## 一、上海市、江苏省和浙江省城镇居民可支配收入情况

近几年，长三角两省一市城镇居民可支配收入连年递增，2012 年上海市城镇居民可支配收入以 40188 元位居长三角地区之首，其次是浙江(34550 元)，江苏以 29677 元排名第三。

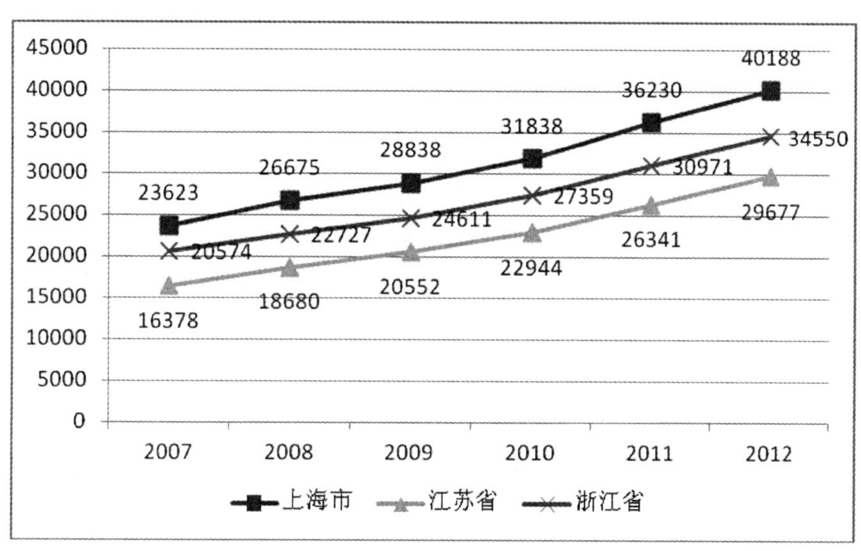


**图 11　2007—2012 年上海市、江苏省和浙江省城镇居民可支配收入情况(单位:元)**

## 二、长三角地区各省辖市城镇居民可支配收入情况

2012 年长三角 24 个地级市城镇居民可支配收入总体而言都有所提高，从排名来看排在前十位的浙江省有 7 个城市，江苏省 3 个城市，排在前五位的分别是苏州市(39079 亿元)、宁波市(38043 亿元)、绍兴市(36911 亿元)、杭州市(35704 亿元)和嘉兴市(35696 亿元)。

**表 11　2010—2012 年长三角地区各省辖市城镇居民可支配收入情况(单位:元)**

| 项目 / 地区 | 2010 年总值 | 2010 年排名 | 2011 年总值 | 2011 年排名 | 2012 年总值 | 2012 年排名 |
|---|---|---|---|---|---|---|
| 苏州市 | 30366 | 1 | 34617 | 1 | 39079 | 1 |
| 绍兴市 | 30164 | 2 | 33273 | 3 | 36911 | 3 |
| 宁波市 | 29977 | 3 | 34321 | 2 | 38043 | 2 |
| 杭州市 | 29139 | 4 | 32434 | 4 | 35704 | 4 |
| 无锡市 | 27750 | 5 | 31638 | 6 | 35663 | 6 |
| 嘉兴市 | 27487 | 6 | 31520 | 7 | 35696 | 5 |

（续表）

| | | | | | | |
|---|---|---|---|---|---|---|
| 南京市 | 27383 | 7 | 31100 | 8 | 35092 | 7 |
| 温州市 | 27250 | 8 | 31749 | 5 | 34820 | 8 |
| 台州市 | 27212 | 9 | 30490 | 10 | 33979 | 10 |
| 舟山市 | 26242 | 10 | 30496 | 9 | 34224 | 9 |
| 常州市 | 25875 | 11 | 29559 | 12 | 33326 | 11 |
| 湖州市 | 25729 | 12 | 29367 | 13 | 32987 | 13 |
| 金华市 | 25029 | 13 | 29729 | 11 | 33164 | 12 |
| 镇江市 | 23224 | 14 | 26637 | 14 | 30045 | 14 |
| 南通市 | 21825 | 15 | 25094 | 15 | 28292 | 15 |
| 衢州市 | 21811 | 16 | 24900 | 16 | 26232 | 18 |
| 丽水市 | 21093 | 17 | 23391 | 18 | 26309 | 17 |
| 泰州市 | 20255 | 18 | 23597 | 17 | 26574 | 16 |
| 扬州市 | 19537 | 19 | 22835 | 19 | 25712 | 19 |
| 盐城市 | 16935 | 20 | 19414 | 20 | 21941 | 20 |
| 徐州市 | 16762 | 21 | 19206 | 21 | 21716 | 21 |
| 淮安市 | 15983 | 22 | 18510 | 22 | 20950 | 22 |
| 连云港 | 15790 | 23 | 18483 | 23 | 20816 | 23 |
| 宿迁市 | 12757 | 24 | 14972 | 24 | 16991 | 24 |

## 三、长三角地区各县(市)城镇居民可支配收入情况

从长三角地区各县(市)的情况来看,进入前十位的浙江有 5 个县(市),江苏有 5 个县(市),分别是:义乌市、绍兴县、玉环县、诸暨市、昆山市、张家港市、常熟市、江阴市、太仓市和瑞安市。

**表 12　2010—2012 年长三角地区各县(市)城镇居民可支配收入情况(单位:元)**

| 项目<br>地区 | 2010 年总值 | 2010 年排名 | 2011 年总值 | 2011 年排名 | 2012 年总值 | 2012 年排名 |
|---|---|---|---|---|---|---|
| 义乌市 | 35220 | 1 | 40078 | 1 | 44509 | 1 |
| 玉环县 | 32930 | 2 | 36715 | 2 | 40665 | 3 |
| 绍兴县 | 32223 | 3 | 36547 | 3 | 40805 | 2 |
| 诸暨市 | 31413 | 4 | 35697 | 4 | 39950 | 4 |
| 瑞安市 | 31268 | 5 | 35082 | 8 | 38988 | 10 |
| 吴江市 | 30957 | 6 | 35212 | 5 | —— | —— |

（续表）

| | | | | | | |
|---|---|---|---|---|---|---|
| 昆山市 | 30923 | 7 | 35190 | 6 | 39740 | 5 |
| 慈溪市 | 30896 | 8 | 34123 | 13 | 37711 | 13 |
| 张家港市 | 30829 | 9 | 35128 | 7 | 39695 | 6 |
| 常熟市 | 30738 | 10 | 35041 | 9 | 39561 | 7 |
| 太仓市 | 30629 | 11 | 34887 | 11 | 39422 | 9 |
| 乐清市 | 30425 | 12 | 34449 | 12 | 37920 | 12 |
| 江阴市 | 30184 | 13 | 34888 | 10 | 39437 | 8 |
| 上虞市 | 29931 | 14 | 34011 | 14 | 37981 | 11 |
| 嵊州市 | 29796 | 15 | 33553 | 16 | 37098 | 18 |
| 余姚市 | 29670 | 16 | 33611 | 15 | 37217 | 17 |
| 海盐县 | 29287 | 17 | 33290 | 18 | 37682 | 14 |
| 平湖市 | 29101 | 18 | 33190 | 19 | 37509 | 16 |
| 象山县 | 29097 | 19 | 33492 | 17 | 36872 | 19 |
| 海宁市 | 28972 | 20 | 33188 | 20 | 37634 | 15 |
| 宁海县 | 28940 | 21 | 33045 | 21 | 36496 | 21 |
| 奉化市 | 28759 | 22 | 32893 | 22 | 36293 | 23 |
| 桐乡市 | 28397 | 23 | 32405 | 23 | 36591 | 20 |
| 温岭市 | 28307 | 24 | 31303 | 25 | 34444 | 24 |
| 嘉善县 | 28190 | 25 | 32170 | 24 | 36405 | 22 |
| 新昌县 | 27396 | 26 | 30808 | 26 | 34410 | 25 |
| 长兴县 | 26046 | 27 | 29725 | 27 | 33439 | 27 |
| 德清县 | 26016 | 28 | 29710 | 28 | 33377 | 28 |
| 富阳市 | 25914 | 29 | 29520 | 32 | 32739 | 31 |
| 宜兴市 | 25869 | 30 | 29494 | 30 | 33210 | 29 |
| 扬中市 | 25579 | 31 | 29595 | 29 | 33442 | 26 |
| 高淳县 | 25576 | 32 | 29284 | 31 | 33032 | 30 |
| 永康市 | 25319 | 33 | 28998 | 33 | 32380 | 32 |
| 临海市 | 25317 | 34 | 28154 | 35 | 31597 | 36 |
| 安吉县 | 25205 | 35 | 28678 | 34 | 32211 | 33 |
| 溧水县 | 24468 | 36 | 28016 | 37 | 31602 | 35 |
| 临安市 | 24455 | 37 | 27594 | 38 | 30903 | 37 |

（续表）

| | | | | | | |
|---|---|---|---|---|---|---|
| 桐庐县 | 24026 | 38 | 27130 | 40 | 30226 | 39 |
| 金坛市 | 23996 | 39 | 28087 | 36 | 31738 | 34 |
| 岱山县 | 23978 | 40 | 26907 | 41 | 29916 | 42 |
| 嵊泗县 | 23628 | 41 | 26521 | 43 | 30185 | 40 |
| 东阳市 | 23250 | 42 | 27256 | 39 | 30395 | 38 |
| 平阳县 | 23073 | 43 | 26084 | 48 | 28761 | 50 |
| 崇明县 | 23069 | 44 | 26149 | 47 | 28936 | 46 |
| 丹阳市 | 23015 | 45 | 26631 | 42 | 30120 | 41 |
| 浦江县 | 22992 | 46 | 25106 | 53 | 27840 | 52 |
| 海门市 | 22930 | 47 | 26339 | 45 | 29631 | 44 |
| 溧阳市 | 22912 | 48 | 26418 | 44 | 29852 | 43 |
| 建德市 | 22876 | 49 | 25827 | 50 | 28802 | 49 |
| 句容市 | 22710 | 50 | 26264 | 46 | 29626 | 45 |
| 苍南县 | 22599 | 51 | 25855 | 49 | 28897 | 47 |
| 青田县 | 22500 | 52 | 25037 | 54 | 27579 | 56 |
| 永嘉县 | 22331 | 53 | 25422 | 52 | 27731 | 53 |
| 三门县 | 22125 | 54 | 24750 | 57 | 27592 | 55 |
| 天台县 | 22066 | 55 | 24912 | 55 | 27691 | 54 |
| 龙泉市 | 22015 | 56 | 24904 | 56 | 27930 | 51 |
| 靖江市 | 21904 | 57 | 25580 | 51 | 28803 | 48 |
| 遂昌县 | 21808 | 58 | 24431 | 58 | 27534 | 57 |
| 缙云县 | 21275 | 59 | 23897 | 59 | 27113 | 58 |
| 启东市 | 20618 | 60 | 23889 | 60 | 26875 | 59 |
| 仙居县 | 20531 | 61 | 22886 | 67 | 25454 | 68 |
| 海安县 | 20512 | 62 | 23775 | 61 | 26771 | 60 |
| 如东县 | 20502 | 63 | 23773 | 62 | 26768 | 61 |
| 姜堰市 | 20352 | 64 | 23746 | 63 | 26714 | 62 |
| 洞头县 | 20307 | 65 | 22771 | 68 | 25737 | 66 |
| 仪征市 | 20147 | 66 | 23675 | 64 | 26658 | 63 |
| 江山市 | 20138 | 67 | 22704 | 69 | 25499 | 67 |
| 云和县 | 20131 | 68 | 22549 | 70 | 25188 | 70 |

（续表）

| | | | | | | |
|---|---|---|---|---|---|---|
| 泰兴市 | 20026 | 69 | 23391 | 65 | 26338 | 64 |
| 江都市 | 19869 | 70 | —— | —— | —— | —— |
| 如皋市 | 19852 | 71 | 23028 | 66 | 26010 | 65 |
| 淳安县 | 19831 | 72 | 22238 | 72 | 24811 | 71 |
| 松阳县 | 19371 | 73 | 21725 | 73 | 24374 | 72 |
| 龙游县 | 19076 | 74 | 22270 | 71 | 25242 | 69 |
| 兴化市 | 18409 | 75 | 21480 | 74 | 24165 | 73 |
| 兰溪市 | 18409 | 76 | 20970 | 76 | 24098 | 74 |
| 文成县 | 18326 | 77 | 20810 | 77 | 22708 | 77 |
| 庆元县 | 18262 | 78 | 20164 | 79 | 22669 | 78 |
| 东台市 | 18059 | 79 | 21093 | 75 | 23867 | 75 |
| 景宁县 | 17901 | 80 | 20315 | 78 | 22862 | 76 |
| 武义县 | 17744 | 81 | 20067 | 81 | 22278 | 81 |
| 磐安县 | 17468 | 82 | 19601 | 84 | 21816 | 84 |
| 高邮市 | 17073 | 83 | 20078 | 80 | 22588 | 79 |
| 大丰市 | 16952 | 84 | 19851 | 82 | 22471 | 80 |
| 盱眙县 | 16799 | 85 | 19690 | 83 | 22230 | 82 |
| 金湖县 | 16730 | 86 | 19535 | 85 | 22075 | 83 |
| 泰顺县 | 16557 | 87 | 19497 | 86 | 21664 | 86 |
| 洪泽县 | 16464 | 88 | 19219 | 87 | 21717 | 85 |
| 建湖县 | 16026 | 89 | 18774 | 88 | 21215 | 87 |
| 开化县 | 15682 | 90 | 17518 | 90 | 19467 | 92 |
| 邳州市 | 15384 | 91 | 18083 | 89 | 20542 | 89 |
| 东海县 | 14766 | 92 | 17380 | 91 | 19726 | 90 |
| 赣榆县 | 14672 | 93 | 17240 | 92 | 19533 | 91 |
| 射阳县 | 14622 | 94 | 17129 | 93 | 19373 | 93 |
| 滨海县 | 14390 | 95 | 16879 | 95 | 19090 | 95 |
| 沛　县 | 14330 | 96 | 16910 | 94 | 19227 | 94 |
| 宝应县 | 14328 | 97 | 16848 | 96 | 18988 | 96 |
| 灌南县 | 13952 | 98 | 16394 | 97 | 18535 | 97 |
| 阜宁县 | 13771 | 99 | 16153 | 98 | 18253 | 98 |

（续表）

| | | | | | | |
|---|---|---|---|---|---|---|
| 响水县 | 13712 | 100 | 16112 | 99 | 18207 | 99 |
| 涟水县 | 13666 | 101 | 16018 | 100 | 18116 | 100 |
| 新沂市 | 13148 | 102 | 15508 | 101 | 17617 | 101 |
| 沭阳县 | 12874 | 103 | 15127 | 102 | 17215 | 102 |
| 泗阳县 | 12428 | 104 | 14553 | 103 | 16474 | 103 |
| 睢宁县 | 12171 | 105 | 14465 | 104 | 16447 | 104 |
| 丰　县 | 12091 | 106 | 14261 | 105 | 16186 | 105 |
| 灌云县 | 11931 | 107 | 14047 | 106 | 15943 | 106 |
| 泗洪县 | 11783 | 108 | 14002 | 107 | 15934 | 107 |
| 常山县 | —— | —— | —— | —— | 20885 | 88 |

注：上海市崇明县数据来源于其2012年统计公报。

# 七　长三角地区农村居民纯收入情况

## 一、上海市、江苏省和浙江省农村居民纯收入情况

在国家扶持农业发展、提高农村收入政策的引导下，长三角地区农村居民收入持续增加，2012 年上海市农村居民纯收入达到 17401 元，浙江省 14552 元，江苏省 12202 元。

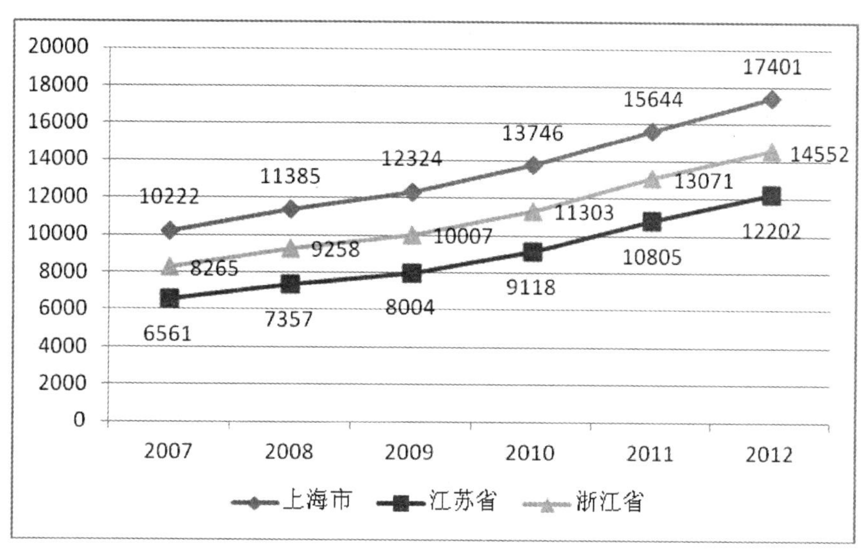


图 12　2007—2012 年上海市、江苏省和浙江省农村居民纯收入情况（单位：元）

## 二、长三角地区各省辖市农村居民纯收入情况

2012 年长三角 24 个地级市农村居民可支配收入排名基本保持稳定，排在前 5 位的分别是：苏州市（19396 亿元）、嘉兴市（18636 亿元）、舟山市（18601 亿元）、无锡市（18509 亿元）和宁波市（18475 亿元）。

表 13　2010—2012 年长三角地区各省辖市农村居民纯收入情况（单位：元）

| 项目<br>地区 | 2010 年总值 | 2010 年排名 | 2011 年总值 | 2011 年排名 | 2012 年总值 | 2012 年排名 |
|---|---|---|---|---|---|---|
| 苏州市 | 14657 | 1 | 17226 | 1 | 19396 | 1 |
| 嘉兴市 | 14365 | 2 | 16707 | 2 | 18636 | 2 |
| 舟山市 | 14265 | 3 | 16608 | 3 | 18601 | 3 |
| 宁波市 | 14261 | 4 | 16518 | 4 | 18475 | 5 |
| 无锡市 | 14002 | 5 | 16438 | 5 | 18509 | 4 |
| 绍兴市 | 13651 | 6 | 15861 | 6 | 17706 | 6 |

（续表）

| | | | | | | |
|---|---|---|---|---|---|---|
| 湖州市 | 13288 | 7 | 15381 | 7 | 17188 | 7 |
| 杭州市 | 13186 | 8 | 15245 | 8 | 17017 | 8 |
| 常州市 | 12637 | 9 | 14838 | 9 | 16737 | 9 |
| 温州市 | 11416 | 10 | 13243 | 10 | 14719 | 11 |
| 台州市 | 11307 | 11 | 13108 | 11 | 14567 | 12 |
| 南京市 | 11128 | 12 | 13108 | 11 | 14786 | 10 |
| 镇江市 | 10874 | 13 | 12825 | 13 | 14518 | 13 |
| 金华市 | 10201 | 14 | 11877 | 14 | 13286 | 14 |
| 南通市 | 9914 | 15 | 11730 | 15 | 13231 | 15 |
| 扬州市 | 9462 | 16 | 11217 | 16 | 12686 | 16 |
| 泰州市 | 9324 | 17 | 11046 | 17 | 12493 | 17 |
| 盐城市 | 8751 | 18 | 10511 | 18 | 11898 | 18 |
| 衢州市 | 8270 | 19 | 9635 | 19 | 10714 | 20 |
| 徐州市 | 7955 | 20 | 9490 | 20 | 10762 | 19 |
| 淮安市 | 7233 | 21 | 8645 | 21 | 9838 | 21 |
| 连云港 | 7039 | 22 | 8434 | 22 | 9589 | 22 |
| 宿迁市 | 6975 | 23 | 8344 | 23 | 9495 | 23 |
| 丽水市 | 6537 | 24 | 7809 | 24 | 8855 | 24 |

## 三、长三角地区各县(市)农村居民纯收入情况

2012年，长三角地区107个县(市)农村居民纯收入排在前10位的江苏省有5个，浙江省有5个，分别是：绍兴县、慈溪市、江阴市、昆山市、常熟市、张家港市、太仓市、海宁市、义乌市和诸暨市。

**表14 2010—2012年长三角地区各县(市)农村居民纯收入情况(单位:元)**

| 项目<br>地区 | 2010年总值 | 2010年排名 | 2011年总值 | 2011年排名 | 2012年总值 | 2012年排名 |
|---|---|---|---|---|---|---|
| 绍兴县 | 16685 | 1 | 19527 | 1 | 21813 | 1 |
| 慈溪市 | 15513 | 2 | 18260 | 2 | 20383 | 2 |
| 江阴市 | 14898 | 3 | 17460 | 3 | 19660 | 3 |
| 昆山市 | 14824 | 4 | 17374 | 5 | 19563 | 4 |
| 义乌市 | 14775 | 5 | 17121 | 10 | 19147 | 9 |
| 常熟市 | 14664 | 6 | 17289 | 6 | 19467 | 5 |

（续表）

| | | | | | | |
|---|---|---|---|---|---|---|
| 太仓市 | 14662 | 7 | 17201 | 8 | 19411 | 7 |
| 张家港市 | 14658 | 8 | 17252 | 7 | 19460 | 6 |
| 吴江市 | 14603 | 9 | 17150 | 9 | —— | —— |
| 海宁市 | 14551 | 10 | 17397 | 4 | 19364 | 8 |
| 诸暨市 | 14549 | 11 | 17060 | 11 | 19107 | 10 |
| 桐乡市 | 14419 | 12 | 16518 | 15 | 18386 | 15 |
| 嘉善县 | 14383 | 13 | 16514 | 16 | 18496 | 14 |
| 岱山县 | 14364 | 14 | 16702 | 13 | 18774 | 11 |
| 平湖市 | 14293 | 15 | 16641 | 14 | 18547 | 13 |
| 玉环县 | 14161 | 16 | 16455 | 17 | 18257 | 16 |
| 海盐县 | 14111 | 17 | 16788 | 12 | 18726 | 12 |
| 乐清市 | 13798 | 18 | 15730 | 22 | 17454 | 23 |
| 余姚市 | 13770 | 19 | 16074 | 18 | 17977 | 17 |
| 德清县 | 13575 | 20 | 15776 | 21 | 17669 | 21 |
| 奉化市 | 13543 | 21 | 15654 | 23 | 17675 | 20 |
| 上虞市 | 13534 | 22 | 15883 | 20 | 17686 | 19 |
| 嵊泗县 | 13486 | 23 | 15899 | 19 | 17832 | 18 |
| 长兴县 | 13305 | 24 | 15640 | 24 | 17462 | 22 |
| 富阳市 | 13272 | 25 | 15369 | 25 | 17397 | 24 |
| 温岭市 | 12947 | 26 | 14996 | 26 | 16639 | 26 |
| 安吉县 | 12840 | 27 | 14152 | 32 | 15836 | 31 |
| 宁海县 | 12744 | 28 | 14757 | 28 | 16547 | 28 |
| 宜兴市 | 12679 | 29 | 14949 | 27 | 16862 | 25 |
| 瑞安市 | 12538 | 30 | 14401 | 31 | 15987 | 30 |
| 扬中市 | 12515 | 31 | 14692 | 29 | 16631 | 27 |
| 象山县 | 12511 | 32 | 14653 | 30 | 16388 | 29 |
| 临安市 | 12012 | 33 | 13926 | 33 | 15764 | 32 |
| 金坛市 | 11761 | 34 | 13812 | 34 | 15608 | 33 |
| 桐庐县 | 11665 | 35 | 13460 | 36 | 15237 | 35 |
| 丹阳市 | 11446 | 36 | 13426 | 38 | 15171 | 36 |
| 东阳市 | 11412 | 37 | 13403 | 39 | 15008 | 38 |

（续表）

| | | | | | | |
|---|---|---|---|---|---|---|
| 嵊州市 | 11405 | 38 | 13345 | 40 | 14909 | 39 |
| 海门市 | 11372 | 39 | 13453 | 37 | 15162 | 37 |
| 溧阳市 | 11368 | 40 | 13505 | 35 | 15261 | 34 |
| 新昌县 | 11263 | 41 | 13079 | 42 | 14609 | 41 |
| 高淳县 | 11156 | 42 | 13142 | 41 | 14816 | 40 |
| 永康市 | 11126 | 43 | 12961 | 43 | 14566 | 42 |
| 临海市 | 10851 | 44 | 12519 | 46 | 13915 | 45 |
| 溧水县 | 10804 | 45 | 12716 | 44 | 14356 | 43 |
| 启东市 | 10587 | 46 | 12535 | 45 | 14127 | 44 |
| 靖江市 | 10242 | 47 | 12116 | 47 | 13715 | 46 |
| 江都市 | 10111 | 48 | —— | —— | —— | —— |
| 东台市 | 10097 | 49 | 12056 | 48 | 13647 | 47 |
| 建德市 | 10012 | 50 | 11536 | 51 | 13059 | 50 |
| 大丰市 | 10001 | 51 | 11941 | 49 | 13517 | 48 |
| 句容市 | 9925 | 52 | 11692 | 50 | 13235 | 49 |
| 崇明县 | 9527 | 53 | 10854 | 55 | 12124 | 57 |
| 海安县 | 9478 | 54 | 11216 | 52 | 12663 | 51 |
| 江山市 | 9345 | 55 | 10887 | 54 | 12131 | 56 |
| 泰兴市 | 9338 | 56 | 11047 | 53 | 12505 | 52 |
| 平阳县 | 9274 | 57 | 10615 | 59 | 11827 | 61 |
| 仪征市 | 9136 | 58 | 10826 | 56 | 12244 | 53 |
| 姜堰市 | 9131 | 59 | 10802 | 57 | 12228 | 54 |
| 如东县 | 9120 | 60 | 10786 | 58 | 12156 | 55 |
| 浦江县 | 8978 | 61 | 10052 | 72 | 11191 | 73 |
| 苍南县 | 8939 | 62 | 10280 | 68 | 11568 | 66 |
| 洞头县 | 8937 | 63 | 10493 | 60 | 11858 | 58 |
| 三门县 | 8852 | 64 | 10264 | 69 | 11440 | 68 |
| 高邮市 | 8825 | 65 | 10449 | 61 | 11828 | 59 |
| 兴化市 | 8817 | 66 | 10439 | 62 | 11827 | 60 |
| 永嘉县 | 8756 | 67 | 10365 | 64 | 11549 | 67 |
| 射阳县 | 8720 | 68 | 10377 | 63 | 11726 | 62 |

（续表）

| | | | | | | |
|---|---|---|---|---|---|---|
| 宝应县 | 8715 | 69 | 10327 | 66 | 11670 | 64 |
| 建湖县 | 8704 | 70 | 10358 | 65 | 11705 | 63 |
| 龙游县 | 8697 | 71 | 10149 | 71 | 11306 | 71 |
| 如皋市 | 8695 | 72 | 10312 | 67 | 11663 | 65 |
| 天台县 | 8683 | 73 | 10158 | 70 | 11333 | 70 |
| 沛　县 | 8378 | 74 | 10001 | 73 | 11351 | 69 |
| 邳州市 | 8331 | 75 | 9931 | 74 | 11282 | 72 |
| 仙居县 | 8022 | 76 | 9376 | 76 | 10460 | 77 |
| 常山县 | 8018 | 77 | 9309 | 78 | 10361 | 79 |
| 洪泽县 | 7943 | 78 | 9532 | 75 | 10838 | 74 |
| 阜宁县 | 7801 | 79 | 9299 | 79 | 10545 | 76 |
| 金湖县 | 7782 | 80 | 9336 | 77 | 10624 | 75 |
| 滨海县 | 7716 | 81 | 9197 | 80 | 10429 | 78 |
| 武义县 | 7678 | 82 | 8729 | 83 | 9757 | 86 |
| 赣榆县 | 7582 | 83 | 9068 | 81 | 10310 | 80 |
| 兰溪市 | 7554 | 84 | 8664 | 86 | 9721 | 87 |
| 开化县 | 7399 | 85 | 8583 | 89 | 9538 | 91 |
| 盱眙县 | 7382 | 86 | 8807 | 82 | 10031 | 81 |
| 响水县 | 7276 | 87 | 8673 | 85 | 9861 | 83 |
| 东海县 | 7273 | 88 | 8701 | 84 | 9910 | 82 |
| 丰　县 | 7258 | 89 | 8642 | 87 | 9783 | 85 |
| 新沂市 | 7231 | 90 | 8634 | 88 | 9808 | 84 |
| 淳安县 | 7172 | 91 | 8291 | 93 | 9418 | 92 |
| 睢宁县 | 7022 | 92 | 8384 | 90 | 9541 | 89 |
| 沭阳县 | 7021 | 93 | 8383 | 91 | 9557 | 88 |
| 泗阳县 | 7002 | 94 | 8379 | 92 | 9541 | 90 |
| 泗洪县 | 6830 | 95 | 8189 | 94 | 9327 | 93 |
| 青田县 | 6722 | 96 | 8063 | 95 | 9153 | 95 |
| 龙泉市 | 6704 | 97 | 8025 | 97 | 9127 | 96 |
| 涟水县 | 6691 | 98 | 8043 | 96 | 9185 | 94 |
| 缙云县 | 6678 | 99 | 7995 | 98 | 9077 | 97 |

(续表)

| | | | | | | |
|---|---|---|---|---|---|---|
| 遂昌县 | 6659 | 100 | 7962 | 99 | 9056 | 98 |
| 灌云县 | 6522 | 101 | 7839 | 100 | 8929 | 99 |
| 云和县 | 6370 | 102 | 7570 | 101 | 8580 | 100 |
| 景宁县 | 6202 | 103 | 7412 | 104 | 8384 | 103 |
| 灌南县 | 6199 | 104 | 7451 | 102 | 8472 | 101 |
| 文成县 | 6158 | 105 | 7435 | 103 | 8387 | 102 |
| 松阳县 | 6064 | 106 | 7255 | 105 | 8223 | 104 |
| 磐安县 | 6016 | 107 | 7039 | 108 | 7878 | 107 |
| 庆元县 | 6012 | 108 | 7143 | 107 | 8079 | 106 |
| 泰顺县 | 6010 | 109 | 7221 | 106 | 8162 | 105 |

注:上海市崇明县数据来源于其 2012 年统计公报。

# 第二章　上海市 2012 年经济社会发展报告

2012 年，全市人民在党中央、国务院和中共上海市委、市政府的坚强领导下，认真学习贯彻党的十八大和市第十次党代会精神，深入贯彻落实科学发展观，紧紧围绕创新驱动、转型发展和“五个更加注重”的要求，积极应对复杂严峻的外部环境和自身发展转型的双重挑战，扎实推进稳增长、调结构、抓改革、惠民生各项工作，国民经济运行平稳有序，各项社会事业全面进步，社会民生持续改善。

## 一　上海市 2012 年经济发展概况

### （一）综合经济

#### 1. 经济总量

全年实现上海市生产总值(GDP)20181.72 亿元，按可比价格计算，比上年增长 7.5%。其中，第一产业增加值 127.8 亿元，增长 0.5%；第二产业增加值 7854.77 亿元，增长 3.1%；第三产业增加值 12199.15 亿元，增长 10.6%。第三产业增加值占上海市生产总值的比重首次达到 60%，比上年提高 2 个百分点。三次产业结构进一步优化，调整为 0.6：39：60.4。按常住人口计算的上海市人均生产总值为 8.5 万元。

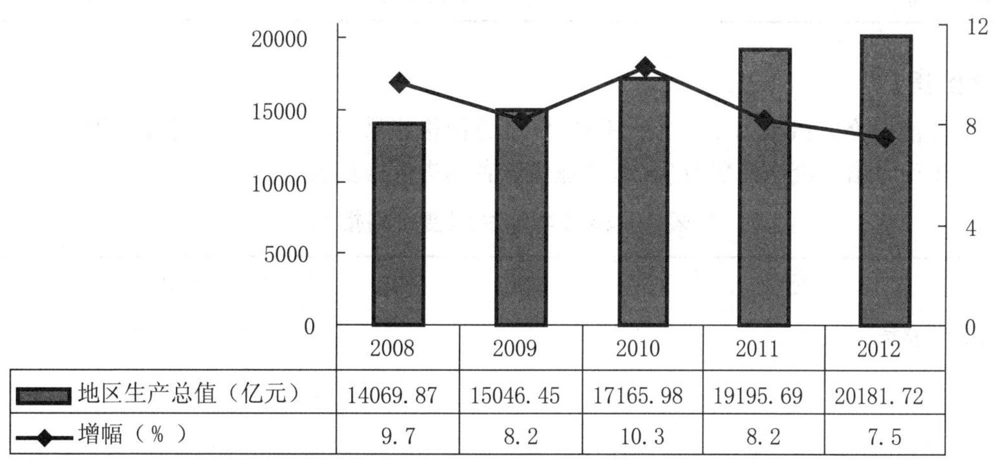


| | 2008 | 2009 | 2010 | 2011 | 2012 |
|---|---|---|---|---|---|
| 地区生产总值（亿元） | 14069.87 | 15046.45 | 17165.98 | 19195.69 | 20181.72 |
| 增幅（%） | 9.7 | 8.2 | 10.3 | 8.2 | 7.5 |

图 1　2008—2012 年上海市生产总值及增长速度

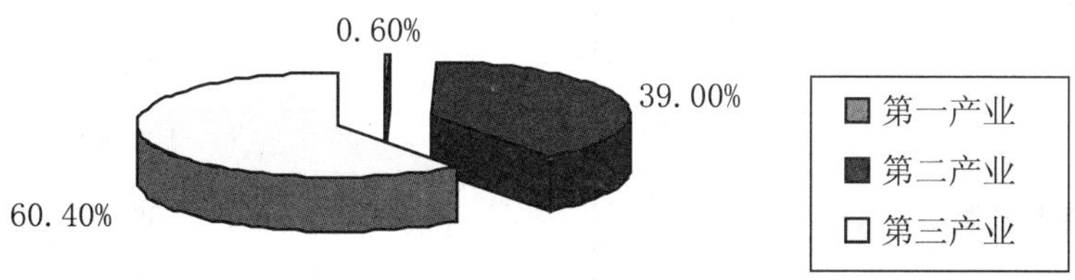


图 2　2012 年上海市三次产业结构图

## 2. 财政收支

全年地方财政收入3743.71亿元，比上年增长9.2%。地方财政支出4184.02亿元，增长6.9%。

**表1　2012年地方财政收支及其增长速度**

| 指 标 | 绝对值(亿元) | 比上年增长(%) |
|---|---|---|
| 地方财政收入 | 3743.71 | 9.2 |
| # 增值税 | 667.13 | 60.1 |
| 营业税 | 897.92 | −13.8 |
| 个人所得税 | 318.10 | 1.0 |
| 企业所得税 | 806.77 | 10.4 |
| 契税 | 145.96 | −19.2 |
| 地方财政支出 | 4184.02 | 6.9 |
| # 一般公共服务 | 251.47 | 6.5 |
| 公共安全 | 221.08 | 7.3 |
| 教育 | 648.95 | 18.2 |
| 社会保障和就业 | 443.01 | 6.1 |
| 医疗卫生 | 197.34 | 3.8 |
| 城乡社区事务 | 627.44 | 8.3 |

## 3. 物价指数

全年居民消费价格指数为102.8。其中，食品类价格指数为105.8。固定资产投资价格指数为99.4。工业生产者出厂价格指数为98.4，工业生产者购进价格指数为94.7。

**表2　2012年居民消费价格指数**

| 指 标 | 指 数(上年=100) |
|---|---|
| 居民消费价格指数 | 102.8 |
| 食 品 | 105.8 |
| 烟 酒 | 101.4 |
| 衣 着 | 103.0 |
| 家庭设备用品及维修服务 | 103.5 |
| 医疗保健和个人用品 | 100.6 |
| 交通和通信 | 100.8 |
| 娱乐教育文化用品及服务 | 99.3 |
| 居 住 | 102.8 |

全年新建住宅销售价格指数为 99。其中，商品住宅价格指数为 98.8。全年住宅租赁价格指数为 105.8。

## 4. 固定资产投资①

全年完成全社会固定资产投资总额 5254.38 亿元，比上年增长 3.7%。其中，第三产业投资 3949.04 亿元，增长 5.1%，占全社会固定资产投资总额的比重达到 75.2%。

**表 3　2012 年全社会固定资产投资及其增长速度**

| 指 标 | 绝对值(亿元) | 比上年增长(%) |
|---|---|---|
| 全社会固定资产投资总额 | 5254.38 | 3.7 |
| 按经济类型分 | | |
| # 国有经济 | 1855.24 | −1.1 |
| 集体经济 | 112.41 | −15.7 |
| 股份制经济 | 1417.80 | 5.0 |
| 外商及港澳台投资 | 758.08 | 4.3 |
| 按产业分 | | |
| 第一产业 | 11.20 | −37.7 |
| 第二产业 | 1294.14 | 0.3 |
| # 工业 | 1292.61 | 1.1 |
| 第三产业 | 3949.04 | 5.1 |
| # 文化、体育和娱乐业 | 102.75 | 1.6 倍 |
| 金融业 | 49.15 | 1.1 倍 |
| 信息传输、软件和信息技术服务业 | 121.34 | 44.3 |

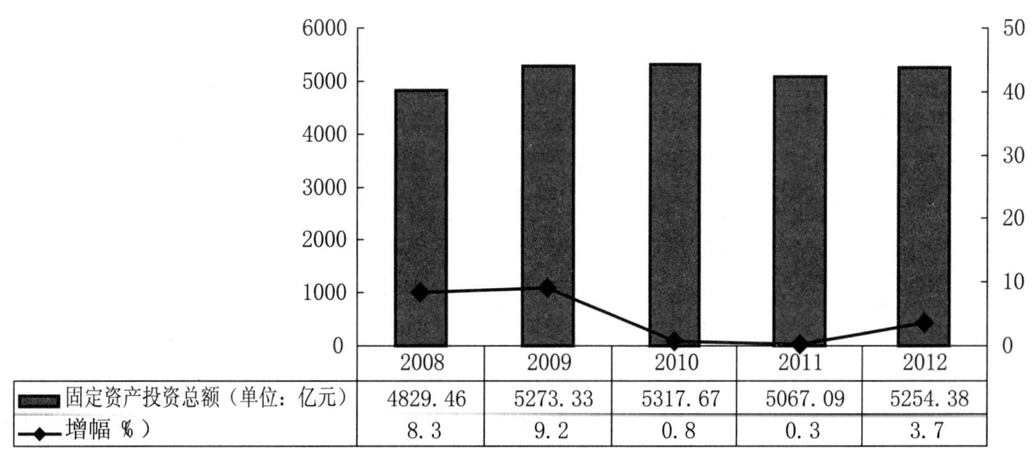


**图 3　2008—2012 年上海市全社会固定资产投资及增长幅度**

① 从 2011 年起，固定资产投资项目统计起点标准改为 500 万元。固定资产投资（不含农户）统计范围从城镇固定资产投资扩大到农村企事业组织。

### 5. 区县经济

2012年是“撤二建一”后新黄浦区发展的开局之年，是落实区第一次党代会五年发展目标任务的起步之年，是加快两区融合、一体发展的关键之年。面对严峻复杂的外部经济形势以及自身发展过程中的巨大挑战，全区紧紧围绕“三个确保”的目标要求，坚定信心，振奋精神，凝心聚力，攻坚克难，全力以赴“稳增长、调结构、重民生、促和谐”，圆满完成了区一届人大二次会议确定的各项目标任务，取得了来之不易的成绩，实现了新黄浦发展的良好开局。2012年全年实现区生产总值(GDP)1368.42亿元，比上年增长7.7%。全年全区财政收入395.37亿元，比上年增长8.8%。全年区级财政支出171.81亿元，比上年增长8.0%。完成固定资产投资总额205.22亿元。其中，基本建设和改造投资122.66亿元；房地产开发投资82.56亿元。全年全区第二产业增加值73.02亿元，比上年增长3.8%，占全区地区生产总值的比重为5.3%。第三产业增加值1295.40亿元，比上年增长8.0%，占全区地区生产总值的比重为94.7%。批发和零售业增加值294.29亿元，比上年增长7.3%，占全区地区生产总值的比重为21.5%。全年实现商品销售总额4888.67亿元，比上年增长14.2%。全年实现社会消费品零售总额684.07亿元，比上年增长6.3%。全年外贸进出口总额47.29亿美元，比上年下降8.2%。其中，进口总额，32.03亿美元，比上年下降7.1%；出口总额15.26亿美元，比上年下降10.4%。

2012年徐汇区全年实现地区生产总值(GDP)1006.59亿元，按可比价格计算，比上年同期增长7.8%，增幅与上年同期持平。其中，第二产业增加值171.40亿元，增长0.6%；第三产业增加值835.19亿元，增长9.3%，占全区GDP的比重为83.0%，较上年同期提高1.0个百分点。全年完成财政总收入297.05亿元，比上年同期增长10.0%。完成区级财政收入109.08亿元，增长9.0%。全年完成税收收入286.00亿元，增长9.3%。全年区级财政支出125.40亿元，增长5.1%。

2012年普陀区全年实现地区生产总值657.58亿元，按可比价格计算，比上年增长9%。其中，第二产业实现增加值112.84亿元，与上年持平；第三产业实现增加值544.74亿元，增长11%。全年二、三产业增加值结构比重为17.16:82.84，第三产业增加值比重比上年提高1.37个百分点。全年实现财政总收入216.51亿元，比上年增长10.3%。全年地方财政支出103.46亿元，比上年增长6.3%。全年完成固定资产投资161.17亿元，增长9.1%。全年批发零售业实现增加值165.31亿元，可比增长13.1%。实现区级税收9.98亿元，增长6.6%。

2012年长宁区全年实现生产总值(GDP)752.73亿元，按可比价格计算，比上年增长7.4%。其中，第二产业增加值48.02亿元，下降2.8%；第三产业增加值704.71亿元，增长8.1%，第三产业增加值占全区生产总值的93.6%，比上年提高0.6个百分点。全年实现可统计范围增加值368.44亿元，增长8.1%。全年完成财政收入248.22亿元，比上年增长12.3%。全年财政支出113.67亿元，增长15.1%。全年完成全社会固定资产投资总额73.77亿元，比上年增长14.1%。

2012年闸北区区域经济总体保持快速健康发展态势。全年实现地区生产总值492.34亿元，比上年增长8.9%，其中第二产业增加值80.77亿元，比上年增长7.6%，第三产业增加值411.57亿元，比上年增长9.1%。全年实现区增加值146.49亿元，比上年增长12.8%。其中第二产业完成增加值27.43亿元，比上年增长6.3%，第三产业完成增加值119.07亿元，比上年增长14.5%。全年财政总收入166.98亿元，比上年增长16.4%；区级财政收入达到64.95亿元，比上年增长8.2%，其中，营业税15.48亿元，比上年下降25.5%；企业所得税9.66亿元，比上年增长54.1%；增值税9.74亿元，比上年增长104.5%；个人所得税4.48亿元，比上年增长4.6%。全年财政支出99.17亿元，比上年增长11.2%。全年完成固定资产投资总额138.85亿元，比上年增长15.1%，其中，建设与改造投资18.01亿元，比上年下降16.7%，占全区固定资产投资总额的12.97%；房地产开发投资120.84亿元，比上

年增长22.1%，占投资总额的87.03%。全年工商登记新增企业1951户，比上年增长0.4%。累计新增注册资金126.96亿元，比上年增长49.4%。

2012年，闵行区国民经济继续保持平稳健康发展。全年实现地区生产总值1594.22亿元，比上年增长7.5%。其中，第一产业增加值1.63亿元，下降6.9%；第二产业增加值974.02亿元，增长3.7%；第三产业增加值618.57亿元，增长14.2%。第三产业增加值占全区生产总值的比重为38.8%，比上年提高2.3个百分点。财税收入增长稳定。全年实现财政总收入487.14亿元，比上年增长12.2%，其中区级财政收入148.77亿元，比上年增长7.0%。从主要行业税收来看，第二产业实现税收258.35亿元，比上年增长23.5%；第三产业实现税收212.87亿元，比上年增长11.7%，其中信息传输、计算机服务和软件业完成税收7.78亿元，增长47.0%。全年地方财政支出188.13亿元，比上年增长7.3%。其中社会保障和就业支出32.08亿元，增长3.3%；科学技术支出10.75亿元，增长18.0%；医疗卫生支出9.72亿元，增长43.5%。全年完成全社会固定资产投资额329.28亿元，比上年增长5.8%。其中工业投资70.82亿元，下降10.3%；房地产开发投资173.83亿元，下降5.3%。从产业投向看，第二产业完成投资额70.82亿元，下降10.3%，占全部完成投资的比重为21.5%；第三产业完成投资额258.46亿元，增长11.3%，占78.5%。全年投资项目总数446个，其中工业投资项目175个，房地产投资项目165个。年内新开工项目107个，完成投资47.70亿元；亿元以上新开工项目22个，完成投资30.34亿元。

2012年宝山区经济保持平稳增长，产业结构持续优化。全年完成增加值824.2亿元，按可比价计算，比上年增长10.2%。其中：第一产业增加值2.97亿元，下降1.6%；第二产业增加值355.45亿元，增长10.2%；第三产业增加值465.78亿元，增长10.4%。三次产业结构比0.4：43.1：56.5，第三产业所占比重比上年提高0.8个百分点。全年财政总收入247.42亿元，比上年下降4.4%。区地方财政收入94.10亿元，增长10.0%。其中，增值税16.3亿元，增长53.7%；营业税25.34亿元，下降10.5%；企业所得税12.06亿元，增长15.0%；个人所得税3.1亿元，下降24.6%。财政支出结构进一步优化。区地方财政支出144.77亿元，增长10.6%。全年完成固定资产投资309.94亿元，比上年下降15.7%。

2012年松江区全区经济低位平稳运行。全年实现生产总值886.55亿元，按可比价格计算，比上年下降5.5%。其中，第一产业实现增加值8.41亿元，比上年增长1%；第二产业实现增加值540.72亿元，下降10.5%；第三产业实现增加值337.42亿元，增长3.9%。全年三次产业增加值结构比重为0.9：61：38.1，第二产业增加值比重比上年下降4.3个百分点，第三产业增加值比重比上年提高4.3个百分点，第三产业占比创历年新高。财税收入实现稳步增长。全年实现财政总收入277.62亿元，比上年增长8.7%，全年地方财政支出134.3亿元，比上年增长7%。

2012年奉贤区实现增加值624.6亿元，可比增长9.5%，三次产业结构逐步优化。分产业看，第一产业增加值17.8亿元，可比下降5.0%；第二产业增加值403.0亿元，可比增长10.3%，对增加值的贡献率为60.4%；第三产业增加值203.8亿元，可比增长9.3%，对增加值的贡献率为39.7%。财政收入稳步增长。全年全区财政总收入为188.44亿元，比上年增长10.2%，其中区级地方财政收入58.41亿元，比上年增长10.5%。全年税收收入180.96亿元，同比增长10.2%。全年地方财政支出119.49亿元，比上年增长22.7%。在“三个一百”工作方针的推动下，不断加快推进项目开工建设、竣工投产，固定资产投资筑底回升。全年完成全社会固定资产投资总额300.9亿元，比上年增长14.2%。

**表 4　上海市 2012 年区县级部分经济指标情况一览**

单位:亿元

| 地区 | 财政收入 | 财政支出 | 工业总产值 | 建筑业总产值 |
|---|---|---|---|---|
| 合计 | 1912.07 | 2659.18 | 31896.88 | 4843.44 |
| 浦东新区 | 550.30 | 666.63 | 9199.76 | 1197.06 |
| 黄浦区 | 144.13 | 171.81 | 182.85 | 225.35 |
| 徐汇区 | 109.08 | 125.40 | 620.01 | 403.92 |
| 长宁区 | 99.26 | 113.67 | 68.66 | 208.93 |
| 静安区 | 79.28 | 91.23 | 15.02 | 40.75 |
| 普陀区 | 68.00 | 103.46 | 213.38 | 325.65 |
| 闸北区 | 64.95 | 99.17 | 159.38 | 383.19 |
| 虹口区 | 58.20 | 98.63 | 41.65 | 364.34 |
| 杨浦区 | 70.97 | 111.64 | 989.67 | 263.23 |
| 宝山区 | 148.68 | 188.13 | 3626.05 | 246.10 |
| 闵行区 | 94.10 | 144.77 | 2361.47 | 596.80 |
| 嘉定区 | 121.60 | 152.73 | 4273.96 | 107.14 |
| 金山区 | 44.69 | 107.79 | 1682.09 | 89.55 |
| 松江区 | 88.26 | 134.30 | 3571.68 | 134.80 |
| 青浦区 | 75.16 | 117.78 | 1492.51 | 86.05 |
| 奉贤区 | 58.41 | 119.49 | 1594.61 | 130.74 |
| 崇明县 | 36.98 | 112.56 | 378.82 | 39.85 |

## （二）农　　业

全年全市实现农业总产值 321.73 亿元，比上年增长 0.4%。其中，种植业 171.2 亿元，增长 0.3%；林业 8.87 亿元，增长 4.8%；牧业 72.63 亿元，下降 0.7%；渔业 57.81 亿元，增长 1.5%；农林牧渔服务业 10.25 亿元，增长 2.5%。上海域外市属农场实现农业总产值 16.08 亿元，增长 17.7%。

全年全市粮食播种面积 187.61 千公顷，比上年增长 0.7%；粮食产量 122.39 万吨，增长 0.4%；水产品产量 27.21 万吨，下降 4.1%。全年水稻良种覆盖率达 99.8%。

**表 5　2012 年全市及域外主要农副产品产量**

| 产品名称 | 单 位 | 全市产量 | 比上年增长(%) | 域外产量 | 比上年增长(%) |
|---|---|---|---|---|---|
| 粮 食 | 万吨 | 122.39 | 0.4 | 17.50 | −2.5 |
| 蔬 菜 | 万吨 | 406.93 | −0.3 | — | — |

（续表）

| 生猪出栏 | 万头 | 241.64 | 平 | 30.70 | 21.3 |
|---|---|---|---|---|---|
| 牛 奶 | 万吨 | 26.31 | 8.0 | 5.66 | 1.5 |
| 家禽出栏 | 万羽 | 3650.38 | −15.1 | — | — |
| 水产品 | 万吨 | 27.21 | −4.1 | 2.65 | 15.3 |

至年末，全市有543家企业、3300个产品获得农产品质量认证。其中，绿色食品生产企业116家，绿色食品170个；无公害农产品生产企业420家，无公害农产品3106个。

至年末，全市累计建成标准化畜禽养殖场270家，标准化水产养殖场293家；累计建成设施粮田面积86.5千公顷，蔬菜标准园60家。至年末，全市有农业产业化龙头企业388家，农民专业合作社3177家。

## （三）工业和建筑业

2012年全年实现工业增加值7159.36亿元，比上年增长2.8%。其中，规模以上工业增加值6446.14亿元，增长2.9%。在规模以上工业增加值中，轻工业2078.1亿元，增长4.7%；重工业4368.04亿元，增长2%。全年工业总产值33186.41亿元，比上年下降0.3%。其中，规模以上工业总产值31548.41亿元，下降0.4%。

全年战略性新兴产业总产出10089.44亿元，按现价计算，比上年下降1.4%。其中，制造业部分实现工业总产值7580.99亿元，下降4.1%；服务业部分实现总产出2508.45亿元，增长7.5%。

**表6 2012年战略性新兴产业总产出及其增长速度**

| 指 标 | 绝对值(亿元) | 比上年增长(%) |
|---|---|---|
| 战略性新兴产业总产出 | 10089.44 | −1.4 |
| # 制造业部分工业总产值 | 7580.99 | −4.1 |
| # 节能环保 | 393.00 | −2.3 |
| 新一代信息技术 | 2194.62 | −3.3 |
| 生物医药 | 745.66 | 10.3 |
| 高端装备 | 2300.84 | −9.8 |
| 新能源 | 423.44 | −19.0 |
| 新材料 | 1707.82 | −1.1 |
| 新能源汽车 | 39.87 | 17.3 |
| # 服务业部分总产出 | 2508.45 | 7.5 |

全年电子信息产品制造业、汽车制造业、石油化工及精细化工制造业、精品钢材制造业、成套设备制造业和生物医药制造业等六个重点工业行业完成工业总产值20970.49亿元，比上年下降0.3%，占全市规模以上工业总产值的比重为66.5%。

全年黑色金属冶炼和压延加工业，石油加工、炼焦和核燃料加工业，化学原料和化学制品制造业，电力、热力生产和供应业和非金属矿物制品业等五大高载能行业工业总产值7883.5亿元，比上年增长0.6%。

全年规模以上工业产品销售率达到99.3%。全年乳制品产量58.17万吨,比上年增长12.4%;集成电路160.3亿块,增长5.7%。

表7 2012年主要工业产品产量及其增长速度

| 产品名称 | 单位 | 产量 | 比上年增长(%) |
|---|---|---|---|
| 乳制品 | 万吨 | 58.17 | 12.4 |
| 精制食用植物油 | 万吨 | 101.70 | 20.1 |
| 原油加工量 | 万吨 | 2207.69 | 3.6 |
| 钢材 | 万吨 | 2340.76 | −7.6 |
| 汽车 | 万辆 | 202.43 | 2.9 |
| 电力电缆 | 万千米 | 102.19 | 4.5 |
| 移动通信手持机(手机) | 万台 | 4086.58 | 54.2 |
| 集成电路 | 亿块 | 160.30 | 5.7 |
| 发电机组(发电设备) | 万千瓦 | 2886.30 | −0.1 |

全年规模以上工业企业实现利润总额2131.33亿元,比上年下降2.8%;实现税金总额1637.28亿元,增长6%。其中,国有控股工业企业实现利润1120.05亿元,增长3.2%;实现税金1202.54亿元,增长4.8%,占税金总额的比重为73.4%。工业企业亏损面为22%。

全年实现建筑业总产值4564.13亿元,比上年增长6.4%;房屋建筑施工面积27059.48万平方米,增长12.7%;竣工面积5196.12万平方米,下降7%。建筑企业按总产值计算的全员劳动生产率达到人均39.97万元,比上年提高13%。

## (四)服务业

### 1. 国内贸易

2012年全年实现批发和零售业增加值3291.93亿元,比上年增长11.5%。

全年实现商品销售总额5.38万亿元,比上年增长16.8%。其中,批发销售额4.72万亿元,增长17.9%。全年实现社会消费品零售总额7412.3亿元,比上年增长9%。其中,限额以上消费品零售额5293.24亿元,增长7.5%。在限额以上零售企业中,网上商店实现零售额238.59亿元,增长75.5%。

表8 2012年社会消费品零售总额及其增长速度

| 指标 | 绝对值(亿元) | 比上年增长(%) |
|---|---|---|
| 社会消费品零售总额 | 7412.3 | 9.0 |
| #限额以上消费品零售额 | 5293.24 | 7.5 |
| #批发零售贸易业 | 4843.26 | 7.9 |
| 住宿餐饮业 | 449.98 | 3.4 |
| #国有 | 391.61 | 6.3 |

（续表）

| | | |
|---|---|---|
| 私　营 | 1258.43 | 4.4 |
| 外商投资 | 984.07 | 8.0 |
| # 吃的商品 | 1222.61 | 3.7 |
| 穿的商品 | 702.87 | 13.3 |
| 用的商品 | 2915.40 | 8.0 |
| 烧的商品 | 452.36 | 6.2 |

至年末，全市连锁商业网点达到 13942 家。其中，连锁超市门店 2443 家，便利店 5178 家。全年连锁商业销售额 2202.63 亿元，比上年下降 4.6%。

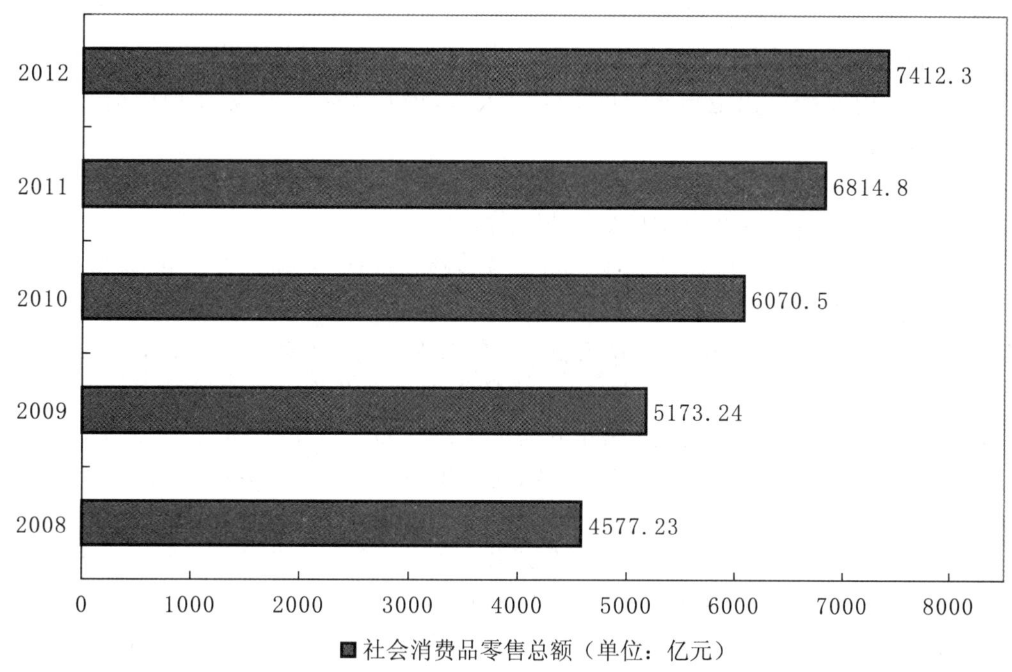


**图 4　2008—2012 年上海市社会消费品零售总额及增长幅度**

## 2. 交通运输和邮电

全年实现交通运输、仓储和邮政业增加值 895.31 亿元，比上年增长 5%。全年各种运输方式完成货物运输总量 94376.25 万吨，比上年增长 1.1%。旅客发送总量 14546.55 万人次，增长 7.6%。

**表 9　2012 年货物运输量与旅客发送量及其增长速度**

| 指 标 | 单 位 | 绝对值 | 比上年增长(%) |
|---|---|---|---|
| 货物运输量 | 万吨 | 94376.25 | 1.1 |
| 铁 路 | 万吨 | 825.29 | −7.0 |
| 水 运 | 万吨 | 50302.00 | 1.8 |

（续表）

| | | | |
|---|---|---|---|
| 公 路 | 万吨 | 42911.00 | 0.5 |
| 机 场 | 万吨 | 337.96 | −4.5 |
| 旅客发送量 | 万人次 | 14546.55 | 7.6 |
| 铁 路 | 万人次 | 6758.12 | 9.0 |
| 港 口 | 万人次 | 66.29 | −15.5 |
| 公 路 | 万人次 | 3748.00 | 7.8 |
| 机 场 | 万人次 | 3974.14 | 5.5 |

全年上海港口货物吞吐量达到7.36亿吨，比上年增长1.1%。全年港口集装箱吞吐量3252.94万国际标准箱，增长2.5%。集装箱水水中转比例达到42.8%，比上年提高1.7个百分点。上海浦东、虹桥两大国际机场全年共起降航班59.67万架次，增长4%；进出港旅客达到7870.84万人次，增长5.6%。其中，国内航线进出港旅客5473.74万人次，增长4.7%；国际及地区航线进出港旅客2397.09万人次，增长7.6%。

全年上海港接待邮轮靠泊180艘次，比上年增加67艘次。其中，以上海为母港的邮轮128艘次，增加47艘次。邮轮旅客吞吐量35.03万人次，增长71.4%。

至年末，全市轨道交通运营线路达到13条，运营线路长度达到468.19公里（含磁浮线路29.11公里）。全年优化调整公交线路262条。其中，新辟81条。至年末，公交专用道路达到161.8公里。公交运营车辆1.67万辆，运营出租车5.07万辆。全年市内公共交通客运量62.27亿人次，比上年增长2.2%。其中，轨道交通客运量22.76亿人次，增长8.3%；公共汽电车客运量28.04亿人次，下降0.3%。日均公交优惠换乘和老年人免费乘车分别达到254.35万人次和64.26万人次。

至年末，全市拥有各类民用汽车212.86万辆，比上年增长9.2%。其中，私人汽车141.32万辆，增长17.8%。

全年完成邮政业务总量52.61亿元，比上年增长3.2%。电信业务总量（按2010年不变单价计算）447.4亿元，增长9.2%。至年末，全市固定电话用户902.9万户。其中，住宅电话538.5万户。移动电话用户3008.3万户，比上年末增加387.7万户。其中，第三代移动通信技术（3G）用户748.2万户，增加283.5万户。

## 3、旅游业

全年实现旅游产业增加值1497.68亿元，比上年增长4.9%。至年末，全市已有星级宾馆278家，旅行社1183家，A级旅游景区（点）82个，红色旅游基地34个。

**表10 2012年旅游设施情况**

| 指 标 | 单位 | 绝对值 |
|---|---|---|
| 星级宾馆 | 家 | 278 |
| # 五星级 | 家 | 55 |
| 四星级 | 家 | 66 |
| 旅行社 | 家 | 1183 |

（续表）

| | | |
|---|---|---|
| # 经营出境旅游业务的旅行社 | 家 | 46 |
| A级旅游景区（点） | 个 | 82 |
| #5A级景区（点） | 个 | 3 |
| 4A级景区（点） | 个 | 41 |
| 红色旅游基地 | 个 | 34 |
| # 全国红色旅游基地 | 个 | 9 |
| 旅游咨询服务中心 | 个 | 45 |
| 旅游集散中心站点 | 个 | 6 |

全年接待国际旅游入境人数800.4万人次，比上年下降2.1%。其中，入境外国人633.03万人次，下降2.4%；港、澳、台同胞167.37万人次，下降1.1%。在国际旅游入境人数中，过夜旅游人数651.23万人次，下降2.6%。全年接待国内旅游者25093.69万人次，比上年增长8.7%。其中，外省市来沪旅游者11495.91万人次，增长5.7%。全年入境旅游外汇收入55.82亿美元，下降4.3%；国内旅游收入3224.39亿元，增长15.7%。

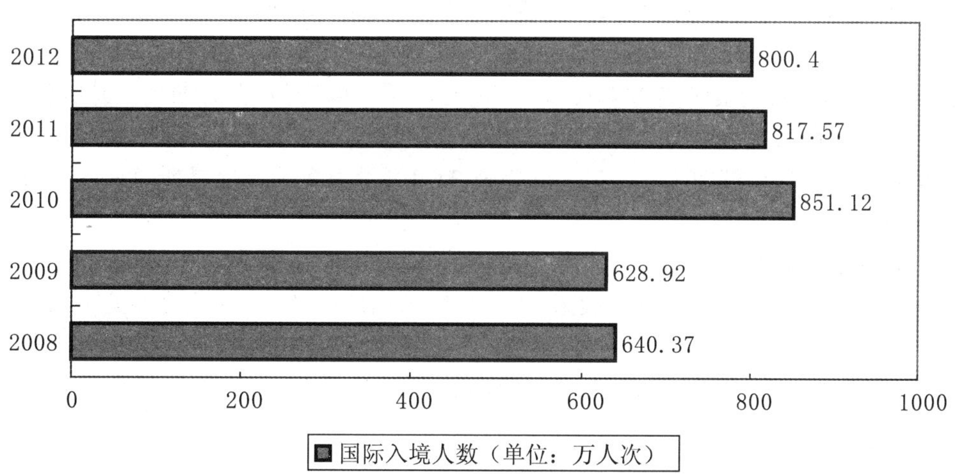


**图5　2008—2012年上海市国际旅游入境人数**

### 4. 金融、证券和保险

全年实现金融业增加值2450.36亿元，比上年增长12.6%。全年新增各类金融单位136家。其中，货币金融服务单位59家，资本市场服务单位43家，保险业单位14家。至年末，全市各类金融单位达到1124家。其中，货币金融服务单位510家，资本市场服务单位193家，保险业单位347家。至年末，在沪经营性外资金融单位数达到208家，外资金融机构代表处210家。

至年末，全市中外资金融机构本外币各项存款余额63555.25亿元，比上年增长9.2%；贷款余额40982.48亿元，增长10.2%。

表11 2012年中外资金融机构本外币存贷款情况

| 指标 | 绝对值(亿元) | 比年初增减额(亿元) |
|---|---|---|
| 各项存款余额 | 63555.25 | 5379.24 |
| # 单位存款 | 37555.71 | 2539.04 |
| 个人存款 | 21512.01 | 2587.29 |
| 各项贷款余额 | 40982.48 | 3818.26 |
| # 短期贷款 | 12990.02 | 1792.47 |
| 中长期贷款 | 23595.68 | 757.76 |
| # 中外资金融机构人民币个人消费贷款 | 6341.38 | 426.90 |
| # 个人住房贷款 | 4925.98 | 168.54 |
| 汽车消费贷款 | 822.05 | 158.90 |

全年通过上海证券市场发行新股筹资333.57亿元,比上年下降67.1%;再次发行(增发、配股、权证行权和可转债转股筹资)2556.74亿元,比上年增长17%;发行债券1974.2亿元,下降13.9%。至年末,上海证券市场上市证券2098只。其中,股票998只,比上年增加23只。全年金融市场(不含外汇市场)交易额达到486.95万亿元,增长29.1%。上海证券交易所各类有价证券成交金额54.75万亿元,增长20.4%。其中,股票成交金额16.45万亿元,下降30.7%。上海期货交易所各品种总成交金额89.2万亿元,增长2.6%。中国金融期货交易所总成交金额75.84万亿元,增长73.3%。全国银行间货币和债券市场成交金额263.63万亿元,增长34.1%。上海黄金交易所总成交金额3.53万亿元,下降20.5%。

全年原保险保费收入820.64亿元,比上年增长9%。其中,财产险公司原保险保费收入271.72亿元,增长11.1%;寿险公司原保险保费收入548.92亿元,增长7.9%。全年保险赔付支出255.79亿元,下降1.9%。其中,财产险赔款支出138.63亿元,增长32.9%;寿险给付87.99亿元,下降4.4%;健康险赔款给付25.14亿元,下降58.6%;意外险赔款支出4.04亿元,增长11.3%。

### 5. 房地产业

全年完成房地产开发投资2381.36亿元,比上年增长9.7%。其中,住宅投资1451.94亿元,增长3.8%;办公楼投资262.85亿元,增长13.7%;商业营业用房投资293.75亿元,增长24.4%。商品房施工面积13249.97万平方米,增长2.1%。竣工面积2305.06万平方米,增长2.9%。销售面积1898.46万平方米,增长7.2%。其中,商品住宅销售面积1592.63万平方米,增长8.1%。全年商品房销售额2669.49亿元,增长3.9%。其中,商品住宅销售额2208.96亿元,增长11.5%。全年存量房成交过户面积1446.77万平方米,比上年增长3.4%。

### 6. 城市信息化

全年实现信息产业增加值2030.24亿元,比上年增长12.4%。其中,信息服务业增加值1233.79亿元,增长17.5%。

至年末,集约化信息管线累计敷设6900沟公里,比上年末增加650沟公里;新增移动通信宏基站1000个,室内覆盖站点1000个;新增光纤到户能力覆盖家庭数超过280万户,实际光纤用户超过250万户;下一代广播电视网(NGB)覆盖家庭400万户,增加200万户;互联网用户达1750万人,普及率

为73.5%；无线局域网场点达到17000个，增加5000个；国际、国内互联网出口带宽分别达到550 Gbps、2400 Gbps；数字电视用户达386万户，增加120万户；交互式网络电视（IPTV）用户达178万户，增加25万户。全年在300个主要公共场所开通i－Shanghai免费上网服务试运行。

全市软件产业全年实现经营收入2085.76亿元，电信传输服务业662.89亿元，互联网信息服务业642.85亿元。累计有222家企业获得计算机信息系统资质认证，其中1级12家。新增认定软件企业490家，登记软件产品3822个。信息服务业上市企业45家。经营收入超亿元的软件企业248家。

全年完成电子商务交易额7815亿元，比上年增长41.9%。口岸税费电子支付系统入网企业累计29876家，全年电子单证传输量为17874.45万张，实现电子支付金额9947.56亿元，增长9.2%。全年推广电子账单163.78万份；发放社会保障卡87.92万张。中国上海门户网站首页浏览量2169万次，总页面浏览量46526万次。社会公共服务领域信息化建设不断深化。

**表12　2012年社会公共服务领域信息化指标及其增长情况**

| 指 标 | 单 位 | 绝对值 | 比上年 |
|---|---|---|---|
| “市民信箱”累计注册用户 | 万人 | 416.76 | 增加7.91万人 |
| 全年“付费通”业务平台交易量 | 万笔 | 10947.14 | 增长14.6% |
| 全年“付费通”业务平台交易额 | 亿元 | 72.75 | 增长2.6% |
| 全年交通卡销售额 | 亿元 | 14.39 | 增长6.1% |
| 全年银行卡交易额 | 亿元 | 16608.12 | 增长19.6% |

至年末，数字证书累计发放321.9万张。至年末，个人信用联合征信系统覆盖1156.8万人的信用信息，收到个人信用信息查询请求累计1476.8万次，成功查询量累计958.5万次。提供个人信用评分累计360万份。

## （五）开放型经济

### 1. 对外贸易

全年上海关区进出口总额8013.1亿美元，比上年下降1.4%。其中，进口3101.54亿美元，下降0.7%；出口4911.56亿美元，下降1.8%。全年上海市进出口总额4367.58亿美元，比上年下降0.2%。其中，进口2299.51亿美元，比上年增长1%；出口2068.07亿美元，下降1.4%。按市场分，对欧盟进口510.79亿美元，增长9.6%；出口391.07亿美元，下降10.3%。

**表13　2012年上海市进出口总额及其增长速度**

| 指 标 | 绝对值(亿美元) | 比上年增长(%) |
|---|---|---|
| 上海市进出口总额 | 4367.58 | −0.2 |
| 上海市进口总额 | 2299.51 | 1.0 |
| # 国有企业 | 455.71 | −7.2 |
| 外商投资企业 | 1512.02 | 0.8 |
| 私营企业 | 300.37 | 12.1 |
| # 一般贸易 | 1052.26 | −2.4 |

（续表）

| | | |
|---|---|---|
| 加工贸易 | 372.12 | −12.1 |
| # 机电产品 | 1296.91 | 1.2 |
| # 高新技术产品 | 824.60 | 9.8 |
| 上海市出口总额 | 2068.07 | −1.4 |
| # 国有企业 | 324.81 | −6.8 |
| 外商投资企业 | 1387.67 | −2.6 |
| 私营企业 | 339.45 | 10.2 |
| # 一般贸易 | 789.29 | 2.3 |
| 加工贸易 | 1015.29 | −6.9 |
| # 机电产品 | 1454.37 | −2.0 |
| # 高新技术产品 | 906.64 | −2.8 |

**表14 2012年上海主要国家和地区进出口总额及其增长速度**

| 国家和地区 | 出口额(亿美元) | 比上年增长(%) | 进口额(亿美元) | 比上年增长(%) |
|---|---|---|---|---|
| 欧盟 | 391.07 | −10.3 | 510.79 | 9.6 |
| 美国 | 501.59 | 3.6 | 200.19 | −5.8 |
| 中国香港 | 159.69 | −1.1 | 8.54 | −18.4 |
| 东盟 | 209.17 | 2.7 | 361.09 | 8.0 |
| 中东 | 73.08 | 7.1 | 41.60 | −0.9 |
| 日本 | 249.62 | 4.1 | 323.49 | −6.7 |
| 韩国 | 69.45 | −6.4 | 175.08 | −5.4 |
| 俄罗斯 | 32.63 | 27.8 | 20.05 | −13.3 |
| 中国台湾 | 57.01 | −7.9 | 145.26 | −3.2 |

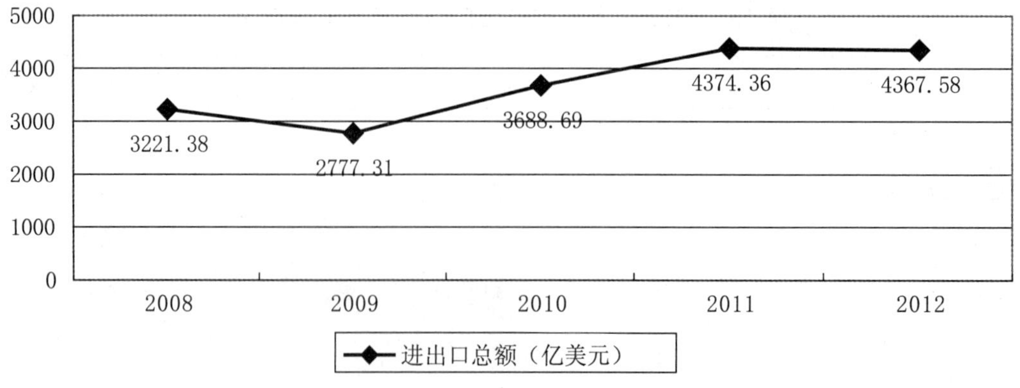


**图6 2008—2012年上海市外贸进出口总额情况**

### 2. 对外合作

全年批准外商直接投资合同项目4043项，比上年下降6.6%；合同金额223.38亿美元，比上年增长11.1%；实际到位金额151.85亿美元，增长20.5%。全年第三产业实际到位金额126.79亿美元，增长21.6%，占全市实际利用外资的比重达到83.5%。全年批准总投资在1000万美元以上的外商直接投资项目286项，合同金额194.49亿美元。至年末，在上海投资的国家和地区已达154个。年内新增跨国公司地区总部50家，投资性公司25家，外资研发中心17家。至年末，在上海落户的跨国公司地区总部达到403家，投资性公司265家，外资研发中心351家。

全年新批对外投资项目249项，比上年增长8.7%；投资总额32.4亿美元，增长22%。签订对外承包工程合同金额103.11亿美元，比上年下降16.5%；实际完成营业额68.12亿美元，增长14.7%；派出人员3477人次，下降37.5%。对外劳务合作派出人员17767人次，增长1倍。至年末，上海对外承包工程和劳务合作涉及的国家和地区已达178个。

### 3. 浦东改革开放

全年浦东新区实现增加值5929.91亿元，比上年增长10.1%。全年引进跨国公司地区总部22家，累计达193家。

**表15　2012年浦东新区主要经济指标及其增长速度**

| 指 标 | 单 位 | 绝对值 | 比上年增长(%) |
|---|---|---|---|
| 增加值 | 亿元 | 5929.91 | 10.1 |
| # 第二产业 | 亿元 | 2320.75 | 3.7 |
| 第三产业 | 亿元 | 3576.27 | 14.9 |
| # 金融业 | 亿元 | 1069.11 | 11.9 |
| 规模以上工业总产值 | 亿元 | 9225.64 | 1.1 |
| 货物吞吐量 | 万吨 | 27232.10 | 3.4 |
| 集装箱吞吐量 | 万标准箱 | 2951.30 | 2.5 |
| # 国际中转 | 万标准箱 | 120.30 | 29.3 |
| 固定资产投资总额 | 亿元 | 1454.98 | 1.4 |
| 社会消费品零售总额 | 亿元 | 1349.73 | 12.1 |
| 进出口总额 | 亿美元 | 2398.93 | 6.1 |
| # 出口总额 | 亿美元 | 939.83 | 5.7 |
| 外商直接投资合同金额 | 亿美元 | 72.86 | 10.4 |
| 外商直接投资实际到位金额 | 亿美元 | 48.30 | −8.8 |

浦东综合配套改革试点深入推进，融资租赁业务创新试点等重大改革事项有序开展。至年末，引进融资租赁企业达90家，单船单机(SPV)项目公司达64个，国际贸易结算中心试点企业达50家，专用账户贸易额达85亿美元。全年政府担保式知识产权质押融资52笔，贷款总额1.24亿元；与5家银行合作知识产权直接质押融资43笔，贷款总额5.6亿元。至年末，拥有第三方支付许可企业20家，小额贷款公司16家，融资性担保机构13家。全年引进股权投资企业及其管理机构344家，累计达

1128家。

**4. 民营经济**

在上海市生产总值中，公有制经济增加值9941.99亿元，比上年增长6.5%；非公有制经济增加值10159.34亿元，增长8.4%，占上海市生产总值的比重由上年的50.1%提高到50.5%。其中，私营及个体经济增加值4883.73亿元，增长8.8%，占上海市生产总值的比重达到24.3%。

全年经工商登记新设立各类市场主体18.71万户，比上年增长1%。其中，内资企业(不含私营企业)4193户，下降13.6%；外商投资企业6516户，下降6.9%；个体工商户49465户，增长0.7%。

## 二　上海市2012年社会发展概况

### (一) 人口、人民生活

至年末，全市常住人口总数为2380.43万人。其中，外来常住人口为960.24万人。全年常住人口出生22.61万人，常住人口死亡12.68万人。常住人口出生率为9.56‰，常住人口死亡率为5.36‰，常住人口自然增长率为4.2‰。

至年末，全市户籍人口总数为1426.93万人。全年户籍人口出生12.11万人，户籍人口死亡11.74万人。户籍人口出生率为8.51‰，户籍人口死亡率为8.25‰，户籍人口自然增长率为0.26‰。全市户籍人口平均期望寿命达到82.41岁。其中，男性80.18岁，女性84.67岁。

据抽样调查，城市居民家庭人均年可支配收入40188元，比上年增长10.9%，扣除价格因素，实际增长7.9%；农村居民家庭人均年可支配收入17401元，增长11.2%，扣除价格因素，实际增长8.2%。城市居民人均年消费支出26253元，增长4.6%。其中，服务性消费支出7955元，占消费支出的比重为30.3%。农村居民人均年生活消费支出12096元，增长7.3%。其中，服务性消费支出3551元，占消费支出的比重为29.4%。

据抽样调查，至年末，平均每百户城市居民家庭耐用消费品拥有量：家用轿车20辆，家用空调207台，移动电话239部，家用电脑144台。平均每百户农村居民家庭耐用消费品拥有量：家用汽车14辆，彩电190台，洗衣机90台，移动电话200部，家用空调136台，家用电脑49台。

全年中心城区旧区改造拆除二级旧里以下房屋71万平方米，受益居民2.53万户。"四位一体"住房保障体系进一步完善，全年新开工建设和筹措各类保障性住房16.7万套，1292万平方米；竣工9.75万套，687万平方米。至年末，城镇居民人均住房建筑面积33.9平方米，折合人均住房居住面积17.3平方米。居民住宅成套率达到96.3%。

### (二) 就业、社会保障

全年新增就业岗位61.38万个。其中，农村富余劳动力实现非农就业11.02万个。全年新安置就业困难人员16688人，新消除零就业家庭370户。全年帮助成功创业人数10669人，帮助7330名长期失业青年实现就业。高技能人才占技能劳动者比例达到27.03%。累计425人入选国家"千人计划"，310人入选上海"千人计划"。年内成立由19家单位组成的第二批高技能人才培养基地，共完成职业培训57.18万人。其中，农民工职业培训30.49万人。至年末，全市城镇登记失业人员27.05万人，城镇登记失业率为4.2%。

至年末，全市共有1326.38万人(包括离退休人员)参加城镇基本养老保险，有617.35万人参加失业保险，全年领取失业保险金的人数为21.29万人。城镇最低生活保障标准从上年的每人每月505

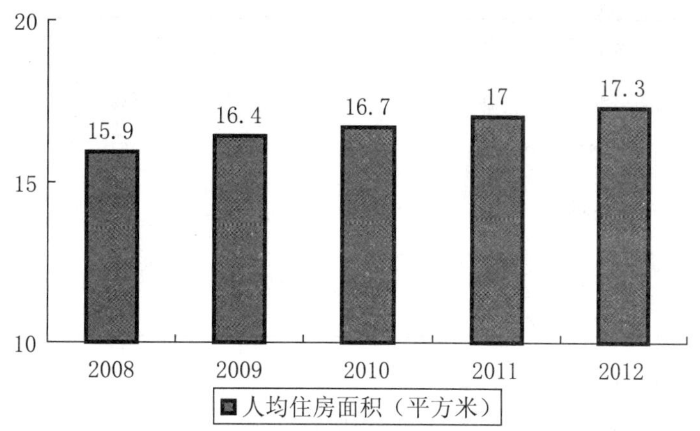


**图 7　2008—2012 年上海城镇居民人均住房居住面积变化情况**

元提高到 570 元，农村最低生活保障标准从每人每年 4320 元提高到 5160 元。最低工资从 1280 元提高到 1450 元。

至年末，全市共有 1375.98 万人（包括离退休人员）参加城镇职工基本医疗保险。至年末，城镇居民基本医疗保险参保人数（含普通高等院校学生）达 262.59 万人。全市 113.7 万农民参加农村合作医疗保险，参合率达 99%，实现应保尽保。

至年末，全市共有各类提供住宿的收养性社会服务机构 636 个，床位 10.81 万张，收养各类人员 7.16 万人。其中，养老机构 631 家，床位 10.52 万张。在全市养老机构中，由社会投资开办的 330 家，床位 5.43 万张。至年末，全市有社区居家养老服务社 231 家，服务居家老年人 27.2 万人；有社区老年人日间服务中心 313 家，受益老人 1.1 万人；有社区老年人助餐服务点 492 个，受益老人 5.4 万人。

全年各级政府支出城镇居民最低生活保障金 13.57 亿元，农村居民最低生活保障金 1.42 亿元，粮油帮困资金 0.69 亿元，医疗救助金 2.15 亿元。全年向城乡低收入困难群众发放临时救助 44.68 万人次，支出资金 2.76 亿元；发放临时价格补贴 80 万人次，支出资金 0.7 亿元。年内新办福利企业 15 家，新安置 465 名残疾人就业。

## （三）教育与科技创新

全年全市共有普通高等学校（含独立学院）67 所，普通中等学校 858 所，普通小学 761 所，特殊教育学校 29 所。普通高校毕业生数持续扩大，中等学校和小学毕业生数有所下降。全市共有 58 家机构培养研究生，招收研究生 4.42 万人，在学研究生 12.7 万人，毕业研究生 3.45 万人。九年义务教育入学率保持在 99.9%以上，高中阶段新生入学率达 96%。

**表 16　2012 年各级各类学校学生情况及其增长速度**

| 类 别 | 在校学生数（万人） | 比上年增长（%） | 毕业学生数（万人） | 比上年增长（%） |
|---|---|---|---|---|
| 普通高等学校 | 50.66 | −0.9 | 13.99 | 0.6 |
| 普通中等学校 | 73.45 | −0.7 | 19.02 | −5.7 |
| 普通中学 | 59.04 | −0.2 | 14.90 | −3.7 |
| 高 中 | 15.77 | −2.1 | 5.44 | −7.0 |

（续表）

| | | | | |
|---|---|---|---|---|
| 初　中 | 43.27 | 0.5 | 9.46 | －1.8 |
| 中等专业学校 | 9.88 | －3.3 | 2.77 | －11.9 |
| 职业学校 | 3.55 | 0.9 | 1.05 | －15.3 |
| 技工学校 | 0.98 | －6.7 | 0.30 | －6.3 |
| 普通小学 | 76.04 | 4.0 | 12.95 | －1.1 |
| 特殊教育学校 | 0.49 | 平 | 0.09 | 平 |

全市共有民办普通高校20所，在校学生8.78万人；民办普通中学107所，在校学生7.48万人；民办小学180所，在校学生16.98万人。全市共有成人中高等学历教育学校51所，成人职业技术培训机构799所，老年教育机构284所。全市共有校外教育机构23所。其中，少年宫16所，少年科技站5所，少年之家2所。共有53.8万随迁子女在义务教育阶段学校就读，其中40.2万人在公办学校就读。

全年用于研究与试验发展（R&D）经费支出635亿元，相当于上海市生产总值的比例为3.16%。

全年受理专利申请量82682件，比上年增长3.1%。其中，发明专利37139件，增长15.5%。全年专利授权量51508件，增长7.4%。其中，发明专利11379件，增长24.2%。全市国家级创新型企业达到15家，国家级创新型试点企业19家，市级创新型企业达到500家。科技小巨人企业和小巨人培育企业共878家，高新技术企业4312家，技术先进型服务企业281家。全市年内认定和复审高新技术企业1442家。至年末，全市共认定高新技术成果转化项目8545项。其中，年内认定714项。在年内认定的高新技术成果转化项目中，电子信息、生物医药、新材料等重点领域项目占87.7%；拥有自主知识产权的项目占100%。全年经认定登记的各类技术交易合同2.8万件，比上年下降4.4%；合同金额588.52亿元，增长6.9%。

## （四）文化、卫生与体育

### 1. 文化事业

年内成功举办“上海之春”国际音乐节、第十四届中国上海国际艺术节、第十五届上海国际电影节、第八届中国国际动漫游戏博览会等重大文化活动。至年末，全市有市、区（县）级文化馆、群众艺术馆27个，艺术表演团体154个，市、区（县）级公共图书馆25个，档案馆41个，博物馆109个。全市共有公共广播节目21套，公共电视节目25套。有线电视用户641.9万户，有线数字电视用户409万户。全年生产电视剧52部1684集，动画电视3824分钟。全年共出版报纸14.54亿份，各类期刊1.77亿册，图书3.35亿册。摄制完成7部专题片。中华艺术宫、上海当代艺术博物馆开馆运营。年内完成郊区县100万户有线电视数字化整体转换和100万户NGB改造。

### 2. 卫生事业

至年末，全市共有医疗卫生机构3465所，专业卫生技术人员14.61万人。全年全市医疗机构共完成诊疗人数2.14亿人次。全市婴儿死亡率为5.04‰，孕产妇死亡率为7.1/10万。在全市17个区县的18家社区卫生中心开展舒缓疗护（临终关怀）试点。

表 17　2012 年卫生机构基本情况及其增长速度

| 指 标 | 单 位 | 绝对值 | 比上年增长(%) |
|---|---|---|---|
| 医疗卫生机构数 | 所 | 3465 | 3.2 |
| 医 院 | 所 | 317 | 2.9 |
| 基层医疗卫生机构 | 所 | 3004 | 3.3 |
| # 门诊部 | 所 | 533 | 13.4 |
| 社区卫生服务中心 | 所 | 302 | 0.3 |
| 专业公共卫生机构 | 所 | 99 | −2.0 |
| # 疾病预防控制中心 | 所 | 20 | −4.8 |
| 卫生监督所 | 所 | 18 | −5.3 |
| 其他医疗卫生机构 | 所 | 45 | 7.1 |
| 专业卫生技术人员数 | 万人 | 14.61 | 5.0 |
| # 执业医师 | 万人 | 5.42 | 4.0 |
| # 医院执业医师 | 万人 | 3.23 | 1.9 |
| 注册护士 | 万人 | 6.32 | 7.3 |

### 3. 体育事业

年内成功地举办了 56 次国际级比赛和 74 次全国性比赛。在伦敦奥运会上，上海代表团共获 10.5 枚奖牌，其中 3 枚金牌、5 枚银牌、2.5 枚铜牌。在全国最高级比赛中，上海运动员共获得 48 枚金牌，创历史新高。年内举办了首届市民运动会，历时 160 天，吸引全市 631 万人次参与。年内建成 75 条百姓健身步道、10 个百姓游泳池和 35 个社区健身房。

## （五）城市基础建设

全年完成城市基础设施建设投资 1038.61 亿元，比上年下降 9.8%。其中，交通运输邮电通信投资 570.37 亿元，市政建设投资 301.74 亿元，公用事业投资 56.45 亿元。全市高速公路网通车里程达到 806 公里。

表 18　2012 年城市基础设施投资及其增长速度

| 指 标 | 绝对值(亿元) | 比上年增长(%) |
|---|---|---|
| 城市基础设施投资 | 1038.61 | −9.8 |
| 电力建设 | 110.05 | −6.8 |
| 交通运输 | 473.43 | −20.5 |

（续表）

| | | |
|---|---|---|
| 邮电通信 | 96.94 | 34.2 |
| 公用事业 | 56.45 | 9.4 |
| 市政建设 | 301.74 | −4.0 |

全市自来水日供水能力达到1145万立方米，比上年下降0.5%。全年全市用电量1353.45亿千瓦小时，增长1%。至年末，全市家庭人工煤气用户75.7万户，家庭液化气用户328.2万户，家庭天然气用户达到502.8万户。

**表19 2012年公用事业主要指标及其增长速度**

| 指　标 | 单 位 | 绝对值 | 比上年增长(%) |
|---|---|---|---|
| 自来水日供水能力 | 万立方米 | 1145.00 | −0.5 |
| 自来水售水总量 | 亿立方米 | 24.35 | −0.2 |
| # 生活用水 | 亿立方米 | 19.17 | 1.9 |
| 工业用水 | 亿立方米 | 5.18 | −7.3 |
| 用电量 | 亿千瓦小时 | 1353.45 | 1.0 |
| # 城乡居民生活用电 | 亿千瓦小时 | 187.38 | 6.9 |
| 煤气销售总量 | 亿立方米 | 8.19 | −24.3 |
| 液化气销售总量 | 万 吨 | 39.33 | −0.8 |
| 天然气销售总量 | 亿立方米 | 60.01 | 16.6 |

## （六）环境保护和绿地建设

全年全社会用于环境保护的资金投入570.49亿元，相当于上海市生产总值的比例为2.8%。全年环境空气质量优良率(API)达到93.7%，比上年提高1.4个百分点。二氧化硫年日平均值23微克/立方米，比上年下降20.7%；二氧化氮年日平均值46微克/立方米，下降9.8%；可吸入颗粒平均浓度71微克/立方米，下降11.3%。全市平均区域降尘量5.7吨/平方公里·月，下降13.6%。污水处理能力达到701.05万立方米/日。全年处置生活垃圾716.42万吨，生活垃圾无害化处理率达到91.4%，比上年提高3.8个百分点，年内新增1050个垃圾分类收集处置试点场所。年内老港综合填埋场(一期)建成，金山区永久生活垃圾综合处理厂试运行。

全年新建绿地1037.9公顷。其中，公共绿地513.35公顷。至年末，建成区绿化覆盖率达到38.3%。全年造林面积1168公顷，森林覆盖率达到12.58%。年内创建53条林荫道。

## （七）城市运行安全和生产安全

全年对全市6952个在建项目进行检查，立案查处各类案件1098件，共有1218家企业被清出建筑市场。共检查轨道交通、公交、省际客运等各类企业1989家，查处安全隐患520处，已整改520处。

全年食品安全行政处罚立案11798起。食品安全风险监测6646件，监测237964项次，年抽检样品数达到8件/千人，总体合格率达到94%。食物中毒事故发生率控制在0.63/10万。市民食品安全

知晓度得分为 80.1 分。

全年共发生道路交通、工矿商贸、火灾、铁路交通、农业机械生产安全事故 7045 起；造成死亡 1208 人，比上年下降 3.4%。其中，工矿商贸生产安全事故 231 起，造成死亡 248 人，下降 5%。道路交通事故 2265 起，增长 8.6%；造成 916 人死亡，下降 3%；2053 人受伤，增长 17.3%；直接财产损失 1488 万元，增长 10.3%。火灾事故 4469 起，造成 39 人死亡，下降 9.3%，其中生产经营性火灾事故造成 10 人死亡；45 人受伤，下降 2.2%；直接财产损失 6332 万元，下降 42.4%。铁路交通事故 5 起，增长 25%；造成 4 人死亡，增长 3 倍。农业机械事故 13 起，下降 35%；造成 1 人死亡，与上年持平。全年亿元生产总值生产安全事故死亡人数为 0.06 人。

## 三　挑战与目标

然而上海市在前进道路上还有诸多困难和问题，政府工作中还存在不少缺点和不足。资源环境约束加剧，商务成本持续上升，新的经济增长点不多，不少产业能级不高，转方式、调结构的任务非常艰巨；创新创业活力不足，国有经济发展动力不够强，扩大出口的困难更多，“走出去”层次不高，深化改革开放更加紧迫；城乡区域发展差距仍然较大，农民增收基础依然薄弱，城乡区域协调发展的推进力度亟待加大；常住人口总量快速增长，人口老龄化程度加剧，基本公共服务和社会保障压力加大，收入分配差距依然较大，群体利益诉求日趋多样，改善民生和社会管理的任务繁重；城市运行安全和生产安全问题多发，薄弱环节还有不少，城市管理的科学化、精细化水平急需提高。有些政府部门职能转变相对滞后，推动转型发展、加强公共服务管理的能力和水平亟待提高；一些政府工作人员责任感不强、工作效率不高已经成为比较突出的问题，不主动作为和相互扯皮、相互推诿的情况时有发生，形式主义、做表面文章的现象仍然存在，直接导致一些政府工作落实不力、服务不到位；少数政府工作人员缺乏忧患意识、群众观点不强，脱离群众，铺张浪费，极少数人甚至以权谋私、贪污腐败。对这些困难和问题，必须引起高度重视，不掩饰、不回避，切实加以解决。

2013 年全市经济社会发展主要预期目标是：在提高质量和效益的基础上，全市生产总值增长 7.5%左右，城乡居民家庭人均可支配收入增幅力争高于经济增幅，地方财政收入与经济保持同步增长，城镇登记失业率控制在 4.5%以内，居民消费价格指数与国家价格调控目标保持衔接，全社会研发经费支出相当于全市生产总值的比例达到 3%以上，环保投入相当于全市生产总值的比例保持在 3%左右，单位生产总值能耗、单位生产总值二氧化碳排放量进一步下降，主要污染物排放量削减率完成国家下达目标。

## 四　上海市在长三角地区经济发展中的地位

上海是中国最著名的工商业城市和国际都会，是全国最大的综合性工业城市，亦为中国的经济、交通、科技、工业、金融、贸易、会展和航运中心。GDP 总量居中国城市之首。上海港货物吞吐量和集装箱吞吐量均居世界第一，是一个良好的滨江滨海国际性港口．正在向现代化国际大都市目标迈进的上海，肩负着面向世界、服务全国、联动“长三角”的重任，在全国经济建设和社会发展中具有十分重要的地位和作用。

2008—2012 年上海市地区生产总值所占比重分别为：20.91%、20.76%、19.89%、19.08%和 18.53%，呈现逐年减少的态势。5 年间，占比累计减少了 2.38 个百分点，减少趋势明显。在长三角两省一市中排名为第 3 位。全年实现上海市生产总值(GDP)20101.33 亿元，按可比价格计算，比上年增

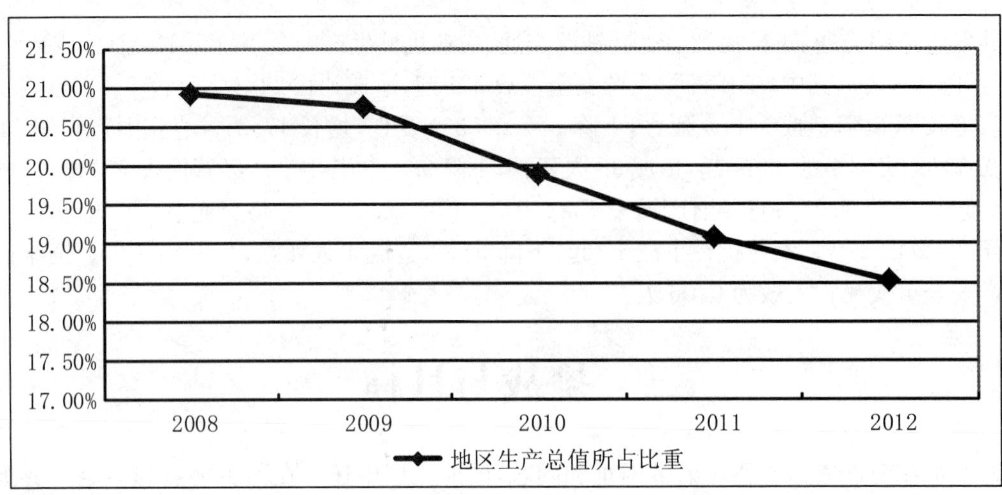


**图 8 2008—2012 年上海市地区生产总值在长三角地区所占比重的变化趋势**

长 7.5%(见图 1)。其中,第一产业增加值 127.8 亿元,增长 0.5%;第二产业增加值 7912.77 亿元,增长 3.1%;第三产业增加值 12060.76 亿元,增长 10.6%。第三产业增加值占上海市生产总值的比重首次达到 60%,比上年提高 2 个百分点。按常住人口计算的上海市人均生产总值为 8.5 万元。

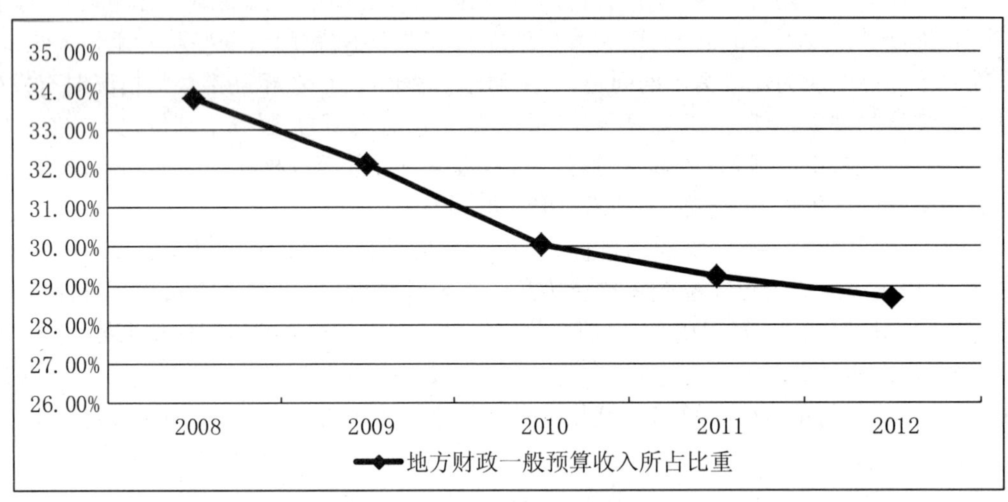


**图 9 2008—2012 年上海市地方财政一般预算收入在长三角地区所占比重的变化趋势**

2008—2012 年上海市地方财政一般预算收入在长三角所占比重为:33.81%、32.11%、30.05%、29.24%和 28.70%,减少趋势明显,累计降幅高达 5.11 个百分点。在长三角两省一市中排名与上年一致,均为第 2 位。2012 年上海市政府预算体系框架基本形成。建立健全公众参与等决策程序,完善行政执法人员管理等制度,依法行政水平进一步提高。强化对政府投资项目、重大政策执行等的审计监督,在财政资金、土地交易等领域实行“制度加科技”的预防腐败新机制,廉政建设进一步加强。同时推进财税体制改革。深化营业税改征增值税试点,完善先行试点行业改革政策,按照国家部署适时将邮电通信等行业纳入改革试点,促进“两头在沪、中间在外”企业集聚发展。完善财政转移支付机制,开展中期预算管理体制试点,扩大财政支出绩效评价实施范围。

2008—2012 年上海市规模以上工业总产值在长三角的占比分别为:19.26%、17.89%、17.35%、

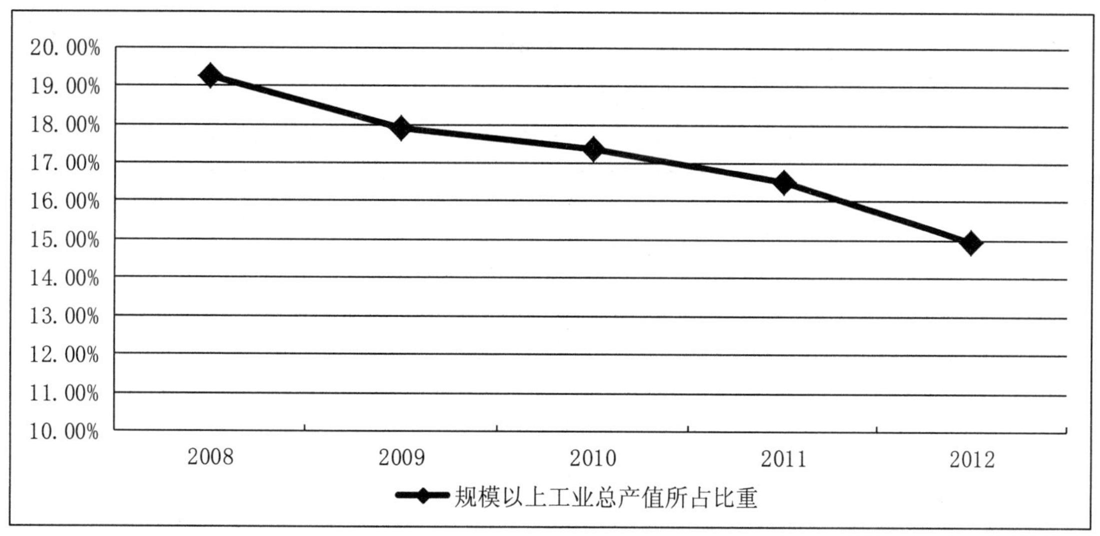


**图 10　2008—2012 年上海市规模以上工业总产值在长三角地区所占比重的变化趋势**

16.51%和 14.96%，5 年间已累计减少了 4.3 个百分点。在长三角两省一市中排名为第 3 位。

上海市全年实现工业增加值 7159.36 亿元，比上年增长 2.8%。其中，规模以上工业增加值 6446.14 亿元，增长 2.9%。在规模以上工业增加值中，轻工业 2078.1 亿元，增长 4.7%；重工业 4368.04 亿元，增长 2%。全年工业总产值 33186.41 亿元，比上年下降 0.3%。其中，规模以上工业总产值 31548.41 亿元，下降 0.4%。全年规模以上工业企业实现利润总额 2131.33 亿元，比上年下降 2.8%；实现税金总额 1637.28 亿元，增长 6%。其中，国有控股工业企业实现利润 1120.05 亿元，增长 3.2%；实现税金 1202.54 亿元，增长 4.8%，占税金总额的比重为 73.4%。工业企业亏损面为 22%。

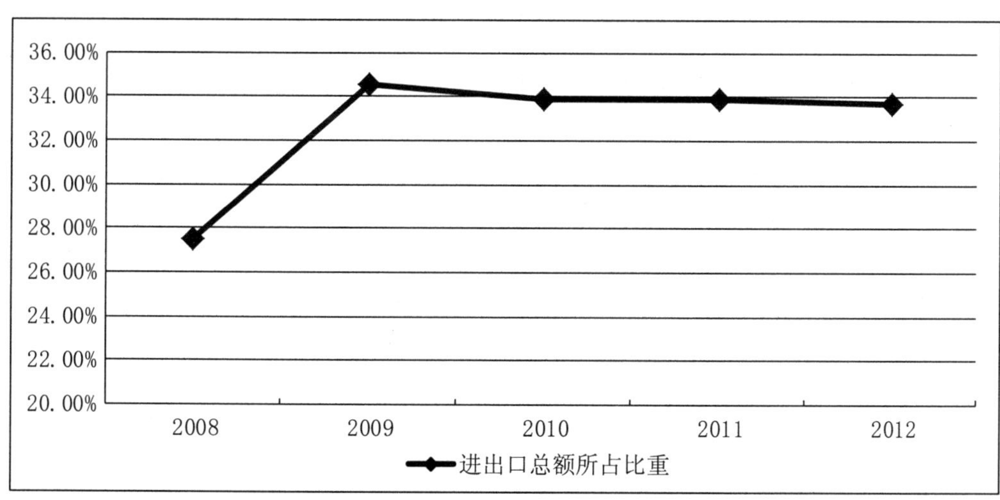


**图 11　2008—2012 年上海市进出口总额在长三角地区所占比重的变化趋势**

2008—2012 年上海市进出口总额在长三角的占比分别为：27.47%、34.53%、33.90%、33.86%和 33.67%，近五年总体呈上升趋势，累计上升 6.20 个百分点。在长三角两省一市中排名与上年一致，均为第 2 位。

2012年全年上海关区进出口总额8013.1亿美元，比上年下降1.4%。其中，进口3101.54亿美元，下降0.7%；出口4911.56亿美元，下降1.8%。全年上海市进出口总额4367.58亿美元，比上年下降0.2%。其中，进口2299.51亿美元，比上年增长1%；出口2068.07亿美元，下降1.4%(见表11)。

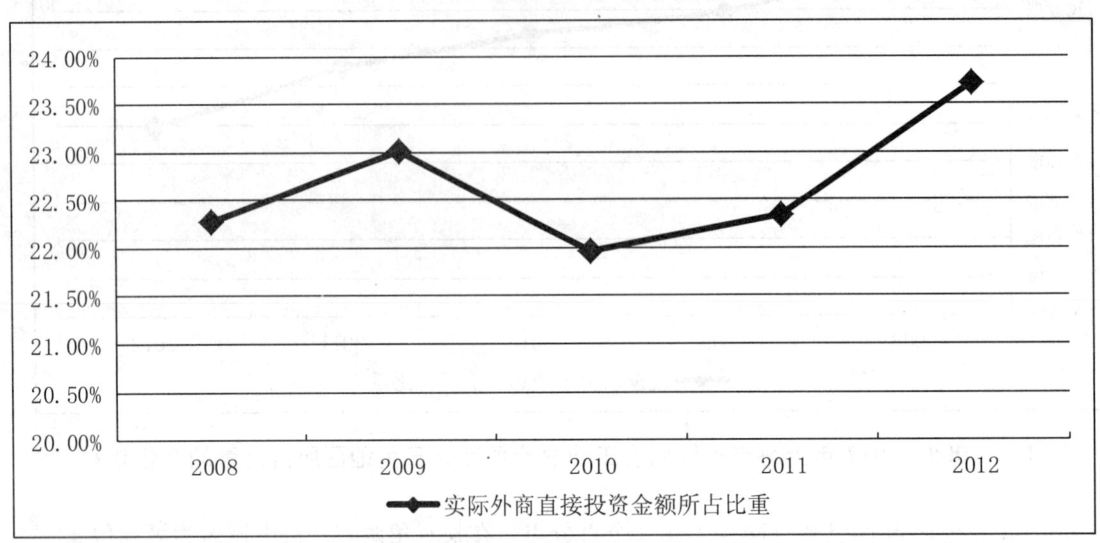


**图12　2008—2012年上海市实际外商直接投资金额在长三角地区所占比重的变化趋势**

按市场分，对欧盟进口510.79亿美元，增长9.6%；出口391.07亿美元，下降10.3%。2008—2012年上海市实际外商直接投资金额在长三角地区所占比重分别为22.27%、23.01%、21.97%、22.34%和23.72%，五年累计增幅达1.45个百分点。呈震荡上升态势。在长三角两省一市中排名与上年一致，均为第2位。

2012年全年批准外商直接投资合同项目4043项，比上年下降6.6%；合同金额223.38亿美元，比上年增长11.1%；实际到位金额151.85亿美元，增长20.5%。全年第三产业实际到位金额126.79亿美元，增长21.6%，占全市实际利用外资的比重达到83.5%。全年批准总投资在1000万美元以上的外商直接投资项目286项，合同金额194.49亿美元。至年末，在上海投资的国家和地区已达154个。年内新增跨国公司地区总部50家，投资性公司25家，外资研发中心17家。至年末，在上海落户的跨国公司地区总部达到403家，投资性公司265家，外资研发中心351家。

全年新批对外投资项目249项，比上年增长8.7%；投资总额32.4亿美元，增长22%。签订对外承包工程合同金额103.11亿美元，比上年下降16.5%；实际完成营业额68.12亿美元，增长14.7%；派出人员3477人次，下降37.5%。对外劳务合作派出人员17767人次，增长1倍。至年末，上海对外承包工程和劳务合作涉及的国家和地区已达178个。

# 第三章　江苏省及各市2012年经济社会发展报告

## 一　江苏省2012年经济社会发展报告

2012年,在省委、省政府的正确领导下,全省上下牢牢把握主题主线和稳中求进的工作总基调,积极应对国际经济形势严峻和国内经济下行压力加大的挑战,统筹推进稳增长、控物价、调结构、惠民生、抓改革、促和谐各项工作,经济运行呈现稳中有进的态势,发展质量稳步提高,民生继续得到改善,各项社会事业全面进步,在"两个率先"征程上迈出了新步伐。

### 一、江苏省2012年经济发展概况

#### （一）综合经济

**1. 经济总量**

全省实现生产总值54058.2亿元,按可比价格计算,比上年增长10.1%。其中,第一产业增加值3418.3亿元,增长4.6%;第二产业增加值27121.9亿元,增长11.0%;第三产业增加值23518.0亿元,增长9.6%。人均生产总值68347元,比上年增加6057元。产业结构持续优化。三次产业增加值比例调整为6.3∶50.2∶43.5。

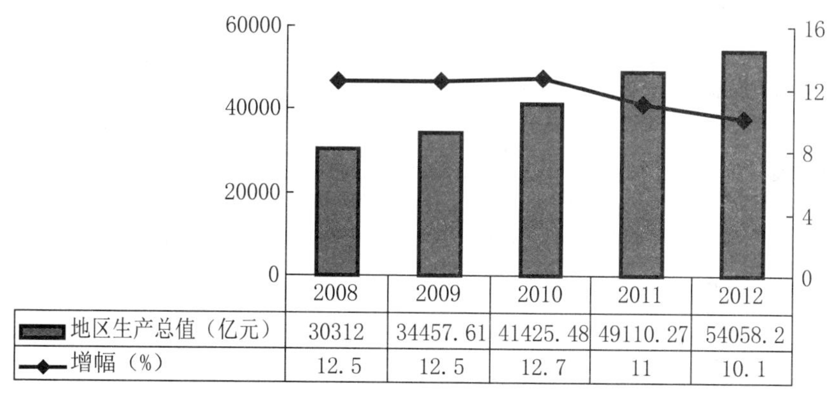


| | 2008 | 2009 | 2010 | 2011 | 2012 |
|---|---|---|---|---|---|
| 地区生产总值（亿元） | 30312 | 34457.61 | 41425.48 | 49110.27 | 54058.2 |
| 增幅（%） | 12.5 | 12.5 | 12.7 | 11 | 10.1 |

图1　2008—2012年江苏省地区生产总值及增长速度

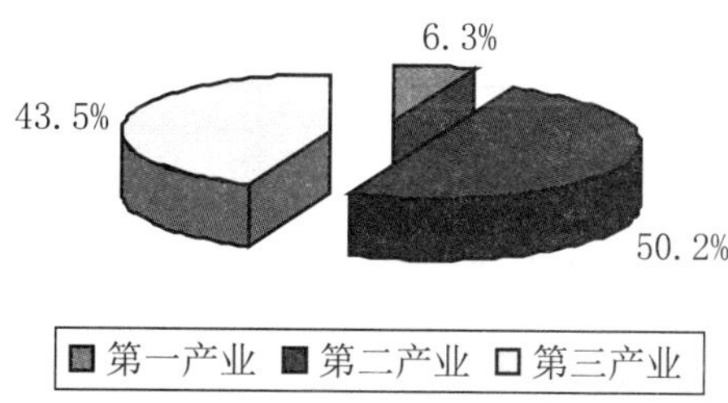


图2　2012年江苏省三次产业结构图

## 2. 财政收支

全年公共财政预算收入5860.7亿元，比上年增长13.8%，增收711.8亿元；基金预算收入3612.4亿元，下降11.2%。

**表1 财政收入分项情况**

| 指　　标 | 绝对数(亿元) | 比上年增长(%) |
|---|---|---|
| 公共财政预算收入 | 5860.7 | 13.8 |
| #增值税(25%) | 708.8 | 5.8 |
| 营业税 | 1659.7 | 31.7 |
| 企业所得税(40%) | 745.9 | 2.0 |
| 个人所得税(40%) | 224.2 | −5.7 |
| 契税 | 332.8 | 4.1 |
| 上划中央四税 | 3922.4 | 3.2 |
| #国内消费税 | 453.3 | 5.1 |
| 增值税(75%) | 2080.0 | 5.9 |
| 基金预算收入 | 3612.4 | −11.2 |

财政支出结构持续优化。公共财政预算支出6996.6亿元，比上年增长12.5%；基金预算支出3540.0亿元，下降11.9%。全年教育支出1342.0亿元，增长22.8%；公共安全支出402.4亿元，增长8.4%；社会保障和就业支出546.8亿元，增长13.5%；城乡社区事务支出848.8亿元，增长4.5%；科学技术支出248.8亿元，增长16.6%。

## 3. 物价指数

全年居民消费价格比上年上涨2.6%，涨幅同比回落2.7个百分点。其中，城市上涨2.6%，农村上涨2.6%。分类别看，食品上涨4.7%，烟酒上涨3.9%，衣着上涨3.6%，家庭设备用品及维修服务上涨3.6%，医疗保健和个人用品上涨1.3%，交通和通信下跌0.2%，娱乐教育文化用品及服务下跌0.1%，居住上涨2.4%。在食品价格中，粮食上涨2.3%，油脂上涨4.2%，肉禽及其制品上涨2.5%，鲜菜上涨10.1%，水产品上涨8.4%，蛋下跌3.0%。工业生产者出厂价格下跌2.9%，其中纺织业下跌4.1%，化学原料及化学制品业下跌6.0%，医药制造业下跌5.6%，化学纤维制造业下跌12.3%，黑色金属冶炼及压延加工业下跌9.7%，有色金属冶炼及压延加工业下跌7.8%，电气机械及器材制造业下跌4.1%。工业生产者购进价格下跌4.2%。农业生产资料价格上涨4.6%。

**表2 居民消费价格比上年上涨情况(%)**

| 指　标 | 全省 | 城市 | 农村 |
|---|---|---|---|
| 居民消费价格 | 2.6 | 2.6 | 2.6 |
| 食品 | 4.7 | 4.9 | 4.1 |
| #粮食 | 2.3 | 2.0 | 2.7 |
| 烟酒 | 3.9 | 3.8 | 3.9 |

（续表）

| | | | |
|---|---|---|---|
| 衣着 | 3.6 | 3.4 | 4.3 |
| 家庭设备用品及服务 | 3.6 | 3.9 | 2.8 |
| 医疗保健及个人用品 | 1.3 | 1.2 | 1.6 |
| 交通和通信 | −0.2 | −0.4 | 0.1 |
| 娱乐教育文化用品及服务 | −0.1 | −0.3 | 0.4 |
| 居住 | 2.4 | 2.4 | 2.3 |

### 4. 固定资产投资①

全年完成固定资产投资(不含农户)31706.58亿元,比上年增长20.5%。其中,国有及国有控股投资6596.2亿元,增长16.9%;外商港澳台经济投资3817.5亿元,增长15.5%;民间投资21293.5亿元,增长22.6%,其中私营个体经济投资12075.3亿元,增长24.5%。民间投资占固定资产投资的比重达67.2%,比上年提高1.2个百分点。

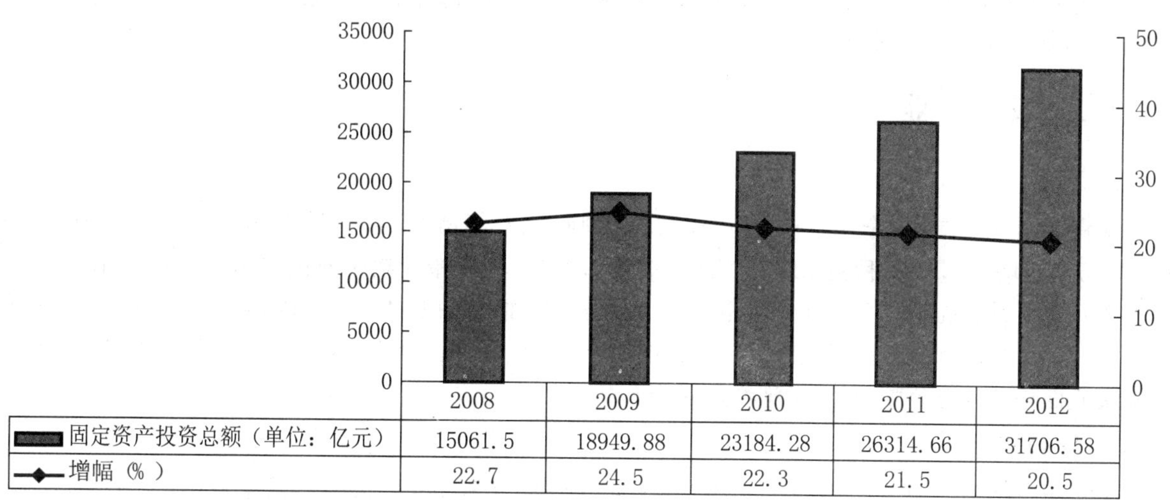


| | 2008 | 2009 | 2010 | 2011 | 2012 |
|---|---|---|---|---|---|
| 固定资产投资总额（单位：亿元） | 15061.5 | 18949.88 | 23184.28 | 26314.66 | 31706.58 |
| 增幅（%） | 22.7 | 24.5 | 22.3 | 21.5 | 20.5 |

**图3 2008—2012年江苏省全社会固定资产投资及增长幅度**

投资结构不断优化。第一产业投资204.2亿元,比上年增长31.6%;第二产业投资16646.4亿元,增长19.5%;第三产业投资14856.5亿元,增长21.5%。第二产业投资中,工业投资16559.4亿元,增长20.4%。其中,制造业投资15601.7亿元,增长19.4%;高新技术产业投资4059.0亿元,增长5.6%,占工业投资的比重达24.5%。主要工业行业投资中,化学原料及化学制品制造业投资1717.0亿元、通用设备制造业1490.8亿元、专用设备制造业1492.0亿元,分别增长30.5%、38.6%、67.9%。第三产业投资中,交通运输仓储和邮政业投资1383.1亿元,增长17.6%;房地产开发6206.1亿元,增长11.5%;水利、环境和公共设施管理业2029.7亿元,增长15.9%;教育322.9亿元,增长47.4%。

重点项目建设加快推进。全年新开工项目29654个,其中亿元项目4332个,完成投资7931.5亿元,比上年分别增长12.4%、25.3%和36.7%。200个省级重点项目进展顺利,交通、能源等一批重大

① 从2011年起,固定资产投资项目统计起点标准改为500万元。固定资产投资(不含农户)统计范围从城镇固定资产投资扩大到农村企事业组织。

基础设施项目相继建成运营，为经济社会发展提供有力支撑。泰州长江公路大桥、南京长江四桥、宿迁至新沂高速公路等建成通车。宁杭铁路客运专线基本建成，宁安城际铁路、宿淮铁路、宁启铁路复线电气化改造工程等项目加快建设，徐宿淮盐铁路取得重要进展。苏州市轨道交通1号线工程、扬州泰州机场、连云港港30万吨级航道一期工程等建成投运。龙源如东海上风电、华能启东二期陆上风电、中粮东台沼气发电等一批新能源项目建成投运。全年电力装机容量达到7668万千瓦，由全国第三跃居第二位。

### 5. 区域经济

苏中、苏北大部分经济指标增幅继续高于全省平均水平，对全省经济总量的贡献率达43.5%，比上年提高2.3个百分点；沿海地区大部分经济指标增速超过全省，地区生产总值达到9282.1亿元，比上年增长12.3%，对全省经济增长贡献率达17.9%。

### 6. 经济社会发展中存在的主要矛盾和问题

全省经济社会发展中仍存在一些问题和矛盾，如经济结构性矛盾仍然突出，产业结构有待进一步优化，科技创新能力有待进一步增强，企业经营环境有待进一步改善；发展的协调性需要继续增强，区域协调发展水平有待进一步提高，资源环境约束加剧，节能减排任务依然艰巨；公共资源配置还不够合理，公共服务体系还不够完善等。

## （二）农　业

### 1. 农业

粮食连续九年增产，全年总产量达3372.5万吨，比上年增产64.7万吨，增长2%。其中，夏粮1143.5万吨，增长2.4%；秋粮2229.0万吨，增长1.8%。全年粮食播种面积533.7万公顷，比上年增加1.7万公顷；棉花面积17.1万公顷，减少6.9万公顷；油料面积52.8万公顷，减少2.5万公顷；蔬菜面积132.3万公顷，增加6.3万公顷。现代农业发展势头良好。全省设施农业面积64万公顷，新增设施农业面积6.6万公顷，新增设施渔业面积5.2万公顷。

### 2. 林牧渔业

全年成片造林面积5.7万公顷；猪牛羊禽肉产量386万吨，增长5.6%；禽蛋总产量197.2万吨，增长1.2%；牛奶总产量61.3万吨，增长3.6%；水产品总产量493.7万吨，增长3.7%，其中淡水产品345.3万吨，海水产品148.4万吨，分别增长3.4%和4.5%。

### 3. 农村生产生活条件

全省农田有效灌溉面积达387.9万公顷，新增有效灌溉面积6.1万公顷，新增节水灌溉面积14.8万公顷；年末农业机械总动力4214.6万千瓦，比上年末增长2.6%。扎实推进农村实事工程，解决了221万农村居民饮用水安全问题，三分之一的乡镇开通了镇村公交。大力提升农业组织化水平，农民专业合作社个数、成员数、入社农户比例和出资额均居全国第一位。农村土地使用制度、农村金融制度等方面的改革稳步推进，城乡发展一体化步伐加快。

**表3　主要农产品产量情况**

| 产品名称 | 产量(万吨) | 比上年增长(%) |
|---|---|---|
| 粮食 | 3372.5 | 2.0 |
| 棉花 | 22.0 | −10.7 |

（续表）

| | | |
|---|---|---|
| 油料 | 147.0 | 2.0 |
| ＃油菜籽 | 109.1 | 3.7 |
| 花生 | 36.0 | −2.6 |
| 蔬菜 | 4984.6 | 8.7 |
| 蚕茧 | 6.8 | −3.4 |
| 茶叶 | 1.5 | 6.9 |
| 水果(含瓜果类) | 800.2 | 5.8 |
| 猪牛羊禽肉 | 386.0 | 5.6 |
| 水产品 | 493.7 | 3.7 |

## （三）工业和建筑业

### 1. 工业

全年规模以上工业增加值比上年增长 12.6%，其中轻、重工业分别增长 12.8%和 12.5%。国有工业增长 7.1%，集体工业增长 6.0%，股份制工业增长 16.7%，外商港澳台投资工业增长 7.9%。在规模以上工业中，国有控股工业增长 8.3%，私营工业增长 18.6%。

企业效益平稳增长。规模以上工业企业实现主营业务收入 117774.3 亿元，比上年增长 11.0%；实现利税 11214.2 亿元，增长 9.1%；实现利润 6881.8 亿元，增长 5.8%。企业亏损面 13.1%，比上年末提高 3.5 个百分点；亏损企业亏损额 524.2 亿元，增长 46.8%。工业经济效益综合指数为 267.3%，比上年提高 6.5 个百分点。

**表 4　主要工业产品产量情况**

| 产品名称 | 单位 | 产量 | 比上年增长(%) |
|---|---|---|---|
| 纱 | 万吨 | 449.5 | 6.8 |
| 布 | 亿米 | 80.3 | 7.4 |
| 化学纤维 | 万吨 | 1276.9 | 10.2 |
| 卷烟 | 亿支 | 1006.2 | 1.5 |
| 彩色电视机 | 万台 | 1431.9 | −17.9 |
| 家用电冰箱 | 万台 | 1103.2 | −8.5 |
| 房间空调器 | 万台 | 496.0 | −6.2 |
| 发电量 | 亿千瓦小时 | 3928.4 | 4.7 |
| 粗钢 | 万吨 | 7419.7 | 8.0 |
| 钢材 | 万吨 | 10989.2 | 9.8 |
| 十种有色金属 | 万吨 | 57.7 | 7.4 |

（续表）

| | | | |
|---|---|---|---|
| 水泥 | 万吨 | 16775.5 | 10.1 |
| 硫酸 | 万吨 | 397.3 | −14.1 |
| 纯碱 | 万吨 | 338.3 | 6.0 |
| 乙烯 | 万吨 | 132.5 | −13.9 |
| 化肥(折 100%) | 万吨 | 270.6 | 10.1 |
| 汽车 | 万辆 | 88.7 | 6.5 |
| #轿车 | 万辆 | 45.5 | 18.7 |
| 发电设备 | 万千瓦 | 596.4 | 11.7 |
| 集成电路 | 亿块 | 292.6 | 14.5 |
| 程控交换机 | 万线 | 4.6 | −24.1 |
| 微型电子计算机 | 万台 | 8862.1 | 2.0 |
| 移动通讯基站设备 | 信道 | 1825456 | −54.3 |

先进制造业较快发展。在规模以上工业中，汽车制造业产值 4621.8 亿元，比上年增长 22.3%；医药制造业产值 2290.7 亿元，增长 25.9%；专用设备制造业产值 4064.0 亿元，增长 6.5%；电气机械及器材制造业产值 13090.5 亿元，增长 12.8%；通用设备制造业产值 6273.8 亿元，增长 12.1%；计算机、通信和其他电子设备制造业产值 16396.4 亿元，增长 12.8%。产品结构继续优化，实现工业新产品产值 11273.2 亿元，比上年增长 13.7%。

### 2. 建筑业

全年共完成建筑业总产值 17927.2 亿元，比上年增长 18.5%；竣工产值 13165.4 亿元，增长 17.3%，竣工率达 73.4%；全省建筑企业实现利税总额 1243.1 亿元，增长 17.1%。建筑业劳动生产率为 25.4 万元/人，上升 2.0%。建筑业企业房屋建筑施工面积 161904.0 万平方米，增长 11.3%；竣工面积 58447.0 万平方米，增长 7.0%，其中住宅竣工面积 41007.0 万平方米，增长 9.2%。

## （四）服务业

服务业发展水平稳步提升。全年实现服务业增加值 23676.0 亿元，增长 9.6%，占 GDP 比重为 43.8%，比上年提高 1.1 个百分点。战略性新兴产业增势强劲。新能源、新材料、生物技术和新医药、节能环保、新一代信息技术和软件、物联网和云计算、高端装备制造、新能源汽车、智能电网和海洋工程等新兴产业全年销售收入达 40059.9 亿元，比上年增长 19.6%。

### 1. 国内贸易

消费品市场增势稳定。全年实现社会消费品零售总额 18331.3 亿元，比上年增长 15.0%。按经营单位所在地分，城镇消费品市场实现零售额 16373.3 亿元，增长 15.1%；乡村消费品市场实现零售额 1842.0 亿元，增长 13.8%。按消费形态分，批发和零售业零售额 16448.8 亿元，增长 14.9%；住宿和餐饮业零售额 1766.5 亿元，增长 16.1%。

部分消费热点保持活跃。在限额以上批发和零售企业的消费品中，汽车零售额 2389.5 亿元，比上年增长 11.7%；石油及制品零售额 956.2 亿元，增长 12.1%；通讯器材零售额 150.4 亿元，增长

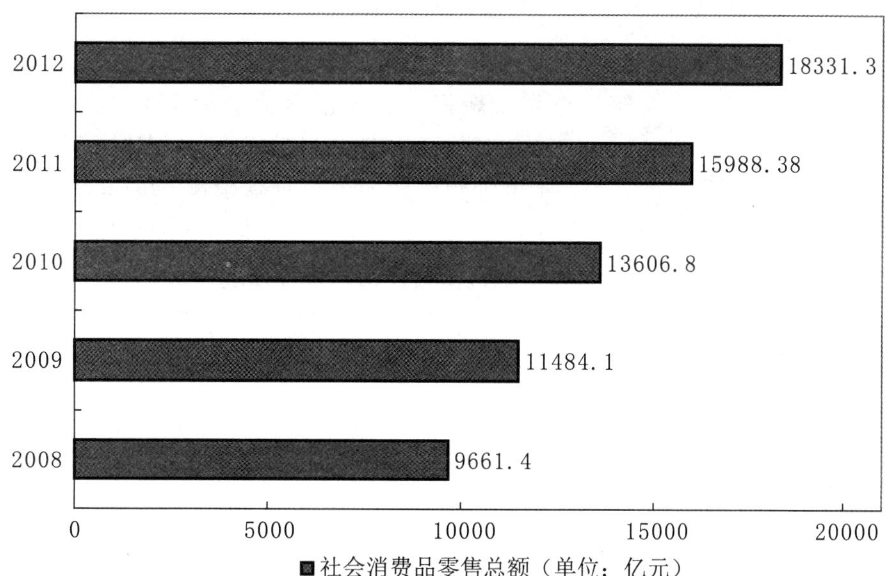


**图4　2008—2012年社会消费品零售总额**

33.6%；金银珠宝零售额237.1亿元，增长14.3%；服装、鞋帽、针纺织品零售额841.6亿元，增长17.6%；中西药品零售额489.9亿元，增长22.9%；家用电器和音像器材零售额580.3亿元，与上年持平；食品、饮料、烟酒零售额1134.1亿元，增长20.1%。

### 2. 交通运输、邮电

交通运输能力稳步提升。全年完成旅客运输量、货物运输量分别比上年增长8.5%和8.8%，旅客周转量、货物周转量分别增长9.7%和12.8%。完成港口货物吞吐量19.5亿吨，增长8.2%，其中外贸货物吞吐量3.1亿吨，增长10.9%。港口货物吞吐量中，集装箱吞吐量达1600万标准集装箱，增长12.8%。年末全省公路里程15.4万公里，新增1871公里，其中高速公路里程4371公里，新增249公里。铁路营业里程2309.1公里，铁路正线延展长度3724.6公里。年末民用汽车保有量813.1万辆，净增124.7万辆，分别增长18.1%和3.3%。年末私人汽车保有量657.3万辆，净增115.6万辆，分别增长21.3%和7.9%。其中，私人轿车保有量455.9万辆，净增86.3万辆，分别增长23.3%和6.4%。

邮政电信业较快发展。全年邮政电信业务总量1108.8亿元，增长13.8%。其中，邮政业务总量194.0亿元，电信业务总量914.8亿元，分别增长26.0%和10.4%。邮政电信业务收入992.5亿元，增长12.5%。其中，邮政业务收入171.0亿元，电信业务收入821.5亿元，分别增长27.0%和9.6%。年末局用交换机总容量7638.4万门。年末固定电话用户2387.2万户，比上年末增加16.3万户。其中，城市电话用户1341.0万户，乡村电话用户1046.2万户。年末移动电话用户7471.4万户，比上年末净增786.6万户。年末电话普及率达125部/百人，比上年末增加10部/百人。长途光缆线路总长度3.66万公里，新增0.36万公里。年末互联网用户1400.7万户，新增179.5万户。

### 3. 旅游业

旅游业发展加快。全年接待国内旅游人数4.6亿人次，比上年增长12.8%；实现国内旅游收入6055.8亿元，增长17.3%。全年入境旅游人数791.5万人次，比上年增长7.4%。其中，外国人575.2万人次，增长6.9%；港澳台同胞216.3万人次，增长8.5%。国际旅游外汇收入63.0亿美元，增长

11.4%。旅行社组织公民自费出境旅游90.7万人次，增长43.1%。

### 4. 金融、证券和保险业

金融市场规模进一步扩大。年末全省金融机构人民币存款余额75481.5亿元，比年初增加9761.8亿元，比上年多增3031.0亿元。其中，储蓄存款增加4142.4亿元，多增1525.3亿元；单位存款增加4846.5亿元，多增1541.5亿元。年末金融机构人民币贷款余额54412.3亿元，比年初增加6550.7亿元，比上年多增759.1亿元。其中，短期贷款增加4020.5亿元，多增311.6亿元。

**表5 年末金融机构人民币存贷款情况**

| 指 标 | 绝对数(亿元) | 比年初增加(亿元) | 比上年末增长(%) |
|---|---|---|---|
| 各项存款余额 | 75481.5 | 9761.8 | 14.813 |
| #单位存款 | 42152.6 | 4846.5 | 13.0 |
| 储蓄存款 | 30057.2 | 4142.4 | 16.0 |
| 各项贷款余额 | 54412.3 | 6550.7 | 13.7 |
| #短期贷款 | 25332.0 | 4020.5 | 18.7 |
| 中长期贷款 | 27062.9 | 1976.9 | 8.0 |
| #消费贷款 | 8512.7 | 973.8 | 12.9 |
| #个人住房贷款 | 7473.0 | 908.3 | 13.9 |

证券交易市场趋于稳定。全年证券市场完成交易额59797.5亿元。年末全省境内上市公司由上年末的214家增加到236家，在上海、深圳证券交易所筹集资金343.6亿元，其中首发融资135.1亿元，再融资208.5亿元，分别比上年减少341.8亿元和增加15.2亿元。全年证券经营机构股票交易额41877.2亿元，比上年下降28.7%；期货经营机构代理交易额17920.3亿元，比上年增长10.5%。江苏企业境内上市公司总股本1260.8亿股，比上年末增长10.8%；市价总值11394.3亿元，比上年末上升8.4%。年末全省共有证券公司6家，证券营业部365家；全省共有期货公司11家，期货营业部101家，证券投资咨询机构2家。

保险业稳步健康发展。全年保费收入1301.3亿元，同比增长8.4%。其中，财产险收入440.9亿元，增长16.1%；寿险收入765.9亿元，增长3.3%；健康险和意外伤害险收入94.5亿元，增长19.6%。赔付额387.0亿元，同比增长19.3%。其中财产险赔付240.1亿元，增长34.5%；寿险赔付119.0亿元，增长0.7%；健康险和意外伤害险赔付27.9亿元，下降24.6%。

## （五）开放型经济

### 1. 对外贸易

全年进出口总额5480.9亿美元，比上年增长1.5%。其中，出口3285.4亿美元，增长5.1%；进口2195.6亿美元，下降3.3%。

### 2. 出口结构

一般贸易出口额1395.5亿美元，比上年增长10.5%；加工贸易出口额1602.0亿美元，下降6.9%，一般贸易增速比加工贸易快17.4个百分点。机电产品、高新技术产品出口额2175.0亿美元和1315.6亿美元，分别占出口总额的66.2%和40.0%。其中，计算机与通信技术产品出口737.7亿

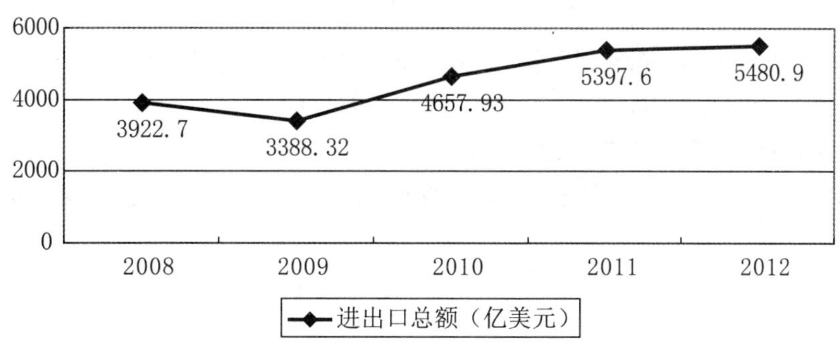


**图 5　2008—2012 年江苏省外贸进出口总额**

美元，占高新技术产品出口额的 56.1%。外商投资企业出口额 2046.8 亿美元，下降 4.9%，占出口总额的 62.3%。私营企业出口额 890.8 亿美元，增长 38%，占出口总额的 27.1%。对欧盟、美国、日本、香港特别行政区出口额分别为 630.5 亿美元、637.6 亿美元、308.2 亿美元和 337.2 亿美元，比上年分别增长－12.2%、2.9%、0.7%和 43.2%；对东盟、韩国、台湾省出口额分别为 307.0 亿美元、163.9 亿美元和 105.7 亿美元，分别增长 17.6%、－1.6%和 28%；对拉丁美洲、非洲、俄罗斯出口额分别为 219.3 亿美元、98.9 亿美元和 54.7 亿美元，分别增长 13.3%、22.6%和 13.6%。

**表 6　进出口贸易主要分类情况**

| 指　标 | 绝对数(亿美元) | 比上年增长(%) |
|---|---|---|
| 出口总额 | 3285.4 | 5.1 |
| ＃一般贸易 | 1395.5 | 10.5 |
| 加工贸易 | 1602.0 | －6.9 |
| ＃工业制成品 | 3189.6 | 4.1 |
| 初级产品 | 54.9 | －10.5 |
| ＃机电产品 | 2175.0 | 4.7 |
| ＃高新技术产品 | 1315.6 | 1.6 |
| ＃外商投资企业 | 2046.8 | －4.9 |
| 国有企业 | 275.9 | 4.1 |
| 进口总额 | 2195.6 | －3.3 |
| ＃一般贸易 | 797.3 | －9.5 |
| 加工贸易 | 861.4 | －8.6 |
| ＃工业制成品 | 1816.9 | －4.1 |
| 初级产品 | 329.8 | －12.7 |
| ＃机电产品 | 1288.8 | －2.4 |
| ＃高新技术产品 | 921.7 | 1.2 |
| ＃外商投资企业 | 1532.1 | －10.0 |

### 3. 利用外资

全年新批外商投资企业 4156 家，新批协议外资 571.4 亿美元；实际到账外资 357.6 亿美元，比上年增长 11.3%。新批及净增资 9000 万美元以上的大项目 245 个。开发区继续在开放型经济中发挥主导作用。全省开发区完成进出口总额 4368.0 亿美元，其中出口总额 2557.0 亿美元，分别增长 6.9%和 10.1%，占全省总量的 79.7%和 77.8%；实际到账外资 281.6 亿美元，增长 15.7%，占全省总量的 78.7%。

### 4. 对外投资

全年新批境外投资项目 572 个，比上年增长 13.3%；中方协议投资 50.5 亿美元，增长 40.1%。

### 5. 非公有制经济

全年非公有制经济增加值 36056.8 亿元，占 GDP 的比重达 66.7%，其中私营个体经济比重为 41.7%，分别比上年提高 0.6 个和 0.7 个百分点。年末全省工商部门登记的私营企业达 131.3 万户，比上年增长 9.6%，注册资本 42307.0 亿元，增长 16.9%；个体户 352.8 万户。

## 二、江苏省 2012 年社会发展概况

### （一）人口、人民生活

人口总量增长趋缓。年末全省常住人口 7919.98 万人，比上年增加 21.18 万人，增长 0.27%。在常住总人口中，男性人口为 3987.91 万人，女性人口为 3932.07 万人；0—14 岁人口为 1026.43 万人，15—64 岁人口为 5979.58 万人，65 岁及以上人口为 913.97 万人。全年人口出生率为 9.44‰，比上年下降 0.15 个千分点；人口死亡率为 6.99‰，上升 0.01 个千分点；人口自然增长率为 2.45‰，下降 0.16 个千分点。

民生质量显著改善。扎实推进民生幸福工程，实施居民收入七年倍增计划，城乡居民收入稳步增长。根据对城镇住户的抽样调查，全年城镇居民人均可支配收入达 29677 元，比上年增长 12.7%，扣除物价上涨因素，实际增长 9.9%；城镇居民人均可支配收入中位数 25979 元，同比增长 16.1%；人均消费性支出 18825 元，增长 12.2%，其中食品支出占人均消费性支出的比重为 35.4%。根据对农村住户的抽样调查，全年农村居民人均纯收入达 12202 元，比上年增长 12.9%，扣除物价上涨因素，实际增长 10.1%；农村居民人均纯收入中位数 10396 元，同比增长 13%；人均生活消费支出 8655 元，增长 12.5%，其中食品支出占人均生活消费支出的比重为 37.4%。城乡居民居住条件有所改善。城镇居民人均住房建筑面积为 35.2 平方米，农村居民人均住房面积为 49.9 平方米。

### （二）就业和社会保障

### 1. 就业

年末全省就业人口为 4759.53 万人，其中第一产业为 989.98 万人，第二产业为 2032.32 万人，第三产业为 1737.23 万人。城镇地区就业人口为 2922.38 万人，城镇登记失业率为 3.14%；促进下岗失业人员再就业 66.71 万人，其中就业困难人员再就业 16.08 万人；新增农村劳动力转移 25.9 万人。

### 2. 社会保障

城乡居民低保、医疗和养老保险实现全覆盖，社会保险主要险种覆盖率达 95%以上。年末全省企业职工基本养老保险、城镇职工基本医疗保险、失业保险参保人数分别达 2308 万人（含参保离退休人

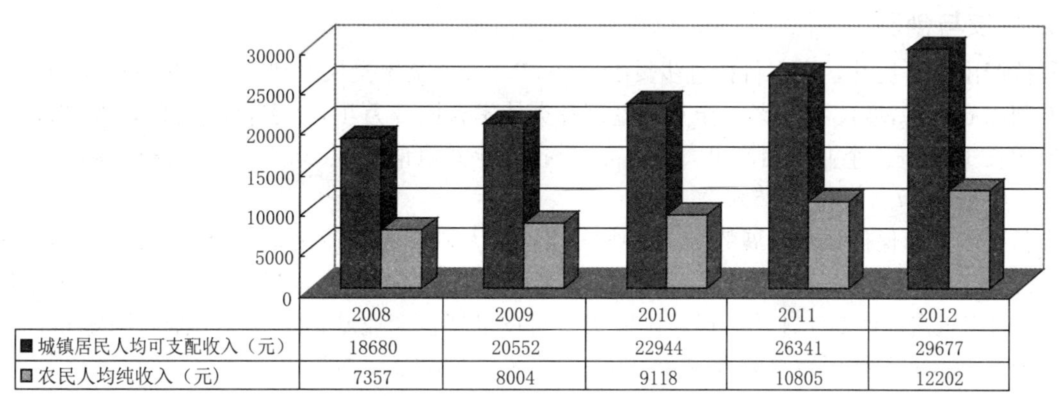


**图 6　2008—2012 年江苏省城乡居民收入对比一览**

员)、2154 万人(含参保退休人员)和 1332 万人,分别比上年末增加 197 万人、142 万人和 94 万人。年末享受企业职工基本养老保险离退休人员 511 万人,享受城镇职工基本医疗保险退休人员 508 万人。年末城乡居民社会养老保险参保人数 1479 万人,领取基础养老金人数 880 万人。年末城镇居民基本医疗保险参保人数为 1453 万人,比上年末减少 58 万人。保障性安居工程建设有序推进。全省新开工保障性住房 32.8 万套、竣工 15.3 万套(户),分别完成年度目标的 104.1%、117.7%。

## （三）教育和科学技术

### 1. 教育事业

教育事业全面协调发展。全省共有普通高校 128 所,普通高等教育本专科招生 43.50 万人,在校生 167.12 万人,毕业生 47.03 万人;研究生教育招生 4.62 万人,在校研究生 13.95 万人,毕业生 3.84 万人。高等教育毛入学率达 47.1%,比上年提高 2.1 个百分点。全省中等职业教育在校生达 88.45 万人(不含技工学校)。小学学龄儿童净入学率达 100%,在校生年巩固率达 99.5%,初中在校生年巩固率达 98.4%,毕业生升学率达 98.0%,基本普及高中阶段教育。特殊教育招生 0.35 万人,在校生 2.47 万人。全省幼儿园数为 4392 所,比上年增加 135 所,在园幼儿 220.45 万人,比上年增加 2.96 万人。

**表 7　各类教育招生和在校生情况**

| 指　标 | 招生数 | | 在校生数 | | 毕业生数 | |
|---|---|---|---|---|---|---|
| | 绝对数（万人） | 比上年增长（%） | 绝对数（万人） | 比上年增长（%） | 绝对数（万人） | 比上年增长（%） |
| 研究生教育 | 4.62 | 4.5 | 13.95 | 3.8 | 3.84 | 15.0 |
| 普通高等教育 | 43.50 | −0.3 | 167.12 | 0.7 | 47.03 | −1.4 |
| 普通高中教育 | 37.69 | −7.8 | 120.87 | −6.1 | 44.48 | −4.6 |
| 普通初中教育 | 64.03 | −1.4 | 197.02 | −6.7 | 75.22 | −10.3 |
| 小学教育 | 79.48 | 4.3 | 422.76 | 3.2 | 64.51 | −0.7 |

### 2. 科技与创新

科技产出水平提升。全省科技进步贡献率达56.5%。全年授权专利27万件，增长35.1%，其中发明专利1.6万件，增长46.1%。全年共签订各类技术合同3万项，技术合同成交额达532.0亿元，比上年增长14.9%。企业专利产出大幅提高，全省企业共申请专利30.9万件，授权专利18.6万件，分别比上年增长57.4%和56.6%。

高新技术产业保持强劲发展势头。组织实施省重大科技成果转化专项资金项目135项，总投入135.7亿元。全省按国家新标准认定高新技术企业累计达5100家。当年认定省级高新技术产品7671项，国家重点新产品144项。已建国家级高新技术特色产业基地103个。全省国家和省级高新技术产业开发区实现技工贸总收入达38500亿元，比上年增长10.5%。

科技研发投入比重稳步提升。全社会研究与发展(R&D)活动经费1230亿元，占地区生产总值的2.3%，比上年提高0.1个百分点。全省从事科技活动人员91.42万人，其中研究与发展(R&D)人员52.22万人。全省拥有中国科学院和中国工程院院士90人。全省拥有各类科学研究与技术开发机构中政府部门属独立研究与开发机构达148个。已建国家和省级重点实验室105个，科技服务平台296个，工程技术研究中心2141个，企业院士工作站326个，经国家认定的技术中心67家。

质量检验能力进一步增强。全省共有产品质量检验机构177个，国家检测中心35个；监督抽查产品345种，比上年增长1.8%。共有产品质量、体系认证机构4个，完成强制性产品认证的企业9944个；法定计量技术机构156个，强制检定计量器具679.6万台件；制定、修订地方标准296项，增长15.2%。

## （四）文化、卫生和体育

### 1. 文化事业

公共文化服务水平提高。年末全省共有文化馆、群众艺术馆119个，公共图书馆112个，博物馆264个，美术馆15个，综合档案馆122个，向社会开放档案402万卷(件、册)。共有广播电台14座，中短波广播发射台和转播台21座，电视台14座，广播综合人口覆盖率和电视综合人口覆盖率分别达99.99%和99.88%。有线电视用户2091.66万户，比上年增长5.3%。生产故事影剧片27部。全年报纸出版29.4亿份，杂志出版1.2亿册，图书出版5.2亿册。

### 2. 卫生事业

卫生事业快速发展。年末共有各类卫生机构31051个，其中医院、卫生院2541个，卫生防疫和防治机构176个，妇幼卫生保健机构110个。各类卫生机构拥有病床33.3万张，其中医院、卫生院病床30.7万张。共有卫生技术人员39.6万人，其中执业医师、执业助理医师15.8万人，注册护士15.5万人，卫生防疫和防治机构卫生技术人员7371人，妇幼卫生机构卫生技术人员7308人。城乡基层卫生服务网络更加健全。乡镇卫生院1115个，床位5.2万张，卫生技术人员5.7万人，乡村医生和卫生员5.5万人。新型农村合作医疗人口覆盖率达98%以上。扎实推进基层医疗卫生机构综合改革和公立医院改革试点，政府办基层医疗卫生机构全部实施国家基本药物制度。

### 3. 体育事业

体育事业持续发展。江苏体育健儿在重大国际比赛中获世界冠军17项，创全国纪录8项；在重大国内、国际比赛中，有216人次获金牌，133人次获银牌，138人次获铜牌。全民健身体系日趋完善。全年完成了苏北五市2983个行政村农民体育健身工程提档升级，全省乡镇、街道均已建成体育健身活动中心。

## （五）城乡建设

城乡统筹水平提高。认真落实强农惠农富农政策。战胜多种自然灾害，粮食生产实现“九连增”，2012年粮食总产达674.5亿斤，高效设施农业面积达960万亩，农业适度规模经营面积超过60%。农业科技支撑能力不断增强。农民专业合作社达5.8万家，农村土地使用制度改革稳步推进，集体林权制度主体改革任务全面完成。实施农村实事工程，2012年解决了221万农村居民饮水安全问题，三分之一的乡镇开通了镇村公交，农村生产生活条件显著改善。实施美好城乡建设行动，城乡面貌和人居环境明显改善，城市化率达63%。城乡基本公共服务均等化进程加快。

区域发展更趋协调。支持苏北跨越发展，大力推进财政、产业、科技、人才转移和共建开发园区，制定和落实“一市一策”，苏北发展的内生动力不断增强，经济增长速度高于全省平均水平。推动苏中特色发展，加快跨江合作和产业集聚，苏中崛起明显提速。促进苏南转型发展，结构调整步伐加快，创新能力进一步提升，国际竞争力显著增强。江苏沿海开发上升为国家战略，沿海地区发展步入快车道。

## （六）生态建设和节能减排

生态建设成效明显。年末全省设立自然保护区31个，其中国家级自然保护区3个，自然保护区面积56.6万公顷。深入实施“清水蓝天”工程，污水日处理总能力已突破1300万吨，太湖水质进一步改善，大气污染防治取得积极进展。组织实施美好城乡建设行动，大力推进村庄环境整治，城乡人居环境继续改善。扎实推进绿色江苏建设，森林覆盖率提高到21.6%，国家生态市（县、区）达到22个，比上年末新增5个。

节能减排取得新成效。大力实施节能减排重点工程，鼓励发展循环经济，严格控制高耗能项目，加快淘汰落后产能，节能减排完成国家下达的任务。全省电力行业淘汰落后产能82.8万千瓦。全省承担淘汰落后产能目标任务的122家企业按时完成淘汰任务。

## （七）社会安全

安全生产形势保持平稳。事故起数和死亡人数实现“双下降”，全年发生各类事故1.86万起，死亡5351人，同比分别下降0.84%、3.01%。亿元GDP生产安全事故死亡人数为0.099人，同比下降13.16%。

# 三、挑战与目标

在充分肯定成绩的同时，也清醒地看到，江苏省经济社会发展中还存在不少矛盾和问题。一是经济结构性矛盾仍然突出，产业结构有待进一步优化，自主创新能力需要进一步增强，企业经营环境有待进一步改善，推动经济转型升级任务艰巨。二是发展的协调性需要继续增强，城乡二元结构仍然是制约发展的突出问题，区域协调发展水平有待进一步提高，资源环境约束加剧，节能减排形势依然严峻。三是民生工作还存在一些薄弱环节，公共资源配置还不够合理，公共服务体系还不够完善，一些领域存在诚信缺失现象，协调各方利益、维护社会稳定压力加大。四是政府自身建设还需进一步加强，政府职能转变尚不到位，服务水平有待继续提高，机关作风建设还存在不少薄弱环节，一些工作人员中形式主义、官僚主义现象不同程度存在，反腐倡廉力度需要进一步加大。一定要本着对人民高度负责的精神，高度重视这些问题，采取更加有力的措施，切实加以解决。

2013年经济社会发展的主要预期目标是：地区生产总值增长10%左右，公共财政收入增长10%

左右，固定资产投资增长18%，社会消费品零售总额增长15%左右，外贸进出口总额增长5%左右，全社会研发投入占地区生产总值比重达到2.35%以上，城乡居民人均收入实际增长10%左右，居民消费价格总水平涨幅3.5%左右，节能减排确保完成年度目标任务，城镇登记失业率4%以内，人口自然增长率4‰左右。这些指标是综合考虑各方面因素、慎重权衡提出的，体现了稳中求进的要求，体现了"两个率先"的要求，体现了全面协调可持续发展的要求。完成这些指标有一定的压力，但经过全省上下共同努力是能够实现的。

## 四、江苏省在长三角地区经济发展中的地位

2012年，江苏省在党中央、国务院和中共江苏省委的正确领导下，高举中国特色社会主义伟大旗帜，以邓小平理论、"三个代表"重要思想为指导，深入贯彻落实科学发展观，认真贯彻党的十七大、十八大精神，紧紧围绕"两个率先"目标，牢牢把握机遇，积极应对挑战，全力办好大事要事，稳妥处置难事急事，改革开放和现代化建设取得显著成绩，实现了本届政府任期工作目标。

有效应对国际金融危机的影响。立足于见事早、行动快，果断出台一系列政策措施，千方百计保增长、保民生、保稳定，较快实现了经济企稳回升。去年以来，面对复杂严峻的经济形势，坚持稳中求进，注重政策创新，重抓十项举措，在加快转型升级中保持了经济平稳较快发展。

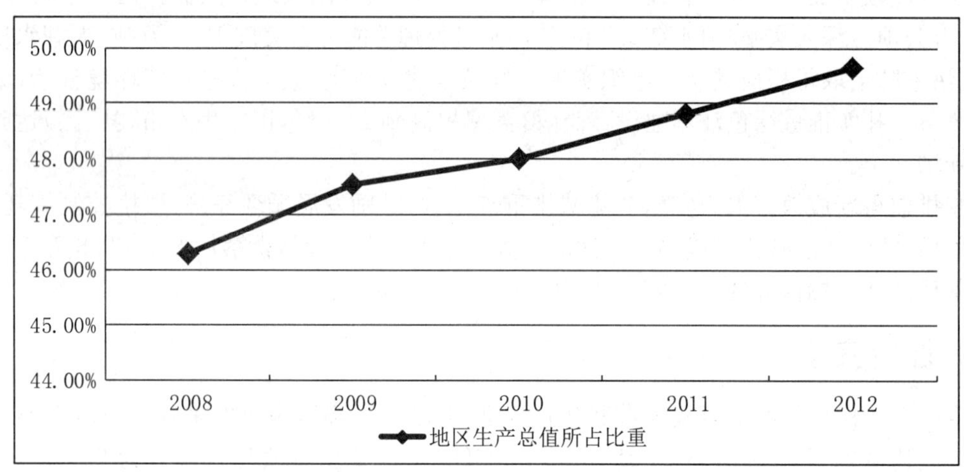


**图7 2008—2012年江苏省地区生产总值在长三角所占比重的变化趋势**

近年来，江苏省地区生产总值在长三角地区稳居第一位，所占比重呈现明显的逐年增加趋势。2008—2012年，江苏省地区生产总值在长三角所占比重分别为46.28%、47.53%、47.99%、48.81%和49.64%，五年累计增幅高达3.36个百分点。其中，2009年比上年增加1.25个百分点，为近年来最大增幅；2010年增速放缓，比上年增加了0.46个百分点，2011年及2012年增速又有所回升，2012年较上年增加0.83个百分点。

2012年，在长三角地区25市(苏浙两省24个地级市和上海市，下同)地区生产总值所占比重排名的前十位中，江苏省13个地级市占据6席，与去年持平。2012年全省实现生产总值54058.2亿元，按可比价格计算，比上年增长10.1%。其中，第一产业增加值3418.3亿元，增长4.6%；第二产业增加值27121.9亿元，增长11.0%；第三产业增加值23518.0亿元，增长9.6%。人均生产总值68347元，比上年增加6057元。产业结构持续优化。三次产业增加值比例调整为6.3∶50.2∶43.5。高新技术产业较快发展。全年实现高新技术产业产值45041.5亿元，增长17.4%，占规模以上工业总产值比重

达 37.5%，比上年提高 2.2 个百分点。

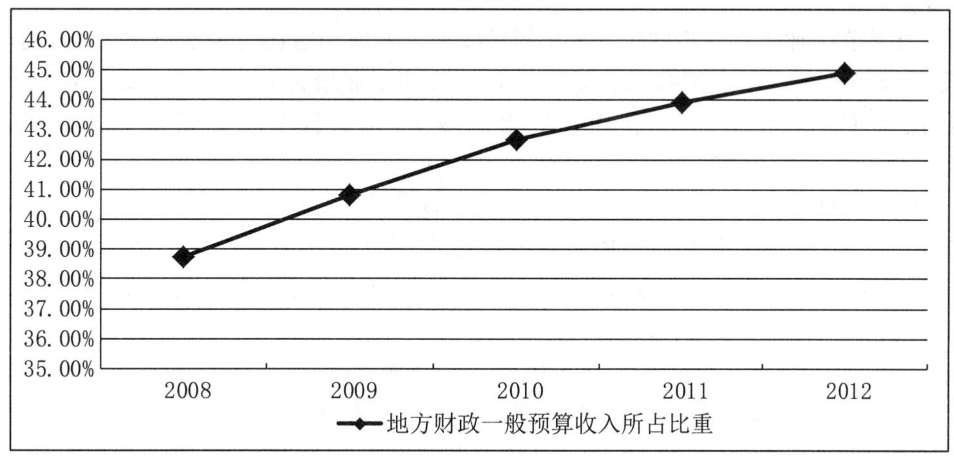


**图 8　2008—2012 年江苏省地方财政一般预算收入在长三角所占比重的变化趋势**

2008—2012 年，江苏省地方财政一般预算收入在长三角地区的占比分别是 38.76%、40.81%、42.67%、43.90%和 44.92%，累计增幅达 6.16 个百分点，增长趋势十分明显。自 2008 年以来已连续五年保持着第一的位次。

2012 年，在长三角地区 25 市地方财政一般预算收入所占比重排名的前十位中，江苏省 13 个地级市占据 6 席，与去年持平。经济决定财政，2012 年，财政收入保持增长。全年公共财政预算收入 5860.7 亿元，比上年增长 13.8%，增收 711.8 亿元；基金预算收入 3612.4 亿元，下降 11.2%。财政支出结构持续优化。公共财政预算支出 6996.6 亿元，比上年增长 12.5%；基金预算支出 3540.0 亿元，下降 11.9%。全年教育支出 1342.0 亿元，增长 22.8%；公共安全支出 402.4 亿元，增长 8.4%；社会保障和就业支出 546.8 亿元，增长 13.5%；城乡社区事务支出 848.8 亿元，增长 4.5%；科学技术支出 248.8 亿元，增长 16.6%。

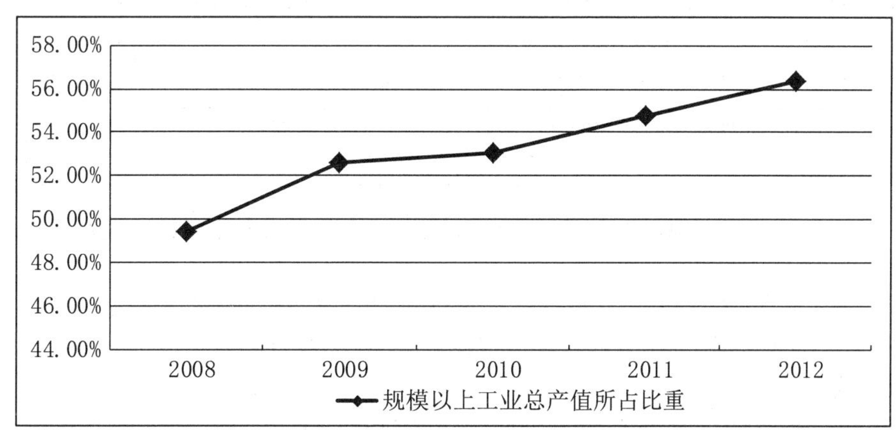


**图 9　2008—2012 年江苏省规模以上工业总产值在长三角所占比重的变化趋势**

2008—2012 年，江苏省规模以上工业总产值在长三角地区的占比分别是 49.44%、52.62%、53.04%、54.79%和 56.35%，继续保持着大幅增长的态势，累计增幅高达 6.91 个百分点。2012 年所占比重继 2009 年首次超越长三角地区的 50%后继续保持超越势头，始终占据着第一的位置。

2012 年，在长三角地区 25 市规模以上工业总产值所占比重排名的前十位中，江苏省 13 个地级市占据 6 席，与去年持平

2012 年，江苏省工业生产稳步增长。全年规模以上工业增加值比上年增长 12.6%，其中轻、重工业分别增长 12.8%和 12.5%。国有工业增长 7.1%，集体工业增长 6.0%，股份制工业增长 16.7%，外商港澳台投资工业增长 7.9%。在规模以上工业中，国有控股工业增长 8.3%，私营工业增长 18.6%。

企业效益平稳增长。规模以上工业企业实现主营业务收入 117774.3 亿元，比上年增长 11.0%；实现利税 11214.2 亿元，增长 9.1%；实现利润 6881.8 亿元，增长 5.8%。企业亏损面 13.1%，比上年末提高 3.5 个百分点；亏损企业亏损额 524.2 亿元，增长 46.8%。工业经济效益综合指数为 267.3%，比上年提高 6.5 个百分点。

先进制造业较快发展。在规模以上工业中，汽车制造业产值 4621.8 亿元，比上年增长 22.3%；医药制造业产值 2290.7 亿元，增长 25.9%；专用设备制造业产值 4064.0 亿元，增长 6.5%；电气机械及器材制造业产值 13090.5 亿元，增长 12.8%；通用设备制造业产值 6273.8 亿元，增长 12.1%；计算机、通信和其他电子设备制造业产值 16396.4 亿元，增长 12.8%。

建筑业快速发展。全年共完成建筑业总产值 17927.2 亿元，比上年增长 18.5%；竣工产值 13165.4 亿元，增长 17.3%，竣工率达 73.4%；全省建筑企业实现利税总额 1243.1 亿元，增长 17.1%。建筑业劳动生产率为 25.4 万元/人，上升 2.0%。建筑业企业房屋建筑施工面积 161904.0 万平方米，增长 11.3%；竣工面积 58447.0 万平方米，增长 7.0%，其中住宅竣工面积 41007.0 万平方米，增长 9.2%。

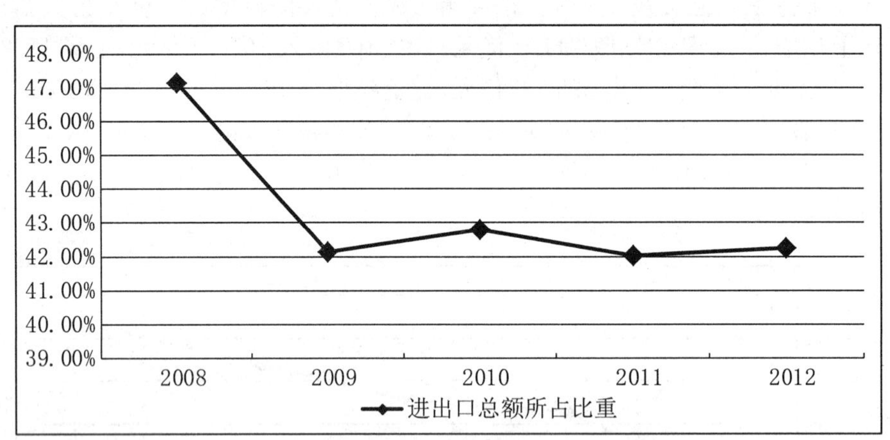


**图 10　2008—2012 年江苏省进出口总额在长三角所占比重的变化趋势**

2008—2012 年，江苏省进出口总额在长三角地区的占比分别是 47.15%、42.13%、42.80%、42.04%和 42.26%，2012 年在上年下降的状态下略有回升，累计降幅达 4.89 个百分点，但始终保持着长三角地区两省一市第一的位置。

2012 年，在长三角地区 25 市进出口总额所占比重排名的前十位中，江苏省 13 个地级市仅占 5 席，与去年持平。2012 年，江苏省外贸进出口规模继续扩大。全年进出口总额 5480.9 亿美元，比上年增长 1.5%。其中，出口 3285.4 亿美元，增长 5.1%；进口 2195.6 亿美元，下降 3.3%。

出口结构进一步优化。一般贸易出口额 1395.5 亿美元，比上年增长 10.5%；加工贸易出口额 1602.0 亿美元，下降 6.9%，一般贸易增速比加工贸易快 17.4 个百分点。机电产品、高新技术产品出

口额2175.0亿美元和1315.6亿美元，分别占出口总额的66.2%和40.0%。其中，计算机与通信技术产品出口737.7亿美元，占高新技术产品出口额的56.1%。外商投资企业出口额2046.8亿美元，下降4.9%，占出口总额的62.3%。私营企业出口额890.8亿美元，增长38%，占出口总额的27.1%。对欧盟、美国、日本、香港特别行政区出口额分别为630.5亿美元、637.6亿美元、308.2亿美元和337.2亿美元，比上年分别增长－12.2%、2.9%、0.7%和43.2%；对东盟、韩国、台湾省出口额分别为307.0亿美元、163.9亿美元和105.7亿美元，分别增长17.6%、－1.6%和28%；对拉丁美洲、非洲、俄罗斯出口额分别为219.3亿美元、98.9亿美元和54.7亿美元，分别增长13.3%、22.6%和13.6%。

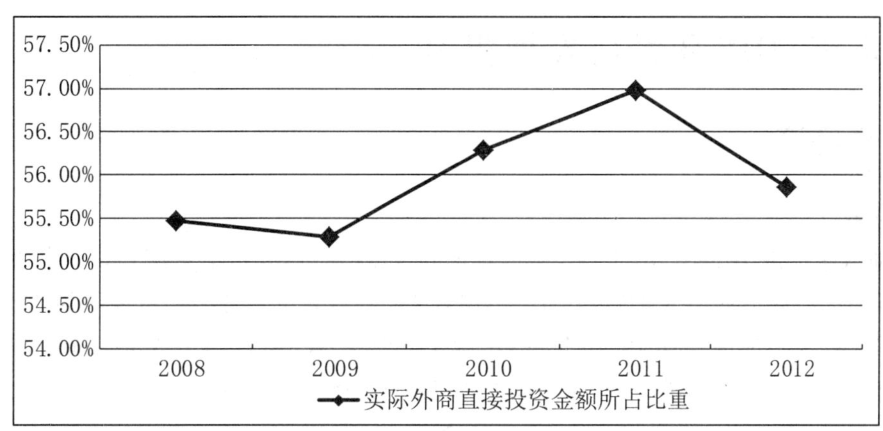


**图11　2008—2012年江苏省实际外商直接投资金额在长三角所占比重的变化趋势**

2008—2012年，江苏省实际外商直接投资金额在长三角地区的占比分别是55.48%、55.29%、56.30%、56.97%和55.86%，2009年下跌之后连续两年上升，2012年出现下跌，较上年下跌了1.11个百分点。

2012年，在长三角地区25市实际外商直接投资金额所占比重排名的前十位中，江苏省13个地级市占据7席，和上年持平。2012年江苏省利用外资规模保持全国领先。全年新批外商投资企业4156家，新批协议外资571.4亿美元；实际到账外资357.6亿美元，比上年增长11.3%。新批及净增资9000万美元以上的大项目245个。开发区继续在开放型经济中发挥主导作用。全省开发区完成进出口总额4368.0亿美元，其中出口总额2557.0亿美元，分别增长6.9%和10.1%，占全省总量的79.7%和77.8%；实际到账外资281.6亿美元，增长15.7%，占全省总量的78.7%。

对外投资增势迅猛。全年新批境外投资项目572个，比上年增长13.3%；中方协议投资50.5亿美元，增长40.1%。

# 二　南京市2012年经济社会发展报告

2012年，在市委、市政府正确领导下，全市坚决贯彻中央、省市的决策部署，紧扣科学发展主题，牢牢把握稳中求进、又好又快发展的总基调，大力推进"稳增长、调结构、促转型、惠民生"各项举措，经济运行稳中有进，转型升级步伐加快，民生保障持续改善，各项社会事业全面进步，为率先基本实现现代化奠定了良好基础。

## 一、南京市2012年经济发展概况

### （一）综合经济

#### 1. 经济总量

全市完成地区生产总值7201.57亿元，比上年增长11.7%。其中，第一产业增加值为184.64亿元，增长4.9%；第二产业增加值为3170.78亿元，增长11.9%，其中全部工业增加值为2748.45亿元，增长11.0%；第三产业增加值为3846.15亿元，增长11.8%。人均地区生产总值达到88525元，按年平均汇率折算为14029美元。三次产业增加值比例为2.6∶44.0∶53.4。

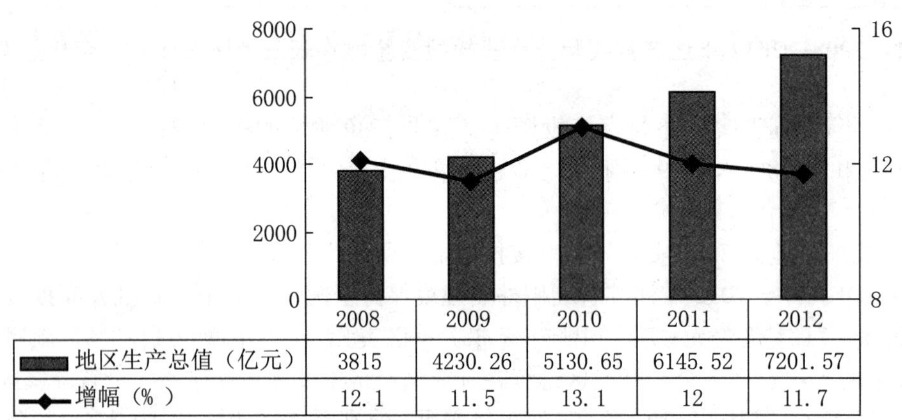


| | 2008 | 2009 | 2010 | 2011 | 2012 |
|---|---|---|---|---|---|
| 地区生产总值（亿元） | 3815 | 4230.26 | 5130.65 | 6145.52 | 7201.57 |
| 增幅（%） | 12.1 | 11.5 | 13.1 | 12 | 11.7 |

图12　2008—2012年南京市地区生产总值及增长速度

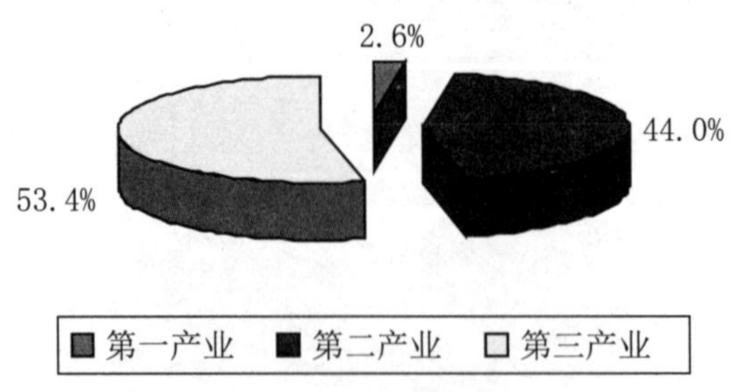


图13　2012年南京市三次产业结构图

### 2. 财政收支

全年实现财政收入1427.25亿元，比上年增长9.9%。其中，公共财政预算收入733.02亿元，增长15.4%。

在公共财政预算收入中，各项税收收入完成602.79亿元，比上年增长13.8%，占公共财政预算收入比重为82.2%。其中，增值税、营业税、企业所得税和个人所得税共完成413.2亿元。

全年公共财政预算支出769.81亿元，比上年增长15.6%。

**表8　2012年公共财政预算收支情况**

| 指　标 | 绝对量(亿元) | 比上年增长(%) |
|---|---|---|
| 公共财政预算收入 | 733.02 | 15.4 |
| 1. 税收收入 | 602.79 | 13.8 |
| 其中：增值税(25%) | 91.19 | 11.1 |
| 营业税 | 190.30 | 24.7 |
| 企业所得税(40%) | 93.01 | −1.6 |
| 个人所得税(40%) | 38.7 | −6.9 |
| 城市维护建设税 | 53.70 | 27.5 |
| 契税 | 30.06 | 1.0 |
| 2. 非税收入 | 130.22 | 23.6 |
| 公共财政预算支出 | 769.81 | 15.6 |
| 其中：教育 | 125.04 | 46.3 |
| 科学技术 | 35.03 | 43.5 |
| 文化体育与传媒 | 20.88 | 61.7 |
| 社会保障和就业 | 73.81 | 20.1 |
| 医疗卫生 | 45.40 | 16.0 |
| 节能环保 | 15.80 | 32.4 |

### 3. 物价指数

全年城市居民消费价格指数为102.7，消费价格比上年上涨2.7%。构成消费价格的八大类指数呈“六升二降”格局。

**表9　2012年城市居民消费和商品零售价格比上年涨跌幅度**

| 指标名称 | 价格指数(上年=100) | 比上年涨跌幅度(%) |
|---|---|---|
| 城市居民消费价格 | 102.7 | 2.7 |
| 一、食品类 | 105.0 | 5.0 |
| 二、烟酒及用品类 | 106.3 | 6.3 |
| 三、衣着类 | 103.4 | 3.4 |
| 四、家庭设备用品及维修服务类 | 105.6 | 5.6 |

（续表）

| | | |
|---|---|---|
| 五、医疗保健和个人用品类 | 101.0 | 1.0 |
| 六、交通和通信类 | 99.8 | −0.2 |
| 七、娱乐教育文化用品及服务类 | 98.4 | −1.6 |
| 八、居住类 | 103.0 | 3.0 |
| 商品零售价格 | 101.4 | 1.4 |

全年工业生产者出厂价格比上年下降 2.7%。其中生产资料价格下降 3.3%，生活资料价格上涨 0.5%。全年工业生产者购进价格比上年下降 0.8%。

### 4. 固定资产投资①

全年全社会固定资产投资完成 4558.49 亿元，比上年增长 21.3%。其中民间投资 2446.46 亿元，增长 25.0%，民间投资占全社会固定资产投资比重为 52.2%，比上年提高 3.4 个百分点。

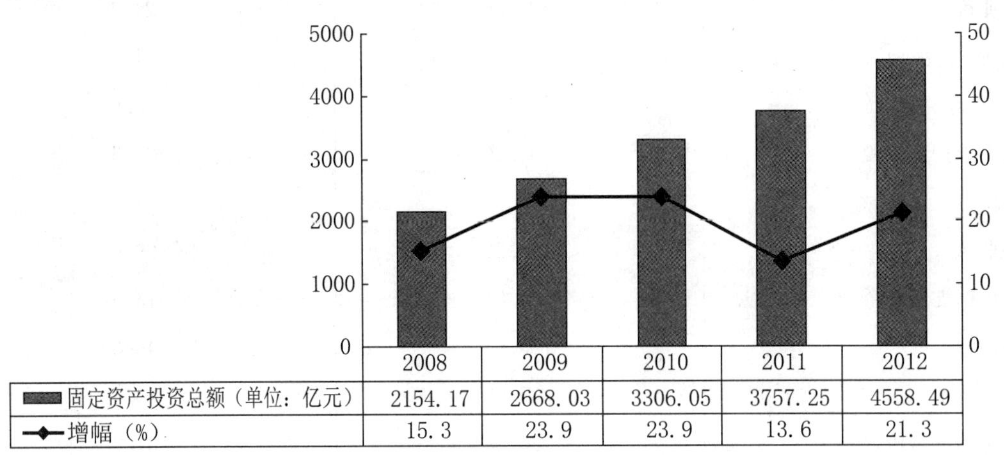


| | 2008 | 2009 | 2010 | 2011 | 2012 |
|---|---|---|---|---|---|
| 固定资产投资总额（单位：亿元） | 2154.17 | 2668.03 | 3306.05 | 3757.25 | 4558.49 |
| 增幅（%） | 15.3 | 23.9 | 23.9 | 13.6 | 21.3 |

**图 14 2008—2012 年南京市全社会固定资产投资及增长幅度**

从主要行业投资看，先进制造业、现代服务业等重点行业投资较快增长，高耗能行业投资增速放缓。工业投资中，生物医药完成投资 48.42 亿元，增长 43.8%；装备制造业完成投资 885.29 亿元，增长 34.1%；电子通讯设备完成投资 288.44 亿元，增长 18.3%。六大高耗能行业完成投资 579.96 亿元，增长 5.7%。第三产业投资中，金融业完成投资 24.5 亿元，增长 172.1%；科技服务业完成投资 44.8 亿元，增长 127.4%；信息服务和软件业完成投资 96.3 亿元，增长 60.0%。

### 5. 区县经济

2012 年高淳县实现地区生产总值 362.97 亿元，按可比价格计算，比上年增长 13.2%，其中：第一产业增加值为 30.29 亿元，增长 4.4%；第二产业实现增加值为 193.31 亿元，增长 14.8%，其中：工业实现增加值 154.37 亿元，增长 14.0%；第三产业实现增加值为 139.37 亿元，增长 12.8%。产业结构继续优化，第三产业比重比上年上升 1.2 个百分点，三次产业的结构由上年的 8.6∶54.2∶37.2 优化调整为 8.3∶53.3∶38.4。

① 从 2011 年起，固定资产投资项目统计起点标准改为 500 万元。固定资产投资（不含农户）统计范围从城镇固定资产投资扩大到农村企事业组织。

大力促进城乡居民就业。全年新增就业岗位1.63万个，新增城镇就业人数3560人，转移农村劳动力9960人次；开展各类职业技能培训1.21万人次。年末城镇登记失业率控制在3.0%，与上年持平。

经济社会发展中存在的主要矛盾是：工业经济整体规模效益较低，空间制约与加速发展的矛盾有待进一步化解。企业自主创新能力不强，产业升级步伐有待加快。城乡居民收入增收难度增大，富民增收渠道有待进一步拓宽等。

2012年全年江宁区实现地区生产总值926.59亿元，按可比价格计算，比上年增长13.7%。其中，第一产业增加值43.66亿元，增长6.6%；第二产业增加值541.02亿元，增长14.4%；第三产业增加值341.91亿元，增长13.3%。人均地区生产总值(按公安户籍人口计算)接近10万元，达到98281元，折合美元达到15636美元，按常住人口计算人均地区生产总值达到79280元，折合美元达到12613美元。三次产业结构进一步优化。地区生产总值中三次产业结构由上年的5.04∶62.79∶32.17调整到4.71∶58.39∶36.9。

2012年雨花台区完成考核口径地区生产总值235.86亿元，比上年增长13.5%。其中，第一产业增加值为0.32亿元，下降10.7%；第二产业增加值为93.84亿元，增长12.5%，其中工业增加值为79.37亿元，增长11.3%；第三产业增加值为141.7亿元，增长14.3%。三次产业比重为0.1∶39.8∶60.1。第三产业增加值占地区生产总值比重提高5.1个百分点。

## (二)农业

全年完成农林牧渔及农林牧渔服务业总产值318.55亿元，比上年增长12.4%。其中，农业产值完成183.47亿元，增长12.9%；林业产值完成3.39亿元，增长5.3%；牧业产值完成51.17亿元，增长8.8%；渔业产值完成65.46亿元，增长14.4%；农林牧渔服务业产值完成15.06亿元，增长10.6%。

全年粮食作物种植面积245.1万亩，比上年增长1.5%；油料种植面积67.79万亩，下降9.1%；蔬菜播种面积133.44万亩，与上年基本持平。全年粮食总产量117.5万吨，增长4.9%；油料总产量10.63万吨，增长1.4%；蔬菜总产量295.2万吨，增长0.6%。全年肉类(猪、牛、羊、禽)总产量12.37万吨，增长0.7%；禽蛋总产量7.59万吨，增长0.1%；牛奶总产量8.25万吨，下降3.9%；水产品总产量20.75万吨，增长0.7%。

**表10　2012年主要农产品产量情况**

| 产品名称 | 产量(万吨) | 比上年增长(%) |
|---|---|---|
| 粮食 | 117.50 | 4.9 |
| 油料 | 10.63 | 1.4 |
| 蔬菜 | 295.2 | 0.6 |
| 猪牛羊禽肉类 | 12.37 | 0.7 |
| 禽蛋 | 7.59 | 0.1 |
| 牛奶 | 8.25 | −3.9 |
| 水产品 | 20.75 | 0.7 |

全年新增设施农业面积为15.6万亩，年末累计达到67.48万亩。新增农民专业合作社321家，年末累计达到1768家；新增土地股份合作社210家，年末累计达到664家。年末农业适度规模经营

面积累计达到267.22万亩，占耕地面积比重为74.3%。全年共引进推广农业新品种217个。累计建成农业科技园区7个。

## （三）工业和建筑业

全年规模以上工业企业实现工业总产值11405.12亿元，比上年增长11.8%。其中国有及国有控股企业增长4.6%，私营企业增长22.5%。分轻重工业看，轻工业实现总产值2007.19亿元，增长15.1%，重工业实现总产值9397.94亿元，增长11.1%。

分行业看，全市37个工业大类行业中有30个行业的工业总产值比上年增长，其中汽车制造业增长45.3%，医药制造业增长33.9%，纺织服装、服饰业增长23.1%，计算机、通信设备和其他电子设备制造业增长16.6%，仪器仪表制造业增长16.0%，石油加工、炼焦和核燃料加工业增长8.3%。

分产品看，在全市统计的235种主要工业产品中，有111种产品产量比上年增长，占全市统计产品数的47.2%。

**表11　2012年主要工业产品产量及其增长速度**

| 产品名称 | 计量单位 | 产品产量 | 比上年增长(%) |
|---|---|---|---|
| 卷烟 | 亿支 | 353.29 | 4.2 |
| 原油加工量 | 万吨 | 2118.12 | −2.8 |
| 饲料 | 万吨 | 10.39 | 72.9 |
| 大米 | 万吨 | 51.50 | 31.3 |
| 饮料酒 | 万吨 | 33.34 | 18.2 |
| 合成氨(无水氨) | 万吨 | 25.34 | 12.6 |
| 多色印刷品 | 对开色令 | 1540853 | 38.6 |
| 化学农药原药(折有效成分) | 万吨 | 35.91 | 25.4 |
| 汽油 | 万吨 | 268.19 | 10.9 |
| 化学纤维 | 万吨 | 19.66 | 36.5 |
| 水泥 | 万吨 | 1029.80 | 4.5 |
| 生铁 | 万吨 | 1214.33 | 7.2 |
| 粗钢 | 万吨 | 1225.74 | 6.4 |
| 钢材 | 万吨 | 1173.30 | 7.2 |
| 汽车 | 万辆 | 36.77 | 6.8 |
| 家用燃气热水器 | 万辆 | 28.45 | 16.4 |
| 光学仪器 | 万台 | 55.88 | 25.2 |
| 移动通信手持机 | 万台 | 1747.12 | 83.5 |
| 显示器 | 万台 | 1301.80 | 72.3 |
| 电视接收机顶盒 | 万台 | 35.27 | 66.9 |
| 发电量 | 亿千瓦小时 | 514.69 | 6.5 |

全年规模以上工业企业实现产品销售产值 11214.52 亿元,比上年增长 11.3%,工业产品销售率为 98.33%。规模以上工业企业实现出口交货值 1301.55 亿元,增长 12.9%。

全年规模以上工业企业实现主营业务收入 11149.85 亿元,比上年增长 7.7%;实现工业利税 1147.48 亿元,增长 3.3%;实现利润 551.27 亿元,下降 3.3%。

**表12　2012 年规模以上工业企业实现利润及其增长速度**

| 指　　标 | 利润总额(亿元) | 比上年增长(%) |
| --- | --- | --- |
| 规模以上工业总计 | 551.27 | −3.3 |
| 其中:国有及国有控股企业 | 108.12 | −37.7 |
| 其中:集体企业 | 4.35 | 16.3 |
| 股份制企业 | 230.51 | 10.1 |
| 外商及港澳台商投资企业 | 265.61 | −1.5 |
| 其中:私营企业 | 131.96 | 30.2 |

全年实现建筑业增加值 422.33 亿元,按照可比价计算,比上年增长 18.1%。全市具有资质等级的总承包和专业承包建筑业企业完成建筑业总产值 2643.18 亿元,比上年增长 31.8%,其中在外省完成建筑业总产值 985.38 亿元,增长 42.6%。建筑业竣工产值 1622.83 亿元,增长 26.7%。

## (四)服务业

### 1. 国内贸易

全年实现社会消费品零售总额 3103.82 亿元,比上年增长 15.1%。按行业分,批发和零售业零售额 2793.48 亿元,增长 15.3%;住宿和餐饮业零售额 287.09 亿元,增长 15.9%。

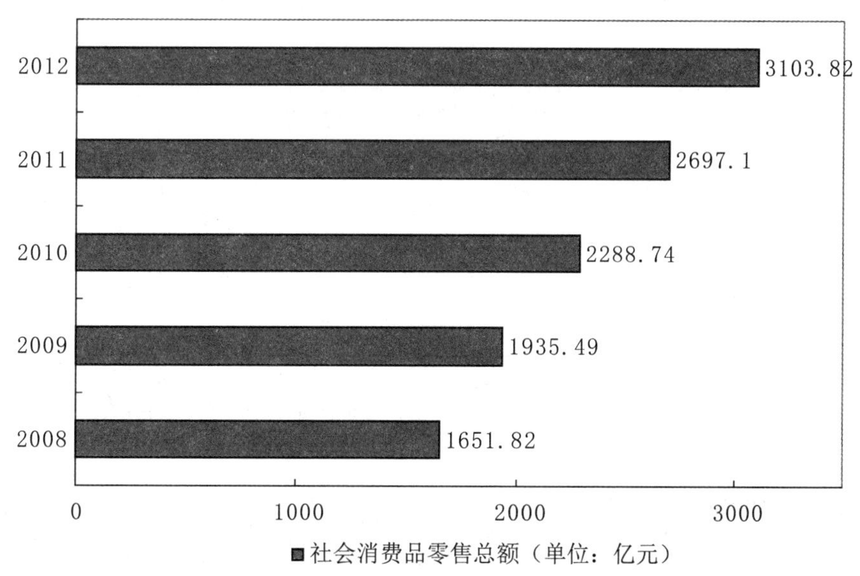


**图 15　2008—2012 年南京市社会消费品零售总额**

在限额以上批发和零售业商品零售额中，汽车零售额395.67亿元，比上年增长9.1%；石油及制品零售额214.15亿元，增长17.2%；中西药品零售额141.11亿元，增长28.7%；家用电器和音像器材零售额114.44亿元，增长6.1%；建筑及装潢材料类72.2亿元，增长23.2%；金银珠宝类零售额60.35亿元，增长26.3%；通讯器材零售额54.3亿元，增长81.1%。

**表13　2012年限额以上批发和零售业商品零售分类情况**

| 指　标 | 绝对量(亿元) | 增幅(%) |
|---|---|---|
| 总　计 | 1762.28 | 16.8 |
| 食品、饮料、烟酒类 | 253.47 | 18.5 |
| 服装、鞋帽、针纺织品类 | 187.54 | 8.9 |
| 化妆品类 | 30.98 | 12.1 |
| 金银珠宝类 | 60.35 | 26.3 |
| 日用品类 | 64.62 | 19.9 |
| 五金、电料类 | 6.87 | 21.8 |
| 体育、娱乐用品类 | 16.60 | 23.7 |
| 书报杂志类 | 13.31 | 12.4 |
| 电子出版物和音像制品类 | 2.25 | 64.8 |
| 家用电器和音像器材类 | 114.44 | 6.1 |
| 中西药品类 | 141.11 | 28.7 |
| 文化办公用品类 | 70.4 | 17.4 |
| 家具类 | 34.39 | 25.1 |
| 通讯器材类 | 54.30 | 81.1 |
| 煤炭及制品类 | 12.74 | 46.8 |
| 石油及制品类 | 214.15 | 17.2 |
| 建筑及装潢材料类 | 72.20 | 23.2 |
| 机电产品及设备类 | 9.20 | 42.3 |
| 汽车类 | 395.67 | 9.1 |
| 其他类 | 7.69 | 36.6 |

全市年成交额在亿元以上的商品交易市场55家，其中综合市场20个，专业市场35个。交易金额达1278.58亿元，比上年增长1.5%。

### 2. 交通运输、邮电

全年货物运输总量41998.52万吨，比上年增长6.2%。货物运输周转量4624.72亿吨公里，增长17.2%。全年港口货物吞吐量19197万吨，增长1.4%，其中外贸货物吞吐量1742万吨，增长64.1%。港口货物吞吐量中，集装箱吞吐量达230万标准箱，增长24.8%。

**表14　2012 年各种运输方式完成货物运输量及其增长速度**

| 指　标 | 计量单位 | 绝对量 | 比上年增长(%) |
|---|---|---|---|
| 货物运输总量 | 万吨 | 41998.52 | 6.2 |
| 公路 | 万吨 | 22020.00 | 11.1 |
| 水运 | 万吨 | 15090.00 | 7.1 |
| 铁路 | 万吨 | 1805.83 | −0.8 |
| 民航 | 万吨 | 6.69 | 10.0 |
| 管道 | 万吨 | 3076.00 | −19.2 |
| 机场货邮吞吐量 | 万吨 | 24.80 | 0.6 |
| 港口货物吞吐量 | 万吨 | 19197.00 | 1.4 |
| 其中:外贸吞吐量 | 万吨 | 1742.00 | 64.1 |
| 港口集装箱吞吐量 | 万标箱 | 230.00 | 24.8 |
| 货物运输周转量 | 亿吨公里 | 4624.72 | 17.2 |
| 公路 | 亿吨公里 | 168.11 | 10.4 |
| 水运 | 亿吨公里 | 4329.67 | 18.1 |
| 铁路 | 亿吨公里 | 97.88 | −1.8 |
| 民航 | 亿吨公里 | 0.91 | 7.5 |
| 管道 | 亿吨公里 | 28.16 | −1.4 |

全年旅客运输总量 46254.68 万人次，比上年增长 9.4%。旅客运输周转量 414.32 亿人公里，增长 12.8%。

**表15　2012 年各种运输方式完成旅客运输量及其增长速度**

| 指　标 | 计量单位 | 绝对量 | 比上年增长(%) |
|---|---|---|---|
| 旅客运输总量 | 万人次 | 46254.68 | 9.4 |
| 公路 | 万人次 | 42519.00 | 8.8 |
| 铁路 | 万人次 | 3066.36 | 15.7 |
| 水运 | 万人次 | 7.00 | 48.9 |
| 民航 | 万人次 | 662.32 | 19.2 |
| 机场旅客吞吐量 | 万人 | 1400.15 | 7.1 |
| 旅客运输周转量 | 亿人公里 | 414.32 | 12.8 |
| 公路 | 亿人公里 | 214.37 | 8.9 |
| 铁路 | 亿人公里 | 116.39 | 17.0 |

（续表）

| | | | |
|---|---|---|---|
| 水运 | 亿人公里 | — | — |
| 民航 | 亿人公里 | 83.56 | 17.8 |

年末民用汽车拥有量达到117.75万辆，比上年增长18.1%，其中本年新注册19.98万辆。年末私人汽车拥有量96.36万辆，增长21.0%，其中本年新注册16.73万辆。年末私人轿车拥有量70.77万辆，增长21.4%，其中本年新注册12.46万辆。

全年共优化调整34条公交线路，新辟7条公交专用道，总长度142.8公里，新辟11条公交线路，延长38条公交线路服务时间，完成1000辆公交车的招标采购。

全年完成出租车更新411辆，出租车总数达10643辆。全市公共交通车辆运营数达到9386标台，其中地铁1200标台。

全年完成邮电业务总量134.81亿元，比上年增长11.5%。其中，邮政业务总量8.88亿元，电信业务总量125.93亿元，分别增长15.5%和11.2%。全年完成邮电业务收入116.04亿元，比上年增长11.3%。其中，邮政业务收入9.75亿元，电信业务收入106.29亿元，分别增长21.6%和9.4%。

年末拥有移动电话用户1153.1万户，比上年末净增151万户。年末固定电话用户288.92万户，比上年末减少5.18万户。年末国际互联网用户数达269.63万户，比上年末净增19.47万户。全年国际国内特快专递共完成1143.28万件，增长23.2%。

**3. 旅游业**

全年实现旅游总收入1272.5亿元，比上年增长15.1%。接待海内外旅游者8113.16万人次，增长10.7%。其中，接待国内旅游者7950.45万人次，增长10.7%；接待入境旅游者162.71万人次，增长8.0%。全年实现国际旅游创汇收入13.62亿美元，增长13.6%。经旅行社组织出境旅游人数50.96万人次，增长38.6%。年末全市拥有星级宾馆饭店115家；拥有旅游景区73家，其中5A级景区2个，4A级景区10个；拥有各类旅行社535家，其中具有组织出境游资质的旅行社26家。

**4. 金融和保险**

年末全市金融机构本外币各项存款余额为16540.43亿元，比年初增加2299.11亿元。其中，居民储蓄4532.02亿元，比年初增加563.98亿元；单位存款11006.45亿元，比年初增加1608.58亿元。年末全市金融机构本外币贷款余额13079.32亿元，比年初增加1360.74亿元。其中，短期贷款4664.63亿元，比年初增加586.19亿元；中长期贷款7777.40亿元，比年初增加573.58亿元。

全年实现保费收入236.50亿元，比上年增长21.9%。其中，人身险收入154.44亿元，增长27.6%；财产险收入82.07亿元，增长12.4%。全年累计赔付额68.45亿元，比上年增长21.3%。其中，人身险赔付21.78亿元，下降11.3%，财产险赔付46.67亿元，增长46.6%。

**5. 房地产业**

全年完成房地产开发投资1015.76亿元，比上年增长13.3%。其中，住宅开发投资676.36亿元，增长4.4%。全市已开工建设廉租房、经济适用房、公租屋、中低价商品房等保障性住房604万平方米，竣工面积601万平方米，年末在建工程累计面积达到1235万平方米，全年危旧房棚户区完成改造面积约61万平方米。

## （五）开放型经济

### 1. 对外贸易

全年完成进出口总额552.35亿美元，比上年下降3.7%。其中，出口总额319.01亿美元，增

长3.4%。

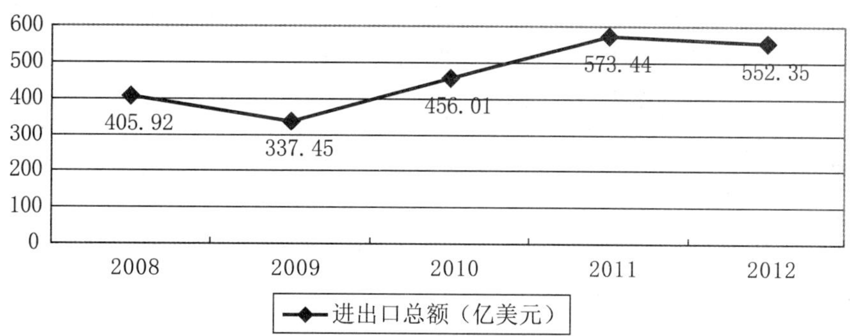


**图16　2008—2012年南京市外贸进出口总额**

从出口商品市场看，对亚洲、欧洲、北美洲三大主体市场全年完成出口额260.65亿美元，比上年下降1.9%，占全市出口总额比重为81.7%。

**表16　2012年南京对主要国家和地区货物出口额及其增长速度**

| 国别和地区 | 出口额(亿美元) | 比上年增长(%) |
|---|---|---|
| 合　计 | 319.01 | 3.4 |
| 一、亚洲 | 127.36 | 1.5 |
| #东南亚国家联盟 | 33.59 | 13.2 |
| 二、非洲 | 21.53 | 31.8 |
| 三、欧洲 | 82.08 | −8.8 |
| # 欧洲联盟 | 74.45 | −11.3 |
| 四、拉丁美洲 | 27.44 | 38.9 |
| 五、北美洲 | 51.21 | 2.0 |
| # 美国 | 45.51 | 3.5 |
| 六、大洋洲 | 9.39 | 36.6 |
| # 澳大利亚 | 5.9 | 9.8 |

从出口商品构成看，全年高新技术产品出口79.77亿美元，比上年下降2.8%，占全市出口总额比重为25.0%。机电产品出口完成168.87亿美元，比上年增长2.4%，占全市出口总额比重为52.9%。

**表17　2012年出口贸易主要分类情况**

| 指　标 | 绝对量(亿美元) | 比上年增长(%) |
|---|---|---|
| 出口总额 | 319.01 | 3.4 |
| 其中：一般贸易 | 194.03 | 0.0 |
| 　　加工贸易 | 118.95 | 8.7 |

（续表）

| | | |
|---|---|---|
| 其中：机电产品 | 168.87 | 2.4 |
| 高新技术产品 | 79.77 | −2.8 |
| 其中：国有企业 | 110.60 | −9.3 |
| 外商投资企业 | 109.62 | 1.8 |
| 民营企业 | 97.79 | 25.6 |

**2. 利用外资**

全年新批外商投资企业461个，比上年增长37.2%。新批注册合同外资金额61.15亿美元，下降0.8%。实际使用外资41.30亿美元，增长18.0%。其中，第二产业实际使用外资19.90亿美元，增长26.3%；第三产业实际使用外资21.33亿美元，增长8.1%。

**3. 对外经济**

全年对外承包劳务合作合同金额为16.1亿美元，比上年增长29.7%；实际完成对外承包劳务营业额22.34亿美元。年末在外劳务人数达11643人，比上年末增长94.3%。

## 二、南京市2012年社会发展概况

### （一）人口、人民生活

年末全市户籍总人口为638.48万人，比上年末增加2.12万人。年末常住人口为816.1万人，比上年末增加5.19万人。

根据对城市住户的抽样调查，全年城市居民人均可支配收入达35092元，比上年增长12.8%；城市居民人均可支配收入中位数32732元，同比增长15.0%。按照城市居民人均可支配收入五等份分组，低收入组为16903元、中等偏下收入组为25770元、中等收入组为32412元、中等偏上收入组为42943元、高收入组为68823元。

根据对农村住户的抽样调查，全年农村居民人均纯收入达14786元，比上年增长12.8%；农村居民人均纯收入中位数13328元，同比增长10%。按照农村居民人均纯收入五等份分组，低收入组为10039元、中等偏下收入组为14439元、中等收入组为17695元、中等偏上收入组为21661元、高收入组为33684元。

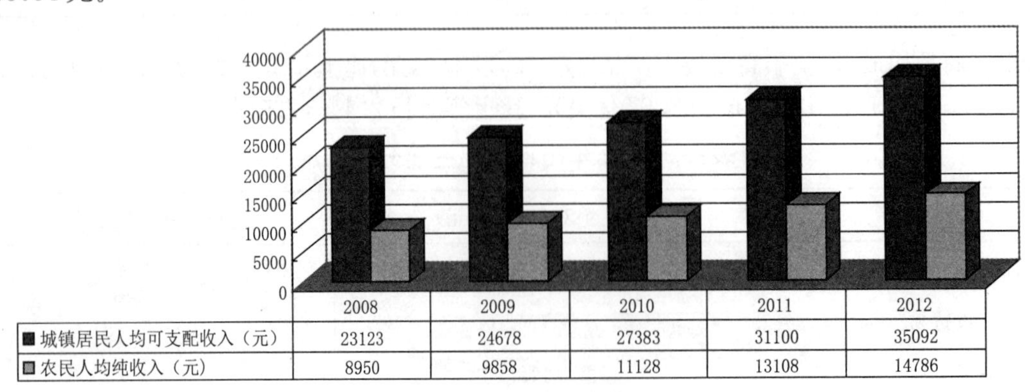


**图17 2008—2012年南京市城乡居民收入对比一览**

## （二）就业、社会保障

新增城镇就业人数20.2万人，新增农村劳动力转移就业6.9万人次。培育自主创业者1.46万人，实现再就业10.21万人，援助困难人员再就业1.32万人。城镇登记失业率为2.69%。

全年城镇社会保险五大险种累计参保人数为1296万人，比上年新增97.29万人。其中，城镇职工基本养老保险参保人数268.88万人，比上年末增加33.1万人；城镇职工基本医疗保险参保人数334.37万人，比上年末增加25.35万人；失业保险参保人数229.58万人，比上年末增加11.02万人；工伤保险参保人数221.99万人，比上年末增加14.89万人；生育保险参保人数241.18万人，比上年末增加12.93万人。全市城镇单位基本养老保险和基本医疗保险覆盖率分别达到98.7%和98.67%。

年末全市新型农村社会养老保险和城镇居民养老补贴统一纳入城乡社会养老保险，累计参保人数达到112.53万人，保险覆盖率达99.3%。解决了1983年以来51.28万被征地人员进城保险问题。

实施了70岁以上老人和残疾人免费乘车，60至69岁老人半价乘车等惠民政策，开展残疾人“助学、助听、助行、助业”等四助活动。

年末全市福利收养单位拥有床位4.02万张，比上年增加0.72万张；收养人员1.94万人，比上年增加0.09万人。

全市拥有社区服务机构832个，其中农村142个，城市便民、利民服务网点18402个。城乡居民享受最低生活保障11.98万人，其中城市5.81万人，农村6.17万人；享受国家抚恤、补助等各类优抚人员1.99万人。

## （三）教育和科学技术

### 1. 教育事业

年末在宁中国科学院院士和中国工程院院士分别为46人和34人。

全市在宁普通高等学校54所，在校学生（不含研究生）71.96万人。研究生培养机构（普通高校、科研机构）31个，在校研究生9.57万人。

全市拥有普通中学220所，在校学生23.07万人；中等职业学校32所，在校学生8.36万人；普通小学344所，在校学生30.72万人。中小学小班化实验学校157所。市小班化示范小学达到20所。

全市拥有民办中小学29所，在校学生4.80万人。在宁成人高校9所，在校学生17.83万人。

全市拥有建制幼儿园578所，在园幼儿17.06万人。全市省级优质园达317所，其中当年新创12所。

幼儿教育助学券对包括流动子女在内的全市14.49万符合条件的在园适龄幼儿，按照每人每年2000元标准享受政府发放的幼儿助学券，投入经费达2.9亿元。

接纳义务教育阶段进城务工人员随迁子女7.09万人。其中进入公办学校就读的人数为6.87万人，占全市进城务工人员随迁子女就读总人数的96.92%，比上年提高1.42个百分点。

### 2. 人才、科学技术和创新

出台鼓励科技创新创业“1+8”系列政策、“科技九条”等，加大创业创新人才培养引进力度。全市累计引进领军型科技创业人才1441人，入选省“双创计划”人才162人，自主培养中央“千人计划”人才116人。

全市20家科技创业特别社区正式挂牌运行。累计建成各类孵化器85个，孵化面积289万平方米，在孵企业3600家。区（县）校共建大学科技园13个、战略性新兴产业中心15个。全年引进世界

500 强企业研发机构 8 家，中国 500 强企业研发机构 11 家。

年末全市共有各级工程技术研究中心 307 家。其中国家级 16 家、省级 248 家、市级 43 家。拥有省市科技公共服务平台 112 家，省级以上重点实验室 67 家，其中国家重点实验室 25 家。

全年南京地区共有 34 项成果获得国家科学技术奖励，其中获得国家自然科学奖二等奖 4 项；获得国家技术发明奖二等奖 7 项；获得国家科技进步奖特等奖 1 项、一等奖 2 项、二等奖 20 项。

全年完成专利申请量 42732 件，比上年增长 52.4%，其中发明专利申请量 16409 件，增长 41.5%。全年完成专利授权量 18612 件，比上年增长 50%，其中发明专利授权量 4437 件，增长 28.5%。

全年共签订各类输出技术合同 19680 项，比上年增长 28.4%。技术合同成交总额 145.38 亿元，增长 20.9%。全市新增技术贸易机构 122 家。

## （四）文化、卫生和体育

### 1. 文化事业

全市拥有世界文化遗产 1 处，全国重点文物保护单位 27 处，省级文物保护单位 127 处，市级文物保护单位 358 处。拥有博物馆 45 座。全市 14 个综合档案馆向社会开放档案 29.5 万卷(件)。年末有线电视注册用户达到 243.79 万户。广播电视数字化整体转换用户达 166.88 万户。全年建成“示范文化站”14 个、“文化室示范点”104 个。新命名南京市文化产业基地 8 个，创建国家文化产业示范基地 1 个。

全市拥有艺术表演团体 13 个。组织实施“送科技书籍、送戏、送电影”下乡工程，全年送图书 7.4 万册，送演出 631 场，送电影 9161 场。承办柏林中国文化中心“开放日”、2012 年土耳其“中国文化年”等多项访问演出活动，组织对外文化交流 27 批次，涉及 23 个国家和地区。举办“2012 百场公益演出广场行”、第十二届南京文化艺术节等系列品牌文化活动，开展广场文化活动 22291 场。

### 2. 卫生事业

年末全市拥有医疗卫生机构 2305 个，其中医院、卫生院和社区卫生服务中心 321 个，疾病预防控制中心 20 个，妇幼卫生保健机构 14 个。卫生机构拥有病床 3.78 万张，其中医院病床 3.22 万张。卫生技术人员为 5.4 万人，其中执业(助理)医师 1.91 万人，注册护士 2.3 万人。

### 3. 体育事业

广泛开展以青奥为主题的全民健身活动，全年举办各级各类群众性体育活动 1000 多项(次)。为市统筹建设保障房项目小区配置体育健身器材 100 套，为各区县改造出新健身器材 300 套。完善全民健身服务体系，构建市、区(县)、街道(乡镇)、居委会(行政村)双四级全民健身设施框架体系，建成了 4000 个晨晚练健身点、1768 个社区全民健身工程(点)、112 个街镇体育活动中心、752 个新农村体育健身工程、2301 个较大自然村小篮球架和 631 个社区体育健身俱乐部、103 个职工体育健身俱乐部，实现城乡社区全民健身一般性设施的全覆盖。年末全市公共体育设施面积达 1574.88 万平方米，城市社区“10 分钟体育健身圈”覆盖率达 54.4%。

## （五）城乡建设和统筹发展

围绕提升城市功能品质，增强城市承载能力和服务功能，实施“三个提升”计划和河西新城等十大功能板块建设。纬七路过江隧道、南京长江四桥、绕越高速等一批引导支撑城市发展的重大交通项目相继建成。京沪高铁、沪宁城际、南京南站建成运营，纬三路过江隧道、宁杭和宁安城际铁路、禄口机场二期工程、红花机场迁建等项目有序推进。地铁 3 号线、10 号线一期、4 号线一期、宁高一期等轨道

交通线全面开工建设。老城南文化街区保护、下关滨江旧区改造、燕子矶化工区整治、浦口新城和麒麟生态科技园开发逐步推进。全市公路通车里程达 11060 公里，其中高速公路 550 公里。轨道交通运营里程 85 公里。全力实施“动迁拆违、治乱整破”专项行动，全年完成 16 条主次干道环境综合整治、500 条街巷和 40 个老旧小区 500 幢老旧房屋整治出新。新改建道路长度 176 公里，新增道路面积 522 万平方米。全年城区新建和改建公厕 10 座、维修公厕 41 座。新改建垃圾中转站 6 座，新建垃圾中转站 4 座。全年公共供水日供水能力为 241.8 万吨。城市燃气居民用户为 209.67 万户。

按照“区区县县通轻轨、干线公路连街镇、区域供水全覆盖、城乡公交一体化、水利能力大提升”和建设郊区县先进制造业基地目标，扎实推进城乡规划、产业发展、要素配置、基础设施和公共服务一体化。江北大道、宁高新通道、122 省道等三条城乡动脉建设全面实施。全年新改建四级以上农村公路 300 公里。镇村公交开通率达 90%。市域范围内出租车和城乡公交车实现刷卡付费，公交车 IC 卡覆盖率达 100%。全年完成长江干堤加固提升工程 73 公里。全面完成 10 个统筹城乡试点镇街建设规划，基本完成 4482 个村庄环境整治任务。加大城乡帮促力度，市区（县）为 204 个集体经济薄弱村建造 100 多万平方米标准厂房，基本消除可支配收入低于 50 万元的行政村。

郊县实现地区生产总值 3590 亿元，占全市比重达到 49.9%；按可比价计算，比上年增长 13.4%，增幅高于全市 1.7 个百分点。

### （六）能源消耗和环境生态建设

全年全社会用电量 424.96 亿千瓦时，比上年增长 6.3%。其中，工业用电量为 265.64 亿千瓦时，增长 3.4%。全市规模以上工业综合能源消费量 3532.35 万吨标准煤，比上年增长 2.0%，增速低于规模以上工业增加值可比增速 9.1 个百分点。从消耗的主要能源品种看：原煤 2861.32 万吨，增长 3.0%；原油 2118.49 万吨，下降 2.9%；天然气 23.63 亿立方米，增长 4.7%。根据国家统计目录，全市规模以上年耗能万吨及以上工业企业统计的 35 种产品单耗项目中，有 25 种产品单耗较上年下降。

围绕创建国家生态城市、国家生态园林城市和国家森林城市目标，制定实施了蓝天清水、绿化建设行动计划，推进大气环境、水环境、垃圾分类处理、生态环境、村庄整治等专项行动，市容环境和人居品质进一步提升。全年完成对 162 家“三高两低”企业的整治工作。当年投产建设项目同时建设防治污染设施的达 100%。全年空气质量优良天数为 317 天，优良率达到 87%。拥有全国环境优美镇 20 个，国家级生态村 6 个，省级生态村 119 个。人均公园绿地面积达到 14.2 平方米，城镇绿化覆盖率为 44.6%，林木覆盖率为 27.26%。

## 三、挑战与目标

南京经济社会发展中还存在不少矛盾和困难：做大经济总量和产业结构调整转型升级、构建现代产业体系、转变发展方式的任务十分繁重；城乡居民收入、环境质量、郊县发展仍是需要主攻提升的“三大短板”；企业生产经营成本上升和创新能力不足的问题并存；公共服务水平滞后于经济发展，交通拥堵等压力亟需解决；各种体制机制显现出来的深层次矛盾有待化解。

2013 年经济社会发展主要指标是：地区生产总值增长 11%；公共财政预算收入增长 13%；服务业增加值占地区生产总值比重提高 1 个百分点；全社会固定资产投资增长 15%；社会消费品零售总额增长 16%；实际利用外资增长 14%；外贸出口增长 5%；全社会研发经费支出占地区生产总值比重提高 0.3 个百分点；万元地区生产总值能耗降低 7%以上、化学需氧量排放强度控制在 1.55 千克以内、二氧化硫排放强度控制在 1.8 千克以内；城镇居民人均可支配收入增长 13%，农民人均纯收入增长 14%；居民消费价格指数控制在省定标准。

## 四、南京市在长三角地区经济发展中的地位

在国际经济环境复杂严峻和国内经济增长格局调整的背景下，在市委、市政府正确领导下，全市进一步加强经济运行调节，出台了一系列稳增长政策措施，经济运行稳中有进。

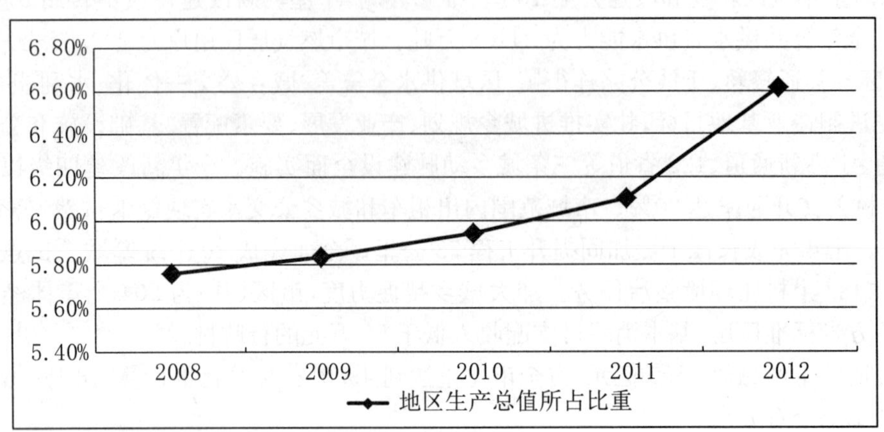


**图 18　2008—2012 年南京市地区生产总值在长三角地区所占比重的变化趋势**

2008—2012 年南京市地区生产总值在长三角所占比重分别为 5.76%、5.84%、5.94%、6.11%和 6.61%，连续五年增加。2012 所占比重在 2009 年出现回暖后，连续回升，比 2008 年增加了 0.85 个百分点。2011 年南京市地区生产总值在长三角地区 25 个市（苏浙两省 24 个地级市和上海市，下同）中比上年保持不变，排名第 5 位。

2012 年，南京市全市完成地区生产总值 7201.57 亿元，比上年增长 11.7%。其中，第一产业增加值为 184.64 亿元，增长 4.9%；第二产业增加值为 3170.78 亿元，增长 11.9%，其中全部工业增加值为 2748.45 亿元，增长 11.0%；第三产业增加值为 3846.15 亿元，增长 11.8%。人均地区生产总值达到 88525 元，按年平均汇率折算为 14029 美元。三次产业增加值比例为 2.6：44.0：53.4。先进制造业和现代服务业发展水平进一步提升，全市高技术产业完成工业总产值 2431.96 亿元，比上年增长 18.0%，增幅高于全市规模以上工业平均水平 6.2 个百分点；占全市工业比重为 21.3%，比上年提高 1.7 个百分点。

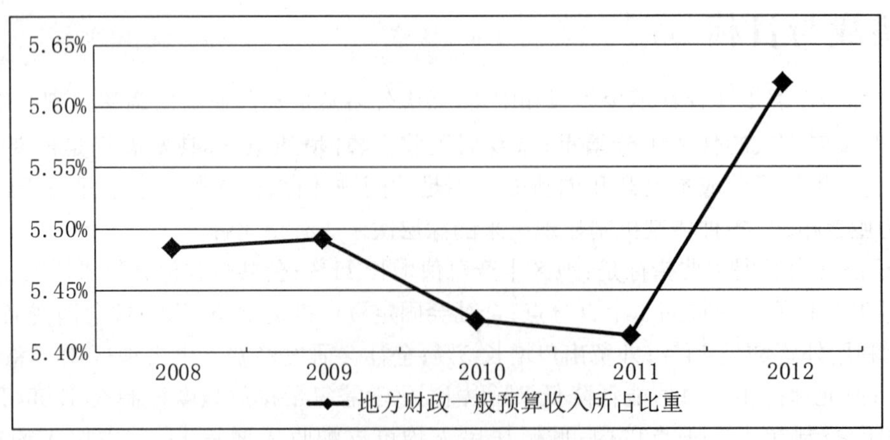


**图 19　2008—2012 年南京市地方财政一般预算收入在长三角地区所占比重的变化趋势**

2008—2012年南京市地方财政一般预算收入在长三角所占比重分别为5.49%、5.49%、5.43%、5.41%和5.62%，所占比重逆势上涨，五年累计增幅为0.13个百分点。2012年南京市地方财政一般预算收入在长三角地区25个市中与上年相比上升一位，排名第4位。

在公共财政预算收入中，各项税收收入完成602.79亿元，比上年增长13.8%，占公共财政预算收入比重为82.2%。其中，增值税、营业税、企业所得税和个人所得税共完成413.2亿元。全年公共财政预算支出769.81亿元，比上年增长15.6%。

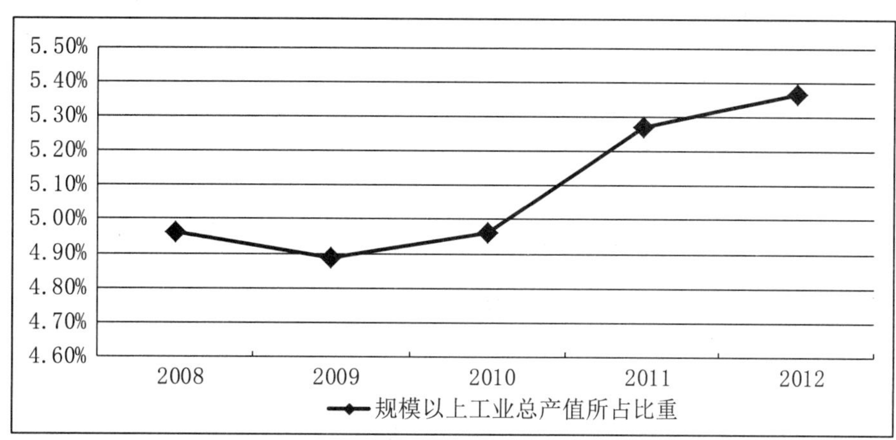


**图20　2008—2012年南京市规模以上工业总产值在长三角地区所占比重的变化趋势**

2008—2012年南京市规模以上工业总产值在长三角所占比重分别为4.96%、4.89%、4.96%、5.27%和5.37%，五年先是下降然后上升，累计上升0.41个百分点，其中2012年比上年增加0.10个百分点。2012年南京市规模以上工业总产值在长三角地区25个市中排名第6位，与上年保持一致。

2012年工业生产稳固收高，效益高位增长。全年规模以上工业企业实现工业总产值11405.12亿元，比上年增长11.8%。其中国有及国有控股企业增长4.6%，私营企业增长22.5%。分轻重工业看，轻工业实现总产值2007.19亿元，增长15.1%，重工业实现总产值9397.94亿元，增长11.1%。

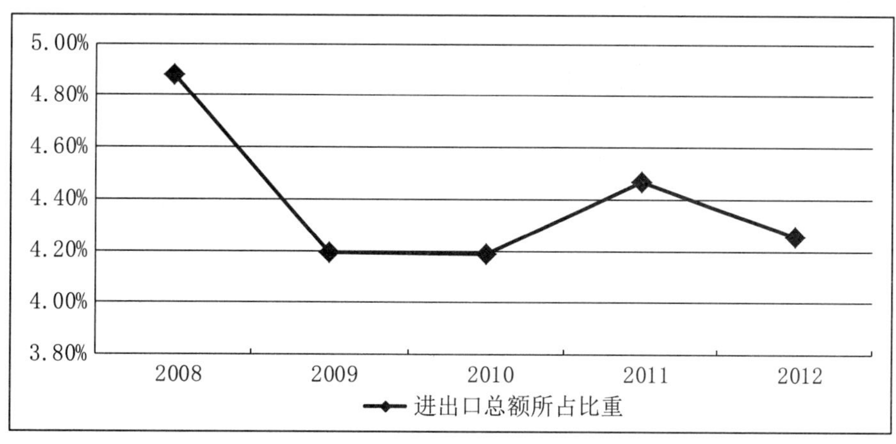


**图21　2008—2012年南京市进出口总额在长三角地区所占比重的变化趋势**

2008—2012年南京市进出口总额在长三角所占比重分别为4.88%、4.20%、4.19%、4.47%和4.26%，呈波浪式起伏。五年中，2009年比上年下跌0.68个百分点，为近年最大跌幅；2010年所占比重与 2009 年基本持平，2012 年较 2011 年下降了 0.21 个百分点，距 2008 年水平仍有一定的差距。2012 年南京市进出口总额在长三角地区 25 个市中排名第 6 位，与上年保持一致。

2012 年，南京市对外贸易坚持实施创新驱动战略、内生增长动力不断增强，加之全球经济逐步复苏，国际主要市场需求回暖。全年完成进出口总额 552.35 亿美元，比上年下降 3.7%。其中，出口总额 319.01 亿美元，增长 3.4%。从出口商品市场看，对亚洲、欧洲、北美洲三大主体市场全年完成出口额 260.65 亿美元，比上年下降 1.9%，占全市出口总额比重为 81.7%。

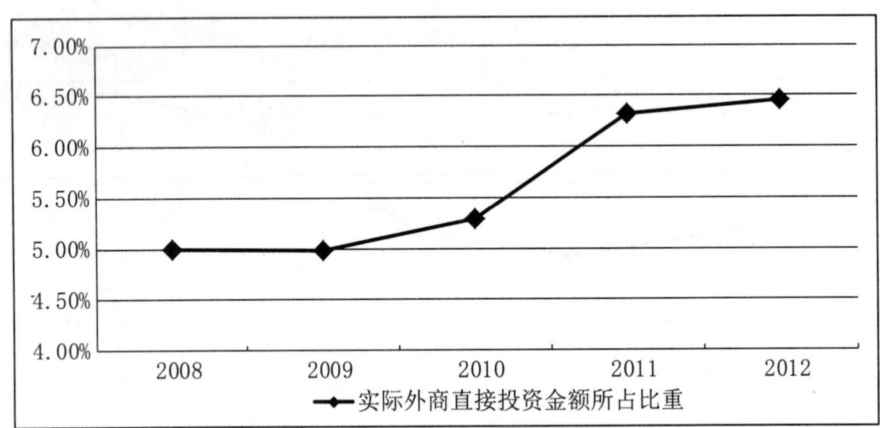


**图 22　2008—2012 年南京市实际外商直接投资金额在长三角地区所占比重的变化趋势**

2008—2012 年南京市实际外商直接投资金额在长三角所占比重分别分 4.99%、4.98%、5.29%、6.32%和 6.45%，在连续两年维持稳定后，2011 年出现大幅增长，2012 年保持增长势头。2012 年南京市实际外商直接投资金额在长三角地区 25 个市中排名第 4 位，与去年相比，维持稳定。

2012 年，外资经济已基本摆脱全球经济危机的影响，其地位在不同领域均呈现较大程度的上升趋势。全年新批外商投资企业 461 个，比上年增长 37.2%。新批注册合同外资金额 61.15 亿美元，下降 0.8%。实际使用外资 41.30 亿美元，增长 18.0%。其中，第二产业实际使用外资 19.90 亿美元，增长 26.3%；第三产业实际使用外资 21.33 亿美元，增长 8.1%。

全年对外承包劳务合作合同金额为 16.1 亿美元，比上年增长 29.7%；实际完成对外承包劳务营业额 22.34 亿美元。年末在外劳务人数达 11643 人，比上年末增长 94.3%。

# 三　无锡市 2012 年经济社会发展报告

2012 年是国内外宏观环境发生重大变化、无锡发展遭受最严重困难的一年。在中共无锡市委、市政府领导下，全市上下顽强拼搏，团结奋进，积极应对困难挑战，着力提高工作的针对性、创造性和有效性，经济社会呈现良好发展态势，各项工作取得新进展，现代化建设迈出新步伐。

## 一、无锡市 2012 年经济发展概况

面对前所未有的困难挑战，无锡市政府始终把保持经济平稳较快增长作为首要任务，及时采取一系列有针对性的对策措施，着力发挥政策的引导作用、企业的主体作用、市场的拉动作用和资源要素的保障作用，集中解决影响全局的突出问题，有效扭转了经济下行态势。制定出台稳增长 26 条、促转型 40 条意见，以及鼓励外贸增长、房地产销售、光伏等产业稳定发展的相关政策措施。全力支持和帮助企业克服困难，稳定骨干企业运行，企业发展总体保持平稳，总量前 50 位工业企业增长明显快于全市企业增长。全市工业超百亿元大企业 25 家，入围中国企业 500 强 15 家、中国制造业 500 强 21 家，新上市企业 8 家、累计 82 家。大力扶持中小企业发展，鼓励新办企业，全年新登记注册工商企业 18820 家。加强银企对接，3283 家企业新获 2018 亿元授信规模，创历史高位。全年全社会融资总量 1900 亿元。全面清理涉企收费，全年为企业减免各类税费超过 200 亿元。积极引导和推动企业开拓市场，组织开展一系列市场促销活动。房地产市场在全省率先回暖，商品房销售增幅持续居全省前列。经过不懈努力，一些主要经济指标逐月回升并持续向好。

### （一）综合经济

#### 1. 经济总量

2012 年全市实现地区生产总值 7568.15 亿元，按可比价格计算，比上年增长 10.1%。按常住人口计算人均生产总值达到 11.74 万元，按现行汇率折算达到 1.87 万美元，继续名列全省首位。

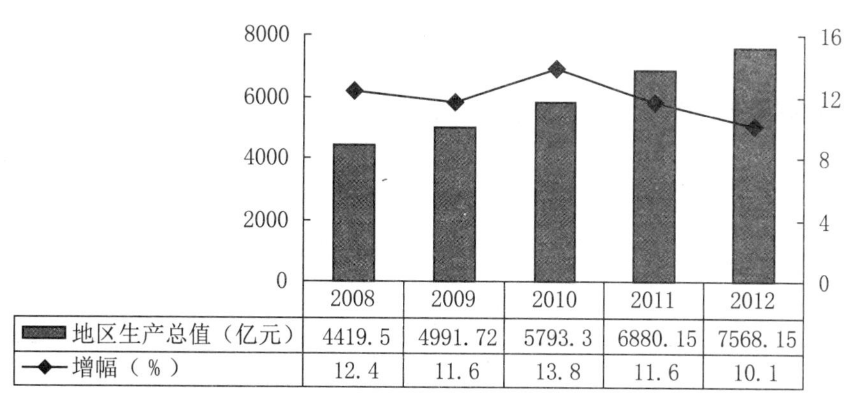


| | 2008 | 2009 | 2010 | 2011 | 2012 |
|---|---|---|---|---|---|
| 地区生产总值（亿元） | 4419.5 | 4991.72 | 5793.3 | 6880.15 | 7568.15 |
| 增幅（%） | 12.4 | 11.6 | 13.8 | 11.6 | 10.1 |

**图 23　2008—2012 年无锡市地区生产总值及增长速度**

产业结构持续优化。全市实现第一产业增加值 137.22 亿元，第二产业增加值 4012.03 亿元，第三产业增加值 3418.90 亿元，三次产业比例调整为 1.8∶53.0∶45.2。

新兴产业稳步发展。全市物联网、新能源、新材料和新型显示、节能环保、微电子、生物技术和新

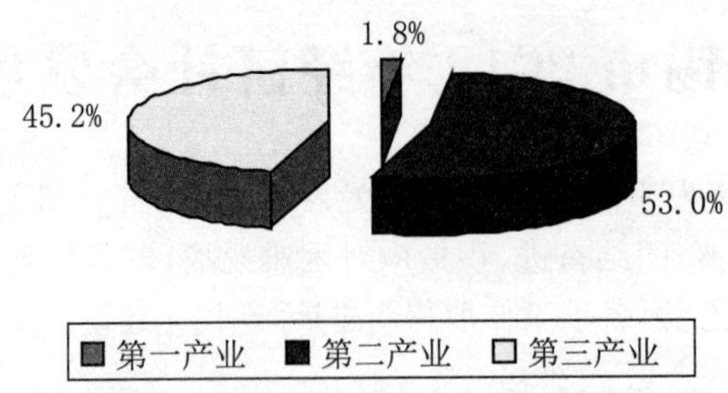


图 24　2012 年无锡市三次产业结构图

医药、软件和服务外包、工业设计和文化创意产业等八大战略性新兴产业实现总产值（营销收入）6043.66 亿元，比上年增长 9.3%。其中软件和服务外包产业增长 34.4%、工业设计和文化创意产业增长 16.0%，物联网产业产值突破 600 亿元。

### 2. 财政收支

全市公共财政预算收入 658.03 亿元，比上年增长 7.0%。财政支出结构继续调整。公共财政预算支出 648.61 亿元，比上年增长 9.4%；社会保险基金支出 175.11 亿元，比上年增长 17.9%。

### 3. 物价指数

2012 年全年市区居民消费价格指数为 102.5，比上年回落了 2.6 个百分点。其中服务项目价格指数为 101.9，消费品价格指数为 102.9，商品零售价格指数为 101.8。

表18　2012 年居民消费价格指数情况

| 指　　标 | 市区 |
| --- | --- |
| 居民消费价格总指数 | 102.5 |
| 食品 | 105.0 |
| 烟酒及用品 | 101.8 |
| 衣着 | 102.7 |
| 家庭设备用品及维修服务 | 102.9 |
| 医疗保健及个人用品 | 101.0 |
| 交通和通讯 | 99.2 |
| 娱乐教育文化用品及服务 | 99.9 |
| 居住 | 103.1 |

### 4. 固定资产投资①

2012 年全年固定资产投资完成 3618.07 亿元，比上年增长 16.1%。分产业投向：第一产业投资 15.26 亿元，比上年增长 7.9%；第二产业投资 1423.59 亿元，比上年增长 13.7%；第三产业投资

① 从 2011 年起，固定资产投资项目统计起点标准改为 500 万元。固定资产投资（不含农户）统计范围从城镇固定资产投资扩大到农村企事业组织。

2179.23 亿元，比上年增长 17.8%。分注册类型：国有经济投资 761.19 亿元，比上年增长 10.9%；三资经济投资 567.06 亿元，比上年增长 13.6%；其他经济投资 2289.82 亿元，比上年增长 18.7%。全年城镇固定资产投资建成投产项目 1689 个，项目建成投产率为 72.6%；新增固定资产 2532.17 亿元，固定资产交付使用率为 70.0%。

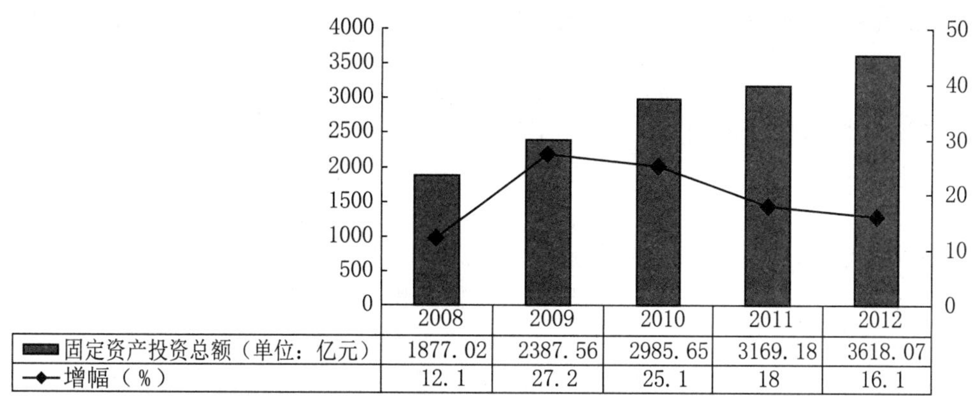


| | 2008 | 2009 | 2010 | 2011 | 2012 |
|---|---|---|---|---|---|
| 固定资产投资总额（单位：亿元） | 1877.02 | 2387.56 | 2985.65 | 3169.18 | 3618.07 |
| 增幅（%） | 12.1 | 27.2 | 25.1 | 18 | 16.1 |

**图 25　2008—2012 年无锡市全社会固定资产投资及增长幅度**

### 5. 区县经济

2012 年江阴市实现地区生产总值 2535.4 亿元，按可比价格计算，比上年同期增长 10.6%。按常住人口计算人均生产总值达到 15.6 万元，按现行汇率折算达到 2.5 万美元。全市实现第一产业增加值 47.7 亿元，增长 4.6%；第二产业增加值 1443.9 亿元，增长 9.5%；第三产业增加值 1043.8 亿元，增长 12.4%。三次产业比例调整为 1.9 ∶ 56.9 ∶ 41.2，三产增加值占 GDP 比重比上年提高 1.0 个百分点。

2012 年宜兴市实现地区生产总值(GDP)1085.98 亿元，按可比价格计算，比上年增长 10.7%。其中，第一产业增加值 47.68 亿元，增长 4.7%；第二产业增加值 581.22 亿元，增长 10.7%；第三产业增加值 457.08 亿元，增长 11.4%。三次产业增加值比例调整为 4.4 ∶ 53.5 ∶ 42.1，第三产业比重比上年提高 1.1 个百分点。按户籍人口计算人均生产总值 100862 元，比上年增长 10.5%。按常住人口计算人均生产总值 87168 元，比上年增长 10.2%，按年末汇率折算达 13868 美元。县域经济基本竞争力跃升至全国第四位。

新兴产业稳步发展。全市新兴产业实现营业收入 887.14 亿元，增长 3.7%。其中：物联网产业 24.40 亿元，增长 106.0%；新能源和新能源汽车产业 128.58 亿元，增长 12.0%；新材料和新型显示产业 386.71 亿元，下降 5.3%；节能环保产业 174.73 亿元，增长 0.8%；生物产业 76.11 亿元，增长 4.2%；微电子产业 4.11 亿元，下降 16.9%；软件和服务外包产业 61.30 亿元，增长 39.2%；工业设计和文化创意产业 31.20 亿元，增长 23.7%。

就业和再就业扎实推进。全年新增就业岗位 3.36 万个，实现本地劳动力就业 2.34 万人。组织 2778 人参加创业培训，认定创业孵化基地、创业实训基地 11 家，扶持自主创业 1669 人，带动 1.32 万人就业。城镇登记失业率为 2.45%，农村调查失业率为 2.55%。高校毕业生就业率达 91.3%。

民营经济持续壮大。全市民营经济总户数达 6.70 万户，增长 2.8%。其中：私营企业 2.26 万户，个体工商户 4.31 万户，分别增长 8.1%和 3.1%。民营经济从业人员 49.67 万人，比上年增加 2.98 万人，增长 6.4%；注册资金 1277.15 亿元，比上年增加 178.13 亿元，增长 16.2%。民营经济完成增加值 799.28 亿元，可比价增长 10.8%，占全市地区生产总值(GDP)的比重达 73.6%，比上年提高 1.7 个百分点。民营经济上交税金90.71亿元，增长8.6%，占全市总量的68.4%。

市场物价总体回落。宜兴市全年居民消费价格指数（CPI）为102.5。其中，食品价格指数为103.8。服务项目价格指数为102.1，消费品价格指数为102.6。商品零售价格指数为102.4，农业生产资料价格指数为108.0。

## （二）农业和农村建设

农业生产稳定发展。优化农产品供应结构，有效保障市场需求。全年粮食总产量81.65万吨，比上年下降0.7%；油料总产量8653吨，比上年下降6.7%，其中油菜籽7478吨，比上年下降8.6%；蚕茧总产量77吨，比上年下降11.5%；茶叶总产量6652吨，比上年增长2.4%；水果总产量15.52万吨，比上年增长7.6%。

种植业结构发生变化。全年粮食种植面积为115.12千公顷，比上年减少1.83千公顷；油料种植面积为4.4千公顷，比上年减少0.66千公顷；蔬菜种植面积46.42千公顷，比上年增加5.6千公顷；水果种植面积15.54千公顷，比上年增加0.21千公顷。

林牧渔业生产基本稳定。主要畜产品中，肉类总产量10.95万吨，比上年下降0.5%，其中猪牛羊肉7.43万吨，比上年增长2.6%；禽蛋总产量2.92万吨，比上年下降1.4%；奶牛存栏0.80万头，比上年下降4.8%；全年水产品产量12.61万吨，比上年增长3.4%。

**表19　2012年主要农产品产量及其增长速度**　　单位：吨

| 产品名称 | 产量 | 比上年增长(%) |
|---|---|---|
| 粮食 | 816548 | −0.7 |
| 油料 | 8653 | −6.7 |
| #油菜籽 | 7478 | −8.6 |
| 蚕茧 | 77 | −11.5 |
| 茶叶 | 6652 | 2.4 |
| 水果 | 155189 | 7.6 |
| 肉类 | 109512 | −0.5 |
| 水产品 | 126052 | 3.4 |

## （三）工业和建筑业

工业生产实现平稳增长。全市规模以上工业企业实现增加值3056.90亿元，比上年增长7.1%。分轻重工业看，轻工业实现增加值646.90亿元；重工业实现增加值2410.00亿元。全市统计的246只主要工业产品中，产品产量比上年增长的有121只，占全市统计产品数的49.2%。在全市跟踪统计的22种重点产品中，有13种产品的产量实现增长。

工业经济效益逐步回升。全市规模以上工业实现主营业务收入14161.53亿元；产品销售率97.6%；工业企业实现利税1183.31亿元；利润824.19亿元；工业经济综合效益指数达到238.61%。

建筑业保持稳定发展。全年全社会建筑业完成增加值294.15亿元，比上年增长13.4%；实现建筑业总产值556.16亿元，比上年增长2.9%。施工房屋建筑面积4426.60万平方米。1个建设工程项目获中国建设工程“鲁班奖”，3个建设工程项目获国家优质工程银质奖，29个建设工程项目获江苏

省“扬子杯”优质工程奖，100个建设工程项目获无锡市“太湖杯”优质工程奖。

**表20　2012年主要工业产品产量及其增长速度**

| 产品名称 | 单位 | 产量 | 比上年增长(%) |
|---|---|---|---|
| 家用洗衣机 | 万台 | 446.99 | −16.0 |
| 发动机 | 万千瓦 | 4375.94 | −6.6 |
| 电动自行车 | 辆 | 2882565 | 59.2 |
| 家用电热水器 | 台 | 1331174 | −29.1 |
| 电力电缆 | 千米 | 2735654.19 | 30.8 |
| 塑料制品 | 吨 | 1060275.49 | −16.9 |
| 纱 | 吨 | 607005.21 | 4.2 |
| 布 | 万米 | 80178.05 | 13.2 |
| 呢绒 | 万米 | 14114.94 | −5.9 |
| 服装 | 万件 | 53602.17 | −3.4 |
| 合成纤维 | 万吨 | 367.85 | 3.3 |
| 锂离子电池 | 万只 | 29699.66 | −7.3 |
| 半导体分立器件 | 万只 | 8448785 | 70.9 |
| 集成电路 | 万块 | 1495210 | 18.9 |
| 数码照相机 | 台 | 13824276 | 35.8 |
| 硬盘储存器 | 万台 | 6945.51 | 8.8 |
| 微型计算机设备 | 台 | 939227 | −10.9 |
| 电子元件 | 万只 | 888533.97 | 14.7 |
| 印制电路板 | 平方米 | 39418215 | 147.1 |
| 粗钢 | 万吨 | 1301.81 | 5.1 |
| 钢材 | 万吨 | 2520.15 | 10.5 |
| 发电量 | 万千瓦时 | .3662330.09 | −10.3 |

## （四）服务业

### 1. 国内贸易

消费品市场持续活跃。全年实现社会消费品零售总额2443.24亿元，比上年增长14.4%。其中，城镇零售额2103.63亿元，比上年增长14.3%，乡村零售额324.31亿元，比上年增长14.6%；批发和零售业零售额2240.38亿元，比上年增长14.1%，住宿和餐饮业零售额187.56亿元，比上年增长18.3%。在限额以上批发和零售业零售额中，书报杂志类增长310%，建筑及装潢材料类增长71.4%，日用品类增长34.7%，儿童玩具类增长33.7%，电子出版物和音像制品类增长31.6%。

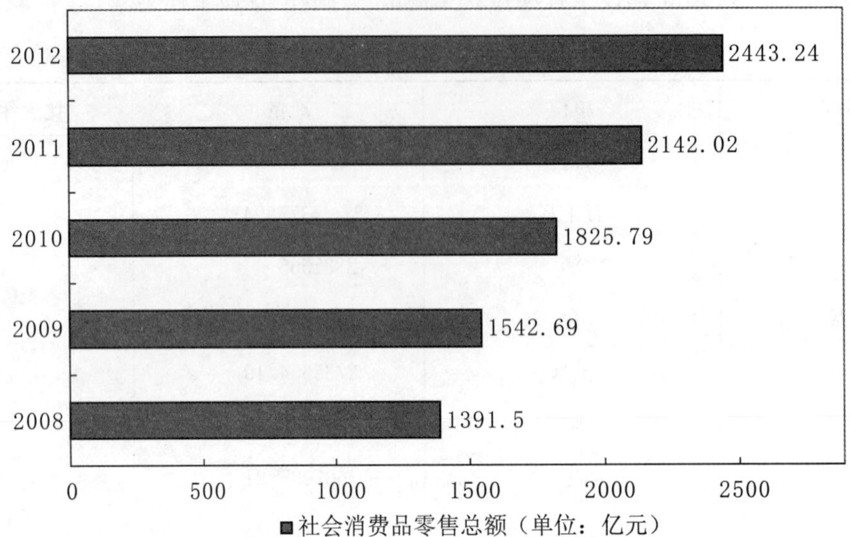


**图 26 2008—2012 年无锡市社会消费品零售总额**

年末拥有各类亿元以上商品交易市场 62 个，市场摊位总量 41705 个，实现成交额 3695.93 亿元。其中综合市场 14 个，专业市场 48 个。专业市场实现成交额 3165.03 亿元。新型流通业态以及现代经营方式均有较快发展。

### 2. 交通、邮电业

社会运输能力继续提高。年末全社会拥有车辆 137.08 万辆，比上年增长 7.2%。其中汽车 101.37 万辆，比上年增长 16.0%。私人汽车又有较快发展，年末达到 75.32 万辆，比上年增加 12.51 万辆。

全社会客货运量全面增长。全年完成客运量 32995.93 万人次，比上年增长 7.7%；完成货运量 18267.66 万吨，比上年增长 18.7%。全市港口货物吞吐量 21278.09 万吨，比上年增长 1.3%。全年空港旅客吞吐量 323.86 万人次，比上年增长 10.2%，其中出入境游客吞吐量 37.03 万人次，比上年增长 44.1%。

邮电通讯稳定发展。全年邮电业务总量 99.84 亿元。邮政服务门类增多，投递速度加快。全年发送函件 8577 万件，比上年下降 15.5%。城乡本地固定电话用户 213.64 万户。移动电话用户达到 896.74 万户，比上年增加 15.97 万户。计算机互联网用户达到 163.07 万户，比上年增加 10.84 万户。

### 3. 旅游业

国内国际旅游业快速增长。全年共接待旅游、参观、访问及从事各项活动的入境游客 110.43 万人次，比上年增长 10.0%；接待国内游客 6365.25 万人次，比上年增长 11.2%。旅游总收入达 1031.95 亿元，比上年增长 15.3%。全市拥有年接待游客 10 万人以上的景区 52 个，国家 5A 级景区 3 家，国家 4A 级景区 18 家，3A 级景区 9 家，2A 级景区 14 家。创建农业旅游点 18 个。年末全市星级宾馆已达 62 家，其中五星级宾馆 7 家，四星级宾馆 19 家。全市拥有旅行社 150 家，其中出境游组团社 16 家。

### 4. 金融、保险业和证券

金融存贷款规模扩大。年末金融机构各项本外币存款余额达 10740.38 亿元，比上年增长 10.5%；各项本外币贷款余额 8024.00 亿元，比上年增长 10.2%。存款中，单位存款余额 6640.90 亿

元，比上年增长8.0%；城乡居民储蓄存款余额3763.82亿元，比上年增长12.7%。贷款中，短期贷款4376.06亿元，比上年增长14.6%；中长期贷款3282.36亿元，比上年增长2.0%。全年现金净投放415.95亿元。

保险业发展势头放缓。全年实现保费收入158.90亿元，比上年下降1.4%。其中财产险收入58.24亿元，比上年增长16.8%；人寿险收入100.66亿元，比上年下降9.6%。保险赔款支出34.75亿元，比上年增长33.6%。保险给付支出14.55亿元，比上年下降30.6%。

证券交易市场总体较冷。年末全市共有证券营业部38家。全市证券交易开户总数105.29万户。证券机构托管市值总额809.09亿元，比上年增长10.3%。全年股票、权证、基金成交金额9852.37亿元，比上年下降19.3%。新增上市企业数8家，募集资金37.02亿元。

### 5. 房地产业

全年房地产业实现增加值364.24亿元，比上年增长16.1%。完成房地产开发投资974.37亿元，比上年增长11.0%，商品房施工面积为5591.82万平方米，比上年增长7.9%，竣工面积825.96万平方米，比上年下降12.1%。全年商品房销售面积926.27万平方米，增长40.4%，商品房销售额776.67亿元，增长36.3%。

## （六）开放型经济

### 1. 对外贸易

全年实现外贸进出口总额707.72亿美元，比上年下降2.3%。其中，进口总额294.61亿美元，比上年下降2.3%；出口总额413.14亿美元，比上年下降2.4%。出口结构持续优化，一般贸易出口比重上升，实现出口额205.15亿美元，总量占比达49.7%，同比提高0.1个百分点。

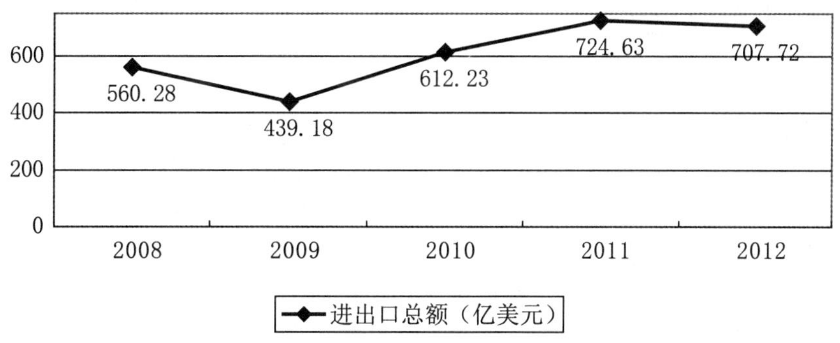


**图27　2008—2012年无锡市外贸进出口总额情况**

**表21　2012年对主要国家和地区进口、出口总额及其增长速度**　　单位：亿美元

| 出口国家和地区 | 2012年 | 增长(%) | 进口国家和地区 | 2012年 | 增长(%) |
|---|---|---|---|---|---|
| 美国 | 62.20 | −0.9 | 日本 | 71.54 | −4.1 |
| 日本 | 46.43 | 9.3 | 韩国 | 49.04 | 12.6 |
| 香港 | 40.22 | 14.0 | 美国 | 17.17 | −10.7 |
| 韩国 | 39.26 | −3.8 | 台湾 | 16.63 | 2.2 |
| 荷兰 | 19.62 | −4.1 | 德国 | 13.30 | −14.2 |

### 2. 利用外资

全年新批外资项目 442 个，协议注册外资 43.31 亿美元，到位注册外资突破 40 亿美元，达到 40.10 亿美元，增长 14.4%，总量再创历史新高。服务业利用外资占到位注册外资比重达到 38.3%，十大重点产业到位注册外资占制造业比重达到 45.8%。全年完成协议注册外资超 3000 万美元的重大外资项目 54 个。至 2012 年底全球财富 500 强企业中有 87 家在无锡市投资兴办了 157 家外资企业。

### 3. 服务外包产业

全市服务外包产业接包合同总额 64.4 亿美元，比上年增长 43.5%，执行金额 51.2 亿美元，比上年增长 40.4%；离岸合同总额 42.3 亿美元，比上年增长 42.7%，离岸执行金额 33.5 亿美元，比上年增长 40.3%。离岸外包业务全省第一。

### 4. 对外经济合作

全年完成境外投资项目 85 个，中方投资额突破 9 亿美元，达到 9.2 亿美元，比上年增长 42.1%，其中 200 万美元以上项目 53 个。

### 5. 民营经济

全市民营经济注册资金 5989.78 亿元，比上年增长 14.8%。民营经济实现增加值 4857.24 亿元，比上年增长 10.3%，占经济总量的比重为 64.2%，比上年提高 0.5 个百分点。上缴税金 561.44 亿元，比上年增长 5.6%。民营经济固定资产投入 2202.83 亿元，比上年增长 18.2%。

## 二、无锡市 2012 年社会发展概况

### （一）人口、人民生活

人口规模有序扩大。年末全市户籍人口为 470.07 万人，人口出生率 9.1‰，人口死亡率 7.1‰，人口自然增长率为 2.0‰。年末全市常住人口 646.55 万人。人口期望寿命达到 81.44 岁。

居民收入稳步增长。城镇居民人均可支配收入 35663 元，比上年增长 12.7%。农民人均纯收入 18509 元，比上年增长 12.6%。城镇居民人均消费性支出 23000 元，比上年增长 16.3%。农村居民人均消费性支出 12795 元，比上年增长 13.8%。居民住房条件继续改善，据抽样调查资料显示，城镇人均住房面积（含偶尔居住）36.4 平方米，农村居民人均住房面积 67.6 平方米。

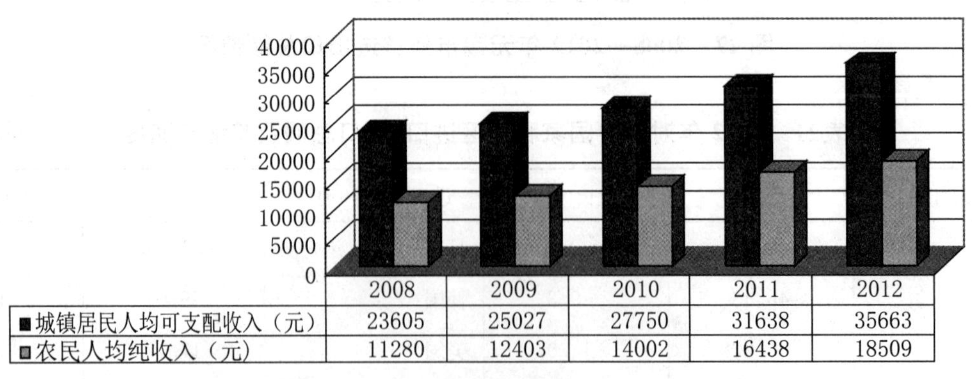


| | 2008 | 2009 | 2010 | 2011 | 2012 |
|---|---|---|---|---|---|
| ■城镇居民人均可支配收入（元） | 23605 | 25027 | 27750 | 31638 | 35663 |
| ■农民人均纯收入（元） | 11280 | 12403 | 14002 | 16438 | 18509 |

**图 28　2008—2012 年无锡市城乡居民收入对比一览**

## （二）就业与社会保障、福利

### 1. 就业

就业和再就业扎实推进。全市年末城镇新增就业13.8万人，各类城镇下岗失业人员实现就业再就业10.03万人，帮助就业困难人员再就业3.16万人。全市城镇登记失业率为2.4%。

### 2. 社会保障

继续扩大社会保险覆盖面，五大保险参保人数均超过百万。其中全市企业职工养老保险参保人数达到219.61万人，净增缴费人数10.19万人。全市参加城镇职工基本医疗保险人数达到273.39万人，比上年增加14.53万人。全市参加失业保险职工人数为178.56万人，比上年增加8.98万人。全市参加工伤和生育保险人数分别为185.57万人和163.68万人。城乡低保标准全面并轨，市区月低保标准提高至530元。年末在领失业保险金人数为3.34万人。企业离退休人员养老金社会化发放率达100%。

### 3. 社会福利事业

全市各类福利机构拥有床位3.1万张，供养、代养1.3万人。城乡居民最低生活保障对象54988人；全年共发放低保金1.67亿元。实施城乡医疗救助25.08万人次，支付救助金3566.96万元；实施临时救助5.83万人次，发放救助金3489.10万元。全市重点优抚对象7738人。全年全市慈善组织累计募集善款（含冠名基金）2.36亿元。

## （三）教育和科学技术

### 1. 教育事业

全市年末拥有各级各类学校424所，在校学生72.29万人，专任教师数49579人。小学和初中普及率均达100%。全市3—6岁幼儿入园率达到99.6%，初中毕业生升学率达99.9%，高中阶段毛入学率达100%。高等教育加快发展提升，在锡高校发展到12所，本专科在校学生超过10.9万人。在锡外籍学生超过2000人。

### 2. 科技力量

全市共有国家、省级工程技术研究中心356家，省级以上科技企业孵化器45家，省级公共技术服务平台37家，国家、省级高技术研究重点实验室8家，省级产业研究院2家，省级企业研究院2家，国家级国际合作基地3家，省级以上外资研发中心25家，省级以上国际技术转移中心4家。全市累计47名人才入选国家“千人”计划，引进国家“千人”计划专家49名。

### 3. 高新技术产业

全市高新技术产业产值占全市规模以上工业总产值的比重达到39.1%，比上年提高2.5个百分点。本年按新标准已经认定高新技术企业332家。本年新增国家级重点新产品18个、省级高新技术产品950个。

### 4. 科技创新

全市专利授权量达51442件，比上年增长51.0%，其中发明专利授权量2470件，比上年增长35.6%。获国家、省科技计划项目571项，获国家和省科技计划到位经费4.66亿元。

## （四）文化、卫生和体育

### 1. 文化事业

文化事业和文化产业加快发展。举办第七届吴文化节、第十四届中国上海国际艺术节无锡分会场等重大节庆文化活动，舞剧《绣娘》、电视连续剧《誓言今生》荣获中宣部"五个一工程奖"。无锡大剧院正式落成启用，惠山祠堂群文化景观成功列入《中国世界文化遗产预备名单》。年末共有艺术表演团体43个，文化馆10个，公共图书馆10个，文化站82个，博物（纪念）馆56个。全市人民广播电台节目10套，电视台节目8套，无锡有线电视总用户已达160万户。电视人口总覆盖率和广播人口覆盖率均达100%。全年动漫企业达177家，动漫及相关衍生产品产值达40亿元，原创作品获发行证分钟数达到12248分钟。

### 2. 卫生事业

卫生事业持续发展。全市拥有卫生医疗机构1955个，其中综合医院74家，社区卫生服务中心（站）373家、疗养院5家。年末全市共有卫生技术人员3.48万人，其中执业（助理）医师1.3万人；拥有医疗床位3.05万张，其中医院、社区卫生服务中心（卫生院）2.9万张。统筹城乡医保一体化步伐加快，全市实际参合农民109.24万人，人口覆盖率100%。医疗水平进一步提高。全市各级医疗机构全年完成诊疗总次数3848.9万人次，比上年增长11.0%。

### 3. 体育事业

体育事业蓬勃发展。扎实开展"全民健身示范城市"试点工作。全市新增公共体育设施面积82.9万平方米，人均公共体育设施面积2.39平方米，新增各级社会体育指导员2500人。全市经常参加锻炼人口超过30%，国民体质总体达标率达92.9%。成功举办第三届全民健身节等200人以上体育活动583次，成功举办了环太湖国际马拉松赛、女子国际象棋名人赛等全国性以上高水平比赛31项次。4名无锡籍运动员参加第三十届伦敦奥运会，取得2枚铜牌，3名无锡籍运动员参加第十四届伦敦残奥会，取得2枚金牌。全年无锡籍运动员在全国以上各级各类比赛中共取得了44个冠军、33个亚军和45个季军，其中1人获3项世界冠军。全市体育彩票销售达到21.76亿元，增长5.5%。

### 3. 民族宗教领域

民族团结进步事业深入推进，宗教团体和场所建设管理不断加强，年末有宗教活动场所259处，教职人员744名（不含散居道士）。

## （五）城乡建设

围绕提升城市辐射能级和城乡集约化建设水平，注重增强服务功能，城市品质进一步提升，新型城市化水平列全国大中城市第十。太湖新城、江阴临港新城、宜兴东氿新城等重点地区加快建设，太湖新城金融商务第一街区基本建成，太湖国际博览中心二期建成投用，新城集聚辐射能力进一步增强。蠡湖湾、马山国际旅游岛、古运河风光带等片区启动建设。城市基础设施建设进一步推进，地铁1号线实现洞通、2号线进展顺利。苏南硕放国际机场航站楼二期工程全面推进，全年旅客吞吐量323万人次。中惠路等一批重点道路建成通车，市区人均道路面积居全省第二。市区新辟、调整公交线路28条，新增、更新公交车辆161辆。新改建农村公路163.8公里。市民居住环境有效改善，实施村庄环境、道口整治、空地绿化、运河景观及城市亮化等五项工程，市区完成14条道路出新、206条背街里巷治理，全市完成高速公路15个道口整治和6320个村庄环境整治。生态环境进一步优化，强化太湖水监测预警，加大蓝藻打捞、调水引流和生态清淤工作力度，太湖水质稳中趋好，集中式饮用水源地水

质全部达标，连续五年实现安全度夏。走马塘拓浚延伸工程建成通水。防汛抗台取得全面胜利。主城区生活污水集中处理率达到96%，68座污水处理厂全部达到一级A排放标准。加强大气污染治理，全年空气质量达到二级标准，优良率为95.1%。全市完成植树造林4.2万亩，市区新增绿地500万平方米。无锡通过全国水生态保护与修复试点城市验收。

### （六）环境和绿化

城市环境质量进一步改善。全年环境空气质量良好以上天数占总天数的比例达到94%，集中式饮用水源地水质达标率100%，功能区环境噪声达标率达到94.1%。

城市绿化工作进一步提升。建成区年内新增绿地面积501公顷，人均公共绿地面积为14.61平方米，建成区绿化覆盖率达到42.68%。

### （七）生产安全

安全生产工作进一步加强。全年发生各类事故1974起，比上年下降7.4%，死亡524人，比上年下降2.8%。亿元GDP生产安全事故死亡率0.07人/亿元。

## 三、挑战与目标

在肯定成绩的同时，对存在的问题与不足要有清醒的认识。虽然无锡市经济在回升向好，但稳定增长的基础还不牢固，由于光伏等部分行业生产经营困难的影响，个别指标几经努力没能达到年初预计目标，保持经济平稳较快发展的压力依然较大；经济困难中暴露出的结构性矛盾日渐突出，新的增长点不够多、产业层次不够高及发展后劲还不足等状况尚未根本改观，面临着增长与转型的双重压力；随着人民群众对公共服务的需求不断上升，社会事业领域的投入与发展还显不足，维护社会和谐稳定的任务还很艰巨；制约发展的体制机制问题也很突出，尤其是行政效率提高、机关作风转变等方面还有较大差距。对此，一定要引起高度重视，切实采取有效措施，认真加以改进。

2013年经济社会发展主要预期目标是：地区生产总值增长10%左右；公共财政预算收入增长10%左右；城镇居民人均可支配收入和农民人均纯收入分别增长13%左右；城镇登记失业率控制在3.5%以内；居民消费价格指数控制在省定范围内；万元地区生产总值能耗和主要污染物排放削减量完成省下达指标。

## 四、无锡市在长三角地区经济发展中的地位

2012年是国内外宏观环境发生重大变化、无锡发展遭受最严重困难的一年。在中共无锡市委、市政府领导下，全市上下顽强拼搏，团结奋进，积极应对困难挑战，着力提高工作的针对性、创造性和有效性，经济社会呈现良好发展态势，各项工作取得新进展，现代化建设迈出新步伐。

2008—2012年无锡市地区生产总值在长三角所占比重为6.75%、6.89%、6.71%、6.84%和6.95%，总体是振荡增长姿态。2012年所占比重在2011年下较2011年上升了0.11个百分点，已超过2009年的水平。2012年无锡市地区生产总值在长三角地区25个市（苏浙两省24个地级市和上海市，下同）中排名第4位，与上年保持一致。

2012年无锡市国民经济保持平稳增长。全市实现地区生产总值7568.15亿元，按可比价格计算，比上年增长10.1%。按常住人口计算人均生产总值达到11.74万元，按现行汇率折算达到1.87万美元，继续名列全省首位。产业结构持续优化。全市实现第一产业增加值137.22亿元，第二产业增加值4012.03亿元，第三产业增加值3418.90亿元，三次产业比例调整为1.8∶53.0∶45.2。

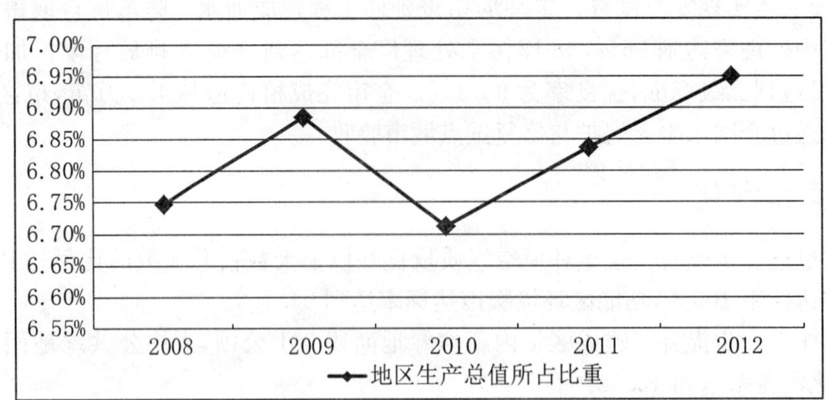


**图 29　2008—2012 年无锡市地区生产总值在长三角所占比重的变化趋势**

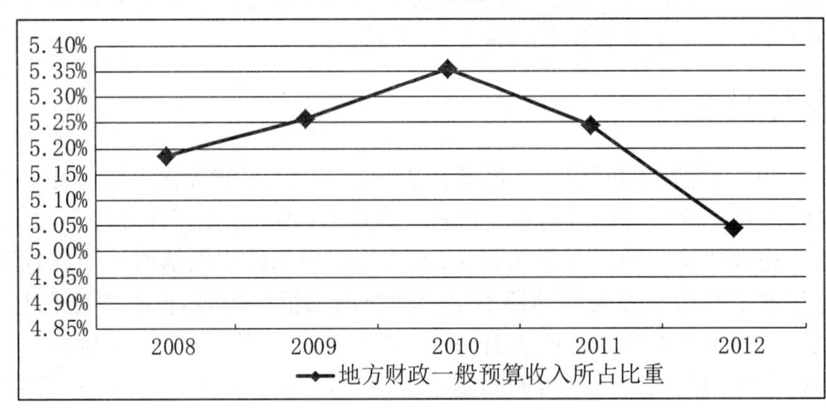


**图 30　2008—2012 年无锡市地方财政一般预算收入在长三角所占比重的变化趋势**

2008—2012 年无锡市地方财政一般预算收入在长三角所占比重为 5.19%、5.26%、5.35%、5.24%和 5.04%，在 2010 年达到顶点，2011 年和 2012 年逐年下降，呈倒“V”形。2012 年无锡市地方财政一般预算收入在长三角地区 25 个市中排名第 6 位，与上年保持一致。

2012 年，无锡市财政收入持续增加。全市公共财政预算收入 658.03 亿元，比上年增长 7.0%。财政支出结构继续调整。公共财政预算支出 648.61 亿元，比上年增长 9.4%；社会保险基金支出 175.11 亿元，比上年增长 17.9%。

金融存贷款规模扩大。年末金融机构各项本外币存款余额达 10740.38 亿元，比上年增长 10.5%；各项本外币贷款余额 8024.00 亿元，比上年增长 10.2%。保险业发展势头放缓。全年实现保费收入 158.90 亿元，比上年下降 1.4%。其中财产险收入 58.24 亿元，比上年增长 16.8%；人寿险收入 100.66 亿元，比上年下降 9.6%。证券交易市场总体较冷。年末全市共有证券营业部 38 家。全市证券交易开户总数 105.29 万户。证券机构托管市值总额 809.09 亿元，比上年增长 10.3%。

2008—2012 年无锡市规模以上工业总产值在长三角所占比重为 7.88%、7.79%、7.47%、7.41%和 6.78%，连续五年呈现下降的趋势，累计降幅为 1.1 个百分点。2012 年无锡市规模以上工业总产值在长三角地区 25 个市中排名第 3 位，与上年保持一致，始终占据着领先地位。

2012 年，无锡市工业生产实现平稳增长。全市规模以上工业企业实现增加值 3056.90 亿元，比上年增长 7.1%。分轻重工业看，轻工业实现增加值 646.90 亿元；重工业实现增加值 2410.00 亿元。全

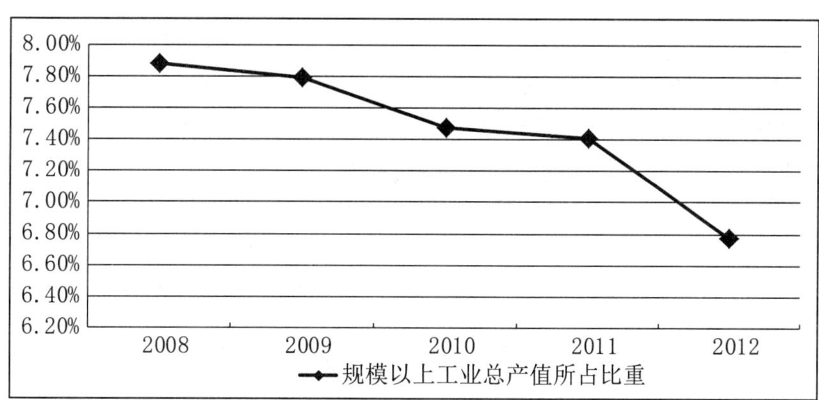


**图 31　2008—2012 年无锡市规模以上工业总产值在长三角所占比重的变化趋势**

市统计的 246 只主要工业产品中，产品产量比上年增长的有 121 只，占全市统计产品数的 49.2%。工业经济效益逐步回升。全市规模以上工业实现主营业务收入 14161.53 亿元；产品销售率 97.6%；工业企业实现利税 1183.31 亿元；利润 824.19 亿元；工业经济综合效益指数达到 238.61%。

建筑业保持稳定发展。全年全社会建筑业完成增加值 294.15 亿元，比上年增长 13.4%；实现建筑业总产值 556.16 亿元，比上年增长 2.9%。施工房屋建筑面积 4426.60 万平方米。1 个建设工程项目获中国建设工程"鲁班奖"，3 个建设工程项目获国家优质工程银质奖，29 个建设工程项目获江苏省"扬子杯"优质工程奖，100 个建设工程项目获无锡市"太湖杯"优质工程奖。

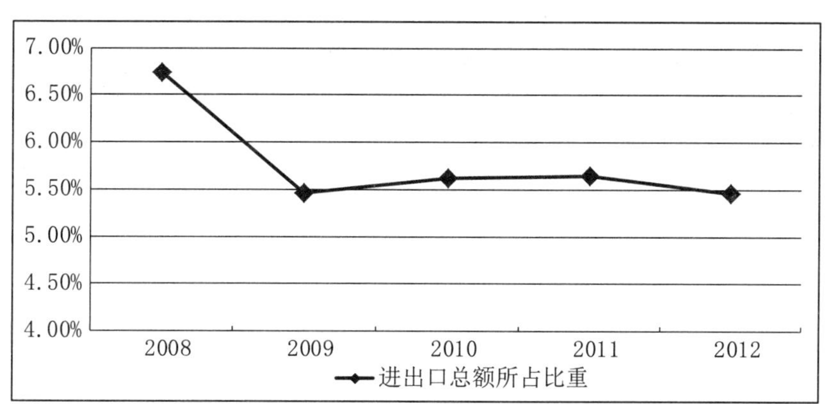


**图 32　2008—2012 年无锡市进出口总额在长三角所占比重的变化趋势**

2008—2012 年无锡市进出口总额在长三角所占比重为 6.73%、5.46%、5.63%、5.64% 和 5.46%，继 2009 年大幅下跌后，继续保持 2009 年水平。2012 年无锡市进出口总额在长三角地区 25 个市中排名第 4 位，与上年保持一致，排名仍较靠前。

2012 年，无锡市对外贸易结构优化。全年实现外贸进出口总额 707.75 亿美元，比上年下降 2.3%。其中，进口总额 294.61 亿美元，比上年下降 2.3%；出口总额 413.14 亿美元，比上年下降 2.4%。出口结构持续优化，一般贸易出口比重上升，实现出口额 205.15 亿美元，总量占比达 49.7%，同比提高 0.1 个百分点。

2008—2012 年无锡市实际外商直接投资金额在长三角所占比重为 6.99%、6.99%、6.52%、6.21% 和 6.26%，止跌上扬，与上年比增幅为 0.05 个百分点。2012 年无锡市实际外商直接投资金额

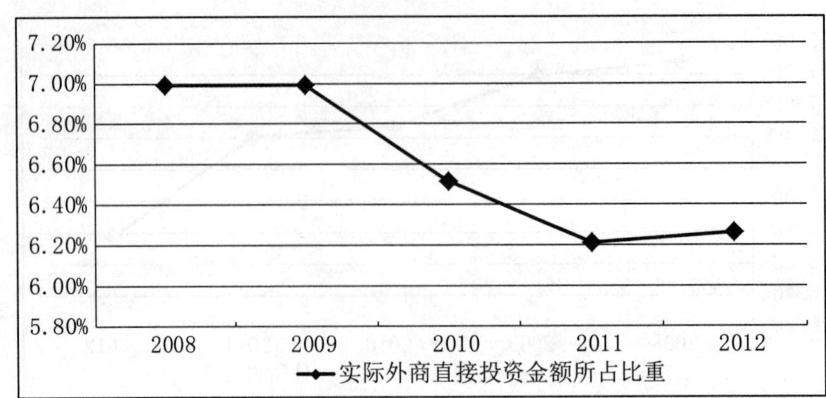


**图 33　2008—2012 年无锡市实际外商直接投资金额在长三角所占比重的变化趋势**

在长三角地区 25 个市中仍较靠前，排名第 5 位，与上年保持不变。

2012 年，无锡市利用外资再创新高。全年新批外资项目 442 个，协议注册外资 43.31 亿美元，到位注册外资突破 40 亿美元，达到 40.10 亿美元，增长 14.4%，总量再创历史新高。服务业利用外资占到位注册外资比重达到 38.3%，十大重点产业到位注册外资占制造业比重达到 45.8%。全年完成协议注册外资超 3000 万美元的重大外资项目 54 个。至 2012 年底全球财富 500 强企业中有 87 家在我市投资兴办了 157 家外资企业。

服务外包产业快速发展。全市服务外包产业接包合同总额 64.4 亿美元，比上年增长 43.5%，执行金额 51.2 亿美元，比上年增长 40.4%；离岸合同总额 42.3 亿美元，比上年增长 42.7%，离岸执行金额 33.5 亿美元，比上年增长 40.3%。离岸外包业务全省第一。

对外经济合作增势强劲。全年完成境外投资项目 85 个，中方投资额突破 9 亿美元，达到 9.2 亿美元，比上年增长 42.1%，其中 200 万美元以上项目 53 个。

# 四　徐州市2012年经济社会发展报告

2012年，面对复杂严峻的国内外宏观经济环境，全市上下认真贯彻落实中央、省和市委市政府各项决策部署，按照省委省政府“两快两带三先”①的新要求，牢牢把握主题主线和“稳中求进、好中求快”工作总基调，深入实施“八项工程”，全力推进“三重一大”②，全市经济增长平稳较快，社会发展和谐稳定，全面小康建设成果不断巩固，综合实力跃上新台阶。

## 一、徐州市2012年经济发展概况

### （一）综合经济

#### 1. 经济总量

2012年全年全市完成地区生产总值4016.58亿元，按可比价格计算，比上年增长13.2%，其中，第一产业增加值382.64亿元，增长5.1%；第二产业增加值1968.51亿元，增长14.5%；第三产业增加值1665.43亿元，增长13.4%，三次产业结构为9.5∶49.0∶41.5。人均地区生产总值46877元（按常住人口计算），按当年汇率折算达到7426美元。

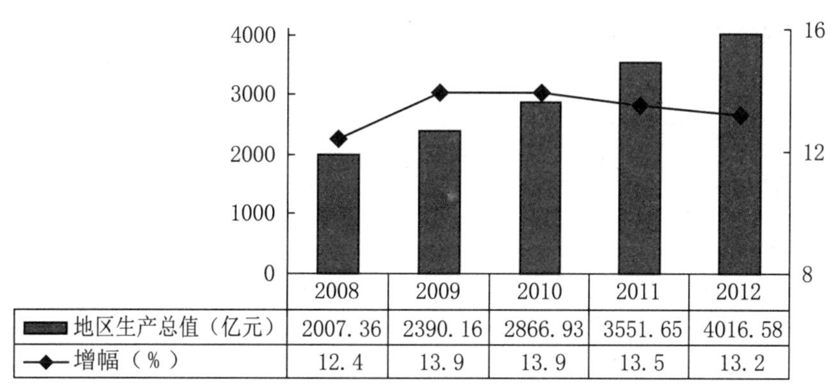


| | 2008 | 2009 | 2010 | 2011 | 2012 |
|---|---|---|---|---|---|
| 地区生产总值（亿元） | 2007.36 | 2390.16 | 2866.93 | 3551.65 | 4016.58 |
| 增幅（%） | 12.4 | 13.9 | 13.9 | 13.5 | 13.2 |

图34　2008—2012年徐州市地区生产总值及增长速度

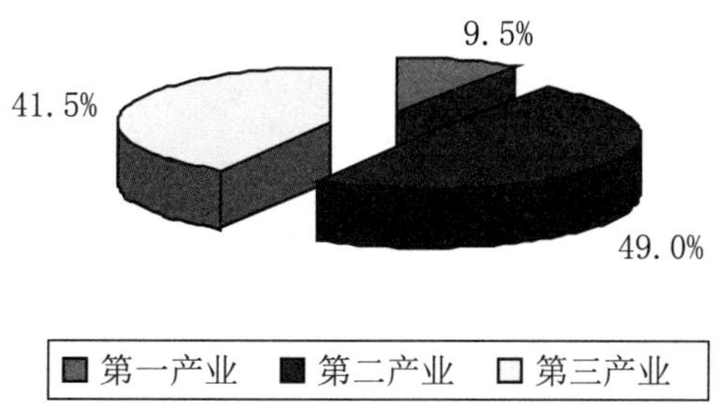


图35　2012年徐州市三次产业结构图

① “两快两带三先”，即通过徐州加快发展带动苏北加快振兴，通过徐州加快全面小康步伐带动苏北小康建设进程，徐州要在全省科学发展中争先、在苏北跨越发展中领先、在苏北全面小康建设中率先。

② “三重一大”，即：重大问题决策、重要干部任免、重大项目投资决策、大额资金使用。“重大事项决策、重要干部任免、重要项目安排、大额资金的使用，必须经集体讨论做出决定”的制度（简称“三重一大”制度）。

## 2. 财政收支

财政收入平稳增长。全年财政总收入597.63亿元，比上年增长7.6%，实现公共财政预算收入366.76亿元，增长15.2%。其中税收收入284.14亿元，增长19.8%，税收收入占公共财政预算收入的比重为77.5%。

财政支出结构优化。全年公共财政预算支出527.87亿元，增长19.3%，其中，住房保障、教育、科技、医疗卫生等关系民生的财政支出分别增长43.4%、34.7%、29.5%和23.5%。

## 3. 物价指数

全年城市居民消费价格上涨2.6%，涨幅较上年回落2.6个百分点。八大类消费品价格同比呈现“七升一降”运行格局。

**表22　2012年城市居民消费价格比上年涨跌情况**

| 指　标 | 比上年增长(%) |
| --- | --- |
| 居民消费价格总指数 | 2.6 |
| 其中:食品 | 3.8 |
| 其中:粮食 | 2.3 |
| 油脂 | 4.8 |
| 肉禽及其制品 | 3.8 |
| 蛋 | −3.6 |
| 水产品 | 8.7 |
| 菜 | 10.2 |
| 其中:鲜菜 | 12 |
| 干鲜瓜果 | −2.4 |
| 烟酒及用品 | 3.1 |
| 衣着 | 5.1 |
| 家庭设备用品及维修服务 | 3.4 |
| 医疗保健和个人用品 | 0.9 |
| 交通和通讯 | −1.1 |
| 娱乐教育文化用品及服务 | 1.8 |
| 居住 | 2.9 |
| 商品零售价格指数 | 2.4 |

#### 4. 固定资产投资①

固定资产投资较快增长。全年完成固定资产投资 2685.89 亿元，比上年增长 22.0%。其中民间投资 1980.15 亿元，增长 18.9%，民间投资占固定资产投资比重 73.7%。

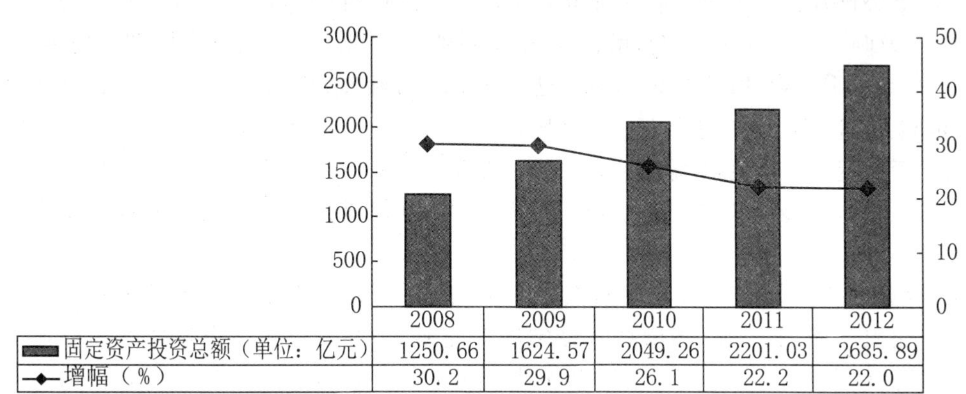


| | 2008 | 2009 | 2010 | 2011 | 2012 |
|---|---|---|---|---|---|
| 固定资产投资总额（单位：亿元） | 1250.66 | 1624.57 | 2049.26 | 2201.03 | 2685.89 |
| 增幅（%） | 30.2 | 29.9 | 26.1 | 22.2 | 22.0 |

**图 36　2008—2012 年徐州市全社会固定资产投资及增长幅度**

投资结构持续优化。在固定资产投资中，第一产业投资 51.46 亿元，比上年增长 50.6%；第二产业投资 1519.18 亿元，增长 19.5%；第三产业投资 1115.25 亿元，增长 24.5%；三次产业投资结构为 1.9∶56.6∶41.5。第二产业投资中，工业投资 1489.56 亿元，增长 22.5%。全市装备制造、食品及农副产品加工、能源、商贸物流旅游业共完成投资 1445.31 亿元，增长 20.6%，占固定资产投资总额的 53.8%。全市基础设施建设完成投资 450.83 亿元，增长 27.6%，占固定资产投资总额的 16.8%。房地产市场平稳增长，全年房地产开发投资完成 310.07 亿元，增长 21.6%，商品房施工面积 2281.57 万平方米，增长 18.9%，其中住宅 1904.06 万平方米，增长 14.9%；商品房销售额 342.75 亿元，增长 19.3%，其中住宅销售额增长 18.4%。

重点项目投资力度加大。全年固定资产投资在建项目 2410 个，完成投资额 2375.82 亿元。3000 万元以上在建项目 1864 个，占项目总数达到 77.3%，完成投资额 2262.24 亿元，增长 35.8%；其中亿元以上在建项目 744 个，5 亿元以上在建项目 166 个，分别比上年增加 141 个和 19 个。

#### 5. 区县经济

2012 年邳州市实现地区生产总值 513.49 亿元，按可比价格计算，比上年增长 14.1%。其中，第一产业增加值 79.32 亿元，增长 4.8%；第二产业增加值 223.64 亿元，增长 16.6%；第三产业增加值 210.53 亿元，增长 14.8%。三次产业结构为 15.4∶43.6∶41.0。人均地区生产总值 35737 元。

至 2012 年底，全面小康社会建设四大类 18 项 25 个指标中，达标指标 24 个，比上年增加 2 个。五个核心指标全部达标，顺利通过江苏省县级全面小康社会验收。

2012 年沛县实现生产总值 431.3 亿元，比上年增长 13.9%。其中，第一产业增加值 67.91 亿元，增长 4.2%；第二产业增加值 203.81 亿元，增长 16.3%；第三产业增加值 159.58 亿元，增长 14.5%。产业结构、所有制结构、区域经济结构进一步优化，三次产业增加值比例由 2011 年的 15.9∶48∶36.1 调整为 15.7∶47.3∶37。地方一般预算收入 38.96 亿元，同比增长 22.1%。服务业增加值 159.58 亿元，占 GDP 比重达 37%。完成规模以上固定资产投资 292.32 亿元，同比增长 23.2%，社会消费品零

① 从 2011 年起，固定资产投资项目统计起点标准改为 500 万元。固定资产投资(不含农户)统计范围从城镇固定资产投资扩大到农村企事业组织。

售总额124.42亿元，同比增长15.8%。

## （二）农林牧渔业

农业生产形势良好。全年粮食播种面积730.55千公顷，亩产430公斤，增加13公斤，全年粮食总产达471.73万吨，增加16.43万吨，增长3.6%，实现“九连增”，单产、总产均创历史新高。全年蔬菜播种面积304.97千公顷，增长2.6%，总产达1075.41万吨，增长8.3%。棉花28.54千公顷，总产3.67万吨；油料27.14千公顷，总产10.63万吨。

畜牧业生产稳定。全年生猪、家禽、羊存栏分别达313.49万头、9711.07万只、219.75万只，分别增长4.4%、4.4%和4.7%，出栏分别达507.29万头、2.49亿只、386.14万只，分别增长6.8%、7.7%和6.2%。

高效农业稳步发展。高效设施农业面积119.67千公顷，新增高效设施农业面积15.53千公顷，高效设施渔业面积6.05千公顷，新增高效设施渔业面积3.03千公顷。全年造林面积达4.95千公顷，新增有效灌溉面积5.20千公顷，新增节水灌溉面积10.45千公顷，农业机械总动力615.15万千瓦。

**表23 2012年主要农副产品产量** 单位：万吨

| 农产品产量 | 绝对值 | 比上年增长(%) |
|---|---|---|
| 粮食 | 471.73 | 3.6 |
| 水果 | 118.77 | 4.0 |
| 肉类 | 102.98 | 9.4 |
| #猪肉 | 47.02 | 9.6 |
| 牛肉 | 0.98 | 8.3 |
| 羊肉 | 4.97 | 14.8 |
| 水产品 | 18.14 | 3.7 |

## （三）工业和建筑业

工业经济平稳增长。全年规模以上工业企业达到2827家，比上年增长6.7%。其中营业收入超百亿元企业7家；上市工业企业达到7家。规模以上工业增加值比上年增长17.3%，其中轻、重工业增加值分别增长16.5%和17.7%。在规模以上工业中，股份制工业增加值增长24.0%，民营工业增加值增长28.9%。

产业结构持续优化。全市六大千亿元主导工业产业发展迅速。其中装备制造业完成产值2605.81亿元，增长33.6%；能源产业完成产值717.24亿元，下降3.3%；食品及农副产品加工业完成产值2011.05亿元，增长20.9%。煤盐化工业完成产值1671.11亿元，增长43.7%；冶金业完成产值766.14亿元，增长24.4%；建材业完成产值363.95亿元，增长21.9%。

战略性新兴产业快速增长。全年战略性新兴工业产业实现产值3356.41亿元，比上年增长80.9%，占规模以上工业产值的比重37.6%，比上年提高10.8个百分点。其中新材料、生物技术和新医药、新一代信息技术和软件业、物联网分别实现产值1229.45亿元、521.04亿元、259.47亿元和268.72亿元，分别增长53%、52.7%、65.8%和85.1%。高新技术产业产值3016.00亿元，增长

50.8%，占规模以上工业总产值比重达33.8%，战略性新兴产业产值3356.41亿元，增长80.9%，占规模以上工业比重达37.6%。

企业效益保持稳定。规模以上工业企业实现主营业务收入8803.01亿元，比上年增长25.3%；利税1305.52亿元，增长14.2%；利润732.2亿元，增长14%。工业经济效益综合指数为362.76。

**表24　2012年主要工业产品产量**

| 指　标 | 单　位 | 绝对量 | 增　速 |
|---|---|---|---|
| 原煤 | 万吨 | 2015.74 | －0.5 |
| 发电量 | 亿千瓦时 | 527.69 | 17.6 |
| 发酵酒精 | 万千升 | 29.21 | 36.6 |
| 卷烟 | 亿支 | 322.05 | 0.6 |
| 纱 | 万吨 | 83.89 | 7.9 |
| 布 | 万米 | 16966 | 53.3 |
| 化肥(折100%) | 万吨 | 53.36 | 1.2 |
| 树脂 | 万吨 | 14.29 | 127.8 |
| 轮胎外胎 | 万条 | 271.27 | 54.3 |
| 水泥 | 万吨 | 2778.85 | －3.6 |
| 生铁 | 万吨 | 375.37 | 8.0 |
| 铝材 | 万吨 | 30.52 | 54.4 |
| 起重设备 | 台 | 14139 | －26.1 |
| 铲土运输机械 | 台 | 26284 | －15.7 |
| 混凝土机械 | 台 | 2452 | 201.2 |

建筑业发展良好。全年共完成建筑业总产值843.49亿元，比上年增长32.6%；竣工产值598.67亿元，增长23.3%。建筑业企业房屋建筑施工面积7225.14万平方米，增长33.7%。

## （四）服务业

### 1. 国内贸易

消费品市场平稳增长。全年实现社会消费品零售总额1312.5亿元。按经营单位所在地分，城镇消费品市场实现零售额1033.43亿元，增长16.0%；乡村消费品市场实现零售额259.77亿元，增长14.5%。按消费形态分，批发和零售业零售额1173.31亿元，增长15.9%；住宿和餐饮业零售额139.19亿元，增长14.6%。

商品消费多元发展。全市限额以上批发和零售企业商品零售额中，烟酒类43.37亿元，增长26.8%；化妆品类15.33亿元，增长36.5 %；金银珠宝类19.94亿元，增长25.3%；家用电器类79.60亿元，增长17.8%；家具类20.19亿元，增长49.2%；汽车类277.23亿元，增长24.4%。

### 2. 交通、邮电

交通运输业持续增长。全年完成公路旅客运输量2.33亿人次、公路货物运输量1.90亿吨，分别

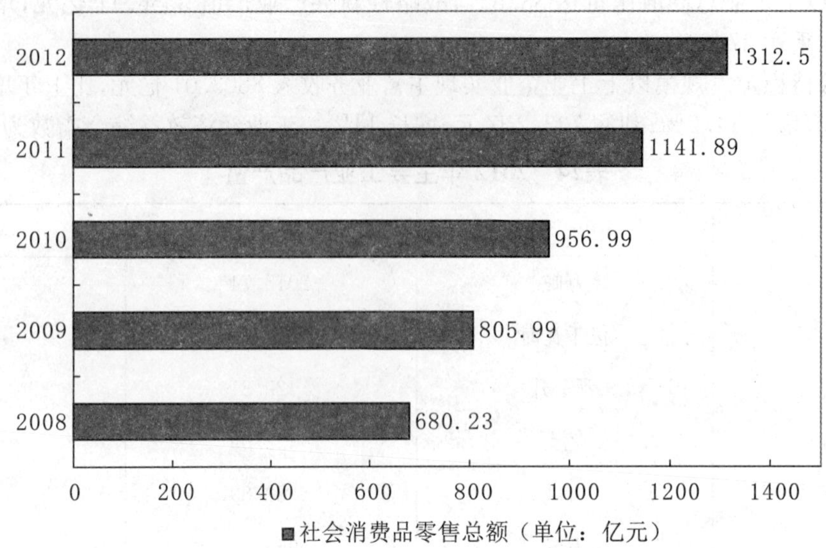


**图 37　2008—2012 年徐州市社会消费品零售总额**

比上年增长 9.6%和 12.8%，公路旅客周转量、公路货物周转量分别为 127.50 亿人公里、246.44 亿吨公里，分别增长 9.4%和 13.4%。港口货物吞吐量 7208 万吨，增长 8.2%。全社会公路总里程 16278 公里，其中高速公路 441.37 公里。观音机场通航城市数达 23 个，完成起降 9570 架次，旅客吞吐量 97.41 万人次，增长 15%。年末全市机动车拥有量 126.39 万辆，其中汽车保有量 62.45 万辆，本年净增 9.77 万辆；私人汽车拥有量 53.48 万辆，增长 21.1%，私人轿车拥有量 28.62 万辆，增长 29.5%。

邮政电信业稳步增长。全年邮政电信业务收入 61.58 亿元，比上年增长 8.9%。其中，邮政业务收入 7.62 亿元，电信业务收入 53.96 亿元，分别增长 8.2%和 9.0%。年末固定电话（含小灵通）用户 164.60 万户，其中城市电话用户 82.41 万户，乡村电话用户 62.39 万户。移动电话用户 760.21 万户。百户家庭电话拥有量为 281 部。每千人拥有互联网用户数达 626.87 户。

### 3. 旅游业

旅游市场发展迅速。全年实现旅游总收入 331.23 亿元，比上年增长 17.5%，接待国内外游客 2772.51 万人次，增长 12.0%；其中，全市共接待国内游客 2752.56 万人次，增长 12.0%，实现国内旅游收入 311.82 亿元，增长 17.7%，接待入境游客 19.95 万人次，增长 9.5%，实现旅游创汇 2.1 亿美元，同比增长 12.6%。

### 4. 金融和保险

金融市场运行稳定。年末全市金融机构存款余额 3364.47 亿元，比年初增加 383.48 亿元，其中储蓄存款 1794.72 亿元，比年初增加 299.30 亿元；全市金融机构贷款余额 2047.23 亿元，比年初增加 312.36 亿元。

**表25　2012 年金融机构人民币存贷款情况**

| 指标名称 | 绝对量(亿元) | 比年初(%) |
|---|---|---|
| 金融机构存款余额 | 3364.47 | 12.9 |
| 其中：储蓄存款 | 1794.72 | 20.0 |

（续表）

| | | |
|---|---|---|
| 金融机构贷款余额 | 2047.23 | 18.0 |
| 其中：短期贷款 | 1165.90 | 20.8 |
| 中长期贷款 | 783.25 | 13.3 |
| 其中：个人贷款 | 418.71 | 22.5 |
| 其中：个人消费贷款 | 342.74 | 20.5 |

保险业规模扩大。全年保险企业51家，实现保费收入83.05亿元，其中财产险收入27.43亿元，人身险收入55.62亿元。全年各类保险赔款给付支出25.72亿元，增长29.1%，其中产险支出14.45亿元，比上年增长38.7%；寿险支出11.27亿元，比上年增长18.5%。

## （五）开放型经济

### 1. 对外开放

全年进出口总额83.27亿美元，比上年增长32%。其中，出口62.88亿美元，增长51.2%；进口20.39亿美元，下降5.2%。全年新批外商直接投资企业211家，新批协议外资24.39亿美元；实际到账注册外资17亿美元，比上年增长16.0%。全年省级以上开发区完成进出口总额57.07亿美元，其中出口总额39.62亿美元，分别比上年增长28.0%和61.7%；实际到账注册外资13.30亿美元，增长21.7%。

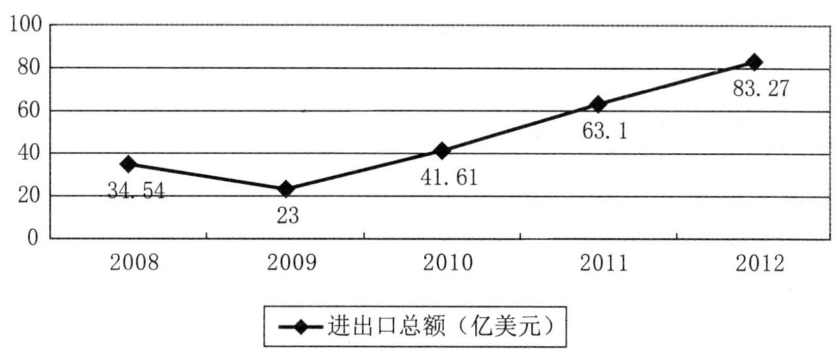


图38　2008—2012年徐州市外贸进出口总额情况

### 2. 对外经济

全年新批境外投资项目19个，比上年增长90%。中方协议投资6.09亿美元，增长403.2%，对外承包工程新签合同额为5.91亿美元，增长308.5%，完成营业额2.08亿美元，增长27.2%。新签劳务人员合同工资总额700万美元，劳务人员实际收入总额430万美元。

### 3. 民营经济

全年民营经济实现增加值2358.18亿元，比上年增长14%，高于地区生产总值增幅0.8个百分点；总量占地区生产总值比重58.7%；其中私营个体经济实现增加值1719.55亿元，增长14.4%。年末工商部门登记私营企业8.57万户，增长7.0%，注册资本1946.70亿元，增长16.4%；个体户29.48万户，增长9.9%，注册资金138.02亿元，增长28.2%。

# 二、徐州市 2012 年社会发展概况

## （一）人口、人民生活

人口规模保持稳定。年末全市户籍人口 990.53 万人，比上年增加 13.86 万人。其中，男性 513.26 万人，女性 477.26 万人。年末城市化水平 56.7%。

居民生活水平持续提升。全年城镇居民人均可支配收入 21716 元，比上年增长 13.1%。农村居民人均纯收入 10762 元，增长 13.4%。全市恩格尔系数为 35.4%，下降 0.1 个百分点。居民居住条件进一步改善。年末城镇居民人均住房建筑面积 35.0 平方米，比上年末增加 0.3 平方米。全年开工建设公共租赁住房（含廉租住房）6213 套，建筑面积 39.56 万平方米；开工建设经济适用住房 3748 套，建筑面积 32.45 万平方米。

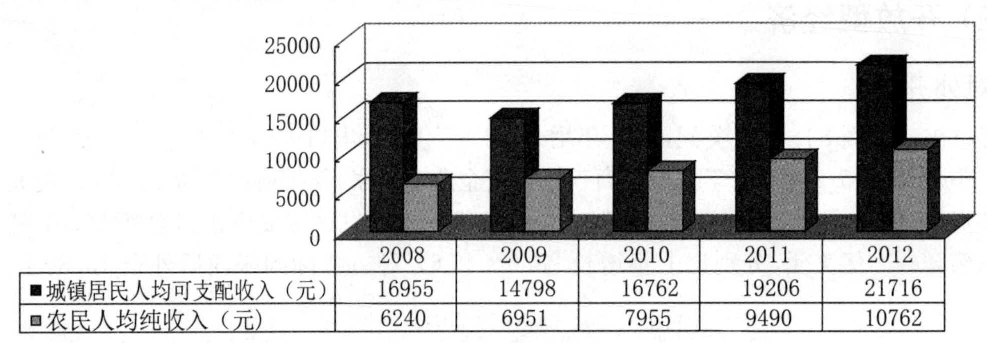


| | 2008 | 2009 | 2010 | 2011 | 2012 |
|---|---|---|---|---|---|
| ■城镇居民人均可支配收入（元） | 16955 | 14798 | 16762 | 19206 | 21716 |
| ■农民人均纯收入（元） | 6240 | 6951 | 7955 | 9490 | 10762 |

图 39　2008—2012 年徐州城乡居民收入对比一览

## （二）社会保障、就业

年末全市城镇职工基本养老保险、城镇职工基本医疗保险、失业保险参保人数分别为 132.75 万人、145.89 万人和 79.05 万人，分别比上年末增加 8.37 万人、7.94 万人和 5.27 万人。年末养老保险覆盖率、医疗保险覆盖率、失业保险覆盖率分别为 97.6%、98.9%和 98.1%。农村养老保险当年参保人数为 203.81 万人，当年领取人数 107.29 万人。着力解决重点群体就业问题，新增城镇就业 11.5 万人，比上年增加 1.27 万人，促进下岗失业人员再就业 6 万人，其中就业困难人员再就业 1.38 万人。

## （三）教育与科技创新

### 1. 教育事业

全市普通高等学校 9 所，在校学生人数全日制 13.36 万人，比上年增长 1.4%，其中硕士研究生 9502 人，博士研究生 1088 人。全市普通中学在校学生 42.61 万人，下降 8.1%；小学在校学生 62.85 万人，增长 10.1%。幼儿园 544 家，在园人数 35.34 万人。学龄儿童入学率和全市义务教育覆盖率均达 100%，高中阶段教育毛入学率达 96.9%。

表26　2012 年各类教育招生和毕业生情况

| 指标名称 | 学校数(所) | 招生数(万人) | 在校学生数(万人) | 毕业生数(万人) |
|---|---|---|---|---|
| 普通高等教育 | 9 | 3.82 | 13.36 | 3.46 |

（续表）

| | | | | |
|---|---|---|---|---|
| 普通中学 | 321 | 13.38 | 42.61 | 17.13 |
| 其中初中 | 241 | 8.31 | 26.33 | 11.25 |
| 小学 | 860 | 14.2 | 62.85 | 8.49 |
| 幼儿园 | 544 | 13.79 | 35.35 | 12.42 |

### 2. 科技创新

全年专利申请量 1.8 万件，授权量 1 万件，其中企业专利申请量 9246 件，授权量 4707 件，同比分别增长 99.1%和 108.4%；全年 10 项科技成果荣获国家科学技术奖，通过鉴定科技成果 172 项，其中达到国际水平 41 项、国内领先 59 项、国内先进 67 项。高新技术产业发展强劲。

### 3. 科技投入和研发

全年全社会研发(R&D)投入达 68 亿元，比上年增长 28.3%，占 GDP 比重为 1.7%，组织实施省重大科技成果转化专项资金项目 4 项，总投入 10.4 亿元。全市省级以上研发机构 173 家，其中本年新增 45 家。新增市级工程技术研究中心 1478 家、企业重点实验室 7 家。全市每万就业人员中 R&D 人员数达 45.24 人，比上年增加 5.2 人。全市拥有中国科学院和中国工程院院士 8 人。

## （四）文化、卫生和体育

### 1. 文化事业

全年实现文化产业增加值 139.42 亿元。年末全市共有文化馆(站)166 个、群众艺术馆 9 个、公共图书馆 8 个，博物馆 21 个；共有广播电台 8 座，电视台 7 座，有线电视用户 265.30 万户，数字电视用户 117.50 万户。文物藏品 7.43 万件。公共图书馆总藏量 241.55 万册。公共文化设施面积达 63.00 万平方米。

### 2. 卫生事业

年末共有各类卫生机构 4510 个，其中医院、卫生院 274 个，卫生防疫和防治机构 13 个，妇幼卫生保健机构 12 个。各类卫生机构拥有床位 3.56 万张，其中医院、卫生院床位 3.55 万张，每千人拥有病床数为 4.14 张。共有卫生技术人员 3.97 万人，其中执业医师、执业助理医师 1.61 万人，注册护士 1.61 万人，卫生防疫和防治机构卫生技术人员 465 人，妇幼卫生机构卫生技术人员 749 人。每千人拥有卫生技术人员 4.61 人。新型农村合作医疗覆盖率达 100%。

### 3. 体育事业

年末拥有体育场馆及游泳馆 31 个，拥有等级运动员 255 人。体育健儿在各类国内外比赛中，有 195 人次获金牌，133 人次获银牌，125 人次获铜牌，其中，4 人次获得世界冠军，5 人次获得亚洲冠军，6 人次荣获体育运动荣誉奖章。年末全市体育彩票销售网点 1133 个，全年销售额 11.13 亿元。

## （五）城乡建设

城乡建设协调推进。各县(市)城乡规划体系不断完善，组织实施了一大批基础设施和功能性项目，城乡面貌明显改观。投入资金 23.2 亿元重点加强 30 个中心镇建设，完成基础设施、社会事业、生产服务三大类项目 87 个，第一批 10 个中心镇达到验收标准。投入资金 35.6 亿元新创建新农村示范村 50 个，25 个村被评为三星级康居村，8 个村被评为省村庄建设和环境整治示范村。镇区环境“五整治、五提升”初见成效，村庄环境整治年度任务全面完成，京沪高铁沿线环境综合整治扎实开展。完成农村水利投资9亿元，解决了44万农村人口饮水安全问题，改造卫生厕所15万座。

### （六）环境保护

年末全市设立自然保护区5个，自然保护区面积2.17万公顷。深入实施“清水蓝天”工程，空气良好天气天数达337天，市区污水集中处理能力49.7万吨/天，污水集中处理率达到90.2%。扎实推进绿色徐州建设，全市森林覆盖率31.8%，绿化覆盖率42.7%，环境质量综合指数88.4分；集中式饮用水源地水质达标率达到100%。

### （七）平安徐州

城市和农村和谐社区建设达标率分别达到67.8%和43.7%。全市共有律师事务所100家，专职律师1199人；各类案件诉讼代理27216件，社会矛盾纠纷调处成功率99.5%。全年发生交通事故839起；发生火灾事故717起。

## 三、挑战与目标

在肯定成绩的同时，也要清醒地认识到，当前徐州市经济社会发展不充分、不平衡、不可持续的问题还比较突出，尤其是在经济下行压力加大的严峻形势下，部分企业经营困难明显加大，财政增收节支压力明显加大，居民收入持续增长压力明显加大，一些经济指标增速同比明显趋缓。公共服务供给与民生改善需求之间的差距仍然较大，教育、就业、医疗、住房、社会保障等事关群众切身利益的问题还不少。城市管理水平和城乡文明程度有待进一步提高，交通拥堵问题亟待解决。城乡之间、区域之间的发展尚不平衡，经济发展与资源环境约束加剧的矛盾比较突出。一些公务人员的服务意识不强，解决问题的能力和办事效率不高。

2013年经济社会发展的主要预期目标是：地区生产总值增长13%，公共财政预算收入增长15%，固定资产投资增长22%，社会消费品零售总额增长16%，实际到账注册外资和进出口总额均增长15%左右，城市居民人均可支配收入和农民人均纯收入均增长12%以上，居民消费价格涨幅不高于全省平均水平，新增就业人口10万人，城镇登记失业率控制在4%以内，节能减排完成省定任务，人口自然增长率控制在6‰以内。

## 四、徐州市在长三角地区经济发展中的地位

2012年，面对复杂严峻的国内外形势，全市上下在省委、省政府和市委的正确领导下，紧紧围绕“两快两带三先”的新要求，始终坚持稳中求进、好中求快的工作导向，牢牢把握主题主线，深入实施“八项工程”，全力推进“三重一大”，沉着应对挑战，积极抢抓机遇，有力推动了经济社会平稳较快发展。

2008—2012年徐州市地区生产总值在长三角所占比重分别为3.06%、3.30%、3.41%、3.53%和3.69%，已连续五年出现较大幅度的增加，其中2009年比上年占比增加了0.24个百分点，为近年最大增幅；2012年比2011年增加了0.16个百分点。2012年徐州市地区生产总值在长三角地区25个市（苏浙两省24个地级市和上海市，下同）所占比重中与上年比上升一位，排名第8位。

2012年，徐州市全年全市完成地区生产总值4016.58亿元，按可比价格计算，比上年增长13.2%，其中，第一产业增加值382.64亿元，增长5.1%；第二产业增加值1968.51亿元，增长14.5%；第三产业增加值1665.43亿元，增长13.4%，三次产业结构为9.5：49.0：41.5。人均地区生产总值

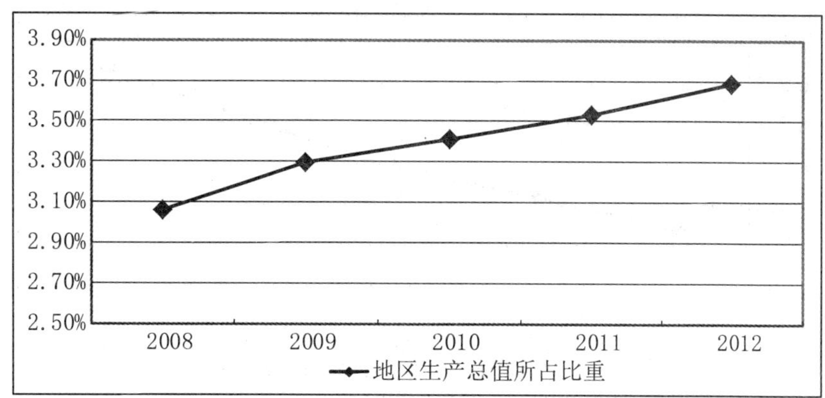


**图 40　2008—2012 年徐州市地区生产总值在长三角所占比重的变化趋势**

46877 元(按常住人口计算),按当年汇率折算达到 7426 美元。

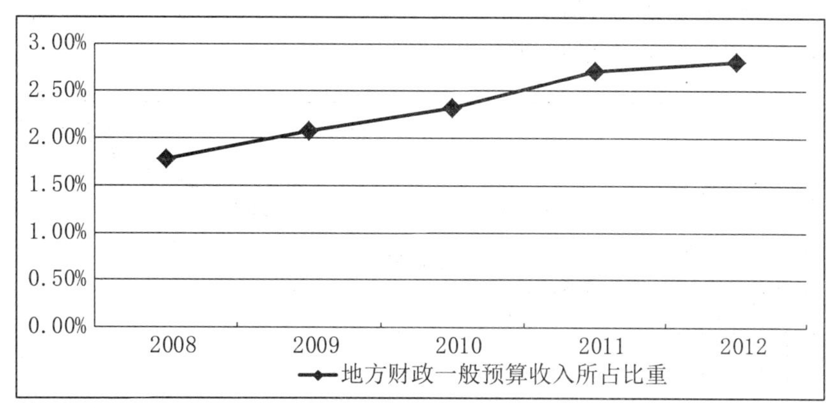


**图 41　2008—2012 年徐州市地方财政一般预算收入在长三角所占比重变化趋势**

2008—2012 年徐州市地方财政一般预算收入在长三角所占比重分别为 1.79%、2.08%、2.32%、2.71%和 2.81%,连续五年保持稳定增长的态势,其中 2012 年继续增加,比上年增加 0.10 个百分点。2012 年徐州市地方财政一般预算收入在长三角地区 25 个市中排名与去年保持一致,排名第 9 位。

2012 年,徐州市全年财政总收入 597.63 亿元,比上年增长 7.6%,实现公共财政预算收入 366.76 亿元,增长 15.2%。其中税收收入 284.14 亿元,增长 19.8%,税收收入占公共财政预算收入的比重为 77.5%。全年公共财政预算支出 527.87 亿元,增长 19.3%,其中,住房保障、教育、科技、医疗卫生等关系民生的财政支出分别增长 43.4%、34.7%、29.5%和 23.5%。

2008—2012 年徐州市规模以上工业总产值在长三角所占比重分别为 2.18%、2.59%、2.95%、3.54%和 4.17%,继续保持稳定增长的态势,累计增幅达 1.99 个百分点,2012 年所占比重比上年增加 0.63 个百分点。2012 年徐州市规模以上工业总产值在长三角地区 25 个市中排名比上年上升 1 位,排名第 9 位。

2012 年,徐州市全年规模以上工业企业达到 2827 家,比上年增长 6.7%。其中营业收入超百亿元企业 7 家;上市工业企业达到 7 家。规模以上工业增加值比上年增长 17.3%,其中轻、重工业增加值分别增长 16.5%和 17.7%。在规模以上工业中,股份制工业增加值增长 24.0%,民营工业增加值增长 28.9%。全市六大千亿元主导工业产业发展迅速。其中装备制造业完成产值 2605.81 亿元,增

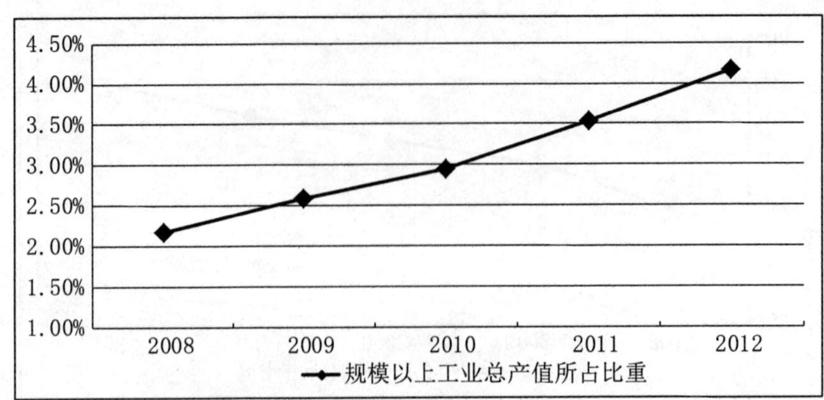


**图 42 2008—2012 年徐州市规模以上工业总产值在长三角所占比重的变化趋势**

长 33.6%；能源产业完成产值 717.24 亿元，下降 3.3%；食品及农副产品加工业完成产值 2011.05 亿元，增长 20.9%。煤盐化工业完成产值 1671.11 亿元，增长 43.7%；冶金业完成产值 766.14 亿元，增长 24.4%；建材业完成产值 363.95 亿元，增长 21.9%。

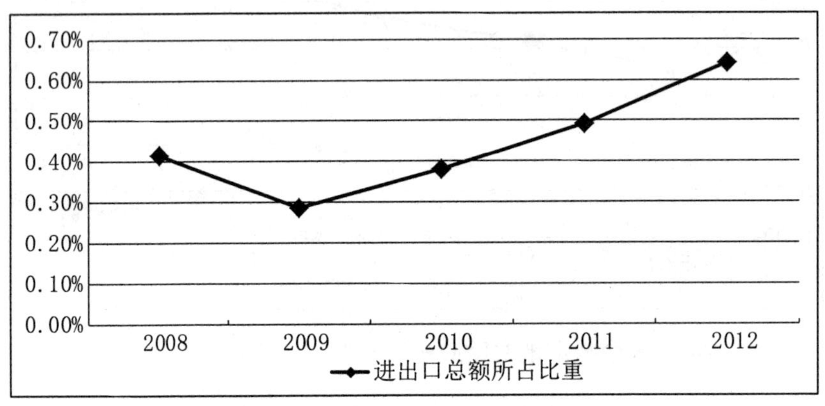


**图 43 2008—2012 年徐州市进出口总额在长三角所占比重的变化趋势**

2008—2012 年徐州市进出口总额在长三角所占比重分别为 0.42%、0.29%、0.38%、0.49%和 0.64%，2009 年出现下跌，跌幅为 0.13 个百分点；2010 年止跌上扬，较 2009 年上升 0.09 个百分点，基本达到 2008 年水平，2011 年和 2012 年继续呈上升趋势，2012 年较上年增加了 0.15 个百分点。2012 年徐州市进出口总额在长三角地区 25 个市中排名较上年上升一位，排名第 19 位。

2012 年，徐州市进出口规模继续扩大。全年进出口总额 83.27 亿美元，比上年增长 32%。其中，出口 62.88 亿美元，增长 51.2%；进口 20.39 亿美元，下降 5.2%。全年新批外商直接投资企业 211 家，新批协议外资 24.39 亿美元；实际到账注册外资 17 亿美元，比上年增长 16.0%。全年省级以上开发区完成进出口总额 57.07 亿美元，其中出口总额 39.62 亿美元，分别比上年增长 28.0%和 61.7%；实际到账注册外资 13.30 亿美元，增长 21.7%。

2008—2012 年徐州市实际外商直接投资金额在长三角所占比重分别为 1.29%、1.52%、2.00%、2.60%和 2.66%，已连续 5 年出现稳步增长，累计增幅为 1.37 个百分点；2012 年所占比重较 2011 年上升 0.06 个百分点。2012 年徐州市实际外商直接投资金额在长三角地区 25 个市中排名保持不变，排名第 14 位。

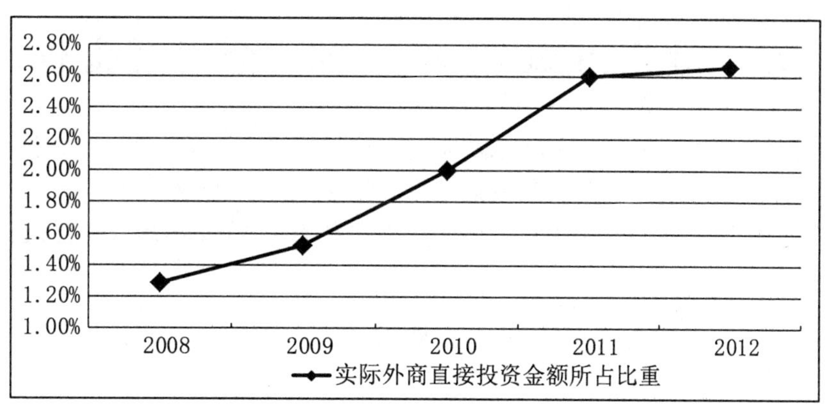


**图 44　2008—2012 年徐州市实际外商直接投资金额在长三角所占比重变化趋势**

2012 年全市全年新批境外投资项目 19 个，比上年增长 90%。中方协议投资 6.09 亿美元，增长 403.2%；对外承包工程新签合同额为 5.91 亿美元，增长 308.5%；完成营业额 2.08 亿美元，增长 27.2%。新签劳务人员合同工资总额 700 万美元，劳务人员实际收入总额 430 万美元。

# 五 常州市 2012 年经济社会发展报告

2012 年,面对严峻复杂的国际经济形势和国内经济下行压力,全市上下认真贯彻中央和省的决策部署,大力实施“创新驱动加速年”活动,深入推进“八项工程”建设,统筹做好稳增长、调结构、抓创新、惠民生、促和谐等各项工作,经济社会发展保持稳中有进的态势,在基本现代化建设新征程上迈出了新的步伐。

## 一、常州市 2012 年经济发展概况

### (一)综合经济

#### 1. 经济总量

全年实现地区生产总值(GDP)3969.8 亿元,按可比价计算增长 11.5%,其中第一产业完成增加值 126.3 亿元,增长 4.6%;第二产业完成增加值 2100.8 亿元,增长 11.7%;第三产业完成增加值 1742.7 亿元,增长 11.6%。全市一、二、三次产业比重由上年的 3.1:54.5:42.4 调整为 3.2:52.9:43.9,服务业增加值在全市经济总量中所占比重较上年提高 1.5 个百分点。全市按常住人口计算的人均生产总值达 85036 元,按平均汇率折算达 13471 美元。

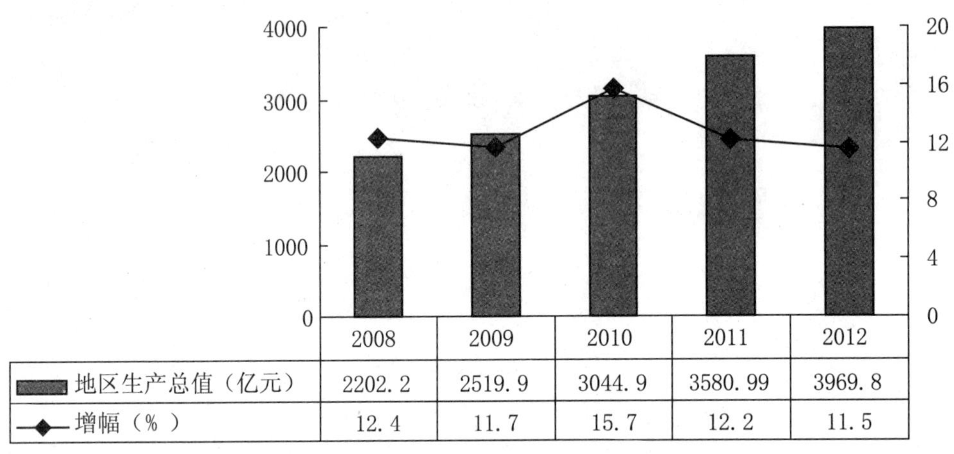


| | 2008 | 2009 | 2010 | 2011 | 2012 |
|---|---|---|---|---|---|
| 地区生产总值(亿元) | 2202.2 | 2519.9 | 3044.9 | 3580.99 | 3969.8 |
| 增幅(%) | 12.4 | 11.7 | 15.7 | 12.2 | 11.5 |

图 45 2008—2012 年常州市地区生产总值及增长速度

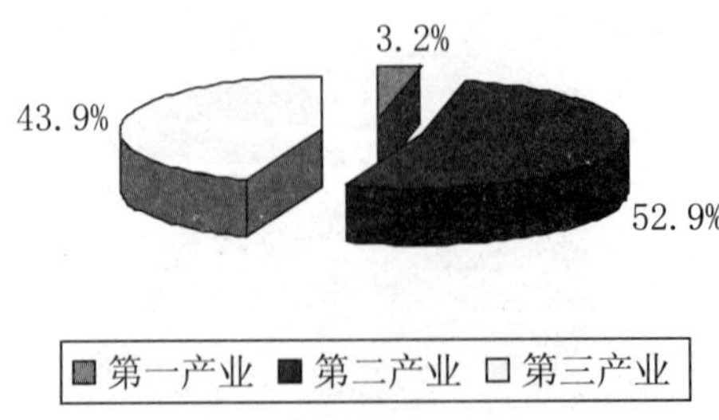


图 46 2012 年常州市三次产业结构图

### 2. 财政收支

财政收入增势平稳。全年实现公共财政预算收入 379.0 亿元，比上年增长 8%，其中增值税 25% 及营改增增值税、营业税、个人所得税分别入库 51.6 亿元、83.8 亿元和 19.9 亿元，分别增长 6.2%、13.1%和 3.8%，企业所得税 40.7 亿元，下降 7.7%。财政支出继续向民生领域倾斜，全年公共财政预算支出 384.1 亿元，比上年增长 6.2%，其中教育支出 66.2 亿元，社会保障和就业支出 41.1 亿元，农林水事务支出 29.1 亿元，医疗卫生支出 21.6 亿元，分别比上年增长 20.6%、13.1%、13.5% 和 9.8%。

### 3. 物价指数

全年居民消费价格指数(CPI)102.5。八大类商品和服务价格“六涨二跌”，其中食品类上涨 4.9%、烟酒类上涨 3.3%、衣着类上涨 1.6%、家庭设备用品及维修服务类上涨 7.2%、娱乐教育文化用品及服务类上涨 1.0%；居住类上涨 2.5%，医疗保健和个人用品类价格下降 0.4%，交通和通信类价格下降 0.6%。

### 4. 固定资产投资①

全年完成全社会固定资产投资 2621.56 亿元，比上年增长 18.0%，其中亿元以上项目完成投资额 878.5 亿元，增长 18.5%。工业投资保持稳定增长，全年完成投资 1526.0 亿元，增长 18.0%，对全社会投资增长的贡献率达 55.2%，高于上年 0.6 个百分点。工业投资中，设备、工器具购置完成投资 845.7 亿元，增长 18.2%。

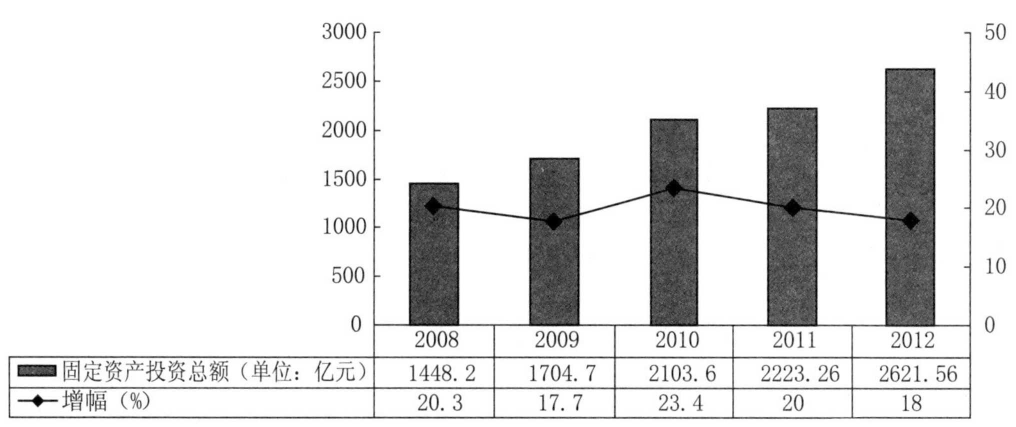


| | 2008 | 2009 | 2010 | 2011 | 2012 |
|---|---|---|---|---|---|
| 固定资产投资总额（单位：亿元） | 1448.2 | 1704.7 | 2103.6 | 2223.26 | 2621.56 |
| 增幅（%） | 20.3 | 17.7 | 23.4 | 20 | 18 |

**图 47　2008—2012 年常州市全社会固定资产投资及增长幅度**

### 5. 区县经济

2012 年溧阳市实现地区生产总值(GDP)559.2 亿元，按可比价计算比上年增长 11.5%，人均 GDP 达到 73763 元(按常住人口)，按平均汇率折算达 11685 美元。从三次产业完成情况看，第一产业增加值 39.02 亿元；第二产业增加值 306.58 亿元，其中工业增加值 278.79 亿元；第三产业增加值 213.6 亿元，三次产业比重由去年的 6.8∶56.4∶36.8 调整为 7∶54.8∶38.2。2012 年全市财政总收入达到 112.96 亿元，比上年增长 12.6%，其中公共财政预算收入 40.5 亿元，比上年增长 9.1%，财政

① 从 2011 年起，固定资产投资项目统计起点标准改为 500 万元。固定资产投资(不含农户)统计范围从城镇固定资产投资扩大到农村企事业组织。

总收入占GDP的比重达20.2%，比上年提高了0.3个百分点。工业总产值、产品销售收入分别达1515.72亿元、1515.55亿元，比上年增长16.6%、19.2%；建筑业施工产值455.28亿元，比上年增长21.2%；全社会固定资产投资374.05亿元，比上年增长20.2%；外贸进出口总额10.9亿美元，比上年增长4.7%；城镇居民人均可支配收入29852元，比上年增长13%，农民人均纯收入15261元，比上年增长13%。

2012年金坛市实现地区生产总值(GDP)373.81亿元，按可比价计算，比上年增长2.9%。其中，第一产业完成增加值27.09亿元，增长4.5%；第二产业完成增加值198.36亿元，增长2.6%；第三产业完成增加值148.36亿元，增长3.1%，三次产业比重为7.2∶53.1∶39.7，服务业增加值比重较上年提高了2.1个百分点。按常住人口计算的人均地区生产总值67129元，比上年增加1183元，按平均汇率折算为10634美元。

## （二）农业与农村经济

### 1. 农业

全市实现农林牧渔业总产值219.6亿元，比上年增长12.8%。全市粮食播种面积155.65千公顷，比上年下降2.4%。粮食总产量114.8万吨，比上年下降0.4%。粮食单产达到491.7公斤，比上年增加10.6公斤，水稻单产633公斤，比上年增加5公斤，蝉联全省"十连冠"。全市蔬菜播种面积41.13万亩、产量89.26万吨，分别比上年增1%、8.6%；出栏生猪88.58万头，家禽4941万羽。花木产业提升工程成效显着，全市新增设施花木4.2万亩，总面积达38万亩，总产值达27亿元，分别比上年增长15.5%、22.7%，实现花木基地面积、花木产能、经济总量的"三提升"。

### 2. 农业现代化

市高标准农田比重达58.15%，高效设施农(渔)业面积占比达20.53%，农业综合机械化水平达83%，全市优质农产品基地占耕地面积的比重达90%，农业信息化覆盖率达98.5%，持证农业劳动力占比达29.6%，工商登记农户入社率超过80%，农业适度规模经营比重超过84.14%。农业系统全年实施市级以上农业科技项目43项，引进、示范、推广农业新品种56个、新技术72项。全市新增1家国家级生猪核心育种场、2家省级青虾良种繁育场。优质高产多抗粳稻新品种——武运粳23号的育成与推广获市科技进步一等奖，农业科技进步贡献率超过64.5%。

### 3. 农业生态

绿化造林6.7万亩，新创省级村庄绿化示范村、标准化绿化示范村68个，林木覆盖率达23.99%。天目湖通过国家湿地公园建设试点批准。开展"江之情、湖之恋、河之爱"系列放鱼活动，投放鱼苗2550万尾，水域生态持续改善。农业面源污染治理取得积极成果，全市农业废弃物综合利用率达96.5%。创成3个江苏省最具魅力休闲乡村，全市农游景点接待游客突破700万人次，实现旅游收入12.5亿元。

## （三）工业、建筑业

### 1. 工业

全年完成规模以上工业产值9031.3亿元，同比增长12.1%，其中轻工业1730.6亿元，增长12.8%；重工业7300.7亿元，增长12.0%。规模以上工业中，民营企业完成产值5932.0亿元，增长17.4%，其中私营企业5354.9亿元，增长17.4%；外商及港澳台商投资企业完成产值2809.6亿元，增长3.6%。重点行业平稳运行，机械、冶金、化工、纺织服装、电子行业全年完成产值3424.8亿元、

2142.1 亿元、1239.2 亿元、787.1 亿元和 388.7 亿元，同比分别增长 9.7%、9.3%、28.7%、12.4%和 18.1%。全年完成高新技术产业产值 3555.2 亿元，占规模以上工业总产值的比重达到 39.4%，比上年提高 2.1 个百分点。企业经济效益低位开局、逐步向好，规模以上工业企业全年完成主营业务收入 8980.3 亿元，同比增长 11.9%，实现利税、利润 703.4 亿元、428.2 亿元，同比增长 4.0%、0.8%。规模以上工业经济效益综合指数为 250.4%，成本费用利润率为 5.0%，产品销售率为 97.9%。

重点企业支撑良好。2012 年，全市产值超亿元企业 1292 家，超 10 亿元企业达 124 家，分别比上年增加 55 家和 7 家，超 100 亿元企业 8 家，其中，华润包装材料有限公司和常州市盛洲铜业有限公司产值首次超 100 亿元。全市产值排位前 50 强企业共完成产值 3450 亿元，同比增长 16.6%，增速高于全市平均水平 4.5 个百分点，对全市工业经济发展支撑作用良好。

#### 2. 建筑业

全年实现建筑业增加值 200.2 亿元，比上年增长 10.1%；建筑企业全年完成施工产值 1027.7 亿元，比上年增长 20.4%；施工面积 8593.6 万平方米，增长 16.2%；竣工面积 2944.6 万平方米，增长 8.9%。建筑业按施工产值计算的全员劳动生产率达 29.6 万元/人，比上年提高 18.5%。

### （四）服务业

#### 1. 国内贸易

消费品市场运行平稳。全年实现社会消费品零售总额 1413.33 亿元，比上年增长 14.7%，扣除价格因素，实际增长 12.8%。其中批发零售业实现零售额 1293.16.1 亿元，增长 14.4%；住宿餐饮业实现零售额 119.4 亿元，增长 17.8%。城乡市场呈现同步发展态势，城镇地区实现零售额 1311.1 亿元，增长 14.6%；乡村地区实现零售额 93.4 亿元，增长 15.1%。限额以上批发零售企业建筑及装潢材料类、体育娱乐用品类、家俱类、金银珠宝类和汽车类商品零售额增长较快，零售额分别比上年增长 27.1%、21.3%、24.0%、20.2%和 19.0%。

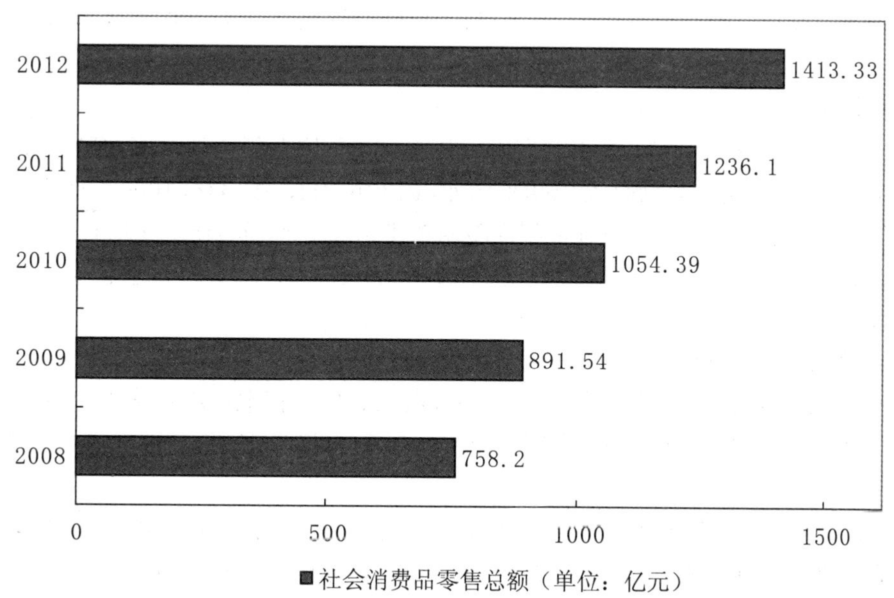


**图 48 2008—2012 年常州市社会消费品零售总额**

商品市场繁荣兴旺。全市亿元以上商品交易市场 59 家，商品成交额 1890.88 亿元，比上年增长

16.5%。全市有7家市场年成交额突破百亿元，分别是江苏凌家塘市场、江苏长江塑料化工交易市场、江苏湖塘纺织城、常州市武进汽车城投资发展有限公司、常州市武进夏溪花木市场发展有限公司、常州钢材现货交易市场、常州淮都金属城有限公司，成交额分别达到234.07亿元、214.65亿元、204.21亿元、118.13亿元、115.61亿元、110.54亿元和110亿元。

**2. 交通运输和邮电通讯**

交通运能稳步提升。全年完成公路客运量16542万人，比上年增长12.3%，公路旅客周转量102.6亿人公里。全年完成货运量17794万吨，增长15.2%，其中公路货运量16075万吨，水路货运量1719万吨；货物周转量133.5亿吨公里，其中公路货物周转量104.7亿吨公里，水路货物周转量28.7亿吨公里。铁路客运量(含常州、戚墅堰、常州北站)1099.7万人，其中常州北站客运量119.1万人。常州机场全年旅客吞吐量突破100万人次，达到107.8万人次，比上年增长15.5%，跻身全国中等机场行列；货物吞吐量1.1万吨，增长32.2%；起降航班22367架次，其中运输起降11384架次。全年港口货物吞吐量8998.0万吨，其中常州长江港货物吞吐量2666.0万吨。年末全市机动车拥有量达95.5万辆，比上年末增长8.3%；民用汽车拥有量72.7万辆，比上年末增长29.8%，其中私人汽车54.0万辆，增长24.3%。

通信行业平稳发展。全年邮政业务总收入6.7亿元，比上年增长14.1%；发送函件1.1亿件，特快专递506.2万件，分别增长14.0%、23.8%。全年通信业务收入59.2亿元，比上年增长9.9%。年末本地网电话用户161.6万户，移动电话用户519.4万户，其中3G用户达到87.9万户；互联网用户数达127.9万户，比年初增长22.2%，其中宽带网用户117.4万户，增长25.9%。

**3. 金融保险和证券**

金融服务能力提升。年末全市金融机构人民币存款余额5604.9亿元，比年初增加702.9亿元，增长14.3%；贷款余额3832.8亿元，比年初增加426.5亿元，增长12.5%。各项贷款余额中，短期贷款2095.4亿元，比年初增长13.9%，其中个人贷款及透支211.7亿元，增长26.1%，单位经营贷款1669.9亿元，增长13.3%；中长期贷款1618.7亿元，比年初增长9.2%，其中个人贷款641.5亿元，增长11.4%，单位经营贷款138.6亿元，增长43.5%。全市新增股份制商业银行分支机构2家、科技支行4家，成立村镇银行1家。

保险业务平稳增长。截至年末，全市共有保险公司61家，比上年增加4家，其中寿险公司35家，产险公司26家。全年实现保费总收入109.4亿元，比上年增长16.9%，其中寿险75.6亿元，增长18.3%，财产险33.8亿元，增长13.7%；全年保险赔款支出21.2亿元，比上年增长27.7%，其中寿险2.2亿元，比上年增长8.7%，财产险19.0亿元，比上年增长30.4%；寿险其它各类给付支出8.8亿元，比上年增长1.9%。

证券交易持续低迷。全市24个证券营业部全年证券交易总额3493.8亿元，比上年下降27.8%，其中债券成交额102.9亿元，比上年增加96.1亿元，股票、基金分别成交3338.2亿元、52.7亿元，分别下降30.2%和0.5%。截至年底，全市资金账户62.6万户，增长17.0%，持有A股股票市值301.8亿元，增长3.0%。

企业上市稳步推进。年内新增2家上市企业，其中裕兴股份登陆深圳创业板，募集资金8.4亿元；新城发展在香港联交所主板上市，募集资金16.5亿元。截至年底，全市企业上市股票34只，共筹集资金276.7亿元，比上年增长9.9%。

**4. 旅游业**

旅游产业快速发展。全年实现旅游总收入520.34亿元，旅游接待总人数4003.84万人，分别比

上年增长22.2%、17.7%。全市接待国内游客3958.27万人次，国内旅游收入490.37亿元，分别比上年增长17.8%和23.1%；接待入境游客45.57万人次，旅游外汇收入4.74亿美元，分别比上年增长10.3%和12.6%。中华恐龙园魔幻雨林4D过山车、春秋淹城旅游区百灵水世界、环球动漫嬉戏谷中华龙塔、南山竹海二期历史文化区，天宁宝塔因缘果报殿等一批旅游新项目提档升级，为全市旅游发展注入新的动力。截至年底，全市共有国家5A级旅游区1家，国家4A级旅游区12家；全国工农业旅游示范点17家，江苏省四星级乡村旅游点15家，江苏省工业旅游点3家，江苏省自驾游基地6家。旅行社发展到120家，其中2家旅行社进入全省旅行社20强，1家旅行社进入全国旅行社100强；星级酒店发展到65家，其中五星级酒店6家，四星级酒店26家。

#### 5. 房地产业

房地产开发投资有所放缓。列统房地产开发企业全年完成投资597.0亿元，比上年增长5.2%，其中住宅完成投资416.1亿元，增长2.9%，占房地产开发投资的比重达到69.7%；商业营业用房完成投资89.4亿元，增长8.0%；办公楼投资21.8亿元，下降22.7%。全年商品房屋施工面积4314.4万平方米，增长9.9%，其中本年新开工面积1100.2万平方米，下降24.2%。

### （五）开放型经济

#### 1. 对外贸易

全年实现进出口贸易总额290.3亿美元，比上年增长1.4%，其中出口199.6亿美元，增长3.1%；进口90.7亿美元，下降2.2%。全年机电产品出口105.5亿美元，增长2.1%；高新技术产品出口39.7亿美元，下降3.2%，其中光伏产品出口比上年减少14.8亿美元。新兴国家和地区出口比重有所上升，全市对东盟、拉美、俄罗斯、非洲等新兴市场出口分别增长19.5%、17.3%、12.1%和7.1%。

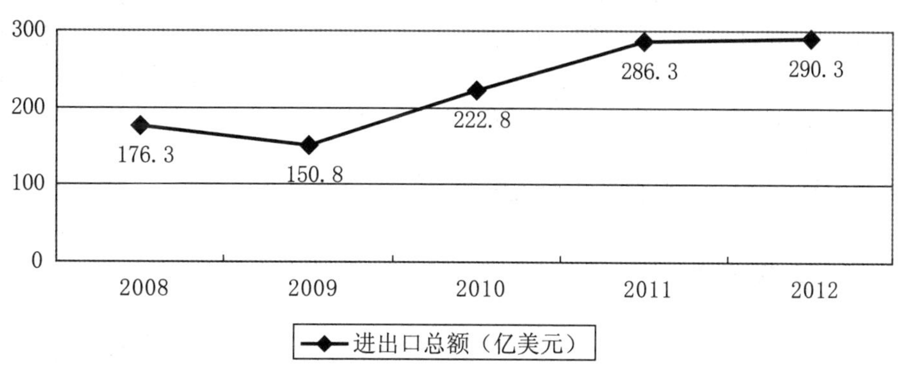


**图49　2008—2012年常州市外贸进出口总额情况**

#### 2. 引进外资

全年注册外资实际到帐33.6亿美元，比上年增长10.1%；新增工商登记注册外资54.2亿美元，比上年增长0.2%。外资大项目有所增加，全年新增工商登记注册外资超3000万美元项目44个（其中制造业项目28个），比上年度增加1个，其中超亿美元项目4个，比上年度增加2个。全市新增世界500强企业投资项目6个，其中德国蒂森克虏伯、瑞士ABB首次在常州市投资。博世力士乐、普利司通自行车等6家世界500强企业年内实现增资。投资性公司和功能性机构建设有所突破，香港瑞声集团在常州市投资设立的瑞声（中国）投资有限公司注册资本达1亿美元，成为继光宝科技之后落户常州市的第二家投资性公司。

### 3. 对外合作

全年新签外经合同额6.0亿美元，比上年增长3.2%；完成外经营业额5.4亿美元，比上年增长9.1%。截至年底，全市拥有服务外包企业405家，从业人员近3万人，全年完成服务外包合同额3.4亿美元，比上年增长24.1%，执行额2.9亿美元，增长16.1%；完成服务外包离岸合同额2.6亿美元，增长15.9%，离岸执行额2.2亿美元，增长10.7%。

### 4. 民营经济

民营经济全年完成增加值2663.5亿元，按可比价计算增长11.6%，在全市经济总量中所占比重由上年的66.8%提高到67.1%；上缴税收385.18亿元，比上年增长6.2%，在全市税收总收入中所占比重为62.4%。截至年底，全市共有个体工商户18.3万户，从业人员35.2万人，注册资金86.0亿元，其中年内新增个体工商户3.5万户，注册资金25.2亿元。全市私营企业累计达到8万户，雇工人数114.2万人，注册资金2504.1亿元，其中年内新增私营企业9778户，注册资金224.6亿元。

### 5. 开发区经济

全市开发区当年完成全社会固定资产投资1573.9亿元，其中工业投入954.5亿元，基础设施建设投入196.2亿元；完成公共财政预算收入234.4亿元，工业产品销售收入7869.2亿元。开发区利用外资主阵地作用进一步显现，全市开发区当年完成工商登记协议注册外资45.1亿美元，实际到账外资28.0亿美元，新增工商登记注册外资3000万美元以上外资项目41个，占全市的93.2%，其中制造业项目27个，占全市的96.4%。

### 6. 外事活动

全年接待外宾138批、945人次，其中副部长以上团组7批、79人次；接待来常考察访问的外国驻华使、领馆官员37批、278人次，接待来访外国记者19批、78人次。年内与比利时罗莫尔市正式缔结了友好城市关系，至年底，已有16个外国城市与常州市结为友好城市，友好城市年内来访团组36批、289人次，组织24个团组、160人次出访友好城市。在“2012全国百城论坛”和“2012中国国际友好城市大会”上，常州市分别荣获“友城战略发展奖”和“国际友好交流与合作奖”。

## 二、常州市2012年社会发展概况

### （一）人口、人民生活

人口规模基本稳定。截至年末，全市户籍人口达364.8万人，比上年末增长0.5%。户籍人口中，男性181.6万人，增长0.4%，男女性别比为99.1∶100；60岁以上人口达77.2万人，占总人口的比重达21.2%。年末全市暂住人口155.0万人，比上年末增长16.5%。全市计划生育率达98.9%，节育率达86.7%，独生子女率为77.4%；全市人口出生率9.4‰，人口死亡率7.9‰，人口自然增长率为1.5‰。

居民收入稳步增长。全年城镇居民人均可支配收入33326元，比上年增长12.6%，扣除价格因素实际增长9.9%；人均消费性支出20519元，比上年增长8.6%，其中人均食品消费7406元，增长9.6%，居民恩格尔系数为36.1%，比上年上升0.3个百分点。农民人均纯收入16737元，比上年增长12.8%；人均生活消费支出12027元，增长7.3%，居民恩格尔系数36.1%，比上年上升0.6个百分点。截至年末，全市居民储蓄存款余额2473.3亿元，比年初增加315.9亿元，增长14.6%。

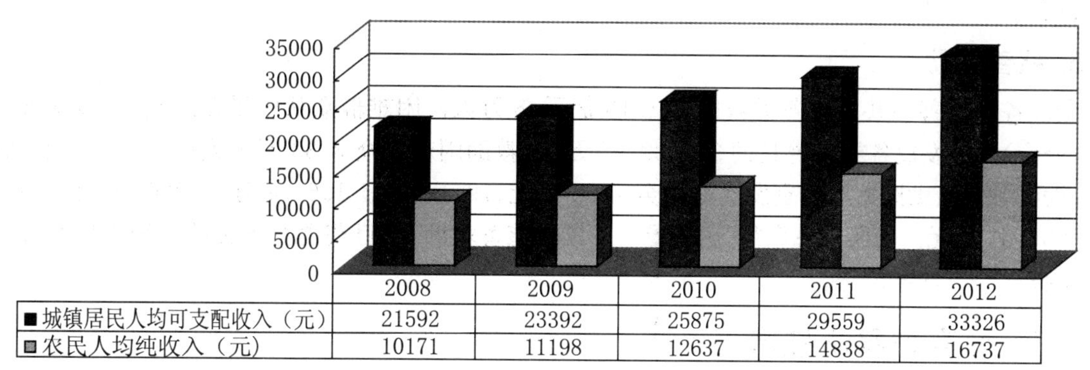


| | 2008 | 2009 | 2010 | 2011 | 2012 |
|---|---|---|---|---|---|
| ■城镇居民人均可支配收入（元） | 21592 | 23392 | 25875 | 29559 | 33326 |
| ■农民人均纯收入（元） | 10171 | 11198 | 12637 | 14838 | 16737 |

**图 50　2008—2012 年常州市城乡居民收入对比一览**

## （二）就业与社会保障

### 1. 就业创业

全年新增就业 10.5 万人，援助困难群体实现再就业 10532 人，及时援助城乡零就业家庭，常州籍高校毕业生充分就业和特困家庭毕业生 100%就业。扶持创业 6875 人，带动就业 41250 人。年末城镇登记失业率为 2.37%。成功创建 8 个省级充分就业示范社区，入选“全国创业先进城市”。2012 年新安置就业残疾人 1271 人。

### 2. 住房保障

2012 年全市新开工各类保障房 25103 套(户)，其中公共租赁住房(含廉租房)13414 套，经济适用住房 869 套，限价商品房 3566 套，城市棚户区危旧房改造安置住房 7254 套。竣工各类保障性住房 7371 套(户)，其中公共租赁住房(含廉租房)3575 套，经济适用住房 859 套，限价商品房 1515 套，城市棚户区危旧房改造安置住房 1422 套。年内新增廉租住房租金补贴家庭 642 户。全市共安排 1775 户廉租住房和公共租赁住房实物配租家庭，其中廉租住房实物配租家庭 375 户，公共租赁住房保障家庭 1400 户。

### 3. 社会保障

全市企业养老、医疗、失业、工伤、生育五大保险分别扩面净增 6.32 万人、7.99 万人、6.18 万人、11.04 万人、6.56 万人。截至年末，共有 121.13 万人参加企业养老保险，比上年末增长 6.49%；95.98 万人参加失业保险，增长 7.92%；162.87 万人参加城镇职工基本医疗保险，增长 7.29%。城乡基本养老保险覆盖率、失业保险覆盖率、城乡基本医疗保险覆盖面持续保持 98%以上。五大保险基金总收入 153.33 亿元，比上年增长 29.30%；支出 114.94 亿元，增长 22.80%。市区企业离退休人员月人均养老金水平提高至 1849 元，城乡居民社会养老保险基础养老金提高到 110 元/月。职工医保、城镇居民医保政策范围内住院医疗费用报销比例分别在 89.3%和 70.5%。

### 4. 社会救助

年末全市拥有各类养老机构 177 个，比上年增加 73 个。养老床位数达 26233 张，收养人数达 12169 人。全市 28628 户、52526 人纳入低保范围，其中城镇低保对象 10035 户、18287 人，农村低保对象 18593 户，34239 人，累计发放保障金 1.4 亿元。全市共有 28786 人得到医疗救助，比上年增加 13204 人；救助金额达 2300 万元。全年发行福利彩票 10.6 亿元，增长 14.3%。法律援助工作不断完善，全年共受理各类法律援助案件 3633 件，比上年增长 27.5%，接受各类法律咨询 2.5 万人次，比上年增长27%。

**5. 慈善救助**

全市各级慈善会共发放各类救助金1.16亿元,8万人次困难群众从中受益。其中,市慈善总会(含4分会)全年发放各类慈善救助金4439.25万元,救助困难群众3.33万余人次,全年助老、助孤、助学、助困、助残、助医活动分别发放救助金77.2万元、79.48万元、196.54万元、326.96万元、74.95万元、933.86万元。市慈善总会"大病关爱——常州慈善救助"项目获得全国民政系统为民服务优秀服务品牌。

## (三)教育和科学技术

**1. 教育事业**

教育事业扎实推进。年末全市共有各类学校617所,在校学生73.59万人,教职工5.26万人,其中专任教师4.13万人。学前教育加快发展,全市新建扩建幼儿园32所,公办幼儿园比例提高,占比达75%以上,市级以上优质园占比率、就读率分别达80%、90%以上。各辖市、区全面建立学前教育生均公用经费财政拨款制度。义务教育更加均衡,热点普通高中统招名额分配到各初中的比例达70%,全市公办学校吸纳流动就业人员随迁子女比例达88.91%,义务教育阶段省优质学校占比达84.2%、就读率达86.7%。实施高中质量提升工程,启动创新人才培养实验项目及课程基地建设,遴选、确定4所学校6个项目为市级普通高中创新人才培养项目,高考本二上线率56.34%(含体育、艺术)(其中市区63.11%),较上年提高近6个百分点。推进省职业教育创新发展实验区建设,殷村职教园开工建设,参加省技能大赛获一等奖54个(31个为项目一等奖第一名),国家中等职业教育改革发展示范学校增至5所,省级品牌、特色专业增至20个,职业学校单招高考和本专科录取率全省十三连冠。加强终身教育服务,有国家级社区教育示范区、实验区各1个,国家级社区教育示范乡镇(街道)增至7个,省级社区培训学院和社区教育实验区实现全覆盖,省级社区教育中心增至22个,省级社区教育示范乡镇(街道)增至8个,命名10个市民终身学习服务基地,市级标准化成人教育中心校增至24所,市级标准化村民(居民)学校增至103所。推进教育信息化,确定市"e学习"项目学校40所,13所学校成为省"e学习"试点校。切实加大帮困助学力度,落实政府政策资助2.23亿元,接受社会捐赠735万元。推进教育国际化,天合国际学校顺利招生,确定首批常州市国际理解教育试点学校25所。

**2. 科技创新**

创新能力持续加强。全年政府科技经费投入19.33亿元,比上年增长39.4%。新认定国家高新技术企业106家,累计达724家;争取省级以上科技项目451项,获得经费支持4.9亿元;成功举办"5.18"展洽会,组织产学研重大活动13次,新增产学研合作项目316项。全年完成专利申请39391件,同比增长68.4%,其中发明专利10123件;专利授权15379件,其中发明专利授权1188件,万人发明专利拥有量由上年的4.77件增加到7.59件。常州高新区、武进高新区成为首批省级科技金融合作创新示范区,武进高新区升格为国家级高新区。

创新体系不断完善。着力加快创新载体建设,"一核八园"入库企业932家,全年营业总收入突破1000亿元,增长44.8%。科教城研发机构总数达101家,高科技创业企业达635家,各类研发人才超过1.5万人。全年新增"两站三中心"144家,累计769家。企业创新力度加大,全市有620家大中型工业企业建有研发机构,覆盖率超过90%。孵化器、加速器建设加快,常州生物医药孵化器全面启用,常州创意产业基地获得全省唯一、全国地级市唯一首批国家文化和科技融合示范基地授牌。全市市级以上孵化器、加速器累计达64家,其中国家级孵化器10家,省级孵化器22家,省级加速器2家。产

学研用结合更显特色，成功举办“5.18”展洽会，签约34个重大项目，其中16个重大产业化项目的技术合同总金额达2.39亿元。

创新人才加快集聚。截至年底，共有396个领军人才签约常州市创新创业。全市累计引进领军人才1200名，其中国家“千人计划”108名，省“双创”145名，形成了“搭建平台，引进人才，孵化企业，培育产业”的良好创新创业氛围。成立常州市高新技术企业协会，加强企业家之间的互动与交流。设立专项培训科技企业家，共组织2批115名高企负责人参加市科技型企业家培训班。

## （四）文化、卫生和体育

### 1. 文化事业

精品创作卓有成效。原创舞剧《格桑花・茉莉花》荣获剧目金奖，并包揽7个单项奖。电影《秋之白华》、儿童剧《留守小孩》和广播剧《君子史良》荣获全国“五个一工程”奖；市话剧团创排的《飞扬少年》成功入选第九届全国儿童剧展演；市锡剧院大型原创交响锡剧《天涯歌女》获省“五个一”工程奖；市曲艺团首部常州方言长篇评话《常州白泰官》获得中国曲艺最高奖“牡丹奖”文学奖。

文化服务扎实推进。常州市图书馆建成全省首家电视图书馆，覆盖终端用户突破100万户。各类免费开放公益文化单位全年举办各类文化艺术展览超过500场。全年送戏300场，送电影超过1万场，城市“15分钟公共文化圈”、农村“十里文化圈”更加完善。“智慧社区”第一批建设任务基本完成，惠及市民10万户。广播电视和新闻出版稳步推进，全市共有1080家印刷企业、894家书报刊发行企业、351家音像制品经营单位，印刷行业年产值超过70亿元，实现电影票房近两亿元。作品版权登记增长30%以上，总计超过700件。全市广播、电视节目综合覆盖率均为100%，全市数字电视用户达到109.0万户，比上年增长2.1%，《常州日报》、《常州晚报》年发行量分别达3083.2万份和3516.3万份。

文物保护成效明显。在武进太湖湾成功发掘钱一本墓，象墩遗址发掘和环太湖艺术城地块考古勘探顺利推进。截至年底，全市拥有不可移动文物1677处，其中全国重点文物保护单位5处，省级文物保护单位50处，市、县级文物保护单位235处。省级历史文化街区3处，历史建筑48处。“国家历史文化名城申报”工作全力推进。

### 2. 卫生事业

卫生服务水平不断提升。年末全市共有各级各类医疗卫生机构1128个，拥有总床位20497张，卫生技术人员2.53万人，其中执业（助理）医师10094人、注册护士10192人，全市每千常住人口拥有卫生技术人员5.39人、总床位4.37张。新农合保障水平得到提升，参合率100%，人均筹资标准达360元，比2011年提高55元。县乡两级政策范围内住院补偿比达76.13%，住院实际补偿比达51.98%。全面推进门诊总额预付制改革，3个地区推进住院费用混合支付方式改革。公共卫生服务逐步均等，按人均45元补助标准落实专项经费，10类41项基本公共卫生服务和7大类重大公共卫生服务项目全面开展。基层卫生服务不断强化，新创省示范乡镇卫生院6家、国家和省示范社区卫生服务中心各1家。基础建设顺利推进，一院综合病房大楼封顶，二院（阳湖院区）投入使用，四院（新北院区）投入试运行，儿童医院病房楼交付使用，七院门急诊病房综合楼完成外装。

### 3. 体育事业

体育事业继续发展。年内全市承办国际级比赛7项、国家级比赛14项、省级比赛19项。常州籍运动员全年在重大比赛中获得37项冠军，其中世界冠军2项，亚洲冠军3项，全国冠军32项。全民健身扎实推进，全市新增社区健身活动场所83个，比上年增加20个，城市社区“十分钟体育健身圈”建设初见成效，连续 16 年获得全国全民健身活动优秀组织奖。全年发行体育彩票 13.2 亿元，比上年增长 22.1%。

## （五）城乡建设

### 1. 基础设施建设

全年完成交通建设投资 74.3 亿元，年内新增高速公路里程 20.2 公里，改扩建国省公路 41 公里，新改建农村公路 210 公里、桥梁 111 座；完成各类水利建设土方 1497.1 万立方米，恢复治理水土流失面积 25 平方公里；完成农村水利建设投资 4.3 亿元。泰州大桥南接线工程建成通车，常溧高速公路启动建设，"三纵三横"路网建设进度加快，大明路、劳动东路东段等已完成通车，龙城大道隧道、玉龙路等建设工程加快实施。江边污水厂三期扩建、魏村自来水厂装机备用工程完工投运。花博会主场馆及配套设施建设、现代传媒中心建设、青果巷改造工程等重大公共基础设施建设项目顺利推进。城市轨道交通建设规划获国家批准。新城建设加快实施，凤凰新城、钟楼新城等城市新片区建设全面推进，东大门建设工程顺利推进。

### 2. 公交线网

截至 2012 年年底，市区公交线路 197 条，公交营运车辆 2590 辆。市区新增、更新公交车辆 200 辆，新增、优化线路 47 条，全年公交客运量 41190 万人次，市区公交日均客流量达到 120 万人次，城市公交分担率达到 26.35%。金坛、武进 19 个镇的镇村公交顺利开通，"镇村公交"线路累计达到 213 条，实现镇村公交全覆盖。

### 3. 公共服务

全年全社会用电量 351.5 亿千瓦时，比上年增长 6%，其中城乡居民生活用电 32.2 亿千瓦时，增长 14.8%。城区供水总量 2.74 亿立方米，其中居民生活用水 1.2 亿立方米，供水普及率 100%。年末市区天然气用户达 63.8 万户，比上年末增长 28.4%，城市供气气化率达 99.2%。城区生活污水日处理能力 64.5 万吨，生活污水处理率达 95.5%。年底城市路灯总数 17.3 万盏，比上年末增长 5.9%。全年生活垃圾清运量 91.4 万吨，生活垃圾无害化处理率达 100%。

## （六）生态环境与城市绿化

生态文明扎实推进。全面启动国家生态文明示范市建设，河道水环境整治和水源地建设保护工作得到加强，三条入太湖河道和主要湖泊水质进一步好转，完成 41 条黑臭河道整治，全年市区空气质量优良天数达 337 天。着力推进城乡生态协调发展，建成国家级生态镇 13 个，生态街道 2 个、生态村 4 个。

绿化水平不断提升。年末建成区绿地面积达 7072 公顷，其中公园绿地面积 1758 公顷，分别比上年末增长 6.4%和 3.3%；城区人均公园绿地达到 12.5 平方米；建成区绿化覆盖率达 42.2%，比上年提高 0.09 个百分点，建成区绿地率 38.6%，比上年提高 0.5 个百分点。荷园廉政文化主题公园建设工程年内完工，武进中国花博会主展区常州园建设工程进场施工，丁塘河湿地公园、凤凰公园、新区新龙国家森林公园建设顺利推进。实施花都花城建设工程，年内完成机场路、中吴大道景观提升和月季种植工程。积极推进农村村庄环境整治工程，村庄绿化覆盖率达到 30%以上。

# 三、挑战与目标

在肯定成绩的同时，也要清醒地认识到面临的挑战和工作中存在的不足。主要表现在：区域竞争

更加激烈，巩固常州在全省第一方阵地位的任务十分艰巨；受国内外宏观经济形势影响，地区生产总值、公共财政预算收入等指标的增幅与年度目标还有一定差距；产业结构依然偏重，转型升级面临较大压力；土地、资金等要素制约日趋凸显，发展空间受到很大制约；环境压力不断加大，节能减排任务十分艰巨；政府自身建设还存在薄弱环节，服务水平和行政效能需要进一步提高。

2013 年全市经济社会发展的主要预期目标是：地区生产总值增长 10%左右；公共财政预算收入增长 10%左右；固定资产投资增长 15%左右；社会消费品零售总额增长 15%左右；外贸进出口总额和注册外资实际到账力争分别增长 5%左右；城镇居民人均可支配收入和农民人均纯收入分别增长 12%以上；居民消费价格总水平涨幅控制在 3.5%左右；城镇登记失业率控制在 4%以内；研发经费支出占地区生产总值的比重达 2.6%；单位 GDP 能耗和主要污染物减排完成省下达的指标。

## 四、常州市在长三角地区经济发展中的地位

2012 年，世界经济形势更加严峻，国内经济下行压力明显加大。市政府以迎接十八大召开和贯彻十八大精神为强大动力，牢牢把握“稳中求进、稳中有增，又好又快、好中求快”的发展导向，在中共常州市委的坚强领导下，在市人大、市政协的监督支持下，认真贯彻落实科学发展观，全面实施“四大战略”，深入推进“八项工程”，统筹做好稳增长、调结构、抓创新、惠民生、促和谐各项工作，紧紧依靠全市人民克难奋进，经济社会发展保持了稳中有进的良好态势，总体上完成了年初市人代会确定的年度工作任务。

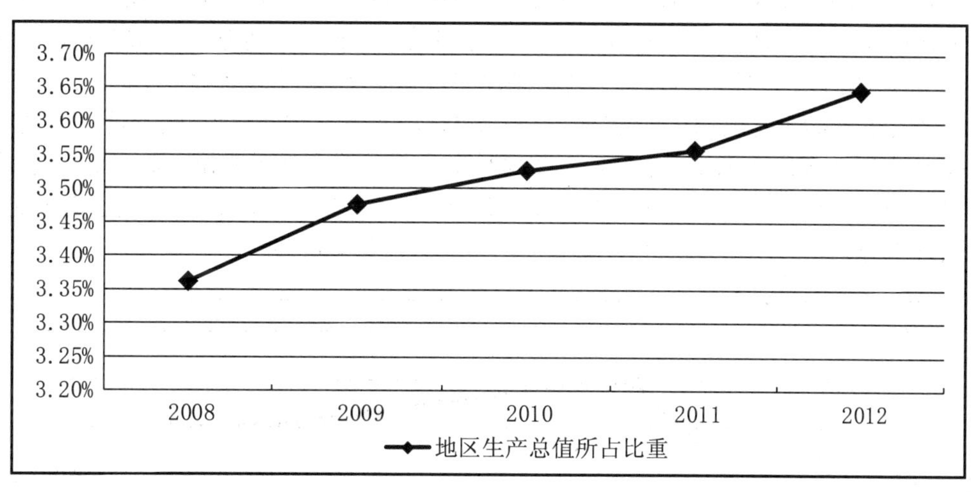


**图 51　2008—2012 年常州市地区生产总值在长三角所占比重的变化趋势**

2008—2012 年，常州市地区生产总值在长三角所占比重分别为 3.36%、3.48%、3.53%、3.56%和 3.65%，呈现逐年增长的态势，累计增幅为 0.29 个百分点，其中，2012 年所占比重比上年增加了 0.09 个百分点。2012 年常州市地区生产总值在长三角地区 25 个市（苏浙两省 24 个地级市和上海市，下同）中同上年上升持平，排名第 9 位，继续保持着比较靠前的位置。

2012 年，常州市经济发展平稳协调，运行态势积极向好，全年完成地区生产总值 3969.87 亿元，比上年增 10.86%，其中一、二、三次产业分别实现增加值 126.37 亿元、2100.76 亿元和 1742.74 亿元，分别比上年增长 13.05%、7.68%和 14.78%。全市产业结构继续得到优化，三次产业比重由上年的 3.1∶54.5∶42.4 调整为 3.2∶52.9∶43.9。按常住人口计算，全市人均生产总值超过 85040 元，依据现行汇率折算接近 13895 美元。

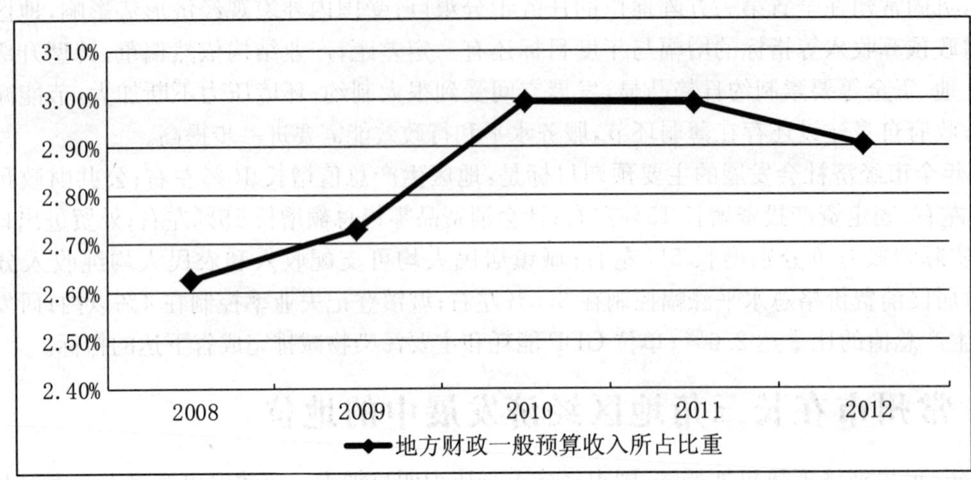


**图 52　2008—2012 年常州市地方财政一般预算收入在长三角所占比重变化趋势**

2008—2012 年，常州市地方财政一般预算收入在长三角所占比重分别为 2.63%、2.73%、2.99%和 2.99%、2.91%，基本保持稳定态势，其中，2011 年和 2010 年持平。2012 年常州市地方财政一般预算收入在长三角地区 25 个市中和上年持平，排名第 8 位。

2012 年，常州市工业企业经济效益继续向好，带动地方财政一般预算收入和职工工资稳步增长，最低工资标准上移，社会保障力度增强，人民群众共享发展成果的步伐加快。全市全年地方一般预算收入 378.99 亿元，比上年增长 8.01%。主要税种保持增长态势，其中增值税、营业税、个人所得税分别入库 51.57 亿元、83.81 亿元、19.90 亿元，增长 6.11%、13.1%、3.65%。民生投入力度进一步加大，全年一般预算财政支出 391.22 亿元，比上年增长 10.45%，其中教育支出 66.11 亿元，社会保障和就业支出 41.66 亿元，医疗卫生支出 22.79 亿元，城乡社区事务支出 64.63 亿元，交通运输支出 11.27 亿元，分别比上年增长 32.22%、14.14%、16.28%、－2.81%和－14.62%。

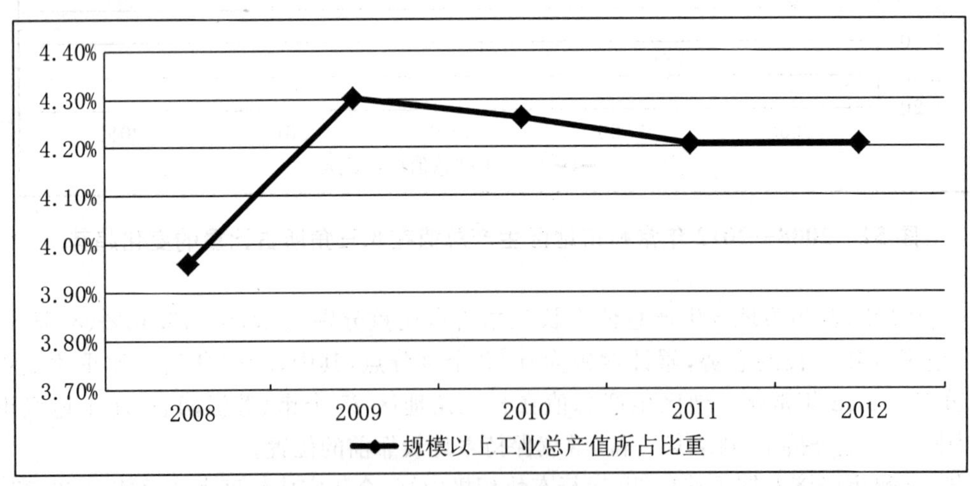


**图 53　2008—2012 年常州市规模以上工业总产值在长三角所占比重的变化趋势**

2008—2012 年，常州市规模以上工业总产值在长三角所占比重分别为 3.96%、4.30%、4.26%、4.21%和 4.21%，呈现稳定趋势，所占比重较 2011 年持平。2012 年常州市规模以上工业总产值在长

三角地区25个市中比上年上升一位，排名第7位，仍继续保持着靠前的位置。

2012年，常州市工业系统着力在发展中推动转型，在调整中优化结构，工业经济整体呈现运行平稳、支撑良好、排位前移的运行态势，各项主要经济指标继续保持两位数增长，为全市经济又好又快发展作出了积极的贡献。2012年，全市规模以上工业总产值连续两年超过8000亿元大关，工业经济发展迈上了新的发展平台。

按省统一口径计算，全年完成规模以上工业产值9031.3亿元，同比增长12.1%，其中轻工业1730.6亿元，增长12.8%；重工业7300.7亿元，增长12.0%。规模以上工业中，民营企业完成产值5932.0亿元，增长17.4%，其中私营企业5354.9亿元，增长17.4%；外商及港澳台商投资企业完成产值2809.6亿元，增长3.6%。重点行业平稳运行，机械、冶金、化工、纺织服装、电子行业全年完成产值3424.8亿元、2142.1亿元、1239.2亿元、787.1亿元和388.7亿元，同比分别增长9.7%、9.3%、28.7%、12.4%和18.1%。全年完成高新技术产业产值3555.2亿元，占规模以上工业总产值的比重达到39.4%，比上年提高2.1个百分点。企业经济效益低位开局、逐步向好，规模以上工业企业全年完成主营业务收入8980.3亿元，同比增长11.9%，实现利税、利润703.4亿元、428.2亿元，同比增长4.0%、0.8%。规模以上工业经济效益综合指数为250.4%，成本费用利润率为5.0%，产品销售率为97.9%。

2012年，全市产值超亿元企业1292家，超10亿元企业达124家，分别比上年增加55家和7家，超100亿元企业8家，其中，华润包装材料有限公司和常州市盛洲铜业有限公司产值首次超100亿元。全市产值排位前50强企业共完成产值3450亿元，同比增长16.6%，增速高于全市平均水平4.5个百分点，对全市工业经济发展支撑作用良好。

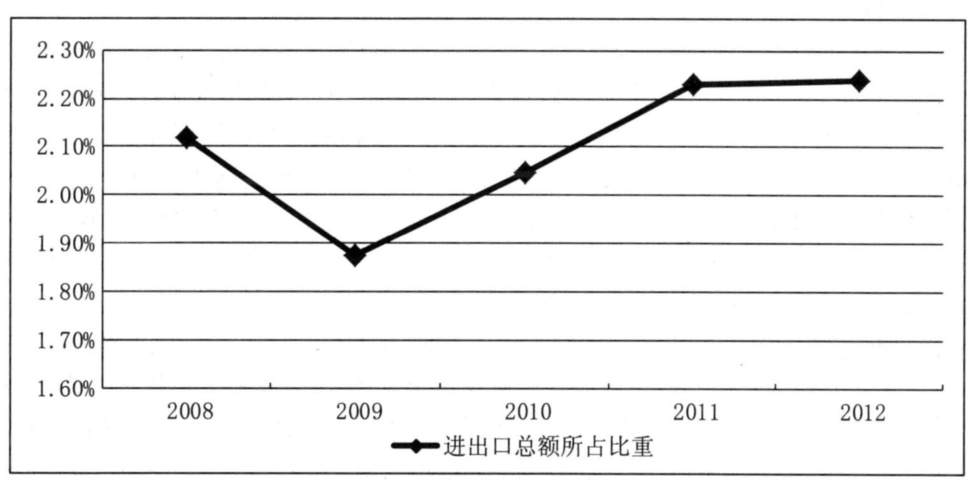


**图54　2008—2012年常州市进出口总额在长三角所占比重的变化趋势**

2008—2012年，常州市进出口总额在长三角所占比重分别为2.12%、1.87%、2.05%、2.23%和2.24%，在2009年出现较大幅度回落后，2010年、2011和2012年年继续保持上扬，2012年较上年增幅为0.01个百分点。2012年常州市进出口总额在长三角地区25个市中排名保持稳定，排名第8位，继续保持着前十的位置。

2012年，常州市全年实现进出口贸易总额290.3亿美元，比上年增长1.4%，其中出口199.6亿美元，增长3.1%；进口90.7亿美元，下降2.2%。全年机电产品出口105.5亿美元，增长2.1%；高新技术产品出口39.7亿美元，下降3.2%，其中光伏产品出口比上年减少14.8亿美元。新兴国家和地区出口比重有所上升，全市对东盟、拉美、俄罗斯、非洲等新兴市场出口分别增长19.5%、17.3%、12.1%和7.1%。

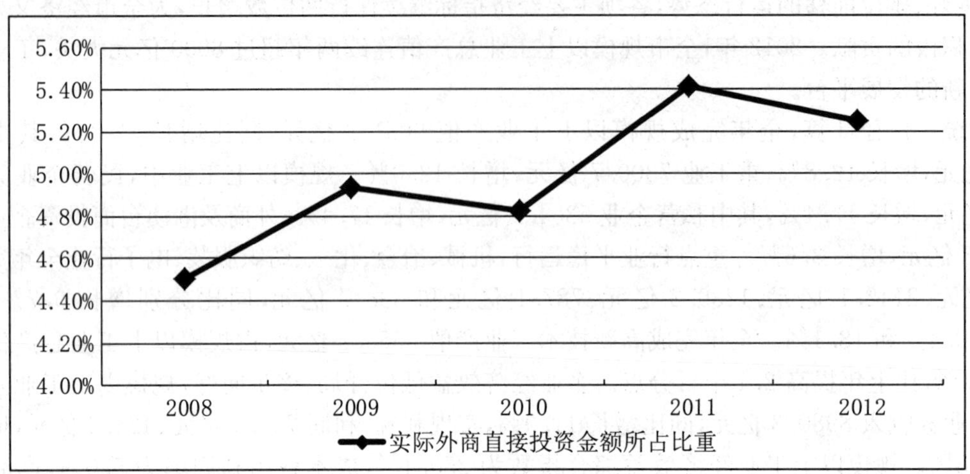


**图55　2008—2012年常州市实际外商直接投资金额在长三角所占比重的变化趋势**

2008—2012年，常州市实际外商直接投资金额在长三角所占比重分别为4.51%、4.94%、4.82%、5.41%和5.25%，呈现出波折式上升，累计增幅为0.74个百分点，其中2012年较2011年略微下降。2012年常州市实际外商直接投资金额在长三角地区25个市中比上年保持一致，排名第6位，继续保持着领先的位置。

2012年，常州市外资引进质量提高，全年注册外资实际到账33.6亿美元，比上年增长10.1%；新增工商登记注册外资54.2亿美元，比上年增长0.2%。外资大项目有所增加，全年新增工商登记注册外资超3000万美元项目44个(其中制造业项目28个)，比上年度增加1个，其中超亿美元项目4个，比上年度增加2个。全市新增世界500强企业投资项目6个，其中德国蒂森克虏伯、瑞士ABB首次在我市投资。博世力士乐、普利司通自行车等6家世界500强企业年内实现增资。投资性公司和功能性机构建设有所突破，香港瑞声集团在我市投资设立的瑞声(中国)投资有限公司注册资本达1亿美元，成为继光宝科技之后落户我市的第二家投资性公司。

对外合作不断深化，全年新签外经合同额6.0亿美元，比上年增长3.2%；完成外经营业额5.4亿美元，比上年增长9.1%。截至年底，全市拥有服务外包企业405家，从业人员近3万人，全年完成服务外包合同额3.4亿美元，比上年增长24.1%，执行额2.9亿美元，增长16.1%；完成服务外包离岸合同额2.6亿美元，增长15.9%，离岸执行额2.2亿美元，增长10.7%。

# 六　苏州市2012年经济社会发展报告

2012年，面对严峻复杂的国内外经济形势，全市围绕建设“三区三城”①的总目标，以科学发展为主题、以转变发展方式为主线，认真贯彻“稳中求进、转中求好”的工作导向，突出“加快转型、稳定外贸、兴盛文化、广惠民生”等工作重点，努力克服和化解宏观经济运行的下行压力，有效加强经济运行调节，积极强化要素保障，全方位转变发展方式，高起点推进转型升级，大力度发展创新型经济，全年经济社会保持了平稳发展态势，主要指标稳中有增，结构调整步伐加快，城乡一体协调发展，民生质量持续改善，现代化建设取得了新进展。

## 一、苏州市2012年经济发展概况

### （一）综合经济

#### 1. 经济总量

2012年全市实现地区生产总值12011.65亿元，比上年增长10.1%；人均地区生产总值(按常住人口计算)114029元，按现行汇率折算18142美元。三次产业调整为1.6∶54.1∶44.2。

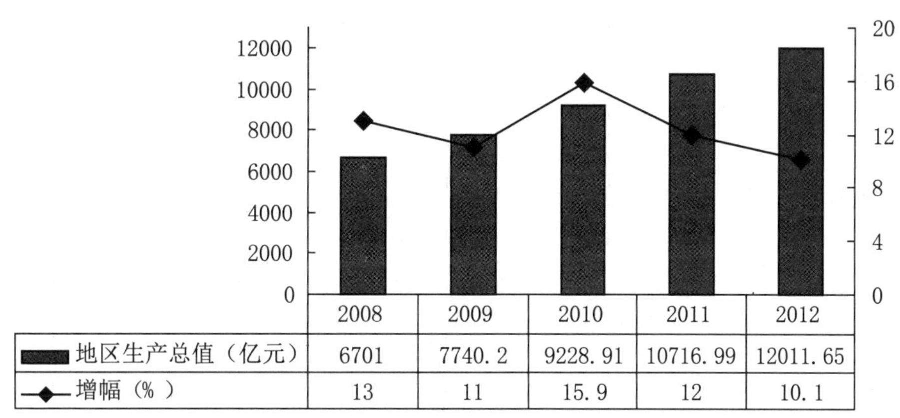

| | 2008 | 2009 | 2010 | 2011 | 2012 |
|---|---|---|---|---|---|
| 地区生产总值（亿元） | 6701 | 7740.2 | 9228.91 | 10716.99 | 12011.65 |
| 增幅（%） | 13 | 11 | 15.9 | 12 | 10.1 |

图56　2008—2012年苏州市地区生产总值及增长速度

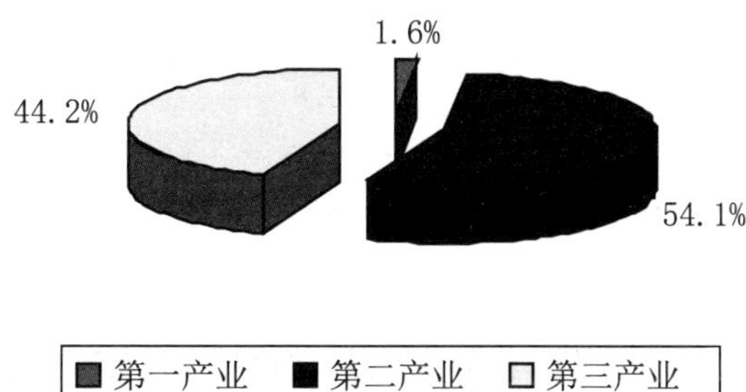



图57　2012年苏州市三次产业结构图

① “三区”是指科学发展的样板区、开放创新的先行区、城乡一体的示范区，“三城”是指以现代经济为特征的高端产业城市、生态环境优美的最佳宜居城市、历史文化与现代文明相融的文化旅游城市，简称“三区三城”。

### 2. 财政收支

全年实现地方公共财政预算收入1204.33亿元，比上年增长9.4%。其中各项税收收入1023.88亿元，增长10.2%。全年地方公共财政预算支出1113.47亿元，比上年增长11.1%。其中教育支出180.7亿元，增长19.5%；科学技术支出66.59亿元，增长24.2%；社会保障和就业支出101.6亿元，增长20.1%。全市各级财政用于民生方面的支出605.4亿元，占财政支出的54.4%。

### 3. 物价指数

在大宗商品价格震荡下行，全球通胀压力有所缓解的大背景，居民消费价格指数逐步回落。全年市区居民消费价格总水平比上年上升2.7%，八大类消费价格"六升二降"：食品类、烟酒类、衣着类、家庭设备用品及维修服务类、医疗保健和个人用品类、居住类价格分别比上年上升5.1%、1.7%、4.4%、5.3%、2.1%和2.7%；交通及通信类、娱乐教育文化用品及服务类价格比上年下降1.5%、0.2%。

**表27　市区居民消费价格指数(以上年价格为100)**

| 类　别 | 2012年 | 2011年 |
|---|---|---|
| 居民消费价格总指数 | 102.7 | 105.1 |
| 1. 食　品 | 105.1 | 114.6 |
| #粮　食 | 101.7 | 109.8 |
| 油　脂 | 102.9 | 107.5 |
| 肉禽及其制品 | 103.7 | 118.2 |
| 蛋 | 100.3 | 115.4 |
| 水产品 | 107.3 | 112.6 |
| 菜 | 111.7 | 99.8 |
| 2. 烟酒 | 101.7 | 101.6 |
| 3. 衣着 | 104.4 | 104.0 |
| 4. 家庭设备用品及维修服务 | 105.3 | 102.8 |
| 5. 医疗保健和个人用品 | 102.1 | 102.9 |
| 6. 交通和通信 | 98.5 | 100.6 |
| 7. 娱乐教育文化用品及服务 | 99.8 | 97.2 |
| 8. 居住 | 102.7 | 103.1 |

### 4. 固定资产投资[①]

全市坚持扩内需、稳投资的发展方针，着力扩大基础设施、重点项目、民生工程、新兴产业的投入力度，有效引导投资结构，夯实经济发展基础。全年完成全社会固定资产投资5142.51亿元，比上年增长20%。其中国有经济完成投资1218.55亿元，增长8.7%；私营个体投资1608.56亿元，增长

① 从2011年起，固定资产投资项目统计起点标准改为500万元。固定资产投资(不含农户)统计范围从城镇固定资产投资扩大到农村企事业组织。

15.7%。新兴产业投入持续加快增长。全市新兴产业在建项目完成投资 1133.34 亿元，比上年增长 31.8%。

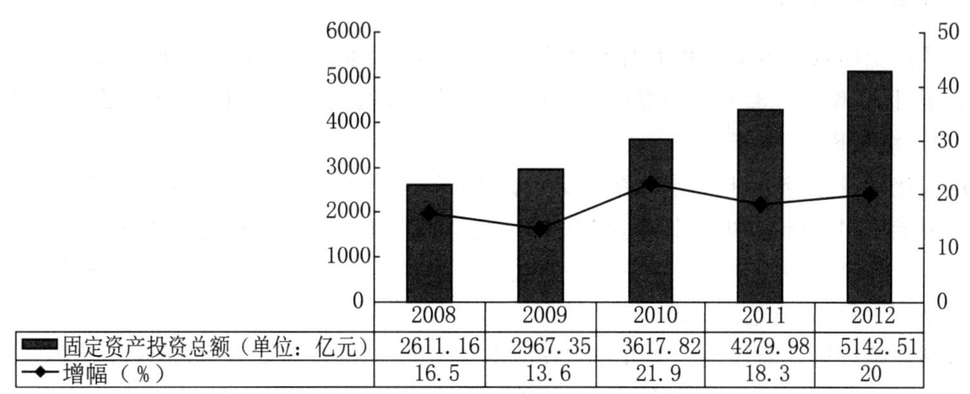


**图 58　2008—2012 年苏州市全社会固定资产投资及增长幅度**

基础设施建设全面提速。全年完成基础设施投资 908 亿元，比上年增长 18.8%。轨道交通 1 号线建成投运，苏州成为国内首个运营轨道交通的地级市。轨道交通 2 号线实现"轨通"，4 号线及支线、2 号线延伸段、太仓港疏港高速公路、常嘉高速公路昆山至吴江段开工建设。苏虞张快速通道北段改建完成通车。中环快速路工程全面启动，东环、南环快速路延伸加快建设。±800 千伏锦苏特高压输电线路及同里换流站、胥门变电站建成启用。新增人防设施 72 万平方米。

### 5. 区县经济

2012 年常熟市全年实现地区生产总值 1870.19 亿元，比上年增长 10.2%。其中：第一产业增加值 37.02 亿元，增长 4.8%；第二产业增加值 996.95 亿元，增长 8.3%；第三产业增加值 836.22 亿元，增长 12.9%。三次产业比例由上年的 1.97∶54.84∶43.19 调整为 1.98∶53.31∶44.71。按常住人口计算，人均地区生产总值 123882 元，按当年汇率折算达到 19625 美元。

张家港市全年实现地区生产总值 2050.58 亿元，按可比价格计算，比上年增长 10.9%。其中，第一产业增加值 27.53 亿元，增长 4.9%；第二产业增加值 1175.51 亿元，增长 8.0%；第三产业增加值 847.54 亿元，增长 15.2%。三次产业的比例由上年的 1.35∶59.02∶39.63 调整为 1.34∶57.33∶41.33。按户籍人口计算，人均 GDP 为 22.56 万元，按现行汇率折 3.59 万美元；按常住人口计算，人均 GDP 为 16.44 万元，按现行汇率折 2.62 万美元。

2012 年昆山市地区生产总值达到 2725.32 亿元，按现价计算，比上年增长 12.0%。产业结构不断优化，二、三产业共同推动经济增长的格局进一步巩固。全年实现第一产业增加值 24.46 亿元，增长 10.3%；第二产业增加值 1631.25 亿元，增长 8.0%；第三产业增加值 1069.61 亿元，增长 18.8%，服务业增加值占地区生产总值比重达到 39.2%，比上年提高 2.2 个百分点。按常住人口计算的人均地区生产总值达 16.53 万元(按现行汇率折 2.62 万美元)。实现台湾电电公会"大陆综合实力极力推荐城市"四连冠，连续四年在福布斯中国大陆最佳县级城市排名中位列第一，连续八年获得中国中小城市综合实力百强县市第一。

2012 年太仓市实现地区生产总值 955.12 亿元，按可比价格计算，比上年增长 10.3%。其中，第一产业增加值 33.56 亿元，增长 4.2%；第二产业增加值 520.41 亿元，增长 8.1%；第三产业增加值 401.15 亿元，增长 14.0%。按常住人口计算，人均地区生产总值 134439 元，增长 10.7%。第一产业增加值占地区生产总值的比重为 3.5%，第二产业增加值比重为 54.5%，第三产业增加值比重为 42.0%。

## (二)农业和农村建设

农业生产提质增效。全市实现农林牧渔业总产值 337.7 亿元,比上年增长 4.1%。粮食总产量 116.5 万吨,比上年增长 1.3%,其中夏粮总产量 36.7 万吨,增长 5.1%;秋粮总产量 79.7 万吨,下降 0.4%。粮食连续实现三年增产。

农业现代化建设稳步推进。全市新增设施农业(渔业)面积 9.15 千公顷,累计达到 41.25 千公顷。新建高标准农田 20 千公顷,累计达到 106.7 千公顷。全市农业适度规模经营比重达到 86.8%。规模以上农业龙头企业年销售收入 1050 亿元,比上年增长 13.6%。全年新增无公害农产品、绿色食品和有机食品 121 只,累计达到 1722 只。

农田水利设施改造升级加快。全市完成农田水利总土方 3121 万立方米,疏浚整治各级河道 1691 公里,加高加固圩堤 356 公里,增砌护岸 159 公里。农业综合机械化率达到 87%。

城乡一体化综合配套改革取得新进展。全市新增农村社区股份合作、土地股份合作、农业专业合作组织 431 家,累计 3928 家,持股农户占农户总数的比重达 96%。农村集体资产突破 1200 亿元,村均集体收入 582 万元,分别比上年增长 14%和 15.7%。全市 90%的农村工业企业进入工业园,88%的承包耕地实现规模经营,48%的农民实现集中居住。

## (三)工业和建筑业

工业经济努力克服市场需求放缓、生产成本上升、经营难度加大的不利影响,以强化要素保障实现稳定增长,以加快结构调整促进提档升级。全市实现工业总产值 34528 亿元,其中规模以上工业总产值 28784 亿元,分别比上年增长 3.5%和 5.2%。全市规模以上工业中,私营工业产值 4893 亿元,增长 4.3%;外资工业产值 19115 亿元,增长 4.0%。重工业产值 21737 亿元,轻工业产值 7046 亿元,分别比上年增长 6.1%和 2.5%。全市新产品产值 4627 亿元,比上年增长 20.5%。

**表28　全市规模以上工业企业主要产品产量**

| 产品名称 | 计量单位 | 产品产量 | 比上年±% |
|---|---|---|---|
| 发电量 | 亿千瓦时 | 913.34 | 1.2 |
| 纱 | 万吨 | 79.62 | −0.8 |
| 布 | 亿米 | 9.03 | 4.3 |
| 服　装 | 亿件 | 8.01 | −2.3 |
| 机制纸及纸板 | 万吨 | 589.24 | 12.9 |
| 硫酸(折 100%) | 万吨 | 206.09 | −5.0 |
| 碳酸钠(纯碱) | 万吨 | 102.17 | 2.8 |
| 合成氨 | 万吨 | 63.01 | 13.7 |
| 农用氮、磷、钾化学肥料总计(折纯) | 万吨 | 45.57 | 8.6 |
| 生　铁 | 万吨 | 2229.74 | 7.8 |
| 粗　钢 | 万吨 | 2662.19 | 5.4 |

（续表）

| | | | |
|---|---|---|---|
| 钢　材 | 万吨 | 4059.41 | 9.1 |
| 通信及电子网络用电缆 | 对万千米 | 1307.78 | −21.3 |
| 光　缆(光纤通讯电缆) | 芯万千米 | 4987.54 | 28.4 |
| 家用电冰箱 | 万台 | 175.49 | −11.6 |
| 房间空气调节器 | 万台 | 440.03 | −2.7 |
| 微型电子计算机 | 万台 | 8752.04 | 2.1 |
| # 笔记本计算机 | 万台 | 7479.12 | −3.3 |
| 显示器 | 万台 | 1944.24 | −2.4 |

主导产业稳定发展。通信设备和计算机及其他电子设备制造业、黑色金属冶炼及压延加工业、电气机械及器材制造业、纺织业、化学原料及化学制品制造业、通用设备制造业六大支柱行业实现产值19819亿元，比上年增长6.1%，占规模以上工业总产值的比重达68.9%。

新兴产业成为亮点。全市制造业领域新兴产业实现产值12367亿元，比上年增长11%，占规模以上工业产值的43%，比上年提高5.0个百分点。新兴产业创造利税、利润分别占全市规模以上工业的48.2%和50.6%。其中新材料、新型平板显示、高端装备制造业产值分别达到3426亿元、2780亿元、2371亿元，占新兴产业产值的69.3%。

重点企业贡献度提升。全市百强工业企业完成产值12406亿元，比上年增长13.7%，占规模以上工业产值的43.1%。百强工业企业中产值超百亿元的企业28家，完成工业产值8207亿元，比上年增长16.1%。

高耗能行业有效抑制。钢铁、纺织、化工、造纸、建材、电力等六大高耗能行业产值增长2.8%，六大行业产值占规模以上工业总产值的比重为25.2%，比上年下降0.7个百分点。

受市场环境制约，工业企业经营效益有所下降，但降幅逐步收窄。全年规模以上工业企业实现主营业务收入28538.3亿元，比上年增长3.6%；利税总额1742.93亿元，比上年下降5.7%，其中利润总额1217.23亿元，下降10.4%；规模以上工业产销率达到98.6%。

建筑业实现平稳发展。全市完成建筑业总产值1745亿元，比上年增长13.9%。全市资质以上建筑业企业房屋施工面积11014万平方米，比上年增长9.4%，其中新开工面积4574万平方米，下降12%。建筑业企业在外省完成建筑业产值300亿元，比上年增长16.1%。年末拥有总承包和专业承包资质的建筑企业1477家，实现利润74亿元，比上年增长18.8%；上缴税金71亿元，增长13.8%。

## （四）服务业

### 1. 国内贸易

积极改善提升消费环境，加快优化城乡商贸布局，大力发展新型消费业态，突出扩大消费需求对经济增长的贡献。全年实现社会消费品零售总额3240.97亿元，比上年增长14.5%。其中城镇消费品市场实现零售额2831.37亿元，增长14.3%；农村消费品市场实现零售额409.6亿元，增长16.3%。批发和零售业零售额2855.04亿元，增长14%；住宿和餐饮业零售额385.93亿元，增长18.7 %。全市家电下乡产品销售额12.38亿元。

全市限额以上批发零售贸易业零售额中，服装、鞋帽、针纺织品类增长28.1%；食品、饮料、烟酒

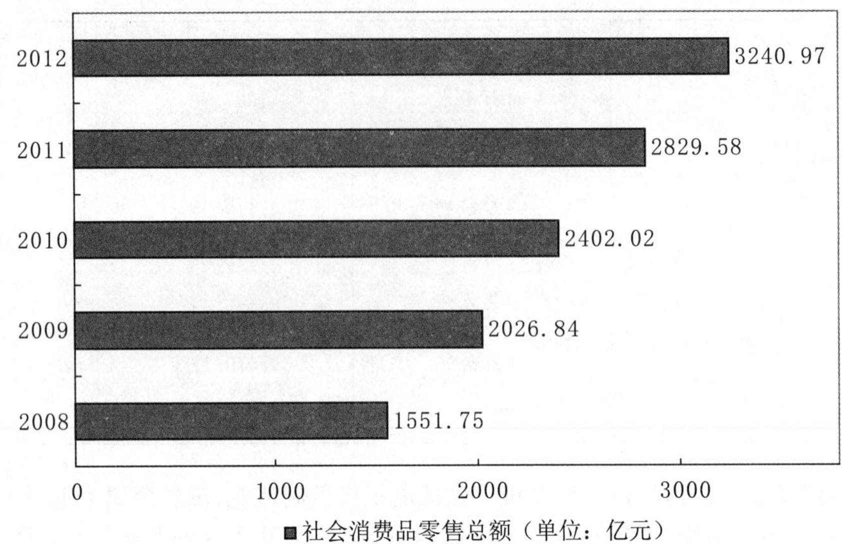


**图59　2008—2012年苏州市社会消费品零售总额**

类增长23.1%；日用品类增长21.7%；通讯器材类增长20.7%；文化办公用品类增长11.1 %；汽车类增长4.1%；金银珠宝类增长0.4%；体育、娱乐用品类增长0.1%；家用电器和音像器材类下降3.6%。

商业载体建设稳步推进。全市拥有国家级特色(著名)商业街13条。国家级、省级商业示范社区20家。年末全市共有商品交易市场625个，其中亿元以上市场90个，实现成交额4855.09亿元，比上年增长38.2%。新型流通业态以及现代经营方式较快发展。网络购物、无店铺销售、仓储式销售等新兴业态发展迅猛。吴中区金枫电子商务产业园成为国家电子商务示范基地。

### 2. 交通运输、邮电业

全市以加快基础设施建设、提高运输服务能力、构筑现代物流体系为重点，推进现代交通运输产业发展。

交通基础设施不断完善。全市完成交通基础设施投资116.1亿元，其中公路建设投资60.7亿元，港口建设投资35亿元。年末公路总里程13090公里，其中高速公路535公里。

客货运量稳定增长。全市完成公路、水路客运量7.13亿人次，旅客周转量307.74亿人公里，分别比上年增长11.8%和12.1%；完成货运量1.77亿吨，货物周转量170.51亿吨公里，分别增长13.2%和13.8%。

港口运输能力增强。苏州港港口货物吞吐量4.28亿吨，比上年增长12.6%；集装箱运量586万标箱，比上年增长25.2%。苏州港新增万吨级以上码头泊位9个。太仓港年吞吐量突破400万标箱，太仓港在全国内河港中第一个获批享受海港待遇。

邮电通信平稳发展。全市邮政系统发送函件2.92亿件、特快专递2130.98万件、报刊3.1亿份。年末邮政储蓄余额433.8亿元，比年初增加60.86亿元。全市电信业务总收入187.35亿元，比上年增长10.8%。年末移动电话用户1555万户，互联网宽带用户达到283.57万户。

私家汽车保有量继续增加。年末拥有机动车239.27万辆，其中汽车177.90万辆，分别比上年增长7.1%和18.1%。私家汽车保有量144.54万辆，比上年增长20.6%。

### 3. 金融、证券和保险

货币信贷总量平稳增长，金融业态多元发展，对实体经济支持力度加大。年末金融机构人民币

存、贷款余额分别为17663.5亿元和13626.86亿元，分别比年初增加2483亿元和1754亿元。各项存款中，储蓄存款余额5788亿元；单位存款余额10758亿元。各项贷款中，短期贷款余额5717亿元，比年初增加1073亿元；中长期贷款余额7504亿元，比年初增加626亿元。年末金融机构本外币存、贷款余额分别为18796亿元和14878亿元，比年初分别增加2793亿元和2102亿元。

年末全市共有证券营业部60家，证券交易开户总数121万户。证券机构托管市值总额1283亿元，比上年增长10.9%。全年各类证券交易额10476亿元，比上年下降26.8%。期货市场交易额34901亿元，比上年下降8.6%。

保险业稳健运行。注册资本20亿元、国内首家在地级市设立的寿险法人总部机构——东吴人寿保险股份有限公司获准开业。全年新增保险机构5家，年末全市保险机构共68家。全年保费收入237亿元，比上年增长13.3%，其中财产险保费收入105亿元，增长19.4%；人身险保费收入133亿元，增长8.9%。

#### 4. 旅游业

着力提升文化旅游城市影响力，以项目开发、优化品质、树立品牌、提升服务为重点，全面促进旅游产业融入经济社会发展。全市实现旅游总收入1376.24亿元，比上年增长15.1%；接待境外游客321.87万人次，比上年增长8.1%。入境游客中，外国游客230.18万人次，港澳台同胞91.69万人次。旅游外汇收入16.47亿美元，比上年增长12.1%。全市景区接待游客11426.28万人次，比上年增长12.89%。

年末全市拥有星级饭店144家，其中四星级及以上饭店75家。金鸡湖景区成功创建国家5A级景区，全市共有5A级景区点4家，4A级景区点28家，3A级景区点20家。苏州被确定为全国智慧旅游试点城市。

#### 5. 房地产业

在国家房地产政策调控的总基调下，房地产开发投资、施工面积增速放缓，市场销售总体保持稳定，刚性需求有所释放，住房供给和需求结构得到调整。全年完成房地产开发投资额1263.36亿元，比上年增长5.4%，占全社会固定资产投资的比重达24%。商品房新开工面积2061万平方米，比上年增长0.5%；商品房施工面积8404万平方米，增长5.8%；竣工面积1828万平方米，增长20.7%。商品房销售面积1466.29万平方米，增长21.1%，其中住宅销售面积1263.11万平方米，增长28.4%。市区存量房交易面积312万平方米，交易金额316亿元，分别比上年增长28%和29%。

#### 6. 现代服务业

积极推进金融创新发展。新增上市公司12家，年末拥有境内外上市公司82家，累计募集资金661亿元。发行企业债券174亿元。新增批准开业小额贷款公司11家，累计83家。股权创业投资快速发展。年末拥有备案创投企业106家，创投机构管理资金规模700亿元。全社会新增融资规模近4000亿元。

全市以服务业税收"营改增"试点、省级服务业综合改革试点为契机，加快发展现代服务业。年末全市省、市级服务业集聚区达到70个，集聚区从业人员87.7万人，年销售（营业）收入7623亿元，比上年增长52.4%。新增制造业企业分离发展现代服务业企业264家，累计达到1002家。全年服务外包接包合同额和离岸接包执行额55.96亿美元和30.54亿美元，分别比上年增长56.8%和51.9%。

### （五）开放型经济

#### 1. 对外贸易

在欧债危机和主要发达经济体复苏进程缓慢的影响下，外贸增长减缓。全市实现进出口总额

3056.92亿美元，其中出口1746.89亿美元，分别比上年增长1.6%和4.5%，增幅分别比上年回落8.2和4.7个百分点。外资企业进出口2273.51亿美元，比上年下降7.5%。积极推进加工贸易转型升级，大力发展一般贸易、保税物流贸易和服务贸易，外贸方式加快转变。全市加工贸易增值率由上年的77.2%提升至85.7%。一般贸易出口占出口总额的比重达25.3%，比上年提高1.6个百分点。保税物流贸易进出口增长54.16%。新兴市场增势强劲。全市对东盟、非洲和俄罗斯的出口额分别比上年增长13.8%、14.0%和10.7%。成功举办第一届中国国际进口产品博览会。

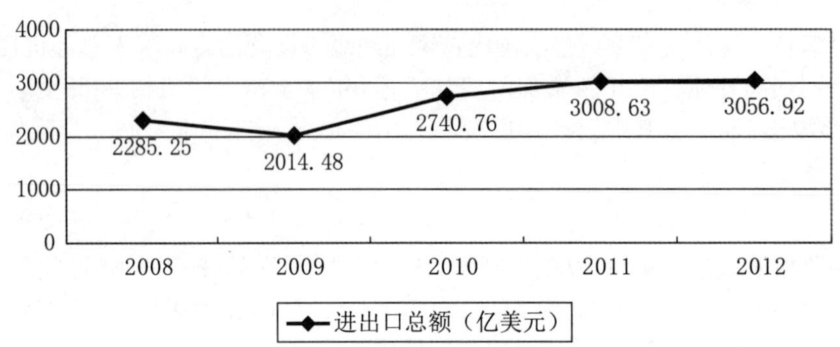


**图60　2008—2012年苏州市外贸进出口总额情况**

## 2. 招商引资

积极推进高端引资，鼓励企业增资扩股，推动利用外资稳量提质。全年实际利用外资91.65亿美元，比上年增长2.8%，其中服务业利用外资30.24亿美元，增长3.1%，占实际利用外资比重达33%。新兴产业和高新技术项目利用外资35.14亿美元，占实际利用外资的比重达38.3%。新增外资地区性总部及功能性总部机构45家，累计达180家。43家企业被认定为首批省级跨国公司地区总部和功能性机构。世界500强企业中有145家落户苏州。

## 3. 对外经济合作

全年新批境外投资中方协议投资额12.22亿美元，比上年增长74.4%，规模实现全省九连冠。全年新签对外劳务承包合同额10.26亿美元，完成营业额8.37亿美元，分别比上年增长7.9%和8.9%。年末境外投资涉及的国家和地区达到80多个。

## 4. 开发区建设

开发区载体功能再拓展。全市共有省级以上开发区17家，其中国家级开发区11家。全市开发区实际利用外资76.09亿美元，出口总额1510.68亿美元，实现地方公共财政预算收入688.87亿元，占全市的比重分别为83.0%、86.5%和57.2%。吴中经济开发区升格为国家级开发区，张家港保税港区汽车整车进口口岸获得国务院批准，苏州高新区成为全国首个国家知识产权服务业集聚发展区。

## 5. 民营经济

全市优化发展环境，激活民间资本，民营经济发展量增质升，对经济的贡献份额不断提高。全年私营企业、个体户新登记注册户数11.23万户。年末全市私营个体登记注册户数64.46万户，其中私营企业22.96万户、个体工商户41.50万户，分别比上年增长9.1%、10.4%和8.4%。年末私营个体注册资金8716.11亿元，比上年增长16.1%。年末注册资金超1000万元的私营企业15967户，比上年增加1773户；其中超亿元的企业1424户，增加252户。全市民间投资占固定资产投资的比重达56.2%，民营工业产值占规模以上工业产值的比重达31.1%。

# 二、苏州市2012年社会发展概况

## （一）人口、人民生活

人口规模保持稳定。全市户籍人口出生6.8万人，出生率为10.56‰，人口自然增长率为3.58‰。年末全市户籍总人口647.81万人，比上年增加5.48万人，其中市区户籍人口328.99万人，比上年增加3.57万人。

全市积极落实城乡居民收入六年倍增计划，居民收入稳步增加。市区居民人均可支配收入39079元，农民人均纯收入19396元左右，分别增长12.9%和12.6%。收入结构进一步优化，非工资性收入保持较快增长。

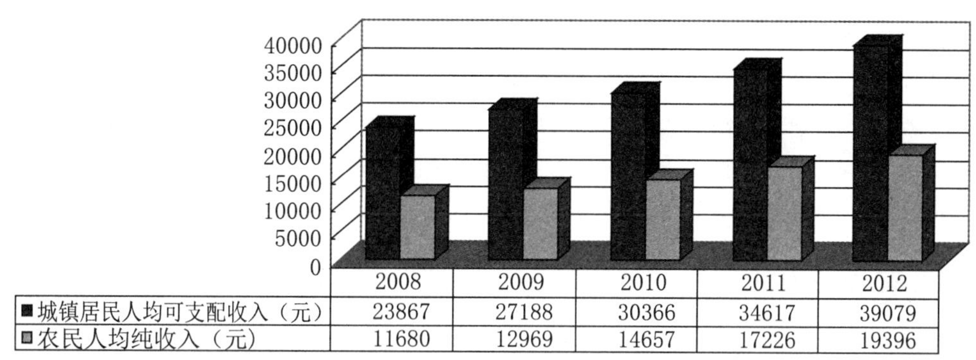


图61　2008—2012年苏州市城乡居民收入对比一览

表29　市区居民家庭月人均可支配收入分组表

| 组别 | 各组所占比重(%) | 全年人均可支配收入(元) |
|---|---|---|
| 1000元以下 | 2.9 | 9991 |
| 1000—1500元 | 11.2 | 15221 |
| 1500—2000元 | 17.1 | 21198 |
| 2000—2500元 | 18.3 | 26591 |
| 2500—3000元 | 12.2 | 32802 |
| 3000—4000元 | 16.1 | 40767 |
| 4000—5000元 | 8.7 | 53051 |
| 5000元以上 | 13.5 | 97676 |

保障性住房建设规模扩大，住房保障覆盖范围稳步提高。全市新开工建设保障性住房37454套、竣工25420套，为4932户困难家庭发放廉租住房租赁补贴。市区完成113万平方米老住宅小区、16万平方米零星居民楼综合整治任务，解危修缮直管公房4.5万平方米。实施城区居民家庭改厕8739户，改造城中村(无地队)17个。新增住房公积金缴存人数52.64万人，职工使用住房公积金187.64亿元。全市新建、改建城乡农贸市场47家，市区开设农产品直供网点46家，新建农产品平价直销网

点 102 个。

## （二）就业与社会保障

就业形势保持平稳。全市新增就业 16.8 万人，开发公益性岗位 9500 个。城镇居民登记失业率为 2.7%。苏州籍高校毕业生就业率达到 96.6%。全年免费培训城乡劳动力 43.8 万人。城乡基层就业公共服务平台加快建设。

城乡社会保障一体化稳步推进。实现养老保险、医疗保险城乡并轨，成为全国首个全面实现社保城乡并轨的地区。年末全市城镇职工养老保险缴费人数 472.88 万人，职工医疗保险参保人员 541.56 万人，城镇职工失业、工伤、生育参保缴费人数分别为 375.74 万人、404.07 万人和 403.97 万人。城镇职工五大社会保险覆盖率和社会保障基金征缴率均保持在 99%以上。城乡居民养老保险和居民医疗保险覆盖率均达到 99%以上。城乡老年居民享受社会养老保险待遇覆盖率达到 100%。企业退休人员月人均增加基本养老金 165.5 元。城乡居民最低生活保障标准由每人每月 500 元提高至 570 元。苏州社会保障・市民卡顺利发放，市区发放量 233 万张。

各类养老机构 205 个，床位总数 46223 张，收养人数 32356 人。新增养老床位 10942 张、日间照料中心 87 个，助餐点 142 个。全市 27711 户、56911 人纳入低保范围，累计发放保障金 2.06 亿元。全年社会救助支出达 18.3 亿元，惠及困难群众 16.8 万人次。

## （三）教育与科技创新

### 1. 教育事业

教育现代化稳步推进。年末全市拥有各级各类学校 1096 所（含幼儿园），在校学生 125.28 万人，毕业生 30.78 万人，教职工总数 9.72 万人，其中专任教师 7.95 万人。在苏州的普通高等院校 20 所，独立学院 4 所。普通高等学校在校学生 19.22 万人，毕业生 4.97 万人；成人高等学校在校学生 3.4 万人，毕业生 1.94 万人。各类教育均衡发展。学前三年幼儿入学率达 99.9%，义务教育阶段学生入学率、巩固率继续保持在 100%，全市初中毕业生升学率为 99.7%。全市高等教育毛入学率预计达到 63.3%。苏州独墅湖科教创新区被教育部确定为高等教育国际化示范区。

### 2. 科技事业

围绕结构调整和产业转型升级，着力提升科技进步对经济增长的贡献度，全力打造以增强自主创新能力为核心的区域创新体系。全市研究与试验发展经费支出占地区生产总值的比重预计达到 2.6%。全年落实企业研发费加计扣除金额 42.47 亿元。

全市新增省级以上高新技术企业 588 家、累计达到 1864 家。新认定省级以上高新技术产品 2367 个，累计达 10031 个。新增省级以上企业技术中心 43 家，累计 176 家。新增省级以上工程技术研究中心 109 家，累计 337 家。全市 80%的本土大中型企业建立研发机构。高新技术产业实现产值 11889 亿元，占全市规模以上工业产值的比重达到 41.3%。

全市专利申请量和授权量达到 14 万件和 9.8 万件，分别比上年增长 37%和 27.2%，专利申请量和授权量均列全国大中城市第一位。新增中国驰名商标 17 件，累计达 75 件。苏州成为首批国家知识产权示范城市，并顺利通过全国版权示范城市验收。

### 3. 人才建设

人才强市战略深入实施，创新人才、领军人才、高层次人才和高技能人才的引进和培育力度不断增强。全年引进大专以上各类人才 14.2 万人。年末全市各类人才总量 178.37 万人，其中留学回国

人员 1.38 万人，高层次人才 11.4 万人，高技能人才达到 38 万人。新增入选国家“千人计划”人才 51 人，累计 105 人，居全国地级市第一；新增入选省“双创计划”人才 96 人，累计 301 人；新增入选市“姑苏计划”人才 118 人，累计 347 人。国家“千人计划”中，创业人才的比重达到 70%。

## （四）文化、卫生、体育

### 1. 文化事业

文化事业加快发展。年末全市有艺术表演团体 15 个，文化馆 12 个，博物馆 36 个，公共图书馆 12 个。镇（街道）以上公益性文化设施实现全覆盖，行政村公益性文化设施覆盖率达 90%。文艺精品新作连创佳绩。滑稽戏《青春跑道》入选国家文化部建国以来优秀保留剧目大奖。

大力发展文化产业。预计全市文化产业营业收入 2600 亿元。年末拥有国家级文化产业示范基地 7 个，省级文化产业示范基地 5 个、市级基地 28 个。

文化保护和传承加强。全市累计 6 个项目列入联合国人类非物质文化遗产代表作名录，29 个项目列入国家级非物质文化遗产代表性项目，39 人列入国家级非物质文化遗产项目代表性传承人。大运河苏州段成功列入中国大运河首批申遗名单，昆曲遗产保护、传承、弘扬工程顺利通过国家级文化创新工程验收。

### 2. 卫生事业

公共卫生服务能力和医疗卫生服务水平不断提高。年末全市有各类卫生机构 2992 个，其中医院、卫生院 251 个，卫生防疫、防治机构 13 个，妇幼保健机构 7 个。年末卫生机构拥有床位 4.61 万张，拥有卫生技术人员 5.72 万人，其中医生 2.32 万人，分别比上年增长 7.2%、12.4%和 18.8%。城乡社区卫生服务机构覆盖率达 100%。建成国家级示范卫生服务中心 2 个，镇村卫生机构均达到省定建设标准。

### 3. 体育事业

全民健身活动长效化，竞技体育取得丰硕成果。成功举办市第 13 届体育运动会。苏州健儿在伦敦奥运会上勇夺 2 枚金牌、1 枚银牌。新增 4 名世界冠军，苏州世界冠军总数达 23 人。全年共承办省级以上体育竞赛 68 项次，其中国际、洲际比赛 23 项次，全国比赛 40 项次，省级比赛 5 项，办赛数量在全省各市保持领先。体育设施进一步完善。市区新建、更新全民健身路径 169 条。体育彩票销售创新高，实现总销量 34.65 亿元，位居全国地级市第一，全国大中城市第二位。

## （五）城乡建设和规划管理

围绕建设“一核四城”的发展目标，实施部分行政区划重大调整，撤销平江、沧浪、金阊三个区，设立姑苏区、苏州国家历史文化名城保护区。吴江撤市设区。中心城市首位度得到提升。苏州市区面积由 3254.7 平方公里扩大到 4474.4 平方公里（含水域面积）。市区新增绿地 450 万平方米，市区人均公共绿地面积 14.94 平方米，市区建成区绿化覆盖率 42.4%。农村生态环境进一步改善，新增林地、绿地面积 13.3 千公顷。村庄环境整治达标率 96.46%。

多元化公共交通服务得到新提升。市区新辟公交线路 20 条，年末市区营运车辆达到 3826 辆，营运线路 285 条，线路总长达到 6488 公里；市区公交运客总量 6.26 亿人次，比上年增长 10.6%。年末城市轨道交通运营里程 25.2 公里。轨道 1 号线自开通运营到年底，运客量达到 2595 万人次。新增电调专用出租车 300 辆，市区年末营运出租汽车 4303 辆。市区新购公交车 506 辆，国Ⅲ以上排放标准的公交车比例达到 91.7%。新建公共自行车网点 151 个。全年新增农村客运（公交）班线 19 条，行政村农村客运班车通达率保持 100%，城乡客运一体化覆盖率达到 90%。

公用事业投入不断加大。市区新建、改建公共卫生间 25 座，新建、改建垃圾中转站 2 座，新、扩建城镇污水处理厂 22 座，建设配套截污管网 798.74 公里，新增污水日处理能力（含扩建）20.75 万吨。

市区管道天然气供气总量 7.43 亿立方米，人工煤气供气总量 4449 万立方米。城乡居民生活用电 86.49 亿千瓦时，比上年增长 12.1%。

### （六）节能降耗与环境保护

以绿色发展、低碳发展、可持续发展为目标，妥善处理节能减排与稳定经济发展的关系，改善优化生态环境，全力构筑生态宜居地区。

全年万元地区生产总值能耗预计为 0.6375 吨标准煤，预计比上年下降 4.47%。全年全社会用电量 1189.93 亿千瓦时，比上年增长 5.2%。其中工业用电量 982.66 亿千瓦时，增长 3.9%。全年规模以上工业综合能源消费量 5015 万吨标准煤，比上年增长 2.8%，其中消耗的主要能源品种为：原煤 5005 万吨，下降 1.1%；天然气 37 亿立方米，增长 8.4%；电力 807 亿千瓦时，增长 5.5%。

全社会环保投入达到 445 亿元，增长 14.9%，占 GDP 的比重达到 3.7%。全市环境质量综合指数 93.26。市区空气质量优良以上天数达到 339 天。集中式饮用水源地水质达标率为 100%。功能区环境噪声达标率 100%。推动实施 PM2.5 监测。全市建成 55 个全国环境优美镇，其中 50 个为国家级生态镇；新增省级生态村 25 个，省级以上生态村累计达到 526 个，占行政村总数的 48.4%。

扎实开展“能效之星”创建活动，实施“万家企业节能低碳行动”，实现节能 100 万吨标准煤。全年实施减排项目 174 个。

## 三、挑战与目标

苏州市经济社会发展和政府工作中仍然存在不少问题与不足，主要是：受国际市场需求持续低迷等因素影响，开放型经济和实体经济面临更大困难，地区生产总值、地方公共财政预算收入、进出口总额、社会消费品零售总额增速趋缓；自主创新能力有待提高，产业结构亟需优化，节能减排任务艰巨，转变经济发展方式任重道远；环境质量不如人意，可持续发展能力还要切实增强；　社会建设和社会管理需要进一步加强，政府工作效能和服务水平必须加快提升。

2013 年全市经济社会发展的主要预期目标是：地区生产总值增长 10%，地方公共财政预算收入增长 10%，服务业增加值占地区生产总值的比重提高 1.5 个百分点，新兴产业和高新技术产业产值占规模以上工业产值的比重各提高 2 个百分点左右，全社会固定资产投资增长 15%左右，社会消费品零售总额增长 16%左右，进出口总额增长 3%左右，实际利用外资与上年基本持平，城镇居民人均可支配收入和农民人均纯收入均增长 12%以上，居民消费价格总水平涨幅控制在 3.5%左右，城镇登记失业率控制在 3.5%以内，全社会研究与试验发展经费支出占地区生产总值的比重达到 2.7%，单位地区生产总值能源消耗下降、主要污染物排放量削减完成省下达任务。

## 四、苏州市在长三角地区经济发展中的地位

改革开放以来，苏州市依靠优越的人文地理条件，坚持市场化取向，抢抓机遇，掀起了波澜壮阔的工业化和国际化浪潮，城市化和现代化进程加速推进。2012 年，苏州市上下认真贯彻落实市委、市政府关于推进经济跨越发展的政策意见，围绕建设“三区三城”和率先基本实现现代化的目标，坚持不懈稳增长、调结构、抓创新，全市经济保持较快发展的良好态势，努力克服和化解宏观经济运行的下行压力，有效加强经济运行调节，积极强化要素保障，全方位转变发展方式，，总量规模继续扩大，在长江三

角洲地区的地位继续保持先进地位。

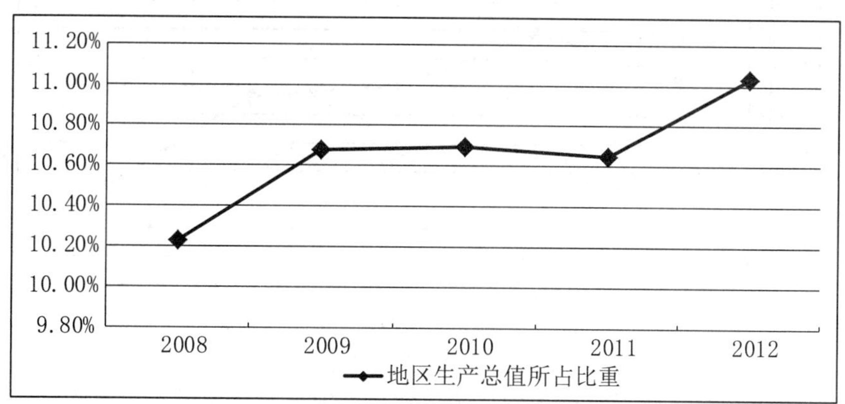


**图 62　2008—2012 年苏州市地区生产总值在长三角所占比重的变化趋势**

2008—2012 年苏州市地区生产总值在长三角所占比重分别为 10.23%、10.68%、10.69%、10.65%和 11.03%，2012 年逆势大幅度上扬，较上年上升了 0.38 个百分点。2012 年苏州市地区生产总值在长三角地区 25 个市(苏浙两省 24 个地级市和上海市，下同)中与上年保持一致，排名第 2 位。

2012 年，苏州市经济保持平稳增长。全市实现地区生产总值 12011.65 亿元，比上年增长 10.1%；人均地区生产总值(按常住人口计算)114029 元，按现行汇率折算 18142 美元。

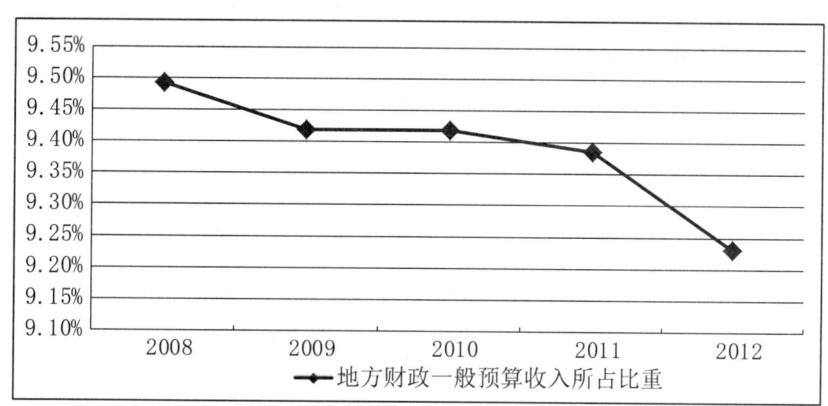


**图 63　2008—2012 年苏州市地方财政一般预算收入在长三角所占比重变化趋势**

2008—2012 年苏州市地方财政一般预算收入在长三角所占比重分别为 9.49%、9.42%、9.42%、9.39%和 9.23%，逐年下跌，2012 年大幅度下跌，2012 年比上年下跌了 0.16 个百分点，2012 年苏州市地方财政一般预算收入在长三角地区 25 个市中排名与上年保持一致，连续多年排名第 2 位。

2012 年，苏州市全年实现地方公共财政预算收入 1204.3 亿元，比上年增长 9.4%。其中各项税收收入 1023.9 亿元，增长 10.2%。全年地方公共财政预算支出 1113.47 亿元，比上年增长 11.1%。其中教育支出 180.7 亿元，增长 19.5%；科学技术支出 66.59 亿元，增长 24.2%；社会保障和就业支出 101.6 亿元，增长 20.1%。全市各级财政用于民生方面的支出 605.4 亿元，占财政支出的 54.4%。

2008—2012 年苏州市规模以上工业总产值在长三角所占比重分别为 14.28%、14.58%、14.20%、14.13%和 13.49%，2009 年小幅增长后，2010 年、2011 和 2012 年连续下滑，2012 年较上年

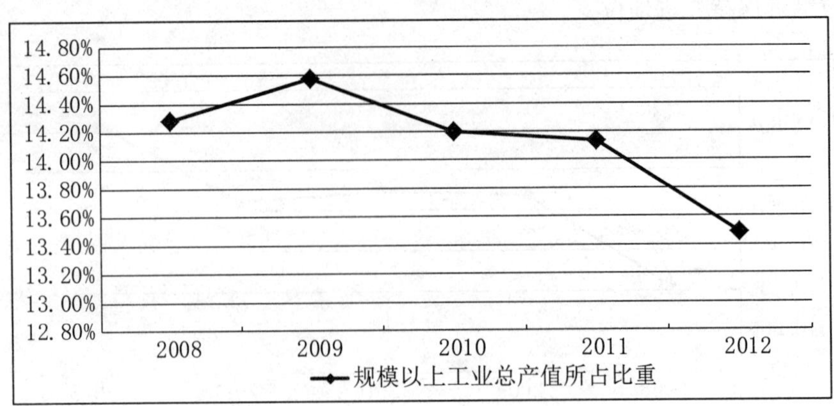


**图 64　2008—2012 年苏州市规模以上工业总产值在长三角所占比重的变化趋势**

下跌 0.64 个百分点，但是 2012 年苏州市规模以上工业总产值在长三角地区 25 个市中排名继续与上年保持一致，排名第 2 位。

2012 年苏州市工业经济努力克服市场需求放缓、生产成本上升、经营难度加大的不利影响，以强化要素保障实现稳定增长，以加快结构调整促进提档升级。全市实现工业总产值 34528 亿元，其中规模以上工业总产值 28784 亿元，分别比上年增长 3.5%和 5.2%。全市规模以上工业中，私营工业产值 4893 亿元，增长 4.3%；外资工业产值 19115 亿元，增长 4.0%。重工业产值 21737 亿元，轻工业产值 7046 亿元，分别比上年增长 6.1%和 2.5%。全市新产品产值 4627 亿元，比上年增长 20.5%。受市场环境制约，工业企业经营效益有所下降，但降幅逐步收窄。全年规模以上工业企业实现主营业务收入 28538.3 亿元，比上年增长 3.6%；利税总额 1742.93 亿元，比上年下降 5.7%，其中利润总额 1217.23 亿元，下降 10.4%；规模以上工业产销率达到 98.6%。

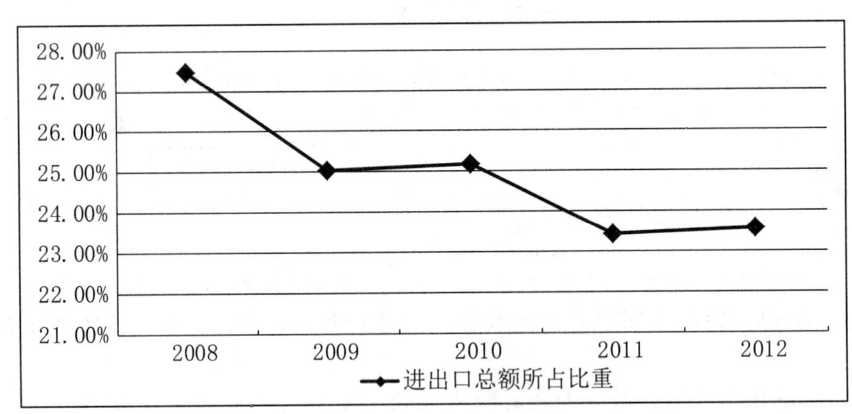


**图 65　2008—2012 年苏州市进出口总额在长三角所占比重的变化趋势**

2008—2012 年苏州市进出口总额在长三角所占比重分别为 27.47%、25.05%、25.19%、23.43%和 23.57%，连续多年持续下行态势，2011 年出现逆势上扬，2012 年较上年上升了 0.14 个百分点。2012 年苏州市进出口总额在长三角地区 25 个市中排名继续与上年保持一致，排名第 2 位。

2012 年，在欧债危机和主要发达经济体复苏进程缓慢的影响下，外贸增长减缓。全市实现进出口总额 3056.92 亿美元，其中出口 1746.89 亿美元，分别比上年增长 1.6%和 4.5%，增幅分别比上年回落 8.2 和 4.7 个百分点。外资企业进出口 2273.51 亿美元，比上年下降 7.5%。积极推进加工贸易转

型升级，大力发展一般贸易、保税物流贸易和服务贸易，外贸方式加快转变。全市加工贸易增值率由上年的77.2%提升至85.7%。一般贸易出口占出口总额的比重达25.3%，比上年提高1.6个百分点。保税物流贸易进出口增长54.16%。新兴市场增势强劲。全市对东盟、非洲和俄罗斯的出口额分别比上年增长13.8%、14.0%和10.7%。成功举办第一届中国国际进口产品博览会。

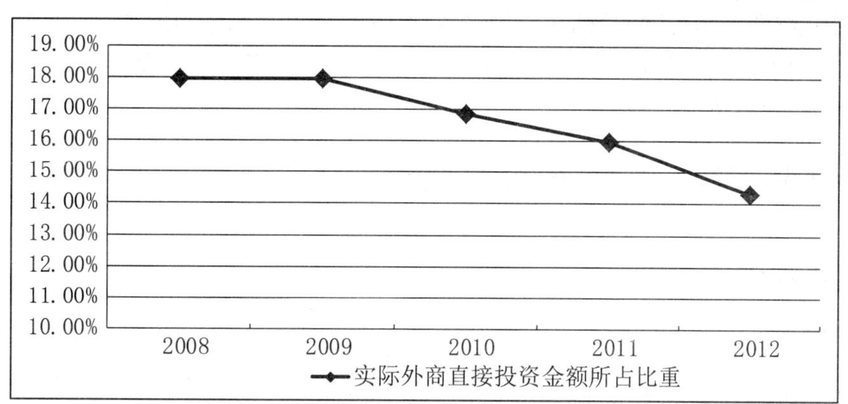


**图66　2008—2012年苏州市实际外商直接投资金额在长三角所占比重的变化趋势**

2008—2012年苏州市实际外商直接投资金额在长三角所占比重分别为17.96%、17.96%、16.86%、15.99%和14.32%，2010至2012年连续三年出现下降，累计降幅达3.64个百分点。但2012年苏州市规模以上工业总产值在长三角地区25个市中排名仍继续与上年保持一致，排名第2位。

2012年，苏州市积极推进高端引资，鼓励企业增资扩股，推动利用外资稳量提质。全年实际利用外资91.65亿美元，比上年增长2.8%，其中服务业利用外资30.24亿美元，增长3.1%，占实际利用外资比重达33%。新兴产业和高新技术项目利用外资35.14亿美元，占实际利用外资的比重达38.3%。新增外资地区性总部及功能性总部机构45家，累计达180家。43家企业被认定为首批省级跨国公司地区总部和功能性机构。世界500强企业中有145家落户苏州。

# 七　南通市 2012 年经济社会发展报告

2012 年，面对复杂严峻的经济形势，全市上下全面落实中央和省的各项保持经济平稳较快发展的政策措施，紧紧围绕“两个率先”的目标和“落实‘八项工程’，实现‘八个领先’”①的要求，把稳增长放在首要位置，坚持稳中求进的总基调，全力推进各项工作。全市经济基本面保持平稳，稳增长的基础有所巩固，主要指标稳中有进。

## 一、南通市 2012 年经济发展概况

### （一）综合经济

#### 1. 经济总量

2012 年全市生产总值 4558.67 亿元，按可比价计算，比上年增长 11.8%。其中，第一产业增加值 319.09 亿元，增长 4.6%；第二产业增加值 2414.11 亿元，增长 12.4%；第三产业增加值 1825.47 亿元，增长 12.3%。人均地区生产总值 62506 元，按当年平均汇率折算达 9902 美元，按可比价计算，比上年增长 11.7%。财政总收入占地区生产总值的比重达 23.2%。

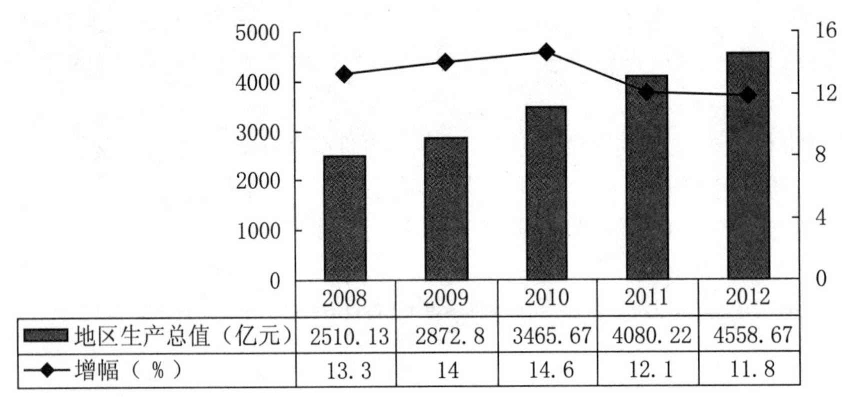


| | 2008 | 2009 | 2010 | 2011 | 2012 |
|---|---|---|---|---|---|
| 地区生产总值（亿元） | 2510.13 | 2872.8 | 3465.67 | 4080.22 | 4558.67 |
| 增幅（%） | 13.3 | 14 | 14.6 | 12.1 | 11.8 |

图 67　2008—2012 年南通市地区生产总值及增长速度

产业结构持续优化，三次产业结构由上年的 7.0∶54.5∶38.5 调整为 7.0∶53.0∶40.0。全年实现服务业增加值 1844.9 亿元，增长 12.3%，占 GDP 比重为 40.5%，比上年提高 1.6 个百分点。高新技术产业占比稳步提升，完成高新技术产业产值 3936.8 亿元，增长 16.6%，占规模以上工业比重达到 39.7%，同比提高 3.0 个百分点。新兴产业发展势头强劲，海洋工程装备、新能源、新材料、生物技术和新医药、智能装备和节能环保等六大新兴产业完成产值 2573.7 亿元，增长 18.3%，占规模以上工业的比重达到 25.9%，同比提高 3.0 个百分点。区域经济协调发展，县域经济大部分指标增速均快于全

① 落实“八项工程”、实现“八个领先”：一是落实转型升级工程，实现沿海开发全省领先；二是落实科技创新工程，实现科技竞争力江苏江北领先；三是落实农业现代化工程，实现农业产业化全省领先；四是落实文化建设工程，实现文明城市建设全省领先；五是落实民生幸福工程，实现居民收入增幅全省领先；六是落实社会管理创新工程，实现社会管理创新全国领先；七是落实生态文明建设工程，实现生态创建江苏江北领先；八是落实党建工作创新工程，实现党建科学化水平全省领先。

市平均水平，实现地区生产总值2800.5亿元，增长11.9%。

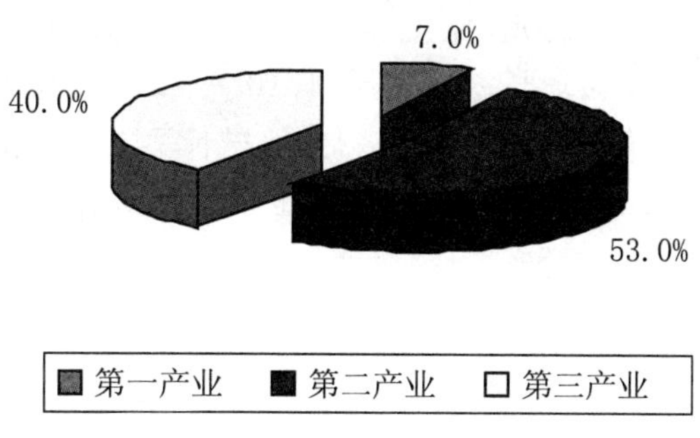


图68　2012年南通市三次产业结构图

### 2. 财政收支

全年财政总收入1055.9亿元，增长11.0%，其中，各项税收567.8亿元，增长10.7%。地方公共财政预算收入419.72亿元，增长12.3%，其中，营业税增长56.5%，增值税下降0.1%。全年财政总支出937.6亿元，增长23.0%，其中，地方公共财政预算支出513.0亿元，增长22.3%。地方公共财政预算支出中，用于社会保障与就业、科学技术、教育、医疗卫生、环境保护民生方面的财政投入达285.2亿元，增长23.6%。

### 3. 物价指数

市区居民消费价格总指数102.5，即物价总水平比上年增长2.5%。其中，服务项目价格上涨1.3%，消费品价格上涨3.1%。八大类消费价格呈现“七涨一降”格局。

表30　市区居民消费价格涨跌情况

| 指　　标 | 比上年增长(%) |
|---|---|
| 食品类 | 5.2 |
| 其中:粮食类 | 0.6 |
| 水产品类 | 11.3 |
| 烟酒及用品类 | 2.5 |
| 衣着类 | 4.4 |
| 家庭设备用品及维修服务类 | 4.1 |
| 医疗保健和个人用品类 | 2.6 |
| 交通和通讯类 | 1.2 |
| 娱乐教育文化用品及服务类 | −0.5 |
| 居住类 | 0.4 |

### 4. 固定资产投资①

全年固定资产投资额 2886.47 亿元，比上年增长 21.4%，其中，民间投资 2144.8 亿元，增长 21.2%，占固定资产投资的比重达 74.3%；工业投资 1710.0 亿元，增长 11.1%，占固定资产投资的比重达 59.2%。固定资产投资中，第一产业投资 4.3 亿元、增长 74.8%，第二产业投资 1710.0 亿元、增长 11.1%，第三产业投资 1172.1 亿元、增长 40.1%。全年基础设施投资 484.9 亿元，增长 55.5%。

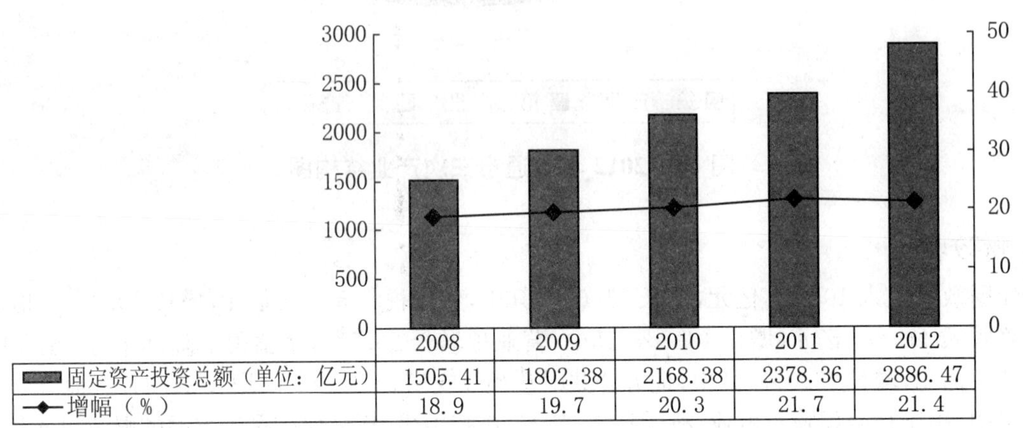


| | 2008 | 2009 | 2010 | 2011 | 2012 |
|---|---|---|---|---|---|
| 固定资产投资总额（单位：亿元） | 1505.41 | 1802.38 | 2168.38 | 2378.36 | 2886.47 |
| 增幅（%） | 18.9 | 19.7 | 20.3 | 21.7 | 21.4 |

**图 69　2008—2012 年南通市全社会固定资产投资及增长幅度**

### 5. 区县经济

2012 年，面对复杂严峻的国内外经济形势，海安县人民在中共县委、县人民政府的正确领导下，坚持以“科学发展观”为统领，按照“打好新征程‘七大战役’，实现新时期‘七战七捷’”战略部署，冲刺“双超”目标，全县经济社会发展取得新佳绩。全县地区生产总值 480.14 亿元，按可比价计算，比上年增长 12.2%，其中：第一产业增加值 47.69 亿元，增长 4.7%；第二产业增加值 246.30 亿元，增长 12.2%；第三产业增加值 186.15 亿元，增长 14.2%。全年人均地区生产总值 51147 元(按户籍人口计算)，比上年增长 12%。转型升级步伐加快。三次产业增加值结构由上年的 10∶53.1∶36.9 调整为 9.9∶51.3∶38.8，服务业增加值占 GDP 的比重较上年提升 1.9 个百分点，财政总收入占 GDP 的比重 20.8%，同比提升 4 个百分点。

2012 年，海门市上下在市委、市政府的正确领导下，深入贯彻落实科学发展观，围绕“建设美好新海门、率先基本现代化”的奋斗目标，紧扣“产业现代化、城市现代化、文化现代化、生活现代化”四大重点，加快产业转型升级，深化城乡一体发展，提高民生保障水平，促进社会和谐稳定，为率先基本实现现代化奠定坚实基础。经济运行质量不断提高，城市基础设施建设、科技、教育、文化、卫生、体育等各项社会事业不断进步，城乡人民生活继续改善。经初步核算，全市实现地区生产总值 663.10 亿元，按可比价计算，比上年增长 12.0%。其中第一产业增加值 46.50 亿元，增长 4.6%；第二产业增加值 377.60 亿元，增长 11.5%；第三产业增加值 239.00 亿元，增长 14.4%。三次产业结构为 7∶57∶36。人均地区生产总值 73490 元，比上年增长 12.7%。

2012 年，启东市上下认真贯彻落实科学发展观，积极应对复杂多变的国内外宏观经济形势，紧紧围绕全年目标，按照市委、市政府的统一部署，凝心聚力，攻坚克难，统筹做好稳增长、调结构、促转型、

① 从 2011 年起，固定资产投资项目统计起点标准改为 500 万元。固定资产投资(不含农户)统计范围从城镇固定资产投资扩大到农村企事业组织。

惠民生等各项工作，全市经济社会保持平稳较快协调发展。2012年全市完成地区生产总值589.14亿元，按不变价比上年增长11.8%。其中，第一产业增加值61.48亿元，增长4.5%；第二产业增加值306.09亿元，增长12.7%，其中工业增加值240.62亿元，增长13.0%；第三产业增加值221.57亿元，增长12.4%。全市按户籍人口和常住人口计算的人均地区生产总值分别为52417元和61127元。三次产业结构由2011年的10.7∶53.3∶36.0调整为10.4∶52.0∶37.6。县域经济基本竞争力跃升至第39位，比上一届提升4个位次，县域相对富裕程度和竞争力等级都达到A+级。

2012年，是宏观环境复杂多变、发展压力明显加大的一年，也是新一届政府开局之年。一年来，如东县上下积极抢抓江苏沿海开发和长三角一体化战略深入推进的有利机遇，大力实施"港口引领、科技驱动、城乡一体和可持续发展"四大战略，扎实推进各项重点工作，全力以赴稳增长、调结构、惠民生、促和谐，全县经济社会发展又取得新进步。初步核算，全年实现地区生产总值478亿元，按可比价计算，比上年增长11.9%。其中，第一产业增加值56.56亿元，比上年增长4.6%；第二产业增加值243.03亿元，比上年增长12.7%；第三产业增加值178.41亿元，比上年增长12.9%。人均地区生产总值48361元，比上年增长12.9%。三次产业增加值比例为11.8∶50.9∶37.3。实现财政总收入80.36亿元，比上年增长22.2%；公共财政预算收入32.17亿元，比上年增长26.7%。县域经济基本竞争力连续十年跻身全国百强县(市)行列。

## （二）农林牧渔业

全市农林牧渔业总产值548.9亿元，按可比价计算，增长4.7%，其中，农业产值243.7亿元，增长2.8%；牧业产值130.5亿元，增长4.3%；渔业产值131.0亿元，增长1.9%。粮食播种面积783.4万亩，下降0.6%；棉花种植面积64.2万亩，下降6.6%；油料种植面积198.2万亩，下降1.9%；蔬菜种植面积176.1万亩，比上年增长3.6%。全市新增成片林14.9万亩。

**表31　主要农副产品产量情况**

| 产品名称 | 计量单位 | 产量 | 比上年增长(%) |
|---|---|---|---|
| 粮食 | 万吨 | 332.97 | 1.2 |
| 棉花 | 万吨 | 5.53 | 1.6 |
| 油料 | 万吨 | 39.20 | −2.0 |
| 蚕茧 | 万吨 | 2.79 | −7.5 |
| 生猪存栏 | 万头 | 298.53 | 2.9 |
| 生猪出栏 | 万头 | 391.38 | 6.2 |
| 羊存栏 | 万只 | 218.77 | 3.6 |
| 羊出栏 | 万只 | 255.64 | 5.4 |
| 家禽存栏 | 万只 | 5041.78 | −0.3 |
| 家禽出栏 | 万只 | 11216.51 | 1.1 |
| 禽蛋 | 万吨 | 45.93 | 0.4 |
| 水产品 | 万吨 | 84.80 | 3.3 |

## （三）工业和建筑业

全市规模以上工业增加值2273.2亿元，增长14.4%，规模以上工业总产值10101.2亿元，增长14.1%。工业产值中，装备制造业4520.6亿元，增长13.7%，占全市规模以上工业总产值的比重达45.5%，比上年下降0.8个百分点。全市规模以上工业主营业务收入9592.2亿元，增长14.3%；利税总额1110.1亿元，增长14.4；利润总额751.8亿元，增长13.8%。

**表32　规模以上工业增加值分类增长情况**

| 指　　标 | 增加值(亿元) | 比上年增长(%) |
|---|---|---|
| 规模以上工业增加值 | 2273.15 | 14.4 |
| 其中：国有企业 | 35.54 | 14.9 |
| 集体企业 | 4.85 | －20.0 |
| 股份合作企业 | 13.46 | 0.6 |
| 股份制企业 | 1265.60 | 17.1 |
| 外商及港澳台商企业 | 882.96 | 10.9 |
| 其他企业 | 70.74 | 19.1 |
| 其中：轻工业 | 776.36 | 14.0 |
| 重工业 | 1496.80 | 14.6 |
| 其中：民营工业 | 1299.98 | 16.9 |

主要原材料产品中，纱50.3万吨，增长4.1%；布28.0亿米，增长0.1%；民用钢质船舶881.3万载重吨，下降5.3%；海洋工程及特种船舶476.0万综合吨，增长0.1%；集成电器79.0亿块，增长5.5%。

**表33　主要工业产品产量情况**

| 产品名称 | 计量单位 | 产量 | 比上年增长(%) |
|---|---|---|---|
| 纱 | 万吨 | 50.3 | 4.1 |
| 布 | 亿米 | 28.0 | 0.1 |
| 印染布 | 亿米 | 23.8 | 11.6 |
| 服装 | 亿件 | 7.3 | －6.0 |
| 化学农药原药 | 万吨 | 16.1 | 5.5 |
| 化学纤维 | 万吨 | 73.6 | 12.2 |
| 钢丝绳 | 万吨 | 206.3 | 12.3 |
| 电动手提式工具 | 万台 | 9403.0 | 6.3 |
| 光缆 | 万芯千米 | 587.5 | 67.5 |

（续表）

| | | | |
|---|---|---|---|
| 金属集装箱 | 万立方米 | 270.5 | 12.2 |
| 集成电器 | 亿块 | 79.0 | 5.5 |
| 半导体分立器件 | 亿只 | 89.8 | −2.7 |
| 民用钢质船舶 | 万载重吨 | 881.3 | −5.3 |
| 海洋工程及特种船舶 | 万综合吨 | 476.0 | 0.1 |
| 发电量 | 亿千瓦时 | 329.0 | 0.4 |
| 其中:风力发电量 | 亿千瓦时 | 22.6 | 46.1 |

全市能源消费总量2202.89万吨标准煤，万元地区生产总值能耗为0.507吨标准煤，比上年下降5.98%。

**表34　十大行业能源消耗情况**

| 指　　标 | 综合能源消费量（万吨标准煤） | 单位产值能耗（吨标准煤/万元） | 单位产值能耗比上年增长(%) |
|---|---|---|---|
| 电力、热力的生产和供应业 | 556.39 | 3.764 | −7.4 |
| 化学原料及化学制品制造业 | 210.70 | 0.150 | −15.5 |
| 纺织业 | 139.57 | 0.104 | −7.0 |
| 黑色金属冶炼及压延业 | 65.50 | 0.322 | −9.7 |
| 化学纤维制造业 | 56.47 | 0.248 | −10.3 |
| 金属制品业 | 44.30 | 0.073 | −4.8 |
| 电气机械及器材制造业 | 39.04 | 0.029 | −6.7 |
| 非金属矿物制品业 | 29.29 | 0.099 | −16.3 |
| 橡胶和塑料制品业 | 22.26 | 0.133 | −4.2 |
| 计算机、通信和其他电子设备制造业 | 20.84 | 0.046 | −13.3 |

全年建筑业增加值422.00亿元，增长13.1%。建筑企业承建施工面积5.1亿平方米，增长3.7%。全市建筑队伍人数130万人，建筑队伍遍及22个国家和地区，年末出国人数1.2万人；年末全市拥有特级资质建筑企业15家，拥有一级建造师4782人。

## （四）服务业

### 1. 国内贸易

全年社会消费品零售总额1719.27亿元，增长15.5%。其中，城市消费品零售额1233.1亿元，增长15.8%；农村消费品零售额475.6亿元，增长14.7%。分行业看，批发和零售业消费品零售额1576.34亿元，增长15.2%；住宿和餐饮业消费品零售额132.3亿元，增长20.0%。

在限额以上企业商品零售额中，汽车类零售额比上年增长23.1%，食品饮料烟酒类增长10.8%，服装鞋帽针织品类增长3.6%，日用品类增长7.5%，化妆品类增长16.8%，金银珠宝类增长12.9%，

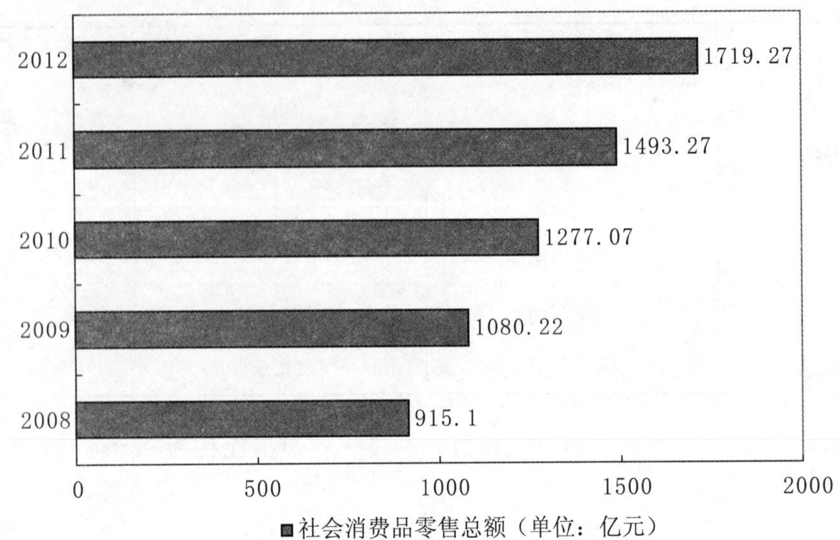


**图 70　2008—2012 年南通市社会消费品零售总额**

家用电器和音像器材类下降 5.2%，家具类增长 25.2%，建筑及装潢材料类增长 19.6%。

### 2. 交通、邮政电信业

全年交通运输、仓储及邮政业增加值 177.8 亿元，比上年增长 10.7%。年末南通机场民航航线 11 条，开通周航班量 67 班，增加 27 班；全年民航货邮吞吐量 12955 吨，增长 68.2%；旅客吞吐量 38.6 万人次，增长 54.7%。年末铁路南通站始发列车 9 对，全年铁路货运量 94.3 万吨，下降 17.7%；客运量 232.5 万人次，增长 5.3%。全年公路、水路货运量 2.67 亿吨，增长 10.9%；公路客运量 2.1 亿人次，增长 8.9%。全年新建及改建农村公路 116.27 公里，危桥改造 107 座。

年末全市机动车保有量 184.8 万辆，比上年末增加 0.4 万辆。其中，载客汽车 61.7 万辆，增加 11.8 万辆；载货汽车 5.9 万辆，增加 0.5 万辆；摩托车 116.3 万辆，减少 11.9 万辆。年末全市个人汽车保有量达 57.1 万辆，增加 11.7 万辆。

南通港全年货物吞吐量 1.85 亿吨，增长 6.9%，其中，进港 1.1 亿吨，增长 6.8%；外贸吞吐量 3867 万吨，比上年增长 24.2%；集装箱吞吐量 50.4 万标准箱，下降 6.6%，其中，国际航线 0.9 万标准箱，下降 15.4%。

全年邮电业务收入 71.3 亿元，增长 9.6%。其中，邮政业务收入 9.4 亿元，电信业务收入 61.9 亿元，分别增长 18.6%和 8.3%。年末固定电话用户 259.6 万户，比上年减少 19.9 万户，其中，城市电话用户 112.1 万户；住宅电话用户 76.8 万户，减少 7.7 万户。年末移动电话用户 809.1 万户，净增 34.2 万户。年末互联网用户 582.5 万户，新增 230.2 万户。

全年用电量 301.8 亿千瓦时，增长 7.5%，其中，工业用电量 223.0 亿千瓦时，增长 5.1%；城乡居民生活用电量 40.1 亿千瓦时，增长 14.9%。用电量中，第一产业用电量 4.7 亿千瓦时，增长 25.8%；第二产业用电量 227.8 亿千瓦时，增长 5.1%；第三产业用电量 29.2 亿千瓦时，增长 15.1%。

### 3. 金融和保险业

全年金融机构新增贷款 598.0 亿元，年末各项贷款余额 4006.5 亿元，比上年末增长 17.5%。全年金融系统新增存款 863.3 亿元，年末金融系统存款余额 6477.8 亿元，比上年末增长 15.4%。其中，储蓄存款余额 3605.7 亿元，增长 17.5%；企事业单位存款余额 2680.3 亿元，增长 10.4%。

全年新增保险机构3家，年末保险机构总数达65家。全年保费收入129.4亿元，下降3.2%。其中，财产险收入33.1亿元，增长23.8%；人寿险收入96.2亿元，下降11.8%。全年已决赔款及给付36.8亿元，增长14.9%。

### 4. 旅游业

年末全市拥有旅游星级饭店115家，旅行社132家，A级旅游景区(点)42处，全国农业旅游示范点2个，全国工业旅游示范点2个。全年实现旅游总收入331.5亿元，增长17.4%，其中，外汇收入4.3亿美元，增长7.7%；国内旅游收入299.3亿元，增长18.7%。全年接待国内旅游者2407.5万人次，增长14.2%；旅游住宿设施和居民家中接待过夜海外旅游者44.1万人次，增长8.9%。

### 5. 房地产业

全年房地产开发投资481.7亿元，增长26.8%。全市商品房施工面积3795.3万平方米，增长27.9%，其中，住宅施工面积3076.5万平方米，增长31.1%。全市商品房竣工面积735.3万平方米，下降4.7%，其中，住宅竣工面积605.9万平方米，下降1.6%。商品房销售面积712.5万平方米，增长5.2%，其中住宅631.8万平方米，增长6.0%。

## （五）开放型经济

### 1. 对外贸易

全年进出口总值263.01亿美元，增长2.0%。其中，出口总值187.86亿美元，增长4.3%；进口总值75.15亿美元，下降3.2%。年末与南通市建立进出口贸易关系的国家和地区197个，全市有进出口业绩的企业4357家，增加6.6%。

**表35　进出口贸易方式及出口地分类情况**

| 指　标 | 总量(亿美元) | 比上年增长(%) |
|---|---|---|
| 进出口总值 | 263.25 | 1.9 |
| 进　口 | 75.32 | −3.6 |
| 出　口 | 187.94 | 4.2 |
| #三资企业 | 108.88 | −3.3 |
| 私营企业 | 69.37 | 20.2 |
| #一般贸易 | 114.46 | 10.0 |
| 加工贸易 | 67.86 | −1.8 |
| #机电产品 | 78.55 | −2.6 |
| 高新技术产品 | 22.04 | −18.7 |
| 农产品 | 3.94 | 25.9 |
| #亚洲 | 88.99 | 4.1 |
| #东盟 | 25.37 | 15.1 |
| 日本 | 35.59 | 4.2 |

（续表）

| | | |
|---|---|---|
| 欧洲 | 34.94 | −14.6 |
| ＃欧盟 | 30.18 | −19.9 |
| 北美洲 | 26.46 | −4.0 |
| ＃美国 | 24.32 | −1.4 |
| 拉丁美洲 | 24.33 | 48.9 |

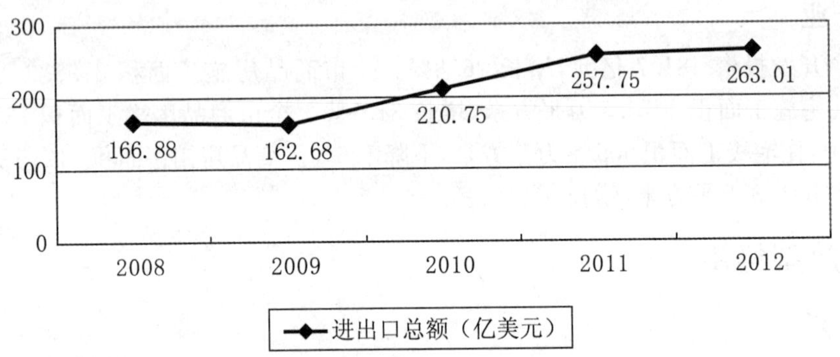


**图71　2008—2012年南通市外贸进出口总额情况**

### 2. 对外经济合作

全年新批外商投资项目349个，下降6.7%；新批协议注册外资45.6亿美元，增长0.4%；实际到账注册外资22.1亿美元，增长1.8%。

全年新批设立境外企业54家，中方协议投资额8.0亿美元。新签对外承包劳务合同额9.0亿美元，下降7.0%；完成对外承包劳务营业额16.8亿美元，增长15.5%；新派劳务人员1.0万人次，增长11.2%；年末在外劳务人员2.0万人，下降13.0%。

### 3. 民营经济

全年新登记私营企业3.1万户，年末累计达20.1万家；新登记私营企业注册资本992.3亿元，年末累计注册资本5930.4亿元。全年新登记个体户8.1万户，年末累计达49.2万户；新登记个体工商户注册资本47.5亿元，年末累计注册资本204.0亿元。年末全市共有规模以上民营工业企业3571家，占全市规模以上工业企业总数的比重达72.5%；全年民营工业增加值1300.0亿元，增长16.9%，占全市规模以上工业的比重达57.2%。

## 二、南通市2012年社会发展概况

### （一）人口、人民生活

年末全市常住人口729.7万人，比上年增加0.8万人，户籍人口765.2万人，比上年增加0.3万人。全市人口出生率7.42‰，人口死亡率8.86‰，人口自然增长率－1.44‰。年末全市城镇化率58.7%，比上年提高1.1个百分点。

全市城镇居民人均可支配收入28292元，比上年增长12.7%，人均消费性支出17858元，比上年

增长 14.4%。

**表36　全市城镇居民人均消费性支出情况**

| 指　　标 | 人均消费性支出(元) | 比上年增长(%) |
| --- | --- | --- |
| 人均消费性支出 | 17858 | 14.4 |
| 食品 | 6211 | 9.9 |
| 衣着 | 2156 | 19.6 |
| 居住 | 1238 | 17.6 |
| 家庭设备用品及服务 | 1160 | −1.1 |
| 医疗保健 | 865 | 12.7 |
| 交通和通信 | 2595 | 30.7 |
| 教育文化娱乐服务 | 3048 | 13.9 |
| 其他商品与服务 | 587 | 15.6 |

全年农村居民人均纯收入 13231 元，比上年增长 12.8%；人均生活消费支出 9839 元，比上年增长 15.6%。年末农村居民人均住房面积 54.8 平方米。

**表37　农村居民人均消费支出情况**

| 指　　标 | 人均生活消费支出(元) | 比上年增长(%) |
| --- | --- | --- |
| 人均生活消费支出 | 9839 | 15.6 |
| 食品 | 3546 | 15.2 |
| 衣着 | 574 | 9.1 |
| 居住 | 1345 | 10.5 |
| 家庭设备用品及服务 | 563 | 17.8 |
| 交通通讯 | 1109 | 25.9 |
| 文教娱乐用品及服务 | 1820 | 16.1 |
| 医疗保健 | 658 | 10.4 |
| 其他商品和服务 | 224 | 34.1 |

**表38　年末农村居民家庭每百户耐用消费品拥有量**

| 消费品名称 | 计量单位 | 拥有量 | 比上年增长(%) |
| --- | --- | --- | --- |
| 电视机 | 台 | 162 | 8.0 |
| 电冰箱 | 台 | 93 | 6.9 |
| 洗衣机 | 台 | 90 | 7.1 |

（续表）

| 空调机 | 台 | 72 | 14.3 |
|---|---|---|---|
| 家用电脑 | 台 | 46 | 15.0 |
| 移动电话 | 部 | 200 | 7.0 |
| 摩托车 | 辆 | 63 | 1.6 |

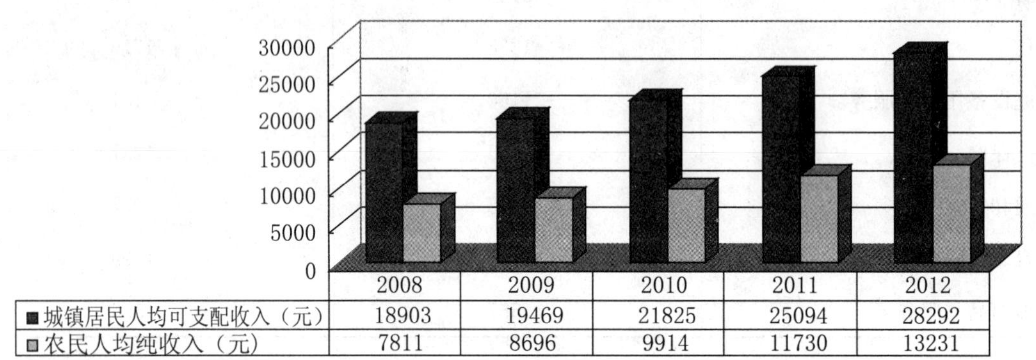


| | 2008 | 2009 | 2010 | 2011 | 2012 |
|---|---|---|---|---|---|
| ■城镇居民人均可支配收入（元） | 18903 | 19469 | 21825 | 25094 | 28292 |
| ■农民人均纯收入（元） | 7811 | 8696 | 9914 | 11730 | 13231 |

**图72　2008—2012年南通市城乡居民收入对比一览**

## （二）就业与社会保障

全年提供就业岗位26.7万个，新增转移农村劳动力2.5万人。

年末全市参加基本养老保险人数129.3万人，比上年末增加10.3万人；参加失业保险人数96.1万人，比上年末增加13.0万人；参加基本医疗保险人数达162.0万人，比上年末增加11.4万人；参加工伤保险人数为98.7万人，比上年末增加5.7万人。年末城乡居民享受最低生活保障人数13.8万人，其中，城镇居民1.2万人，农村居民12.6万人。

年末全市拥有各类养老机构316家。社会总床位数46065张；农村敬老院128家，床位21809张。年末农村五保对象20797名，集中供养14760人，集中供养率达71.0%。全年婚姻登记88504对。

## （三）教育与科技创新

### 1. 教育事业

全市拥有普通高等学校6所，年末在校学生8.7万人；成人高校2所，在校学生1.9万人；中等职业教育学校25所，在校学生7.9万人；普通高中53所，在校学生11.0万人；普通初中171所，在校学生16.9万人；小学334所，在校学生31.8万人；特殊教育学校9所，在校学生0.1万人；各级各类幼儿园380所，在园儿童14.7万人。

### 2. 科技创新

全市拥有高新技术企业390家，本年度新增高新技术企业166家；新增高新技术产品748项；新增国家级创新型企业2家；全市省级工程技术研究中心共计247家（本年度新增省级工程技术研究中心31家）；全市科技孵化器64家，孵化面积273万平方米，其中国家级7家、省级20家（本年度新增国家级科技孵化器1家、省级3家）；全年共有18个项目获省级以上科学技术奖，其中国家科学技术发明二等奖1项，省科技进步奖一等奖1个、二等奖6个、三等奖10个；全年专利申请量49924件，其中

发明专利申请量 9254 件，专利授权量 36247 件，其中发明专利授权量 700 件。

## （四）文化、卫生与体育

### 1. 文化事业

年末全市共有文化经营单位 3602 家，从业人员 3.8 万人。年末全市登记在册的民营演出团体 156 个。年末累计已建成农村乡镇文化站 113 家，“农家书屋”1590 家。全市拥有各类博物馆、纪念馆 25 家，各级文物保护单位 82 处，其中，全国重点文物保护单位 6 处，省级文物保护单位 26 处。全市拥有国家级非物质文化遗产 9 项，省级非物质文化遗产 40 项。海安 523 文化产业主题公园成为国家示范基地，唐闸文化创意产业园开园。

全市广播人口综合覆盖率和电视人口综合覆盖率均达到 100%。全年新增有线电视用户 8.4 万户，年末用户总量为 255.1 万户。全市有线电视入户率达 90.2%，数字电视用户 188.9 万户，数字电视用户比例达到 66.8%。农村有线广播电视“双入户”累计 105 万户。

### 2. 卫生事业

年末全市拥有卫生机构 1641 个（不含农村社区卫生服务站、村卫生室），其中，医院、卫生院 327 个，妇幼保健院（所、站）7 个，专科疾病防治院（所、站）4 个。全市卫生机构床位数 3.1 万张，卫生技术人员 3.4 万人，其中，执业（助理）医师 1.4 万人，注册护士 1.3 万人。全市拥有疾病预防控制中心（站）9 个，卫生技术人员 436 人；卫生监督所 7 个，卫生技术人员 314 人；乡镇卫生院 127 个，床位 0.69 万张，卫生技术人员 0.64 万人。

市区（不含通州区）共建成城市社区卫生服务中心 20 个，以街道（镇）为单位建成率 100%。累计建成农村社区卫生服务站 1613 个，行政村覆盖率 100%。全市新型农村合作医疗参合率 99.87%。农村自来水普及率 100%。

### 3. 体育事业

南通籍运动员在世界比赛中获 5 个世界冠军，在伦敦奥运会，南通籍运动员获奖牌 3 枚，其中金牌 2 枚；伦敦残奥会，南通籍运动员获得银牌 1 枚。全年承办了 3 项次全国赛事、19 项次省级赛事。全市新增晨晚练健身点 100 多个，各级各类全民健身活动参与群众超过 400 万人次。体育彩票销售创历史新高，全年销售额 12.2 亿元。

## （五）城乡建设

大力推动城乡统筹发展，城乡面貌加快改善。中心城市和城镇化建设持续升温。中心城市空间战略研究和重点片区规划编制取得重要成果，完成控制性详规、专项规划和城市设计等 44 项规划。重点区域开发提速。新城区 10 个项目竣工，商业金融文化集聚区启动建设。观音山新城、市北新城开发建设提速。南部新城形象显著提升。老城区改造提升扎实推进，启动寺街・名人文化区等历史文化保护工程，完成十字街综合改造主体工程。城市功能不断提升。146 个重点城建项目完成投资超过 200 亿元，一批商贸、金融、文化、教育、医疗等功能性项目实现突破。“102030”交通畅通工程取得新成效，5 个城市快速路和 27 个骨干路网项目竣工。初步建成公共自行车服务系统。城市环境展现新貌。市容环境综合整治成效明显。完成城中村改造、老小区整治、城市菜市场升级等项目 45 个。新建 2 个综合性公园、5 个小游园和一批道路绿化景观带，新增绿地 230 公顷。城镇建设步伐加快。5 个县（市）城新增建成区面积近 20 平方公里，重点中心镇功能提升。全市城市化率达到 58.7%。农村和水利现代化建设扎实推进。农业现代化实现程度达到 75.4%。66%的行政村通过村庄环境整治验收。村级集体建设用地试点全面展开，扶持薄弱村集体经济发展成效明显。水利建设投入加大，市区河道整治和农村河道疏浚年度任务全面完成。市区应急水源基本建成。全市城乡居民普遍饮上长江水。城乡生态环境建设不断加强。生态市建设深入推进，国家环保模范城市、国家园林城市通过复核。制定实施加强环保工作的意见，开展"铁腕治污"行动，推进36项环境整治任务，镇村污水处理等三大工程加快实施。引江调水成效明显。秸秆禁烧和综合利用力度加大。连续21年保持耕地占补平衡。新一轮绿色南通建设取得成效，全市新增成片造林面积14万亩。

### （六）环境保护

全年市区（含通州区）新增绿地950公顷，城市绿化覆盖率42.3%；日供水能力达到125万立方米，水质综合指标合格率100%；市区燃气普及率、用水普及率、生活垃圾无害化处理率均达到100%。全年市区新增路灯、景观灯28417盏，城市道路亮灯率达到99.7%。

全市在完成燃煤火电、热电机组的脱硫设施改造基础上，2012年，完成南通天生港电厂和大唐吕四电厂两台930MW燃煤机组的脱硝改造。市区及县（市）政府所在地城镇烟尘控制区覆盖率均达100%。全市环境质量保持稳定，环境空气主要污染物年平均值为：二氧化硫0.024毫克/立方米，二氧化氮0.034毫克/立方米，可吸入颗粒物0.083毫克/立方米，各项指标均符合国家空气质量（GB3095－1996）二级标准；全年空气污染指数达到良好以上的天数达333天，占全年天数的91.3%。长江南通段主流水质符合国家地面水质环境质量Ⅱ类水质标准，饮用水源地水质达标率100%。区域环境噪声平均值为54.9分贝，交通干线噪声平均值为68分贝，均符合国家环境噪声质量标准。

### （七）安全生产

全年共发生各类安全生产事故1527起，死亡486人，分别下降5.2%和3.6%。其中，工矿商贸企业（含建筑业）发生生产安全亡人事故21起，死亡28人。2012年，全市共发生火灾事故268起，死亡6人、受灾233户，烧毁建筑1.45万平方米、直接经济损失393万元。全市共发生一般以上道路交通事故1344起，死亡443人、伤1223人、直接经济损失246万元。

## 三、挑战与目标

南通市在发展中依然存在问题：增长动力仍然不足，外资、外贸增长乏力，消费拉动不强。经济结构仍需大力优化，服务业和新兴产业比重还不高。创新动力还不强，研发投入占比不高，高层次创新平台、领军型创新人才不足。城乡发展差距仍较明显，城镇化水平有待提高，农村建设仍需加强。社会建设和管理任务仍较艰巨，公共服务与多样化民生需求还不相适应，转型发展中出现的社会矛盾日益增多，一些领域存在道德失范、诚信缺失现象。政府服务效能还需要进一步提升，少数政府工作人员存在推诿扯皮、作风飘浮甚至消极腐败现象。

2013年经济社会发展的预期目标是：地区生产总值增长11%左右；地方公共财政预算收入增长11%以上；固定资产投资增长18%以上；社会消费品零售总额增长15%；外贸进出口总额增长6%左右；城镇居民人均可支配收入、农村居民人均纯收入均增长13%；居民消费价格指数涨幅低于省控目标；城镇登记失业率控制在4%以内；全社会研发投入占GDP比重达到2.3%；万元地区生产总值能耗降幅和主要污染物减排完成省下达任务。

## 四、南通市在长三角地区经济发展中的地位

2012年，南通市把稳增长放在首要位置，坚持稳中求进的总基调，在市委市政府的引领下，全力推

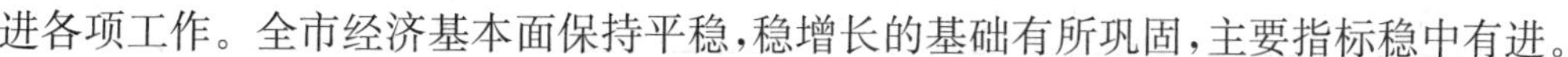

进各项工作。全市经济基本面保持平稳，稳增长的基础有所巩固，主要指标稳中有进。

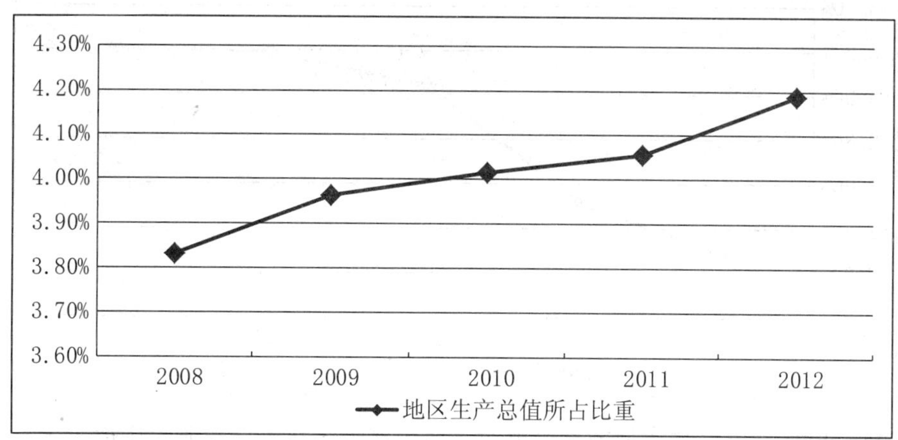


**图 73　2008—2012 年南通市地区生产总值在长三角所占比重的变化趋势**

2008—2012 年南通市地区生产总值在长三角所占比重分别为 3.83%、3.96%、4.02%、4.05%和 4.19%，呈现稳定增加的态势，累计增幅为 0.36 个百分点，其中 2012 年增速加快，比上年增加 0.14 个百分点。2012 年南通市地区生产总值在长三角地区 25 个市（苏浙两省 24 个地级市和上海市，下同）中排名与上年保持齐平，排名第 7 位，在长三角地区中继续保持靠前的位置。

2012 年南通市全市生产总值 4558.7 亿元，按可比价计算，比上年增长 11.8%。其中，第一产业增加值 319.1 亿元，增长 4.6%；第二产业增加值 2414.1 亿元，增长 12.4%；第三产业增加值 1825.5 亿元，增长 12.3%。人均地区生产总值 62506 元，按当年平均汇率折算达 9902 美元，按可比价计算，比上年增长 11.7%。财政总收入占地区生产总值的比重达 23.2%。

产业结构持续优化，三次产业结构由上年的 7.0∶54.5∶38.5 调整为 7.0∶53.0∶40.0。全年实现服务业增加值 1844.9 亿元，增长 12.3%，占 GDP 比重为 40.5%，比上年提高 1.6 个百分点。高新技术产业占比稳步提升，完成高新技术产业产值 3936.8 亿元，增长 16.6%，占规模以上工业比重达到 39.7%，同比提高 3.0 个百分点。新兴产业发展势头强劲，海洋工程装备、新能源、新材料、生物技术和新医药、智能装备和节能环保等六大新兴产业完成产值 2573.7 亿元，增长 18.3%，占规模以上工业的比重达到 25.9%，同比提高 3.0 个百分点。

2008—2012 年南通市地方财政一般预算收入在长三角所占比重分别为 2.26%、2.52%、3.04%、3.19%和 3.22%，呈现稳定增加的态势，累计增幅为 0.96 个百分点，2012 年增速有所放缓，仅较上年增加了 0.03 个百分点。2012 年南通市地方财政一般预算收入在长三角地区 25 个市中排名维持不变，排名第 7 位，保持领先的位置。

2012 年，南通市全年财政总收入 1055.9 亿元，增长 11.0%，其中，各项税收 567.8 亿元，增长 10.7%。地方公共财政预算收入 419.7 亿元，增长 12.3%，其中，营业税增长 56.5%，增值税下降 0.1%。全年财政总支出 937.6 亿元，增长 23.0%，其中，地方公共财政预算支出 513.0 亿元，增长 22.3%。地方公共财政预算支出中，用于社会保障与就业、科学技术、教育、医疗卫生、环境保护民生方面的财政投入达 285.2 亿元，增长 23.6%。

2008—2012 年南通市规模以上工业总产值在长三角所占比重分别为 3.96%、4.38%、4.25%、4.42%和 4.64%，在连续多年稳定增加的态势下，2010 年有小幅度下滑，2011 年和 2012 年连续上扬，达到历史新高，2012 年较上年增幅 0.22 个百分点。2012 年南通市规模以上工业总产值在长三角地

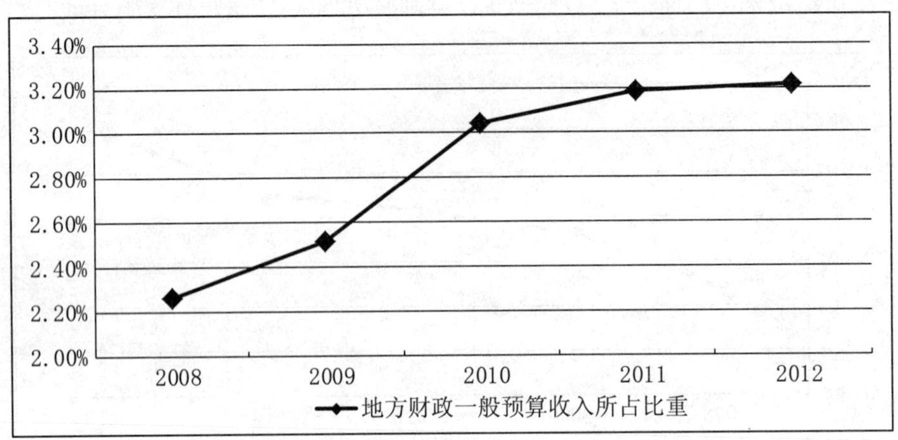


**图 74　2008—2012 年南通市地方财政一般预算收入在长三角所占比重变化趋势**

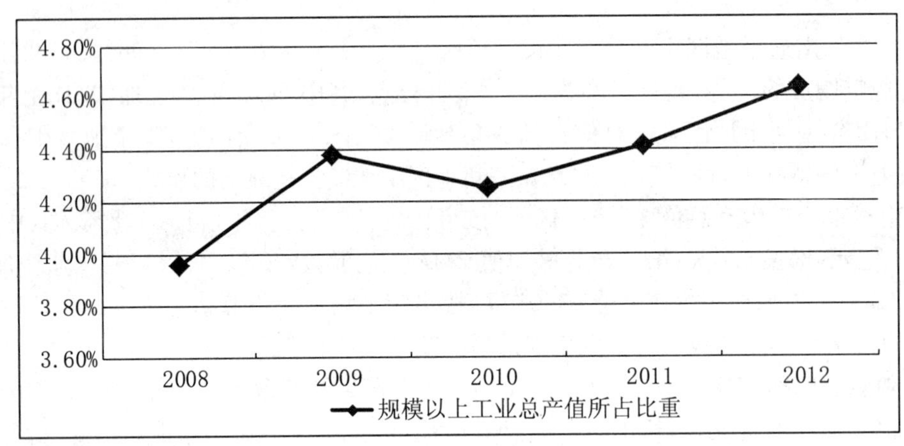


**图 75　2008—2012 年南通市规模以上工业总产值在长三角所占比重的变化趋势**

区 25 个市中排名稳定不变，排名第 7 位，排在比较靠前的位置。

2012 年，全市规模以上工业增加值 2273.2 亿元，增长 14.4%，规模以上工业总产值 10101.2 亿元，增长 14.1%。工业产值中，装备制造业 4520.6 亿元，增长 13.7%，占全市规模以上工业总产值的比重达 45.5%，比上年下降 0.8 个百分点。全市规模以上工业主营业务收入 9592.2 亿元，增长 14.3%；利税总额 1110.1 亿元，增长 14.4；利润总额 751.8 亿元，增长 13.8%。

主要原材料产品中，纱 50.3 万吨，增长 4.1%；布 28.0 亿米，增长 0.1%；民用钢质船舶 881.3 万载重吨，下降 5.3%；海洋工程及特种船舶 476.0 万综合吨，增长 0.1%；集成电器 79.0 亿块，增长 5.5%。初步核算，全市能源消费总量 2202.89 万吨标准煤，万元地区生产总值能耗为 0.507 吨标准煤，比上年下降 5.98%。全年建筑业增加值 422.00 亿元，增长 13.1%。建筑企业承建施工面积 5.1 亿平方米，增长 3.7%。

2008—2012 年南通市进出口总额在长三角所占比重分别为 2.01%、2.02%、1.94%、2.01%和 2.03%，2012 年延续 2011 年态势继续上升，较上年上升 0.02 个百分点，已经超过 2009 年最高水平。2012 年南通市进出口总额在长三角地区 25 个市中保持上年排名，排名第 10 位，仍保持着前十的位置。

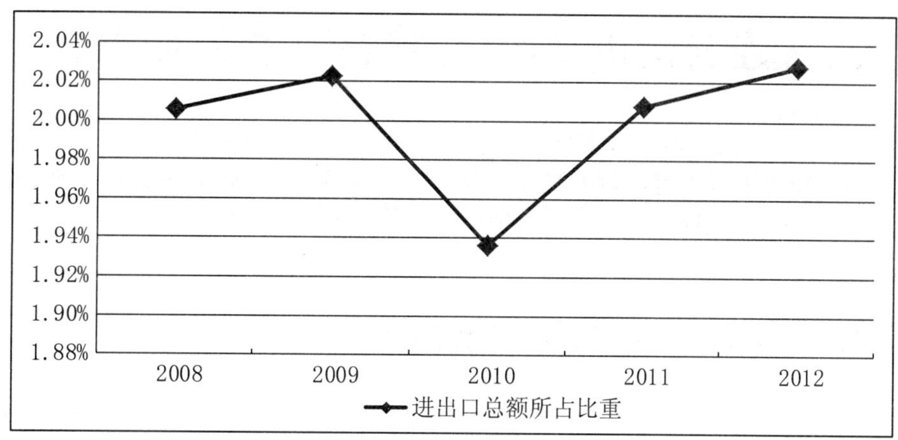


**图 76　2008—2012 年南通市进出口总额在长三角所占比重的变化趋势**

2012 年，南通市对外经济贸易继续恢复，全年进出口总值 263.0 亿美元，增长 2.0%。其中，出口总值 187.9 亿美元，增长 4.3%；进口总值 75.2 亿美元，下降 3.2%。年末与我市建立进出口贸易关系的国家和地区 197 个，全市有进出口业绩的企业 4357 家，增加 6.6%。

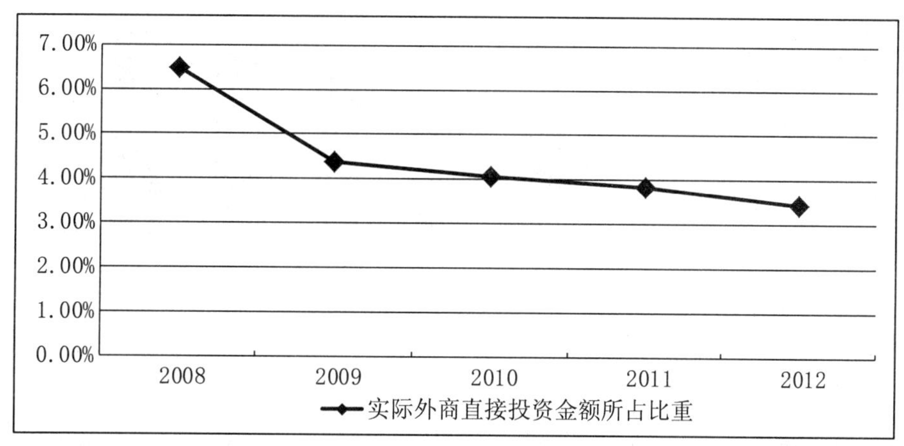


**图 77　2008—2012 年南通市实际外商直接投资金额在长三角所占比重的变化趋势**

2008—2012 年南通市实际外商直接投资金额在长三角所占比重分别为 6.49%、4.38%、4.07%、3.84%和 3.44%，连续多年持续出现较大规模的下跌，累计跌幅高达 3.05 个百分点。2012 年南通市实际外商直接投资金额在长三角地区 25 个市中排名与上年相比下滑一位，排名第 9 位，仍然比较靠前。

2012 年，受国际金融危机残余势力的影响，南通市利用外资仍然步履艰难，尚未形成突飞猛进的局面。2012 年全年新批外商投资项目 349 个，下降 6.7%；新批协议注册外资 45.6 亿美元，增长 0.4%；实际到账注册外资 22.1 亿美元，增长 1.8%。全年新批设立境外企业 54 家，中方协议投资额 8.0 亿美元。新签对外承包劳务合同额 9.0 亿美元，下降 7.0%；完成对外承包劳务营业额 16.8 亿美元，增长 15.5%；新派劳务人员 1.0 万人次，增长 11.2%；年末在外劳务人员 2.0 万人，下降 13.0%。外商直接投资额有待进一步提高。

# 八 连云港市 2012 年经济社会发展报告

2012 年是连云港市成功应对经济下行严重挑战和台风、暴雨重大自然灾害的一年。在市委、市政府的正确领导下，全市上下深入贯彻落实科学发展观，牢牢把握国家战略叠加的机遇，统筹推进各项工作，稳中求进，好中求快，稳增长、惠民生、促转型取得了显着效果，经济社会保持平稳较快发展的良好态势。

## 一、连云港市 2012 年经济发展概况

### （一）综合经济

#### 1. 经济总量

2012 年 GDP 达到 1603.42 亿元，增长 12.7%；增幅居全省第 5 位，总量较上年增加 192.90 亿元。人均 GDP 达到 36470 元，较上年增加 4351 元，增长 12.6%。其中市区人均 GDP 达到 51556 元。

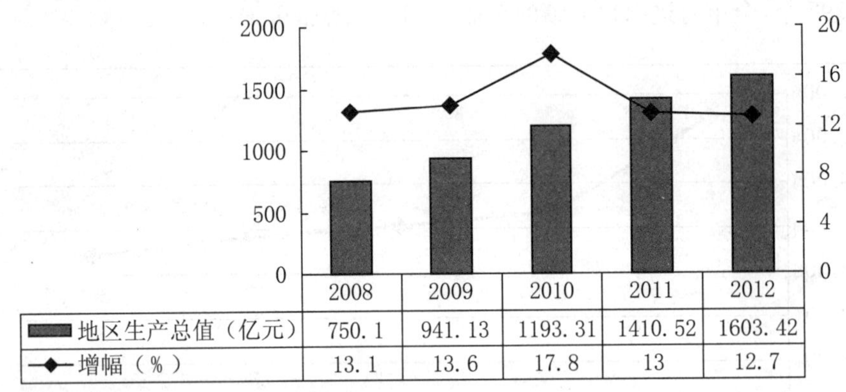


| | 2008 | 2009 | 2010 | 2011 | 2012 |
|---|---|---|---|---|---|
| 地区生产总值（亿元） | 750.1 | 941.13 | 1193.31 | 1410.52 | 1603.42 |
| 增幅（%） | 13.1 | 13.6 | 17.8 | 13 | 12.7 |

**图 78　2008—2012 年连云港市地区生产总值及增长速度**

产业结构更趋合理。第一产业增加值 232.40 亿元，增长 5.7%；第二产业增加值 736.14 亿元，增长 14.3%；第三产业增加值 634.88 亿元，增长 13.3%。三次产业结构调整为 14.5∶45.9∶39.6，第一产业比重保持稳定，与上年持平；第二产业比重在转型升级中略有下降，较上年下降 0.5 个百分点；第三产业比重提高 0.5 个百分点，产业结构更趋合理。

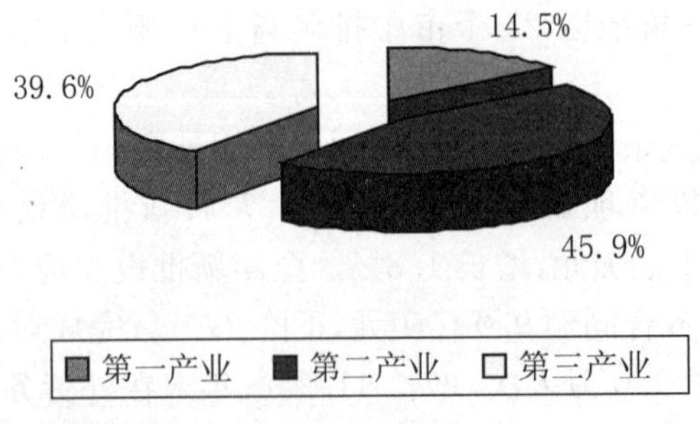


**图 79　2012 年连云港市三次产业结构图**

## 2. 财政收入

2012 年连云港财政总收入 564.74 亿元，增长 22.1%。其中，公共财政预算收入 208.94 亿元，增长 16.0%，增幅居全省第 4 位。主要税种中营业税为 67.33 亿元，增长 61.6%；增值税、企业所得税实现 16.59 亿元、13.09 亿元，分别增长 6.8%、3.6%。公共财政预算收入占地区生产总值比重为 13.0%，较上年提高 0.3 个百分点。

## 3. 固定资产投资

投资高开稳走。固定资产投资[①] 1280.88 亿元，较上年增加 237.69 亿元，增长 22.8%，居全省第 2 位。增速以年初的 29.6%高开，到上半年的 22.4%，到全年的 22.8%。全年呈现了高开稳走的良好运行态势。

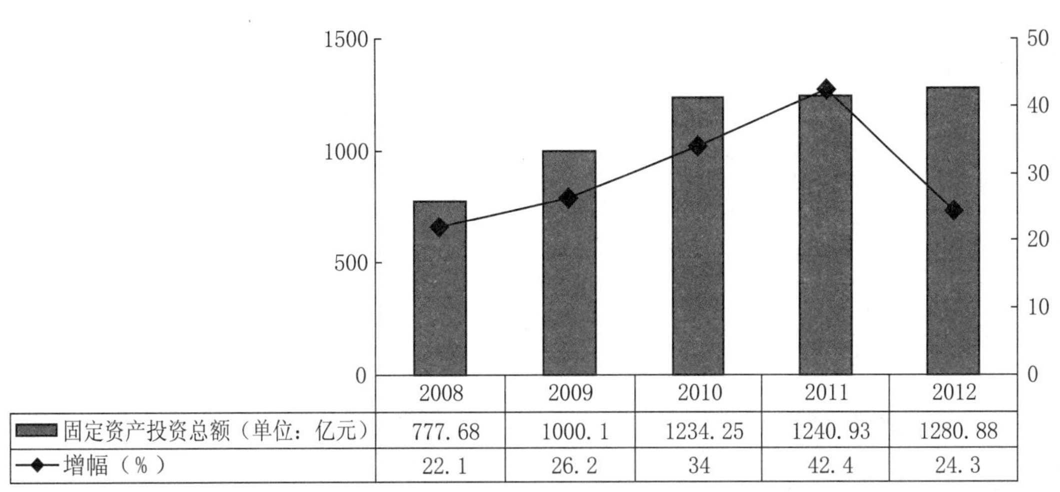


| | 2008 | 2009 | 2010 | 2011 | 2012 |
|---|---|---|---|---|---|
| 固定资产投资总额（单位：亿元） | 777.68 | 1000.1 | 1234.25 | 1240.93 | 1280.88 |
| 增幅（%） | 22.1 | 26.2 | 34 | 42.4 | 24.3 |

**图 80　2008—2012 年连云港市全社会固定资产投资及增长幅度**

三次产业投资协调发展。第一产业完成投资 20.98 亿元，增长 133.2%，占固定资产投资完成额的 1.6%；第二产业完成投资 870.86 亿元，增长 23.1%，占固定资产投资完成额的 68.0%；第三产业完成投资 389.03 亿元，增长 19.1%，占固定资产投资总额的 30.4%。

新兴产业投资向好。新兴产业完成投资 234 亿元，增长 16.3%，占规模以上工业投资的 27.3%。其中，新能源产业投资增长 34.6%；新医药产业投资增长 3.4%；新材料产业投资增长 43.7%；高端装备制造产业投资增长 26.9%。新兴产业项目的快速推进和加大投入，有效拉动了全市工业投资的稳步增长。

重大项目全力推进。国家东中西区域合作示范区建设全面展开，徐圩新区“一区七园”发展格局初步形成，示范区重大功能平台建设加快推进，出口加工区二期封关运作。列入省、市沿海开发三年计划的 180 个重点项目如期推进，完成投资 1269 亿元。重点建设项目数量增多，在建项目 1327 个，其中，新开工投资项目 834 个，同比增加 63 个，计划总投资 1083 亿元，完成投资 588.1 亿元，增长 14.1%。亿元以上项目 467 个，较去年增加 84 个，其中亿元以上新开工项目 248 个，同比增加 47 个，计划总投资 808 亿元，完成投资 354.1 亿元，增长 18.0%。列入今年全市重点建设计划的 500 个投资项目，计划总投资 1040 亿元，进展顺利。229 个计划新开工项目推进正常。

① 从 2011 年起，固定资产投资项目统计起点标准改为 500 万元。固定资产投资（不含农户）统计范围从城镇固定资产投资扩大到农村企事业组织。

### 4. 县域经济

2012年连云港县域GDP实现1039.42亿元，增长13.3%；比全市增幅高0.6个百分点，总量占全市比重达到64.8%。其中，赣榆、东海、灌云、灌南分别实现生产总值331.36亿元、277.3亿元、220.29亿元、210.47亿元。赣榆、东海两县达到全面小康标准，向省申报验收。但县域经济发展仍面临一些问题。一是产业结构欠佳；二是服务业发展滞后；三是开放经济水平低；四是人才和技术短缺。

**表39　2012年 连云港市区县经济部分主要指标一览**

| 县市 | 地区生产总值（亿元） | 工业总产值（亿元） | 固定资产投资（亿元） | 进出口总额（亿美元） | 社会消费品零售总额（亿元） |
|---|---|---|---|---|---|
| 连云港市 | 1603.42 | 3413.38 | 1280.88 | 80.02 | 575.49 |
| 连云港市区 | 564 | 1313.03 | 561.72 | 69.38 | 226.62 |
| 赣榆县 | 331.36 | 816.05 | 202.31 | 3.91 | 108.28 |
| 东海县 | 277.3 | 481.2 | 189.35 | 2.76 | 107.89 |
| 灌云县 | 220.29 | 392.11 | 164.46 | 2.35 | 78.69 |
| 灌南县 | 210.47 | 410.99 | 163.04 | 1.62 | 54.01 |

## （二）农林牧渔业

粮食生产连续丰收。粮食播种面积746.4万亩，比上年增加14.5万亩，增长2.0%；亩产484.1公斤，增长1.9%；总产量361.4万吨，增长4.4%，连续十年丰产丰收。

高效农业规模不断扩大。新增高效设施农业10万亩、高效渔业10.3万亩，建成千亩连片基地81个、万亩连片基地8个。燕尾港获批为国家一级渔港。农业产业化水平稳步提升，新增省级农业产业园区2家、市级以上龙头企业42个，农业适度规模经营比重达到65%。

农业标准化、外向化水平不断提高。新增无公害、绿色、有机农产品485个，国家地理标志保护农产品达7个。灌南县获批省级食用菌农业标准化示范县，花果山蔬菜和赣榆泥鳅出口农产品质量安全示范区通过国家级认定。完成农产品出口4.1亿美元，增长10%。

畜牧生产整体较好。年末生猪存栏170.30万头，增加8.64万头，增长5.3%，其中母猪存栏30.90万头，增长6.7%；出栏306.27万头，增加15.68万头，增长5.4%。家禽存栏1544.35万只，增加21.44万只，增长1.4%；出栏3469.11万只，增加288.24万只，增长9.1%。羊存栏17.80万只，增加0.88万只，增长5.2%；出栏38.03万只，增加0.56万只，增长1.5%。牛存栏5.77万头，增加0.52万头，增长9.9%；出栏10.56万头，增加0.16万头，增长1.5%。

## （三）工业和建筑业

工业经济稳中有进。大力实施“双千双百”工程，着力提升产业规模化、集聚化、高端化水平，规模以上工业产值达到3353.48亿元，增长26.8%。完成增加值672.47亿元，增长17.3%，居全省第3位。

主导产业总量加快壮大。“三新一高”（指新医药、新能源、新材料、高端装备制造业）产业实现产值1514亿元，增长21.2%。其中，“新医药”保持较快发展，实现产值282亿元，增长35.6%；“新能源”实现产值338亿元，增长0.3%；“新材料”实现产值345亿元，增长17.2%；装备制造业实现产值806

亿元，增长18.0%。

轻、重工业协调增长。全市规模以上工业中，轻工业完成产值933.00亿元，增长28.4%，增幅高于规模以上工业平均水平1.6个百分点；重工业完成产值2420.48亿元，增长26.1%，增幅低于规模以上工业平均水平0.7个百分点。规模以上工业产值轻重结构为27.8∶72.2。1271个规模以上工业企业中有出口实绩的133户企业完成出口交货值129.78亿元，增长15.5%，总量占全部规模以上工业销售产值的4.0%。

主要行业稳步发展。全市35个工业行业大类中有九个行业产值突破百亿元，九个行业合计完成产值2523.11亿元，增长26.8%，总量占全市规模以上工业的75.2%。其中六个行业完成产值占全部规模以上工业总产值的比重超过5%。

骨干企业支撑有力。产值20强工业企业完成产值超过1000亿元，达到1342.88亿元，增长27.7%，高于规模以上工业平均水平0.9个百分点。总量占规模以上工业产值的比重达40.0%，净增产值291.36亿元，对规模以上工业总产值增长贡献率达41.1%，拉动规模以上工业总产值增长11.0个百分点，有力支撑了全市工业经济的平稳运行。

建筑产业快速增长。建筑业总产值430.64亿元，增长16.9%；建筑业增加值152.83亿元，增长12.0%；在外省完成产值158.54亿元，增长11.8%。新增建筑业企业8家。现有总承包和专业承包建筑业企业231家，行业总资产达到257.43亿元，增长25.1%。

## （四）服务业

### 1. 国内贸易

消费品市场平稳运行。实现社会消费品零售额575.49亿元，增长15.0%，居全省第6位。其中，批发业零售额57.90亿元，增长19.7%；零售业零售额467.36亿元，增长15.2%；住宿业零售额8.36亿元，增长18.4%；餐饮业零售额41.88亿元，增长6.9%。

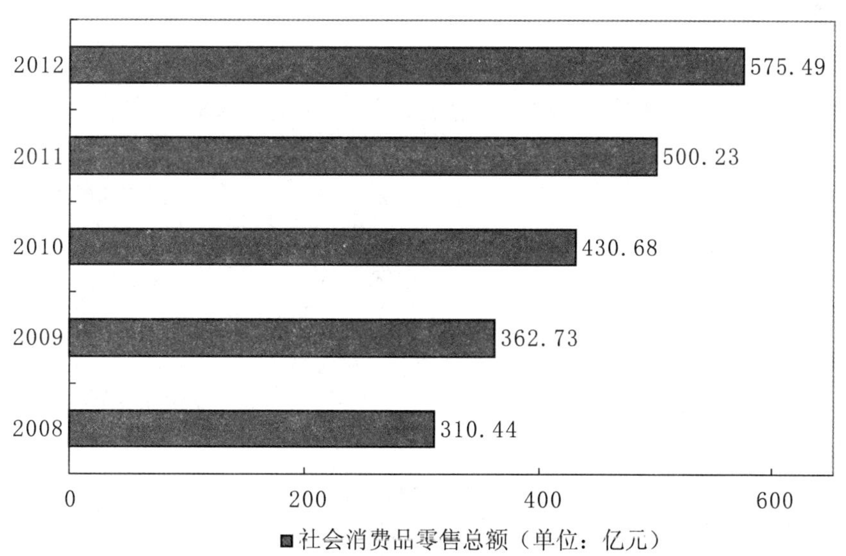


**图81　2008—2012年连云港市社会消费品零售总额**

刚性需求持续不减，中高端消费趋于谨慎。刚性需求中，食品烟酒类消费增长31.1%，服装鞋帽类消费增长16.3%，化妆品类消费增长27.8%；而家电、家具、汽车等中高端消费明显偏冷，其中家电消费增长2.6%,家具消费下降10.4%,汽车消费增长4.6%。

汽车及成品油消费放缓。汽车类零售额38.72亿元,增长4.6%,增速较上年回落2.1个百分点;受到汽车消费减缓等因素的影响,石油及制品类零售额41.23亿元,增长24.3%,增速较上年回落38.7个百分点。

物价水平保持平稳。物价稳定是宏观经济政策的四大目标之一,国家采取一系列相关措施来保证物价平稳,避免出现物价的大幅波动。城市居民消费价格指数从一季度开始到三季度均保持在102.7%—102.8%较高水平,从1—10月开始出现下降趋势,到年末下降为102.3%。

**2. 交通运输和信息通讯业**

港口建设强力推进。"一体两翼"组合大港加速形成。主体港区成为全国低碳试点港和科技示范港。集疏运体系逐步完善。旗台作业区铁路专用线主体完工,矿石带式输送机工程有序推进。北疏港公路、徐圩港前大道、徐新公路、242省道、310国道加快建设,临海高等级公路埒子口至青口段简易通车。全长120公里的港产城联动发展交通大动脉海滨大道开工建设。连盐铁路建设前期工作积极推进。新开国际集装箱航线8条,3条铁路班列纳入全国客车化运营,率先开通经霍尔果斯口岸出境的集装箱班列。港口完成货物吞吐量1.85亿吨,增长11.4%,集装箱502万标箱,增长3.5%。

交通运输呈现新局面。公路客运量1.59亿人次,增长10.4%,较上年提高0.7个百分点;旅客周转量64.29亿人公里,增长10.6%;货运量1.31亿吨,增长16.2%;货运周转量88.93亿吨公里,增长14.2%。水运客运量25.24万人次,增长2.1%,旅客周转量5737万人公里,下降19.0%;内河货运量完成1725万吨,增长6.4%;货物运周转量121.22亿吨公里,增长6.8%。民航连云港机场飞机起降达6229架次,增长15.2%;旅客吞吐量48.38万人次,增长5.0%;货物吞吐量3611吨,增长6.9%。

邮政通讯业务稳步发展。邮政通讯业务收入33.04亿元,增长11.0%;其中邮政业务收入3.64亿元,增长27.2%。年末电话用户数486.70万户,增长6.0%;其中移动电话用户383.09万户,增长8.5%。互联网用户281.31万户,增长33.8%。

**3. 金融和保险业**

金融信贷稳健运行。年末金融机构存款余额1538.04亿元,比年初增加149.35亿元。其中,企事业单位存款756.75亿元,比年初增加33.37亿元;居民储蓄存款732.79亿元,比年初增加103.37亿元。

保险事业蓬勃发展。保险费总收入38.99亿元,增长10.9%,较全省平均水平高2.5个百分点,增幅居全省第4位。从保险构成看,人身险收入23.47亿元,占保险费总收入的60.2%。财产险保费收入12.83亿元,占保险费总收入的32.9%。健康险保费收入1.77亿元,增长31.2%。

## (五)开放型经济

2012年,高标准举办连云港之夏旅游节暨沿海开发经贸洽谈会、首届东中西区域合作论坛暨西游记文化节等经贸活动,吸引16个国家和地区的400多家客商、37家世界500强企业来连投资洽谈。以更大的步伐"走出去",设立5个境外招商机构,在韩国、新加坡、香港、台湾等国家和地区高质量举办大型经贸招商活动,港口、物流、旅游等49个项目成功签约,71个重大招商引资项目有序推进。直接利用外资7.34亿美元,增长20.3%。内联客方到位资金611亿元,增长15.9%。支持企业开展境外投资,新核准境外投资项目5个,对外直接投资1.1亿美元。完成外贸进出口80.02亿美元,增长16.0%。国际服务贸易达到13.2亿美元,增长62%。

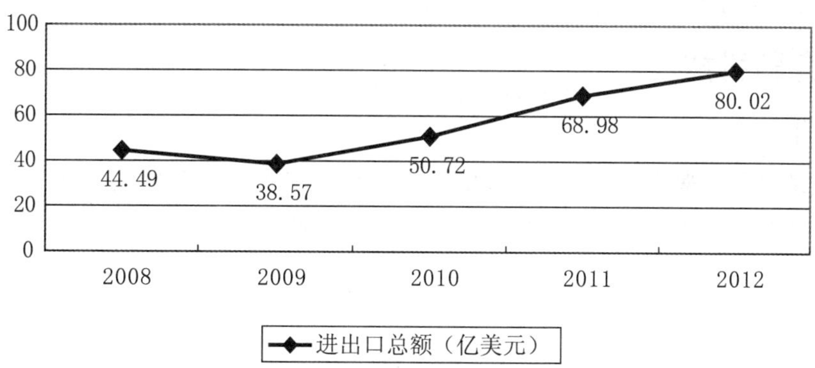


图 82　2008—2012 年连云港市外贸进出口总额情况

## 二、连云港市 2011 年社会发展概况

### （一）人口、人民生活

人口变动平稳。城市化水平明显提升。年末常住总人口 440.69 万人，同比增加 2.08 万人；其中市区 109.74 万人，增长 0.6%。常住人口出生率 11.49‰，下降 0.07 个千分点；自然增长率 4.73‰，上升 0.45 个千分点。年末户籍总户数 139.81 万户，其中市区 29.57 万户；户籍总人口 510.99 万人，其中市区 96.65 万人。户籍人口出生率 18.87‰，提高 5.55 个千分点；自然增长率 11.79‰，上升 1.56 个千分点。人口计划生育率 91.07%，独生子女率 55.54%，上升 0.4 个百分点。城市化率达 54.4%。

居民收入快速提高。城镇居民人均可支配收入 20816 元，人均消费 12726 元；农民人均纯收入 9589 元，增长 13.7%，人均消费 6210 元，增长 13.0%。

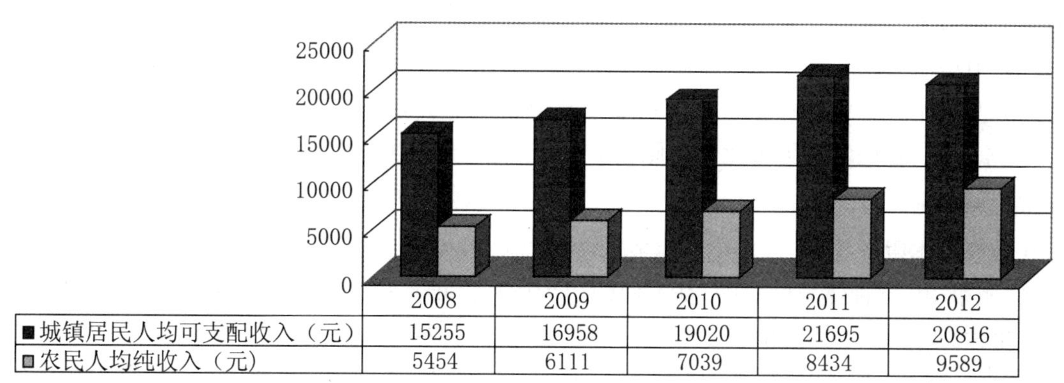


| | 2008 | 2009 | 2010 | 2011 | 2012 |
|---|---|---|---|---|---|
| ■城镇居民人均可支配收入（元） | 15255 | 16958 | 19020 | 21695 | 20816 |
| ■农民人均纯收入（元） | 5454 | 6111 | 7039 | 8434 | 9589 |

图 83　2008—2012 年连云港市城乡居民收入对比一览

### （二）就业、社会保障

社会保障事业实现新发展。就业服务体系建设跨上新台阶。城镇新增就业 8.07 万人，城镇登记失业率控制在 2.44%。社会保障体系建设迈出新步伐。全市企保、职工医保、失业、工伤、生育保险参保人数分别达 49.66 万人、67.55 万人、32.35 万人、38.72 万人、35.14 万人，比上年末分别增加 6.12

万人、6.84万人、2.61万人、2.01万人、1.75万人。

## （三）教育和科技

### 1. 教育事业

教育事业成绩显着。学前教育三年入园率达96.36%，义务教育阶段入学率达100%，初中在校生巩固率达99.66%，高中阶段教育毛入学率达96.86%。师资队伍发展水平进一步提升，26名教师被评为省第十二批特级教师。校安工程新建、重建项目开工面积19.5万平方米，加固项目开工面积10.2万平方米，拆除项目完成12.8万平方米。

### 2. 科技与创新

科技创新工作取得新进展。创新能力持续提高。新认定国家级高新技术企业30家、企业技术中心1家，创建两化融合示范试点企业25家，大中型工业企业研发机构实现全覆盖。创新资源加快集聚，争取国家重大科技专项8项，实施星火计划项目70项。高新技术产业完成产值1300亿元，占规模以上工业总产值的37%。组织实施“三百引才”等人才集聚工程，引进高层次创业创新人才900人、领军人才48人，2人入选国家千人计划、10人入选省“双创”计划，人才支撑不断强化。

## （四）文化、卫生和体育

### 1. 文化事业

文化服务体系进一步完善。强力推进国家公共文化服务示范项目社区文化中心建设。选择100家农家书屋试点建设200个阅报栏，对全市596家农家书屋图书进行更新。新发展有线电视用户4.68万户，增加数字电视用户16.9万户，25个乡镇广播电视站建设达标。推进文化体制改革创新，组建女子民乐团、歌舞剧院、淮海剧团、文化艺术中心四位一体的演艺中心。组织指导33个项目申报省级文化产业引导资金，7个项目获引导资金610万元。

### 2. 卫生事业

卫生工作有序开展。基本医疗卫生服务体系加快完善。城乡“15分钟健康服务圈”基本建立，全市县、乡、村卫生服务网络健全率达100%，新增2个省级示范社区卫生服务中心和7个省级示范乡镇卫生院。公共卫生服务成效显着。人均基本公共卫生服务经费增至25元，服务项目由9类22项扩展到10类41项。新增农村无害化卫生厕所6万座，无害化卫生户厕普及率达62%。

### 3. 体育事业

实现体育基本服务均等、普惠化。完成10个街道、50个社区健身点建设，形成城区三级全民健身设施网络，城市“10分钟体育健身圈”基本架构初步形成。推动单项运动协会和人群体育协会等覆盖延伸到乡镇街道，基层体育俱乐部建成率达100%。组队参加田径、游泳、球类等20个大项的省年度锦标赛，获得38枚金牌、28枚银牌、34枚铜牌、1151分的优异成绩。开展体育系统场馆资源综合开发经营的研究，积极探索新的管理体制和运行机制，提高设施综合利用率和运营能力，为群众提供了多样化的公共体育服务。

## （五）城乡建设

城乡建设快速推进。以城市组团开发为主线、以重点工程推进为突破、以完善城市功能为重点，强化城市品质提升、注重海滨特色彰显。实施城建项目906个，年内完成投资556亿元。其中，市区计划实施城建项目402个，年内完成投资248亿元。建成区面积扩大到140平方公里。

基础设施不断完善。全长 33.1 公里 BRT 一号线工程建成运营；新增城市道路 54 万平方米。背街小巷整治力度加大，修建便民道路 80 余条，整治人行道路 50 余万平方米。实施供水、污水、天然气等公用事业重大项目 6 项，城市供水普及率达 100%，城市污水处理率达 82%。城市饮用水源安全保障工作稳步推进，沙板桥污水泵站及配套污水管道已建成运行；新建改建供水管网 25 公里，新建污水管网 46 公里；新增小区管道燃气用户共 11000 户，完成海宁东路、汇海路、纵五路等城市中压燃气管道约 28 公里。

水利建设稳步推进。投入 7.3 亿元重点实施小型农田水利建设、灌区节水改造、农村饮水安全、农村河道疏浚整治、农村小型桥梁工程、基层服务体系建设等农村水利基础设施建设。加固加高圩堤 26.1 公里，疏浚县乡河道 236 条，整治村庄河塘 2148 条，新建、改造泵站 355 座 16165 千瓦，新建防渗渠道 879.45 公里。新增有效灌溉面积 30.37 万亩，新增旱涝保收田面积 55.51 万亩，新增节水灌溉控制面积 78.06 万亩，年增节水 5606 万立方米；专项安排资金用于农村河道长效管护。

### （六）绿化和环境保护

园林绿化扎实开展。全面推进国家园林城市创建工作，全年投资 9.2 亿元实施 111 个园林绿化项目，新增绿地 380 多公顷。东盐河景观绿化工程、朝阳桥游园等绿化工程已经竣工；孔望山公园、中华楹联园、新浦公园、北崮山生态公园等公园绿地等重要河滨绿化进一步完善实施；建设东路、红砂路等道路绿化工程付诸实施；动物园、园博园、大型公园稳步推进。

环境保护工作取得新成效。全市空气质量总体较好，市区环境空气质量优良天数达到 321 天，优良率 87.7%；饮用水源保护工作得到加强，4 座水质自动监测站 24 小时监控水质状况，每周发布水质报告；生态创建工作加快推进，全市有 22 个乡镇、街道建成污水处理厂，64 个乡镇建成垃圾中转站，农村生态环境明显改善，加快开展 PM2.5 监测，并于年内规范性发布。声环境质量优于国家标准。

## 三、挑战与目标

在肯定成绩的同时，也要清醒地看到，连云港市经济社会发展中还存在不少困难和问题：规模以上企业数量较少，产业实力和竞争力不强，重大项目还需要加快突破；资源环境约束加剧，要素瓶颈制约还没有很好地破解，转型升级的步伐需要进一步加快；城市建设管理水平仍需加快提升，环境保护和生态建设需要进一步加大工作力度；小康社会建设存在不少薄弱环节，统筹城乡发展、改善群众生活还有大量工作要做；投资发展软环境还存在一些突出问题，机关作风建设需要进一步加强。

根据市委十一届五次全会的部署，2013 年政府工作的总体要求是：在党的十八大精神指引下，坚持稳中求进、好中求快，项目推动、重点突破，加快全面小康建设进程，加快转型升级步伐，加快港产城联动发展，加快县域经济发展，加快提升中心城市现代化和国际化水平，着力在港口建设及港容港貌、重大产业项目及特色产业和园区建设等十个方面实现突破，着力推进事关群众切身利益的十大民生工程，推动全市科学发展、跨越发展取得更大成效。主要预期目标是：地区生产总值增长 13%左右；公共财政预算收入增长 18%左右；全社会固定资产投资增长 23%；直接利用外资 9 亿美元；内联客方到位资金 710 亿元；社会消费品零售总额增长 15%；城市居民人均可支配收入增长 13%，农民人均纯收入增长 13%；城镇登记失业率控制在 3.6%以内；居民消费价格涨幅不高于省控标准；节能减排完成省定目标。

## 四、连云港市在长三角地区经济发展中的地位

2012 年是连云港市发展史上不平凡的一年。在中共连云港市委的正确领导下，全市上下深入贯

彻落实科学发展观，牢牢把握国家战略叠加的机遇，积极应对宏观经济下行、重大自然灾害侵袭等严峻挑战，统筹推进各项工作，保持了经济社会平稳较快发展的良好态势，较好完成了市人代会确定的年度目标任务

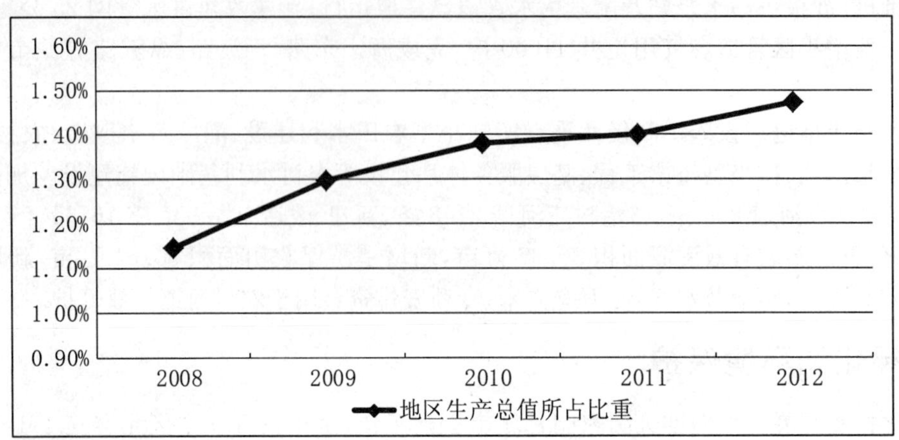


**图84 2008—2012年连云港市地区生产总值在长三角所占比重的变化趋势**

2008—2012年连云港市地区生产总值在长三角所占比重分别为1.15%、1.30%、1.38%、1.40%和1.47%，累计增幅为0.32个百分点，2012年较上年增幅为0.07个百分点。2012年连云港市地区生产总值在长三角地区25个市(苏浙两省24个地级市和上海市，下同)中与上年保持一致，排名第21位，仍比较靠后。

2012年连云港市地区生产总值达到1603.42亿元，增长12.7%；增幅居全省第5位，总量较上年增加192.90亿元。人均GDP达到36470元，较上年增加4351元，增长12.6%。其中市区人均GDP达到51556元。其中，第一产业增加值232.40亿元，增长5.7%；第二产业增加值736.14亿元，增长14.3%；第三产业增加值634.88亿元，增长13.3%。三次产业结构调整为14.5∶45.9∶39.6，第一产业比重保持稳定，与上年持平；第二产业比重在转型升级中略有下降，较上年下降0.5个百分点；第三产业比重提高0.5个百分点，产业结构更趋合理。

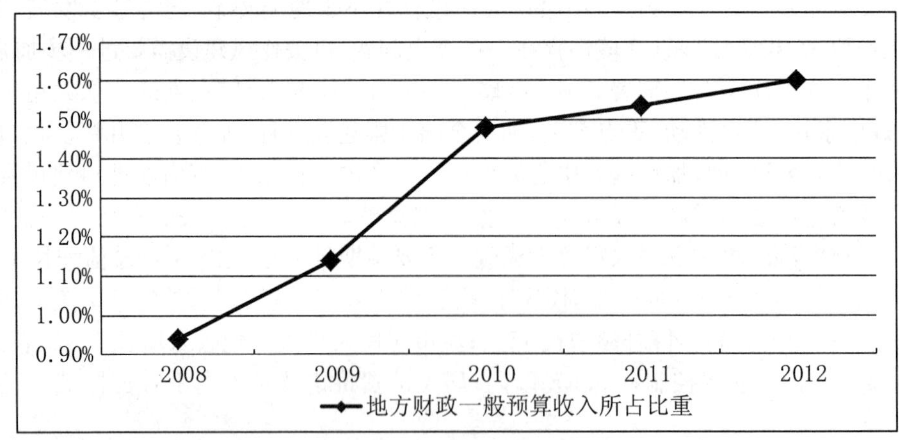


**图85 2008—2012年连云港市地方财政一般预算收入在长三角所占比重的变化趋势**

2008—2012年连云港市地方财政一般预算收入在长三角所占比重分别为0.94%、1.14%、

1.48%、1.54%和1.60%，呈现增长的态势，累计增幅达0.66个百分点。2011年连云港市地方财政一般预算收入在长三角地区25个市中的排名与去年保持一致，达到第20位，但仍比较靠后。

2012年，连云港市综合财力进一步增强。财政总收入564.74亿元，增长22.1%。其中，公共财政预算收入208.94亿元，增长16.0%，增幅居全省第4位。主要税种中营业税为67.33亿元，增长61.6%；增值税、企业所得税实现16.59亿元、13.09亿元，分别增长6.8%、3.6%。公共财政预算收入占地区生产总值比重为13.0%，较上年提高0.3个百分点。

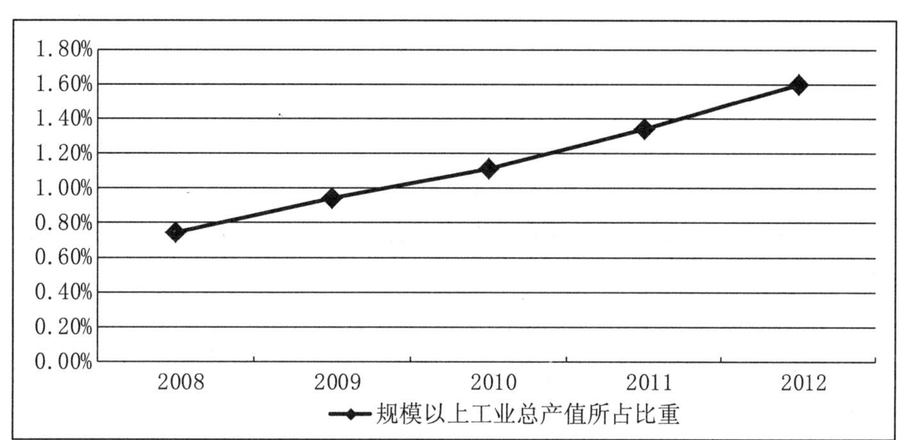


**图86　2008—2012年连云港市规模以上工业总产值在长三角所占比重的变化趋势**

2008—2012年连云港市规模以上工业总产值在长三角所占比重分别为0.75%、0.94%、1.12%、1.34%和1.60%，继续保持稳定增长的态势，累计增幅为0.85个百分点。2012年连云港市规模以上工业总产值在长三角地区25个市中的排名上升一位，排在第20位，仍比较靠后。

连云港市大力实施“双千双百”工程，着力提升产业规模化、集聚化、高端化水平，规模以上工业产值达到3353.48亿元，增长26.8%。完成增加值672.47亿元，增长17.3%，居全省第3位。全市规模以上工业中，轻工业完成产值933.00亿元，增长28.4%，增幅高于规模以上工业平均水平1.6个百分点；重工业完成产值2420.48亿元，增长26.1%，增幅低于规模以上工业平均水平0.7个百分点。规模以上工业产值轻重结构为27.8∶72.2。1271个规模以上工业企业中有出口实绩的133户企业完成出口交货值129.78亿元，增长15.5%，总量占全部规模以上工业销售产值的4.0%。

2008—2012年连云港市进出口总额在长三角所占比重分别为0.53%、0.48%、0.47%、0.54%和0.62%，在2008年较大幅度增长后，2009年和2010年连续下滑，2011年及2012年连续上扬，比2008年增加0.09个百分点。但2012年连云港市进出口总额在长三角地区25个市中的排名与上年比下降一名，排在第20位。

2012年连云港市对外贸易回升较快。且高标准举办连云港之夏旅游节暨沿海开发经贸洽谈会、首届东中西区域合作论坛暨西游记文化节等经贸活动，吸引16个国家和地区的400多家客商、37家世界500强企业来连投资洽谈。以更大的步伐“走出去”，设立5个境外招商机构，在韩国、新加坡、香港、台湾等国家和地区高质量举办大型经贸招商活动，港口、物流、旅游等49个项目成功签约，71个重大招商引资项目有序推进。直接利用外资7.34亿美元，增长20.3%。内联客方到位资金611亿元，增长15.9%。支持企业开展境外投资，新核准境外投资项目5个。

2008—2012年连云港市实际外商直接投资金额在长三角所占比重分别为2.07%、2.27%、2.18%、1.08%和1.15%，2012年呈现逆势上扬，较上年上升0.07个百分点。2011年连云港市实际

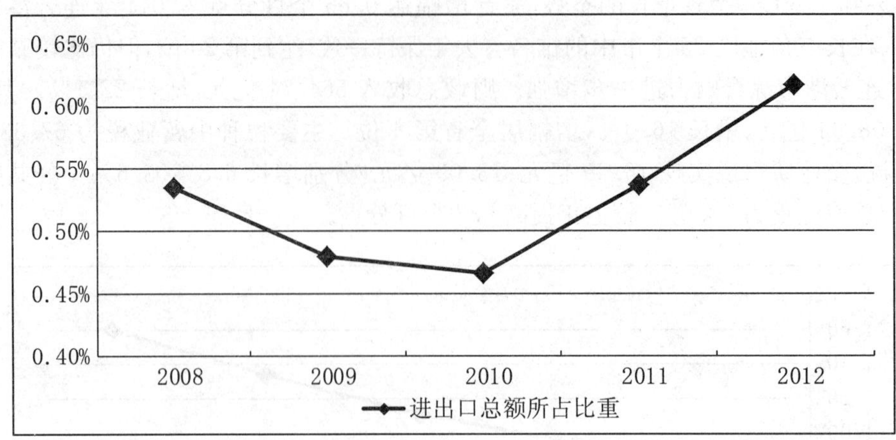


**图 87 2008—2012 年连云港市进出口总额在长三角所占比重的变化趋势**

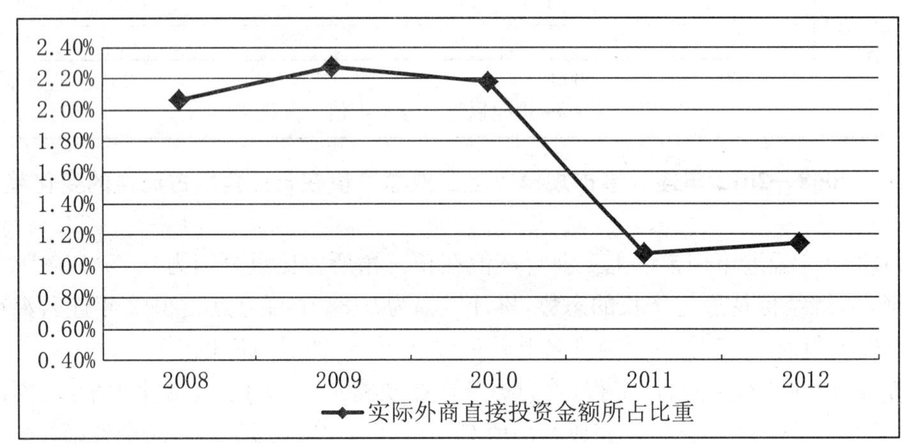


**图 88 2008—2012 年连云港市实际外商直接投资金额在长三角所占比重的变化趋势**

外商直接投资金额在长三角地区 25 个市中的排名与上年持平，排在第 18 位，排名较靠后。

2012 年，连云港市对外直接投资 1.1 亿美元。完成外贸进出口 80.02 亿美元，增长 16.0%。国际服务贸易达到 13.2 亿美元，增长 62%。

# 九　淮安市2012年经济社会发展报告

2012年，在市委、市政府的正确领导下，全市上下紧紧围绕建设苏北重要中心城市主线，积极抢抓省委、省政府支持苏北加快发展政策机遇，认真贯彻实施“八项工程”、全力推进“五大建设”，在复杂严峻的国际国内经济环境下，积极应对、迎难而上，全市经济保持平稳较快发展，社会事业取得新的进步。

## 一、淮安市2012年经济发展概况

### （一）综合经济

#### 1. 经济总量

全市实现地区生产总值1920.91亿元，按照可比价格计算，比上年增长13.1%。其中，第一产业增长4.3%，第二产业增长15.4%，第三产业增长13.2%。经济结构进一步优化，三次产业比例由上年的13.2∶47.0∶39.8调整为12.9∶46.3∶40.8。人均GDP39992元，按当年平均汇率计算，折合6335美元。

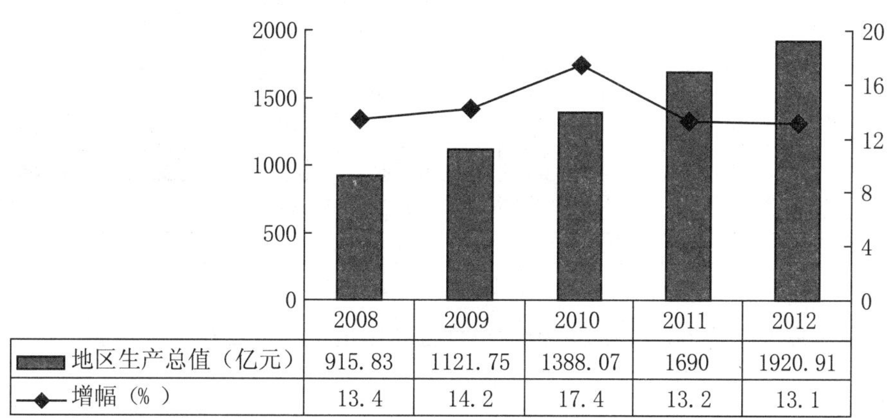

| | 2008 | 2009 | 2010 | 2011 | 2012 |
|---|---|---|---|---|---|
| 地区生产总值（亿元） | 915.83 | 1121.75 | 1388.07 | 1690 | 1920.91 |
| 增幅（%） | 13.4 | 14.2 | 17.4 | 13.2 | 13.1 |

图89　2008—2012年淮安市地区生产总值及增长速度

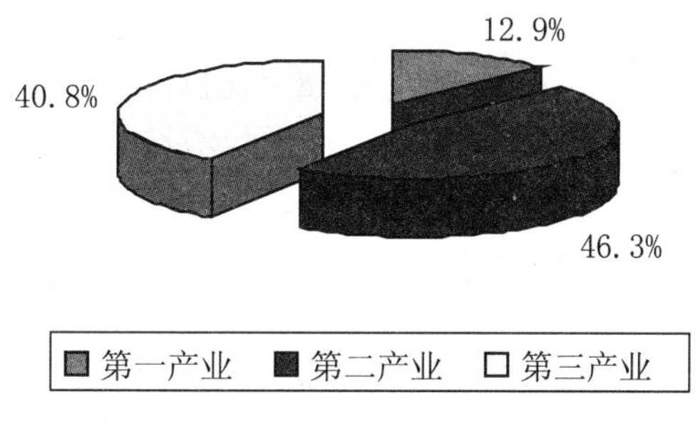


图90　2012年淮安市三次产业结构图

### 2. 财政收支

全年财政总收入438.36亿元，比上年增长7.5%。其中上划中央四税收入137.31亿元，下降3.4%；公共财政预算收入233.61亿元，增长14.2%；社保基金收入54.22亿元，增长21.6%；政府性基金收入13.21亿元，下降19.7%。财政总支出404.91亿元，增长14.8%，其中公共财政预算支出338.01亿元，增长13.0%；社保基金支出53.62亿元，增长42.2%。

### 3. 物价指数

全年市区居民消费价格上涨2.4%，其中食品类上涨5.5%，烟酒及用品类上涨5.2%，家庭设备用品及维修服务类上涨0.9%，医疗保健和个人用品类上涨0.4%，交通和通讯类上涨1.8%，娱乐教育文化用品及服务类上涨0.7%，居住类上涨1.6%，衣着类下降1.6%。全年新增平价商店41个。

### 4. 固定资产投资①

2012年淮安市完成规模以上固定资产投资1247.99亿元，比上年增长22.3%。其中工业投资628.28亿元，增长29.5%；房地产开发投资280.55亿元，下降2.1%。规模以上民间投资979.77亿元，增长26.1%，占全市规模以上投资78.5%。

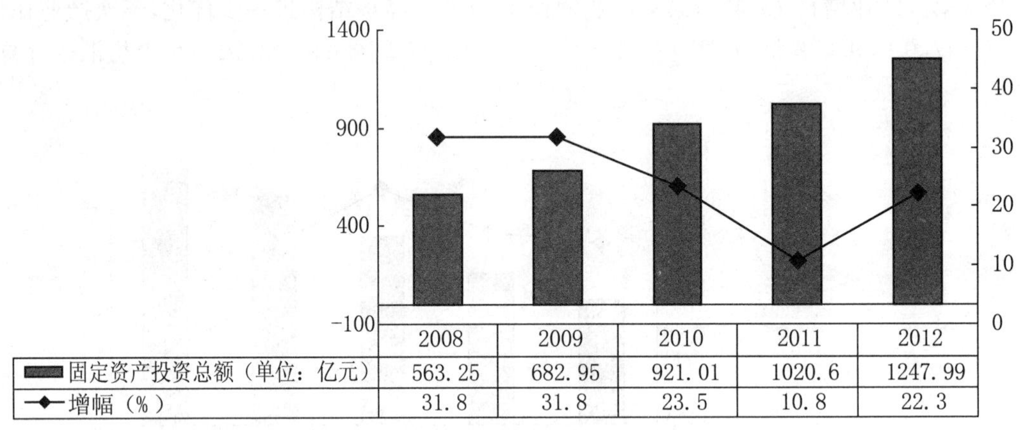


| | 2008 | 2009 | 2010 | 2011 | 2012 |
|---|---|---|---|---|---|
| 固定资产投资总额（单位：亿元） | 563.25 | 682.95 | 921.01 | 1020.6 | 1247.99 |
| 增幅（%） | 31.8 | 31.8 | 23.5 | 10.8 | 22.3 |

**图91　2008—2012年淮安市全社会固定资产投资及增长幅度**

重点项目建设加快推进。全年亿元以上施工项目454个，比上年增长34.3%，其中新开工项目313个，增长84.1%。亿元以上施工项目投资670.08亿元，增长43.6%，其中新开工项目完成投资413.97亿元，增长86.0%。

### 5. 区县经济

2012年洪泽县实现地区生产总值155.09亿元，按可比价计算，比上年增长13.3%。第一产业增加值25.17亿元，增长4.5%；第二产业增加值66.89亿元，增长16.3%，其中工业增加值55.55亿元，增长16.8%；第三产业增加值63.03亿元，增长13.5%。人均地区生产总值46707元，增长14.8%。经济结构进一步优化，三次产业增加值比例调整为16.2∶43.1∶40.7，二、三产业增加值比重为83.8%，比上年提高0.3个百分点。

2012年金湖县实现地区生产总值142.39亿元，按可比价计算，比上年增长13.3%，其中：第一产

① 从2011年起，固定资产投资项目统计起点标准改为500万元。固定资产投资（不含农户）统计范围从城镇固定资产投资扩大到农村企事业组织。

业增加值22.94亿元，增长4.7%；第二产业增加值58.42亿元，增长16.3%；第三产业增加值61.03亿元，增长13.3%，人均地区生产总值突破4万元。2012年全县二、三产业增加值占GDP比重为83.9%，比上年提高0.4个百分点，第二、三产业对GDP增长的贡献率分别达36.7%和49.4%；三次产业结构比为16.1：41.0：42.9，逐步形成了"三二一"产业格局。

## （二）农林牧渔和水利业

农业生产稳定发展。粮食连续九年丰收，全年粮食总产量456.11万吨，比上年增加2.69万吨，增长0.6%。其中夏粮163.65万吨，下降4.2%；秋粮292.46万吨，增长3.5%。全年粮食种植面积980.64万亩，增加5.73万亩。其中油料面积54万亩，减少0.94万亩，蔬菜面积135.41万亩，增加4.74万亩。全年造林面积7.3万亩。全年肉类总产量31.50万吨，增长5.4%，其中猪牛羊肉产量20.81万吨，增长4.0%；禽肉产量10.63万吨，增长8.3%。禽蛋总产量13.20万吨，增长4.1%。牛奶总产量3.29万吨，增长3.7%。全年水产品总产量25.17万吨，增长3.2%。年末农业机械总动力460万千瓦，增长8.24%。

水利建设取得新成效。全年完成水利建设总投资33.1亿元，争取省级以上项目60余项、省级以上资金15.8亿元，累计融资23.52亿元。开工实施洪泽湖大堤除险加固工程，全面推进淮河入江水道整治工程建设，基本完成境内南水北调主体工程。围绕"绿水生态城市"发展定位，实施16个中心城市建设重点项目，完成新城水系调整二期、大运河城区段景观道路、清安河整治等10项城市水利工程；实施里运河堂子巷控制闸、古黄河水利枢纽、福田泵站、韩侯泵站、世行贷款洼地治理等主城区水环境综合提升工程。加强水资源保护和开发。白马湖保护与开发工程建设有序推进。完成市区地下水回灌26.76万立方米。获得省级节水型社会建设示范市称号，全市共创成省级节水型学校4所、节水型社区9个、节水示范项目9个、节水型企业6家。以达标创建和风景区建设为抓手，加强水利工程管理，全市共创成46个省、市级水利工程管理单位，创成市清晏园、古淮河、天泉湖3个国家水利风景区。

## （三）工业和建筑业

工业经济较快增长。年末全市规模以上工业企业1922户。全年规模以上工业企业完成增加值958.88亿元，比上年增长17.2%。其中国有工业增加值105.53亿元，增长6.7%；集体工业增加值3.58亿元，增长11.3%；股份制工业增加值493.18亿元，增长15.9%；外商港澳台投资工业增加值253.81亿元，增长26.0%。大中型工业企业增加值472.23亿元，增长14.2%。轻工业企业增加值409.45亿元，增长14.5%；重工业企业增加值549.43亿元，增长19.3%。

转型升级加速推进。全市五大主导产业实现产值2051亿元，占规模以上工业产值53%；七大战略性新兴产业实现产值650亿元，增长32.1%。软件信息业销售收入突破30亿元。新认定省级新型工业化示范基地、省级特色产业集群3个。

骨干企业支撑有力。全市销售过亿元以上企业超650户，10亿元以上企业43户，30亿元以上企业11户、50亿元以上企业8户，百亿元以上企业2户。全市百户重点企业实现销售、利税、利润占全市比重分别达到40.1%、52.6%和41.7%。全年规模以上工业企业实现主营业务收入3850.67亿元，比上年增长30.3%；利税341.08亿元，增长21.6%；利润176.89亿元，增长28.8%。工业经济效益综合指数352.31。

建筑业平稳发展。全市具有资质等级的总承包和专业承包建筑业企业完成建筑业总产值800.72亿元，增长18.3%，其中建筑工程产值770.13亿元，增长17.5%。全年完成建筑业增加值152.00亿元，比上年增长 11.7%。

## （四）服务业

### 1. 国内贸易

消费品市场运行平稳。全年实现社会消费品零售总额 633.24 亿元，比上年增长 15.6%。分城乡看，城镇消费品零售额 558.80 亿元，增长 16.1%，其中城区消费品零售额 353.48 亿元，增长 20.9%；乡村消费品零售额 74.44 亿元，增长 11.7%。分行业看，批发零售业完成零售额 567.60 亿元，增长 16.2%；住宿餐饮业实现零售额 65.64 亿元，增长 10.6%。

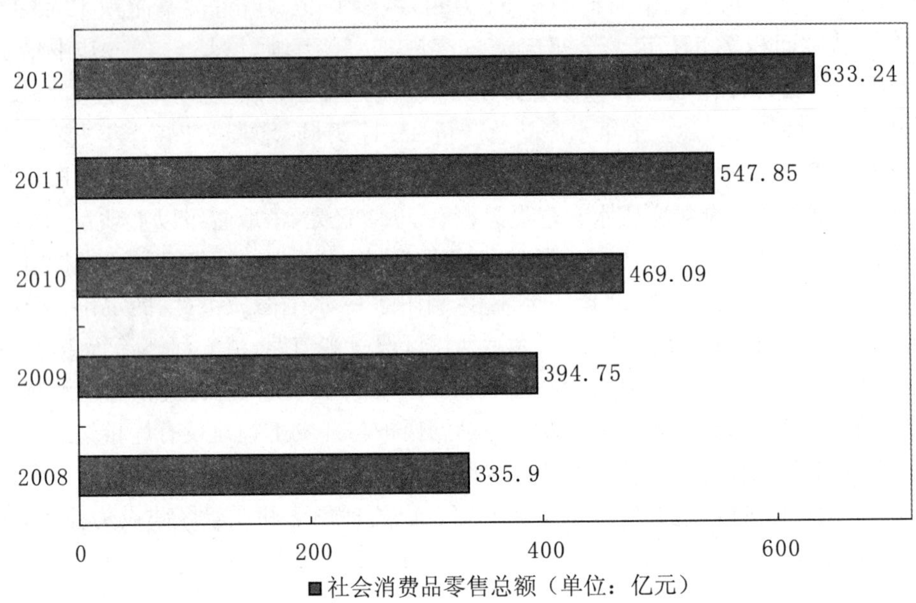


**图 92　2008—2012 年淮安市社会消费品零售总额**

部分消费热点持续活跃。限额以上单位实现社会消费品零售总额 174.24 亿元，比上年增长 22.1%。其中粮油类增长 37.2%，干鲜果品类增长 28.1%，烟酒类增长 30.0%，金银珠宝类增长 38.4%，电子出版物和音像制品类增长 57.2%，中西药品类增长 29.4%，文化办公用品类增长 36.8%，家具类增长 38.3%，建筑及装潢材料类增长 74.2%，机电产品及设备类增长 35.9%，汽车类增长 30.7%。

全市成交额超亿元的大型骨干市场共 20 家，实现成交额 129.16 亿元，年末营业面积 94.45 万平方米。

### 2. 交通运输、邮电

交通运输业稳步增长。全年完成公路、水路客运量 1.23 亿人次、周转量 80.06 亿人公里，比上年分别增长 8.4%和 8.6%；货运量 1.22 亿吨、周转量 208.83 亿吨公里，分别增长 9.0%和 11.1%。完成铁路客运量 193.00 万人次、周转量 1.56 亿人公里，均比上年增长 13.9%；货运量 174.6 万吨、周转量 1.41 亿吨公里，均比上年下降 18.4%。完成航空客运量 34.69 万人次、周转量 3.80 亿人公里，分别增长 50.5%和 60.3%；货运量 0.21 万吨、周转量 0.33 亿吨公里，分别增长 34.6%和 1652.6%。集装箱吞吐量 5.52 万标箱，增长 1.7%；港口货物吞吐量 0.57 亿吨，增长 13.3%。全市年末公路总里程 1.28 万公里，比上年增加 343 公里；铁路总里程 81 公里，与上年相同。重点工程进展情况良好。盐河

航道整治工程竣工通航；237省道建成通车，金马高速、205国道西绕城等稳步推进；348省道、264省道、349省道等前期工作有序开展。新改建农村公路528公里、桥梁84座。宿淮铁路主体建成。淮安涟水机场新增深圳、沈阳、长沙、南宁和香港5条航线，通航城市达14个。一级汽车客运站、百万吨以上港区建设实现县区全覆盖。拥有国家4A级物流企业2家，省级重点物流企业、物流基地14家。年末全市民用汽车保有量达到25.30万辆，增长20%，其中私人汽车保有量20.10万辆，增长25%。民用轿车保有量14.32万辆，增长25%，其中私人轿车12.39万辆，增长28%。

邮电通信业平稳发展。全年邮电业务收入24.57亿元，比上年增长5.8%。其中，电信业务收入21.02亿元，增长3.7%；邮政业务收入3.55亿元，增长19.9%。全市年末固定电话（含小灵通）用户90.35万户，下降5.9%。年末移动电话用户277.14万户，增长9.4%；年末互联网注册用户45.82万户，增长8.3%。

### 3. 旅游业

旅游业加快发展。全年接待国内外旅游者1614.20万人次，比上年增长15.2%，其中国内接待1610.73万人次，增长15.2%。实现旅游总收入178.03亿元，增长18.1%，其中国内旅游收入172.65亿元，增长18.1%。产业规模不断壮大。全市国家A级旅游景区31个，其中4A级景区10个；全国农业旅游示范点5个；全国工业旅游示范点2个；省级自驾游基地3个；省星级乡村旅游区（点）7个，其中四星级4个；省级旅游度假区、省级生态旅游示范区各1个。旅行社92个，其中出境社2个。旅游星级饭店41个，其中五星级1个、四星级7个。

### 4. 金融和保险

金融市场运行平稳。年末金融机构本外币存款余额1521.41亿元，比年初增加186.40亿元，增长14.0%，其中居民储蓄存款余额808.97亿元，比年初增加128.03亿元，增长18.8%。本外币贷款余额1190.46亿元，比年初增加173.88亿元，增长17.1%。保险公司保费收入36.3亿元，比上年增长4%。其中财产险保费收入12亿元，增长16.9%；寿险收入22亿元，下降2.7%；健康险和意外伤害险收入2.3亿元，增长14.1%。全年保险赔款和给付支出10.3亿元，其中财产险6.4亿元，寿险3.3亿元，健康险和意外伤害险0.6亿元。

## （五）开放型经济

### 1. 对外贸易

2012年全市累计进出口总额42.38亿美元，比上年增长48.6%；其中出口33.64亿美元，增长83%。累计进出口超5000万美元、1000万美元、500万美元企业分别为28户、64户、107户，比上年分别增加10户、22户、24户。韩泰轮胎、富士康、理士电池等5户企业进出口额超亿美元。完成外经营业额1.37亿美元，增长16.3%；实现中方协议投资额2304万美元，增长282.7%，投资区域拓展到30多个国家和地区。淮安出口加工区获批为国家级综合保税区，通过国家封关验收。

### 2. 利用外资

全年新批外资项目344个，比上年增加27个，其中总投资超3000万美元以上项目40个，增加7个。协议外资30.7亿美元，实际到账21.2亿美元，分别比上年增长9.6%、31.7%。工业到账外资18.4亿美元，占全部到账外资的86.8%；新批台资项目152个，增长39.4%；到账台资12.02亿美元，增长32.1%。江苏顺泰包装成功在香港上市。淮安市继连续四年被台湾电电公会评为台商投资“值得推荐城市”之后，首次跻身“极力推荐城市”行列。

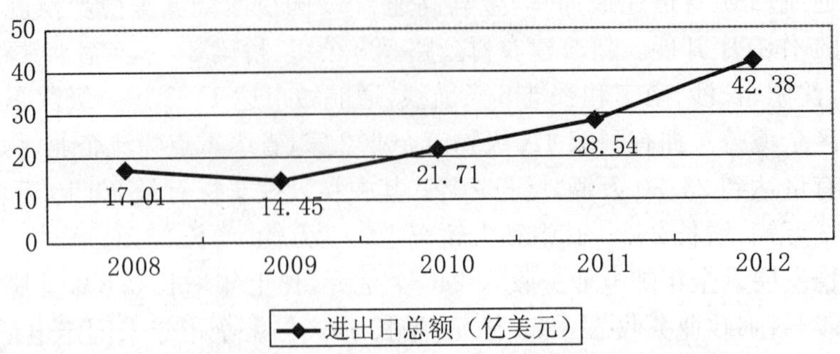


图93 2008—2012年淮安市外贸进出口总额情况

**3. 开发区**

开发园区建设水平不断提升，淮安出口加工区创成国家级综合保税区并通过封关预验收，淮阴经济开发区获批省级高新技术产业开发区，金湖、涟水、盱眙经济开发区进入苏北十强，所有县(区)均建有南北共建园区。

## 二、淮安市2012年社会发展概况

### （一）人口、人民生活

人口规模保持稳定。年末全市户籍总人口546.81万人，比上年增加3.57万人，增长0.7%。年末全市常住总人口480.30万人，其中城镇人口256.96万人，农村人口223.34万人。常住人口出生率12.16‰，死亡率7.41‰，自然增长率4.75‰。

人民生活水平持续改善。全年城镇居民人均可支配收入20950元；人均消费性支出14863元，增长11.6%。农民人均纯收入9838元，增长13.8%；人均生活消费支出6493元，增长10.0%。居民住房条件继续改善，城市居民人均住房面积35.5平方米，农村居民人均住房面积43.0平方米。城镇居民食品消费支出占消费总支出的比重为35.4%，农村为37.1%。

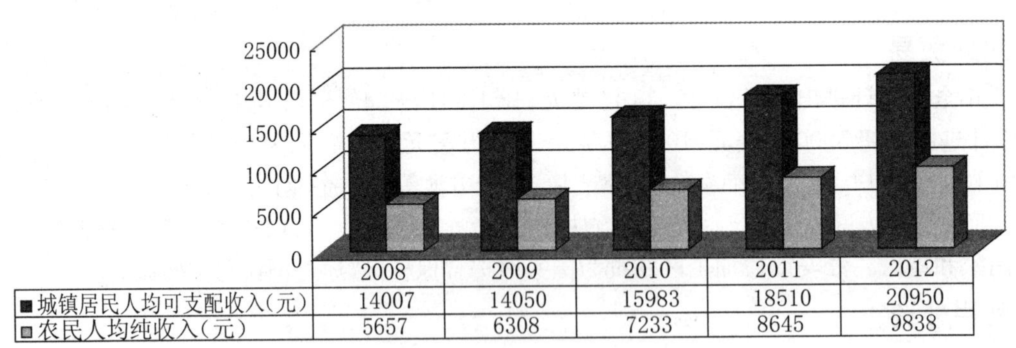


| | 2008 | 2009 | 2010 | 2011 | 2012 |
|---|---|---|---|---|---|
| ■城镇居民人均可支配收入(元) | 14007 | 14050 | 15983 | 18510 | 20950 |
| ■农民人均纯收入(元) | 5657 | 6308 | 7233 | 8645 | 9838 |

图94 2008—2012年淮安市城乡居民收入对比一览

### （二）就业与社会保障

就业形势保持稳定。全市城镇新增就业6.65万人，下岗失业人员再就业3.7万人，其中困难群体再就业0.68万人。年末城镇登记失业率2.25%，继续保持较低水平。新增转移农村劳动力2.45

万人。城乡劳动者职业技能培训 3.78 万人；城乡新成长劳动力培训 1.61 万人。全市开展创业培训 2.62 万人，其中农民创业培训 1.76 万人。

社会保障体系不断完善。全市参加企业养老保险职工人数 70.65 万人，比上年增加 11.35 万人。其中，农民工参保 6.4 万人，个体灵活就业人员参保 28.74 万人。全市参加城镇职工基本医疗保险、工伤保险、生育保险、失业保险人数分别达 76.60 万人、44.24 万人、39.87 万人、57.12 万人，分别增加 9.55 万人、5.09 万人、5.94 人、6.81 万人。城镇居民基本医疗保险参保人数达 119.01 万人。参加农村养老保险人数 136.1 万人，参保率 98.55%。企业离退休人员养老金按时足额 100%社会化发放，全年支付企业离退休人员养老金 30.67 亿元。全市共征缴当期养老保险费 33.34 亿元，清理企业往年欠缴养老保险费 5311 万元。全市共有 17.67 万名企业退休人员纳入社区管理服务，管理率 100%。全年接收企业退休人员档案 17.67 万份，接收率 100%。为企业退休人员提供 31.69 万人次免费体检。为特困人员办理 9440 人次贷款，发放贷款资金 5946 万元，已有 377 名助保人员办理退休手续，享受助保惠泽。

## （三）教育与科技创新

### 1. 教育事业

教育事业协调发展。"教育现代化建设攻坚年"取得显著成效，义务教育均衡发展工作受到国务院表彰，高考二本以上录取率苏北领先，"学在淮安"品牌影响力进一步提升。全市共有各级各类学校 721 所，在校生 90.13 万人，教职工 5.90 万人。其中，幼儿园 234 所，在园幼儿 17.35 万人；小学 279 所，在校生 31.19 万人；初中 144 所，在校生 14.87 万人；普通高中 29 所，在校生 9.35 万人；中等职业学校 21 所，在校生 9.08 万人；特殊教育学校 7 所，在校生 0.16 万人；普通高校 7 所，在校生 8.14 万人。全市新扩建中小学 158 所、幼儿园 48 所。新增优质高中 3 所、优质幼儿园 60 所。教育质量持续攀升。高考二本以上录取率苏北第一。

### 2. 科技创新

科技创新实力稳步提升。全市研究和发展经费投入占 GDP 比重 1.27%；科技进步贡献率达 45.5%。全年专利申请达 9325 件，比上年增长 36.0%；完成专利授权 3140 件，增长 58.3%，发明专利申请 1484 件，增长 53.5%。

高新产业发展步伐加快。全年实现高新技术产业产值 956.49 亿元，增长 64.7%。新增省级高新技术企业 43 家，新认定市级高新技术企业 58 家。全年新开发市级以上新产品 1050 个，其中 80 个被认定为省级高新技术产品、113 个被认定为市级高新技术产品。成功获批省级淮安高新技术产业开发区，实现省级高新区"零"突破。新获批省级科技企业孵化器 1 家、省级科技产业园 2 家，在孵科技型企业 395 家。获批省创新型试点县 1 家、创新型试点乡镇 2 家。

科技创新载体建设平稳推进。全年新建企业研发机构 118 个，实现大中型企业研发机构动态全覆盖。获批省级企业工程技术研究中心 6 个、研究生工作站 14 个、科技服务特色业务项目 3 个；新建市级企业（产业）研究院 3 个、院士工作站 7 个、企业工程技术研究中心 50 个、科技公共技术服务平台 12 个。省级产学研联合创新载体累计达 7 个，在苏北处于领先地位。

## （四）文化、卫生和体育

### 1. 文化事业

文化事业繁荣发展。新建盱眙大剧院、洪泽湖影视城、夕阳红文化活动中心等近 20 个重点文化设施，新建成45个面积100平米及以上的社区文化活动中心。全年送戏下乡213场，送电影下乡1.64万场次，送书下乡10余万册，为贫困乡镇送展览50余场次，赴基层送文艺演出7场。万人拥有公共文化设施面积达到1252.9平方米，有线电视总户数128万户，新增农村有线电视12.1万户，有线电视入户率90.5%，有线电视村民小组接通率100%；新增有线数字电视用户12.3万户，有线数字电视总用户33.08万户，城区有线数字电视整转率75%。全市拥有一级文物226件，二级文物370件，三级文物1971件。

### 2. 卫生事业

卫生服务体系更加健全。在全国首发加载金融功能的居民健康卡，"15分钟健康圈"荣获世界健康城市创新发展奖，免费义诊、体检惠及百万群众。卫生资源总量不断增加，全市共有各类卫生机构(不含村卫生室)738个，其中：疾病预防控制机构9个，卫生监督机构9个，综合医院33个，专科医院11个，中医院7个，中西医结合医院1个，妇幼卫生保健机构9个，卫生院130个。各类卫生机构实有病床20266张，其中医院13337张、卫生院5379张；卫生技术人员2.3万人，其中执业(助理)医师9604人，注册护士9556人；疾病预防控制机构卫生技术人员398人，卫生监督机构卫生技术人员241人，妇幼卫生保健机构卫生技术人员1130人。

### 3. 体育事业

体育事业成果显着。大力推动"农民体育健身工程"提档升级，积极打造城市社区"十分钟体育健身圈"。全年新进省体校和省集训队45人。6名橄榄球运动员入选国家青奥队。全年参加省赛获得金牌82.5枚、奖牌221.5枚、总分2259.5分，获全省综合排名第六。承办全国以上比赛3次、省级比赛15次。第四届"韩信杯"象棋国际名人赛、全国竞走冠军赛暨奥运会选拔赛、CCTV5《武林大会走进淮安》等重大赛事取得成功，获得全国以上体育竞赛最佳赛区、优秀赛区。

## (五) 城乡建设

2012年淮安市突出城乡统筹，农村经济和城乡面貌稳步提升。农业现代化进程加快。新创省级现代农业产业园区4个，新建国家级畜禽、水产健康养殖示范场13个，建成国家级稻麦育种科研创新基地，新增省级农业产业化龙头企业13户，新注册国家地理标志证明商标6件，"淮安大米"获批中国驰名商标，销售收入超亿元龙头企业、超千万元农民专业合作社分别增加到55户和303个。实施淮河入江水道整治等181项重点水利工程，新建高标准农田30.5万亩，粮食生产实现"九连增"。成功举办第11届中国优质稻米博览交易会，荣获"中国优质稻米强市"称号。镇村工业规模不断扩大。乡镇工业集中区新建标准厂房128万平方米，新增规模以上企业108户，实现开票销售276亿元，施河工业集中区被认定为省中小企业产业集聚示范区。村级创业点新增178个，有力推动了农民就业创业。新农村建设扎实推进。完成6175个村庄环境整治，创建三星级康居乡村12个，启动1万户农村危旧房改造，新建改建农村公路528公里。生态市创建卓有成效。生态新城获批国家级绿色建筑科技示范区，清浦、金湖在苏北率先通过国家级生态县(区)省级考核验收，45个乡镇通过国家级生态乡镇省级考核，52个乡镇创成省级生态乡镇。新增成片造林面积3.8万亩，启动白马湖退圩还湖二期工程。

## (六) 环境保护

环境保护成效显着。全市设立自然保护区8个，其中省级2个、市级5个、县级1个。自然保护区面积15.63万公顷。全年空气质量优良天数335天，优良率91.5%；集中式饮用水源地水质达标率100%；地表水功能区水质达标率稳定在90%以上；声环境质量符合功能区划标准，小于58分贝；危险

废弃物安全处置率 100%；城乡环境质量位居全省前列。全年 COD 减排 5481.64 吨、氨氮减排 605.6 吨，二氧化硫减排 5499 吨、氮氧化物减排 2650 吨，污染物排放削减率分别为化学需氧量 3.24%，氨氮 3.38%，二氧化硫 3.87%，氮氧化物 1.51%。清浦区、金湖县在苏北地区率先通过国家级生态县(区)省级考核验收，全市 45 个乡镇通过国家级生态乡镇省级考核，23 个已获国家命名，52 个乡镇创成省级生态乡镇，建成 1015 个市级以上生态村。

## 三、挑战与目标

淮安市在发展中还存在不少矛盾和困难，主要是：经济增长速度有所放缓，部分指标增幅低于年初预期；结构性矛盾较为突出，加快经济转型升级任务艰巨；一些重大项目进展不快，部分企业生产经营困难；社会保障水平有待提高，民生改善还有大量工作要做；政府职能转变不够到位，社会管理服务和机关效能建设仍需进一步强化。对此，应当高度重视，全力以赴在今后工作中加以解决。

2013 年全市经济社会发展的主要预期目标为：地区生产总值增长 12.5%左右，公共财政预算收入增长 14%左右，规模以上固定资产投资增长 18%，注册外资实际到账增长 20%，社会消费品零售总额增长 15%，城乡居民人均收入增长 13%以上，城镇登记失业率控制在 4%以内，居民消费价格指数不超过全省平均水平，节能减排完成省定任务。

## 四、淮安市在长三角地区经济发展中的地位

2012 年是党的十八大胜利召开的喜庆之年，也是淮安市发展进程中既充满挑战又富有成效的一年。面对严峻复杂的宏观形势，在省委省政府和市委的正确领导下，团结带领全市人民，积极应对各种考验，全力推动科学发展，经济社会保持了又好又快的发展态势。2012 年，淮安市致力扩量提质，综合实力和发展后劲持续增强。经济保持较快发展。

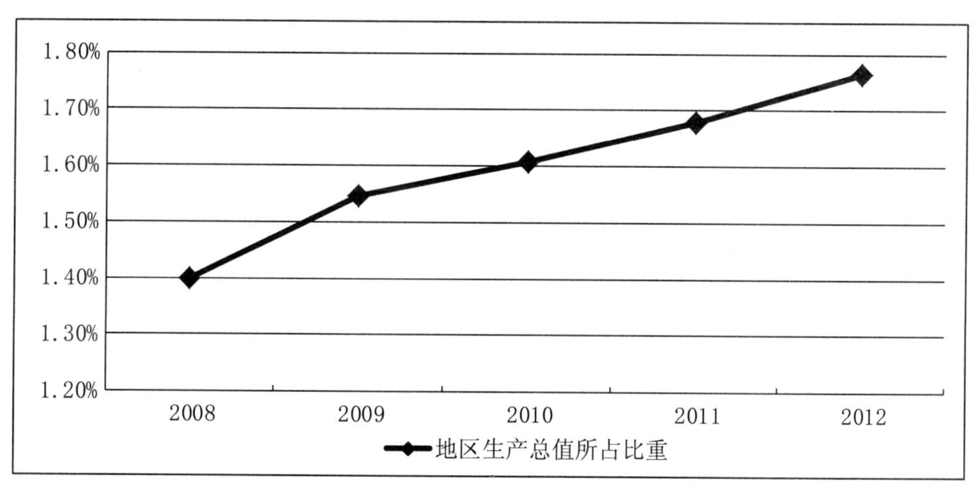


**图 95　2008—2012 年淮安市地区生产总值在长三角所占比重的变化趋势**

2008—2012 年，淮安市地区生产总值在长三角所占比重分别为 1.40%、1.55%、1.61%、1.68% 和 1.76%，连续多年出现稳定的增长，累计增幅为 0.36 个百分点，2012 年较 2011 年上升 0.08 个百分点。2012 年淮安市地区生产总值在长三角地区 25 个市(苏浙两省 24 个地级市和上海市，下同)中排名与上年保持一致，排名第 19 位，需要有较大的提升。

2012 年淮安市综合实力跨上新台阶，经济总量不断扩大。从总量看：2012 年，淮安市地区生产总

值 1920.91 亿元，与 2008 年相比，总量翻了一番。一、二、三次产业分别实现增加值 247.98 亿元、889.2 亿元和 783.73 亿元，总量分别是 2008 年的 1.6、1.9 和 2.2 倍。

从主要结构看：2008 年以来，淮安市三次产业比重主要呈现"二降一升"的趋势。从 2012 年三次产业增长值占 GDP 的比重来看，一产占比由 2008 年的 16.1%下降到 12.9%，二产占比由 2008 年的 47.6%下降到 46.3%，三产占比由 2008 年的 36.3%上升到 40.8%。

从二三产业占比看：2012 年，淮安市二三次产业比重 87.1%，比全省低 6.6 个百分点。与 2008 年水平相比，增长了 3.2 个百分点；与我省其他城市相比，该占比在全省居第 10 位，在苏北居第二位。

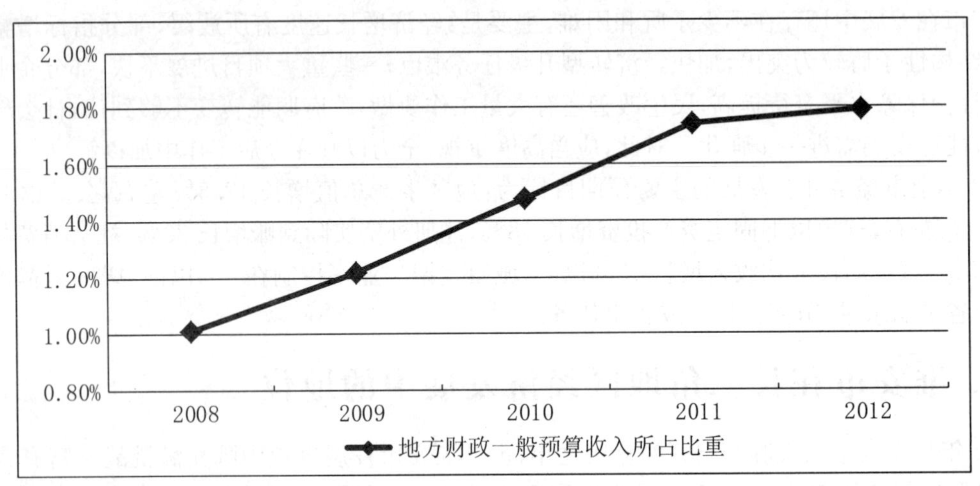


**图 96　2008—2012 年淮安市地方财政一般预算收入在长三角所占比重的变化趋势**

2008—2012 年，淮安市地方财政一般预算收入在长三角所占比重分别为 1.01%、1.22%、1.48%、1.74%和 1.79%，呈现连年稳定增长的态势，累计增幅达 0.78 个百分点，2012 年相对 2008 年已实现了较大幅度的跨越。2012 年淮安市地方财政一般预算收入在长三角地区 25 个市排名中比上年上升两位，排名第 14 位，但仍有较大的提升空间。

2012 年，财政收入稳步提高。全年财政总收入 438.36 亿元，比上年增长 7.5%。其中上划中央四税收入 137.31 亿元，下降 3.4%；公共财政预算收入 233.61 亿元，增长 14.2%；社保基金收入 54.22 亿元，增长 21.6%；政府性基金收入 13.21 亿元，下降 19.7%。财政总支出 404.91 亿元，增长 14.8%，其中公共财政预算支出 338.01 亿元，增长 13.0%；社保基金支出 53.62 亿元，增长 42.2%。金融市场运行平稳。年末金融机构本外币存款余额 1521.41 亿元，比年初增加 186.40 亿元，增长 14.0%，其中居民储蓄存款余额 808.97 亿元，比年初增加 128.03 亿元，增长 18.8%。本外币贷款余额 1190.46 亿元，比年初增加 173.88 亿元，增长 17.1%。

2008—2012 年，淮安市规模以上工业总产值在长三角所占比重分别为 0.96%、1.17%、1.41%、1.50%和 1.85%，呈现逐年增加的趋势，累计增幅为 0.89 个百分点，2012 年增幅相对较大，较上年仅增长 0.35 个百分点。2012 年淮安市规模以上工业总产值在长三角地区 25 个市排名中比上年上升 2 位，排名第 17 位，但仍需较大的提升。

2012 年淮安市工业经济较快增长。年末全市规模以上工业企业 1922 户。全年规模以上工业企业完成增加值 958.88 亿元，比上年增长 17.2%。其中国有工业增加值 105.53 亿元，增长 6.7%；集体工业增加值 3.58 亿元，增长 11.3%；股份制工业增加值 493.18 亿元，增长 15.9%；外商港澳台投资工业增加值 253.81 亿元，增长 26.0%。大中型工业企业增加值 472.23 亿元，增长 14.2%。轻工业企业

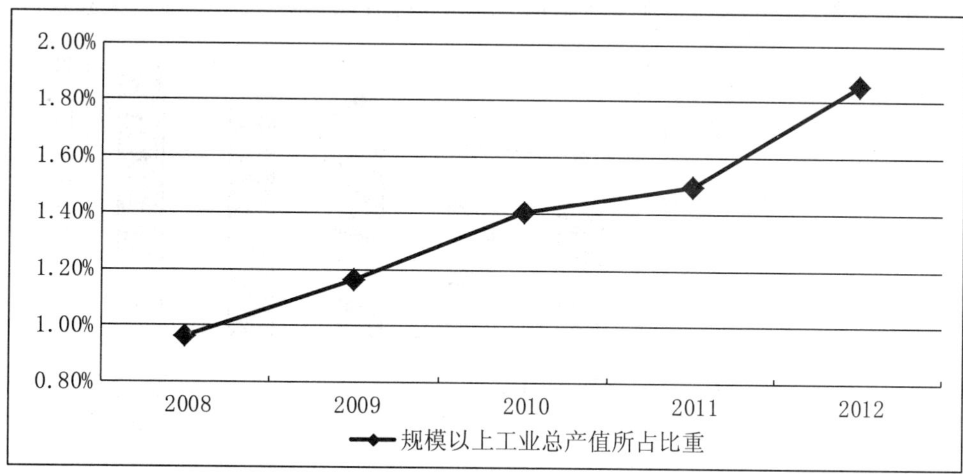


**图 97　2008—2012 年淮安市规模以上工业总产值在长三角所占比重的变化趋势**

增加值 409.45 亿元，增长 14.5%；重工业企业增加值 549.43 亿元，增长 19.3%。

转型升级加速推进。全市五大主导产业实现产值 2051 亿元，占规模以上工业产值 53%；七大战略性新兴产业实现产值 650 亿元，增长 32.1%。软件信息业销售收入突破 30 亿元。新认定省级新型工业化示范基地、省级特色产业集群 3 个。

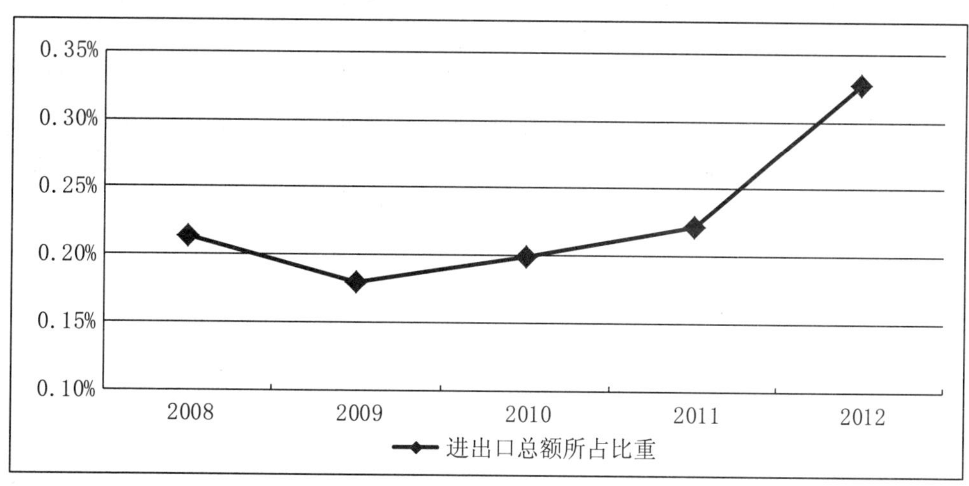


**图 98　2008—2012 年淮安市进出口总额在长三角所占比重的变化趋势**

2008—2012 年，淮安市进出口总额在长三角所占比重分别为 0.21%、0.18%、0.20%、0.22%和 0.33%，在 2009 年出现小幅下跌后，连续三年年出现回升，其中 2012 年较上年比重增加 0.11 个百分点。2012 年淮安市规模以上工业总产值在长三角地区 25 个市排名中与上年保持一致，排名第 22 位，排位相对靠后，亟需较大的提升。

2011 年，淮安市全市累计进出口总额 42.4 亿美元，比上年增长 48.6%；其中出口 33.7 亿美元，增长 83%。累计进出口超 5000 万美元、1000 万美元、500 万美元企业分别为 28 户、64 户、107 户，比上年分别增加 10 户、22 户、24 户。韩泰轮胎、富士康、理士电池等 5 户企业进出口额超亿美元。完成外经营业额 1.37 亿美元，增长 16.3%；实现中方协议投资额 2304 万美元，增长 282.7%，投资区域拓展到 30 多个国家和地区。淮安出口加工区获批为国家级综合保税区，通过国家封关验收。

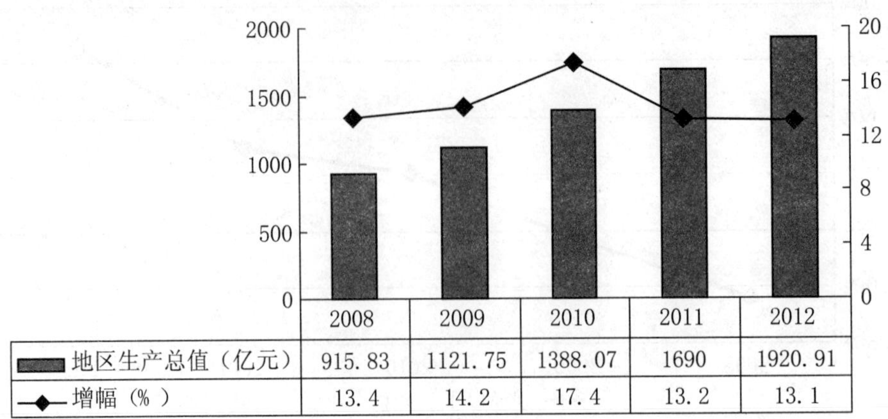


| | 2008 | 2009 | 2010 | 2011 | 2012 |
|---|---|---|---|---|---|
| 地区生产总值（亿元） | 915.83 | 1121.75 | 1388.07 | 1690 | 1920.91 |
| 增幅（%） | 13.4 | 14.2 | 17.4 | 13.2 | 13.1 |

**图 99　2008—2012 年淮安市实际外商直接投资金额在长三角所占比重的变化趋势**

2008—2012 年，淮安市实际外商直接投资金额在长三角所占比重分别为 0.80%、1.19%、2.08%、2.87%和 3.31%，呈现大幅增加的态势，5 年内累计增幅为 2.51 个百分点，2012 年继续保持较大增速，较 2011 年增加 0.44 个百分点。2012 年淮安市规模以上工业总产值在长三角地区 25 个市排名中比上年上升二位，排名第 11 位，提升速度较快。

2012 年，淮安市上下抓住加入长江三角洲城市群和江苏省沿海开发上升为国家战略的重要契机，加快借港出海，外向型经济加速发展。外资规模不断扩大。全年新批外资项目 344 个，比上年增加 27 个，其中总投资超 3000 万美元以上项目 40 个，增加 7 个。协议外资 30.7 亿美元，实际到账 21.2 亿美元，分别比上年增长 9.6%、31.7%。工业到账外资 18.4 亿美元，占全部到账外资的 86.8%；新批台资项目 152 个，增长 39.4%；到账台资 12.02 亿美元，增长 32.1%。江苏顺泰包装成功在香港上市。我市继连续四年被台湾电电公会评为台商投资"值得推荐城市"之后，首次跻身“极力推荐城市”行列。

# 十 盐城市2012年经济社会发展报告

2012年，在市委、市政府的正确领导下，全市上下深入贯彻落实科学发展观，始终坚持“快增”与“快转”相结合，积极抢抓沿海开发、长三角一体化和省政府支持盐城加快沿海开发等重大发展战略机遇，统筹推进稳增长、控物价、调结构、惠民生、抓改革、促和谐各项工作，全市经济运行呈现良好态势，综合实力明显增强，城乡面貌显著变化，人民生活日益改善，以市为单位总体上达到省定全面小康标准。

## 一、盐城市2012年经济发展概况

### （一）综合经济

#### 1. 经济总量

2012年，全市实现地区生产总值3120亿元，比上年增长12.7%，人均GDP达6865美元。全市三次产业结构调整为14.6∶47.2∶38.2，二三产业比重提高0.4个百分点。

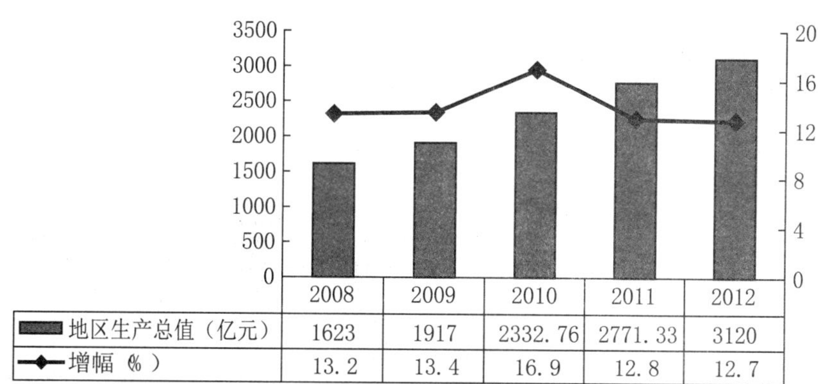


| | 2008 | 2009 | 2010 | 2011 | 2012 |
|---|---|---|---|---|---|
| 地区生产总值（亿元） | 1623 | 1917 | 2332.76 | 2771.33 | 3120 |
| 增幅（%） | 13.2 | 13.4 | 16.9 | 12.8 | 12.7 |

图100 2008—2012年盐城市地区生产总值及增长速度

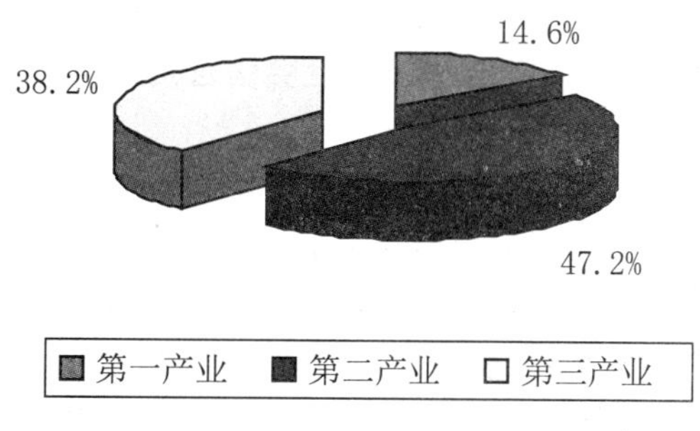


图101 2012年盐城市三次产业结构图

全面小康建设成果显著。2012年，盐城市全面小康建设进程总体得分达99.7分，比上年增加1.3分，比2003年提高30.6分。从四大类构成看：社会发展和生态环境两大类指标已全部实现目标值；生活水平实现程度达99.9%，比上年提高0.1个百分点；经济发展实现程度达98.8%，比上年提高 0.5 个百分点。从具体指标看，25 项指标中已有 23 项指标达标。县域全面小康建设取得新进展，亭湖区、盐都区和建湖县通过验收，阜宁县、射阳县成功申报。

## 2. 财政收支

2012 年，全市实现财政总收入 789.43 亿元，增长 11.8%。公共财政预算收入 312.78 亿元，增长 16.3%，其中，税收收入 251.38 亿元，增长 30.3%。公共财政预算支出 473.48 亿元。

## 3. 物价指数

2012 年盐城居民消费价格指数(CPI)比上年上涨 2.8%，同比回落 2.2 个百分点。与去年同期相比，2012 年计算居民消费价格指数的八大类商品和服务消费价格“七升一降”。其中：食品类上涨 4.8%，烟酒类上涨 5.8%，衣着类上涨 3%，家庭设备及维修服务类价格上涨 3.9%，医疗保健和个人用品类上涨 3.1%，交通和通信类上涨 0.5%，居住类上涨 2.6%，娱乐教育文化用品及服务类下降 0.9%。全市工业生产者出厂价格指数下降 0.9%，原材料、燃料动力购进价格指数下降 2.9%。

## 4. 固定资产投资①

投资结构进一步优化。2012 年，全市完成固定资产投资 1940.89 亿元，增长 22.3%。其中，第一产业完成投资 25.2 亿元，增长 25.0%；第二产业完成投资 1240.1 亿元，增长 20.8%；第三产业完成投资 675.6 亿元，增长 25.1%。2012 年，全市完成民间投资 1531.5 亿元，增长 18.3%，占固定资产投资比重为 78.9%，对固定资产投资贡献率为 67.5%。2012 年，全市在建亿元项目 873 个，比上年同期增加 130 个，项目平均单体规模达 3.3 亿元。其中 5 亿元以上项目 145 个、10 亿元以上项目 53 个。在建亿元以上项目完成投资额 998.2 亿元，同比增长 32.6%。

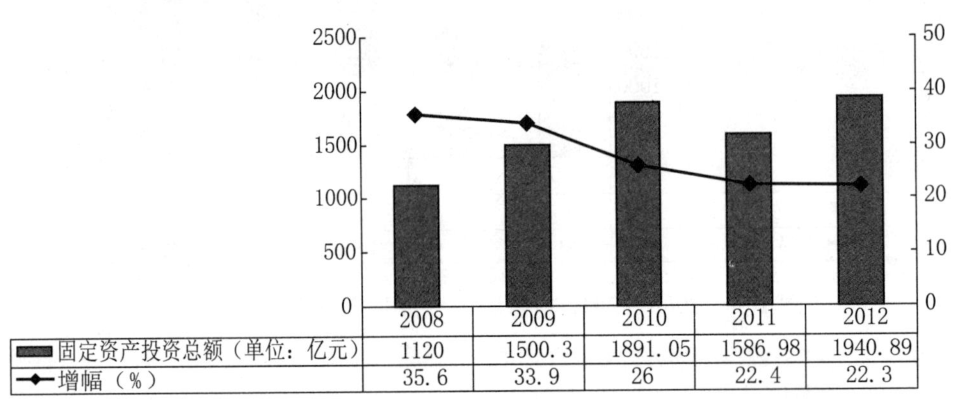


| | 2008 | 2009 | 2010 | 2011 | 2012 |
|---|---|---|---|---|---|
| 固定资产投资总额（单位：亿元） | 1120 | 1500.3 | 1891.05 | 1586.98 | 1940.89 |
| 增幅（%） | 35.6 | 33.9 | 26 | 22.4 | 22.3 |

**图 102　2008—2012 年盐城市全社会固定资产投资及增长幅度**

重点领域投资加快。2012 年，全市工业投资四大重点行业完成投资 902.7 亿元，增长 19%，占工业投资的比重达 73%。其中机电工业完成投资 618 亿元，增长 17.4%；纺织工业完成投资 122.5 亿元，增长 11%；化学工业完成投资 105.5 亿元，增长 48%；建材工业完成投资 56.7 亿元，增长 12.4%。全市完成基础设施投资 310.3 亿元，增长 34.8%。其中，电力、燃气及水的生产和供应业完成投资 73.6 亿元，增长 39.9%。民生项目逐步加大，水利、环境和公共设施管理业完成投资 101.5 亿元，增长 28.2%；教育完成投资 20.2 亿元，增长 65.9%；文化、体育和娱乐业完成投资 19.4 亿元，增

① 从 2011 年起，固定资产投资项目统计起点标准改为 500 万元。固定资产投资(不含农户)统计范围从城镇固定资产投资扩大到农村企事业组织。

长 107.1%。

**5. 区县经济**

2012 年响水县实现地区生产总值 181.35 亿元，按可比价格计算，同比增长 12.7%。全县人均 GDP 达到 35908 元，比同期净增加 4335 元。从统计数据看，第一产业增加值 35.58 亿元，同比增长 3.9%，第二产业增加值 89.85 亿元，同比增长 16.1%，第三产业增加值 55.92 亿元，同比增长 12.9%；三次产业结构由 2011 年的 20.2∶49.4∶30.4 调整到 19.6∶49.6∶30.8，其中第一产业比重下降 0.6 个百分点，第二产业比重上升 0.2 个百分点，第三产业比重上升 0.4 个百分点，工业经济成为主体经济进一步凸显。年末全县城市化水平达到 47.8%，比上年提高 1.6 个百分点。全社会用电量达 32.09 亿千瓦时，同比增长 74.9%。

2012 年阜宁县完成地区生产总值(GDP)274.99 亿元，按可比价格计算，增长 13%，其中第一产业增加值 46.34 亿元，增长 3.9%；第二产业增加值 131.61 亿元，增长 15.9%；第三产业增加值 97.04 亿元，增长 13.5%。按常住人口计算，全县人均地区生产总值为 32732 元，比上年增加 3755 元。产业结构不断调优，二、三产业增加值占 GDP 比重达 83.1%，比上年提高 0.4 个百分点，三次产业的构成比例已由上年的 17.3∶48∶34.7 调整为 16.9∶47.8∶35.3。经济效益持续改善，公共财政预算收入占 GDP 比重达 9.3%。全面小康综合得分达 99.61 分，比上年增加 0.33 分。从 25 个指标看，已有 24 个指标达到或超过全面小康目标值，比上年增加 1 个指标(R&D 经费支出占 GDP 比重)；尚未达标只有 1 项，为二三产业增加值占 GDP 比重。全面小康百姓认可率电话调查达到目标值。

2012 年射阳县实现地区生产总值 320.31 亿元，按可比价计算，比上年增长 12.6%。其中：第一产业增加值 3.25 亿元，增长 4.9%；第二产业增加值 18.23 亿元，增长 16.4%；第三产业增加值 13.86 亿元，增长 12.9%，人均地区生产总值 35901 元，增长 11.6%。产业结构优化升级。全县积极推进经济结构战略性调整，提升传统产业，大力发展高新产业，经济结构调整和发展方式转变取得新进展。2012 年全县三次产业增加值比例为 21.7∶40.4∶37.9，二、三产业增加值占 GDP 比重为 78.3%，比上年提高 0.4 个百分点，第二、三产业对 GDP 增长的贡献率分别达 35.9%和 45.8%；财政收入占 GDP 比重为 19.67%，比上年提高 1.47 个百分点。全县全面小康综合得分达 99.2 分，比上年增加 0.6 分。从四大类构成看，经济发展、生活水平、社会发展、生态环境实现程度分别达到 97.4%、99.6%、99.7%、95.7%；从具体指标看，25 项指标中已有 23 项指标达标。

2012 年东台市实现国内生产总值 506.69 亿元，按可比价格计算，比上年增长 13.2%。其中，第一产业增加值 78.33 亿元，增长 4.0%；第二产业增加值 231.89 亿元，增长 15.8%；第三产业增加值 196.47 亿元，增长 13.7%。人均地区生产总值 51397 元，比上年增加 6105 元。产业结构持续优化。三次产业增加值比例调整为 15.4∶45.8∶38.8。二、三产业增加值比重比上年提高 0.5 个百分点

大丰市实现地区生产总值 393.36 亿元，按可比价计算同比增长 13.6%。其中：第一产业增加值 63.34 亿元，同比增长 4%；第二产业增加值 173.82 亿元，同比增长 16.9%；第三产业增加值 156.2 亿元，同比增长 13.9%。人均地区生产总值 56013 元。产业结构持续优化。一、二、三产业之比为 16.1∶44.2∶39.7，二、三产业增加值占 GDP 的比重达 83.9%，比上年提高 0.6 个百分点。发展速度和质量处于苏北领先、盐城前列。列“全国县域经济基本竞争力百强县(市)”第 55 位，较上年提升 1 位。

## （二）农林牧渔业

2012 年，盐城各地加大支农惠农政策力度，大力整治农资市场，强化农机服务，扎实推进农业生产各项工作，采取有力措施，努力克服灾害性天气和病虫害的不利影响，种植业播种面积稳定，粮食生产稳中略增，蔬菜生产稳步发展，有效保障了农产品供给。农业生产实现“九连增”。全市实现农林牧渔

业总产值925.2亿元,增长8.9%。其中:农业399.88亿元,增长7.4%;林业22.39亿元,增长10.9%;牧业259.38亿元,增长8.7%;渔业179.23亿元,增长11.8%;农林牧渔服务业64.32亿元,增长10.3%。实现农林牧渔业增加值456.1亿元,可比增长4%。全市粮食总产达672.7万吨,增长1.7%,再创历史新高。棉花总产10.9万吨,下降18.4%。油料总产30.9万吨,下降7.5%。

2012年,盐城市以加快畜牧业转型升级为主线,大力发展标准化规模养殖,实现了畜牧业生产的持续稳定增长。

一是财政扶持落到实处。全市共落实能繁母猪补贴资金4027万元,补贴能繁母猪40.27万头;落实生猪良种补贴540万元;落实奶牛良种补贴21.66万元;落实生猪调出大县奖励资金3819万元。共申报生猪标准化规模场建设项目62个,落实中央投资1860万元;申报生猪、家禽标准化养殖"菜篮子"工程项目10个,落实中央投资资金500万元;申报高效农业规模畜禽养殖项目37个,落实项目资金3480万元。二是鼓励畜禽规模养殖。盐城市对新建年纯收益百万元以上的养殖场,每个奖励1万元;对生猪饲养量达200头以上、发酵床面积达150平方米的大户,奖励投资者2万元;对新建母猪舍2000平方米、存栏150头以上的补助15万元;对新建标准化5万只禽场补助5万元。三是引进规模企业主攻龙头带动。全市共引进"三资"近11亿元,建成了一批高效畜牧业基地。中粮肉食(江苏)有限公司在东台建成年出栏100万头生猪养殖基地和年屠宰150万头生猪肉品加工厂;上海光明牛奶集团二期工程,饲养规模达1.3万头、投资2.5亿元的现代化奶牛场建设已正式启动;广东温氏集团在大丰市和滨海县推广"公司+基地+农户"模式,3000万只肉鸡和100万头生猪养殖加工基地已建成投产。全市新增畜禽规模养殖场2312个,新建百万元养殖区65个;新增生猪规模出栏36.5万头,新增家禽出栏3200万羽;全市生猪规模养殖比例达80.3%,比上年提高10.3个百分点,其中大中型规模比重提高12.8个百分点,达56.1%;肉禽、蛋禽规模养殖比例90%和95%,分别比上年提高2个百分点。四是促进产业结构转型升级。全市共创建畜牧生态健康养殖示范基地88个、畜禽良种化示范场18个、新型畜牧合作经营模式示范单位15个、动物防疫规范达标示范场108个,畜禽粪便综合利用示范场326个、畜产品质量安全规模养殖示范场420个。初步统计全市生猪出栏803万头,同比增长5.3%,存栏446.6万头,同比增长9.2%;家禽出栏21736万只,同比增长5.5%,存栏11713万只,同比增长6%;全市肉类总产量95万吨,禽蛋总产量120万吨,同比分别增长5.1%和5.4%。

2012年,盐城市狠抓养殖结构调整,培大做强主导产业,推进特色渔业规模化、基地园区化、水产品品牌化,取得了又好又快的发展。

一是高效设施渔业建设取得新突破。全市共完成新增高效渔业面积23.3万亩、设施渔业面积10.2万亩,累计建成高效渔业面积达140.2万亩、设施渔业面积32.9万亩,占比分别达到70.9%和16.6%。新增亩产值超万元养殖面积35.9万亩,总面积突破100万亩;新增亩效益超万元养殖面积1.9万亩,总面积达到5万亩。二是现代渔业园区建设取得新进展。全市重点打造了盐都大纵湖大闸蟹生态产业园、射阳向阳现代渔业产业园、大丰现代渔业示范园3个现代渔业产业园区,建成5个现代渔业精品园和10个现代渔业示范村。盐都大纵湖大闸蟹生态产业园被省政府批准认定为省级现代渔业产业园区。全市去年获得首批江苏省"一村一品"专业示范村、镇3个,新创建省级现代渔业精品园2个、省级现代渔业示范基地(场)4个、省级现代渔业示范村3个。三是二三产业发展取得新进展。全市新增省级水产品加工龙头企业4家,累计省级以上龙头企业总数达16家;新增市级龙头企业9家,总数达30家;新增规模水产品加工企业5家,总数达77家。全市共建成水产品出口示范基地10个,其中省级出口示范基地3个,出口基地面积超过40万亩,创汇额达1.48亿美元,比2011年增长15.6%。全年共完成水产品加工量50.2万吨,实现加工产值52.6亿元,分别增12.1%和17.6%。此外,全市新增渔业合作组织50个,培育渔业经纪人1.28万人。新建休闲渔业基地8个,总数达到

78个。建成各类水产品批发市场54个。四是渔业发展质量有了新提升。一方面,科技创新能力进一步增强。大丰海洋生物产业园被认定为国家科技兴海产业示范基地;新建3个博士工作站(点);新增渔业科技成果转化基地3家,省、市级良种繁育基地4家。另一方面,质量安全水平进一步提高。新增无公害水产品生产基地39.2万亩,累计达134万亩,占比67.8%,新增无公害水产品106个,"三品"总数达257个。2012年,全市共完成水产品总产量106.1万吨,同比增长4%。

农业产业化进程加快。2012年,全市拥有农业产业化龙头加工企业1419个,比上年增加223个;农民专业合作组织6926个,比上年增加1187个。年末拥有农业机械总动力563.75万千瓦,增长6.6%;大中型拖拉机17934台,增长10.6%;联合收割机16482台,增长19.9%;机械植保面积1055.55千公顷。

高效农业全省领先。2012年,全市建成亩产值万元以上高效农业106万亩,新增年纯效益达百万元养殖场69个。全市新增高效农业76万亩,其中设施农业14.76万亩,高效农业、设施农业总面积分别达到676万亩、157万亩。新增高效农业面积、设施农业面积、高效农业总面积三项全省第一。新增无公害农产品391个、绿色食品23个、有机农产品3个,全市新增有效"三品"总数达到417个;新认定省级现代农业示范园区2个,新增省级农产品加工集中区4个;新办规模农业龙头企业70个,实现农产品加工产值1288.1亿元。

## (三)工业和建筑业

工业经济运行良好。2012年,实现规模以上工业增加值1357.1亿元,增长17.5%。其中轻、重工业增加值分别为506.49亿元、850.66亿元,分别增长17.0%和17.8%。国有工业增加值11.97亿元,增长33.8%;集体工业增加值3.96亿元,增长0.5%;股份合作制工业增加值8.73亿元,增长13.9%;股份制工业增加值827.57亿元,增长19.6%;外商港澳台投资工业增加值334.04亿元,增长12.9%;其他经济工业增加值170.87亿元,增长16.4%。

企业效益稳定增长。2012年,全市规模以上工业企业实现主营业务收入5426.85亿元,增长20.6%;实现利税总额619.48亿元,增长28.1%;实现利润总额350.85亿元,增长35.1%。工业经济效益综合指数322.3,提高26.4个百分点。

新特产业贡献增强。2012年,全市24个特色产业实现主营业务收入2473.3亿元,增长20.4%,占全市工业的比重达45.5%。新兴产业实现主营业务收入851.4亿元,增长22%,占比达到15.7%。高新技术产业实现主营业务收入1091.5亿元,增长23.6%,占比为20.11%。

建筑业健康发展。2012年,全市完成建筑业总产值943.0亿元,增长16.4%;实现建筑业增加值214.7亿元,增长10.2%。建筑企业房屋建筑施工总面积达9723.3万平方米,增长15.3%;房屋建筑竣工面积3979.2万平方米,增长0.1%,其中住宅竣工面积2625.1万平方米,增长13.9%。建筑业从业人数53万人,劳动生产率(产值)每人20.1万元。

## (四)服务业

### 1. 国内贸易

消费市场稳步增长。2012年,全市实现社会消费品零售总额1023.2亿元,增长14.3%。其中,全市城镇实现社会消费品零售总额971.7亿元,增长14.7%;乡村实现社会消费品零售总额51.5亿元,增长6.7%。批发和零售业实现零售额919.46亿元,增长12.7%;住宿和餐饮业实现零售额103.74亿元,增长30.4%。

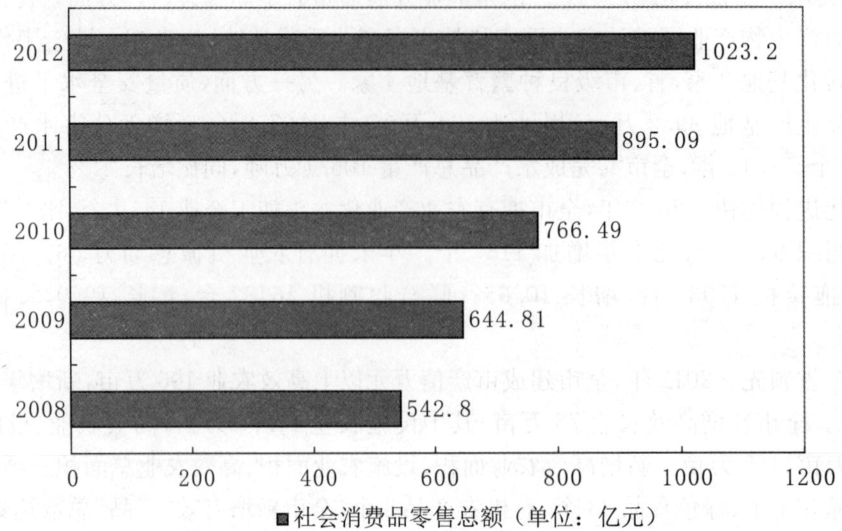


图103　2008—2012年盐城市社会消费品零售总额

### 2. 交通运输和邮电业

运输能力逐步增强。2012年，全市公路总里程18807.2公里，其中等级公路16760.9公里、高速公路322.5公里、一级公路995公里、二级公路2559公里。全社会客运量14153万人，增长7.02%，客运周转量148.1亿人公里，增长6.17%；全社会货运量17401万吨，增长9.1%，货运周转量273.2亿吨公里，增长12.1%。全年航班起降3342架次，增长30.1%；航空旅客吞吐量31.73万人，增长36.6%；航空货邮吞吐量2820吨，增长21.4%。全市沿海港口完成货物吞吐量3118.6万吨，增长48.4%；其中集装箱2.15万标箱，外贸吞吐量231.9万吨。

邮电业务平稳发展。2012年，全市完成邮电业务总量48.77亿元，增长10.2%。其中，邮政业务总量5.67亿元，增长0.53%；电信业务总量43.1亿元，增长6.8%。年末固定电话和移动电话用户708.4万户。计算机互联网用户达88万户，增长28.8%。

### 3. 旅游业

旅游市场持续活跃。2012年，全市共接待海内外游客1544.81万人次，增长16%；海外游客接待量8.01万人次，增长11.2%。全市实现旅游总收入150.08亿元、旅游创汇0.65亿美元，分别比上年增长18.5%和16.6%。新增1家省级旅游度假区，新增达到国家AAA级以上标准旅游景区2家，新增省四星级乡村旅游区(点)4家，成立盐城市首家本土赴台旅游组团社，全年争取第一批省旅游业发展专项引导资金1210万元，创历史新高。

### 4. 金融和保险

金融市场规模扩大。2012年，全市金融机构年末本外币存款余额2716.87亿元，比年初增加380.69亿元，其中，居民储蓄存款1523.40亿元，比年初增加255.28亿元。金融机构年末本外币贷款余额1856.11亿元，比年初增加271.17亿元。其中，中长期贷款762.06亿元，比年初增加60.64亿元。外汇存款余额2.79亿美元，比年初增加0.25亿美元；外汇贷款余额为3.92亿美元，比年初减少0.3亿美元。

保险事业稳步发展。2012年，全市拥有市级专业保险机构47家，其中，产险机构18家、寿险机构29家。保险分支机构及营销网点641个，保险从业人员18000余人。保险专业代理机构50家，其中

一级法人机构17家。全市实现保费收入64.42亿元,增长3.54%。全市各项赔偿和给付20.82亿元,增长6.63%,其中产险赔付9.06亿元、寿险赔(给)付10.61亿元,分别增长4.91%和7.04%。

### 5. 房地产业

2012年,全市完成房地产开发投资273.4亿元,增长27.5%。完成商品房销售548.2万平方米,下降2.6%。保障性住房建设成效明显,保障水平逐步提高。全市新开工建设公共租赁住房7989套(间)、廉租房948套、经济适用住房3810套、限价商品房11871套,发放廉租住房租赁补贴5574户。

## (五)开放型经济

2012年,全市完成进出口总额57.54亿美元,增长9.7%,其中,出口34.65亿美元,增长16.3%,进口22.89亿美元,增长1%。全市新批外商投资项目332个,其中,3000万美元以上项目39个,增长2.6%。全市注册外资实际到帐21.11亿美元,增长25.1%。

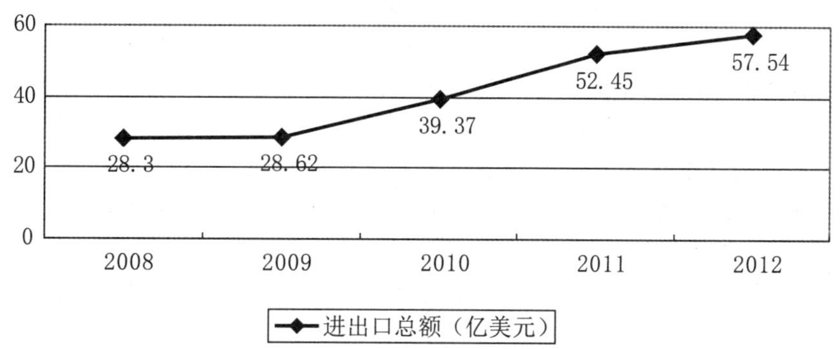


**图104 2008—2012年盐城市外贸进出口总额情况**

# 二、盐城市2012年社会发展概况

## (一)人口、人民生活

人口总量保持平稳。2012年年末,全市户籍人口822.4万人,比上年末增加1.71万人,其中户籍城镇人口469.82万人,比上年增加11.27万人。全年人口出生率为11.68‰,死亡率为8.63‰,自然增长率为3.05‰。全市计划生育率为96%。

生活水平不断提高。2012年,全市城镇居民人均可支配收入21941元,增长13.0%;市区城市居民人均可支配收入25867元,增长13.2%;人均消费支出15430元,增长17.3%。农民人均纯收入11898元,增长13.2%;农民人均生活消费支出6998元,增长13.9%。城镇和农村恩格尔系数分别为34.3%和36.3%。城镇居民住房人均建筑面积37.19平方米,比上年末增加0.38平方米,增长1.0%;农村居民人均钢筋、砖木结构住房面积44.9平方米,比上年增加0.71平方米,增长1.6%。

## (二)就业、社会保障

多渠道扩大就业。全面落实促进就业、鼓励创业各项政策。2012年,全市城镇就业人员数146.29万人,其中城镇单位就业人员53.8万人,城镇私营个体就业人员94.18万人。下岗失业人员实现再就业5.51万人。年末城镇登记失业率为2.41%。

完善社会保障体系。2012年,全市企业职工基本养老保险全市养老保险、城镇职工基本医疗保

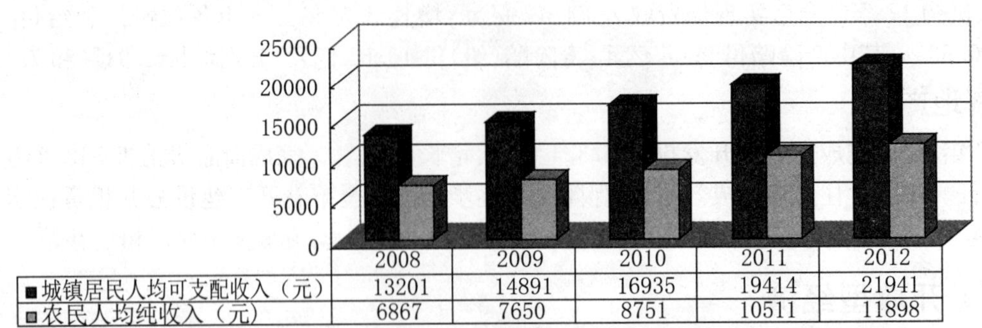


| | 2008 | 2009 | 2010 | 2011 | 2012 |
|---|---|---|---|---|---|
| ■城镇居民人均可支配收入（元） | 13201 | 14891 | 16935 | 19414 | 21941 |
| ■农民人均纯收入（元） | 6867 | 7650 | 8751 | 10511 | 11898 |

**图105　2008—2012年盐城市城乡居民收入对比一览**

险、失业保险覆盖面分别达到98.42%、98.23%和96%。年末全市参加失业保险人数为65.2万人，参加城镇职工基本医疗保险人数为118.77万人，参加城镇居民医疗保险人数为185.84万人。

各类保险持续扩面，城乡居民养老保险并轨运行。落实低保、五保、优抚救助自然增长机制，及时发放尊老金、养老服务补贴以及困难家庭物价上涨动态补贴。开展新一轮扶贫开发行动，帮助16万低收入人口脱贫。积极兴办民生实事。20件实事项目基本完成年度任务。建成盐龙湖饮用水源工程，大市区区域供水管网基本实现乡镇全通达。扩大住房保障范围，市区新建各类政策性保障住房100万平方米。改善老城区人居环境，完成66条后街巷道、6个老旧小区整治任务。推进校安工程，全市新建改造校舍115.5万平方米。积极筹集资金1.6亿元，基本还清16年前的新长铁路借资款。落实临时救助和特殊困难残疾人救助政策，累计发放救助资金8000万元，免费为困难群众提供法律援助5780件。

## （三）教育与科学技术

### 1. 教育事业

2012年，全市共有普通高校5所，招生1.52万人，在校生5.46万人，毕业生1.54万人；普通中专在校生3.72万人，职业高中在校生3.54万人；普通中学277所，在校生29.99万人；小学397所，在校生38.37万人。全市初中毕业生升学率99.12%，在校生年巩固率99.18%；小学毕业生升学率98.99%，在校生年巩固率99.51%。学龄儿童入学率100%。幼儿园在园幼儿24.38万人，学前三年幼儿入园率为96.03%。全市共有教职工数8.14万人，其中专任教师6.83万人。

### 2. 科技创新

2012年，新认定省级以上高新技术企业累计达155家。支持企业建立研发平台，加快城南科教城规划建设，深化政产学研金合作。科技研发投入占地区生产总值的比重为1.5%。全年组织实施省级以上各类科技计划项目263项，争取科技经费1.49亿元，其中，国家级重大科技项目立项近5项，争取项目经费2398多万元。全市新增省级高新技术产品229个，获省科技进步奖3项。开展“国家知识产权试点城市”建设。全年专利申请数15456个，专利授权数4964个。新增中国驰名商标6件。全力打造长三角北翼人才高地、金融高地，在上海成功举办第二届沿海发展人才峰会，设立21家海外人才工作站，引进国家“千人计划”专家28人、创新创业团队31个。

## （四）文化、卫生与体育

### 1. 文化事业

2012年，市图书馆新馆、广播电视塔基本建成，市文化馆改造工程稳步实施，市博物馆(美术馆)设

计工作加快推进。全市公共文化服务设施网络覆盖率为89.2%，比上年提高2.7个百分点。全市百万人拥有公共文化机构数362个，万人拥有公共文化设施面积757.8平方米，比上年增加245.4平方米。人均拥有公共图书馆藏书量0.66册，比上年增加0.18册。有线电视基本实现“户户通”，有线电视和有线数字电视用户数分别比上年增加28.52万户和28.99万户；有线电视入户率为87.26%，比上年提高10.29个百分点，数字化率为31.95%，比上年提高9.3个百分点。

**2. 卫生事业**

2012年，全市拥有卫生机构3088个，其中，医院、卫生院274个，卫生防疫防治机构10个，妇幼卫生机构11个。各类卫生机构拥有床位26598张，其中，医院、卫生院拥有床位25251张。全市共有卫生技术人员29749人，其中，执业医师、执业助理医师13945人，注册护士9587人。医院、卫生院卫生技术人员22366人，卫生防疫防治机构521人，妇幼卫生机构806人。全市共有乡镇卫生院136个，床位6031张，卫生技术人员6230人。

**3. 体育事业**

2012年，盐城市运动员骆晓娟在第30届奥运会击剑项目中荣获女子重剑团体冠军，实现了盐城市奥运冠军零的突破。组队参加田径、游泳等21个项目省年度比赛，共获金牌21枚。新创建5所省青少年奥林匹克体育俱乐部，盐城体育运动学校、大丰少体校国家级高水平体育后备人才基地通过国家、省专家组复评。全市共争取到5项国际赛事、9项全国赛事、4项省青少年比赛承办权，实现各县(市、区)承办省青少年赛事全覆盖。年内完成剩余1562个行政村健身路径的提档升级任务，实现全市1802个行政村全覆盖。新增社会体育指导员一级99人、二级1288人，推荐11人申报国家级。

## （五）城乡建设

2012年盐城市扎实抓好城市和基础设施建设，改善了城乡发展条件。全力推进中心城市建设。组织实施市区十大类147个城建项目，完成投资133亿元。着力提升城市功能，串场河景观带两侧道路基本贯通，金融城一期工程开工建设；亭湖高级中学一期、市第三小学等5所学校建成招生；市新图书馆、广播电视塔投入运行；盐城大桥实现全幅通车。支持新区发展，城南新区积极打造智慧新城、生态新城、现代新城，市开发区新城拉开框架，亭湖新城、盐都新城加快建设。加大老城区改造力度，强化城市综合管理。大力实施“露水增绿”工程，国家园林城市创建通过省级验收。加快县(市)城和重点镇建设步伐。对镇域发展实行分类指导考核。全市城市化率达到55.5%，提高1.5个百分点。扎实推进城乡统筹，完善提升36个试点镇村建设规划，139个重点项目完成投资60多亿元，涌现出一批各具特色的新镇区、新社区、新村庄，东台梁垛镇临塔村获得“江苏最美乡村”称号。加大交通基础设施建设力度。开工建设阜建高速公路，加快实施临海高等级公路。全市新开通一级公路120公里、二级公路150公里、农村公路323公里，改造农村公路桥梁278座。盐城南洋机场改扩建工程顺利推进，新增两条国际国内航线。强化农田水利建设和农业综合开发，疏浚整治县乡河道512条，新建高标准农田65万亩。实施万顷良田建设工程，推进土地整治。加强沿海电网规划建设，邮政、通信设施建设等取得新的进展。

## （六）环境建设

2012年，市区建成区面积94.5平方公里，建成区绿化覆盖面积38.01平方公里，绿化覆盖率40.23%。全市城市化率55.8%，比上年提升1.8个百分点。全市新增造林折实面积31.8万亩，森林覆盖率达到20%，国家园林城市创建通过省级验收。

### （七）社会安全

加强“平安盐城”、“法治盐城”建设，深入开展“四项排查”、“三解三促”活动，排查化解各类社会矛盾纠纷。全市化解信访积案 590 件，实施重大项目风险评估 130 件，整改安全环保治安隐患 1.2 万个。被省委、省政府表彰为社会管理综合治理先进市。

## 三、挑战与目标

盐城市经济社会发展中还存在许多困难和问题：产业结构仍不够合理，新兴产业尚未形成规模优势，中小企业发展面临生产经营成本上升、效益下降等突出问题；沿海重大产业项目不多，港城建设推进不快；城市基础设施、功能配套建设欠账较多，城镇化水平亟待提升；农业现代化基础薄弱，村级负债较重；改善民生、维护社会稳定的任务还很艰巨；机关作风不实、办事拖拉、推诿扯皮等现象依然存在，政府服务效能需要进一步提高。

2013 年全市经济社会发展主要预期目标是：地区生产总值增长 12%，公共财政预算收入增长 16%，固定资产投资增长 22%，社会消费品零售总额增长 15%，外贸出口总额增长 15%，全社会研发投入占地区生产总值比重 1.9%左右，城镇居民人均可支配收入、农民人均纯收入增长 13%，居民消费价格涨幅控制在 3.5%左右，城镇登记失业率控制在 4%以内，节能减排完成省定目标，人口自然增长率控制在 4‰左右。

## 四、盐城市在长三角地区经济发展中的地位

2012 年是新一届政府的开局之年，也是盐城市继续抢抓机遇、克难求进，推动经济社会又好又快发展取得较好成绩的一年。主要经济指标增幅位居全省前列，以市为单位总体上达到省定全面小康标准，县域全面小康进程苏北领先，较好地完成了市六届人大五次会议确定的目标任务，落实了市七届人大一次会议提出的工作要求。积极应对各种困难和挑战，实现了经济平稳较快增长。受国内外宏观经济环境变化影响，我市经济发展遇到前所未有的困难，经济下行压力自始至终存在。我们坚持定期分析研究经济形势，主动采取各项扎实举措组织推进经济工作。力保企业健康运行。深化细化“三服务”，强化政策支持和要素保障，制定落实企业减负措施，与企业共度难关、共克时艰。

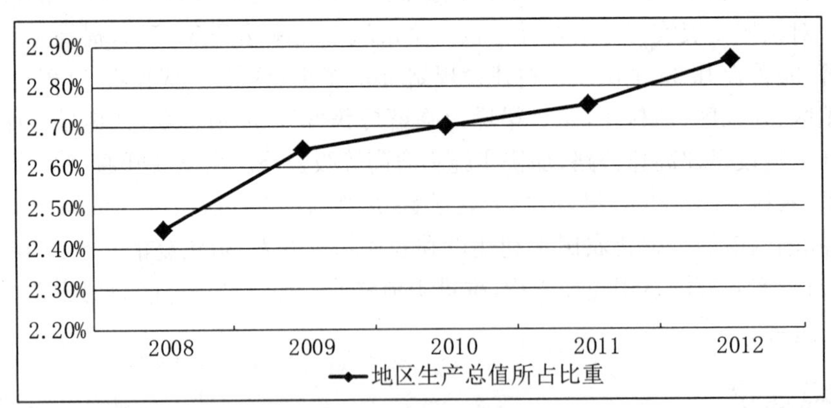


**图 106　2008—2012 年盐城市地区生产总值在长三角所占比重的变化趋势**

2008—2012 年盐城市地区生产总值在长三角所占比重分别为 2.45%、2.64%、2.70%、2.75%和

2.86%，继续保持稳定的增长趋势，五年累计增加了0.41个百分点。2012年盐城市地区生产总值在长三角地区25个市（苏浙两省24个地级市和上海市，下同）中较上年上升一位，位居第12位，占据中游位置。

2011年全市实现地区生产总值3120亿元，比上年增长12.7%，人均GDP达6865美元。全市三次产业结构调整为14.6∶47.2∶38.2，二三产业比重提高0.4个百分点。全面小康建设成果显著。初步测算，2012年，我市全面小康建设进程总体得分达99.7分，比上年增加1.3分，比2003年提高30.6分。从四大类构成看：社会发展和生态环境两大类指标已全部实现目标值；生活水平实现程度达99.9%，比上年提高0.1个百分点；经济发展实现程度达98.8%，比上年提高0.5个百分点。从具体指标看，25项指标中已有23项指标达标。县域全面小康建设取得新进展，亭湖区、盐都区和建湖县通过验收，阜宁县、射阳县成功申报。

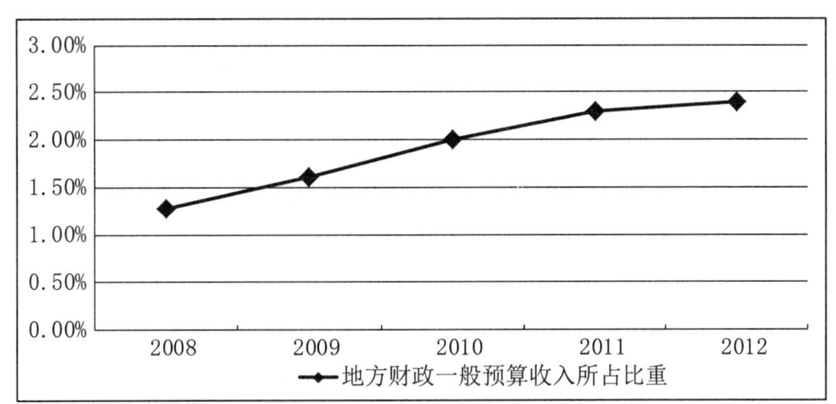


**图107　2008—2012年盐城市地方财政一般预算收入在长三角所占比重变化趋势**

2008—2012年盐城市地方财政一般预算收入在长三角所占比重分别为1.28%、1.60%、2.00%、2.29%和2.40%，保持稳定增长的态势，累计增幅为0.22个百分点，2012年较上年增加了0.11个百分点。2012年盐城市地方财政一般预算收入在长三角地区25个市中的排名比上年上升一位，达到第10位，地位进一步稳固。

2012年财政收入较快增长。2012年，全市实现财政总收入789.43亿元，增长11.8%。公共财政预算收入312.77亿元，增长16.3%，其中，税收收入251.38亿元，增长30.3%。公共财政预算支出505.43亿元，增长24.6%。金融市场规模扩大。2012年，全市金融机构年末本外币存款余额2716.87亿元，比年初增加380.69亿元，其中，居民储蓄存款1523.40亿元，比年初增加255.28亿元。金融机构年末本外币贷款余额1856.11亿元，比年初增加271.17亿元。其中，中长期贷款762.06亿元，比年初增加60.64亿元。外汇存款余额2.79亿美元，比年初增加0.25亿美元；外汇贷款余额为3.92亿美元，比年初减少0.3亿美元。

2008—2012年盐城市规模以上工业总产值在长三角所占比重分别为1.93%、2.22%、2.27%、2.22%和2.61%，在连续多年稳定增长的态势下，2011年出现小幅下跌，2012年大幅上涨，较上年增幅为0.39个百分点。2012年盐城市规模以上工业总产值在长三角地区25个市中的排名比上年上升一位，排在第15位，相对比较靠后。

工业经济运行良好。2012年，实现规模以上工业增加值1357.1亿元，增长17.5%。其中轻、重工业增加值分别为506.49亿元、850.66亿元，分别增长17.0%和17.8%。国有工业增加值11.97亿元，增长33.8%；集体工业增加值3.96亿元，增长0.5%；股份合作制工业增加值8.73亿元，增长

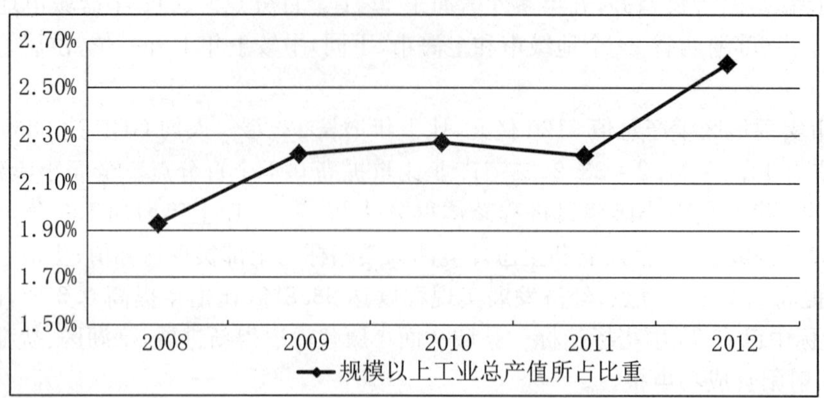


**图108　2008—2012年盐城市规模以上工业总产值在长三角所占比重的变化趋势**

13.9%;股份制工业增加值827.57亿元,增长19.6%;外商港澳台投资工业增加值334.04亿元,增长12.9%;其他经济工业增加值170.87亿元,增长16.4%。企业效益稳定增长。2012年,全市规模以上工业企业实现主营业务收入5426.85亿元,增长20.6%;实现利税总额619.48亿元,增长28.1%;实现利润总额350.85亿元,增长35.1%。工业经济效益综合指数322.3,提高26.4个百分点。

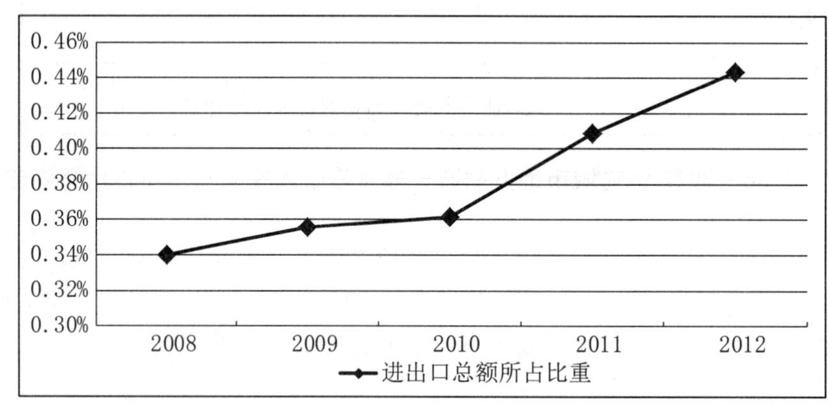


**图109　2008—2012年盐城市进出口总额在长三角所占比重的变化趋势**

2008—2012年盐城市进出口总额在长三角所占比重分别为0.34%、0.36%、0.36%、0.41%和,连续多年保持小幅增长的态势,累计增幅为0.09个百分点,其中,2011年较上年增加了0.05个百分点,创历史最高水平。2011年连云港市进出口总额在长三角地区25个市中的排名仍与上年保持一致,排在第21位,排位比较靠后。

2012年盐城市对外贸易稳步增长。2012年,全市完成进出口总额57.54亿美元,增长9.7%,其中,出口34.65亿美元,增长16.3%,进口22.89亿美元,增长1%。全市新批外商投资项目332个,其中,3000万美元以上项目39个,增长2.6%。全市注册外资实际到帐21.11亿美元,增长25.1%。旅游市场持续活跃。2012年,全市共接待海内外游客1544.81万人次,增长16%;海外游客接待量8.01万人次,增长11.2%。全市实现旅游总收入150.08亿元、旅游创汇0.65亿美元,分别比上年增长18.5%和16.6%。增加3A级旅游景区2家。

2008—2012年盐城市实际外商直接投资金额在长三角所占比重分别为2.08%、2.28%、2.58%、2.99%和3.30%,近年保持持续增长的态势,累计增长了1.22个百分点,其中2012年较上年增加了

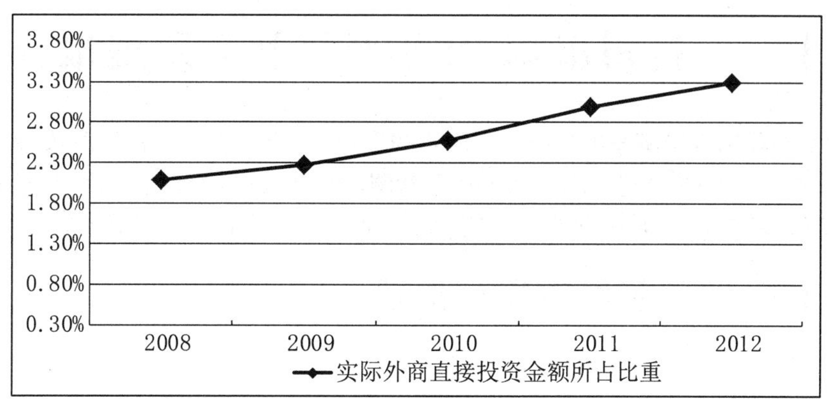


**图 110　2008—2012 年盐城市实际外商直接投资金额在长三角所占比重变化趋势**

0.31 个百分点。2012 年盐城市实际外商直接投资金额在长三角地区 25 个市中的排名保持不变，排在第 12 位，占据中游位置。

2012 年，盐城市精心组织一系列重大招商活动，成功举办“5・18”、“11・18”经贸洽谈会，实施了一批利用外资重点项目，全市新批投资 3000 万美元以上外资项目 39 个。注册外资实际到帐 21.4 亿美元，增长 26.9%。外贸出口总额 35.8 亿美元，增长 20%。推动开发区转型升级，盐城综合保税区实现封关运行，全市开发区业务总收入增长 42%。

# 十一　扬州市2012年经济社会发展报告

2012年，面对国际国内经济发展环境复杂困难的形势，全市上下坚持以科学发展为主题，以加快转变经济发展方式为主线，按照稳中求进的工作总基调，加大经济结构调整力度，推进重大项目建设，积极破解发展难题，克难求进，开拓创新，扎实推进“三个扬州”①和世界名城建设，取得了良好成效。

## 一、扬州市2012年经济发展概况

### （一）综合经济

#### 1. 经济总量

全市地区生产总值2933.2亿元，可比价增长11.7%，连续十年保持两位数增长。其中，第一产业增加值203.86亿元，增长4.6%；第二产业增加值1555.78亿元，增长12.2%；第三产业增加值1173.56亿元，增长12.1%。人均地区生产总值65692元，按美元汇率折算突破10000美元。三次产业结构由上年的7.0∶54.3∶38.7调整为7.0∶53.0∶40.0。

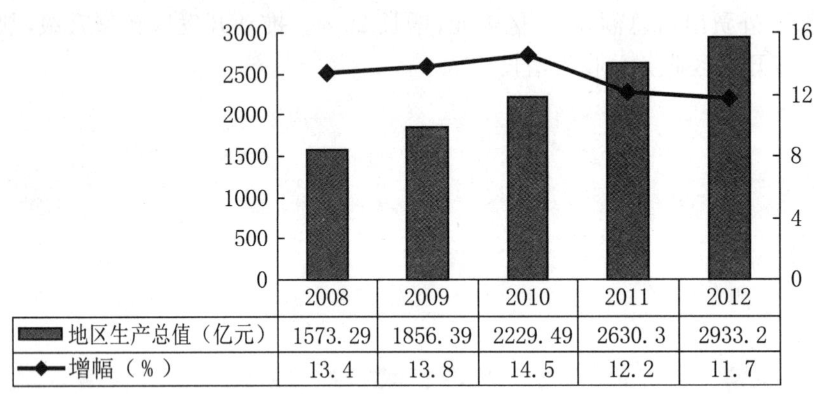


图111　2008—2012年扬州市地区生产总值及增长速度

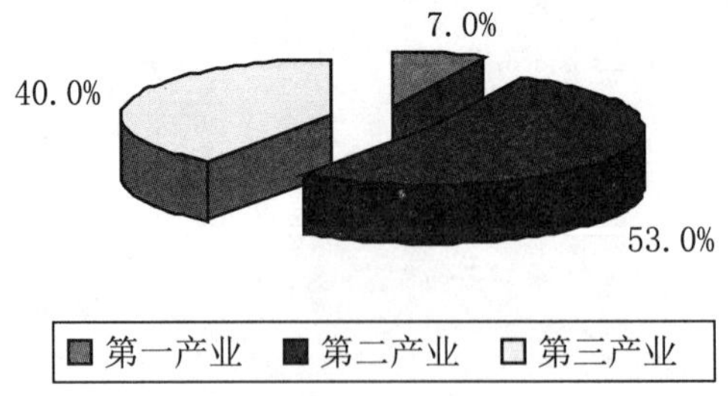


图112　2012年扬州市三次产业结构图

① “三个扬州”是指“十二五”期间的目标：创新扬州、精致扬州、幸福扬州。

### 2. 财政收支

全市财政总收入 554.51 亿元，增长 10.7%；公共财政预算收入 225 亿元，增长 3.2%，其中，税收收入 180.61 亿元，增长 16.2%，税收收入占公共财政预算收入的比重达 80.3%。主体税种中，增值税、营业税、企业所得税、个人所得税合计完成 114.26 亿元，增长 16.1%。其中，增值税 28.79 亿元，增长 7.1%；营业税 59.64 亿元，增长 39.0%；企业所得税 19.71 亿元，下降 10.0%；个人所得税 6.71 亿元，下降 9.3%。

全市公共财政预算支出 268.48 亿元，增长 1.6%。其中一般公共服务支出 41.14 亿元，增长 13.4%；教育支出 54.87 亿元，增长 17.2%；科学技术支出 8.99 亿元，下降 7.3%；社会保障和就业支出 18.81 亿元，下降 5.6%；医疗卫生支出 18.22 亿元，增长 20.7%；节能环保支出 6.19 亿元，下降 17.2%。

### 3. 物价指数

居民消费品价格指数为 102.6，同比上涨 2.6 个百分点。其中，消费品价格上涨 3.2%，服务项目价格上涨 1.3%。构成 CPI 的八大类指数全面上涨，分别是：食品类（105.5）、居住类（101.2）、医疗保健和个人用品类（100.8）、烟酒及用品类（103.2）、衣着类（103.7）、家庭设备用品及维修服务类（103.1）、交通和通信类（100.3）、娱乐教育文化用品及服务类（100.1）。全年商品零售价格总指数为 102.2。

### 4. 固定资产投资①

全市固定资产投资 1783.65 亿元，增长 20.9%。其中，城镇规模以上项目投资 1104.77 亿元，增长 21.5%；农村规模以上项目投资 443.03 亿元，增长 20.3%。

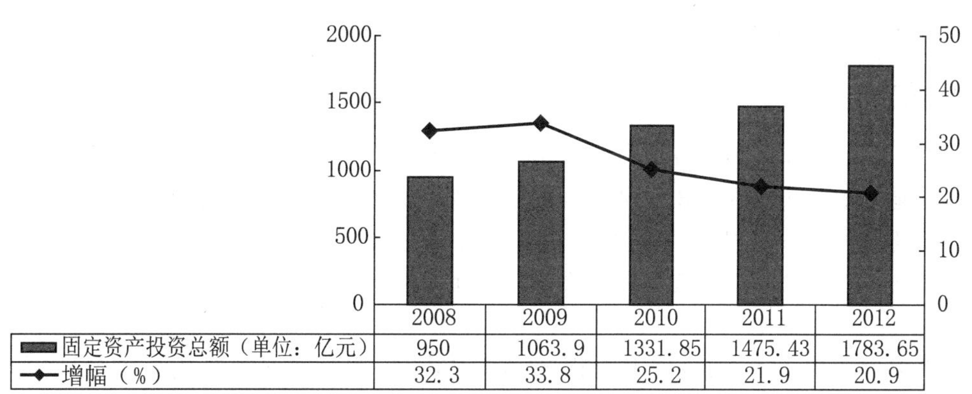


| | 2008 | 2009 | 2010 | 2011 | 2012 |
|---|---|---|---|---|---|
| 固定资产投资总额（单位：亿元） | 950 | 1063.9 | 1331.85 | 1475.43 | 1783.65 |
| 增幅（%） | 32.3 | 33.8 | 25.2 | 21.9 | 20.9 |

**图 113　2008—2012 年扬州市全社会固定资产投资及增长幅度**

从三大产业来看，第一产业投资 17.91 亿元，增长 11.5%；第二产业投资 1064.19 亿元，增长 17.6%；第三产业投资 701.55 亿元，增长 27.3%。一、二、三产业投资占全部投资的比重分别为 1.0%、59.7%和 39.3%。

2012 年全市在建亿元项目 344 个，增长 38.2%，项目个数净增 96 个。计划总投资 1410.9 亿元，增长 11.0%；完成投资 853.8 亿元，增长 91.8%。在建亿元项目个数、计划总投资、完成投资分别占

① 从 2011 年起，固定资产投资项目统计起点标准改为 500 万元。固定资产投资（不含农户）统计范围从城镇固定资产投资扩大到农村企事业组织。

全市项目投资总量的18.6%、63.7%、55.2%，同比分别提高6.7个、5.5个、16.9个百分点。

### 5. 区县经济

2012年，仪征市实现地区生产总值370.27亿元，按可比价格计算，比上年增长11.7%。其中：第一产业增加值19.3亿元，增长4.6%；第二产业增加值212.86亿元，增长12.2%；第三产业增加值138.11亿元，增长12%。按常住人口计算，人均地区生产总值65843元，比上年增加6580元，增长11.1%。产业结构持续优化。三次产业增加值比例调整为5.2∶57.5∶37.3。

2012年，高邮市实现地区生产总值336亿元，可比价增长10.4%，连续十一年保持两位数增长。其中，第一产业增加值55.96亿元，增长4.7%；第二产业增加值156.05亿元，增长11.6%；第三产业增加值123.99亿元，增长11.5%。人均地区生产总值45436元，按美元汇率折算达7229美元。产业结构不断优化，三次产业比例由上年的16.7∶48.1∶35.2调整为16.7∶46.4∶36.9。

2012年江都区实现地区生产总值639.06亿元，按可比价格计算，比上年增长11.9%。其中，第一产业增加值46.25亿元，增长4.6%，第二产业增加值341.35亿元，增长12.4%，第三产业增加值251.46亿元，增长12.3%。三次产业结构进一步优化，由2011年的7.3∶55.2∶37.5调整为2012年的7.2∶53.5∶39.3。人均地区生产总值首次突破1万美元，按常住人口计算人均地区生产总值为63537元，按年平均汇率折算为10066美元。入围首届“2012年度中国市辖区综合实力百强”、列第48位。

宝应县实现地区生产总值323.03亿元，按可比价格计算，比上年增长10.5%。其中，第一产业增加值55.43亿元，增长4.6%；第二产业增加值151.85亿元，增长11.9%，其中工业增加值121.50亿元，增长11.4%；第三产业增加值115.75亿元，增长11.4%。全县人均地区生产总值为42982元(按常住人口计算)，比上年增加4228元。经济结构进一步调整，三次产业增加值比例由上年的17.1∶47.8∶35.1调整为17.2∶47.0∶35.8。

## （二）农业

积极推进“三农”工作。落实各项惠农强农政策。全市粮食总产量308.3万吨，增产2.7万吨，连续9年实现丰收；农业总产值368.58亿元，增长11.6%。全年生猪、家禽分别出栏137.84万头和4618万只，分别增长1%、8.2%；生猪存栏75.24万头、家禽存栏1588.66万只，分别增长1.5%、4.6%；生产猪肉105097吨、禽肉81447.8吨、禽蛋139793吨，分别比上年增长1.1%、10.3%和4.8%。

全市水产养殖面积115万亩，比上年扩大1.3万亩；特种水产养殖面积首度突破100万亩，达100.2万亩。水产品产量39.2万吨，同比增加7400吨；渔业专业合作组织发展到267家，同比增加20家；共繁育鱼苗174.5亿尾，同比增加42.6亿尾。

新增设施农业13.4万亩、设施渔业5.4万亩、高标准农田15万亩。县级以上农业龙头企业销售收入、利润分别增长20.6%、15.7%。工商登记农民专业合作社累计3581个。扶持经济薄弱村建设标准厂房累计95万平方米。承办第14届江苏农业国际合作洽谈会。市区新建“菜篮子”基地2500亩。

## （三）工业和建筑业

全市规模以上工业完成总产值7342.4亿元，增长14.7%。在2600家规模以上工业企业中，产值过亿元的企业1215家，比上年增加16家，累计完成产值6669.7亿元，占全市规模以上工业总产值的90.8%。其中产值100亿元以上的企业6家，50—100亿元的企业13家，30—50亿元的企业16家，10

—30 亿元的企业 90 家，5—10 亿元的企业 126 家，1—5 亿元的企业 964 家。

"三新"产业累计完成工业总产值 976.2 亿元，占全市总量的 13.3%，增长 21.6%，高于全市平均增幅 6.9 个百分点。其中，86 家新材料企业累计完成产值 378.6 亿元，增长 27.3%；69 家新光源企业累计完成产值 319.7 亿元，增长 30.6%；61 家新能源企业累计完成产值 277.9 亿元，增长 6.6%。

四大支柱产业累计完成工业总产值 4283.4 亿元，占全市总量的 58.3%，增长 12.8%。其中，机械装备业实现产值 1651.0 亿元，增长 15.9%；石油化工业实现产值 1403.7 亿元，增长 7.5%；汽车及零部件业实现产值 584.9 亿元，增长 27%；船舶及配件套业实现产值 643.8 亿元，增长 6.3%。

全市规模以上工业企业实现主营业务收入 6980.7 亿元，增长 12.6%；实现利税总额 815.1 亿元，增长 14.7%；实现利润总额 471.9 亿元，增长 14.2%。

全社会用电量 173.63 亿千瓦时，增长 3.8%。其中，第一产业用电量 2.35 亿千瓦时，增长 15%；第二产业 125.15 亿千瓦时，增长 1.1%，其中，工业用电量 123.20 亿千瓦时，增长 1.0%；第三产业 20.13 亿千瓦时，增长 6.5%；城乡居民生活用电 25.99 亿千瓦时，增长 15.9%。

全市建筑企业总产值 2253.68 亿元，增长 18.8%。房屋建筑施工面积 17390.99 万平方米，增长 12.5%，竣工产值 1853.24 亿元，增长 22.5%，竣工面积 7308.19 万平方米，增长 6.4%。

## （四）服务业

2012 年扬州市现代服务业加快发展，编制文化创意、工业设计、科技金融等新兴服务业发展规划，制定扶持政策，推进服务业九大产业和地区总部经济、会展业加快发展。

### 1. 国内贸易

全市社会消费品零售总额 973.97 亿元，增长 14.4%。其中批发业 123.37 亿元，增长 14.8%；零售业 747.78 亿元，增长 13.3%；住宿业 11.77 亿元，增长 21.9%；餐饮业 84.95 亿元，增长 23.4%。从销售单位所在地来看，城镇消费品零售额 902 亿元，增长 14.5%；乡村零售额 65.8 亿元，增长 13.5%。

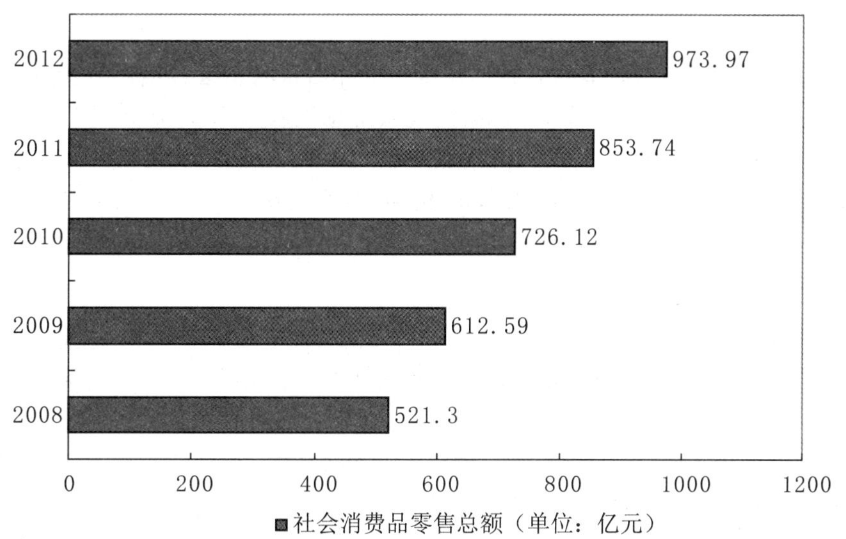


**图 114　2008—2012 年扬州市社会消费品零售总额**

限额以上批发和零售企业中，食品、饮料、烟酒类零售额 36.2 亿元，增长 6.8%；服装、鞋帽、针纺织品类零售额26.9亿元，增长6.6%；日用品类零售额9.2亿元，增长4.8%；化妆品类零售额5.1亿元，增长11.8%；金银珠宝类零售额11.5亿元，增长11.6%；家用电器和音像器材类零售额28亿元，下降16.8%；汽车类零售额118.8亿元，增长12.8%。

### 2. 邮电和交通

全市邮政通讯业务收入46.0亿元，增长28.7%。其中，邮政业务收入5.37亿元，增长14.7%；通讯业务收入40.63亿元，增长10.2%。年末电话用户625.14万户，增长6.6%，其中移动电话用户487.07万户，增长9.4%。互联网宽带接入用户82.47万户，增长7.9%。

全市货运总量和货运周转量分别完成1.22亿吨和252.71亿吨公里，分别增长10.2%、11.5%。客运量和旅客周转量分别完成8907.83万人和581994.61万人公里，分别增长8.7%、9.0%。全年港口货物吞吐量8822万吨，增长4.4%，集装箱吞吐量达41.1万标箱，下降0.6%。年末全市公路里程10319.91公里，新增75.19公里；年末高速公路里程317.82公里，新增51.25公里。年末汽车拥有量83.13万辆，私人汽车拥有量28.39万辆，其中，私人轿车19.36万辆。

### 3. 金融、保险和证券

全市金融机构年末人民币存款余额3310.84亿元，比年初增加492.96亿元，增长17.5%。其中，储蓄存款余额1697.51亿元，比年初增加269.64亿元，增长18.9%。年末人民币贷款余额2006.5亿元，比年初增加288.47亿元，增长16.8%。从期限看，短期贷款余额1065.82亿元，比年初增加228.55亿元；中长期贷款余额865.61亿元，比年初增加41.17亿元。个人消费贷款387.14亿元，比年初增加37.50亿元。

全市各类保险机构实现保费收入74.2亿元，增长1.7%。其中，财产险保费收入20.46亿元，增长16.2%；人身险保费收入53.74亿元，下降2.9%。保险赔款总支出14.34亿元，增长47.9%，其中财产险支出12.44亿元，增长65.8%；人身险支出1.90亿元，增长13.7%。

全市19户证券公司营业部累计开户33.01万户，保证金余额13.28亿元，当年流入股市资金6.98亿元，证券交易额2273.35亿元，其中股票交易额1727.76亿元，基金交易额31.77亿元。

### 4. 旅游业

举办“烟花三月”国际经贸旅游节和名城扬州携手世界名企联谊会等境内外招商活动。全市接待境内外旅游人数3638.49万人次，增长12.7%；实现旅游总收入435.23亿元，增长17.4%。其中，国内旅游人数3572.47万人次，增长12.8%；国内旅游收入392.50亿元，增长18.9%；接待入境旅游人数66.02万人次，增长6.1%；旅游外汇收入5.59亿美元，增长6.8%。全市星级饭店65家，各类旅行社126个。

### 5. 房地产业

全市房地产开发投资235.84亿元，增长19.3%。其中，住宅投资181.71亿元，增长12.9%；商业营业用房投资25.91亿元，增长41.6%；办公楼投资8.15亿元，增长5.6%；其他用房投资20.07亿元，增长87.5%。

全市商品房施工面积1794.22万平方米，增长11.7%，其中，新开工面积666.59万平方米，增长0.8%；商品房竣工面积559.64万平方米，增长32.6%；商品房销售面积601.91万平方米，增长9.0%。

## （五）开放型经济

### 1. 对外经济

全市实际利用外资到帐 21.38 亿美元，增长 1.7%。其中，一产到资 1.49 亿美元，增长 77.8%；二产到资 13.23 亿美元，下降 9.7%；三产到资 6.65 亿美元，增长 18.7%。全市共新批外资项目 413 个，协议注册外资 42.64 亿美元。其中，新批项目 267 个，协议外资 37.64 亿美元。新批准 1000 万美元以上项目 66 个，其中，亿美元以上项目 15 个，比上年增加 3 个；投资总额 17.07 亿美元，增长 2.8%；注册外资 8.26 亿美元，增长 8.4%。新引进世界 500 强企业 10 家。

全市完成外经营业额 41800 万美元，增长 20%。期末在外人数 6647 人，下降 21%。新批境外投资项目 14 个，中方协议投资额 1773 万美元。

### 2. 对外贸易

全市进出口总额 101.73 亿美元，增长 0.3%。其中，出口 81.72 亿美元，增长 11.6%；进口 20.01 亿美元，下降 29.1%。从贸易结构看，一般贸易出口 58.31 亿美元，增长 38.5%，占全市出口总额的 71.4%；加工贸易出口 22.71 亿美元，下降 22.4%，占全市出口总额的 27.8%。从出口产品结构看，出口额居前的五大类商品为化学化工制品、纺织原料与纺织制品、船舶、液晶显示面板与电子纸、钢管，分别达 8.20 亿美元、7.01 亿美元、6.30 亿美元、4.62 亿美元和 3.66 亿美元，合计占全市出口总额的 68.81%。主要出口贸易伙伴中，欧盟出口 19.34 亿美元，增长 24%；美国出口 14.84 亿美元，增长 22.2%；对非洲、韩国和东盟出口大幅增长，出口增幅分别达到 171.5%、30.0%和 28.9%。

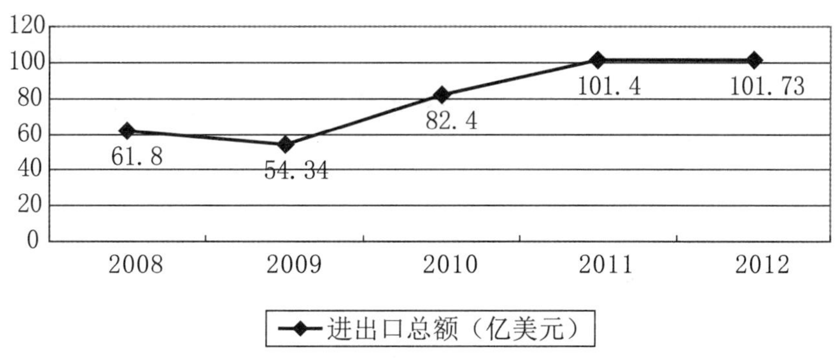


**图 115　2008—2012 年扬州市外贸进出口总额情况**

### 3. 园区建设

2012 年扬州市推进园区提档升级。出台关于推动扬州经济技术开发区跨越发展和促进市化工园区绿色发展的意见。专题研究各省级开发园区发展定位，实行一园一策。6 家省级以上开发区进入全省第一板块，扬州经济技术开发区获批国家科技兴贸创新基地，邗江开发区创成省高新技术开发区，广陵产业园升格为省级开发区。全市开发园区业务总收入、工业产品销售收入、公共财政预算收入分别增长 36%、36%、30%。

## 二、扬州市2012年社会发展概况

### （一）人口、人民生活

2012年末，全市户籍总人口为458.42万人，比上年末减少16300人，下降0.35%。全市登记出生人口4.04万人，出生率8.79‰；注销死亡人口4.66万人，死亡率10.15‰。人口自然增长率为－1.36‰。年末全市常住人口446.72万人。市区户籍总人口为230.13万人，增长0.08%。

城市居民人均可支配收入25712元；人均消费性支出17750元，增长9.7%。城市居民人均住房建筑面积38.02平方米，百户家庭电话、电脑拥有量分别达221部、106台，恩格尔系数为38.4%。

农村居民人均纯收入12686元，增长13.1%；人均消费性支出8714元，增长11.8%。农民人均住房面积49平方米，百户家庭电话、电脑拥有量分别达341部、57台，农民恩格尔系数为36.5%。

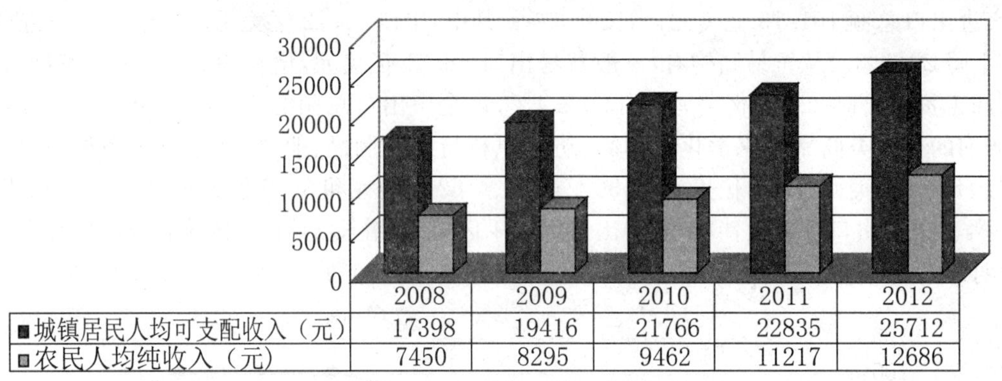


| | 2008 | 2009 | 2010 | 2011 | 2012 |
|---|---|---|---|---|---|
| ■城镇居民人均可支配收入（元） | 17398 | 19416 | 21766 | 22835 | 25712 |
| ■农民人均纯收入（元） | 7450 | 8295 | 9462 | 11217 | 12686 |

**图116　2008—2012年扬州市城乡居民收入对比一览**

### （二）就业与社会保障

全市新增城镇就业6.80万人，新增转移农村劳动力4.43万人，新建创业孵化基地16个。年末城镇登记失业率2.4%。企业职工养老保险参保人数92.97万人，净增缴费人数5.72万人；城镇职工基本医疗保险参保人数107.45万人，净增缴费人数1.93万人；城镇居民基本医疗保险参保人数55.93万人，参保率在98%以上；城乡居民养老保险参保人数104.47万人，参保率99.8%，被征地农民社会社会保障覆盖率100%。落实提高企业退休人员养老金政策。城镇职工和城镇居民医保政策范围内住院支付比例分别达82%、70%。全年保障性住房投资21.6亿元，新开工住房套数16299套，当年竣工4433套，分别完成年度开竣工目标的107.2%和126.7%。施工面积达138.6万平方米，其中新开工面积120.8万平方米。

### （三）教育与科技创新

#### 1. 教育

全市共有普通高校7所，普通中学170所，小学215所，幼儿园285所。全市幼儿园毛入学率为98.5%，义务教育入学率为100%，高中阶段教育毛入学率为100%，全市高考本二以上达线率为50.6%。全市普通高校在校生人数72639人，普通中学在校生人数197728人，小学在校生人数224400人。创成江苏省教育现代化建设先进县（市）区2个。南邮通达学院来扬办学。育才小学东区

校建成招生。创成省四星高中 2 所、省优质幼儿园 13 所。新招宏志班 24 个。中等职业教育创成省品牌和特色专业 9 个。

**2. 科技创新**

全市完成高新技术产业产值 3198.44 亿元，增长 17.8%，占规模以上工业产值比重 43.5%。全年新增国家高新技术企业 58 家，高新技术企业累计达 336 家。省创新型领军企业入库企业 10 家，新认定省级以上高新技术产品 795 个。新增两站三中心 82 家，累计达 304 家。专利申请总量 18996 件，增长 31.4%；发明专利申请 4222 件，增长 33.9%；专利授权总量 8091 件，增长 51.4%；发明专利授权总量 482 件，增长 69.7%。西安交大扬州科技园建成开园，七二三文化科技园正式落成，东南大学扬州科技园和研究院启动建设。省政府正式批复设立江苏省扬州高新技术产业开发区，江都区列入国家知识产权强县工程试点县。省级以上高新技术孵化器孵化面积达 65.4 万平方米，在孵企业 592 家，当年毕业企业超过 40 家。

## （四）文化、卫生和体育

**1. 文化事业**

健全公共文化服务体系，文化惠民活动深入开展。新建村级文化广场 300 个，新实施文化博览城项目 7 个，大运河申遗文本预提交世界遗产中心。成功举办世界运河名城博览会暨世界运河大会。曲艺中篇《盛世红伶》获全国“牡丹奖”，木偶剧《琼花仙子》获国际木偶节最佳剧目奖。纪录片《自然之子》获中国广播电视星光奖。共有图书馆 7 个，文化馆 7 个。有线广播电视用户数 111.43 万户，比上年增加 2.2 万户，入户率同比提高 1.9%；数字电视用户数达到 90.2 万户。

**2. 卫生事业**

城乡社区卫生服务机构服务能力全面提升，“15 分钟医疗急救圈”建设扎实推进。新农合保障水平持续提升，全市新农合人均筹资达 300 元，参保率达 99.8%。年末共有各类卫生机构 1903 个，其中医院、卫生院 141 个。各类卫生机构拥有病床 17704 张，其中医院、卫生院病床 15853 张。共有卫生技术人员 23928 人，其中执业（助理）医师 8818 人，注册护士 8240 人。医院入院与出院诊断符合率达 99.2%。

**3. 体育事业**

大力加强健身场所建设，推进《全民健身计划》。对全市 600 套健身设施进行更新、维护。竞技体育再上新台阶，创成江苏省体育强市，成功举办一批国际国内体育赛事，全年共举办 2012 年中国扬州鉴真国际半程马拉松赛、第三届环高邮湖（国际）自行车赛等 2 项国际赛事；2012 全国半程马拉松锦标赛、“新城西区杯”2012 全国花样游泳冠军赛、2012NBL 全国男子篮球联赛、2012 年“金澳・奥迪”杯全国艺术体操锦标赛等 4 项全国比赛。扬州马拉松赛被国际田联授予“金标赛事”称号。

## （五）城乡建设

实施沿江地区融合发展行动计划，优化重大基础设施和产业布局，推进沿江各市（区）组团之间及沿江各区域内部的融合。新城西区城市副中心功能进一步完善。推进瘦西湖隧道等重大基础设施建设，友谊路拓宽改造竣工通车，文昌路东延及广陵大桥、仙女大桥建成。推进“清水活水、不淹不涝”城市建设，完成河道生态清淤 6 条，整治积水路段 14 个。推进古城保护，东关历史文化街区通过 4A 级景区验收。国展中心二期建成，西部客运枢纽开工。开发利用地热资源，被国土部命名为“中国温泉之城”。城镇化工作稳步推进，全市城镇化率 58.8%。市区建成区面积 128 平方公里。全市人均城市道路面积19.05平方米。人均公共绿地面积14.55平方米。

### （六）环境保护与生态建设

全市造林面积8.81万亩，成片造林5.75万亩，森林覆盖率20.5%。生态市创建通过国家级考核验收，江都区、邗江区、宝应县、高邮市通过国家考核，仪征市通过国家评估，全市72个涉农乡镇通过生态乡镇考核。市区空气质量优良天数322天，城市饮用水源地水质达标率100%。实施"美好城乡建设行动"，继续开展农村河道河塘疏浚整治，完成"六路一边"村庄整治任务，新创省三星级"康居乡村"60个、市级"优美乡村"10个。全年实施节能技术改造项目127项、循环经济项目39项、减排项目171项，淘汰落后用能设备2232台（套），关闭"五小"企业104家。

## 三、挑战与目标

扬州市经济社会发展中还存在一些深层次的矛盾和问题，主要是：做大经济总量和提升发展质量的双重要求十分迫切；部分行业经济下行和资源环境制约的双重压力持续加大；城乡居民收入稳定增长和维护社会和谐稳定的双重任务依然繁重；做大做强县域经济和推进城乡统筹发展的双重目标难度较大；政府行政管理和公共服务的双重能力还需不断提高等等。对此，一定高度重视，并采取切实有效措施加以解决。

2013年全市经济和社会发展的主要预期目标为：在提高质量和效益的基础上，地区生产总值增长11%。公共财政预算收入增长8%。固定资产投资增长20%。社会消费品零售总额增长14%。城市居民人均可支配收入和农民人均纯收入增幅高于省均水平。城镇登记失业率控制在4%以内。节能减排完成省下达任务。

## 四、扬州市在长三角地区经济发展中的地位

2012年，面对国际国内经济发展环境复杂困难的形势，在中共扬州市委的领导下，团结和依靠全市人民，以科学发展观为统领，加强分析研判，努力把握主动权，经济保持平稳增长。一是狠抓项目建设。通过加强要素保障、协调服务、督查考核，推进实施了一批重大产业项目和基础设施项目，着力抓好内需，推进经济国际化，全力支持企业发展.

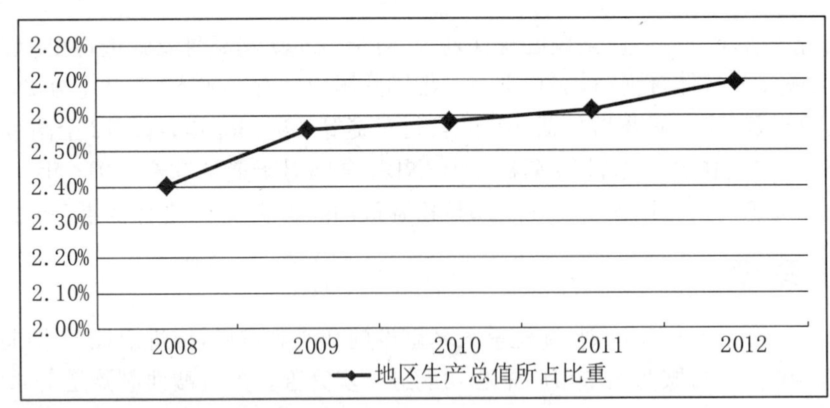


**图117　2008—2012年扬州市地区生产总值在长三角所占比重的变化趋势**

2008—2012年扬州市地区生产总值在长三角所占比重分别为2.40%、2.56%、2.58%、2.61%和

2.69%，保持持续增长的态势，累计增幅为0.29个百分点，其中2012年较上年增长了0.08个百分点。2012年扬州市地区生产总值在长三角地区25个市(苏浙两省24个地级市和上海市，下同)中较上年上升2位，排名第13位，处于中游水平。

2012年，扬州市全市地区生产总值2933.2亿元，可比价增长11.7%，连续十年保持两位数增长。其中，第一产业增加值203.86亿元，增长4.6%；第二产业增加值1555.78亿元，增长12.2%；第三产业增加值1173.56亿元，增长12.1%。人均地区生产总值65692元，按美元汇率折算突破10000美元。三次产业结构由上年的7.0∶54.3∶38.7调整为7.0∶53.0∶40.0。居民消费品价格指数为102.6，同比上涨2.6个百分点。

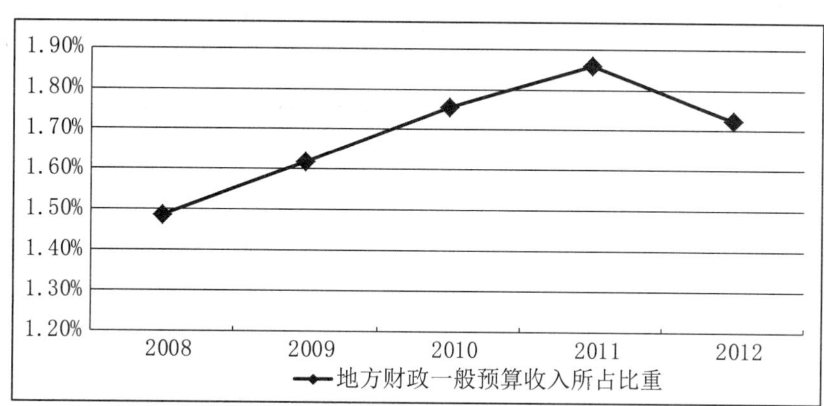


**图118　2008—2012年扬州市地方财政一般预算收入在长三角所占比重的变化趋势**

2008—2012年扬州市地方财政一般预算收入在长三角所占比重分别为1.49%、1.62%、1.75%、1.86%和1.72%，出现下降态势，总体累计增幅为0.23个百分点，其中2012年较上年下降0.14个百分点。2012年扬州市地方财政一般预算收入在长三角地区25个市中的排名比上年下降一位，达到第15位。

2012年全市财政总收入554.51亿元，增长10.7%；公共财政预算收入225亿元，增长3.2%，其中，税收收入180.61亿元，增长16.2%，税收收入占公共财政预算收入的比重达80.3%。主体税种中，增值税、营业税、企业所得税、个人所得税合计完成114.26亿元，增长16.1%。其中，增值税28.79亿元，增长7.1%；营业税59.64亿元，增长39.0%；企业所得税19.71亿元，下降10.0%；个人所得税6.71亿元，下降9.3%。

2008—2012年扬州市规模以上工业总产值在长三角所占比重分别为2.70%、3.21%、3.31%、3.45%和3.38%，在连续四年增长的情况下，2012年出现小幅回落，2012年较上年减少0.07个百分点。2012年扬州市规模以上工业总产值在长三角地区25个市中的排名维持不变，排在第11位，仍保持着领先的优势。

2012年全市规模以上工业企业实现主营业务收入6980.7亿元，增长12.6%；实现利税总额815.1亿元，增长14.7%；实现利润总额471.9亿元，增长14.2%。全社会用电量173.63亿千瓦时，增长3.8%。其中，第一产业用电量2.35亿千瓦时，增长15%；第二产业125.15亿千瓦时，增长1.1%，其中，工业用电量123.20亿千瓦时，增长1.0%；第三产业20.13亿千瓦时，增长6.5%；城乡居民生活用电25.99亿千瓦时，增长15.9%。全市建筑企业总产值2253.68亿元，增长18.8%。房屋建筑施工面积17390.99万平方米，增长12.5%，竣工产值1853.24亿元，增长22.5%，竣工面积7308.19万平方米，增长6.4%。

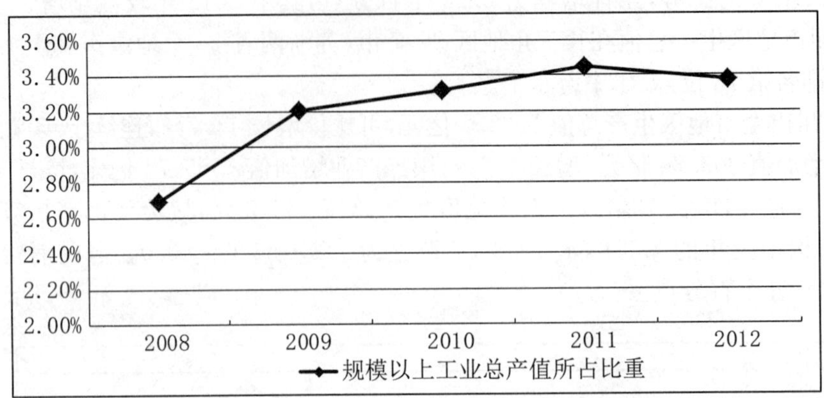


**图119 2008—2012年扬州市规模以上工业总产值在长三角所占比重的变化趋势**

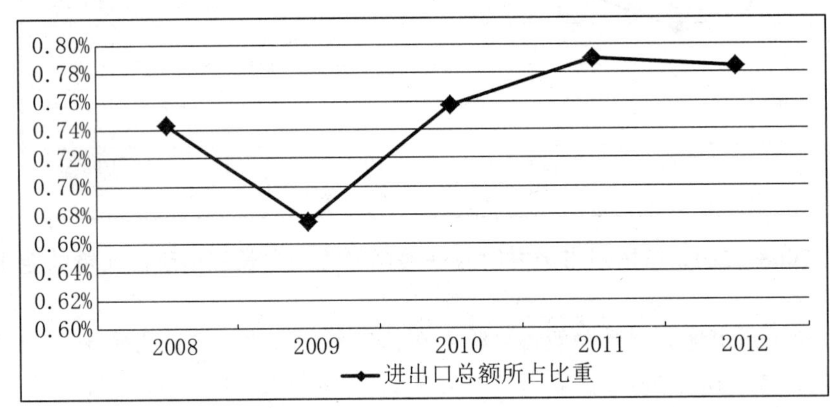


**图120 2008—2012年扬州市进出口总额在长三角所占比重的变化趋势**

2008—2012年扬州市进出口总额在长三角所占比重分别为0.74%、0.68%、0.76%、0.79%和0.78%，2009年出现下降，2010年止跌上扬，2011年继续增长，但增速较缓，2012年小幅下降，比上年下降了0.01个百分点。2012年扬州市进出口总额在长三角地区25个市中的排名下降一位，排在第17位。

2012年，扬州市全市进出口总额102.02亿美元，增长0.3%。其中，出口81.72亿美元，增长11.6%；进口20.3亿美元，下降29.1%。从贸易结构看，一般贸易出口58.31亿美元，增长38.5%，占全市出口总额的71.4%；加工贸易出口22.71亿美元，下降22.4%，占全市出口总额的27.8%。从出口产品结构看，出口额居前的五大类商品为化学化工制品、纺织原料与纺织制品、船舶、液晶显示面板与电子纸、钢管，分别达8.20亿美元、7.01亿美元、6.30亿美元、4.62亿美元和3.66亿美元，合计占全市出口总额的68.81%。主要出口贸易伙伴中，欧盟出口19.34亿美元，增长24%；美国出口14.84亿美元，增长22.2%；对非洲、韩国和东盟出口大幅增长，出口增幅分别达到171.5%、30.0%和28.9%。全市完成外经营业额41800万美元，增长20%。期末在外人数6647人，下降21%。新批境外投资项目14个，中方协议投资额1773万美元。

2008—2012年扬州市实际外商直接投资金额在长三角所占比重分别为：3.33%、3.32%、4.06%、3.73%和3.34%，近5年比重有所波动，在2010年出现较大的增幅后，2011年和2012年出现了较大的下滑，2012年比上年降幅达0.39个百分点。2012年扬州市实际外商直接投资金额在长三角地区

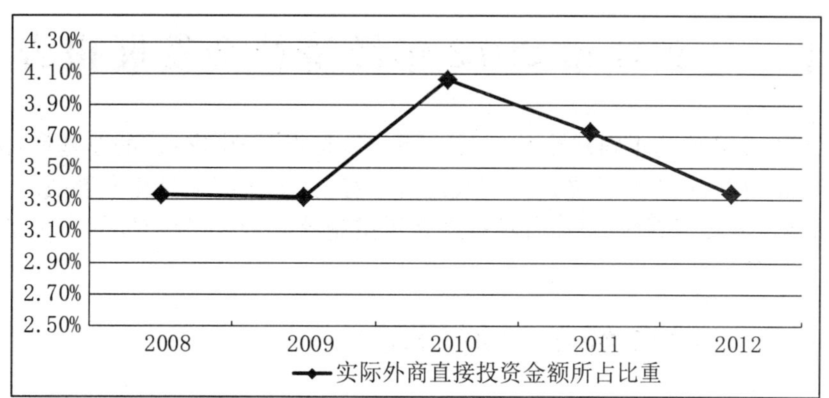


**图 121　2008—2012 年扬州市实际外商直接投资金额在长三角所占比重的变化趋势**

25 个市中的排名下降一位，排在第 10 位。

2012 年，扬州市全市实际利用外资到帐 21.38 亿美元，增长 1.7%。其中，一产到资 1.49 亿美元，增长 77.8%；二产到资 13.23 亿美元，下降 9.7%；三产到资 6.65 亿美元，增长 18.7%。全市共新批外资项目 413 个，协议注册外资 42.64 亿美元。其中，新批项目 267 个，协议外资 37.64 亿美元。新批准 1000 万美元以上项目 66 个，其中，亿美元以上项目 15 个，比上年增加 3 个；投资总额 17.07 亿美元，增长 2.8%；注册外资 8.26 亿美元，增长 8.4%。新引进世界 500 强企业 10 家。

# 十二　镇江市 2012 年经济社会发展报告

2012 年，在市委、市政府的正确领导下，全市上下牢牢把握“稳中求进”的总基调，深入开展“创先争优、对标找差”活动，积极应对严峻复杂的宏观经济形势，大力实施项目化发展战略，着力提升科技创新能力，努力破解各种要素制约，狠抓各项扶企惠民措施落实，经济社会发展实现了“稳增长、调结构、惠民生”各项预期目标任务。

## 一、镇江市 2012 年经济发展概况

### （一）综合经济

#### 1. 经济总量

全年实现地区生产总值 2630.42 亿元，按可比价计算比上年增长 12.8%。其中，第一产业增加值 115.77 亿元，增长 5.4%；第二产业增加值 1419.54 亿元，增长 13.1%；第三产业增加值 1095.11 亿元，增长 13.0%。三次产业结构由上年的 4.4∶55.0∶40.6 调整为 4.4∶54.0∶41.6，服务业增加值占地区生产总值比重 42.2%。人均地区生产总值（按常住人口计算）83636 元，增长 12.0%，按现行汇率计算折合 13250 美元。

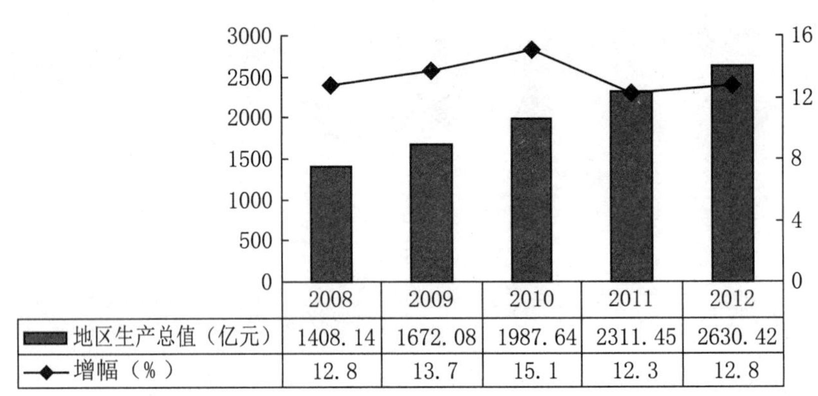


| | 2008 | 2009 | 2010 | 2011 | 2012 |
|---|---|---|---|---|---|
| 地区生产总值（亿元） | 1408.14 | 1672.08 | 1987.64 | 2311.45 | 2630.42 |
| 增幅（%） | 12.8 | 13.7 | 15.1 | 12.3 | 12.8 |

图 122　2008—2012 年镇江市地区生产总值及增长速度

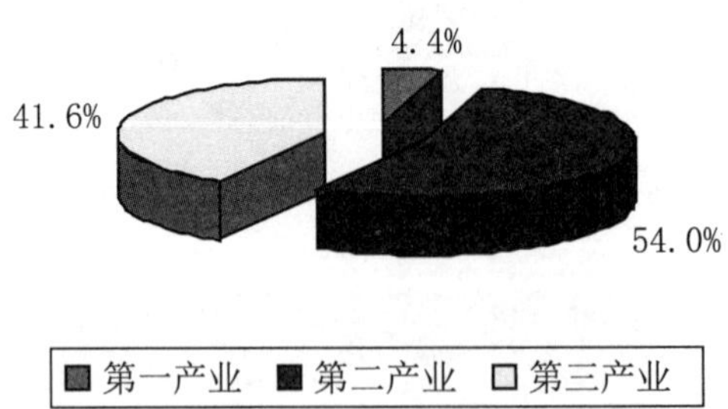


图 123　2012 年镇江市三次产业结构图

### 2. 财政收支

2012年全年实现公共财政预算收入215.48亿元，增长18.5%，其中：税收收入174.12亿元，增长19.4%。按税种分，营业税67.0亿元，增长50.9%；增值税23.3亿元，下降1.4%；企业所得税20亿元，下降2.1%；个人所得税7亿元，下降7.6%。全年完成公共财政预算支出233.6亿元，增长15.4%，其中教育、科学技术、社会保障和就业、医疗卫生分别增长43.9%、22.3%、13.1%、20.5%。

### 3. 物价指数

全年居民消费价格总体呈现回落趋稳走势，总指数为102.4%，比上年增长2.4%。八大类消费品价格“七升一降”，其中食品类上涨4.9%，烟酒类上涨4%，衣着类上涨5.1%，家庭设备用品及维修服务类上涨2%，医疗保健和个人用品类上涨0.9%，交通和通信类上涨0.3%，居住类上涨0.9%；娱乐教育文化用品及服务类下降0.1%。

### 4. 固定资产投资①

全年固定资产投资完成1500.67亿元，比上年增长22%，其中工业投资完成883.7亿元，比上年增长22.5%，服务业投资完成612.5亿元，比上年增长22.7%。按注册类型分：国有经济投资270亿元，比上年下降5%，三资经济投资222亿元，比上年增长6.7%，民营经济投资987.2亿元，比上年增长37.7%。新兴产业投资完成612.8亿元，比上年增长60.7%。全年在建亿元以上项目509个，比上年增加53个，完成投资960.9亿元，比上年增长33.1%，其中：新开工亿元以上项目306个，完成投资537.4亿元，比上年分别增长79%、38.5%。

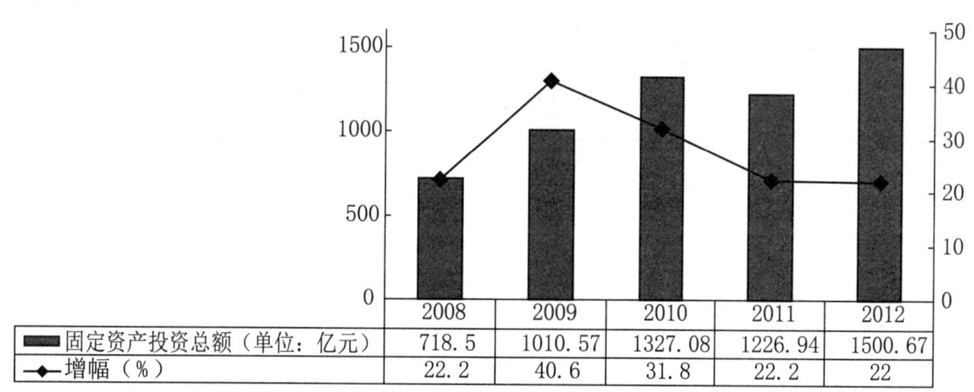


| | 2008 | 2009 | 2010 | 2011 | 2012 |
|---|---|---|---|---|---|
| 固定资产投资总额（单位：亿元） | 718.5 | 1010.57 | 1327.08 | 1226.94 | 1500.67 |
| 增幅（%） | 22.2 | 40.6 | 31.8 | 22.2 | 22 |

**图124　2008—2012年镇江市全社会固定资产投资及增长幅度**

### 5. 区县经济

2012年，丹阳市牢牢把握“稳中求进”的总基调，立足“对标找差”，加大重大项目建设和招商力度，强化要素服务保障，稳增长、调结构取得明显成效，全市经济呈现止跌企稳回升的态势。全市实现地区生产总值830.51亿元，同比增长13.1%，增速比上半年回升0.3个百分点，其中：第一产业实现增加值44.79亿元，增长5.6%；第二产业实现增加值447.76亿元，增长13.9%，第三产业实现增加值337.96亿元，增长13.0%。三次产业增加值的比重为5.4∶53.9∶40.7。

2012年扬中市实现地区生产总值360.20亿元，按可比价计算，比上年增长14.2%。其中，第一

① 从2011年起，固定资产投资项目统计起点标准改为500万元。固定资产投资（不含农户）统计范围从城镇固定资产投资扩大到农村企事业组织。

产业增加值11.27亿元，增长4.7%；第二产业增加值202.69亿元，增长15.4%；第三产业增加值146.24亿元，增长13.2%。人均地区生产总值10.63万元(按常住人口计算)，比上年增长14.1%，按现行汇率折算为17117美元。结构调整取得新进展，经济运行质量稳步提高。三次产业构成由2011年的3.3∶57.3∶39.4调整为2012年的3.1∶56.3∶40.6，地方一般预算收入占GDP比重为6.2%。

2012年句容市实现地区生产总值336.86亿元，比上年增长12.5%。其中，第一产业增加值31.71亿元，增长5.2%；第二产业增加值177.89亿元，增长13.9%；第三产业增加值127.26亿元，增长12.1%。人均地区生产总值(按常住人口计算)54140元，比上年增加6966元。经济结构进一步优化，三次产业增加值比例由上年的9.4∶54.1∶36.5调整为9.4∶52.8∶37.8。服务业增加值占GDP比重达38.8%，比上年提高了1.3个百分点。实现财政总收入60.03亿元，增长20.07%。其中，公共财政预算收入25.02亿元，增长22.02%。推动新型城镇化建设，城镇化率达50.2%，比上年提高了0.6个百分点。

## （二）农业和农村建设

2012年全年实现农林牧渔业总产值177.8亿元，按可比价格计算，比上年增长5.3%。其中：农业95.3亿元，增长5.3%；林业6.9亿元，增长3.4%；畜牧业25.8亿元，增长4.6%；渔业24.9亿元，增长5.6%；农林牧渔服务业24.9亿元，增长6.3%。

全年粮食总产量129.3万吨，比上年增长6%；油料总产量5.7万吨，比上年增长29.6%。全年粮食种植面积为359.8万亩，比上年增加1.7万亩；油料种植面积为39.3万亩，比上年减少1.2万亩。主要畜牧产品中，肉类总产量8.5万吨，比上年增长3.0%。生猪出栏58.8万头，比上年增长5.3%；家禽出栏量1939.8万只，比上年增长6.4%。全年水产品产量8.9万吨，比上年增长1.2%。

**表40　2012年主要农产品产量**

| 指 标 | 单 位 | 实 绩 | ±% |
|---|---|---|---|
| 粮食 | 万吨 | 129.3 | 6.0 |
| 谷物 | 万吨 | 126.2 | 6.1 |
| 豆类 | 万吨 | 1.7 | 13.3 |
| 油料 | 万吨 | 5.7 | 30.4 |
| 棉花 | 万吨 | 0.2 | 24.5 |
| 肉猪出栏数 | 万头 | 58.8 | 5.3 |
| 家禽出栏数 | 万只 | 1939.8 | 6.4 |

截止12月末，全市高效设施农业面积54.34万亩，高效设施渔业面积4.8万亩，比上年分别新增22.2、1.5万亩。全年完成疏浚县乡河道48条，疏浚土方293万立方米；完成防渗渠道建设235公里。年末拥有省级现代农业园区6家，比上年增加1家。

## （三）工业、建筑业

截止12月末，全市规模以上工业企业2155家，其中：大型企业41家，中型企业247家，小微企业1867家。全年规模以上工业实现总产值6157.8亿元，比上年增长17.3%；实现规模工业增加值增长14.8%。按轻重工业分：轻工业实现总产值1118亿元，比上年增长13.1%；重工业实现总产值

5039.8亿元，比上年增长18.3%。按规模分：大中型企业实现工业总产值3499.1亿元，增长14.8%；小微企业实现工业总产值2658.7亿元，增长20.9%。按注册类型分：国有经济实现工业总产值278.1亿元，增长36.5%；三资经济实现工业总产值2114亿元，增长14.4%；民营经济实现工业总产值3623.8亿元，增长18.4%。重点行业较快稳定增长，电气机械和器材制造业、化学原料和化学制品制造业、金属制品业产值分别增长24.6%、20.7%和22.2%。在列统的48个主要工业产品中，有28个产品产量比上年增长。

全年规模以上工业实现销售收入5950.8亿元，比上年增长16.9%；工业产品销售率98.1%，比上年下降0.2个百分点；实现利税总额558.9亿元，比上年增长15.9%；利润总额358.1亿元，比上年增长15.9%。企业亏损面10.6%，比上年扩大3.2个百分点，亏损企业亏损额8.19亿元，比上年增长100.3%。

"五大"主导产业实现销售收入、利税总额和利润总额5073.8亿元、468.9亿元和302.1亿元，比上年分别增长16.9%、17.3%和16.3%。"五大"新兴产业实现销售收入2208.6亿元，比上年增长35.1%。全市规模工业综合能源消费量1182.9万吨标准煤，比上年增长6.2%；规模以上工业单位产值能耗0.19吨标准煤/万元，比上年下降9.5%。

年末全市拥有资质以上建筑业企业402家，比上年增加9家。全年完成建筑业产值385亿元，比上年增长13.7%。全年房屋建筑施工面积2200万平米，比上年增加310万平方米；房屋建筑竣工面积1100万平米，比上年增加252万平方米。年末建筑业从业人员数15万人，比上年增加1.2万人。

## （四）服务业

### 1. 国内贸易

全年实现社会消费品零售总额766.46亿元，比上年增长15.7%，按行业分：批发业零售额112.5亿元，增长26.6%；零售业零售额559.8亿元，增长12.7%；住宿业零售额6.9亿元，增长11.0%；餐饮业零售额82.5亿元，增长24.7%。按城乡分：城镇实现零售额722.2亿元，增长15.9%；乡村实现零售额39.5亿元，增长13.7%。按规模分：限额以上单位零售额395.0亿元，增长20.1%；限额以下单位零售额366.7亿元，增长11.4%。

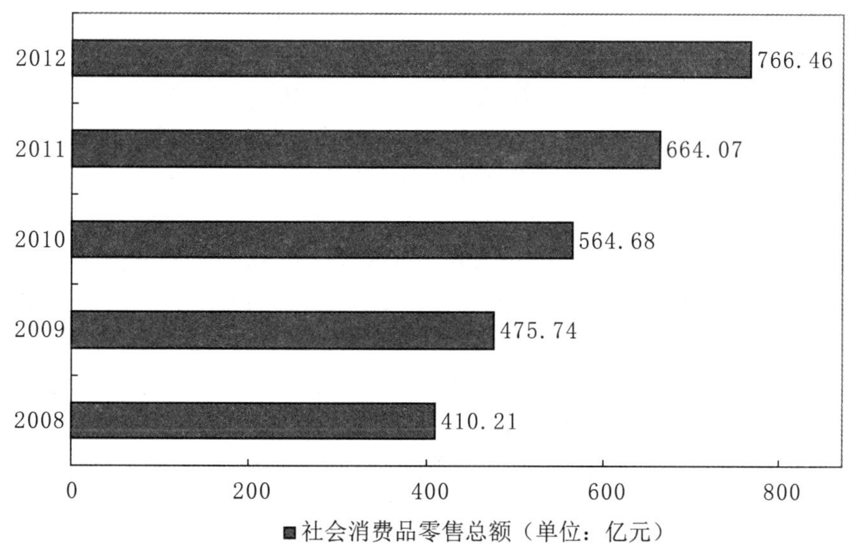


**图125　2008—2012年镇江市社会消费品零售总额**

表41 限额以上批零业主要商品销售额 单位:亿元、%

| 指标 | 销售总额 | |
|---|---|---|
| | 绝对值 | 增速 |
| 食品、饮料、烟酒类 | 116.90 | 12.3 |
| 化妆品类 | 3.44 | 14.5 |
| 金银珠宝类 | 8.45 | 7.1 |
| 日用品类 | 16.45 | 10.6 |
| 书报杂志类 | 2.66 | 8.0 |
| 家用电器和音像器材类 | 30.99 | 21.4 |
| 中西药品类 | 24.46 | 20.0 |
| 文化办公用品类 | 8.15 | 18.2 |
| 通讯器材类 | 6.20 | 9.6 |
| 石油及制品类 | 121.38 | 12.3 |
| 建筑及装潢材料类 | 23.28 | 16.1 |
| 汽车类 | 85.89 | 13.2 |

年末,拥有年成交额亿元以上的商品交易市场18个,完成成交额425.8亿元,比上年增长14.4%,其中10亿元以上市场5个、100亿元以上市场1个。

### 2. 交通运输、邮电

全年完成交通基础设施建设投入90亿元。泰州大桥建成通车,宁杭高铁镇江段全线贯通,官塘桥路快速化改造项目基本完工;苏南运河"四改三"、扬中三桥、镇荣公路、镇江西(南)高速公路出入口整治工程进展顺利。全年交通客运量2.2亿人次,比上年增长18.9%(不含铁路,下同),客运周转量142.2亿人公里,比上年增长19.5%;交通货运量1.3亿吨,比上年增长18.7%,货物周转量73.1亿吨公里,比上年增长19.3%。全年实现港口货物吞吐量1.5亿吨,比上年增长13.5%,其中长江港口吞吐量1.4亿吨,增长14.0%;港口集装箱运量37.6万标箱,比上年增长3.6%。

年末民用汽车保有量28.8万辆,比上年增长19.2%,其中本年新注册4.8万辆;年末私人汽车保有量24.0万辆,比上年增长21.0%,其中本年新注册4.2万辆。

全年新增出租车70辆(市区,下同),出租车总数1323辆。实施公交惠民工程,公交分段票价全省最低。年末公共交通车辆运营数1218标台,比上年增加133标台。年末公交营运线路100条,当年新辟优化公交线路50条。城市居民公交出行分担率达20.3%;开通镇村公交线路123条,通达率达100%。

全年完成邮电业务总量30.3亿元,比上年增长6.2%,其中电信业务总量27.3亿元,比上年增长4.7%;邮政业务总量3.0亿元,比上年增长22.2%。年末拥有电话用户451.5万户,比上年增长3.1%,其中:固定电话用户113.5万户,比上年增长4.9%;移动电话用户338万户,比上年增长2.4%。国际互联网宽带接入用户数61万户,比上年下降1.2%。

### 3. 旅游业

镇江市成为首批"国家智慧旅游试点城市"。年末全市拥有A级景区33家(5A级1家),比上年

增加3家;星级饭店55家(五星级1家)、旅行社93家、导游3417人。"三山"景区成功创成国家5A级旅游景区。成立"三山"旅游产业(集团)有限公司暨旅游发展股份有限公司,整合金山、焦山、北固山以及金山湖等旅游资源。全年实现旅游总收入452.9亿元,比上年增长17.4%。接待国内外旅游者3569.2万人次,比上年增长12.7%,其中接待入境旅游者66.3万人次,增长2.0%。

#### 4. 金融、保险

截止12月末,全市金融机构各项人民币存款余额为2850.5亿元,比年初增加418.7亿元,比上年增长17.2%。其中:居民储蓄存款余额1301.4亿元,比年初增加192.5亿元;单位存款余额1461.9亿元,比年初增加189.44亿元。全市金融机构人民币贷款余额2073.3亿元,比年初增加285.9亿元,比上年增长16.0%。其中:短期贷款余额1209.4亿元,比年初增加254.6亿元;中长期贷款余额818.6亿元,比年初增加19.4亿元。年末全市拥有小额贷款公司35家,比上年增加5家,其中:农村小贷公司33家,科技小贷公司2家。

年末拥有保险公司49家,比上年增加2家,其中:财产险公司24家、人寿险公司25家。全年实现保费收入57.9亿元,比上年下降0.1%,其中:财产险14.7亿元,增长11.6%;人身险43.2亿元,下降3.5%。全年保险赔偿与给付支出13.6亿元,比上年增长14.5%,其中:财产险7.3亿元,增长19.7%;人身险6.3亿元,增长8.9%。

#### 5. 房地产业

2012年全年完成房地产开发投资205.5亿元,比上年增长45.2%,商品房施工面积1696.6万平方米,比上年增长4.7%,竣工面积403.7万平方米,比上年增长4.5%。全年商品房销售面积420.2万平方米,比上年增长26.8%;商品房销售额233.8亿元,比上年增长13.9%。

### (五)开放型经济

#### 1. 对外贸易

2012年全年完成进出口总额114.13亿美元,比上年增长13.3%,其中:进口总额36.76亿美元,比上年下降17.4%;出口总额77.37亿美元,比上年增长37.7%。出口按贸易方式分:一般贸易完成60亿美元,比上年增长59.2%;加工贸易完成17.2亿美元,比上年下降7.1%。出口按企业类型分:外商投资企业完成31.4亿美元,比上年增长2.4%;内资企业完成45.9亿美元,比上年增长93.4%。出口按国别地区分,对亚洲出口36.4亿美元,增长36.3%,其中对东盟组织出口10.1亿美元,增长23.3%;对欧洲出口14.5亿美元,增长32.6%。其中对欧盟组织出口11.6亿美元,增长39.4%;对美国出口13.1亿美元,增长49%。

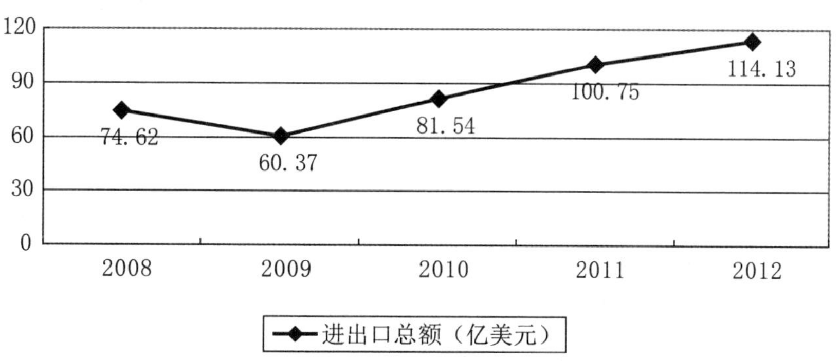


图126 2008—2012年镇江市外贸进出口总额情况

### 2. 利用外资

全年新批外商投资企业 142 家，比上年增加 18 个，其中 3000 万美元以上 36 家。完成协议利用外资 25.6 亿美元，比上年增长 16.1%；实际利用外资 22.1 亿美元，比上年增长 22.5%。

### 3. 对外经济合作

年末全市拥有境外投资企业 121 家，中方实际投资 3.6 亿美元，其中当年新批 23 家，中方实际投资 5300 万美元。服务外包执行额 5.9 亿美元，比上年增长 76.1%。

# 二、镇江市 2012 年社会发展概况

## （一）人口、人民生活

年末全市户籍总人口 271.4 万人，比上年减少 0.5 万人，其中：男性 134.9 万人，减少 0.5 万人；女性 136.5 万人，与上年持平。年末全市常住人口 315.5 万人，比上年增加 2.1 万人，常住人口自然增长率为 1.1‰。

全年城镇居民人均可支配收入为 30045 元，增长 12.8%，其中：工资性收入 20522 元，增长 12.6%；经营性收入 3657 元，增长 13.9%；财产性收入 468 元，增长 12.1%；转移性收入 7810 元，增长 13.4%。城市居民人均消费支出为 17897 元，比上年增长 15.3%。农民人均纯收入为 14518 元，比上年增长 13.2%，其中：工资性收入 8776 元，增长 15.2%；家庭经营性收入 4247 元，增长 10.0%；财产性收入 412 元，增长 16.4%；转移性收入 1083 元，增长 9.4%。农民人均生活消费支出 10530 元，增长 15.3%。年末城乡百户家庭拥有汽车 23 辆和 13 辆、电脑 98 台和 49 台，比上年分别增加 2 辆和 3 辆、3 台和 4 台；年末城乡居民住房面积分别达 39.1 和 53 平方米。

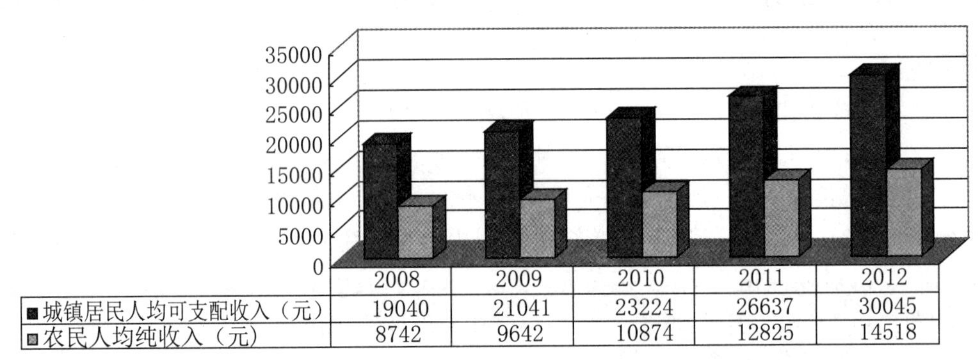


| | 2008 | 2009 | 2010 | 2011 | 2012 |
|---|---|---|---|---|---|
| ■城镇居民人均可支配收入（元） | 19040 | 21041 | 23224 | 26637 | 30045 |
| ■农民人均纯收入（元） | 8742 | 9642 | 10874 | 12825 | 14518 |

图 127　2008—2012 年镇江市城乡居民收入对比一览

## （二）就业与社会保障

### 1. 就业

镇江市被国务院授予全国首批创业先进城市。年末从业人员 191.6 万人，其中：第一产业 24.7 万人、第二产业 92.0 万人、第三产业 74.9 万人。全年新增城镇就业岗位 10.1 万个，比上年增加 0.3 万人；转移农村劳动力 3.3 万人。年末城镇登记失业率 2.32%。

### 2. 社会保障

年末城镇职工基本养老保险参保人数为 78.2 万人，比上年增加 3.5 万人；基本医疗保险参保人

数为 84.3 万人，比上年增加 3.74 万人；失业保险参保人数为 46.5 万人，比上年增加 2.4 万人。全年全市新型农村社会养老保险参保人数为 159.3 万人，保险覆盖率达 100%。全市企业退休人员人均养老金增至 1617 元/月，市区企业职工最低工资标准调增到 1320 元/月。城乡最低生活保障标准统一调增至 480 元，全年发放低保补贴（含物价补贴）1.09 亿元。

建立健全社区服务体系，年末全市建成各类社区服务机构 912 处，其中：社区服务中心 26 个；建成城乡社区服务网格 9258 个，全面实现了街道（镇）、社区（村）、网格、居（村）民之间 5 分钟信息互通。全市城乡和谐社区达标率 73%，比上年分别提高 15.5 和 25.2 个百分点。年末每千名老人拥有机构养老床位数 30.7 张，比上年增加 6.9 张。全市福利彩票实现销售收入 3.82 亿元，比上年增长 5.5%。

## （三）教育与科技创新

### 1. 教育事业

年末拥有普通高等院校 5 所，在校学生 8.9 万人（含研究生），比上年增加 0.1 万人；中等（职业）学校 12 所，在校学生 2.76 万人，比上年减少 0.27 万人；普通中学 111 所，在校学生 10.46 万人，比上年减少 0.83 万人；小学 122 所，在校学生 13.19 万人，比上年增加 0.11 万人。年末拥有幼儿园 190 所，在园儿童 6.7 万人。创建省市优质园 40 所，省级优质园比重 64%。学前教育体制改革试点取得重要进展，学前教育经费公共财政预算支出比重 5%以上。全年“校安工程”累计开工面积 94 万平方米，累计竣工面积 66.8 万平方米。基本实现在镇外来务工人员子女九年义务教育“全接纳”，人数达 4.5 万人。

### 2. 科技创新

润州工业园区成功升格为省级高新区，获首批“国家知识产权示范城市”、“国家知识产权投融资服务试点城市”。引进和建设“镇江船舶动力研究院”等 11 家重点研发和检测机构，成立江苏省航空材料和部件产业技术创新战略联盟。年末全市共有省级及以上工程技术研究中心等企业研发机构 212 家，其中国家级 5 家、省级 207 家；拥有省级科技公共服务平台 11 家，建成国家、省级孵化器 21 个，孵化面积超 240 万平方米，在孵企业 914 家。新培育引进国家“千人计划”18 人，总数达 30 人。

大中型工业企业和高新技术企业实现研发机构“全覆盖”。年末拥有省级以上高新技术企业 300 家，比上年增加 70 家。全年实现高新技术产业产值占规模以上工业总产值比重 45.3%，比上年提高 2 个百分点。全年专利申请量 19235 件，比上年增加 3919 件，其中：发明专利申请量 5509 件，增加 2392 件；全年专利授权量 9248 件，比上年增加 1844 件，其中：发明专利授权量 983 件，比上年增加 386 件。

## （四）文化、卫生与体育

### 1. 文化事业

全年开展“文化嘉年华”、“走基层，送文化”、“梦想成真我能行”、“文心在行动”、“我们的节日”等五大文化惠民主题活动，举办各类“文心系列公益活动”66 场次，送戏下乡 320 场，送电影下乡 6933 场次，送书下乡 1.2 万余册，农家书屋更新出版物 2.46 万册。正式开通镇江电视图书馆，全市互动电视用户可免费享用市图书馆提供的文献信息服务。

完成“第三次全国文物普查”，举办“中国瘗鹤铭奖”全国书法作品展获奖作品首展，民间文化艺术馆被授予“江苏省非物质文化遗产优秀传承单位”荣誉称号。策划、开展大型系列新闻行动，推出《风展红旗如画》、《走向幸福》等系列报道。52 集动画片《水漫金山》获全国金鹰奖和江苏省首届原创动漫艺术大赛最佳动画奖(中篇)、最佳导演奖。纪录片《北固山》在央视播出。成功举办“2012长江音乐节”、“2012长江草莓音乐节”、“‘一起长江’中韩青草地滨江音乐派对”等各类商业演出110场。

成功召开“2012年镇江市文化产业招商信息发布暨集中签约仪式”,魅力澳门街、扬中国际影视城、浪尖小镇工业产业设计园等23个项目正式签约,引入社会各类资本169.5亿元。成立江苏国家数字出版基地镇江园区,总投资4.7亿元的江苏恒华传媒有限公司的“新型绿色环保书刊商业印刷基地”项目建成投产。

### 2. 卫生事业

镇江市蝉联国家卫生城市称号。年末全市拥有医疗卫生机构906个,其中:医院、卫生院及社区卫生服务中心120个,疾病预防控制中心7个,妇幼卫生保健机构6个。各类卫生机构拥有床位12574张,其中:医院9526张。年末共有卫生技术人员16406人,其中:执业医师(含助理医师)6883人,注册护士6609人。社区卫生服务城市人口覆盖率达100%。

全年基层门诊人均费用82.5元,比上年下降0.8%,基本药物销售金额3.75亿元,下降42.6%,减轻群众医药费用负担2.57亿元。全市共划分医疗卫生服务网格671个,网格内“3+X”家庭责任医生团队与245万居民签订健康服务协议。全年新型农村合作医疗参保人数为159.28万人,保险覆盖率达100%。

### 3. 体育事业

广泛开展“十分钟体育健身圈”工程,加快推进全民健身点、特色健身点场地建设以及其他比赛(运动)场馆维修改造工作,进一步完善市、区(县)、镇(街)、村(居)社区“四级”体育惠民服务体系。全年建成体育公园5个,新增全民健身点40个,打造特色健身点10个,年末人均拥有公共体育设施面积达2.5平方米,比上年增加0.3平方米。

成功承办中国国际男子排球精英赛、全国武术(套路)王中王争霸赛、全国铁人精英赛、海峡两岸象棋友谊赛、全国“肯德基”三人篮球、省青少年跆拳道锦标赛、省青少年曲棍球锦标赛等19项省级以上体育竞赛,其中全国以上体育竞赛11项。参加省级以上体育竞赛共获金牌37枚,银牌24枚,铜牌32枚。积极打造“红红火火过大年”、“全民健身日”、“健身大家学”、“阳光体育”、“千台万人”等系列品牌活动,全年组织各类全民健身活动220余项。全年体育彩票销售额6.51亿元,比上年增长15.2%。

## (五)城乡建设

2012年市区城建项目开工177项,完成投资524亿元,比上年增长20.8%。完成金融集聚区、国际会议中心、花鸟公园(市场)、南门夜市搬迁等市重大规划项目的前期规划。岗子下路、百花路、象山路等8条道路建成通车;南徐新城核心区路网基本建成;润江路、天桥路、中山西路改造等道路工程竣工交付。体育会展中心综合馆、会展馆,商务办公A区建设年内完工;商务B区江苏银行大楼主体封顶。加快打造西津渡文化旅游和古渡文化旅游项目,完成云台阁主体建设,北固山复建北固楼、移建多景楼,修缮古甘露寺建筑群。金山水厂深度处理工程正式供水,完成区域供水管网改造100公里,区域供水覆盖率100%。建设、改造和拓展燃气主管网83公里,新老小区燃气配套发展民用客户2.1万户。全市新建保障性安居工程17979套、拆迁安置房219万平方米。

根据山水花园城市的总定位,全力破解要素制约,加快推进城乡发展一体化。确立规划龙头地位。完善城乡规划体系,调整市规划委员会,实行规划审查会、首席规划师和镇村规划师制度,主城区按“一体两翼、一核四区”有序整合。狠抓城建重点工程。市区完成投资524亿元,完成房屋征收拆迁255万平方米。扬溧高速西、南出入口整治和体育会展中心等20项城建重点工程顺利竣工,北固山景区修缮等项目建成开放,市档案馆新馆等投入使用,伯先路等历史文化街区彰显特色。首批“7+1”旧

城区城中村改造项目启动实施。官塘新城建设全面启动。泰州大桥建成通车。开展环境综合整治。沿江化工企业环境安全专项整治、东部地区与韦岗地区环境整治、秸秆禁烧取得明显成效。历经 7 年努力，全国第 5 家通过国家生态市考核验收。顺利通过国家卫生城市复查，成为国家低碳试点城市和省城市管理优秀城市。全面完成省下达的节能减排任务。京沪高铁镇江段沿线环境整治成效明显。“万顷良田”建设、矿山复绿工作走在全国前列。水源地一级保护区实现封闭管理，金山水厂深度处理工程正式供水。统筹城乡发展。“三新”建设成效明显，建成农民安置房 380 万平方米，新集中安置 15600 户。累计完成 3975 个村庄环境整治任务，整治率达 57%。

### （六）环境保护与生态建设

通过省城市管理优秀城市创建考核验收。城东垃圾填埋场完成氧化塘覆膜工程和整场雨污分流工程，全年新、改建城市垃圾转运站 6 座、公厕 6 座，新建农村公厕 264 座。推进大港核心区瑞湖、新区南湖、润江路绿化、古运河中段景观、学府路绿化提升和长江路、中山北路绿化改造等项目，年末建成区绿化覆盖率 42.3%，人均公共绿地 16.6 平方米。

通过国家生态市考核验收，丹阳市、句容市、扬中市、丹徒区全部通过生态县（市、区）国家考核。全市 36 个镇（街道）通过国家生态镇省级考核，占比达 87.7%，其中 18 个获得环保部命名。年末全市拥有各级环境监测站 5 个。空气质量优良天数达到 342 天，优良天数比例达 94%。全年单位 GDP 化学需氧量、二氧化硫、氨氮化物、氮氧化物排放量分别为 1.69 千克/万元、2.35 千克/万元、0.21 千克/万元、2.74 千克/万元。

### （七）社会安全

落实社会稳定风险评估机制，深入推进“平安镇江”、“法治镇江”建设，积极开展“六五”普法，信访稳定工作走在全省前列。安全生产、食品药品和产品质量安全工作扎实开展。

## 三、挑战与目标

镇江市在发展中还存在着一些问题：一是经济总量不够大，发展层次还不够高；二是产业布局分散，集中集聚集约程度不高；三是推动经济转型升级的大项目、好项目还不够多，招引项目的力度还需加大；四是城乡规划建设管理还需进一步加强，城市形象和对外影响力有待进一步提升；五是政府的创新能力、执行能力、服务意识需要继续增强，投资环境需要进一步改善。

2013 年全市经济社会发展的主要预期目标是：地区生产总值增长 11.5%；公共财政预算收入增长 18%；固定资产投资增长 21%；社会消费品零售总额增长 15%；实际利用外资增长 15%；进出口总额增长 8%；研发经费支出占 GDP 比重 2.45%；城镇居民人均可支配收入实际增长 11%；农民人均纯收入实际增长 12%；城镇登记失业率控制在 3.5%以内。全面完成省下达的节能减排约束性指标。

## 四、镇江市在长三角地区经济发展中的地位

镇江市政府自 2008 年以来，面对复杂多变的宏观形势和国际金融危机带来的严峻挑战，坚持以科学发展观为指导，在省委、省政府的坚强领导下，在市委的直接带领下，团结和依靠全市人民，抢抓机遇、破解难题，圆满实现了全面建成更高水平小康社会的目标。2012 年全市地区生产总值达到 2311 亿元，是 2007 年的 1.8 倍；人均地区生产总值达到 73983 元，公共财政预算收入 181.9 亿元，分别是 2007 年的 1.8 倍和 2.3 倍。镇江发展跃上了新台阶，进入了新阶段。

2008—2012 年镇江市地区生产总值在长三角所占比重分别为 2.15%、2.31%、2.30%、2.30%和

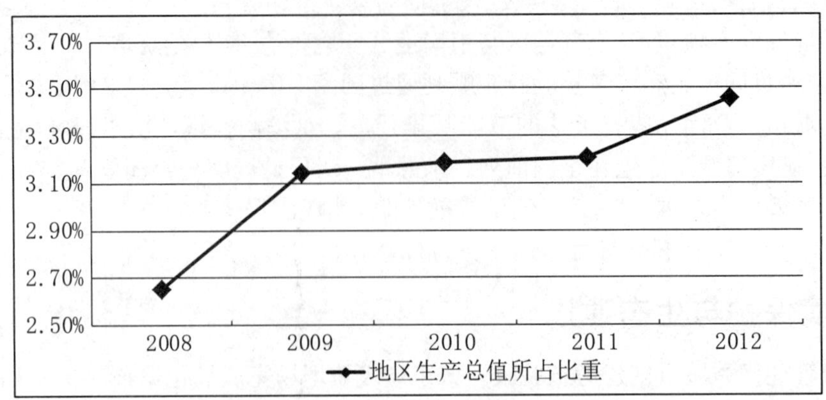


**图 128　2008—2012 年镇江市地区生产总值在长三角所占比重的变化趋势**

2.42%，在 2009 年出现大幅增加后，2010 年又出现放缓现象，2011 年与上年保持齐平，2012 年大幅增加，增幅达 0.12 个百分点。2012 年镇江市地区生产总值在长三角地区 25 个市（苏浙两省 24 个地级市和上海市，下同）排名和上持平，排名第 18 位，亟需改善提高。

2012 年，镇江市全年实现地区生产总值 2630.1 亿元，按可比价计算比上年增长 12.8%。其中，第一产业增加值 116.7 亿元，增长 5.4%；第二产业增加值 1419.5 亿元，增长 13.1%；第三产业增加值 1093.8 亿元，增长 13.0%。三次产业结构由上年的 4.4∶55.0∶40.6 调整为 4.4∶54.0∶41.6，服务业增加值占地区生产总值比重 42.2%。人均地区生产总值（按常住人口计算）83636 元，增长 12.0%，按现行汇率计算折合 13250 美元。

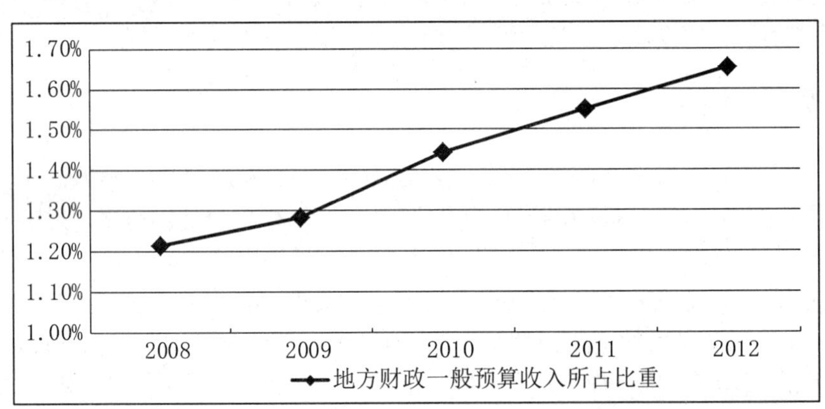


**图 129　2008—2012 年镇江市地方财政一般预算收入在长三角所占比重变化趋势**

2008—2012 年年镇江市地方财政一般预算收入在长三角所占比重分别为 1.22%、1.28%、1.44%、1.55%和 1.65%，连续五年保持增长态势，累计增幅达 0.43 个百分点，其中 2012 年较上年增长 0.1 个百分点。2012 年镇江市地方财政一般预算收入在长三角地区 25 个市排名中比上年上升一位，排名第 18 位，亟需提高一般预算收入。

2012 年，镇江市全年实现公共财政预算收入 215.5 亿元，增长 18.5%，其中：税收收入 174.1 亿元，增长 19.4%。按税种分，营业税 67.0 亿元，增长 50.9%；增值税 23.3 亿元，下降 1.4%；企业所得税 20 亿元，下降 2.1%；个人所得税 7 亿元，下降 7.6%。全年完成公共财政预算支出 233.6 亿元，增长 15.4%，其中教育、科学技术、社会保障和就业、医疗卫生分别增长 43.9%、22.3%、

13.1%、20.5%。

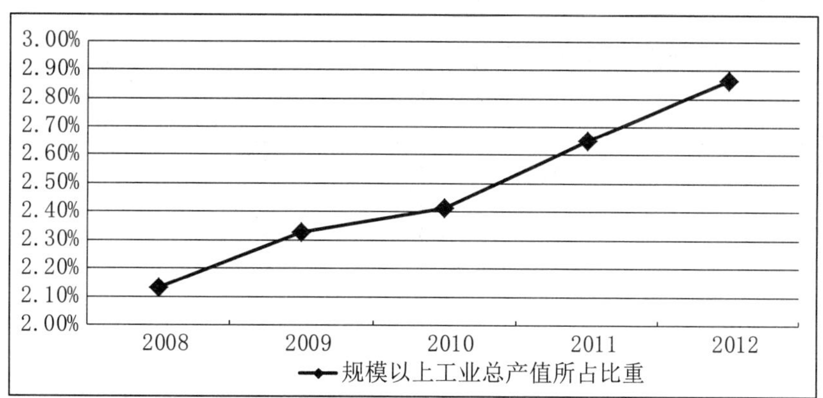


**图130　2008—2012年镇江市规模以上工业总产值在长三角所占比重的变化趋势**

2008—2012年镇江市规模以上工业总产值在长三角所占比重分别为2.13%、2.33%、2.41%、2.65%和2.86%，连续多年实现增长，累计增幅为0.73个百分点，其中2012年较上年增长0.21个百分点。2012年镇江市规模以上工业总产值在长三角地区25个市排名中较上年上升一位，排名第13位，处于中游水平。

2012年，镇江市全市规模以上工业企业2155家，其中：大型企业41家，中型企业247家，小微企业1867家。全年规模以上工业实现总产值6157.8亿元，比上年增长17.3%；实现规模工业增加值增长14.8%。按轻重工业分：轻工业实现总产值1118亿元，比上年增长13.1%；重工业实现总产值5039.8亿元，比上年增长18.3%。按规模分：大中型企业实现工业总产值3499.1亿元，增长14.8%；小微企业实现工业总产值2658.7亿元，增长20.9%。按注册类型分：国有经济实现工业总产值278.1亿元，增长36.5%；三资经济实现工业总产值2114亿元，增长14.4%；民营经济实现工业总产值3623.8亿元，增长18.4%。重点行业较快稳定增长，电气机械和器材制造业、化学原料和化学制品制造业、金属制品业产值分别增长24.6%、20.7%和22.2%。在列统的48个主要工业产品中，有28个产品产量比上年增长。

全年规模以上工业实现销售收入5950.8亿元，比上年增长16.9%；工业产品销售率98.1%，比上年下降0.2个百分点；实现利税总额558.9亿元，比上年增长15.9%；利润总额358.1亿元，比上年增长15.9%。企业亏损面10.6%，比上年扩大3.2个百分点，亏损企业亏损额8.19亿元，比上年增长100.3%。

2008—2012年镇江市进出口总额在长三角所占比重分别为0.90%、0.75%、0.75%、0.78%和0.88%，呈“V”走势，2012年继续上扬，较上年增加了0.1个百分点。2012年镇江市进出口总额在长三角地区25个市上升两位，排名第15位。

2012年全年完成进出口总额114.1亿美元，比上年增长13.3%，其中：进口总额36.8亿美元，比上年下降17.4%；出口总额77.4亿美元，比上年增长37.7%。出口按贸易方式分：一般贸易完成60亿美元，比上年增长59.2%；加工贸易完成17.2亿美元，比上年下降7.1%。出口按企业类型分：外商投资企业完成31.4亿美元，比上年增长2.4%；内资企业完成45.9亿美元，比上年增长93.4%。出口按国别地区分，对亚洲出口36.4亿美元，增长36.3%，其中对东盟组织出口10.1亿美元，增长23.3%；对欧洲出口14.5亿美元，增长32.6%。其中对欧盟组织出口11.6亿美元，增长39.4%；对美国出口13.1亿美元，增长49%。

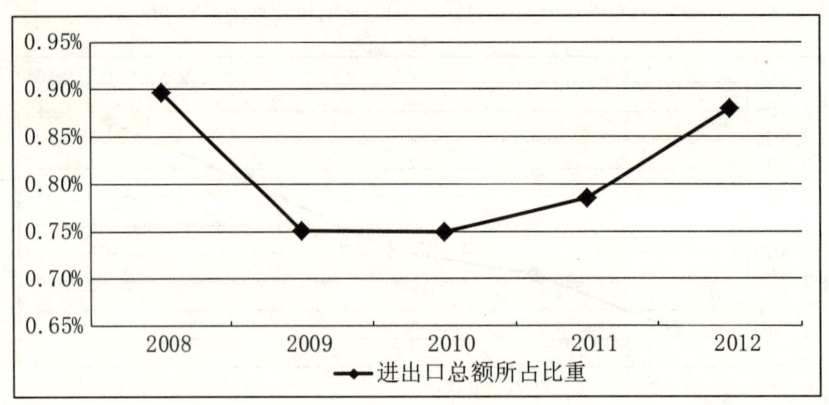


**图 131　2008—2012 年镇江市进出口总额在长三角所占比重的变化趋势**

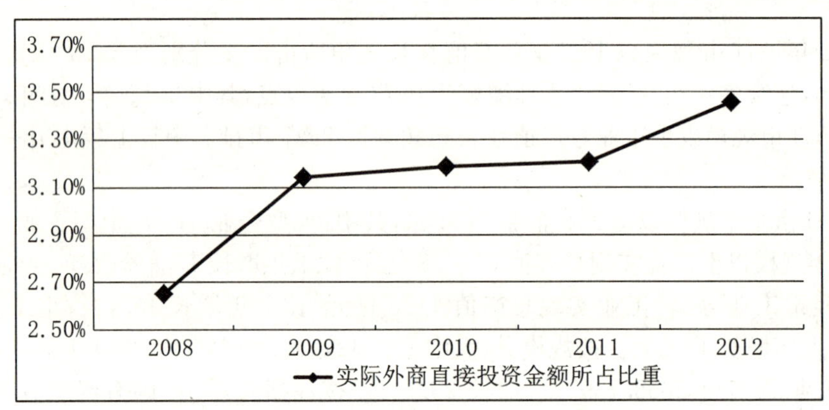


**图 132　2008—2012 年镇江市实际外商直接投资金额在长三角所占比重的变化趋势**

2008—2012 年镇江市实际外商直接投资金额在长三角所占比重 2.65％、3.15％、3.19％、3.21％和 3.46％，呈现阶梯型增长的态势，累积增长了 0.81 个百分点，其中 2012 年较上年增加了 0.25 个百分点。2012 年镇江市进出口总额在长三角地区 25 个市排名中比上年上升了两位，排名第 8 位，保持着相对领先的优势。

2012 年，镇江市全年新批外商投资企业 142 家，比上年增加 18 个，其中 3000 万美元以上 36 家。完成协议利用外资 25.6 亿美元，比上年增长 16.1％；实际利用外资 22.1 亿美元，比上年增长 22.5％。

年末全市拥有境外投资企业 121 家，中方实际投资 3.6 亿美元，其中当年新批 23 家，中方实际投资 5300 万美元。服务外包执行额 5.9 亿美元，比上年增长 76.1％。

# 十三　泰州市2012年经济社会发展报告

2012年，在市委、市政府的正确领导下，全市上下深入贯彻落实科学发展观，把握“稳中求进、好中求快”总基调，抓住“推进转型升级综合改革试点、争创全省转型升级示范区”主线，认真实施“八项工程”，深入推进“双轮驱动”，加快建设“三个名城”①，统筹抓好稳增长、调结构、促转型、惠民生等各项工作，全市经济社会发展呈现稳中有进的良好态势。

## 一、泰州市2012年经济发展概况

### （一）综合经济

#### 1. 经济总量

全市地区生产总值2701.67亿元，比上年增长12.5%。其中，第一产业增加值191.75亿元，增长4.4%；第二产业增加值1434.53亿元，增长13.1%；第二产业中工业增加值1237.05亿元，增长13.2%；第三产业增加值1075.39亿元，增长13.0%。三次产业结构调整为7.1∶53.1∶39.8。按常住人口计算，全市人均地区生产总值58378元，增长12.4%，人均地区生产总值按当年汇率折算为9252美元。

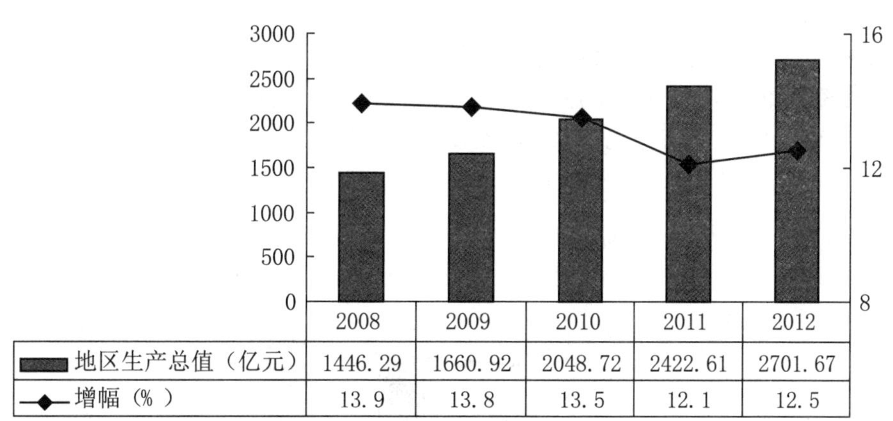


图133　2008—2012年泰州市地区生产总值及增长速度

#### 2. 财政收支

全市财政总收入627.95亿元，比上年增长0.8%；其中公共财政预算收入223.62亿元，增长7.0%。公共财政预算收入中，税收收入179.73亿元，税收收入占公共财政预算收入的比重为81.0%，比上年提高5.7个百分点。全市财政总支出499.65亿元，增长5.5%；其中公共财政预算支出300.9亿元，增长16.8%。全市各级用于保障和改善民生的支出达200.70亿元，增长19.3%；民生支出占财政支出的比重达68.1%，比上年提高1.5个百分点。

① “三个名城”即“产城一体的医药名城、形神兼备的文化名城、富有魅力的生态名城”。

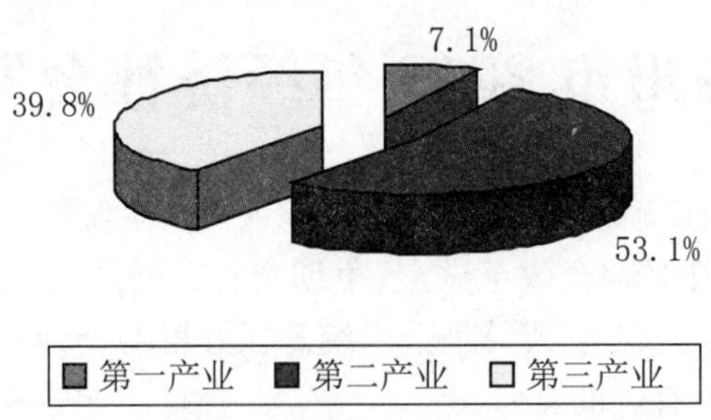


**图 134　2012 年泰州市三次产业结构图**

### 3. 物价指数

市区居民消费价格指数累计上涨 1.7%，其中服务项目价格指数上涨 1.0%，消费品价格指数上涨 2.0%。八大类商品和服务价格六升二降，食品类、烟酒及用品类、衣着类、家庭设备用品及维修服务类、医疗保健和个人用品类、居住类分别增长 3.1%、2.6%、4.4%、1.2%、0.7%和 2.0%，交通通讯类、娱乐教育文化用品及服务类分别下降 1.4%和 1.1%。工业生产者购进价格指数累计下跌 3.9%，工业产品出厂价格指数累计下跌 3.5%，涨幅分别比上年回落 11.7 个、9.7 个百分点。

### 4. 固定资产投资①

全市固定资产投资 1454.59 亿元，比上年增长 21.5%。其中，一产投资 12.76 亿元，二产投资 800.80 亿元，三产投资 641.03 亿元，分别增长 93.3%、26.4%和 15.0%；在二产投资中，工业投资 792.37 亿元，增长 26.7%，工业投资增幅列全省第二位。项目投资中，民间投资 900.69 亿元，增长 21.9%，占项目投资比重达 73.8%。工业投资中，高新技术产业投资 127.51 亿元，增长 42.4%，高新技术产业投资占工业投资的 16.1%，比上年提高 1.8 个百分点。全年亿元以上新开工项目 136 个，比上年增加 28 个；计划总投资 489.68 亿元，增长 53.2%；当年完成投资 270.46 亿元，增长 40.9%。

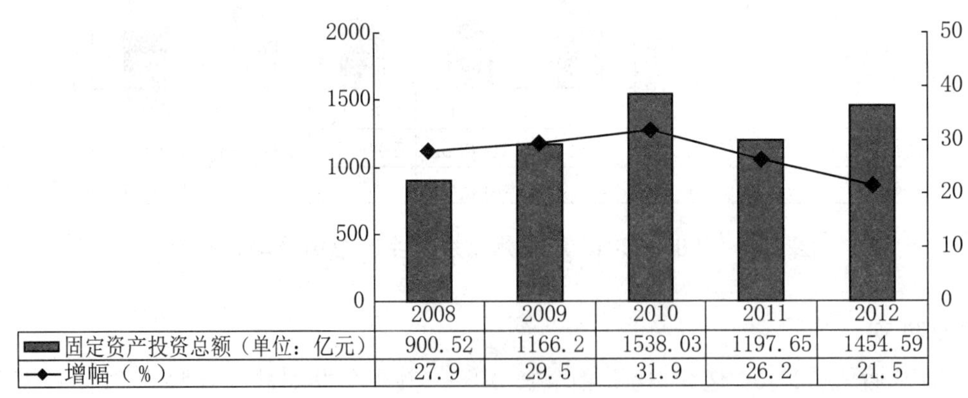


**图 135　2008—2012 年泰州市全社会固定资产投资及增长幅度**

城乡基础设施建设成效明显。宁启铁路复线电气化改造稳步推进，泰镇高速泰州段获批，阜兴泰高速泰州段立项，引江河二期工程开工建设，卤汀河拓浚、泰东河整治和中小河流治理等工程实施进

① 从 2011 年起，固定资产投资项目统计起点标准改为 500 万元。固定资产投资(不含农户)统计范围从城镇固定资产投资扩大到农村企事业组织。

度加快，电力、邮政、通信等基础设施建设有力推进。中心城市功能和形象进一步提升。调整完善市区城建体制，加快十大重点工程建设，市区城建投入190亿元。积极实施“畅通工程”，推进城区路网贯通，迎春路东延、凤凰西路西延、育才路等建成通车。市博物馆、图书馆新馆、美术馆、规划展示馆建成开放，市档案馆建成国家二级档案馆，稻河古街区、海军文化公园建设完成序时进度，泰州师专新校区暨高教园区中心共享区、金融服务区、三水湾二期等工程启动建设。

**5. 区县经济**

2012年，面对复杂多变的宏观形势和经济下行的较大压力，高港区致力“稳增长、快转型、强特色、惠民生”，在经济转型中培育特色产业，在城市转型中展示港城形象，在生活转型中增进民生幸福，在社会转型中促进和谐稳定，经济和社会发展呈现良好态势。2012年，全区地区生产总值为266.04亿元，按可比价计算增长13.1%，其中，第一产业增加值9.21亿元，增长4.6%；第二产业增加值178.47亿元，增长13.5%；第三产业增加值78.36亿元，增长13.0%。人均地区生产总值突破10万元。

2012年，在市委、市政府的正确领导下，兴化市上下深入贯彻科学发展观，紧扣“稳增长、调结构、促转型、惠民生”工作主线，大力实施开放创新战略，全面落实各项关键措施，全市经济社会发展取得新成绩。经济运行缓中企稳，经济社会发展稳中有进。全市整体经济平稳发展，服务业占比继续提升。全年完成地区生产总值512.36亿元，增长12.3%，其中，第一产业增加值81.54亿元，增长4.6%；第二产业增加值222.5亿元，增长15.2%；服务业增加值208.32亿元，增长12.0%；按常住人口计算，人均地区生产总值40853元。财政收入68.81亿元，增长3.4%。其中公共财政预算收入29.46亿元，增长15.3%。三次产业结构优化为15.9∶43.4∶40.7，第三产业增加值比重比上年上升1.0个百分点

2012年，在市委、市政府的正确领导下，泰兴市上下紧紧围绕“学赶苏南、领先苏中”战略部署和推进“三个共创”、争当苏中“三个排头兵”奋斗目标，牢牢把握“稳中求进、好中求快”总基调，有效应对诸多困难和挑战，全市经济建设稳中快进，社会事业和民生保障不断改善，在基本实现现代化征程上迈出了新步伐。全市实现生产总值543.55亿元，按可比价格计算，比上年增长12.8%。其中，第一产业增加值42.80亿元，增长4.5%；第二产业增加值291.15亿元，增长14.0%；第三产业增加值209.60亿元，增长12.8%。人均地区生产总值50537元，比上年增加5270元。产业结构调整稳步推进。三次产业增加值比例由上年的8.0∶54.5∶37.5调整为7.9∶53.5∶38.6。连续12届跻身全国县域经济基本竞争力百强县(市)行列。

2012年，面对严峻复杂的经济形势，姜堰市上下认真落实稳增长、调结构、惠民生、促和谐等各项措施，全市经济社会发展呈现稳中趋好的良好态势。2012年全市实现地区生产总值405.86亿元，可比增长12.1%。其中：第一产业增加值31.68亿元，可比增长4.5%；第二产业增加值210.8亿元，可比增长13.1%；第三产业增加值163.38亿元，可比增长12.2%。继续跻身全国县域经济基本竞争力百强、科学发展百强和最具投资潜力中小城市百强。财政收支基本平衡。2012年，全市财政总收入64.26亿元，比上年下降3.7%，其中：公共财政预算收入23.54亿元，增长6.1%。全年财政支出59.69亿元，比上年增长1.3%。产业结构进一步优化。三次产业结构比例为7.8∶51.9∶40.3，服务业占GDP比重比上年提高1个百分点。民营经济加速发展，全年新增私营个体经济注册资本49.85亿元，新增私营企业数和个体经营户数4709户。年末，私营个体经济注册资本达到337.93亿元，私营企业数7988户，个体工商户29444户。

## （二）农林牧渔业和新农村建设

农业生产稳定增长。粮食产量九连增。全市粮食播种面积658.4万亩，比上年增长0.7%；粮食

总产量 323.77 万吨，增长 0.8%；其中，夏粮 117.01 万吨，下降 2.8%；秋粮 206.76 万吨，增长 2.9%；粮食单产继续位居全省第一位，粮食亩产 491.7 公斤，增长 0.1%。油料播种面积 65.93 万亩，下降 2.4%；油料总产 11.63 万吨，增长 8.5%；油料亩产 176.33 公斤，增长 11.1%。棉花播种面积 15.65 万亩，下降 18.1%；棉花总产 1.55 万吨，增长 4.0%；棉花亩产 98.9 公斤，增长 27.4%，单产为历史最好水平。

林牧渔业发展稳定。全市新增造林面积 9.72 万亩；猪牛羊禽肉产量 25.80 万吨，增长 5.5%；禽蛋总产量 11.65 万吨，增长 5.5%；牛奶总产量 4.23 万吨，增长 9.6%；水产品总产量 35.91 万吨，增长 4.2%。规模养殖加快发展。年末万头猪场 15 个，50 万只以上肉禽场 8 个，10 万只以上蛋禽场 6 个，千头奶牛场 1 个。

农业现代化建设加快推进。新增高效设施农业 20 万亩、高效设施渔业 4 万亩、高标准农田 11.8 万亩，新建三大合作组织 850 家，农业利用“三资”40 亿元，农业综合机械化水平达 75.0%。兴化现代农业产业园区、靖江生祠现代农业示范园区被认定为省级园区，姜堰溱湖河蟹产业园区获批省级农业标准化示范区，靖江、海陵、高港通过省级基本实现水稻种植机械化县(市)验收。

新农村建设深入推进。启动实施“城乡转型 2115 计划”，重点镇村建设完成投入 150 亿元。认真办好农村新一轮实事，完成 3608 个村庄环境综合整治，农村饮水安全工程新增受益人口 16.9 万人，维修农村低压线路 2039 公里，新建改造农村公路 250 公里、桥梁 160 座，疏浚县乡河道 593 公里。继续实施全面小康村建设“十百千”提升工程，创成达标村、示范村各 100 个。启动新一轮扶贫开发，组织实施农村脱贫奔小康工程，新增集体经济年收入 20 万元以上村 400 个。

## （三）工业和建筑业

工业生产缓中趋稳。全市规模以上工业总产值 7107.39 亿元，增长 19.8%。分轻重工业看，轻工业 1758.65 亿元，增长 17.2%；重工业 5348.74 亿元，增长 20.7%。分经济类型看，国有、集体、股份制、外商和港澳台投资企业分别完成产值 271.40 亿元、175.29 亿元、4202.65 亿元、1870.41 亿元，分别增长 23.1%、3.4%、26.0%、8.4%。分企业规模看，大型、中型、小型企业分别完成产值 1983.02 亿元、1110.36 亿元、3996.25 亿元，分别增长 9.9%、24.4%、24.2%。分主要行业看，食品饮料行业完成产值 461.25 亿元，增长 27.5%；纺织服装皮革行业完成产值 330.78 亿元，增长 13.1%；石油化工行业完成产值 1042.20 亿元，增长 17.9%；医药行业完成产值 487.76 亿元，增长 18.3%；金属冶炼加工行业完成产值 1115.80 亿元，增长 15.8%；设备制造行业完成产值 1663.97 亿元，增长 18.4%；电子设备及电气机械制造行业完成产值 1459.74 亿元，增长 28.9%。

工业效益明显改善。全市规模以上工业实现主营业务收入 6824.60 亿元、利税 858.14 亿元、利润 519.94 亿元，分别增长 19.1%、23.5%和 21.4%，工业经济综合效益指数位居全省第一。生物医药、电子信息、新能源等新兴产业效益显著改善，分别实现利税、利润 139.32 亿元、81.43 亿元，分别增长 32.0%、39.0%。

中小企业发展势头良好。规模以上中小企业工业总产值 5124.37 亿元，比上年增长 24.2%；主营业务收入 4917.46 亿元，增长 23.7%；利税总额 603.09 亿元，增长 40.6%；利润总额 350.28 亿元，增长 45.7%。产值、销售、利税、利润增幅分别高于规模以上工业 4.4 个、4.6 个、17.1 个、24.3 个百分点。民营企业发展步伐加快。当年新增私营企业 7508 家、个体工商户 25213 个，净增私营个体经济注册资本 355.23 亿元。规模以上民营工业企业实现产值 4811.73 亿元，增长 25.2%；其中私营企业实现产值 2637.51 亿元，增长 30.7%。

建筑业蓬勃发展。年末全市具有资质的建筑业企业 695 家；建筑业总产值 1732.88 亿元，增长

20.6%；房屋施工面积18884.75万平方米，增长9.7%；全市建筑业增加值197.48亿元，增长12.2%。

## （四）服务业

服务业发展水平稳步提升。全市实现服务业增加值1082.35亿元，增长13.0%，占GDP比重为40.1%，比上年提高1.1个百分点。高新技术产业较快发展。全市实现高新技术产业产值(新口径)2639.27亿元，增长21.7%，占规模以上工业比重达37.1%，比上年提高2.6个百分点。战略性新兴产业加快发展。全市生物医药、电子信息、新能源等新兴产业实现产值1500.66亿元，增长19.7%，占规模以上工业比重达21.1%；智能电网、新材料、节能环保等新兴产品集群实现产值865.71亿元，增长16.7%，占规模以上工业比重达12.2%。单位产值能耗继续降低。全市规模以上工业万元产值能耗为0.10吨标准煤/万元，比上年下降15.0%。品牌战略加快推进。年末全市拥有中国驰名商标24件，净增9件；拥有省著名商标182件，净增20件。

### 1. 国内贸易

消费品市场稳步增长。全市社会消费品零售总额737.57亿元，比上年增长14.3%。按所在地分，城镇消费品零售额663.78亿元，增长14.5%；乡村消费品零售额73.82亿元，增长13.0%。按行业分，批发和零售业零售额633.73亿元，增长14.5%；住宿和餐饮业零售额103.87亿元，增长13.3%。限额以上企业(单位)消费品零售额241.81亿元，增长11.6%；其中，商品零售额221.77亿元，增长11.6%。

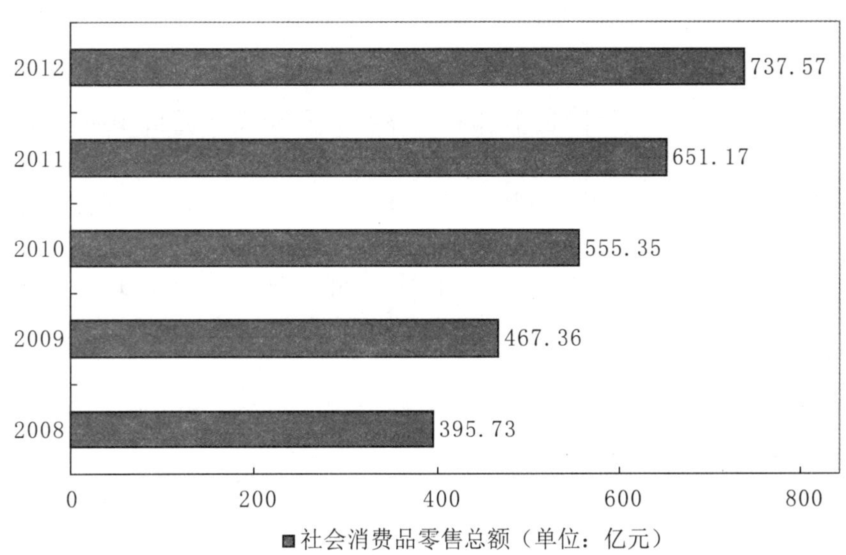


图136　2008—2012年泰州市社会消费品零售总额

消费热点有所变化。在商品零售中，生活必需品增长平稳，食品饮料烟酒、服装鞋帽针纺织品、日用品分别增长9.8%、12.9%、10.2%；文化娱乐消费增长低缓，书报杂志、通讯器材、文化办公用品、家用电器和音像器材类商品分别增长1.2%、2.0%、－15.3%、－11.9%；除汽车类商品零售额增长24.5%外，其他部分耐用消费品增长平缓，石油及制品类、金银珠宝类分别增长8.5%、10.4%。

消费品市场规模稳步提高。年末全市亿元以上商品交易市场26个，比上年净增2个；市场摊位总量、营业面积分别为20752个和188.7万平方米，比上年分别增长19.7%和33.7%。全市实现商品交易总额、消费品零售总额和业主交纳税金总额分别为279.26亿元、119.12亿元和1.01亿元，分别增长 7.7%、40.5%和 21.4%。全市 156 家限上零售企业中，有 48 家的销售额超过 1 亿元，其中，泰州第一百货商店股份有限公司稳居榜首，并成为泰州市有史以来第一家商品零售额突破口 10 亿元的零售企业，全年零售额达 10.99 亿元。

**2. 交通运输和邮电**

交通运输能力进一步提高。全年公路客运量 9470 万人次，公路货运量 4533 万吨，分别增长 5.7%和 8.5%；水路货运量 12242 万吨，增长 16.8%。港口货物吞吐量 1.56 亿吨，下降 1.3%；其中泰州港区吞吐量 1.32 亿吨，增长 11.0%。年末民用汽车拥有量 34.09 万辆，增长 21.4%；其中私人汽车拥有量 27.43 万辆，增长 24.8%。城市居民公共交通出行分担率 16.0%、镇村公共交通开通率 46.9%，分别比上年提高 0.4 个和 5.2 个百分点。

邮电通讯能力进一步增强。全年邮电业务收入 40.37 亿元，比上年增长 9.2%；年末移动电话用户 406.81 万户，增长 10.2%；互联网宽带接入用户(电信用户)49.21 万户，增长 14.0%。

**3. 旅游业**

旅游业发展取得新进展。年末国家 A 级以上景点 19 个，其中，AAAA 级景点 2 个，AAAAA 级景点 1 个；全国工农业旅游示范点 6 个，国家红色旅游经典景区 2 个，江苏省星级乡村旅游点 18 个。全市旅行社个数 110 个，持有导游员资格证书的人员 1517 人，旅游星级饭店数 30 个，其中三星级 18 个、四星级 6 个、五星级 1 个。全年接待国内外旅客 1467.17 万人次，旅游总收入 170.81 亿元，分别增长 14.2%和 17.3%。其中，接待境外人员 10.13 万人次，旅游外汇收入 10855 万美元，分别增长 10.6%和 15.0%。

**4. 金融、保险和证券**

金融市场平稳运行。年末金融机构人民币各项存款余额 3032.6 亿元，比年初增加 439.8 亿元。其中，单位存款 1417.3 亿元，比年初增加 174.5 亿元；个人储蓄存款 1546.5 亿元，比年初增加 238.8 亿元。人民币各项贷款余额 2008.0 亿元，比年初增加 282.6 亿元。其中，短期贷款 1157.1 亿元，比年初增加 196.5 亿元；中长期贷款 758.8 亿元，比年初增加 49.9 亿元。

保险事业稳步发展。全年保险业务收入 69.88 亿元，比上年下降 3.1%；其中人寿保险收入 51.74 亿元，下降 8.3%。保险业务支出 18.34 亿元，增长 8.2%；其中人寿保险支出 9.38 亿元，增长 2.4%。

证券市场交投趋于理性。全年泰州市证券交易额 1464.02 亿元，比上年下降 10.8%；其中，股票交易额 1152.14 亿元，下降 25.5%；基金交易额 52.76 亿元，增长 99.8%；债券交易额 33.13 亿元，增长 3.2 倍。全市期货交易额 939.20 亿元，下降 9.5%。

**5. 房地产业**

房地产开发稳步发展。全市房地产开发投资 234.48 亿元，增长 2.7%；其中住宅投资 157.33 亿元，下降 9.6%。房屋施工面积 1835.33 万平方米，增长 11.9%；其中住宅施工面积 1384.53 万平方米，增长 8.6%。商品房销售面积 326.68 万平方米，下降 30.2%；其中住宅销售面积 278.48 万平方米，下降 28.2%；商品房销售额 199.64 亿元，下降 32.3%；其中住宅销售额 157.40 亿元，下降 27.9%。

## （五）开放型经济

**1. 对外贸易**

全市进出口总额 103.67 亿美元，比上年下降 6.5%；出口 69.45 亿美元，下降 7.1%；进口 34.22

亿美元，下降5.2%。出口按贸易方式分，一般贸易出口35.13亿美元，增长7.8%；加工贸易出口33.77亿美元，下降19.6%。出口按企业性质分，外商投资企业出口47.57亿美元，下降11.0%；私营企业出口20.09亿美元，增长20.2%。出口按商品类别分，机电产品出口40.09亿美元，下降16.2%，其中车辆航空器船舶及运输设备出口22.18亿元，下降25.8%。出口按国别地区分，对亚洲出口31.0亿美元，增长18.2%，其中对东盟组织出口9.06亿美元，增长39.7%；对欧洲出口16.61亿美元，下降26.0%。其中对欧盟组织出口15.46亿美元，下降23.0%；对美国出口8.44亿美元，增长18.2%。

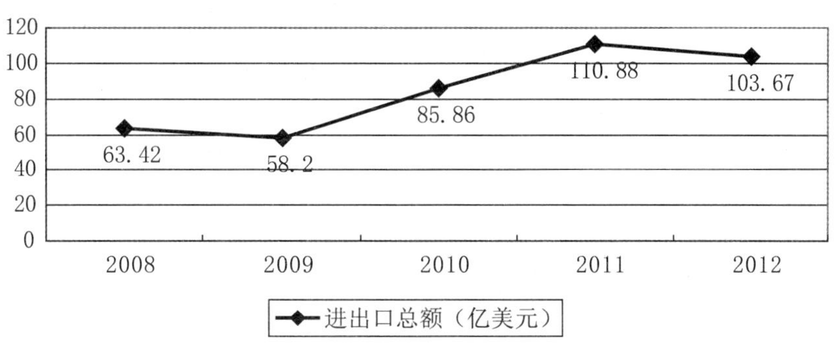


图137　2008—2012年泰州市外贸进出口总额情况

### 2. 利用外资

全年注册协议外资40.14亿美元，下降15.8%；实际利用外资14.50亿美元，增长2.3%。加强优质高端项目招引实施。新批总投资1000万美元以上项目129个，新引进世界500强企业2家，央企项目计划投资额850亿元。企业“走出去”步伐加快，支持重点企业开展境外资本运营，开辟国际化经营新空间。全年新签劳务承包合同额5.84亿美元，下降23.8%；完成外经营业额7.55亿美元，增长10.9%。

## 二、泰州市2012年社会发展概况

### （一）人口、人民生活

人口平稳增长。年末全市家庭总户数170.21万户，户籍总人口506.35万人，其中市区（不含姜堰区）83.26万人，其中女性247.70万人，性别比104.42。当年新出生人口4.78万人，人口出生率9.44‰；死亡人口6.10万人，人口死亡率9.89‰；人口自然增长率－0.45‰。年末全市常住人口462.98万人，其中市区（不含姜堰区）88.48万人。城镇化水平进一步提高。年末常住人口城镇化率为57.9%，比上年提高1.1个百分点。

居民生活持续改善。全市城镇居民人均可支配收入26574元，农村居民人均纯收入12493元，分别增长12.6%和13.1%，剔除价格因素，实际分别增长10.7%和11.2%。城镇居民、农村居民人均生活消费支出分别为16499元和8990元，分别增长14.5%和11.7%。城乡居民恩格尔系数分别为35.9%、33.0%。

### （二）就业与社会保障

就业形势基本稳定。实行积极的就业政策，进一步加大就业促进力度，实施省完善就业服务体系

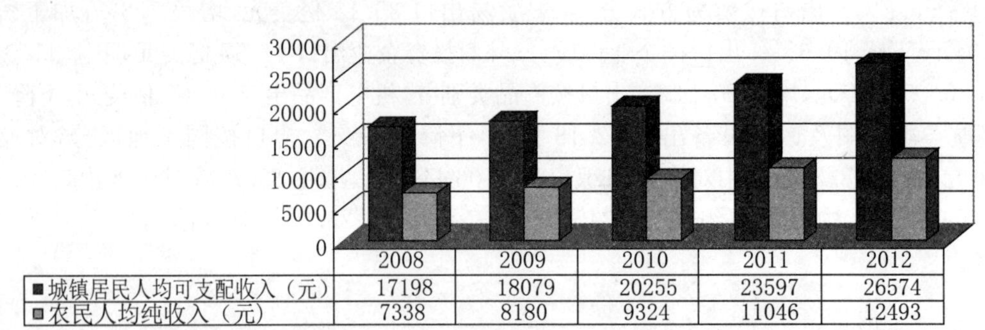


| | 2008 | 2009 | 2010 | 2011 | 2012 |
|---|---|---|---|---|---|
| ■城镇居民人均可支配收入（元） | 17198 | 18079 | 20255 | 23597 | 26574 |
| ■农民人均纯收入（元） | 7338 | 8180 | 9324 | 11046 | 12493 |

**图 138　2008—2012 年泰州市城乡居民收入对比一览**

试点示范项目，多形式促进充分就业，积极推进城乡统筹就业，着力解决困难群众就业问题。当年新增城镇就业 9.10 万人、农村劳动力转移 1.54 万人，城镇登记失业率 2.46%。鼓励支持民众创业，新增创业人员 5.76 万人，带动就业 17.32 万人，泰州市被表彰为全国创业先进城市。

保障水平不断提高。推进社会保障全覆盖，五大保险净增参保 13.5 万人，城乡基本养老、基本医疗保险覆盖率分别达 99.45%、99.74%，失业保险覆盖率为 99.43%。全市职工医保、居民医保最高支付限额分别达 30 万元和 20 万元，报销比例平均达 80%和 70%以上。城乡低保户数分别为 11700 户、61912 户，低保人数分别为 19461 人、93067 人，市区及靖江市城乡低保标准均为 400 元，兴化市、靖江市、姜堰市城乡低保标准分别为 400 元、270 元。加快保障性住房建设，当年新建各类保障性住房 18765 套(间)。

## （三）教育和科技创新

### 1. 教育事业

教育事业协调发展。年内兴化市顺利通过省教育现代化创建先进市(区)验收，标志着全市基本实现教育现代化。学前教育五年行动计划深入实施，学前教育毛入学率为 96.0%。义务教育优质均衡发展不断加快，义务教育巩固率为 99.8%，初中毕业生升学率为 98.6%。高中教育质量稳步提升，高考本科录取率为 50.3%，为全国高校输送了 18617 名本科新生。靖江市创成省职业教育创新发展实验区，泰州师专专升本工作接受教育部专家组现场考察，3 所独立学院获得学士学位授予权。

### 2. 科技创新

科技事业稳步提高。全市新增省级院士工作站 1 个、省级工程技术研究中心 9 家、外资研发机构 6 家，重大科技成果转化资金项目 8 项，新建产学研联合体 126 个。全市引进高层次人才 1230 名，其中海外高层次人才 262 名，新增高技能人才 2.31 万人。全市共申请专利 24177 件，增长 60.1%，其中发明专利申请达 4694 件，增长 77.0%；专利授权 8414 件，增长 50.1%，其中发明专利授权 351 件，增长 37.1%。

高新技术产业化步伐加快。全市获批国家高新技术企业 73 家(公示中)、国家重点新产品 9 项、省高新技术产品 326 项，实施国家火炬计划 40 项、国家星火计划 29 项。

## （四）文化、卫生和体育

### 1. 文化事业

文化事业蓬勃发展。制定实施“文化名城建设行动计划”，加强历史文化资源保护，加快文化产业

发展。文化创意产业综合体项目开工建设，3家企业获批国家文化重点出口企业，新增4个全国重点文物保护单位，望海楼入选中国历史文化名楼，溱潼镇荣获中国民间文化艺术之乡称号。不断完善城乡公共文化服务体系，推进各类公共文化设施免费向市民开放。年末全市公共图书馆总藏量5551千册，有线电视综合入户率81.2%，拥有公共文化设施面积43.99万平方米，公共文化服务设施网络覆盖率90.9%。成功举办水城水乡国际旅游节、梅兰芳艺术节、全国少儿曲艺大赛等重大文化活动。

### 2. 卫生事业

卫生事业加快发展。年末共有各类卫生机构2016家，其中医院46家、卫生院124家；各类卫生机构拥有病床18326张，其中医院11455张、卫生院5528张；共有卫生技术人员21046人，其中执业（助理）医师9457人，注册护士7167人。强化医疗卫生服务，基本公共卫生服务范围扩大到10大类41项，对实施基本药物制度的基层医疗卫生机构补助资金1.81亿元。全市5岁以下儿童死亡率3.81‰，婴儿死亡率2.92‰，产妇住院分娩比例100%，新型农村合作医疗人口覆盖率100%。

### 3. 体育事业

体育事业持续发展。市体育公园建设项目奠基，成功举办市第四届运动会，承办中国男子排球联赛、省第七届农运会等重要赛事。泰州市输送的击剑运动员朱敏在伦敦奥运会上获得女子佩剑个人第七，侯逸凡获得国际棋联奥林匹克团体赛亚军，10人次在全国一类赛上获得冠军，参加省比赛获得金牌25枚。全民健身运动深入开展，城市社区“10分钟体育健身圈”建设“提档升级”，年末拥有社会体育指导员9029名，体育单项协会30个。体育产业跃上新台阶，体彩销售总量同比增长21.5%。

## （五）城乡建设

城乡建设扎实推进。坚持城乡一体、统筹发展，不断健全规划体系，深入开展“美好城乡建设行动”，城乡面貌、人居环境继续改善。中心城市功能和形象进一步提升。调整完善市区城建体制，加快十大重点工程建设，市区城建投入190亿元。积极实施“畅通工程”，推进城区路网贯通，迎春路东延、凤凰西路西延、育才路等建成通车。市博物馆、图书馆新馆、美术馆、规划展示馆建成开放，市档案馆建成国家二级档案馆，稻河古街区、海军文化公园建设完成序时进度，泰州师专新校区暨高教园区中心共享区、金融服务区、三水湾二期等工程启动建设。完成6个老小区燃气改造，城区水生态环境控制工程竣工，城南第一污水处理厂改扩建建成运营，垃圾焚烧发电厂开工建设。市区公交新辟优化线路9条，建成首末站8个，在高港新建1处公交停车场。加大拆除违法建设力度，推进物业管理进社区，城市管理水平进一步提高。新农村建设深入推进。启动实施“城乡转型2115计划”，重点镇村建设完成投入150亿元。认真办好农村新一轮实事，完成3608个村庄环境综合整治，农村饮水安全工程新增受益人口16.9万人，维修农村低压线路2039公里，新建改造农村公路250公里、桥梁160座，疏浚县乡河道593公里。城乡基础设施建设成效明显。宁启铁路复线电气化改造稳步推进，泰镇高速泰州段获批，阜兴泰高速泰州段立项，引江河二期工程开工建设，卤汀河拓浚、泰东河整治和中小河流治理等工程实施进度加快，电力、邮政、通信等基础设施建设有力推进。生态环境建设力度加大。国家环保模范城市通过复核。新增国家生态乡镇14个、省级生态乡镇21个，姜堰、海陵分别通过省级生态市（区）考核验收和技术评估。强化饮用水源地保护，推进秸秆综合利用，向社会发布PM2.5等6项环境空气质量监测指标。全市新增造林面积9.72万亩，市区新增绿地面积100万平方米。

## （六）生态环境与环境质量

生态建设成效明显。国家环保模范城市通过复核。新增国家生态乡镇14个、省级生态乡镇21个，姜堰、海陵分别通过省级生态市（区）考核验收和技术评估。强力推进节能减排，单位地区生产总值能耗降幅全省领先，化学需氧量、氨氮、二氧化硫排放量削减达到序时进度。环境基础设施建设加强。城区水生态环境控制工程竣工，城南第一污水处理厂改扩建建成运营，垃圾焚烧发电厂开工建设。

环境质量持续改善。深入开展园林绿化工作，全市林木覆盖率20.7%。市区年平均气温15.7℃，平均降水量979.4毫米，日照时数1855小时。市区空气质量优良天数比例92.1%。全市地表水好于Ⅲ类水质比例77.6%。

## 三、挑战与目标

泰州市经济社会发展中还存在一些矛盾和问题。主要是：经济回升势头尚未根本确立，部分行业、企业经营难度加大，外贸和消费等增长乏力；经济结构性矛盾依然突出，优质高端项目招引和推进难度加大，区域发展存在不平衡性；财政减收增支矛盾突出，城乡居民收入持续较快增长难度加大，民生工作与群众期待相比还有不小差距；政府自身建设还存在薄弱环节，机关作风和行政效能仍需进一步改进，等等。对于这些问题，应当采取有效措施，认真加以解决。

2013年泰州市国民经济和社会发展主要调控目标为：地区生产总值可比增长11%左右；公共财政预算收入增长10%；固定资产投资增长19%；社会消费品零售总额增长15%；实际利用外资14亿美元，外贸进出口总额增长5.5%；城乡居民收入增长12%；城镇登记失业率控制在3.5%以内；居民消费价格总水平不高于全省平均水平；研发经费支出占地区生产总值的比重2.1%；单位地区生产总值能耗下降，化学需氧量、二氧化硫、氨氮、氮氧化物削减完成省定目标任务。

## 四、泰州市在长三角地区经济发展中的地位

在中共泰州市委的正确领导下，坚持以邓小平理论、“三个代表”重要思想、科学发展观为指导，狠抓转型升级这一事关未来发展的根本，认真实施“八项工程”，深入推进“双轮驱动”，加快建设“三个名城”，统筹抓好稳增长、调结构、惠民生、促和谐等各项工作，全市经济社会发展呈现稳中有进的良好态势。

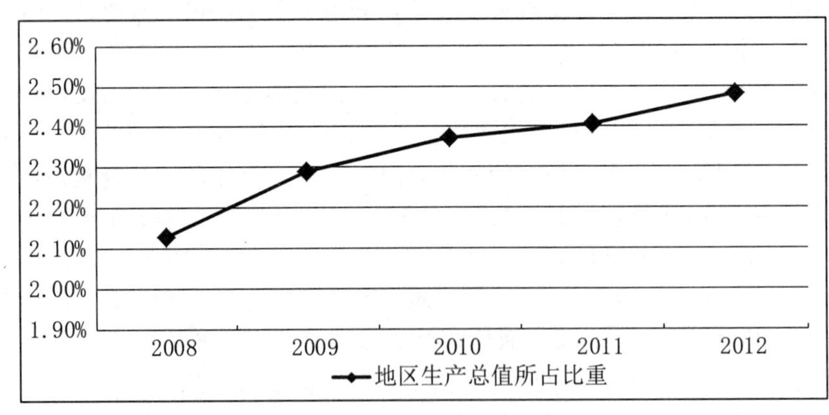


**图139　2008—2012年泰州市地区生产总值在长三角所占比重的变化趋势**

2008—2012年泰州市地区生产总值在长三角所占比重为2.13%、2.29%、2.37%、2.41%和2.48%，继续保持增长态势，其中，2012年比上年增加0.07个百分点。2012年泰州市地区生产总值在长三角地区25个市（苏浙两省24个地级市和上海市，下同）排名上升了四位，排名第13位，进步

巨大。

2012年,泰州市经济平稳较快增长。全市地区生产总值2701.67亿元,比上年增长12.5%。其中,第一产业增加值191.75亿元,增长4.4%;第二产业增加值1434.53亿元,增长13.1%;第二产业中工业增加值1237.05亿元,增长13.2%;第三产业增加值1075.39亿元,增长13.0%。三次产业结构调整为7.1∶53.1∶39.8。按常住人口计算,全市人均地区生产总值58378元,增长12.4%,人均地区生产总值按当年汇率折算为9252美元。

转型升级加快推进。服务业发展水平稳步提升。全市实现服务业增加值1082.35亿元,增长13.0%,占GDP比重为40.1%,比上年提高1.1个百分点。高新技术产业较快发展。全市实现高新技术产业产值(新口径)2639.27亿元,增长21.7%,占规模以上工业比重达37.1%,比上年提高2.6个百分点。战略性新兴产业加快发展。全市生物医药、电子信息、新能源等新兴产业实现产值1500.66亿元,增长19.7%,占规模以上工业比重达21.1%;智能电网、新材料、节能环保等新兴产品集群实现产值865.71亿元,增长16.7%,占规模以上工业比重达12.2%。单位产值能耗继续降低。全市规模以上工业万元产值能耗为0.10吨标准煤/万元,比上年下降15.0%。品牌战略加快推进。年末全市拥有中国驰名商标24件,净增9件;拥有省著名商标182件,净增20件。

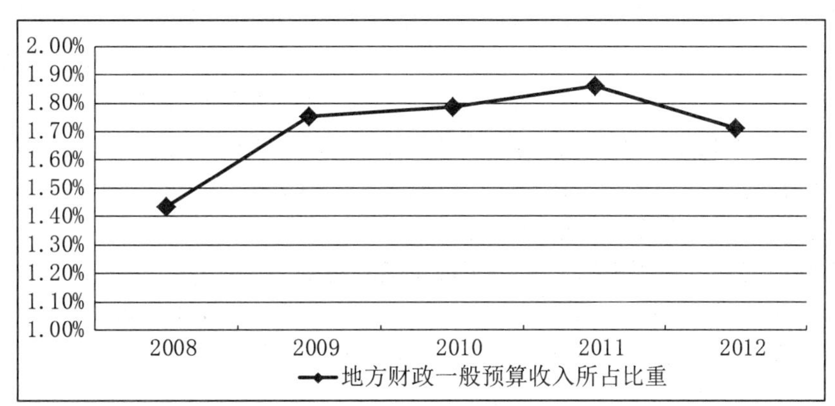


**图140　2008—2012年泰州市地方财政一般预算收入在长三角所占比重变化趋势**

2008—2012年泰州市地方财政一般预算收入在长三角所占比重为1.43%、1.75%、1.79%、1.86%和1.71%,首次出现下降态势,2012年比上年降低了0.15个百分点。2012年泰州市地方财政一般预算收入在长三角地区25个市排名中比上年下降一位,排名第16位,需给予重视。

但2012年,泰州市财政收入稳定增长。全市财政总收入627.95亿元,比上年增长0.8%;其中公共财政预算收入233.25亿元,增长7.0%。公共财政预算收入中,税收收入188.95亿元,增长15.1%,税收收入占公共财政预算收入的比重为81.0%,比上年提高5.7个百分点。全市财政总支出499.65亿元,增长5.5%;其中公共财政预算支出294.79亿元,增长16.8%。全市各级用于保障和改善民生的支出达200.70亿元,增长19.3%;民生支出占财政支出的比重达68.1%,比上年提高1.5个百分点。

2008—2012年泰州市规模以上工业总产值在长三角所占比重为2.26%、2.71%、2.83%、2.96%和3.34%,保持明显增长的态势,累计增幅为1.08个百分点,2011年与上年比增加了0.38个百分点。2012年泰州市规模以上工业总产值在长三角地区25个市排名中和上年保持不变,排名第12位,但仍需给予高度重视。

2012年,泰州市全市规模以上工业总产值7107.39亿元,增长19.8%。分轻重工业看,轻工业

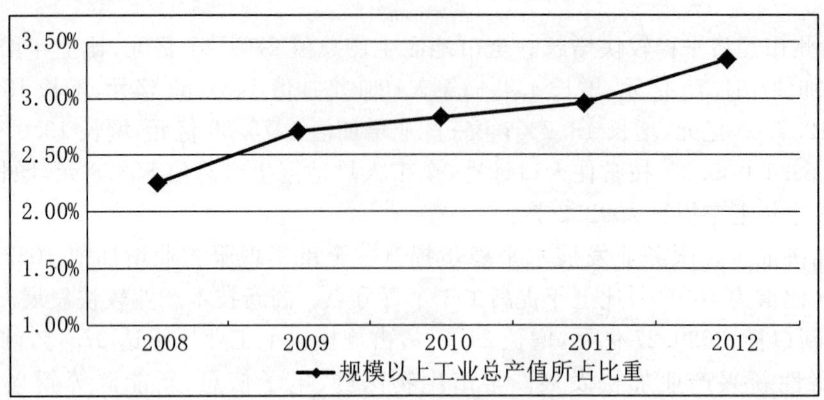


图141 2008—2012年泰州市规模以上工业总产值在长三角所占比重的变化趋势

1758.65亿元，增长17.2%；重工业5348.74亿元，增长20.7%。分经济类型看，国有、集体、股份制、外商和港澳台投资企业分别完成产值271.40亿元、175.29亿元、4202.65亿元、1870.41亿元，分别增长23.1%、3.4%、26.0%、8.4%。分企业规模看，大型、中型、小型企业分别完成产值1983.02亿元、1110.36亿元、3996.25亿元，分别增长9.9%、24.4%、24.2%。分主要行业看，食品饮料行业完成产值461.25亿元，增长27.5%；纺织服装皮革行业完成产值330.78亿元，增长13.1%；石油化工行业完成产值1042.20亿元，增长17.9%；医药行业完成产值487.76亿元，增长18.3%；金属冶炼加工行业完成产值1115.80亿元，增长15.8%；设备制造行业完成产值1663.97亿元，增长18.4%；电子设备及电气机械制造行业完成产值1459.74亿元，增长28.9%。

工业效益明显改善。全市规模以上工业实现主营业务收入6824.60亿元、利税858.14亿元、利润519.94亿元，分别增长19.1%、23.5%和21.4%，工业经济综合效益指数位居全省第一。生物医药、电子信息、新能源等新兴产业效益显著改善，分别实现利税、利润139.32亿元、81.43亿元，分别增长32.0%、39.0%。

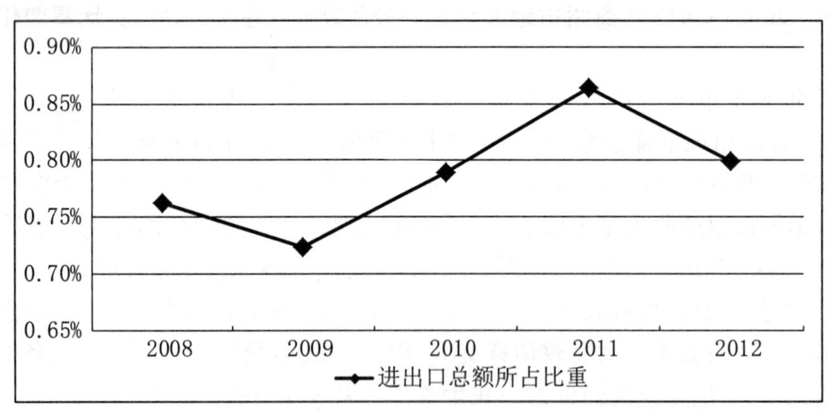


图142 2008—2012年泰州市进出口总额在长三角所占比重的变化趋势

2008—2012年泰州市进出口总额在长三角所占比重为0.76%、0.72%、0.79%、0.86%和0.80%，2012年有所下滑，较上年下降了了0.06个百分点。2012年泰州市进出口总额在长三角地区25个市排名中和上年比下降了一位，排名第16位，但仍需继续努力。

2012年，泉州市对外贸易增速放缓。全市进出口总额103.70亿美元，比上年下降6.5%；出口

69.47 亿美元，下降 7.1%；进口 34.23 亿美元，下降 5.2%。出口按贸易方式分，一般贸易出口 35.13 亿美元，增长 7.8%；加工贸易出口 33.77 亿美元，下降 19.6%。出口按企业性质分，外商投资企业出口 47.57 亿美元，下降 11.0%；私营企业出口 20.09 亿美元，增长 20.2%。出口按商品类别分，机电产品出口 40.09 亿美元，下降 16.2%，其中车辆航空器船舶及运输设备出口 22.18 亿元，下降 25.8%。出口按国别地区分，对亚洲出口 31.0 亿美元，增长 18.2%，其中对东盟组织出口 9.06 亿美元，增长 39.7%；对欧洲出口 16.61 亿美元，下降 26.0%。其中对欧盟组织出口 15.46 亿美元，下降 23.0%；对美国出口 8.44 亿美元，增长 18.2%。

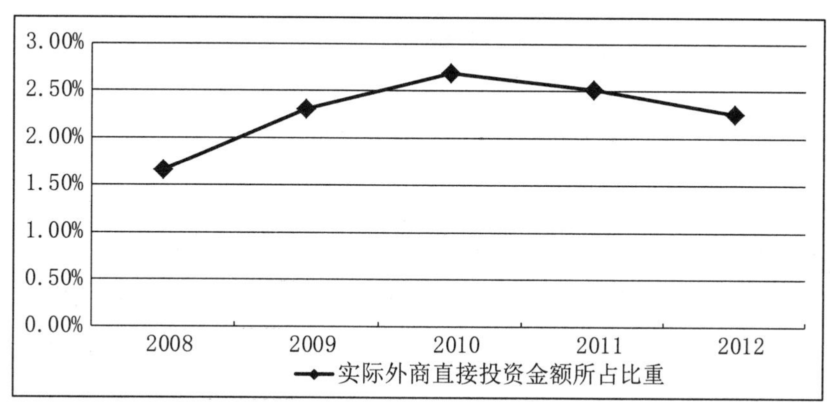


**图 143　2008—2012 年泰州市实际外商直接投资金额在长三角所占比重的变化趋势**

2008—2012 年泰州市实际外商直接投资金额在长三角所占比重为 1.66%、2.31%、2.69%、2.51%和 2.27%，继续下跌趋势，2012 年突比上年占比下跌了 0.24 个百分点。2012 年泰州市实际外商直接投资金额在长三角地区 25 个市排名维持不变，排名第 15 位，形势不容乐观。

但 2012 年，泰州市开放型经济稳步提高。全年注册协议外资 40.14 亿美元，下降 15.8%；实际利用外资 14.50 亿美元，增长 2.3%。加强优质高端项目招引实施。新批总投资 1000 万美元以上项目 129 个，新引进世界 500 强企业 2 家，央企项目计划投资额 850 亿元。企业“走出去”步伐加快，支持重点企业开展境外资本运营，开辟国际化经营新空间。全年新签劳务承包合同额 5.84 亿美元，下降 23.8%；完成外经营业额 7.55 亿美元，增长 10.9%。

# 十四 宿迁市 2012 年经济社会发展报告

2012 年，全市上下紧紧围绕“稳中求进、进中求好、好中求快”工作导向，深入贯彻国家、省“稳增长”政策措施，积极破解发展瓶颈，强力推进招商引资，着力加快重点项目建设步伐，全力推进新型工业化、新型城镇化和农业现代化进程。坚持以民为本，不断加大民生投入，加快科技、教育、文化、卫生、保障等各项社会事业发展，经济社会发展总量、均量、质量同步提升。

## 一、宿迁市 2012 年经济发展概况

### （一）综合经济

#### 1. 经济总量

2012 年，全市实现地区生产总值 1522.03 亿元，按可比价计算，比上年增长 13.0%，比全省增速快 2.9 个百分点，比上年提高 0.2 个百分点。其中，第一产业实现 226.8 亿元，增长 4.3%；第二产业实现 716.85 亿元，增长 16.9%；第三产业实现 578.38 亿元，增长 12.0%。三次产业结构调整为 14.9∶47.1∶38。一产比重较上年下降 0.8 个百分点，二、三产业比重分别较上年提升 0.5 个和 0.3 个百分点。全市人均地区生产总值达到 31717 元，按可比价计算，比上年增长 12.1%。按年平均汇率计算，突破 5000 美元大关，达 5024 美元。

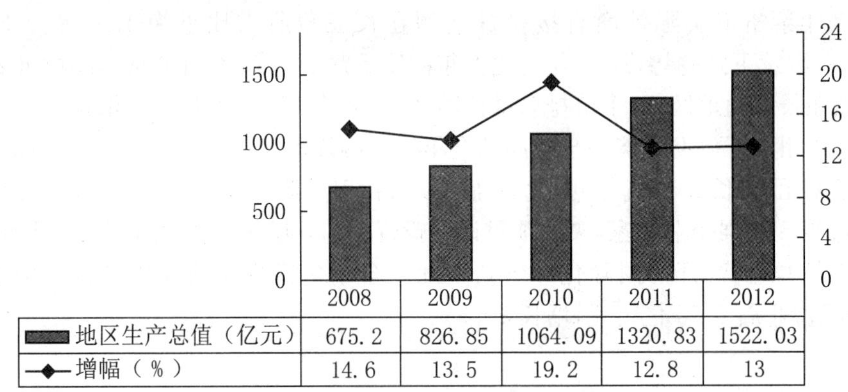

| | 2008 | 2009 | 2010 | 2011 | 2012 |
|---|---|---|---|---|---|
| 地区生产总值（亿元） | 675.2 | 826.85 | 1064.09 | 1320.83 | 1522.03 |
| 增幅（%） | 14.6 | 13.5 | 19.2 | 12.8 | 13 |

图 144 2008—2012 年宿迁市地区生产总值及增长速度

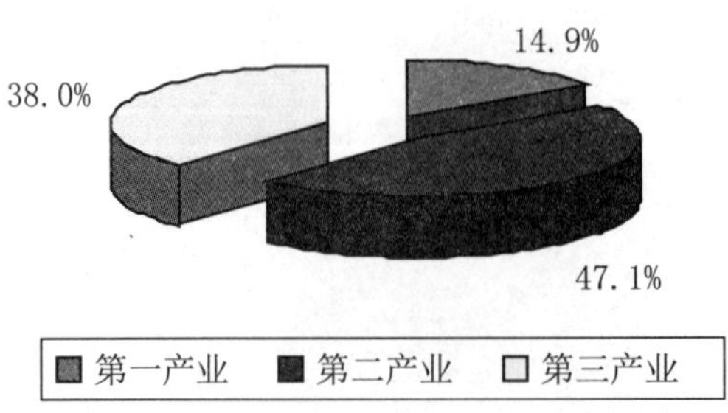


图 145 2012 年宿迁市三次产业结构图

### 2. 财政收支

财政收入规模质量双提升。2012年，全市财政总收入突破300亿元，达333.33亿元，比上年增长20.7%。其中国税部门收入83.04亿元，增长14.5%；地税部门收入133.65亿元，增长36.1%；财政部门收入116.64亿元，增长10.5%。财政总收入中，公共财政预算收入158.13亿元，增长30.7%；上划中央收入86.62亿元，增长14.9%；政府性基金收入70.23亿元，增长8.5%；缴库社保基金收入18.36亿元，增长21.3%。公共财政预算收入中税收收入130.07亿元，增长36.5%；税收占比82.3%，比上年提高3.5个百分点。

服务发展能力提升。2012年，全市财政总支出362亿元，比上年增长23.8%，其中公共财政预算支出271.16亿元，增长22.6%。加大对科技创新、产业转型升级支持力度，科学技术支出7.0亿元，增长51.6%。用于教育、社会保障和就业、医疗卫生、农林水事务、住房保障等五项民生支出174.55亿元，增长36.1%，占公共财政预算支出的64.4%，比上年提高6.4个百分点。

### 3. 物价指数

全年居民消费价格上涨2.8%，较上年回落2.2个百分点。从构成居民消费价格的八大类商品和服务看，呈"五升三降"格局。"五升"即为：食品、烟酒、衣着、医疗保健和个人用品、居住分别上涨5.8%、6.6%、2.6%、1.1%和3.2%；"三降"即为：家庭设备用品及维修服务、交通和通信、娱乐教育文化用品及服务分别回落1.1%、0.4%和0.5%。

### 4. 固定资产投资①

投资总量超千亿。全年完成固定资产投资1025.56亿元，比上年增长26.3%。分产业看，第一产业完成投资7.73亿元，增长43.0%；第二产业完成投资650.48亿元，增长25.3%；第三产业完成投资367.35亿元，增长39.0%。三次产业投资结构由上年的0.7：65.8：33.5，调整为0.8：63.4：35.8。全市在建项目计划总投资2055.45亿元，比上年增加634.86亿元，增长44.7%。项目单体规模达1.46亿元，比上年增加2570万元，增长21.4%。

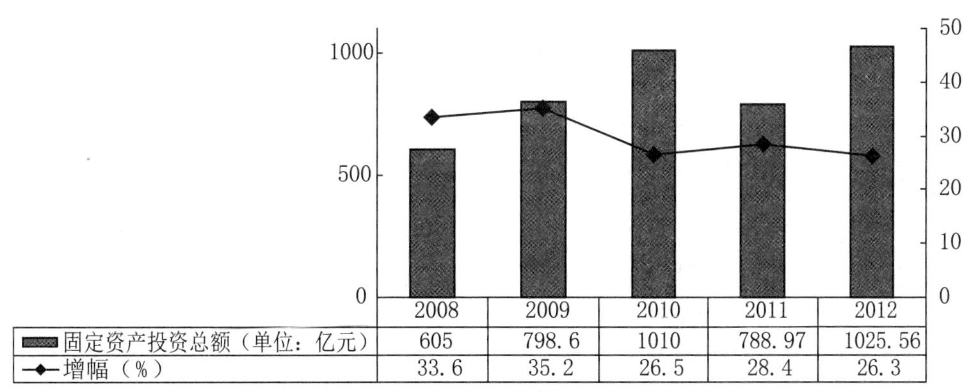


| | 2008 | 2009 | 2010 | 2011 | 2012 |
|---|---|---|---|---|---|
| 固定资产投资总额（单位：亿元） | 605 | 798.6 | 1010 | 788.97 | 1025.56 |
| 增幅（%） | 33.6 | 35.2 | 26.5 | 28.4 | 26.3 |

**图146　2008—2012年宿迁市全社会固定资产投资及增长幅度**

工业投资持续增长。全年完成工业投资650.28亿元，增长25.9%。其中，设备工器具购置完成投资376.91亿元，增长28.1%，占工业投资的58.0%；建筑安装工程完成投资255.10亿元，增长

① 从2011年起，固定资产投资项目统计起点标准改为500万元。固定资产投资（不含农户）统计范围从城镇固定资产投资扩大到农村企事业组织。

31.1%,占工业投资的39.2%;其他费用完成投资18.27亿元,下降34.4%,占工业投资的2.8%。工业高新技术产业投资快速增长,完成投资67.89亿元,增长96.8%;占工业投资的10.4%,比上年提高3.8个百分点。

服务业投资快速增长。全年完成服务业投资368.32亿元,增长40.0%,增速超过固定资产投资和工业投资增速13.7和14.1个百分点。服务业投资占全部固定资产投资的35.9%,比上年提高2.4个百分点。

房地产开发投资稳步增长。全市341个房地产开发项目完成投资218.64亿元,比上年增长15.1%。施工面积2551.02万平方米,比上年增长22.1%。其中住宅施工面积1918.48万平方米,增长22.8%。新开工各类房屋面积1068.16万平方米,比上年增长22.7%。其中住宅新开工826.20万平方米,增长25.6%。全年商品房销售面积517.48万平方米,比上年增长13.2%。其中住宅销售面积439.68万平方米,增长12.6%。

**表42　2012年全市房地产开发和销售情况表**

| 指标名称 | 单位 | 实绩 | 比上年增长% |
|---|---|---|---|
| 房地产开发投资 | 亿元 | 218.64 | 15.1 |
| #住宅 | 亿元 | 160.73 | 11.2 |
| 房屋施工面积 | 万平方米 | 2551.02 | 22.1 |
| #住宅 | 万平方米 | 1918.48 | 22.8 |
| 新开工面积 | 万平方米 | 1068.16 | 22.7 |
| #住宅 | 万平方米 | 826.20 | 25.6 |
| 房屋销售面积 | 万平方米 | 517.48 | 13.2 |
| #住宅 | 万平方米 | 439.68 | 12.6 |
| 房屋销售额 | 亿元 | 187.17 | 7.7 |
| #住宅 | 亿元 | 149.79 | 17.0 |

### 5. 区县经济

2012年泗洪县全年实现地区生产总值263.63亿元,比上年增长12.8%。其中第一产业增加值49.17亿元,增长5.7%;第二产业增加值110.72亿元,增长17.5%,第三产业增加值103.74亿元,增长11.7%。全县人均地区生产总值28671元,比上年增长15.9%,全县产业结构进一步优化,比例为:18.7∶42.00∶39.3。全年实现财政总收入51.60亿元,比上年实绩增长35.6%,其中:公共财政预算收入19.76亿元,增长32.7%。财政总支出64.93亿元,增长30.86%,其中:公共财政预算支出44.18亿元,比上年增长23.67%。财政收入占地区生产总值的比重达19.6%,比上年上升2.8个百分点。

## (二) 农林牧渔业

扎实推进现代农业发展,加速农业结构优化升级,加大粮食生产力度,农业经济保持良好发展态势。全市实现农林牧渔业总产值419亿元,按可比价计算,比上年增长4.5%;实现农林牧渔业增加值228.71亿元,比上年增长4.3%。

粮食产量实现“九连增”，单产增幅全省第一。全年农作物总播种面积1060.65万亩，比上年增加0.53万亩。其中粮食种植面积857.79万亩，增加3.65万亩。大力开展“粮食单产提升年”、高产创建等活动，加之夏、秋气候适宜，粮食生产再创新高。全年粮食总产388.75万吨，比上年增加20.21万吨，增长5.5%；粮食亩产453公斤，比上年增加22公斤，增长5.0%。

畜牧业和水产品产量略有增长。生猪价格低位运行，养殖处于微利状态，全年生猪价格在750元/担左右浮动。全年生猪存栏165.5万头，增长1.3%；出栏277.24万头，增长4.3%。全年家禽存栏3802.78万只，增长5.1%；家禽出栏9495.5万只，增长7.1%。全年水产品总产量24.99万吨，比上年增长2.8%。

现代高效设施农业发展较快。全市创建现代农(渔)业产业园区16个，已建成面积30.2万亩，占规划总面积的81.2%；建成设施农业基地18.6万亩、标准化渔业养殖面积3.8万亩、工厂化水产养殖面积36.5万平方米、规模化畜禽圈舍156万平方米。全市设施种植业占地面积97.53万亩，比上年增加25.19万亩，增长34.8%。

## （三）工业和建筑业

工业生产继续保持较快发展态势。工业经济仍是拉动全市经济增长的主要动力。2012年，规模以上工业企业实现增加值571.93亿元，比上年增长20.6%，比全省增速高8.0个百分点，增速连续九年保持20%以上，连续八年居全省首位。按企业类型分，股份制企业增长21.6%，外商及港澳台企业增长28.7%。国有控股企业增长4.8%。按企业规模分，大中型企业增长25.3%，小型企业增长19.6%；按轻重工业分，轻工业增长21.8%，重工业增长18.6%。全年工业用电量79.90亿千瓦时，比上年增长21.0%。

工业经济效益不断提高。全市规模以上工业经济效益综合指数为302.84，比上年提高35.4个点。实现主营业务收入2040.47亿元，增长36.2%；实现利税321.82亿元，增长47.4%。其中利润226.80亿元，增长46.8%。

支柱产业优势明显。全市酿酒食品、纺织服装、木材加工和机械电子等四大支柱产业完成增加值412.21亿元，占全市规模以上工业增加值的72.1%。其中酿酒食品业发展迅速，完成增加值183.65亿元，比上年增长23.0%，占规模以上工业总量的32.1%，比上年提高3.5个百分点，对全市工业增长的贡献率达到30.1%。机械电子业实现工业增加值76.32亿元，比上年增长25.1%，高于全市平均增速4.5个百分点。

高新技术产业增长迅猛。全市高新技术产业实现产值389.76亿元，占规模以上工业总产值的18.7%，比上年提高9.4个百分点。

**表43　2012年主要工业行业产值完成情况表**

| 行业名称 | 产值(亿元) | 比上年增长(%) |
|---|---|---|
| 农副食品加工业 | 200.38 | 51.1 |
| 食品制造业 | 34.62 | 78.8 |
| 酒、饮料和精制茶制造业 | 253.92 | 37.0 |
| 纺织业 | 162.92 | 23.9 |
| 纺织服装、服饰业 | 107.22 | 49.7 |
| 木材加工和木、竹、藤、棕、草制品业 | 320.09 | 32.0 |

（续表）

| | | |
|---|---|---|
| 印刷和记录媒介复制业 | 24.31 | 61.3 |
| 文教、工美、体育和娱乐用品制造业 | 65.08 | 43.3 |
| 化学原料和化学制品制造业 | 168.86 | 42.0 |
| 医药制造业 | 18.68 | 70.0 |
| 化学纤维制造业 | 84.10 | 65.1 |
| 橡胶和塑料制品业 | 82.45 | 21.0 |
| 非金属矿物制品业 | 90.00 | 31.4 |
| 黑色金属冶炼和压延加工业 | 42.34 | 3.6 |
| 有色金属冶炼和压延加工业 | 52.88 | −4.9 |
| 金属制品业 | 41.13 | 34.5 |
| 通用设备制造业 | 47.81 | 55.9 |
| 电气机械和器材制造业 | 102.16 | 48.4 |
| 计算机、通信和其他电子设备制造业 | 83.66 | 68.8 |
| 电力、热力生产和供应业 | 11.32 | −3.8 |

企业规模发展壮大。全市拥有大中型企业143户，比上年净增68户，其中大型企业21户。大中型企业实现增加值254.69亿元，占全部规模以上工业的44.5%，比上年增长25.3%。主营业务收入超亿元企业达到360户，其中苏酒集团主营业务收入超百亿元，德力化纤、德顺纺织、翔盛粘胶、双星彩塑、绿陵化工、天能电池、斯迪克新材料和南钢金鑫轧钢等18户企业主营业务收入超十亿元。

主要工业产品产量实现增长。列入统计的工业产品共109个，其中72种产品产量增长，增幅在30%以上的有42个，占38.5%。

**表44 2012年主要工业产品产量表**

| 产品名称 | 单位 | 产量 | 比上年增长(%) |
|---|---|---|---|
| 小麦粉 | 万吨 | 153.62 | 47.1 |
| 大米 | 万吨 | 269.96 | 30.8 |
| 饮料酒 | 万千升 | 55.21 | 38.6 |
| 纱 | 万吨 | 20.41 | 3.2 |
| 布 | 万米 | 28594 | −1.1 |
| 蚕丝 | 吨 | 5394.53 | −35.7 |
| 服装 | 万件 | 12540.54 | 16.9 |
| 人造板 | 万立方米 | 1506.12 | 19.1 |
| 复合木地板 | 万平方米 | 242.21 | 31.6 |
| 家具 | 万件 | 32.09 | 21.3 |

（续表）

| | | | |
|---|---|---|---|
| 农用氮、磷、钾化学肥料（折纯） | 万吨 | 24.12 | 10.5 |
| 塑料制品 | 万吨 | 11.38 | 11.3 |
| 水泥 | 万吨 | 392.13 | 60.1 |
| 商品混凝土 | 万立方米 | 308.33 | 73.7 |
| 平板玻璃 | 万重量箱 | 665.36 | －30.5 |
| 钢材 | 万吨 | 12.36 | －25.1 |
| 铜材 | 万吨 | 6.48 | －19.7 |
| 铝材 | 万吨 | 1.09 | 57.1 |
| 滚动轴承 | 万套 | 8642 | 276.2 |
| 电光源 | 万只 | 3459.46 | －14.6 |

建筑业稳步发展。截止2012年末，全市列统总承包和专业承包建筑业企业321家，全年完成建筑业总产值516.36亿元，比上年增长29.4%；完成竣工产值404.90亿元，比上年增长34.8%。全市房屋建筑施工面积4825.07万平方米，比上年增长36.3%；房屋建筑竣工面积2129.40万平方米，比上年增长16.5%。其中住宅竣工面积1565.52万平方米，增长24.3%。

## （四）服务业

### 1. 国内贸易

国内消费稳步增长。2012年，全市实现社会消费品零售总额388.23亿元，比上年增长15.5%。按消费形态分，批发和零售业实现零售额335.40亿元，增长14.1%；住宿和餐饮业实现零售额52.83亿元，增长25.0%。按城乡市场分，城镇实现零售额303.98亿元，增长16.6%；乡村实现零售额84.25亿元，增长11.5%。

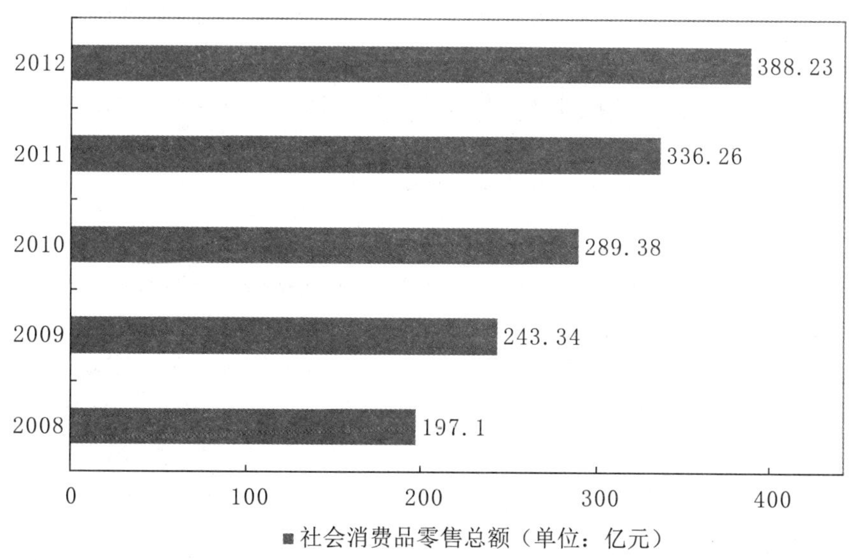


**图147　2008—2012年宿迁市社会消费品零售总额**

限额以上批发和零售企业实现社会消费品零售额 135.78 亿元，比上年增长 19.0%。其中，食品饮料烟酒、服装鞋帽针纺织品、日用品分别实现零售额 15.70 亿元、5.56 亿元、3.64 亿元，增长 16.0%、9.5%、16.1%；汽车类和石油类商品分别实现零售额 35.89 亿元和 25.93 亿元，增长 16.0% 和 10.4%；报刊杂志类实现零售额 14.69 亿元，增长 85.3%；家用电器类实现零售额 12.81 亿元，增长 7.2%。限额以上住宿和餐饮业实现零售额 8.73 亿元，比上年增长 21.5%。

**2. 交通运输和邮电**

交通运输能力不断增强。全年共完成客运量 14997 万人，比上年增长 12.0%；旅客运输周转量 140.97 亿人公里，比上年增长 11.1%。货运量 10056 万吨，比上年增长 9.8%。其中公路 7970 万吨，增长 10.7%；水路 2086 万吨，增长 6.1%。货物运输周转量 173.37 亿吨公里，比上年增长 11.7%。其中公路 123.53 亿吨公里，增长 14.1%；水运 49.84 亿吨公里，增长 6.0%。港口货物运输吞吐量 1820 万吨，比上年增长 5.3%。

**表45　2012 年全市客货运输量情况表**

| 指标 | 单位 | 实绩 | 比上年增长(%) |
|---|---|---|---|
| 货运量 | 万 吨 | 10056 | 9.8 |
| #公路 | 万 吨 | 7970 | 10.7 |
| 水运 | 万 吨 | 2086 | 6.1 |
| 货物周转量 | 亿吨公里 | 173.37 | 11.7 |
| #公路 | 亿吨公里 | 123.53 | 14.1 |
| 水运 | 亿吨公里 | 49.84 | 6.0 |
| 客运量 | 万 人 | 14997 | 12.0 |
| 旅客周转量 | 亿人公里 | 140.97 | 11.1 |
| 港口货物吞吐量 | 万吨 | 1820 | 5.3 |

邮政通信业稳步发展。全年实现邮电业务总收入 24.76 亿元，比上年增长 11.0%。其中电信业务收入 21.46 亿元，增长 10.0 %；邮政业务收入 3.30 亿元，增长 18.7%。全市局用交换机总容量达 669 万门，固定电话用户 86.07 万户，移动电话用户 382.26 万户。全年征订报刊 5133.79 万份，增长 18.6%；投递特快专递 106.48 万件，增长 9.5%。

**3. 旅游业**

旅游业迅速发展。项王故里核心景区建成开园，中国水城欢乐岛、晓店温泉度假村建成营业，乾隆行宫整修完毕；运河文化创意园、下江南大观园、戴场岛度假村、嬉戏谷动漫王国按序时进度推进。骆马湖旅游度假区成功创建省级旅游度假区，创建国家 2A 以上旅游景区 4 家，其中 4A 级 2 家。全年实现旅游总收入 67.52 亿元，增长 49.7%。其中旅游外汇收入 2900 万美元，增长 7.4%。全年接待国内游客 804.82 万人次，增长 31.9%；接待入境过夜游客 3.41 万人次，增长 8.3%；4A 级以上景区年接待 163.84 万人次，增长 51.6%。

**4. 金融和保险业**

金融业发展显著加快。2012 年，全市金融业实现增加值 61.12 亿元，可比价增长 25.0%，比上年快 10.2 个百分点。加快金融改革试点，浦发银行、苏州银行宿迁分行挂牌运营，在苏北率先实现企业

债融资、票据融资、信托融资、私募债融资的整体突破。年末金融机构人民币存款余额1226.87亿元，比年初增加229.08亿元，增长23.0%。其中个人储蓄存款621.02亿元，比年初增加123.53亿元，增长24.8%。金融机构人民币贷款余额1002.86亿元，比年初增加242.86亿元，净投放超过上年103.87亿元；比年初增长32.0%，比上年增速快9.8个百分点。其中工业贷款余额287.21亿元，比年初增加78.32亿元，增长37.5%；个人消费贷款余额267.60亿元，比年初增加55.21亿元，增长26.0%。加大对小微企业支持力度。年末小微企业贷款余额444.63亿元，比年初增加101.89亿元，增长29.7%，小微企业贷款增幅居全省第一。年末小额贷款公司贷款余额35.44亿元，比年初净增3.5亿元。

**表46　2012年末全市金融机构存、贷款情况表**

| 指标名称 | 实绩（亿元） | 比年初增加（亿元） | 比年初增长（%） |
|---|---|---|---|
| 金融机构存款余额 | 1226.87 | 229.08 | 23.0 |
| ＃单位存款 | 586.97 | 95.90 | 19.5 |
| 个人储蓄存款 | 621.02 | 123.53 | 24.8 |
| 金融机构贷款余额 | 1002.86 | 242.86 | 32.0 |
| ＃工业贷款 | 287.21 | 78.32 | 37.5 |
| 农业贷款 | 259.75 | 51.06 | 24.5 |
| 商业贷款 | 34.70 | 20.92 | 151.9 |
| 房地产贷款 | 32.16 | 6.85 | 27.0 |
| 基础设施建设贷款 | 22.36 | 5.51 | 32.7 |
| 个人消费贷款 | 267.60 | 55.21 | 26.0 |

保险业稳步发展。2012年，全市保费收入30.27亿元，比上年增长10.3%。其中产险收入10.7亿元，增长15.2%；寿险收入18.24亿元，增长4.3%；农业保险收入1.33亿元，增长96.7%。保险赔付7.59亿元，比上年增长25.1%。其中产险赔付5.59亿元，寿险赔付2.0亿元，分别增长28.8%和15.6%。全年保险机构实现税收6931.89万元，比上年增长15.7%。

## （五）开放型经济

### 1. 对外经济

对外贸易快速增长。2012年，全市实现进出口总额27.93亿美元，比上年增长34.9%。其中出口23.18亿美元，增长35.3%；进口4.75亿美元，增长32.9%。全年出入境检验检疫27039批次，比上年增长24.0%；出入境检验检疫金额达11.43亿美元，比上年增长6.3%。全年新批外商投资企业68家，新批协议外资7.21亿美元；实际到账外资4.52亿美元，比上年增长1.38倍。

### 2. 开发区建设

基础设施进一步完善，招商引资取得新成效。2012年，全市开发区完成基础设施投入79.33亿元，比上年增长78.6%，园区经济发展保障能力进一步提升。集中力量突破新兴产业和外资大项目，项目规模进一步扩大，产业层次进一步提高。全年新开工项目404个，比上年增长13.2%。其中工业项目213个，计划投资额超亿元项目185个。全年完成固定资产投资598.56亿元，比上年增长

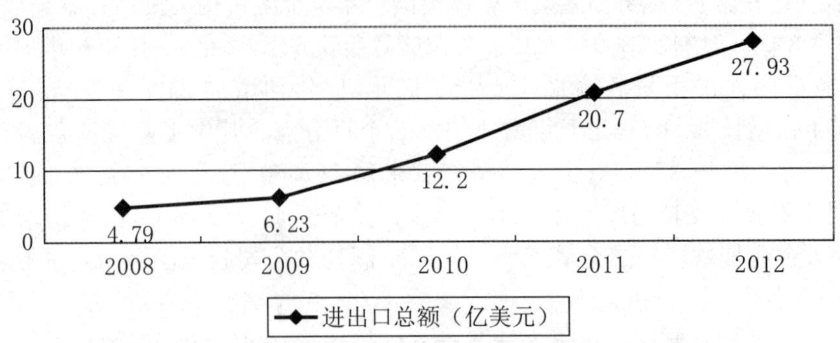


**图148　2008—2012年宿迁市外贸进出口总额情况**

34.9%。其中工业项目436.55亿元，增长34.3%。全市开发区新批外商投资企业46个，实际利用外资3.48亿美元，比上年增长97.3%。

经济实现较快增长，经济总量跃上新平台。全市开发区实现业务总收入1533.66亿元，比上年增长36.7%；完成工业增加值286.48亿元，增长35.0%；实现财政收入192.25亿元，增长57.1%。其中公共财政预算收入82.94亿元，增长61.5%。全年开发区实现进出口总额25.56亿美元，比上年增长41.9%。

转型升级步伐加快，产业集聚度逐步提升。全市开发区纺织服装、机械电子、金属及非金属压延制造、医药化工四大行业分别实现产值255.20亿元、201.10亿元、156.22亿元和135.61亿元，比上年分别增长38.4%、38.2%、44.0%和25.7%。四个行业共完成工业总产值748.13亿元，增长39.5%。软件与服务外包业保持强劲发展态势。全年新增软件与服务外包企业94家，累计达490家，全年实现主营业务收入36.65亿元，比上年增长78.7%。

南北合作进一步深化，经济规模不断壮大。全市6个南北共建园区实现业务总收入265.19亿元，比上年增长100.3%。新开工项目58个，其中亿元以上项目41个，新兴产业项目11个。完成固定资产投资155.55亿元，比上年增长67.4%。其中工业固定资产投资133.74亿元，增长48.9%。“博朗重工”、“杰龙晶瓷”等项目计划总投资超过5亿元。

## 二、宿迁市2012年社会发展概况

### （一）人口、人民生活

截止2012年末，全市总户数147.69万户，户籍人口560.26万人。人口出生率26.01‰，死亡率5.55‰，人口自然增长率20.46‰。男女性别比108.08（女=100）。全市常住人口479.8万人，城镇常住人口占50.97%，比上年提高1.19个百分点。

**表47　2012年末户籍人口数及构成表**

| 指标名称 | 年末数(人) | 比重(%) |
|---|---|---|
| 全市总人口 | 5602607 | 100.0 |
| #非农业 | 2762042 | 49.3 |
| 农业 | 2840565 | 50.7 |

(续表)

| #男性 | 2910070 | 51.9 |
|---|---|---|
| 女性 | 2692537 | 48.1 |

职工收入增长较快。年末全市有城镇从业人员24.35万人,比上年增加12230人。其中在岗职工21.55万人,增加5518人。全年在岗职工工资总额80.08亿元,增长18.1%;在岗职工年平均工资37288元,增长14.9%。

城镇居民收入稳步提高。2012年,全市城镇居民人均可支配收入16991元,比上年增长13.5%。扣除价格因素,实际增长10.4%。人均家庭总收入17787元,比上年增长13.1%。工资性收入依然是居民收入的主要来源,人均10606元,占总收入的59.6%;增长13.4%,拉动家庭总收入增长8.0个百分点。经营净收入、财产性收入和转移性收入人均分别为4136元、334元和2711元,分别增长12.6%、5.9%和13.7%。城镇居民消费支出平稳增长,生活水平显著提高。人均消费支出11864元,比上年增长11.6%。恩格尔系数为37.4%,比上年下降0.2个百分点。八大类消费增长呈现"三快五缓"。其中食品、居住和教育文化娱乐服务人均支出增长相对较快,分别达4438元、731元和2080元,分别比上年增长11.1%、14.5%和28.7%。衣着、家庭设备用品及服务、医疗保健、交通和通讯、其他商品和服务人均支出增速平缓,分别为1494元、776元、519元、1432元和394元,分别比上年增长6.3%、5.9%、5.5%、2.8%和8.9%。城镇居民居住条件进一步改善。截止2012年末,城镇人均拥有住房面积38.9平方米。安装空调设备比重为80.6%,管道天然气比重为24.7%,分别比上年提高1.2个和1个百分点。

农民收入稳步提高。2012年,全市农民人均纯收入9495元,比上年增长13.8%。扣除价格因素,实际增长10.7%。四大类收入全面增长,人均工资性收入5125元,增长14.6%,对纯收入增长的贡献率为56.6%,仍是农民收入的主要增长点;人均家庭经营收入、财产性收入和转移性收入分别为3772元、145元和453元,分别增长12.8%、18.1%和12.4%。农民生活消费能力逐步增强,生活质量进一步提升。全年农民人均生活消费支出6594元,比上年增加756元,增长12.9%。恩格尔系数为37.6%,比上年下降2.7个百分点。八大类消费全面增长,其中人均交通通讯、文教娱乐、其他商品服务、家庭设备用品、衣着消费支出增速较快,分别为619元、1219元、95元、388元和368元,分别增长41.9%、21.4%、17.6%、16.2%和13.3%;人均居住、食品、医疗保健消费支出增势平稳,分别为946元、2479元和479元,分别增长12.5%、5.4%和2.9%。

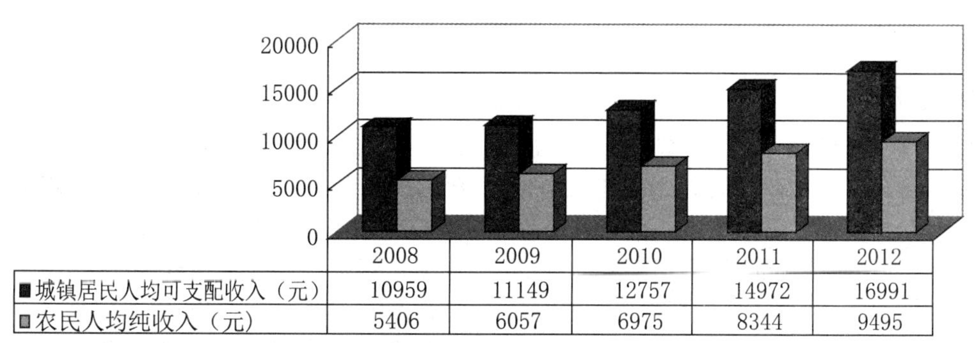


| | 2008 | 2009 | 2010 | 2011 | 2012 |
|---|---|---|---|---|---|
| ■城镇居民人均可支配收入(元) | 10959 | 11149 | 12757 | 14972 | 16991 |
| ■农民人均纯收入(元) | 5406 | 6057 | 6975 | 8344 | 9495 |

**图149 2008—2012年宿迁市城乡居民收入对比一览**

## （二）就业、社会保障

围绕推进公共就业服务均等化，城镇新增就业 2.8 万人，转移农村劳动力 5 万人。

社会保障体系逐步完善。实施社保扩面征缴“幸福行动”，“五险”扩面新增 19.5 万人次、基金征缴达 20.5 亿元。实现城乡居民养老保险统筹并轨，全年参保 243.8 万人，其中 60 周岁以上待遇领取人员 64.09 万人，收缴保费 2.12 亿元，发放养老金 5.47 亿元，参保缴费率和基础养老金发放率实现全覆盖。城乡低保标准分别提高到每人每月 310 元和 240 元，五保集中和分散供养标准分别提高到每人每年 4550 元和 3800 元。年末城乡低保总计 21.25 万人，其中城市 4.19 万人、农村 17.06 万人。年度发放低保资金 4.07 亿元，其中城市 0.88 亿元，农村 3.19 亿元。新开工各类保障性住房 4.6 万套、竣工 3.3 万套，开竣工完成率均居全省第一。

## （三）教育和科学技术

### 1. 教育事业

教育事业取得新突破。强化学前教育，在苏北率先建立学前教育经费保障机制，启动幼师免费培养工程，成功创建 21 所省优质幼儿园，幼儿入学率 95.5%。推进义务教育优质均衡发展，调整和优化中小学布局。初中毕业生升学率 98.24%，义务教育普及率达 100%。高考本科达线 12392 人，本科达线率 29.8%，比上年提高 2.4 个百分点。宿迁学院申本工作稳步推进，民办教育健康发展。全市大职教招生 34574 人，位居全省第三。职业学校学生本地就业率达 41.98%，高中阶段招生普职比达到 4.9∶5.1。推进校安工程建设，全市校安工程拆除重建 49.5 万平方米、加固 14.7 万平方米。抓好校车安全管理工作，校车安全合格率、驾驶人资格合格率均达 100%。

### 2. 科学技术

深入实施科技 创新工程。成立全市科技创新工作领导小组，苏北工业技术研究院投入运行，在全省率先实施创新券制度。新增国家高新技术企业 21 户、累计达 48 户，55 家企业入选省高企培育库。新增省级民营科技型企业 109 家，总数达到 322 家。新认定企业研发机构 358 家，新增产学研合作项目 212 个，组织开展“西北院校行”和“东北院校行”活动，全市引进企业“双创”人才 152 名。专利申请量 4380 件，增长 114.08%；专利授权量 2098 件，增长 136.99%，增幅均居全省第一。江苏宿豫经济开发区成功创建为江苏省宿迁高新技术产业开发区，市软件园、沭阳智能机械科技产业园被批准为省级科技产业园。

## （四）文化和卫生

### 1. 文化事业

文化事业稳步推进。开展文化“五进”活动，完成 “三送”目标任务。全年送戏 590 场次，送电影 18096 场次，送图书 107152 册。艺术创作成绩优异，获省级以上各类奖项 111 项。“感知宿迁”主题节目赴台演出，获得成功。顺山集遗址考古发掘取得重大成果，入选中国社科院“2012 年中国六大考古新发现”，将江苏文明史提前了 1500 年。7 个文化产业项目列入省补助专项资金项目，争取省级文化产业专项补助资金 560 万元。公共文化服务网络覆盖率达 94.3%，在苏北率先实现县区数字影院全覆盖。新增有线电视用户 15.86 万户，建成中国粮食博物馆，西楚文化节暨经贸洽谈会取得圆满成功。

### 2. 卫生事业

推进卫生事业全面发展。开工建设市第一人民医院，做好人才招聘储备工作。市中医院、沭阳县

人民医院、沭阳县中医院先后通过评审，升级为三级医院。按照三级专科医院标准建设市妇产医院和红十字眼科医院。推行乡村卫生机构一体化管理，实施基本药物采购制度，减轻群众就医负担。新型农村合作医疗参合率达99.56%，政策范围内住院费用报销比例提高到75%。居民健康档案电子建档率77.12%，儿童常规免疫报告接种率在99.9%以上，婴儿死亡率4.27‰，5岁以下儿童死亡率5.31‰，孕产妇死亡率3.6/10万。顺利通过国家卫生城市创建省级考核。

### （五）城乡建设

抓好中心城市，城乡面貌发生明显变化。以科学的理念引领城市发展，按照“一核多极、组团发展”的空间布局，着眼于百万人口的承载目标，全力打造不堵车、很方便、最干净、玩不够的苏北最美城市。扎实推进中心城市151项重点基础设施项目，宿迁1897、雨润广场、中豪国际广场、水韵城等商贸流通项目加快建设，市第一人民医院、老城区部分中小学校布局调整等公共服务项目启动实施，发展大道南延至洋河段、环城西路北延至水杉大道等交通工程顺利推进，市区第二水厂并网供水，七堡引水枢纽工程如期竣工，项王故里核心景区、雄壮河湾景区南岸公园建成开放。沭阳南部新城、泗阳运河新城、泗洪南部新城加快建设。小城镇新建住房3.7万套，农民集中居住区新建住房6.5万套。在苏北率先完成省“十二五”镇村公交发展目标。全面推进“五城同创”，深入实施“美好宿迁建设行动”计划。幸福路、黄河路整治提升工程顺利完成，市区农贸市场改造提升初见成效。创卫通过省级验收，创模通过省级调研，全国绿化模范城市创建通过国家级验收。数字城管二期工程建成试运行。村庄环境综合整治被誉为“宿迁样本”。秸秆禁烧和综合利用经验在全省推广。

### （六）环境生态建设

节能减排扎实推进，全年实施重点节能和工业循环经济项目40个，新增污水日处理能力6.25万吨，主要污染物年度减排任务基本完成。

## 三、挑战与目标

宿迁市经济社会发展中还存在不少矛盾和问题。一是产业竞争力不强，自主创新能力弱，调结构、转方式的任务十分艰巨。二是资源瓶颈制约依然突出，节能减排工作还需进一步加强。三是实体经济面临着成本上升、市场萎缩等诸多困难和挑战。四是城镇化进程相对滞后，城镇化质量依然不高，中心城市承载能力亟需进一步增强。五是社会建设体系还不够完善，一些群众生产生活仍较困难，部分小康指标完成压力较大，保障和改善民生的任务依然繁重。六是少数部门服务发展能力不足，工作效能、办事效率有待进一步提高，形式主义、官僚主义和消极腐败现象在少数人身上仍不同程度存在。

2013年全市经济社会发展的主要预期目标是：地区生产总值增长13%左右，公共财政预算收入增长20%左右，固定资产投资增长25%左右，规模以上工业增加值增长20%左右，社会消费品零售总额增长16%，进出口总额增长25%，实际到账外资增长30%以上，城镇居民人均可支配收入、农民人均纯收入均增长14%以上，节能减排完成年度目标任务。

## 四、宿迁市在长三角地区经济发展中的地位

2012年工作回顾过去的一年，在市委的正确领导下，认真贯彻落实科学发展观，大力实施“一三六七”战略部署，提振精气神，全力促发展，顺利完成年度各项目标任务，实现了良好开局。主要指标跃上新的平台，地区生产总值达1506.7亿元、增长12.8%，人均突破3万元；财政总收入达333.3亿元、

增长 20.7%,其中公共财政预算收入 158.1 亿元、增长 30.7%,税收占比达 82.3%;固定资产投资、贷款余额登上千亿台阶,分别达 1012 亿元、1002.9 亿元;实际到账外资突破 5 亿美元。

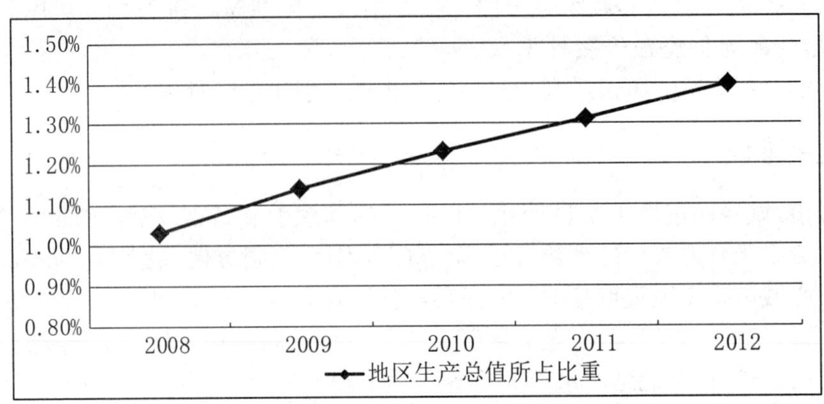


**图 150　2008—2012 年宿迁市地区生产总值在长三角所占比重的变化趋势**

2008—2012 年宿迁市地区生产总值在长三角所占比重为 1.03%、1.14%、1.23%、1.31%和 1.40%,连续多年比重明显增加,累计增幅为 0.37 个百分点,其中 2012 年较上年增长 0.09 个百分点。2012 年宿迁市地区生产总值在长三角地区 25 个市(苏浙两省 24 个地级市和上海市,下同)排名与上年保持一致,排名第 22 位,仍比较靠后。

2012 年,宿迁市实现地区生产总值 1516.77 亿元,按可比价计算,比上年增长 13.0%,比全省增速快 2.9 个百分点,比上年提高 0.2 个百分点。其中,一产实现 228.71 亿元,增长 4.3%;二产实现 713.18 亿元,增长 16.9%;三产实现 574.88 亿元,增长 12.0%。三次产业结构调整为 15.1∶47.0∶37.9。一产比重较上年下降 0.8 个百分点,二、三产业比重分别较上年提升 0.5 个和 0.3 个百分点。全市人均地区生产总值达到 31717 元,按可比价计算,比上年增长 12.1%。按年平均汇率计算,突破 5000 美元大关,达 5024 美元。

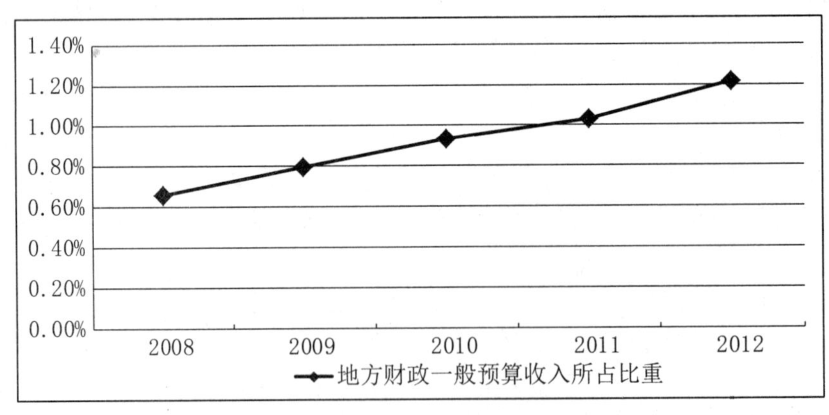


**图 151　2008—2012 年宿迁市地方财政一般预算收入在长三角所占比重变化趋势**

2008—2012 年宿迁市地方财政一般预算收入在长三角所占比重为 0.66%、0.80%、0.94%、1.03%和 1.21%,继续保持稳定增长的态势,累计增幅为 0.55 个百分点,其中 2012 年较上年增加了 0.18 个百分点。2012 年宿迁市地方财政一般预算收入在长三角地区 25 个市排名比上年上升一名,排名第 21 位,仍比较靠后,亟需较大的提升。

2012 年，宿迁市财政收入规模质量双提升。2012 年，全市财政总收入突破 300 亿元，达 333.33 亿元，比上年增长 20.7%。其中国税部门收入 83.04 亿元，增长 14.5%；地税部门收入 133.65 亿元，增长 36.1%；财政部门收入 116.64 亿元，增长 10.5%。财政总收入中，公共财政预算收入 158.13 亿元，增长 30.7%；上划中央收入 86.62 亿元，增长 14.9%；政府性基金收入 70.23 亿元，增长 8.5%；缴库社保基金收入 18.36 亿元，增长 21.3%。公共财政预算收入中税收收入 130.07 亿元，增长 36.5%；税收占比 82.3%，比上年提高 3.5 个百分点。

服务发展能力提升。2012 年，全市财政总支出 362 亿元，比上年增长 23.8%，其中公共财政预算支出 271.16 亿元，增长 22.6%。加大对科技创新、产业转型升级支持力度，科学技术支出 7.0 亿元，增长 51.6%。用于教育、社会保障和就业、医疗卫生、农林水事务、住房保障等五项民生支出 174.55 亿元，增长 36.1%，占公共财政预算支出的 64.4%，比上年提高 6.4 个百分点。

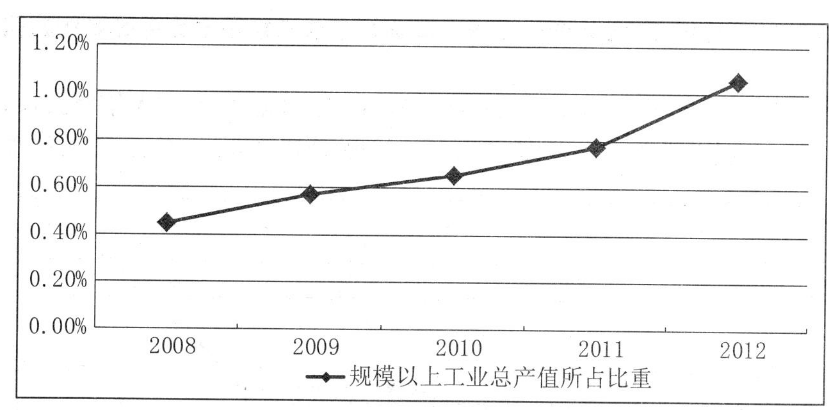


**图 152　2008—2012 年宿迁市规模以上工业总产值在长三角所占比重的变化趋势**

2008—2012 年宿迁市规模以上工业总产值在长三角所占比重为 0.45%、0.57%、0.66%、0.77% 和 1.05%，继续保持大幅增长的态势，累计增幅为 0.6 个百分点，其中 2012 年较上年增加 0.28 个百分点。2012 年宿迁规模以上工业总产值在长三角地区 25 个市排名保持不变，排名第 22 位，但仍比较靠后，提升空间广阔。

2012 年，宿迁市规模以上工业企业实现增加值 571.93 亿元，比上年增长 20.6%，比全省增速高 8.0 个百分点，增速连续九年保持 20%以上，连续八年居全省首位。按企业类型分，股份制企业增长 21.6%，外商及港澳台企业增长 28.7%。国有控股企业增长 4.8%。按企业规模分，大中型企业增长 25.3%，小型企业增长 19.6%；按轻重工业分，轻工业增长 21.8%，重工业增长 18.6%。全年工业用电量 79.90 亿千瓦时，比上年增长 21.0%。

工业经济效益不断提高。全市规模以上工业经济效益综合指数为 302.84，比上年提高 35.4 个点。实现主营业务收入 2040.47 亿元，增长 36.2%；实现利税 321.82 亿元，增长 47.4%。其中利润 226.80 亿元，增长 46.8%。

2008—2012 年宿迁市进出口总额在长三角所占比重为 0.06%、0.08%、0.11%、0.16% 和 0.22%，所占比重虽然不大但保持较快增长的态势，2012 年占比已近 2008 年的 4 倍。2012 年宿迁进出口总额在长三角地区 25 个市排名与上年保持一致，排名第 25 位，仍为倒数第一，此种局面亟需改善。

2012 年，宿迁市对外贸易快速增长。2012 年，全市实现进出口总额 27.93 亿美元，比上年增长 34.9%。其中出口 23.18 亿美元，增长 35.3%；进口 4.75 亿美元，增长 32.9%。全年出入境检验检疫

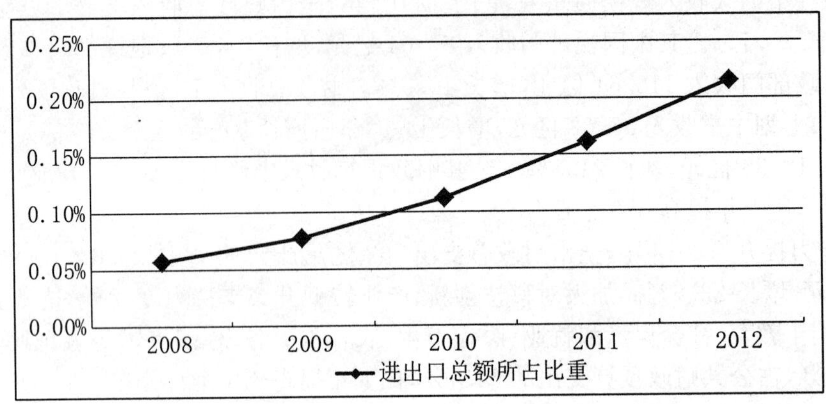


**图 153 2008—2012 年宿迁市进出口总额在长三角所占比重的变化趋势**

27039 批次，比上年增长 24.0%；出入境检验检疫金额达 11.43 亿美元，比上年增长 6.3%。全年新批外商投资企业 68 家，新批协议外资 7.21 亿美元；实际到账外资 4.52 亿美元，比上年增长 1.38 倍。

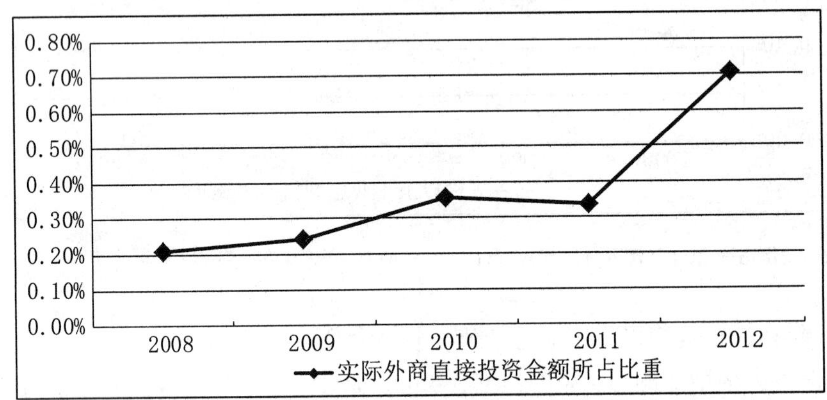


**图 154 2008—2012 年宿迁市实际外商直接投资金额在长三角所占比重变化趋势**

2008—2012 年宿迁市地实际外商直接投资金额在长三角所占比重为 0.21%、0.24%、0.36%、0.34%和 0.71%，所占比重虽然不大，但仍保持相对增长的态势，2012 年出现大幅增长，较上年增幅为 0.37 个百分点。2012 年宿迁实际外商直接投资金额在长三角地区 25 个市排名和上年一致，排名第 20 位，但仍需继续努力，提升空间广阔。

2012 年，宿迁市项目招商成绩斐然。深入开展招商引资“44115 工程”竞赛年活动，成功举办西楚文化节暨经贸洽谈会、第六届苏北投资贸易洽谈会、央企对接恳谈会，共签约项目 167 个，计划总投资 1552.5 亿元。新引进亿元以上合同项目 413 个、新开工 206 个、新竣工 134 个，竣工项目完成固定资产投资 501 亿元。首次被台湾评为大陆投资“值得推荐城市”。三是项目储备充足翔实。以重点区域、重点项目和重点企业为载体，编制包装了 118 个有一定吸引力的优质招商项目，计划总投资 1358.4 亿元。

# 第四章　浙江省及各市2012年经济社会发展报告

## 一　浙江省2012年经济社会发展报告

2012年，浙江深入贯彻落实科学发展观，深入实施“八八战略”①和“两创”②总战略，面对严峻复杂的外部环境和困难挑战，坚持“稳中求进、转中求好”的工作基调，着力促发展，抓转型，惠民生，全省经济在加快转型升级中实现平稳增长，基本完成年初确定的预期目标，为建设“两富”现代化浙江奠定了坚实的基础。

### 一、浙江省2012年经济发展概况

#### （一）综合经济

##### 1. 经济总量

2012年全年生产总值34665.33亿元，比上年增长8.0%。其中，第一产业增加值1667.88亿元，第二产业增加值17316.32亿元，第三产业增加值15681.13亿元，分别增长2.0%、7.3%和9.4%。人均GDP为63266元（按年平均汇率折算为10022美元），增长7.7%。三次产业增加值结构由上年的4.9∶51.2∶43.9调整为4.8∶50.0∶45.2。

表1　2012年浙江省各地区国民经济主要指标

| 城市 | 年末总人口（万人） | 生产总值（亿元） | 全社会固定资产投资（亿元） | 出口总额（亿美元） | 财政总收入（亿元） |
|---|---|---|---|---|---|
| 杭州 | 700.52 | 7802.01 | 3722.75 | 412.62 | 1627.89 |
| 宁波 | 577.71 | 6582.21 | 2901.43 | 614.45 | 1536.51 |
| 嘉兴 | 344.52 | 2890.57 | 1642.31 | 196.03 | 471.92 |

① 2003年7月，中共浙江省委举行第十一届四次全体（扩大）会议，在总结浙江经济多年来的发展经验基础上，全面系统地总结了浙江省发展的八个优势，提出了面向未来发展的八项举措——“八八战略”，即进一步发挥八个方面的优势、推进八个方面的举措。“八八战略”具体为：一、进一步发挥浙江的体制机制优势，大力推动以公有制为主体的多种所有制经济共同发展，不断完善社会主义市场经济体制；二、进一步发挥浙江的区位优势，主动接轨上海、积极参与长江三角洲地区交流与合作，不断提高对内对外开放水平；三、进一步发挥浙江的块状特色产业优势，加快先进制造业基地建设，走新型工业化道路；四、进一步发挥浙江的城乡协调发展优势，统筹城乡经济社会发展，加快推进城乡一体化；五、进一步发挥浙江的生态优势，创建生态省，打造“绿色浙江”；六、进一步发挥浙江的山海资源优势，大力发展海洋经济，推动欠发达地区跨越式发展，努力使海洋经济和欠发达地区的发展成为浙江省经济新的增长点；七、进一步发挥浙江的环境优势，积极推进基础设施建设，切实加强法治建设、信用建设和机关效能建设；八、进一步发挥浙江的人文优势，积极推进科教兴省、人才强省，加快建设文化大省。

② “两创”：创业富民、创新强省。

（续表）

| | | | | | |
|---|---|---|---|---|---|
| 湖州 | 261.38 | 1664.30 | 970.73 | 73.96 | 246.88 |
| 绍兴 | 440.83 | 3654.03 | 1722.56 | 255.57 | 469.31 |
| 舟山 | 97.18 | 853.18 | 570.60 | 92.24 | 133.45 |
| 温州 | 800.21 | 3669.18 | 2110.34 | 176.96 | 517.89 |
| 金华 | 470.63 | 2710.77 | 1126.80 | 213.13 | 376.47 |
| 其中：义乌 | 75.33 | 806.03 | 293.59 | 90.05 | 101.46 |
| 衢州 | 252.83 | 972.25 | 566.13 | 18.59 | 106.39 |
| 台州 | 590.95 | 2911.26 | 1242.56 | 172.39 | 408.95 |
| 丽水 | 262.59 | 894.10 | 471.98 | 19.76 | 112.66 |

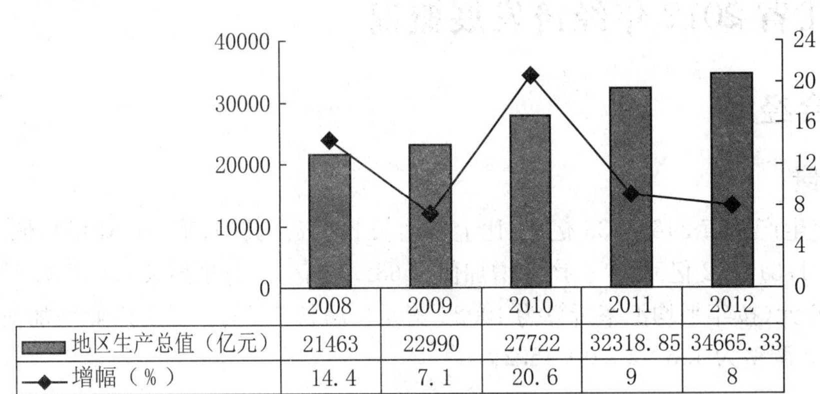


**图 1　2008—2012 年浙江省地区生产总值及增长速度**

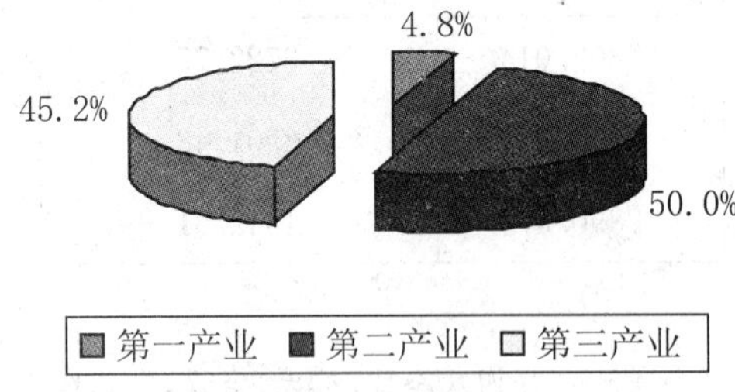


**图 2　2012 年浙江省三次产业结构图**

### 2. 财政收入

全年财政总收入 6408.49 亿元，比上年增长 8.2%，增速比上年回落 12.8 个百分点；地方公共财政预算收入 3441.23 亿元，增长 9.2%，增速比上年回落 11.6 个百分点。

### 3. 物价指数

全年居民消费价格比上年上涨 2.2 %，其中食品类价格上涨 5.3%；商品零售价格上涨 1.9%；农业生产资料价格上涨 4.2%；工业生产者出厂价格下降 2.7%，工业生产者购进价格下降 3.3%；固定

资产投资价格下降 0.8%。

表2　2012 年居民消费价格变动情况(上年=100)

| 全　省 | 城　市 | 农　村 | 全省 |
|---|---|---|---|
| 居民消费价格总指数 | 102.2 | 102.2 | 102.3 |
| 1. 食品 | 105.3 | 105.4 | 105.1 |
| #粮食 | 103.7 | 103.7 | 103.6 |
| 2. 烟酒及用品 | 101.5 | 101.7 | 101.1 |
| 3. 衣着 | 101.3 | 101.4 | 101.3 |
| 4. 家庭设备用品及服务 | 102.5 | 102.4 | 102.8 |
| 5. 医疗保健及个人用品 | 101.3 | 101.3 | 101.1 |
| 6. 交通和通信 | 99.7 | 99.7 | 99.8 |
| 7. 娱乐教育文化用品及服务 | 99.4 | 99.0 | 100.8 |
| 8. 居住 | 101.6 | 101.8 | 101.2 |

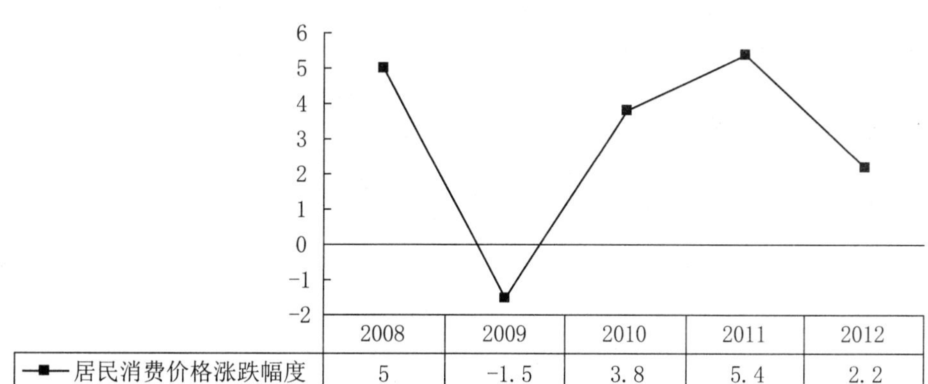


图 3　2012 年浙江省居民消费价格涨跌幅度

## 4. 固定资产投资①

全年固定资产投资 17095.96 亿元,比上年增长 21.4%。非国有投资 11755 亿元,增长 22.0%,占固定资产投资的 68.8%,其中民间投资 10579 亿元,增长 22.5%,占固定资产投资的 61.9%。

在固定资产投资中,第一产业投资 142.3 亿元,比上年增长 47.1%;第二产业投资 6088 亿元,增长 16.6%,其中工业投资 6058 亿元,增长 16.9%;第三产业投资 10866 亿元,增长 24.1%。全年投资项目 39154 个,比上年增长 17.9%,其中新开工项目 22976 个,增长 29.1%。

① 从 2011 年起,固定资产投资项目统计起点标准改为 500 万元。固定资产投资(不含农户)统计范围从城镇固定资产投资扩大到农村企事业组织。

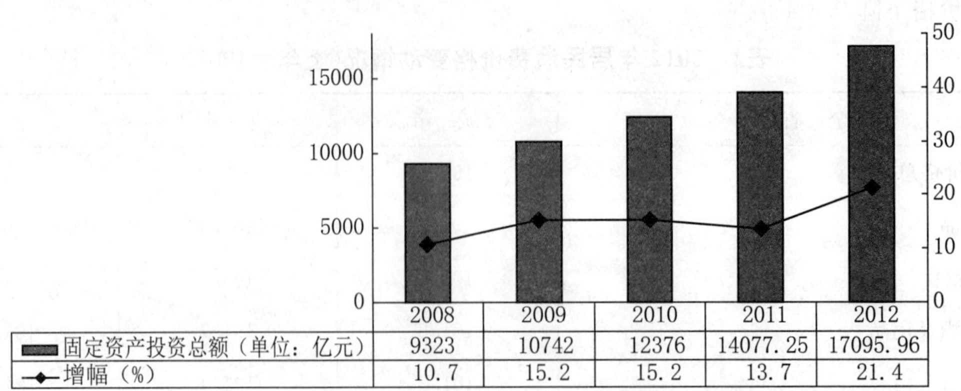


图 4　2008—2012 年浙江省全社会固定资产投资及增长幅度

## （二）农业和农村建设

全年粮食播种面积 1251.6 千公顷，比上年下降 0.2%；粮食总产量 783.5 万吨，增长 0.2%。油料播种面积 189.4 千公顷，比上年减少 3.4%，其中，油菜籽 165.6 千公顷，减少 3.5%；蔬菜 623.3 千公顷，减少 0.2%；棉花 20.9 千公顷，减少 3.8%；花卉苗木 126.3 千公顷，增长 5.9%；药材 31.2 千公顷，减少 1.2%；甘蔗 11.0 千公顷，减少 2.9%；果用瓜 101.4 千公顷，减少 4.3%。

生猪年末存栏 1338.3 万头，年内出栏 1934.4 万头，分别比上年增长 4.4%和 0.2%。肉类总产量 180.8 万吨，比上年增长 2.8%。水产品总产量 541.9 万吨，比上年增长 5.1%，其中，海水产品产量 433.5 万吨，淡水产品产量 108.4 万吨，分别增长 5.5%和 3.4%。

表3　2012 年主要农产品产量

| 指标 | 绝对数（万吨） | 比上年增长（%） |
|---|---|---|
| 粮食 | 783.48 | 0.2 |
| 春粮 | 62.50 | −3.6 |
| 早稻 | 66.82 | −2.2 |
| 秋粮 | 654.16 | 0.9 |
| 油料 | 38.30 | −3.9 |
| 花生 | 5.34 | −0.4 |
| 油菜籽 | 32.09 | −4.5 |
| 棉花 | 2.99 | −7.6 |
| 糖料 | 70.14 | −1.4 |
| 茶叶 | 17.48 | 3.0 |
| 水果 | 703.50 | −1.2 |
| 蔬菜 | 1819.81 | 0.2 |

全年新增粮食生产功能区1330个，面积111万亩；新建成11个省级现代农业综合区，41个省级主导产业示范区，122个省级特色农业精品园。新增育秧中心、烘干中心、维修中心等农机化服务中心311个；新增插秧机1319台，推广水稻机插面积241.9万亩；新增油菜收获机械297台，油菜机收24.9万亩；新增粮食烘干机械1049台(套)，新增粮食烘干能力50余万吨；全年农业机械总动力2587.9万千瓦，比上年增长1.8%。

全年完成环境整治村3600个，启动培育建设中心村377个，受益农户120万户。全省93%行政村实现生活垃圾集中收集处理，78%以上农户家庭实现卫生改厕，60%以上村庄开展了生活污水治理，89%的村庄环境得到较好的整治。

## (三) 工业和建筑业

### 1. 工业增加值

全年规模以上工业增加值10875亿元，比上年增长7.1%，轻、重工业增加值分别为4705和6170亿元，分别增长8.0%和6.6%。其中，国有及国有控股工业企业增加值1854亿元，增长2.6%。规模以上工业销售产值56903亿元，增长5.9%。规模以上工业企业完成出口交货值11064亿元，增长1.3%；出口交货值占销售产值的比重为19.4%，比上年下降0.9个百分点。

表4　2012年规模以上工业增加值

| 指标名称 | 绝对数(亿元) | 比上年增长(%) |
|---|---|---|
| 工业增加值总计 | 10875 | 7.1 |
| 在总计中:轻工业 | 4705 | 8.0 |
| 重工业 | 6170 | 6.6 |
| 在总计中:国有企业 | 889 | 3.2 |
| 有限责任公司 | 1776 | 8.7 |
| 股份有限公司 | 963 | 6.8 |
| 私营企业 | 4311 | 8.2 |
| 港澳台商投资企业 | 1362 | 5.9 |
| 外商投资企业 | 1505 | 6.0 |
| 在总计中:国有及国有控股企业 | 1854 | 2.6 |

规模以上工业新产品产值13460亿元，比上年增长13.1%，高于工业总产值增幅6.5个百分点；新产品产值率23.0%，比上年提高1.3个百分点。制造业中，高新技术产业增加值2626亿元，增长9.9%，占规模以上工业的比重为24.1%，比上年提高0.3个百分点。汽车产量为33.0万辆，增长7.7%，其中轿车产量为26.5万辆，下降2.3%。

表5 2012年主要工业产品产量

| | 单位 | 绝对数 | 比上年增长(%) |
|---|---|---|---|
| 纱 | 万吨 | 231.2 | 8.3 |
| 布 | 亿米 | 143.2 | 4.9 |
| 化纤 | 万吨 | 1677.3 | 11.8 |
| 卷烟 | 亿支 | 901.1 | 1.8 |
| 房间空调器 | 万台 | 509.5 | 0.3 |
| 发电量 | 亿千瓦小时 | 2717.3 | -0.1 |
| 钢材 | 万吨 | 3361.3 | 5.8 |
| 水泥 | 万吨 | 11539.6 | -4.3 |
| 化肥(折100%) | 万吨 | 27.8 | 5.1 |
| 汽车 | 万辆 | 33.0 | 7.7 |
| #轿车 | 万辆 | 26.5 | -2.3 |
| 集成电路 | 亿块 | 44.4 | 9.1 |
| 电子元件 | 亿只 | 846.4 | 0.5 |
| 微型电子计算机 | 万台 | 161.8 | 3.9 |

全年规模以上工业企业实现利润2900亿元,比上年下降6.1%。其中,国有及国有控股企业453亿元,下降2.9%;股份制企业313亿元,下降17.7%;外商及港澳台投资企业834亿元,下降12.4%;私营企业1060亿元,下降1.8%。工业企业产品销售率97.4%,比上年下降0.6个百分点。

### 2. 建筑业

全年建筑业增加值1976亿元,比上年增长5.5%。资质以上建筑企业利润总额481亿元,增长16.9%;税金总额531亿元,增长22.6%。

## (四)服务业

### 1. 国内贸易

全年社会消费品零售总额13588.34亿元,比上年增长13.5%,扣除价格因素,实际增长11.4%。其中,城镇消费品零售额11409亿元,增长13.8%;乡村消费品零售额2137亿元,增长12.2%。分行业看,批发零售贸易业零售额12101.15亿元,增长13.3%;住宿餐饮业零售额1445.19亿元,增长15.6%。

在限额以上批发零售贸易业销售额中,汽车类零售额比上年增长7.3%,石油及制品类增长17.6%,食品饮料烟酒类增长16.4%,服装、鞋帽、针纺织品类增长20.9%,中西药品类增长20.9%,日用品类增长10.4%,金银珠宝类增长24.8%,通讯器材类增长29.6%,家具类增长77.0%。

年末全省有商品交易市场4297家,全年有形市场成交额1.58万亿元,比上年增长9%。年成交额超亿元的市场745个,其中,年交易额十至百亿元市场199家,超百亿元的市场31个。

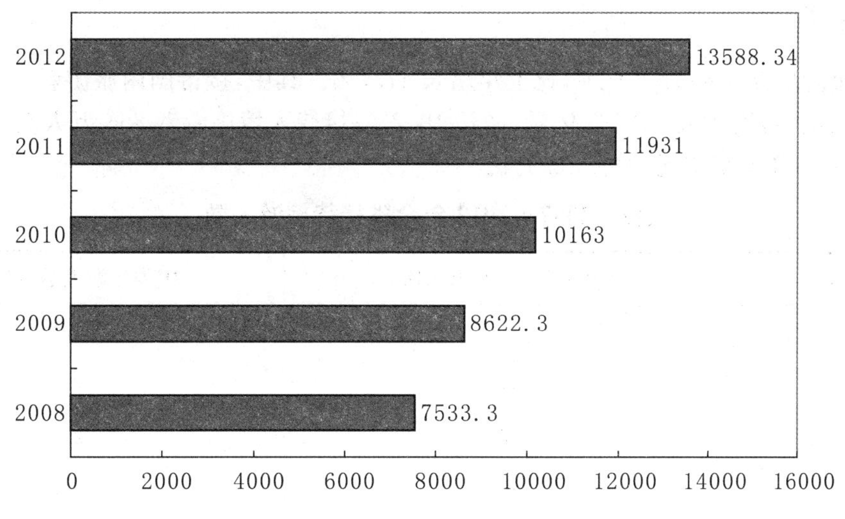


图 5　2008—2012 年社会消费品零售总额

### 2. 交通运输、邮电

2012 年全年交通运输、仓储和邮政业增加值为 1277 亿元，比上年增长 6.7%。

全年铁路、公路和水运完成货物周转量 9183 亿吨公里，比上年增长 6.4%；旅客周转量 1318 亿人公里，增长 1.6%。港口完成货物吞吐量 13.2 亿吨，增长 7.8%，其中，沿海港口完成 9.3 亿吨，内河港口完成 3.9 亿吨，分别增长 7.0%和 9.8%。

表6　2012 年铁、公、水路完成运输量

| | 单位 | 绝对数 | 比上年增长(%) |
|---|---|---|---|
| 货物周转量 | 亿吨公里 | 9183 | 6.4 |
| 铁路 | 亿吨公里 | 291 | −6.7 |
| 公路 | 亿吨公里 | 1526 | 6.3 |
| 水运 | 亿吨公里 | 7366 | 7.0 |
| 旅客周转量 | 亿人公里 | 1318 | 1.6 |
| 铁路 | 亿人公里 | 390 | 2.2 |
| 公路 | 亿人公里 | 921 | 1.4 |
| 水运 | 亿人公里 | 6 | −4.3 |
| 沿海港口货物吞吐量 | 亿吨 | 9.3 | 7.0 |

全年邮电业务总量 1024 亿元，比上年增长 14.0%。其中，邮政业务总量 215.2 亿元，电信业务总量 808.8 亿元。

年末本地电话交换机容量 2791 万门，比上年减少 195 万门；移动电话交换机容量 9685 万户，比上年增加 80 万户。本地电话用户 1882 万户，比上年减少 66 万户，普及率 34.2 线/百人；移动电话用户 6443 万户，比上年增加 687 万户，普及率 117.2 部/百人。年末全省互联网用户数 5887 万户，其中(固定)互联网宽带接入用户 1153 万户。

### 3. 旅游业

全年实现旅游总收入4801.2亿元，比上年增长17.7%。其中，接待国内旅游者3.91亿人次，增长14.1%，实现国内旅游收入4475.8亿元，增长18.2%；接待入境旅游者866万人次，增长11.9%，实现旅游外汇收入51.5亿美元，增长13.4%。

**表7 2007—2012年全省接待旅游人数**

| 年份 | 入境旅游人数(万人次) | 国内旅游人数(亿人次) |
|---|---|---|
| 2007 | 511 | 1.91 |
| 2008 | 540 | 2.09 |
| 2009 | 571 | 2.44 |
| 2010 | 685 | 2.95 |
| 2011 | 774 | 3.43 |
| 2012 | 866 | 3.91 |

### 4. 金融、证券和保险

至2012年年末全部金融机构本外币各项存款余额66679亿元，比上年末增长9.5%，其中人民币存款余额增长8.6%。全部金融机构本外币各项贷款余额59509亿元，比上年末增长11.8%，其中人民币贷款余额增长11.1%。年末个人本外币储蓄存款余额26902亿元，比上年末增长12.4%。

**表8 2012年全部金融机构本外币存贷款情况**

| 指 标 | 年末数(亿元) | 比上年增长(%) |
|---|---|---|
| 各项存款余额 | 66679 | 9.5 |
| 其中:单位存款 | 35955 | 7.2 |
| 个人储蓄存款 | 26902 | 12.4 |
| 各项贷款余额 | 59509 | 11.8 |
| 其中:短期贷款 | 36796 | 14.0 |
| 中长期贷款 | 20766 | 5.1 |

全年新增境内上市公司20家，年末共有境内上市公司246家，累计融资2786亿元；其中，中小板上市公司119家，占全国中小板上市公司总数的17%；创业板上市公司36家，占全国创业板上市公司总数的10.1%。

全年保险业实现保费收入984.6亿元，比上年增长12.0%。其中，财产险保费收入444.5亿元，增长14.7%；人身险保费收入540.1亿元，增长9.9%。支付各类赔款及给付342.6亿元，比上年增长33.7%。其中，财产险赔付支出250.9亿元，人身险赔付支出91.7亿元。

### 5. 房地产业

全年房地产开发投资5226亿元，比上年增长16.8%。商品房销售面积4005万平方米，增长13.4%；商品房销售额4263亿元，增长22.7%。

## （五）对外经济

### 1. 对外贸易

2012年全年进出口总额3124.03亿美元，比上年增长0.9%。其中，进口878.8亿美元，下降5.8%；出口2245.2亿美元，增长3.8%。月均出口187.1亿美元，其中9月份出口211.5亿美元，创历史新高。民营企业出口1403.2亿美元，比上年增长8.5%，高于全省出口平均增速4.7个百分点，占全省出口总值的62.5%，比上年提高2.7个百分点；对全省出口增长的贡献率为133.3%。

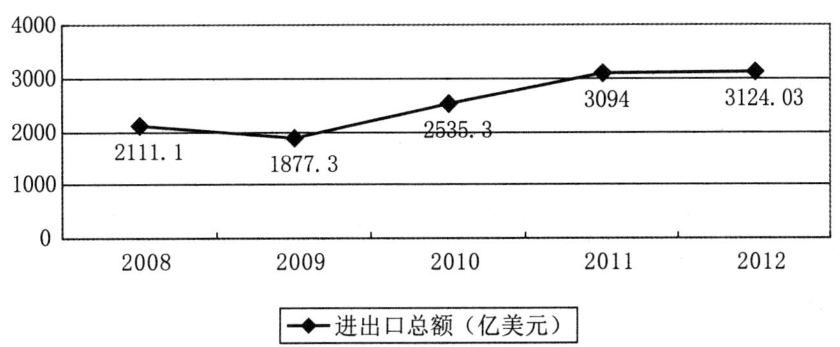


图6　2008—2012年浙江省外贸进出口总额

表9　2012年进出口主要分类情况

| | 绝对数(亿美元) | 比上年增长(%) |
|---|---|---|
| 进出口总额 | 3124.03 | 0.9 |
| 出口额 | 2245.2 | 3.8 |
| #一般贸易 | 1797.2 | 1.8 |
| 加工贸易 | 347.0 | −3.7 |
| #机电产品 | 959.1 | 3.8 |
| #高新技术产品 | 148.0 | −3.5 |
| 进口额 | 878.8 | −5.8 |
| #一般贸易 | 624.4 | −4.4 |
| 加工贸易 | 152.7 | −11.2 |
| #机电产品 | 159.2 | −11.7 |

对欧洲市场出口增速持续下滑，对北美市场出口保持稳定增长，对新兴市场出口快速增长。

表10　2012年对主要市场进出口情况

| 国家或地区 | 出口额(亿美元) | 比上年增长(%) | 进口额(亿美元) | 比上年增长(%) |
|---|---|---|---|---|
| 欧盟 | 505.8 | −9.3 | 103.1 | −7.8 |
| 东盟 | 169.7 | 15.1 | 113.4 | 6.5 |

（续表）

| | | | | |
|---|---|---|---|---|
| 美国 | 381.8 | 9.3 | 72.1 | －7.3 |
| 日本 | 134.5 | 0.8 | 112.7 | －4.9 |
| 俄罗斯 | 79.8 | 13.9 | 14.7 | －19.8 |
| 韩国 | 55.7 | 2.1 | 84.0 | －3.7 |
| 中国香港 | 66.3 | 11.6 | 2.9 | －12.9 |
| 中国台湾 | 23.3 | －1.6 | 108.8 | －3.1 |

### 2. 外资状况

2012 年新批外商直接投资项目 1597 个，比上年减少 94 个；合同外资 210.7 亿美元，实际到位外资 130.7 亿美元，分别比上年增长 2.4%和 12.0%。第三产业利用外资继续保持良好势头，合同外资 107.1 亿美元，实际利用外资 64.6 亿美元，分别比上年增长 13.6%和 19.7%，分别占外资总额的 50.8%和 49.5%，比上年分别提高 5 和 3.2 个百分点。

### 3. 对外承包

对外承包工程完成营业额 37.1 亿美元，比上年增长 27.5%；新签合同额 35.2 亿美元，增长 22.1%。经审批和核准的境外投资企业和机构共计 634 家，比上年增加 66 家；投资总额 47.5 亿美元，增长 27.2%，其中中方投资 38.9 亿美元，增长 13.0%。全年实际对外直接投资 24 亿美元，比上年增长 13.8%。

## 二、浙江省 2012 年社会发展概况

### （一）人口、人民生活

据 2012 年人口变动抽样调查，年末常住人口 5477 万人，比上年增长 0.26%。其中，男性人口 2818 万人，女性人口 2659 万人，分别占总人口的 51.5%和 48.5%。全年出生人口 55.4 万人，出生率为 10.12‰；死亡人口 30.2 万人，死亡率为 5.52‰；全年自然增长人口 25.2 万人，自然增长率为 4.60‰。

据对城乡住户抽样调查，全省城镇居民人均可支配收入 34550 元，农村居民人均纯收入 14552 元，扣除价格因素，分别比上年实际增长 9.2%和 8.8%（见图 6、7）。城镇居民人均消费支出 21545 元，比上年实际增长 3.1%；农村居民人均生活消费支出 10208 元，实际增长 3.5%。城镇居民家庭恩格尔系数为 35.1%，比上年上升 0.5 个百分点；农村居民家庭恩格尔系数为 37.7%，比上年上升 0.1 个百分点。

全年城镇居民人均可支配收入中位数为 30613 元，比上年增加 3330 元，增长 12.2%；农村居民人均纯收入中位数为 12787 元，比上年增加 1234 元，增长 10.7%。

城镇居民人均住房建筑面积 37.1 平方米，农村居民人均居住面积 61.5 平方米。城乡居民家庭主要耐用消费品拥有量继续增加。

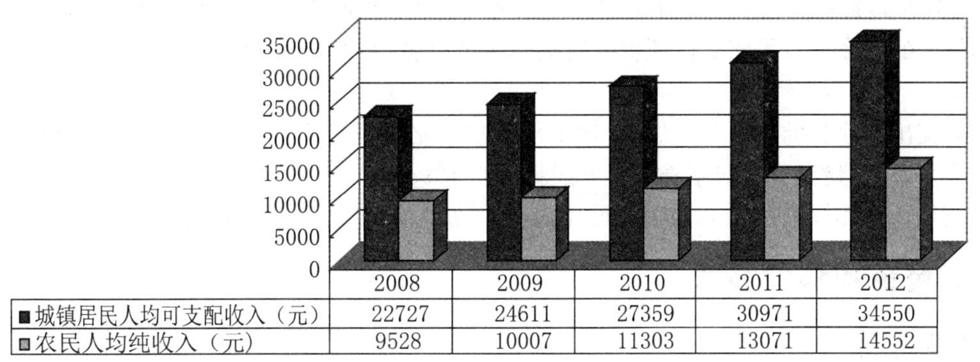


**图7　2008—2012年浙江省城乡居民收入对比一览**

**表11　2012年城乡居民每百户主要耐用消费品拥有量**

| 主要耐用消费品 | 单位 | 城镇居民 | 比上年增长（%） | 农村居民 | 比上年增长（%） |
|---|---|---|---|---|---|
| 洗衣机 | 台 | 95.5 | 0.6 | 72.5 | 5.6 |
| 电冰箱 | 台 | 100.9 | 0.7 | 95.3 | 2.5 |
| 空调器 | 台 | 203.8 | 1.4 | 99.9 | 5.9 |
| 摩托车 | 辆 | 21.9 | −0.5 | 40.2 | −2.7 |
| 家用汽车 | 辆 | 36.5 | 8.2 | 15.2 | 13.2 |
| 彩色电视机 | 台 | 186.6 | 1.0 | 171.7 | 1.9 |
| 固定电话 | 部 | 79.9 | −0.6 | 76.3 | −1.9 |
| 移动电话 | 部 | 210.1 | 1.1 | 211.5 | 3.4 |
| 家用电脑 | 台 | 106.4 | 2.7 | 47.8 | 10.4 |

## （二）就业与社会保障

全年新增城镇就业人数98.7万人，其中42.2万名城镇失业人员实现再就业。年末城镇登记失业率为3.01%，比上年末下降0.11个百分点。

全年参加企业基本养老保险人数2083.3万人，参加城镇职工基本医疗保险人数1671万人，参加失业保险人数1065.4万人，参加工伤保险人数1731.7万人，参加生育保险人数1084.8万人，分别比上年增加261.5万人、156.6万人、84.8万人、120.9万人和105万人。企业退休人员基本养老金月人均水平超过2000元，居全国省区前列。城乡居保基础养老金最低标准提高到80元，失业保险金平均水平为941元，因工死亡职工供养亲属抚恤金月人均提高105元。

年末新型农村合作医疗参合人数2872.9万人，参合率为97.7%；人均筹资标准为482.5元，比上年增加97.9元，其中，财政补助342.2元，比上年增加69.2元；所有统筹地区最高支付限额全部达到当地农村居民人均纯收入6倍以上。新农合统筹地区政策内住院报销比例为72.1%，比上年提高8.7个百分点；统筹区域内新农合定点医疗机构即时结报率达到100%。

年末在册低保对象67.5万人，其中，城镇7.8万人，农村59.7万人；低保资金支出17.6亿元，比上年增长13.8%;城乡低保平均标准分别为每人每月476.78元和350.03元,分别增长8%和14%;获得生活补助的城乡低收入家庭持证重度残疾人7.7万名,发放补助金额2.3亿元,分别增长12.4%和36.5%。

全年共支出医疗救助资金7.5亿元,比上年增加1亿元。投入资金19.7亿元,新增各类养老机构床位数3.2万张,建设社区居家养老服务照料中心1298个。

年内共发行各类福利彩票102.4亿元,比上年增加9.7亿元,共筹集公益金29.5亿元。

## (三)教育和科学技术

### 1. 教育事业

全省共有3698所小学,招生60.7万人;在校生346.73万人,比上年增加2.7万人,增长0.8%,小学学龄儿童入学率为99.99%。共有1735所初中,招生51.1万人,比上年增加1.1万人,增长2.2%;在校生149.3万人,初中入学率为99.98%。小学生均校舍建筑面积7平方米;生均图书24.7册;每百名学生拥有计算机14台;小学体育运动场(馆)面积达标的学校比例为87.4%,比上年提高5.1个百分点;建立校园网校数比例为95.1%,提高11.8个百分点。初中生均校舍建筑面积15.6平方米;生均图书38.7册;每百名学生拥有计算机22.7台;初中体育运动场(馆)面积达标的学校比例为92.8%,提高3.7个百分点;建立校园网校数比例为95.7%,提高3.8个百分点。

义务教育中小学进城务工人员随迁子女在校生130.8万人,比上年增长8.2%,其中在公办学校就读人数为98.9万人,占75.6%。其中,在小学就读的进城务工人员随迁子女106.2万人,比上年增加7.3万人,增长7.4%;在初中就读的进城务工人员随迁子女24.6万人,比上年增加2.6万人,增长11.7%。

全省共有普通高校105所(含独立学院及筹建院校)。研究生、本科、专科招生比例为1∶8.2∶6.8;普通高考录取率为85.4%,与上年基本持平;高等教育毛入学率为49.5%,比上年提高2.5个百分点。全年研究生招生18748人,其中,博士生2262人,硕士生16486人,招生总数比上年增加1183人,增长6.7%;在学研究生54369人,其中,博士、硕士在校生分别为9485人、44884人,在学研究生总数比上年增加2523人,增长4.9%。普通本专科招生28.1万人,比上年增长3.5%,招生比为54.6∶45.4;在校生93.2万人,增长2.7%,毕业生24.75万人,增长3.8%。

各类中等职业教育(含技工学校)招生23.8万人,在校生96.7万人;普通高中招生27.8万人,在校生87.6万人,毕业生29.7万人。

年末有幼儿园专任教师10.7万人,比上年增加0.7万人;幼儿教师学历合格率为99%,比上年提高0.4个百分点。义务教育中小学专任教师29.8万人,比上年增长1.6%。中等职业教育(含技工学校)专任教师3.8万人,生师比25.4∶1;专任教师学历合格率为94%,比上年提高0.8个百分点。双师型教师占专任教师和专业课教师的比例分别为34.8%和68.8%,比上年分别提高2.8和3.6个百分点。普通高等学校专任教师中副高职称以上教师所占比例为43.6%,比上年提高0.7个百分点;具有硕士以上学位教师比例为71.7%,比上年提高3.2个百分点。

### 2. 科学技术

全年全社会科技活动经费支出1200亿元,比上年增长19.6%;相当于地区生产总值的3.47%。研究和发展(R&D)经费支出相当于地区生产总值的比例为2.04%,比上年提高0.14个百分点。财政科技拨款166亿元,比上年增长15.3%;财政科技拨款占财政支出的比重为3.99%。

全省有国家认定的企业技术中心60家。新认定高新技术企业540家,累计4500家。新培育省级创新型试点企业54家,示范企业45家,累计分别为363家和194家。全年专利申请量、授权量分别为24.9万件和18.8万件，分别比上年增长40.7%和44.4%。

## （四）文化、卫生和体育

### 1. 文化事业

年末共有艺术表演团体64个，群艺（文化）馆102个，公共图书馆97个，博物馆128个。省市级广播电台、电视台各12座，县级广播电视台66家。有线电视用户1384.6万户，比上年增长4.7%；广播、电视综合覆盖率分别为99.5%和99.6%。全年共审查电影40部，制作电视剧75部2803集。共有36部浙产电视剧在央视及全国各卫视播出。制作动画片46部2968集超过35000分钟，《锋速战警》等11部动画片列入国家广电总局今年推荐优秀动画片。全年广播影视经营收入220亿元，比上年增长10.0%，其中电影票房收入13.7亿元，增长40.5%。全年观影3440.6万人次，共完成30.5万场农村电影放映任务。

全省14家图书出版社，共出版图书10966种，总印数3.4亿册，比上年增长4.6%；公开发行报纸71种，年出版量34.8亿份，平均每千人每天拥有174份报纸；出版期刊222种，比上年增加2种，年出版量0.79亿册，增长0.6%。全省共有综合档案馆98个，已开放各类档案12311个全宗，共计255.5万卷，37.5万件。

### 2. 卫生事业

年末共有卫生机构30522个（包括村卫生室）。各类医院床位数17.6万张，比上年增长7.9%；卫生技术人员30.6万人，增长1.9%，其中，执业（助理）医师11.9万人，注册护士11.4万人，分别增长0.4%和4.6%。医院年诊疗20394万人次，比上年增长12.3%。年末全省统一的预约诊疗网络平台有80家医院、38家社区卫生服务中心（站）接入，注册用户达100万以上，日均成功预约量6000多人次。

全年甲、乙类传染病发病率为219.32/10万，比上年下降16.2%。孕产妇和5岁以下儿童死亡率分别为4.01/10万和6.52‰，比上年下降2.34/10万和0.85个千分点。“五苗”接种率保持在95%以上。

### 3. 体育事业

大力推进体育强省和“健康浙江”建设。2012年伦敦奥运会上，浙江省取得4金2银2铜和3个第五名、1个第六名、1个第八名，并破2项世界纪录和2项3次奥运会纪录的成绩。在衢州举办了全省首届女子体育节，开创了全国女子运动会的先河，成为“浙江体育最美的赛事”。举办了第五届职工运动会、第七届农民运动会、第六届老年人运动会和2012年全省幼儿体育大会。共创建省级青少年体育俱乐部35个，青少年户外体育活动营地9个。年末全省共有省级青少年体育俱乐部336所，国家级青少年体育俱乐部126所；省级青少年户外活动营地35个，国家级营地3所。全年共销售体育彩票73.3亿元，比上年增加12.7亿元，增长20.9%。

## （五）城乡统筹和海陆联动发展

制定实施新型城市化发展纲要，强化城乡基础设施和承载能力建设，推进城乡管理创新，启动实施治理城市交通拥堵工程，加大地下空间开发利用力度。加快美丽乡村建设，启动历史文化村落保护利用工作，完成3600个村庄整治建设，建成农村联网公路1386公里。

开展海洋经济发展重大战略问题研究，编制实施海洋新兴产业重点领域专项方案和重要海岛开发利用与保护方案，编制舟山群岛新区发展规划，推进海洋经济重大基础设施和产业项目建设，设立舟山港综合保税区和宁波梅山保税港区汽车整车进口口岸。制定实施加快山区经济发展的政策意见和发展规划，推进衢州山区科学发展试验区、丽水山区科学发展综合改革试验区和湖州省际承接产业转移示范区建设，启动建设山海协作产业园，深入实施重点欠发达县特别扶持计划，完成欠发达地区和海岛异地搬迁6.2万人。

## （六）资源、环境保护和生态建设

全省平均降水量为2060.5毫米（折合降水总量2134.7亿立方米），总水资源量1454.8亿立方米，人均水资源量2656.2立方米。总用水量223.2亿立方米，比上年增长1.4%。

全年共完成造林面积39695公顷，其中，重点防护林工程造林面积12561公顷，更新造林16587公顷，低产低效林改造16878公顷；建设绿色通道4960公里，清水河道岸绿工程7500公里；完成针叶林阔叶化改造16.2万亩，建成生物防火林带1098公里。2012年全省森林资源监测结果，森林覆盖率为60.97%（含灌木林）。

全省有气象雷达观测站点9个，卫星云图接收站点25个，区域自动气象观测站1615个。各设区市及国家环保模范城市开展PM2.5监测和数据实时发布，新增烟尘控制区300多平方公里，高污染燃料禁燃区30个。221个省控断面地表水Ⅰ—Ⅲ类水质比例达到64.3%，比上年提高1.4个百分点。地表水环境功能区水质达标率为68.3%，比上年提高2.7个百分点。221个省控断面高锰酸盐指数平均浓度为3.48毫克/升，比上年下降7.4%。跨行政区域河流交接断面满足功能要求比例为61.7%，与上年持平。全年新增水土流失治理面积720平方公里；近岸海域共发生赤潮17次，累计面积约1502平方公里，其中，有毒赤潮1次，面积约80平方公里，有害赤潮10次，面积约452平方公里。与上年相比，赤潮发生次数下降3次，累计面积保持稳定，但赤潮生物种类有所增加，有害赤潮发生次数和面积大幅上升。

全年城市污水排放量23.2亿立方米，比上年增长8.1%；城市污水处理量20.4亿立方米，增长11.7%，城市污水处理率87.9%，比上年提高2.8个百分点；城市用水普及率99.5%；生活垃圾无害化处理率97.4%，提高0.95个百分点。城市燃气普及率98.9%；人均公园绿地面积12.4平方米，比上年增长5.5%。农村沼气产气量1.9亿立方米，比上年增长7.1%；太阳能利用累计面积550万平方米，增长8.5%。

全年规模以上工业企业能源消费比上年下降1.0%，单位工业增加值能耗下降7.6%。其中，千吨以上和重点监测用能企业能源消费比上年分别下降2.5%和2.7%，单位工业增加值能耗分别下降8.8%和9.0%。

全年累计建成国家级生态县6个、国家环境保护模范城市7个、国家级生态示范区45个、全国环境优美乡镇374个，省级生态县49个、省级环保模范城市7个、省级生态乡镇979个。累计建成国家级绿色学校49所、国家级绿色社区27个，以及一批省级绿色学校、绿色家庭、绿色饭店、绿色医院、绿色企业等。

## （七）社会安全

全年共发生各类安全事故23366起，死亡5710人，受伤19845人，直接经济损失37785万元，分别比上年下降4.3%、5.3%、7.3%和6.8%。其中，较大事故36起，死亡128人，分别减少29起、143人；重大事故1起，死亡13人，分别减少1起、9人。道路交通共发生事故19270起，死亡4962人，受伤19728人，直接经济损失8054万元，分别比上年下降4.5%、5.2%、7.3%和5.3%；火灾事故共发生3437起，死亡69人，受伤48人，直接经济损失6604万元，分别下降2.4%、持平、下降11.1%

和16.6%。

## 三、挑战与目标

浙江省经济社会发展中还存在不少困难和问题,政府工作还存在许多不足。主要是:经济增长过多依赖低端产业、过多依赖低成本劳动力、过多依赖资源环境消耗等问题尚未根本改变,创新驱动发展的能力和动力不足。山区、海岛和欠发达地区发展基础仍然薄弱,中心城市的辐射带动能力不强,制约"三农"稳定发展的因素还不少。低收入群众持续快速增收难度加大,基本公共服务水平需要进一步提升,关系群众切身利益的教育、医疗、生态环境、食品药品安全等方面还存在不少问题。一些政府工作人员大局意识、责任意识不强,服务观念、法治意识淡薄,形式主义、官僚主义、奢侈浪费问题依然存在,消极腐败现象在一些领域多发频发。因此一定高度重视,进一步增强紧迫感和责任感,采取有力措施认真加以解决。

2013年全省经济社会发展的主要预期目标为:地区生产总值增长8%以上;城镇居民人均可支配收入、农村居民人均纯收入实际增长均为8%以上;地方财政收入增长8%;研究与试验发展经费支出占生产总值比重2.19%;城镇新增就业70万人,城镇登记失业率控制在4%以内;人口自然增长率控制在5‰左右;居民消费价格总水平涨幅控制在3.5%左右;单位生产总值能耗下降3.5%,化学需氧量、二氧化硫、氨氮排放量均减少2%,氮氧化物排放量减少4%。

## 四、浙江省在长三角地区经济发展中的地位

2012年,省政府在党中央、国务院和中共浙江省委的坚强领导下,高举中国特色社会主义伟大旗帜,坚持以邓小平理论、"三个代表"重要思想、科学发展观为指导,深入实施"八八战略"和"两创"总战略,大力推进"全面小康六大行动计划",认真执行省十一届人大历次会议作出的各项决议,全省经济社会发展取得显著成就。

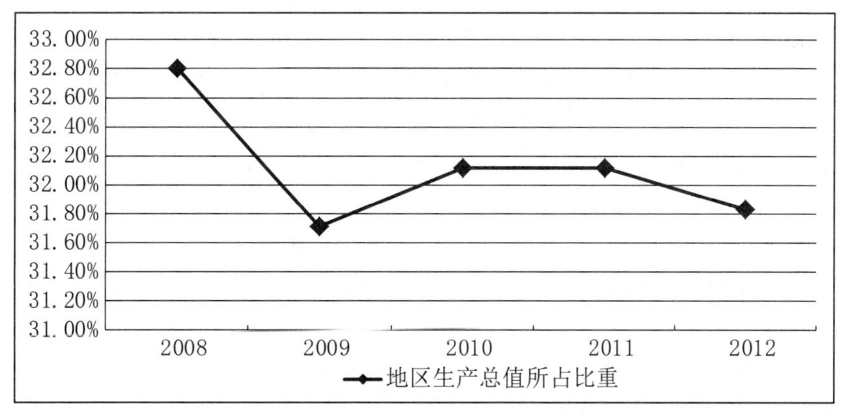


**图8 2008—2012年浙江省地区生产总值在长三角所占比重的变化趋势**

按总量来讲,多年来浙江省地区生产总值在长三角地区一直位居第二位。2008—2012年浙江省地区生产总值在长三角所占比重分别为32.81%、31.71%、32.12%、32.12%和31.83%。浙江省地区生产总值在长三角占比在2009年大幅下降1.1个百分点,2010年止跌上扬,2012年小幅下降,与上年比下降了0.29个百分点。

2012年,在长三角地区25市(苏浙两省24个地级市和上海市,下同)地区生产总值所占比重排名

的前十位中，浙江省 11 个地级市仅占据 3 席，与去年持平，有待进一步提高。2012 年，浙江全年生产总值 34606 亿元，比上年增长 8.0%。其中，第一产业增加值 1670 亿元，第二产业增加值 17312 亿元，第三产业增加值 15624 亿元，分别增长 2.0%、7.3%和 9.3%。人均 GDP 为 63266 元(按年平均汇率折算为 10022 美元)，增长 7.7%。三次产业增加值结构由上年的 4.9∶51.2∶43.9 调整为 4.8∶50.0∶45.2。全年居民消费价格比上年上涨 2.2 %，其中食品类价格上涨 5.3%；商品零售价格上涨 1.9%；农业生产资料价格上涨 4.2%；工业生产者出厂价格下降 2.7%，工业生产者购进价格下降 3.3%；固定资产投资价格下降 0.8%。

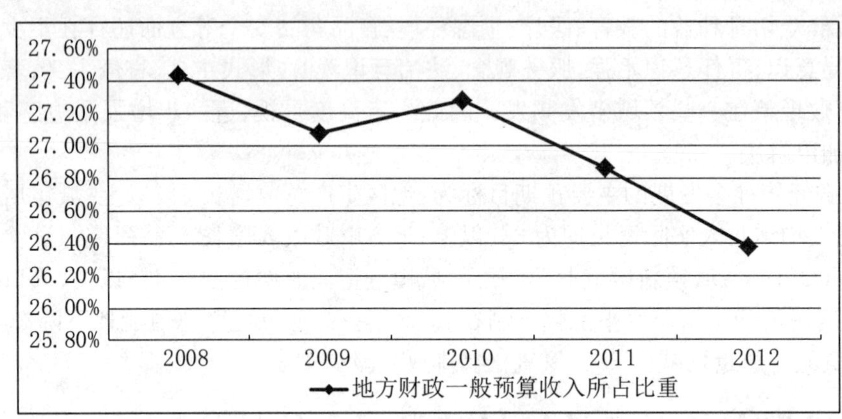


**图 9　2008—2012 年浙江省地方财政一般预算收入在长三角所占比重的变化趋势**

2008—2012 年浙江省地方财政一般预算收入在长三角所占比重分别为 27.44%、27.08%、27.28%、26.86%和 26.38%，整体处于下行态势，2010 年有着些许上扬，2012 年出现较大幅度的下跌，较上年下跌了 0.48 个百分点。

2012 年，浙江省地方财政一般预算收入在长三角地区两省一市的排名中，与上年保持一致，仍为第 3 位，未能有所改善；在长三角地区 25 市地方财政一般预算收入所占比重排名的前十位中，浙江省 11 个地级市仅占据 3 席，与去年持平，期待有所突破。2012 年，全年财政总收入 6408 亿元，比上年增长 8.2%，增速比上年回落 12.8 个百分点；地方公共财政预算收入 3441 亿元，增长 9.2%，增速比上年回落 11.6 个百分点。全年新增城镇就业人数 98.7 万人，其中 42.2 万名城镇失业人员实现再就业。年末城镇登记失业率为 3.01%，比上年末下降 0.11 个百分点。

2008—2012 年浙江省规模以上工业总产值在长三角所占比重分别为 31.30%、29.50%、29.61%、28.70%和 27.74，总体上呈现下降趋势，只有 2010 年有小幅度回升，累计降幅达 3.56 个百分点。

2012 年，浙江省规模以上工业总产值在长三角地区两省一市的排名中，与上年保持一致，为第 2 位；在长三角地区 25 市地方财政一般预算收入所占比重排名的前十位中，浙江省 11 个地级市仍占据 3 席，与去年持平，未能有所突破，仍需继续努力。2012 年，浙江省全年规模以上工业增加值 10875 亿元，比上年增长 7.1%，轻、重工业增加值分别为 4705 和 6170 亿元，分别增长 8.0%和 6.6%。其中，国有及国有控股工业企业增加值 1854 亿元，增长 2.6%。规模以上工业销售产值 56903 亿元，增长 5.9%。规模以上工业企业完成出口交货值 11064 亿元，增长 1.3%；出口交货值占销售产值的比重为 19.4%，比上年下降 0.9 个百分点。规模以上工业新产品产值 13460 亿元，比上年增长 13.1%，高于工业总产值增幅 6.5 个百分点；新产品产值率 23.0%，比上年提高 1.3 个百分点。制造业中，高新技术产业增加值 2626 亿元，增长 9.9%，占规模以上工业的比重为 24.1%，比上年提高 0.3 个百分点。

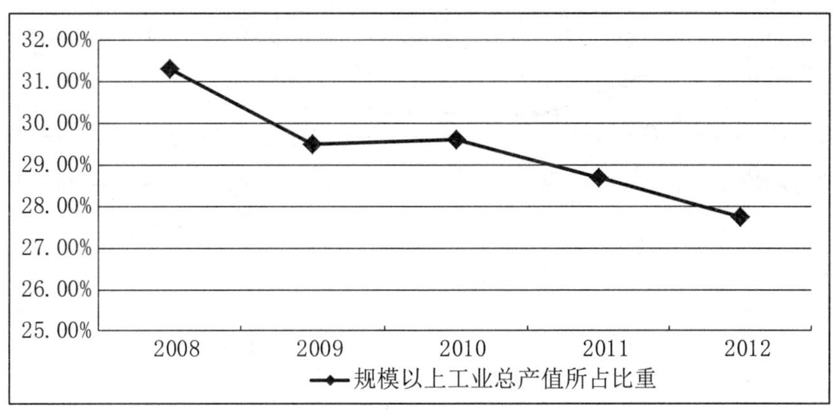


**图 10　2008—2012 年浙江省规模以上工业总产值在长三角所占比重的变化趋势**

汽车产量为 33.0 万辆，增长 7.7%，其中轿车产量为 26.5 万辆，下降 2.3%。全年规模以上工业企业实现利润 2900 亿元，比上年下降 6.1%。其中，国有及国有控股企业 453 亿元，下降 2.9%；股份制企业 313 亿元，下降 17.7%；外商及港澳台投资企业 834 亿元，下降 12.4%；私营企业 1060 亿元，下降 1.8%。工业企业产品销售率 97.4%，比上年下降 0.6 个百分点。

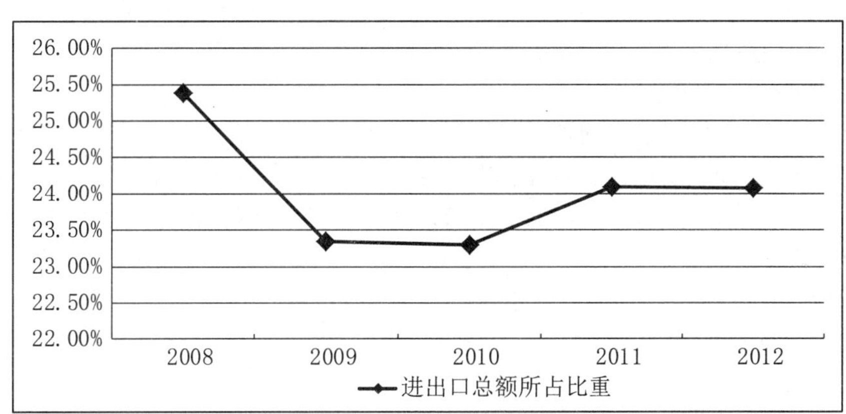


**图 11　2008—2012 年浙江省进出口总额在长三角所占比重的变化趋势**

2008—2012 年浙江省进出口总额在长三角所占比重分别为 25.38%、23.34%、23.30%、24.10% 和 24.07%，2009 年出现了较大幅度的下跌，跌幅为 2.04 个百分点，2010 年基本止住了大幅度下滑的趋势，2012 年出现小幅微跌，较上年下降了 0.03 个百分点。

2012 年，浙江省进出口总额在长三角地区两省一市的排名中，与上年保持一致，仍为第 3 位，未能有所改善；在长三角地区 25 市地方财政一般预算收入所占比重排名的前十位中，浙江省 11 个地级市占据 4 席，与去年持平，需继续保持。2012 年，浙江省全年进出口总额 3122.4 亿美元，比上年增长 0.9%。其中，进口 876.7 亿美元，下降 5.8%；出口 2245.7 亿美元，增长 3.8%。月均出口 187.1 亿美元，其中 9 月份出口 211.5 亿美元，创历史新高。民营企业出口 1403.2 亿美元，比上年增长 8.5%，高于全省出口平均增速 4.7 个百分点，占全省出口总值的 62.5%，比上年提高 2.7 个百分点；对全省出口增长的贡献率为 133.3%。对欧洲市场出口增速持续下滑，对北美市场出口保持稳定增长，对新兴市场出口快速增长。

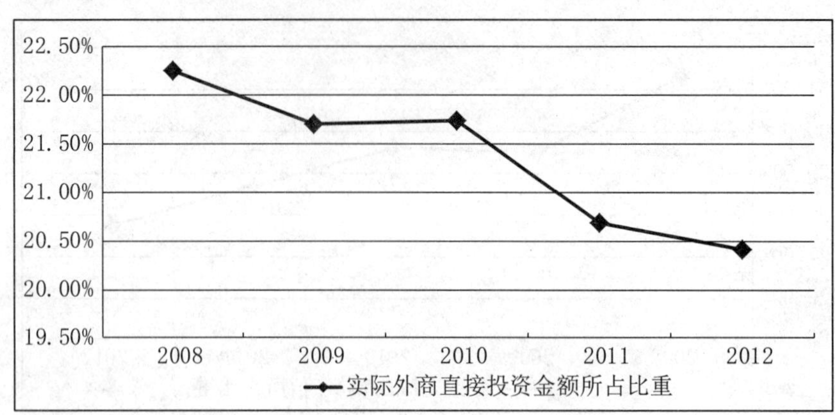


**图 12 2008—2012 年浙江省实际外商直接投资金额在长三角所占比重的变化趋势**

2008—2012 年浙江省实际外商直接投资金额在长三角所占比重分别为 22.25%、21.70%、21.73%、20.68%和 20.42%，连续多年呈现下跌姿态，除 2010 年出现微升外，2012 年继续下跌，较上年下跌了 0.26 个百分点，这种下跌趋势亟需改善。

2012 年，浙江省实际外商直接投资金额在长三角地区两省一市的排名中，与上年保持一致，为第 3 位；在长三角地区 25 市地方财政一般预算收入所占比重排名的前十位中，浙江省 11 个地级市占据 2 席，比上年少一席，期待更大的提升。

2012 年浙江省新批外商直接投资项目 1597 个，比上年减少 94 个；合同外资 210.7 亿美元，实际到位外资 130.7 亿美元，分别比上年增长 2.4%和 12.0%。第三产业利用外资继续保持良好势头，合同外资 107.1 亿美元，实际利用外资 64.6 亿美元，分别比上年增长 13.6%和 19.7%，分别占外资总额的 50.8%和 49.5%，比上年分别提高 5 和 3.2 个百分点。对外承包工程完成营业额 37.1 亿美元，比上年增长 27.5%；新签合同额 35.2 亿美元，增长 22.1%。经审批和核准的境外投资企业和机构共计 634 家，比上年增加 66 家；投资总额 47.5 亿美元，增长 27.2%，其中中方投资 38.9 亿美元，增长 13.0%。全年实际对外直接投资 24 亿美元，比上年增长 13.8%。

# 二　杭州市 2012 年经济社会发展报告

2012 年，面对复杂严峻的国内外经济形势，全市人民在市委、市政府的正确领导下，全面贯彻落实科学发展观和党的十八大精神，紧紧围绕"打造东方品质之城、建设幸福和谐杭州"的奋斗目标，加快转变经济发展方式，积极推进民生改善，经济社会呈现协调发展态势。

## 一、杭州市 2012 年经济发展概况

### （一）综合经济

#### 1. 经济总量

全市实现地区生产总值(GDP)7802.01 亿元，按可比价格计算，比上年增长 9.0%。其中：第一产业增加值 255.11 亿元，第二产业增加值 3572.63 亿元，第三产业增加值 3974.27 亿元，分别增长 2.5%、8.5%和 10.1%。全市按常住人口计算的人均 GDP 达到 88985 元，增长 8.4%。按国家公布的 2012 年平均汇率折算，达到 14097 美元。三次产业结构由上年的 3.3∶47.4∶49.3 调整为 2012 年的 3.3∶46.5∶50.2，三产占比首次超过 50%。

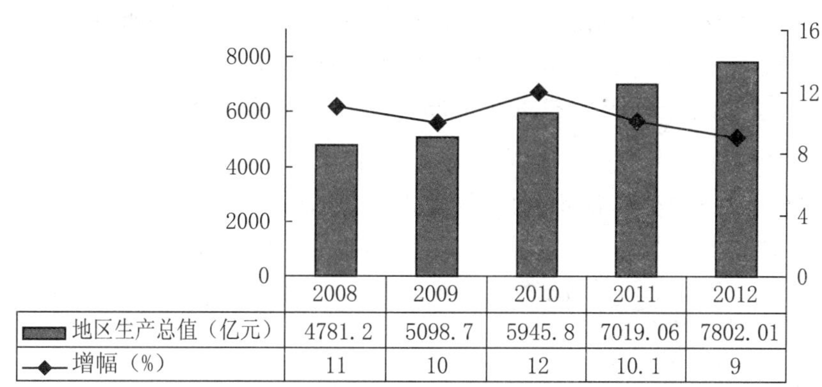


| | 2008 | 2009 | 2010 | 2011 | 2012 |
|---|---|---|---|---|---|
| 地区生产总值（亿元） | 4781.2 | 5098.7 | 5945.8 | 7019.06 | 7802.01 |
| 增幅（%） | 11 | 10 | 12 | 10.1 | 9 |

图 13　2008—2012 年杭州市地区生产总值及增长速度

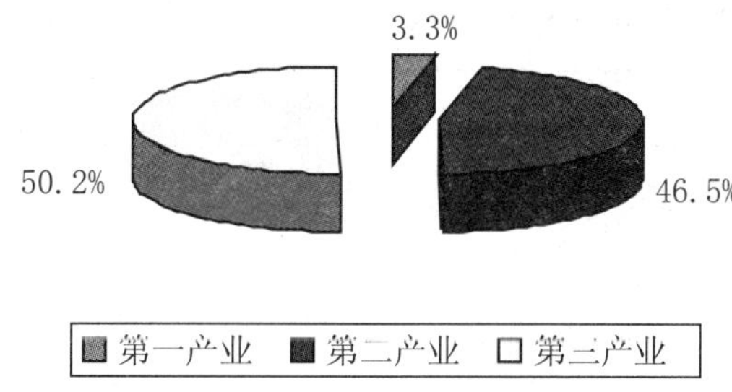


图 14　2012 年杭州市三次产业结构图

#### 2. 非公经济

在全市生产总值中，民营经济所占比重达到 59.7%。民营商贸企业实现商品销售总额 11481.52

亿元，占全市商贸企业的 73.5%；规模以上民营工业实现销售产值 6448.87 亿元，占全市规上工业的 50.7%；民营经济实现财政收入 513.30 亿元，占全市财政总收入的 31.5%。年末，全市共有私营企业 19.5 万户，比上年末增长 7.6%，个体工商户 31.99 万户，增长 2.6%，私营企业和个体工商户从业人员分别达到 160.33 万人和 68.55 万人。

**表12　2012 年民营经济发展监测指标**

| 指　标 | 计量单位 | 2012 年 | | | |
|---|---|---|---|---|---|
| | | 绝对数 | 比上年增长% | 比重% | 上年比重% |
| 全部民营商贸企业商品销售总额 | 亿元 | 11481.52 | 8.7 | 73.5 | 73.0 |
| 民营固定资产投资额 | 亿元 | 2087.81 | 19.3 | 56.1 | 56.5 |
| 规模以上民营工业销售产值 | 亿元 | 6448.87 | 7.0 | 50.7 | 50.8 |
| 规模以上民营工业新产品产值 | 亿元 | 1582.46 | 16.8 | 49.8 | 49.4 |
| 财政收入总额中民营经济收入 | 亿元 | 513.30 | −0.8 | 31.5 | 34.7 |

### 3. 十大产业

全市文化创意、旅游休闲、金融服务、电子商务、信息软件、先进装备制造业、物联网、生物医药、节能环保、新能源等十大产业实现增加值 3511.85 亿元，比上年增长 13.6%，占全市生产总值的比重由上年的 42.9%提高至 45.0%。全市十大产业投资项目 1964 个，比上年增加 259 个，完成投资 718.97 亿元，比上年增长 25.9%，占全部项目投资的 33.8%，比上年提高 2 个百分点。

### 4. 财政收支

全年完成财政总收入 1627.89 亿元，比上年增长 9.3%，其中地方财政一般预算收入 859.99 亿元，增长 9.5%。在税收收入中，增值税 437.25 亿元，增长 7.4%；营业税 297.01 亿元，增长 23.3%；企业所得税 362.14 亿元，增长 10.7%；个人所得税 124.68 亿元，下降 2.3%。全年地方财政支出 786.28 亿元，比上年增长 5.2%。

### 5. 市场价格

市区居民消费价格总水平比上年上涨 2.5%，涨幅低于上年 2.3 个百分点。八大类商品和服务项目价格呈“七升一降”格局。

**表13　市区居民消费价格指数(上年=100)**

| 项　目 | 2012 年 | 2011 年 |
|---|---|---|
| 市区居民消费价格指数 | 102.5 | 104.8 |
| 1. 食品 | 105.7 | 110.7 |
| 2. 烟酒及用品 | 101.3 | 100.9 |
| 3. 衣着 | 100.9 | 106.1 |
| 4. 家庭设备用品及维修服务 | 101.7 | 104.2 |
| 5. 医疗保健和个人用品 | 101.7 | 103.6 |

（续表）

| | | |
|---|---|---|
| 6. 交通和通信 | 99.9 | 98.4 |
| 7. 娱乐教育文化用品及服务 | 100.6 | 100.1 |
| 8. 居住 | 101.9 | 104.8 |

全市工业生产者出厂价格下降 2.8%，工业生产者购进价格下降 5.4%。

### 6. 固定资产投资①

2012 年，全市完成固定资产投资 3722.75 亿元，比上年增长 20.1%。从产业投向看，第一产业投资 4.27 亿元，下降 44.5%；第二产业投资 853.16 亿元，增长 14.0%，其中工业投资 851.87 亿元，增长 14.0%；第三产业投资 2865.33 亿元，增长 22.3%。

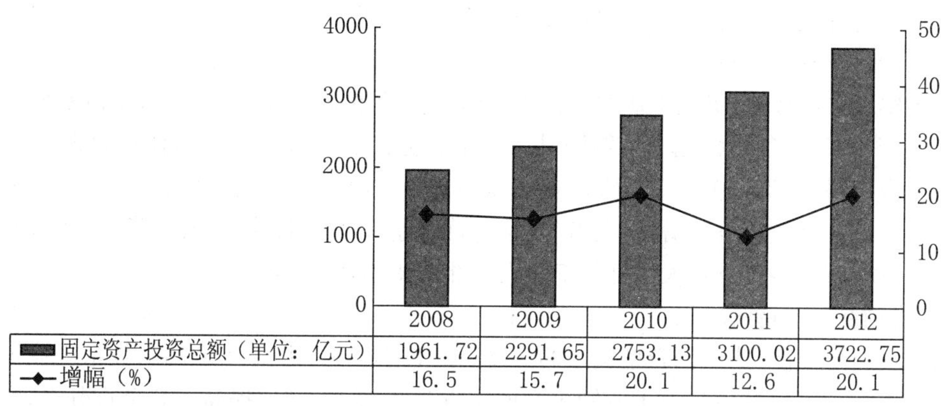


**图 15　2008—2012 年杭州市全社会固定资产投资及增长幅度**

**表14　2012 年杭州市县市主要经济指标**

| 县市 | 生产总值(亿元) | 地方财政收入（亿元） | 固定资产投资(亿元) | 社会消费品零售总额(亿元) |
|---|---|---|---|---|
| 杭州市区 | 6213.25 | 747.60 | 3016.08 | 2521.69 |
| 富阳市 | 541.83 | 42.01 | 234.38 | 121.76 |
| 临安市 | 381.35 | 23.66 | 137.99 | 102.69 |
| 建德市 | 247.73 | 16.00 | 96.16 | 67.33 |
| 桐庐县 | 258.13 | 19.51 | 141.20 | 85.14 |
| 淳安县 | 159.73 | 11.21 | 96.95 | 46.00 |

2012 年杭州经济呈现"十大积极变化"：

变化之一：经济运行触底回升

稳增长成效显现。2011 年二季度以来，全市经济增速逐季下滑，特别是 2012 年一季度 GDP 增长

① 从 2011 年起，固定资产投资项目统计起点标准改为 500 万元。固定资产投资（不含农户）统计范围从城镇固定资产投资扩大到农村企事业组织。

7.2%，为2009年以来的新低。与全国二季度以来经济增速继续下行趋势不同，杭州市二季度经济先于全国出现了止滑企稳、小幅回升的态势。全国GDP增速由一季度的8.1%回落至上半年、1—3季度的7.8%和7.7%，全年为7.8%。而杭州市上半年回升至7.5%，1—3季度、全年分别升至8.1%和9.0%，全年增速高于全国1.2个百分点。

变化之二：服务业占比首过半

服务业贡献度提升。2012年，杭州市利用经济周期波动和国际市场的"倒逼"机制，加快推进经济结构调整，努力打造服务业强市和长三角现代服务业中心。

变化之三：十大产业引领转型

十大产业引领作用不断增强。2012年，全市十大产业实现增加值3511.85亿元，增长13.6%，增幅高于GDP4.6个百分点，占GDP比重达45.0%，同比提高2.1个百分点。十大产业地税收入202.8亿元，增长18.9 %，增幅高于全市13.8个百分点。十大产业投资增长25.9%，增幅高出全部项目投资7.6个百分点，其中亿元以上项目投资占比达69.2%。

变化之四：实体经济不断壮大

大力实施实业兴市战略，巩固工业经济作为实体经济的主体地位。2012年，全市实现工业增加值3190.32亿元，增长9.1%，增幅比上半年回升1.9个百分点。优势产业支撑作用显现。先进装备制造业、新能源、节能环保、生物医药等四大产业实现增加值1405.13亿元，增长10.3%，高于全市工业增幅1.2个百分点。企业竞争力增强，全市50家民营企业入选2012年中国民营500强，入选数量连续10年居全国城市首位，营业收入超百亿工业大企业大集团达16家。

变化之五：创新驱动持续增强

加大发展创新型经济、建设创新型城市的力度。2012年，全市规上工业高新技术产业销售产值为3454.85亿元，增长10.2%，占规上工业销售产值比重为27.2%，同比提高0.8个百分点；实现新产品产值3175.29亿元，增长15.9%，高于规上工业生产增幅8.6个百分点；全年新增高新技术企业189家，累计达到1739家；专利申请量、授权量比去年分别增长31.5%和39.0%；新增12个中国驰名商标，累计达109个。

变化之六：内生动力支撑凸显

着力扩大有效投资，积极培育消费热点。2012年，全市经济发展动力中的投资、消费贡献增强。

变化之七：节能降耗成效显著

节能降耗工作稳步推进，高耗能行业能耗随产值增速回落而下降。2012年，全市规上工业消费能源同比下降1.6 %，工业单位增加值能耗降低率达到11.3%，超过全年目标5.3个百分点。其中六大高耗能行业实现销售产值增长3.2%，增幅低于规上工业4个百分点，占比由上年同期的32.0%降至30.8 %。六大高耗能行业消费能源下降3.5%，降幅高于规上工业1.9个百分点。全市GDP能耗下降率预计超目标完成任务。

变化之八：浙商回归成效明显

浙商回归步伐加快，浙商创业创新取得阶段性成果。2012年，全市引进浙商回归项目649个，到位资金418.86亿元，居全省第一位，超额完成省下达目标任务。

变化之九：城乡统筹有序推进

扎实推进城乡一体化，县域经济协调发展。2012年，全市五县(市)GDP增长9.1%，高于全市0.1个百分点；农村居民人均纯收入增长11.6%，增速快于城镇居民1.5个百分点，城乡居民收入比由上年的2.23 ：1下降为2.20：1。低收入农户收入倍增工程取得积极成效，低收入农户人均纯收入增幅高于农村居民人均纯收入13个百分点。

变化之十:民生改善落到实处

保民生保重点的投入力度加大。2012 年,全市财政用于民生支出达 576.1 亿元,占财政支出的 73.3%。社会保障和就业的支出增长 12.4%,医疗卫生支出增长 8.9%,教育支出增长 11.3%,均高出财政支出 5.2%的增幅;城乡居民收入水平提高。市区城镇居民人均可支配收入 37511 元,名义增长 10.1%,农村居民人均纯收入为 17017 元,增长 11.6%,扣除价格因素,实际分别增长 7.4%和 8.9%;就业和社会保障工作稳步推进。全市新增城镇就业人员 24.36 万人,城镇登记失业率 1.63%,比上年下降 0.23 个百分点;年末全市参加社会基本养老保险人数达 605.60 万人,比上年末增加 65.13 万人;保障房建设有序推进,全年开工建设保障房 43095 套,竣工 35144 套,分别完成省年度目标的 113.1%和 153.0%;深化物价补贴"两个联动机制",全年发放物价补贴超过 6.5 亿元,物价总水平基本稳定,居民消费价格上涨 2.5%,低于 4.0%的预期调控目标。

## (二)农业

2012 年,全市完成农林牧渔业总产值 384.34 亿元,比上年增长 7.6%。其中,农业产值 207.72 亿元,林业产值 38.18 亿元,牧业产值 86.85 亿元,渔业产值 42.00 亿元,分别增长 8.9%、9.5%、3.8%和 7.7%。新增省级现代农业园区 20 个、市级粮食生产功能区 206 个、市级"菜篮子"基地 74 个。全年粮食总产量 96.88 万吨,比上年下降 0.9%;肉类生产 33.49 万吨、水果 81.87 万吨,分别增长 3.1%和 1.9% ;禽蛋产量 15.54 万吨,下降 2.5%。全年茶叶、花卉苗木、水产品、节粮型畜禽、蔬菜、竹业等"六大优势产业"和水果、干果、蚕桑、药材、蜂业等"五大特色产业"实现产值 266.67 亿元,比上年增长 8.0%,占农林牧渔业总产值的 69.4%,比上年提高 0.2 个百分点。

## (三)工业和建筑业

### 1. 工业生产

2012 年,全市实现工业增加值 3190.32 亿元,按可比价计算增长 9.1%。实现全部工业销售产值 15359.27 亿元,其中规模以上工业销售产值 12723.67 亿元,增长 7.2%。在规模以上工业中:轻工业实现销售产值 4923.08 亿元,增长 6.6%,重工业实现销售产值 7800.59 亿元,增长 7.5%。全市规上工业实现高新技术产业销售产值 3454.85 亿元,增长 10.2%,实现新产品产值 3175.29 亿元,增长 15.9%,新产品产值率由上年的 22.8%提高到 24.6%。

### 2. 工业效益

全市规模以上工业企业实现主营业务收入 12404.24 亿元,比上年增长 4.3%;实现利税 1289.93 亿元,下降 1.4%,其中利润 751.75 亿元,下降 4.8%。工业产品产销衔接良好,全年规模以上工业产品产销率为 98.75%。

### 3. 建筑业

全年实现建筑业增加值 436.56 亿元,比上年增长 3.5%。全市有总承包和专业承包资格的建筑企业 1428 家,完成施工产值 3298.6 亿元,增长 8.8%;房屋建筑施工面积 28279.5 万平方米,增长 8.3%;房屋建筑竣工面积 7817.08 万平方米,下降 8.6%。

## (四)服务业

### 1. 国内贸易

2012 年,全市实现社会消费品零售总额 2944.63 亿元,比上年增长 15.5%,扣除价格因素,实际增长13.3%。其中城镇消费品零售额2805.07亿元，增长15.4%；乡村消费品零售额139.56亿元，增长18.1%。分行业看，批发零售贸易业零售额2630.23亿元，增长15.6%；住宿餐饮业零售额314.40亿元，增长14.9%。“购物天堂、美食之都”100个重点项目有序推进，“大湖滨商圈”精品工程、武林广场综合体、杭州国际商贸城加快建设，“北山之夜”特色街、西塘河台湾美食街建成运营。

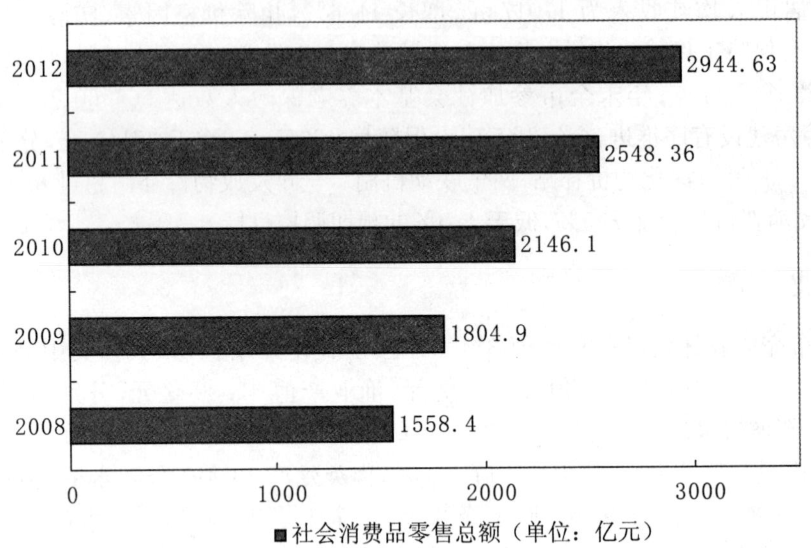


**图16　2008—2012年社会消费品零售总额**

### 2. 交通运输、邮电

2012年，全社会货物运输总量3.02亿吨，比上年增长4.7%；旅客运输量3.58亿人次，比上年增长2.9%。至年末，萧山国际机场已开通航线144条，其中国际航线20条，港、澳、台航线7条；全年民航旅客进出港1911.53万人次，比上年增长9.2%。道路建设快速发展。全年新增公路里程329.09千米。至年末，全市境内公路总里程达到15746.88千米，其中高速公路549.53千米。全市行政村客运班车通达率由上年的99.4%提高到99.6%。机动车辆持续增长，年末全市社会机动车拥有量达226.70万辆，其中私人汽车140.87万辆，比上年末分别增长9.1%和21.1%。

2012年全市完成邮政业务总量10.02亿元，比上年下降1.2%。邮政特快专递辐射230个国家和地区，全年完成国内特快业务2337万件，比上年增长45.8%；国际特快业务48万件，比上年增长26.3%。完成电信业务收入155.76亿元，比上年增长9.0%。年末固定电话用户为346.19万户，比上年下降3.1%，移动电话用户为1358.03万户，增长10.9%；计算机宽带用户达到251.65万户，比上年增长15.5%。推进“智慧杭州”建设，wifi无线网户外应用免费向民众开放。

### 3. 旅游业

2012年全年接待入境旅游者331.12万人次，比上年增长8.1%；接待国内游客8236.88万人次，增长14.7%。旅游总收入达到1392.25亿元，增长16.9%，其中旅游外汇收入22.02亿美元，增长12.5%。市民出境旅游93.09万人次，比上年增长24.8%。旅游基础设施日趋完善。至年末，全市各类旅行社达606家，比上年增长7.8%；星级宾馆达到217家，其中五星级酒店20家，四星级酒店43家；A级景区40个，其中5A景点3个，4A景点26个。

### 4. 金融、证券和保险

2012年末，全市金融机构达到310家，其中外资金融机构28家，分别比上年增长6.2%和7.7%，

全市金融机构本外币存款余额 20148.77 亿元，比上年末增长 9.5%；贷款余额 18090.90 亿元，比上年末增长 9.2%，其中当年新增贷款 1512.42 亿元，比上年减少 158.02 亿元。个人消费贷款余额 2600.56 亿元，比上年末增长 4.1%。

全年新增上市公司 6 家，募集资金 52.62 亿元。至年末，全市上市公司累计 98 家，实现上市融资 972.5 亿元。

全市保费收入 247.92 亿元，比上年增长 17.4%，其中，财产险保费收入 113.36 亿元，增长 17.8%，人身险保费收入 134.56 亿元，增长 17.1%。共支付各类保险赔款 85.41 亿元，增长 36.9%，其中财产险 62.08 亿元，增长 37.2%，人身险 23.32 亿元，增长 36.0%。

#### 5. 房地产业

全市完成房地产开发投资 1597.36 亿元，比上年增长 22.6%。房屋施工面积 8284.91 万平方米，增长 7.6%；竣工面积 1055.09 万平方米，下降 13.8%。全年商品房销售面积 1089.62 万平方米，增长 48.4%，其中住宅销售 920.26 万平方米，增长 54.0%。

### （五）对外经济

#### 1. 对外贸易

2012 年，全市完成外贸进出口总额 616.84 亿美元，比上年下降 3.6%。其中进口总额 204.22 亿美元，下降 9.0%；出口总额 412.62 亿美元，下降 0.6%（不含省属出口 348.05 亿美元，增长 1.1%）。出口总额中，机电产品出口 159.41 亿美元，下降 0.1%；高新技术产品出口 47.27 亿美元，下降 4.1%。按贸易方式分，一般贸易出口 332.4 亿美元，比上年增长 0.7%；加工贸易出口 79.0 亿美元，下降 6.1%。出口市场中，对美国出口增长 2.6%；对欧盟市场出口下降 11.7%；对东盟、拉美、非洲和俄罗斯等新兴及周边市场出口保持较快增长，共计出口总额 96.9 亿美元，增长 9.8%，占出口总额的比重由上年的 21.3%提高至 23.5%。

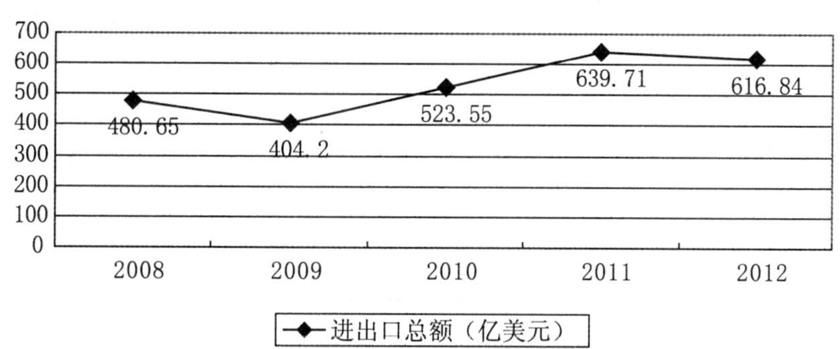


**图 17　2008—2012 年杭州市外贸进出口总额**

#### 2. 对外合作

至 2012 年末，全市累计设立各类境外投资企业（机构）838 个，其中非贸易企业 254 个。全年境外协议出资 7.21 亿美元，其中非贸易性投资 5.48 亿美元。完成对外承包工程和劳务合作营业额 5.49 亿美元，增长 22.8%。离岸服务外包合同执行额 29.68 亿美元，增长 45.9%。

#### 3. 利用外资

全年批准外商直接投资 510 项，合同利用外资 82.65 亿美元，比上年增长 1.2%；实际到位外资

49.61 亿美元，增长 5.1%。全市新批总投资 3000 万美元以上项目 138 个，总投资 105.6 亿美元，占新批外商项目总投资的 78.7%。引进世界 500 强投资项目 12 个，至 2012 年末，共有 97 家世界 500 强企业来杭投资 152 个项目。

**4. 浙商回归**

全年共引进内资项目 3034 个，到位资金 778.69 亿元，比上年增长 8.1%。其中，引进浙商回归项目 649 个，到位资金 418.86 亿元，超额完成省下达目标任务。

## 二、杭州市 2012 年社会发展概况

### （一）人口、人民生活

2012 年末，全市常住人口 880.2 万人，比上年末增加 6.4 万人，其中城镇人口 653.99 万人，占 74.3%。公安部门户籍登记人口 700.52 万人，其中，农业人口 316.43 万人，非农业人口 384.09 万人；全市人口出生率为 11.08‰，人口自然增长率为 3.95‰。

全年市区城镇居民人均可支配收入 35704 元，增长 10.1%，扣除价格上涨因素后，实际增长 7.4%，人均生活消费性支出 22800 元，比上年增长 0.7%。全市农村居民人均纯收入 17017 元，比上年增长 11.6%，扣除价格因素，实际增长 8.9%，人均生活消费性支出 13612 元，增长 12.3%。年末，市区城镇居民人均住房建筑面积 34.39 平方米，每百户居民家庭拥有家用汽车 34 辆、空调器 215 台、移动电话 213 部、家用电脑 112 台、微波炉 74 台、淋浴热水器 105 台；全市农村居民人均居住面积 78.4 平方米，每百户农村居民家庭拥有家用汽车 27 辆、空调器 143 台、移动电话 253 部、家用电脑 60 台、微波炉 41 台、淋浴热水器 91 台、洗衣机 88 台、电冰箱 102 台。

**表15　城乡居民收入五等份分组情况**

| | 市区城镇居民人均可支配收入(元) | 全市农村居民人均纯收入(元) |
|---|---|---|
| 20%低收入组 | 16442 | 6589 |
| 20%较低收入组 | 26674 | 11236 |
| 20%中等收入组 | 33493 | 15854 |
| 20%较高收入组 | 43544 | 19936 |
| 20%高收入组 | 77989 | 29917 |

年末城乡居民本外币储蓄存款余额达 6089.98 亿元，比上年末增长 9.8%。

### （二）就业、社会保障与社会福利

全年新增城镇就业人员 24.36 万人，安置失业人员再就业 13.29 万人。年末城镇登记失业率由上年的 1.86%下降为 1.63%。

年末全市参加社会基本养老保险人数达 605.60 万人，比上年末增加 65.13 万人；参加社会基本医疗保险 804.80 万人，增加 25.78 万人；参加职工失业、工伤、生育保险人数分别达 299.78 万人、382.21 万人、277.11 万人，分别比上年末净增 22.25 万人、26.93 万人、22.73 万人。全市开工建设保障房 43095 套，竣工 35144 套，全面完成省下达目标任务，新增廉租住房保障家庭 1169 户，市区公开销售经济适用房 6830 套，建筑面积 43.1 万平方米；推出公共租赁住房房源 2161 套。实施扶持救助

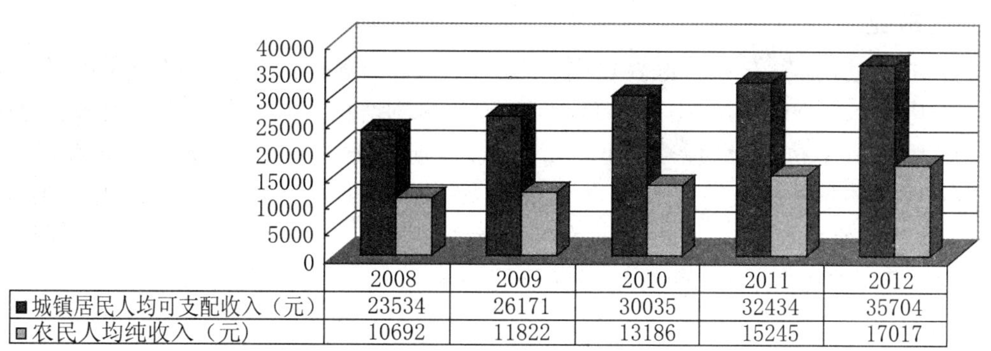

| | 2008 | 2009 | 2010 | 2011 | 2012 |
|---|---|---|---|---|---|
| ■城镇居民人均可支配收入（元） | 23534 | 26171 | 30035 | 32434 | 35704 |
| ■农民人均纯收入（元） | 10692 | 11822 | 13186 | 15245 | 17017 |

**图 18　2008—2012 年杭州市城乡居民收入对比一览**

的农村低收入农户标准由农民人均年纯收入 4500 元提高至 6000 元。

建成居家养老服务站 2167 家、老年食堂 913 家，建设农村公益金居家养老服务照料中心 174 家。年末全市拥有各类福利院、敬老院 257 所，比上年增加 4 所，床位 41616 张，收养人员 23637 人，分别增长 25.5%和 31.2%。全市城镇享受最低生活保障人数 12425 人，农村享受最低生活保障人员 68794 人。农村五保户和城镇"三无"人员集中供养率均达到 100%。开展第十二次"春风行动"，共募集社会帮扶资金 3423.53 万元。

## （三）教育和科学技术

### 1. 教育事业

2012 年末，全市共有小学 415 所，在校学生 47.26 万人；初中 244 所，在校学生 21.57 万人；普通高中 70 所，在校学生 11.57 万人。学前三年幼儿入园率为 98.6%，初中毕业生升入各类高中比例由上年的 99.5%提高到 99.6%。优质学前教育覆盖面由上年的 68.3%提升到 72.6%；优质高中教育覆盖面为 82.7%。普通高等院校 38 所，在校学生 45.92 万人，其中在校研究生 4.35 万人，比上年分别增长 2.8%和 4.0%。高等教育毛入学率由上年的 56.8%提高到 57.8%。全市义务教育阶段接纳在读进城务工人员子女 22.16 万人。

### 2. 科技

全市专利申请量 53785 件，专利授权量 40651 件，分别比上年增长 31.5%和 39.0%。全年新增国家重点扶持高新技术企业 189 家，培育认定省级研发中心 49 家，企业技术中心 30 家。年内新增 12 个中国驰名商标，累计已达 109 个。新入选国家"千人计划"人选 22 名、省"千人计划"人选 91 名，新增院士工作站 15 家，累计引进院士 65 人。新增钱江特聘专家 41 名。

## （四）文化、卫生和体育

### 1. 文化事业

2012 年末，全市有各类专业艺术表演团体 21 个，文化馆 15 个，公共图书馆 15 个，图书馆藏书 1577 万册，拥有乡镇街道文化站 190 个。全年开展群众文化活动 2.02 万场，送戏下乡 2213 场次、送书下乡 210 万册。建设 30 个乡镇(村)级公共电子阅览室，创建示范性乡镇(街道)综合文化站 25 个、文化示范村(社区)128 个，社区(村)文化活动室覆盖率由上年的 96.1%提高至 98.7%。全市有线广播电视覆盖率达 100%。杭州国家数字出版产业基地正式授牌，图书馆"文澜在线"项目获得第四届文化部"创新奖"，杭州荣获"全国版权示范城市"称号。

### 2. 卫生事业

西溪医院投入使用,滨江、下沙医院建成。年末,全市拥有各类医疗卫生机构3009个,其中医院191个。拥有床位4.76万张,其中医院床位4.15万张,分别增长5.1%和5.3%。有各类专业卫生技术人员7.06万人,其中执业(助理)医师2.72万人,注册护士2.7万人,分别增长7.1%、5.4%和7.1%。农村卫生服务继续改善。农村自来水普及率和卫生厕所普及率分别提高到99.9%和99.7%。全市婴儿死亡率及5岁以下儿童死亡率分别由上年的2.79‰、3.83‰下降为2.6‰、3.51‰,每十万孕产妇死亡率由上年的6.37人下降为4.44人。

### 3. 体育事业

在第30届奥林匹克运动会上,杭州入选中国体育代表团的体育健儿共获得4金1银1铜佳绩,并打破2项世界纪录和2项奥运会纪录。成功举办"冲浪中国"嘉年华系列活动、横渡钱塘江游泳、中国龙舟公开赛总决赛、安利纽崔莱健康跑、驻华外交使团体育系列赛、市第五届排舞大赛、陈伯滔体育基金会杯环湖跑、西博会嘉年华系列活动等10余项品牌赛事活动。全市体育锻炼人口占比由上年的34.2%提高至35.3%。

## (五)城市与城乡建设

### 1. 城市基础设施建设

全年完成基础设施投资778.52亿元,增长20.9%。地铁1号线建成运营,地铁2号线东南段工程已完成13座车站的主体结构,杭州步入"地铁时代"。萧山国际机场航站楼和第二跑道建成使用。杭宁高铁、铁路东站枢纽基本建成。杭长高速杭州段、之江大桥顺利竣工,临金高速、千黄高速、绕城西复线等项目积极推进。市区道路交通建设"攻坚年"成效明显,建成快速路19.18公里。秋石快速路(二期)高架主线、九堡大桥等建成通车;钱江通道及接线等32个在建项目抓紧推进;闲林水库、三堡排涝等重点水利工程进展顺利;七格污水处理厂三期工程建成启用。

### 2. 城乡统筹

区县协作深入开展。实施区县协作项目293个,落实协作资金3.25亿元。实施产业西进项目139个,总投资达455.4亿元。区县协作向乡镇(村)延伸,75%以上城市社区与五县(市)行政村结对。"联乡结村"帮扶资金到位1.3亿元。大企业大集团参与中心镇建设项目30个,总投资103.6亿元。实施低收入农户产业发展项目173个。启动城乡人才统筹"双百工程",开展第二轮"专家志愿者服务新农村计划"。

镇村建设扎实推进。4个省级小城市培育试点加快建设,第二批8个市级"风情小镇"创建有序启动,26个中心镇培育力度继续加强。建设"三江两岸"黄金旅游线,开展21个整乡镇、62个美丽乡村精品村、339个重点村整治。加大193个中心村培育力度,打造17条美丽乡村精品线路。改造农村住房43579户、农村困难家庭危房2799户。完成下山移民7381人,培训农民11.52万人。建成农村联网公路200公里,除险加固病险水库40座,综合整治农村河道384.2公里。通过"新农村电气化市"验收。

五县(市)实力进一步增强。五县(市)GDP增幅高于全市平均水平0.1个百分点,规模以上工业销售产值、社会消费品零售总额增幅分别高于全市平均水平3.5和1.8个百分点。城区与五县(市)共建的10个产业集聚平台建设加快推进。富阳市以国家级开发区为主平台,加快建设"工业强市"。临安市积极推进青山湖科技城建设,全力创建"现代化生态市"。建德市坚持"工业强市、服务业兴市、生态立市",做大做强实体经济。桐庐县成功创建国家园林县城,富春江科技城和迎春商务区引领创

新发展。淳安县实施全县景区化战略，“以湖兴县”迈出坚实步伐。

### 3. 公用事业

全年杭州电网建设投入38.65亿元。新开工110千伏及以上输电工程41项，容量305万千伏安，线路328公里。至2012年末，杭州电网拥有110千伏以上变电所250座，变电容量4877.1万千伏安。全市用电量达到591.72亿千瓦时，比上年增长2.9%，其中城乡居民生活用电79.32亿千瓦时，增长14.5%。市区自来水日供水能力达到320万立方米。年末市区居民家庭天然气用户80.59万户，比上年末增长11.4%。主城区调整公交线路29条，新辟线路14条，新增更新公交车辆386辆。新增停车泊位52000个，其中公共停车泊位8700个。新增免费单车布点288个，累计建成运行公共自行车租赁点2962个，投入公共自行车6.8万辆。

### 4. 开发区建设

余杭经济技术开发区、富阳经济技术开发区升级为国家级经济技术开发区，全市国家级开发区达到6个。六大开发区全年合同引进外资34.15亿美元，实际利用外资21.12亿美元，分别占全市的41.3%和42.6%。全年实现技工贸总收入7589.11亿元，比上年增长9.4%；实现利税686.82亿元，比上年增长6.8%。

## （六）环境保护

全年单位GDP综合能耗下降6.5%，规模以上工业单位增加值能耗下降11.3%。主要污染物减排任务基本完成。城市污水集中处理率由上年的94.1%提高至94.3%；主要水系监测断面水质三类以上比例为82.1%，与上年持平。实时公布PM2.5监测数据，加强大气污染和灰霾天气治理，市区环境空气质量优良天数336天，优良率为91.8%。至年末，市区人均公园绿地面积达15.5平方米，建成区绿化覆盖率为40.1%。主城区开展垃圾分类的小区达到85%。

## （七）安全生产

全市发生各类安全生产事故次数、死亡人数、受伤人数和直接经济损失分别比上年下降3.7%、4.1%、6.5%和4.7%。亿元GDP安全生产事故死亡人数为0.1人，比上年下降12.0%。全市餐饮服务环节食品检测合格率由上年的94.8%上升至97.7%，食品生产加工环节合格率由上年的93.8%提高至94.9%，药品评价性抽验合格率由上年的99.3%提高至99.5%。

# 三、挑战和目标

杭州市经济发展中的素质性、结构性矛盾没有根本改变；持续增长、转型升级、协调发展的压力加大；经济结构、资源要素、环境容量的制约加剧；城市交通、环境保护等公共服务离群众的需求和期待还存在一定差距；政府工作还有待进一步改进。受国际国内经济形势和自身经济结构性问题的双重影响，地区生产总值、财政收入、外贸出口等指标未达到预期目标。对于这些问题，要高度重视，增强责任感和紧迫感，采取有力措施，切实加以解决。

2013年全市经济社会发展主要预期指标为：地区生产总值增长10%左右；社会消费品零售总额增长16%以上，固定资产投资增长14%以上，外贸出口力争增长8%；地方财政收入增长6%以上；城镇居民人均可支配收入增长11%以上，农村居民人均可支配收入增长12%以上；单位生产总值能耗下降4.8%以上，二氧化碳和主要减排指标完成上级下达任务；居民消费价格涨幅控制在3.5%左右；城镇新增就业人数18.67万人，城镇登记失业率控制在4%以内；人口自然增长率控制在5‰以内。

## 四、杭州市在长三角地区经济发展中的地位

2012年，面对严峻复杂的国际国内形势，全市上下在省委省政府和市委的正确领导下，以科学发展为主题，以加快转变经济发展方式为主线，以富民强市、社会和谐为主旨，克难攻坚、团结奋进、扎实苦干，较好地完成了全年目标任务。

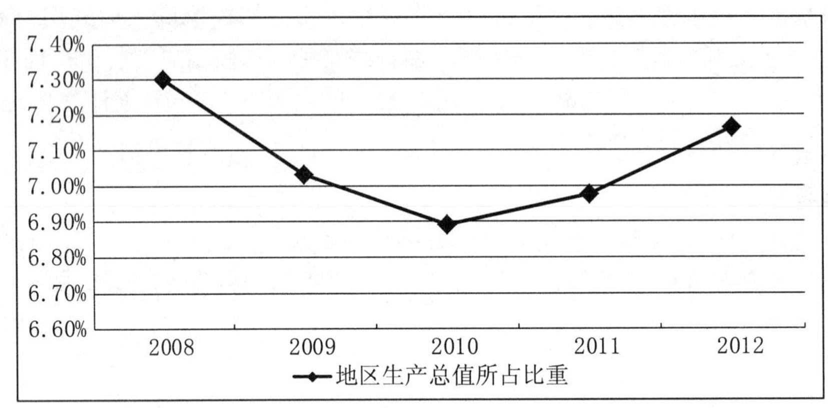


图19　2008—2012年杭州市地区生产总值在长三角所占比重的变化趋势

2008—2012年杭州市地区生产总值在长三角所占比重分别为7.25%、7.30%、7.03%、6.89%、6.98%和7.16%，2009年和2010年连续两年出现较大幅度的下跌，2011年和2012年止跌上扬，但尚未达到2009年的水平，2012年比上年上升0.18个百分点。

2012年杭州市地区生产总值在长三角地区25个市（苏浙两省24个地级市和上海市，下同）排名与上年保持一致，排名第3位，继上海、苏州之后。

2012年，杭州市全市实现地区生产总值（GDP）7803.98亿元，按可比价格计算，比上年增长9.0%。其中：第一产业增加值255.93亿元，第二产业增加值3626.88亿元，第三产业增加值3921.17亿元，分别增长2.5%、8.5%和10.1%。全市按常住人口计算的人均GDP达到88985元，增长8.4%。按国家公布的2012年平均汇率折算，达到14097美元。三次产业结构由上年的3.3∶47.4∶49.3调整为2012年的3.3∶46.5∶50.2，三产占比首次超过50%。

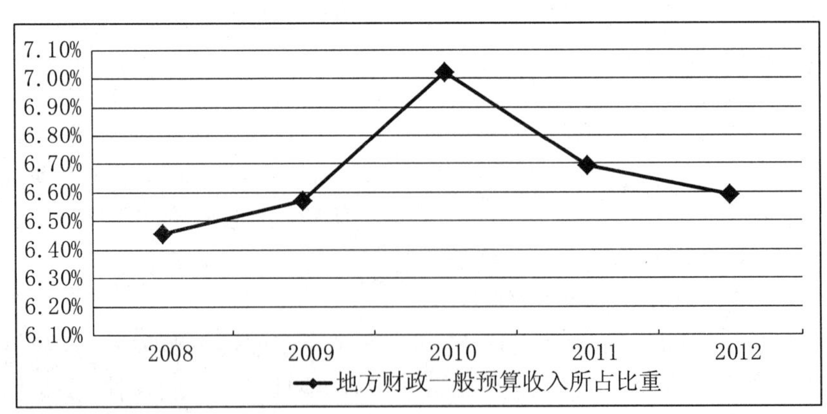


图20　2008—2012年杭州市地方财政一般预算收入在长三角所占比重的变化趋势

2008—2012 年杭州市地方财政一般预算收入在长三角所占比重分别为 6.46%、6.57%、7.02%、6.69%和 6.59%，在连续几年低谷之后，2010 年大有突破，但 2011 年和 2012 年连续下跌，2012 年较上年下跌了 0.1 个百分点。2012 年杭州市地方财政一般预算收入在长三角地区 25 个市排名与上年保持一致，排名第 3 位，位居上海、苏州之后。

2012 年，杭州市全年完成财政总收入 1627.89 亿元，比上年增长 9.3%，其中地方财政一般预算收入 859.99 亿元，增长 9.5%。在税收收入中，增值税 437.25 亿元，增长 7.4%；营业税 297.01 亿元，增长 23.3%；企业所得税 362.14 亿元，增长 10.7%；个人所得税 124.68 亿元，下降 2.3%。全年地方财政支出 786.28 亿元，比上年增长 5.2%。

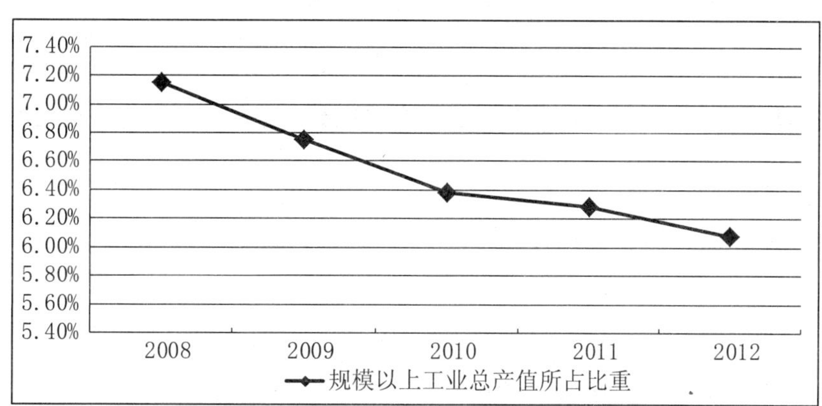


**图 21　2008—2012 年杭州市规模以上工业总产值在长三角所占比重的变化趋势**

2008—2012 年杭州市规模以上工业总产值在长三角所占比重分别为 7.15%、6.75%、6.38%、6.29%和 6.08%，已连续多年出现下降，近五年累计降幅为 1.07 个百分点。2012 年杭州市规模以上工业总产值在长三角地区 25 个市排名与上年保持一致，排名第 4 位，位居上海、苏州、无锡之后。

2012 年，杭州市全市实现工业增加值 3190.32 亿元，按可比价计算增长 9.1%。实现全部工业销售产值 15359.27 亿元，其中规模以上工业销售产值 12723.67 亿元，增长 7.2%。在规模以上工业中：轻工业实现销售产值 4923.08 亿元，增长 6.6%，重工业实现销售产值 7800.59 亿元，增长 7.5%。全市规上工业实现高新技术产业销售产值 3454.85 亿元，增长 10.2%，实现新产品产值 3175.29 亿元，增长 15.9%，新产品产值率由上年的 22.8%提高到 24.6%。全市规模以上工业企业实现主营业务收入 12404.24 亿元，比上年增长 4.3%；实现利税 1289.93 亿元，下降 1.4%，其中利润 751.75 亿元，下降 4.8%。工业产品产销衔接良好，全年规模以上工业产品产销率为 98.75%。

2008—2012 年杭州市进出口总额在长三角所占比重分别为 5.78%、5.03%、4.81%、4.98%和 4.76%，连续多年只降不升，2007 年一2010 年累计降幅为 1.06 个百分点，2011 年止跌上扬，2012 年出现下滑，较上年下降了 0.22 个百分点。2012 年杭州市进出口总额在长三角地区 25 个市排名与上年保持一致，排名第 5 位，位居上海、苏州、宁波、无锡之后。

2012 年，全市完成外贸进出口总额 616.83 亿美元，比上年下降 3.6%。其中进口总额 204.22 亿美元，下降 9.0%；出口总额 412.62 亿美元，下降 0.6%(不含省属出口 348.05 亿美元，增长 1.1%)。出口总额中，机电产品出口 159.41 亿美元，下降 0.1%；高新技术产品出口 47.27 亿美元，下降 4.1%。按贸易方式分，一般贸易出口 332.4 亿美元，比上年增长 0.7%；加工贸易出口 79.0 亿美元，下降 6.1%。出口市场中，对美国出口增长 2.6%；对欧盟市场出口下降 11.7%；对东盟、拉美、非洲和俄罗斯等新兴及周边市场出口保持较快增长，共计出口总额 96.9 亿美元，增长 9.8%，占出口总额的比重

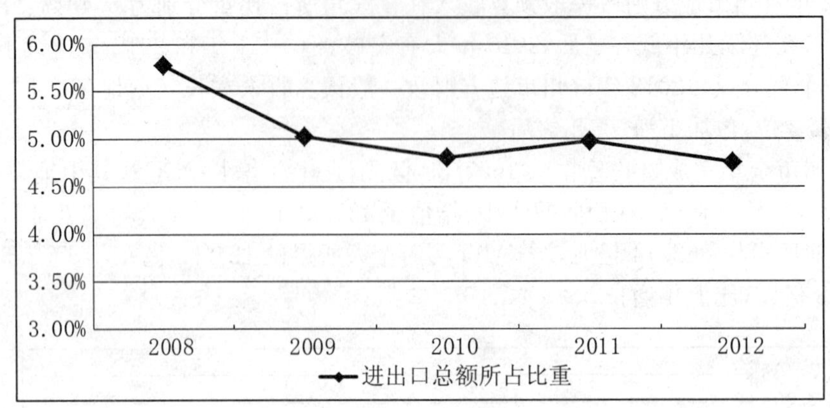


**图 22　2008—2012 年杭州市进出口总额在长三角所占比重的变化趋势**

由上年的 21.3%提高至 23.5%。

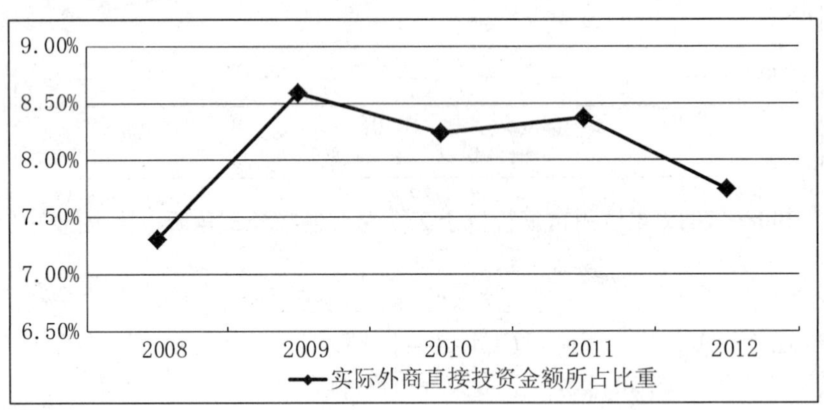


**图 23　2008—2012 年杭州市实际外商直接投资金额在长三角所占比重的变化趋势**

2008—2012 年杭州市实际外商直接投资金额在长三角所占比重分别为 7.31%、8.59%、8.24%、8.37%和 7.75%，2010 年首度出现下跌，2011 年回升后 2012 年出现下滑，较上年下降 0.62 个百分点。2012 年杭州市实际外商直接投资金额在长三角地区 25 个市排名与上年保持一致，排名第 3 位，位居上海、苏州之后。

至 2012 年末，全市累计设立各类境外投资企业(机构)838 个，其中非贸易企业 254 个。全年境外协议出资 7.21 亿美元，其中非贸易性投资 5.48 亿美元。完成对外承包工程和劳务合作营业额 5.49 亿美元，增长 22.8%。离岸服务外包合同执行额 29.68 亿美元，增长 45.9%。

# 三　宁波市 2012 年经济社会发展报告

2012 年，面对国内外复杂多变的宏观经济形势，全市上下克难攻坚，深入实施“六个加快”战略，牢牢把握“稳中求进，进中求好”的总基调，有效落实稳增长、调结构、惠民生各项政策措施，经济运行稳中缓升，质量效益逐步提升，创新转型有效推进，民生保障持续加强，人民生活不断改善，在建设现代化国际港口城市的征程上迈出了坚实的步伐。

## 一、宁波市 2012 年经济发展概况

### （一）综合经济

#### 1. 经济总量

2012 年全市实现地区生产总值 6582.21 亿元，按可比价格计算，比上年增长 7.8%。其中，第一产业实现增加值 268.52 亿元，增长 1.6%；第二产业实现增加值 3516.84 亿元，增长 6.0%；第三产业实现增加值 2796.85 亿元，增长 10.9%。三次产业之比为 4.1∶53.4∶42.5。

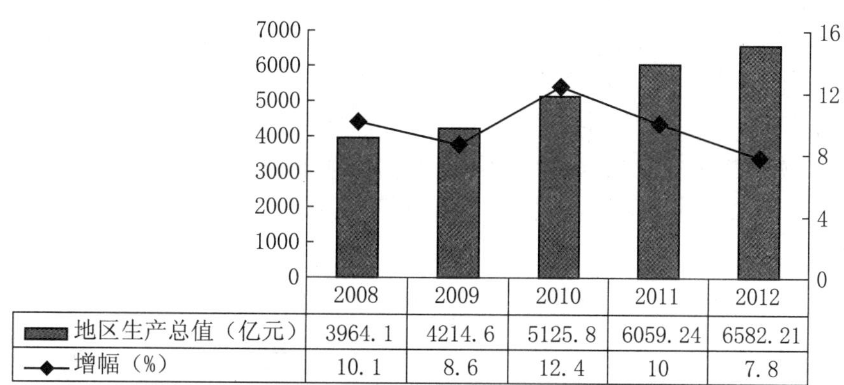


图 24　2008—2012 年宁波市地区生产总值及增长速度

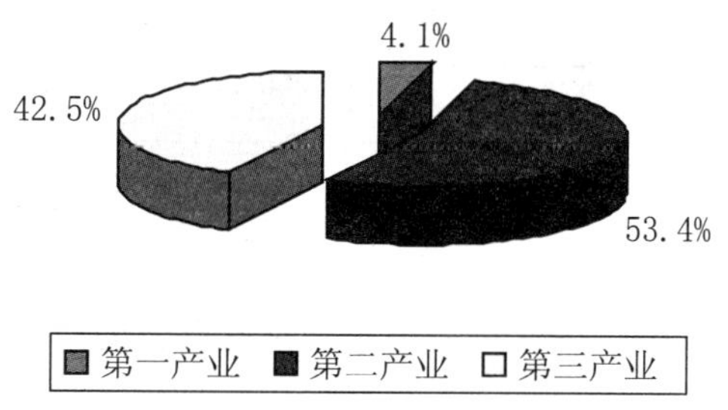


图 25　2012 年宁波市三次产业结构图

#### 2. 财政收支

2012 年全市完成公共财政预算收入 1536.51 亿元，比上年增长 7.3%，其中地方财政收入完成 725.5 亿元，增长 10.3%，增速比上年分别下降 14.9 和 13.5 个百分点。在地方税收中，营业税、增值

税、企业所得税、个人所得税分别增长20.3%、11.3%、6.7%和-6.9%。全市完成公共财政预算支出828.44亿元,增长10.4%,增速同比下降14.6个百分点。财政支出继续向民生领域倾斜,全市财政用于民生支出548.5亿元,增长13.5%,增速快于公共财政预算支出3.1个百分点,占财政支出的比重为66.2%,同比提高1.8个百分点,其中社会保障和就业支出79.0亿元,增长34.8%,增速最快;教育支出141.7亿元,占民生支出比重最高,达25.8%,增长20.4%,增速居第三位。

### 3. 市场价格

2012年居民消费价格指数为101.7%,比上年回落3.6个百分点,比全国、全省平均水平分别低0.9和0.5个百分点,在全国36个大中城市中居末位。八大类商品和服务项目价格同比涨跌格局为"六升二降":食品类上涨5.2%,家庭设备用品及维修服务类上涨3.3%,烟酒类上涨2.4%,居住类上涨2.1%,衣着类上涨1.7%,医疗保健和个人用品类上涨1.1%;娱乐教育文化用品及服务类下降5.0%,交通和通信类下降0.4%。全年工业生产者购进价格和出厂价格指数均为97.1%,工业品价格"进出倒挂"得以扭转。12月全市新建商品住宅销售价格同比下降7.4%,降幅居全国70个大中城市中第三位。

### 4. 固定资产投资①

2012年全市完成固定资产投资2901.43亿元,比上年增长21.6%,增速快于上年4.0个百分点。其中,民间投资完成1306.8亿元,增长13.9%;基础设施投资完成850.1亿元,增长21.9%;房地产开发投资完成884.4亿元,增长17.1%。分产业看,第一产业投资完成10.9亿元,下降40.5%;第二产业投资完成822.2亿元,增长22.2%;第三产业投资完成2068.3亿元,增长22.1%。全年工业投资完成817.2亿元,增长22.3%,快于固定资产投资增速0.7个百分点,扭转了多年低位徘徊的局面。符合转型升级方向的项目投资领先增长,全年医药制造、汽车制造等行业工业投资分别增长119.6%和94.9%。

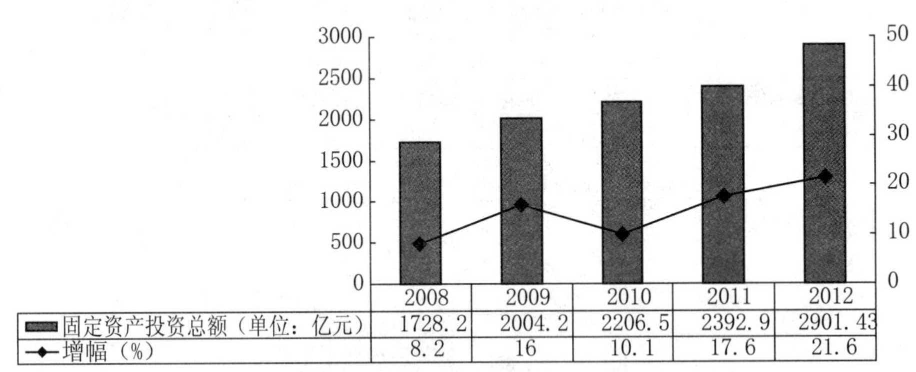


| | 2008 | 2009 | 2010 | 2011 | 2012 |
|---|---|---|---|---|---|
| 固定资产投资总额(单位:亿元) | 1728.2 | 2004.2 | 2206.5 | 2392.9 | 2901.43 |
| 增幅(%) | 8.2 | 16 | 10.1 | 17.6 | 21.6 |

**图26 2008—2012年宁波市全社会固定资产投资及增长幅度**

**表16 2012年宁波市县市主要经济指标**

| 县市 | 生产总值(亿元) | 地方财政收入(亿元) | 固定资产投资(亿元) | 社会消费品零售总额(亿元) |
|---|---|---|---|---|
| 宁波市区 | 3950.98 | 500.93 | 1687.18 | 1245.86 |

① 从2011年起,固定资产投资项目统计起点标准改为500万元。固定资产投资(不含农户)统计范围从城镇固定资产投资扩大到农村企事业组织。

（续表）

| | | | | |
|---|---|---|---|---|
| 余姚市 | 709.07 | 61.69 | 361.54 | 305.16 |
| 慈溪市 | 958.21 | 81.39 | 443.28 | 391.98 |
| 奉化市 | 274.25 | 24.37 | 128.14 | 109.83 |
| 象山县 | 337.16 | 27.28 | 137.58 | 148.22 |
| 宁海县 | 352.53 | 29.84 | 143.70 | 128.21 |

## （二）农业和农村建设

### 1. 农业生产

2012年全市实现农林牧渔业总产值420.5亿元，按可比价格计算，比上年增长1.9%。其中，农业200.0亿元，下降0.3%；林业11.4亿元，下降2.4%；畜牧业65.9亿元，增长4.9%；渔业137.5亿元，增长3.7%；农林牧渔服务业5.7亿元，增长8.4%。受天气影响，粮食产量有所下降，全年粮食总产量85.7万吨，下降4.9%。席草、葡萄、杨梅等经济作物产量增长较快，分别增长15.3%、7.2%和16.0%；生猪生产平稳，完成猪肉产量15.7万吨，增长5.9%。全年新增市级农业龙头企业20家，累计已达273家，其中产值（销售额）上亿元的达91家，年末市级龙头企业已获国家农产品名牌13件、浙江省名牌65件。

### 2. 新农村建设

2012年全市共投入“百千工程”资金11亿元，其中各级财政投入4.2亿元。累计2411个村启动村庄整治建设，占全部行政村的93%；建设生活污水生态处理设施村132个。新增全面小康村45个，累计达479个。全年在70个欠发达村实施村庄整治，共投入各类资金3亿多元，实施建设项目836个，拆除危旧房31.6万平方米，外立面改造125.6万平方米，村内道路硬化36.5万平方米，村庄绿化25.1万平方米，村内河道整治4.4万平方米。全年完成农村住房“两改”建设投资194亿元，开工改造建设农村住房9.5万户，已完工4.6万户，面积633万平方米，四年来全市累计投入农房建设项目资金600亿元，完成农房改造建设面积2500万平方米。乡村旅游快速发展，全年新增市级农家乐特色村3个，累计达35个，新增农家乐休闲旅游示范点15个，累计达91个，全年共接待游客1719万人次，实现营业收入17.2亿元，比上年分别增长44.2%和51.4%，解决农民就业4.3万人。

## （三）工业和建筑业

### 1. 工业经济

2012年全市实现全部工业总产值15843.9亿元，比上年增长2.7%。其中规模以上工业企业实现总产值11962.1亿元，增长1.3%，占全部工业总产值的比重达77.1%。规模以上工业中产值前十位的行业共完成总产值8710.6亿元，占全部规模以上工业总产值的比重达72.8%，同比提高0.2个百分点。其中，石油加工、炼焦及核燃料加工业完成总产值1568.6亿元，产值居各行业之首；汽车制造业增长16.8%，增速居前十位行业之首。全年规模以上轻工业完成总产值3419.3亿元，增长4.5%；重工业8542.8亿元，与上年持平。轻重工业之比由上年的1∶2.6变化为1∶2.5。全年规模以上工业企业实现增加值2132.5亿元，增长5.0%；实现利润520.3亿元，下降15.2%，实现利税总额1057.5亿元，下降8.3%。

### 2. 工业创新转型

2012年规模以上工业企业科技活动经费支出156.5亿元，比上年增长12.5%，占主营业务收入的比重达到1.4%，同比提高0.2个百分点；实现新产品产值2415.0亿元，增长10.4%，快于规模以上工业总产值增速9.1个百分点，新产品产值率达20.2%，同比提高1.7个百分点，创历史新高；规模以上高新技术产业实现工业总产值3431.0亿元，增长4.0%，快于规模以上工业平均增速2.7个百分点。

### 3. 建筑业

2012年全市完成建筑业产值2510.5亿元，比上年增长29.9%，增速位居全省第一，高出全省平均水平14.8个百分点。全年房屋建筑施工面积22572.3万平米，竣工面积6047.8万平米。

## （四）服务业

### 1. 国内贸易

2012年全市商品销售总额首次突破万亿大关，达10610.8亿元，比上年增长13.1%。全年完成社会消费品零售总额2329.26亿元，增长15.4%。分城乡看，城镇消费品零售额1954.9亿元，增长14.9%；乡村消费品零售额374.4亿元，增长17.7%。在限额以上企业销售的商品类值中，汽车类增长4.8%，石油及制品类增长19.7%，食品、饮料、烟酒类增长11.9%，服装、鞋帽、针纺织品类增长39.0%，金银珠宝类增长19.0%、通讯器材类增长33.3%。年末全市限额以上贸易企业达2828家，全年实现营业收入6983.2亿元，实现利润总额51.3亿元。

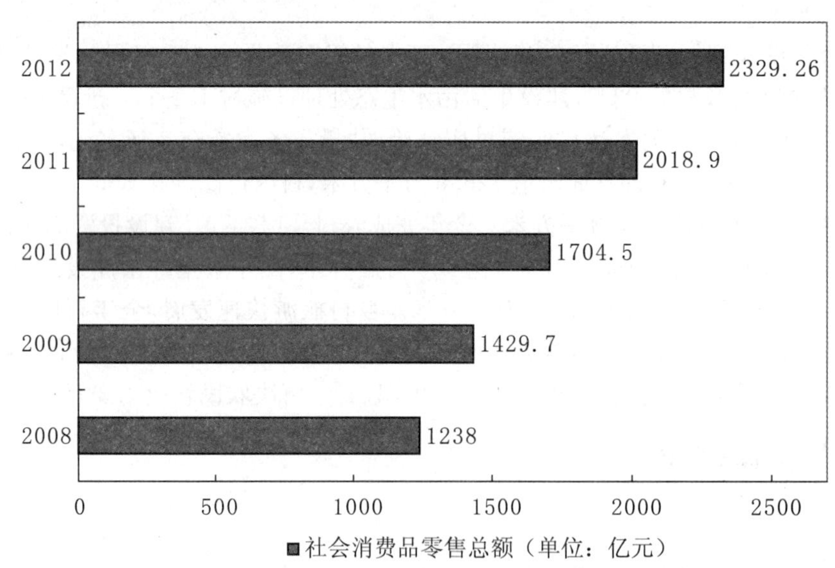


**图27　2008—2012年社会消费品零售总额**

### 2. 港口、交通运输

2012年宁波港货物吞吐量完成4.53亿吨，比上年增长4.5%；完成外贸货物吞吐量2.45亿吨，增长6.5%。主要货类“二升一降”，铁矿石吞吐量8218万吨，增长14.6%；煤炭吞吐量6631万吨，增长1.1%；原油吞吐量5509万吨，下降14.9%。全年集装箱吞吐量突破1500万标箱，达1567.1万标箱，增长8.0%，稳居大陆港口第3位，世界港口第6位。集装箱航线总数达到235条，其中远洋干线

120条，近洋支线63条，内支线20条，内贸线32条；月均航班约1465班，9月份创下了1693班的最高月航班记录。内支线箱量首破百万标箱，达100.6万标箱，增长83.9%。完成海铁联运箱量5.95万标箱，增长27.5%。

2012年全市交通基础设施建设投资完成181.5亿元。象山港大桥及接线建成通车，标志该市“一环六射”高速公路网络正式建成，全市进入“一小时交通圈”。年末全市公路总里程达到1.07万公里，公路网密度108.6公里/百平方公里，达到中等发达国家水平，其中高速公路461.9公里，一级公路959.9公里，二级公路813.4公里，三级公路1549.7公里，四级公路6176.2公里，基本形成了以高速公路为骨架、国省道为支撑、农村公路为脉络的公路网络。铁路建设难中求进，完成投资32.5亿元，铁路宁波站改建、货运北环线和北站迁建主体工程均全面展开，杭甬客专宁波段进入联调联试阶段。国际强港建设加快推进，建成北仑港区五期集装箱码头10#和11#泊位、穿山港区中宅煤炭码头工程、镇海港区通用散货码头等万吨级以上泊位7个，新增货物吞吐能力3738万吨，集装箱吞吐能力100万标箱。

2012年完成全社会货运量3.26亿吨，比上年增长4.4%。其中，水路货运量1.41亿吨，货物周转量1768.5亿吨公里，分别增长2.5%和4.7%；公路货运量1.66亿吨，货物周转量302.6亿吨公里，分别增长8.4%和7.5%；铁路货物发送量1924.1万吨，下降11.3%；机场货邮行吞吐量9.1万吨，增长6.4%。全社会客运量2.89亿人次，旅客周转量143.2亿人公里，分别增长4.4%和3.5%；铁路旅客发送量1118.7万人，增长1.1%；民航旅客吞吐量526.7万人次，增长5.0%。

### 3. 旅游业、会展

旅游业。2012年全市实现旅游总收入862.8亿元，比上年增长14.8%。接待入境旅游者116.2万人次，增长8.2%；旅游外汇收入7.3亿美元，增长12.1%；全年接待国内旅游者5748.3万人次，增长11.0%；国内旅游收入816.4亿元，增长15.2%。年末全市共有星级饭店170家，其中五星级19家，比上年新增1家；4A级旅游景区28处，比上年新增5处，5A级旅游景区1处。

会展业。2012年共举办各类会展活动282个，其中举办展会150个，展览总面积达179万平米。宁波国际会展中心、慈溪国际会展中心、余姚中塑国际会展中心、宁海国际会展中心四大专业场馆共举办展会活动66个，展览总面积达129万平米。规范庆典、研讨会、论坛的举办，全年县级以上举办商务性会议(论坛)77个，节庆活动55个，比上年分别减少3.7%和5.2%。

### 4. 金融、银行、证券和保险

2012年全市金融业实现增加值502.4亿元，按可比价计算，比上年增长12.6%，增速比上年提高3.7个百分点，占全市服务业增加值的比重达到18.3%，对服务业增加值的贡献率为20.8%。

年末全市金融机构本外币存款余额11980.5亿元，比上年增长12.4%，其中人民币存款余额11602.3亿元，增长11.2%；年末金融机构本外币贷款余额11961.0亿元，增长12.0%。年末全市银行业金融机构不良贷款率1.21%，比年初上升0.32个百分点，贷款质量整体保持平稳。全年银行业金融机构实现税后净利润266.5亿元，增长8.1%。年末银行业金融机构达到60家，其中政策性银行3家，大型银行5家，股份制商业银行11家，城市商业银行11家，邮储银行1家，外资银行5家，农村合作金融机构9家，新型农村金融机构12家，非银行金融机构3家。

2012年全市证券成交总额14494.9亿元，比上年下降6.9%，其中股票和基金成交9856.2亿元，下降29.0%。证券客户交易结算资金余额69.7亿元，下降12.3%。期货代理交易量4643.4万手，代理交易额41991.5亿元，分别增长113.6%和59.8%。年末证券投资者开户93.2万户，增长4.7%。年内新增期货营业部4家，年末全市共有58家证券营业部，2家证券投资咨询公司，1家期货公司和31家期货营业部。年内新增境内上市公司4家，实现IPO融资49.3亿元，境内上市公司总数达到

42家。

2012年全市保险业实现保费收入164.7亿元，比上年增长10.8%，高于全国8.0%的平均增幅。其中，财产险86.2亿元，增长11.6%；人身险78.5亿元，增长10.0%。保险业累计赔款和给付64.3亿元，增长33.4%，高于全国20.0%的平均水平。其中，财产险赔付支出51.9亿元，增长38.5%，人身险赔付支出12.4亿元，增长15.4%。年末共有50家保险公司在宁波市设立分支机构，较上年增加4家，其中产险公司28家，寿险公司22家。保险业资产总额突破300亿，达到311.0亿元，较年初增长20.1%。

## （五）对外经济、合作交流

### 1. 对外贸易

2012年全市完成口岸进出口总额1975.8亿美元，比上年下降1.4%。完成外贸自营进出口总额965.72亿美元，下降1.6%。其中，出口614.45亿美元，增长1.0%；进口351.27亿美元，下降5.9%。新增对外贸易经营备案登记企业2520家，累计达19763家，有进出口实绩企业12928家。私营企业完成出口305.5亿美元，增长8.8%，占全市自营出口额的比重达49.7%，同比提高3.5个百分点。机电产品出口和进口分别增长1.7%和3.6%。一般贸易出口占全市出口总额的比重为80.0%，进口占全市进口总额的比重为69.8%，同比分别提高1.4和1.7个百分点。

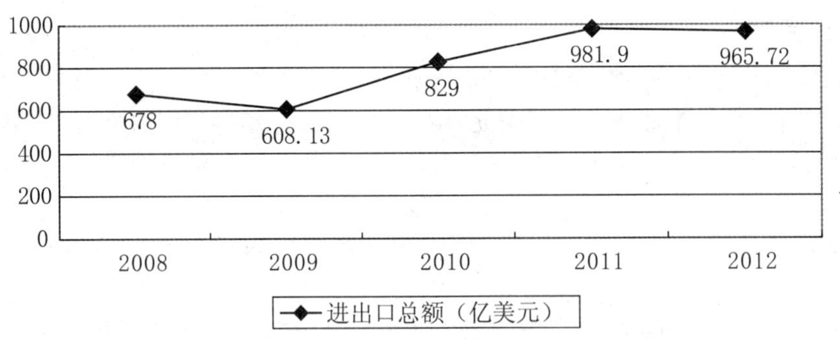


图28　2008—2012年宁波市外贸进出口总额

### 2. 利用外资

2012年新批外商投资项目437个，合同利用外资53.1亿美元，增长5.9%，实际利用外资28.5亿美元，增长1.5%。其中制造业实际利用外资12.8亿美元，增长8.4%；批发和零售业实际利用外资5.2亿美元，增长96.1%。引进世界500强工作初见成效，法国标致、美国康德乐等先后落户甬城，使宁波市引进的世界500强公司达38家。目前，38家公司已在宁波投资兴办94家企业，总投资达92亿美元。

### 3. 对外合作

2012年全市新批境外投资企业和机构205家，核准中方投资额13.1亿美元，比上年增长18.3%，实际中方投资额6.1亿美元。完成境外承包工程劳务合作营业额12.4亿美元，增长12.2%。

### 4. 服务外包

2012年全市完成服务外包合同额114.6亿元，执行额84.6亿元，比上年分别增长33.8%和34.1%；离岸服务外包合同额5.3亿美元，执行额4.1亿美元，分别增长39.8%和46.4%。年末全市

服务外包企业达723家，从业人员2.9万人。

**5. 国内合作**

凝聚“宁波帮”力量，全力推进浙商回归引进和国内招商引资，组织邀请261名市外国内重要甬商回乡参加了首届世界“宁波帮”大会。2012年实际引进内资562.6亿元，比上年增长6.1%，完成省外浙商回归引进项目实际到位资金273.7亿元。立足宁波需求，持续深化区域经济合作，新增山海协作产业合作项目49个，实际到位资金11.8亿元。创新“宁波周”活动，助推加快融入上海“两个中心”建设，完成接轨上海参与长三角合作项目125个，协议总投资233亿元。援助贵州、万州、云和项目291个、资金1.06亿元。成功举办了“2012上海·宁波周”活动，以及深圳青年企业家联合会、团中央青年企业家协会代表、在沪甬商及上海现代服务业企业等“宁波行”活动。组织企业参加了第十六届“西洽会”、第二十三届“哈洽会”、第十八届“津洽会”、第十三届“西博会”等国内重要展会。

## 二、宁波市2012年社会发展概况

### （一）人口、人民生活

年末全市户籍人口577.7万人，比上年末增长2.27‰，其中市区人口226.1万人。人口出生率8.65‰，人口死亡率6.56‰，人口自然增长率2.09‰。

全年市区居民人均可支配收入38043元，比上年增长11.3%，扣除价格因素，实际增长9.4%；农村居民人均纯收入18475元，增长11.8%，扣除价格因素，实际增长10.0%。从收入来源看，工资性收入仍是居民收入增长的决定性因素，对城乡居民收入增长的贡献分别达82.3%和69.3%。城乡居民收入比由2011年的2.06∶1缩小为2012年的2.05∶1，明显低于全国3.10∶1的平均水平。

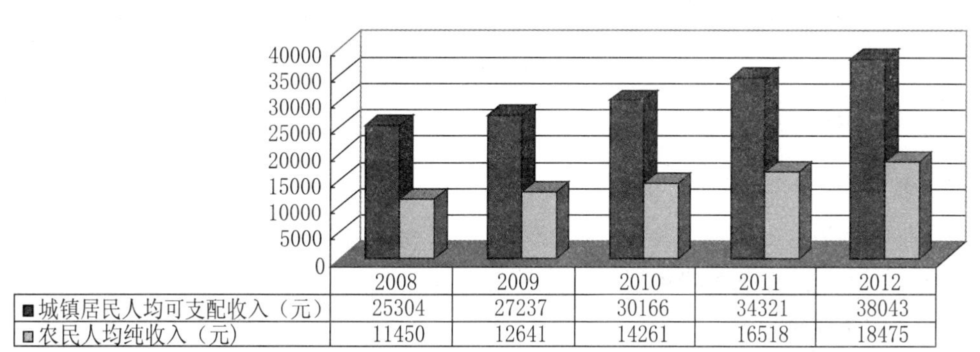


| | 2008 | 2009 | 2010 | 2011 | 2012 |
|---|---|---|---|---|---|
| ■城镇居民人均可支配收入（元） | 25304 | 27237 | 30166 | 34321 | 38043 |
| □农民人均纯收入（元） | 11450 | 12641 | 14261 | 16518 | 18475 |

**图29　2008—2012年宁波市城乡居民收入对比一览**

### （二）就业与社会保障

**1. 就业**

2012年全市新增城镇就业岗位15.2万个，比上年增长2.7%，7.3万名城镇失业人员实现再就业，其中困难人员再就业2.4万人，分别增长17.4%和30.5%。全年人力资源市场提供岗位196.9万个，求职登记数109.1万人次。组织农村劳动力培训3.8万人。年末城镇登记失业率为2.55%，处于历史低位水平。

### 2. 社会保障

社会保障体系。2012年新增基本养老、基本医疗、失业、工伤和生育保险参保人数39.9万人、21.6万人、15.6万人、16.9万人和18.4万人，年末参保人数分别达474.3万人、326.6万人、216.2万人、270.2万人和233.1万人。年末外来务工人员参加五大社会保险人数为179.4万人，全年参保人数净增22.6万人。新增城乡居民养老保险、城镇居民医疗保险参保人数10.1万人和18.1万人。本地户籍人口养老保障参保率达到83.4%。2012年企业退休人员基本养老金每月增加223元，人均每月达到2048元。医疗补助范围和标准进一步扩大，城镇职工和城镇居民政策范围内住院及特殊病种费用报销比例提高到85%和70.4%。城镇职工和居民医保市级统筹稳步推进，社会保障卡"一卡通"工程取得阶段性成果，累计发放社保卡突破200万张。

民生保障。年末全市共有城乡低保39355户59483人，支出低保资金2.29亿元。全市农村五保对象5224人，集中供养人数4990人，集中供养率为95.5%，城镇"三无"对象1380人，集中供养人数1353人，集中供养率为98.0%。养老机构年内新增床位2468张，年末全市共有养老机构220个，床位33168张。

保障性安居工程。2012年全市新开工建设保障性安居工程140.3万平方米、18858套，其中公共租赁住房56.1万平方米、10269套；竣工保障性安居工程6202套；新增发放廉租住房货币补贴3721户，超额完成省政府下达的各项住房保障目标任务。

慈善事业。2012年市县两级慈善机构募集善款4.4亿元，救助支出3.6亿元，受助的困难群众达35.5万余人次。至2012年底，全市慈善机构累计募集已达34.3亿元，累计救助支出23.4亿元，受助170.5万余人次。全年共开展各种志愿服务活动500余次，参加服务的义工6000余人次。服务时间累计达13000小时。

社会组织。年末全市共有6个区、2个县、3个县级市、78个镇、11个乡、64个街道办事处、533个社区、106个居民委员会、2567个村民委员会。

## （三）教育和科学技术

### 1. 教育事业

年末全市拥有各级各类学校2064所，在校学生总数133.1万人，教职工总数10.0万人，其中专任教师约达7.6万人。全市累计义务段标准化学校达到492所，标准化学校创建率达到69.5%。学前三年幼儿纯入园率保持在99.7%以上，义务教育段入学率和巩固率分别保持在100%和99%以上，初中毕业生升入高中段的比例保持在99.1%以上，普职比为1∶1。年末全市共有全日制民办中小学(幼儿园)1072所，在校(园)生约32万人，占全市全日制中小学(幼儿园)在校(园)生数的28.4%。在甬全日制普通高校在校生14.5万人，本专科在校生比为60∶40；在甬研究生达到6700人；全市每万人在校大学生数达到252人。全年有240余家单位开展培训工作，培训项目180多个，完成培训8.1万人。完成成人"双证制"培训毕业人数8445人，农村预备劳动力职业技能培训人数2323人。

### 2. 人才与科技创新

2012年新增各类人才14.5万人，年末全市人才总量达到130万。其中，专业技术人才71.2万；高技能人才21万；硕博人才3.3万；海外留学人才超过3500人。高层次人才开发计划加快推进。新增海外高层次人才国家级"千人计划"5名、省级"千人计划"28名、市"3315计划"34名。选拔推荐国家特殊津贴人选8名，新增省151工程重点资助人选2名、第一层次人选4名、第二层次人选23名。确定首批市级领军和拔尖培养人选605名，新储备中高层次人才近4200名。产学研平台建设成效显

著。新建留学人员创业园3家，实现县(市)区全覆盖。新增博士后科研工作站(流动站)17家，总数达到63家，累计招收博士后302名，全面完成博士后“135”计划。新增市级企业技术创新团队40家、省级团队4家。建立首批市级技能大师工作室11家，其中国家级1家、省级8家；建成首家高技能人才公共实训中心。

由宁波大学为主完成的“非线性应力波传播理论及应用”项目获得国家自然科学二等奖，成为该市首次获得的国家自然科学奖。全年获得省级科学技术奖26项，其中一等奖1项，二等奖2项，三等奖23项。全年专利申请量73647件，授权量59175件，比上年分别增长54.8%和58.5%，其中发明专利授权量2065件，增长27.1%。全市认定省级高新技术企业研发中心38家，省级企业工程中心12家，市级企业工程(技术)中心130家。

## (四) 文化、卫生和体育

### 1. 文化事业

公共文化服务更加丰富，全年各级文化部门共组织举办精品展览、公益讲座、高雅艺术演出各500多场，送电影下乡25000多场、送戏下乡2500场，为1100多艘渔船新装广播电视，行政村全部建立了“农家书屋”，宁波市“零门槛公共文化服务打造书香宁波”专题在《新闻联播》播出。城乡文化活动更趋活跃，承办了第七届全国优秀儿童剧展演、“群星璀璨”全国群众美术书法摄影优秀作品展等多项国家级大型文化活动，成功举办首个大型城市音乐欢唱活动——“2012阿拉音乐节”、第四届全民读书月、第五届中国(宁波)农民电影节等品牌节庆活动，形成了以国家级高水平文化活动为引领、市区(县)联动的节庆文化品牌为支撑的发展模式。文化产品创作与生产再获丰收，音乐剧《告诉海》、电视剧《向东是大海》、动画电视系列剧《少年阿凡提》、纪实文学作品《主义之花》四部优秀作品荣获全国第十二届精神文明建设“五个一工程”奖。儿童剧《神奇的田螺壳》获第七届全国优秀儿童剧展演优秀剧目奖，甬剧《宁波大哥》获“中国现代戏研究会突出贡献奖”。文化产业发展势头迅猛，浙江大丰实业有限公司被文化部授予“国家文化产业示范基地”，成为我国舞台机械设备领域内唯一一家获评企业。海伦钢琴股份有限公司在深交所创业板成功上市，成为该市第四家文化类上市公司。全年电影票房首次突破两亿元大关，达到2.3亿元，比上年增长28.3%，增幅位列全省第一。新增影院6家，年末共有多厅影院23家；全年引进电影112部，其中国产影片80部、国外影片32部。

### 2. 卫生事业

城乡居民医疗卫生条件进一步改善，年末实有病床2.8万张，拥有卫生技术人员4.9万人，其中执业医师(含助理)1.9万人，注册护士1.8万人。按户籍人口统计，每千人床位数、卫技人员数、执业医师(含助理)数和注册护士数分别达到4.8张、8.4人、3.3人和3.1人。年末全市共设置社区卫生服务中心(卫生院)151家，建成省级规范化社区卫生服务中心(卫生院)131家，创建率达86.8%，居全省前列；建成省级示范社区卫生服务中心21家，其中国家级4家。新型农村合作医疗制度进一步巩固，参合人数为292.8万，参合率达97.7%，人均筹资水平从上年的396元增加到565元。公共卫生工作成效显著。全市甲乙类传染病报告总发病率为189.81/10万；适龄儿童免疫规划疫苗接种率99.6%，免疫预防服务质量保持全省先进水平；全年常住人口孕产妇死亡率为0，首次实现零死亡，婴儿死亡率2.96‰，5岁以下儿童死亡率4.05‰，均稳定在较低水平。无偿献血工作稳步推进。全年无偿献血70016人次，无偿献血量占临床用血比例为104.2%，继续保持该市临床用血全部来自无偿献血的目标。

### 3. 体育事业

开展“体育系统直属场馆公益开放”活动，市民参与健身热情高涨，仅局属各大体育场馆已有近10

万人次参与免费健身活动。全年有12个乡镇街道成功创建省体育强镇，4个街道51个社区成功创建浙江省城市体育先进街道社区。公共体育健身设施建设维护力度加大，全年更新体育健身路径586条，新建各类球场200个。群众体育活动丰富多彩，培训广播体操指导员（志愿者）500多名，举办各级各类广播体操比赛30多场次，使第九套广播体操成宁波市民健身新热点。竞技体育综合实力显著提高，征战奥运成绩取得新的突破，共有李金子、董程、汪顺、单丹娜、李玲等5名运动员参加了伦敦奥运会，获得了首枚奥运会女子拳击奖牌和2个第五名，加上输送到中国武警总队的女拳选手任灿灿，参赛人数超过了历届奥运会。另外，2012年宁波市运动健儿还在各级大赛中分别获得2个世界冠军、9个亚洲冠军和24个全国冠军。体育事业与体育产业协调发展，全年全市共举办了42项国家级以上赛事，11选5成功上市助推体彩销售再上新台阶，销量首次超过13亿元，超过温州，跃居全省第二。

## （五）城市建设和城乡统筹发展

中心城区功能提升渐显成效，东部新城、南部商务区、铁路宁波站（南站）综合客运枢纽等33个区块完成投资871亿元。城乡环境更新改造稳步实施，"三江六岸"滨江休闲带工程总体方案基本完成，启动段（姚江大桥到解放桥）基本建成；完成22个老小区整治，建筑面积108万平方米，投资8133万元；完成背街小巷综合整治42条，全年道路完好率达90%以上，路灯亮灯率保持在98%以上；实施中心城区道路清爽行动，市区两级落实保洁经费及配套资金3.6亿元，1195条道路实现常态保洁，机扫率从36.9%提高到75.0%。综合交通网络构建日臻完善，轨道交通一号线一期工程隧道已贯通，二号线一期工程地下站已全面开工建设；南、北环快速路进行柱墩和现浇箱梁主体结构施工；年内计划打通的21条"断头路"已全部贯通，完成18个支路卡口项目；全市共新建公共停车泊位4996个。公共交通体系进一步优化，年内新辟、优化调整公交线路108条，共有66条公交线路实行早班提前晚班延时服务；更新、投放公交车1220辆，其中天然气公交车520辆，是前两年总和的1.5倍，运力总规模超过6千标台，市区公交车中天然气公交车、空调车的比例分别达到21%和98%；更新和新增油气两用出租汽车1200辆，已有5座加气站可以向出租车提供加气服务，年末共有出租车5834辆。

提升中心城区辐射带动功能，东部新城、南部新城等区块建设步伐加快。实施"三江六岸"滨江休闲带工程，开展户外广告整治和城区道路清爽行动，打通"断头路"21条，整治主干道17条、背街小巷42条，第二轮老小区整治任务全面完成。余慈地区基础设施共建共享有序推进，奉化滨海新区开发建设稳步实施，宁波三门湾区域发展规划通过专家评审。完善"内接外联"大交通体系，象山港大桥建成通车，大榭第二大桥顺利合龙，穿好高速建设接近收尾，绕城高速11条连接线全部建成，城市轨道交通1号线一期和2号线一期、铁路宁波站改建、南北环快速路等项目有序推进。加快城市基础设施和公共服务向农村延伸，新增城镇污水处理配套管网330公里，城乡客运一体化率达到65%。深入开展卫星城市建设试点，中心镇、中心村发展步伐加快。推进幸福美丽新家园建设，创建全面小康村45个、省级森林村庄36个，培育建设中心村、特色村51个，完成农房改造4.6万户、633万平方米，建成清水河道220公里。加强对口协作帮扶，开展村庄整治建设提档升级"十大行动计划"，相对欠发达地区的发展面貌进一步改善。

## （六）生态建设

实施城市"禁燃区"建设和机动车排气污染防治，累计淘汰改造燃煤锅炉465台，市六区四个机动车排气检测站正式上线运行。强化饮用水源等重点水域及农村环境综合整治工作，排查各类水库127座，建立各类污染源工作台帐；建成太阳能生化减量处理设施400多座、分散式村级生活污水处理设施建设项目100多个。环境执法监管继续强化，全年共出动执法人员42748人次、检查企业21867家

次，立案查处企业938家，罚款总额4208.6万元，个案处罚额度4.5万元。监测监控能力不断提升，3月25日起在全省率先按照新的环境空气质量标准发布中心城区PM2.5实时监测数据，11月16日起发布所有8个国控点位空气质量指数（AQI）。全年共完成淘汰落后产能任务企业568家，其中关停淘汰64家；淘汰落后设备4500台（套），节能42.8万吨标煤，累计减少CO2排放107万吨、COD排放719吨、SO2排放2231吨、氨氮排放32吨、氮氧化物排放1561吨。大力开展建筑节能和可再生能源推广应用工作，全年组织实施可再生能源建筑应用示范项目15个，面积110万平方米；新增节能建筑面积1675万平方米；新增太阳能光热应用面积100万平方米，地源热泵60万平方米。2012年宁波顺利通过国家环保模范城市现场复核验收，慈溪市、鄞州区通过省级生态市（区）考核验收，宁海县通过国家级生态县技术评估。

### （七）平安宁波

2012年全市共发生各类安全生产事故3578起、死亡778人、受伤3136人、直接经济损失4315.7万元，比上年分别下降5.3%、5.2%、8.3%和8.2%，连续第八年实现安全生产主要指标同比下降。积极推进食品监管体制建设创新，依法做好食品安全监督工作，全年完成食品定量检验53715批次，为全年任务总量的127.9%。加大药械市场监管力度，全面实施新版GMP，完成辖区18家原料药、制剂生产企业日常监督检查，检查覆盖面100%。全年共查处各类违法药械保健食品广告98件，其中移送工商部门处理的67件，行政告诫31件；药械及餐饮案件立案共1112件，结案979件，移送公安8件，没收违法生产经营各类货值金额108.9万元，罚没款总计1544万元，罚没款和移送案件数均为历年之最。积极打造“无欠薪宁波”品牌，和谐劳动关系保持总体稳定，全市已筹集工资支付保证金15.0亿元、欠薪应急周转金1.5亿元，全年处理劳动违法案件3385件，责令补签劳动合同5.7万份，为3.3万名职工追回被拖欠工资2.0亿。全年共受理群众信访36503件（人）次，接待群众集体上访1431批19388人次。全年人民调解组织共调处各类民事纠纷126447件，调解成功124658件，成功率达98.6%，防止民间纠纷引起的自杀25件、32人次；防止民间纠纷转换为刑事案件135件、779人次。

## 三、挑战和目标

宁波市发展中还存在不少问题，政府工作与群众期盼还有不少差距。2012年，该市地区生产总值、自营进出口指标没有实现预期目标。发展中的深层次矛盾日益凸显，资源环境制约不断加剧；企业创新能力亟待增强，战略性新兴产业尚未形成规模优势，产业转型升级步伐有待加快；城乡基础设施建设相对滞后，城乡管理存在不少薄弱环节；生态环境保护力度亟待加大，住房保障、食品安全、交通出行、就医就学、养老服务等方面还有许多难题亟待破解；一些政府工作人员服务意识不强、办事效率不高、行政不作为和铺张浪费等问题依然存在；由镇海炼化扩建一体化项目引发的群体性事件教训深刻。对于这些问题，应当高度重视，采取有效措施，切实加以改进。

综合考虑发展趋势和工作导向，围绕“四个翻一番”目标，建议2013年经济社会发展的主要预期目标为：地区生产总值增长9%左右，地方财政收入增长8%以上，市区居民人均可支配收入、农村居民人均纯收入分别增长10%以上和11%以上，城镇新增就业12.8万人，城镇登记失业率控制在3.6%以内，居民消费价格指数控制在103.5%左右，节能减排指标完成国家和省下达的任务。

## 四、宁波市在长三角地区经济发展中的地位

2012年，面对国内外复杂多变的宏观经济形势，宁波市政府较好地完成了市十四届人大一次会议确定的目标任务。全年实现地区生产总值6524.7亿元，增长7.8%；完成地方财政收入725.5亿元，

增长 10.3%,十方面民生实事全面完成。

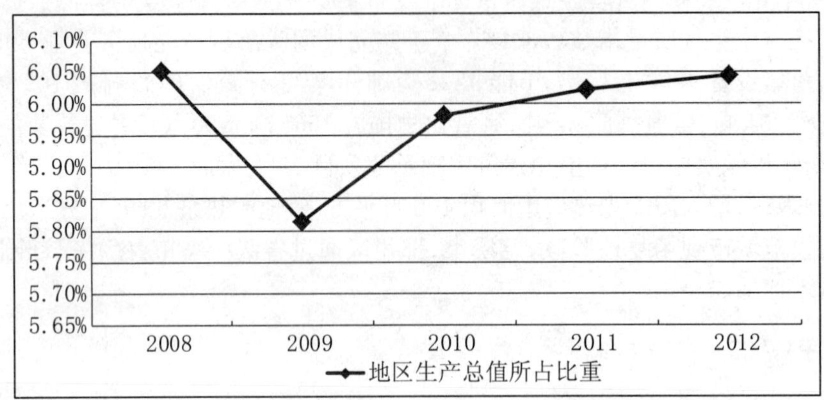


**图 30　2008—2012 年宁波市地区生产总值在长三角所占比重的变化趋势**

2008—2012 年宁波市地区生产总值在长三角所占比重分别 6.05%、5.81%、5.98%、6.02%和 6.04%,2012 年在 2010 年大幅回升的情况继续回暖,但增幅较小,仅较上年增长 0.02 个百分点,尚未恢复到 2008 年的水平。2011 年宁波市地区生产总值在长三角地区 25 个市(苏浙两省 24 个地级市和上海市,下同)排名保持不变,排名第 6 位。

2012 年,宁波市实现地区生产总值 6524.7 亿元,按可比价格计算,比上年增长 7.8%。其中,第一产业实现增加值 270.0 亿元,增长 1.6%;第二产业实现增加值 3516.7 亿元,增长 6.0%;第三产业实现增加值 2738.0 亿元,增长 10.9%。三次产业之比为 4.1∶53.9∶42.0,第三产业增加值占地区生产总值比重比上年提高 1.5 个百分点。按常住人口计算人均生产总值为 85475 元(按年平均汇率折算为 13541 美元)。

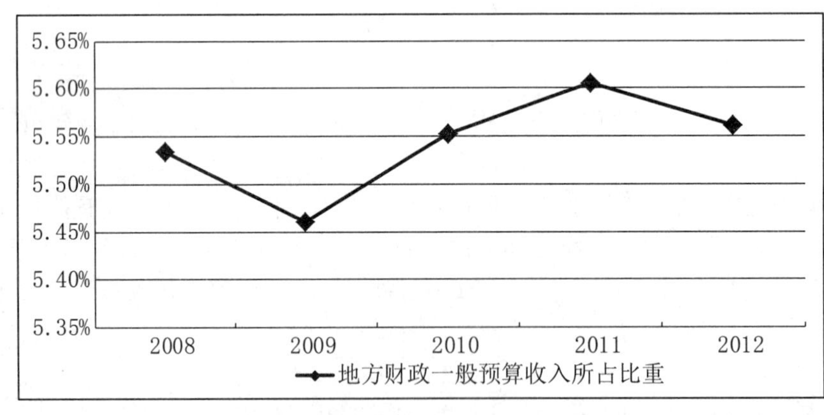


**图 31　2008—2012 年宁波市地方财政一般预算收入在长三角所占比重的变化趋势**

2008—2012 年宁波市地方财政一般预算收入在长三角所占比重分别为 5.53%、5.46%、5.55%、5.61%和 5.56%,2011 年达顶点,2012 年较上年降低了 0.05 个百分点。2012 年宁波市地方财政一般预算收入在长三角地区 25 个市排名与上年比下滑一位,排名第 5 位。

2012 年,宁波市完成公共财政预算收入 1536.5 亿元,比上年增长 7.3%,其中地方财政收入完成 725.5 亿元,增长 10.3%,增速比上年分别下降 14.9 和 13.5 个百分点。在地方税收中,营业税、增值税、企业所得税、个人所得税分别增长 20.3%、11.3%、6.7%和-6.9%。全市完成公共财政预算支出

828.4 亿元，增长 10.4%，增速同比下降 14.6 个百分点。财政支出继续向民生领域倾斜，全市财政用于民生支出 548.5 亿元，增长 13.5%，增速快于公共财政预算支出 3.1 个百分点，占财政支出的比重为 66.2%，同比提高 1.8 个百分点，其中社会保障和就业支出 79.0 亿元，增长 34.8%，增速最快；教育支出 141.7 亿元，占民生支出比重最高，达 25.8%，增长 20.4%，增速居第三位。

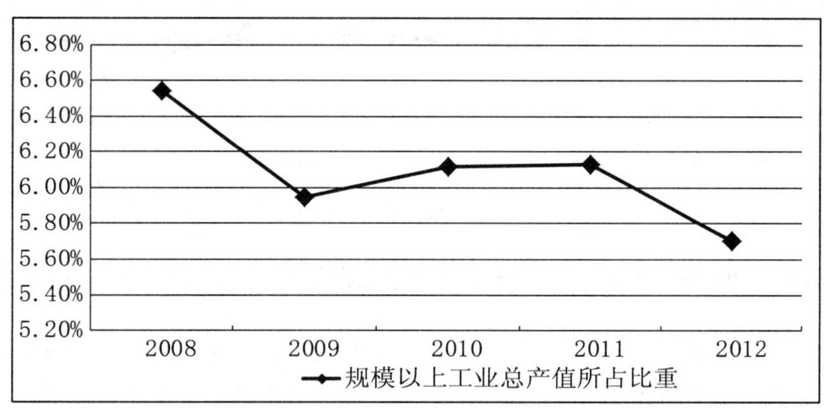


**图 32　2008—2012 年宁波市规模以上工业总产值在长三角所占比重的变化趋势**

2008—2012 年宁波市规模以上工业总产值在长三角所占比重分别为 6.54%、5.95%、6.12%、6.13%和 5.70%，整体呈下跌趋势，跌幅达 0.84 个百分点，2012 年较上年降低了 0.43 个百分点。2012 年宁波市规模以上工业总产值在长三角地区 25 个市排名与上年保持一致，排名第 5 位，位居上海、苏州、无锡、杭州之后，虽保持着领先优势，但仍有较大的上升空间。

2012 年，宁波市实现全部工业总产值 15843.9 亿元，比上年增长 2.7%。其中规模以上工业企业实现总产值 11962.1 亿元，增长 1.3%，占全部工业总产值的比重达 75.5%。规模以上工业中产值前十位的行业共完成总产值 8710.6 亿元，占全部规模以上工业总产值的比重达 72.8%，同比提高 0.2 个百分点。其中，石油加工、炼焦及核燃料加工业完成总产值 1568.6 亿元，产值居各行业之首；汽车制造业增长 16.8%，增速居前十位行业之首。全年规模以上轻工业完成总产值 3419.3 亿元，增长 4.5%；重工业 8542.8 亿元，与上年持平。轻重工业之比由上年的 1∶2.6 变化为 1∶2.5。全年规模以上工业企业实现增加值 2132.5 亿元，增长 5.0%；实现利润 520.3 亿元，下降 15.2%，实现利税总额 1057.5 亿元，下降 8.3%。规模以上工业企业科技活动经费支出 156.5 亿元，比上年增长 12.5%，占主营业务收入的比重达到 1.4%，同比提高 0.2 个百分点；实现新产品产值 2415.0 亿元，增长 10.4%，快于规模以上工业总产值增速 9.1 个百分点，新产品产值率达 20.2%，同比提高 1.7 个百分点，创历史新高；规模以上高新技术产业实现工业总产值 3431.0 亿元，增长 4.0%，快于规模以上工业平均增速 2.7 个百分点。

2008—2012 年宁波市进出口总额在长三角所占比重分别为 8.15%、7.56%、7.62%、7.65%和 7.45%。宁波市进出口总额占比在 2009 年出现大幅下跌，比 2008 年的历史高点下降了 0.59 个百分点。2010 年和 2011 年止跌上扬，2012 年继续下滑，较上年降低了 0.2 个百分点，距离 2008 年最高水平仍有较大差距。2012 年宁波市进出口总额在长三角地区 25 个市排名与上年保持一致，排名第 3 位，位居上海、苏州之后，始终保持着领先优势。

2012 年，宁波市完成口岸进出口总额 1975.8 亿美元，比上年下降 1.4%。完成外贸自营进出口总额 965.7 亿美元，下降 1.6%。其中，出口 614.4 亿美元，增长 1.0%；进口 351.3 亿美元，下降 5.9%。新增对外贸易经营备案登记企业 2520 家，累计达 19763 家，有进出口实绩企业 12928 家。私

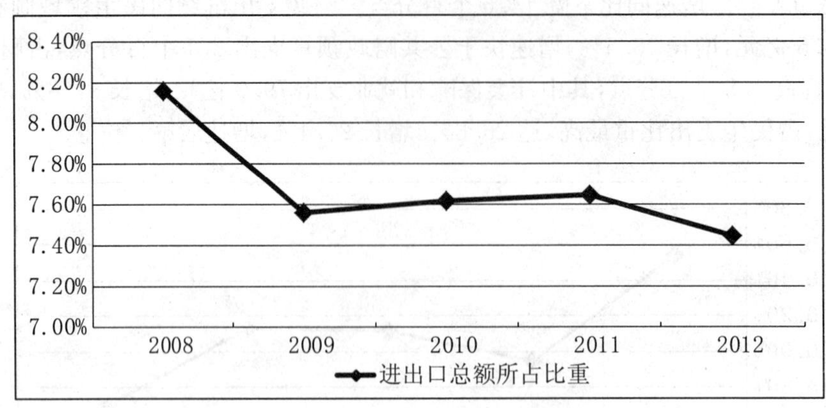


图33 2008—2012年宁波市进出口总额在长三角所占比重的变化趋势

营企业完成出口305.5亿美元，增长8.8%，占全市自营出口额的比重达49.7%，同比提高3.5个百分点。机电产品出口和进口分别增长1.7%和3.6%。一般贸易出口占全市出口总额的比重为80.0%，进口占全市进口总额的比重为69.8%，同比分别提高1.4和1.7个百分点。

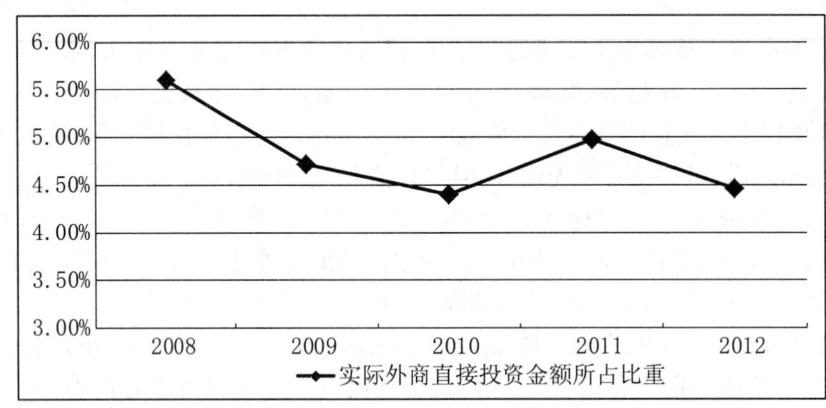


图34 2008—2012年宁波市实际外商直接投资金额在长三角所占比重的变化趋势

2008—2012年宁波市实际外商直接投资金额在长三角所占比重分别为5.61%、4.72%、4.40%、4.98%和4.46%，已连续多年出现大幅度的下降，累计跌幅高达1.25个百分点。2011年止跌上扬，比上年上升了0.58个百分点，2012年继续下滑，较上年降低了0.52个百分点。2012年宁波市实际外商直接投资金额在长三角地区25个市排名与上年保持一致，排名第7位，虽排名仍较靠前，但亟需解放思想，争取有所提升。

2012年，宁波市新批外商投资项目437个，合同利用外资53.1亿美元，增长5.9%，实际利用外资28.5亿美元，增长1.5%。其中制造业实际利用外资12.8亿美元，增长8.4%；批发和零售业实际利用外资5.2亿美元，增长96.1%。引进世界500强工作初见成效，法国标致、美国康德乐等先后落户甬城，使全市引进的世界500强公司达38家。目前，这38家公司已在宁波投资兴办94家企业，总投资达92亿美元。全市新批境外投资企业和机构205家，核准中方投资额13.1亿美元，比上年增长18.3%，实际中方投资额6.1亿美元。完成境外承包工程劳务合作营业额12.4亿美元，增长12.2%。

# 四　温州市 2012 年经济社会发展报告

2012 年，全市人民在市委、市政府的正确领导下，坚持以科学发展观为指导，认真实施“两海两改”四大国家战略举措，扎实推进“三生融合·幸福温州”建设，坚持“稳中求进、转中求好”的工作基调，努力克服经济社会发展中的各种困难与问题，抓投入兴实体，加快转型升级步伐，促进城乡统筹发展，全市经济在转型升级中实现平稳增长，社会各项事业全面推进，人民生活持续改善。

## 一、温州市 2012 年经济发展概况

### （一）综合经济

#### 1. 经济总量

2012 年全市生产总值 3669.18 亿元，按可比价计算，比上年增长 6.7%，增幅比上年回落 2.8 个百分点。其中，第一产业增加值 114.22 亿元，增长 1.2%；第二产业增加值 1852.99 亿元，增长 6.0%；第三产业增加值 1625.00 亿元，增长 8.0%。按户籍人口计算，人均地区生产总值 45667 元(按年平均汇率折算为 7234 美元)，增长 5.8%。国民经济三次产业结构为 3.1∶50.5∶46.4，第三产业比重较上年上升 1.1 个百分点。

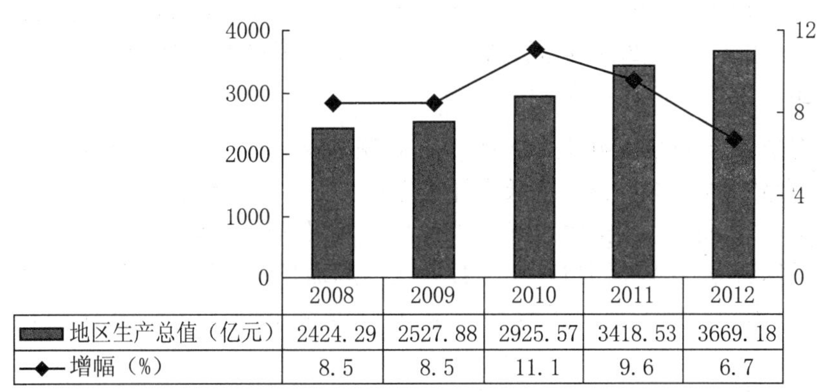


| | 2008 | 2009 | 2010 | 2011 | 2012 |
|---|---|---|---|---|---|
| 地区生产总值（亿元） | 2424.29 | 2527.88 | 2925.57 | 3418.53 | 3669.18 |
| 增幅（%） | 8.5 | 8.5 | 11.1 | 9.6 | 6.7 |

图 35　2008—2012 年温州市地区生产总值及增长速度

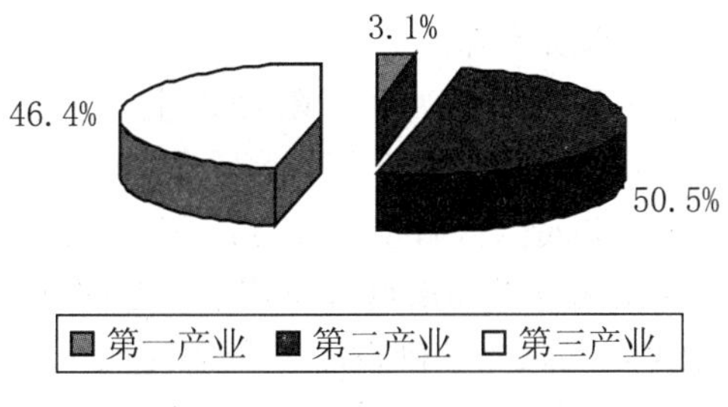


图 36　2012 年温州市三次产业结构图

表17 2012年温州市县市主要经济指标

| 县市 | 生产总值(亿元) | 地方财政收入(亿元) | 固定资产投资(亿元) | 社会消费品零售总额(亿元) |
|---|---|---|---|---|
| 温州市区 | 1444.13 | 135.14 | 730.63 | 1038.35 |
| 瑞安市 | 559.32 | 40.65 | 316.41 | 236.38 |
| 乐清市 | 599.43 | 45.72 | 362.00 | 210.76 |
| 洞头县 | 44.14 | 3.39 | 47.40 | 14.44 |
| 永嘉县 | 261.02 | 18.45 | 176.35 | 89.57 |
| 平阳县 | 259.76 | 17.12 | 181.41 | 107.84 |
| 苍南县 | 325.52 | 19.33 | 220.47 | 184.52 |
| 文成县 | 52.67 | 4.93 | 38.38 | 23.99 |
| 泰顺县 | 51.98 | 4.92 | 37.28 | 23.45 |

### 2. 财政收入

全年财政总收入517.89亿元,其中公共财政预算收入279.01亿元,均增长3.0%。全年公共财政预算支出387.79亿元,增长4.7%。其中,教育支出103.64亿元,增长10.7%;科学技术支出8.50亿元,增长16.2%;文化体育与传媒支出8.61亿元,增长23.7%;社会保障和就业支出27.75亿元,增长15.0%;城乡社区事务支出32.08亿元,增长10.9%;交通运输支出18.93亿元,增长12.5%。

### 3. 物价水平

全年居民消费价格指数(CPI)比上年上涨2.3%,涨幅较上年回落3.8个百分点。从八大类消费品及服务价格看,食品价格大幅回落是拉低物价回落的主因。食品类价格从上年的累计涨幅11.8%,回落至今年的5.7%。其余七大类除娱乐教育文化用品及服务类价格累计下降0.5%外,烟酒、衣着、家庭设备用品及维修服务、医疗保健和个人用品、交通和通信、居住等六类分别上涨1.7%、0.5%、2.9%、1.5%、0.4%和1.5%。全年工业生产者出厂价格下降3.3%,工业生产者购进价格下降2.3%。

### 4. 固定资产投资①

2012年,全社会固定资产投资2357.11亿元,比上年增长34.6%;其中限额以上固定资产投资2110.34亿元,比上年增长37.0%。限额以上投资率为57.8%。投资三大板块结构有所优化,工业性投资比重上升,房地产开发投资比重有所下降。

工业投资增幅加快,产业结构逐步优化。全市限额以上工业投资469.29亿元,比上年增长42.0%,其中工业技术改造投资234.79亿元,增长37.1%。高新技术产业固定资产投资步伐有所加快,限额以上专用设备制造业,医药制造业,计算机、通信和其他电子设备制造业投资分别增长34.0%、41.2%和129.5%,对产业结构调整和重点行业技术改造起到重要的推动作用。

基础设施投资增势强劲。全年限额以上基础设施投资额完成628.65亿元,比上年增长48.3%。其中电力、交通、电信、体育等基础设施保持较快增长,分别增长63.3%、82.1%、387.2%和120.3%。

① 从2011年起,固定资产投资项目统计起点标准改为500万元。固定资产投资(不含农户)统计范围从城镇固定资产投资扩大到农村企事业组织。

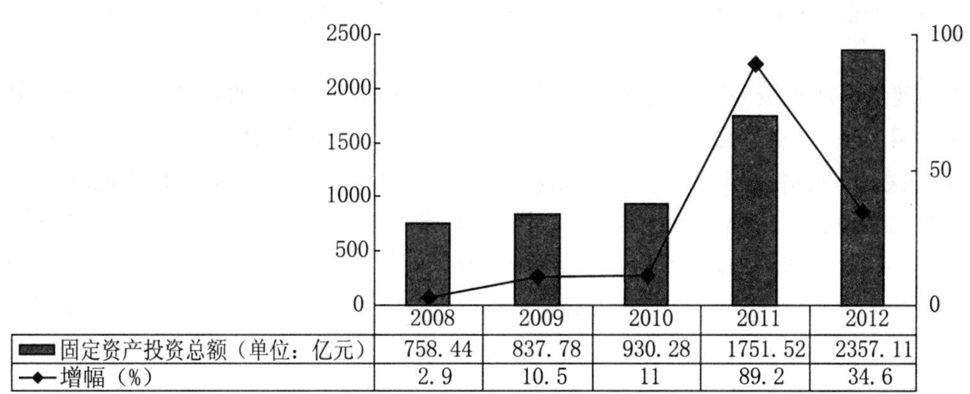


**图 37　2008—2012 年温州市全社会固定资产投资及增长幅度**

新开工项目大幅增加，重点工程推进力度加大。2012 年全年限额以上投资施工项目 6966 个，比上年增加 3096 个，其中新开工项目 4394 个，比上年增加 2497 个。新开工项目完成投资额 789.39 亿元，增长 81.4%。全年实施重点工程项目 244 项，完成投资额 563.49 亿元，增长 16.1%。年内已建成项目 26 个，完成投资额 52.97 亿元。主要有温州市西向排洪工程、龙湾区海滨围垦、瑞安市城市防洪三期工程、灵昆标准堤北段标二期工程、楠溪江引供水乐清引水工程、珊溪水利枢纽平苍引水工程、温州医学院附一院迁建、杨府山城市公园一期建设工程、七都大桥、瓯海大道西段快速路工程等。

## （二）农业和农村建设

全年农林牧渔业总产值 185.11 亿元，按可比价格计算，比上年增长 1.3%。其中，农业产值 79.59 亿元，增长 2.9%；林业产值 4.37 亿元，增长 6.4%；牧业产值 39.99 亿元，下降 3.8%；渔业产值 58.90 亿元，增长 2.1%；农林牧渔服务业产值 3.27 亿元，增长 12.9%。

全年农作物总播种面积 370.62 万亩，比上年下降 0.9%，其中粮食播种面积 234.89 万亩，下降 1.1%。全年粮食总产量为 92.71 万吨，下降 0.4%。在经济作物中，除蔬菜减产外，水果、糖料、茶叶、油料等作物增产。

**表18　2012 年主要农产品产量**

| 指　标 | 产量(万吨) | 比上年增长(%) |
| --- | --- | --- |
| 粮食 | 92.71 | −0.4 |
| 水果 | 40.74 | 1.0 |
| #园林水果 | 18.81 | 10.0 |
| 蔬菜 | 129.44 | −4.0 |
| 糖料 | 2.33 | 8.9 |
| 茶叶 | 0.50 | 2.8 |
| 油料 | 2.11 | 2.7 |

全年肉类总产量 13.15 万吨，比上年下降 4.3%，除牛肉、兔肉增产外，猪肉、羊肉和禽肉产量比上年有所下降。年末生猪、牛、羊和家禽存栏均有所下降。全年水产品总产量 57.69 万吨，比上年增长

2.5%，其中海洋捕捞44.81万吨，增长3.5%；海水养殖10.47万吨，下降0.3%；淡水产品2.40万吨，下降3.6%。

全年水利建设完成投资86.10亿元，年末拥有大型水库1座，中型水库18座，小型水库287座。全市旱涝保收田面积74.49千公顷，有效灌溉田面积126.95千公顷，其中机电排灌面积96.92千公顷。全市农(渔)业机械总动力233.14万千瓦，增长1.3%；农村用电量90.27亿千瓦时，增长0.5%。

农业产业化发展加快推进。"两区建设"提质提速，全年建成粮食生产功能区11.42万亩，主导产业示范区15个，特色农业精品园55个，休闲观光农业示范园区10个。农产品质量安全有所加强，建成农产品质量安全溯源管理枢纽站3个、溯源点43个，新增无公害农产品、绿色食品认证72个。全市农产品质量安全定量监测农产品合格率98.7%，畜产品合格率99.1%。基层农业服务体系得到健全，全市所有乡镇(街道)都组建了农村合作经济组织联合会，建成55个农业公共服务中心。

## (三) 工业和建筑业

### 1. 工业增加值

2012年，全市实现工业总产值6839.36亿元，比上年下降0.5%；工业增加值1615.07亿元，按可比价计算，增长4.5%。全市规模以上工业企业4202家，实现工业总产值4166.68亿元，比上年下降1.4%。其中，轻工业产值1469.82亿元，下降1.3%；重工业产值2696.86亿元，下降1.5%。规模以上工业销售产值4065.16亿元，下降1.5%；完成出口交货值690.98亿元，下降2.0%，占销售产值比重为17.0%。

**表19　2012年规模以上工业经济情况**

| 指　标 | 单位数(家) | 工业总产值 | |
|---|---|---|---|
| | | 实绩(亿元) | 比重(%) |
| 总计 | 4202 | 4166.68 | 100 |
| 国有企业 | 19 | 246.82 | 5.9 |
| 集体企业 | 13 | 15.98 | 0.4 |
| 股份合作制企业 | 186 | 84.80 | 2.1 |
| 有限责任公司 | 810 | 892.13 | 21.4 |
| 股份有限公司 | 63 | 345.74 | 8.3 |
| 私营企业 | 2805 | 2188.72 | 52.5 |
| "三资"企业 | 306 | 392.49 | 9.4 |

规模以上工业中，实现高新技术产业总产值1242.59亿元，增长0.5%，高于规上工业总产值增幅1.9个百分点。全年新产品产值492.46亿元，比上年增长5.3%；新产品产值率为11.8%，比上年提高1.3个百分点。按行业分，有12个大类行业产值超100亿元，实现工业总产值3397.08亿元，占规模以上工业总产值比重81.5%，其中电气机械及器材制造业、皮革毛皮羽毛(绒)及其制品业、电力热力的生产和供应业、通用设备制造业、纺织服装服饰业、橡胶塑料制品业等6个大类行业年产值超过200亿元。

全年规模以上工业企业实现主营业务收入3890.61亿元，下降4.8%；利税总额330.46亿元，下

降7.2%,其中利润总额191.22亿元,下降9.4%。亏损企业444家,亏损额15.12亿元,分别上升82.0%和47.4%。年末企业应收帐款净额875.40亿元,上升7.3%;产成品存货202.25亿元,上升0.5%。

### 2. 建筑业

全年建筑业实现增加值227.99亿元,比上年增长18.1%。全市拥有三级以上资质的建筑企业651家,实现建筑业总产值964.68亿元,增长22.0%;实现利润总额24.14亿元,增长12.4%。年末拥有资产591.13亿元,其中固定资产原价95.36亿元。

## (四)服务业

### 1. 国内贸易

全年社会消费品零售总额1929.29亿元,比上年增长9.1%。其中,城镇消费品零售额1746.12亿元,增长9.0%;乡村消费品零售额183.17亿元,增长10.1%。按行业分,批发零售贸易业零售额1695.06亿元,增长9.0%;住宿餐饮业零售额234.23亿元,增长10.3%。

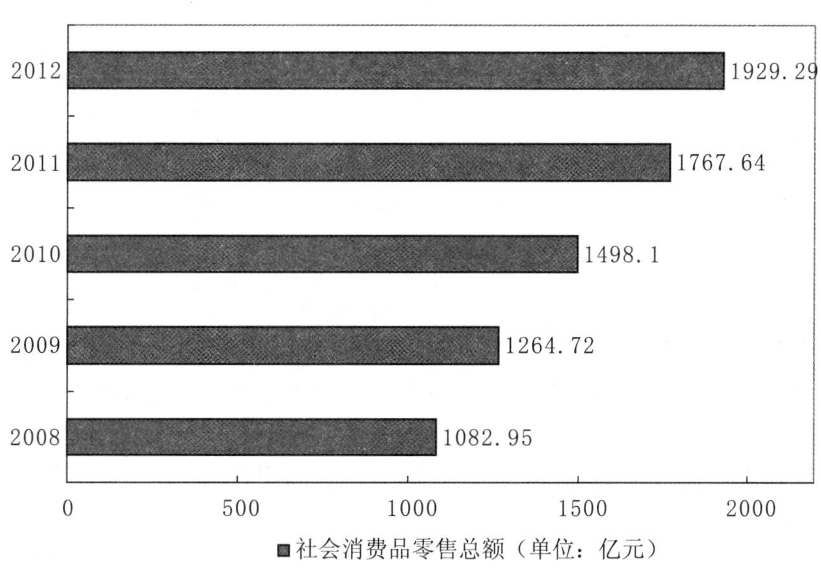


**图38　2008—2012年社会消费品零售总额**

在限额以上批发零售贸易业零售额中,汽车类零售额342.45亿元,比上年下降2.9%;石油及制品类零售额150.13亿元,增长16.6%;食品饮料烟酒类增长10.8%,日用品类增长7.8%,金银珠宝类增长12.9%,鞋服、针纺织品类增长0.8%,化妆品类增长5.2%,中西药品类增长21.6%,家具类增长18.5%。

年末全市有各类市场500个,其中消费品市场379个,生产资料市场92个,生产要素市场8个,网上市场19个,服务市场2个。全年各类市场成交额916.65亿元,比上年增长6.6%,其中超亿元市场77个,年成交额778.00亿元;超十亿元市场23个,年成交额606.31亿元。

### 2. 交通运输、邮电

全年高速公路、港口、物流基地等建设力度加大,交通网络体系日臻完善。年末公路总里程14158公里,其中高速公路289公里,一级公路363公里,二、三级公路1786公里。公路绿化率68.4%。客运班车通村率88.4%。市区公共交通营运线路129条，年载客量2.84亿人次。

年末机动车保有量157.09万辆，比上年末增加10.27万辆，其中载客汽车95.56万辆，载货汽车13.69万辆，摩托车47.33万辆。私人汽车96.42万辆，增加14.09万辆。全年货物运输量11916万吨，比上年下降2.8%，旅客运输量34501万人次，下降0.7%。

**表20 2012年各种运输方式完成客货运输情况**

| 指　　标 | 实绩 | 比上年增长(%) |
|---|---|---|
| 货物运输量(万吨) | 11915.76 | -2.8 |
| #铁路 | 646.93 | 11.1 |
| 公路(营运) | 8022.00 | 1.4 |
| 水运 | 3244.06 | -14.0 |
| 航空出港货物 | 2.77 | 7.4 |
| 旅客运输量(万人次) | 34501.22 | -0.7 |
| #铁路 | 607.41 | -4.2 |
| 公路 | 33549 | -0.6 |
| 水运 | 50.21 | -6.8 |
| 航空 | 294.60 | 0.7 |
| 港口货物吞吐量(万吨) | 6997 | 0.7 |
| 集装箱吞吐量(万标准箱) | 51.75 | 10.0 |

全年邮电业务收入126.37亿元，比上年增长7.4%，其中通信行业业务收入119.88亿元，增长7.2%。年末本地电话交换机总容量425.77万门，本地电话用户数254.47万户。年末移动电话装机总量2281万门，移动电话用户数1110.40万户。年末互联网用户数748.67万户，其中宽带用户数206.11万户，增长15.3%。

全市邮政业务总收入6.49亿元，比上年增长11.1%。全年函件11582.56万件，包裹70.41万件，汇票240.19万张，特快专递1149.23万件。全年订销报纸19481万份，订销杂志480万份。

全市电力系统最高负荷601.06万千瓦。全年用电量326.95亿千瓦时，与上年基本持平。其中工业用电量210.51亿千瓦时，下降4.0%；建筑业用电量5.37亿千瓦时，增长29.1%；商业用电量12.35亿千瓦时，增长5.0%；居民生活用电量71.95亿千瓦时，增长9.0%。

### 3. 旅游业

全年接待海内外游客4944.17万人次，实现旅游总收入484.38亿元，分别比上年增长18.6%和23.6%。其中接待国内游客4886.63万人次，增长18.5%，国内旅游收入464.24亿元，增长23.7%；接待海外游客57.54万人次，增长22.3%，国际旅游外汇收入3.19亿美元，增长24.5%。

### 4. 金融、证券和保险

年末金融机构本外币存款余额7744.94亿元，比上年末增长2.6%，其中人民币存款余额7425.62亿元，增长2.1%。年末金融机构本外币贷款余额7013.00亿元，增长9.7%，其中人民币贷款余额6839.37亿元，增长10.4%。年末城乡居民人民币储蓄存款余额3616.96亿元，增长8.2%。

表21　2012年金融机构人民币存贷款情况

| 指　　标 | 2012年末数(亿元) | 比上年末增长(%) |
|---|---|---|
| 各项存款余额 | 7425.62 | 2.1 |
| #单位存款 | 3289.74 | -4.5 |
| 城乡居民储蓄存款 | 3616.96 | 8.2 |
| 各项贷款余额 | 6839.37 | 10.4 |
| #短期贷款 | 5544.89 | 10.0 |
| 中长期贷款 | 1156.82 | 6.7 |

全年新增小额贷款公司26家，年末累计57家，其中已开业31家，注册资本金81.1亿元；年末，全市累计拥有村镇银行6家；境内外上市企业12家；已开业民间借贷服务中心4家；已开业民间资本管理公司6家。

全年全市证券成交总额6126.00亿元，比上年下降37.9%。其中股票交易额5986.58亿元，下降37.4%；基金交易额67.92亿元，增长45.0%。年末证券投资者开户数64.67万户，增长8.1%。

全年保险业保费收入118.47亿元，比上年增长6.8%。其中，财产险保费收入48.75亿元，增长10.8%；人身险保费收入69.72亿元，增长4.2%。支付各类赔款及给付36.96亿元，增长35.9%，其中财产险赔款25.96亿元，人身险赔款11.00亿元，分别增长32.3%和45.3%。

### 5. 房地产业

房地产投资比重降低，对投资拉动力减弱。全年房地产开发完成投资额687.50亿元，比上年增长1.0%。全市房屋施工面积3769.61万平方米，增长16.8 %；竣工面积349.79万平方米，下降18.5%。房地产交易持续回暖，全年全市商品房销售面积204.25万平方米，比上年增长50.9%。其中住宅销售面积181.88万平方米，增长60.7%。

## （五）对外经济

### 1. 对外贸易

全年外贸进出口总额204.38亿美元，比上年下降5.3%。其中进口总额27.42亿美元，下降19.6%；出口总额176.96亿美元，下降2.6%。外贸依存度为35.3%，其中出口依存度为30.6%，分别比上年降低6.3和4.4个百分点。至年末，与温州市建立出口和进口贸易关系的国家和地区共计205个，拥有进出口经营权企业9247家。

表22　2012年外贸出口分类情况

| 指　　标 | 出口总额(亿美元) | 比上年增长(%) |
|---|---|---|
| 出口总额 | 176.96 | -2.6 |
| #一般贸易 | 167.05 | -0.8 |
| 加工贸易 | 9.83 | -25.9 |
| #鞋类 | 46.58 | -1.4 |

（续表）

| | | |
|---|---|---|
| 服装 | 18.62 | −11.2 |
| 合成革 | 4.70 | −11.0 |
| 眼镜 | 7.55 | 0.5 |
| 打火机 | 0.47 | −1.8 |
| 机电类 | 73.10 | −1.0 |

**表23 2012年主要市场出口情况**

| 地　区 | 出口额(亿美元) | 比上年增长(%) |
|---|---|---|
| 欧洲 | 67.82 | −8.1 |
| 亚洲 | 48.33 | −3.9 |
| 北美洲 | 26.01 | 12.2 |
| 拉丁美洲 | 19.01 | 5.2 |
| 非洲 | 12.76 | −1.5 |
| 大洋洲 | 2.86 | −9.0 |

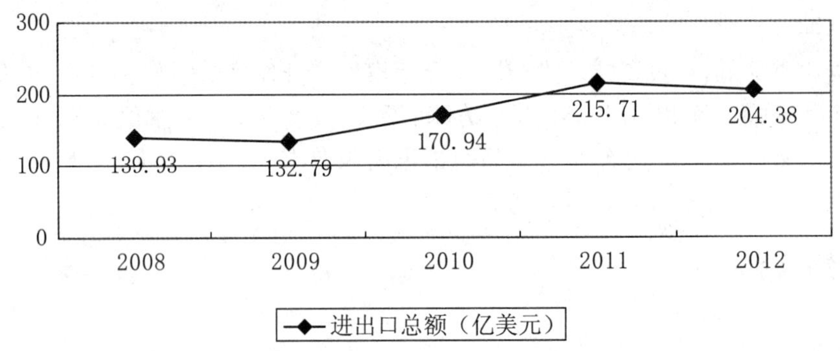


**图39 2008—2012年温州市外贸进出口总额**

**2. 外资状况**

全年新签外资项目29项，比上年增长70.6%，实际利用外资3.98亿美元，增长290.0%。全年新批设立境外机构47家，中方境外投资额14103万美元。新签对外承包工程和劳务合作营业额4455.57万美元。

## 二、温州市2012年社会发展概况

### （一）人口、人民生活

年末全市户籍总人口800.21万人，其中市区人口149.66万人。从性别看，男性人口415.37万人，女性人口384.84万人，分别占总人口的51.9%和48.1%。全市当年计划生育率为84.9%，已婚

育龄妇女综合节育率为84.1%。当年含往年补报出生人口性别比119.57，其中一孩、二孩和多孩的出生人口性别比分别为103.14、140.42和254.64。

全年城镇居民人均可支配收入34820元，增长9.7%；城镇居民人均消费性支出23975元，增长2.7%，其中食品类支出9074元，占37.8%。全年农村居民人均纯收入14719元，增长11.1%；农村居民人均生活费支出10820元，增长6.7%，其中食品类支出4943元，占45.7%。城镇居民人均住房建筑面积41.25平方米；农村居民人均居住面积45.76平方米。年末每百户城镇居民家用汽车拥有量39.32辆；每百户农村居民家用汽车拥有量19.76辆。

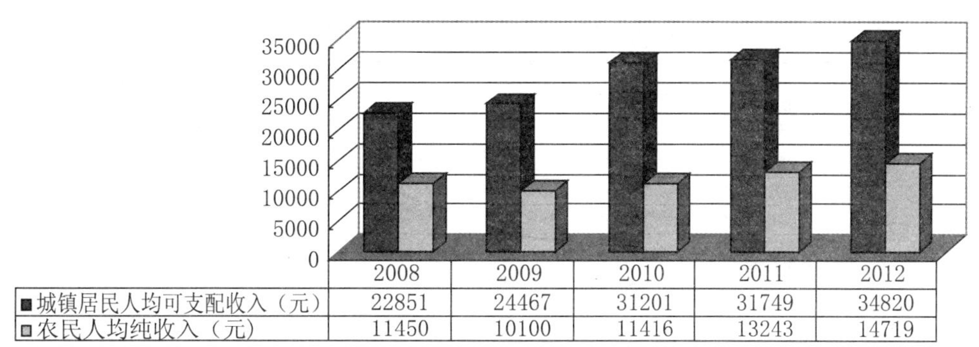


**图40　2008—2012年温州市城乡居民收入对比一览**

## （二）就业与社会保障

### 1. 就业

全年新增城镇就业人数12.90万人，下岗失业人员再就业人数2.51万人，分别增长5.0%和9.0%；年末城镇登记失业人数2.54万人，城镇登记失业率为2.08%，比上年末下降0.1个百分点。全年培训农村劳动力4.63万人，实现转移就业2.48万人。

### 2. 社会保障

全年全市缴存住房公积金58.33亿元，自房改以来累计缴存310.25亿元，年末余额190.24亿元。全年发放住房公积金贷款30.75亿元，累计发放贷款232.76亿元，年末贷款余额127.84亿元。全年保障性住房新开工面积108.10万平方米，其中经济适用房新开工面积16.50万平方米；在建保障性住房面积388.46万平方米。

全市设镇64个，街道办事处60个，乡6个。全市有城乡社区789个。年末实有社会团体2032个。

年末参加基本养老保险职工204.03万人，比上年增加18.26万人，其中企业职工及自由职业者186万人，增加17.87万人。当年实缴基本养老保险费88.86亿元，全市享受基本养老保险的离退休职工36.23万人，发放养老金86亿元。参加工伤保险217.55万人，当年实缴工伤保险费3.73亿元。参加基本医疗保险148.02万人，城镇职工当年实缴基本医疗保险费35.22亿元，基本医疗保险待遇支出23.42亿元。

城乡居民享受最低生活保障人数13.22万人，发放保障资金3.15亿元。民政部门接受社会各界捐赠款2.38亿元。全市慈善系统共募款3.27亿元，支出救助金2.37亿元；资助贫困学生18650人，资助金额2936万元。全年办理结婚登记87021对。

## （三）教育和科学技术

### 1. 教育事业

年末各类全日制学校在校学生146.38万人，占户籍总人口18.3%。全市拥有普通高等学校7所，全年招生23181人。全国普通高校在温录取新生46885人，比上年增加3546人。高等教育毛入学率49.5%。初中毕业生升入高中阶段比例96.47%，比上年提高0.37个百分点，其中初中毕业生升入普通高中比例54.50%，比上年提高1.32个百分点。

表24　2012年各类学校基本情况

| 指　标 | 学校数(所) | 专任教师数(人) | 在校学生数(人) |
|---|---|---|---|
| 普通高校 | 7 | 4847 | 76547 |
| 普通中专 | 1 | 68 | 2385 |
| 成人中专 | 4 | 96 | 654 |
| 普通高中 | 123 | 12810 | 142367 |
| 职业高中 | 57 | 4261 | 68478 |
| 普通初中 | 354 | 22453 | 236784 |
| 小　学 | 615 | 29136 | 602532 |
| 特殊教育 | 8 | 365 | 2542 |
| 幼儿园 | 1554 | 20473 | 332214 |

全市教学仪器设备达到省教育装备标准的学校占96.1%，生均图书增加2.34册；建有校园网的公办普通中小学校占99.1%，建有多媒体平台的教室占100%。全年新建中小学校舍41.87万平方米，排除危房16.64万平方米，改造破旧房14.5万平方米。年末各类学校校舍总面积1516.12万平方米，其中普通高校247.79万平方米。

### 2. 科技与创新

年末全市拥有国家级科技创业服务中心3个、省级科技创业服务中心3个；国家级大学科技园1家，国家级高新技术特色产业基地3个、省级高新技术特色产业基地9个；国家级企业技术中心5家、省级高新技术企业研发中心148家、省级农业科技企业研发中心8家。市级企业研发中心242家；科技强县5个。全年新增高新技术企业102家，累计480家。全年专利授权17267项，比上年增长54.4%；年末国家知识产权试点示范企业5家、省级专利示范企业81家。

年末全市有国家级企业博士后科研工作站8家，省级19家；全年新增高级技术职称人员2136人，新增中级技术职称人员6944人。

## （四）文化、卫生和体育

### 1. 文化事业

年末全市共有文化站129个，文化馆12个，公共图书馆13个，博物馆(包括民营)27个，艺术表演团体10个，电影放映单位27个。全年艺术团体演出1008场次；院线电影放映14.77万场次，观众338.87万人次；农村数字电影放映5.23万场次，观众889.9万人次。年末拥有国家级非物质文化遗

产数量 29 个，省级非物质文化遗产数量 131 个，市级非物质文化遗产数量 499 个。公共图书馆藏书 774.10 万册(件)，年总流通量 477.05 万人次。全市广播综合人口覆盖率 98.3%，电视综合人口覆盖率 98.6%，有线电视用户 171.49 万户。

### 2. 卫生事业

全市有医疗卫生机构 5255 家，其中医院 109 家，卫生院 166 家，村卫生室 2993 家，各类诊所(卫生所、医务室)1238 家。年末有各类卫生技术人员 45397 人，其中医生 19537 人，平均每万户籍人口有医生 24.41 人。全市医疗机构病床 26159 张，平均每万人有病床 32.69 张。全年医疗机构诊疗病人 5861 万人次。继续推进农村健康工程，全市已参合农村人口 514.29 万人，参合率 98.74%，人均筹资 515 元。全市新医合门诊受益人数 1357.92 万人次，补偿金额 2.56 亿元；住院受益人数 46.12 万人次，补偿金额 23.58 亿元。

### 3. 体育事业

全市有公共体育场馆 35 个，独立设置的业余体校 9 所，各类公共体育设施和健身苑点 12668 个。全年温州市运动员在全国以上比赛获得奖牌 414 枚，其中世界冠军 2 枚，亚洲冠军 10 枚，全国冠军 13 枚。全年全市共有 12 个乡镇通过省级体育强镇的检查验收，累计 95 个；累计省级体育强县 6 个，比上年增加 1 个。全年发行体育彩票 13.22 亿元，比上年增长 13.8%。

## （五）“1650”[①]大都市建设

2012 年完成城市总体规划修编中间成果。大都市核心区和 6 个副中心城市建设全面提速，“瓯洞一体化”改革启动实施。滨江商务区 30 幢大楼加快建设，龙湾万达广场建成开业，瓯海华润万象城、瑞安新天地广场等一批城市综合体相继开工。深入开展“六城联创”，大力推进破难攻坚七大行动，全市拆除违法建筑 2927 万平方米、户外广告 17.8 万平方米，绿化造林 16.3 万亩，建成森林公园 22 个、市域绿道 1000 公里；市区 6 个山地公园、36 个滨水公园向市民开放，人均公园绿地面积达 13 平方米。启动市区“城中村”改造，开工建筑面积 596 万平方米。实施农房改造集聚 3069 万平方米，新增集聚率 6.2%。完成 440 个待整治村环境整治。实施珊溪水源保护“五大工程”，畜禽养殖污染整治初见成效。温瑞塘河水质持续改善。推进电镀业整治入园，未按时入园企业全部停产整顿。获得省环保模范城市称号，洞头创成国家生态县。

## （六）水资源、生态建设和环境保护

全市水资源总量为 183.94 亿立方米，比上年增长 107.2%。市区自来水日生产能力 95 万立方米，年供水量 24707.35 万吨。国家森林城市创建全面推进。全年荒山荒(沙)地造林面积 12.25 万

① 1650：浙江省温州市行政区划调整的总体目标，1 指一个主中心，范围包括目前鹿城、龙湾、瓯海三区外，向东将扩展到洞头和瓯江口，向北再吸纳瓯江北岸和上塘镇，这些地域将成为温州大都市核心区。其中，市本级三区作为这一核心区的中心，将实施“两级政府、三级管理、四级网络”的体制。也就是说，三区内除个例外，原则上乡镇都要改为街道；6 是指 6 个副中心，即乐清、瑞安、平阳、苍南、文成、泰顺的城区，并吸纳周边小乡镇，发展成大都市副中心，原则上也实行街道建制管理。各主、副中心区，可根据城镇规划和产业发展实际建设功能区，设立管委会。功能区内可有若干个街道办事处，县(市)级部门还可在功能区内设立直属分局。50 即指通过对人口少、规模小乡镇的调整，培育一定数量、人口达 3 万以上的区域性中心镇，并结合农房集聚改造和新农村建设，最终发展为小城市，从而成为推动温州市城乡一体化和新型城市化的重要节点。调整后，可在原乡镇驻地设立便民服务中心或过渡性办事处，过渡期为 3 年。对省级培育的中心镇及有条件的地方，可实行“区镇合一”的管理体制，即功能区管委会与镇政府两块牌子、一套班子、合署办公，并在“区镇合一”体制下设立若干办事处。

亩，其中建设沿海防护林2.74万亩；年末实有封山(沙)育林面积116.61万亩；全市森林覆盖率60.03%。

生态建设成效显著。全市已建成国家级生态示范区3个，省级生态县4个，国家级生态乡镇16个，省级生态乡镇72个；国家级自然保护区2个，省级自然保护区1个，国家级风景名胜区3个5处，国家级森林公园5个；已建成合格(规范)饮用水源保护区83个。全市建成国家级绿色学校6所，省级绿色学校145所；国家级绿色社区3个，省级绿色社区81个；省级生态环境示范教育基地3个。

据市环境监测中心站监测，市区环境空气质量达到Ⅰ级标准的72天，达到Ⅱ级标准的272天。全市地表水市控及市控以上站位76个，水质在Ⅰ至Ⅲ类的站位34个。市区有取水的两个饮用水源地年度达标率为100%。市区区域环境噪声昼间等效声级平均值55.9分贝，比上年下降2.1分贝；交通噪声等效声级平均值68.9分贝，比上年下降1.9分贝。

节能减排取得积极成效。全年完成省下达的节能降耗、污染减排目标。全市单位GDP能耗比上年下降6.1%，其中规模以上工业单位增加值能耗同比下降8.0%。33个行业大类中，有30个行业的单位增加值能耗有不同程度的下降。全年化学需氧量(COD)削减2.53%，氨氮(NH3－N)削减2.00%，二氧化硫(SO2)削减8.09%，氮氧化物(NOX)削减7.26%。全市已建成正式投入运行生活污水处理厂14座，实际处理水量68.7万吨/日，全市污水处理率达84.2%，其中市区污水处理率达87.3%。市区生活垃圾无害化处置率100%，农村生活垃圾集中收集行政村覆盖率100%。

### (七)其他社会事业

全市共发生各类事故2910起，死亡614人，直接经济损失4822.9万元，分别比上年下降5.7%、10.1%和16.2%。

全市有律师机构100个，律师1232人，全年办理国内各类诉讼辩护案件31459件。各级人民调解机构调解案件总数65597件。全年办理国内公证87741件，办理涉外公证47004件。

## 三、挑战与目标

温州市经济社会发展长期存在的产业结构不合理、自主创新能力不强、城乡区域发展不平衡、社会事业发展滞后等深层次矛盾依然突出，特别是受欧债危机等国内外因素的综合影响，又面临一系列新困难新挑战；政府工作还存在不少差距和不足。主要有：伴随全球性经济下滑，温州市主要经济指标增幅回落，生产总值、工业、出口等没有达到预期目标；受制于政策、要素等因素，个别工程未能如期开工；区域金融风波影响尚未消退，社会信用体系亟待修复；市场需求萎缩，综合成本上升，企业生产经营面临较大困难；财政减收增支因素增多，保障和改善民生的压力加大；社会管理创新有待加强，社区建设和运行机制需进一步完善；转变机关作风任务艰巨，一些政府部门为企业、为群众服务的主动性不强，一些工作人员缺乏克难攻坚、敢于担当的责任意识。

2013年全市经济社会发展的主要预期目标是：地区生产总值增长8%左右，公共财政预算收入增长8%左右；全社会研究与开发投入占生产总值比重达1.3%；外贸进出口总额增长5.5%；社会消费品零售总额增长12%；城镇居民人均可支配收入增长9%，农村居民人均纯收入增长10%；节能减排完成省定目标任务。

## 四、温州市在长三角地区经济发展中的地位

2012年，是国际国内经济形势极为复杂、发展遭遇较大困难的一年，也是温州爬坡过坎、奋力推进转型发展的一年。在省委、省政府和市委的坚强领导下，深入贯彻落实科学发展观，认真实施“两海两

改”四大国家战略举措，扎实推进“三生融合·幸福温州”建设，抓统筹攻改革、优环境强投入、兴实体推转型、惠民生促和谐，经济社会发展总体保持平稳。

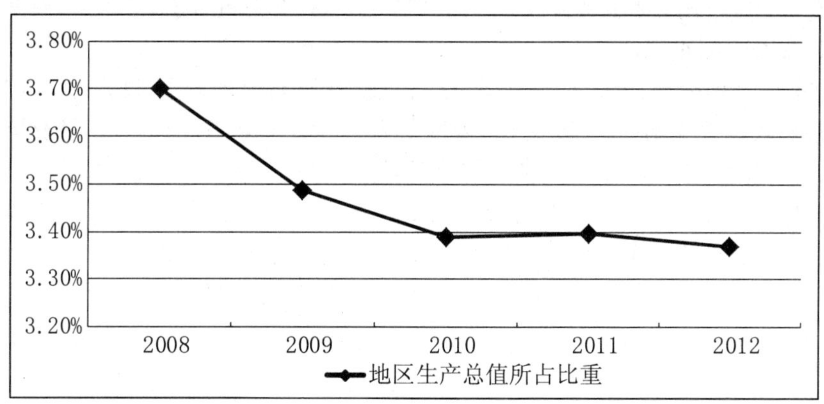


**图 41　2008—2012 年温州市地区生产总值在长三角所占比重的变化趋势**

2008—2012 年温州市地区生产总值在长三角所占比重分别为 3.70%、3.49%、3.39%、3.40%和 3.37%，呈现连年下降的趋势，2011 年止跌上扬，2012 年继续下跌，2012 年较上年下降了 0.03 个百分点。2012 年温州市地区生产总值在长三角地区 25 个市(苏浙两省 24 个地级市和上海市，下同)排名同上年持平，排名第 10 位，但形势不容乐观，亟需有所改变。

2011 年，温州市全市生产总值 3650.06 亿元，按可比价计算，比上年增长 6.7%，增幅比上年回落 2.8 个百分点。其中，第一产业增加值 112.90 亿元，增长 1.2%；第二产业增加值 1843.06 亿元，增长 6.0%；第三产业增加值 1694.10 亿元，增长 8.0%。按户籍人口计算，人均地区生产总值 45667 元(按年平均汇率折算为 7234 美元)，增长 5.8%。国民经济三次产业结构为 3.1∶50.5∶46.4，第三产业比重较上年上升 1.1 个百分点。

全年居民消费价格指数(CPI)比上年上涨 2.3%，涨幅较上年回落 3.8 个百分点。从八大类消费品及服务价格看，食品价格大幅回落是拉低物价回落的主因。食品类价格从上年的累计涨幅 11.8%，回落至今年的 5.7%。其余七大类除娱乐教育文化用品及服务类价格累计下降 0.5%外，烟酒、衣着、家庭设备用品及维修服务、医疗保健和个人用品、交通和通信、居住等六类分别上涨 1.7%、0.5%、2.9%、1.5%、0.4%和 1.5%。全年工业生产者出厂价格下降 3.3%，工业生产者购进价格下降 2.3%。

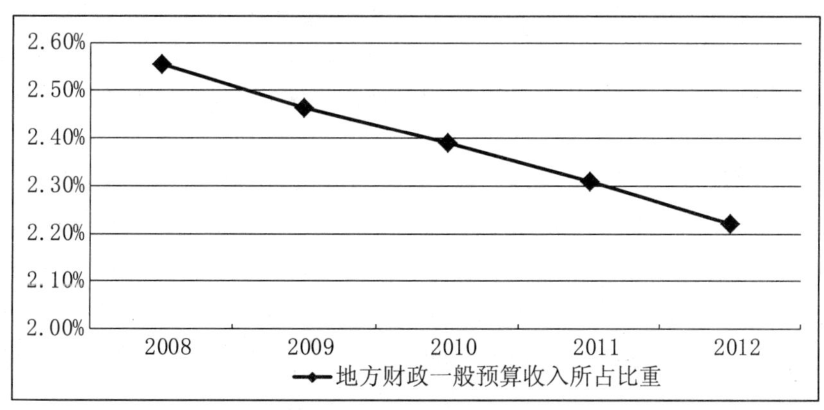


**图 42　2008—2012 年温州市地方财政一般预算收入在长三角所占比重的变化趋势**

2008—2012年温州市地方财政一般预算收入在长三角所占比重分别为2.55%、2.46%、2.39%、2.31%和2.22%，呈现出逐年下降的态势，近5年累计降幅为0.33个百分点，其中2012年较上年下跌0.09个百分点。2012年温州市地方财政一般预算收入在长三角地区25个市排名比上年下跌一名，排名第11位，需要引起重视。

2012年，温州市全年财政总收入500.18亿元，其中公共财政预算收入279.01亿元，均增长3.0%。全年公共财政预算支出387.79亿元，增长4.7%。其中，教育支出103.64亿元，增长10.7%；科学技术支出8.50亿元，增长16.2%；文化体育与传媒支出8.61亿元，增长23.7%；社会保障和就业支出27.75亿元，增长15.0%；城乡社区事务支出32.08亿元，增长10.9%；交通运输支出18.93亿元，增长12.5%。年末金融机构本外币存款余额7744.94亿元，比上年末增长2.6%，其中人民币存款余额7425.62亿元，增长2.1%。年末金融机构本外币贷款余额7013.00亿元，增长9.7%，其中人民币贷款余额6839.37亿元，增长10.4%。年末城乡居民人民币储蓄存款余额3616.96亿元，增长8.2%。

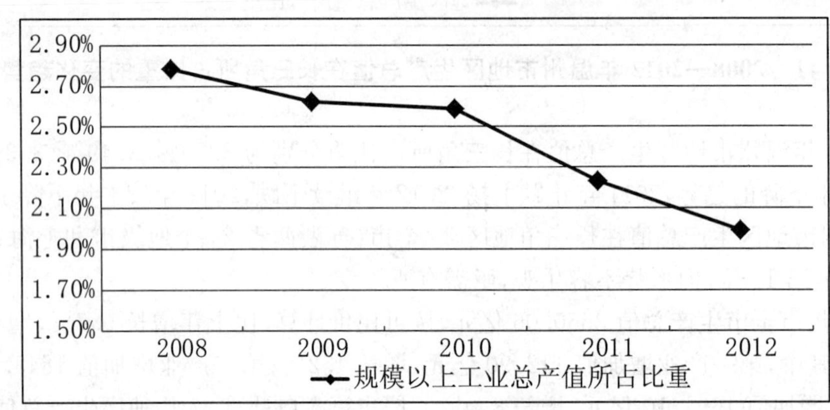


**图43　2008—2012年温州市规模以上工业总产值在长三角所占比重的变化趋势**

2008—2012年温州市规模以上工业总产值在长三角所占比重分别为2.78%、2.62%、2.59%、2.23%和1.99%，同样呈现出逐年下降的态势，近5年累计降幅为0.63个百分点，其中2012年比上年下降0.24个百分点。2012年温州市规模以上工业总产值在长三角地区25个市排名比上年下降一位，排名第16位，形势不容乐观，亟需有所突破。

2012年，温州市全市实现工业总产值6839.36亿元，比上年下降0.5%；工业增加值1615.07亿元，按可比价计算，增长4.5%。全市规模以上工业企业4202家，实现工业总产值4166.68亿元，比上年下降1.4%。其中，轻工业产值1469.82亿元，下降1.3%；重工业产值2696.86亿元，下降1.5%。规模以上工业销售产值4065.16亿元，下降1.5%；完成出口交货值690.98亿元，下降2.0%，占销售产值比重为17.0%。

规模以上工业中，实现高新技术产业总产值1242.59亿元，增长0.5%，高于规上工业总产值增幅1.9个百分点。全年新产品产值492.46亿元，比上年增长5.3%；新产品产值率为11.8%，比上年提高1.3个百分点。按行业分，有12个大类行业产值超100亿元，实现工业总产值3397.08亿元，占规模以上工业总产值比重81.5%，其中电气机械及器材制造业、皮革毛皮羽毛(绒)及其制品业、电力热力的生产和供应业、通用设备制造业、纺织服装服饰业、橡胶塑料制品业等6个大类行业年产值超过200亿元。

全年规模以上工业企业实现主营业务收入3890.61亿元，下降4.8%；利税总额330.46亿元，下降7.2%，其中利润总额191.22亿元，下降9.4%。亏损企业444家，亏损额15.12亿元，分别上升

82.0%和47.4%。年末企业应收帐款净额875.40亿元，上升7.3%；产成品存货202.25亿元，上升0.5%。

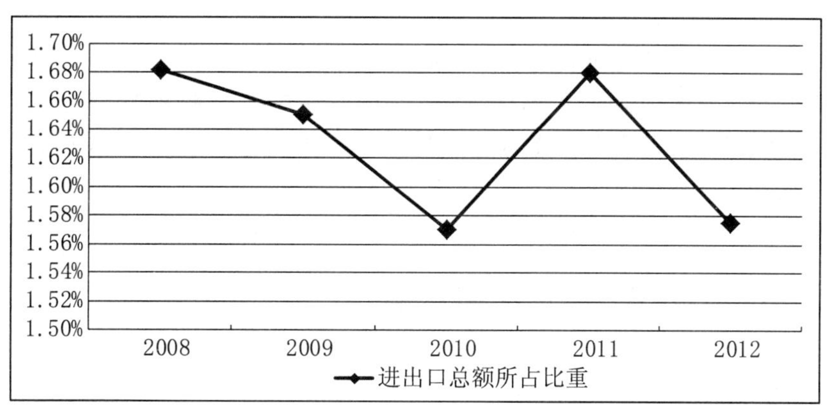


**图44　2008—2012年温州市进出口总额在长三角所占比重的变化趋势**

2008—2012年温州市进出口总额在长三角所占比重分别为1.68%、1.65%、1.57%、1.68%和1.58%，，2011年止跌上扬，2012年出现下降，较上年下降了0.1个百分点。2012年温州市进出口总额在长三角地区25个市排名与上年比下降两位，排名第13位，需要解放思想，力求有所提升。

2012年，温州市全年外贸进出口总额204.38亿美元，比上年下降5.3%。其中进口总额27.42亿美元，下降19.6%；出口总额176.96亿美元，下降2.6%。外贸依存度为35.3%，其中出口依存度为30.6%，分别比上年降低6.3和4.4个百分点。至年末，与我市建立出口和进口贸易关系的国家和地区共计205个，拥有进出口经营权企业9247家。

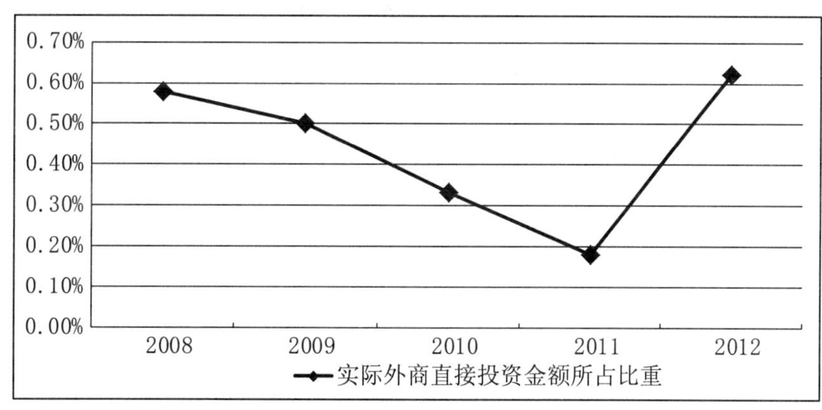


**图45　2008—2012年温州市实际外商直接投资金额在长三角所占比重的变化趋势**

2008—2012年温州市实际外商直接投资金额在长三角所占比重分别为0.58%、0.50%、0.33%、0.18%和0.62%，连续四年持续下跌，2012年逆势大幅上扬，较08年最高点增幅达0.04个百分点。2012年温州市实际外商直接投资金额在长三角地区25个市排名比上年上升两位，排名第21位，排位相当靠后，亟需有所改善。

2012年，温州市全年新签外资项目29项，比上年增长70.6%，实际利用外资3.98亿美元，增长290.0%。全年新批设立境外机构47家，中方境外投资额14103万美元。新签对外承包工程和劳务合作营业额4455.57万美元。

# 五　嘉兴市 2012 年经济社会发展报告

2012 年，面对宏观环境复杂多变，国内外市场竞争加剧和环境容量、资源要素约束加剧的形势，全市人民在嘉兴市委、市政府的正确领导下，深入贯彻科学发展观，牢牢把握“稳中求进、转中求好”的工作总基调，积极应对经济社会发展中面临的诸多困难与挑战，着力抓转型、促发展、惠民生，全市经济实现平稳增长，转型升级加快推进，社会事业和谐发展，城乡居民生活水平稳步提高，为加快“三城一市”和“两富”①现代化建设奠定了良好基础。

## 一、嘉兴市 2012 年经济发展概况

### （一）综合经济

#### 1. 经济总量

2012 年全市生产总值 2890.57 亿元，比上年增长 8.7%，增幅比上年回落 1.9 个百分点。其中第一产业增加值 151.39 亿元，增长 1.1%；第二产业增加值 1603.08 亿元，增长 8.4%；第三产业增加值 1136.1 亿元，增长 10.2%。三次产业结构由上年的 5.3∶57.5∶37.2 调整为 5.2∶55.5∶39.3。

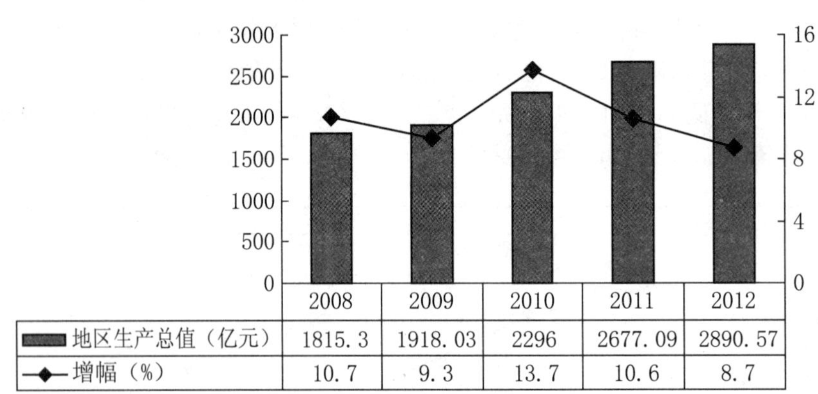


| | 2008 | 2009 | 2010 | 2011 | 2012 |
|---|---|---|---|---|---|
| 地区生产总值（亿元） | 1815.3 | 1918.03 | 2296 | 2677.09 | 2890.57 |
| 增幅（%） | 10.7 | 9.3 | 13.7 | 10.6 | 8.7 |

图 46　2008—2012 年嘉兴市地区生产总值及增长速度

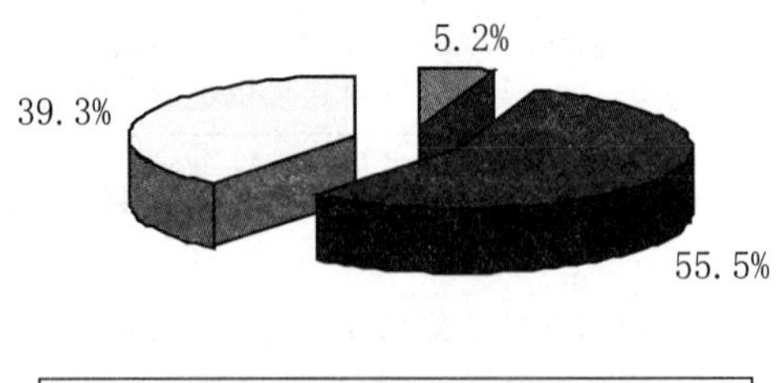


图 47　2012 年嘉兴市三次产业结构图

① “两富”，就是要全面的富，既要“富口袋”也要“富脑袋”；要共同的富，在部分人富裕的基础上，实现全省人民的共同富裕；要永远的富，不仅要当前的富裕，而且要保持富裕的可持续性。

表25　2012年嘉兴市县市主要经济指标

| 县市 | 生产总值(亿元) | 地方财政收入(亿元) | 固定资产投资(亿元) | 社会消费品零售总额(亿元) |
|---|---|---|---|---|
| 嘉兴市区 | 712.82 | 84.02 | 444.83 | 300.53 |
| 平湖市 | 422.84 | 38.02 | 228.91 | 121.57 |
| 海宁市 | 581.25 | 44.29 | 303.67 | 242.80 |
| 桐乡市 | 526.87 | 41.76 | 255.23 | 216.08 |
| 嘉善县 | 345.36 | 27.31 | 210.28 | 120.53 |
| 海盐县 | 301.20 | 22.33 | 199.39 | 82.24 |

### 2. 财政收入

2012年,全市财政一般预算收入471.92亿元,比上年增长13.4%,其中公共财政预算收入257.73亿元,增长13.8%。各级财政用于民生支出190.68亿元,增长9.0%。

### 3. 物价水平

市区城市居民消费价格上涨2.2%。从八大类情况看,食品类价格上涨4.9%;烟酒及用品类价格上涨1.2%;娱乐教育文化用品及服务上涨1.4%;居住类价格上涨0.6%;交通和通信上涨0.5%;衣着类商品价格上涨1.1%;家庭设备用品及维修服务价格上涨4.3%;医疗保健和个人用品价格下降0.4%。

2012年,全市工业企业原材料、燃料、动力购进价格下降3.4%,工业品出厂价格下降2.9%。市区新建住宅房屋销售价格下降4.1%,涨幅比上年下降5.8个百分点;二手住宅房屋销售价格下降4.7%,涨幅比上年下降8.1个百分点。

### 4. 固定资产投资①

2012年,全市固定资产投资额1642.31亿元,比上年增长10.4%,其中投资项目(单位)投资额1226.43亿元,增长11.0%;房地产开发投资额415.88亿元,增长8.5%。在固定资产投资中,第一产业投资额14.08亿元,增长11.6%;第二产业投资额785.92亿元,增长2.3%;第三产业投资额842.3亿元,增长19.1%。基础设施投资额234.56亿元,下降16.5%。

全市房屋施工面积3654.8万平方米,增长7.9%;房屋竣工面积470.10万平方米,下降13.0%,商品房销售面积450.3万平方米,增长13.0%。

全市非国有控股固定资产投资额1241.47亿元,增长15.2%,占全部固定资产投资额比重为75.6%。

全市固定资产投资当年施工项目4134个,增长4.1%;当年新开工项目2544个,增长8.2%;建成投产项目2199个,增长1.6%;新增固定资产878.2亿元。

全市重点工程建设项目139项,列入考核的实施项目77项,年度计划投资总额129.95亿元,实际完成投资总额131.75亿元,完成计划投资目标101.39%。嘉绍通道、钱江通道北接线、杭平申线航道改造等项目进展顺利,贯泾港水厂二期、何家桥线内河航道改造等工程基本建成。

① 从2011年起,固定资产投资项目统计起点标准改为500万元。固定资产投资(不含农户)统计范围从城镇固定资产投资扩大到农村企事业组织。

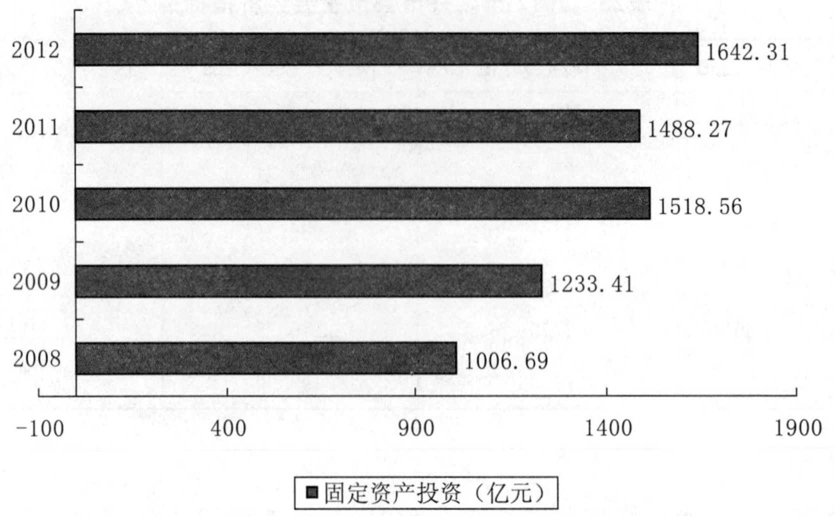


**图 48　2008—2012 年嘉兴市全社会固定资产投资**

全市深入实施城市交通通畅工程，新建改建城市道路 55 公里。市区调整优化公交线路 35 条，新增公共自行车服务网点 100 个。

## （二）农业

2012 年，全市农林牧渔业总产值 253.85 亿元，按可比价格计算，增长 0.7%。全年粮食种植面积 311.8 万亩，比上年增加 7.3 万亩；油菜籽种植面积 33.2 万亩，减少 5.8 万亩；蔬菜等其它经济作物种植面积 198.8 万亩，减少 7.0 万亩，其中，蔬菜种植面积 122.2 万亩，增加 0.94 万亩；果用瓜种植面积 15.0 万亩，减少 1.3 万亩；花卉苗木种植面积 13.2 万亩，增加 0.88 万亩。粮经面积比由上年的 59.67∶40.33 调至 61.06∶38.94。全年粮食总产量 138.40 万吨，增长 2.3%；蔬菜总产量 246.5 万吨，同上年基本持平。

全年生猪饲养量 734.2 万头，比上年减少 43.6 万头；家禽出栏量 4678.54 万只，增长 1.0%；肉类总产量 39.27 万吨，下降 3.3%；水产品产量 18.8 万吨，增长 4.3%。

全市已有种子种苗基地 135 个，引进新品种 675 个；制定农业标准 326 项，有 497 个农产品通过国家级无公害农产品认证。全市已建成各类休闲农业园区 93 个，新增农民专业合作社 80 家。

**表26　主要农产品产量**

| 产品 | 单位 | 2012 年 | ±% |
|---|---|---|---|
| 粮食 | 万吨 | 138.40 | 2.3 |
| 蔬菜 | 万吨 | 246.50 | −0.1 |
| 油菜籽 | 万吨 | 5.50 | −14.5 |
| 蚕茧 | 万吨 | 2.50 | −7.4 |
| 肉类 | 万吨 | 39.27 | −3.3 |
| 禽蛋 | 万吨 | 8.40 | −2.7 |

（续表）

| 水产品 | 万吨 | 18.80 | 4.3 |
|---|---|---|---|

## （三）工业和建筑业

### 1. 工业增加值

2012年，全市工业增加值1460.76亿元，可比增长9.1%，占全市生产总值50.6%。规模以上（主营业务收入2000万元以上）工业企业数4165家，工业增加值1115.09亿元，增长10.9%，增速比上年回落4.1个百分点，其中重工业增加值607.67亿元，增长15.0%；轻工业增加值507.42亿元，增长6.3%。

**表27　2012年主要工业产品产量**

| 产品 | 单位 | 2012年 | ±% |
|---|---|---|---|
| 发电量 | 亿千瓦时 | 667.57 | 24.8 |
| 配（混）合饲料 | 万吨 | 188.04 | 15.2 |
| 布 | 万米 | 262738 | 1.0 |
| 绒线（毛线） | 吨 | 18011 | 12.6 |
| 呢绒 | 万米 | 515 | −19.5 |
| 丝 | 吨 | 7321 | −5.5 |
| 纱 | 万吨 | 17.23 | 27.2 |
| 服装 | 万件 | 48658 | −5.6 |
| 轻革 | 万平方米 | 4600 | 12.3 |
| 革皮服装 | 万件 | 1107 | −7.6 |
| 轮胎外胎 | 万条 | 3282 | 3.2 |
| 涂料（油漆） | 万吨 | 46.47 | 10.0 |
| 机制纸及纸板 | 万吨 | 421 | 17.4 |
| 化肥（折100%） | 万吨 | — | — |
| 化学农药 | 万吨 | 0.78 | 33.5 |
| 水泥 | 万吨 | 1672 | −7.4 |
| 钢材 | 万吨 | 305 | 28.7 |
| 人造板 | 万立方米 | 94.51 | 20.9 |
| 化学纤维 | 万吨 | 363 | 10.4 |

规模以上工业企业全年主营业务收入5606.55亿元，增长3.7%；利税总额432.13亿元，下降4.7%，其中利润总额255.91亿元，下降10.8%。十一项经济效益指标综合得分273.57分，比上年下降9.6分。其中，产品销售率97.83%，总资产贡献率9.43%，资本保值增值率113.66%，成本费用利

润率4.74%，全员劳动生产率由上年14.12万元/人下降到13.91万元/人，资产负债率由上年59.98%下降为58.98%，亏损率由上年6.29%上升为12.16%。

**表28　2012年嘉兴市县区工业总产值**　　单位：亿元

| 县市 | 工业总产值 |
|---|---|
| 嘉兴市区 | 1416.03 |
| 平湖市 | 1016.94 |
| 海宁市 | 1156.32 |
| 桐乡市 | 1132.96 |
| 嘉善县 | 749.21 |
| 海盐县 | 568.46 |

### 2. 建筑业

2012年，全市建筑业增加值160.06亿元，可比增长2.0%。具有建筑业资质的独立核算企业完成房屋施工面积9880.2万平方米，比上年增长26.8%，竣工面积2997.9万平方米，增长4.4%。

## （四）服务业

### 1. 国内贸易

2012年，全市全社会消费品零售总额1083.74亿元，比上年增长14.3%。城镇市场零售额925.96亿元，增长14.6%；农村市场零售额157.78亿元，增长12.2%。批发零售贸易业零售额971.65亿元，增长14.2%，住宿餐饮业零售额112.09亿元，增长14.7%。

年末全市拥有各类商品交易市场329个，商品交易额（不含网上交易额）1115.79亿元，增长9.7%，其中成交额超亿元市场61个，超10亿元市场16个。

### 2. 交通运输、邮电

2012年，全市公路通车里程7863公里，增长1.4%，其中四级以上公路7730公里，增长2.0%。各种运输方式（不包括铁路，下同）货物周转量224.55亿吨公里，下降0.6%，其中，公路86.17亿吨公里，增长6.0%；全年旅客周转量（营业性车辆）36.5亿人公里，增长1.2%。全年嘉兴港货物吞吐总量6003.9万吨，增长14.2%，其中，外贸货物吞吐量734.6万吨，增长23.6%，集装箱75.1万标箱，增长45.9%。

全年邮电业务总量82.55亿元，增长6.5%。其中，邮政业务总量3.63亿元，增长6.1%；电信业务总量78.92亿元，增长6.5%。年末城乡固定电话用户155.89万户，比上年末下降4.8%。移动电话用户544.82万户，增长5.9%。固定互联网用户112.37万户，增长17.8%。

### 3. 旅游业

全市接待海内外游客4179.18万人次，旅游总收入419.06亿元，分别增长15.8%和18.3%。其中，接待外国、港澳台游客78.17万人次，增长8.4%，旅游外汇收入2.77亿美元，增长7.0%；接待国内游客4101万人次，增长16.0%，国内旅游收入401.59亿元，增长19.0%。

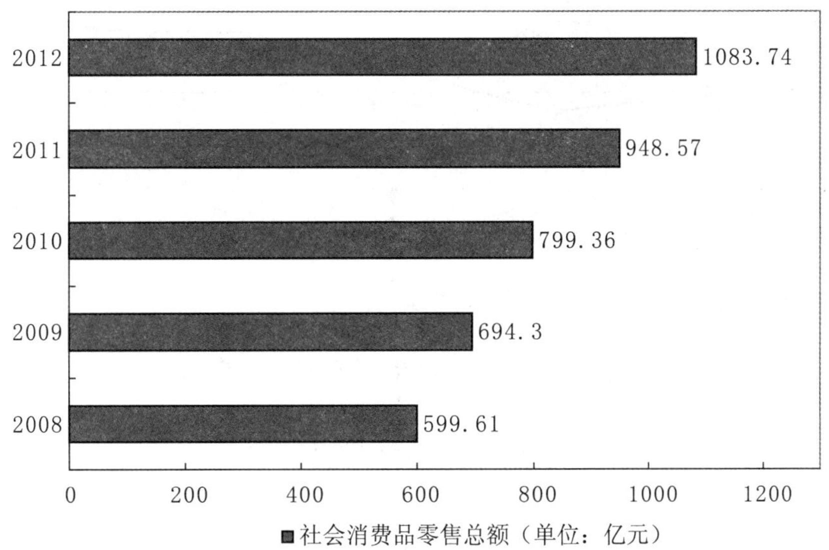


**图49 2008—2012年社会消费品零售总额**

### 4. 金融、证券和保险

年末金融机构人民币存贷款余额分别为4453.07亿元和3419.53亿元，比上年末增长9.3%和12.5%。城乡居民储蓄存款余额2144.49亿元，增长14.6%。

年末全市上市公司27家，发行股票27个，累计募集资金260亿元，年末全市证券帐户81.76万户，新增3.51万户。全年全市证券交易额4648.40亿元，比上年下降15.7%，其中股票交易额3410.96亿元，下降43.3%，基金交易额43.12亿元，增长88.4%。

全市保险业保费收入74.71亿元，比上年增长6.6%。其中，财产险保费收入32.76亿元，增长15.3%；人寿险保费收入41.95亿元，下降0.6%。全年赔付额18.31亿元，增长25.7%。其中，财产险赔付金额16.95亿元，增长26.0%；人寿险赔付金额(剔除期满给付)1.36亿元，增长22.4%。

## （五）对外经济

### 1. 对外贸易

2012年，全市进出口总值287.44亿美元，比上年增长0.9%，其中出口总值196.03亿美元，增长1.7%，进口总值91.41亿美元，下降0.8%。机电、服装及纺织类产品等居出口主导地位，机电产品出口64.36亿美元，增长3.8%，占全市出口总额的32.8%；服装类产品出口39.09亿美元，下降5.0%，占19.9%；纺织类产品出口33.45亿美元，增长1.8%，占17.1%。经济外向度保持较高水平，进出口总额占全市生产总值的比例62.9%(按当年汇率计算)，其中出口额占比为42.9%。

### 2. 外资状况

全市新批外商投资企业234家，比上年减少26家；合同利用外资28.14亿美元，同比下降9.6%；实际利用外资17.86亿美元，增长3.5%。全年新办境外企业44家，投资总额达32999万美元，下降12.4%。全市引进内资项目1371个，实际到位内资238.21亿元，增长11.0%。

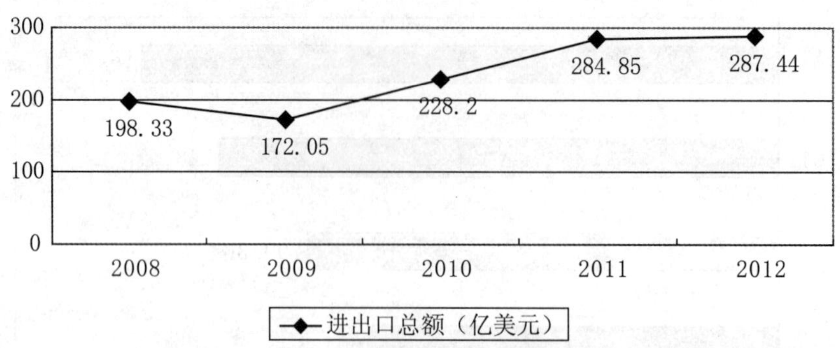


图 50　2008—2012 年嘉兴市外贸进出口总额

表29　2012 年嘉兴市县市实际使用外资

单位:万美元

| 县市 | 实际使用外资金额 |
| --- | --- |
| 嘉兴市区 | 58017 |
| 平湖市 | 33725 |
| 海宁市 | 23480 |
| 桐乡市 | 22693 |
| 嘉善县 | 33723 |
| 海盐县 | 6521 |

## 二、嘉兴市 2012 年社会发展概况

### （一）人口、人民生活

2012 年末全市户籍人口 344.52 万人，比上年末增加 1.47 万人。全市户籍人口出生率 8.70‰，死亡率 7.31‰，自然增长率 1.39‰。全年迁入人口 2.80 万人，迁出人口 1.76 万人，人口机械增长率 3.02‰。

据 5‰人口抽样调查结果推算，年末全市常住人口 454.40 万人，出生率 9.67‰，死亡率 5.89‰，城镇人口比重 55.3%，比上年提高 0.9 个百分点。

2012 年，全市城镇居民人均可支配收入 35696 元，增长 13.2%，扣除价格因素，实际增长 10.8%；农村居民人均纯收入 18636 元，增长 11.5%，扣除价格因素，实际增长 9.1%。城镇居民人均消费性支出 21720 元，增长 11.2%；农村居民人均生活消费支出 12326 元，增长 15.1%。城乡居民家庭恩格尔系数(即居民家庭食品消费支出占家庭消费总支出的比重)分别为 33.0%和 32.1%。年末城镇居民家庭人均住房建筑面积 35.55 平方米；农村居民人均生活用房建筑面积 72.39 平方米。

### （二）就业与社会保障

#### 1. 就业工作

2012 年嘉兴市就业和社会保障制度继续完善。年末全市共有职业介绍机构 93 家，全年举办各类

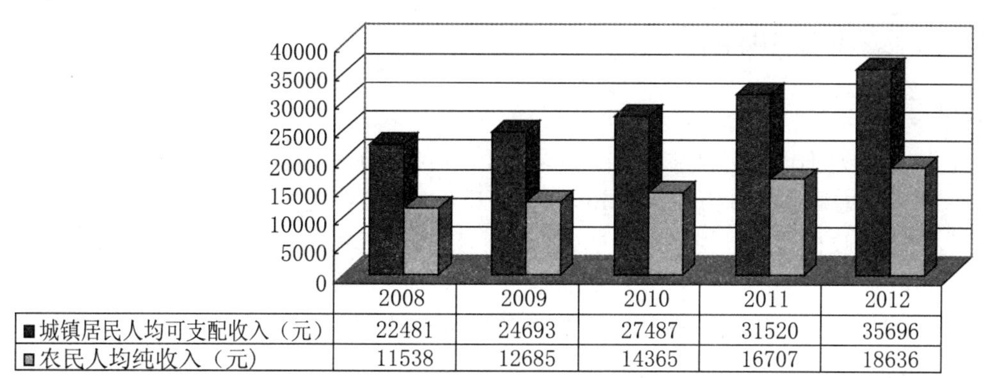

| | 2008 | 2009 | 2010 | 2011 | 2012 |
|---|---|---|---|---|---|
| ■城镇居民人均可支配收入（元） | 22481 | 24693 | 27487 | 31520 | 35696 |
| ■农民人均纯收入（元） | 11538 | 12685 | 14365 | 16707 | 18636 |

**图 51　2008—2012 年嘉兴市城乡居民收入对比一览**

劳动力招聘活动 501 次，举办各类职业技能培训 278 期。全市城镇单位提供就业岗位 72.40 万个，城镇新增就业人数 9.40 万人，比上年增加 2.26 万人。城镇登记失业率 3.0%。

### 2. 社会保障

全市城乡享受最低生活保障家庭 1.63 万户，比上年减少 1600 户；保障人数 2.88 万人。城市人均低保收入由上年的 3816 元提高到 4563 元，农村由 2577 元提高到 3132 元。

全市投入城乡最低生活保障资金 9875 万元，增长 2.9%，提供城乡各种社会救济 10.66 万人次，比上年减少 0.33 万人次。

全市参加基本养老保险人数 202.83 万人，增长 15.3%。全年共发放养老金 70.39 亿元；失业保险参保人数达 94.83 万人，增长 9.9%；领取失业保险金的人数 9.35 万人。

社会福利事业进展加快。年末，全市共有收养类福利单位 103 个，拥有床位 19136 张，比上年同期增长 23.8%，收养老人、残疾人、孤儿等各类民政服务对象 7089 人，比上年增长 13.8%。

## （三）教育和科学技术

### 1. 教育事业

2012 年，全市拥有各类学校（含幼儿园）696 所，在校生 68.36 万人。各类高等教育学校 10 所，在校生 9.92 万余人，其中全日制普通高校 6 所，在校生 6.08 万人；普通高中 36 所，在校生 7.02 万人；初级中学 120 所，在校生 11.32 万人；小学 192 所，在校学生 23.10 万人。初中、小学入学率和巩固率均达到 100%。初中毕业生升高中段各类学校比例达 98.92%。普通高校招生 18874 人，毕业学生 13182 人，比上年增长 6.4%。高等自学考试报考人数 3.98 万人，获得大专以上文凭人数 1866 人；成人高等学历教育毕业班学生 738 人；成人中等专业学历教育招收学生 888 人，毕业班学生 1316 人。农村各类文化技术培训 67 万多人次。全市各类民办学校 31 所，在校学生 7.11 万人。

### 2. 科技与创新

2012 年，全市发明专利申请量和发明专利授权量分别为 1652 件和 490 件，全市人才资源总量达 85.10 万人，比上年增加 7.44 万人，增长 9.6%。全年获得市级以上各类科技成果 101 项，其中，获得省级科技成果奖 6 项，市级科技成果奖 95 项。技术市场发展平稳，全年经认定登记技术交易金额 2.15 亿元，交易合同数 536 项。全市年末国家级高新技术企业达 294 家，省级科技型中小企业 819 家，比上年增加 93 家。全市规模以上工业新产品产值 1853.07 亿元，增长 12.4%。科技创新投入力度加大，全市研究与试验发展经费支出占全市生产总值比重 2.3%。

## （四）文化、卫生和体育

### 1. 文化事业

2012 年末，全市拥有文化艺术表演团体 11 个，艺术表演场所 16 个，文化馆 8 个，文化站 73 个，公共图书馆 6 个，图书总藏量 593 万册，图书阅览 688 万人次。各类电影放映单位 35 家，广播电台 6 座，电视台 6 座，全市行政村有线电视联网率达到 100%，广播和电视人口覆盖率均达 100%。

成功举办第六届嘉兴市乡村文化艺术周活动。全年广场文艺演出约 637 场次、电影下乡放映 11168 场次，观众人数 255 万人次，大剧院引进各类演出 96 场次，观众人数达 10.5 万余人次。

### 2. 卫生事业

年末，全市共有医疗卫生机构 1343 个，各类卫生工作人员 25403 人，其中医生 8458 人，注册护士 10010 人，医疗床位 17992 张。平均每千人拥有医生 2.46 名，每千人拥有医院床位 5.22 张。全年急门诊病人 3062 万人次，住院 53.60 万人次。

全市已建成 82 个社区卫生服务中心，其中：省级规范社区服务中心 78 个，社区卫生服务站 792 个。全市无偿献血 41940 人次，献血量 1369 万毫升；无偿献血占临床用血比例达 100%。

全市（镇）、村合作医疗覆盖率均达 100%，镇初保达标率为 100%。全市农村自来水受益率 99.80%，农村农户改厕率 97.98%。

### 3. 体育事业

全市组织举办了多种综合类健身活动，参加人数约 20.5 万人次。成功承办了全国青少年斯诺克排名赛，嘉兴代表团参加省级以上各类体育比赛共获得 65 枚金牌、26 枚银牌、42 枚铜牌。

## （五）城乡建设

坚持区域城乡统筹发展，现代化网络型田园城市建设加快推进。完善市域基础设施，嘉绍通道、钱江通道北接线、杭平申线航道改造等项目进展顺利，贯泾港水厂二期、何家桥线内河航道改造等工程基本建成。启动“智能电网”建设试点，500 千伏汾湖变扩建、220 千伏安兴输变电工程等一批能源项目顺利投产。部署中心城市有机更新三年行动计划，高起点编制总体规划和重点片区详细规划，子城广场、南湖湖滨等区块改造全面提速。以“打卡口、接断路”为重点，大力实施城市交通通畅工程，新建改建城市道路 54.5 公里，对 10 个主要路口实施渠化改造，统筹规划建设一批社会停车场，中心城区路网框架进一步完善。加强市区公交线网和场站建设，调整优化公交线路 35 条，新增公共自行车服务网点 100 个。扎实推进“两新”工程和“美丽乡村”建设，优化“1X”镇村布局，建成示范性城乡一体新社区 24 个，完成土地整治复垦 1.4 万亩。深化王江泾、姚庄、崇福 3 个省级小城市培育试点工作，新市镇综合服务功能得到增强。加强区域协作，与沪杭在公交、教育、医疗、通信等公共服务领域的资源共享水平进一步提高。积极参与“山海协作”，援疆援藏援青等对口帮扶工作成效明显。

## （六）资源、环境和生态建设

加强能源消费总量和能耗强度双控管理，实行重点用能企业月度红黄绿“三色”预警制度。抓好行业环境准入和技术改造，实施节能重点技改项目 243 个，否决能评不达标项目 10 个，全面完成水泥磨粉机和印染行业落后产能淘汰任务。部署水环境治理攻坚，成立市治水办，县、推行市、镇三级“河长制”，在全市上下迅速形成了强大的工作声势。组织开展河道清洁、拆除违章猪舍、封堵排污口等专项行动，关停和拆除猪舍面积 18 万平方米，新增截污管网 321 公里，清淤疏浚河道 1255 公里。

强化水质监管，在全市范围设置 88 个监测点，严肃查处了一批涉水违法案件。加强重点区域大气污染治理，开展 PM2.5 监测。实施“四边绿化”行动，加强生态功能区、重点生态带保护建设，新增和改造绿化面积 5 万亩，市区新建生态绿道 253 公里。深入开展生态创建工作，新增国家级生态镇 2 个。初步测算，单位生产总值综合能耗下降 5，化学需氧量、二氧化硫、氨氮和氮氧化物排放量分别削减 3.2、3、2.8 和 3.1。

2012 年全市水资源总量 36.87 亿立方米，同比增长 155.5%；人均水资源量 1070.18 立方米，增长 154.4%；全市平均降水量 1581.2 毫米，增长 48.7%。全市电力发电设备总容量达 1089.79 万千瓦，比上年增加 3.7 万千瓦，年总发电量 680.06 亿千瓦时，增加 127.39 亿千瓦时。全市机动车总量达 124.09 万辆，其中汽车 57.44 万辆，增长 23.1%；私人汽车 45.20 万辆，增长 28.3%。

全市规模以上工业企业能源消费量 1193.6 万吨标准煤，比上年增长 2.6%；万元工业增加值能耗下降 7.5%。218 家年耗能 5000 吨标准煤及以上重点能耗企业能源消费量 805.7 万吨标准煤，增长 11.7%，单耗下降 7.0%。化学需氧量、二氧化硫排放量分别削减 3.2%、3.0%。

### （七）社会安全

建设“平安嘉兴”取得新成效。据调查，2012 年全市人民群众安全感满意率达到 95.72%，已连续 8 年稳定在 95%以上。全年全市共发生各类安全生产事故 1559 起，比上年减少 39 起；死亡人数 376 人，比上年减少 18 人；直接经济损失 2946.04 万元，比上年减少 70.04 万元。

## 三、挑战和目标

在肯定成绩的同时，也要清醒地看到，当前嘉兴市经济社会发展中还存在着一些突出的矛盾和问题：地区生产总值增幅和进出口总额增幅两项指标几经努力没有达到年初预期目标，一些企业生产经营面临困难，保持经济平稳较快发展压力依然较大；经济困难中暴露出的结构性、素质性矛盾日益突出，产业层次不高、自主创新能力不强等问题尚未根本改观，同时土地等要素日益趋紧，发展空间受到制约，环境保护压力加大，节能减排任务繁重，政府面临着稳增长与促转型的双重压力；社会管理创新有待加强，食品安全、安全生产、社会治安等还存在薄弱环节，影响社会和谐稳定的因素仍然不少；制约发展的体制机制问题也很突出，尤其是转变机关作风、提高行政效能等方面还有较大差距。对此，必须引起高度重视，切实增强紧迫感和责任感，采取有效措施认真加以改进。

综合考虑，2013 年嘉兴市经济社会发展的主要预期目标为：地区生产总值增长 8.5 以上；城镇居民人均可支配收入和农村居民人均纯收入均增长 10；公共财政预算收入增长 8；研究与试验发展经费支出占生产总值比重 2.4；城镇登记失业率控制在 4 以内；人口自然增长率控制在 1.5‰左右；居民消费价格总水平涨幅控制在 3.5 左右；节能减排各项指标完成省下达目标。

## 四、嘉兴市在长三角地区经济发展中的地位

2012 年是国内外宏观环境发生重大变化、嘉兴发展遭遇严重困难的一年。在中共嘉兴市委的坚强领导下，全市上下负重拼搏、开拓进取，积极应对严峻挑战，着力提高工作的针对性和有效性，经济社会发展呈现一系列新的积极变化。全市地区生产总值 2885 亿元，增长 8.7%；财政总收入 471.9 亿元，其中公共财政预算收入 257.7 亿元，分别增长 13.4%和 13.8%；城镇居民人均可支配收入 35696 元、农村居民人均纯收入 18636 元，分别增长 13.2%和 11.5%。

2008—2012 年嘉兴市地区生产总值在长三角所占比重分别为 2.77%、2.65%、2.66%、2.66%和 2.65%，2010 年止住连年下跌的趋势，2012 年有了微弱的下滑，下降了 0.01 个百分点。2012 年嘉兴

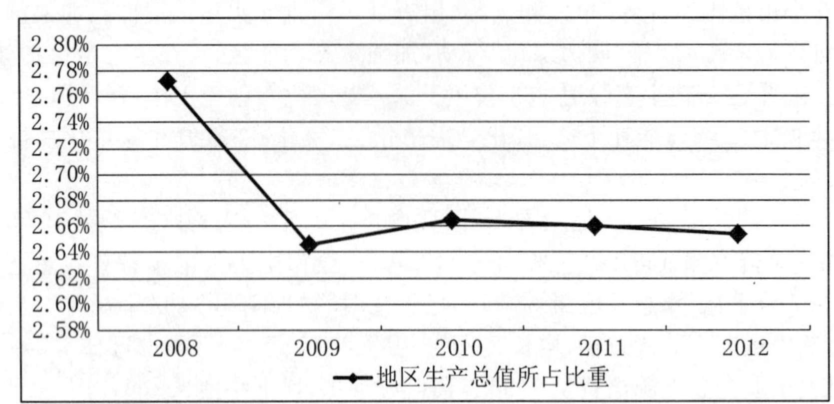


**图 52 2008—2012 年嘉兴市地区生产总值在长三角所占比重的变化趋势**

市地区生产总值在长三角地区 25 个市(苏浙两省 24 个地级市和上海市,下同)排名较上年下降了一位,排名第 15 位,亟需有所改变。

2012 年,嘉兴全市生产总值 2884.94 亿元,比上年增长 8.7%,增幅比上年回落 1.9 个百分点。其中第一产业增加值 150.05 亿元,增长 1.1%;第二产业增加值 1620.82 亿元,增长 8.4%;第三产业增加值 1114.07 亿元,增长 10.2%。三次产业结构由上年的 5.3∶57.5∶37.2 调整为 5.2∶56.2∶38.6。按常住人口计算,人均生产总值 63580 元(按年平均汇率折算为 10072 美元),增长 8.2%。

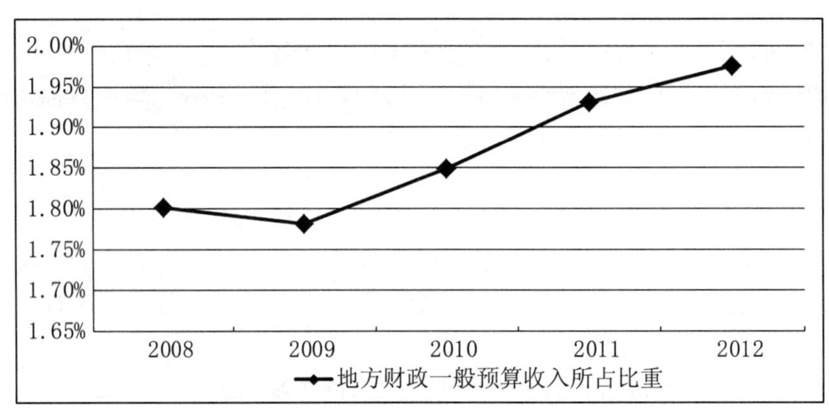


**图 53 2008—2012 年嘉兴市地方财政一般预算收入在长三角所占比重变化趋势**

2008—2012 年嘉兴市地方财政一般预算收入在长三角所占比重分别为 1.80%、1.78%、1.85%、1.93%和 1.98%,整体呈上升趋势。累积增幅达 0.18 个百分点,2012 年较上年上升 0.05 个百分点。2012 年嘉兴市地方财政一般预算收入在长三角地区 25 个市排名维持不变,排名第 13 位,亟需有所改变,以期止住下跌的步伐。

2012 年,嘉兴市全市财政一般预算收入 471.92 亿元,比上年增长 13.4%,其中公共财政预算收入 257.73 亿元,增长 13.8%。各级财政用于民生支出 190.68 亿元,增长 9.0%。金融机构人民币存贷款余额分别为 4453.07 亿元和 3419.53 亿元,比上年末增长 9.3%和 12.5%。城乡居民储蓄存款余额 2144.49 亿元,增长 14.6%。全市上市公司 27 家,发行股票 27 个,累计募集资金 260 亿元,年末全市证券帐户 81.76 万户,新增 3.51 万户。全年全市证券交易额 4648.40 亿元,比上年下降 15.7%,其中股票交易额 3410.96 亿元,下降 43.3%,基金交易额 43.12 亿元,增长 88.4%。

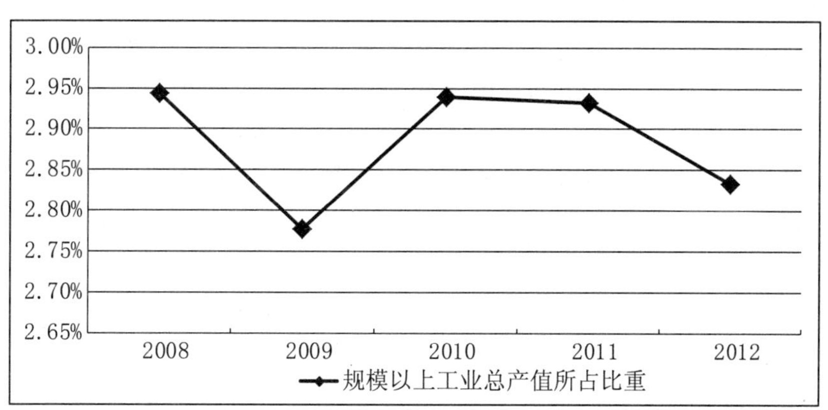


**图 54　2008—2012 年嘉兴市规模以上工业总产值在长三角所占比重的变化趋势**

2008—2012 年嘉兴市规模以上工业总产值在长三角所占比重分别为 2.94%、2.78%、2.94%、2.93%和 2.83%，2011 年在 2010 年在连年上升的趋势下出现微弱的下降，2012 年进一步下滑，较上年占比下降了 0.1 个百分点。2012 年嘉兴市规模以上工业总产值在长三角地区 25 个市排名比去年下降一位，排名第 14 位，改变势在必行。

2012 年，嘉兴市全市工业增加值 1460.76 亿元，可比增长 9.1%，占全市生产总值 50.6%。规模以上（主营业务收入 2000 万元以上）工业企业数 4165 家，工业增加值 1115.09 亿元，增长 10.9%，增速比上年回落 4.1 个百分点，其中重工业增加值 607.67 亿元，增长 15.0%；轻工业增加值 507.42 亿元，增长 6.3%。规模以上工业企业全年主营业务收入 5606.55 亿元，增长 3.7%；利税总额 432.13 亿元，下降 4.7%，其中利润总额 255.91 亿元，下降 10.8%。十一项经济效益指标综合得分 273.57 分，比上年下降 9.6 分。其中，产品销售率 97.83%，总资产贡献率 9.43%，资本保值增值率 113.66%，成本费用利润率 4.74%，全员劳动生产率由上年 14.12 万元/人下降到 13.91 万元/人，资产负债率由上年 59.98%下降为 58.98%，亏损率由上年 6.29%上升为 12.16%。

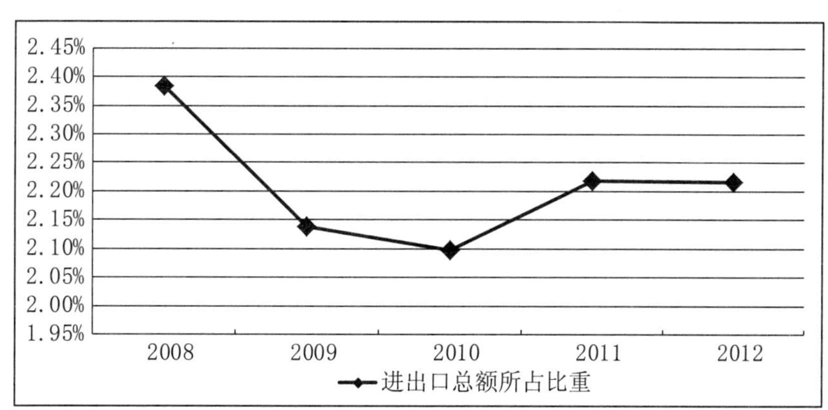


**图 55　2008—2012 年嘉兴市进出口总额在长三角所占比重的变化趋势**

2008—2012 年嘉兴市进出口总额在长三角所占比重分别为 2.38%、2.14%、2.10%、2.22%和 2.22%，在 2009 年和 2010 年连续两年下跌后，2011 年出现微增，2012 年保持不变。

2012 年嘉兴市进出口总额在长三角地区 25 个市排名与上年比保持不变，排名第 9 位，虽位置较为靠前，但仍应解放思想，大胆实行“走出去，引进来”的方式，以期能有较大突破。

2012年,嘉兴市全市进出口总值287.44亿美元,比上年增长0.9%,其中出口总值196.03亿美元,增长1.7%,进口总值91.41亿美元,下降0.8%。机电、服装及纺织类产品等居出口主导地位,机电产品出口64.36亿美元,增长3.8%,占全市出口总额的32.8%;服装类产品出口39.09亿美元,下降5.0%,占19.9%;纺织类产品出口33.45亿美元,增长1.8%,占17.1%。经济外向度保持较高水平,进出口总额占全市生产总值的比例62.9%(按当年汇率计算),其中出口额占比为42.9%。

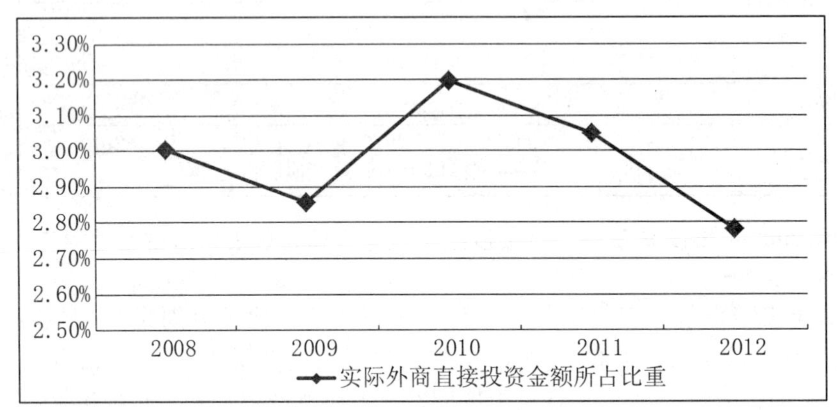


**图56 2008—2012年嘉兴市实际外商直接投资金额在长三角所占比重的变化趋势**

2008—2012年嘉兴市实际外商直接投资金额在长三角所占比重分别为3.00%、2.86%、3.20%、3.05%和2.78%,2012年延续2011年的下跌趋势,较上年下跌了0.27个百分点。2012年嘉兴市实际外商直接投资金额在长三角地区25个市排名较上年下降两位,排名第13位,亟待引起重视。

2012年,嘉兴市全市新批外商投资企业234家,比上年减少26家;合同利用外资28.14亿美元,同比下降9.6%;实际利用外资17.86亿美元,增长3.5%。全年新办境外企业44家,投资总额达32999万美元,下降12.4%。全市引进内资项目1371个,实际到位内资238.21亿元,增长11.0%。全市接待海内外游客4179.18万人次,旅游总收入419.06亿元,分别增长15.8%和18.3%。其中,接待外国、港澳台游客78.17万人次,增长8.4%,旅游外汇收入2.77亿美元,增长7.0%;接待国内游客4101万人次,增长16.0%,国内旅游收入401.59亿元,增长19.0%。

# 六　湖州市 2012 年经济社会发展报告

2012 年，面对严峻复杂的发展环境，湖州市坚持以科学发展观为指导，以扎实开展“进村入企”大走访、全面深化“三个年”活动和全力实施“八大专项行动”为抓手，稳中求进、迎难而上，全市经济社会实现了持续平稳较快地发展，基本完成年初确定的预期目标，为加快建设现代化生态型滨湖大城市打下了坚实的基础。

## 一、湖州市 2012 年经济发展概况

### （一）综合经济

#### 1. 经济总量

全年实现地区生产总值(GDP)1664.3 亿元，按可比价计算比上年增长 9.7%。分产业看，第一产业增加值 122.65 亿元，增长 2.5%；第二产业增加值 886.42 亿元，增长 10.7%，其中工业增加值 796.75 亿元，增长 11.3%；第三产业增加值 655.24 亿元，增长 9.6%。按户籍人口计算的人均 GDP 为 63625 元，增长 9.4%，折合 10079 美元；按常住人口计算的人均 GDP 为 57270 元，增长 9.5%，折合 9072 美元。三次产业结构由 7.6∶53.8∶38.6 调整为 7.4∶53.5∶39.1。

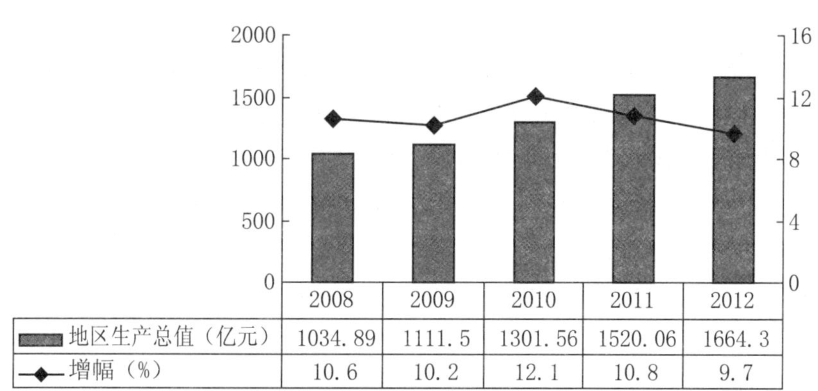


| | 2008 | 2009 | 2010 | 2011 | 2012 |
|---|---|---|---|---|---|
| 地区生产总值（亿元） | 1034.89 | 1111.5 | 1301.56 | 1520.06 | 1664.3 |
| 增幅（%） | 10.6 | 10.2 | 12.1 | 10.8 | 9.7 |

图 57　2008—2012 年湖州市地区生产总值及增长速度

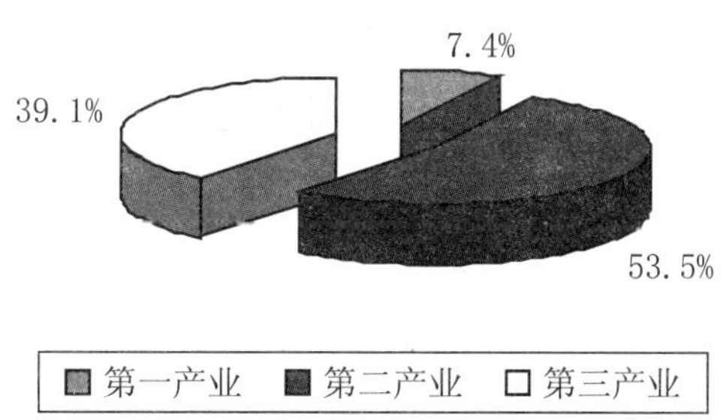


图 58　2012 年湖州市三次产业结构图

表30　2012年湖州市县市主要经济指标

| 县市 | 生产总值（亿元） | 地方财政收入（亿元） | 固定资产投资（亿元） | 社会消费品零售总额（亿元） |
|---|---|---|---|---|
| 湖州市区 | 745.64 | 54.77 | 437.34 | 355.88 |
| 德清县 | 307.25 | 27.19 | 173.75 | 104.85 |
| 长兴县 | 370.79 | 35.51 | 248.81 | 148.38 |
| 安吉县 | 246.00 | 21.08 | 110.83 | 94.75 |

## 2. 财政收入

全年实现财政总收入246.88亿元，其中地方财政收入138.55亿元，分别比上年增长12.7%和13.5%。财政总收入占GDP的比重为14.9%。从主要税种看，全年地方财政入库的增值税、营业税、企业所得税分别为22.13亿元、38.25亿元和19.20亿元，分别增长13.8%、12.5%和15.7%；个人所得税6.87亿元，下降4.3%。全市财政支出167.51亿元，增长10.4%。公共财政民生支出119.67亿元，增长13.5%。其中，教育支出37.11亿元，增长15.6%；科技支出5.19亿元，增长13.3%；医疗卫生支出11.95亿元，增长14.2%；社会保障和就业支出13.57亿元，增长30.6%；城乡社区事务支出12.95亿元，增长10.0%；农林水事务支出15.03亿元，增长12.5%。

## 3. 物价指数

全年居民消费价格总水平比上年上涨2.0%，其中服务项目价格上涨1.5%，消费品价格上涨2.3%。从八大类商品和服务价格看，食品价格上涨5.2%，家庭设备用品及服务价格上涨2.1%，医疗保健和个人用品价格上涨2.1%，居住价格上涨2.1%，烟酒及用品价格上涨1.8%，衣着价格持平，娱乐教育文化用品及服务价格下降0.6%，交通和通信价格下降1.0%。

表31　居民消费价格指数（CPI）　（上年＝100）

| | 2012年 |
|---|---|
| 居民消费价格总指数 | 102.0 |
| ＃服务项目 | 101.5 |
| 消费品价格 | 102.3 |
| ＃食品 | 105.2 |
| ＃粮食 | 104.5 |
| 肉禽及制品 | 102.9 |
| 蛋类 | 99.5 |
| 水产品 | 110.8 |
| 蔬菜 | 113.1 |
| 烟酒及用品 | 101.8 |
| 衣着 | 100.0 |
| 家庭设备用品及服务 | 102.1 |

（续表）

| | |
|---|---|
| 医疗保健和个人用品 | 102.1 |
| 交通和通信 | 99.0 |
| 娱乐教育文化用品类 | 99.4 |
| 居住 | 102.1 |

### 4. 固定资产投资①

全年限额以上固定资产投资项目 2415 个，完成限额以上固定资产投资 970.73 亿元，比上年增长 20.6%。其中，基础设施投资 166.71 亿元，增长 14.4%；非国有投资 795.45 亿元，增长 24.1%，占全部限额以上投资的 81.9%。按产业划分，第一产业投资 7.94 亿元，增长 49.9%；第二产业投资 529.78 亿元，增长 19.8%，其中工业投资 527.84 亿元，增长 19.5%；第三产业投资 433 亿元，增长 21.2%。

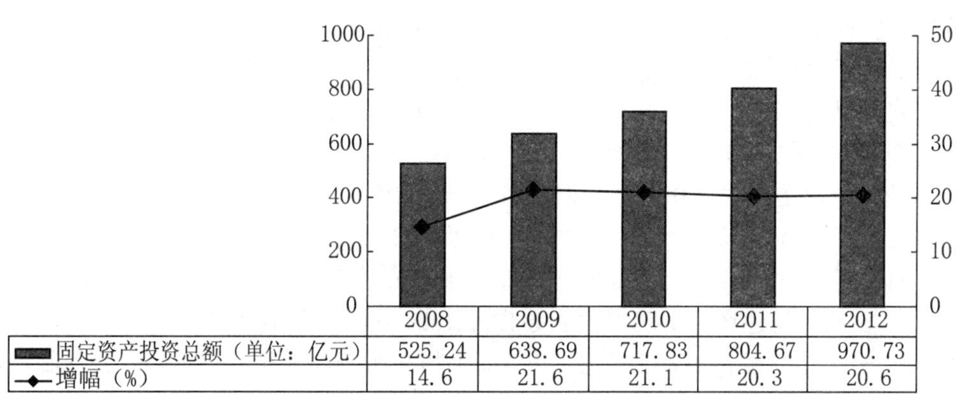

| | 2008 | 2009 | 2010 | 2011 | 2012 |
|---|---|---|---|---|---|
| 固定资产投资总额（单位：亿元） | 525.24 | 638.69 | 717.83 | 804.67 | 970.73 |
| 增幅（%） | 14.6 | 21.6 | 21.1 | 20.3 | 20.6 |

**图 59　2008—2012 年湖州市全社会固定资产投资及增长幅度**

## （二）农业和农村建设

全年实现农林牧渔业总产值 208.48 亿元，比上年增长 5.0%。其中，农业产值 93.63 亿元，增长 4.7%；林业产值 23.12 亿元，增长 8.0%；牧业产值 45.83 亿元，下降 0.8%；渔业产值 37.97 亿元，增长 11.4%。全年粮食播种面积 13.61 万公顷，增长 1.6%；经济作物播种面积 8.81 万公顷，减少 3.1%，其中油菜籽面积 2.1 万公顷，减少 15.1%；蔬菜面积 3.68 万公顷，减少 2.7%；花卉苗木面积 1.83 万公顷，增长 20.3%。全年粮食产量 89.94 万吨，减少 0.4 %；油菜籽产量 4.63 万吨，减少 17.7%；蚕茧产量 1.33 万吨，减少 5.2%；家禽出栏数 4893.07 万只，减少 2.6%；生猪出栏 156.6 万头，增长 2.0%；水产品产量 28.27 万吨，增长 6.8%。

全市年末拥有现代农业示范园 204 个，其中省级 44 个；本年新建现代农业示范园 67 个，其中省级 31 个。年末拥有农业龙头企业 228 家，本年新增 14 家。年末拥有省级无公害农产品基地 130.29 万亩，本年新增 18.83 万亩；拥有无公害产品 715 只，本年新增 137 只；拥有绿色食品 162 只，本年新增

① 从 2011 年起，固定资产投资项目统计起点标准改为 500 万元。固定资产投资（不含农户）统计范围从城镇固定资产投资扩大到农村企事业组织。

38只。

## （三）工业和建筑业

### 1. 工业增加值

全年实现规模以上工业增加值555.55亿元，比上年增长13.2%，其中轻工业增加值243.80亿元、重工业增加值311.75亿元，分别增长18.0%、9.8%。34个大类行业有32个行业实现增长。6个行业增加值超过30亿元。其中，纺织业73.20亿元，增长11.4%；电气机械及器材制造业66.69亿元，增长30.8%非金属矿物制品业54.39亿元，下降0.6%；；黑色金属冶炼及压延加工业37.02亿元，增长24.8%；电力热力的生产和供应业35.95亿元，增长0.5%；化学原料及化学制品制造业30.15亿元，增长16.5%。

全年规模以上工业实现主营业务收入3341.76亿元，比上年增长16.8%；利税256.69亿元，其中利润158.79亿元，分别增长8.2%、6.9%。9个工业行业达到了"主营业务收入超100亿元、利税超10亿元"，共实现主营业务收入2341.9亿元、利税总额174.68亿元，分别占全部规模以上工业的70.1%和68.1%。6个行业利税超过15亿元。其中，纺织业31.90亿元，增长11.0%；电气机械及器材制造业29.92亿元，增长18.4%；非金属矿物制品业22.34亿元，下降39.2%；黑色金属冶炼及压延加工业18.74亿元，增长7.1%；木材加工及木竹藤棕草制品业16.80亿元，增长11.1%；化学原料及化学制品制造业16.51亿元，增长14.2%。

全年高新技术产业实现主营业务收入958.67亿元、利税67.23亿元、利润43.77亿元，分别比上年增长27.2%、12.5%和10.5%。从利税看，生物医药产业增长32.4%，新能源及节能产业增长26.1%，光电一体化产业增长23.4%，资源与环境产业增长6.7%，新材料产业下降3.6%，电子信息产业下降27.7%。六大特色产业实现主营业务收入1521.01亿元、利税107.52亿元、利润71.47亿元，分别增长27.6%、16.3%和17.8%。从利税看，生物与医药产业增长28.5%，装备制造产业增长28.5%，新能源产业增长16.6%，特色纺织品产业增长5.8%，金属管道及不锈钢产业增长4.1%，木地板产业增长2.1%。

工业经济发展面临的问题和挑战：

1. 高技术产业比重小，结构调整力度亟需加大。当前湖州市高技术产业发展速度慢，规模小，2012年湖州市高技术产业增加值增长3.0%，增加值占全部规模工业比重仅为3.8%。从投资方向看，2012年，湖州市高耗能行业发展相对放缓，但投资不减，八大高耗能行业工业投资增长31.5%，增幅高于全市工业投资12.0个百分点。投资与经济发展的关系密切，投资方向决定着未来一段时间内工业经济发展方向。因此，要实现工业经济的又好又快发展，工业投资结构调整的力度必须进一步加大。

2. 要素制约作用明显，扶持发展不能松劲。当前，企业生产经营压力不减，企业发展所受要素制约犹在。一是资金要素。1—11月，全市规模工业应收帐款增长16.4%，应付职工薪酬增长22.0%（从业人数仅增长2.5%），利息支出增幅高达24.1%，从而推动企业成本增长17.7%。二是人才要素。没有大企业、大集团的带动，一个地区很难形成强大的发展向心力，由于湖州市缺乏大企业集团的带动，导致对优秀人才的吸引力大打折扣。优秀人才的匮乏又反过来制约了湖州市产业的发展。

3. 产品竞争力不强，必须加大创新发展力度。面对国内外市场上产品科技含量不断提高，产品类型不断增多的形势，今后湖州市工业产品市场竞争压力无疑会不断加大，而目前知名品牌很少，产品竞争能力不强。湖州市应结合本地企业发展实际，瞄准市场高端技术前沿，比如云计算、工业机器人、3D打印机和新能源汽车等高端信息技术，抢抓发展机遇，积极引导企业投资，尽快形成新兴高端产业

集群，为全市工业经济发展增添新的增长点。

### 2. 建筑业

全市年末拥有建筑企业 201 家，其中一级资质企业 34 家、二级资质企业 64 家。全年建筑业企业完成建筑业总产值 463.48 亿元，比上年增长 6.9%，其中建筑工程产值 400.13 亿元，安装工程产值 37.05 亿元，分别增长 7.5%和 13.0%；房屋建筑施工面积 3645.38 万平方米，增长 3.8%；竣工面积 1585.0 万平方米，下降 8.9%。

## （四）服务业

### 1. 国内贸易

全年实现社会消费品零售总额 703.87 亿元，比上年增长 15.4%。其中，批发零售业 630.71 亿元，增长 15.4%；住宿餐饮业 73.16 亿元，增长 15.2%。限额以上批发零售贸易企业实现零售额 204.87 亿元，增长 15.7%。其中，食品类 12.02 亿元，增长 19.0%；金银珠宝类 6.36 亿元，增长 12.3%；家用电器和音像器材类 13.02 亿元，增长 10.0%；汽车类 77.13 亿元，增长 20.6%；石油及制品类 59.76 亿元，增长 15.3%。

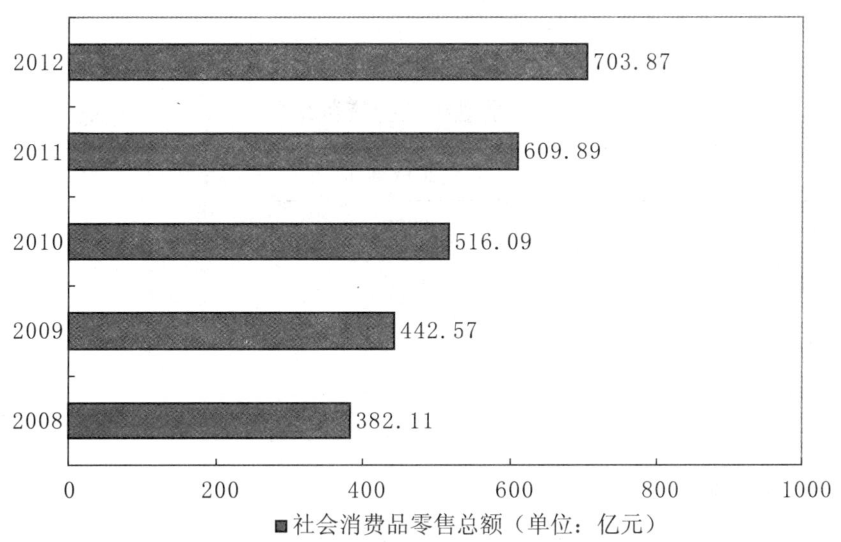


**图 60　2008—2012 年社会消费品零售总额**

### 2. 交通运输、邮电

重点项目建设进展良好。10 省道长兴公铁立交工程已建成通车，104 国道长兴李家巷段改建工程已通过交工验收，杭长高速公路二期湖州段工程、长湖申线浙江段航道扩建工程、湖州站综合交通枢纽工程等重点项目进展良好。全市年末公路通车里程达到 8111 公里，其中高速公路 289 公里、一级公路 407 公里、二级公路 521 公里。全年完成客运量 9476 万人，比上年下降 5.2%；客运周转量 32.85 亿人公里，下降 2.8%。完成货运量 19467 万吨，下降 3.2%，其中公路 7081 万吨，下降 0.7%，水路 12386 万吨，下降 4.5%；货运周转量 239.94 亿吨公里，下降 3.5%，其中公路 48.28 亿吨公里，增长 10.7%，水路 191.66 亿吨公里，下降 6.5%。全年内河港口货物吞吐量 17840 万吨，增长 21.6%。

全市年末汽车保有量达到 33.89 万辆，比上年增加 6.34 万辆，增长 23.0%。私人汽车保有量 29.40 万辆，增加 6.05 万辆，增长 25.9%，其中轿车保有量 22.48 万辆，增加 4.49 万辆，增长 25.0%。

全年小型汽车上牌量 6.95 万辆，增长 13.2%。

全年实现邮政电信业务收入 31.23 亿元，比上年增长 10.3%；全市年末固定电话(含小灵通)用户 101.70 万户，比上年减少 6.03 万户；移动电话用户 324.26 万户，增加 2.15 万户；全市电话普及率为每百人 163 部，减少 2 部；年末国际互联网用户 60.08 万户，增加 6.71 万户，增长 12.6%，其中宽带用户 60.06 万户，增加 6.71 万户，增长 12.6%。

### 3. 旅游业

全年接待国内外旅游人数 4238 万人次，比上年增长 19.1%。其中，国内旅游人数 4191 万人次，增长 19.1%；入境旅游人数 47 万人次，增长 18.8%。全年实现旅游总收入 323.79 亿元，增长 23.0%。其中，国内旅游收入 312.88 亿元，增长 23.4%；旅游外汇收入 1.73 亿美元，增长 17.3%。全年旅游景区门票收入 3.12 亿元，增长 18.9%。全市年末拥有星级宾馆 46 家，其中三星级以上宾馆 36 家，比上年增加 3 家。

### 4. 金融、证券和保险

全市金融机构年末本外币存款余额 2285.66 亿元、贷款余额 1912.40 亿元，分别比上年增长 8.7%、11.7%；全年新增本外币贷款 200.23 亿元，同比少增 50.61 亿元。年末城乡居民本外币储蓄存款余额 1082.79 亿元，新增 128.35 亿元，同比少增 4.67 亿元。金融机构年末不良贷款余额为 26.48 亿元，比年初增加 18.50 亿元，不良贷款率为 1.38%，比年初上升了 0.91 个百分点。

**表32 金融机构存贷款余额**

单位:亿元

| | 2012 年末 | 比年初增减额 |
|---|---|---|
| 金融机构本外币存款余额 | 2285.66 | 183.75 |
| # 储蓄存款 | 1082.79 | 128.35 |
| 金融机构人民币存款余额 | 2233.34 | 150.47 |
| # 单位存款 | 1081.20 | 27.75 |
| 储蓄存款 | 1078.46 | 127.87 |
| 金融机构本外币贷款余额 | 1912.40 | 200.23 |
| 金融机构人民币贷款余额 | 1852.28 | 179.74 |
| # 短期贷款 | 1144.39 | 126.51 |
| # 个人消费贷款 | 46.35 | −8.28 |
| 经营贷款 | 800.30 | 132.93 |
| 固定资产贷款 | 4.93 | −0.86 |
| 贸易融资 | 55.96 | −8.40 |
| # 中长期贷款 | 664.54 | 34.96 |
| # 个人消费贷款 | 269.52 | 20.71 |
| 单位贷款 | 329.29 | 7.44 |

证券营业机构全年业务成交额 1441.28 亿元，比上年下降 27.8%，其中代理 A 股成交 1167.15

亿元，下降37.7%。全市新增比奇厨具1家上市公司，我武生物通过中国证监会首发申请审核，再融资3家，融资总额15.83亿元。全市年末已拥有上市公司15家，其中境外4家，境内11家。保险公司全年保费收入47.55亿元，增长3.3%。其中，财产险保费收入19.85亿元，增长12.5%；人身险保费收入27.70亿元，下降2.4%。各类保险赔款支出14.59亿元，增长34.4%。其中，财险赔款10.23亿元，增长36.9%；寿险赔款4.36亿元，增长28.9%。

### 5. 房地产业

全年完成房地产开发投资211.17亿元，比上年增长14.3%。全年房屋施工面积1844.74万平方米，增长18.6%；房屋竣工面积191.96万平方米，下降9.9%；商品房销售面积273.56万平方米，下降17.4%，其中住宅229.39万平方米，下降13.0%；商品房销售额186.04亿元，下降16.9%，其中住宅154.57亿元，下降9.4%。

## （五）对外经济

### 1. 对外贸易

全年外贸进出口总额87.36亿美元，比上年增长0.9%。其中，出口73.96亿美元，增长0.6%；进口13.40亿美元，增长2.5%。按出口贸易方式分，一般贸易出口67.03亿美元，下降0.6%；加工贸易出口6.93亿美元，增长12.6%。按出口企业性质分，生产企业出口38.23亿美元，增长1.7%；流通企业出口11.09亿美元，下降0.7%；外资企业出口24.64亿美元，下降0.5%。按主要出口产品分，纺织原料及纺织制品出口24.45亿美元，下降8.3%；机电产品出口22.40亿美元，增长0.9%。从出口市场分，东盟、俄罗斯、澳大利亚、智利等新兴市场分别增长11.7%、20.4%、21.0%和68.7%，传统市场日本和美国分别增长3.8%和10.7%。

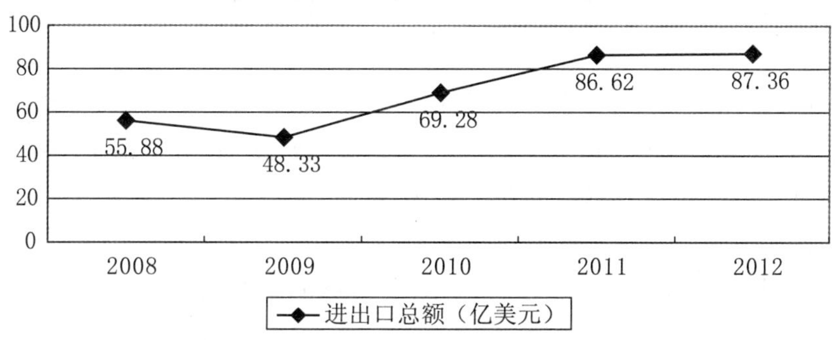


**图61　2008—2012年湖州市外贸进出口总额**

**表33　外贸进出口额**　　单位：亿美元

| | 2012年 | ±% |
|---|---|---|
| 进出口总额 | 87.36 | 0.9 |
| 出口 | 73.96 | 0.6 |
| #一般贸易 | 67.03 | −0.6 |
| 加工贸易 | 6.93 | 12.6 |
| #生产企业 | 38.23 | 1.7 |

（续表）

| | | |
|---|---|---|
| 外资企业 | 24.45 | −0.5 |
| #亚 洲 | 22.67 | 3.0 |
| #日 本 | 4.00 | 3.8 |
| 非 洲 | 3.40 | −1.1 |
| 欧 洲 | 20.88 | −9.7 |
| 拉丁美洲 | 7.10 | −0.7 |
| 北美洲 | 17.37 | 10.4 |
| #美 国 | 15.46 | 10.7 |
| 大洋洲 | 2.55 | 21.3 |
| #纺织原料及纺织制品 | 24.45 | −8.3 |
| 机电产品 | 22.40 | 0.9 |
| 化工产品 | 4.74 | 5.3 |
| 农副产品 | 6.82 | 1.3 |
| 高新技术产品 | 1.86 | −39.7 |
| 其它 | 13.70 | 0.3 |
| 进口 | 13.40 | 2.5 |

### 2. 利用外资

全年新批准及增减资利用外资项目192个，其中新批外商投资企业108家，批准增资项目54个。全年合同外资16.87亿美元，比上年下降21.2%。全年实到外资10.26亿美元，增长9.1%。其中，第一产业3565万美元，增长1.5倍；第二产业6.45亿美元，下降5.1%；第三产业3.45亿美元，增长40.2%。全年批准总投资千万美元以上项目80个，合同外资13.66亿美元，占全部合同外资的81.0%，其中新批总投资千万美元以上企业62家，合同外资11.38亿美元，占全部合同外资的67.5%。

## 二、湖州市2012年社会发展概况

### （一）人口、人民生活

全市年末户籍人口261.38万人，其中男性130.09万人、女性131.29万人；非农人口89.47万人，比上年增加4.30万人；60岁以上人口52.93万人，占总人口的20.3%，占比提高0.7个百分点。全年出生人口2.41万人，出生率为9.24‰；死亡人口2.45万人，死亡率为9.39‰；人口自然增长率为−0.15‰。全年计划生育率为97.4%。

据550户城镇居民家庭抽样调查，全年全市城镇居民人均可支配收入达到32987元，比上年名义增长12.3%；人均可支配收入中位数28969元，增长11.9%；占户数20%的最高收入组的收入为最低收入组的3.55倍；人均消费支出19898元，增长9.5%；恩格尔系数为36.9%；年末人均住房面积

36.53平方米。据800户农村居民家庭抽样调查，全年全市农村居民人均纯收入达到17188元，名义增长11.7%；人均纯收入中位数16499元，增长17.4%；占户数20%的最高收入组的收入为最低收入组的7.26倍；人均生活消费支出11077元，增长9.7%；恩格尔系数为32.3%；人均住房面积67.93平方米。按户籍人口计算的城乡居民年末人均本外币储蓄存款余额达41426元，比上年增加4864元，增长13.3%。

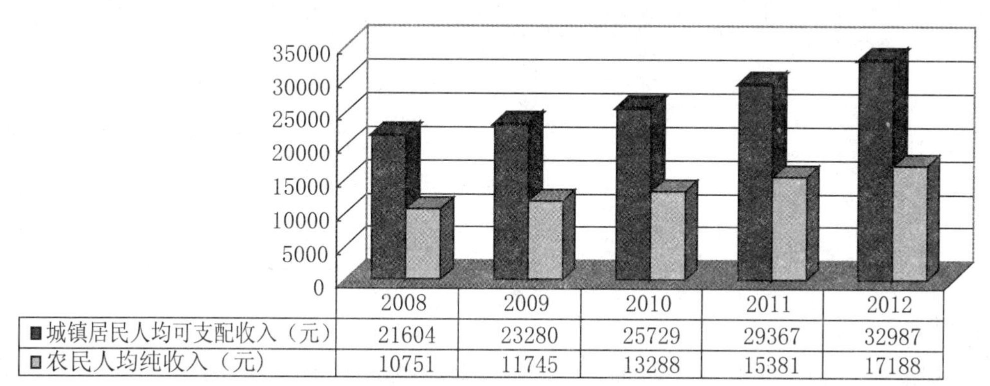


| | 2008 | 2009 | 2010 | 2011 | 2012 |
|---|---|---|---|---|---|
| ■城镇居民人均可支配收入（元） | 21604 | 23280 | 25729 | 29367 | 32987 |
| □农民人均纯收入（元） | 10751 | 11745 | 13288 | 15381 | 17188 |

**图62　2008—2012年湖州市城乡居民收入对比一览**

## （二）就业与社会保障

全年新增城镇就业5.95万人，帮扶下岗失业人员再就业2.50万人；年末城镇登记失业率为3.07%。

全市年末参加城镇基本养老保险人数达到105.01万人，比上年增加19.41万人；参加城镇职工基本医疗保险人数88.11万人，增加11.63万人；参加失业保险人数52.72万人，增加5.37万人；参加工伤保险人数69.96万人，增加4.69万人；参加生育保险人数52.12万人，增加5.15万人；参加生活保障和生活补助制度的被征地农民13.43万人，减少4.38万人。年末住房公积金正常缴存人数达到22.86万人，比上年增加2万人；全年归集住房公积金27.23亿元，增长18.7%；当年发放个人住房贷款16.33亿元，增长0.2%。

全市年末各类收养性社会福利单位拥有床位12788张，收养人数4459人；年末城镇“三无”、农村“五保”集中供养对象1912人，集中供养率92.5%。全年得到政府最低生活保障的家庭23474户，人数41473人，其中城镇8462人、农村33011人；全年发放低保保障金12229万元，增长18.1%；市区城镇低保标准为每人每月470元，农村为310元。全年销售社会福利彩票6.16亿元，筹集社会福利资金1.70亿元。

## （三）教育和科学技术

### 1. 教育事业

全市年末拥有各级各类学校464所，全年招收学生12.15万人，在校学生44.93万人，毕业生12.12万人。高等教育毛入学率50.8%，比上年提高1.9个百分点；初中毕业升高中段的比例98.7%，提高0.4个百分点；初中、小学入学率均为100%；十五年教育毛入学率为98.5%，提高0.1个百分点。全市专任教师2.7万人，其中普通中小学专任教师1.86万人；普通中小学每百名学生拥有专任教师6人。

表34 2012年学校基本情况

| | 学校数(所) | 招生数(万人) | 在校学生数(万人) | 毕业生数(万人) | 专任教师数(人) |
|---|---|---|---|---|---|
| 合计 | 464 | 2.15 | 44.93 | 12.12 | 27005 |
| #高等教育 | 4 | 1.46 | 4.87 | 1.19 | 1918 |
| 中等职业学校 | 12 | 1.15 | 3.36 | 0.99 | 1861 |
| 普通中学 | 125 | 4.28 | 13.14 | 4.68 | 10040 |
| #高中 | 25 | 1.72 | 5.32 | 1.69 | 3579 |
| 初中 | 100 | 2.56 | 7.82 | 2.98 | 6461 |
| 小学 | 136 | 2.59 | 15.69 | 2.71 | 8553 |

### 2. 科技与创新

全年专利申请量12656件，比上年增长32.7%；专利授权量9870件，增长29.1%，其中发明专利506项，比上年增加135项。全年经认定登记的技术成交项目320项，技术成交金额7142万元。全市年末已拥有省级高新技术企业研究开发中心126家，比上年增加19家；拥有国家级高新技术企业235家，增加33家。全年获市级以上政府奖的科技成果75项，其中省级12项。全年列入国家级火炬项目60项，比上年增加18项。

## （四）文化、卫生和体育

### 1. 文化事业

全市年末拥有影剧院5个，全年演出12175场；文化馆、艺术馆6个，全年举办展览67个，组织文艺活动818次；公共图书馆5个，总藏量203.3万册件；乡镇街道文化站68个；博物馆(纪念馆)7个；文物保护单位364个，其中国家级重点文物保护单位14个，省级重点文物保护单位52个；文物保护管理机构8个。

推进文艺精品创作、加工和提升。根据非遗项目“扫蚕花地”，创作排练了声乐作品《蚕花廿四分》，并于浙江省非遗精品展演日成功首演；声乐作品《姑娘村长》获华东六省一市红歌大赛创作大奖和表演银奖，被评为省“五个一”工程奖；湖州三跳《三张火车票》获中国曲艺节创作表演双金奖，入围中国戏曲牡丹奖大赛，并获得节目提名奖。全年共引进高雅艺术演出197场，举办大型广场文化活动503场，组织基层文化活动2796场，开展电影下乡放映1.49万场次。全年出版各类报纸5820万份，其中湖州日报2520万份，湖州晚报3060万份，湖州广播电视报240万份。

### 2. 卫生事业

全市年末拥有医疗卫生机构1349个，其中医院39家、卫生院73家、妇幼保健院4家、社区卫生服务站728个；等级医院23家，其中三级医院8家；拥有医疗床位11265张，其中医院(卫生院)床位10982张；卫生技术人员17738人，其中执业医师5079人、执业助理医师1183人、注册护士6148人；每万人拥有医院(卫生院)床位数42张；每万人拥有卫生技术人员68人，其中医生24人。全市年末新型农村合作医疗参保人数148.60万人，参保率为97.8%，全年报销金额7.38亿元，比上年增长37.2%。全市婴儿死亡率、5岁以下儿童死亡率分别为3.78‰、5.20‰。

### 3. 体育事业

开展丰富多彩的体育运动。深入组织实施“科学健身指导推广年”活动，成功举办全市首届体育节和排舞大赛。2012第三届环太湖国际公路自行车赛（湖州赛区）在湖州市成功举行。全年举办了361°中国乒乓球俱乐部超级联赛，2012中国长兴（二界岭）第三届国际山地自行车越野挑战赛，361°中国排球联赛（2011—2012）（长兴赛区），2011－2012中国女子篮球甲级联赛，2012“伊泰杯”全国象棋甲级联赛，2012年全国室外射箭锦标赛和全国青少年U16拔河比赛等全国性赛事。全年湖州市运动健儿在省以上运动会上获得奖牌100枚，其中金牌32枚、银牌30枚、铜牌38枚。全年体育彩票销售额4.3亿元，比上年增长22.9%。

## （五）城乡建设

努力提升城乡建设水平和促进区域协调发展。制定中心城市建设四年行动纲要，开展中心城区公益性项目建设专项行动，协调推动三县县城建设，深入推进中心镇发展改革和小城市培育试点，全市城市化率提高到60.3%。注重完善功能、提升品质，扎实推进中心城市建设重点工程，环城南路改造等项目基本完工，外环线、梁希森林公园等一批项目加快建设。加快滨湖开发，月亮酒店、古木博物馆等建成运营。强化区域联动，促进产城融合，湖州开发区西南分区商务楼宇新高地形象初显，吴兴东部新区公建配套设施建设进一步加快，南浔中心城区城市功能不断完善。推进“数字城管”建设，加强城市保洁、交通管理，城市管理水平不断提升。

加快美丽乡村建设，120个行政村完成创建，32个中心村建设扎实推进，农村环境连片整治继续深化，历史文化村落保护切实加强。不断改善农村生产生活设施，五项农田水利标准化工程全面推进，农村公路、电力、气象、信息化等建设进一步加快，吴兴区被列入全国小型农田水利重点建设区域。制定“五年强村计划”，加大集体经济欠发达村帮扶力度。新农村建设综合配套改革试验试点深入推进，市校合作领域进一步拓宽，共建机制进一步完善。大力推进重大基础设施建设，宁杭铁路湖州段及综合交通枢纽基本建成，杭长高速公路全线通车，长湖申航道扩建、太嘉河工程试验段、浙北变电站等项目加快建设。深入推进生态文明建设，开展“三大清洁”行动和“四边三化”行动，建成省以上重点公益林1.5万亩、防护林4.3万亩，通过国家环保模范城市现场复核，安吉县获得联合国人居环境奖，长兴县通过国家生态县考核验收。开展矿山企业综合治理，关闭矿山企业12家，全面推行污染治理清洁技术。更加注重市区经济与县域经济协调发展，调整长兴县、安吉县、吴兴区部分乡镇（街道）行政建制，实施湖州开发区优化提升和太湖度假区扩容整合，加快南太湖产业集聚区开发建设，设立省际承接产业转移示范区和南太湖高新技术产业园区，德清县被列为省闭坑矿地综合开发利用试点，南浔区在全省率先开展全域发展规划编制工作。

## （六）节能减排和生态建设

全力抓好节能减排工作。全年组织实施主要污染物减排项目77项，全面完成国家和省下达的落后产能淘汰任务。严控新增总量，将建设项目的新增总量纳入县区减排总量考核管理中。强化排污许可证管理，深入推进排污权有偿使用和交易。重点推进机动车污染防治，严控全市新车及外埠转入机动车排气污染，全年共淘汰高污染车辆625辆，全市有197座加油站、5座储油库、43辆油罐车完成油气回收治理任务，实现全市油气回收全覆盖。全面实行河流交接断面水质考核制度，全年太湖入湖断面水质全部达到Ⅲ类。加强蓝藻预警监测，有效保障双源供水安全。

生态环境质量保持稳定。全市地表水符合Ⅲ类水质标准以上的断面占87.2%，比上年提高4.9个百分点；Ⅴ类以下水质断面比例下降3.4个百分点；主要入湖断面水质全部符合Ⅲ类水；市出境断面水质达标率 91.7%，与上年持平；县级以上集中式饮用水源地水质达标率为 100%；市区环境空气质量优良率为 88.5%，比上年提高 1.9 个百分点。

## 三、挑战和目标

湖州市经济社会发展存在不少矛盾和问题，政府工作还有差距和不足。主要是：市场需求减弱，要素成本上升，部分行业和企业生产经营困难，外贸出口未能实现预期目标；产业层次不高、创新能力不强等问题依然突出，特别是缺乏“大好高”项目的支撑；区域协调发展不够，市本级发展速度相对缓慢；基本公共服务水平需要进一步提升，养老、医疗、教育等群众关切的民生问题有待更好地解决；影响社会和谐稳定的因素依然不少，加强和创新社会管理面临更多考验；少数公职人员责任意识、服务意识有待进一步增强，作风不实、效能不高的问题依然存在，铺张浪费、消极腐败现象在一些领域时有发生。对此，一定高度重视，坚决采取措施，切实加以解决。

2013 年全市经济社会发展主要预期目标为：地区生产总值增长 9%以上；固定资产投资增长 16%；社会消费品零售总额增长 13%；外贸进出口总额及出口额均增长 7%；财政总收入、地方财政收入均增长 8%；城镇居民人均可支配收入增长 10%，农村居民人均纯收入增长 10%以上；城镇新增就业 4 万人，登记失业率控制在 4%以内；居民消费价格总水平涨幅控制在 3.5%左右；人口自然增长率控制在 2.5‰以内；研究与试验发展经费支出占生产总值比例提高 0.13 个百分点；节能减排完成省下达任务。

## 四、湖州市在长三角地区经济发展中的地位

2012 年，外部发展环境严峻复杂，我市发展任务艰巨繁重。在省委、省政府和市委的坚强领导下，在市人大、市政协的监督和支持下，按照市第七次党代会作出的部署和市七届人大一次会议确定的目标任务，以扎实开展“进村入企”大走访、全面深化“三个年”活动和全力实施“八大专项行动”为抓手，紧紧依靠全市人民，以迎接党的十八大胜利召开、学习贯彻党的十八大精神为动力，稳中求进、迎难而上，奋力推动经济社会持续平稳较快发展。全市地区生产总值达到 1662 亿元，比上年增长 9.7%；完成固定资产投资 970.7 亿元，增长 20.6%；社会消费品零售总额 703.9 亿元，增长 15.4%；外贸进出口总额 87.4 亿美元

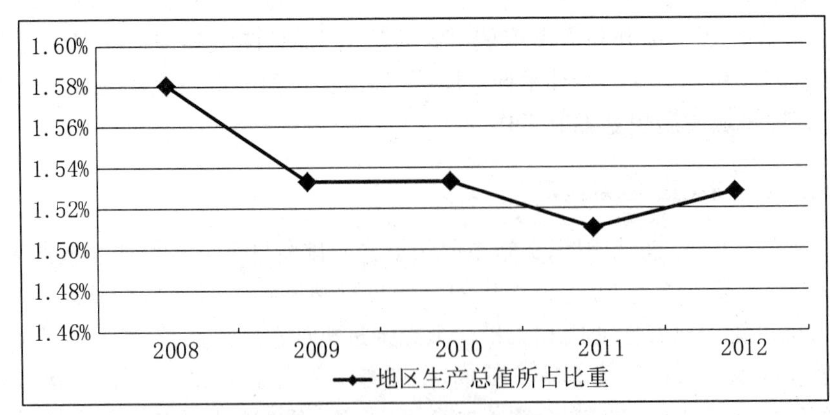


**图 63 2008—2012 年湖州市地区生产总值在长三角所占比重的变化趋势**

2008—2012 年湖州市地区生产总值在长三角所占比重分别为 1.58%、1.53%、1.53%、1.51%和

1.53%，最近5年总体呈下降趋势，但2012较上年逆势上扬0.02个百分点。2012年湖州市地区生产总值在长三角地区25个市（苏浙两省24个地级市和上海市，下同）排名与上年保持一致，排名第20位，位置较为靠后，亟需有所改变。

2012年，湖州市全年实现地区生产总值（GDP）1661.97亿元，按可比价计算比上年增长9.7%。分产业看，第一产业增加值123.31亿元，增长2.5%；第二产业增加值888.20亿元，增长10.7%，其中工业增加值796.54亿元，增长11.3%；第三产业增加值650.46亿元，增长9.6%。按户籍人口计算的人均GDP为63625元，增长9.4%，折合10079美元；按常住人口计算的人均GDP为57270元，增长9.5%，折合9072美元。

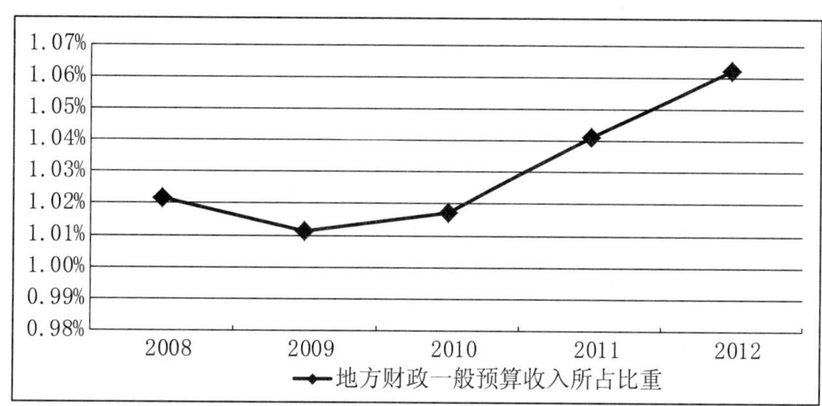


**图64　2008—2012年湖州市地方财政一般预算收入在长三角所占比重的变化趋势**

2008—2012年湖州市地方财政一般预算收入在长三角所占比重1.02%、1.01%、1.02%、1.04%和1.06%，呈现逆势连续上扬趋势，2012年较上年上升了0.02个百分点。

2012年湖州市地方财政一般预算收入在长三角地区25个市中排名与上年比下降一位，排名第22位，位置较为靠后，亟需有所突破。

2012年，湖州市全年实现财政总收入246.88亿元，其中地方财政收入138.55亿元，分别比上年增长12.7%和13.5%。财政总收入占GDP的比重为14.9%。从主要税种看，全年地方财政入库的增值税、营业税、企业所得税分别为22.13亿元、38.25亿元和19.20亿元，分别增长13.8%、12.5%和15.7%；个人所得税6.87亿元，下降4.3%。全市财政支出167.51亿元，增长10.4%。公共财政民生支出119.67亿元，增长13.5%。其中，教育支出37.11亿元，增长15.6%；科技支出5.19亿元，增长13.3%；医疗卫生支出11.95亿元，增长14.2%；社会保障和就业支出13.57亿元，增长30.6%；城乡社区事务支出12.95亿元，增长10.0%；农林水事务支出15.03亿元，增长12.5%。

2008—2012年湖州市规模以上工业总产值所占比重分别为1.64%、1.58%、1.54%、1.47%和1.56%，五年间经历了先降后升的过程，2012年逆势上扬，较上年增加了了0.09个百分点。

2012年湖州市全年实现规模以上工业增加值555.55亿元，比上年增长13.2%，其中轻工业增加值243.80亿元、重工业增加值311.75亿元，分别增长18.0%、9.8%。34个大类行业有32个行业实现增长。6个行业增加值超过30亿元。其中，纺织业73.20亿元，增长11.4%；电气机械及器材制造业66.69亿元，增长30.8%非金属矿物制品业54.39亿元，下降0.6%；；黑色金属冶炼及压延加工业37.02亿元，增长24.8%；电力热力的生产和供应业35.95亿元，增长0.5%；化学原料及化学制品制造业30.15亿元，增长16.5%。

全年规模以上工业实现主营业务收入3341.76亿元，比上年增长16.8%；利税256.69亿元，其中

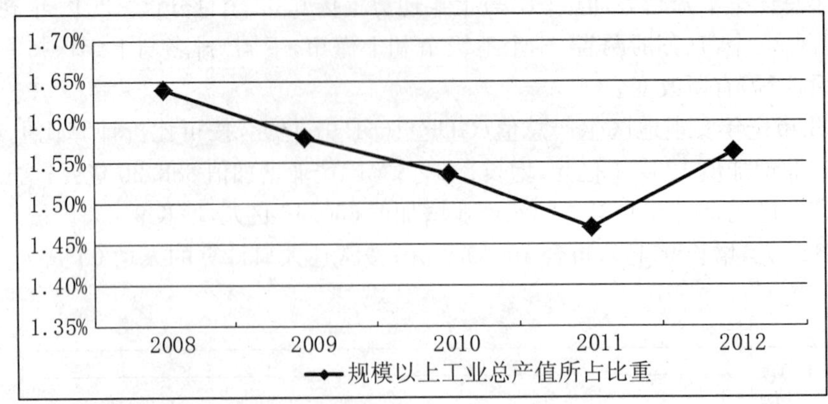


**图65　2008—2012年湖州市规模以上工业总产值在长三角所占比重的变化趋势**

利润158.79亿元，分别增长8.2%、6.9%。9个工业行业达到了"主营业务收入超100亿元、利税超10亿元"，共实现主营业务收入2341.9亿元、利税总额174.68亿元，分别占全部规模以上工业的70.1%和68.1%。6个行业利税超过15亿元。其中，纺织业31.90亿元，增长11.0%；电气机械及器材制造业29.92亿元，增长18.4%；非金属矿物制品业22.34亿元，下降39.2%；黑色金属冶炼及压延加工业18.74亿元，增长7.1%；木材加工及木竹藤棕草制品业16.80亿元，增长11.1%；化学原料及化学制品制造业16.51亿元，增长14.2%。

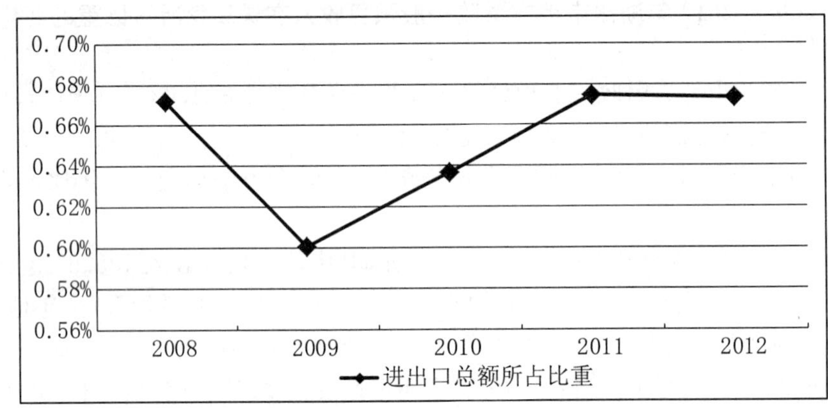


**图66　2008—2012年湖州市进出口总额在长三角所占比重的变化趋势**

2008—2012年湖州市进出口总额在长三角所占比重分别为0.67%、0.60%、0.64%、0.67%和0.67%，连续多年增长后2009年首次下跌，跌幅为0.07个百分点，2010年和2011年连续两年保持上升，2012年所占比重维持不变。2012年湖州市进出口总额在长三角地区25个市中排名与上年保持一致，排名第18位，仍需解放思想，积极发展对外贸易，彻底走出金融危机的影响。

2012年，湖州市全年外贸进出口总额87.37亿美元，比上年增长0.9%。其中，出口73.96亿美元，增长0.6%；进口13.40亿美元，增长2.5%。按出口贸易方式分，一般贸易出口67.03亿美元，下降0.6%；加工贸易出口6.93亿美元，增长12.6%。按出口企业性质分，生产企业出口38.23亿美元，增长1.7%；流通企业出口11.09亿美元，下降0.7%；外资企业出口24.64亿美元，下降0.5%。按主要出口产品分，纺织原料及纺织制品出口24.45亿美元，下降8.3%；机电产品出口22.40亿美元，增长0.9%。从出口市场分，东盟、俄罗斯、澳大利亚、智利等新兴市场分别增长11.7%、20.4%、21.0%

和 68.7%，传统市场日本和美国分别增长 3.8%和 10.7%。

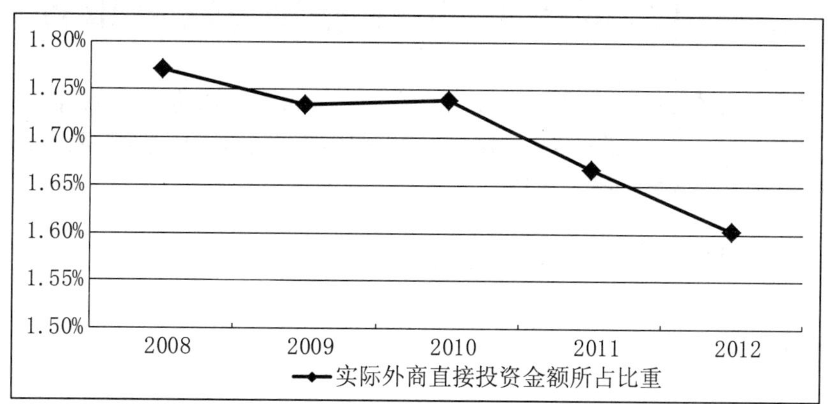


**图 67　2008—2012 年湖州市实际外商直接投资金额在长三角所占比重的变化趋势**

2008—2012 年湖州市实际外商直接投资金额在长三角所占比重分别为 1.77%、1.74%、1.74%、1.67%和 1.60%，呈现逐年下降的趋势，累计降幅为 0.17 个百分点。

2012 年湖州市实际外商直接投资金额在长三角地区 25 个市中排名与上年保持不变，排名第 16 位，但仍需调整部署，积极开拓“走出去，引进来”的对外贸易路线，以期较大的提升外商直接投资额。

2012 年，湖州市全年外贸进出口总额 87.37 亿美元，比上年增长 0.9%。其中，出口 73.96 亿美元，增长 0.6%；进口 13.40 亿美元，增长 2.5%。按出口贸易方式分，一般贸易出口 67.03 亿美元，下降 0.6%；加工贸易出口 6.93 亿美元，增长 12.6%。按出口企业性质分，生产企业出口 38.23 亿美元，增长 1.7%；流通企业出口 11.09 亿美元，下降 0.7%；外资企业出口 24.64 亿美元，下降 0.5%。按主要出口产品分，纺织原料及纺织制品出口 24.45 亿美元，下降 8.3%；机电产品出口 22.40 亿美元，增长 0.9%。从出口市场分，东盟、俄罗斯、澳大利亚、智利等新兴市场分别增长 11.7%、20.4%、21.0%和 68.7%，传统市场日本和美国分别增长 3.8%和 10.7%。

# 七　绍兴市 2012 年经济社会发展报告

2012 年，面对严峻复杂的经济环境，全市上下认真贯彻市第七次党代会精神，深入实施“创业创新、走在前列”的战略部署，按照“稳中求进，致力惠民、积极有为”的工作基调，采取积极有效措施，抓实抓好各项实事，实现了经济社会平稳健康发展。

## 一、绍兴市 2012 年经济发展概况

### （一）综合经济

#### 1. 经济总量

2012 年全市生产总值(GDP)3654.03 亿元，比上年增长 9.7%。其中，第一产业增加值 184.8 亿元，第二产业增加值 1962.41 亿元，第三产业增加值 1506.82 亿元。GDP 总量和增速均居全省第 4 位。三次产业增加值结构由上年年度的 5.2∶55.0∶39.8 调整为 5.1∶53.7∶41.2。

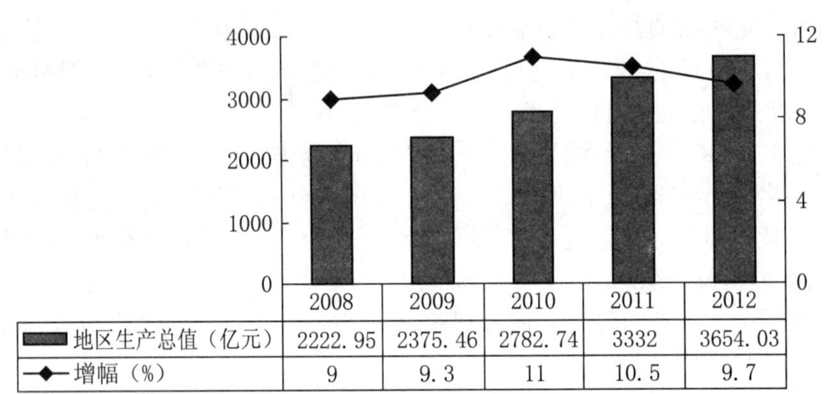


| | 2008 | 2009 | 2010 | 2011 | 2012 |
|---|---|---|---|---|---|
| 地区生产总值（亿元） | 2222.95 | 2375.46 | 2782.74 | 3332 | 3654.03 |
| 增幅（%） | 9 | 9.3 | 11 | 10.5 | 9.7 |

图 68　2008—2012 年绍兴市地区生产总值及增长速度

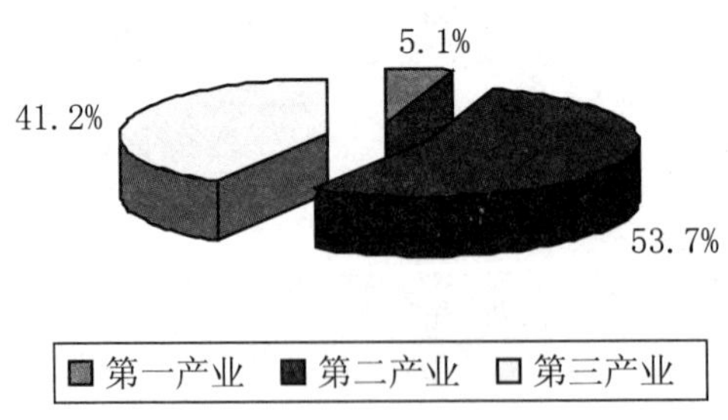


图 69　2012 年绍兴市三次产业结构图

#### 2. 财政收入

全年财政总收入 469.31 亿元，比上年增长 10.1%。公共财政预算收入 265.76 亿元，比上年增长 10.9%。

### 3. 物价水平

全年居民消费价格比上年上涨2.0%，其中食品上涨3.3%，烟酒上涨3.8%，居住上涨4.6%，家庭设备用品及维修服务上涨1.9%，衣着上涨0.8%，医疗保健和个人用品上涨0.5%，交通和通信下降0.1%，娱乐教育文化用品及服务下降1.7%；工业生产者出厂价格下降3.1%，工业生产者购进价格下降2.2%。

**表35　2012年居民消费价格变化情况**

| 分类名称 | 同比增长(%) |
|---|---|
| 居民消费价格总指数 | 2.0 |
| 一、食品 | 3.3 |
| #粮食 | 3.6 |
| 肉禽及其制品 | 0.7 |
| 蛋 | -4.7 |
| 水产品 | 6.0 |
| 二、烟酒 | 3.8 |
| #烟草 | 0.0 |
| 酒 | 13.0 |
| 三、衣着 | 0.8 |
| #服装 | 2.2 |
| 四、家庭设备用品及维修服务 | 1.9 |
| 五、医疗保健和个人用品 | 0.5 |
| 六、交通和通信 | -0.1 |
| 七、娱乐教育文化用品及服务 | -1.7 |
| 八、居住 | 4.6 |

### 4. 固定资产投资①

全年固定资产投资1722.56亿元，比上年增长20.8%，扣除价格因素，实际增长21.8%。国有投资345.75亿元，增长32.5%，占固定资产投资比重20.1%；非国有投资1376.81亿元，增长18.2%，占固定资产投资比重79.9%，其中民间投资1287.36亿元，增长20.0%，占固定资产投资比重74.7%。

固定资产投资中，第一产业投资9.40亿元，比上年增长36.1%；第二产业投资881.40亿元，增长18.4%；第三产业投资831.77亿元，增长23.2%。全年施工项目3268个，比上年增长7.1%，其中新开工项目2175个，增长19.8%。

① 从2011年起，固定资产投资项目统计起点标准改为500万元。固定资产投资(不含农户)统计范围从城镇固定资产投资扩大到农村企事业组织。

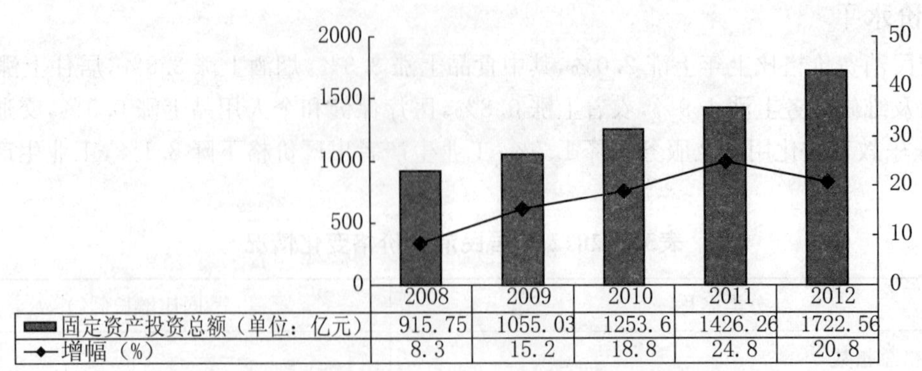


**图70 2008—2012年绍兴市全社会固定资产投资及增长幅度**

全年工业投资881.40亿元，比上年增长18.4%，总量居全省第一。其中新兴产业投资308.82亿元，增长33.6%，增速高于工业投资15.2个百分点，占工业投资比重35.0%。

**表36 2012年绍兴市县市主要经济指标**

| 县市 | 生产总值(亿元) | 地方财政收入(亿元) | 固定资产投资(亿元) | 社会消费品零售总额(亿元) |
|---|---|---|---|---|
| 绍兴市区 | 591.98 | 63.75 | 351.38 | 329.40 |
| 诸暨市 | 821.90 | 52.62 | 411.10 | 231.22 |
| 上虞市 | 577.46 | 39.19 | 296.54 | 180.34 |
| 嵊州市 | 363.98 | 19.75 | 139.17 | 153.87 |
| 绍兴县 | 1014.77 | 70.44 | 428.11 | 167.45 |
| 新昌县 | 282.94 | 20.00 | 96.26 | 96.38 |

## （二）农业和农村建设

全年粮食播种面积187751公顷，比上年增长1.0%。油料播种面积25791公顷，下降2.8%；棉花播种面积2067公顷，下降12.6%；蔬菜种植面积66715公顷，下降2.1%；食用菌种植面积2281公顷，增长18.4%；果用瓜种植面积10108公顷，下降4.5%；花卉苗木种植面积16781公顷，增长2.4%。

全年粮食产量120.06万吨，比上年增长1.5%。其中，早稻产量19.83万吨，增产8.1%；晚稻产量75.04万吨，与上年持平。大小麦产量5.65万吨，增长5.0%。

年末生猪存栏125.08万头，比上年增长5.2%；出栏198.41万头，下降0.2%。全年肉类总产量18.25万吨，比上年增长0.6%。其中，猪肉产量14.43万吨，增长1.1%；鸡鸭鹅蛋产量5.13万吨，增长6.1%。

全年水产品产量9.66万吨，比上年增长3.3%，其中养殖水产品产量8.48万吨，增长2.9%。海水产品产量0.23万吨，淡水产品产量9.43万吨。

全年有效实灌面积160.8千公顷，比上年增加2.67千公顷；全年净增有效灌溉面积0.33千公顷，新增旱涝保收面积2.53千公顷，新增机电排灌面积0.59千公顷。

**表37　2012年全市农业主要产品产量**

| 产品名称 | 计量单位 | 2012年 | 同比增长(%) |
|---|---|---|---|
| 粮食 | 万吨 | 120.06 | 1.5 |
| #谷物 | 万吨 | 106.50 | 1.5 |
| 油料 | 万吨 | 5.42 | −3.4 |
| #油菜籽 | 万吨 | 4.14 | −3.5 |
| 棉花 | 吨 | 2517 | −11.3 |
| 茶叶 | 吨 | 51319 | 2.0 |
| 蔬菜 | 万吨 | 240.63 | 1.3 |
| 果用瓜 | 万吨 | 34.58 | −3.8 |
| 食用菌 | 吨 | 2280 | 15.4 |
| 肉类 | 万吨 | 18.25 | 0.6 |
| #猪肉 | 万吨 | 14.43 | 1.1 |
| 鸡鸭鹅蛋 | 万吨 | 5.13 | 6.1 |
| 蚕茧 | 吨 | 2754 | −7.5 |
| 水产品 | 吨 | 96594 | 3.3 |

全年全市财政对农林水事务投入28.19亿元，增长14.3%。用于“三农”的预算内资金121.1亿元，增长17.6%。完成环境整治村310个，培育建设省级重点中心村11个，受益农户14.8万户。全市村庄生活垃圾集中收集处理实现全覆盖，4.3万户以上农户家庭实现卫生改厕，当年新增232个村庄开展生活污水治理，村庄整治基本实现全覆盖。

## （三）工业和建筑业

### 1. 工业增加值

全年全部工业增加值1738.45亿元，比上年增长9.9%，其中规模以上工业增加值增长11.0%。规模以上工业中，国有控股企业增加值增长4.7%，集体企业增加值增长0.6%，股份制企业增加值增长13.7%，外商投资企业增加值增长10.0%，港澳台商投资企业增加值增长9.5%，私营企业增加值增长10.6%。轻工业增加值增长11.2%，重工业增加值增长10.7%。

规模以上工业中，六大战略性新兴产业总产值2160.59亿元，同比增长12.8%，增速高于规上工业增速2.4个百分点，占规模以上工业比重25.6%。其中，新材料、节能环保产业增长19.3%和18.3%，先进装备制造业增长11.5%，生物医药产业增长13.8%，新兴信息产业增长6.6%，新能源产业下降19.1%。

规模以上工业新产品产值2207.86亿元，同比增长12.4%，高于工业总产值增幅2.0个百分点；新产品产值率26.2%，居全省第2位。黄酒产量373191千升，增长6.1%；印染布产量201.47亿米，下降6.0%；领带产量14777万条，增长6.2%；袜子产量467521万双，下降3.9%；染料产量705344吨，增长7.3%；聚酯产量148.43万吨，增长7.1%。

表38 2012年全市规模以上工业主要产品产量

| 指标名称 | 计量单位 | 产量 | 同比增长(%) |
|---|---|---|---|
| 纱 | 吨 | 269771 | 16.6 |
| 布 | 亿米 | 51.94 | 1.3 |
| 印染布 | 亿米 | 201.47 | −6.0 |
| 领带 | 万条 | 14777 | 6.2 |
| 袜子 | 万双 | 467521 | −3.9 |
| 家具 | 万件 | 408.58 | −17.6 |
| 染料 | 吨 | 705344 | 7.3 |
| 合成纤维单体 | 万吨 | 260.02 | 38.5 |
| 合成纤维聚合物 | 万吨 | 148.43 | 7.1 |
| 单晶硅 | 千克 | 126371 | −2.4 |
| 化学药品原药 | 吨 | 140490 | 7.0 |
| 化学纤维 | 万吨 | 435.66 | 12.8 |
| 塑料制品 | 万吨 | 209.08 | 29.6 |
| 水泥 | 万吨 | 1200.23 | −9.6 |
| 平板玻璃 | 万重量箱 | 1740.63 | −16.3 |
| 钢材 | 万吨 | 181.51 | 4.5 |
| 滚动轴承 | 万套 | 43221 | −37.2 |
| 交流电动机 | 万千瓦 | 1706.90 | 50.3 |
| 太阳能电池 | 千瓦 | 199074 | −47.5 |
| 电光源 | 万只 | 32062 | −12.6 |
| 液晶(LCD)电视机 | 万台 | 343.03 | 24.3 |
| 汽车仪器仪表 | 万台 | 481.95 | 4.4 |
| 黄酒 | 千升 | 373191 | 6.1 |
| 伞 | 万把 | 14979 | −4.3 |
| 珍珠饰品 | 万元 | 465265 | 11.8 |

全年规模以上工业利润总额437.38亿元,同比下降0.2%。其中国有控股企业13.42亿元,下降20.4%;股份制企业51.58亿元,下降5.9%;外商及港澳台投资企业88.60亿元,下降14.4%;私营企业217.20亿元,增长4.8%。产品销售利润率5.5%。十一项工业经济效益评价指标综合得分300.62分,同比提高6.35分,综合得分居全省第4位。

### 2. 建筑业

全年建筑业增加值 210.62 亿元,比上年增长 7.4%。资质以上建筑企业利润总额 127.04 亿元,增长 17.5%;税金总额 161.96 亿元,增长 30.3%。

## (四)服务业

### 1. 国内贸易

全年社会消费品零售总额 1158.66 亿元,比上年增长 15.1%,扣除价格因素,实际增长 13.5%。其中,城镇消费品零售额 1000.28 亿元,增长 15.1%;乡村消费品零售额 158.38 亿元,增长 15.0%。分行业看,批发零售贸易业零售额 1057.40 亿元,增长 14.8%;住宿餐饮业零售额 101.25 元,增长 18.0%。

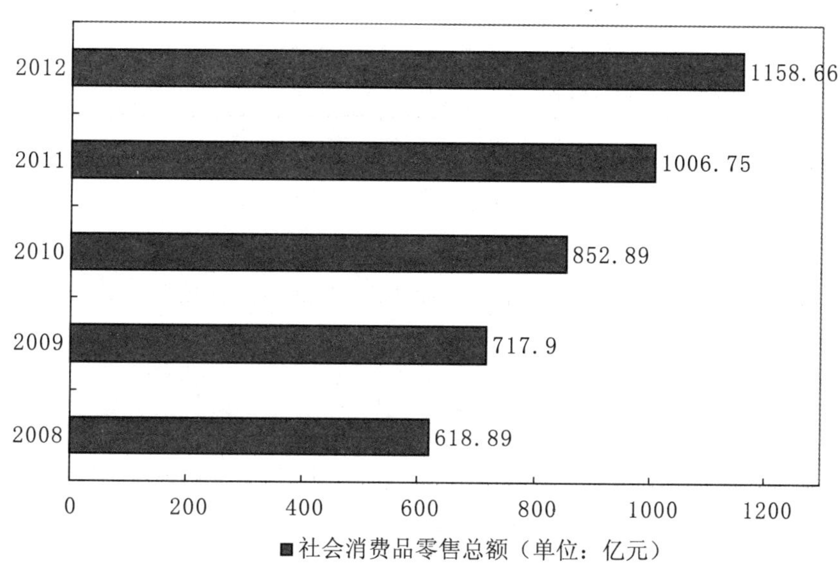


图 71　2008—2012 年社会消费品零售总额

在限额以上批发零售业商品分类零售额中,汽车类零售额比上年增长 13.1%,石油及制品类增长 13.8%,食品、饮料、烟酒类增长 13.5%,服装、鞋帽、针纺织品类增长 9.0%,中西药品类增长 24.3%,金银珠宝类增长 33.9%,日用品类增长 12.3%,家用电器和音像器材类增长 1.3%。

年末有商品交易市场 420 个,其中成交额超亿元市场 49 个,超十亿元市场 21 个,超百亿元市场 6 个。全年商品市场成交额 2297.63 亿元,同比增长 14.9%,其中消费品市场成交额 1308.02 亿元,增长 9.7%;生产资料市场成交额 989.62 亿元,增长 22.6%。中国轻纺城和钱清轻纺原料市场成交额分别为 557.04 亿元和 415.29 亿元,增长 14.0%和 3.6%。

### 2. 交通运输、邮电

全年货物运输总量 9274 万吨,比上年增长 4.2%。货物运输周转量 1110714 万吨公里,增长 0.7%。其中公路和水运货物运输总量分别为 8051 万吨和 1223 万吨,分别比上年增长 4.6%和 1.5%;公路货运周转量 819204 万吨公里,增长 4.4%;水运货运周转量 291510 万吨公里,下降 8.5%。

全年旅客运输总量 17512 万人,比上年增长 0.6%。旅客运输周转量 479957 万人公里,增长 1.0%。其中公路和水运旅客运输总量分别为 17414 万人和 98 万人,分别比上年增长 0.5%和

12.6%；公路和水运旅客运输周转量分别为479693万人公里和264万人公里，增长1.0%和10.9%。年末公路通车里程9587公里，比上年增长1.1%。

表39　2012年全市公路、水路运输量情况

| | 单位 | 绝对值 | 比上年增长(%) |
|---|---|---|---|
| 货物周转量 | 万吨公里 | 1110714 | 0.7 |
| #公路 | 万吨公里 | 819204 | 4.4 |
| 水运 | 万吨公里 | 291510 | −8.5 |
| 旅客周转量 | 万人公里 | 479957 | 1.0 |
| #公路 | 万人公里 | 479693 | 1.0 |
| 水运 | 万人公里 | 264 | 10.9 |

年末全市民用车辆拥有量100.56万辆，比上年末增长6.5%。其中汽车62.80万辆，比上年末增长19.4%。

全年邮电业务收入58.10亿元，比上年增长8.3%。年末固定电话用户(含小灵通)195.06万户，移动电话用户(通话用户)497.61万户。电话普及率157.13部/百人，其中固定电话普及率44.25部/百人，移动电话普及率112.88部/百人。互联网用户数(不含手机上网用户)126.19万户，同比增长17.3%。

### 3. 旅游业

全年旅游总收入506.35亿元，比上年增长22.3%。其中，接待国内旅游者4865.92万人次，增长17.9%；实现国内旅游收入491.11亿元，增长22.9%；接待入境旅游者68.68万人次，增长13.8%；实现旅游外汇收入24128.11万美元，增长9.6%。

表40　2007—2012年全市接待旅游人数

| 年份 | 入境旅游人数(万人次) | 国内旅游人数(万人次) |
|---|---|---|
| 2007 | 36.09 | 2192.36 |
| 2008 | 39.88 | 2435.05 |
| 2009 | 43.17 | 2851.00 |
| 2010 | 52.28 | 3436.44 |
| 2011 | 60.35 | 4127.62 |
| 2012 | 68.68 | 4865.92 |

### 4. 金融、证券和保险

年末全市金融机构本外币存款余额5923.60亿元，比上年末增长7.5%。贷款余额5129.15亿元，增长14.9%。年末本外币储蓄存款余额2503.32亿元，比上年末增长12.4%。

**表41 2012年全市金融机构本外币存贷款情况**

| 指标 | 年末数(亿元) | 比上年增长(%) |
|---|---|---|
| 各项存款余额 | 5923.60 | 7.5 |
| #单位存款 | 3173.85 | 2.6 |
| 储蓄存款 | 2503.32 | 12.4 |
| 各项贷款余额 | 5129.15 | 14.9 |
| #短期贷款 | 3957.21 | 16.7 |
| 中长期贷款 | 1116.78 | 9.0 |

年末全市有上市公司52家,其中境外上市公司11家,上市公司数量列全省第3位,居地级市首位。当年新增上市公司3家,上市公司实现股权再融资3家,上市公司发行公司债券6家,合计融资91.6亿元,融资额居全省第一,占全省上市融资总额的30%。年末全市有小额贷款公司31家,注册资本82.1亿元,全年累计发放贷款482.15亿元。

年末全市有保险机构50家,保费总收入75.22亿元,比上年增长13.0%,其中产险收入34.52亿元,增长16.8%;寿险收入40.70亿元,增长10.0%。支付各类赔款及给付24.65亿元,增长35.2%。其中产险赔款19.13亿元,赔付率55.4%;寿险赔款及给付5.52亿元,赔款及给付率13.6%。

**5. 房地产业**

全年房地产开发投资467.71亿元,比上年增长16.0%。其中,住宅投资347.25亿元,比上年增长19.8%;办公楼投资26.13亿元,增长7.7%;商业营业用房投资59.47亿元,增长14.5%。

全年商品房销售面积483.74万平方米,销售额418.91亿元,同比分别增长5.9%和8.6%。房屋施工面积3176.23万平方米,增长10.6%;房屋竣工面积488.18万平方米,增长7.7%;待售面积231.57万平方米,增长8.3%。

全市已开工保障性安居工程17460套,完成计划的124.3%;有6277套保障性安居工程住房基本建成,完成计划的108.2%。当年新增城市廉租住房保障474户。

## (五)对外经济

**1. 对外贸易**

全年货物进出口总额320.98亿美元,比上年下降4.2%。其中,进口65.41亿美元,下降13.0%;出口255.57亿美元,下降1.7%。有进出口国家和地区205个,其中出口超1000万美元的国家和地区111个,比上年增加4个。美国、阿联酋、巴西分别居出口额前3位国家,出口额分别为33.24亿美元、14.27亿美元和12.36亿美元。机电产品出口41.48亿美元,下降10.1%;化工产品出口15.80亿美元,增长4.1%;高新技术产品出口9.81亿美元,下降17.3%;纺织品及服装出口171.97亿美元,下降0.6%。新登记备案企业1656家,累计获进出口经营权企业13934家。全市出口超1000万美元企业578家,同比减少1家。

表42　2012年全市进出口主要分类情况

| | 绝对数(亿美元) | 比上年增长(%) |
|---|---|---|
| 进出口总额 | 320.98 | −4.2 |
| 1、出口额 | 255.57 | −1.7 |
| #一般贸易 | 231.15 | −0.7 |
| 加工贸易 | 24.38 | −9.9 |
| #机电产品 | 41.48 | −10.1 |
| #高新技术产品 | 9.81 | −17.3 |
| #纺织及服装 | 171.97 | −0.6 |
| 2、进口额 | 65.41 | −13.0 |
| #一般贸易 | 52.72 | −12.3 |
| 加工贸易 | 12.04 | −11.1 |
| #机电产品 | 41.48 | −10.1 |

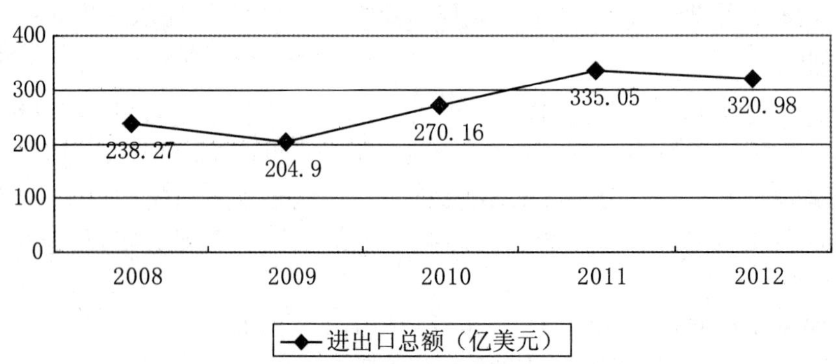


图72　2008—2012年绍兴市外贸进出口总额

## 2. 利用外资

全年新批外资项目134只,比上年减少61只。引进合同外资8.32亿美元,比上年下降28.0%;实到外资9.54亿美元,增长18.6%。新增项目平均投资规模1153.7万美元,同比增长6.9%;引进千万美元以上大项目48只,比上年减少22只。

## 3. 外经合作

全年新批境外投资企业65家(增资企业13家)。境外投资企业总投资额28987万美元,其中中方投资额25854万美元,同比下降62.8%。新签承包工程合同额65474万美元,增长80.9%;完成营业额43827万美元,下降4.1%。其中实际境外工程营业额10598万美元,下降2.0%。

## 二、绍兴市 2012 年社会发展概况

### (一)人口、人民生活

至2012年年末全市常住人口494.30万人,比上年增加0.9万人。年末全市户籍人口440.83万人,其中男性221万人,女性219.83万人,分别占总人口的50.1%和49.9%;全年出生人数35215人,人口出生率8.0‰;死亡人数31837人,死亡率7.23‰;自然增长人口3378人,自然增长率0.77‰。

全市城镇居民人均可支配收入36911元,农村居民人均纯收入17706元,分别比上年增长10.9%和11.6%。城镇居民人均消费支出22204元,比上年增长9.1%;农村居民人均生活消费支出11107元,增长10.3%。城镇居民家庭恩格尔系数35.2%,比上年提高0.2个百分点;农村居民家庭恩格尔系数37.7%,比上年下降2.1个百分点。

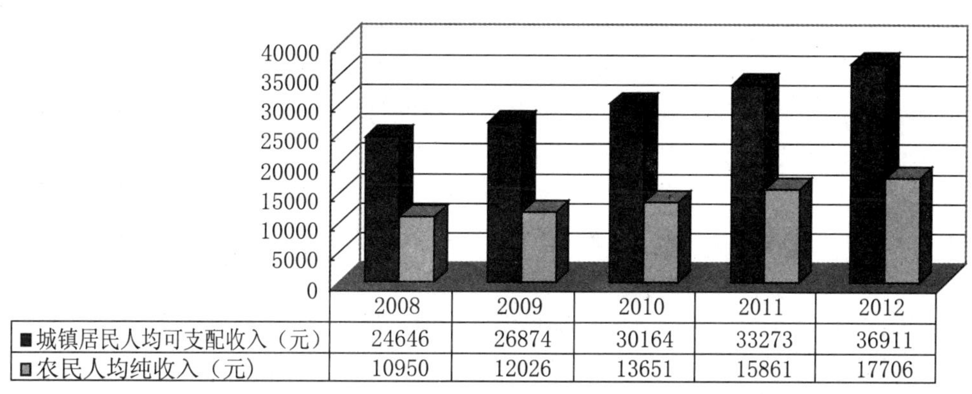


| | 2008 | 2009 | 2010 | 2011 | 2012 |
|---|---|---|---|---|---|
| ■城镇居民人均可支配收入(元) | 24646 | 26874 | 30164 | 33273 | 36911 |
| ■农民人均纯收入(元) | 10950 | 12026 | 13651 | 15861 | 17706 |

**图 73　2008—2012 年绍兴市城乡居民收入对比一览**

年末全市城镇居民人均住房建筑面积35.30平方米,比上年提高0.20平方米。93.4%的居民住上了有卧室、餐厅、厨卫齐全的公寓式住宅。有空调、暖气等取暖设备的住户比重为96.8%。卫浴齐备的住户比重为97.0%。使用罐装液化石油气或管道天然气的用户达到99.3%。农村居民人均住房面积64.84平方米,比上年提高3.15平方米,其中楼房面积60.81平方米,比上年提高1.42平方米。

**表43　2012 年全市城乡居民每百户主要耐用消费品拥有量**

| 主要耐用消费品 | 单位 | 城镇居民 | 比上年增长(%) | 农村居民 | 比上年增长(%) |
|---|---|---|---|---|---|
| 洗衣机 | 台 | 100.39 | −0.2 | 80.25 | 2.7 |
| 电冰箱 | 台 | 104.31 | 1.7 | 97.49 | 3.0 |
| 空调机 | 台 | 212.93 | 1.5 | 105.76 | 8.1 |
| 热水器 | 台 | 102.06 | −0.2 | 73.59 | 5.7 |
| 汽车(生活用) | 辆 | 33.15 | 7.7 | 14.39 | 16.0 |
| 彩色电视机 | 台 | 202.06 | −0.2 | 182.24 | 6.6 |
| 移动电话 | 部 | 229.25 | 1.9 | 195.75 | 8.4 |

(续表)

| | | | | | |
|---|---|---|---|---|---|
| 家用计算机 | 台 | 107.84 | 4.3 | 41.71 | 16.0 |

## (二)就业与社会保障

### 1. 就业

年末全市就业人员404.08万人,其中城镇就业人员118.07万人。全年城镇新增就业人员10.94万人,城镇失业人员实现再就业3.82万人,就业困难人员实现再就业1.2万人,自主创业2.1万人,创业带动就业6.5万人。年末城镇登记失业率2.91%,比上年降低0.1个百分点。

### 2. 社会保障

全市职工基本养老保险和城乡居民社会养老保险总参保人数314.33万人,职工基本医疗保险和城乡居民基本医疗保险总参保人数448万人。工伤、失业、生育保险总参保人数分别达到171.96万人、99.70万人和113.09万人,分别比上年增长8.9%、10.8%和12.8%。年末全市新型农村合作医疗参合人数288.3万人,参合率98.65%。新农合筹资标准每人每年534元,比上年增加104元。第四轮参合农民健康体检已完成145.61万人次,其中60岁以上老人体检48.91万人,体检率达到79.46%。

年末全市有城乡居家养老服务中心(站)93个,新增社会福利床位3829张。2408名五保供养对象供养标准提升至10200元/年,比上年平均增长15.6%,集中供养率100%。在全省率先出台城乡居民大病保险制度,成为省唯一试点城市。城乡低保标准位居全省第3,城镇低保标准平均达到468元,增长5.8%;农村低保标准平均达到354元,增长3.8%;全市发放低保金22249.70万元,比上年增加4195.37万元。积极开展慈善救助工作,全年支出善款9177.63万元,救助困难群众125522人次。全年福利彩票销量7.65亿元,比上年增长16.1%,福彩公益金投入4672.55万元,建设民生保障项目381个,资助困难群众52260人次。

## (三)教育和科学技术

### 1. 教育事业

年末全市有普通高校7所,中等职业教育学校23所。普通本专科招生1.96万人,在校生5.98万人,毕业生1.55万人,普通高考录取率83.7%。各类中等职业教育(含技工学校)招生2.02万人,在校生6.44万人,毕业生2.18万人。17所中职学校33个专业开设"3+2"职业教育,9所中职学校7个专业开设"五年一贯制"职业教育。普通高中招生3.57万人,在校生11.10万人,毕业生3.58万人;初中招生4.97万人,在校生14.73万人,毕业生5.30万人。初中毕业生入学率99.28%,比上年提高0.1个百分点。小学招生4.84万人,在校生30.24万人,毕业生5.09万人,小学毕业生升学率100%。义务教育标准化学校建设走在全省前列,有387所通过省厅验收,创建率70.49%,居全省第一。拥有幼儿园673所,在园幼儿13.45万人。其中新建、改建幼儿园44所,省等级幼儿园创建率达到87.84%,市级标准化幼儿园创建率达到61.56%。保障符合条件的外来务工人员子女100%入学,全市义务教育段接纳进城务工人员子女入学9.82万人,占在校生总数的22.4%。

### 2. 科技与创新

全年全市用于科技财政支出13.23亿元,比上年增长7.3%,财政科技支出占财政支出比重为4.7%。

全年新上创新基金、重点新产品、火炬计划、星火计划等国家级科技项目202项，新上省重大科技专项计划、新产品等省级科技项目776项，5项成果获2011年度国家科学技术奖，其中技术发明二等奖1项、国家科技进步二等奖4项。新认定国家需要重点扶持高新技术企业62家，省级以上创新型企业12家，9家企业入选首批知识产权管理标准国家试点。新认定国家级科技企业孵化器、省级高新技术特色产业基地、省级重点实验室各1家，省级企业研究院17家，省级高新技术企业研发中心29家，滨海产业集聚区江滨区增挂省级高新技术产业园区牌子。全市专利申请量、授权量分别为22023件、12360件，同比分别增长40.6%、38.5%；发明专利申请量和授权量分别为3063件、646件，同比分别增长47.4%、21.0%。

## (四)文化、卫生和体育

### 1. 文化事业

年末有艺术表演团体6个；演出919场次，增长11.3%，观众196万人次；广播电台1座，电视台1座，广播电视台5座。广播、电视综合覆盖率均达到100%。有线电视用户数140.9万户，入户率86.94%。有剧场6个，电影院21个。

全市有文化馆(站)125个，公共图书馆6个。公共图书馆总藏量293万册，比上年增长9.7%。公共发行报纸8种，年发行量13.9万份；出版期刊2种，年发行量3万册。

全省文化发展指数测评绍兴列第2位，其中区域文化创新力列全省第一。环迪荡湖文化创意产业园、嵊州文化创意产业园等成功入选省文化产业“122工程”。

### 2. 卫生事业

年末有卫生机构2635个(含村卫生室1077个)，其中医院40个，卫生院、分院及社区卫生服务中心(站)963个。卫生机构床位数18796张，其中医院14522张。医生数10638人，注册护士数9504人。每万人拥有医疗床位数　42.64张，每万人拥有医生数24.13人，比上年分别增长11.4%和5.2%。

“一卡通”实现市县联网，覆盖28家县级及以上医院、927家基层医疗机构。市中医院、市六院及市七院晋级三甲，县(市)级人民医院实现三乙全覆盖。全市卫生站(室)紧密型一体化管理率89.51%。全市96家预防接种门诊通过省卫生厅验收。完成初三学生麻风疫苗强化免疫或脊灰疫苗集中式查漏补种，开展血吸虫病防治和布鲁氏菌病防控。全市甲乙类传染病报告发病率较上年下降6.6%，死亡数下降25.0%。

### 3. 体育事业

绍兴市运动健儿当年取得亚洲冠军2个、全国冠军6个。共举办全国性竞赛3项次。共有6个乡镇通过省级体育强镇检查验收。全年发行体育彩票4.71亿元，增长17.1%。

## (五)城乡建设

加快实施“三片融合、中心崛起”城市发展战略，完善城市分区规划和专项规划，组织编制城市轨道交通、“六湖”区域开发等专题规划，绍兴市城市总体规划正式获得国务院批准。滨海新城框架逐步拉开，滨海大道、世纪大道等建成通车。镜湖新区与越城、柯桥、袍江的接点路网全线开工，科技中心、文化中心、奥体中心、行政中心、迎恩门工程等城 市综合体项目进展顺利。在全省率先完成11个省级开发区整合提升，面积扩大7.3倍，柯桥开发区 升级为国家级开发区，绍兴高新技术开发区、袍江经济技术开发区的龙头带动作用进一步增强。嵊新组团和诸暨、上虞等县域中心城市加快发展，钱清、店口等中心镇加速向小城市迈进。启动培育第三批中心村35个,完成310个村庄环境整治,建设美丽乡村示范区10个、大型农民集中居住区11个。加快完善城乡重大基础设施布局,启动杭绍台高速、绍三线北延等工程前期工作,开工建设二环北路拓宽、越兴路南延等工程项目,加快推进杭甬客运专线绍兴段等重大工程,建成高铁绍兴北站交通枢纽等一批重大项目,实现了嘉绍大桥全线贯通。强化城乡环境保护和生态修复,顺利通过国家环保模范城市现场复核,荣获生态优秀市称号。深入推进"清水工程",严格实施废水进管和污水处理"双提标",实行"河长制"管理,启动鉴湖水环境综合整治二期和迪荡湖治理工程,完成河道治理205公里,减少五类和劣五类水质断面5个。大力推进"蓝天工程",全面启动"煤改气"和热电企业脱硫脱硝改造,新建改建空气监测站6个。积极推进公路边、铁路边、河边、山边等区域的洁化、绿化、美化,推行沿街商铺"门前三包",推广生活垃圾分类收集处理,开展"拆违控违"专项行动,切实改善城乡环境面貌。

### (六)资源和环境保护

全市实现造林更新面积5.9万亩。其中平原绿化造林3.8万亩,重点防护林1.12万亩。新增林地流转面积1.8万亩,累计流转总面积达到50.6万亩。森林覆盖率54.03%。新增省级专业合作社2家。共有省级林业园区创建点76个,其中综合区4个,主导产业示范区18个,特色精品园54个,有25个省级园区通过验收。市级以上森林公园25家,其中国家级4家,省级10家。各类自然保护(小)区46处,其中省级14处、市级26处、县级6处。

全年平均气温16.9℃,有4个台风影响绍兴市,其中11号"海葵"正面侵袭。

全年万元生产总值能耗下降6.3%。其中,规模以上工业能源消费总量1026万吨标准煤,同比增长0.7%。原煤消费量下降7.9%,电力消费量增长4.0%。规模以上工业增加值能耗下降9.4%。

全年化学需氧量(COD)削减3.62%,其中工业生活削减3.51%,农业削减4.40%;氨氮($NH_3-N$)削减3.70%,其中工业生活削减3.92%,农业削减3.05%;二氧化硫($SO_2$)削减4.73%;氮氧化物(NOX)削减4.87%。四项指标均完成省政府下达的年度污染减排目标。主要污染物总量减排监测体系建设考核结果78.05分,比上年提高0.22分。

### (七)社会安全

全年共发生各类事故1787起,同比下降4.59%;死亡557人,下降5.43%;受伤1590人,下降4.79%;直接经济损失2085.2万元,下降9.67%。无3人及以上的较大事故发生。安全生产各类事故起数、事故死亡人数和直接经济损失三项指标实现"零增长"。刑事案件立案数40365起,同比下降5.73%,其中命案、五类案件和侵财案件分别下降17.65%、6.25%和9.59%。破获各类刑事案件19575起,移送起诉12043名,同比上升41.52%。

## 三、挑战与目标

在看到成绩的同时,也要认识到,绍兴经济社会发展任重道远,政府工作与群众期望还有差距。传统产业改造提升、战略性新兴产业培育步伐都不够快,经济增长的质量和效益有待改善;中心城市带动力、辐射力不强,片区融合程度不高;城乡统筹发展的制约因素还不少,新农村建设需要进一步加强;贫富差距依然较大,低收入群体增收艰难;社会治安、安全生产、食品药品、交通管理等方面还存在不少问题,群众对改善环境质量等方面呼声很高;一些干部大局意识、责任意识、服务意识不强,官僚主义、形式主义、奢侈浪费等现象不同程度存在。

2013年全市经济社会发展主要预期目标为:生产总值增长9%,发展的协调性进一步增强;公共

财政预算收入增长8%；研究与试验发展经费支出占生产总值比例为2.1%；固定资产投资增长12%；社会消费品零售总额增长13%；外贸出口增长6%；居民消费价格涨幅控制在全省平均水平；城镇居民人均可支配收入增长10%，农村居民人均纯收入增长11%；人口自然增长率低于1.59‰；城镇登记失业率控制在3.2%以内；节能减排完成省定任务。

## 四、绍兴市在长三角地区经济发展中的地位

2012年，是国内外发展形势十分严峻复杂的一年。面对困难与挑战，在中共绍兴市委领导下，市政府坚持以科学发展为主题，以转变经济发展方式为主线，深入实施"创业创新、走在前列"战略部署，保持了经济社会平稳健康发展的良好势头。全力以赴稳增长。面对严峻经济形势，及时出台一系列促投资、拓外贸、扩消费等政策措施。全面启动"工业强市"建设，开展工业强县、工业强镇建设试点。积极培育战略性新兴产业，完善扶持政策、导向目录和"一事一议"办法，实施"三百推进计划"，战略性新兴产业占工业产值比重提高到25.6%。改造提升传统产业，打造现代产业集群，新昌装备制造成为国家"新型工业化示范基地"。加快实施"三片融合、中心崛起"城市发展战略，完善城市分区规划和专项规划，组织编制城市轨道交通、"六湖"区域开发等专题规划，绍兴市城市总体规划正式获得国务院批准。

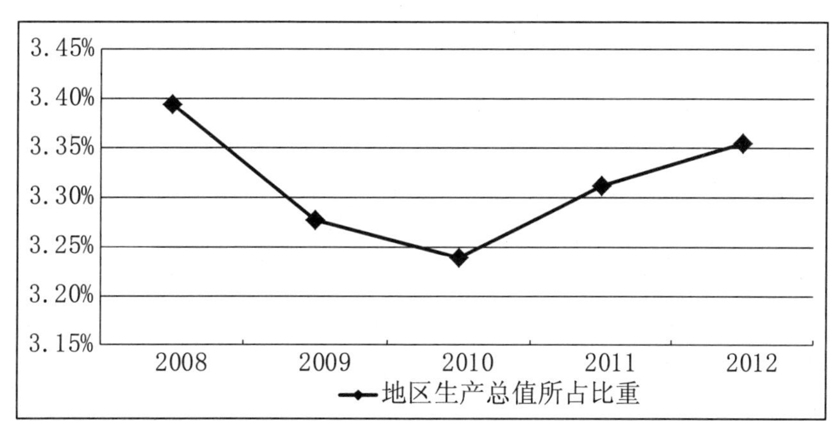


**图74　2008—2012年绍兴市地区生产总值在长三角所占比重的变化趋势**

2008—2012年绍兴市地区生产总值在长三角所占比重分别为3.39%、3.28%、3.24%、3.31%和3.36%，呈"V"型走势，2012年继续上扬，较上年上升了0.05个百分点。2012年绍兴市地区生产总值在长三角地区25个市(苏浙两省24个地级市和上海市，下同)排名与上年保持一致，排名第11位，仍保持着相对领先的优势。

总体而言，绍兴市经济实力近几年持续增强。2012年2012年全市生产总值(GDP)3620.10亿元，比上年增长9.7%。其中，第一产业增加值184.72亿元，第二产业增加值1949.07亿元，第三产业增加值1486.31亿元，分别增长2.9%、9.7%和10.8%。GDP总量和增速均居全省第4位。人均GDP(按常住人口计算)73304元(按年平均汇率折算为11613美元)，增长9.4%。人均GDP和增速均列全省第4位。三次产业增加值结构由上年年度的5.2∶55.0∶39.8调整为5.1∶53.8∶41.1。全年居民消费价格比上年上涨2.0%，其中食品上涨3.3%，烟酒上涨3.8%，居住上涨4.6%，家庭设备用品及维修服务上涨1.9%，衣着上涨0.8%，医疗保健和个人用品上涨0.5%，交通和通信下降0.1%，娱乐教育文化用品及服务下降1.7%；工业生产者出厂价格下降3.1%，工业生产者购进价格

下降 2.2%。

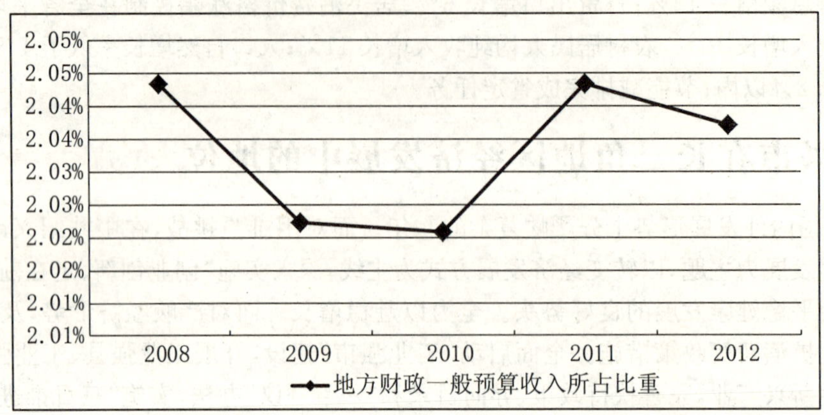


**图 75　2008—2012 年绍兴市地方财政一般预算收入在长三角所占比重变化趋势**

2008—2012 年绍兴市地方财政一般预算收入在长三角所占比重分别为 2.04%、2.02%、2.02%、2.04%和 2.04%，近年来占比看似有所波动，但实际变幅很小，2009 年和 2010 年有所下跌，2012 年与 2008 年基本保持一致。2012 年绍兴市地方财政一般预算收入在长三角地区 25 个市排名保持不变，排名第 12 位，虽保持着相对领先的优势，但近几年几乎停滞不前，亟需有所突破。

总体而言，2012 年绍兴市全年财政总收入 469.31 亿元，比上年增长 10.1%。公共财政预算收入 265.76 亿元，比上年增长 10.9%。年末全市金融机构本外币存款余额 5923.60 亿元，比上年末增长 7.5%。贷款余额 5129.15 亿元，增长 14.9%。年末本外币储蓄存款余额 2503.32 亿元，比上年末增长 12.4%。年末全市有上市公司 52 家，其中境外上市公司 11 家，上市公司数量列全省第 3 位，居地级市首位。当年新增上市公司 3 家，上市公司实现股权再融资 3 家，上市公司发行公司债券 6 家，合计融资 91.6 亿元，融资额居全省第一，占全省上市融资总额的 30%。年末全市有小额贷款公司 31 家，注册资本 82.1 亿元，全年累计发放贷款 482.15 亿元。

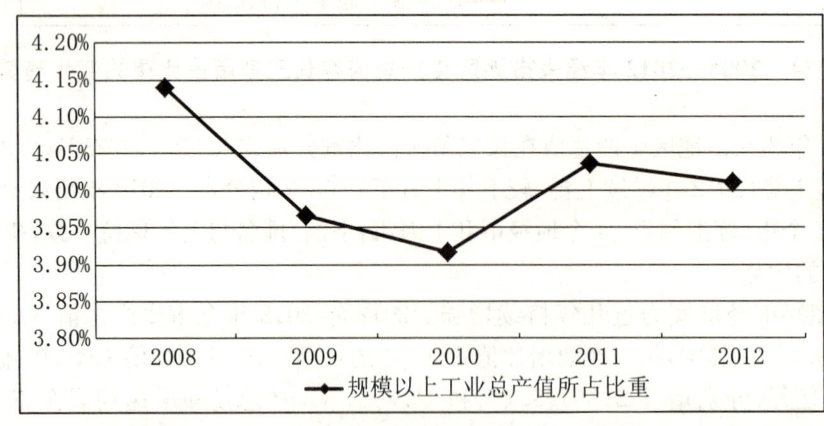


**图 76　2008—2012 年绍兴市规模以上工业总产值在长三角所占比重的变化趋势**

2008—2012 年绍兴市规模以上工业总产值在长三角所占比重分别为 4.36%、4.14%、3.97%、3.92%、4.04%和 4.01%，前几年呈现明显的下降态势，2011 年止跌上扬，2012 年轻微下滑，2012 年较 2011 年下降了 0.03 个百分点。2012 年绍兴市规模以上工业总产值在长三角地区 25 个市排名与

上年比下降一位，排名第 10 位。

2012 年，绍兴市全年全部工业增加值 1738.45 亿元，比上年增长 9.9%，其中规模以上工业增加值增长 11.0%。规模以上工业中，国有控股企业增加值增长 4.7%，集体企业增加值增长 0.6%，股份制企业增加值增长 13.7%，外商投资企业增加值增长 10.0%，港澳台商投资企业增加值增长 9.5%，私营企业增加值增长 10.6%。轻工业增加值增长 11.2%，重工业增加值增长 10.7%。规模以上工业中，六大战略性新兴产业总产值 2160.59 亿元，同比增长 12.8%，增速高于规上工业增速 2.4 个百分点，占规模以上工业比重 25.6%。其中，新材料、节能环保产业增长 19.3%和 18.3%，先进装备制造业增长 11.5%，生物医药产业增长 13.8%，新兴信息产业增长 6.6%，新能源产业下降 19.1%。全年规模以上工业利润总额 437.38 亿元，同比下降 0.2%。其中国有控股企业 13.42 亿元，下降 20.4%；股份制企业 51.58 亿元，下降 5.9%；外商及港澳台投资企业 88.60 亿元，下降 14.4%；私营企业 217.20 亿元，增长 4.8%。产品销售利润率 5.5%。十一项工业经济效益评价指标综合得分 300.62 分，同比提高 6.35 分，综合得分居全省第 4 位。

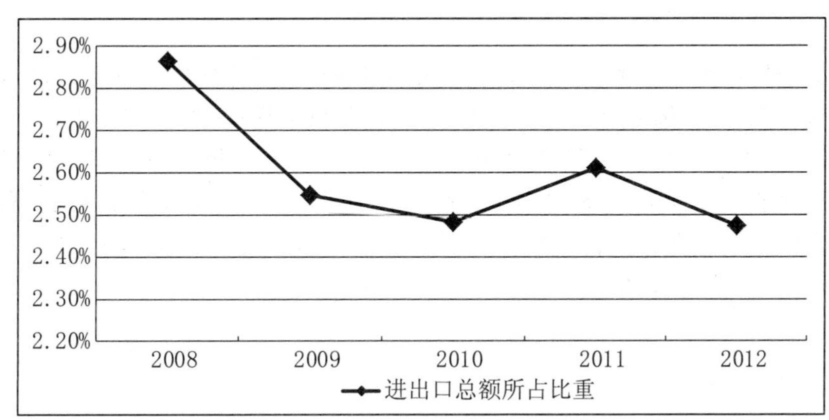


**图 77　2008—2012 年绍兴市进出口总额在长三角所占比重的变化趋势**

2008—2012 年绍兴市进出口总额在长三角所占比重分别为 2.86%、2.55%、2.48%、2.61%和 2.47%，五年来发展很不稳定，继 2007 和 2008 年上升后，2009 年和 2010 年占比连续出现下跌，2011 年止跌上扬，2012 年出现下滑，较上年下降了 0.14 个百分点。

2012 年绍兴市进出口总额在长三角地区 25 个市排名与上年保持一致，排名第 7 位，仍然保持着领先的优势，但形势不容乐观，希望继续解放思想，大力发展，以期能有更大的提升。

2012 年，绍兴市全年货物进出口总额 320.98 亿美元，比上年下降 4.2%。其中，进口 65.41 亿美元，下降 13.0%；出口 255.57 亿美元，下降 1.7%。有进出口国家和地区 205 个，其中出口超 1000 万美元的国家和地区 111 个，比上年增加 4 个。美国、阿联酋、巴西分别居出口额前 3 位国家，出口额分别为 33.24 亿美元、14.27 亿美元和 12.36 亿美元。机电产品出口 41.48 亿美元，下降 10.1%；化工产品出口 15.80 亿美元，增长 4.1%；高新技术产品出口 9.81 亿美元，下降 17.3%；纺织品及服装出口 171.97 亿美元，下降 0.6%。新登记备案企业 1656 家，累计获进出口经营权企业 13934 家。全市出口超 1000 万美元企业 578 家，同比减少 1 家。

2008—2012 年绍兴市实际外商直接投资金额在长三角所占比重分别为 1.86%、1.74%、1.80%、1.43%和 1.49%，前几年下跌态势较为严重。2010 年通过各方面的努力，终于止跌上扬，但 2011 年又出现了下跌，且下跌较多，较上年下跌了 0.38 个百分点，2012 年轻微上扬了 0.06 个百分点。2012 年绍兴市实际外商直接投资金额在长三角地区 25 个市排名和上年持平，排名第 17 位，位置靠后，急

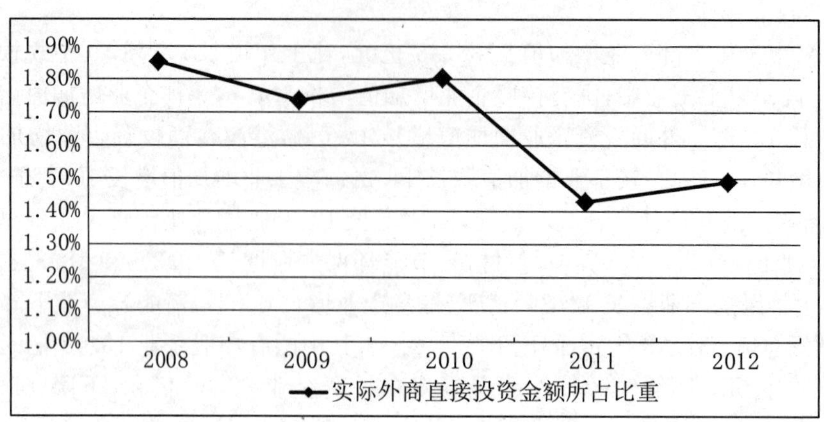


**图78　2008—2012年绍兴市实际外商直接投资金额在长三角所占比重的变化趋势**

需有所改善。

2012年，绍兴全年新批外资项目134只，比上年减少61只。引进合同外资8.32亿美元，比上年下降28.0%；实到外资9.54亿美元，增长18.6%。新增项目平均投资规模1153.7万美元，同比增长6.9%；引进千万美元以上大项目48只，比上年减少22只。全年新批境外投资企业65家（增资企业13家）。境外投资企业总投资额28987万美元，其中中方投资额25854万美元，同比下降62.8%。新签承包工程合同额65474万美元，增长80.9%；完成营业额43827万美元，下降4.1%。其中实际境外工程营业额10598万美元，下降2.0%。

# 八　金华市2012年经济社会发展报告

2012年，面对复杂的国内外形势，全市上下坚持以邓小平理论和“三个代表”重要思想为指导，深入贯彻落实科学发展观，围绕“百姓富裕，浙中崛起”的总目标和“稳中求进，赶超发展”的总基调，全面实施“三农稳市、工业强市、商贸富市、群城聚市、科教兴市”五大战略，以解放思想引领赶超崛起，知难而进、凝心聚力、负重拼搏，极力破解发展中的难题，实现了全市经济赶超发展和社会和谐稳定的良好局面，经济结构持续优化，社会事业继续发展，民生不断得到改善，较好地完成年初确定的目标任务。

## 一、金华市2012年经济发展概况

### （一）综合经济

#### 1. 经济总量

2012年全市实现生产总值(GDP) 2710.77亿元，按可比价计算，比上年增长10.2%。其中：第一产业增加值为134.46亿元，增长4.0%；第二产业增加值为1344.69亿元，增长10.2%；第三产业增加值为1231.62亿元，增长10.9%。全市人均生产总值达到57694元，增长9.8%。第一、二、三产业增加值占地区生产总值的比重由上年的5.1∶50.9∶44.0变化为5.0∶49.6∶45.4，第三产业所占比重比上年提高1.4个百分点。

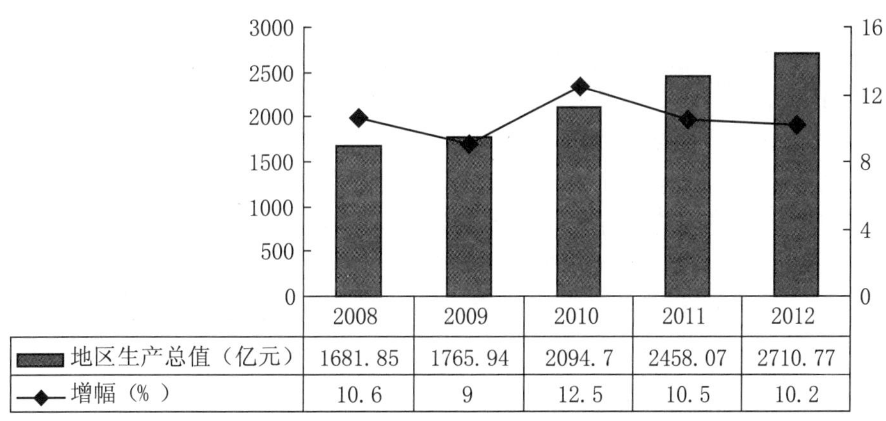


| | 2008 | 2009 | 2010 | 2011 | 2012 |
|---|---|---|---|---|---|
| 地区生产总值（亿元） | 1681.85 | 1765.94 | 2094.7 | 2458.07 | 2710.77 |
| 增幅（%） | 10.6 | 9 | 12.5 | 10.5 | 10.2 |

图79　2008—2012年金华市地区生产总值及增长速度

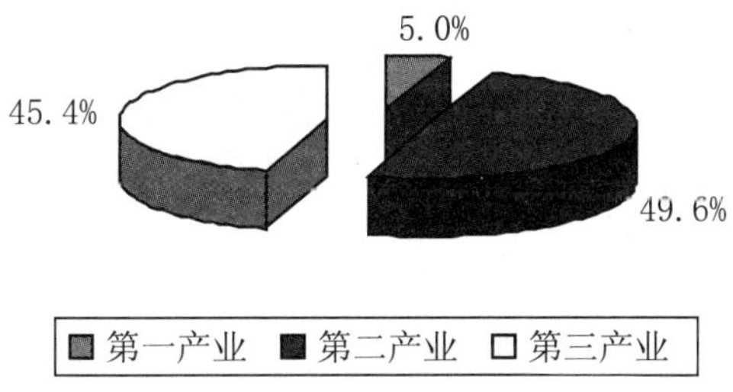


图80　2012年金华市三次产业结构图

表44 2012年金华市县市主要经济指标

| 县市 | 生产总值(亿元) | 地方财政收入(亿元) | 固定资产投资(亿元) | 社会消费品零售总额(亿元) |
|---|---|---|---|---|
| 金华市区 | 513.41 | 52.59 | 251.91 | 307.68 |
| 兰溪市 | 231.13 | 16.15 | 106.28 | 94.33 |
| 东阳市 | 373.58 | 30.11 | 154.90 | 174.26 |
| 义乌市 | 806.03 | 57.42 | 293.59 | 398.74 |
| 永康市 | 392.09 | 30.12 | 139.11 | 127.17 |
| 武义县 | 164.52 | 12.43 | 81.06 | 62.16 |
| 浦江县 | 167.24 | 11.54 | 65.25 | 74.73 |
| 磐安县 | 62.76 | 4.53 | 34.71 | 21.35 |

### 2. 财政收入

2012年全市完成财政一般预算收入376.47亿元,比上年增长14.7%。其中:上划中央财政收入161.58亿元,增长13.3%;公共财政预算收入214.89亿元,增长15.7%。全市一般预算支出271.95亿元,增长15.7%。财政支出更加关注民生,其中住房保障支出、医疗卫生支出、教育支出、社会保障和就业支出、农林水支出、科技支出分别比上年增长48.8%、23.6%、22.3%、18.7%、17.1%、24.9%。

### 3. 物价水平

2012年市区居民消费价格比上年上涨2.2%,涨幅较上年回落3.4个百分点。所调查的八大类消费品及服务项目价格"七涨一跌",其中,食品类价格上涨4.5%,烟酒类价格上涨1.9%,衣着类价格上涨1.5%,家庭设备用品及维修服务类价格上涨4.3%,医疗保健和个人用品类价格上涨2.0%,娱乐教育文化用品及服务类价格上涨0.7%,居住类价格上涨1.6%,交通和通信类价格下降0.5%。商品零售价格上涨1.5%(各类价格指数详见附表1)。全市工业生产者出厂价格下跌2.2%,工业生产者购进价格下跌3.2%,购销价格差由逆转顺达到1.0个百分点。

表45 2012年市区各类价格指数(以上年为100)

| 居民消费价格总指数 | 102.2 |
|---|---|
| 1. 食品类 | 104.5 |
| #粮食 | 103.6 |
| 肉禽及制品 | 101.0 |
| 水产品类 | 102.7 |
| 菜类 | 126.3 |
| 2. 烟酒及用品类 | 101.9 |
| 3. 衣着类 | 101.5 |
| 4. 家庭设备用品及维修服务 | 104.3 |
| 5. 医疗保健和个人用品 | 102.0 |

（续表）

| | |
|---|---|
| 6. 交通及通讯 | 99.5 |
| 7. 娱乐教育文化用品及服务 | 100.7 |
| 8. 居住 | 101.6 |
| 商品零售价格总指数 | 101.5 |

### 4. 固定资产投资①

2012年全市完成固定资产投资1126.8亿元，比上年增长30.6%。其中，房地产开发投资285.19亿元，增长40.1%；投资项目(单位)投资847.99亿元，增长28.6%。民间投资快速增长，全年实现民间投资923.38亿元，比上年增长33.7%，占固定资产投资的81.5%。

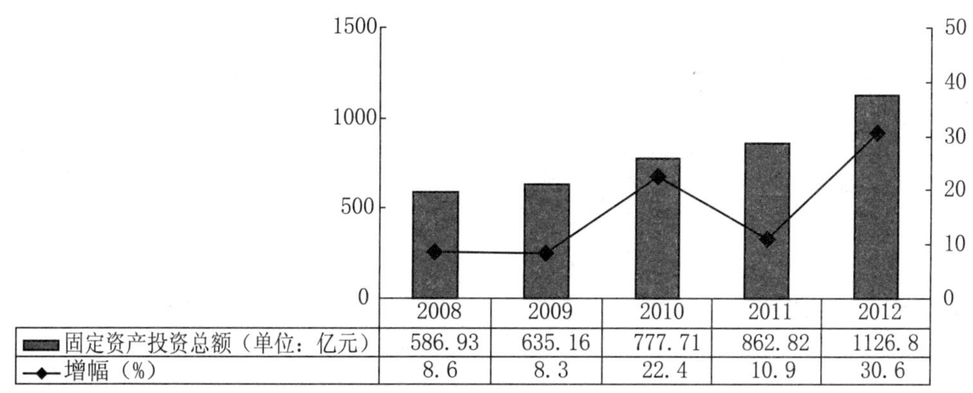


**图81　2008—2012年金华市全社会固定资产投资及增长幅度**

2012年全市共有省重点项目115项，其中列入省考核项目有88项；全年计划投资51.3亿元，完成投资76.44亿元，为年度计划的149.0%；开工建设项目102项，开工率为85.2%；竣工投产项目17项。列入市重点建设计划的项目275项，其中列入考核的实施类项目239项，全年计划投资222.69亿元，完成投资278.37亿元，为年度计划的125.0%；开工建设项目218个，开工率为91.2%。中国婺剧院、金华市体育中心主体建设、浙中信息产业园科技创新大厦、义乌机场国际航站楼工程、东阳市人民医院医疗综合大楼、磐安尖山污水处理厂主体工程等已完成；金华市区李渔路(双龙南街—八一南街)工程、金东区供电城网改造工程、浦江至义乌公路等项目已投入使用。

## （二）农业建设

2012年全市农林牧渔业增加值134.44亿元，比上年增长4.0%。

全市农作物播种面积274.8千公顷，比上年增长0.2%。其中粮食播种面积为154.8千公顷，总产量为89.78万吨，分别比上年下降0.1%和增长0.8%；棉花播种面积7.2千公顷，面积和上年持平，产量为1.14万吨，比上年下降10.0%；油料播种面积为25.9千公顷，比上年下降1.9%，产量为4.80万吨，比上年下降2.2%；蔬菜播种面积为43.5千公顷，产量为92.8万吨，分别比上年增长1.6%和

① 从2011年起，固定资产投资项目统计起点标准改为500万元。固定资产投资(不含农户)统计范围从城镇固定资产投资扩大到农村企事业组织。

0.8%;药材播种面积7.4千公顷,下降1.3%;果用瓜种植面积10.6千公顷,与上年持平,产量为23.29万吨,下降2.8%;花卉苗木种植面积13.9千公顷,增长5.3%(主要农产品产量详见附表2)。

全市共完成绿化造林面积4.539千公顷,迹地更新面积2.60千公顷,其中人工更新面积1.332千公顷;完成重点防护林工程建设面积0.877千公顷,其中人工造林0.53千公顷、封山育林0.347千公顷;全市创建省级森林城镇5个,省级森林村庄24个,市级绿化示范村254个。

全年肉类总产量为25.60万吨,比上年增长7.6%,其中猪肉21.36万吨,增长10.6%;全年生猪出栏278.19万头,增长9.5%;家禽出栏2571万只,下降5.4%;全年牛奶产量6.62万吨,比上年下降15.8%;水产品产量7.39万吨,增长8.4%。

**表46　2012年全市主要农产品产量**

| 农产品产量 | 计量单位 | 绝对数 | 比上年增长% |
|---|---|---|---|
| 粮　　食 | 万吨 | 89.78 | 0.8 |
| #谷　物 | 万吨 | 74.25 | 0.2 |
| 油菜籽 | 吨 | 40789 | −4.0 |
| 棉　花 | 吨 | 11363 | −10.0 |
| 蔬　菜 | 万吨 | 92.8 | 0.8 |
| 茶　叶 | 万吨 | 2.03 | 8.6 |
| 水　果 | 万吨 | 57.06 | 0.3 |
| #柑　橘 | 万吨 | 11.24 | 0.8 |
| 葡　萄 | 万吨 | 8.17 | 13.8 |
| 蚕　　茧 | 吨 | 1825 | −12.0 |
| 肉类产量 | 吨 | 255992 | 7.6 |
| #猪牛羊肉 | 吨 | 217970 | 10.4 |
| 禽　肉 | 吨 | 37801 | −5.7 |
| 禽蛋产量 | 吨 | 56073 | 2.8 |
| 牛奶产量 | 吨 | 66202 | −15.8 |
| 猪全年出栏 | 万头 | 278.19 | 9.5 |
| 猪年末存栏 | 万头 | 185.16 | 2.6 |
| 牛年末存栏 | 万头 | 4.38 | −6.8 |
| #奶牛 | 万头 | 2.67 | −7.3 |
| 羊年末存栏 | 万只 | 8.54 | 0.2 |

全市农田水利有效灌溉面积158.87千公顷,旱涝保收面积116.21公顷。年末拥有农业机械总动力257.23万千瓦,比上年末增长1.6%;全年化肥施用量(折纯)12.0万吨,增长4.3%;农村用电量39.6亿千瓦时,增长2.3%。

## （三）工业和建筑业

### 1. 工业增加值

2012年全市完成工业增加值1164.51亿元，比上年增长10.5%，工业增加值占GDP的比重为43.1%。全市规模以上工业实现总产值3889.87亿元，销售产值3721.15亿元，分别增长11.6%和9.8%。规模以上工业企业完成出口交货值944.81亿元，增长6.4%，占销售产值的比重为25.4%。

全市规模以上工业企业科技活动经费支出32.87亿元，比上年增长33.7%。新产品生产增长较快。规模以上工业企业完成新产品产值933.68亿元，增长36.1%，新产品产值率达到24.0%，比上年提高4.3个百分点。

**表47　2012年全市主要工业产品产量**

| 工业产品产量 | 计量单位 | 绝对数 | 比上年增长% |
|---|---|---|---|
| 纱 | 吨 | 355780 | 45.4 |
| 布 | 万米 | 100904 | −2.4 |
| 服装 | 万件 | 57320 | 26.4 |
| 家具 | 万件 | 3253 | 28.5 |
| 机制纸及纸板 | 吨 | 596351 | 10.1 |
| 乳制品 | 吨 | 50752 | 9.4 |
| 化学纤维 | 吨 | 182170 | 37.2 |
| 农用化学肥料总计(折纯) | 吨 | 20227 | 6.7 |
| 化学农药原药(折100%) | 吨 | 19038 | 151.2 |
| 涂料(油漆) | 吨 | 73941 | −24.0 |
| 塑料制品 | 吨 | 424618 | −22.7 |
| 水泥 | 万吨 | 1618 | −3.9 |
| 钢材 | 万吨 | 157 | 14.6 |
| 铝材 | 吨 | 129610 | 7.5 |
| 金属切削机床 | 台 | 4447 | −54.0 |
| 发动机 | 万千瓦 | 203 | 19.4 |
| 摩托车 | 辆 | 259161 | 228.3 |
| 汽车 | 辆 | 3633 | 11.1 |
| 自行车 | 万辆 | 296 | 14.3 |
| 家用吸尘器 | 台 | 265495 | 1.2 |
| 发电量 | 亿千瓦时 | 143 | −7.1 |

列入省考核的十一项规模以上工业经济效益评价考核指标综合得分为259.23分，比上年提高10.27分。全年规模以上工业企业实现利税293.46亿元，比上年增长2.3%；其中利润179.58亿元，下降2.4%。金属制品，纺织，汽车制造，医药制造，电气机械和器材制造，计算机、通信和其他电子设备制造等六大行业实现利润占全市规模以上工业利润总额的50.3%。

**2. 建筑业**

全市建筑业总产值达2210.81亿元，比上年增长15.5%；完成建筑业地方税收22.98亿元，占全市税收总收入的14.1%，比上年增长21.2%；建筑业年末从业人数达到89.29万人。建筑施工面积26012.71万平方米，完成房屋竣工面积8535.28万平方米。省外市场发展良好，2012年建筑业企业在省外完成产值1422.62亿元，占全省省外完成产值的12.9%，占全市建筑业总产值的64.4%。

## （四）服务业

**1. 国内贸易**

2012年全市实现社会消费品零售额1260.41亿元，增长15.7%。城乡消费市场同步增长，其中城镇消费品零售额为1064.70亿元，增长15.7%；乡村消费品零售额为195.71亿元，增长15.8%。分行业看，批发零售业零售额1141.10亿元，增长15.8%；住宿餐饮业零售额119.31亿元，增长15.5%。

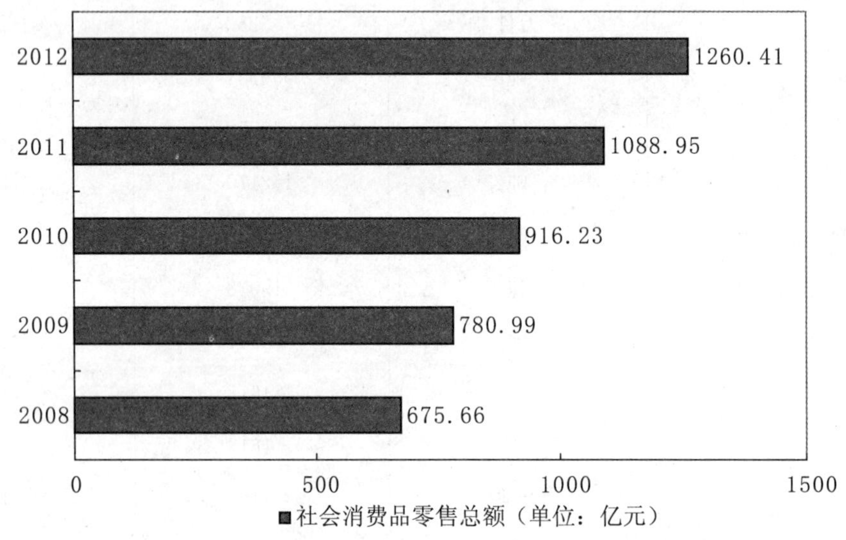


**图82 2008—2012年社会消费品零售总额**

在限额以上批发零售业零售额中，服装鞋帽针纺织品类、日用品类、金银珠宝类、化妆品类零售额分别为36.86、6.90、7.31、3.35亿元，分别增长36.3%、5.5%、22.9%、27.3%。中西药品类、通讯器材类零售额分别为24.41、1.64亿元，分别增长22.3%、27.4%。汽车类、石油及制品类增速较上年略有下降，汽车类零售额229.38亿元，增长5.8%；石油及制品类零售额126.33亿元，增长14.0%。

2012年全市共有各类市场450个，商品交易市场年成交额1904.77亿元，比上年增长10.3%，其中年成交额超亿元的市场59个，总成交额1994亿元，比上年增长13.6%。

**2. 交通运输、邮电**

2012年全市交通建设共完成投资41.45亿元。其中高速公路完成投资7.11亿元，国省道、县道建设项目完成投资17.80亿元，大中修工程完成投资2.43亿元，农村联网公路完成投资0.98亿元，

安保工程完成投资1.16亿元，病旧桥隧加固改造工程完成投资0.92亿元，场站建设完成投资10.90亿元，水运建设完成投资0.15亿元。全市境内公路总里程达到11864.45公里。年内公路旅客周转量92.89亿人公里，货物周转量174.95亿吨公里。

2012年邮电业务收入78.36亿元，比上年增长9.5%。其中，邮政业务收入7.76亿元，比上年增长21.3%；电信业务收入70.60亿元，增长8.3%。年末城乡固定电话用户167.15万户，比上年末下降6.1%。其中住宅电话85.37万户，下降8.5%；公用电话21.94万户，下降1.7%。年末移动电话用户达950.31万户，增长34.4%。移动电话普及率202.26部/百人，固定电话普及率35.6部/百人。互联网宽带接入用户达131.92万户，比上年末增长16.5%。

### 3. 旅游业

2012年全市共接待游客4182.84万人次，同比增长16.1%，实现旅游收入399.59亿元，同比增长16.1%，其中接待国内旅游者4105.14万人次，同比增长16.3%，实现国内旅游收入372.77亿元，同比增长17.5%，接待入境旅游者77.70万人次，同比增长6.8%，实现旅游外汇收入42451.32万美元，同比增长1.9%。

### 4. 金融和保险

2012年末，全市金融机构本外币各项存款余额为5324.39亿元，增长12.2%。其中：单位存款余额2469.87亿元，增长10.9%；本外币储蓄存款余额2684.35亿元，增长16.0%。金融机构本外币各项贷款余额4346.85亿元，增长18.2%。其中短期贷款余额3481.94亿元，增长24.7%；中长期贷款余额813.63亿元，下降2.8%。本外币余额存贷比为81.6%。

2012年全市保险机构全年保费收入106.52亿元，比上年增长14.0%。其中财产险保费收入44.77亿元，人身险保费收入61.75亿元，分别比上年增长16.2%和12.4%。全年支付各类赔偿及给付32.95亿元，比上年增长33.5%。其中财产险赔款24.23亿元，比上年增长33.7%；人身险赔款及给付8.72亿元，增长32.7%。

### 5. 房地产业

2012年全市房地产开发房屋施工面积为2101.31万平方米，比上年增长16.2%。当年新开工面积453.49万平方米，比上年下降21.8%；竣工面积257.64万平方米，增长20.1%。全市商品房销售面积为322.51万平方米，增长6.0%；其中住宅销售面积279.54万平方米，增长11.1%。

## （五）对外经济

### 1. 对外贸易

2012年全市完成进出口总额227.39亿美元，比上年增长38.4%。其中，出口总额213.13亿美元，比上年增长40.7%；进口总额14.26亿美元，比上年增长10.6%。进出口、出口和进口总额三项指标均创历史新高。其中，出口总额首超200亿美元，排名从上年的全省第七位上升至全省第四位。出口有效主体增加。全年新增备案企业1534家，全年有出口实绩企业5059家，比上年净增632家；其中出口超1000万美元企业481家，比上年净增132家。出口市场结构优化。全市与223个国家和地区建立了贸易关系，其中出口超1亿美元的国家和地区51个，比上年增加12个。

### 2. 外资状况

2012年全市新批外商投资企业88家（不含外商投资合伙企业），比上年下降21.4%，合同利用外资34929万美元，比上年增长7.7%，实际利用外资28314万美元，比上年增长21.4%。工业利用外资继续占主导地位。全年新批工业制造业外资项目26个，其中总投资1000万美元以上项目10个，实

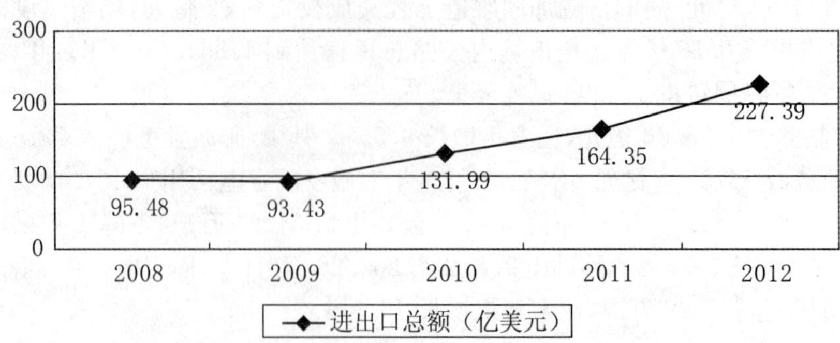


**图83 2008—2012年金华市外贸进出口总额**

到外资占全市总额的80.1%。外商投资大项目主体作用有所增强。全年新设立总投资1000万美元以上项目12个，其中总投资3000万美元以上的项目3个，合计合同利用外资占全市总数的62.6%。第三产业外商投资项目占比较高。全年新设立第三产业外资项目60个，占新批项目数的68.2%。外商投资合伙企业异军突起，截至2012年底全市累计登记注册外商合伙企业1345家。

#### 3. 对外合作

2012年新批境外投资企业(机构)46家，境外投资总额41675.56万美元，比上年增长180.2%；其中中方投资27200.48万美元，比上年增长171.4%。对外承包工程劳务合作营业额25774万美元，比上年增长9.0%。境外营销网络建设成效显现。全年在美国、英国、加拿大、澳大利亚、俄罗斯和香港等国家和地区设立境外营销网络(贸易公司、办事处等)29家，占全市项目总数的63%。对外投资前五位的国家和地区分别是中国香港、瑞典、俄罗斯、荷兰、美国。

#### 4. 服务外包

2012年全市在商务部服务外包业务管理和统计系统中注册的企业共有153家，从业人员超1.8万人，离岸合同签约金额17016万美元，比上年增长68%，离岸合同执行金额13106.45万美元，达历史最高水平，比上年增长39.1%。

## 二、金华市2012年社会发展概况

### （一）人口、人民生活

2012年全市出生人口49905人，出生率10.62‰，人口自然增长率1.61‰。年末总人口470.63万人，其中市区93.92万人；非农业人口110.22万人，其中市区32.24万人。平均每户家庭人口2.58人。

2012年全市城镇居民人均可支配收入为33164元，比上年增长11.6%；城镇居民人均消费支出21974元，比上年增长9.9%。全市农村居民人均纯收入为13286元，增长11.9%；农村居民人均生活消费支出9272元，增长6.7%。年末全市城镇居民人均现住房建筑面积49.32平方米，比上年增长4.8%；全市农村居民人均生活用房面积64.7平方米，比上年增长0.7%。

### （二）就业与社会保障

#### 1. 就业

2012年，全市新增城镇就业70669人，城镇失业人员实现再就业27927人，农村劳动力转移

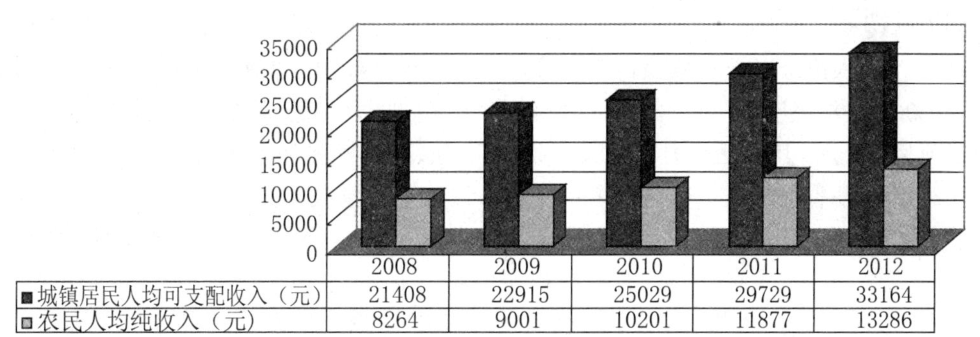


**图 84　2008—2012 年金华市城乡居民收入对比一览**

54259 人，年末城镇登记失业率为 2.77%，低于省市政府提出的 4%的控制目标。

### 2. 社会保障

2012 年末全市拥有各类社会福利单位 132 个，社会福利床位数 25622 张(其中机构 24521 张，居家床位 1101 张)，收养各类人员 12294 人。农村五保对象集中供养率为 97.41%，城镇“三无”对象集中供养率为 91.8%。全市共有低保对象 6.3 万人，发放最低生活保障金 1.39 亿元；筹集医疗救助资金 4618 万元，实际救助 2.9 万人次；发放救灾款 813 万元，救济灾民 3.36 万人次，改扩新建避灾场所 41 个。社区服务功能日趋完善，建立乡镇(街道)社区服务中心 144 个、城市社区服务中心(站)274 个、村级社区服务中心(站)3006 个、社区服务网点 6980 个、捐赠接收站(慈善超市)64 个。全市共有社会组织 3755 家，其中社会团体 1633 家，民办非企业单位 2122 家。全市共有抚恤优待对象 13505 人，发放抚恤金 10785 万元、义务兵优待金 4790.58 万元、困难补助经费 462.23 万元，退役义务士兵自主就业率达到 96.5%，发放自主就业一次性经济补助金 1868.43 万元。

2012 年末全市城镇职工养老保险参保人数 131.03 万人，职工基本医疗保险参保人数 113.39 万人，工伤保险参保人数 138.39 万人，生育保险参保人数 61.49 万人，失业保险参保人数 65.83 万人；城乡居民养老保险参保人数 170.2 万人，城乡居民医疗保险参保人数 355.61 万人，被征地农民基本生活保障参保人数 38.08 万人。

## （三）教育和科学技术

### 1. 教育事业

2012 年，全市共有各级各类全日制学校 742 所，在校学生 78.5 万人。其中小学 445 所，在校学生 39.64 万人；初中 170 所，在校学生 14.88 万人；普通高中 66 所，在校学生 9.54 万人；职业高中 33 所，在校学生 5.75 万人；普通中专 4 所，在校学生 5944 人；特殊教育学校 8 所，在校学生 1635 人。全市有幼儿园 1581 所，在园幼儿 23.79 万人，学前三年幼儿入园率 98.9%；有省等级幼儿园 750 所，省等级幼儿园招生覆盖面 71.8 %；全市 112 个乡镇已有 104 个建有中心幼儿园。十五年教育普及率 99.4%，全面普及十五年教育。小学入学率、巩固率 100%；初中入学率、巩固率 100%；初中毕业生升入高中段学校比例 98.4%，升入优质高中比例 81.8%。初中毕业生升入普通高中与中等职业学校的比例为 1:0.92，普通高中教育与中等职业教育协调发展。高等教育规模不断扩大，结构更趋合理。全市高等院校共 9 所，在校学生 7.87 万人，其中普通高校 2 所，在校学生 32956 人；高职院校 5 所(含浙江科贸职业技术学院(筹))，在校学生 42870 人；成人高校 2 所，在校学生 2890 人。高等教育毛入学率 49.7 %。义务教育均衡发展，义乌市、东阳市率先通过义务教育均衡发展县(市、区)评估。

### 2. 科技与创新

2012年全市列入市级以上科技项目786项，其中国家级90项、省级413项，共计503项，比2011年增长33%；新到位省级以上科技资金首次突破亿元，达到1.06亿元，比上年增长46.9%。新立市级科技计划项目267项，其中工业类88项、农业类78项、社会发展类101项，农业科技成果转化项目5项。列入2012年度省科学技术奖公示名单20项，评选市科学技术60项，其中一等奖5项、二等奖15项、三等奖40项。新认定创新型企业90家，其中省级8家、市级19家、县级63家；高新技术企业102家，其中国家级49家、市级53家；省级科技型中小企业36家；农业科技企业30家，其中省级13家、市级17家；专利示范企业58家，其中省级16家、市级42家。研发认定省级新产品277只。申请专利21491件，同比增长30.4%，其中发明专利1946件，同比增长30.1%；授权专利17634件，同比增长49.1%，其中发明专利423件，同比增长19.5%。

2012年，全市新认定省级高新技术研发中心16家、市级50家，省级农业科技研发中心9家、市级10家。青年汽车等3家企业成为省级重点企业研究院，浙江绿源电动车有限公司等6家企业组建省级企业研究院。高新园区国家级科技孵化器新引进科技孵化企业53家，累计达到453家；新孵化毕业16家，累计达到150家，园区企业实现技工贸总收入357.91亿元，同比增长10.8%，工业总产值393.91亿元，同比增长17.8%。中科院金华科技园实体化建设继续推进，第13届工科会上新引进金华快速成型技术研究所。园区引进机构共签订服务金华企业项目93项，合同金额5500.62万元，主营收入2379.54万元，实现利税590.83万元，申请发明专利65项，申请实用新型或外观专利142项。

2012年金华市成功举办第13届工科会，邀请88家高校院所的376名专家参会，达成科技合作项目135项，协议金额共计4.89亿元；其中50项在会上签约，协议金额共计2.09亿元。引进解放军军事交通学院等7家大院名校到市区设立技术转移中心；浙江师范大学与5家企业共建研发中心。举办5个专场科技对接活动，共组织147家院校所279位专家教授、375家企业参加，提供院校所技术成果701项，其中现场发布150项；企业技术需求205项，初步达成合作意向36项。“院校所专家企业行”活动共邀请86位专家教授深入7个县(市)52家企业考察洽谈，举行科技洽谈会38场，正式签约13项，新达成科技合作意向27项。

2012年全市新增浙江名牌产品22只，累计285只，新增加金华名牌产品55只，累计347只；3家企业获2011年度市政府质量奖，省级以上名牌产品企业产值达到1168.7亿元，比上年增长5%。制修订国家或行业标准8个，省级块状产业标准化重点项目1个，农业标准化推广示范项目56个，农业标准示范区面积18.6万亩，省级服务业标准化试点项目1个。产品监督抽查合格率93.2%，食品监督抽查合格率95.8%。特种设备定检率、登记率和操作人员持证上岗率达95%以上，计量器具强制检定473849台件。

## (四) 文化、卫生和体育

### 1. 文化事业

2012年末全市拥有文化馆10个，公共图书馆10个，影剧院11家，地市级广播电台1座、电视台1座，县级广播电视台7座。广播综合覆盖率和电视综合覆盖率达99.3%和99.6%。全市县城以上城区数字电视整体转换率达99.4%，数字电视用户达到53万多户。

### 2. 卫生事业

2012年，全市共有卫生机构328个(不含社区卫生服务站、村卫生室、诊所等，下同)，其中医院、卫生院(含社区服务中心)233个，妇保院(所、站)10个，专科疾病防治院(所、站)6个；全市实际开放床位

数 20432 张，其中：医院和卫生院床位（含社区服务中心，不含妇保院）19389 张；全市卫生技术人员 27240 人，其中执业医师和执业助理医师 10166 人，注册护士 10123 人；疾病预防控制机构 10 个，总人数 510 人；卫生监督检验机构 10 个，总人数 332 人。另有诊所、医务室、社区卫生服务站 1708 个，卫技人员 2054 人。村卫生室 1953 个，其中卫技人员 699 人。全市共有艾滋病初筛实验室 54 个、初筛中心实验室 1 个、确诊实验室 1 个。

### 3. 体育事业

2012 年全市创建省级体育强乡镇（街道）10 个，城市体育先进社区 14 个，村级体育俱乐部 30 个，社区体育健身俱乐部 12 个，老年体育俱乐部 8 个，星级职工体育俱乐部 3 个；新建省级小康体育村 690 个，名额列全省之首，中心村全民健身广场 7 个，中心村体育休闲公园 3 个。成功举办市第二届职工运动会，参赛人数近 3000 人。全市获世界青年冠军 1 个，全国冠军 3 个。共派出 500 多名运动员参加了省青少年田径、游泳、排球等 19 个大项的比赛，共夺得 32 枚金牌。全年二级运动员 45 名。完成 20 个项目、726 名运动员的注册工作。举办全省少年儿童艺术体操锦标赛并荣获省最佳赛区。体育彩票全年销量达 6.45 亿元，同比增长 30.5%，提取体彩公益金 5500 多万元。

## （五）城乡区域一体化

浙中城市群建设得到提升。坚持新型城市化导向，实施“群城聚市”战略，推进城乡区域一体化发展。基础设施网络日益健全。浙中城市群综合交通、轨道交通线网、生态绿道及旅游一体化等专项规划基本完成。西气东输二线工程金华段完工，义乌至浦江二线、蒋罗公路等建成通车，杭长客专、金温铁路扩能改造、东永高速、永磐公路、十白线金东段等项目进展良好。义武公路等项目开工建设，临金高速公路、330 国道金华段改建、杭金衢高速公路金华段拓宽改造、金兰中线、衢江金华段航运开发等项目前期工作有序开展。金义都市新区建设开局良好。总体规划完成编制，产业、人口、生态环境等 12 个专项规划编制同步开展，“四路一园”改造工程加快推进，基本完成 2.3 万亩土地征收，引进项目 25 个、总投资 469 亿元。“精品城市”建设稳步推进。启动实施市区重点建设与赶超发展三年行动计划。梅花公园、双溪西路和李渔路优化工程一期投入使用，一环路、二环路贯通工程正式开工，多湖、五百滩等重点区块建设进展顺利。“数字金华”地理空间框架建设启动。试行城区停车收费管理，加强户外广告综合治理。加强中心镇建设，横店、佛堂小城市培育试点工作有序推进。美丽乡村建设取得新成效。全面完成县域村庄布局规划，基本完成第二轮村庄整治。获评省新农村建设优秀单位，农村住房改造建设连续三年被评为全省优秀，被授予“新农村电气化市”，实现村村建邮站。启动 44 个整乡整镇美丽乡村和 27 个历史文化村落建设，新增全国环境优美乡镇 26 个，磐安获评省“美丽乡村创建先进县”。扶持欠发达地区加快发展，完成“低收入农户奔小康工程”，实施山区群众异地搬迁 4164 人。

## （六）环境保护和生态建设

2012 年，全面实施“811”生态文明建设推进行动，主要污染物减排各项工作扎实推进。按二氧化硫（SO2）、可吸入颗粒物（PM10）、二氧化氮（NO2）三项指标的年日均值评价，金华市市区空气质量优良率达到 93.7%，全市平均达到了 91.5%。7 个主要河段市控以上断面，达到或优于三类水质标准的占 37.8%，满足功能区要求的占 37.8%；全市 20 个地表水交接断面，达到或优于三类水质标准的断面占 60%；10 个出境断面，达到或优于三类水质标准的占 90%。

2012 年，全市生态公益林建设面积为 277.86 千公顷，生态公益林达到优质林分面积 188.07 千公顷。全市森林覆盖率 60.4%。全市共建成国家级生态县（市）2 个，省级生态县（市）1 个，国家环保模范城市1个，全国环境优美乡镇26个，省级生态乡镇92个，市级生态乡镇119个。全市共有沙金兰等26个规范化合格饮用水源保护区，其中8个县级以上集中式饮用水源保护区水质达标率100%。建成自然保护区4个，其中国家级自然保护区1个；森林公园13个，其中国家级森林公园2个。

## 三、挑战与目标

金华市经济社会发展中还存在不少困难和问题，政府工作还存在许多不足。主要是：综合实力不强，创新驱动发展的能力和动力不足，财政收支平衡压力较大，赶超崛起的任务艰巨繁重；区域统筹协调发展水平有待提升，部分重点项目进展有待加快，资源要素制约亟待破解，节能减排形势严峻；社会管理还有薄弱环节；政府职能转变还需深入推进，一些政府工作人员大局意识、责任意识、服务意识不强，一些领域的形式主义、官僚主义、奢侈浪费、消极腐败现象时有发生。对于存在的问题，一定高度重视，采取有力举措，切实加以解决。

2013年全市经济社会发展的主要预期目标为：生产总值增长9%；财政总收入和地方财政收入均增长9%；固定资产投资增长20%；社会消费品零售总额增长14%；外贸出口增长12%；城镇居民人均可支配收入增长10%，农村居民人均可支配收入增长10%；研究与试验发展经费支出占生产总值比重为1.55%；万元生产总值综合能耗下降和化学需氧量、二氧化硫、氨氮、氮氧化物排放量削减均完成省下达目标；城镇新增就业6万人，城镇登记失业率控制在4%以内；人口自然增长率控制在6‰以内。

## 四、金华市在长三角地区经济发展中的地位

2012年，金华市以邓小平理论、“三个代表”重要思想、科学发展观为指导，全面贯彻落实党的十八大精神和省委、省政府及市委的决策部署，牢牢把握“百姓富裕、浙中崛起”总目标，坚持“稳中求进、赶超发展”总基调，以科学发展为主题，以加快转变经济发展方式为主线，以提高经济增长质量和效益为中心，以提高人民生活水平为追求，深入实施“五大战略”，持续建设“五个金华”，认真落实“五三举措”，继续抓好“六大战略重点”，着力深化改革开放，着力强化创新驱动，着力优化经济结构，着力改善发展环境，着力保障改善民生，努力保持经济持续健康较快发展和社会和谐稳定，为加快建设“两富”现代化都市区奠定坚实基础。

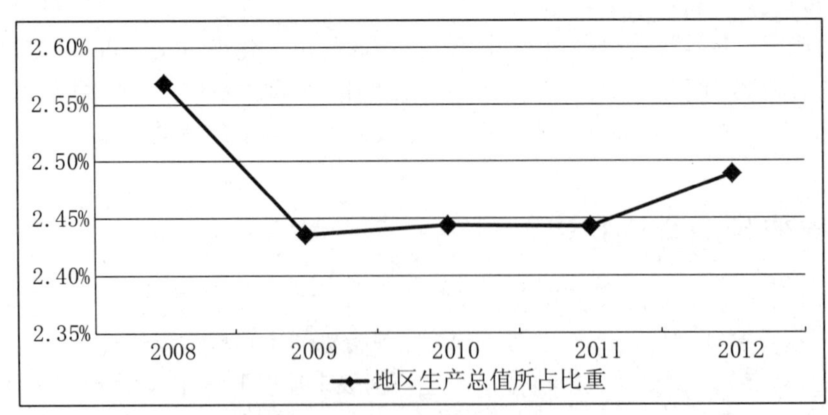


**图85 2008—2012年金华市地区生产总值在长三角所占比重的变化趋势**

2008—2012年金华市地区生产总值在长三角所占比重分别为2.57%、2.44%、2.44%、2.44%和

2.49%，2009 年降速较大，比 2008 年下降 0.13 个百分点，后三年保持稳定水平，2012 年有所上升，较上年上升了 0.05 个百分点。2012 年金华市地区生产总值在长三角地区 25 个市(苏浙两省 24 个地级市和上海市，下同)排名与上年保持一致，排名第 16 位，位置相对靠后，亟需有所改变。

2012 年，金华市全市实现生产总值(GDP) 2700.12 亿元，按可比价计算，比上年增长 10.2%。其中：第一产业增加值为 134.44 亿元，增长 4.0%；第二产业增加值为 1344.66 亿元，增长 10.2%；第三产业增加值为 1221.02 亿元，增长 10.9%。全市人均生产总值达到 57468 元(按 2012 年年均汇率折算为 9104 美元)，增长 9.8%。第一、二、三产业增加值占地区生产总值的比重由上年的 5.1∶50.9∶44.0 变化为 5.0∶49.8∶45.2，第三产业所占比重比上年提高 1.2 个百分点。

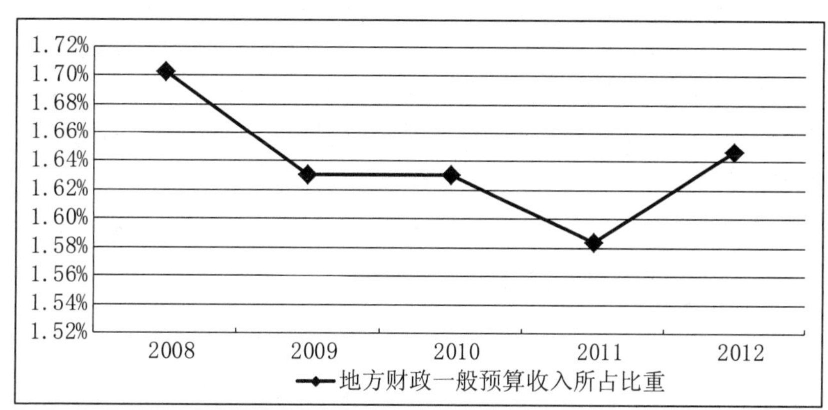


**图 86　2008—2012 年金华市地方财政一般预算收入在长三角所占比重的变化趋势**

2008—2012 年金华市地方财政一般预算收入在长三角所占比重分别为 1.70%、1.63%、1.63%、1.58%和 1.65%，前四年呈现“阶梯型”下行态势，累计降幅为 0.12 个百分点。2012 年止跌上扬，较上年上升了 0.07 个百分点。2012 年金华市地方财政一般预算收入在长三角地区 25 个市排名比上年下降一位，排名第 19 位，位置比较靠后，亟需有所突破，争取向中上游晋升。

但总体而言，2011 年金华市财政收入增长较快。2012 年全市完成财政一般预算收入 376.47 亿元，比上年增长 14.7%。其中：上划中央财政收入 161.58 亿元，增长 13.3%；公共财政预算收入 214.89 亿元，增长 15.7%。全市一般预算支出 271.95 亿元，增长 15.7%。财政支出更加关注民生，其中住房保障支出、医疗卫生支出、教育支出、社会保障和就业支出、农林水支出、科技支出分别比上年增长 48.8%、23.6%、22.3%、18.7%、17.1%、24.9%。

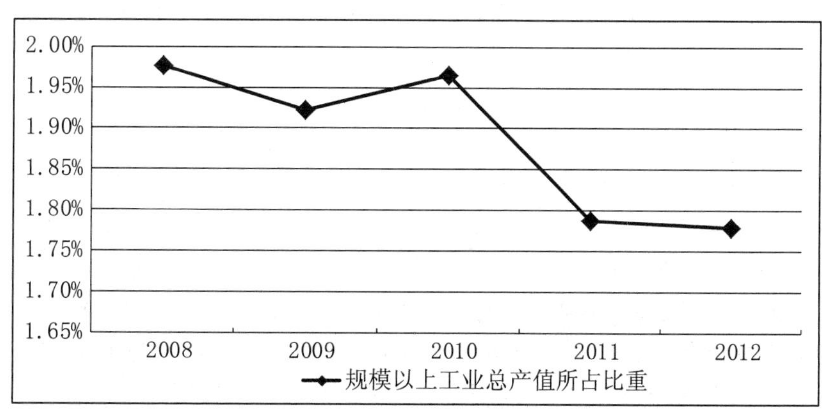


**图 87　2008—2012 年金华市规模以上工业总产值在长三角所占比重的变化趋势**

2008—2012 年金华市规模以上工业总产值在长三角所占比重分别为 1.98%、1.92%、1.97%、1.79%和 1.78%,在 2010 年止住下跌后 2011 年及 2012 年继续下跌,2012 年较上年下跌了 0.01 个百分点。2012 年金华市规模以上工业总产值在长三角地区 25 个市排名比上年下降了一位,排名第 18 位,位置仍相对靠后,亟需大力扶植工业,争取有所突破。

2012 年全市完成工业增加值 1164.51 亿元,比上年增长 10.5%,工业增加值占 GDP 的比重为 43.1%。全市规模以上工业实现总产值 3889.87 亿元,销售产值 3721.15 亿元,分别增长 11.6%和 9.8%。规模以上工业企业完成出口交货值 944.81 亿元,增长 6.4%,占销售产值的比重为 25.4%。全市规模以上工业企业科技活动经费支出 32.87 亿元,比上年增长 33.7%。新产品生产增长较快。规模以上工业企业完成新产品产值 933.68 亿元,增长 36.1%,新产品产值率达到 24.0%,比上年提高 4.3 个百分点。列入省考核的十一项规模以上工业经济效益评价考核指标综合得分为 259.23 分,比上年提高 10.27 分。全年规模以上工业企业实现利税 293.46 亿元,比上年增长 2.3%;其中利润 179.58 亿元,下降 2.4%。金属制品,纺织,汽车制造,医药制造,电气机械和器材制造,计算机、通信和其他电子设备制造等六大行业实现利润占全市规模以上工业利润总额的 50.3%。

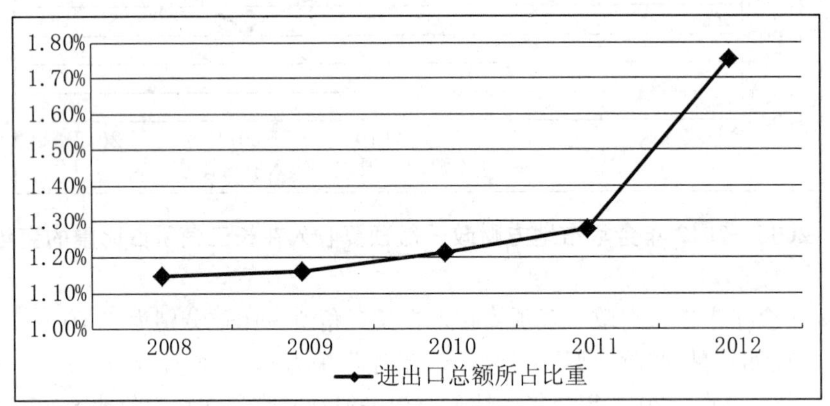


**图 88 2008—2012 年金华市进出口总额在长三角所占比重的变化趋势**

2008—2012 年金华市进出口总额在长三角所占比重分别为 1.15%、1.16%、1.21%、1.28%和 1.78%,前四年呈现逐年微幅增加的趋势,2012 年大幅增加,5 年累计增幅为 0.63 个百分点。2012 年较 2011 年涨速有所提升,增加了 0.50 个百分点。2012 年金华市进出口总额在长三角地区 25 个市排名较上年上升两位,排名第 11 位,保持着相对领先的位置。

2012 年全市完成进出口总额 227.39 亿美元,比上年增长 38.4%。其中,出口总额 213.13 亿美元,比上年增长 40.7%;进口总额 14.25 亿美元,比上年增长 10.6%。进出口、出口和进口总额三项指标均创历史新高。其中,出口总额首超 200 亿美元,排名从上年的全省第七位上升至全省第四位。出口有效主体增加。全年新增备案企业 1534 家,全年有出口实绩企业 5059 家,比上年净增 632 家;其中出口超 1000 万美元企业 481 家,比上年净增 132 家。出口市场结构优化。全市与 223 个国家和地区建立了贸易关系,其中出口超 1 亿美元的国家和地区 51 个,比上年增加 12 个。

2008—2012 年金华市实际外商直接投资金额在长三角所占比重分别为 1.13%、0.86%、0.67%、0.41%和 0.44%,前四年呈现逐年下降的趋势,2012 年逆势上扬,2012 年较上年上升了了 0.03 个百分点。2012 年金华市实际外商直接投资金额在长三角地区 25 个市排名与上年比下滑三位,排名第 22 位,位置靠后,亟需改变对外投资政策,以期吸引更多的外商在华投资。

2012 年新批境外投资企业(机构)46 家,境外投资总额 41675.56 万美元,比上年增长 180.2%;其

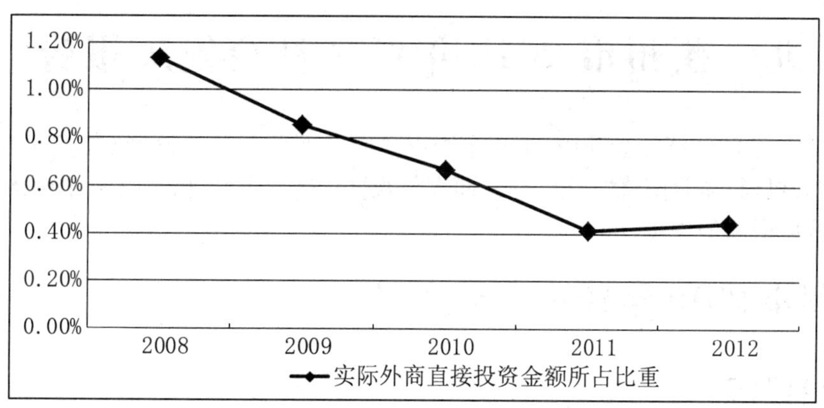


**图 89　2008—2012 年金华市实际外商直接投资金额在长三角所占比重的变化趋势**

中中方投资 27200.48 万美元，比上年增长 171.4％。对外承包工程劳务合作营业额 25774 万美元，比上年增长 9.0％。境外营销网络建设成效显现。全年在美国、英国、加拿大、澳大利亚、俄罗斯和香港等国家和地区设立境外营销网络（贸易公司、办事处等）29 家，占全市项目总数的 63％。对外投资前五位的国家和地区分别是中国香港、瑞典、俄罗斯、荷兰、美国。2012 年全市在商务部服务外包业务管理和统计系统中注册的企业共有 153 家，从业人员超 1.8 万人，离岸合同签约金额 17016 万美元，比上年增长 68％，离岸合同执行金额 13106.45 万美元，达历史最高水平，比上年增长 39.1％。

# 九　衢州市 2012 年经济社会发展报告

2012 年，面对复杂的经济社会环境，衢州市委市政府全面落实科学发展观，牢牢抓住山区科学发展试验区建设重大机遇，紧紧围绕“一个中心、两大战役”①，凝心聚力，积极应对，国民经济实现企稳回升，各项社会事业取得新的进步。

## 一、衢州市 2012 年经济发展概况

### （一）综合经济

#### 1. 经济总量

2012 年全市生产总值 972.25 亿元，按可比价格计算，比上年增长 8.7%。其中：第一产业增加值 79.75 亿元，增长 3.1%；第二产业增加值 516.34 亿元，增长 8.7%；第三产业增加值 376.16 亿元，增长 10%。三次产业增加值结构由上年的 8.3∶55.6∶36.1 调整为 8.2∶53.1∶38.7。全市人均生产总值按户籍人口计算为 38891 元，合 6161 美元，比上年增长 8.4%。

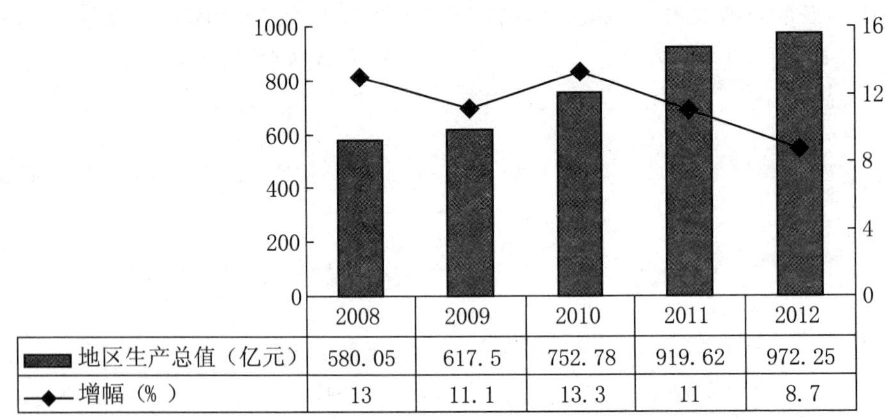


| | 2008 | 2009 | 2010 | 2011 | 2012 |
|---|---|---|---|---|---|
| 地区生产总值（亿元） | 580.05 | 617.5 | 752.78 | 919.62 | 972.25 |
| 增幅（%） | 13 | 11.1 | 13.3 | 11 | 8.7 |

图 90　2008—2012 年衢州市地区生产总值及增长速度

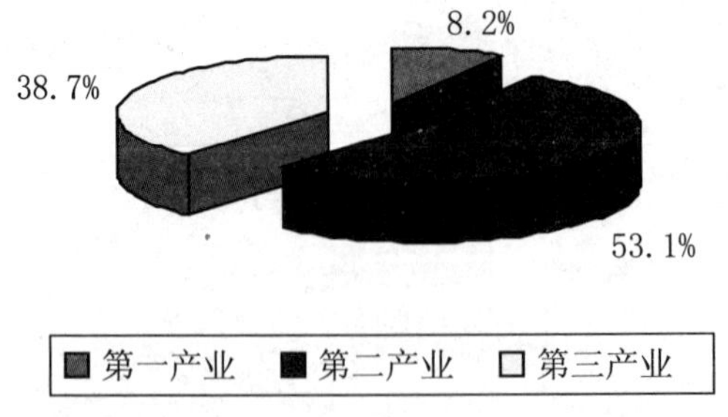


图 91　2012 年衢州市三次产业结构图

① “一个中心、两大战役”，即坚持“工业立市”不动摇，大力推进工业发展；打响城市建设管理战役、打响旅游业发展战役。

表48　2012年衢州市县市主要经济指标

| 县市 | 生产总值(亿元) | 地方财政收入(亿元) | 固定资产投资(亿元) | 社会消费品零售总额(亿元) |
|---|---|---|---|---|
| 衢州市区 | 403.17 | 33.93 | 217.58 | 154.84 |
| 江山市 | 216.19 | 11.14 | 107.44 | 75.35 |
| 常山县 | 98.96 | 5.72 | 81.33 | 38.77 |
| 开化县 | 87.26 | 4.57 | 54.03 | 44.53 |
| 龙游县 | 163.07 | 8.05 | 105.76 | 82.87 |

### 2. 财政收入

全年实现财政总收入106.39亿元，比上年增长12%，其中公共财政预算收入63.42亿元，增长10.1%。在公共财政预算收入中实现税收收入57.12亿元，增长10.3%，其中：主体税种增值税7.88亿元，增长6.1%；营业税17.56亿元，增长11.5%；企业所得税9亿元，增长41.9%，个人所得税2.9亿元，增长5.3%。

### 3. 物价指数

市区居民消费价格一季度同比上涨3.6%，上半年上涨3.1%，前三季度上涨2.6%，全年平均比上年增长2.4%，其中：食品类上涨5%。

表49　居民消费价格变动情况(上年=100)

| 居民消费价格总指数 | 102.4 |
|---|---|
| 1. 食品 | 105 |
| 其中：肉禽及其制品 | 97.9 |
| 油脂 | 104.3 |
| 2. 烟酒及用品 | 101.8 |
| 3. 衣着 | 103.7 |
| 4. 家庭设备用品及维修服务 | 103.3 |
| 5. 医疗保健和个人用品 | 101.3 |
| 6. 交通和通讯 | 100.2 |
| 7. 娱乐教育文化用品及服务 | 99.2 |
| 8. 居住 | 101.9 |

工业生产者出厂价格比上年下降4.7%，其中：重工业产品出厂价格下降6.7%，轻工业产品出厂价格上涨0.2%。工业生产者购进价格下降1.5%，其中：黑色金属材料类下降8%，有色金属类下降4.6%，化工原料类下降3.6%，燃料、动力类上涨0.7%。

衢州市居民消费品价格走势的主要特点：

1. 食品类价格有所上涨，但涨幅明显回落。2012年以来，食品类价格累计上涨5.0%，比去年同期上涨的13.4%，回落了8.4个百分点。其中主要是受粮食、油脂、水产品、菜、在外用膳食品价格的上涨拉动所致，粮食价格累计上涨4.1%，油脂价格累计上涨4.3%，水产品价格累计上涨9.1%，菜类价格累计上涨 12.5%，在外用膳食品价格累计上涨 7.8%。同时，下跌的食品类主要是猪肉、鲜蛋，累计分别下降 11.1%、3.2%。

2. 部分工业消费品价格有所上涨。2012 年，受原材料上涨、劳动力成本提高、运输成本提高等因素影响，部分工业消费品价格有所上涨。据调查，与去年同期相比，服装价格累计上涨 4.3%，衣着材料价格累计上涨 1.9%，耐用消费品价格累计上涨 0.2%。

3. 部分服务项目价格有所上调。受劳动力价格上涨的大环境影响，衢州市部分服务项目价格有所上调。据调查，与去年同期相比，衣着加工服务费累计上涨 8.4%，家庭服务及加工维修服务费累计上涨 19.6%。

影响该市居民消费品价格走势的主要因素：

1. 食品类的上涨仍是拉动 CPI 上涨的重要因素。2012 年，食品类价格累计上涨 5.0%，涨幅居八类首位，拉动 CPI 上涨 1.42 个百分点，占总水平的 59%。一方面粮、油等重点农产品受人工成本、饲料成本、运输成本上升影响，依旧持续高位运行。另一方面受农资价格上涨、劳动力成本提高等多重因素的影响，提高了种植类成本，成本的提高推动了零售价格的上涨。如鲜菜价格，全年累计上涨 14.9%。

2. 猪肉价格的回落是今年 CPI 涨幅缩小的主要原因之一。从各月情况看，1—7 月，猪肉价格逐月回落，环比分别为：102.2%、98.1%、96.7%、93.2%、97.7%、94.9%、95.5%。8 月开始止跌回升，8—12 月环比分别为：103.4%、102.1%、102.5%、102.7%、104.6%。全年累计下降 11.1%，比去年同期涨幅回落 42.9 个百分点。

3. 大宗商品价格的上涨传导影响。据调查，2012 年，成品油等大宗商品价格持续上涨，汽油、柴油价格累计分别上涨 3.1%、3.3%。大宗商品价格的上涨对相关商品价格的传导作用明显，推动了各类相关商品成本的上升，相关领域的商品价格也随之上涨。

4. 居住类价格涨幅有所回落影响。2012 年，与去年同期相比，居住类价格基本处于平稳状态，累计上涨 1.9%，涨幅比去年同期回落 3.4 个百分点。居住类价格的回落使得 2012 年该市 CPI 上涨压力得到缓解。

### 4. 固定资产投资①

全年完成固定资产投资 566.13 亿元，比上年增长 12.2%。

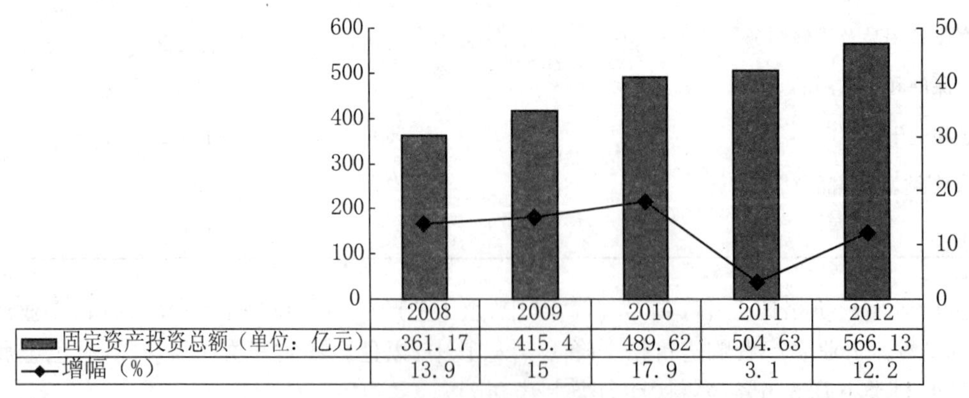


| | 2008 | 2009 | 2010 | 2011 | 2012 |
|---|---|---|---|---|---|
| 固定资产投资总额（单位：亿元） | 361.17 | 415.4 | 489.62 | 504.63 | 566.13 |
| 增幅（%） | 13.9 | 15 | 17.9 | 3.1 | 12.2 |

**图 92　2008—2012 年衢州市全社会固定资产投资及增长幅度**

① 从 2011 年起，固定资产投资项目统计起点标准改为 500 万元。固定资产投资（不含农户）统计范围从城镇固定资产投资扩大到农村企事业组织。

全年完成工业投资305.31亿元，比上年增长8.8%，其中制造业投资273.15亿元，增长1.2%。食品制造业、非金属矿物制造业和黑色金属冶压业等15个行业的投资增长20%以上，纺织业、木材加工业和化工业等11个行业比上年下降。有11个行业年投资额超10亿元，其中5个行业年投资额超20亿元：化学原料及化学制品制造业32.58亿元，下降30.2%；造纸及纸制品业28.58亿元，下降10.2%；电气机械及器材制造业22.55亿元，增长4.5%；金属制品业21.27亿元，下降41.2%；非金属矿物制造业20.23亿元，增长25.8%。

全年完成基础设施投资127.27亿元，比上年增长26%。其中：水利、环境和公共设施管理投资54.5亿元，增长4.6%；交通运输、仓储和邮政业投资30.09亿元，增长13.1%；电力、燃气及水的生产供应业投资28.15亿元，增长208.7%；教育设施投资4.81亿元，增长25%；卫生设施投资2.97亿元，下降1%；电信及信息传输业投资3.63亿元，增长25.3%。

全市组织实施重点项目266个，完成投资278.3亿元，其中：本年新开工项目155个，建成项目61个。

全年新开工建设保障性安居住房6618套，完成年度任务的114.1%，其中：廉租房337套，开工率133.7%；经济适用房156套，开工率100%；公共租赁房1657套，开工率106.9%。新增廉租住房保障户836户，其中实物配租122户，货币补助714户。

## （二）农业和农村建设

全年实现农林牧渔业总产值135.30亿元，比上年增长4.2%。

全年农作物播种面积345.33万亩，比上年增长1.4%。其中：粮食播种面积201.01万亩，增长0.4%；油料播种面积58.86万亩，增长3.5%；蔬菜种植面积54.08万亩，增长3.3%；果用瓜种植面积7.89万亩，下降3.8%。

全年粮食总产量79.69万吨，比上年增长0.4%。油料产量6.41万吨，增长9.8%。蔬菜产量90.48万吨，增长3.3%。食用菌产量18.58万吨，下降3.8%。果用瓜产量14.31万吨，下降3.8%。茶叶产量6847吨，增长5.3%。水果产量80.96万吨，增长0.7%，其中柑桔产量62.60万吨，增长0.9%。

全年肉类总产量32.01万吨，比上年增长4.5%，其中猪肉27.76万吨，增长4.1%。全年生猪出栏479.17万头，增长0.9%。家禽出栏3273.42万只，增长4.7%；禽蛋产量2.31万吨，增长2.1%。蜂蜜产量2.66万吨，增长13.9%；蜂皇浆产量494.05吨，增长12.4%。牛奶产量1691吨，下降33.9%。水产品产量5.41万吨，增长6.2%。

全市实施整乡整镇整治乡镇23个，整治行政村201个，其中：新增村内主干道硬化里程470.25公里，新增卫生厕所农户53204户，新增污水治理农户42946户。规划建设的14条美丽乡村创建线路全面实施。全市农村垃圾集中收集处理覆盖率95.07%。新增市级农家乐特色村(点)26个，申报省级农家乐特色村(点)8个，全年累计接待游客900多万人次，营业收入4.46亿元。全年累计培训农民8.07万人次。

## （三）工业和建筑业

### 1. 工业增加值

全市年末共有规模以上工业企业单位943家，比上年增加82家，其中：主营业务收入亿元以上的企业243家，比上年增加15家；大中型企业89家，比上年增加1家。

全年全部工业增加值457.56亿元，按可比价格计算比上年增长9.2%。规模以上工业企业全年完成产值1356.11亿元，增长4.8%，其中：重工业948.29亿元，下降0.6%；轻工业407.82亿元，增长

20%。实现工业销售产值1322.17亿元,增长3.7%,产销率97.5%,比上年降低1.02个百分点。全年完成工业出口交货值97.11亿元,增长4.3%。

在规模以上工业中:化工行业实现产值239.82亿元,比上年下降8.5%;机械行业282.63亿元,增长4.6%;建材行业74.13亿元,下降13.2%;黑色金属冶压业171.3亿元,增长0.9%;造纸行业116.12亿元,增长27.2%;木材加工业45.88亿元,下降7%;纺织业55.83亿元,增长10.7%;电力行业75.68亿元,增长5.7%。

全年规模以上工业企业实现利税107.3亿元,下降6%,其中利润71.92亿元,下降11.5%。列入省考核的十一项工业经济效益指数综合得分305.86分,比上年下降19.54分。

**2. 建筑业**

全年建筑业实现增加值74.36亿元,按可比价格计算比上年增长5.7%。全市建筑业企业322家,其中:具有一级资质企业23家,二级资质企业89家。全年建筑业实现总产值293.08亿元,增长10%,超亿元产值的企业80家。

## (四)服务业

**1. 国内贸易**

全年实现社会消费品零售总额396.36亿元,比上年增长15.2%。按经营地统计,城镇市场实现消费品零售额342.64亿元,增长14.7%;乡村市场实现消费品零售额53.72亿元,增长29.3%。按消费形态统计,批发业实现零售额62.53亿元,增长20.1%;零售业实现零售额289.53亿元,增长13.5%;住宿业实现零售额4.44亿元,增长9.4%;餐饮业实现零售额39.86亿元,增长21.5%。

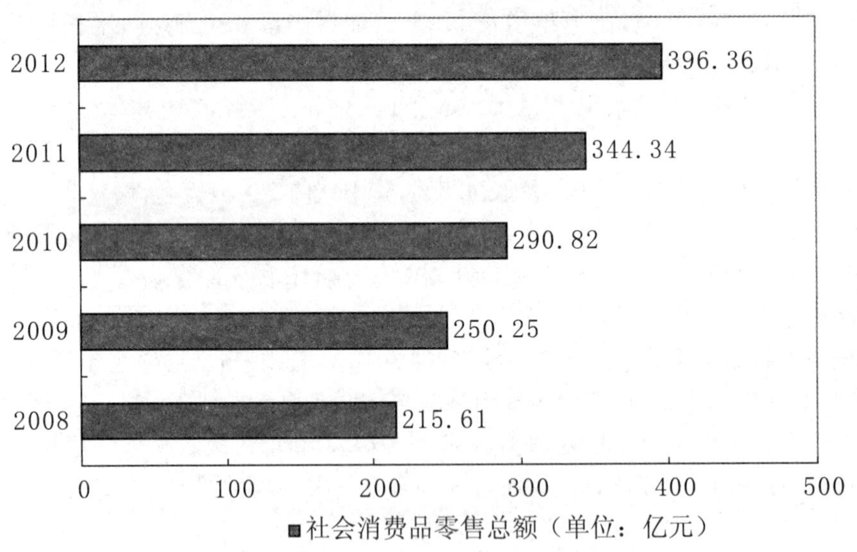


**图93 2008—2012年社会消费品零售总额**

全市限额以上批发零售业实现零售额111.71亿元,增长14.4%。其中:食品、饮料、烟酒类增长18.4%,服装鞋帽、针、纺织品类增长16.8%,日用品类增长21.8%,化妆品类增长27.7%,中西药品类增长8.7%,家用电器和音像制品类增长4.9%,汽车类增长15%。

全市共有成交额超亿元的各类市场22个,摊位数7752个,实现成交额242.9亿元,增长6.1%。成交额超十亿元市场有7家,比上年减少1家。

## 2. 交通运输与邮电

全年完成交通运输、仓储和邮政业增加值34.04亿元，按可比价格计算，比上年增长5.8%。全年各种运输方式完成货物运输量8736.52万吨，比上年增长2.1%，其中：铁路368.47万吨，下降17.1%；公路8364万吨，增长3.1%；水运4万吨，下降19.4%；民航470.2吨，增长78.2%。全年各种运输方式完成旅客运输量11726.39万人，比上年增长1.9%，其中：铁路215.76万人，增长2.8%；公路11485万人，增长1.8%；水运6.62万人，增长51.5%；民航19.01万人，增长27.7%。

年末民用汽车拥有量17.73万辆，比上年增长17%，其中：载客汽车13.77万辆，增长20.8%；载货汽车3.1万两，增长8.8%。私人汽车15.05万辆，增长19.4%。全市摩托车拥有量25.43万辆，下降0.8%。

年末各类公路里程7822.9公里，其中高速公路317.32公里，一级公路282.77公里，二级公路703.23公里，村道3711.02公里。

全年邮电业务收入15.8亿元，比上年增长7.1%，其中邮政业务收入1.3亿元，增长25%；通信业务收入14.5亿元，增长5.8%。全年邮政传送函件2412.1万件，包件5.7万件，累计订销报纸4650.7万份，订销杂志303.7万份。年末城乡固定电话用户52.09万户，比上年减少3.27万户。年末移动电话用户208.2万户，增加9.05万户。电话普及率(含移动电话)102.95部/百人，增加2.17部/百人。互联网用户35.81万户，增加7.69万户，互联网普及率达到40.9%。

## 3. 旅游业

全面打响旅游业大发展战役，出台促进旅游业大发展政策，启动开化根博园、江郎山——廿八都5A级景区创建，五龙湖国家生态度假旅游实验区获国家旅游局批复，成功举办第七届华东旅交会暨2012浙江森林旅游节，乡村休闲旅游加速转型、蓬勃发展。全年旅游总收入149.69亿元，比上年增长23.7%，其中：接待国内旅游者2516.73万人次，增长21%，国内旅游收入145.48亿元，增长24.2%；入境的旅游者13.57万人次，增长16.8%，国际旅游外汇收入6658.91万美元，增长11.2%。在入境的旅游者中：外国人6.02万人次，增长12.9%；香港、澳门和台湾同胞7.55万人次，增长20.1%。全市拥有星级宾馆饭店36家，客房总数3468间。

## 4. 金融、证券和保险

全年完成金融业增加值57.6亿元，按可比价格计算，比上年增长8.7%。

年末金融机构本外币存款余额1299.52亿元，比上年末增长12.3%，其中人民币存款余额1289.22亿元，增长12.1%。年末金融机构本外币贷款余额1078.53亿元，增长15.4%，其中人民币贷款余额1064.37亿元，增长15.6%。年末城乡居民本外币储蓄存款余额608.73亿元，增长18.7%。

年末共有证券机构11家，比上年增加4家，全年证券交易量862.32亿元，比上年下降27.7%；实现佣金收入0.73亿元，下降28%；期末保证金余额6.85亿元，增长0.8%；托管市值60.08亿元，增长10.5%；实现利润0.21亿元，下降52.5%；新开证券帐户10712个，下降30.9%。

年末共有保险机构29家，全年保费收入26.13亿元，比上年增长7.6%，其中：寿险保费收入15.2亿元，增长1.4%；财产险保费收入10.93亿元，增长17.5%。支付各类赔款8.11亿元，增长26.5%，其中：寿险业务赔款2.47亿元，增长36.9%；财产险赔款5.63亿元，增长22.4%。

## 5. 房地产

全年完成房地产开发投资75.79亿元，比上年增长7.3%，其中住宅投资60.31亿元，增长6.7%。房地产开发施工面积573.17万平方米，下降2.5%；竣工面积132.03万平方米，下降4.5%；销售面积104.12万平方米，增长31.1%，其中：住宅销售83.42万平方米，增长41.2%，商业营业用房销售8.35

万平方米,增长 20.3%。商品房销售额 70.24 亿元,增长 27.6%,其中住宅销售额 56.61 亿元,增长 33.8%。

## (五)对外经济

### 1. 对外贸易

全年实现进出口总额 30.18 亿美元,比上年增长 12.3%。其中:出口 18.59 亿美元,增长 5.6%;进口 11.59 亿美元,增长 25.1%。

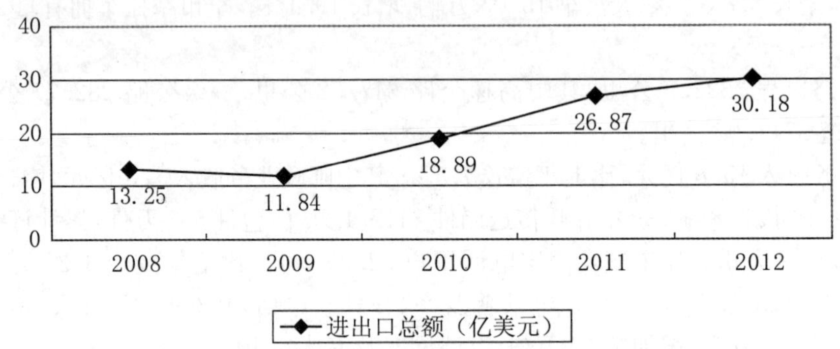


图 94　2008—2012 年衢州市外贸进出口总额

全市有出口实绩的企业 616 家,比上年增加 66 家,其中当年新启动出口业务企业 132 家,增加 15 家。全年出口额在 100 万美元以上企业 251 家,其中 1000 万美元以上的企业 42 家,增加 2 家。

全市出口排前三位的市场依次是:欧盟、东盟、美国。对欧盟出口 3.03 亿美元,下降 7.9%;对东盟出口 2.34 亿美元,增长 52.7%;对美国出口 2.15 亿美元,下降 8.3%。对这三大主要市场出口额合计占全市出口总额的 40.5%。

在主要商品出口中:机电产品出口 5.34 亿美元,增长 26.1%;高新技术产品出口 0.76 亿美元,下降 36.8%;化工医药产品出口 4.5 亿美元,下降 34.2%;服装、纺织品出口 2.21 亿美元,增长 1.2%;农产品及其加工产品 1.7 亿美元,增长 19.6%。

### 2. 外资状况

全年新批外商投资企业 14 家,比上年减少 10 家;合同利用外资 0.46 亿美元,下降 61.9%;实际利用外资 0.51 亿美元,增长 11.6%。

表50　2012 年衢州市县市实际使用外资　　单位:万美元

| 县市 | 实际使用外资金额 |
|---|---|
| 衢州市区 | 1329 |
| 江山市 | 665 |
| 常山县 | 214 |
| 开化县 | |
| 龙游县 | 2859 |

# 二、衢州市2012年社会发展概况

## （一）人口、人民生活

年末户籍总人口252.83万人，其中男性人口130.06万人、女性人口122.77万人，分别占总人口的51.4%和48.6%。全年出生人口2.93万人，出生率为11.59‰；死亡人口2.65万人，死亡率为10.48‰；全年净增人口0.28万人，自然增长率为1.11‰。

全市城镇居民人均可支配收入26232元，比上年增长12.9%。全市农村居民人均纯收入10714元，增长11.2%。

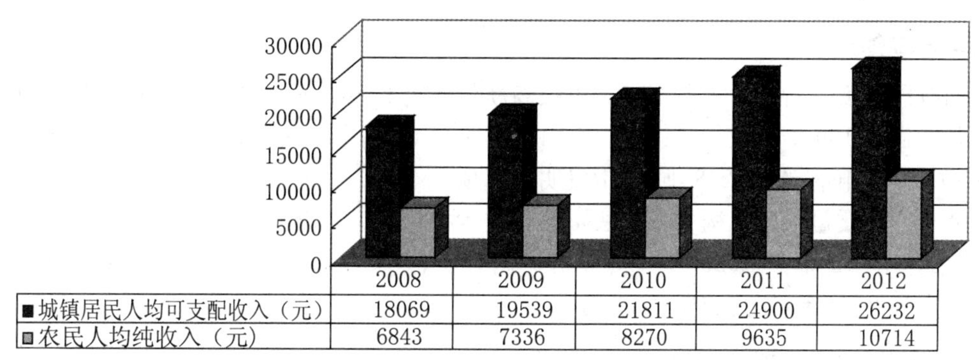


| | 2008 | 2009 | 2010 | 2011 | 2012 |
|---|---|---|---|---|---|
| ■城镇居民人均可支配收入（元） | 18069 | 19539 | 21811 | 24900 | 26232 |
| □农民人均纯收入（元） | 6843 | 7336 | 8270 | 9635 | 10714 |

**图95　2008—2012年衢州市城乡居民收入对比一览**

城镇居民家庭恩格尔系数(即食品消费支出占消费总支出的比重)35.8%，农村居民家庭恩格尔系数39.5%。城镇居民人均住房建筑面积38.95平方米，农村居民人均住房面积66平方米。

## （二）就业与社会保障

### 1. 就业

全市新增就业人数3.28万人，有1.41万城镇下岗失业人员实现再就业，年末城镇登记失业率为3.39%，比上年末下降0.15个百分点。

### 2. 社会保障

年末参加城镇基本养老保险的人数56.79万人，比上年末增长15.6%，其中：企业参保人数51.95万人，增长16.9%；参加失业保险的人数21.51万人，增长11.4%；参加职工基本医疗保险的人数49.66万人，增长9%；参加工伤、生育保险的职工分别34.55和23.5万人，分别增长4.6%和8.8%。年末享受失业保险职工人数6862人，增长18.2%。

年末拥有各类收养性社会福利单位103个，床位13490张，在院人数6410人。农村五保人员集中供养率95.4%，城镇“三无”对象集中供养率99.4%。年末全市城镇居民和农村居民最低生活保障对象月低保标准分别为424和272元，已保人数分别为4102人和5.6万人。

## （三）教育和科学技术

### 1. 教育事业

全年全市拥有普通高校2所，其中本科1所、专科1所，在校生11687人。中等职业教育学校22

所,在校生3.44万人。普通高中24所,在校生4.18万人。普通初中70所,在校生7.39万人。小学210所,在校生14.56万人。特殊教育7所,在校生496人。全市拥有幼儿园812所,在园幼儿7.77万人。

全市学前教育入园率94.8%,小学入学率100%,初中入学率100%,初中毕业升高中段的比例96.64%,高中段毛入学率94.61%,高等教育毛入学率45.01%。15年教育普及率97.4%,"三残"儿童入学率98.81%。

全市有普通高校专任教师517人;普通高中专任教师3056人,学历合格率98.99%;初中专任教师5324人,学历合格率99.83%;小学专任教师8116人,学历合格率99.96%;幼儿园专任教师3909人,学历合格率95.09%;中等职业教育专任教师1794人,学历合格率91.81%;特殊教育专任教师134人,学历合格率100%。

### 2. 科技与创新

全市拥有国家级高新技术企业74家,市级高新技术企业147家。国有独立研究开发机构12个,企业技术开发机构159个。全年获得省以上科技进步奖6项,市级科技进步奖40项。当年专利申请受理4899项,专利申请授权3208项,其中发明133项。

年末拥有产品质量检验机构66家,法定计量技术机构5个。全年强制检定计量器具52576(件),其中:贸易结算用计量器具49296件,安全防护用计量器具1637件。全年检验特种设备10183台(件),其中:电梯2334台,压力容器3272台。

## (四)文化、卫生和体育

### 1. 文化事业

年末共有各类艺术表演团体15个,其中专业团体2个。公共图书馆7个,面积12593平方米,藏书量1375千册。博物馆3个,面积21997平方米。有广播电台6座,广播综合人口覆盖率97.51%。电视台7座,电视综合人口覆盖率97.85%。全年城市影院观看电影观众89.76万人次,票房收入2326.05万元。全市日均发行《衢州日报》6.06万份,《衢州晚报》7.7万份。年末共有综合档案馆7个和国家专门档案馆1个,面积21205平方米,馆藏档案全宗1082个,共计63.41万卷、18.97万件。全年查阅档案、资料3万人次,59457卷(件)次。

### 2. 卫生事业

年末共有卫生机构793家。共有病床床位8743张。卫生技术人员11456人,其中医生4918人。年末共有疾病控制中心6个,公共卫生人员219人。累计报告发生甲、乙类传染病0.56万例,发病率263.64/10万。孕产妇和5岁以下儿童死亡率分别为9.43/10万和6.88‰。新型农村合作医疗参保人数164.72万人,参保率96.9%。农村安全饮用水普及率98.2%,农村自来水受益率72.94%,农村卫生厕所普及率88.4%。

### 3. 体育事业

全年举办市、县运动会111次,参加人次10.89万人。在全国及全省各类体育比赛中,全市共获金牌62枚、银牌63枚、铜牌60枚。

## (五)城乡建设

城市品位持续提升。围绕打造"三生三宜"城市,加快新城区建设和老城区改造,成功创建国家和省森林城市,获"中国宜居休闲之都"、"中国十佳宜居城市"称号。完成市区"两江两港"、城市综合交

通和水亭门历史文化街区等规划编制。基本完成"两南"改造征迁任务，强力推进优化城市环境行动，城市水系综合整治、道路绿化提升等工程有序推进。城市管理体制逐步理顺，"数字城管"覆盖老城区和西区。县城、小城市和中心镇建设加快、管理加强，开化县获"中国休闲小城"称号。

年末全市城区面积730.25平方公里，其中建成区面积110.38平方公里，城区人口75.12万人。全年新增道路面积84.53万平方米。全市日供水能力120.53万立方米(含企业自备水)，全年供水总量11468万立方米(其中公共供水7240万立方米)。全市用气人口69.12万人，燃气普及率92.01(按城区人口计算)，其中：液化气供气量29628吨，人工煤气供气量490万立方米，天然气供气量3295万立方米。全市共有污水处理厂8座(含企业)，日处理能力18.2万立方米，城市污水处理率83.04%。生活垃圾处理率100%。全年新增园林绿地面积84公顷(城区范围)，建成区绿地率40.61%，人均公园绿地面积11.81平方米(城区范围)。

新农村建设纵深发展。推进美丽乡村"四级联创"，加强历史文化村落保护和利用，开展"四边三化"行动，完成201个村庄整治建设，改善29.5万农民饮水条件，除险加固病险水库47座，异地搬迁脱贫1.3万人，江山市、龙游县分获全国"魅力新农村十佳县市"和省级"美丽乡村创建先进县"称号。农民素质培训扎实推进，成立衢州农民学院。农村改革不断深化，新增土地流转面积5.3万亩，林权抵押贷款余额达6.1亿元，常山县获全国农村"三资"管理示范县。

## （六）资源、环境保护和生态建设

深入推进国家环保模范城市创建，"智慧环保"项目列入省智慧城市建设试点。严格能源"双控"管理，加强新建项目能评和环评，抓好循环经济试点基地建设。加强主要污染物排放总量控制，在全省率先开展水泥行业脱硝治理，完成电镀行业整治，推进信安湖流域污染治理，启动市区PM2.5数据监测。

出境水水质和集中式饮用水源地水质全部达标，县级以上城市空气质量全部达到二级标准，城市区域环境噪声平均值为52.81分贝，符合功能区要求。

全年全市万元GDP综合能耗可完成全省核定下降4.3%的考核目标任务，四项减排指标(化学需氧量、氨氮、二氧化硫、氮氧化物)年度减排计划目标可全面完成。

全年全市共新增5个乡镇获得国家级环境优美乡镇命名，10个乡镇获得省级生态乡镇称号，新增省级绿色饭店2家，省级绿色家庭20户，省级绿色学校15所，省级生态文明教育示范基地3个。累计建成优质林分面积324.05万亩，完成平原绿化扩面5.54万亩、森林抚育提质27.2万亩，国省道边坡复绿面积6.6万平方米。

全年自然灾害受灾人口72.48万人，因灾死亡人口0人，倒塌房屋489间。农作物受灾面积60.9千公顷，其中绝收面积1.53千公顷。因灾害造成的直接经济损失6.48亿元，其中农业经济直接损失3.3亿元。

## （七）社会安全

平安建设深入推进。精神文明创建活动蓬勃开展，"最美衢州人"不断涌现。全国双拥模范城创建实现"三连冠"。完善应急联动机制，加强社会治安防控体系建设，积极解决一批信访积案和疑难问题，有效处置少数企业资金链、担保链危机，维护了社会稳定。推进"三民工程"标准化建设，城乡社区等基层基础不断夯实。全面落实安全生产责任制，开展食品安全大整治百日行动，安全生产连续8年实现"三个零增长"。国家安全、国防动员、人民防空、民族、宗教、外事、侨务、对台等工作进一步加强。

全年共发生各类事故1094起，死亡264人，受伤1016人，直接经济损失1658.2万元，比上年分别下降 1.9%、5%、1%和 2.3%。在各类事故中，工矿商贸企业共发生事故 31 起、死亡 33 人、直接经济损失 1076.7 万元，比上年分别持平、下降 5.7%和 1.6%；道路交通共发生事故 1003 起、死亡 228 人、直接经济损失 448.3 万元，比上年分别下降 2.1%、5%和 1.8%；火灾共发生事故 60 起、死亡 3 人、直接经济损失 133.2 万元，比上年分别持平、持平和下降 9.4%。据调查，全市群众安全感满意率 97.28%。

## 三、挑战与目标

衢州市在前进道路上仍面临许多困难和问题，政府工作还有不少差距和不足：地区生产总值、固定资产投资、公共财政预算收入、外贸进出口总额等 4 项指标没有实现预期目标；资源、环境承载压力加大，实体经济创新动力不足，部分企业生产经营困难；城镇化水平偏低，城乡规划建设管理水平不高，中心城市辐射带动能力亟待提升；城乡低收入群众持续增收难度不断加大，基本公共服务、社会事业、民生保障与群众期望仍存在较大差距；政府职能转变、行政效能提速仍跟不上发展要求，一些政府工作人员缺乏大局观念、创新意识和担当精神，综合素质和执行力有待提升。政府要高度重视，采取切实措施加以解决。

综合考虑发展趋势和工作导向，2013 年全市国民经济和社会发展主要指标为：地区生产总值增长确保 9%、力争 10%，公共财政预算收入增长确保 8%、力争 9%，固定资产投资增长确保 16%、力争 30%，社会消费品零售总额增长确保 13%、力争 14%，外贸出口总额增长确保 6%、力争 8%；城镇居民人均可支配收入增长 11%，农村居民人均纯收入增长 12%，城镇登记失业率控制在 4%以内；人口自然增长率控制在 4.5‰以内；节能减排完成省下达指标。

## 四、衢州市在长三角地区经济发展中的地位

2012 年，面对复杂的经济社会环境，衢州市委市政府全面落实科学发展观，牢牢抓住山区科学发展试验区建设重大机遇，紧紧围绕“一个中心、两大战役”，凝心聚力，积极应对，国民经济实现企稳回升，各项社会事业取得新的进步。

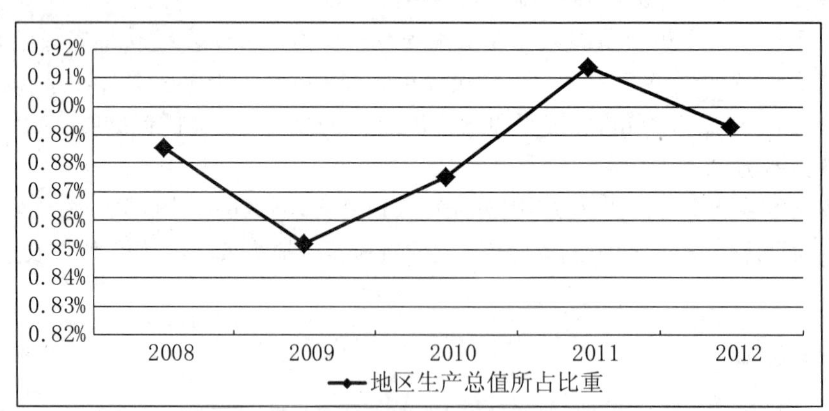


**图 96　2008—2012 年衢州市地区生产总值在长三角所占比重的变化趋势**

2008—2011 年衢州市地区生产总值在长三角所占比重分别为 0.89%、0.85%、0.88%、0.91%和 0.89%，5 年变化幅度不大，除 2009 年微跌 0.05 个百分点外，其余各年均有小幅度增加，其中 2012 年较上年下跌了约 0.02 个百分点。2012 年衢州市地区生产总值在长三角地区 25 个市(苏浙两省 24 个

地级市和上海市，下同）中的排名与上年保持一致，排名第23位，位置较为靠后，亟需有所改变。

全年全市生产总值982.75亿元，按可比价格计算，比上年增长8.7%。其中：第一产业增加值79.85亿元，增长3.1%；第二产业增加值531.91亿元，增长8.7%；第三产业增加值370.99亿元，增长10%。在第三产业中：交通运输、仓储及邮政业增加值增长5.8%，批发和零售业增加值增长16.9%，住宿和餐饮业增加值增长18.4%，金融业增加值增长8.7%，房地产业增加值增长10.4%。三次产业增加值结构由上年的8.3∶55.6∶36.1调整为8.1∶54.1∶37.8。全市人均生产总值按户籍人口计算为38891元，合6161美元，比上年增长8.4%。市区居民消费价格一季度同比上涨3.6%，上半年上涨3.1%，前三季度上涨2.6%，全年平均比上年增长2.4%。

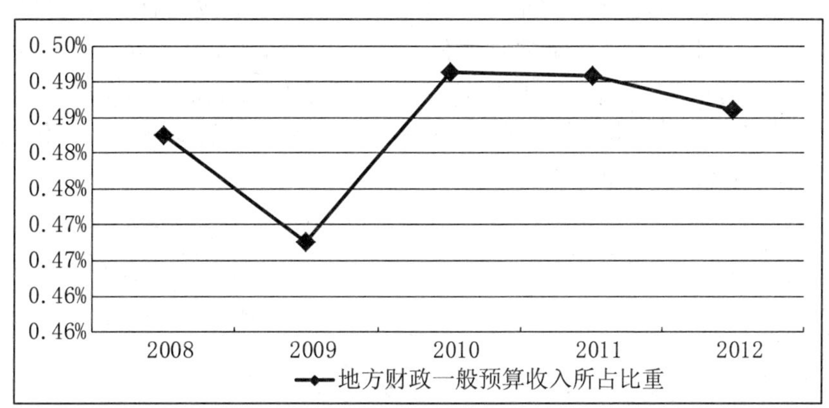


**图97　2008—2012年衢州市地方财政一般预算收入在长三角所占比重变化趋势**

2008—2012年衢州市地方财政一般预算收入在长三角所占比重0.48%、0.47%、0.49%、0.49%和0.49%，呈现稳中有升的态势，但跌幅不大，2010年止跌上扬，较2009年上年增加0.02个百分点，2011年和2012年基本保持了2010年的水平，未能有所突破。2012年衢州市地方财政一般预算收入在长三角地区25个市中的排名与上年比下跌一位，排名第25位，位置靠后，亟需有所突破。

总体而言，随着经济回稳向好，2011年衢州市财政收入稳步增加。全年实现财政总收入106.39亿元，比上年增长12%，其中公共财政预算收入63.42亿元，增长10.1%。在公共财政预算收入中实现税收收入57.12亿元，增长10.3%，其中：主体税种增值税7.88亿元，增长6.1%；营业税17.56亿元，增长11.5%；企业所得税9亿元，增长41.9%，个人所得税2.9亿元，增长5.3%。

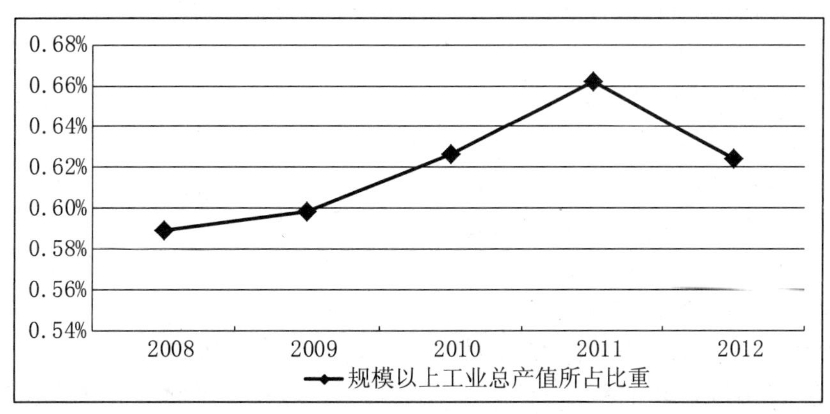


**图98　2008—2012年衢州市规模以上工业总产值在长三角所占比重的变化趋势**

2008—2012年湖州市规模以上工业总产值所占比重分别为0.59%、0.60%、0.63%、0.66%和0.62%，五年稳中有升，但升幅不大，2012年逆势下跌，2012年较上年下降了0.04个百分点。

2012年湖州市规模以上工业总产值在长三角地区25个市中的排名比上年下降一位，排名第24位，较靠后，亟需有所改善。

全市年末共有规模以上工业企业单位943家，比上年增加82家，其中：主营业务收入亿元以上的企业243家，比上年增加15家；大中型企业89家，比上年增加1家全年全部工业增加值457.56亿元，按可比价格计算比上年增长9.2%。规模以上工业企业全年完成产值1356.11亿元，增长4.8%，其中：重工业948.29亿元，下降0.6%；轻工业407.82亿元，增长20%。实现工业销售产值1322.17亿元，增长3.7%，产销率97.5%，比上年降低1.02个百分点。全年完成工业出口交货值97.11亿元，增长4.3%。在规模以上工业中：化工行业实现产值239.82亿元，比上年下降8.5%；机械行业282.63亿元，增长4.6%；建材行业74.13亿元，下降13.2%；黑色金属冶压业171.3亿元，增长0.9%；造纸行业116.12亿元，增长27.2%；木材加工业45.88亿元，下降7%；纺织业55.83亿元，增长10.7%；电力行业75.68亿元，增长5.7%。

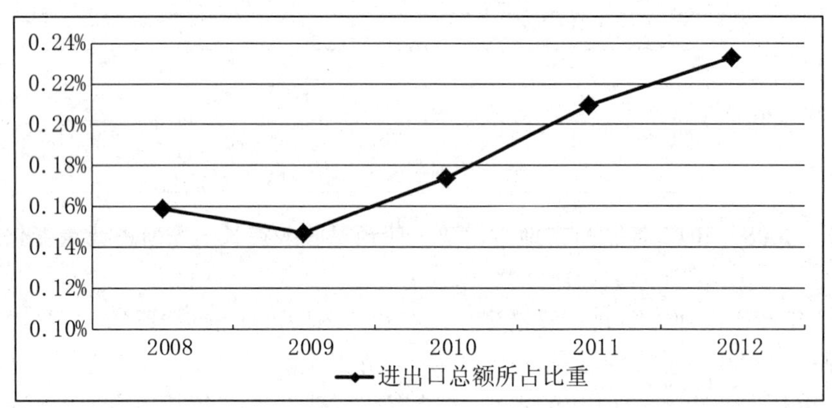


**图99　2008—2012年衢州市进出口总额在长三角所占比重的变化趋势**

2008—2012年衢州市进出口总额在长三角所占比重分别为0.16%、0.15%、0.17%、0.21%和0.23%，五年间稳中有升，2009年首次出现下跌，跌幅为0.01个百分点，2010年止跌上扬，2011年和2012年继续上升，2012年较上年上升了0.02个百分点。2012年衢州市进出口总额在长三角地区25个市中的排名与上年保持一致，排名第23位，位置靠后，需解放思想，积极发展对外贸易，彻底走出金融危机的影响。

全年实现进出口总额30.18亿美元，比上年增长12.3%。其中：出口18.59亿美元，增长5.6%；进口11.59亿美元，增长25.1%。全市有出口实绩的企业616家，比上年增加66家，其中当年新启动出口业务企业132家，增加15家。全年出口额在100万美元以上企业251家，其中1000万美元以上的企业42家，增加2家。全市出口排前三位的市场依次是：欧盟、东盟、美国。对欧盟出口3.03亿美元，下降7.9%；对东盟出口2.34亿美元，增长52.7%；对美国出口2.15亿美元，下降8.3%。对这三大主要市场出口额合计占全市出口总额的40.5%。在主要商品出口中：机电产品出口5.34亿美元，增长26.1%；高新技术产品出口0.76亿美元，下降36.8%；化工医药产品出口4.5亿美元，下降34.2%；服装、纺织品出口2.21亿美元，增长1.2%；农产品及其加工产品1.7亿美元，增长19.6%。

2008—2012年衢州市实际外商直接投资金额在长三角所占比重分别为0.13%、0.14%、0.12%、0.08%和0.08%，呈现些许摆动，2011年出现较大幅度的下跌，2012年占比维持2011年的水平。

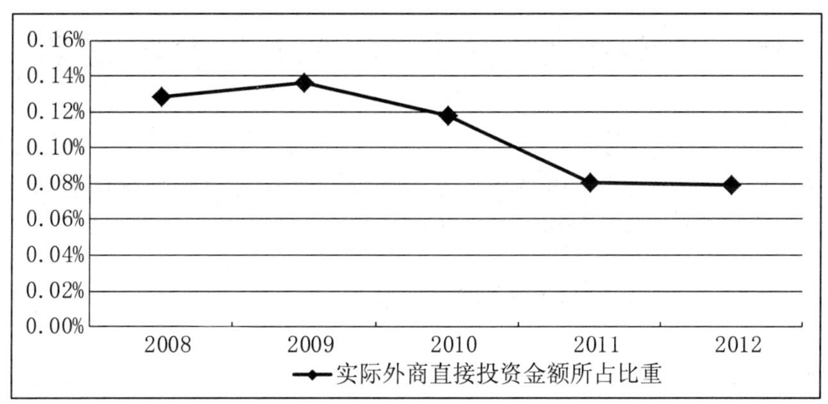


**图 100　2008—2012 年衢州市实际外商直接投资金额在长三角所占比重变化趋势**

2012 年衢州市实际外商直接投资金额在长三角地区 25 个市中的排名比上年下降一位，排名第 25 位，位置靠后，需解放思想，积极开拓“走出去，引进来”的对外贸易路线，以期较大的提升外商直接投资额。

衢州市完善招商工作机制，组建六个专业招商局，建立重大招商项目“四个一”对口联系服务制度，专业招商、产业招商力度进一步加大。实施浙商回归工程，出台支持浙商创业创新政策。全市招商引资实际到位资金 188.4 亿元，其中浙商回归到位资金 70.6 亿元。对外交流和区域合作取得新成效，与西班牙穆西亚市、南非茵弗里尼市和黑龙江省鹤岗市建立友好城市关系。全年新批外商投资企业 14 家，比上年减少 10 家；合同利用外资 0.46 亿美元，下降 61.9%；实际利用外资 0.51 亿美元，增长 11.6%。

# 十 舟山市2012年经济社会发展报告

2012年，面对复杂严峻的宏观环境，全市上下在市委市政府的正确领导下，以“稳中求进、加快突破”为总基调，攻坚克难，奋发有为，全市经济平稳运行，主要经济指标实现预期目标，社会发展水平稳步提高，城乡居民生活不断改善，努力开创了浙江舟山群岛新区建设新局面。

## 一、舟山市2012年经济发展概况

### （一）综合经济

#### 1. 经济总量

全年全市地区生产总值853.18亿元，按可比价计算，比上年增长10.2%。其中，第一产业增加值83.06亿元，第二产业增加值382.94亿元，第三产业增加值387.18亿元。三次产业结构比例为9.7∶44.9∶45.4。按常住人口计算，人均地区生产总值74831元，约11854美元，比上年增长9.3%。

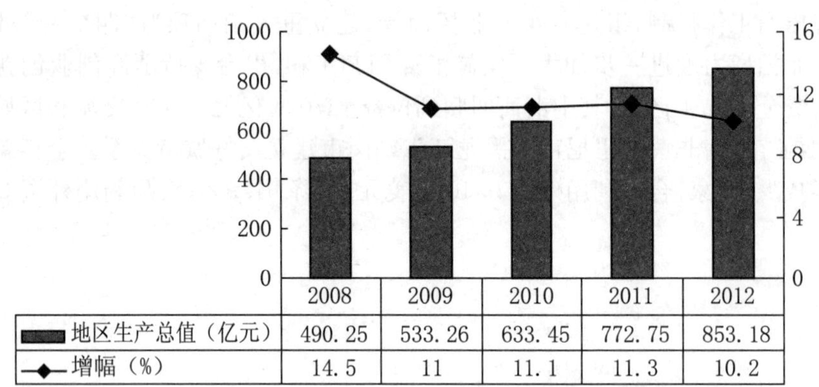

| | 2008 | 2009 | 2010 | 2011 | 2012 |
|---|---|---|---|---|---|
| 地区生产总值（亿元） | 490.25 | 533.26 | 633.45 | 772.75 | 853.18 |
| 增幅（%） | 14.5 | 11 | 11.1 | 11.3 | 10.2 |

图101 2008—2012年舟山市地区生产总值及增长速度

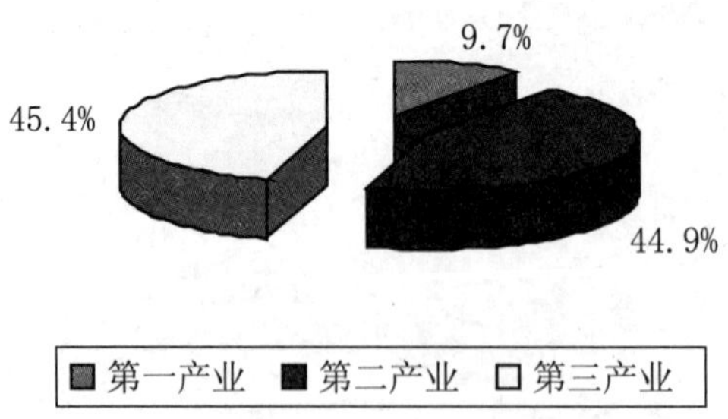


图102 2012年舟山市三次产业结构图

全年海洋经济总产出1959亿元，按可比价计算，比上年增长13.1%；海洋经济增加值585亿元，比上年增长12.0%。海洋经济增加值占全市GDP的比重为68.7%，比上年提高0.1个百分点。

表51　2012年舟山市县市主要经济指标

| 县市 | 生产总值(亿元) | 地方财政收入(亿元) | 固定资产投资(亿元) | 社会消费品零售总额(亿元) |
|---|---|---|---|---|
| 舟山市区 | 622.75 | 70.93 | 460.79 | 225.82 |
| 岱山县 | 164.50 | 9.77 | 76.52 | 44.72 |
| 嵊泗县 | 65.87 | 4.86 | 33.29 | 20.00 |

## 2. 财政收支

全年财政总收入133.45亿元,比上年增长4.9%,其中,公共财政预算收入85.56亿元,比上年增长11.9%。在公共财政预算收入中,增值税、营业税和个人所得税分别为8.56亿元、30.01亿元和3.50亿元,分别比上年增长3.1%、10.1%和1.3%,企业所得税为8.93亿元,下降1.3%。公共财政预算支出155.22亿元,比上年增长4.8%。其中,交通运输支出增长51.7%,住房保障支出增长31.9%,教育支出增长31.1%,科学技术支出增长26.9%,社会保障和就业支出增长21.7%。

## 3. 物价水平

全年居民消费价格比上年上涨1.7%,其中,服务项目价格下降0.6%,消费品价格上涨2.8%。商品零售价格上涨1.7%。工业品出厂价格下降9.9%,其中,船舶修造价格下降11.0%。新建住宅销售价格下降2.0%。

表52　2012年居民消费价格比上年涨跌幅度

| 类　别 | 比上年±% |
|---|---|
| 居民消费价格 | 1.7 |
| 一、食品 | 6.9 |
| 二、烟酒 | 0.1 |
| 三、衣着 | 1.6 |
| 四、家庭设备用品及维修服务 | 2.4 |
| 五、医疗保健和个人用品 | −1.3 |
| 六、交通和通信 | −1.8 |
| 七、娱乐教育文化用品及服务 | −1.5 |
| 八、居住 | −0.1 |

## 4. 固定资产投资[①]

全年全市固定资产投资570.6亿元,比上年增长19.9%。其中,建筑安装工程投资407.72亿元,增长22.7%;基础设施投资224.40亿元,增长33.2%;城乡个私投资156.94亿元,增长18.0%。

① 从2011年起,固定资产投资项目统计起点标准改为500万元。固定资产投资(不含农户)统计范围从城镇固定资产投资扩大到农村企事业组织。

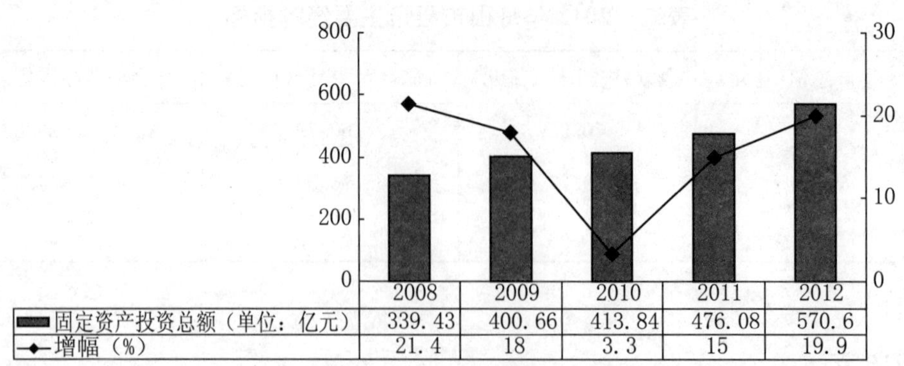


图 103　2008—2012 年舟山市全社会固定资产投资及增长幅度

## （二）农林牧渔业

全年农林牧渔业总产值 163.71 亿元，比上年增长 9.2%。其中，渔业总产值 148.02 亿元，比上年增长 10.0%；农业总产值 10.33 亿元，增长 4.0%；林业总产值 0.32 亿元，增长 15.3%；牧业总产值 5.04 亿元，下降 3.0%。

全年农作物播种面积 23.32 千公顷，比上年下降 0.9%，其中，粮食作物播种面积 10.61 千公顷，增长 0.3%。粮食产量 5.22 万吨，比上年增长 3.1%；蔬菜产量 14.91 万吨，下降 6.7%；水果产量 8.40 万吨，下降 3.8%。

年末生猪存栏 15.37 万头，比上年末下降 5.0%；家禽存栏 95.49 万只，下降 6.6%。全年肉类总产量 2.15 万吨，比上年增长 1.4%，其中，猪肉产量 1.82 万吨，增长 0.4%；鸡鸭鹅蛋产量 6127 吨，下降 3.2%；牛奶产量 350 吨，下降 10.3%。

全年水产品总产量 148.30 万吨，比上年增长 4.5%。其中，远洋渔业产量 25.05 万吨，增长 19.0%。全市海水养殖面积 6262 公顷，比上年下降 10.3%，海水养殖产量 11.59 万吨，增长 17.5%。

表53　2012 年渔农业主要产品产量

| 农产品 | 产量(吨) | 比上年±% | 水产品 | 产量(吨) | 比上年±% |
|---|---|---|---|---|---|
| 粮食 | 52194 | 3.2 | 一、海水产品 | 1472852 | 4.4 |
| #早稻 | 33 | −49.2 | #小黄鱼 | 53021 | −8.8 |
| #晚稻 | 18676 | 4.8 | 带鱼 | 117116 | 0.5 |
| 棉花 | 181 | 129.1 | 鲳鱼 | 23779 | −12.9 |
| 油菜籽 | 2858 | −0.3 | 虾类 | 251199 | 12.1 |
| 茶叶 | 87 | −4.4 | 蟹类 | 107658 | 11.3 |
| 蔬菜 | 149103 | −6.7 | 贝类、头足类 | 360647 | 16.4 |
| 水果 | 84033 | −3.8 | 二、淡水产品 | 10187 | 17.4 |

年末全市有国家级无公害农产品 51 个、国家级无公害养殖水产品 34 个、国家级绿色食品 22 个。全市有省级无公害农产品产地 45 个，面积 6380 公顷；省级无公害水产品基地 44 个，面积 1853 公顷。

年末有机动渔船 9132 艘，比上年末增加 46 艘，其中，生产渔船 8011 艘，增加 64 艘；辅助渔船

1121 艘，减少 18 艘。渔船总吨位 105.99 万吨，比上年增长 11.7%，其中，生产渔船总吨位 85.86 万吨，增长 11.4%；辅助渔船总吨位 20.13 万吨，增长 13.0%。渔船总功率 156.07 万千瓦，比上年增长 7.5%，其中，生产渔船 129.57 万千瓦，增长 6.9%；辅助渔船 26.50 万千瓦，增长 10.5%。

## （三）工业、盐业和建筑业

### 1. 工业增加值

全年全市工业总产值 1585.35 亿元，比上年增长 10.0%。全市规模以上工业增加值 223.63 亿元，按可比价计算，比上年增长 14.5%。规模以上工业总产值 1215.66 亿元，增长 11.3%；工业销售产值 1176.06 亿元，增长 8.7%；工业产销率 96.7%。其中，临港工业完成总产值 996.42 亿元，增长 9.2%，占规模以上工业总产值的比重为 82%。规模以上工业中，重、轻工业分别完成工业总产值 944.63 亿元和 271.03 亿元，分别增长 9.0%和 20.0%，重轻工业比为 78∶22。年末有工业总产值上亿元企业 150 家，比上年末增加 9 家，实现工业总产值 1124.0 亿元，比上年增长 13.0%，占全部工业总产值的比重为 70.9%。产业集聚区实现工业总产值 410.2 亿元，比上年增长 14.8%，拉动规模以上工业增长 4.8 个百分点。

**表54　2012 年规模以上工业主要行业企业数和总产值**

| 行业 | 企业数(家) | 工业总产值(亿元) | 比上年±% |
|---|---|---|---|
| 船舶修造业 | 93 | 616.84 | 8.1 |
| 水产加工业 | 113 | 142.05 | 13.8 |
| 机械制造业 | 35 | 39.61 | 4.3 |
| 纺织服装业 | 13 | 17.98 | 0.3 |
| 化纤制造业 | 3 | 17.46 | 8.9 |
| 电子电机业 | 5 | 11.47 | 21.9 |
| 医药制造业 | 4 | 4.15 | −18.2 |
| 石油化工业 | 11 | 172.71 | 12.0 |
| 电力供应业 | 6 | 43.20 | 3.3 |

**表55　2012 年规模以上工业主要产品产量**

| 产品名称 | 单位 | 产量 | 比上年±% |
|---|---|---|---|
| 民用钢质船舶 | 万载重吨 | 774.0 | −6.0 |
| 冷冻水产品 | 万吨 | 56.2 | 2.7 |
| 发电量 | 亿千瓦时 | 35.1 | −8.3 |
| 纱 | 吨 | 2265 | −33.0 |
| 服装 | 万件 | 357 | 8.4 |
| 柴油 | 万吨 | 98.7 | −8.4 |

（续表）

| | | | |
|---|---|---|---|
| 化学纤维 | 万吨 | 10.7 | 31.7 |
| 商品混凝土 | 万立方米 | 321.7 | －8.5 |

全市规模以上工业企业资产总计1485.65亿元，比上年增长11.5%；实现利税总额30.88亿元，比上年下降47.6%，其中，利润总额10.12亿元，下降70.3%。规模以上工业资本保值率111.41%，全员劳动生产率272004元/人。

**表56　2012年舟山市县区工业总产值**　单位：亿元

| 县市 | 工业总产值 |
|---|---|
| 舟山市区 | 915.10 |
| 岱山县 | 278.68 |
| 嵊泗县 | 6.06 |

### 2. 盐业

全年盐田生产面积1754.6公顷，比上年下降3.6%。全年生产原盐6.62万吨，下降38.7%；销售原盐10.74万吨，增长5.1%。

### 3. 建筑业

全年全社会建筑业增加值87.13亿元，按可比价计算，比上年增长7.9%。年末全市具有资质等级的总承包和专业承包建筑业企业121家，实现总产值162.66亿元，比上年增长1.14%；建筑施工面积1619.57万平方米，增长11.6%，其中，新开工面积460.57万平方米，下降19.9%。

## （四）服务业

### 1. 国内贸易

全年社会消费品零售总额290.54亿元，比上年增长16.0%，扣除物价因素，实际增长14.1%。分行业看，批发业零售额28.12亿元，增长24.7%；零售业零售额216.07亿元，增长15.3%；住宿业零售额11.28亿元，增长8.3%；餐饮业零售额35.07亿元，增长16.3%。从限额以上批发零售业商品零售类别看，通讯器材类零售额比上年增长1.3倍，食品、饮料、烟酒类增长20.8%，石油及制品类增长26.8%，服装鞋帽针纺织品类增长23.2%，中西药品类增长23.0%。全年批发零售业商品销售总额1083.10亿元，比上年增长51.7%，住宿餐饮业营业额62.85亿元，增长13.0%。

中国(舟山)大宗商品交易中心设立运营，年内已上市电解镍、船用油和电解铜三个交易品种，交易所总成交额1513.6亿元，现货交易额121.1亿元。年末全市有商品交易市场132个，比上年末增加2个，其中，消费品市场126个，生产资料市场6个。全年商品交易市场成交额194.87亿元，比上年增长5.1%。其中，水产品类市场成交额101.85亿元，增长37.8%；工业消费品市场成交额12.44亿元，增长1.3倍；船舶交易市场和船用商品交易市场成交额分别为32.49亿元和9.80亿元，均下降41.7%；另外实现网上市场成交额7.67亿元。年末有亿元以上商品交易市场13个，全年实现成交额162.33亿元，比上年增长5.7%。

### 2. 交通运输、邮电

全年全市交通运输、仓储和邮政业实现增加值89.41亿元，按可比价计算，比上年增长5.3%。全

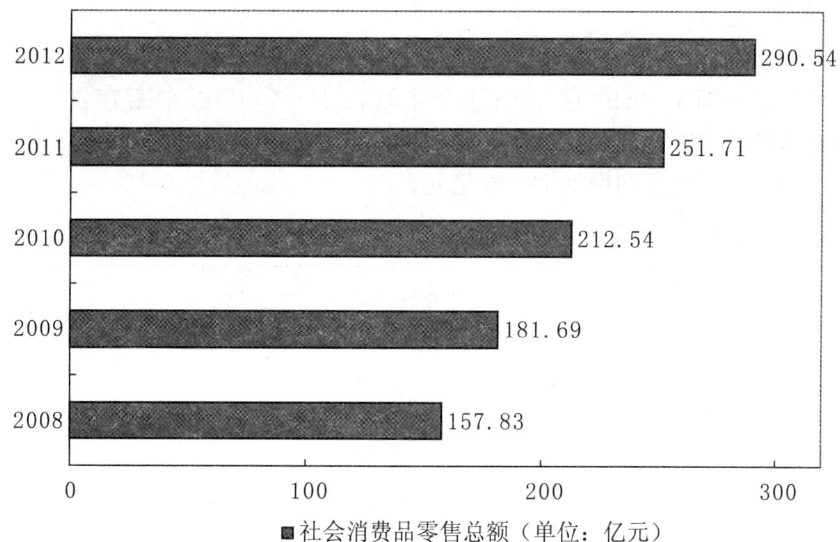


**图104　2008—2012年社会消费品零售总额**

年水路货运量15242万吨，比上年增长13.2%，货运周转量1870.52亿吨公里，增长15.1%；水路客运量2224万人，下降1.4%，客运周转量4.69亿人公里，下降6.3%。陆路货运量4697万吨，增长6.4%，货运周转量105.58亿吨公里，增长9.2%；陆路客运量13884万人，增长4.4%，客运周转量20.30亿人公里，增长1.4%。舟山普陀山机场全年完成客运量46.4万人，增长20.6%；货邮运量(不包括行李)425吨，增长48.4%。年末全市民用汽车拥有量8.55万辆，比上年末增长16.0%，其中，私人汽车拥有量6.07万辆，增长20.4%。

年末全市有海运企业269家，比上年末增加28家，海上运输船舶1689艘，运力505.72万载重吨，比上年末增长11.8%。其中，万吨级以上船舶126艘，比上年末增加8艘，运力264.94万载重吨，占全市总运力的比重为52.4%。

全年舟山港域港口货物吞吐量29099万吨，比上年增长11.7%。其中，外贸货物吞吐量9816万吨，增长14.5%。从主要品种看，金属矿石吞吐量9651万吨，比上年增长7.8%；煤炭及制品吞吐量3115万吨，增长28.9%；石油及天然气吞吐量5038万吨，下降3.4%。全年集装箱吞吐量50.34万标箱，其中，出口25.53万标箱，比上年增长1.4倍。年末全市有生产性泊位289个，其中，万吨以上深水泊位45个。

全年邮电业务收入16.41亿元，比上年增长7.0%。年末全市固定电话(含小灵通)用户53.43万户，比上年末下降0.3%；移动电话用户154.29万户，增长0.6%；宽带网用户30.53万户，增长17.5%；邮路长度1282公里，与上年末持平。

### 3. 旅游业

年末全市有旅行社125家，比上年末增加7家。全市有星级宾馆51家，客房4516间，床位7984张，星级宾馆客房入住率为51.9%。全市有A级景区11个，其中，5A级景区1个，4A级景区2个。全年接待国内外游客共2771.02万人次，比上年增长12.6%，其中，接待国际游客31.05万人次，增长11.9%。从主要景区看，普陀山景区接待游客556.46万人次，比上年增长7.1%；朱家尖景区接待游客388.61万人次，增长12.1%；桃花岛景区接待游客170.59万人次，增长11.1%。全年实现旅游总收入266.76亿元，比上年增长13.3%；实现旅游外汇收入15865万美元，增长12.2%。

### 4. 金融和保险

年末全市有各类金融机构51家，其中，银行业机构18家，保险业机构22家，证券业机构3家。年末金融机构本外币存款余额1389.97亿元，比上年末增长5.7%，其中，储蓄存款508.59亿元，增长10.3%。金融机构本外币贷款余额1295.83亿元，比上年末增长11.5%。全市银行业金融机构表外融资业务余额302.79亿元，比年初增加72.96亿元。

**表57　2012年末金融机构人民币存贷款及其增长速度**

| 指　标 | 年末数(亿元) | 比上年末±% |
|---|---|---|
| 金融机构人民币存款余额 | 1350.10 | 4.7 |
| #储蓄存款 | 503.69 | 10.3 |
| 金融机构人民币贷款余额 | 1237.42 | 10.5 |
| #工业贷款 | 225.85 | 5.1 |
| 建筑业贷款 | 54.93 | 7.3 |
| 交通运输、仓储和邮政业贷款 | 236.89 | 7.8 |
| 个人贷款 | 341.32 | 7.2 |

全年保险公司保费收入21.33亿元，比上年增长6.9%，其中，财产险保费收入9.73亿元，增长4.8%；人身险保费收入11.60亿元，增长8.8%。保险公司赔款支出6.06亿元，比上年增长17.7%；保险公司给付支出1.23亿元，增长30.0%。

### 5. 房地产业

全年房地产开发投资158.94亿元，比上年增长36.1%，其中，住宅、商业营业用房投资分别为103.7亿元和17.6亿元，分别增长30.2%和84.2%，办公楼投资10.4亿元，下降11.0%。全年房屋竣工面积217.00万平方米，增长1.9倍。商品房销售面积78.40万平方米，下降42.4%；商品房待售面积41.00万平方米，增长2.7倍。

## （五）对外经济

### 1. 对外贸易

全年外贸进出口总额（含保税仓库货物）153.56亿美元，比上年增长15.8%。其中，进口总额61.32亿美元，增长5.9%；出口总额92.24亿美元，增长23.4%。全年初级产品出口额41.34亿美元，比上年增长35.7%，其中，水产品出口额7.55亿美元，增长0.5%。工业制成品出口额50.90亿美元，增长15.0%，其中，船舶出口额45.09亿美元，增长17.9%。

全年舟山口岸进出口货运量8206万吨，比上年增长2.4%，其中，进口货运量7405万吨，下降0.2%；出口货运量801万吨，增长35.7%。全市进出口货运总值376.05亿美元，比上年增长3.3%，其中，进口货运值303.01亿美元，下降0.3%；出口货运值73.04亿美元，增长21.5%。外轮修理1098艘次，比上年增长6.4%。年末舟山口岸对外开放陆海域面积1302平方公里，其中年内新增开放面积109平方公里。

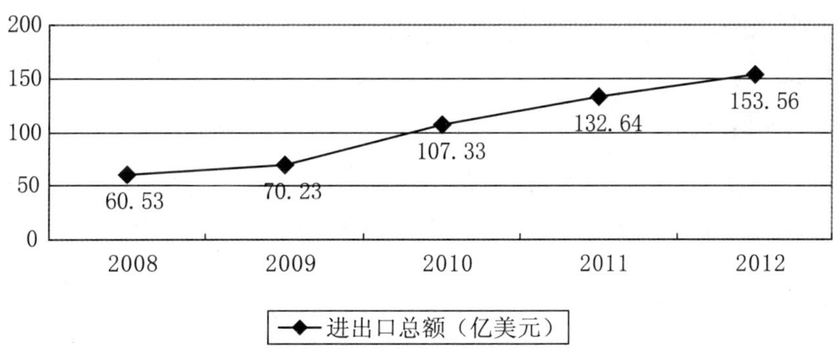


**图 105 2008—2012 年舟山市外贸进出口总额**

**表58 2012 年外贸出口总额及其增长速度**

| 指　　标 | 出口额(亿美元) | 比上年±% |
|---|---|---|
| 出口总额 | 92.24 | 23.4 |
| 其中:初级产品 | 41.34 | 35.7 |
| #水产品 | 7.55 | 0.5 |
| 工业制成品 | 50.90 | 15.0 |
| #船舶 | 45.09 | 17.9 |
| 其中:一般贸易 | 13.08 | −0.9 |
| 加工贸易 | 44.03 | 16.6 |
| 其中:香　港 | 18.47 | 67.5 |
| 巴拿马 | 12.33 | −11.0 |
| 日　本 | 11.48 | 28.4 |
| 东　盟 | 11.28 | 74.5 |
| 欧　盟 | 10.78 | −33.2 |

## 2. 外资状况

全年新批设立外商投资项目 10 个,投资总额 9.28 亿美元,合同外资金额 1.75 亿美元,比上年下降 27.8%;实际使用外资金额 1.83 亿美元,增长 70.0%。新批境外中方投资额 0.34 亿美元,下降 73.3%;境外承包工程劳务合作营业额 1.64 亿美元,增长 4.9 倍。新引进市外境内企业 171 家,比上年增加 9 家;合同利用市外境内资金 74.52 亿元,增长 4.7%;实际利用市外境内资金 62.08 亿元,增长 2.3%。

**表59 2012 年舟山市县市实际使用外资** 单位:万美元

| 县市 | 实际使用外资金额 |
|---|---|
| 舟山市区 | 14620 |
| 岱山县 | 3618 |
| 嵊泗县 | 101 |

# 二、舟山市 2012 年社会发展概况

## （一）人口、人民生活

年末全市家庭总户数 36.72 万户，户籍人口 97.18 万人，其中，非农业人口 37.41 万人。按性别分，男性 48.30 万人，女性 48.88 万人。全年出生人数 7630 人，死亡人数 7750 人，人口自然增长率－0.12‰。年末全市常住人口 114.0 万人，城镇化率 65.3％。

全年城镇居民人均可支配收入 34224 元，比上年增长 12.2％，扣除价格因素实际增长 10.3％。城镇居民人均消费性支出 20958 元，比上年增长 9.3％。全年渔农村居民人均纯收入 18601 元，比上年增长 12.9％，扣除价格因素实际增长 11.0％，其中，渔村居民人均纯收入 19706 元，增长 14.9％；农村居民人均纯收入 18208 元，增长 12.2％。渔农村居民人均生活消费支出 13589 元，比上年增长 12.3％。城镇、渔农村居民收入比为 1.84∶1。城镇、渔村、农村居民收入中位数分别为 30068 元、17628 元和 16442 元，分别比上年提高 2885 元、2679 元和 1032 元。城镇居民、渔农村居民恩格尔系数分别为 35.9％和 38.1％，分别比上年下降 0.1 个和 0.9 个百分点。年末城镇居民人均住房建筑面积 32.39 平方米，渔农村居民人均住房面积 49.1 平方米。

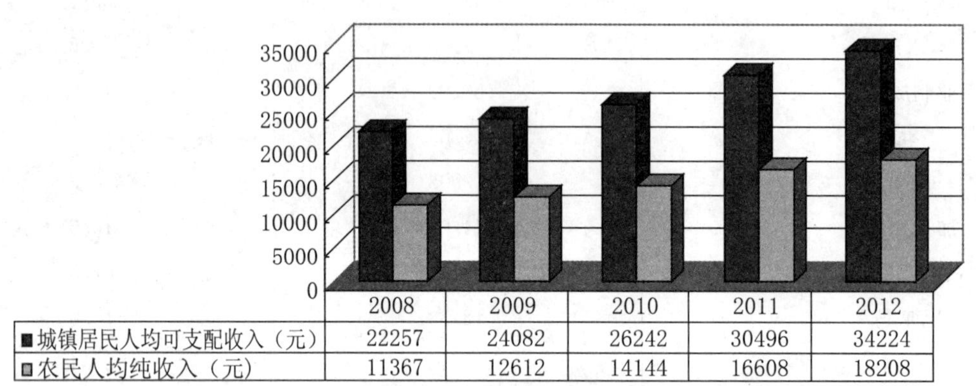


| | 2008 | 2009 | 2010 | 2011 | 2012 |
|---|---|---|---|---|---|
| ■城镇居民人均可支配收入（元） | 22257 | 24082 | 26242 | 30496 | 34224 |
| ■农民人均纯收入（元） | 11367 | 12612 | 14144 | 16608 | 18208 |

**图 106　2008—2012 年舟山市城乡居民收入对比一览**

## （二）就业与社会保障

### 1. 就业

全年新增城镇就业人员 10809 人，城镇下岗失业人员中有 4630 人实现了再就业，城镇登记失业率为 2.73％，比上年下降 0.14 个百分点。年末渔农村从业人员 40.61 万人，比上年末减少 1.04 万人，下降 2.5％。其中，第一、二、三产业从业人员分别为 10.36 万人、15.72 万人和 14.53 万人，分别比上年末减少 0.39 万人、0.56 万人和 0.09 万人。二、三产业从业人员比重为 74.5％，比上年提高 0.3 个百分点。

### 2. 社会保障

年末全市参加基本养老保险人数（包括职工和城乡居民）70.41 万人，基本医疗保险参保人数（包括职工和城乡居民）92.63 万人，失业保险参保人数 19.07 万人，工伤保险参保人数 27.04 万人，生育保险参保人数 17.69 万人。全市被征地农民参加养老保险人数 14.27 万人。年末新型渔农村合作医疗参加人数 46.5 万人，新型渔农村合作医疗参保率 98.8％，人均筹资水平 475 元。

年末全市有敬老院33所，社会福利院9所，民办养老机构7家，分别拥有床位数1981张、2139张和579张。城镇“三无”对象集中供养率100%，渔农村“五保”老人集中供养率98.25%。城乡居民得到政府最低生活保障人数12475人，其中，城镇低保对象2296人，渔农村低保对象10179人。城乡低保对象最低生活补助标准分别提高到每月每人465元和372元。城乡居民基础养老金从每月80元调整到100元。

## （三）教育和科学技术

### 1. 教育事业

全面实施阳光招生政策，学前教育三年行动扎实推进，国有民办高中顺利转制，舟山中学新校区、舟山二小、新民学校等投入使用，校安工程三年计划全面完成。

年末有普通高等院校3所，全年招生7258人，毕业学生6973人，在校学生22989人；成人高校1所，全年招生1441人，毕业学生799人，在校学生3151人；中等职业学校7所，全年招生2897人，毕业学生2611人，在校学生8598人；普通高中16所，全年招生4257人，在校学生13860人；普通初中34所，全年招生7196人，在校学生21498人；普通小学61所，全年招生7861人，在校学生46607人；幼儿园115所，全年招生8017人，在园幼儿25913人；特殊教育学校2所，特殊教育在校生146人，其中，聋人学校14人，弱智学校43人，普通学校随班就读89人。全市3—5周岁幼儿入园率99.53%，小学毕业生升学率100%，初中升高中段比例99.40%，高等教育毛入学率63.7%。在各类小学、初中学校就读的外来人口子女16269人，其中，公办学校13191人，民办学校3078人。

### 2. 科技与品牌

全年组织实施各类科技计划项目共720项，其中，国家级53项，省级280项。申请专利2200件，授权1096件，其中，申请发明522件，授权115件。年末全市有高新技术企业36家，省级创新型试点、示范企业8家，省级科技型企业99家，省级农业科技企业65家，省级高新技术研发中心24家，省级农业科技企业研发中心22家。

年末全市有浙江名牌41个，其中，工业名牌14个、农业名牌20个、服务名牌6个，区域名牌1个。舟山名牌79个，其中，工业名牌38个、农业名牌24个、服务名牌17个。截止年末，全市拥有各类注册商标4040件，其中，代表品牌国际化的国际注册商标171件，代表品牌优质化的中国驰名商标8件、省著名商标73件、市著名商标117件，代表地方土特产开发的地理标志证明商标17件。

## （四）文化、卫生和体育

### 1. 文化事业

年内启用集图书馆、博物馆、城市展示馆和文化馆·美术馆于一体的舟山海洋文化艺术中心。全年市艺术剧院引进演出团体24个，演出109场；市电影公司放映电影6960场，观众2.85万人次，票房收入突破1000万元。年末全市有文化艺术表演团体1个，艺术表演场所2处，文化馆5个，文化站43个，公共图书馆4个，藏书103.79万册。年末全市有线电视用户数26.13万户，其中，数字电视用户数22.15万户。广播人口综合覆盖率98.72%，电视人口综合覆盖率98.75%。

### 2. 卫生事业

实施县级公立医院综合改革，舟山医院新城院区正式启用，急救指挥体系建成运行，社区卫生服务机构市级规范化率超过80%，甲乙类传染病报告发病率明显下降。优生促进工程继续深化，出生人口性别比保持稳定。

年末全市有医疗卫生机构(含村卫生室)618家,其中,医院21家,开放床位4577张。卫生技术人员(含村卫生室)7024人,其中,执业医师2694人,注册护士2449人。全市有社区卫生服务中心(卫生院)49个,社区卫生服务站142个。全年累计报告传染病(甲乙类)2319例,报告发病率(甲乙类)每10万人为206.82人。全市免费婚检率95.02%,孕产妇住院分娩率100%,计划生育率98.40%,节育率64.94%。

### 3. 体育事业

成功举办全国休闲体育大会、第十一届市运会和系列赛事。全年全市共举办群众体育活动273次,参加活动人数33.45万人次。新建全民健身路径227条,新建各类体育健身场所148个。

## (五)城市建设和新渔农村建设

年末全市建成区面积66.09平方公里,实有城市道路面积958.73万平方米,建成区绿化覆盖率38.86%,建成区绿地率34.35%,人均公园绿地面积15.28平方米,城市污水处理率84.62%,城市生活垃圾无害化处理率100%。全年城区排水管道长度992.86公里,供水总量5182.47万立方米,液化石油气供气总量2.84万吨,天然气供气总量2223.52万立方米。

全年全市共投入"三农"资金32.1亿元,比上年增长10.3%,完成4个乡镇、36个行政村整体整治,"美丽海岛"建设验收通过18个精品社区、14个特色社区,改造渔农村住房7551户。渔农村改水受益率达到98.33%,其中,自来水受益率96.21%。渔农村卫生厕所普及率92.45%,粪便无害化处理率84.92%。

全年全市保障性安居工程投资5.4亿元,新开工各类保障性住房4084套,其中,公共租赁住房2745套,廉租住房170套,经济适用住房861套,城区危房改造308套。年内完成经济适用房投资额1.40亿元,竣工面积7.55万平方米;城镇危房改造0.45万平方米,共68套;享受廉租房家庭249户。

## (六)能源和环境

全年单位GDP能耗比上年降低6.1%,单位工业增加值能耗比上年下降17.8%。

全社会用电量41.77亿千瓦时,比上年下降2.6%。其中,工业用电22.29亿千瓦时,下降11.0%;城乡居民生活用电7.18亿千瓦时,增长11.9%。

全年市区环境空气优良率为99.7%;PM2.5日均值达到国家环境空气质量二级标准天数占96.5%,其中,一级天数208天。县级以上集中式饮用水源水质达标率99.9%,水环境功能区水质达标率84%。区域环境噪声平均等效声级52.4分贝,烟尘控制区总面积40.82平方公里。年末优质林建成面积累计55.31万亩,全年有效灌溉面积13.93千公顷,节水灌溉面积9.03千公顷。

全市达到国家一、二类海水水质标准的海域面积占38.4%,四类和劣四类海水海域面积占57.2%,近岸海域环境功能区达标率22.2%。全年舟山海域共发生赤潮7次,累计赤潮面积750平方公里。

## (七)社会安全

深化"网格化管理、组团式服务",加强社会治安防控体系建设,人民群众安全感名列全省前茅。全面实施公共安全十大领域整治和食品安全百日行动,加强气象预警和三防工作,安全生产三项指标继续实现零增长。深入推进普法和依法治理,加强信访工作和矛盾纠纷调解。

全年全市共发生各类生产安全事故451起,比上年减少3起,各类生产安全事故死亡(失踪)113人,比上年减少2人,亿元GDP生产安全事故死亡率0.13,比上年降低0.02。各类生产安全事故直

接经济损失 2004.07 万元，下降 0.6%。全年共发生交通事故 331 起，死亡人数 50 人，交通事故直接损失 112.14 万元。全年共发生火灾事故 43 起，损失 164.97 万元。

## 三、挑战和目标

对照新区建设的新形势、新任务、新要求，舟山市海洋产业层次和整体水平不高，经济素质性、结构性和体制性矛盾没有明显改善，尤其是受全球经济持续低迷影响，船舶、海运行业遭到较大冲击，部分企业生产经营困难加剧；资源要素制约依然突出，发展基础比较薄弱，人才科技支撑不足，保持财政收支平衡难度增加；社会保障、教育文化、城建交通、医疗卫生、食品安全等民生方面还存在许多问题，促进城乡居民持续增收的压力加大；一些政府机关和公务人员的精神状态、工作作风和能力素质亟需加强，官僚主义、形式主义和消极腐败现象仍然存在。政府必须直面群众关切，正视存在问题，切实予以解决。

2013 年经济和社会发展的主要预期目标为：地区生产总值增长 10%；公共财政预算收入增长 8%；研究与试验发展经费支出占地区生产总值比例达到 1.45%；城镇居民人均可支配收入和渔农村居民人均纯收入分别实际增长 10%和 11%；居民消费价格总水平涨幅控制在 3.5%以内；城镇登记失业率控制在 4%以内；节能减排各项指标完成省下达任务；力争在规划实施、项目推进、招商选资、民生改善和建设海上花园城等方面取得新突破，促进经济持续健康较快发展和社会全面进步。

## 四、舟山市在长三角地区经济发展中的地位

2012 年是本届政府开局之年，是全市上下抢抓机遇、应对挑战、经受考验，扎实推进新区规划建设和经济社会平稳发展的重要一年。在省委、省政府和市委的正确领导下，在市人大、市政协的监督和支持下，坚持以科学发展观为指导，认真贯彻省委“八八战略”“两创”总战略和市委“稳中求进、加快突破”总基调，全面实施“六大攻坚”，较好地完成了市六届人大一次会议确定的目标任务。

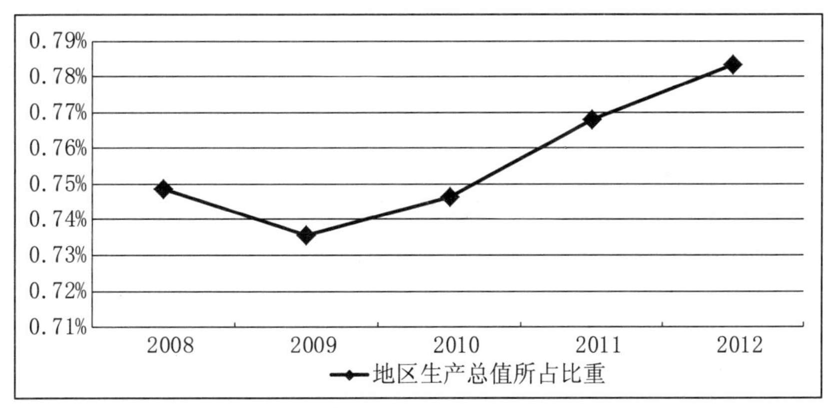


**图 107　2008—2012 年舟山市地区生产总值在长三角所占比重的变化趋势**

2008—2012 舟山市地区生产总值在长三角地区占比分别为 0.75%、0.74%、0.75%、0.77%和 0.78%，在连续稳定增长之后，2009 年出现微幅下跌，2010 年止跌上扬，2011 年和 2012 年继续保持上升，2012 年较上年上升了 0.01 个百分点。2012 年舟山市地区生产总值在长三角地区 25 个市（苏浙两省 24 个地级市和上海市，下同）排名与上年保持一致，排名第 25 位，为最后一名，有待有所突破。

2012 年舟山市全年全市地区生产总值 851.95 亿元，按可比价计算，比上年增长 10.2%。其中，

第一产业增加值 83.05 亿元，第二产业增加值 385.42 亿元，第三产业增加值 383.48 亿元，分别比上年增长 5.5%、12.3%和 9.1%。三次产业结构比例为 9.8∶45.2∶45.0。按常住人口计算，人均地区生产总值 74831 元，约 11854 美元，比上年增长 9.3%。全年海洋经济总产出 1959 亿元，按可比价计算，比上年增长 13.1%；海洋经济增加值 585 亿元，比上年增长 12.0%。海洋经济增加值占全市 GDP 的比重为 68.7%，比上年提高 0.1 个百分点。

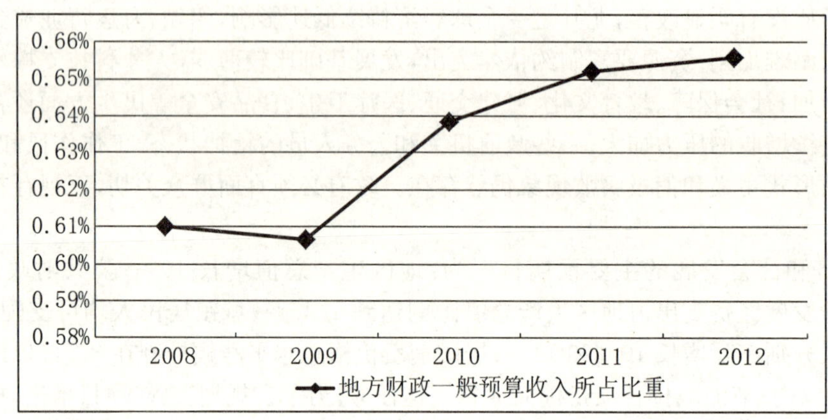


**图 108 2008—2012 年舟山市地方财政一般预算收入在长三角所占比重的变化趋势**

2008—2012 年舟山市地方财政一般预算收入在长三角地区占比分别为 0.61%、0.61%、0.64%、0.65%和 0.66%，走势与地区生产总值占比基本一致，在连续几年的稳定增长之后，2009 年有所下跌，2010 年很快又止跌上扬，2011 年和 2012 年继续保持上升势头，2012 年较上年上升了 0.01 个百分点。2012 年舟山市地方财政一般预算收入在长三角地区 25 个市的排名与上年保持一致，排名第 23 位，位置非常靠后，仍需要进一步的努力。

全年财政总收入 133.45 亿元，比上年增长 4.9%，其中，公共财政预算收入 85.56 亿元，比上年增长 11.9%。在公共财政预算收入中，增值税、营业税和个人所得税分别为 8.56 亿元、30.01 亿元和 3.50 亿元，分别比上年增长 3.1%、10.1%和 1.3%，企业所得税为 8.93 亿元，下降 1.3%。公共财政预算支出 155.22 亿元，比上年增长 4.8%。其中，交通运输支出增长 51.7%，住房保障支出增长 31.9%，教育支出增长 31.1%，科学技术支出增长 26.9%，社会保障和就业支出增长 21.7%。全年居民消费价格比上年上涨 1.7%，其中，服务项目价格下降 0.6%，消费品价格上涨 2.8%。商品零售价格上涨 1.7%。工业品出厂价格下降 9.9%，其中，船舶修造价格下降 11.0%。新建住宅销售价格下降 2.0%。

2008—2012 年舟山市规模以上工业总产值在长三角地区占比分别为 0.52%、0.57%、0.56%、0.56%和 0.56%，前几年持续保持上升的态势，2010 年有些许下滑，较上年下跌了 0.01 个百分点，2012 年与 2011 年保持同一比重。

2012 年舟山市地方规模以上工业总产值在长三角地区 25 个市的排名与上年保持一致，排名第 25 位，为最后一名，期待能有所改善。

全年全市工业总产值 1585.35 亿元，比上年增长 10.0%。全市规模以上工业增加值 223.63 亿元，按可比价计算，比上年增长 14.5%。规模以上工业总产值 1215.66 亿元，增长 11.3%；工业销售产值 1176.06 亿元，增长 8.7%；工业产销率 96.7%。其中，临港工业完成总产值 996.42 亿元，增长 9.2%，占规模以上工业总产值的比重为 82%。规模以上工业中，重、轻工业分别完成工业总产值 944.63 亿元和 271.03 亿元，分别增长 9.0%和 20.0%，重轻工业比为 78∶22。年末有工业总产值上

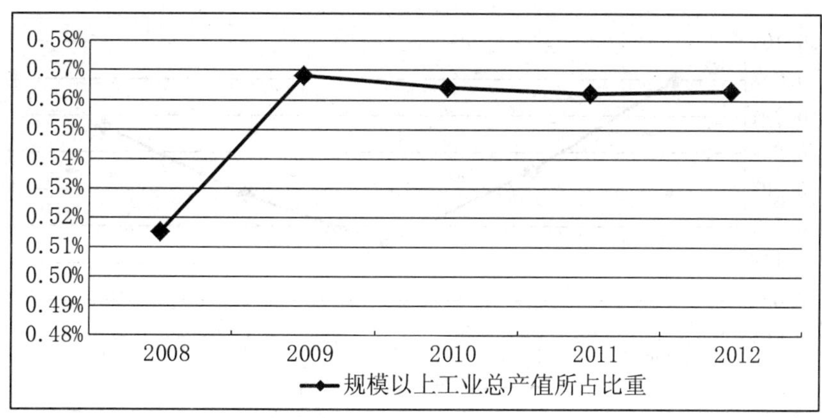


**图 109　2008—2012 年舟山市规模以上工业总产值在长三角所占比重的变化趋势**

亿元企业 150 家，比上年末增加 9 家，实现工业总产值 1124.0 亿元，比上年增长 13.0%，占全部工业总产值的比重为 70.9%。产业集聚区实现工业总产值 410.2 亿元，比上年增长 14.8%，拉动规模以上工业增长 4.8 个百分点。全市规模以上工业企业资产总计 1485.65 亿元，比上年增长 11.5%；实现利税总额 30.88 亿元，比上年下降 47.6%，其中，利润总额 10.12 亿元，下降 70.3%。规模以上工业资本保值率 111.41%，全员劳动生产率 272004 元/人。

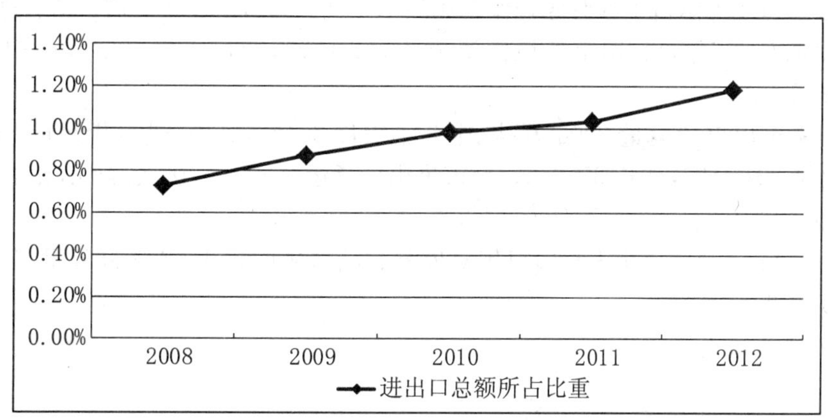


**图 110　2008—2012 年舟山市进出口总额在长三角所占比重的变化趋势**

2008—2012 年舟山市进出口总额在长三角地区占比分别为 0.73%、0.87%、0.99%、1.03% 和 1.18%，已连续多年保持增加的态势，且增幅明显，近 5 年占比累计增加 0.45 个百分点。2012 年舟山市进出口总额在长三角地区 25 个市的排名与上年保持一致，排名第 14 位，继续保持着相对领先优势。

2012 年舟山市全年外贸进出口总额（含保税仓库货物）153.56 亿美元，比上年增长 15.8%。其中，进口总额 61.32 亿美元，增长 5.9%；出口总额 92.24 亿美元，增长 23.4%。全年初级产品出口额 41.34 亿美元，比上年增长 35.7%，其中，水产品出口额 7.55 亿美元，增长 0.5%。工业制成品出口额 50.90 亿美元，增长 15.0%，其中，船舶出口额 45.09 亿美元，增长 17.9%。

2008—2012 年舟山市实际外商直接投资金额在长三角地区占比分别为 0.35%、0.23%、0.13%、0.19% 和 0.29%，在连续增长之后 2009 年开始连续两年开始下跌，2010 年下跌到最低点，2011 年止

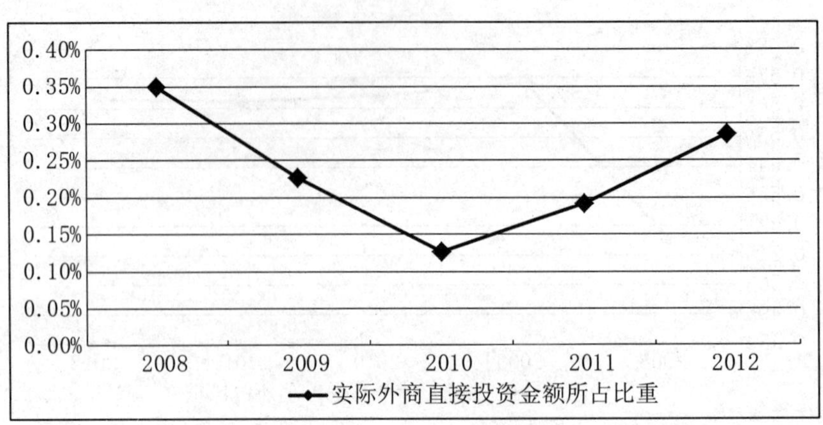


**图 111　2008—2012 年舟山市实际外商直接投资金额在长三角所占比重变化趋势**

跌上扬，呈"V"型走势，2012 年较 2010 年上升了 0.06 个百分点。2011 年舟山市实际外商直接投资金额在长三角地区 25 个市的排名比上年下降一名，排名第 23 位，位置非常靠后，需要调整产业政策，吸引外商直接投资。

2012 年舟山市全年新批设立外商投资项目 10 个，投资总额 9.28 亿美元，合同外资金额 1.75 亿美元，比上年下降 27.8%；实际使用外资金额 1.83 亿美元，增长 70.0%。新批境外中方投资额 0.34 亿美元，下降 73.3%；境外承包工程劳务合作营业额 1.64 亿美元，增长 4.9 倍。新引进市外境内企业 171 家，比上年增加 9 家；合同利用市外境内资金 74.52 亿元，增长 4.7%；实际利用市外境内资金 62.08 亿元，增长 2.3%。

全年舟山口岸进出口货运量 8206 万吨，比上年增长 2.4%，其中，进口货运量 7405 万吨，下降 0.2%；出口货运量 801 万吨，增长 35.7%。全市进出口货运总值 376.05 亿美元，比上年增长 3.3%，其中，进口货运值 303.01 亿美元，下降 0.3%；出口货运值 73.04 亿美元，增长 21.5%。外轮修理 1098 艘次，比上年增长 6.4%。年末舟山口岸对外开放陆海域面积 1302 平方公里，其中年内新增开放面积 109 平方公里。

# 十一　台州市 2012 年经济社会发展报告

2012 年，面对复杂严峻的国内外环境，全市人民在市委、市政府的正确领导下，以科学发展观为指导，大力实施“沿海开发、自主创新、城市群构建、民生优先”四大战略，努力促转型、稳增长、提质量、惠民生，全市经济回升向好，转型升级继续加快，各项社会事业取得新发展。

## 一、台州市 2012 年经济发展概况

### （一）综合经济

#### 1. 经济总量

全市实现生产总值 2911.26 亿元，按可比价格计算，比上年增长 7.5%，增幅比上半年回升 1.0 个百分点。其中，第一产业增加值 200.91 亿元，增长 2.5%；第二产业增加值 1419.17 亿元，增长 7.1%；第三产业增加值 1290.87 亿元，增长 8.6%；三次产业结构为 6.9∶48.8∶44.3。全市人均生产总值为 49711 元，比上年增长 6.7%，按年平均汇率折算达 7875 美元。

市区实现生产总值 1040.59 亿元，按可比价格计算，比上年增长 7.1%。市区人均生产总值达到 66545 元，比上年增长 6.4%，按年平均汇率折算达 10542 美元。

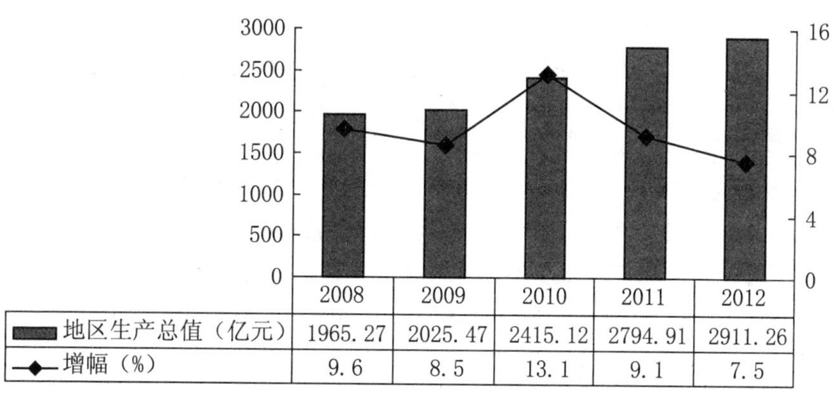


图 112　2008—2012 年台州市地区生产总值及增长速度

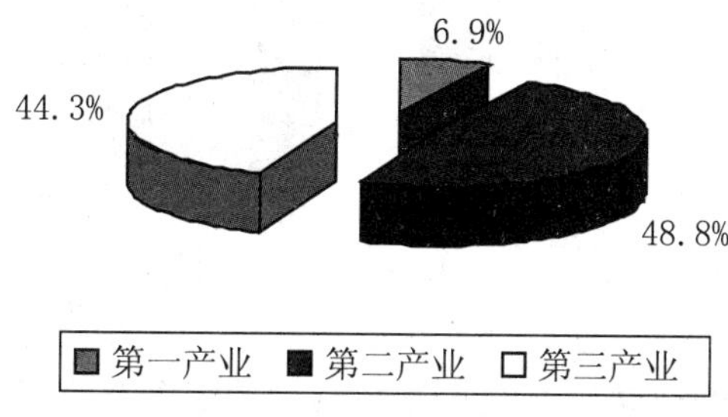


图 113　2012 年台州市三次产业结构图

### 2. 消费价格指数

市场物价上涨势头得到遏制。2012年台州市居民消费价格总水平比上年上升2.3%，比上年回落4个百分点。其中消费品价格上升3.0%，服务项目价格上升0.5%。工业生产者出厂价格比上年下降2.4%，工业生产者购进价格比上年下降2.5%。

表60　2012年居民消费价格比上年涨跌幅度　单位：%

| 指　　标 | 全　市 | 其中：市区 |
|---|---|---|
| 居民消费价格 | 2.3 | 2.0 |
| 一、食品 | 5.7 | 5.6 |
| 其中：粮食 | 3.1 | 2.4 |
| 鲜菜 | 17.4 | 19.9 |
| 肉禽及制品 | −0.9 | −0.2 |
| 水产品 | 11.2 | 8.9 |
| 二、烟酒及用品 | 2.0 | 1.8 |
| 三、衣着类 | 4.0 | 4.4 |
| 四、家庭设备及维修服务费 | 2.4 | 1.5 |
| 五、医疗保健和个人用品 | 1.7 | 0.9 |
| 六、交通和通信 | −1.7 | −2.6 |
| 七、娱乐教育文化用品及服务 | −0.8 | −1.0 |
| 八、居住 | 1.0 | 1.1 |

### 3. 固定资产投资①

全市固定资产投资施工项目4522个，其中新开工项目2114个。全年固定资产投资总额1242.56亿元，比上年增长23.3%。其中第一产业完成投资10.16亿元，比上年下降20.9%；第二产业完成投资503.66亿元，增长17.7%；第三产业完成投资728.74亿元，增长28.5%。固定资产投资中，基础设施完成投资294.27亿元，比上年增长20.1%；民间投资864.96亿元，增长25.8%。

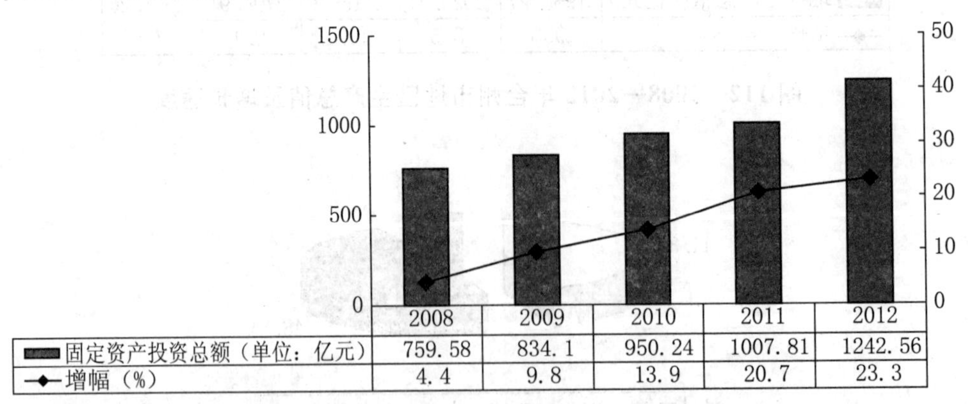


| | 2008 | 2009 | 2010 | 2011 | 2012 |
|---|---|---|---|---|---|
| 固定资产投资总额（单位：亿元） | 759.58 | 834.1 | 950.24 | 1007.81 | 1242.56 |
| 增幅（%） | 4.4 | 9.8 | 13.9 | 20.7 | 23.3 |

图114　2008—2012年台州市全社会固定资产投资及增长幅度

① 从2011年起，固定资产投资项目统计起点标准改为500万元。固定资产投资（不含农户）统计范围从城镇固定资产投资扩大到农村企事业组织。

重点工程建设进展良好。全年省、市218个重点项目完成投资311.40亿元，完成年度计划的111.2%。三门核电一期1号机组、椒江十一塘、玉环漩门三期、临海南洋涂等工程基本建成，81省道松门过境段、83省道临海城关至杜桥段、62省道天台段建成通车，仙居抽水蓄能电站、椒江二桥、台州恩泽医疗中心、台州市教师公寓等工程进展顺利，台州植物（雕塑）园、台州经济开发区文华小学、市区内环路等工程开工建设。

**表61　2012年台州市县市主要经济指标**

| 县市 | 生产总值(亿元) | 地方财政收入(亿元) | 固定资产投资(亿元) | 社会消费品零售总额(亿元) |
|---|---|---|---|---|
| 台州市区 | 1049.39 | 98.18 | 423.91 | 547.46 |
| 温岭市 | 683.84 | 38.87 | 235.91 | 326.68 |
| 临海市 | 387.77 | 28.61 | 173.39 | 147.58 |
| 玉环县 | 370.54 | 25.11 | 91.42 | 106.08 |
| 三门县 | 130.19 | 10.68 | 132.63 | 52.73 |
| 天台县 | 148.36 | 11.07 | 88.83 | 68.20 |
| 仙居县 | 125.70 | 7.90 | 96.46 | 55.57 |

## （二）农业建设

农业生产稳定增长。全市实现农林牧渔业总产值348.99亿元，按可比价格计算，比上年增长2.6%。其中，农业产值126.52亿元，增长2.5%；林业产值5.98亿元，下降0.6%；牧业产值35.68亿元，增长6.1%；渔业产值177.65亿元，增长2.0%；农林牧渔服务业产值3.17亿元，增长2.5%。

全年农作物总播种面积251.37千公顷，比上年下降1.3%。全市粮食作物播种面积137.44千公顷，比上年下降2.6%；全年粮食总产量79.19万吨，比上年增长0.3%，每公顷单产为5762公斤，比上年上升3.0%。全市非粮作物播种面积113.93千公顷，比上年增长0.4%。粮食作物与非粮食作物播种面积的比例为54.7∶45.3。全年蔬菜产量187.20万吨，比上年增长2.4%；油菜籽产量1.70万吨，增长11.9%；水果产量121.58万吨，下降5.6%。

绿化造林工作继续推进。全市完成造林更新面积5419公顷，其中人工造林面积4162公顷。年末实有封山育林面积18.23千公顷。全市有林地面积623.03千公顷，森林覆盖率为60.3%。全市有自然保护区（含小区）35个，面积12.14千公顷。

全年肉类总产量13.91万吨，比上年增长12.1%，其中猪肉产量9.37万吨，增长2.4%。禽蛋产量4.88万吨，增长0.6%。

渔业产量基本稳定。全年水产品产量141.79万吨，比上年增长0.3%。其中海洋捕捞产量100.12万吨，比上年下降0.1%；海水养殖产量36.17万吨，比上年增长0.7%。

全市注册登记的农民专业合作社7888家，其中省级示范性专业合作社143家。全市共认证有机食品45个，绿色食品180个，国家无公害农产品170个，浙江省无公害农产品品产（基）地208个。

农业生产条件进一步改善。全市完成河道疏浚清淤462公里，其中市区231公里，治理水土流失面积68.6平方公里，新增防渗渠道791公里，新增节水灌溉面积5983公顷。年末全市拥有农业机械总动力322.56万千瓦，全年农村用电量95.77亿千瓦时。

## （三）工业和建筑业

### 1. 工业增加值

工业生产保持平稳增长。全市实现工业增加值1289.21亿元，按可比价格计算，比上年增长7.1%。全市年主营业务收入2000万元及以上工业企业（以下简称规模以上工业企业）家数为3086家，实现工业增加值705.23亿元，比上年增长6.3%。

全市规模以上轻工业实现工业增加值263.27亿元，比上年增长9.2%，占规模以上工业增加值的37.3%；重工业实现工业增加值441.96亿元，比上年增长4.7%，所占比重为62.7%。

全市规模以上工业中，总量排在前五位的通用设备制造业、电力热力生产供应业、医药制造业、橡胶和塑料制品业、汽车制造业分别完成工业增加值84.92亿元、80.91亿元、66.75亿元、64.96亿元和60.04亿元，分别比上年增长4.3%、0.3%、18.8%、12.4%和3.6%。

全市规模以上工业企业实现利税总额278.44亿元，比上年增长3.2%，其中利润总额168.77亿元，增长1.7%。工业经济效益综合得分247.2分（不包括台州电业局、台州电业局直属供电局），比上年提高4.0分。

全市规模以上工业企业产品产销率为95.5%，新产品产值869.67亿元，比上年增长3.7%，新产品产值率为24.2%，比上年下降0.5个百分点。

**表62　2012台州市县区工业总产值**　　单位:亿元

| 县市 | 工业总产值 |
|---|---|
| 台州市区 | 1284.41 |
| 温岭市 | 659.89 |
| 临海市 | 552.32 |
| 玉环县 | 619.28 |
| 三门县 | 157.26 |
| 天台县 | 159.70 |
| 仙居县 | 97.96 |

### 2. 建筑业

全市实现建筑业增加值145.83亿元，按可比价格计算，比上年增长7.7%。资质以上建筑企业完成房屋建筑施工面积14771.69万平方米，比上年增长14.3%；房屋竣工面积5145.46万平方米，增长16.9%。

## （四）服务业

### 1. 国内贸易

消费品市场运行良好。全市实现社会消费品零售总额1304.30亿元，比上年增长15.2%，扣除价格因素，实际增长12.5%。其中批发业实现零售额86.79亿元，比上年增长21.2%，零售业实现零售额1071.88亿元，比上年增长14.5%，住宿业实现零售额13.91亿元，增长4.2%，餐饮业实现零售额131.72亿元，增长18.4%。限额以上批发零售企业中，汽车类和石油及制品类商品零售额分别比上

年增长 6.9%和 31.2%。全年销售家电下乡产品 68.17 万台(件),发放补贴 2.04 亿元。

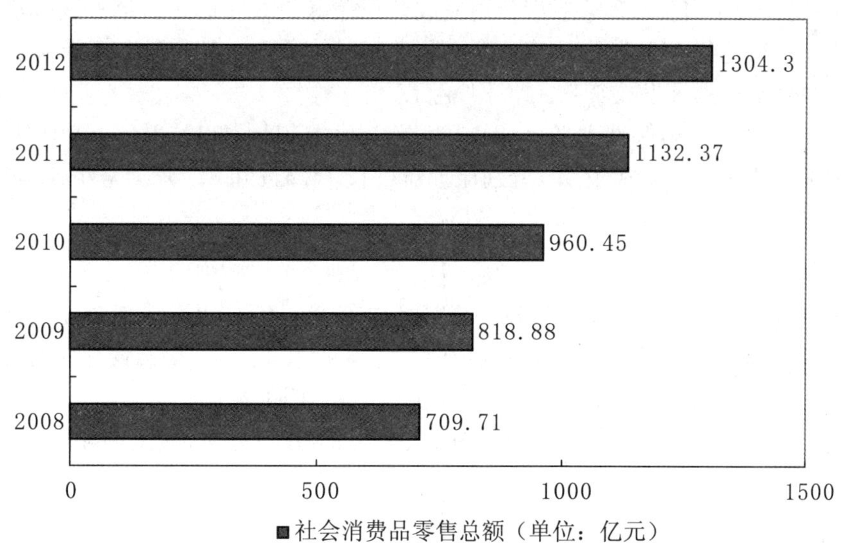


**图 115 2008—2012 年社会消费品零售总额**

年末全市拥有各类商品交易市场 509 家,成交额 1295.2 亿元,年成交额超亿元的市场有 96 家。全市已建成村级连锁店(便利店)4749 个。

### 2. 交通运输、邮电

全年完成货物周转量 1325.21 亿吨公里,比上年增长 7.0%;旅客周转量为 106.24 亿人公里,比上年增长 2.3%。全年完成港口货物吞吐量 5358.22 万吨,比上年增长 5.1%。其中外贸吞吐量 939.32 万吨,下降 4.4%;完成集装箱吞吐量 15.09 万标箱,增长 11.9%。民航完成旅客吞吐量 40.4 万人次,货邮吞吐量 4385 吨。全年铁路发送旅客 426 万人次,比上年增长 21.7%。

年末全市公路总里程(含村道)11688 公里,其中等级公路 11453 公里,占公路总里程的 98.0%,高速公路 298 公里。年末全市汽车保有量达 79.33 万辆,比上年增加 11.43 万辆,其中私人汽车 69.14 万辆,比上年增加 10.64 万辆。

全市邮电业务收入 76.33 亿元,比上年增长 10.4%。年末国际互联网用户为 142.12 万户,其中宽带用户 126.54 万户。年末移动电话用户达 782.99 万户,其中 3G 用户 156.37 万户,城乡固定电话用户为 165.07 万户。

### 3. 旅游业

全年共接待旅游总人数 4492.92 万人次,比上年增长 13.0%,其中接待海外旅游人数 24.0 万人次,增长 23.2%。实现旅游总收入 412.18 亿元,比上年增长 25.2%,其中海外旅游收入 8725.73 万美元,增长 25.7%。全市共有 4A 级旅游区 7 个,3A 级旅游区 10 个,2A 级旅游区 9 个。共有星级饭店 54 家,客房 11549 间,床位 19221 张。旅行社 140 家。

### 4. 金融和保险

金融机构存贷款规模继续扩大。2012 年末,全市金融机构本外币存款余额 4509.17 亿元,比上年末增长 12.8%,当年新增存款 510.28 亿元。年末本外币个人存款余额 2405.68 亿元,比上年末增长 14.0%,当年新增 295.30 亿元。年末金融机构本外币贷款余额 3893.16 亿元,比上年末增长 12.2%,当年新增贷款 422.40 亿元。年末金融机构本外币存贷比为 86.3%,不良贷款率为 1.14%。

企业上市工作有序推进。台州市共有3家企业挂牌上市，募集资金15.16亿元；2家上市公司实现股票再融资，募集资金10亿元；2家上市公司完成公司债募集9.3亿元。年末该市累计已有上市公司28家，累计融资总额达到249.80亿元（其中公司债17.3亿元）。年末有小额贷款公司29家，合计注册资金45.4亿元，全年累计发放贷款113.24亿元。

保险市场发展平稳。全年保费总收入84.40亿元，比上年增长11.2%。其中财产险保费收入39.14亿元，人寿险保费收入45.26亿元，分别比上年增长14.4%和8.6%。全年各类赔款、给付支出29.17亿元，比上年增长27.8%。

### 5. 房地产业

房地产投资增速回落。全年房地产开发完成投资357.38亿元，比上年增长12.0%，比上年回落52.1个百分点。房屋施工面积2438.97万平方米，比上年增长5.0%，房屋竣工面积209.60万平方米，比上年下降30.5%。商品房销售面积319.72万平方米，下降2.2%。

全年保障性住房完成投资16.97亿元，施工面积222.91万平方米，竣工面积81.28万平方米，竣工套数8241套。

## （五）对外经济

### 1. 对外贸易

全年外贸进出口总额206.22亿美元，比上年增长0.6%。其中出口总额172.39亿美元，增长1.2%，进口总额33.83亿美元，下降2.5%。全年外贸企业出口24.92亿美元，下降4.2%；三资企业出口25.33亿美元，下降6.4%；生产企业出口122.14亿美元，增长4.2%。在出口总额中，一般贸易出口156.78亿美元，增长1.9%；加工贸易出口15.49亿美元，下降6.0%。全年家用电器、汽摩及部件、医化产品出口分别增长10.7%、4.8%和16.3%。2012年台州市有进出口实绩企业4409家，比上年增加273家，其中进出口超1000万美元企业有440家，比上年增加11家。出口国家和地区已达211个。

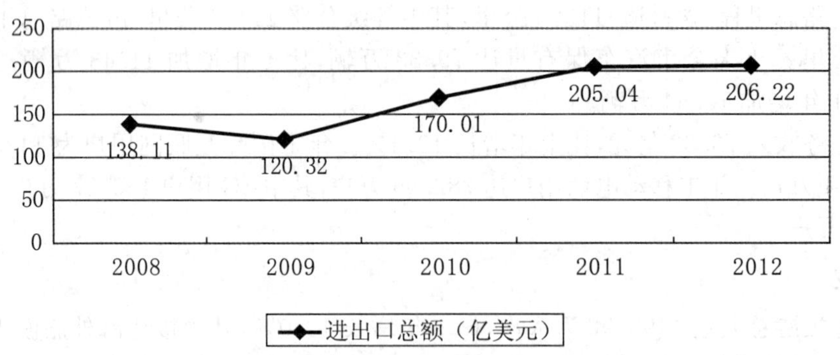


**图116　2008—2012年台州市外贸进出口总额**

### 2. 对外经济和服务外包

全年新批外商投资企业25家，合同利用外资7.85亿美元，实际利用外资4.75亿美元，比上年增长2.3倍。

全年新批境外投资项目38个，中方投资额8216万美元，比上年增长28.9%。全市累计境外投资项目446个，中方累计投资额5.14亿美元。

服务外包发展良好。新注册服务外包企业13家，全市累计已注册服务外包企业50家。服务外包离岸合同额3073万美元，比上年增长38.6%；离岸合同执行额2857万美元，增长19.6%。

**表63　2012年台州市县市实际使用外资**

单位：万美元

| 县市 | 实际使用外资金额 |
|---|---|
| 台州市区 | 8213 |
| 温岭市 | 1208 |
| 临海市 | 1304 |
| 玉环县 | 35471 |
| 三门县 | 74 |
| 天台县 | 718 |
| 仙居县 | 532 |

## 二、台州市2012年社会发展概况

### （一）人口、人民生活

人口平稳增长。2012年末，全市户籍总人口590.95万人，其中男性人口303.26万人，女性人口287.69万人，男女性别比为105.4：100。全年共出生7.53万人，死亡3.62万人，人口出生率为12.79‰，死亡率为6.15‰。户籍总人口中市区人口156.90万人。据2012年人口变动抽样调查，年末全市常住人口600.5万人，常住人口自然增长率为5.99‰。

城乡居民生活进一步改善。全年城镇居民人均可支配收入33979元，比上年增长11.4%，扣除价格因素实际增长8.9%。全年农村居民人均纯收入14567元，比上年增长11.1%，扣除价格因素实际增长8.6%。城乡居民收入差距倍数为2.33。城镇居民恩格尔系数为34.8%，农村居民恩格尔系数为39.6%。年末城镇居民和农村居民人均住房建筑面积分别为44.2平方米和57.4平方米。城乡居民每百户家庭家用汽车、空调、家用电脑等高档耐用消费品拥有量继续增加。

**表64　2012年末城乡居民每百户家庭主要耐用消费品拥有量**

| 指　标 | 单位 | 城镇居民 | 比上年增长% | 农村居民 | 比上年增长% |
|---|---|---|---|---|---|
| 洗衣机 | 台 | 102 | 2.0 | 78 | 6.4 |
| 电冰箱 | 台 | 108 | 持平 | 97 | 1.9 |
| 空调器 | 台 | 204 | 8.5 | 90 | 9.4 |
| 摩托车 | 辆 | 28 | −9.7 | 25 | 持平 |
| 家用汽车 | 辆 | 41 | 10.8 | 18 | 22.6 |
| 彩色电视机 | 台 | 207 | −0.5 | 171 | 2.0 |
| 固定电话 | 部 | 79 | −4.8 | 70 | 0.9 |
| 移动电话 | 部 | 240 | 6.7 | 225 | 3.8 |
| 家用电脑 | 台 | 116 | 7.4 | 57 | 12.1 |

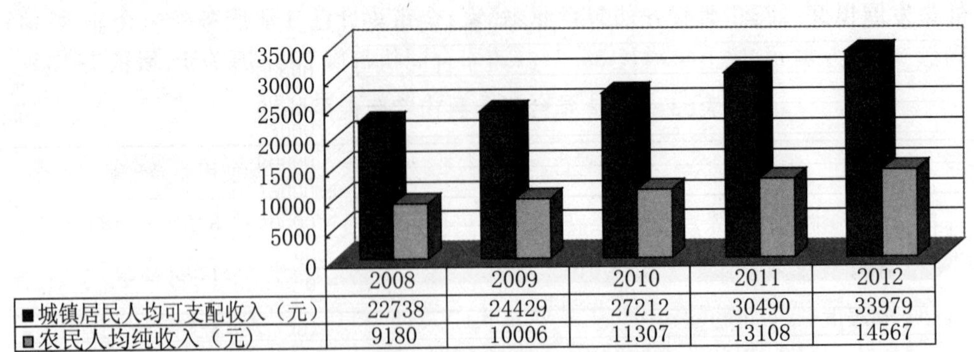


| | 2008 | 2009 | 2010 | 2011 | 2012 |
|---|---|---|---|---|---|
| ■城镇居民人均可支配收入（元） | 22738 | 24429 | 27212 | 30490 | 33979 |
| ■农民人均纯收入（元） | 9180 | 10006 | 11307 | 13108 | 14567 |

**图117　2008—2012年台州市城乡居民收入对比一览**

## （二）就业与社会保障

### 1. 就业

就业形势基本稳定。全市城镇新增就业人数6.73万人，全年帮助2.44万名城镇失业人员实现再就业。年末全市拥有职业介绍机构181个，全年介绍就业成功人数6.52万人。全年创业培训3291人。年末城镇登记失业率为3.44％。

### 2. 社会保障

覆盖城乡的社会保障体系不断完善。年末全市城镇职工基本养老保险、基本医疗保险、工伤保险、生育保险和失业保险参保人数分别达到142.97万人、107.09万人、208.59万人、66.70万人和82.27万人，分别比上年末增加8.87万人、14.49万人、11.38万人、9.24万人和7.39万人。“五大保险”全年收缴各类基金78.09亿元，支出51.10亿元。年末全市有212.41万人参加城乡居民社会养老保险，比上年增加34.93万人。有30.5万被征地农民参加农村养老保险，比上年增加2.9万人。农村新型合作医疗参保人数442.83万人，参合率99.0％，人均筹资水平403元。

社会救助和社会福利体系建设继续加强。全市城乡居民最低生活保障人数为64874人，全年共投入低保资金15519万元。提高低保对象补助标准，城镇和农村低保对象月人均补助分别为305元和191元。全市农村五保对象集中供养率达到99.04％，城镇“三无”人员供养率达到100％。老年福利事业得到重视和加强，全面建立养老服务补贴制度。全市共有各类养老机构340个，床位32909张，年末在院老人17656人。

## （三）教育和科学技术

### 1. 教育事业

教育事业全面发展。义务教育“阳光招生”政策全面实施。全市有幼儿园1434所，在园幼儿25.19万人；普通小学502所，在校生47.32万人；初中208所，在校生18.79万人；高中66所，中等职业学校46所，高中段在校生16.67万人，初升高比例98.38％。全市特殊教育学校招生158人，在校生1126人。全市全日制普通高校招生9602人，在校生31132人，成人高校在校学生40876人。高等教育毛入学率达到49.3％，比上年提高2.5个百分点。

### 2. 科技与创新

科技事业再上新台阶。全市实现规模以上高新技术产业增加值185.73亿元，比上年增长

12.9%。全市共有93个项目被列为国家级科技项目,其中国家创新基金项目28项,国家火炬计划项目50项。全年新增国家重点扶持的高新技术企业35家,省级企业研究院6家,省级高新技术研发中心31家。全年申请专利14111件,比上年增长13.2%;专利授权12182件,比上年增长26.2%,其中发明793件,增长52.8%。全年共签订各类技术合同118项,技术交易额2.77亿元。

质量强市和名牌战略深入推进。全年新增11件驰名商标,全市被国家工商总局认定的驰名商标达到40件。全市有中国名牌产品19个;浙江名牌产品241个。全市有506家食品企业取得QS证书。年末全市有各类检验机构99家,其中国家检测中心1家,省级质检中心9家。

## (四)文化、卫生和体育

### 1. 文化事业

文化事业实现新发展。公共文化基础设施日趋完善,市青少年活动中心正式启用,市博物馆、市科技馆主体建成。至2012年末,全市有文化馆10个,公共图书馆10个,自办广播节目10套,自办电视节目10套。年末全市有线电视用户141.43万户,其中数字电视用户131.93万户。全年广播节目播出时间72138小时,电视节目播出时间61059小时。广播人口综合覆盖率和电视人口综合覆盖率分别为99.76%和99.56%。至2012年末全市拥有国家级非物质文化遗产项目13项,省级95项,市级229项。全年共完成1858场文艺演出、3.88万场数字电影和14.28万册图书的下乡任务。

### 2. 卫生事业

城乡公共卫生服务体系进一步健全。全面启动基本药物零差率制度,推广医疗服务阳光用药工程。年末全市有各类医疗卫生机构3101家,其中社区卫生服务机构515家,村卫生室1686家。医疗卫生机构床位18729张,各类卫生技术人员31643人,其中执业医生和执业助理医生12944人,注册护士10875人。年末每千人拥有卫生技术人员5.35人,其中医生2.19人。全市甲乙类传染病发病率为191.6/10万。全市五岁以下儿童死亡率5.64‰,其中婴儿死亡率3.85‰。全年有6.79万人参加无偿献血。农村自来水普及率91.01%,卫生户厕普及率91.98%。

### 3. 体育事业

体育事业取得新成绩。成功举办市首届体育大会。全市运动员参加国际国内各项赛事取得了较好成绩,共夺得国际比赛金牌9枚,银牌8枚、铜牌15枚,全国比赛金牌46枚、银牌53枚、铜牌64枚,省级比赛金牌92枚、银牌84枚、铜牌104枚。全市共有体育社团185个。

## (五)城乡区域协调发展

编制台州城市群规划,完成市域总体规划、地下空间开发利用和抗震防灾规划。中央商务区、西商务区城市综合体等加快建设,“一心二廊三湖四园”有序推进。交通网络不断健全,新增二级以上干线公路148.3公里,市区新增公交线路20条、新投放公交车184辆。“多城同创”持续推进,台州市通过省卫生城市复审,临海成为省示范文明城市。中心镇加快建设,小城市积极培育。“百千工程”深入实施,“美丽乡村”建设全面开展,生活垃圾集中收集基本实现行政村全覆盖。国土执法快速反应机制全面建立,土地卫片执法检查实现“零问责”。农村改革逐步深入,临海列为省农村金融改革试验区,温岭列为省现代农业经营制度创新试验区。低收入农户奔小康工程全面推进。“南北协作”深入开展。新结国际友好城市8对。援藏、援疆、援青、援渝等对口支援帮扶工作积极开展。

## (六)能耗、环境保护和生态建设

节能降耗和环境保护工作进一步加强。2012年,全市万元生产总值综合能耗预计比上年下降

6%以上。主要污染物化学需氧量、氨氮、二氧化硫、氮氧化物排放量预计分别比上年下降2.5%、2.5%、2.5%和3.0%以上。全市地表水满足水域功能达标率为63.6%，城市空气综合污染指数1.39。城镇生活污水集中处理率为86.44%，城镇生活垃圾无害化处理率为100%。市区环境空气质量达到二级标准以上的天数有356天，占全年总天数的97.5%。

生态环境明显改善。外沙、岩头医化园区累计76个恶臭项目和12家重污染企业彻底退出，主城区恶臭发生率下降48.2%。市区河道水环境恶化趋势得到初步遏制。取缔非法小拆解300多家，关停铅蓄电池、电镀、熔炼等企业659家。规上工业企业全部建立能管员队伍。台州市创建全国绿化模范城市通过核查，天台创建全国生态县通过验收，路桥成为省森林城市。

### （七）社会安全

2012年全市共发生各类事故3966起，死亡589人，受伤3483人，直接经济损失4232万元，分别比上年下降3.1%、6.7%、4.0%和8.5%。

## 三、目标

2013年主要预期指标为：生产总值增长8.5%；地方财政收入增长8%以上；固定资产投资增长15%以上；城镇、农村居民人均可支配收入分别增长10%、10.5%；城镇登记失业率控制在4%以内；人口自然增长率控制在6‰以内；单位生产总值能耗下降1.5%以上，化学需氧量、氨氮排放量均下降2.5%，二氧化硫、氮氧化物排放量均下降3%。

## 四、台州市在长三角地区经济发展中的地位

2012年，面对复杂严峻的国内外环境，全市人民在市委、市政府的正确领导下，以科学发展观为指导，大力实施“沿海开发、自主创新、城市群构建、民生优先”四大战略，努力促转型、稳增长、提质量、惠民生，全市经济回升向好，转型升级继续加快，各项社会事业取得新发展。

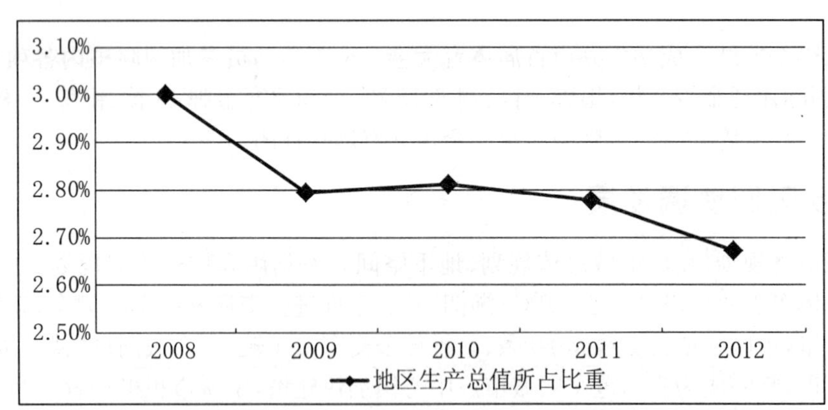


**图118　2008—2012年台州市地区生产总值在长三角所占比重的变化趋势**

2008—2012年，台州市地区生产总值在长三角所占比重分别为3.00%、2.79%、2.81%、2.78%和2.67%，在多年微幅下降趋势的情况下，2010年止跌上扬，但涨幅不大，但2011年及2012年下跌到低于2009年水平，2012年较上年下跌了0.11个百分点。

2012年台州市地区生产总值在长三角地区25个市（苏浙两省24个地级市和上海市，下同）中排

名较上年下降两位，排名第14位，下滑较为明显。

2012年，台州市全市实现生产总值2927.34亿元，按可比价格计算，比上年增长7.5%，增幅比上半年回升1.0个百分点。其中，第一产业增加值201.12亿元，增长2.5%；第二产业增加值1435.04亿元，增长7.1%；第三产业增加值1291.18亿元，增长8.6%；三次产业结构为6.9∶49.0∶44.1。全市人均生产总值为49711元，比上年增长6.7%，按年平均汇率折算达7875美元。市区实现生产总值1040.59亿元，按可比价格计算，比上年增长7.1%。市区人均生产总值达到66545元，比上年增长6.4%，按年平均汇率折算达10542美元。

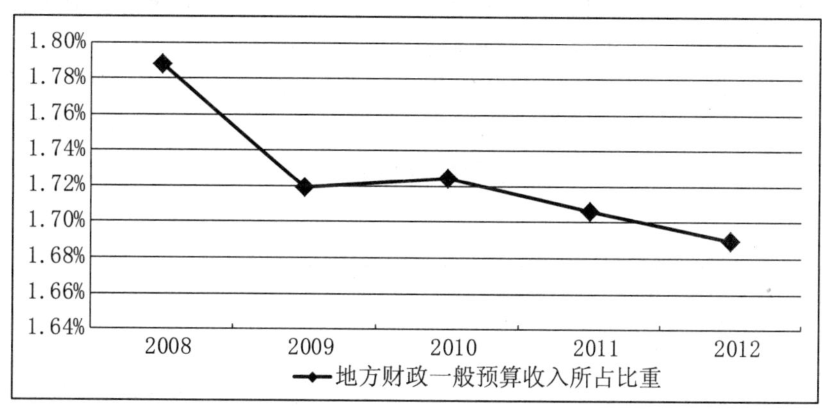


**图119　2008—2012年台州市地方财政一般预算收入在长三角所占比重变化趋势**

2008—2012年台州市地方财政一般预算收入在长三角所占比重分别为1.79%、1.72%、1.72%、1.71%和1.69%，呈现连年下降的态势，累计降幅为0.10个百分点。2012年台州市地方财政一般预算收入在长三角地区25个市中的排名与上年保持一致，排名第17位，形势不容乐观，亟需有所改善。

2012年，台州市去年财政总收入408.95亿元，地方财政收入220.42亿元，分别增长10%以上。地方财政收入占财政总收入的比重为53.9%，税收收入占地方财政收入的比重为92.5%。民生支出占财政总支出的比例达到了76.35%，其中安排教育资金65.96亿元，高出全省平均水平4个百分点；而在帮扶企业方面，去年我市落实结构性减税和"消费减负"政策，实施各类税费优惠12.07亿元。

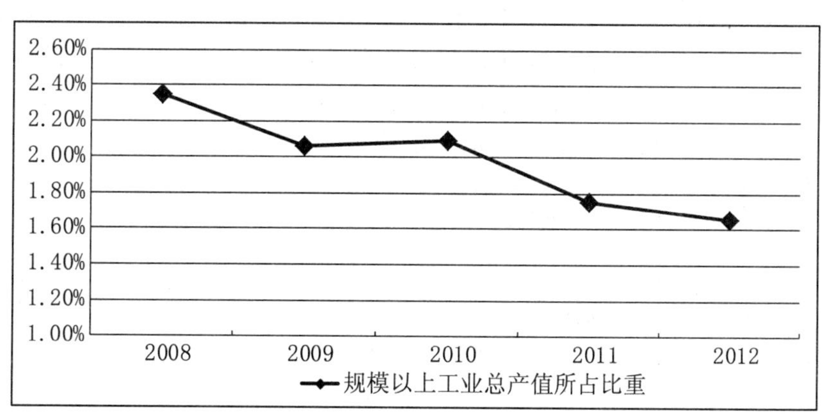


**图120　2008—2012年台州市规模以上工业总产值在长三角所占比重的变化趋势**

2008—2012年台州市规模以上工业总产值在长三角所占比重分别为2.35%、2.06%、2.09%、

1.75%和 1.66%。呈现出持续的下降态势，2010 年出现微幅上升，2012 年较上年下跌了 0.09 个百分点。2012 年台州市地方规模以上工业总产值在长三角地区 25 个市中的排名与上年下跌一位，排名第 19 位，此排名处于中下游，亟需有所改变。

2012 年，台州市全市实现工业增加值 1289.21 亿元，按可比价格计算，比上年增长 7.1%。全市年主营业务收入 2000 万元及以上工业企业（以下简称规模以上工业企业）家数为 3086 家，实现工业增加值 705.23 亿元，比上年增长 6.3%。全市规模以上轻工业实现工业增加值 263.27 亿元，比上年增长 9.2%，占规模以上工业增加值的 37.3%；重工业实现工业增加值 441.96 亿元，比上年增长 4.7%，所占比重为 62.7%。全市规模以上工业中，总量排在前五位的通用设备制造业、电力热力生产供应业、医药制造业、橡胶和塑料制品业、汽车制造业分别完成工业增加值 84.92 亿元、80.91 亿元、66.75 亿元、64.96 亿元和 60.04 亿元，分别比上年增长 4.3%、0.3%、18.8%、12.4%和 3.6%。全市规模以上工业企业实现利税总额 278.44 亿元，比上年增长 3.2%，其中利润总额 168.77 亿元，增长 1.7%。工业经济效益综合得分 247.2 分（不包括台州电业局、台州电业局直属供电局），比上年提高 4.0 分。

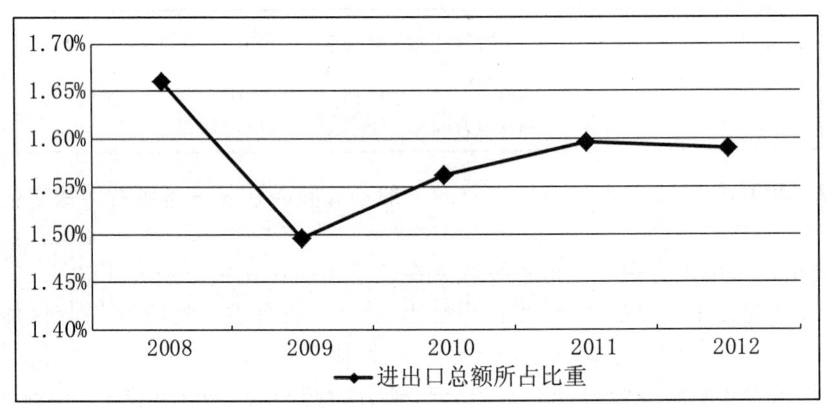


**图 121　2008—2012 年台州市进出口总额在长三角所占比重的变化趋势**

2008—2012 年台州市进出口总额在长三角所占比重分别为 1.66%、1.50%、1.56%、1.60%和 1.59%，2009 年出现下跌，回退到和 2007 年一样的水平，2010 年和 2011 年有了的回升，2012 年较上年下降了 0.01 个百分点。2012 年台州市进出口总额在长三角地区 25 个市中的排名与上年保持一致，排名第 12 位，排名处于中上游，尚有一定的优势，但仍需有所突破，争取进入前十。

2012 年，台州市全年外贸进出口总额 206.22 亿美元，比上年增长 0.6%。其中出口总额 172.39 亿美元，增长 1.2%，进口总额 33.83 亿美元，下降 2.5%。全年外贸企业出口 24.92 亿美元，下降 4.2%；三资企业出口 25.33 亿美元，下降 6.4%；生产企业出口 122.14 亿美元，增长 4.2%。在出口总额中，一般贸易出口 156.78 亿美元，增长 1.9%；加工贸易出口 15.49 亿美元，下降 6.0%。全年家用电器、汽摩及部件、医化产品出口分别增长 10.7%、4.8%和 16.3%。2012 年我市有进出口实绩企业 4409 家，比上年增加 273 家，其中进出口超 1000 万美元企业有 440 家，比上年增加 11 家。出口国家和地区已达 211 个。

2008—2012 年台州市实际外商直接投资金额在长三角所占比重分别为 0.53%、0.40%、0.25%、0.25%和 0.74%，前四年呈现逐年下跌的趋势，累计跌幅达 0.52 个百分点。2012 年逆势大幅上扬，比上年增加了 0.49 个百分点。

2012 年台州市实际外商直接投资金额在长三角地区 25 个市中的排名比上年上升一位，排名第

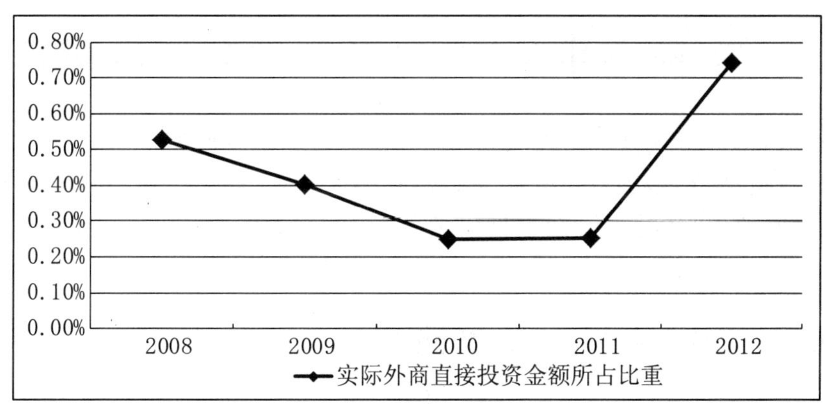


**图 122　2008—2012 年台州市实际外商直接投资金额在长三角所占比重变化趋势**

21 位，但排名仍处于下游，亟需有所突破，争取进入中游。

2012 年，台州市全年新批外商投资企业 25 家，合同利用外资 7.85 亿美元，实际利用外资 4.75 亿美元，比上年增长 2.3 倍。全年新批境外投资项目 38 个，中方投资额 8216 万美元，比上年增长 28.9%。全市累计境外投资项目 446 个，中方累计投资额 5.14 亿美元。新注册服务外包企业 13 家，全市累计已注册服务外包企业 50 家。服务外包离岸合同额 3073 万美元，比上年增长 38.6%；离岸合同执行额 2857 万美元，增长 19.6%。

# 十二　丽水市2012年经济社会发展报告

2012年，面对国际经济环境复杂多变和国内经济下行压力加大的严峻形势，全市上下围绕市委、市政府决策部署，按照"绿色崛起、科学跨越"的战略总要求，继续深入实施"三市并举"①发展战略，紧紧围绕建设生态文明和全面小康社会两大目标，坚持稳增长、调结构、惠民生、促和谐相结合，经济结构不断优化，社会事业持续发展，民生不断改善，全市经济实现了平稳增长。

## 一、丽水市2012年经济发展概况

### （一）综合经济

#### 1. 经济总量

2012年，全市生产总值894.1亿元，按可比价计算，比上年增长10.5%。其中，第一产业增加值79.37亿元，第二产业增加值449.5亿元，第三产业增加值365.23亿元。人均生产总值41822元(按年平均汇率6.3125折算为6625美元)，比上年增长10.6%。三次产业增加值结构从上年的9.1∶50.3∶40.6调整为8.9∶50.3∶40.8。

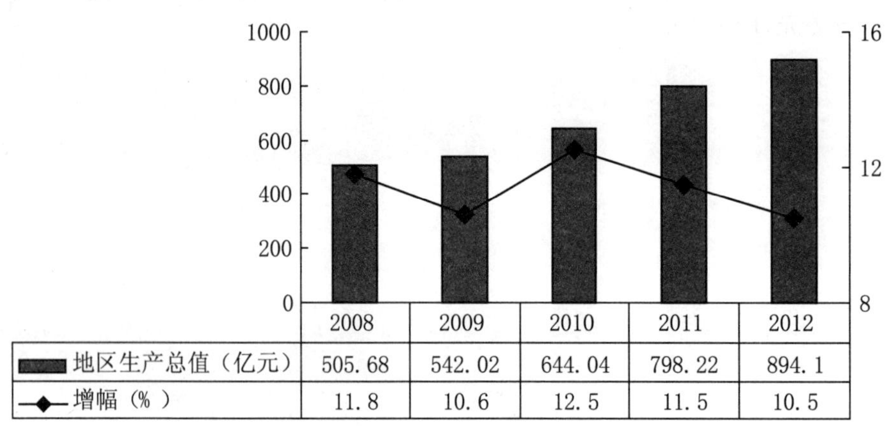


| | 2008 | 2009 | 2010 | 2011 | 2012 |
|---|---|---|---|---|---|
| 地区生产总值（亿元） | 505.68 | 542.02 | 644.04 | 798.22 | 894.1 |
| 增幅（%） | 11.8 | 10.6 | 12.5 | 11.5 | 10.5 |

图123　2008—2012年丽水市地区生产总值及增长速度

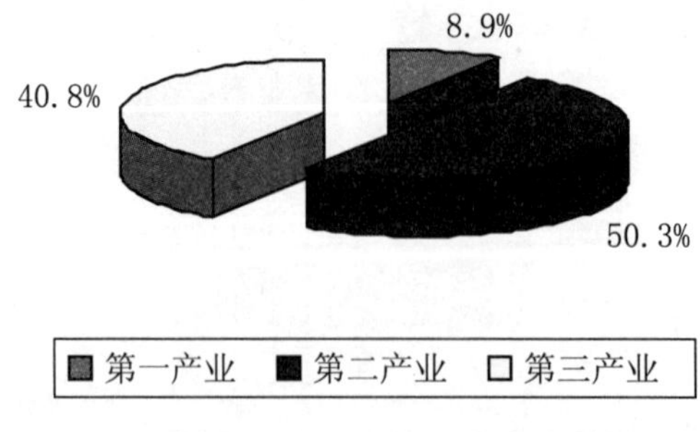


图124　2012年丽水市三次产业结构图

① 三市并举：生态立市、工业强市、绿色兴市。

### 2. 财政收入

2012 年，财政一般预算总收入 112.66 亿元，其中地方一般预算收入 64.61 亿元，均比上年增长 12.6%。财政支出 167.94 亿元，增长 8.9%。

### 3. 物价水平

市区居民消费价格比上年上涨 2.5%，其中食品类价格上涨 5.8%，非食品类价格上涨 1.1%。

**表65　2012 年市区居民消费价格情况**

| 指　　标 | （上年=100） |
| --- | --- |
| 居民消费价格总指数 | 102.5 |
| 食品 | 115.8 |
| #粮食 | 106.1 |
| 烟酒及用品 | 100.5 |
| 衣着 | 102.3 |
| 家庭设备用品维修及服务 | 102.2 |
| 医疗保健及个人用品 | 102.0 |
| 交通和通讯 | 100.6 |
| 娱乐教育文化用品及服务 | 101.6 |
| 居住 | 100.2 |

### 4. 固定资产投资①

2012 年，固定资产投资 471.98 亿元，比上年增长 31.7%。固定资产投资中非国有投资 278.15 亿元，增长 41.4%，占固定资产投资比重为 58.9%，比上年提高 4.3 个百分点。

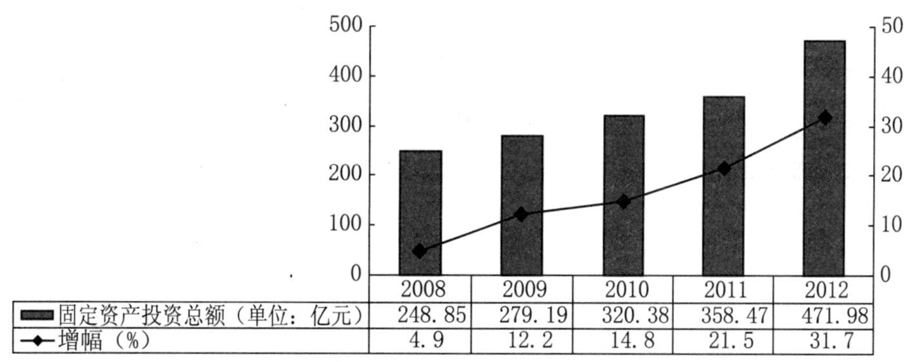


| | 2008 | 2009 | 2010 | 2011 | 2012 |
| --- | --- | --- | --- | --- | --- |
| 固定资产投资总额（单位：亿元） | 248.85 | 279.19 | 320.38 | 358.47 | 471.98 |
| 增幅（%） | 4.9 | 12.2 | 14.8 | 21.5 | 31.7 |

**图 125　2008—2012 年丽水市全社会固定资产投资及增长幅度**

① 从 2011 年起，固定资产投资项目统计起点标准改为 500 万元。固定资产投资(不含农户)统计范围从城镇固定资产投资扩大到农村企事业组织。

表66　2012年全市各县(市、区)投资主要指标情况

| 地区 | 固定资产投资 | | #房地产开发投资 | | #工业投资 | | #基础设施投资 | | #民间投资 | |
|---|---|---|---|---|---|---|---|---|---|---|
| | 投资额(亿元) | 增长(±%) | 投资额(亿元) | 增长(±%) | 投资额(亿元) | 增长(±%) | 投资额(亿元) | 增长(±%) | 投资额(亿元) | 增长(±%) |
| 丽水市 | 471.98 | 31.7 | 84.99 | 55.5 | 156.87 | 32.0 | 171.68 | 21.5 | 276.40 | 42.9 |
| 莲都 | 131.65 | 23.8 | 37.12 | 31.8 | 31.90 | 28.4 | 41.32 | 13.0 | 84.50 | 37.6 |
| #开发区 | 43.75 | 36.4 | 2.49 | 61.3 | 22.77 | 27.1 | 18.79 | 40.8 | 26.89 | 35.0 |
| 青田 | 66.12 | 21.5 | 10.53 | 57.5 | 27.48 | 25.2 | 30.84 | 12.7 | 36.58 | 31.5 |
| 缙云 | 74.06 | 76.1 | 18.31 | 1519.8 | 26.53 | 21.6 | 23.23 | 63.7 | 48.41 | 95.1 |
| 遂昌 | 32.37 | 39.5 | 1.14 | −47.6 | 15.25 | 82.0 | 12.23 | 34.0 | 20.18 | 56.6 |
| 松阳 | 33.55 | 26.4 | 3.74 | 20.2 | 15.15 | 18.6 | 9.03 | 35.8 | 22.25 | 14.6 |
| 云和 | 27.05 | 25.1 | 1.65 | 109.6 | 8.13 | 22.9 | 11.88 | 46.8 | 11.81 | 32.4 |
| 庆元 | 28.03 | 22.2 | 0.84 | −37.6 | 7.61 | 43.1 | 13.38 | 2.4 | 9.81 | 33.5 |
| 景宁 | 26.09 | 30.4 | 2.22 | −27.9 | 6.79 | 184.7 | 10.49 | 0.5 | 11.89 | 49.1 |
| 龙泉 | 53.05 | 28.4 | 9.45 | 15.6 | 18.03 | 21.9 | 19.27 | 21.9 | 30.98 | 35.3 |

在固定资产投资中,第一产业投资14.28亿元,比上年增长40.2%;第二产业投资158.84亿元,增长32.9%,其中工业投资156.87亿元,增长32.0%;第三产业投资298.86亿元,增长30.6%。

全年投资项目1876个,比上年增加91个,其中,新开工项目892个。丽水市绕城公路(一环)、53省道龙泉至八都公路工程二期、接官亭农民安置房(二期)、南城沙溪亭公寓项目(一期)、丽水中波转播台迁建工程、南城供水加压工程、浙江元一科技有限公司年产16000吨平板闸阀等一批重点建设项目基本完工。

## (二)农业和农村建设

### 1. 农业生产

2012年,农作物总播种面积170.71千公顷,比上年下降1.1%,其中粮食播种面积为97.33千公顷,下降1.8%;果用瓜种植面积3.29千公顷,增长0.5%;药材种植面积3.08千公顷,下降1.5%;油料种植面积10.04千公顷,下降2.6%;蔬菜种植面积45.77千公顷,增长1.9%;花卉苗木面积1.40千公顷,增长4.6%。全年粮食总产量为52.37万吨,比上年下降1.0%。

表67　2012年主要农产品产量　　计量单位:万吨

| 产品名称 | 绝对数 | 比上年增长(%) |
|---|---|---|
| 粮　食 | 52.37 | −1.0 |
| 油　料 | 1.82 | 0.1 |
| 其中:油菜籽 | 1.42 | 0.1 |
| 食 用 菌 | 5.02 | −0.7 |
| 其中:香菇 | 3.07 | 13.1 |

（续表）

| | | |
|---|---|---|
| 蔬　菜 | 115.72 | 2.5 |
| 茶　叶 | 2.72 | 8.9 |
| 水　果 | 39.62 | 0.7 |
| 其中：柑桔 | 17.56 | －1.9 |
| 肉　类 | 9.79 | 6.9 |
| 其中：猪牛羊肉 | 7.80 | 10.7 |
| 禽　蛋 | 1.04 | 2.5 |

全年肉类总产量9.79万吨，比上年增长6.9%，其中猪牛羊肉产量7.80万吨，增长10.7%，禽蛋产量1.04万吨，增长2.5%。牛奶产量1367吨，增长3.2倍。生猪出栏为81.06万头，增长4.9%；家禽出栏1321.26万羽，增长0.4%。水产品总产量1.82万吨，下降5.8%。

2012年末，全市农田有效灌溉面积92.06千公顷，比上年增长3.5%，其中旱涝保收面积52.43千公顷，比上年增长3.1%。农业机械总动力110.33万千瓦，增长3.7%。

### 2. 新农村建设

围绕"农民增收六大目标"，坚持统筹城乡发展，积极实施各项惠民工程，农村生产生活条件进一步改善。2012年创建"美丽乡村"示范村20个，农村垃圾收集率达到93.33%，比上年提高1.6个百分点。全年异地转移农民2.09万人。农家乐休闲旅游业发展较快，累计发展农家乐休闲旅游特色村(点)304个，从业人员1.86万人，营业总收入6.36亿元。全市实施农村危旧房改造2.57万户，拆除危旧房建筑占地面积116.09万平方米，新增建设用地面积19.33万平方米。累计实施旧村改造571个，其中新启动旧村改造村3个，完成投资28.45亿元。年末金融系统涉农贷款余额559.05亿元，比上年增长21.6%，林权抵押贷款余额达30.2亿元，增长18.7%。

生态农业特色优势更加鲜明。全面推进15个省级现代农业综合区建设，新建主导产业示范区3个、特色农业精品园12个、生态精品农业示范基地55个，新增开心农场等休闲观光农业区(点)32个，新建粮食生产功能区6.18万亩，粮食等主要农产品产量稳中有升。新增有机、绿色和无公害认证农产品102个，新培育省市级农业龙头企业39家、省市级示范性农民专业合作社57家。

## （三）工业和建筑业

### 1. 工业及工业建设

工业经济在强劲集聚中企稳回升。深化实施工业"三千亿行动计划"，制定兴工强工的一揽子政策措施，扎实推进丽水生态产业集聚区和10个产业集群示范区建设，启动总面积42.7平方公里的丽缙五金科技产业园等一批台地工业园建设。青田成为省级工业强县建设试点县。稳步推进莲都碧湖产业区块省级战略性新兴产业示范基地建设。新增国家高新技术企业32家、省级高新企业研发中心15家。

2012年，全市工业总产值达到1921.91亿元，增长16.3%，年主营业务收入超亿元企业达到311家。规模以上工业增加值327.19亿元，比上年增长15.2%。规模以上工业销售产值1462.21亿元，增长16.7%，其中出口交货值139.04亿元，增长18.1%，出口交货值占销售产值的比重为9.5%，比上年提高0.2个百分点。规模以上工业企业产品销售率95.3%，比上年提高0.1个百分点。实现利润总额107.79亿元,增长15.5%。

规模以上工业企业中高新技术企业完成产值195.58亿元,比上年增长10.4%,占规模以上工业产值比重为12.8%。新产品产值321.40亿元,占规模以上工业产值比重为21.0%,比上年提高3.7个百分点。全年发电量40.76亿千瓦时,比上年增长43.8%,成品钢材产量247.93万吨,增长12.6%。

**表68　2012年规模以上工业企业主要产品产量**

| 产品名称 | 计量单位 | 产　量 | 比上年增长(%) |
|---|---|---|---|
| 发电量 | 亿千瓦时 | 40.76 | 43.8 |
| 皮革鞋靴 | 万双 | 8044 | 9.8 |
| 啤酒 | 千升 | 181355 | −6.5 |
| 人造板 | 万立方米 | 46.74 | 2.7 |
| 合成洗涤剂 | 万吨 | 35.70 | −1.6 |
| 水泥 | 万吨 | 368.83 | 9.9 |
| 钢材 | 万吨 | 247.93 | 12.6 |
| 电动自行车 | 万辆 | 35.03 | 11.0 |

丽水市工业保持较快增长的原因:

2012年,在宏观经济形势低迷环境下,该市工业仍能实现较快增长,在全省11市中一枝独秀,主要源于五方面原因:

一是政府大力帮扶,企业自身积极努力。各级政府部门出台扶持政策,帮助企业渡难关,“稳增长”政策发挥效用。企业主动调整,积极应对,通过加快技术改造和产品创新,开发多元市场,提高核心竞争力。

二是外向度低,受国际市场影响相对较小。丽水市工业产品以内销为主,全年出口交货值139.04亿元,仅占工业销售产值的9.5%,明显低于全省19.4%的水平,受国际市场影响较小。

三是降水充沛,水力发电行业增速高带动强。规模以上水力发电行业全年产值11.28亿元,增长57.6%,增加值11.67亿元,同比净增4.13亿元,对规模以上工业增加值增长的贡献率达8.5%。

四是金属、水泥等价格在持续走低后出现反弹。螺纹钢期货价格于9月6日触及3206元/吨的低点后一路走高,12月31日达到3993元/吨,上涨24.5%,2013年2月1日攀升至4170元/吨,涨幅达30.1%。价格上升激发了企业生产积极性,产能利用率也相应提高。

五是新增企业投产释放产能,给工业发展增添动力。2012年全市新增规模以上工业企业(不含规下升规上)40家,完成工业产值56.46亿元,拉动规模以上工业产值增幅4.3个百分点。

**表69　2012年丽水市县区工业总产值**　　单位:亿元

| 县市 | 工业总产值 |
|---|---|
| 丽水市区 | 389.20 |
| 龙泉市 | 134.09 |
| 青田县 | 298.39 |
| 云和县 | 59.55 |
| 庆元县 | 44.21 |

（续表）

| | |
|---|---|
| 缙云县 | 346.09 |
| 遂昌县 | 142.31 |
| 松阳县 | 133.63 |
| 景宁自治县 | 15.52 |

### 2. 建筑业

建筑业增加值 64.60 亿元，比上年增长 8.7%。资质以上建筑企业完成总产值 159.35 亿元，增长 2.8%，实现利润总额 7.11 亿元，下降 1.1%。

## （四）服务业

### 1. 国内贸易

2012 年，社会消费品零售总额 371.09 亿元，比上年增长 17.5%。其中，城镇消费品零售额 292.80 亿元，乡村消费品零售额 78.28 亿元，分别增长 19.1%和 11.9%。全市限额以上社会消费品零售总额 132.0 亿元，增长 25.5%。

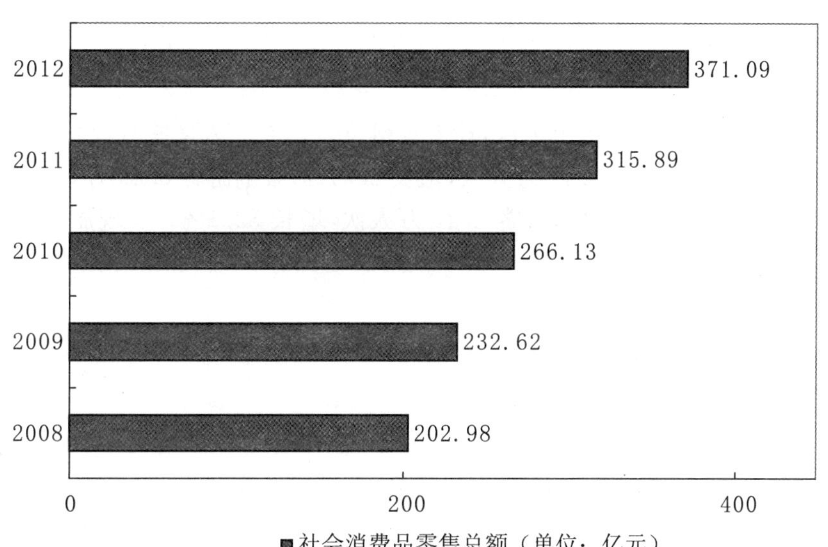


**图 126　2008—2012 年社会消费品零售总额**

在限额以上批发零售贸易业零售额中，粮油食品饮料烟酒类增长 67.9%，服装鞋帽针纺织品类增长 5.7%，家用电器和音像器材类增长－2.2%，日用品类增长 22.6%，金银珠宝类增长 36.7%，通讯器材类增长 65.3%，石油及制品类增长 4.2%，汽车类增长 20.2%。

年末全市共有商品交易市场 94 个，比上年增加 3 个，全年商品交易市场成交额 213.78 亿元，比上年增长 2.6%。成交额超亿元的市场 16 个，全年成交额 147.48 亿元，其中，超十亿元的市场 6 个，全年成交额 122.03 亿元。

### 2. 交通运输、邮电

2012 年，交通运输、仓储和邮政业增加值 27.27 亿元，比上年增长 4.5%。

全市公路货物周转量 711499 万吨公里，比上年增长 3.1%；公路旅客周转量 250924 万人公里，增长 0.4%。铁路客运量 95.85 万人，货运量 98.99 万吨。

**表70　2012 年公路、水路运输完成运输量**

| 指　标 | 计量单位 | 绝对数 | 比上年增长(%) |
|---|---|---|---|
| 货物周转量 | 万吨公里 | 714793 | 2.1 |
| 公路 | 万吨公里 | 711499 | 3.1 |
| 水运 | 万吨公里 | 3294 | -67.9 |
| 旅客周转量 | 万人公里 | 251339 | 0.4 |
| 公路 | 万人公里 | 250924 | 0.4 |
| 水运 | 万人公里 | 415 | 7.0 |

全年邮电业务收入 19.68 亿元，比上年下降 4.5%。其中，邮政业务收入 1.79 亿元，增长 25.2%%，电信业务收入 17.89 亿元，下降 6.7%。年末固定电话用户(含小灵通)达 49.07 万户，年末移动电话用户 280.57 万户；固定电话、移动电话普及率分别为 23.2 部/百人和 132.5 部/百人。全年新增互联网用户(含宽带用户)7.61 万户，年末总量达 37.74 万户，比上年末增长 25.3%。

### 3. 旅游业

全年共接待国内旅游者 3561.38 万人次，比上年增长 30.1%。入境旅游者 20.59 万人次，比上年增长 27.2%，其中：接待国外游客 18.41 万人次，增长 26.4%；香港游客 0.40 万人次，增长 41.8%；澳门游客 0.32 万人次，增长 56.1%；台湾游客 1.46 万人次，增长 32.1%。实现旅游总收入 205.84 亿元，比上年增长 32.0%，其中国内旅游收入 176.22 亿元，增长 33.3%；旅游外汇收入 4.69 亿美元，增长 28.0%。

2012 年庆元百山祖景区成功创建 4A 级旅游景区。共累计创建 15 家 4A 级景区。

### 4. 金融和保险

2012 年末，金融机构本外币各项存款余额 1475.23 亿元，比上年末增长 14.0%，其中人民币存款余额 1358.74 亿元，增长 14.5%。金融机构本外币各项贷款余额 1117.86 亿元，比上年末增长 16.6%，其中人民币贷款余额 1101.04 亿元，增长 17.0%。年末城乡居民本外币个人存款余额 835.00 亿元，比上年末增长 15.5%。

**表71　2012 年全部金融机构本外币存贷款情况**

| 指　　标 | 年末数(亿元) | 比上年增长(%) |
|---|---|---|
| 各项存款余额 | 1475.23 | 14.0 |
| 其中：单位存款 | 574.14 | 8.3 |
| 个人存款 | 835.00 | 15.5 |
| 其中：人民币 | 729.15 | 17.4 |
| 各项贷款余额 | 1117.86 | 16.6 |
| 其中：短期贷款 | 702.31 | 21.9 |
| 中长期贷款 | 402.46 | 8.2 |

按五级分类4家国有商业银行不良贷款8.51亿元，不良贷款率为1.19%，比年初提高0.62个百分点。

全年保险业实现保费收入26.22亿元，比上年增长9.3%。其中，财产险业务保费收入11.22亿元，增长15.3%；人身险业务保费收入15.0亿元，增长5.3%。支付各类赔款及给付7.19亿元，增长21.2%亿元，其中：人身险业务赔款1.53亿元，增长0.7%；财产险业务赔款5.67亿元，增长28.6%。

**5. 房地产业**

全年房地产开发投资84.99亿元，比上年增长55.5%。商品房销售额76.63亿元，比上年增长0.8%。

## （五）对外经济

**1. 对外贸易**

2012年，进出口总额22.29亿美元，比上年增长4.9%。其中，出口19.76亿美元，增长8.9%，进口2.53亿美元，同比下降18.6%。

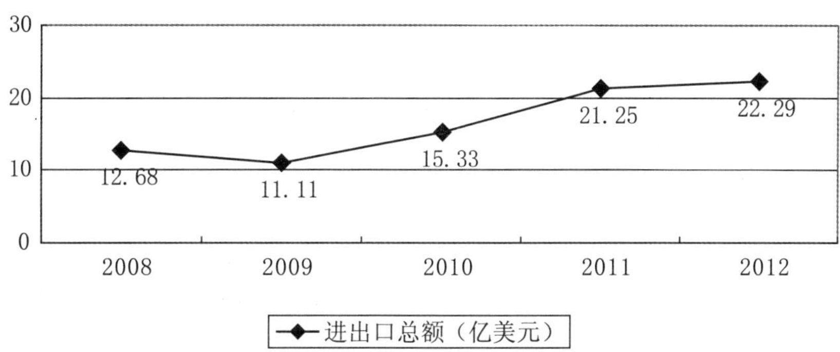


**图127　2008—2012年丽水市外贸进出口总额**

**表72　2012年进出口主要分类情况**

| 指　　标 | 绝对数(亿美元) | 比上年增长(%) |
|---|---|---|
| 进出口总额 | 22.29 | 4.9 |
| 出口额 | 19.76 | 8.9 |
| #一般贸易 | 19.62 | 9.8 |
| 加工贸易 | 0.14 | −49.2 |
| #机械产品 | 11.75 | 9.7 |
| 轻工工艺 | 4.16 | 5.6 |
| 纺织服装 | 2.59 | 6.1 |
| 进口额 | 2.53 | −18.6 |

亚洲和欧洲仍是该市产品出口的主要市场，出口额比重达到68.9%，对北美洲和拉丁美洲市场保持较快增长。

**表73　2012年对主要市场出口情况**

| 国(地区)别 | 出口额(亿美元) | 比上年增长(%) |
|---|---|---|
| 欧　洲 | 6.6 | 4 |
| ＃欧盟 | 3.85 | －0.1 |
| 亚　洲 | 7.02 | 4.6 |
| ＃东盟 | 1.93 | 9.3 |
| ＃日本 | 0.34 | 10.8 |
| ＃香港 | 0.28 | －1.1 |
| 北美洲 | 3.29 | 18.4 |
| ＃美国 | 3.03 | 18.6 |
| 非　洲 | 1.0 | 8.6 |
| 拉丁美洲 | 1.63 | 39.9 |
| 大洋洲 | 0.22 | 2.9 |

**2. 外资状况**

全市新批准设立外商直接投资企业17个，比上年增加8个；外商直接总投资1.95亿美元，增长50%；合同利用外资金额1.49亿美元，增长65.1%；实际利用外资金额1.04亿美元，增长134.4%。

**表74　2012年丽水市县市实际使用外资**　　单位：万美元

| 县市 | 实际使用外资金额 |
|---|---|
| 丽水市区 | 400 |
| 龙泉市 | 400 |
| 青田县 | 3100 |
| 云和县 | 800 |
| 庆元县 | 250 |
| 缙云县 | 611 |
| 遂昌县 | 100 |
| 松阳县 | 852 |
| 景宁自治县 | 250 |

## 二、丽水市2012年社会发展概况

### (一) 人口、人民生活

年末全市公安户籍人口2625905人，比上年增长0.5%。其中，男性1356298人，女性1269607

人，分别占总人口的51.7%和48.3 %。全年出生人口32396人，出生率12.4‰；死亡人口21365人，死亡率为8.2‰；全年净增人口11031人，自然增长率为4.2‰。

全市城镇居民人均可支配收入26309元，农村居民人均纯收入8855元，扣除价格因素，实际分别比上年增长9.8%和10.6%。城镇居民人均生活消费支出17878元，农村居民人均生活消费支出6685元，实际分别增长10.0%和9.6%。城镇居民家庭恩格尔系数（即居民家庭食品消费支出占家庭消费总支出的比重）为34.1%，比上年下降2.9个百分点；农村居民家庭恩格尔系数为38.2%，比上年下降0.4个百分点。城镇居民人均住房建筑面积39.9平方米，比上年末减少3.5平方米；农村居民人均居住面积52.7平方米，比上年增加0.2平方米。年末每百户城镇居民家用汽车拥有量26.1辆，比上年增加5.6辆。

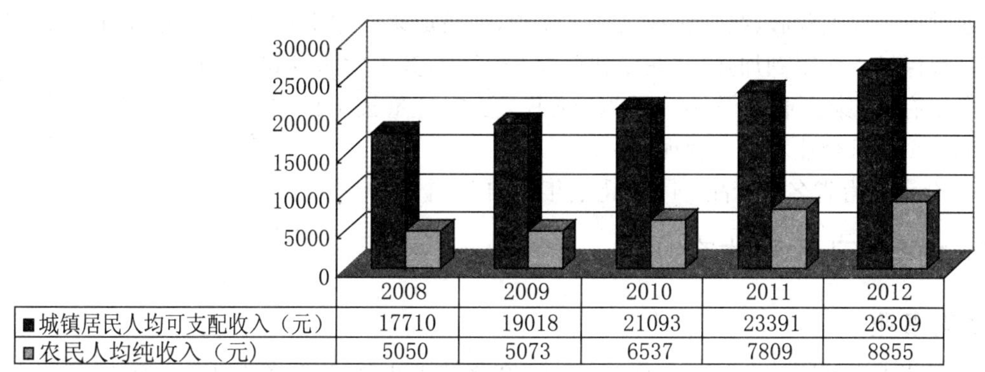


| | 2008 | 2009 | 2010 | 2011 | 2012 |
|---|---|---|---|---|---|
| ■城镇居民人均可支配收入（元） | 17710 | 19018 | 21093 | 23391 | 26309 |
| ■农民人均纯收入（元） | 5050 | 5073 | 6537 | 7809 | 8855 |

**图128　2008—2012年丽水市城乡居民收入对比一览**

## （二）就业与社会保障

### 1. 就业

全年新增城镇就业1.96万人，帮助8041名下岗失业人员实现了再就业。年末城镇登记失业率为3.3%，比上年下降0.3个百分点。

### 2. 社会保障

年末全市参加城镇基本养老保险人数为46.61万人（包括企业和机关事业的在岗及离退休人员），比上年末增加4.68万人；参加失业保险的人数为18.56万人，增加1.63万人；参加城镇职工基本医疗保险的人数为32.26万人，增加2.72万人。工伤保险参保人数32.94万人，增加3.03万人，生育保险参保职工17.32万人，增加2.26万人。城乡居民社会养老保险100.21万人。被征地农民基本生活保障累计参保人数9.94万人，筹集资金5.96亿元。全市低保对象72655人，其中城镇4230人，农村68425人，平均保障标准为城镇400.22元/月·人、农村258.33元/月·人，全年支出低保金1.35亿元，比上年增长15.9%。农村五保集中供养率91.44%，城镇“三无”集中供养率92.51%。

全年销售社会福利彩票3.25亿元，比上年增长14.0%。

## （三）教育和科学技术

### 1. 教育事业

2012年，全市拥有普通高校3所，普通高等教育本专科招生11910人，在校生38114人，毕业生10627人。各类中等职业教育学校18所，招生11583人，在校生33553人，毕业生9004人。普通高中学校23所,普通高中招生12431人,在校生37810人,毕业生13201人。初中学校72所,招生26245人,在校生75893人,毕业生26883人,初中毕业升高中段的比例为95.37%,比上年提高0.28个百分点。普通小学241所,招生29275人,在校生161174人,毕业生25686人;小学毕业生升学比例达100%,初中入学率、巩固率分别为99.93%和99.95%。特殊教育招生82人,在校生343人。全市拥有幼儿园801所,在园幼儿85503人。

### 2. 科技与创新

全年新增国家重点支持高新技术企业32家,高新技术企业认定新政策出台后,获批高新技术企业96家。全年国家、省级新产品126个(其中国家级5个,省级121个),国家、省创新基金项目35个(其中省级配套项目15个)。

全年通过市级以上验收、结题科技项目274项,科技成果登记176项,获得省级科学技术进步奖3项。知识产权保护工作得到加强,共获专利授权3305项,其中发明专利83项。

全市全年有81家企业获得679张3C证书。法定计量技术机构9个,全年强制检定计量器具321753台件。169家企业获得了管理体系认证。

2012年全市获得省名牌产品74个,比上年增加11个。

## (四)文化、卫生和体育

### 1. 文化事业

年末共有艺术表演团体33个,文化馆10个、文化站179个,公共图书馆14个,博物馆11个。广播、电视综合覆盖率分别达到100 %和100 %。数字电视用户数48.17万户,数字电视入户率为50.99%,比上年提高0.51个百分点。全市公开发行的报纸6种,年发行量达4727万份,平均每千人每天拥有49.3份报纸。

全市共有综合档案馆10个,馆藏各类档案1649个全宗,共计91.64万卷,41.45万件,其中已开放全宗1222个,共计26.8万卷。

### 2. 卫生事业

年末全市共有卫生机构343个(不含诊所、村卫生室),其中医院、卫生院231个,妇幼保健院(所、站)9个,疾病预防控制中心(防疫站)9个,卫生监督所(中心)10个。卫生技术人员13755人,其中执业医师和执业助理医师5490人,注册护士4974人,床位数8881张。

新型农村合作医疗机制进一步完善。2012年末参合人数201.03万人,参合率为96.6%,人均筹资水平378元。其中统筹区域(县域)内报销比例达72.1% 。全市共完成77.3万人的免费健康体检,其中60岁以上老年人229978人,体检率达到89.5%。

### 3. 体育事业

体育事业再创佳绩。2012年全市运动健儿共取得国际比赛冠军6个、全国冠军8个、全省冠军19个。全市共创建30个省级体育强镇(乡),4个青少年俱乐部,扶持建设511个省级体育小康村。全年销售体育彩票2.21亿元,比上年增长38.7%。

## (五)城乡建设

新型城市化步伐加快。全市城市化率达到52.5%,提高2个百分点。统筹推进中心城市“六城联创”,深入实施三个“三年行动计划”,新增城市绿地52.12万平方米,成功创建国家森林城市。市区绕城西线顺利建成,全长26.4公里的绕城公路全线通车,新建城市道路16.25公里,首批53个服务点

的公共自行车租赁系统投入试运行。环南明湖区块综合开发和南城东扩步伐加快，旧机场及周边区块拆迁基本完成。各县(市)城区基础设施、商业配套加快完善，特色优势进一步彰显。

新农村建设纵深推进。新增龙泉八都、青田腊口和缙云新建等3个省级中心镇。基本完成首批100个中心村培育建设任务，完成433个村庄环境综合整治和32个整乡整镇整治任务，实施农村危旧房改造2.57万户，整村搬迁179个村。莲都被评为“全省美丽乡村创建先进县”。137个村庄列入省级历史文化村落保护名录。实现农村来料加工费10.02亿元，增长16.5%。农村电子商务销售10.46亿元，是上年的2.9倍。

### （六）资源、环境保护和生态建设

2012年，全市水资源总量273.07亿立方米，比上年增长129.7 %；人均水资源12899立方米(常住口径)，比上年增长129.6 %。全年平均年降水量1839.2毫米，增长62.0%。平均温度18.0度，日照时数1484小时，全市(不包括景宁、松阳)共出现霾天气268天，平均38.3天。全市共建有自动气象站251个，土壤水份观测站3个，能见度观测点9个，灰霾观测站2个，负氧离子观测站2个，农田小气候站8个。年末全市33座大中型水库蓄水总量42.56亿立方米。全年完成造林面积3723公顷；迹地更新4577公顷；当年新增育苗377公顷；中 、幼龄林抚育面积20160公顷，森林覆盖率为80.79 %。

生态建设成效进一步显现。全年噪声达标区244平方公里，烟尘控制区311平方公里。建设项目环评执行率达到100 %。全市地表水96个断面的水质监测，有95个断面年均值满足相应水功能要求。市区空气质量符合Ⅱ级标准要求的天数达到360天。城市声环境质量符合国家标准，各标准适用区平均值均低于相应标准。全市累计创建省级生态县(市、区)9个；国家级生态乡镇39个、省级绿色学校92所，建成省级生态环境教育示范基地11个。全市建有各级自然保护区( 含自然保护小区)54个，其中国家级自然保护区2个；自然保护区面积40.95千公顷，占土地总面积的2.36 %。建有市级以上森林公园11个、湿地公园2个。全市园林绿地面积3849公顷，其中公园绿地面积1110公顷，建成区绿化覆盖率37.41 %，人均公园绿地面积12.11平方米。

### （七）社会安全

“平安丽水”建设进一步加强。据调查，2012年丽水市群众安全感满意率97.79%。全年共发生道路交通事故405起、死亡236人、受伤346人，分别比上年下降11.8%、8.9%、25.6%，直接财产损失115.35万元，比上年下降8.9%。火灾事故66起，比上年下降1.5%，直接经济损失302万元，下降9.0%，无人员死亡。

## 三、挑战与目标

在肯定成绩的同时，也要清醒地认识到，全市经济社会发展中还存在不少困难和问题，政府工作还存在许多不足。主要是：经济总量依然偏小，结构性矛盾较为突出；外部经济环境趋紧，部分企业特别是中小企业生产经营困难增多；城市功能还不完善，规划建设管理方面还有不少薄弱环节；财政刚性支出增加，收支平衡压力加大；民生综合指数仍处于全省较后位置，保障和改善民生还有大量工作要做；政府作风和廉政建设、效能建设还有待加强，一些部门和工作人员精神状态不佳、作风不够扎实、执行力不够到位，甚至存在有法不依、为政不廉等问题。同时，受国际国内宏观形势的影响，工业产值、进出口总额等部分经济指标增幅回落，未能达到预期目标。政府应当认真负责地对待这些问题，不回避、不推卸、不护短，尽最大努力切实加以解决。

2013 年全市经济社会发展的主要预期目标为：地区生产总值增长 11%，达到 1000 亿元左右；固定资产投资增长 20%以上，达到 560 亿元；全部工业总产值增长 20%以上，达到 2300 亿元；社会消费品零售总额增长 13%，达到 420 亿元；外贸进出口总额增长 7%，达到 24 亿美元；财政总收入和地方财政收入均增长 9%，分别达到 122 亿元和 70 亿元；城镇居民人均可支配收入名义增长 10%以上，达到 29000 元；农村居民人均纯收入名义增长 14%，达到 10000 元以上；人口自然增长率控制在 7‰。以内；节能减排指标均按省定目标要求安排。

## 四、丽水市在长三角地区经济发展中的地位

2012 年，是本届常委会工作的开局之年。在中共丽水市委的领导下，常委会坚持以邓小平理论、“三个代表”重要思想、科学发展观为指导，认真贯彻省委建设物质富裕精神富有现代化浙江的总体部署，围绕市委“绿色崛起、科学跨越”战略总要求，按照“在落实党委决策上有新思路、在提高监督实效上有新突破、在发挥代表作用上有新办法、在加强自身建设上有新举措”的总体思路，切实履行宪法和法律赋予的各项职责，为建设“富饶秀美、和谐安康”的新丽水作出了应有贡献。

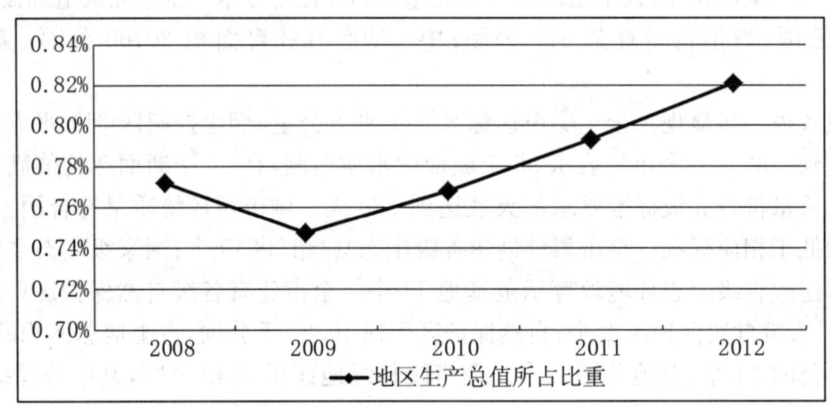


**图 129 2008—2012 年丽水市地区生产总值在长三角所占比重的变化趋势**

2008—2012 年丽水市地区生产总值在长三角所占比重分别为 0.77%、0.75%、0.77%、0.79%和 0.82%，自 2009 年后，逆势上扬，2012 年较上年上升了 0.03 个百分点。2012 年丽水市地区生产总值在长三角地区 25 个市(苏浙两省 24 个地级市和上海市，下同)中的排名与上年保持一致，排名第 24 位，位置属于下游，希望能有所突破，以期结束落后的局面。

2011 年，丽水市全市生产总值 885.17 亿元，按可比价计算，比上年增长 10.5%。其中，第一产业增加值 79.35 亿元，第二产业增加值 446.09 亿元，第三产业增加值 359.73 亿元，分别比上年增长 3.6%、12.6%和 9.6%。人均生产总值 41822 元(按年平均汇率 6.3125 折算为 6625 美元)，比上年增长 10.6%。三次产业增加值结构从上年的 9.1∶50.3∶40.6 调整为 9.0∶50.4∶40.6。市区居民消费价格比上年上涨 2.5%，其中食品类价格上涨 5.8%，非食品类价格上涨 1.1%。

2008—2012 年丽水市地方财政一般预算收入在长三角所占比重分别为 0.51%、0.47%、0.47%、0.49%和 0.50%，2008、2009 年两年降幅相对较为明显，累计降幅为 0.08 个百分点，2010 年止住了下跌，2011 年和 2012 年继续保持上升，2012 年较上年上升了 0.01 个百分点。2012 年丽水市地方财政一般预算收入在长三角地区 25 个市中的排名比上年上升一位，排名第 24 位，仍需有所改变，以期结束长期落后的局面。

2012 年丽水市财政地税系统紧紧围绕市委、市政府“绿色崛起、科学跨越”战略总要求，牢固树立

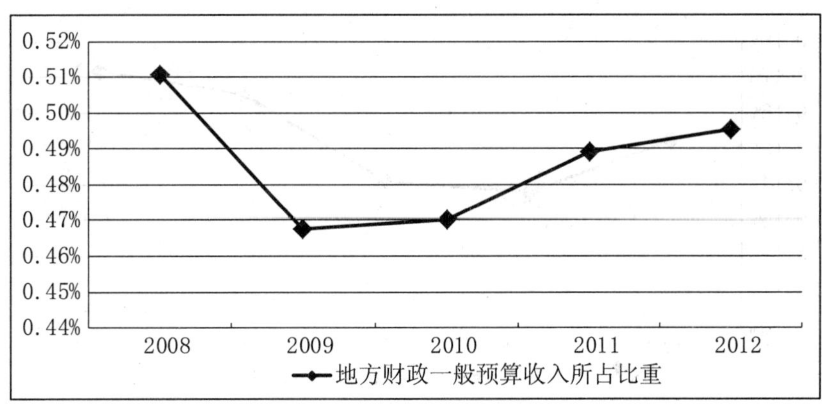


**图 130　2008—2012 年丽水市地方财政一般预算收入在长三角所占比重变化趋势**

"促进发展、保障民生、科学理财、加强监管"的理财观，按照"抓好三基、五财并举"整体工作思路和"五个着力、五个促进"的具体工作举措，积极履行财税职能，为地方经济社会发展作出了积极贡献。丽水市实现财政总收入 112.66 亿元，同比增长 12.6%，完成年初预算的 100.5%。其中地方财政收入 64.61 亿元，同比增长 12.6%，完成年初预算的 100.6%。丽水市财政总收入和地方财政收入增幅均

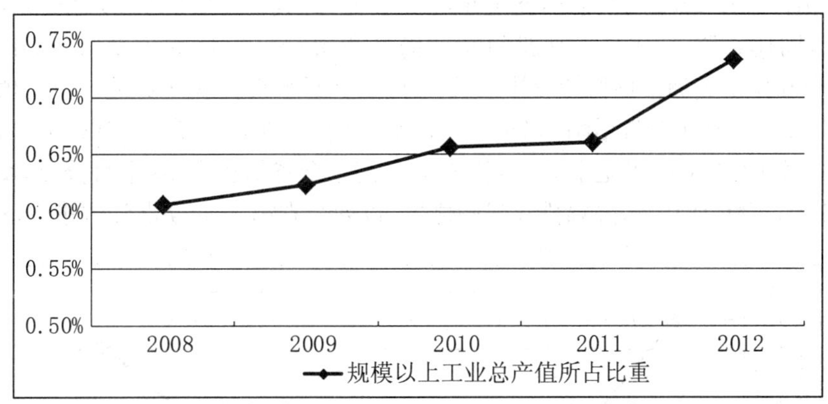


**图 131　2008—2012 年丽水市规模以上工业总产值在长三角所占比重的变化趋势**

排名全省第四位。2008—2012 年丽水市规模以上工业总产值在长三角地区所占比重分别为 0.61%、0.62%、0.66%、0.66%和 0.73.%，呈现明显的增长态势，5 年累计增幅为 0.12 个百分点。2012 年丽水市规模以上工业总产值在长三角地区 25 个市中的排名比上年上升一位，排名第 23 位，仍亟需有所改变，以期结束相对落后的局面。

2012 年，规模以上工业增加值 327.19 亿元，比上年增长 15.2%。规模以上工业销售产值 1462.21 亿元，增长 16.7%，其中出口交货值 139.04 亿元，增长 18.1%，出口交货值占销售产值的比重为 9.5%，比上年提高 0.2 个百分点。规模以上工业企业产品销售率 95.3%，比上年提高 0.1 个百分点。实现利润总额 107.79 亿元，增长 15.5%。

规模以上工业企业中高新技术企业完成产值 195.58 亿元，比上年增长 10.4%，占规模以上工业产值比重为 12.8%。新产品产值 321.40 亿元，占规模以上工业产值比重为 21.0%，比上年提高 3.7 个百分点。全年发电量 40.76 亿千瓦时，比上年增长 43.8%，成品钢材产量 247.93 万吨，增长 12.6%。

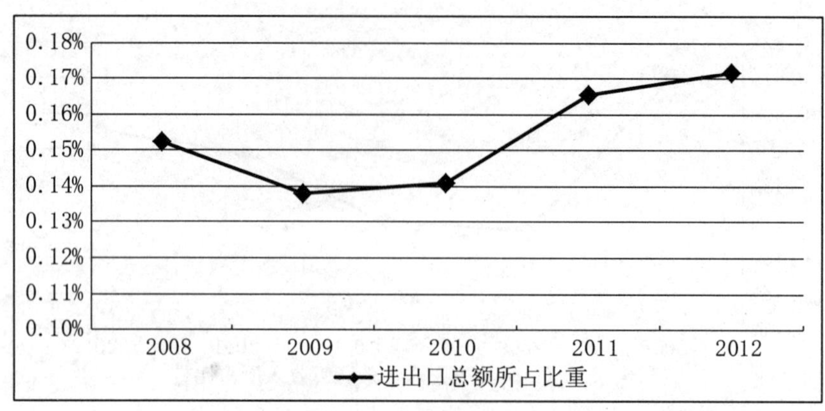


**图 132　2008—2012 年丽水市进出口总额在长三角所占比重的变化趋势**

2008—2012 年丽水市进出口总额在长三角所占比重分别为 0.15%、0.14%、0.14%、0.17%和 0.17%，在 2008 年显著增长后，2009 年下跌了 0.01 个百分点，2010 年几乎与 09 年保持一致，未出现较大改善，2011 年及 2012 年基本未改变。2012 年丽水市进出口总额在长三角地区 25 个市中的排名比上年下跌一位，排名第 25 位，位置属于下游，希望能有所突破，以期结束落后的局面。

2012 年，进出口总额 22.29 亿美元，比上年增长 4.9%。其中，出口 19.76 亿美元，增长 8.9%，进口 2.53 亿美元，同比下降 18.6%。亚洲和欧洲仍是我市产品出口的主要市场，出口额比重达到 68.9%，对北美洲和拉丁美洲市场保持较快增长。2012 年丽水市实现外贸进出口总值 22.3 亿美元，同比(下同)增长 4.9%，高于全省增幅 3.99 个百分点，增幅位列金华、舟山和衢州之后，在全省 11 个地区中位居第 4。其中出口 19.8 亿美元，增长 8.9%，高于全省增幅 5.14 个百分点，增幅位列全省第 3；进口 2.5 亿美元，下降 18.6%，降幅排在温州之后，位列全省第 2，同期浙江省进口下降 5.76%。

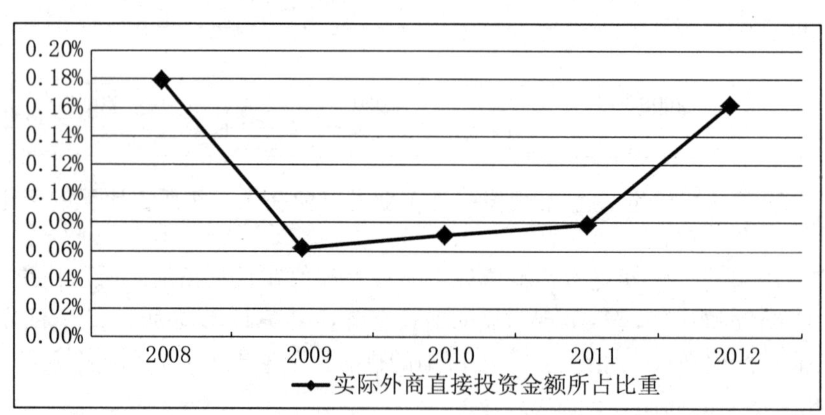


**图 133　2008—2012 年丽水市实际外商直接投资金额在长三角所占比重的变化趋势**

2008—2012 年丽水市实际外商直接投资金额在长三角所占比重分别为 0.18%、0.06%、0.07%、0.08%和 0.16%，呈“V”型态势，2012 年较上年增加了 0.08 个百分点。

2012 年丽水市实际外商直接投资金额在长三角地区 25 个市中的排名比上年上升一位，排名第 24 位，希望继续努力，改善对外投资环境，以期能较大程度的吸引外商直接投资，改变这种落后的局面。

# 第五章　安徽省及部分市2012年经济社会发展报告

## 一　安徽省2012年经济社会发展报告

2012年，在省委、省政府的坚强领导下，各地各部门深入贯彻落实党的十七大、十八大及省第九次党代会精神，围绕科学发展主题和全面转型、加速崛起、兴皖富民主线，牢牢把握稳中求进的工作总基调，全面推进经济强省、文化强省和生态强省建设，圆满完成年初确定的主要目标任务。

### 一、安徽省2012年经济发展概况

#### （一）综合经济

**1. 经济总量增长**

全年生产总值(GDP)17212.05亿元，按可比价格计算，比上年增长12.1%。分产业看，第一产业增加值2178.73亿元，增长5.55%；第二产业增加值9404.84亿元，增长14.36%；第三产业增加值5628.48亿元，增长15.28%。三次产业结构由上年的13.2∶54.3∶32.5调整为12.7∶54.6∶32.7，其中工业增加值占GDP的比重为46.6%，比上年提高0.4个百分点。全社会劳动生产率41336元/人，比上年增加3884元。人均GDP28792元(折合4561美元)，比上年增加3133元。

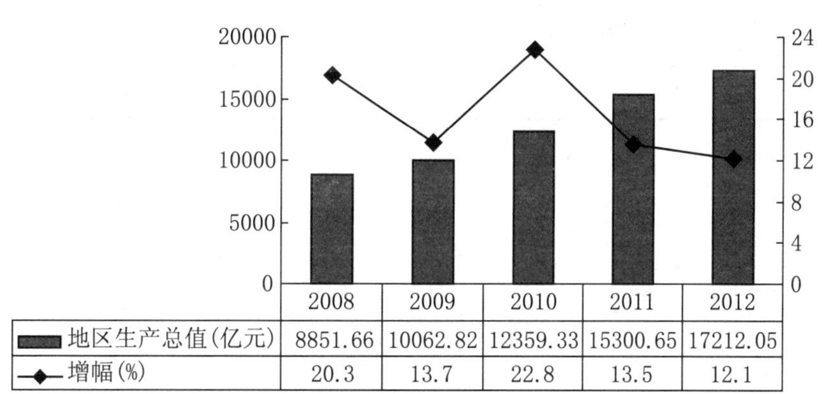

| | 2008 | 2009 | 2010 | 2011 | 2012 |
|---|---|---|---|---|---|
| 地区生产总值(亿元) | 8851.66 | 10062.82 | 12359.33 | 15300.65 | 17212.05 |
| 增幅(%) | 20.3 | 13.7 | 22.8 | 13.5 | 12.1 |

**图1　2008—2012年安徽省地区生产总值及增长速度**

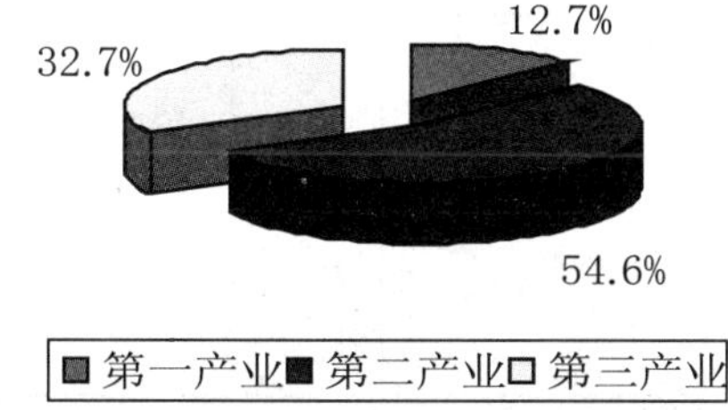


**图2　2012年安徽省三次产业结构图**

## 2. 财政收支

2012 年全年财政收入 3026 亿元，比上年增长 14.9%，其中地方财政收入 1792.7 亿元，增长 22.5%。在全部财政收入中，增值税下降 4%，营业税增长 19.1%，企业所得税增长 19.4%。财政支出 3961 亿元，增长 19.9%。其中，社会保障与就业支出增长 15.6%，医疗卫生支出增长 13.5%，城乡社区事务支出增长 21.8%，教育支出增长 25.7%，科学技术支出增长 25.5%。全年 33 项民生工程累计投入 565.2 亿元，惠及 6000 多万城乡居民。

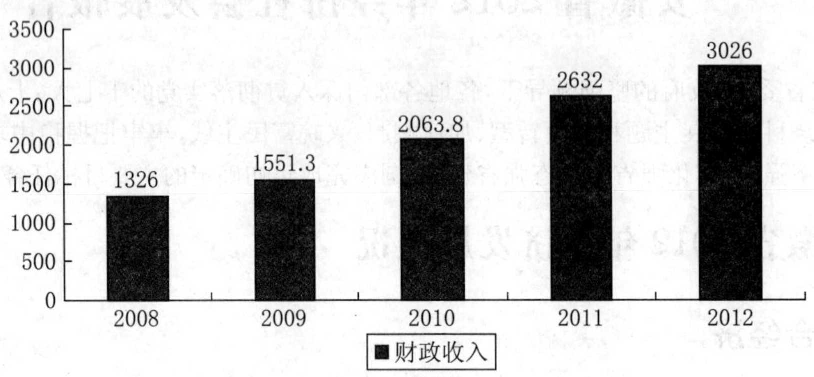


图 3　2008—2012 年安徽省财政收入

## 3. 物价水平

居民消费价格上涨 2.3%，涨幅比上年低 3.3 个百分点。商品零售价格上涨 2.1%，工业生产者出厂价格下降 1.7%，工业生产者购进价格下降 1.8%。固定资产投资价格上涨 1%，农业生产资料价格上涨 5.3%。

表1　2012 年全省居民消费价格比上年涨跌幅度

| 类　别 | 涨跌幅度% |
|---|---|
| 居民消费价格 | 2.3 |
| 其中：城市 | 2.2 |
| 农村 | 2.4 |
| 其中：食品 | 3.8 |
| 烟酒及用品 | 3.3 |
| 衣着 | 2.5 |
| 家庭设备用品及维修服务 | 1.6 |
| 医疗保健及个人用品 | 1.5 |
| 交通和通信 | 0.7 |
| 娱乐教育文化用品及服务 | 1.7 |
| 居住 | 1.0 |

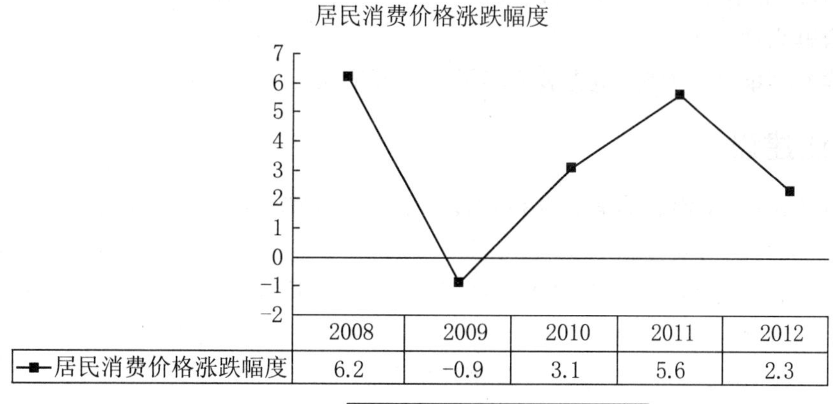


**图 4 2008—2012 年安徽省居民消费价格涨跌幅度**

## 4. 固定资产投资①

全年固定资产投资 15055 亿元，比上年增长 23.9%。工业及信息化产业技术改造投资 3836.4 亿元，增长 26.3%。民间投资 9016.2 亿元，增长 19%。

分产业看，第一产业投资增长 72.7%，第二产业增长 14.3%，第三产业增长 32.6%。分行业看，工业投资增长 19.2%，其中制造业增长 19.8%，制造业中的装备制造业增长 22.1%。六大高耗能行业投资增长 18.2%。三产中的信息传输、软件和信息技术服务业投资增长 36.3%，租赁和商务服务业增长 70.8%，科学研究和技术服务业增长 2 倍，文化、体育和娱乐业增长 50.2%。

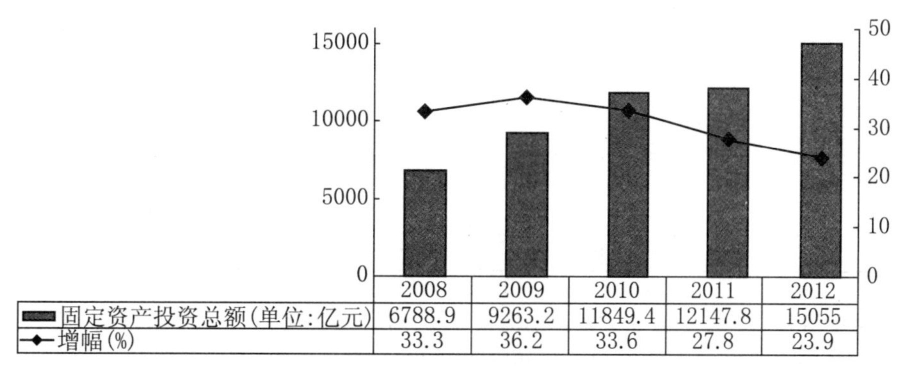


**图 5 2008—2012 年安徽省全社会固定资产投资及增长幅度**

全年共安排"861"行动计划项目 4897 个，当年完成投资 6698.5 亿元。开工建设合肥江汽纳威司达发动机、中科大先进技术研究院、芜湖东旭平板显示玻璃基板、奇瑞重型机械、宿州智慧云计算、宣城大型数控龙门铣床、马鞍山亚重高端装备、亳州修正药业、淮南田集电厂二期、蚌埠大明文化产业园、青弋江分洪道、北沿江高速滁马段、合肥轨道交通 1 号线和郑徐客专安徽段等项目；建成合肥神剑科技二期、池州科创电子园、亳州现代中药产业创业基地、安庆华茂高档色织面料、庐江罗河铁矿、芜

① 从 2011 年起，固定资产投资项目统计起点标准改为 500 万元。固定资产投资(不含农户)统计范围从城镇固定资产投资扩大到农村企事业组织。

湖新亚特特种电缆、淮南谢桥煤矿安全改建、六安金领欢乐世界、中国(宣城)文房四宝交易中心、泗许高速淮北段和合蚌高铁等项目。

全年新增煤炭产能900万吨,电力装机容量353万千瓦。

## (二)农业建设

大力发展现代农业,全面启动美好乡村建设。落实强农惠农富农政策,加强农业科技创新,深入推进粮食生产"三大行动",粮食总产657.8亿斤,增产30.7亿斤,为近年来增产最多的一年。全年粮食作物种植面积6622千公顷,与上年基本持平,其中优质专用小麦面积2079.7千公顷,扩大94.7千公顷。茶叶、油茶等特色农产品加快发展。油料种植面积843.6千公顷,减少34.6千公顷。棉花种植面积304.9千公顷,减少45.5千公顷。蔬菜种植面积827.1千公顷,扩大38.1千公顷。

全年粮食产量3289.1万吨,比上年增加153.6万吨,增长4.9%,实现"七连增、九连丰"。油料产量227.7万吨,增长6.5%。棉花产量29.4万吨,下降22.2%。

**表2 2012年全省主要农产品产量及其增长速度** 单位:万吨

| 产品名称 | 绝对数 | 比上年增长% |
|---|---|---|
| 粮食 | 3289.1 | 4.9 |
| 油料 | 227.7 | 6.5 |
| #花生 | 86.9 | 3.0 |
| 油菜籽 | 134.3 | 9.4 |
| 棉花 | 29.4 | −22.2 |
| 烤烟 | 3.5 | 15.6 |
| 蚕茧 | 3.3 | 0.9 |
| 茶叶 | 9.5 | 8.9 |
| 蔬菜 | 2389.2 | 7.9 |
| 水果 | 885.4 | 4.6 |

年末全省生猪存栏1555.2万头,比上年增长6%;全年生猪出栏2927.6万头,增长7.6%。肉类总产量397.7万吨,增长5.9%,其中猪牛羊肉产量282.4万吨,增长6.5%。禽蛋产量122.6万吨,增长2.5%。牛奶产量24.1万吨,增长7%。水产品产量207.5万吨,增长4%。

建设26个省级现代农业示范区,农业机械化率达64.6%,成为全国农业物联网试点省。年末全省农业机械总动力5902.8万千瓦,比上年增长4.3%。农用拖拉机249.2万台,下降1.3%;农用运输车67.6万辆,增长1.7%。全年化肥施用量(折纯)333.5万吨,增长1.2%。农村用电量128.8亿千瓦小时,增长9.8%。有效灌溉面积3596.2千公顷,新增48.6千公顷;新增节水灌溉面积38.6千公顷。

培育壮大农业产业化龙头企业,新增8862个农民专业合作社。启动建设美好乡村。开展2300个村庄整治试点,完成20万户农村危房改造。扎实推进农村土地整治示范省建设。启动千万亩森林增长工程,完成人工造林144万亩。开工淮水北调工程,完成78个中小河流治理项目,除险加固647座中小型水库。

## （三）工业和建筑业

### 1. 工业增加值

全年规模以上工业①增加值7550.5亿元，比上年增长16.2%，其中轻、重工业分别增长17.5%和15.6%，轻重工业增加值比例由上年的30.8∶69.2变化为31.4∶68.6。股份制、中小型企业生产较快增长。

**表3 2012年全省规模以上工业增加值及其增长速度** 单位：亿元

| 指 标 | 绝对数 | 比上年增长% |
|---|---|---|
| 规模以上工业 | 7550.5 | 16.2 |
| 其中：轻工业 | 2374.5 | 17.5 |
| 重工业 | 5176.0 | 15.6 |
| 其中：国有企业 | 704.0 | 13.7 |
| 集体企业 | 31.9 | 9.7 |
| 股份合作企业 | 14.7 | 19.1 |
| 股份制企业 | 5540.7 | 17.0 |
| 外商及港澳台投资企业 | 917.4 | 10.7 |
| 其中：国有及国有控股企业 | 2558.7 | 6.9 |
| 其中：中小型工业企业 | 4621.8 | 25.3 |

2012年全省九成以上工业行业增加值保持增长，其中：计算机、通信和其他电子设备制造业增长42.8%，通用设备制造业增长31.5%，农副食品加工业增长23.7%，非金属矿物制品业增长19.2%，化学原料和化学制品制造业增长16.3%，电气机械及器材制造业增长15.7%，有色金属冶炼和压延加工业增长11.7%，黑色金属冶炼及压延加工业增长9%，电力、热力的生产和供应业增长12.4%，煤炭开采和洗选业增长4.4%。六大工业主导产业增加值增长17.2%，装备制造业增长18.2%，高新技术产业增长16.5%；战略性新兴产业产值增长33.1%。

主要工业产品产量中，原煤、发电量、粗钢、钢材分别增长8.3%、9.4%、3.4%、2%，水泥增长16.3%，彩色电视机增长14.1%，房间空调器增长8.8%，家用洗衣机下降7.4%，家用电冰箱下降12%，汽车下降7.5%。

**表4 2012年主要工业产品产量及其增长速度**

| 产品名称 | 单 位 | 绝对数 | 比上年增长% |
|---|---|---|---|
| 纱 | 万吨 | 81.9 | 24.9 |
| 布 | 亿米 | 9.7 | 2.9 |
| 化纤 | 万吨 | 26.2 | −1.3 |

① 2011年国家统计制度改革，规模以上工业统计范围为年主营业务收入2000万元及以上的企业。

（续表）

| | | | |
|---|---|---|---|
| 饮料酒 | 亿升 | 20.9 | −6.4 |
| 卷烟 | 亿支 | 1286.1 | 2.2 |
| 彩色电视机 | 万部 | 610.5 | 14.1 |
| 家用洗衣机 | 万台 | 1499.3 | −7.4 |
| 家用电冰箱 | 万台 | 2589.1 | −12.0 |
| 房间空调器 | 万台 | 2992.9 | 8.8 |
| 能源生产总量 | 万吨标准煤 | 10815.2 | 8.3 |
| 原煤 | 万吨 | 15049 | 8.3 |
| 发电量 | 亿千瓦时 | 1767.5 | 9.4 |
| 柴油 | 万吨 | 180.0 | −13.6 |
| 生铁 | 万吨 | 1926.6 | 5.5 |
| 粗钢 | 万吨 | 2147.0 | 3.4 |
| 钢材 | 万吨 | 2765.4 | 2.0 |
| 十种有色金属 | 万吨 | 140.5 | 0.6 |
| 水泥 | 万吨 | 10869.8 | 16.3 |
| 平板玻璃 | 万重量箱 | 2388.1 | −10.9 |
| 硫酸 | 万吨 | 478.9 | −0.4 |
| 纯碱 | 万吨 | 49.4 | 17.3 |
| 化肥 | 万吨 | 309.8 | 16.9 |
| 化学农药 | 万吨 | 25.0 | 25.7 |
| 合成洗涤剂 | 万吨 | 77.7 | 3.4 |
| 金属切削机床 | 万台 | 6.0 | 18.2 |
| 汽车 | 万辆 | 108.5 | −7.5 |
| 电力电缆 | 百万米 | 3192.3 | 48.5 |
| 橡胶轮胎外胎 | 万条 | 2517.4 | −68.5 |

全省规模以上工业企业主营业务收入 27911.2 亿元，增长 18.1%；利税 2543 亿元，增长 11.8%，其中利润 1470.2 亿元，增长 11.3%。电气机械和器材制造业、非金属矿物制品业、农副食品加工业、煤炭开采和洗选业、汽车制造业等 17 个行业利润均超 30 亿元，累计实现利润 1218.6 亿元，占全部规模以上工业的 82.9%。

**2. 规模以上工业企业**

年末全省规模以上工业企业达 12970 户，比上年净增 2105 户。这些新增企业发展呈以下特点：

（1）新增企业数量明显多于上年，对全省工业增长贡献提升。2012 年，全省新增规模以上工业企

业2475户，比上年多1122户，占全省规模以上工业企业数的19.1%，比上年提高6.6个百分点；前11个月新增企业实现增加值456.5亿元，占全省规模以上工业的6.9%，提高0.9个百分点；对全省工业增长的贡献率为31.9%，提高14个百分点。

(2) 新增非公企业占大头，部分大企业贡献突出。全年新增的企业中，非公有制企业2392户，占96.6%；前11个月实现增加值395.4亿元，占新增企业的86.6%，远高于全部规模以上工业中非公企业比重。前11个月，新增企业中产值最大的前10户企业实现增加值78.1亿元，占全部新增企业的17.1%；对全省工业增长的贡献率为7.4%，比上年提高3.8个百分点。其中，最大的新增企业安徽美芝精密制造有限公司，前11个月实现总产值76亿元。

(3) 新增企业分布广，制造业占九成以上。新增企业涉及38个大类行业，三大门类采掘业、供应业、制造业企业数分别为63户、12户和2400户，占2.5%、0.5%和97%。建材、农副食品和服装三个行业企业数分别为310户、202户和192户，居行业前3位；建材、农副食品加工、服装、电气、通用设备制造等5个行业共有企业1060户，占全省42.8%。前11个月，通用设备制造、电气机械、建材三个行业增加值分别为54.2亿元、41.3亿元和41.1亿元，居前3位，占新增企业比重分别为11.9 %、9.1%和9%，对全省工业增长的贡献率分别为4.3%、2.8%和2.7%。

(4) 层次相对较高，大部分为主导产业。新增企业中，装备制造业822户，占全部新增企业的33.2%，比上年提高3.6个百分点；前11个月实现增加值174.4亿元，占38.2%；对全省工业增长的贡献率为12.3%，提高4.6个百分点。六大工业主导产业1784户，占全部新增企业的72.1%，比全部规模以上工业中主导产业占比高0.4个百分点；前11个月实现增加值314.3亿元，占68.8%，高3.3个百分点，对全省工业增长的贡献率为21.3%。

(5) 皖江示范区增加相对较多，皖北增长相对较慢。新增企业中，皖江示范区、合芜蚌试验区、皖北六市分别为1407户、728户和847户，占全部新增企业的56.8%、29.4%和34.2%，其中皖江示范区新增企业比上年翻了近1倍；前11个月实现增加值分别为293.9亿元、177亿元和141.3亿元，占64.4%、38.8%和30.9%，其中皖江示范区和合芜蚌试验区比重比上年提高6个和5.2个百分点、皖北六市下降0.4个百分点。

新增企业数居前3位的市均在皖江示范区，分别是芜湖(294户)、合肥(284户)和安庆(228户)，占全部新增企业的11.9%、11.5%和9.2%；前11个月新增企业实现增加值居前3位的分别是芜湖(79.8亿元)、合肥(67.5亿元)和阜阳(47.1亿元)，占新增企业的17.5%、14.8%和10.3%。

### 3. 建筑业

全年全社会建筑业增加值1378.2亿元，比上年增长9.1%。资质内建筑企业利税总额270.6亿元，增长13.3%。房屋建筑施工面积33678. 9万平方米，增加5206.1万平方米；房屋竣工面积12743.3万平方米，增加845.5万平方米。

## (四) 服务业

### 1. 国内贸易

全年社会消费品零售总额5685.6亿元，比上年增长16%。按经营单位所在地分，城镇消费品零售额4670.7亿元，增长16%；乡村消费品零售额1014.8亿元，增长16.3%。按消费形态分，商品零售5005.5亿元，增长16%；餐饮收入680亿元，增长16.2%。按单位规模分，限额以上企业零售额2720.6亿元，增长19.2%；限额以下企业零售额2964.9亿元，增长5.6%。

在限额以上企业商品零售额中，吃、穿、用商品零售额比上年分别增长26.3%、18%、21.7%，粮油类增长36.2%，肉禽蛋类增长25.4%，服装类增长19.4%，化妆品类增长23%，金银珠宝类增长

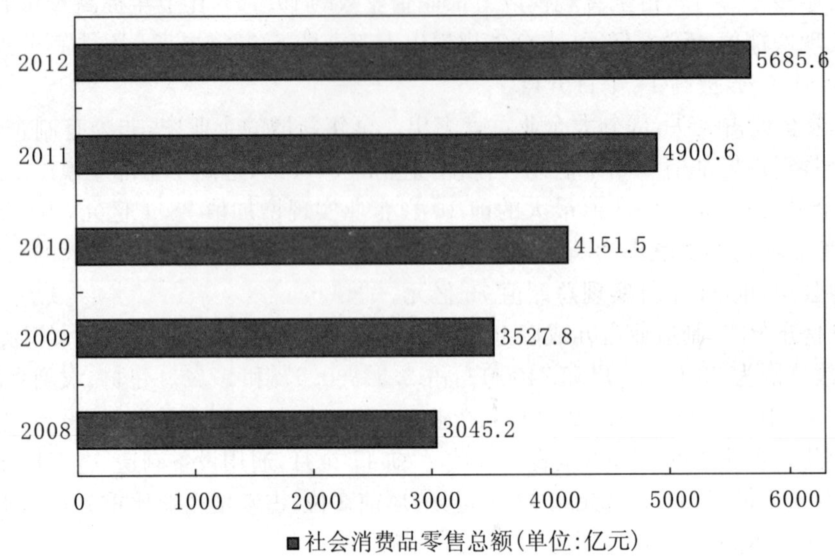


**图6 2008—2012年社会消费品零售总额**

21.9%,日用品类增长21.4%,中西药品类增长23%,文化办公用品类增长29.3%,通讯器材类增长23.3%,家用电器和音像器材类增长11.6%,建筑及装潢材料类增长35.7%,家具类增长28.2%,汽车类增长19.6%,石油及制品类增长26.3%。

### 2. 交通运输、邮电

全年交通运输、仓储和邮政业增加值650.2亿元,比上年增长8.2%。

全年旅客运输量21.3亿人,货物运输量31.2亿吨,比上年分别增长14.6%和16.1%;旅客运输周转量1817.2亿人公里,货物运输周转量9792.7亿吨公里,分别增长11.7%和15.9%。全年港口货物吞吐量3.6亿吨,下降3.8%,其中外贸货物吞吐量272万吨,下降1.8%。全省民航机场旅客吞吐量603.9万人次,比上年增长18.1%,其中合肥机场旅客吞吐量519.4万人次,增长18.1%。

年末全省民用汽车拥有量330.2万辆,比上年增长14.1%,其中私人汽车246.7万辆,增长20.2%。民用轿车拥有量149.3万辆,增长28.8%,其中私人轿车128.2万辆,增长33.1%。

全年邮电业务总量[①] 417.5亿元,比上年增长12.5%。其中,电信业务总量371.6亿元,增长11.2%;邮政业务总量45.9亿元,增长24.5%。年末本地固定电话交换机总容量1203.8万门,比上年减少239.8万门。本地固定电话用户1091.4万户,减少152.5万户;移动电话用户3609.8万户,增加350.4万户。每百人拥有电话(含移动)78.5部,增加3部。年末基础电信运营企业计算机互联网宽带接入用户507万户,增加49.6万户。

**表5 2012年全省各种运输方式完成旅客运输量及其增长速度**

| 指　　标 | 单　位 | 绝对数 | 比上年增长% |
|---|---|---|---|
| 旅客运输量 | 亿　人 | 21.3 | 14.6 |

① 邮电业务总量按2010年不变价格计算,2012年包含快递业务,与2011年不可比,但比上年增长是按可比口径计算。

（续表）

| | | | |
|---|---|---|---|
| 其中：铁路 | 亿　人 | 0.6 | 6.8 |
| 　　公路 | 亿　人 | 20.6 | 14.9 |
| 　　水运 | 万　人 | 159 | 2.6 |
| 旅客运输周转量 | 亿人公里 | 1817.2 | 11.7 |
| 其中：铁路 | 亿人公里 | 496.6 | 4.5 |
| 　　公路 | 亿人公里 | 1320.3 | 14.6 |
| 　　水运 | 亿人公里 | 0.3 | −2.9 |

**表6　2012年全省各种运输方式完成货物运输量及其增长速度**

| 指　　标 | 单　位 | 绝对数 | 比上年增长% |
|---|---|---|---|
| 货物运输量 | 亿　吨 | 31.2 | 16.1 |
| 其中：铁路 | 亿　吨 | 1.2 | −2.0 |
| 　　公路 | 亿　吨 | 25.9 | 18.1 |
| 　　水运 | 亿　吨 | 4.0 | 9.8 |
| 货物运输周转量 | 亿吨公里 | 9792.7 | 15.9 |
| 其中：铁路 | 亿吨公里 | 951.0 | −6.2 |
| 　　公路 | 亿吨公里 | 7259.6 | 18.6 |
| 　　水运 | 亿吨公里 | 1582.2 | 20.8 |

### 3. 旅游业

2012年入境旅游人数331.5万人次，比上年增长26.1%；国内游客2.92亿人次，增长30.2%。旅游总收入2617.8亿元，增长38.6%。其中，旅游外汇收入15.6亿美元，增长32.5%；国内旅游收入2519.1亿元，增长38.8%。年末全省共有A级及以上旅游景点（区）438处。

### 4. 金融、证券和保险

年末全省金融机构各项存款余额（人民币口径，下同）22977.3亿元，比上年末增加3573.6亿元，增长18.4%；城乡居民储蓄存款余额11178.6亿元，增长21.1%。金融机构各项贷款余额16294.3亿元，比上年末增加2565.2亿元，增长18.7%。其中，短期贷款余额6038.5亿元，增长20.9%；中长期贷款余额9431.8亿元，增长14%，中长期贷款中个人贷款余额3389.7亿元，增长16.3%。

**表7　2012年末全省金融机构人民币各项存贷款余额及其增长速度**　　单位：亿元

| 指　　标 | 年末数 | 比上年末增长% |
|---|---|---|
| 各项存款余额 | 22977.3 | 18.4 |
| 　其中：单位存款 | 10679.1 | 14.9 |
| 　　　个人存款 | 11394.0 | 22.0 |

（续表）

| | | |
|---|---|---|
| 其中：储蓄存款 | 11178.6 | 21.1 |
| 各项贷款余额 | 16294.3 | 18.7 |
| 其中：短期贷款 | 6038.5 | 20.9 |
| 中长期贷款 | 9431.8 | 14.0 |

全年上市公司通过境内市场累计筹资141.1亿元，其中首次公开发行A股1只，筹资8.5亿元；A股再筹资（包括配股、公开增发、非公开增发、认股权证）33.1亿元；上市公司通过发行可转债、可分离债、公司债筹资99.5亿元。到2012年末，全省有上市公司78家，上市公司市价总值4843.5亿元，比上年增长6.1%。

全年发行非上市企业（公司）债券255.9亿元。企业发行短期融资券197.8亿元。

全年安徽省境内证券经营机构证券交易量10955亿元，期货经营机构代理交易量82306.7亿元。

全年保险业保费收入453.6亿元，比上年增长4.9%。其中，财产险业务保费收入169.1亿元，增长18.4%；人身险业务保费收入284.6亿元，下降1.7%。赔款和给付152.7亿元，增长21.7%．其中，财产险业务赔款支出91.5亿元，增长28.7%；人身险业务赔款和给付支出61.2亿元，增长12.6%。

### 5. 房地产业

全年房地产开发投资3151.6亿元，比上年增长20.7%；商品房销售面积4828.8万平方米，增长4.8%；商品房销售额2329.9亿元，增长5.9%。全年开工建设城镇保障性安居工程住房43.8万套，基本建成34.4万套。

## （五）对外经济

### 1. 对外贸易

全年进出口总额393.3亿美元，比上年增长25.6%。其中，出口267.5亿美元，增长56.6%；进口125.8亿美元，下降11.6%。从出口经营主体看，生产型、贸易型企业出口分别增长55%和63.2%。从出口商品看，机电产品、高新技术产品出口分别增长51.6%和9.5%。

**表8　2012年全省出口主要分类及地区分布**　　单位：亿美元

| 指　标 | 绝对数 | 比上年增长% |
|---|---|---|
| 出口额 | 267.5 | 56.6 |
| 其中：机电产品 | 112.6 | 51.6 |
| 其中：高新技术产品 | 32.1 | 9.5 |
| 其中：一般贸易 | 205.8 | 65.9 |
| 加工贸易 | 40.7 | −4.2 |
| 其中：对亚洲 | 103.9 | 61.7 |
| 对欧洲 | 55.6 | 35.6 |
| 对北美洲 | 44.1 | 72.4 |

（续表）

| | | |
|---|---|---|
| 对非洲 | 25.5 | 91.0 |
| 对拉丁美洲 | 32.1 | 40.4 |
| 对大洋洲 | 5.3 | 63.1 |

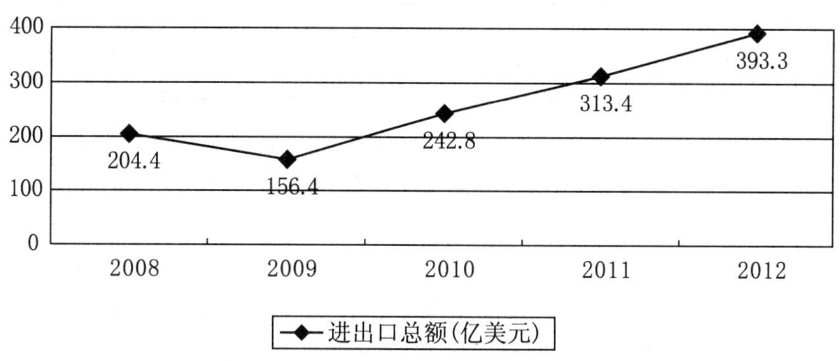


**图7　2008—2012 年安徽省外贸进出口总额**

### 2. 外资状况

全年新批外商投资企业 194 家，比上年下降 26.2%；合同利用外资 25.3 亿美元，下降 26.4%；实际利用外商直接投资 86.4 亿美元，增长 30.3%。到 2012 年底，来皖投资的境外世界 500 强企业增加到 63 家。

### 3. 对外合作

全年对外经济技术合作新签合同金额 24.4 亿美元，比上年增长 21.4%；完成营业额 30 亿美元，增长 19.4%；当年外派劳务人员 13370 人，下降 1.5 %。全年新批境外企业（机构）56 个，实际对外投资 5.5 亿美元。

## 二、安徽省 2012 年社会发展概况

### （一）人口、人民生活

全年人口出生率为 13‰，比上年上升 0.77 个千分点；死亡率 6.14‰，上升 0.23 个千分点；自然增长率为 6.86‰，上升 0.54 个千分点。年末户籍人口 6902 万人，比上年增加 26.1 万人；常住人口 5988 万人，比上年增加 20 万人。城镇化率 46.5%，比上年提高 1.7 个百分点。

**表9　2012 年末全省人口数及其构成**　　单位：万人

| 指　标 | 年末数 | 比重% |
|---|---|---|
| 年末户籍人口 | 6902 | |
| 年末常住人口 | 5988 | |
| 其中：城镇 | 2784.4 | 46.5 |
| 乡村 | 3203.6 | 53.5 |

（续表）

| | | |
|---|---|---|
| 其中：0—14 岁 | 1073 | 17.9 |
| 15—59 岁 | 3941.3 | 65.8 |
| 60 岁及以上 | 973.6 | 16.3 |
| 其中：65 岁及以上 | 644.9 | 10.8 |

全年城镇居民人均可支配收入 21024 元，比上年增长 13%，扣除价格因素，实际增长 10.6%。人均消费性支出 15012 元，增长 13.9%。其中，食品支出增长 10.8%，衣着支出增长 12.4%，医疗保健支出增长 25.9%，交通和通信支出增长 32.6%，教育文化娱乐服务支出增长 18.5%。城镇居民家庭恩格尔系数[6]为 38.7%，比上年降低 1.1 个百分点。城镇居民人均住房建筑面积 32.4 平方米，比上年增加 0.3 平方米。

全年农村居民人均纯收入 7161 元，比上年增长 14.9%，扣除价格因素，实际增长 12.2%。人均生活消费支出 5556 元，增长 12.1%。其中，食品支出增长 6.1%，衣着支出增长 11.8%，居住支出增长 28.8%，医疗保健支出增长 15.8%。农村居民家庭恩格尔系数为 39.3%，比上年降低 2.2 个百分点。农村居民人均住房面积 35.9 平方米，比上年增加 0.9 平方米。

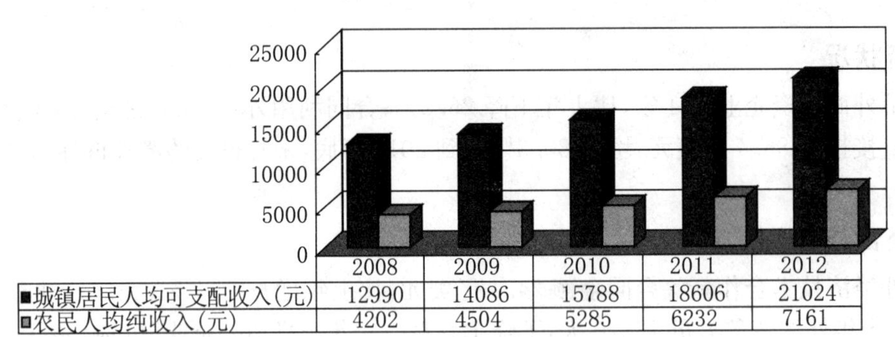


| | 2008 | 2009 | 2010 | 2011 | 2012 |
|---|---|---|---|---|---|
| ■城镇居民人均可支配收入(元) | 12990 | 14086 | 15788 | 18606 | 21024 |
| ■农民人均纯收入(元) | 4202 | 4504 | 5285 | 6232 | 7161 |

**图 8　2008—2012 年安徽省城乡居民收入对比一览**

## （二）就业和社会保障

### 1. 就业

年末全省从业人员 4206.8 万人，比上年增加 85.9 万人。其中，第一产业 1531.2 万人，减少 67.7 万人；第二产业 1107.3 万人，增加 68.8 万人；第三产业 1568.3 万人，增加 84.8 万人。城乡私营企业从业人员和个体劳动者 648.3 万人，增加 49.8 万人。全年城镇实名制新增就业 65.8 万人，失业人员再就业 25 万人。年末城镇登记失业率 3.68%，比上年下降 0.04 个百分点。

### 2. 社会保障及福利

年末全省参加城镇基本养老、医疗保险人数分别为 783.7 万人和 1659.8 万人。参加失业保险人数为 402.2 万人，全年为 11.7 万名失业人员发放了不同期限失业保险金。全省参加工伤、生育保险人数分别为 455 万人和 430.2 万人。被征地农民养老保险制度全面推进，年末参保人数 211.1 万人。城乡居民养老保险参保人数 3350.6 万人，其中新型农村养老保险试点参保人数 3165.6 万人。

年末 81.9 万城市居民得到政府最低生活保障，215.1 万农村居民得到政府最低生活保障，45.1 万农村居民得到政府五保救济。全年救助城市医疗困难群众 43 万人次，救助农村医疗困难群众

260.6 万人次。

年末全省有各类提供住宿的社会服务机构 2438 个，床位 25.3 万张，收养各类人员 19.1 万人。其中，农村养老服务机构 1992 个，床位 22 万张，收养各类人员 16 万人。各类社区服务设施 5040 个，其中社区服务中心 1051 个，社区服务站 2020 个。全年销售社会福利彩票 43.7 亿元，筹集社会福利资金 12.9 亿元。

## （三）教育和科学技术

### 1. 教育事业

年末全省共有研究生培养单位 21 个，在学研究生 44351 人。普通高校 107 所，普通本专科在校生 102.3 万人，高等教育毛入学率 30.6%，比上年上升 4.2 个百分点。各类中等职业教育（不含技工学校）在校生 100.2 万人。普通高中 716 所，在校生 129.3 万人，高中阶段毛入学率 86%，比上年上升 2.5 个百分点。初中 2920 所，在校生 213 万人，初中阶段适龄人口入学率为 99.6%。小学 12547 所，在校生 404.7 万人，小学学龄儿童入学率为 99.9%。各级各类成人学校毕业生 42.9 万人。

**表10　2012 年全省各级各类教育发展情况**　　单位：万人

| 指　标 | 招生数 | 在校生数 | 毕业生数 |
|---|---|---|---|
| 研究生 | 1.6 | 4.4 | 1.2 |
| 普通本专科 | 30.3 | 102.3 | 26.5 |
| 中等职业教育 | 40.9 | 100.2 | 29.6 |
| 普通高中 | 44.0 | 129.3 | 41.3 |
| 初中阶段 | 68.9 | 213.0 | 87.0 |
| 小学 | 69.4 | 404.7 | 72.1 |

### 2. 科技与创新

年末全省共有各类专业技术人员 182.8 万人，比上年增长 9.7%。科研机构 2091 个，其中大中型工业企业办机构 671 个。从事研发活动人员 14.5 万人。全年用于研究与试验发展（R&D）经费支出 275 亿元，增长 28.1%，相当于全省生产总值的 1.6%。全省有国家大科学工程 5 个；有国家实验室 2 个，国家重点（工程）实验室 15 个，省级（含重点）实验室 105 个，部属（含院属）实验室 35 个；有省级以上工程（技术）研究中心 397 家，其中国家级 20 家。有高新技术产业开发区 12 个，其中国家级 4 个。

全年共取得省部级以上科技成果 878 项。主要科技成果有宽温区制冷系统关键技术研究与应用、车载多普勒测风激光雷达等。

全年受理专利申请 74888 件，授权专利 43321 件，比上年分别增长 54.2%和 32.6%。共签订各类技术合同 6806 项；成交金额 86.2 亿元，比上年增长 32.6%。

年末全省共有县以上产品质量检验机构 785 个，其中系统内 110 个，国家检测中心 17 个；有产品质量、体系认证机构 2 个，累计完成强制性产品认证的企业 1755 个；法定计量技术机构 79 个，全年强制检定计量器具 131.8 万台（件）；累计制定国际标准 3 项、国家标准 374 项，制定、修订地方标准 1684 项；有中国名牌产品 37 个、国家地理标志产品 32 个、安徽名牌产品 1096 个。

全年省测绘资料档案馆为社会各界提供各种比例尺地形图 1.2 万幅，测绘基准成果 4763 点（次），航空航天遥感数据 7.4 万平方千米，数据量 506GB；完成国家基本比例尺地形图生产与更新 3.2

万幅、地理国情动态监测1.6万平方千米、“天地图·安徽”地图网站数据更新30.5GB。

## （四）文化、卫生和体育

### 1. 文化事业

扎实推进文化建设，促进文化繁荣发展。大力实施文化惠民工程，综合文化站、农家书屋覆盖所有乡镇和行政村。推进精神文明创建常态化、机制化。《永远的忠诚》等6部作品获全国“五个一工程”奖，首届非遗传统技艺大展、黄梅戏艺术节等活动精彩纷呈。完成首批61家非时政类报刊转制和广电网络整合。广播影视、新闻出版、文学艺术、哲学社会科学进一步繁荣。

至年末全省共有文化馆121个，公共图书馆102个，博物馆141个（含民营博物馆），乡镇街道综合文化站1432个。全国重点文物保护单位56处、合并国保项目2处，省级重点文物保护单位708处。国家级非物质文化遗产名录60项，省级名录273项。广播电台15座，中波发射台和转播台23座，广播综合人口覆盖率97.85%。电视台15座，有线电视用户518.8万户，电视综合人口覆盖率98.1%。全年出版报纸98种，总印数12.7亿份；期刊（杂志）180种，总印数0.6亿册；图书9692种，总印数2.6亿册；电子、音像出版物98种，出版数量40.6万盒（张）。有各级国家档案馆142个，馆藏档案资料1747.2万卷（件、册），库馆总建筑面积23.8万平方米。

### 2. 卫生事业

年末全省共有医疗卫生机构23277个，其中医院930个、基层医疗卫生机构21812个、专业公共卫生机构449个，其他卫生机构86个。基层医疗卫生机构中，卫生院1385个，社区卫生服务中心（站）1948个，村卫生室15306个；专业公共卫生机构中，疾病预防控制中心121个，专科疾病防治院（所、站）52个，妇幼保健院（所、站）118个，卫生监督所（中心）119个。全省卫生技术人员23.63万人，其中执业（助理）医师9.22万人，注册护士9.50万人。乡村医生和卫生员5.38万人。医疗卫生机构床位22.23万张，其中医院、卫生院床位20.61万张。全年医疗卫生机构共诊疗2.44亿人次。参加新型农村合作医疗的农业人口5043.75万人，参合率为99.5%。

### 3. 体育事业

全年在国际和国内的重大比赛中，安徽省运动健儿共获得34枚金牌、26枚银牌和30枚铜牌。其中，世界冠军6个、亚洲冠军6个。在第30届伦敦夏季奥运会上，安徽省取得了1个冠军、2个第四名、1个第五名、2个第六名和1个第七名的历史最好成绩。“全民健身、健康安徽”系列主题活动蓬勃开展，全年共举办百人以上的群众体育健身活动1860次，其中现代体育项目活动1537次，民间传统体育活动323次。

## （五）区域统筹发展

持续加大统筹力度，促进区域协调互动发展。全省实现了国家战略规划全覆盖。推进皖江城市带与合肥经济圈聚合发展，支持合肥建设“大湖名城、创新高地”，加快芜湖、马鞍山跨江联动发展。加大支持皖北发展力度，推进南北“3+5”合作共建现代产业园，皖北地区纳入国家中原经济区规划。出台新一轮扶贫开发政策，加快大别山片区扶贫攻坚，抓金寨促全省扶贫开发扎实推进。深化国家服务业综合改革试点，皖南国际文化旅游示范区上升为国家战略规划。加快新型城镇化步伐，启动新一轮城镇体系规划、城市总体规划修编。加快发展县域经济，19个县（市、区）财政收入突破20亿元，比上年增加5个。

### （六）资源和环境保护

全省已发现的矿种为158种(含亚矿种)。查明资源储量的矿种126种(含普通建筑用石料矿种),其中能源矿种6种,金属矿种20种,非金属矿种98种,水气矿种2种。全年地质勘查部门开展各类地质(科研)项目(省级)59项,新增查明资源储量的大中型矿产地7处。

年末全省共有省、市、县级环境监测站87个。监测的16个省辖市均开展了空气环境质量监测,有15个城市空气质量达到二级标准。已建成自然保护区38个,其中国家级7个、省级29个、市级2个。当年人工造林面积96千公顷。年末森林面积3804.2千公顷,活立木总蓄积量21710.1万立方米,森林蓄积量18074.9万立方米。

淮河干流安徽段水质以Ⅲ类为主,总体水质优。长江干流安徽段以Ⅱ类水质为主,总体水质优;主要支流总体水质良好。巢湖湖区水质轻度污染,9条主要环湖支流整体水质中度污染。新安江干、支流水质优。全省城市集中式饮用水水源地水质达标率为98.4%。

### （七）安全生产

全年亿元GDP生产安全事故死亡人数为0.19人,比上年下降13.6%;工矿商贸从业人员十万人生产安全事故死亡人数为1.25人,下降17.8%;道路交通万车事故死亡人数为2.61人,下降6.5%。全年发生道路交通事故18075起,发生火灾事故5477起。

## 三、挑战与目标

安徽省在前进道路上还有不少困难和问题。主要是:发展不足、发展不优、发展不平衡问题仍然突出,产业结构不合理,农业基础薄弱,民营经济发展相对滞后,城镇化水平较低,资源环境约束加剧;社会矛盾增多,生态环境、食品药品安全等关系群众切身利益的问题较多,部分群众生活还比较困难;少数干部领导科学发展能力不强,抓落实力度不够,安于现状、不思进取,政府效能建设和绩效管理水平不高;形式主义、官僚主义、庸懒散奢现象还不同程度存在,反腐败斗争形势依然严峻。

2013年经济社会发展的主要预期目标是:全省生产总值增长10%以上,财政收入增长10%以上,固定资产投资增长20%以上,社会消费品零售总额增长14%,进出口总额增长15%,城镇新增就业60万人,城镇登记失业率控制在4.5%以内,城镇居民人均可支配收入增长12.5%以上,农民人均纯收入增长13%以上,居民消费价格涨幅控制在3.5%左右,节能减排完成年度目标任务。

# 二 合肥市 2012 年经济社会发展报告

2012 年，在市委、市政府的坚强领导下，全市人民坚持以科学发展为主线，牢牢把握稳中求进的总基调，紧紧围绕“新跨越，进十强”的奋斗目标，深化改革，优化结构，提升效益，改善民生，全市经济保持平稳较快增长，各项社会事业取得新的进步，为打造“大湖名城、创新高地”奠定了良好基础。

## 一、合肥市 2012 年经济发展概况

### （一）综合经济

#### 1. 经济总量

全年生产总值(GDP)4164.32 亿元，按可比价格计算，比上年增长 13.6%。其中，第一产业增加值 229.05 亿元，增长 5.4%；第二产业增加值 2303.90 亿元，增长 15.4%；第三产业增加值 1631.37 亿元，增长 12.3%。三次产业结构调整为 5.5∶55.3∶39.2，其中工业增加值占 GDP 的比重为 43.6%，比上年提高 0.7 个百分点。人均生产总值达到 55186 元(折合 8742 美元)。

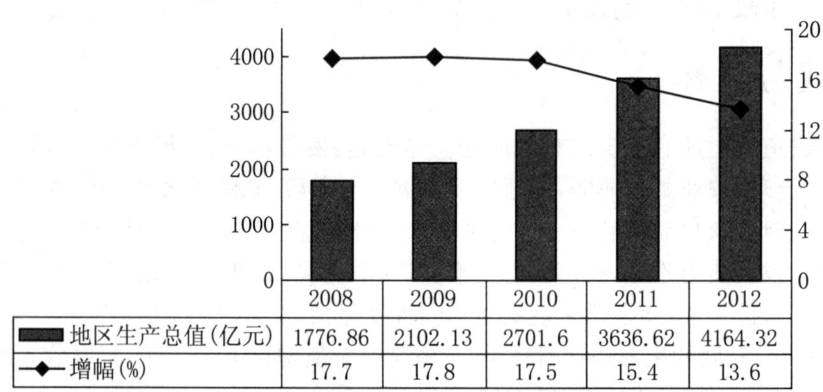


| | 2008 | 2009 | 2010 | 2011 | 2012 |
|---|---|---|---|---|---|
| 地区生产总值(亿元) | 1776.86 | 2102.13 | 2701.6 | 3636.62 | 4164.32 |
| 增幅(%) | 17.7 | 17.8 | 17.5 | 15.4 | 13.6 |

图 9 2008—2012 年合肥市地区生产总值及增长速度

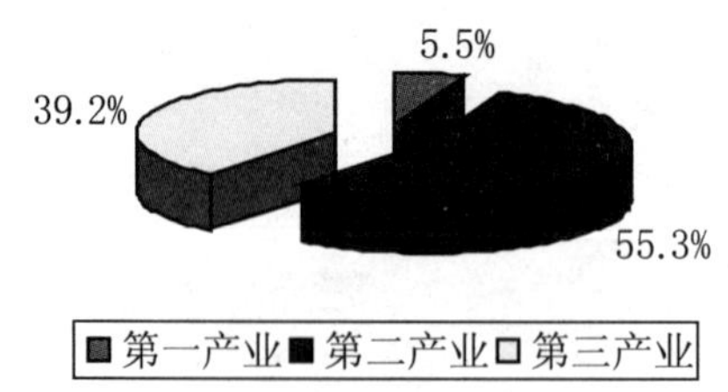


图 10 2012 年合肥市三次产业结构图

#### 2. 财政收入

2012 年全年财政收入 694.36 亿元，比上年增长 11.3%，其中地方财政收入 389.50 亿元，增长 15.1%。财政支出 572.10 亿元，比上年增长 20.5%。其中，社会保障与就业支出增长 14.6%，教育支出增长 48.5%。

### 3. 物价水平

全年居民消费价格上涨2.2%，涨幅比上年回落3.5个百分点。工业生产者出厂价格下降0.1%，工业生产者购进价格下降2.3%。

**表11　2012年居民消费价格比上年涨跌幅度**　　单位：%

| 指　　标 | 涨跌幅度 |
|---|---|
| 居民消费价格 | 2.2 |
| 其中：食品 | 3.0 |
| 烟酒 | 2.8 |
| 衣着 | 1.7 |
| 家庭设备用品及维修服务 | 2.4 |
| 医疗保健和个人用品 | 1.8 |
| 交通和通信 | −0.3 |
| 娱乐教育文化用品及服务 | 2.8 |
| 居住 | 2.0 |

### 4. 固定资产投资①

全年全社会固定资产投资4001.10亿元，比上年增长23.7%。分产业看，第一产业投资56.63亿元，增长77.0%；第二产业投资1579.02亿元，增长23.6%，其中工业投资1551.40亿元，增长23.5%；第三产业投资2365.45亿元，增长22.9%。分投资主体看，民间投资2292.40亿元，增长16.2%；国有投资1477.14亿元，增长34.1%；外商及港澳台商投资231.56亿元，增长43.3%。分行业看，食品及农副产品加工业、装备制造业、汽车制造业、家用电器制造业累计完成投资691.36亿元，占工业投资44.6%，比上年增长36.7%，高于工业投资增速13.2个百分点；六大高耗能行业完成投资253.31亿元，增长13.3%，低于工业投资增速10.2个百分点。城市基础设施完成投资689.77亿元，增长24.1%。

全年投资施工项目4831个，比上年增加641个，施工项目计划总投资6336.88亿元，增长37.8%。其中，亿元以上项目852个，比上年增加139个，计划总投资4840.65亿元，增长30.5%。竣工项目3643个，比上年增加676个。

## （二）农业建设

全年农作物总播种面积为75.54万公顷，比上年增长0.6%。其中，粮食作物48.32万公顷，增长1.7%；棉花3.31万公顷，下降3.3%；蔬菜8.0万公顷，增长12.2%；瓜果2.3万公顷，增长0.2%；油料13.0万公顷，下降8.2%。

全年粮食总产量303.38万吨，比上年增加14.17万吨，增长4.9%。其中，稻谷243.27万吨，增长4.6%；小麦43.56万吨，增长6.8%。棉花产量3.36万吨，降低5.3%。蔬菜产量190.7万吨，增

① 从2011年起，固定资产投资项目统计起点标准改为500万元。固定资产投资（不含农户）统计范围从城镇固定资产投资扩大到农村企事业组织。

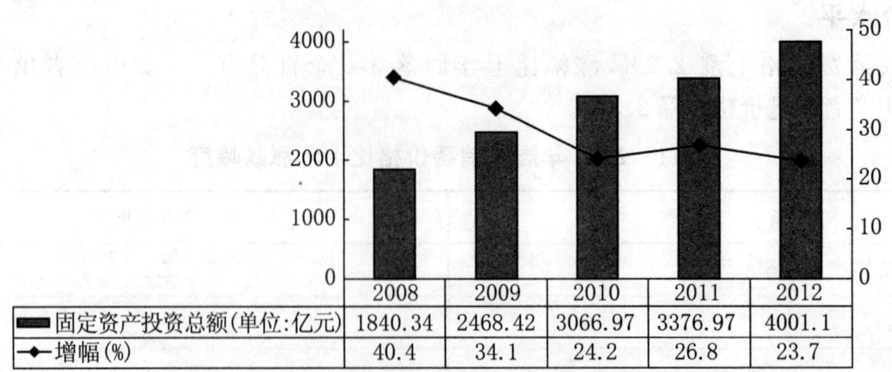


图11　2008—2012年合肥市全社会固定资产投资及增长幅度

长19.5%。瓜果产量54.4万吨，增长4.3%。油料产量33.47万吨，增长35.9%。

全年生猪存栏量138.07万头、出栏量283.07万头，比上年分别增长2.8%和5.2%。肉类总产量47.21万吨，增长5.5%。禽蛋产量19.28万吨，增长6.6%。牛奶产量11.17万吨，增长6.7%。水产品产量21.57万吨，增长6.3%。

表12　2012年主要农产品产量及其增长速度

单位:万吨

| 产品名称 | 绝对数 | 比上年增长% |
|---|---|---|
| 粮食 | 303.38 | 4.9 |
| 油料 | 33.47 | 35.9 |
| 其中:油菜籽 | 26.05 | 47.2 |
| 棉花 | 3.37 | −5.3 |
| 蔬菜 | 190.7 | 19.5 |
| 瓜果 | 54.4 | 4.3 |
| 肉类 | 47.21 | 5.5 |
| 其中:猪牛羊肉 | 24.09 | 5.2 |
| 牛奶 | 11.17 | 6.7 |
| 蛋类 | 19.28 | 6.6 |
| 水产品 | 21.57 | 6.3 |

年末全市农业机械总动力378.37万千瓦，比上年增长5.7%。农用拖拉机21.6万台，增长0.6%；排灌动力机械13.8万台，增长0.1%；农用运输车1.7万辆，下降1.2%。机耕面积631.34千公顷，占农作物播种面积的比重达83.6%，比上年提高2.9个百分点；当年机械播种面积99.95千公顷，占农作物总播种面积的13.23%，提高4.4个百分点；机械收割面积424.03千公顷，占56.13%，提高3.6个百分点。农村用电量14.44亿千瓦时，增长4.0%。化肥施用量(折纯)31.42万吨，降低0.5 %。

全年农林牧渔业总产值401.18亿元，按可比价计算增长5.4%。

## （三）工业和建筑业

### 1. 工业增加值

年末全市规模以上工业企业2087户，全年实现工业增加值1653.54亿元，比上年增长17.4%。其中，轻工业增加值653.28亿元，增长16.5%；重工业增加值1000.26亿元，增长18%。战略性新兴产业完成产值1598.74亿元，比上年增长24.6%。

全市36个工业行业增加值全部实现增长，六大主导产业实现增加值951.60亿元，比上年增长15.9%。其中，新型平板显示、新能源及光伏、食品及农副产品加工、装备制造产业增加值增长均高于工业平均增速。全年规模以上工业出口交货值419.79亿元，比上年下降1.9%。

**表13　2012年六大主导产业增加值及其增长速度** 单位:亿元

| 指　　标 | 绝对数 | 比上年增长% |
|---|---|---|
| 六大主导产业 | 951.60 | 15.9 |
| 汽车 | 145.78 | 3.2 |
| 装备制造 | 288.84 | 19.7 |
| 家用电器 | 298.86 | 12.5 |
| 食品及农副产品加工 | 154.46 | 20.2 |
| 新型平板显示 | 33.96 | 44.2 |
| 新能源及光伏 | 29.71 | 41.3 |

主要工业产品产量中，房间空调器增长18.1%，微波炉增长18.5%，叉车增长9.5%，合成洗涤剂增长14.5%，水泥增长3.7%。

**表14　2012年主要工业产品产量及其增长速度**

| 产品名称 | 单 位 | 绝对数 | 比上年增长% |
|---|---|---|---|
| 卷烟 | 亿支 | 313.93 | 2.2 |
| 化学纤维 | 万吨 | 5.27 | 9.2 |
| 农用化肥(折纯) | 万吨 | 11.15 | −27.1 |
| 合成洗涤剂 | 万吨 | 48.20 | 14.5 |
| 橡胶轮胎外胎 | 万条 | 1853.04 | 0.3 |
| 塑料制品 | 万吨 | 47.87 | 10.3 |
| 水泥 | 万吨 | 1585.46 | 3.7 |
| 生铁 | 万吨 | 149.03 | 2.1 |

（续表）

| | | | |
|---|---|---|---|
| 粗钢 | 万吨 | 161.07 | −2.0 |
| 钢材 | 万吨 | 238.49 | −15.9 |
| 汽车 | 万辆 | 49.86 | −2.1 |
| 其中：轿车 | 万辆 | 13.73 | −6.2 |
| 叉车 | 万辆 | 6.16 | 9.5 |
| 挖掘机 | 万台 | 1.40 | −34.9 |
| 变压器 | 万千伏安 | 3061.31 | −9.5 |
| 彩色电视机 | 万台 | 414.34 | 4.0 |
| 其中：液晶电视 | 万台 | 412.95 | 8.3 |
| 家用洗衣机 | 万台 | 1459.42 | −9.4 |
| 家用电冰箱 | 万台 | 2271.61 | −12.9 |
| 房间空气调节器 | 万台 | 1422.32 | 18.1 |
| 微波炉 | 万台 | 37.15 | 18.5 |
| 发电量 | 亿千瓦时 | 152.32 | −3.3 |

### 2. 工业效益

规模以上工业企业主营业务收入 6002.74 亿元，比上年增长 28.6%；利润总额 358.55 亿元，增长 22.7%；亏损企业亏损额 15.46 亿元，下降 35.1%。电气机械和器材制造业、通用设备制造业、专用设备制造业、金属制品业、汽车制造业等 11 个行业利润均超过 10 亿元，累计实现利润 285.26 亿元，占全部规模以上工业利润的 79.6%。

### 3. 建筑业

2012 年，合肥市建筑业以科学发展观为统领，积极围绕市委市政府年初制定的目标，牢牢把握新一轮大建设大发展的重要机遇，克服不利因素，全年保持稳健发展的态势，主要生产经营指标完成情况良好，取得了一定成效。

总体情况及基本特点：

(1) 企业突破一千家，房屋建筑业企业体量最大

2012 年，合肥市建筑业企业数（指纳入统计名录库的具有建筑业资质的施工总承包和专业承包企业、劳务分包企业，下同）由 2011 年 978 家上升到 1013 家，净增 35 家。其中，总承包和专业承包企业 835 家，劳务分包企业 178 家，分别比去年增长 32 家和 3 家。

从资质等级看，在承包企业中，特级企业 3 家，一级企业 117 家，二级企业 287 家，三级企业 428 家；劳务分包企业中一级企业 125 家，二级企业 27 家，三级企业 26 家。

从承包企业行业分类看，全市房屋建筑业企业 251 家，土木工程建筑业企业 157 家，建筑安装建筑业企业 183 家，建筑装饰和其他建筑业企业 244 家。

(2) 全年合同额稳步增长，当年新签合同增幅较低

2012年，全市施工总承包和专业承包企业(下同)建筑业签订合同额3744.47亿元，同比增长13.5%，其中上年结转合同额1710.14亿元，同比增长24.1%，当年新签合同额2034.33亿元，同比增长5.9%，远低于全年合同总量的增幅。从完成情况看，有4成近1600亿元的未完合同将结转至2013年度实施。

(3) 建筑产值突破二千亿，龙头企业领跑全市建筑业发展

2012年，全年建筑业总产值突破2000亿大关，再上一个台阶，完成2145.34亿元，同比增长14.2%，竣工产值完成1061.54亿元，同比增长23.5%，高于总产值9.3个百分点。

① 从产值构成看，占建筑业总产值主体地位的建筑工程产值1865.98亿元，同比增长13.7%；其次安装工程产值161.49亿元，同比增长9.9%；其他产值117.86亿元，同比增长32.1%。

② 从行业分类看，占建筑业总产值主体地位的房屋建筑业完成建筑业总产值1201.33亿元，同比增长18.4%，占全部产值比重达56%；土木工程建筑业完成产值674.61亿元，同比增长4.4%；建筑安装业完成产值180.21亿元，同比增长17.7%；建筑装饰和其他建筑业完成产值89.19亿元，同比增长39.5%。

③ 从资质等级看，全市建筑业特级资质企业完成产值316.47亿元，同比增长25.9%，一级资质建筑业企业共42家，完成建筑业总产值315.0亿元，占全部产值的62.3%，同比增长34.9%；二级资质建筑业企业共139家，完成建筑业总产值131.6亿元，占全部产值的26.0%，同比增长10.2%；三级资质建筑业企业共296家，完成建筑业总产值58.7亿元，占全部产值的11.6%，同比增长6.1%。特、一级建筑业企业无论在管理、质量和效益上，都具有相当大的优势，是该市建筑业企业的领头羊。

④ 从经济类型看，国有控股企业共83家，占全市建筑业企业总数的9.9%，完成建筑业总产值1078.03亿元，占全部产值的50.3%；集体控股企业共23家，完成建筑业总产值65.10亿元，占全部产值的3.0%；私人控股企业共648家，占全市建筑业企业总数的77.6%，完成建筑业总产值87.83亿元，占全部产值的比重为40.3%；港澳台商控股企业3家，完成产值0.49亿元，占全部产值的0.02%；外商控股企业1家，完成产值0.25亿元，占全部产值的0.01%。国有控股企业数量不多，但依然是该市建筑业中流砥柱，私人控股企业，凭借较为灵活的经营模式，生产规模逐步扩大，显示出一定的实力。

⑤ 大型龙头建筑业企业继续领跑全市建筑业发展。全市完成产值超过100亿元的企业有2家，产值超过50亿元的企业有6家，产值超过10亿元的企业有54家；产值超过1亿元的企业有244家，比去年同期增长22%。产值过亿元的企业共完成总产值2011.18亿元，占全市建筑业总产值的93.7%。

(4) 房屋建筑施工面积扩大，竣工价值增幅较高

当年，合肥市建筑企业承建房屋建筑施工面积16050.66万平方米，比去年增加2006.98万平方米，增长14.3%。其中，本年新开工面积6548.27万平方米，同比下降11.5%；房屋建筑竣工面积5470.24万平方米，同比增长17.4%。房屋竣工价值达到654.40亿元，同比增长了21.6%，其中厂房及建筑物增长73.5%，住宅用房增长30.7%、科研、教育、医疗用房屋增长26.4%。

(5) 企业实力增强，二项工程获大奖

2012年，合肥市有8家企业入选2011年中国建筑业企业双百强，有4家幕墙企业获得中国幕墙50强企业，有5家企业获2012年度全国建筑业AAA级信用企业；合肥市的42个工程项目获得安徽省工程质量“黄山杯”，有2项工程获得中国工程质量最高奖“鲁班奖”。

(6) 县域企业增速快，城区企业体量大

合肥市四个城区完成建筑业总产值1319.03亿元,同比增长14%;四个开发区完成建筑业总产值489.37亿元,同比增长12.3%,五个县(市)完成建筑业总产值336.94亿元,同比增长18.2%。

从速度上看,县(市)增速比城区快4.2个百分点,比开发区快5.9个百分点,高于全市平局增幅4个点。其中庐江县、高新区和巢湖市增速位居全市前三。

从体量来看,城区占据绝对优势,产值占全市总量的61.5%,开发区占22.8%,县(市)占15.7%。其中瑶海区以471.37亿元跃居第一,包河465.58亿元居第二,经开区以212.53亿元位居第三。

(7)抵御风险能力明显增强

近年来,合肥市建筑业在面对全国经济运行下行压力大,建设规模收缩的困难情况下,积极进行结构性调整,企业经营取得了较好业绩。表现为主营业务收入增速加快,全年实现主营业务收入1908.04亿元,同比增长12.7%,其中主营业务成本升幅减小,全年发生主营业务成本1648.91亿元,同比增长10.7%,低于主营业务收入增幅2个点;上缴税金同步增长,建筑业企业上缴各项税金72.36亿元,同比增长8.6%。盈利水平显著提升,全年实现利润总额82.39亿元,同比增长17.9%,高于主营业务收入5.2个百分点。

## (四)服务业

### 1. 国内贸易

全年社会消费品零售总额1293.62亿元,比上年增长16.7%。按消费形态分,商品零售额1191.61亿元,增长16.7%;餐饮收入102.01亿元,增长16.1%。按经营单位所在地分,城镇零售额1260.06亿元,增长17.0%;乡村零售额33.56亿元,增长6.5%。

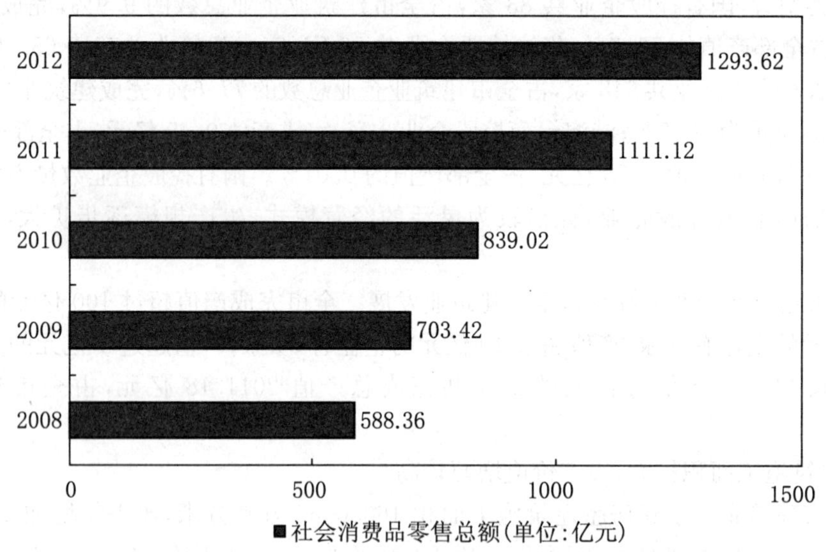


**图12 2008—2012年社会消费品零售总额**

年末全市限额以上批发零售和住宿餐饮企业1202户,实现零售额899.99亿元,比上年增长26.9%。其中,汽车类零售额236.61亿元,增长19.1%;家具类8.92亿元,增长43.4%;建筑及装潢材料类24.12亿元,增长31.5%。

全年共举办各类展览活动168场,比上年增长3%,展览面积150万平方米,增长7%。

## 2. 交通运输、邮电

全年交通运输、仓储和邮政业增加值165.06亿元，比上年增长8.9%。全年旅客运输量3.44亿人，比上年增长18.0%。货物运输量3.37亿吨，增长15.1%。

表15 2012年旅客运输量和货物运输量及其增长速度

| 指 标 | 单 位 | 绝对数 | 比上年增长% |
|---|---|---|---|
| 旅客运输量 | 万人 | 34417.1 | 18.0 |
| 其中：公路 | 万人 | 31858 | 18.5 |
| 铁路 | 万人 | 2245.5 | 11.8 |
| 民航 | 万人 | 286.6 | 19.5 |
| 水运 | 万人 | 27 | 14.5 |
| 货物运输量 | 万吨 | 33720.1 | 15.1 |
| 其中：公路 | 万吨 | 31525 | 18.9 |
| 铁路 | 万吨 | 152.8 | −16.5 |
| 民航 | 万吨 | 2.3 | 21.9 |
| 水运 | 万吨 | 2040 | −21.5 |

年末民用汽车拥有量66.55万辆，比上年增长20.9%，其中私人汽车48.65万辆，增长28.1%。民用轿车拥有量38.84万辆，增长29.3%，其中私人轿车33.47万辆，增长33.2%，占轿车拥有量的86.2%。

全年邮电业务总量74.45亿元，比上年增长11.8%。其中，邮政业务总量5.29亿元，增长35.6%；电信业务总量69.16亿元，增长10.4%。年末固定电话用户190.69万户，比上年减少13.49万户。其中，城市128.89万户，减少12.29万户；农村61.80万户，减少1.20万户。移动电话用户615.47万户，增加40.78万户。基础电信运营企业计算机互联网接入用户93.39万户，增加5.99万户。

## 3. 旅游业

全年入境旅游人数37.5万人次，比上年增长13.0%，旅游外汇收入2.3亿美元，比上年增长11.9%。国内游客5360万人次，增长20.2%，国内旅游收入444.63亿元，增长20.0%。年末全市星级饭店达82家，其中五星级9家、四星级20家。共有A级旅游景点47家。

## 4. 金融、证券和保险

年末全市金融机构人民币各项存款余额6913.84亿元，比上年末增加1157.54亿元，增长20.1%；其中城乡居民储蓄存款余额2065.57亿元，增长22.3%。金融机构人民币各项贷款余额6136.03亿元，比上年末增加879.1亿元，增长16.7%。其中，短期贷款余额1521.96亿元，增长12.7%；中长期贷款余额4370.36亿元，增长14.4%，中长期贷款中个人贷款余额1306.09亿元，增长12.9%。

表16 2012年末金融机构人民币存贷款余额及其增长速度 单位:亿元

| 指　　标 | 年末数 | 比上年末增长% |
|---|---|---|
| 各项存款余额 | 6913.84 | 20.1 |
| 其中:单位存款 | 4320.67 | 16.9 |
| 个人存款 | 2125.19 | 23.6 |
| 其中:储蓄存款 | 2065.57 | 22.3 |
| 各项贷款余额 | 6136.03 | 16.7 |
| 其中:短期贷款 | 1521.96 | 12.7 |
| 中长期贷款 | 4370.36 | 14.4 |

全年首发上市公司1家,融资8.5亿元。年末全市共有30家境内上市公司。全年债券融资236.55亿元。证券营业部59个,比上年增加12个,证券交易量4995.86亿元,从业人员2697人。期货营业部18个,比上年增加6个,期货交易量122188.26亿元,从业人员621人。

全年保险公司保费收入89.33亿元,比上年增长31.4%。其中,财产险保费收入40.02亿元,增长29.1%;人身险保费收入49.31亿元,增长33.4%。支付各类赔款及给付29.98亿元,比上年增长40.4%。其中,财产险赔款与给付20.11亿元,增长48.6%;人身险赔款与给付9.87亿元,增长26.4%。

### 5. 房地产业

全年房地产开发投资913.80亿元,比上年增长3.8%。其中,住宅投资578.50亿元,同比下降9.1%;商业营业用房投资142.02亿元,增长18.9%。商品房新开工面积1488.75万平方米,下降21.4%,竣工面积921.02万平方米,增长40.6%。商品房销售面积1242.48万平方米,下降0.3%,其中住宅销售面积1117.33万平方米,增长4.8%。商品房待售面积190.68万平方米,增长5.7%。全年实际新开工各类保障性住房75353套,竣工26077套。

表17 2012年房地产开发和销售主要指标完成情况及其增长速度

| 指　　标 | 单 位 | 绝对数 | 比上年增长% |
|---|---|---|---|
| 投资额 | 亿元 | 913.80 | 3.8 |
| 其中:住宅 | 亿元 | 578.50 | −9.1 |
| 其中:90平方米及以下 | 亿元 | 230.15 | 57.5 |
| 房屋施工面积 | 万平方米 | 6071.64 | 7.5 |
| 其中:新开工 | 万平方米 | 1488.75 | −21.4 |
| 房屋竣工面积 | 万平方米 | 921.02 | 40.6 |
| 商品房销售面积 | 万平方米 | 1242.48 | −0.3 |
| 其中:住宅 | 万平方米 | 1117.33 | 4.8 |
| 其中:90平方米及以下 | 万平方米 | 414.74 | 53.7 |
| 本年土地购置面积 | 万平方米 | 476.41 | 5.9 |

## （五）对外经济

2012年，面对国际市场需求疲软，国内经济下行压力加大，企业经营成本大幅提升的严峻形势，在市委、市政府的正确领导下，合肥市不断提升经济外向度，大力推进外贸发展方式转变，加大招商引资力度，对外经济发展步伐明显加快。

### 1. 对外贸易

（1）进出口位列全国省会前十强。2012年，全市进出口总额176.42亿美元，同比增长43.3%，增幅高于全省17.7个百分点。其中，出口136.28亿美元，同比增长74.3%，高于全省17.7个百分点；进口40.14亿美元，同比下降10.6%。进出口额居全国省会城市第9位，比上年前进2位，增幅居第4位，比上年前进16位。

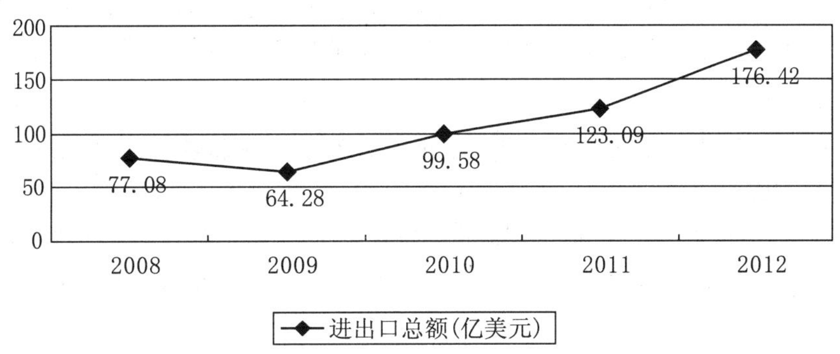


**图13 2008—2012年合肥市外贸进出口总额**

（2）一般贸易出口高速增长。2012年市属企业一般贸易出口80.21亿美元，比上年增长161.9%，增速比上年提高121.7个百分点；占市属企业外贸出口总额比重72.4%，比上年提高10.9个百分点。加工贸易出口18.49亿美元，比上年增长2.1%。

（3）民营企业进出口增长迅速。随着外贸领域市场准入门槛的降低和政府鼓励、扶持民营企业开拓国际市场各项举措的全力推进，民营企业发展成为该市外贸出口的重要推动力量和新的增长点，2012年合肥市民营企业出口81.58亿美元，同比增长2.9倍，进口13.6亿美元，同比增长8.9%；国有企业出口10.75亿美元，同比增长7.8%，进口1.75亿美元，同比增长97%。外资企业出口18.43亿美元，同比下降1.9%，进口10.06亿美元，同比下降46%。

（4）市场多元化战略取得初步成效。合肥市深入实施出口市场多元化战略，并积极推进重要进口商品来源多元化，在巩固并深度开发美国、欧盟、日本等传统市场的同时，大力开发东南亚、俄罗斯、拉丁美洲、非洲等新兴市场，形成发达国家和发展中国家合理布局的外贸市场结构。2012年，市属企业进口额居前5位的国家、地区依次是日本、台湾、欧盟、韩国、东盟，自上述五国（地区）进口额共占该市市属企业进口总额的80.3%；出口额居前5位的国家（地区）依次是欧盟、美国、东盟、日本、沙特阿拉伯，对上述五国（地区）出口共占外贸出口总额的51.9%。合肥市对非洲、加拿大、澳大利亚等新兴市场出口均保持较快增长，增幅均超过160%。俄罗斯、澳大利亚、东盟等国家（地区）进口占外贸进口总额的比重稳步提高。

（5）出口商品结构进一步优化。合肥市外贸出口商品已形成了以高新技术产品、机电产品为主，以纺织服装类以及农产品为辅的新格局。2012年，合肥市高新技术产品出口14.32亿美元，同比增长10.5%，占市属企业出口总额的比重为12.9%；机电产品出口总额为49.9亿美元，同比增长87.7%，占出口额比重为45.1%；纺织服装产品出口总额为12.61亿美元，同比增长76.1%，占出口额比重为11.4%；农产品出口总额为3.69亿美元，同比增长66%，占出口额比重为3.3%。

**2. 利用外资**

(1) 吸收外资继续保持增长。2012年，全市实际利用外资16.56亿美元，其中外商直接投资16.01亿美元，同比增长23.1%，增速比上年同期提高4.3个百分点，增速居中部省会城市位第1，比上年前进1位，居全国省会城市第6位，比上年前进2位。

(2) 第二产业是外商投资的主要领域。近年来合肥市围绕“工业立市”，瞄准国际领先、国内领军、行业龙头大企业开展招商，做强该市工业基础。2012年，合肥市第一产业实际利用外商直接投资3159万美元，占全市直接利用外资比重2%；第二产业投资10.57亿美元，占比66%；第三产业投资5.12亿美元，占32%。

(3) 外商企业增资势头强劲。全年合肥市外商投资企业投资总额净增11.87亿美元，同比增长19.6%；注册资本净增6.23亿美元，同比增长68.6%；合同外资5.49亿美元，同比增长25.7%。

**3. 对外经济合作**

(1) 对外投资与合作快速推进。2012年，全市对外经济合作新签合同额12亿美元，同比增长39%，占全省49%；完成营业额22.6亿美元，同比增长19%，占全省75%；外派劳务7664人，同比下降13%，占全省57%；年底在外人数15085人，同比增长8%，占全省64%。全年该市新批境外投资企业(机构)21户，7户增资，累计总投资额7349.7万美元，中方协议对外投资额6379.7万美元，实际投资额2.9亿美元。

(2) 服务外包产业高速发展。截至2012年年底，合肥市共有服务外包企业253家，从业人员近6.1万人。1—12月，全市服务外包接包合同签约金额10.7亿美元，同比增长78.3%；接包合同执行金额7.09亿美元，同比增长82.7%；其中离岸合同签约金额5.13亿美元，同比增长70.4%；离岸执行金额3.88亿美元，同比增长63.7%。

## 二、合肥市2012年社会发展概况

### (一) 人口、人民生活

年末全市常住人口757.2万人，比上年增加5.1万人。城镇化率为66.4%，比上年提高1.8个百分点。年末全市户籍人口710.5万人，比上年增加4.37万人，其中市区户籍人口222.2万人。全年人口出生率12.56‰，死亡率7.94‰，自然增长率4.62‰。

全年城镇居民人均可支配收入25434元，比上年增长13.2%。人均消费性支出18758元，增长19.5%。其中，食品支出增长7.6%，衣着支出增长6.0%，医疗保健支出增长6.0%，交通和通信支出增长36.3%，教育文化娱乐服务支出增长19.4%。城镇居民家庭恩格尔系数34.2%，比上年下降3.8个百分点。城镇居民人均现住房总建筑面积28.8平方米。

全年农村居民人均纯收入9081元，比上年增长15.5%。人均生活消费支出5253元，增长17.3%，其中，食品支出增长9.3%，衣着支出增长18.0%，居住支出增长40.5%，医疗保健支出增长25.0%，交通和通信支出增长23.5%，文化教育娱乐服务支出增长36.5%。农村居民家庭恩格尔系数45.0%，比上年下降3.3个百分点。农村居民人均住房使用面积34.2平方米。

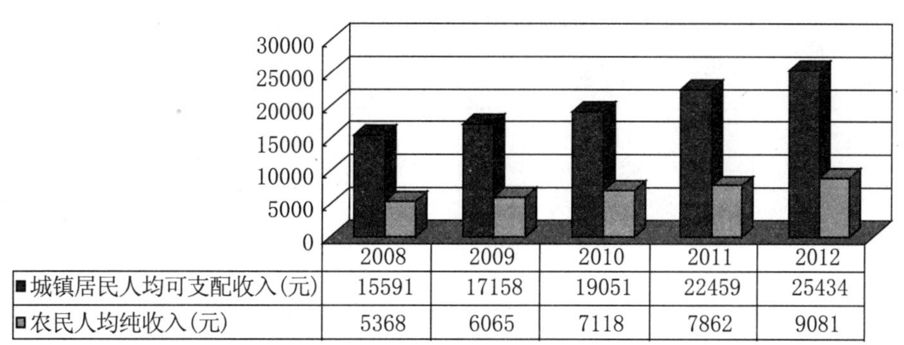


| | 2008 | 2009 | 2010 | 2011 | 2012 |
|---|---|---|---|---|---|
| ■城镇居民人均可支配收入(元) | 15591 | 17158 | 19051 | 22459 | 25434 |
| ■农民人均纯收入(元) | 5368 | 6065 | 7118 | 7862 | 9081 |

**图14 2008—2012年合肥市城乡居民收入对比一览**

## （二）就业与社会保障

### 1. 就业

年末全市从业人员484.9万人，比上年增加8.6万人。其中，第一产业106.5万人，减少8.8万人；第二产业164.5万人，增加7.7万人；第三产业213.9万人，增加9.7万人。城乡私营企业从业人员和个体劳动者103.0万人，增加1.2万人。全年城镇新增就业14.0万人，下岗失业人员再就业4.5万人。年末城镇登记失业率为3.65%，比上年下降0.28个百分点。

### 2. 社会保障和福利

市区最低月工资标准为1010元。年末参加企业职工基本养老、医疗、失业、工伤、生育保险人数分别为132.42万人、135.41万人、98.28万人、109.5万人和92.98万人。城镇居民基本医疗保险参保人数173.38万人，城乡居民养老保险参保人数317.1万人。

年末全市各类收养性社会福利机构188个，拥有床位3.09万张，收养人员2.31万人。城镇建立各种社区服务中心(站)463个，其中乡镇、街道及县(市、区)级社区服务中心91个。农村五保户集中供养率为52.0%，城市“三无”人员全部纳入社会救助。城乡居民最低生活保障对象23.18万人，其中城市5.43万人，农村17.75万人；累计发放城市低保金2.28亿元，农村低保金2.95亿元。实施城乡医疗救助31.03万人次，发放救助金1.01亿元。全年销售社会福利彩票11.72亿元，筹集公益金1.23亿元，全市慈善组织募集各类善款1652.36万元。

## （三）教育和科学技术

### 1. 教育事业

全市各类高等院校60所，其中普通高校48所。普通高中113所，普通初中250所，小学964所。专任教师8.68万人，其中普通高校2.33万人、普通中学2.83万人、小学2.37万人。各类中等职业教育(不含技工学校)在校生14.09万人，特殊教育在校生964人。幼儿园在园幼儿20.54万人。高中阶段毛入学率106.31%，初中阶段适龄人口入学率117.76%，小学学龄儿童入学率102.3%。全市义务教育经费保障机制改革惠及学生64.3万人，其中城市25.5万人，农村38.8万人。

表18　2012 年全市各类教育发展情况单位：人

| 指　　标 | 招生数 | 在校生数 | 毕业生数 |
|---|---|---|---|
| 研究生 | 11708 | 33226 | 8678 |
| 普通高等教育 | 132354 | 425137 | 113669 |
| 成人高等教育 | 33407 | 73664 | 24392 |
| 中等职业教育 | 45977 | 140926 | 50159 |
| 普通高中 | 53170 | 155976 | 47365 |
| 普通初中 | 73662 | 238768 | 95949 |
| 小学 | 69606 | 406715 | 74485 |

### 2. 科技与创新

2012 年，合肥市围绕"大湖名城、创新高地"，深入实施创新驱动发展战略，稳步推进知识产权示范城市建设，全市知识产权保护工作取得明显成效，全市授权发明专利 1242 件，成为安徽省首个授权发明专利过千件城市，但同时也存在区域产权保护差异明显，专利总量有待进一步扩大等问题，需采取有效措施，不断提升企业知识产权保护水平。

全年新认定国家高新技术企业 120 家，国家高新技术企业总数达 615 家。新增国家级重点新产品 26 个、省级高新技术产品 410 个。全市规模以上工业高新技术产业完成产值 3533.74 亿元，比上年增长 18.9%；实现增加值 895.81 亿元，增长 18.6%，占全市生产总值的 21.5%，比上年提高 1.3 个百分点。

已建国家重点实验室 7 家，省部级重点实验室和工程实验室 120 家；国家级工程技术研究中心(含分中心)7 家，省级工程技术研究中心 87 家；国家级企业技术中心 18 家，省级企业技术中心 115 家。

全年受理专利申请 15142 件，其中发明专利 4748 件，增长 31.2%；授权专利 9639 件，其中发明专利 1242 件，增长 63.4%。签订各类技术合同 5160 项，成交金额 42.3 亿元，增长 26.9%。全市有 6 项成果获国家科技奖，其中国家自然科学二等奖 3 项、科技进步二等奖 3 项。

## （四）文化、卫生和体育

### 1. 文化事业

年末全市共有文化馆 12 个，公共图书馆 9 个，博物馆 18 个，各级各类档案馆 12 个。全国重点文物保护单位 3 处，省级重点文物保护单位 39 处，市(县)级重点文物保护单位 245 处。国家级非物质文化遗产项目 4 项，省级非物质文化遗产项目 11 项，市级非物质文化遗产项目 59 项。图书馆总藏量 697.05 万册(件)，其中图书 325.10 万册，比上年分别增长 42.0%和 4.6%。各级国家档案馆馆藏档案资料 214.42 万卷，增长 67.9%。电影院 26 家，全年票房收入 1.85 亿元，增长 41.2%。各类动漫企业 85 家，具有原创能力和代表作品的企业 35 家。年末广播综合人口覆盖率和电视综合人口覆盖率均达 100%。

### 2. 卫生事业

年末全市共有卫生机构(含村卫生室)2100 个，其中医院、卫生院 260 个，妇幼保健院(所、站)12

个，卫生防疫和防治机构 11 个，社区卫生服务机构 216 个。卫生机构床位数 3.72 万张，其中医院、卫生院床位 3.47 万张。专业卫生技术人员 4.04 万人，其中执业（助理）医师 1.53 万人，注册护士 1.82 万人。每千人拥有卫生技术人员 5.33 人，拥有医院、卫生院床位 4.58 张。婴儿死亡率 5.93‰，产妇住院分娩率 99.98%。城市社区卫生机构覆盖率达 95%，城乡居民新农合参合率达 100.37%。

### 3. 体育事业

全年成功组织 2 项大型赛事和 18 项市级体育赛事。合肥市体育健儿参加各种赛事获得 13 枚金牌、5 枚银牌和 7 枚铜牌。全市完成 260 个农民体育健身工程和 70 个全民健身苑工程建设。

## （五）城乡建设

提升城市建设和管理水平。编制了城市空间发展战略及环巢湖地区生态保护修复与旅游发展、半汤和汤池国际温泉旅游度假区等重大规划。新一轮市、县、乡三级土地利用总体规划分别获国务院和省政府批准。全年新建、续建大建设工程 840 项，完成投资 217 亿元。铁路枢纽南环线、高铁南站以及合马路、军二路等改造工程加快推进；机场高速、南淝河大桥等建成通车；阜阳北路、铜陵路等高架桥建设进展顺利。铺设污水管网 210 公里，完善排水设施网格 890 个；六水厂二期、七水厂一期、燃气应急调峰工程等快速推进；固定电话号码完成升 8 位；提高了公交 IC 卡折扣率；新建老城区停车位 7000 个。掀起“三城同创”热潮，全国文明城市创建测评取得优秀成绩。查处违法建设和整治“五小行业”、砍树毁绿、有烟烧烤、户外广告、“黑头车”等取得实效。

启动美好乡村建设。出台美好乡村建设实施意见，深入推进“三新工程”和“亮化工程”。启动实施董铺和大房郢水库水源地、庐江汤池、新桥国际机场周边三大土地整治项目，规范展开城乡建设用地增减挂钩试点和工矿废弃地复垦试点。粮食生产实现“九连增”，环城都市、环湖观光、丘陵生态等三大农业产业带建设初见成效，新建万亩现代农业示范区 31 个、各类现代农业科技示范园区 18 个，完成植树造林 24.4 万亩。疏堵并举推进秸秆禁烧，秸秆综合利用率达到 80%。开展“农田水利建设高潮年”活动，重点实施了水库加固、圩堤达标、灌区配套等十大工程。

## （六）环境保护和生态建设

2012 年末，全市共有市县（区）级环境监测站 6 个。区域噪声等效声级 54.8 分贝，道路交通噪声等效声级 67.5 分贝，保持稳定。全年有 48 天空气质量级别Ⅰ级（优），283 天空气质量级别Ⅱ级（良），空气质量优良天数达 331 天，优良率 90.4%。二氧化硫、二氧化氮均达到国家环境空气质量一级标准。巢湖西半湖及主要入湖河流水质总体保持稳定，部分河流有所好转，饮用水源地水质达标率 100%。辐射环境质量良好。

年末城市公园 48 个，占地面积 2276 公顷，人均公园绿地面积 12.8 平方米；新增绿地面积 990.28 公顷，城市绿地率 40.3%；绿化覆盖面积 15288 公顷，建成区绿化覆盖率达 45.2%。污水集中处理率 98.7%，生活垃圾无害化处理率 100%。

## （七）安全生产

全年发生各类道路交通事故 2367 起，造成 380 人死亡，2661 人受伤；道路交通万车死亡人数为 3.19 人，比上年下降 14.5%。亿元 GDP 生产安全事故死亡人数为 0.105 人，下降 3.9%。工矿商贸企业从业人员十万人生产安全事故死亡人数为 0.89 人，下降 3.3%。

## 三、挑战与目标

合肥市发展中还存在许多不足和问题，主要是：综合实力仍然不够强，产业层次不够高，服务业发展相对滞后；资源环境约束趋紧，节能减排压力加大，巢湖综合治理开发任务艰巨；城乡居民收入水平还有待进一步提高，基本公共服务不够均衡，社会矛盾不断增多，社会管理难度加大；民营经济和中小企业发展不够充分，开放型经济发展水平不高，国际化程度较低；城区经济转型不快，县域经济实力不强，城乡统筹、区域协调发展任务繁重；政府职能转变、效能提升还存在薄弱环节，一些领域消极腐败现象还不同程度存在。

2013年经济社会发展主要目标是：全市生产总值增长12%以上；财政收入增长10%，其中地方财政收入增长8%；全社会固定资产投资增长20%以上；规模以上工业增加值增长14%以上；社会消费品零售总额增长15%；城镇居民人均可支配收入增长13%，农民人均纯收入增长14%；城镇登记失业率控制在4.5%以内；人口自然增长率控制在7‰以内；居民消费价格指数涨幅控制在3.5%左右；群众安全感指数保持在90%以上；节能减排达到省控目标。

# 三　芜湖市2012年经济社会发展报告

2012年，全市人民在市委、市政府的坚强领导下，深入贯彻落实中央和省委、省政府决策部署，紧紧抓住皖江城市带承接产业转移示范区、合芜蚌自主创新综合试验区建设和行政区划调整等重大战略机遇，大力实施"创新驱动、产业强市、统筹城乡、开放合作、和谐发展"五大战略，全力以赴稳定经济增长，开拓创新推进结构调整，坚持不懈保障改善民生，经济社会发展取得了新的成就。

## 一、芜湖市2012年经济发展概况

### （一）综合经济

#### 1. 经济总量

2012年全年实现地区生产总值1873.63亿元，比上年增长13.8%。其中，第一产业增加值117.63亿元，增长5.7%；第二产业增加值1234.24亿元，增长15.5%；第三产业增加值521.76亿元，增长11.7%。按户籍人口计算，人均生产总值48742元，比上年增长14.4%，按年末汇率折算为7755美元。三次产业增加值比例由上年的6.4∶65.9∶27.7调整为6.3∶65.9∶27.8。

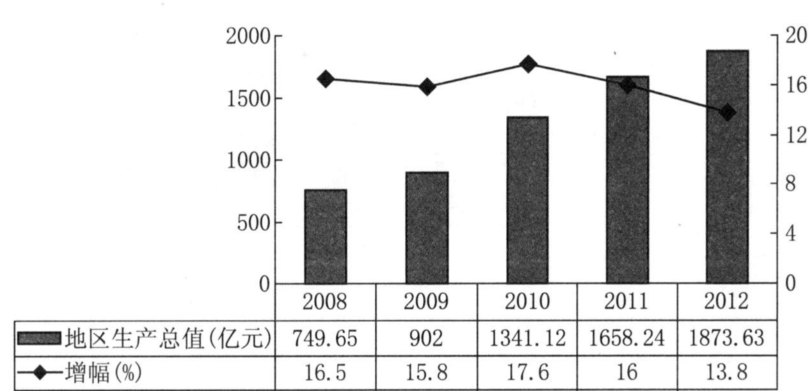


| | 2008 | 2009 | 2010 | 2011 | 2012 |
|---|---|---|---|---|---|
| 地区生产总值(亿元) | 749.65 | 902 | 1341.12 | 1658.24 | 1873.63 |
| 增幅(%) | 16.5 | 15.8 | 17.6 | 16 | 13.8 |

**图15　2008—2012年芜湖市地区生产总值及增长速度**

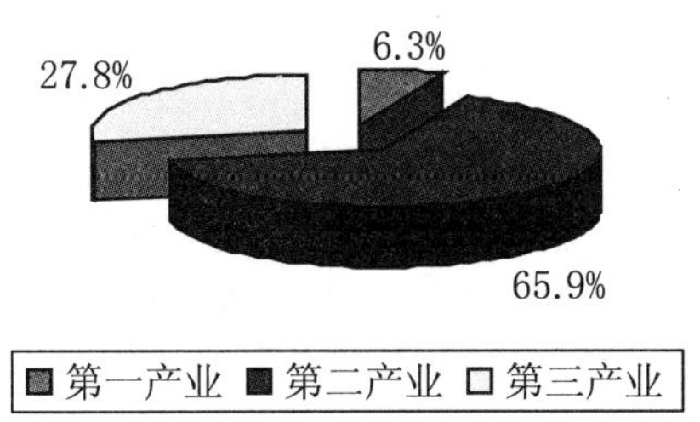


**图16　2012年芜湖市三次产业结构图**

#### 2. 财政收支

全年实现财政收入337.11亿元，比上年增长15.9 %；其中，地方财政收入178.92亿元，增长26.5%。在地方财政收入中，增值税20.41亿元，增长12.3%；营业税51.29亿元，增长21.5%；企业

所得税 14.80 亿元，增长 21.6%；城市建设维护税 10.35 亿元，增长 10.1%；契税 13.57 亿元，增长 20.4%。全年完成财政支出 302.21 亿元，比上年增长 23.0%，其中，农林水事务支出 22.06 亿元，增长 8.9%；教育支出 49.17 亿元，增长 36.3%；社会保障和就业支出 26.65 亿元，增长 20.4%；医疗卫生支出 19.85 亿元，增长 25.2%；住房保障支出 37.86 亿元，增长 66.9%。投入 71 亿元，实施了 39 项民生工程。

### 3. 物价水平

2012 年，城市居民消费价格(CPI)比上年上涨 2.4%，其中食品类价格上涨 3.9%。城市商品零售价格比上年上涨 2.2%。工业生产者出厂价格比上年下降 3.1%，购进价格比上年下降 2.7%。

### 4. 固定资产投资①

全年完成固定资产投资 1700.79 亿元，比上年增长 25.6 %；其中，城镇投资 1669.81 亿元，增长 24.7%。全年新增固定资产 680.15 亿元。本年项目建成投产率 54.1%，固定资产交付使用率 40.0%。固定资产投资中，第一产业投资 21.67 亿元，增长 130.5%；第二产业投资 861.97 亿元，增长 16.8%，其中工业投资 859.78 亿元，增长 17.1%；第三产业投资 817.15 亿元，增长 34.6%，其中房地产开发投资 366.67 亿元，增长 25.6%。全年销售商品房 426.99 万平方米，增长 12.0%；商品房销售额 236.26 亿元，增长 14.4%。

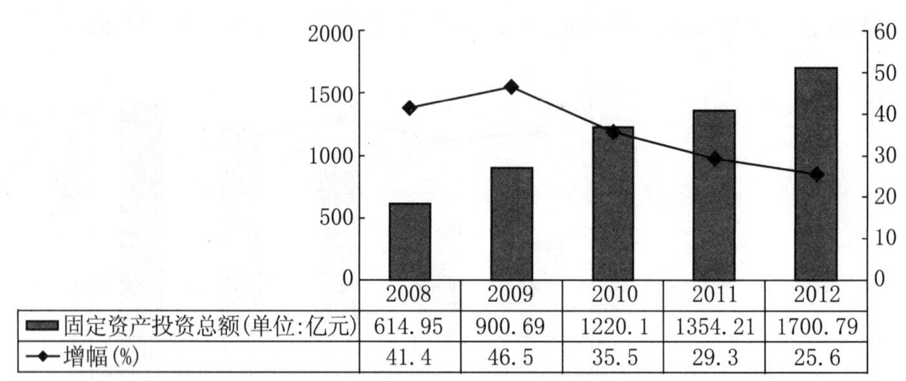


| | 2008 | 2009 | 2010 | 2011 | 2012 |
|---|---|---|---|---|---|
| 固定资产投资总额(单位:亿元) | 614.95 | 900.69 | 1220.1 | 1354.21 | 1700.79 |
| 增幅(%) | 41.4 | 46.5 | 35.5 | 29.3 | 25.6 |

图 17　2008—2012 年芜湖市全社会固定资产投资及增长幅度

## （二）农业

### 1. 农业生产

全年粮食种植面积 197892 公顷，油料种植面积 61852 公顷，棉花种植面积 44868 公顷。粮食产量 133.70 万吨，比上年增产 4.6%；油料产量 15.30 万吨，增产 1.4%；棉花产量 54882 吨，增产 0.8%；蔬菜产量 127.50 万吨，增产 7.0%；肉类产量 14.89 万吨，增长 5.4%；水产品产量 16.25 万吨，增长 2.5%。当年完成造林面积 2060 公顷。新增无公害农产品认证 16 个，绿色食品认证 43 个，有机食品认证 8 个。超级杂交稻推广面积 67.6 万亩，实施了 12 万亩国家优质油菜生产基地建设项目。年末拥有省级及以上农业产业化龙头企业 52 家。芜湖市成为全国农产品现代流通综合试点市。

① 从 2011 年起，固定资产投资项目统计起点标准改为 500 万元。固定资产投资(不含农户)统计范围从城镇固定资产投资扩大到农村企事业组织。

表19　2012年农业主要产品产量

| 指标 | 计量单位 | 2012年 | 比上年增减(%) |
|---|---|---|---|
| 粮食 | 万吨 | 133.70 | 4.6 |
| 棉花 | 万吨 | 5.49 | 0.8 |
| 油料 | 万吨 | 15.30 | 1.4 |
| 烤烟 | 吨 | 6430 | 31.3 |
| 茶叶 | 吨 | 2519 | 3.5 |
| 水果 | 万吨 | 20.94 | -4.0 |
| 蔬菜 | 万吨 | 127.50 | 7.0 |
| 肉类 | 万吨 | 14.89 | 5.4 |
| 牛奶 | 吨 | 5612 | -14.5 |
| 生猪(出栏数) | 万头 | 78.66 | 5.6 |
| 家禽(出栏数) | 万只 | 4596.54 | 6.5 |
| 水产品 | 万吨 | 16.25 | 2.5 |

### 2. 农业生产条件和基础设施

年末，拥有农业机械总动力190.35万千瓦，农用拖拉机5.98万台。农田有效灌溉面积199.12千公顷，其中，节水灌溉面积11.24千公顷。全年农用化肥施用量(折纯)15.52万吨，农村用电量12.58亿千瓦时。2012年，农村人口饮水安全工程惠及15.82万农村居民，农村饮水安全覆盖率已达到84.4%。

## (三)工业和建筑业

### 1. 工业生产

全年实现工业增加值1117.44亿元，比上年增长16.4%，其中，年主营业务收入2000万元以上工业企业(以下简称规模以上工业)实现增加值1080.23亿元，比上年增长17.3%。在规模以上工业中，国有及国有控股企业实现增加值294.46亿元，增长5.3%；股份制企业实现增加值770.54亿元、增长20.7%；外商及港澳台商投资企业实现增加值195.19亿元、增长8.7%。轻工业增加值282.73亿元，增长5.0%；重工业增加值797.49亿元，增长22.3%。工业产品销售率达到98.0%。

规模以上工业部分主要工业产品产量：水泥1522.94万吨，增长5.6%；钢材345.83万吨，增长23.8%；铜材41.71万吨，增长41.8%；汽车56.40万辆，下降11.5%；汽车仪表386.12万台，增长17.5%；船舶128.28万载重吨，增长2.5%；空调1410.46万台，增长1.4%；发电量153.54亿千瓦时，增长23.4%。

表20　2012年工业主要产品产量

| | | | |
|---|---|---|---|
| 啤酒 | 千升 | 45043 | -34.2 |
| 卷烟 | 亿支 | 345.44 | 2.2 |
| 纱 | 万吨 | 5.89 | 6.4 |

（续表）

| | | | |
|---|---|---|---|
| 布 | 万米 | 3574 | 112.0 |
| 服装 | 万件 | 15075 | −2.0 |
| 机制纸及纸版 | 万吨 | 1.94 | 33.6 |
| 塑料制品 | 万吨 | 62.15 | −2.4 |
| 水泥 | 万吨 | 1522.94 | 5.6 |
| 生铁 | 万吨 | 153.27 | 3.7 |
| 铸铁管 | 万吨 | 42.53 | −1.2 |
| 钢材 | 万吨 | 345.83 | 23.8 |
| 铜 | 万吨 | 1.31 | −26.8 |
| 铜加工材 | 万吨 | 41.71 | 41.8 |
| 工业锅炉 | 蒸发量吨 | 6737 | 7.0 |
| 金属切削机床 | 台 | 3482 | 23.6 |
| 汽车 | 万辆 | 56.40 | −11.5 |
| 改装汽车 | 万辆 | 1.23 | −33.3 |
| 民用钢质船舶 | 万载重吨 | 128.28 | 2.5 |
| 低压开关板 | 面 | 15555 | 53.8 |
| 房间空气调节器 | 万台 | 1410.46 | 1.4 |
| 汽车仪表 | 万台 | 386.12 | 17.5 |
| 发电量 | 亿千瓦时 | 153.54 | 23.4 |
| 天然气供应量 | 万立方米 | 25518 | 14.4 |

### 2. 工业效益

全年规模以上工业实现主营业务收入3889.50亿元，比上年增长17.6%；实现利润总额199.61亿元，利税总额387.02亿元，分别比上年增长13.9%和20.4%。工业经济效益综合指数达到311.8%。

### 3. 重点项目建设

新兴铸管三山基地项目、格力空调一期、美芝精密空调压缩机、奇瑞整车改扩建、海创弋江高新节能装备制造基地，以及芜雁高速、万达广场等项目建成；盾安制冷设备生产、宝骐新能源汽车、芜湖循环经济产业园、鑫科高精度电子铜带、芜湖港三山港区中外运码头等项目开工建设；奇瑞发动机和变速箱改扩建、奇瑞重工重型机械、飞利浦瑞华LED、德尔小家电、科逸住宅设备产业园、南翔万商国际商贸物流园区、三山区东汇码头、芜湖服务外包产业园二期、宁安城际铁路、合福客运专线等项目加快建设。

### 4. 建筑业

年末具有资质等级的总承包和专业承包建筑业企业222家。全年完成总产值343.70亿元，比上年增长15.1%；实现利税19.32亿元，增长23.4%。全年房屋建筑施工面积2469.15万平方米，比上

年增加289.64万平方米；房屋建筑竣工面积1021.48万平方米，比上年增加81.46万平方米。

## （四）服务业

### 1. 国内贸易

全年实现社会消费品零售总额490.20亿元，比上年增长16.7％。分区域看，城镇零售额444.06亿元，增长16.8%；乡村零售额46.13亿元，增长15.4%。分行业看，批发和零售业零售额426.48亿元，增长16.8%；住宿和餐饮业零售额63.72亿元，增长15.5%。

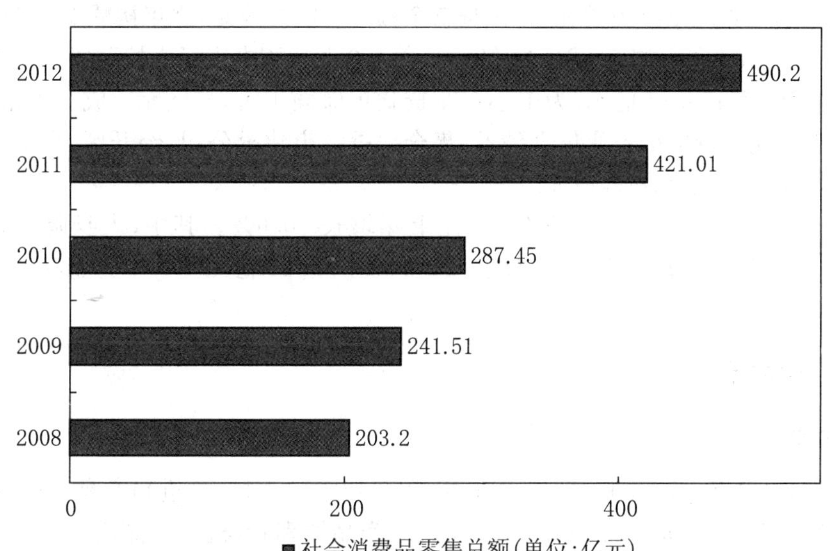


图18　2008—2012年社会消费品零售总额

### 2. 交通运输、邮电

全年交通运输、仓储和邮政业实现增加值75.36亿元，比上年增长8.8%。

交通运输。全年公路客运量14659万人，比上年增长24.9%；公路货运量14086万吨，增长25.3%。铁路客运量455.9万人，下降2.2%；铁路货运量121.37万吨，下降2.0%。水路货运量9391万吨，增长19.7%。港口货物吞吐量8260.10万吨，增长10.5%，其中外贸货物吞吐量155.80万吨，下降4.6%；港口集装箱吞吐量25.03万标准箱。年末民用汽车拥有量24.25万辆，比上年增长19.6%，其中私人汽车拥有量18.98万辆，增长23.5%。年末民用船舶拥有量4117艘。全市公路里程8824公里，其中等级公路8425公里。在等级公路中，高速公路144公里，一级公路167公里，二级公路567公里。

邮电业。全年邮电业务总量26.71亿元，比上年增长10.1%，其中，邮政业务总量2.15亿元，下降23.2%；电信业务总量24.56亿元，增长14.5%。本地固定电话用户82.43万户，减少5.26万户；移动电话269.36万户，新增34.96万户，其中3G移动电话用户为78.58万户。年末计算机互联网用户达到43.60万户。

### 3. 旅游业

全年接待国内外各类游客2035.62万人次，其中接待国内游客2014.71万人次。实现旅游业总收入224.62亿元，其中旅游创汇收入10573万美元。年末共有旅行社64家；星级饭店30家，其中三星级及以上23家；A级及以上旅游景点（区）25处，其中3A级及以上12处。成功举办各类会展58个。

#### 4. 金融和保险

金融业。年末，金融机构本外币存款余额1876.26亿元，比年初增加183.36亿元。其中，企业单位存款971.49亿元，比年初增加36.36亿元；城乡居民储蓄存款869.05亿元，比年初增加143.77亿元。金融机构本外币贷款余额1725.94亿元，比年初增加293.13亿元，其中，短期贷款680.01亿元，比年初增加71.82亿元；中长期贷款909.86亿元，比年初增加126.67亿元。年末外汇存款余额32305万美元，比年初减少3049万美元；外汇贷款余额49585万美元，比年初减少1091万美元。金融机构向中小微企业发放本外币贷款824.44亿元。全市企业在资本市场直接融资217.40亿元。65家融资性担保机构担保额136.42亿元，为中小企业贷款担保额124.58亿元。成立了市中小企业金融服务中心，在全省率先发行中小企业集合债券、集合票据。市建投公司、经开区、高新区共发债53亿元，奇瑞汽车公司发行10亿元私募债券。

保险业。全年实现保费收入30.05亿元，比上年增长10.6%。其中，人身险17.35亿元，增长2.6%；财产险12.71亿元，增长23.9%。赔款及给付支出9.47亿元。其中，人身险3.04亿元，财产险6.43亿元。

### （五）对外经济

#### 1. 对外贸易

全年实现进出口总额46.24亿美元，比上年增长16.7%。其中，进口总额12.54亿美元，下降0.3%；出口总额33.70亿美元，增长24.6%。从出口产品类别看，机电产品出口额27.10亿美元，占出口总额的80.4%。从产品出口地区看，对欧洲出口7.55亿美元，占出口总额的22.4%；对亚洲出口12.32亿美元，占出口总额的36.6%。

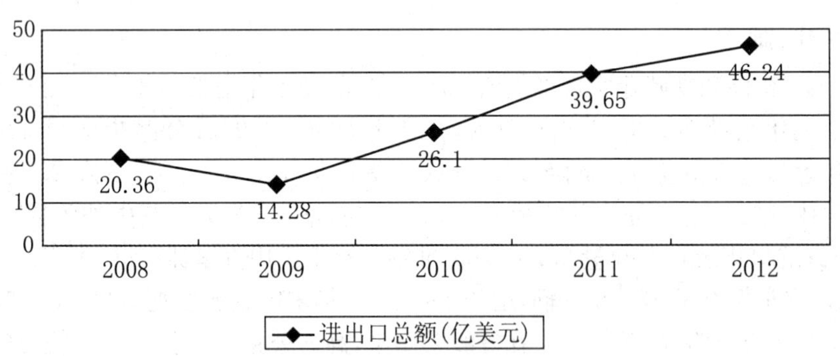


**图19　2008—2012年芜湖市外贸进出口总额**

#### 2. 招商引资

2012年新批外商投资企业26家，合同利用外资4.02亿美元。全年实际利用外资13.40亿美元，比上年增长27.1%，其中外商直接投资13.17亿美元，增长26.5%。实际利用内资1853.35亿元，增长23.0%；其中省外亿元以上资金700.30亿元，增长21.0%。新引进法国液化空气工业气体、德国林德集团食品级二氧化碳等5个境外世界500强企业投资项目，累计已有37家境外世界500强企业在芜湖投资了42家企业。

### 3. 园区建设

全年省级及以上开发区完成固定资产投资1015.15亿元，其中基础设施投资52.45亿元；实际利用省外境内资金867.89亿元，实际利用外商直接投资10.14亿美元；区内规模以上工业实现总产值3269.88亿元，比上年增长20.7%。

芜湖经济技术开发区全年实际利用省外境内资金129.28亿元，实际利用外商直接投资5.0亿美元；进出口总额35.0亿美元。

## 二、芜湖市2012年社会发展概况

### （一）人口、人民生活

年末，公安户籍人口383.43万人，比上年减少1.93万人。全市人口中，男性人口198.12万人，女性人口185.31万人。全年人口出生率12.0‰，死亡率13.5‰，自然增长率－1.5‰。

据抽样调查，全年城市居民人均可支配收入23784元，比上年增长13.2%；人均消费支出16992元，增长13.2%；人均住房建筑面积30.39平方米。农村居民人均纯收入9675元，比上年增长15.0%；人均生活费支出6369元，增长13.6%；人均生活用房面积35.67平方米。城市居民和农村居民的恩格尔系数分别为39.2%和44.6%，分别较上年上升1.6个和下降1.0个百分点。

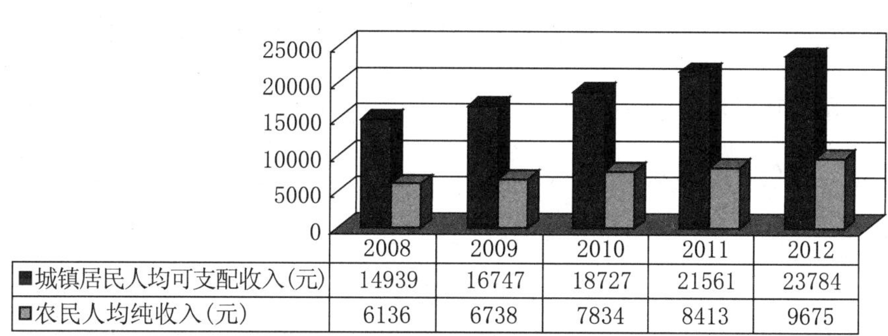


| | 2008 | 2009 | 2010 | 2011 | 2012 |
|---|---|---|---|---|---|
| ■城镇居民人均可支配收入（元） | 14939 | 16747 | 18727 | 21561 | 23784 |
| ■农民人均纯收入（元） | 6136 | 6738 | 7834 | 8413 | 9675 |

**图20　2008—2012年芜湖市城乡居民收入对比一览**

### （二）就业与社会保障

#### 1. 就业

年末，拥有人力资源服务机构19个。全年新增城镇就业人员8.5万人，其中安置下岗失业人员2.71万人。就业技能培训1.67万人次。城镇登记失业率3.91%。

#### 2. 社会保障和福利

年末，企业职工基本养老保险参保人数50.42万人，比上年增加2.90万人；城镇基本医疗保险参保人数58.71万人，增加4.09万人；失业保险参保人数34.11万人，增加2.76万人；工伤保险参保人数34.72万人，增加2.58万人；生育保险参保人数33.51万人，增加3.06万人。城镇居民参加基本医疗保险参保人数92.52万人。市辖四县全部纳入国家城乡居民养老保险试点，城乡居民养老保险参保人数171.54万人；农民参加新型农村合作医疗226.60万人，参合率达116.2%。有6.5万城镇居民、9.29万农村居民享受最低生活保障。全市最低工资标准达到800元/月，失业保险金标准达到520元/月，企业离退休人员人均养老金水平1470元/月。全市拥有各类福利机构112个，床位15986

张,收养各类人员8867人。全年共销售社会福利彩票3.17亿元,筹集市级公益金2973.24万元。直接接收慈善捐款1800万元。

## (三)教育和科学技术

### 1. 教育事业

年末,拥有普通高等院校10所,专任教师0.64万人,在校学生14.73万人,招生4.72万人,毕业生3.99万人;普通中学211所,专任教师1.31万人,在校学生17.34万人;中等职业学校25所,在校学生5.92万人;小学523所,专任教师1.15万人,在校学生19.27万人;幼儿园409所,在园儿童8.23万人。小学学龄儿童入学率100%,初中阶段适龄人口入学率100%。

### 2. 科技与创新

年末,全市拥有省级及以上工程(技术)研究中心49个,其中国家级3个,新增省级10个;省级及以上企业技术中心96个,其中国家级7个;省级及以上重点(工程)实验室16个,其中新增省级1个;省级及以上质检中心6个,其中国家级2个,新增国家特种电线电缆产品质检中心;院士工作站4个,新增2个。拥有高新技术企业343家,其中当年新认定61家;拥有省级高新技术产品454个,其中当年新认定180个。省级以上创新型(试点)企业33家,其中新增和升级共13家;国家创新型企业1家,鑫龙电器被批准为"国家创新型试点企业"。各类科技企业孵化器12家,面积26.9万平方米,其中国家级孵化器1个,新增省级科技企业孵化器6家。全年组织实施各类科技计划项目289项,其中国家项目62个;全年共登记各类科技成果152项,其中省部级以上81项;获各类科技奖45项,其中省级以上13项。专利申请量16861件,其中发明专利3961件;专利授权量10408件,其中发明专利675件。

## (四)文化、卫生和体育

### 1. 文化事业

至2012年年末,全市拥有艺术表演团体32个;文化馆8个;公共图书馆6个,馆藏图书179.2万册,其中市区藏书71.4万册;档案馆12个,向社会开放档案数9.84万卷。广播电台5座,电视台5座,广播综合人口覆盖率和电视综合人口覆盖率分别达到99.7%和99.3%,有线电视用户39.67万户,其中数字电视用户26.63万户。全国重点文物保护单位4处,省级重点文物保护单位36处。列入国家级非物质文化遗产名录2项,省级名录16项。全年举办大型文化活动15场次;大型群众性文化活动35场次;文艺团体演出250场次,其中送文化下乡120场次;创作剧目获省级及以上表彰奖励24个。《芜湖日报》、《大江晚报》全年总印数3152.4万份;其中《芜湖日报》920.4万份,《大江晚报》2232万份。

### 2. 卫生事业

年末,全市拥有各类卫生机构604个(不含村卫生室);其中,医院、卫生院134个,疾病控制中心9个,妇幼保健院、所、站8个,社区卫生服务中心33个,社区卫生服务站98个。卫生机构拥有床位14598张,其中医院、卫生院13655张。卫生技术人员16908人,其中执业(助理)医生6754人,注册护士7186人。

### 3. 体育事业

2012年,在国际国内重大比赛中,芜湖市运动员共获得奖牌8枚,其中金牌3枚。向省级及以上专业队和体育院校输送运动员60人,审批二级运动员149名。全市举办全民健身活动200次,参加活动人员达30万人次。全年共销售体育彩票1.85亿元。承办了全国围棋甲级联赛、中国葡萄牙国

际乒乓球对抗赛、全国男子武术散打精英赛等11项国内外重大赛事。

### （五）城乡建设

修编了全市“十二五”规划和城市总体规划。出台了关于加快建设江北、推进跨江发展的26条意见。年末，市区建成区面积扩大到150平方公里。天门山路拓宽工程、花津桥、清水河公路桥等建成通车，205和318国道改造、中江大道南延线等开工建设。利民路水厂二期工程竣工。两座110千伏以上输变电工程建成运行。全市公交运营线路网长度1896.5公里，拥有公交车1423辆，新增208辆；拥有出租车4971辆，其中市区3522辆。初步建成芜湖市公共自行车租赁系统，投放自行车1.05万辆。城市日供水综合能力77万吨。全年天燃气供气总量30887万立方米，用气人口118.25万人；液化气家庭用量2.43万吨，用气人口49.35万人，城市气化率100%。全年居民用电量16.13亿千瓦时。年末，城市绿化覆盖面积达到59.25平方公里，建成区绿化覆盖率39.5%，人均公园绿地面积13.56平方米。拆迁改造市区棚户区136.79万平方米，改造老旧小区52个。完成房地产投资362亿元，增长18%；商品房销售480万平方米，增长18%。新改建农村公路145公里，改造危桥40座、农村危房7405户。实施了无为万亩圩口防洪达标等一批水利工程。启动美好乡村建设，改造提升59个示范村。

### （六）环境保护

2012年出台了关于加强和创新城市管理工作的意见，开展了市容整治规范年、公共文明指数测评活动，推进网格化、信息化管理。启动国家生态园林城市创建工作，大阳埠湿地公园等13座城市公园正加快建设。实施森林增长工程，完成营造林8万亩。完成30个住宅小区雨污分流改造。年末，拥有国家三级及以上环境监测站5个，其中二级站1个。市区环境空气质量达优良的天数为362天，空气质量优良率为98.9%。饮用水源水质符合国家Ⅱ类标准。长江和青弋江干流芜湖段水质分别以Ⅱ类和Ⅲ类水质为主。森林覆盖率达到14.8%。实施节能项目72个，启动节能Ⅲ级预警，加强对64户高耗能企业的监管。以水泥厂低氮燃烧改造等为重点，实施减排项目78个。整顿关闭非煤矿山19家、小煤矿4家，全市煤矿企业全部关停。制定实施了机动车排气污染防治管理办法。通过土地整治增加1.3万亩耕地和6476亩城乡建设用地增减挂钩周转指标，盘活闲置和低效用地8500亩。竣工标准化厂房110万平方米。启动了繁昌循环经济产业园建设。芜湖市成为全国第二批餐厨废弃物资源化利用和无害化处理试点城市。

## 三、挑战与目标

芜湖市在前进道路上还面临很多挑战，工作中还存在许多不足，主要是：经济规模还不够大，产业结构还不够优，抗风险能力还不够强；产业转型升级步伐不快，战略性新兴产业发展未取得根本性突破，自主创新体制机制仍需完善；资源环境约束加剧，发展中不平衡、不协调、不可持续的问题依然突出，深化改革开放任务艰巨；城市布局和形态有待优化，功能和品位仍需提升，城乡发展差距较大；社会事业发展不平衡，公共服务均等化水平不够高，社会管理创新任务繁重；民生保障水平还比较低，城乡居民收入有待提高，部分群众生活还比较困难。一些干部领导科学发展能力需要进一步提高，有的地方发展环境需要进一步改善，政府服务效能需要进一步提升；一些部门消极腐败、奢侈浪费现象时有发生，一些领域道德失范、诚信缺失问题依然存在。

# 四　马鞍山市 2012 年经济社会发展报告

2012 年，面对复杂多变的宏观环境，市委、市政府带领全市人民，以科学发展观为指导，围绕市第八次党代会提出的抓好“三件大事”①、建设“四个中心”，按照稳中求进的工作总基调，以转变经济发展方式为主线，抓招商、盯项目，稳增长、促发展，全市经济社会发展呈现“发展速度先抑后扬、发展后劲持续增强、经济结构不断优化、社会事业全面进步、人民生活持续改善”的良好态势。

## 一、马鞍山市 2012 年经济发展概况

### （一）综合经济

#### 1. 经济总量

全年实现地区生产总值(GDP)1233.94 亿元，按可比价格计算，比上年增长 12%。其中，第一产业增加值 73.46 亿元，增长 5.2%；第二产业增加值 818.86 亿元，增长 12.4%；第三产业增加值 341.62 亿元，增长 12.5%。三次产业结构比例为 6.0∶66.3∶27.7。

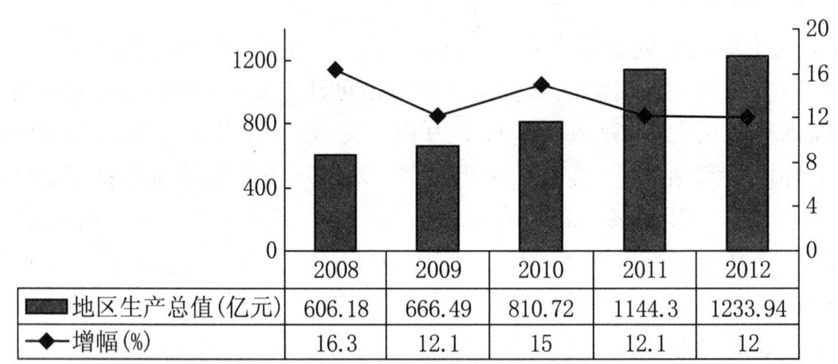

| | 2008 | 2009 | 2010 | 2011 | 2012 |
|---|---|---|---|---|---|
| 地区生产总值(亿元) | 606.18 | 666.49 | 810.72 | 1144.3 | 1233.94 |
| 增幅(%) | 16.3 | 12.1 | 15 | 12.1 | 12 |

图 21　2008—2012 年马鞍山市地区生产总值及增长速度

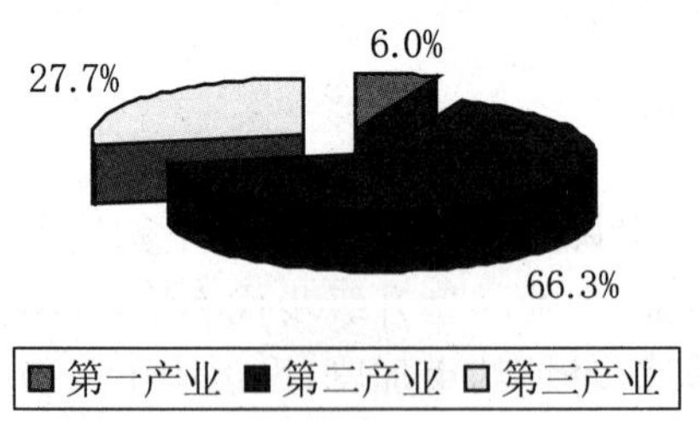


图 22　2012 年马鞍山市三次产业结构图

建设全面小康社会进程扎实推进。全市建设全面小康社会综合实现程度为 97.1%，比上年提升 2.6 个百分点。从 42 项建设全面小康社会监测指标看，有 30 项指标提前实现了建设全面小康社会的预期目标，比上年增加 4 项。

---

① 马鞍山市要着力做好加快转变经济发展方式、推动一江两岸协调发展、建设更高水平小康社会“三件大事”。

### 2. 财政收入

全年实现财政收入210.6亿元，比上年增长13%。其中，地方财政收入127.82亿元，比上年增长40.3%。全年累计财政支出190.37亿元，比上年增长37.7%。其中，社会保障和就业支出15.6亿元，比上年增长22.3%。民生工程累计投入资金149.16亿元，比上年增长25.5%。

### 3. 物价指数

全市居民消费价格比上年上涨2%。分类别来看，八大类商品及服务价格呈“七涨一跌”格局，除家庭设备用品及维修服务类价格与上年相比下跌外，其余七大类商品价格均上涨。其中，食品类价格涨幅靠前，同比上涨3.9%，烟酒类价格上涨2.4%，衣着类价格上涨2.9%，医疗保健和个人用品类价格上涨0.7%，交通与通信类价格上涨0.2%，娱乐教育文化用品类价格上涨2.4%，居住类类价格上涨0.7%。工业生产者出厂价格比上年下跌8.9%。

### 4. 固定资产投资①

2012年全年固定资产投资完成1201.15亿元，比上年增长25.4%，投资总额居全省第三位。其中，房地产开发投资211.49亿元，比上年增长56.5%。

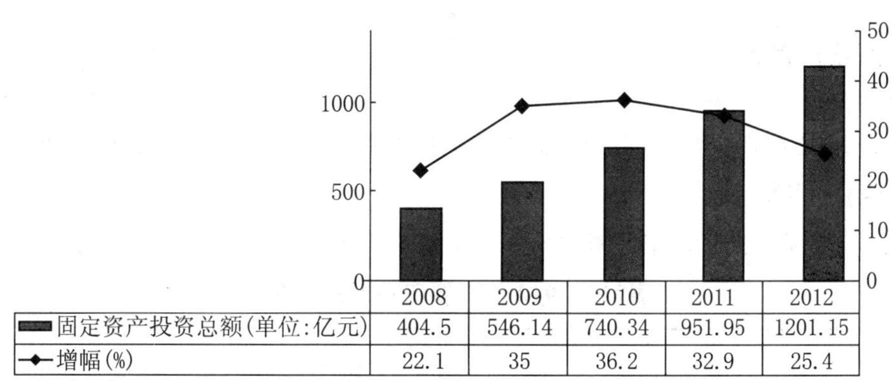


| | 2008 | 2009 | 2010 | 2011 | 2012 |
|---|---|---|---|---|---|
| 固定资产投资总额(单位:亿元) | 404.5 | 546.14 | 740.34 | 951.95 | 1201.15 |
| 增幅(%) | 22.1 | 35 | 36.2 | 32.9 | 25.4 |

**图23　2008—2012年马鞍山市全社会固定资产投资及增长幅度**

全年第一产业完成投资30.83亿元，比上年增长1倍。第二产业完成投资599.09亿元，比上年增长19%；其中，工业性投资完成598.13亿元，增长19.4%，占全社会固定资产投资比重49.8%。第三产业完成投资571.23亿元，比上年增长30.1%。城市基础设施投资174.53亿元，比上年增长17.4%。

全年完成重点项目投资647.1亿元，占投资总额的53.9%。“861”项目完成投资401.3亿元。马钢高速车轮用钢、发电厂扩建、圆融光电、金桐化工、宏达保温材料、海外海汽摩配件大市场和东环路改造等26个项目已建成或基本建成。

## （二）农业

### 1. 农业经济

全年完成农业总产值121.72亿元，按可比价格计算，比上年增长5%。全市粮食种植面积不断扩

① 从2011年起，固定资产投资项目统计起点标准改为500万元。固定资产投资（不含农户）统计范围从城镇固定资产投资扩大到农村企事业组织。

大，达 15.32 万公顷，比上年增长 4.9%。粮食作物在农作物所占比重达 63.1%，比上年提高 1.8 个百分点。粮食产量实现九连增，达 101.6 万吨，比上年增长 5.5%，增幅居全省第二位；棉花总产量 1.6 万吨，比上年下降 5.3%；油料总产量 10.24 万吨，比上年增长 0.5%。

### 2. 农副产品

全市肉类总产量 7.74 万吨，比上年下降 1.5%；家禽出栏 2965 万只，比上年增长 4.1%；禽蛋总产量 1.7 万吨，比上年增长 6.6%；牛奶总产量 4.06 万吨，比上年增长 1.2%；水产品总产量 10.6 万吨，比上年增长 0.5%；蔬菜总产量 67.88 万吨，比上年增长 4.9%；水果总产量 2.91 万吨，比上年增长 35%。

## （三）工业和建筑业

### 1. 工业经济

全年完成规模以上工业增加值 538.23 亿元，扣除价格变动因素，比上年增长 13.7%。县区、开发区和新区工业生产快速增长，三县规模以上工业增加值比上年增长 30.9%，三区增长 30.2%，开发区及新区增长 26%。

### 2. 战略性新兴产业

全年战略性新兴产业产值达 286.04 亿元，比上年增长 45%，增幅居全省第二位。其中，节能环保产业增长 3.6 倍、新能源产业增长 23.9%、高端装备制造业增长 40.8%、新材料产业增长 27.6%。

### 3. 工业企业产销

全年规模以上工业企业产品销售率为 97.7%。主要工业产品产量保持较快增长。

**表21　2012 年主要工业产品产量**

| 产品名称 | 单 位 | 产 量 | 比上年增长(%) |
|---|---|---|---|
| 生铁 | 万吨 | 1617.17 | 6.0 |
| 粗钢 | 万吨 | 1591.85 | 2.3 |
| 钢材 | 万吨 | 1648.43 | 1.1 |
| 水泥 | 万吨 | 1243.12 | 7.1 |
| 改装汽车 | 辆 | 4379 | −49.6 |
| 汽车及底盘 | 辆 | 12596 | −38.3 |
| 机制纸及纸板 | 万吨 | 101.16 | 13.2 |
| 发电量 | 亿千瓦时 | 258.08 | 40.5 |
| 啤酒 | 万千升 | 15.61 | 26.3 |
| 纱 | 万吨 | 1.54 | −25.2 |
| 服装 | 万件 | 4054 | 16.3 |
| 泵 | 万台 | 4.55 | 14.5 |
| 阀门 | 万吨 | 3.29 | 2倍 |

### 3. 建筑业

全年实现建筑业增加值 73.5 亿元，按可比价格计算，比上年增长 7.5%。房屋建筑施工面积 1963.4 万平方米，房屋竣工面积 761.9 万平方米。

## （四）服务业

### 1. 国内贸易

全年实现社会消费品零售总额 262.94 亿元，比上年增长 16.5%。分地区看，城乡市场全面协调发展，全年城镇和乡村市场分别实现零售额 241.65 亿元和 21.29 亿元，分别比上年增长 16.5%和 16.3%。分行业看，批发零售业实现零售额 228.96 亿元，比上年增长 16.9%；其中，限额以上企业实现零售额 100.95 亿元，比上年增长 33.2%。住宿餐饮业实现零售额 33.98 亿元，比上年增长 13.9%；其中，限额以上企业实现零售额 6.4 亿元，比上年增长 14.3%。

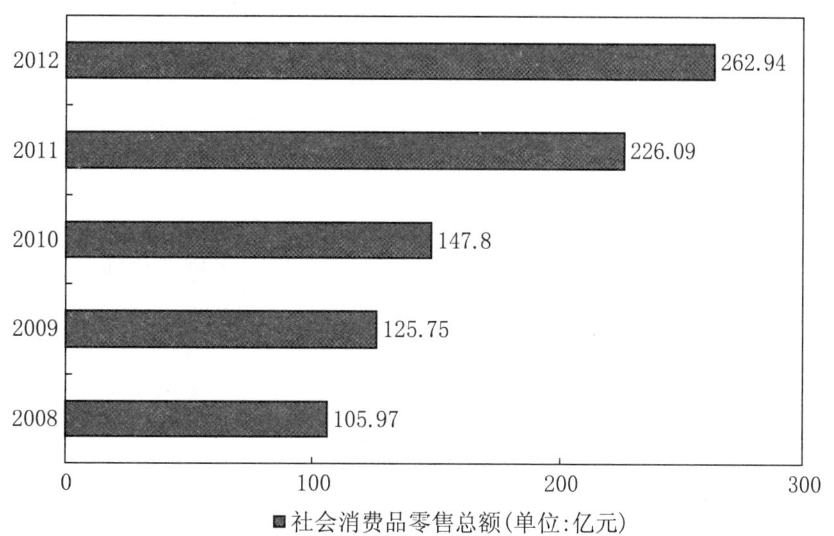


**图 24　2008—2012 年社会消费品零售总额**

消费需求较为旺盛。据抽样调查，全年城市居民人均消费性支出 18286 元，比上年增长 15.6%；其中，食品消费支出增长 14.9%，衣着支出增长 18%，家庭设备用品及服务支出增长 23.8%，教育文化娱乐服务类消费支出增长 23.7%。全年农民人均生活消费支出 6782 元，比上年增长 17.3%；其中，食品消费支出增长 12.1%，医疗保健消费支出增长 28%，家庭设备、用品及服务消费支出增长 23.3%。

### 2. 交通运输、邮电

交通运输能力稳步提升。全年铁路旅客发送量 95.7 万人，铁路货运发送量 443.9 万吨。港口货物吞吐量 6809.1 万吨，比上年增长 7.2%；集装箱吞吐量 8.9 万标箱，比上年增长 11.1%。105 省道改建工程竣工通车，314 省道升级改造主体完工，长江公路大桥、马巢高速、205 国道升级改造扎实推进。

邮电通讯业平稳增长。全年完成邮电业务收入 14.95 亿元，比上年增长 16%。年末固定电话用户 57.43 万户，其中，城市电话用户 28.77 万户。年末移动电话用户 164.93 万户，年末宽带用户 28.61 万户。

### 3. 旅游业

全年旅游业总收入103.97亿元，比上年增长26.8%；其中，国际旅游外汇收入9722.33万美元，比上年增长18.5%。全年共接待海外旅游者8.27万人次，比上年增长38.2%。年末星级饭店22家；其中，五星级2家，四星级6家，三星级8家。现有A级景区14处，其中4A级景区1处。

### 4. 金融和保险

金融信贷规模持续扩张。民生银行马鞍山分行开业运营，中信银行马鞍山分行获准筹建，银行业金融机构增至19家。年末全市金融机构本外币存款余额1269.19亿元，比年初增加192.09亿元；其中，单位存款余额602.65亿元，比年初增加93.54亿元。年末金融机构本外币贷款余额877.14亿元，比年初增加75.8亿元；其中，短期贷款386.64亿元，比年初增加22.52亿元；中长期贷款391.11亿元，比年初增加28.96亿元。

保险业实现较快发展。全市各类保险机构19家。全年保费总收入21.4亿元，比上年增长28.9%。其中，财产险保费收入7.11亿元，比上年增长35%；人身险保费收入14.29亿元，比上年增长26%。

### 5. 园区建设

园区新区蓬勃发展。市经开区引进亿元以上项目22个，其中超10亿元项目4个；66个项目竣工投产，成为全省首个省级电子信息产业园。慈湖高新区扩区托管、资源整合平稳实施。郑蒲港新区创新体制机制，产业区和新城区建设同步推进，皖江最大等级的深水码头开工建设。示范园区成为省现代服务业集聚区，协会招商、园中园招商成效明显。滨江新区沿江大道建成通车，安置房建设快速推进。秀山新区建设全面提速，东部环路竣工通车，秀山湖主体工程完工。6个园区、新区完成固定资产投资占全市的29.4%。

## （五）开放型经济

### 1. 对外贸易

2012年全年进出口总额36.52亿美元，比上年下降12.8%。其中，出口12亿美元，增长51.3%；进口24.52亿美元，下降27.8%。

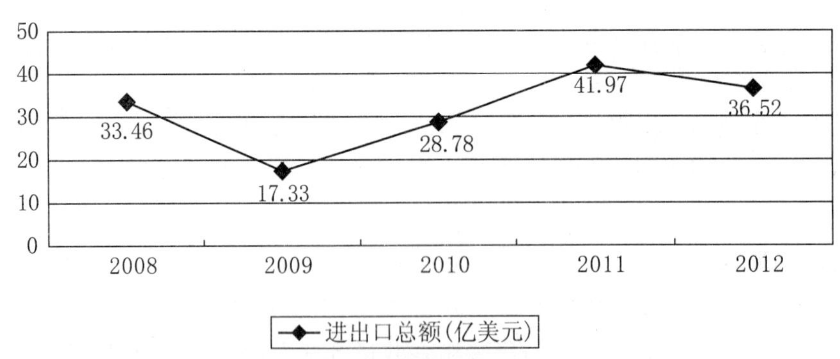


图25　2008—2012年马鞍山市外贸进出口总额

### 2. 利用内外资

全年实际利用外资13.39亿美元，比上年增长34.4%。其中，实际利用外商直接投资12.79亿美元，增长29%。实际利用内资1260亿元，增长51.4%，与21个国家级协会学会达成战略合作。对台

招商取得重要成果，正崴科技园等7个台资项目成功引进。

## 二、马鞍山市2012年社会发展概况

### （一）人口、人民生活

年末全市户籍人口为228.37万人，比上年末减少0.24万人。其中，农业人口146.87万人，非农业人口81.5万人。据抽样调查，人口出生率为10.3‰，死亡率为5.45‰，自然增长率为4.85‰。

据抽样调查，全市城市居民人均可支配收入30937元，稳居全省首位，比上年增长13.2%。全市农民人均纯收入10920元，稳居全省首位，比上年增长14.9%。

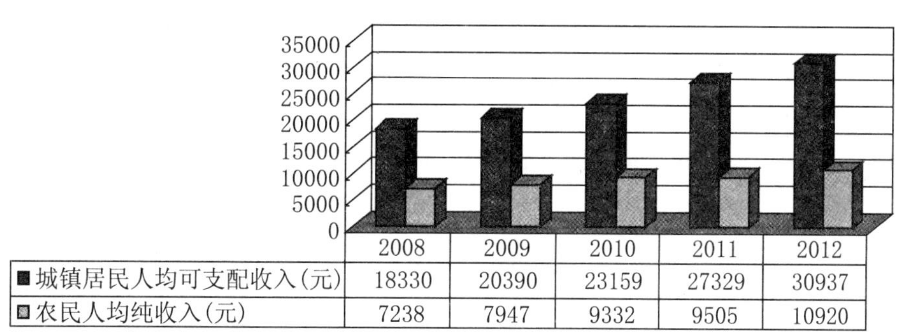


| | 2008 | 2009 | 2010 | 2011 | 2012 |
|---|---|---|---|---|---|
| 城镇居民人均可支配收入（元） | 18330 | 20390 | 23159 | 27329 | 30937 |
| 农民人均纯收入（元） | 7238 | 7947 | 9332 | 9505 | 10920 |

图26　2008—2012年马鞍山市城乡居民收入对比一览

家庭耐用消费品拥有量增加。据抽样调查，年末平均每百户城市居民家庭耐用消费品拥有量：家用空调179台，冰箱101台，移动电话189部，家用电脑87台，热水淋浴器104台。

居民储蓄不断增加。年末城乡居民储蓄余额637.58亿元，比年初增加95.93亿元。其中，定期储蓄存款余额428.4亿元，比年初增加73.28亿元；活期储蓄存款余额199.58亿元，比年初增加23.89亿元。

### （二）就业与社会保障

#### 1. 就业

全年累计新增就业5.51万人，其中下岗失业人员再就业2.88万人，“4050”人员等困难群体再就业6459人，城镇登记失业率为2.8%。抓好下岗失业人员再就业培训，完成就业再就业技能培训2.2万人，创业培训1.15万人。

#### 2. 社会保障和福利

社会保障工作取得新成绩。医保付费方式改革全国试点扎实推进，成为全国第四批城乡居民社会养老保险试点城市。城乡低保、农村五保实现应保尽保，市社会福利中心投入使用，惠残民生工程顺利实施。全市城镇职工基本养老保险参保人数为38.33万人，失业保险参保人数24.09万人，医疗保险参保人数46.58万人，工伤保险参保人数30.07万人，生育保险参保人数62.85万人。城镇居民医疗保险参保人数50.29万人。全市新型农村社会养老保险参保人数98.5万人，参保率为90.3%。被征地农民养老保障实现即征即保，参保人数为11万人。

社会福利事业逐步完善。城乡低保标准和补助水平稳步提高，城镇居民低保标准提高到户月人均405元，农村低保标准提高到户年人均3840元。全市城乡最低生活保障救助113.16万人次，全年

支付低保金2.78亿元。全市社会收养性福利床位数1.12万张；抚恤、补助各类优抚对象1.68万人；接受社会捐赠900万元；拥有便民利民服务网点680个。全市福利彩票销售1.82亿元，比上年增长25.4%；筹集福利彩票公益金5458.5万元，比上年增长21%，其中市本级2046.9万元。

## （三）教育和科学技术

### 1. 教育事业

2012年全年财政用于教育的支出29.8亿元，比上年增长19.2%。全市高等院校6所；中小学及其他各类学校660所，其中，幼儿园219所，小学312所，特殊教育学校3所，普通中学102所。全市省一类幼儿园7所，省示范高中11所，省特色初中1所，省特色小学2所，国家重点职业学校5所。全市中小学及其他各类学校共有在校学生33.76万人、教职工2.29万人。全市高中阶段在校学生8.68万人，高中阶段教育毛入学率108.98%。

### 2. 科技创新与人才

科技创新成果丰硕。全年专利申请量3944件，比上年增长97.2%。66个项目被省级以上科技计划项目立项，其中，国家科技支撑计划、国家973计划、国家火炬计划等国家级项目39项。全年组建市级工程技术研究中心21家、重点实验室9家，组建马鞍山市第四家院士工作站——威龙科工贸院士工作站。

高新技术产业稳步增长。全年高新技术产业产值590亿元，比上年增长10.3%。高新技术企业167家，高新技术产品528个。民营科技企业288家，技工贸总收入103亿元。

人才队伍建设富有成效。举办各类人才招聘会144场，组织赴清华大学等外地招才引智6次，引进高层次人才140人。24个引智项目被国家和省批准立项，其中国家级1项、省1项，已实施14项引智项目，引进国外专家18人。新增4个博士后工作站，建成省级技能大师工作室4个，其中国家级1个。

## （四）文化、卫生和体育

### 1. 文化事业

创建国家公共文化示范区建设扎实推进，成功举办第24届马鞍山中国李白诗歌节、第27届“江南之花”群众文化节、第三届“周末大舞台”等文化活动。年末拥有公共图书馆17个，藏书196万册；专业艺术表演团体9个，文化馆7个；广播人口覆盖率、电视人口覆盖率均为100%。综合档案馆7个，档案资料117.14万卷(件)，总建筑面积1.5万平方米。

### 2. 卫生事业

全市共有卫生机构860个。其中，医院、卫生院93个；社区卫生服务机构105家；标准化村卫生室388所。共有病床6506张，卫生技术人员9737人。全市以乡镇为单位四苗、五苗接种率99%，乙肝疫苗首针接种率99%。

### 3. 体育事业

成功举办首届马鞍山体育舞蹈公开赛、“丰盛杯”第二届长三角城市自行车越野邀请赛、南京都市圈城市龙舟邀请赛、第38届元旦环湖长跑等活动。举办了全市中小学13项体育比赛和大专院校8项体育比赛等。在全省率先将高校体育竞赛列入市级体育部门的竞赛计划。参加省常规比赛获得奖牌208枚，其中，金牌67枚、银牌73枚、铜牌68枚。

### （五）城乡建设

基础设施进一步完善。实施城乡基础设施项目475个，完成投资420亿元。长江公路大桥全面进入上部结构施工，城际铁路站前广场地下枢纽工程主体封顶。东环路高速化改造、105省道改建工程竣工通车，314省道升级改造主体完工，马巢高速、205国道升级改造扎实推进，206、226省道拓宽改造启动实施。新建城区主干道路38.3公里，升级改造县乡公路74.4公里。副城区、中心镇和农村新社区建设完成投资80亿元。24个电网建设项目快速推进，供电保障能力提升。

城乡面貌明显改观。启动慈湖河中游综合整治，加快城市出入口环境整治步伐，实施南湖公园景观提升工程，建成4座街头游园。完善城市管理体制，启动数字化城管平台建设，开展"三车"（渣土车、散装运料车、预拌混凝土运输车）治理。完成57个老旧小区整治三年计划。实施滁河防洪治理工程，农田水利基本建设力度加大。美好乡村建设得到省委、省政府肯定，50个示范村加快建设。完善村庄规划编制，实施53个村庄整治，建成10个乡镇压缩式垃圾中转站，改造农村危房6544户。

### （六）资源和环境

矿产资源丰富。全市已发现38种矿种；其中，金属矿产10种，非金属矿产26种，水汽矿产2种。查明资源储量的矿种共计27种；其中，金属矿产5种，非金属矿产22种。

环境质量有效改善。全年共安排减排重点工程65项，市发电厂燃煤机组脱硫、山鹰公司循环硫化床锅炉炉内脱硫等工程相继建成。东部污水处理厂建成运行，全市共运行污水处理厂9座，城市生活污水处理率达83%以上。节能降耗、主要污染物排放量控制在省下达的指标以内。全市空气质量优良率93.7%，城市饮用水水质达标率100%。工业废水排放达标率99.8%。

### （七）安全生产

安全生产形势稳定。全市亿元GDP安全事故死亡人数0.13人。

## 三、挑战与目标

当前马鞍山市经济社会发展中还存在一些问题，主要是：受外部环境的影响，部分企业生产经营比较困难，新的增长点不够多，经济发展还处在负重爬坡阶段；战略性新兴产业和现代服务业发展需要加大力度，资源环境制约日益凸显，节能减排形势依然严峻；中心城市辐射带动和综合服务功能尚显不足，城乡区域发展不够平衡，农村基础设施还相对薄弱；社会建设、社会管理有待加强和创新，影响社会和谐稳定的矛盾仍然较多；少数干部市场意识、忧患意识不够强，敢于负责、敢于担当的勇气还显得不足，效能不高、节奏不快、落实不力的现象还不同程度存在。

2013年经济社会发展的主要预期目标为：地区生产总值增长12%，财政收入与地区生产总值同步增长，全社会固定资产投资增长20%，社会消费品零售总额增长15%，城市居民人均可支配收入增长13%，农民人均纯收入增长14%，城镇登记失业率控制在4%以内，人口自然增长率、单位生产总值能耗、主要污染物排放量控制在省下达指标以内。

# 五　滁州市2012年经济社会发展报告

2012年，国内外环境复杂多变、宏观经济下行压力较大的年份，也是本届政府收官之年。全市人民在市委、市政府的坚强领导下，深入贯彻落实科学发展观，认真贯彻中央和省一系列稳增长、促发展政策措施，抢抓机遇，攻坚克难，加快发展方式转变，奋力冲刺全省第一方阵，国民经济运行稳中见快，人民生活水平继续提高，社会事业取得新的进步。

## 一、滁州市2012年经济发展概况

### （一）综合经济

#### 1. 经济总量

全年实现生产总值(GDP)970.74亿元，比上年增长13.1%，连续七年实现两位数增长。在生产总值中，第一产业增加值192.79亿元，增长5.9%；第二产业增加值507.59亿元，增长16.6%；第三产业增加值270.36亿元，增长11.6%。三次产业比为19.8∶52.3∶27.9。工业化水平达到46.0%，比上年提高0.7个百分点，人均GDP达24650元(折合3906美元)，比上年增加3042元。

表22　2012年全市生产总值构成及增长速度　单位：亿元、%

| 指　标 | 绝对数 | 比上年增长 |
| --- | --- | --- |
| 生产总值 | 970.74 | 13.1 |
| 第一产业 | 192.79 | 5.9 |
| 第二产业 | 507.59 | 16.6 |
| 第三产业 | 270.36 | 11.6 |
| 交通运输、仓储和邮政业 | 38.28 | 9.7 |
| 批发和零售业 | 48.85 | 11.8 |
| 住宿和餐饮业 | 16.93 | 9.1 |
| 金融业 | 22.29 | 18.6 |
| 房地产业 | 39.33 | 5.4 |
| 营利性服务业 | 29.55 | 13.7 |
| 非营利性服务业 | 75.13 | 13.7 |

#### 2. 财政收支

全年实现财政总收入153.22亿元，比上年增长21.8%。其中，地方财政收入96.94亿元，增长31.3%。从收入来源结构看，各项税收完成126.69亿元，比上年增长19.6%，占财政总收入的82.7%，占比下降1.5个百分点。从实现主体看，市本级财政收入49.39亿元，增长18.7%；县级财政收入103.82亿元，增长23.3%。全年财政支出230.8亿元，比上年增长26.1%。其中，教育支出38.09亿元，增长30.0%；农林水事务支出39.27亿元，增长12.6%；社会保障和就业支出23.24亿

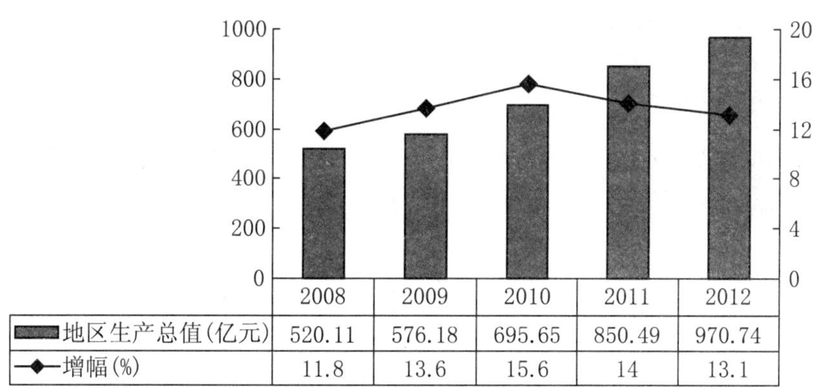


| | 2008 | 2009 | 2010 | 2011 | 2012 |
|---|---|---|---|---|---|
| 地区生产总值(亿元) | 520.11 | 576.18 | 695.65 | 850.49 | 970.74 |
| 增幅(%) | 11.8 | 13.6 | 15.6 | 14 | 13.1 |

**图 27　2008—2012 年滁州市地区生产总值及增长速度**

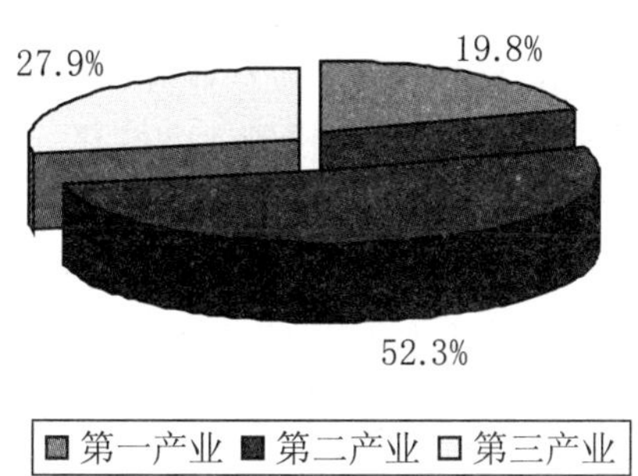


**图 28　2012 年滁州市三次产业结构图**

元，增长 18.9%；医疗卫生支出 26.20 亿元，增长 54.1%；交通运输支出 9.57 亿元，增长 15.3%；住房保障支出 19.48 亿元，增长 86.5%。用于民生方面支出 189.8 亿元，占总支出的 82.2%，其中 33 项省级民生工程投入 52.4 亿元，比上年增加 10.6 亿元。

### 3. 物价水平

2012 年居民消费价格比上年上涨 2.1%。八大类消费价格中 7 涨 1 降，其中涨幅较大的为烟酒及用品类，上涨 5.2%，其次为食品类，上涨 4.0%。在食品类中，水产品、鲜菜、油脂涨幅较大，分别为 10.3%、8.3%、6.1%。全年商品零售价格比上年上涨 1.9%。全年工业生产者价格下降 0.7%，其中轻工业价格上涨 1.6%，重工业价格下降 2.3%；生产资料价格下降 1.7%，生活资料价格上涨 1.2%。企业原材料、燃料、动力购进价格下降 1.7%。

**表23　2012 年城镇居民消费价格变动情况**

| 指标及分类 | 涨跌幅度±% |
|---|---|
| 居民消费价格 | 2.1 |
| 其中：食品 | 4.0 |
| 其中：粮食 | 2.8 |
| 肉禽及其制品 | −0.6 |
| 菜类 | 8.3 |

（续表）

| | |
|---|---|
| 衣着 | 2.7 |
| 烟酒及用品 | 5.2 |
| 家庭设备用品及服务 | 1.8 |
| 医疗保健及个人用品 | 1.6 |
| 交通和通讯 | －0.3 |
| 娱乐教育文化用品及服务 | 0.4 |
| 居住 | 0.5 |

### 4. 固定资产投资①

全年完成固定资产投资 882.6 亿元，比上年增长 27.9%，其中，城镇项目投资 652.78 亿元，增长 23.1%；农村项目投资 13.12 亿元，增长 174.9 %。按产业分，第一产业投资 12.2 亿元，增长 40.3%；第二产业投资 408.3 亿元，增长 10.6 %；第三产业投资 462.0 亿元，增长 48.0%。从行业看，制造业投资 381.1 亿元，增长 19.3%；房地产业投资 303.4 亿元，增长 46.3 %；水利环境和公共设施管理业投资 76.0 亿元，增长 75.0 %；公共管理、社会保障和社会组织投资 24.1 亿元，增长 42.4 %；电力燃气及水的生产和供应业投资 22.9 亿元，增长 1.1%；信息传输计算机服务和软件业、科学研究、技术服务和地质勘查业、金融业当年投资增幅均在 4 倍以上。

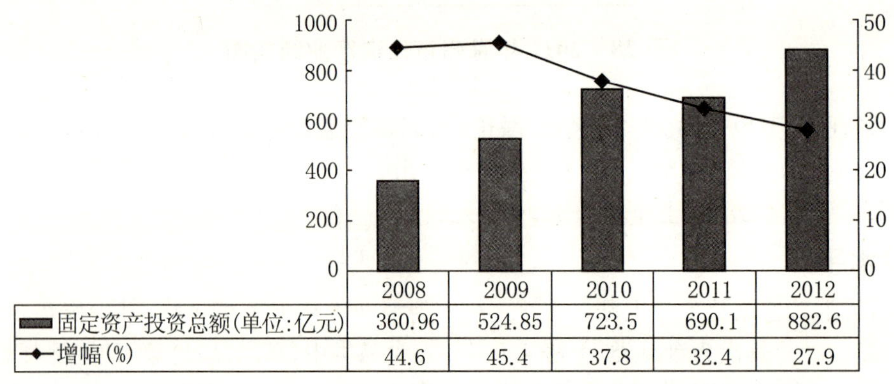


| | 2008 | 2009 | 2010 | 2011 | 2012 |
|---|---|---|---|---|---|
| 固定资产投资总额(单位:亿元) | 360.96 | 524.85 | 723.5 | 690.1 | 882.6 |
| 增幅(%) | 44.6 | 45.4 | 37.8 | 32.4 | 27.9 |

**图 29　2008—2012 年滁州市全社会固定资产投资及增长幅度**

全年 500 万元以上固定资产投资施工项目 1936 个，其中高新技术产业项目个数 121 个，比上年增长 49.4%；当年新开工项目 1301 个，其中亿元以上项目 275 个，比上年增长 19.0%，当年已投产项目 1151 个。

重大项目建设进展顺利。全年全市共安排“861”行动计划项目 259 项，当年完成投资 423 亿元。计划总投资 160 亿元的年产 100 万吨 PVC 项目，当年完成投资 1.6 亿元，累计完成 73.7 亿元；计划总投资 36.8 亿元的天长吉阳新能源年产 1920MW 高效晶硅太阳能电池项目，当年完成投资 4.6 亿元，累计完成 10.1 亿元；计划总投资 26 亿元安徽（天康）集团股份有限公司年产 20 亿安时标准纳米锂电

① 从 2011 年起，固定资产投资项目统计起点标准改为 500 万元。固定资产投资（不含农户）统计范围从城镇固定资产投资扩大到农村企事业组织。

池项目，当年完成投资 4.4 亿元，累计完成 11.1 亿元；计划总投资 20 亿元市承接产业园基地 200 万平方米标准厂房项目，当年完成投资 3.3 亿元，累计完成 5.6 亿元。；计划总投资 20 亿元的全椒君鸿年产 10 万吨软磁非晶材料生产线项目，当年完成投资 2.2 亿元，累计完成 3.8 亿元；计划总投资 15 亿元的银鹭食品工业园项目，当年完成投资 7.5 亿元，累计完成 10.3 亿元。

一批新项目如期开工建设。安徽博特金属复合材料有限公司金属复合材料生产项目计划总投资 10 亿元，当年完成投资 1.1 亿元；强强实业（天长）有限公司年产 4.2 亿米仿真丝面料项目计划总投资 18 亿元，当年完成投资 0.9 亿元。

## （二）农业

全年农作物播种面积 87.2 万公顷，比上年增加 5830 公顷，增长 0.7%。其中，粮食作物播种面积 71.0 万公顷，比上年增长 1.4%；油料作物播种面积 7.8 万公顷，比上年减少 5.9%；蔬菜播种面积 4.4 万公顷，比上年增长 2.0%。

全年粮食总产量 415 万吨，比上年增长 4.7%，再创历史新高。全年油料产量 20.46 万吨，比上年减产 1.1%。其他经济作物有增有减。其中棉花产量 10000 吨，比上年减产 1.5%；蔬菜产量 135.8 万吨，比上年增长 2%。

全年肉类总产量 36.98 万吨，比上年增长 5.3%；禽蛋产量 10.67 万吨，比上年增长 3.3%；牛奶产量 9872 吨，比上年增长 4.5%；水产品产量 30.06 万吨，比上年增长 4.4%。

年末，全市农业机械总动力 637.8 万千瓦，比上年增长 4.9%；农用拖拉机 49.2 万台，比上年增长 0.3%；排灌动力机械 8.7 万台，比上年下降 1.3%；全年化肥施用量（折纯）33.9 万吨，比上年增长 1.7%。农村用电量 8.9 亿千瓦小时，比上年增长 7.8%。年末农田有效灌溉面积达 357.68 千公顷，比上年净增 1950 公顷。全年完成重点水利工程 12 项，完成投资 15.85 亿元，分别比上年减少 16 项、增加 5.96 亿元。

**表24　2012 年主要农产品产量**　　单位：吨、%

| 名　称 | 绝对数 | 比上年增长 |
|---|---|---|
| 粮食 | 4150703 | 4.7 |
| 其中：稻谷 | 2397161 | 3.9 |
| 小麦 | 1423691 | 6.1 |
| 玉米 | 175356 | 3.9 |
| 大豆 | 50209 | −0.9 |
| 油料 | 204615 | −1.1 |
| 其中：花生 | 85098 | −5.9 |
| 油菜籽 | 112861 | 3 |
| 棉花 | 10000 | −1.5 |
| 水果 | 583830 | 1.3 |
| 茶叶 | 490 | 3.4 |
| 蔬菜 | 1357828 | 2 |

（续表）

| | | |
|---|---|---|
| 肉类 | 369806 | 5.3 |
| 禽蛋 | 106661 | 3.3 |
| 牛奶 | 9872 | 4.5 |
| 水产品 | 300627 | 4.4 |

在农村社会经济全面发展的喜人局面下，有三大突出亮点值得关注：

（一）粮食产量实现九连增创历史最好水平。通过全市上下齐心努力，粮食产量实现九连增创历史最高水平，向“百亿粮仓”目标又迈进了坚实的一步。

（二）农民收入站上全国、全省平均水平之上。自 1990 年起，滁州市农民人均纯收入开始低于全国平均水平，经过几年追赶，1998 年曾逼近全国平均水平，仅相差 3 元，此后差距再次拉大。经过几年的不断发展，2011 年实现超越全国平均水平，2012 年，该市农民人均纯收入 8091 元，超全国平均水平 174 元，超全省平均水平 930 元。

（三）农业结构进一步趋向合理。2012 年，全市一产增加值 192.8 亿元，占全市 GDP 的 19.8%，较上年下降 0.6 个百分点，且首次低于 20%。种植业在一产中的比重达 49%，比去年下降 0.8 个百分点，畜牧业和渔业所占比重达 47%，比去年增长 0.6 个百分点，农业结构更趋合理。

## （三）工业和建筑业

### 1. 工业增加值

全年全部工业实现增加值 446.1 亿元，比上年增长 17.2%。其中，规模以上工业①比上年增长 17.9%。在规模以上工业中，重工业、非公经济成分增长较快。

**表25 2012 年规模以上工业增加值增长**

单位：%

| 分　类 | 比上年增长 |
|---|---|
| 规模以上工业 | 17.9 |
| 其中：轻工业 | 16.5 |
| 　　重工业 | 19.0 |
| 其中：国有企业 | 11.2 |
| 　　集体企业 | 21.8 |
| 　　股份合作企业 | 19.8 |
| 　　股份制企业 | 19.0 |
| 外商及港澳台商投资企业 | 20.9 |
| 其中：国有及国有控股企业 | 25.1 |
| 其中：大中型工业企业 | 14.1 |

① 规模以上工业统计口径 2011 年及以后为年主营业务收入 2000 万以上企业。

全市33个工业行业大类全部实现了增长。其中：计算机、通信和其他电子增长37.1%、专用设备制造业增长25.4%、电力、热力生产和供应业增长24.6%、电气机械和器材制造业增长22.3%、非金属矿物制品业增长22.1%。年末，战略性新兴产业企业数144个，全年实现产值291.9亿元，增长31.5%，增速比全市平均水平快13.7个百分点。年末，六大支柱产业企业单位数686个，全年实现增加值332.8亿元，增长17%。

主要工业产品产量大多保持增长，其中，家用洗衣机40.0万台，比上年增长3.47倍；彩色电视机193.2万台，比上年增长52.1%；水泥801.2万吨，比上年增长35.8%。

### 2. 工业效益

全年规模以上工业企业经济效益综合指数为306.1%，比上年下降22.8个百分点。规模以上工业实现主营业务收入1564.8亿元，比上年增长17.6%；实现利税总额246.5亿元，比上年增长15.5%，其中利润173.5亿元，比上年增长18.2%。

### 3. 建筑业

全年建筑业完成增加值61.5亿元，比上年增长12.0%。年末，资质以上建筑企业140户，全年共完成建筑业总产值154.25亿元，比上年增长33.7%；实现利润总额4.52亿元，比上年增长29.1 %；完成房屋建筑施工面积1341.11万平方米，比上年增长39.0%，其中当年新开工面积695.38万平方米，比上年下降1.6%；房屋竣工面积724.97万平方米，比上年增长19.1%。

## （四）服务业

### 1. 国内贸易

2012年，面对宏观环境复杂多变、有效需求明显减弱等形势，滁州市坚持扩大内需特别是消费需求政策，出台了一系列刺激消费的新举措，我市消费品市场继续保持平稳较快的增长态势，实现社会消费品零售总额296.81亿元，同比增长16.9%，比全省平均增幅高0.9个百分点。增幅位居全省第一位，总量位居全省第八位。分实现区域看，城镇实现消费品零售额241.13亿元，乡村实现消费品零售额55.68亿元，分别比上年增长17.2%、15.7%。分构成看，商品零售额257.8亿元，增长17.0 %；餐饮消费额39.0亿元，增长15.8%。分经营规模看，限上单位零售额141.5亿元，增长28.7%；限下单位零售额155.3亿元，增长1.2%。

从限额以上批发零售企业零售分类完成情况看，吃、穿、用商品零售额分别增长32.6%、32.6%、20.4%。其中，建筑及装潢材料类、石油制品、金银珠宝、汽车、化妆品等商品继续热销，分别增长43.5%、37.3%、27.7%、24.9%、19.1%。

### 2. 交通运输、邮电

全年交通运输、仓储和邮政业增加值38.28亿元，比上年增长9.7%。全年货物运输周转量437.35亿吨公里，比上年增长19.6%。其中，公路货物运输周转量407.52亿吨公里，增长20.0%；水运货物运输周转量2.98亿吨公里，增长14.8%。全年旅客周转量80.91亿人公里，比上年增长14.8%。

年末全市民用汽车拥有量15.75万辆，比上年增长1.2%，其中私人汽车拥有量11.48万辆，增长5.8%。民用轿车拥有量10.31万辆，增长25.0%，其中私人轿车拥有量8.80万辆，增长35%。

电信、移动、联通等电信运营商全年业务总量[①] 22.87亿元，比上年增长10.2%。邮政部门业务

① 电信业务总量按2010年价格计算。

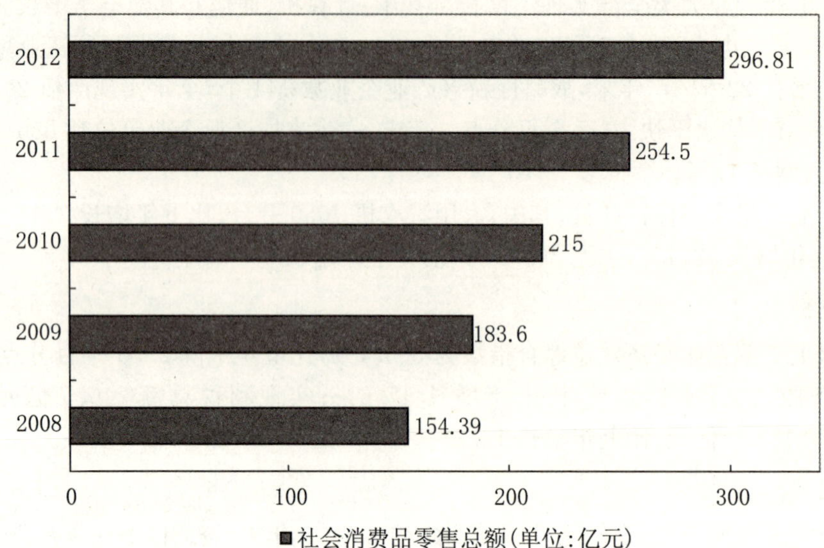


**图 30　2008—2012 年社会消费品零售总额**

总量 1.16 亿元,比上年增长 5.6%。年末,全市拥有电话 328.90 万户,比上年末增加 6.0%,其中固定电话用户数 73.44 万户,减少 6.7%;移动电话用户数 255.45 万户,增长 10.6%。年末国际互联网用户 31.31 万户,比上年末增长 19.4%。

### 3. 旅游业

2012 年滁州市接待旅游人数 1103.2 万人次,比上年增长 27.0 %,其中接待外国和港澳台游客 89963 人次,增长 35.3%。全年旅游总收入 83.53 亿元,比上年增长 32.9%。其中,旅游外汇收入 3549 万美元。年末,全市共有星级旅游饭店 20 个,星级饭店客房数 1934 间(套)。年末 A 级以上旅游景区(点)21 个,名胜风景区 2 个。

### 4. 金融和保险

金融保险业务快速发展。年末,全市金融机构人民币各项存款余额 1111.58 亿元,比年初增加 197.15 亿元,增长 21.6%。其中,单位存款 447.84 亿元,比年初增加 68.18 亿元;城乡居民储蓄存款 599.25 亿元,比年初增加 107.43 亿元。年末,金融机构人民币各项贷款余额 708.16 亿元,比年初增加 131.74 亿元,增长 22.9%。从贷款期限看,短期贷款余额 369.86 亿元,比年初增加 51.77 亿元;中长期贷款 316.08 亿元,比年初增加 68.27 亿元,其中个人贷款余额 128.12 亿元,比年初增加 30.67 亿元。

年末,全市保险公司 27 户,比上年增加 1 户。其中寿险 13 户,财产险 14 户。全年保费收入 22.23 亿元,比上年增长 0.5%,其中,财产保险保费收入 9.88 亿元,增长 19.2%;人身保险保费收入 12.35 亿元,下降 10.6%。财产险中机动车险保费收入 7.26 亿元,增长 12.6%;农业险保费收入 1.80 亿元,增长 62.2%。人身保险中健康险保费收入 0.61 亿元,下降 1.6%;意外伤害险保费收入 0.66 亿元,增长 1.75 倍。全年保险赔款和给付 10.16 亿元,比上年增长 23.8%。其中,财产险业务赔款支出 6.02 亿元,增长 11.1%;人身险业务赔款支出 4.14 亿元,增长 48.4%。

### 5. 房地产业

全年房地产开发投资完成 229.81 亿元,比上年增长 33.7%;房屋施工面积 2170.8 万平方米,增

长 14.2%，其中新开工面积 635.9 万平方米，下降 19.8%；竣工面积 356.0 万平方米，增长 12.3%。商品房销售额 143.5 亿元，其中住宅 117.2 亿元，分别比上年增长 21.8%、19.3%，商品房销售面积 341.5 万平方米，其中住宅 300.3 万平方米，分别比上年增长 15.5%、15.7%。

## （五）对外经济

### 1. 对外贸易

全年商品进出口总额 153247 万美元，比上年增长 35.4%。其中，出口总额 116045 万美元，增长 31.7%；进口总额 37202 万美元，增长 48.7%。从出口经营主体看，内资生产企业完成 95951 万美元，增长 41.8%；外商投资企业完成 57295 万美元，增长 27.7%。出口国别及地区达 175 个。

**表26　2012 年出口额主要分类及地区分布**

单位：万美元、%

| 指标及分类 | 绝对数 | 比上年增长 |
|---|---|---|
| 出口额 | 116045 | 31.7 |
| 其中：一般贸易 | 96646 | 31.5 |
| 加工贸易 | 16185 | 10.8 |
| 其中：对亚洲 | 49897 | 42.8 |
| 对欧洲 | 22208 | 34.6 |
| 对北美洲 | 19241 | 22.6 |
| 对非洲 | 8944 | 40.2 |
| 对拉丁美洲 | 12223 | −0.1 |
| 对大洋洲 | 3230 | 59.0 |

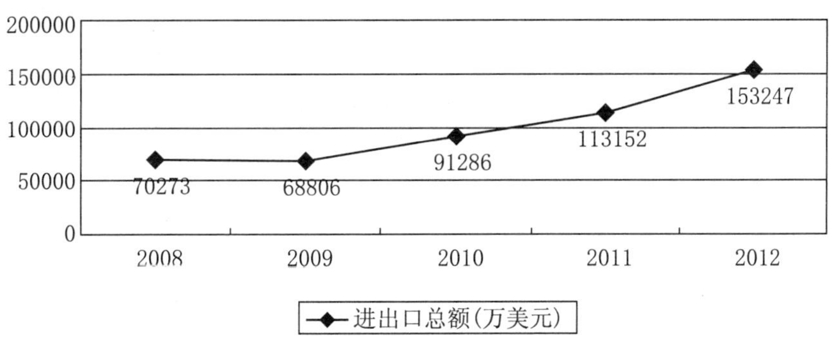


**图 31　2008—2012 年滁州市外贸进出口总额**

### 2. 利用外资

全年招商引资到位资金 1317.8 亿元，比上年增长 24.0%，其中亿元以上项目境内省外资金 438.1 亿元，增长 28.2%，其中来自长三角地区 236.1 亿元，增长 20.8%；实际利用国外资金 53739 万美元，增长 48.1%，其中外商直接投资 51910 万美元，比上年增长 60.7%。

## 二、滁州市2012年社会发展概况

### （一）人口、人民生活

全年人口出生率为10.24‰，死亡率为7.14‰，自然增长率3.1‰。年末，全市户籍人口452.06万人，比上年减少0.83万人，其中非农业人口99.86万人，农业人口352.20万人。年末，常住人口394.5万人。

2012年城镇居民人均可支配收入20426元，比上年增长14.0％；人均消费性支出15964元，比上年增长19.6％。其中，食品支出6207元，增长17.6％，衣着支出1778元，增长23.1％，家庭设备用品及服务支出786元，增长1.9％，医疗保健支出1346元，增长65.2％，娱乐教育文化支出1900元，增长14.2％，居住支出1321元，减少5.4％。

城镇居民恩格尔系数为38.9％。年末，每百户城市居民家庭拥有彩电150台，电冰箱98台，洗衣机108台，空调器136台，照相机36架，摩托车25辆，电动自行车60辆，固定电话76部，移动电话194部，家用电脑67台，家用汽车3辆。人均住房建筑面积32.8平方米，比上年增加2平方米。

在岗职工年平均工资41841元，比上年增长20.7％。

全年农民人均纯收入8091元，比上年增长15.3％；农民人均生活消费支出5875元，增长20.0％。其中食品支出2409元，增长19.0％；衣着支出423元，增长23.8％；家庭设备用品及服务支出382元，下降1.9％；医疗保健支出331元，增长24.9％；娱乐教育文化支出520元，增长32.4％；居住支出1080元，增长17.8％。农村居民恩格尔系数为41.0％，比上年下降0.4个百分点。年末，每百户农村居民家庭拥有彩电129台，家用电冰箱95台，洗衣机88台，摩托车74辆，移动电话208部，家用电脑18台，与上年相比，分别增长2.8％、6.1％、4.3％、1.2％、12.3％、44.8％。

农村居民人均住房面积为33.6平方米，比上年增加1.1平方米。

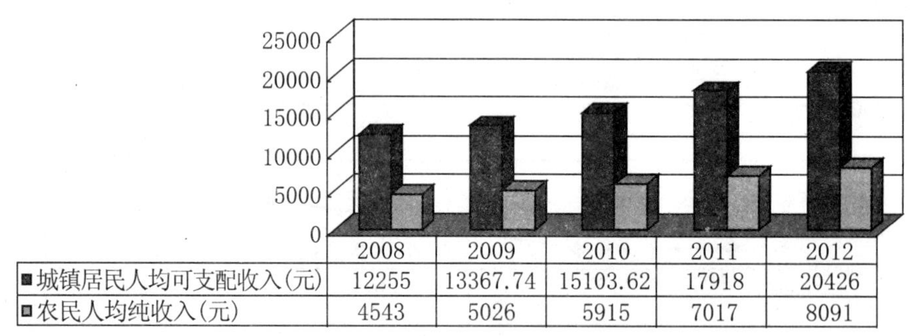


**图32　2008—2011年滁州市城乡居民收入对比一览**

### （二）就业与社会保障

#### 1. 就业

至2012年年末全市从业人员276.7万人，比上年增加6.3万人。其中，第一产业115.1万人，增加7.6万人；第二产业87.1人，减少0.5万人；第三产业74.5万人，减少0.8万人。年末城镇在岗职工人数(不包括个体、私营、乡镇企业从业人员)17.9万人，增加0.4万人；城乡私营企业从业人员和个体劳动者54.1万人，比上年增加17.8万人。城镇登记失业率为3.8％，与上年持平。

### 2. 社会保障和福利

保障房建设快速推进。全年保障房建设完成投资65.08亿元，比上年增长51.6%，其中廉租房完成投资1.97亿元，增长15.0%；全年保障房施工面积643.8万平方米，比上年增长1.05倍，其中廉租房施工面积17.15万平方米，增长22.2%；全年保障房竣工面积187.88万平方米，比上年增长2.18倍，其中廉租房竣工面积4.15万平方米，下降53%。

养老、失业、医疗、工伤保险、生育保险以及城乡居民最低生活保障工作加强。年末，全市城乡基本养老人数286.99万人，比上年末增长43.7%。城镇基本医疗保险人数106.83万人，比上年末增长2.6%。参加失业保险人数为21.62万人，比上年末减少1.8%。参加工伤保险人数为26.72万人，比上年末增长8.1%。生育保险人数为21.99万人，比上年末增长8.0%。城乡居民审核表养老保险人数244.62万人，比上年末增长51.7%。参加城市最低生活保障人数6.77万人，比上年末减少2.1%。参加农村最低生活保障人数14.37万人，比上年末减少6.0%。城乡低保人均月补差分别提高到315元、134.4元，分别比上年增长25.5%和37.1%，最低工资和退休人员养老金标准进一步提高。

年末，基层工会总数7853个，比上年增加36.2%。全年送温暖工程筹集资金2024万元，发放1954万元。年末县级妇联组织9个，县级以下春蕾工程全年筹资74万元，救济失学女童986人。

年末，全市各类福利收养性单位数172个，床位数19529张，比上年末增长6.3%。农村五保供养人数2.81万人，比上年末增加1.4%。年末，城镇社区各种服务设施969个，比上年增加9.2%。全年销售社会福利彩票2.39亿元，募集公益金2726万元，比上年增加30.6%。

## （三）教育和科学技术

### 1. 教育事业

年末，滁州市共有幼儿园376所，比上年末增加16所，入园儿童4.71万人，比上年增长1.6%；小学544所，比上年末减少52所，专任教师1.58万人，增长1.6%，在校生25.01万人，减少9.7%；普通中学287所，专任教师1.63万人，增加349人，在校生23.39万人，减少8.9%；高等学校4所，专任教师2071人，在校学生4.70万人，比上年增长16.6%。

### 2. 科技与创新

年末，全市共有各类专业技术人员5.3万人。民营科技企业457家，比上年末增加27家。全年专利申请数5786件，比上年增加59.0%。全年授权专利数2969件，比上年增加40.6%，其中发明58件，增加12件。全年获省部级以上科技成果奖42项。年末，国家高新技术企业84家，比上年增加36家；省级工程技术研究中心4家；大中型工业企业技术中心162个，比上年增加25个。全年高新技术产业产值735.6亿元，占规模以上工业总产值45.8%。

## （四）文化、卫生和体育

### 1. 文化事业

年末，全市公共图书馆藏书量68.2万册，广播、电视台7个，有线电视台7个。全市广播覆盖率97.1%，电视覆盖率97.9%，有线电视入户率25.4%。广播全年播放时间3.80万小时，其中自办栏目播放时间1.80万小时；电视全年播放时间5.03万小时，其中自办栏目播放时间1.30万小时。有线电视用户33.33万户，比上年增加11.3%。

### 2. 卫生事业

年末，全市共有卫生机构1536个。其中，医院、卫生院161个，疾病控制中心8个，妇幼保健机构

8个。全市卫生机构拥有床位13558张,比上年增长12.9%,其中医院、卫生院拥有床位12676张,比上年增加993张。卫生机构从业人员1.90万人。其中,医院、卫生院技术人员1.34万人,执业医生4112人,注册护士4756人,卫生防疫人员276人。全市参加新型农村合作医疗人数达到344.78万人,参合率99.2%。

**3. 体育事业**

年末,全市共有体育场馆14个。全年举办县以上比赛16次,百人以上群众性体育活动122次。全年获得国家级比赛金牌3枚、铜牌1枚,省级比赛金牌50枚、银牌41枚、铜牌39枚。

## (五)城乡建设

"大滁城"建设继续深化,全面启动美好新滁城建设。年内,新建续建项目323个、道路119条275公里,完成房屋征收118万平方米,建设安置房276万平方米,完成投资192亿元。定远、凤阳、明光、天长4个县城新建续建项目281个,完成投资119亿元。37个美好乡村示范点规划建设全面展开。徐明高速滁州段等3条高速公路和312线天长段等5条省道改扩建工程加快建设,公用事业投资和房地产开发指标完成情况位居全省前列。市辖区内,清流高架桥、天长西路、第三、四自来水厂、第二污水厂续建工程建设快速推进,城东污水主干管、西涧路片区污水网工程开工建设;紫薇路二期、滁宁快速通道等21条道路绿化工程及西涧路与醉翁路交叉口等4处游园建设等完成投资近亿元;轻纺技校巷、天桥北区巷等30处背街小巷得到改造;丰乐大道、南谯路等30条道路行道树和绿化带绿化得到提升;新安装路灯1677盏,维修路灯7200盏,路灯设施完好率达98%,路灯亮灯率达98%以上。

年末,全市公路通车里程14582公里。全市建成区面积211.69平方公里,比上年末增加15.46平方公里,其中市辖区77.49平方公里,增加7.11平方公里;建成区绿化覆盖面积57.59平方公里,比上年末增加12.28平方公里,其中市辖区30.84平方公里,增加5.46平方公里;当年新建、改造、扩建道路297.37公里,比上年增加40.31公里,其中市辖区70.36公里,减少53.72公里;年末绿地面积63.54平方公里,比上年末增加10.7平方公里,其中市辖区37.84平方公里,增加5.15平方公里;年末城市排水管总长度2709.46公里,比上年末增加614.92公里,其中市辖区981.06公里,增加145.06公里。年末自来水日生产能力达67.12万吨,用水人口119.48万人;全年天然气及煤气供气总量17979.64万立方米,比上年增加3765.29万立方米,用气人口75.35万人,比上年增加20.19万人,其中市辖区用气人口30.0万人,增加2.1万人。年末,全市公交营运线路70条,比上年增加16条;实有公交车辆807辆,比上年增加104辆;全年公共汽车客运总量11151万人次,比上年增长10.3%。年末,全市出租车2762辆,比上年增加70辆。年末,全市城镇化率达到45.1%,比上年提高1.7个百分点。

## (六)环境保护

年末,全市共有自然保护区2个,自然保护区面积21900公顷。当年人工造林面积6409公顷。年末森林面积18.96万公顷,活立木总蓄积量1641.78万立方米,森林覆盖率14.3%。全市环境监测与监察支队16个。全年环境污染治理投资1.74亿元,比上年增加9.1%。年末,共有污水处理厂8座。全年工业二氧化硫排放量1.77万吨,比上年上升2.7%;城镇生活污水处理率85%。城市集中饮用水源水质达标率100%,农村自来水到户率上升到44%。年单位生产总值耗能比上年下降3.5%。

## (七)社会安全

全年发生火灾事故236起,比上年减少60起,直接经济损失499万元,比上年上升41.7%;发生

交通事故 1046 起，比上年增加 828 起。交通事故死亡人数 187 人，比上年减少 5 人。

## 三、挑战与目标

当前滁州经济社会发展中依然存在着不少困难和问题，要素供给上，资金依然供不应求，土地资源日趋紧张，人才短缺，劳动力既有就业不充分、也有企业用工不足的问题。经济发展上，总量不大，产业层次不高，大项目、大企业不多，高新技术和战略性新兴产业的牵动力不足；县域经济大多处于全省中游位置，不强、不均衡现象相较突出；民营经济发展环境有待进一步优化、速度有待进一步提高。城乡建设上，城镇化率低于全省平均水平，中心城市的首位度不够高，城镇的集聚功能不够强，人居和生态环境还不够好，城乡管理尚需切实加强。民生事业上，城乡居民收入不高，特别是城镇居民人均可支配收入仍低于全国、全省平均水平，社会事业尤其是教育、文化、卫生、体育等还存在不少欠账。政府自身建设上，作风与效能建设方面还存在薄弱环节，形式主义、官僚主义以及庸懒散慢奢现象还不同程度存在，反腐倡廉任重道远。

2013 年是新一届政府的开局之年。市政府将抢抓当前宏观经济趋好、宏观政策利好的机遇，紧紧把握稳中求进的总基调，大力实施“661”①工程和十项重点工程，奋力攻坚突破，全力推进经济社会平稳较快发展，确保生产总值增长 13%，财政收入增长 15%，固定资产投资增长 25%，社会消费品零售总额增长 17%，进出口总额增长 16%，城镇居民人均可支配收入增长 15%以上，农民人均纯收入增长 15%以上，人口自然增长率低于 7‰，完成节能减排任务。力争超额完成，实现良好开局。

① “661”行动计划的第一个“6”是指家电信息、装备制造、农副产品深加工、硅（玻璃）、盐（化工）、新能源（新材料）新六大支柱产业。第二个“6”是指继续实现 60 项重点工程，第三个“1”是指竣工投产百个亿元以上项目，其中大部分是工业项目。

# 第三篇

# 长三角地区产业经济与社会发展报告

# 第一章　长三角地区产业发展报告

## 一　长三角地区产业结构

2012年长三角地区产业结构得到了进一步调整优化，三次产业结构调整为4.8：48.0：47.2。第一产业比重比2011年增加0.1个百分点，第二产业比重比2011年减少了1.4个百分点，第三产业比重比2011增加了1.3个百分点。近五年，长三角地区第二产业比重在稳步下降，第三产业比重稳步上升。与2012年全国三次产业结构相比，长三角第一产业比重比全国平均水平低5.3个百分点，而长三角第二、三产业比重比全国平均水平分别高2.7个百分点和2.6个百分点。

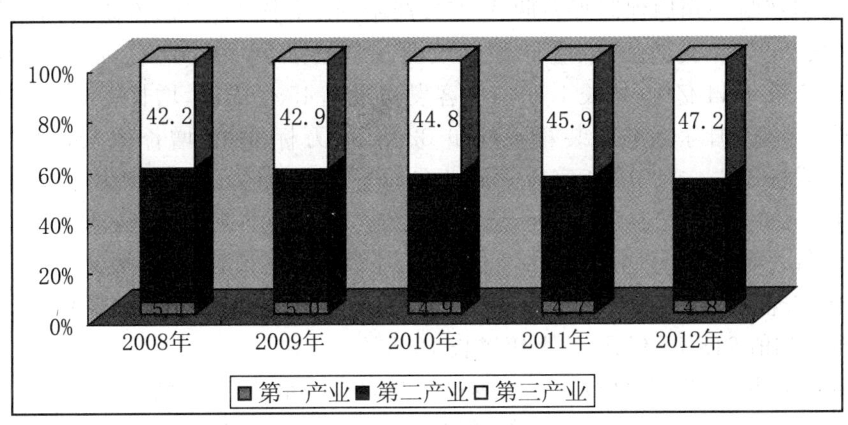


**图1　2008—2012年长三角地区产业结构**

## 一、长三角地区产业结构总体情况

2012年长三角地区实现地区生产总值108905.27亿元，按当年价计算，比2011年增长8.2%。从三次产业情况看，第一产业实现增加值5213.97亿元，比2011年增长9.2%；第二产业实现增加值52293.04亿元，比2011年增长5.2%；第三产业实现增加值51398.26亿元，比2011年增长11.3%。

从与江苏比较来看，2012年江苏省三次产业结构从上年的6.2：51.3：42.5调整为6.3：50.2：43.5。江苏省第一产业所占的比重比长三角地区高1.5个百分点，江苏省第二产业比重高于长三角地区2.2个百分点，江苏省第三产业比重低于长三角地区3.7个百分点。

从与浙江比较来看，2012年浙江省三次产业结构从上年的4.9：51.2：43.9调整为4.8：50.0：45.2。浙江省第一产业所占的比重与长三角地区持平，浙江省第二产业比重高于长三角地区2.0个百分点，浙江省第三产业比重低于长三角地区2.0个百分点。

从与上海比较来看，2012年上海市三次产业结构从上年的0.7：41.3：58.0调整为0.6：38.9：60.5。上海市第一产业所占的比重低于长三角地区4.2个百分点，上海市第二产业比重低于长三角地区9.1个百分点，上海市第三产业比重高于长三角地区13.3个百分点。

## 二、上海市产业结构发展现状

2012年，上海市紧紧围绕创新驱动、转型发展和“五个更加注重”的要求，扎实推进稳增长、调结构、抓改革、惠民生各项工作，国民经济运行平稳有序，各项社会事业全面进步，社会民生持续改善。2012年上海市实现生产总值20181.72亿元，按可比价格计算，比上年增长7.5%。其中，第一产业增加值127.80亿元，增长0.5%；第二产业增加值7854.77亿元，增长3.1%；第三产业增加值12199.15亿元，增长10.6%。第三产业增加值占上海市生产总值的比重首次达到60%，比上年提高2.0个百分点。按常住人口计算的上海市人均生产总值为8.54万元。

第三产业引领发展。2012年第三产业增加值占上海市生产总值的比重首次达到60%，比上年提高2.0个百分点。其中：金融业实现增加值2450.36亿元，比上年增长12.6%。2012年上海证券交易所股票成交额16.45万亿元，比上年下降30.7%；期货交易所成交额89.2万亿元，增长2.6%；金融期货交易所成交额75.84万亿元，增长73.3%；银行间货币与债券市场成交额263.63万亿元，增长34.1%；黄金交易所成交额3.53万亿元，下降20.5%。2012年原保险保费收入820.64亿元，比上年增长9%。其中，财产险公司原保险保费收入271.72亿元，增长11.1%；寿险公司原保险保费收入548.92亿元，增长7.9%。交通运输、仓储和邮政业实现增加值895.31亿元，比上年增长5.0%。2012年货物运输总量9.44亿吨，增长1.1%；旅客发送量1.45亿人次，增长7.6%；港口货物吞吐量7.36亿吨，增长1.1%；国际标准集装箱吞吐量3252.94万标准箱，增长2.5%；机场旅客吞吐量7870.84万人次，增长5.6%。2012年完成邮政业务总量52.61亿元，比上年增长3.2%。电信业务总量(按2010年不变单价计算)447.4亿元，增长9.2%。2012年实现旅游产业增加值1497.68亿元，比上年增长4.9%；入境旅游外汇收入55.82亿美元，下降4.3%；国内旅游收入3224.39亿元，增长15.7%。2012年实现批发和零售业增加值3291.93亿元，比上年增长11.5%。信息传输、计算机服务和软件业实现增加值918.83亿元，比上年增长16.5%。

工业结构调整加快。2012年实现工业增加值7097.76亿元，比上年增长2.8%。其中，规模以上工业增加值6446.14亿元，增长2.9%。在规模以上工业增加值中，轻工业2078.1亿元，增长4.7%；重工业4368.04亿元，增长2%。2012年工业总产值33186.41亿元，比上年下降0.3%。其中，规模以上工业总产值31548.41亿元，下降0.4%。2012年战略性新兴产业总产出10089.44亿元，按现价计算，比上年下降1.4%。其中，制造业部分实现工业总产值7580.99亿元，下降4.1%；服务业部分实现总产出2508.45亿元，增长7.5%。2012年电子信息产品制造业、汽车制造业、石油化工及精细化工制造业、精品钢材制造业、成套设备制造业和生物医药制造业等六个重点工业行业完成工业总产值20970.49亿元，比上年下降0.3%，占全市规模以上工业总产值的比重为66.5%。2012年黑色金属冶炼和压延加工业，石油加工、炼焦和核燃料加工业，化学原料和化学制品制造业，电力、热力生产和供应业和非金属矿物制品业等五大高载能行业工业总产值7883.5亿元，比上年增长0.6%。2012年规模以上工业产品销售率达到99.3%。全年乳制品产量58.17万吨，比上年增长12.4%；集成电路160.3亿块，增长5.7%。2012年规模以上工业企业实现利润总额2131.33亿元，比上年下降2.8%；实现税金总额1637.28亿元，增长6.0%。其中，国有控股工业企业实现利润1120.05亿元，增长3.2%；实现税金1202.54亿元，增长4.8%，占税金总额的比重为73.4%。工业企业亏损面为22.0%。

农业生产基本稳定。2012年，上海市全年完成农业总产值321.73亿元，比上年增长0.4%，其中种植业产值171.48亿元，比上年增长0.3%；畜牧业产值72.59亿元，比上年下降0.7%；渔业产值57.45亿元，比上年增长1.5%；林业产值为9.55亿元，比上年增长4.8%；农林牧渔服务业10.66亿

元，比上年增长2.5%。上海域外市属农场实现农业总产值16.08亿元，增长17.7%。2012年全市粮食播种面积187.61千公顷，比上年增长0.7%；粮食产量122.39万吨，增长0.4%；水产品产量27.21万吨，下降4.1%。全年水稻良种覆盖率达99.8%。至2012年末，全市有543家企业、3300个产品获得农产品质量认证。其中，绿色食品生产企业116家，绿色食品170个；无公害农产品生产企业420家，无公害农产品3106个。至2012年末，全市累计建成标准化畜禽养殖场270家，标准化水产养殖场293家；累计建成设施粮田面积86.5千公顷，蔬菜标准园60家。至2012年末，全市有农业产业化龙头企业388家，农民专业合作社3177家。

## 三、江苏省产业结构发展现状

2012年江苏省继续着力推进产业优化升级，经济在转型升级中平稳增长：大力发展战略性新兴产业，推动信息化与工业化的深度融合；努力调强第一产业发展能力，加快传统农业向现代农业转变；努力调优第二产业结构，加快传统产业转型升级，提升制造业发展质量，全力推动制造业向高端攀升；努力调高第三产业比重，加速发展现代服务业。2012年江苏省实现生产总值54058.22亿元，按可比价格计算，比上年增长10.1%。其中，第一产业增加值3418.29亿元，增长4.6%；第二产业增加值27121.95亿元，增长11.0%；第三产业增加值23517.98亿元，增长9.6%。人均生产总值68347元，比上年增加6057元。

工业生产稳步增长。2012年规模以上工业增加值比上年增长12.6%，其中轻、重工业分别增长12.8%和12.5%。国有工业增长7.1%，集体工业增长6.0%，股份制工业增长16.7%，外商港澳台投资工业增长7.9%。在规模以上工业中，国有控股工业增长8.3%，私营工业增长18.6%。高新技术产业较快发展。实现高新技术产业产值45041.5亿元，增长17.4%，占规模以上工业总产值比重达37.5%，比上年提高2.2个百分点。先进制造业较快发展。在规模以上工业中，汽车制造业产值4621.8亿元，比上年增长22.3%；医药制造业产值2290.7亿元，增长25.9%；专用设备制造业产值4064.0亿元，增长6.5%；电气机械及器材制造业产值13090.5亿元，增长12.8%；通用设备制造业产值6273.8亿元，增长12.1%；计算机、通信和其他电子设备制造业产值16396.4亿元，增长12.8%。产品结构继续优化，实现工业新产品产值11273.2亿元，比上年增长13.7%。企业效益平稳增长。规模以上工业企业实现主营业务收入117774.3亿元，比上年增长11.0%；实现利税11214.2亿元，增长9.1%；实现利润6881.8亿元，增长5.8%。工业经济效益综合指数为267.3%，比上年提高6.5个百分点。

服务业发展水平稳步提升。2012年实现服务业增加值23518.0亿元，增长9.6%，占GDP比重为43.5%，比上年提高1.1个百分点。除金融和证券市场有所回落外，各行业都保持较快发展。全社会铁、公、水路完成货物运输量219565.0万吨，比上年增长8.6%，增速比上年减缓4.6个百分点；全社会铁、公、水路完成货物周转量7897.8亿吨公里，比上年增长13.6%，增速比上年加快10.9个百分点。2012年邮政电信业务总量1120.4亿元，增长15.0%。其中，邮政业务总量205.8亿元，电信业务总量914.6亿元，分别增长41.4%和10.4%。邮政电信业务收入1000.5亿元，增长13.4%。其中，邮政业务收入178.8亿元，电信业务收入821.7亿元，分别增长34.3%和9.6%。2012年金融机构人民币存款余额75481.5亿元，比年初增加9761.8亿元，比上年多增3031.0亿元；金融机构人民币贷款余额54412.3亿元，比年初增加6550.7亿元，比上年多增759.1亿元。2012年证券经营机构股票交易额59797.5亿元，比上年增长0.2%；期货经营机构代理交易额17920.3亿元，比上年增长10.5%。2012年保费收入1301.3亿元，同比增长8.4%。其中，财产险收入440.9亿元，增长16.1%；寿险收入765.9亿元，增长3.3%。2012年实现国内旅游收入6055.8亿元，增长17.3%；入境旅游人数791.5万人次，比上年增长7.4%；国际旅游外汇收入63.0亿美元，增长11.4%。

农业生产提质增效。加快推进农业现代化工程，大力发展现代高效农业，农业综合生产能力稳步提高。粮食连续9年增产，2012年总产量达3372.5万吨，比上年增产64.7万吨，增长2.0%。2012年农业机械总动力达到4214.6万千瓦，比上年增长2.6%。农作物总播种面积达到7651.6千公顷，新增设施农业面积6.6万公顷，新增设施渔业面积5.2万公顷。林牧渔业发展稳定。2012年成片造林面积5.7万公顷；全年猪牛羊禽肉产量386.0万吨，增长5.6%；禽蛋总产量197.2万吨，增长1.2%；牛奶总产量61.3万吨，增长3.6%；水产品总产量493.7万吨，增长3.7%，其中淡水产品345.3万吨，海水产品148.4万吨，分别增长3.4%和4.5%。

## 四、浙江省产业结构发展现状

浙江省产业结构调整积极推进，高效生态农业建设成效显著，块状特色经济加快向现代产业集群转变，服务业发展水平稳步提升。2012年浙江省生产总值为34665.33亿元，按可比价格计算，比上年增长8.0%。其中，第一产业增加值1667.88亿元，第二产业增加值17316.32亿元，第三产业增加值15681.13亿元，分别比上年增长2.0%、7.3%和9.4%。人均GDP为63374元(按年平均汇率折算为10039美元)，比上年增长7.7%。

工业生产和利润保持平稳较快增长。2012年，浙江省规模以上工业增加值10875亿元，比上年增长7.1%，轻、重工业增加值分别为4705和6170亿元，分别比上年增长8.0%和6.6%。其中，国有及国有控股工业企业增加值1854亿元，比上年增长2.6%。规模以上工业销售产值56903亿元，比上年增长5.9%。规模以上工业企业完成出口交货值11064亿元，比上年增长1.3%；出口交货值占销售产值的比重为19.4%，比上年下降0.9个百分点。规模以上工业企业实现利润2900亿元，比上年下降6.1%。其中，国有及国有控股企业实现利润453亿元，比上年下降2.9%；股份制企业实现利润313亿元，比上年下降17.7%；外商及港澳台投资企业实现利润834亿元，比上年下降12.4%；私营企业实现利润1060亿元，比上年下降1.8%。工业企业产品销售率97.4%，比上年下降0.6个百分点。规模以上工业新产品产值13460亿元，比上年增长13.1%，高于工业总产值增幅6.5个百分点；新产品产值率23.0%，比上年提高1.3个百分点。制造业中，高新技术产业增加值2626亿元，比上年增长9.9%，占规模以上工业的比重为24.1%，比上年提高0.3个百分点。汽车产量为33.0万辆，比上年增长7.7%，其中轿车产量为26.5万辆，比上年下降2.3%。

服务业增长较快。2012年，第三产业对GDP贡献率为45.2%，各行业都保持较快发展。全社会铁路、公路和水运完成货物周转量9183.3亿吨公里，比上年增长6.4%；旅客周转量1317.6亿人公里，比上年增长1.6%。港口完成货物吞吐量13.2亿吨，比上年增长7.8%，其中，沿海港口完成9.3亿吨，内河港口完成3.9亿吨，分别比上年增长7.0%和9.8%。邮电业务总量1024.0亿元，比上年增长14.0%。批发零售贸易业零售额12101.1亿元，比上年增长13.3%。住宿餐饮业零售额1445.2亿元，比上年增长15.6%。金融机构本外币各项存款余额66679.1亿元，比上年末增长9.5%，其中人民币存款余额增长8.6%；金融机构本外币各项贷款余额59509.1亿元，比上年末增长11.8%，其中人民币贷款余额增长11.1%。保险业实现保费收入984.6亿元，比上年增长12.0%。其中，财产险保费收入444.5亿元，比上年增长14.7%；人身险保费收入540.1亿元，比上年增长9.9%。实现旅游总收入4801.2亿元，比上年增长17.7%。其中，接待国内旅游者3.91亿人次，比上年增长14.1%；实现旅游外汇收入51.5亿美元，增长13.4%。实现国内旅游收入4475.8亿元，比上年增长18.2%；接待入境旅游者866万人次，增长11.9%。

农业平稳发展。2012年浙江省粮食播种面积1251.6千公顷，比上年下降0.2%；粮食总产量

783.5万吨，比上年增长0.2%。油料播种面积189.4千公顷，比上年减少3.4%，其中，油菜籽165.6千公顷，比上年减少3.5%；蔬菜623.3千公顷，比上年减少0.2%；棉花20.9千公顷，比上年减少3.8%；花卉苗木126.3千公顷，比上年增长5.9%；药材31.2千公顷，比上年减少1.2%；甘蔗11.0千公顷，比上年减少2.9%；果用瓜101.4千公顷，比上年减少4.3%。生猪年末存栏1338.3万头，年内出栏1934.4万头，分别比上年增长4.4%和0.2%。肉类总产量180.8万吨，比上年增长2.8%。水产品总产量541.9万吨，比上年增长5.1%，其中，海水产品产量433.5万吨，淡水产品产量108.4万吨，分别比上年增长5.5%和3.4%。2012年新增粮食生产功能区1330个，面积111万亩；新建成11个省级现代农业综合区，41个省级主导产业示范区，122个省级特色农业精品园。新增育秧中心、烘干中心、维修中心等农机化服务中心311个；新增插秧机1319台，推广水稻机插面积241.9万亩；新增油菜收获机械297台，油菜机收面积24.9万亩；新增粮食烘干机械1049台（套），新增粮食烘干能力50余万吨；全年农业机械总动力2587.9万千瓦，比上年增长1.8%。

## 五、长三角地区产业结构调整策略

产业结构优化调整，是推动城市特别是现代城市演进发展的重要动力。城市能否成功转型发展，关键取决于能不能推进产业结构战略性调整，实现城市经济结构的新跨越。

### （一）上海市

以结构调整作为转型发展的主攻方向，围绕“四个中心”建设的国家战略，以推进金融、航运和贸易中心建设来增强经济中心的功能，加快构建与经济中心城市相适应的现代产业体系。不失时机推进上海国际金融中心建设。根据国家的总体部署，积极配合国家金融管理部门，以人民币跨境业务扩大为契机，继续拓展金融市场规模和功能，稳步推进保险交易所等市场组织建设。大力集聚国内外金融机构总部和功能性金融机构，支持国内大型商业银行在沪设立功能性总部，鼓励支持做大做强各类金融机构和金融服务。大力支持金融工具、产品和服务方式等各类金融市场业务的创新，细化落实支持高端金融人才发展的政策措施。提升陆家嘴—外滩金融集聚区的服务辐射功能和环境配套水平。积极推进国际航运中心建设。加快洋山深水港区四期工程前期工作，推进杭申线等内河航道疏浚整治，合力推进长江黄金水道建设。大力推动航运金融、航运保险、航运交易、航运经纪等高端航运服务业发展，健全航运运价指数体系，引导和促进船舶交易市场发展，完善物流服务体系，深化国际航运发展综合试验区建设。完善北外滩、吴淞口邮轮母港功能和服务配套，推动邮轮旅游创新发展。加快上海航空枢纽建设，启动虹桥国际机场东片区综合改造工程和浦东国际机场一号航站楼改造工程，加快浦东国际机场第四、第五跑道建设前期工作。加快推进上海国际贸易中心建设。合力推动国家会展项目建设，引进集聚功能性贸易机构和平台。放大外高桥保税区效应，推动“三港三区”在创新贸易功能模式、优化贸易便利化环境等方面联动发展。着力扩大内需特别是消费需求，进一步延伸市场网络，拓展消费领域，推动消费结构升级，加快商品流通现代化。深入推进服务业综合改革试点，进一步巩固和提升现代服务业集聚区功能，推动各类新兴服务业和生产性服务业加快发展。

积极培育战略性新兴产业，加快先进制造业转型升级，加大工业结构优化调整力度。对接国家战略，在高端装备制造业、生物医药、新能源、新材料等领域实施一批重大项目和专项工程。加快推动大飞机总装等一批项目建设，推进长兴岛造船、临港装备产业基地聚焦高端、集群发展。支持汽车、电子信息、成套设备、船舶和海洋工程装备等产业进一步提升核心竞争力。支持宝钢发展高端产品、总部经济和生产性服务业。做好中石化炼化一体化项目前期工作，提升上海化学工业区能级、水平和规模，推进高化、吴泾地区的转型升级。以国家级新型工业化产业示范基地为载体，加快推进航空发动机、华电GE航改型燃机、日月光封装、沪东重机柴油机配套园等重点项目。落实技改专项，大力实施技术改造。坚决淘汰落后产能，继续推进水泥、纺织印染等行业调整，清理和淘汰高污染、高能耗、高风险的落后产能项目。

## （二）江苏省

以自主创新为中心环节加快经济转型升级。转型升级既是应对困难和挑战的关键举措，也是推动经济又好又快发展的根本途径。要充分发挥江苏科教和人才优势，大力实施创新驱动战略，全面推进转型升级工程和科技创新工程，深入实施产业升级"三大计划"，突出自主创新、突出高端引领、突出人才支撑，大力发展创新型经济。

加快提升科技创新能力。加强科技投入，加大科技政策创新和落实力度。深化科技体制改革，进一步加强产学研合作，充分发挥企业技术创新主体作用和高校、科研院所创新源头作用，加强企业研发中心、校企联盟、产业技术联盟建设，加快科技成果转化，科技进步贡献率提高到56%。深入实施知识产权战略，大力培育和保护知识产权，力争各项专利指标继续保持全国领先，打响江苏创造的品牌。深入开展国家创新型城市建设试点，推动高新区创新发展，完善科技创新服务平台，加快构建区域创新体系。认真抓好国家促进科技和金融结合试点工作，建设一批省级科技金融合作创新示范区，加快形成多元化、多层次、多渠道的科技投融资体系。

加快培育发展战略性新兴产业。发展战略性新兴产业，是培植江苏长远发展优势的关键举措。要落实好省"十二五"培育和发展战略性新兴产业规划，制定实施十大战略性新兴产业专项推进方案。瞄准科技前沿和市场需求，努力在基础研究、核心技术攻关和集成创新上取得重大突破，加快形成技术领先优势和市场竞争优势。引导战略性新兴产业健康发展，优化资源配置，合理布局，突出特色，加快南京软件和智能电网、苏州纳米技术、无锡物联网、常州智能装备、镇江新型材料、泰州中国医药城、扬州新光源、南通海工平台、徐州先进装备制造等基地建设，支持苏北特色产业发展。

加快发展现代服务业。突出抓好金融、现代物流、科技服务、软件和信息服务、服务外包等十大重点产业，着力培育电子商务、工业设计等新兴服务业，加快服务业重点项目建设，做强做大服务业重点企业，确保服务业比重提高1个百分点以上。优化服务业结构，大力发展生产服务业，促进现代服务业与先进制造业互动发展，生产服务业增加值占服务业增加值比重提高到40%。积极发展家政、社区、养老等生活服务业。创新服务理念、商业模式和技术手段，加快培育服务业新业态。实施现代服务业集聚区提升工程，建设一批创新性强、特色鲜明、带动作用大的现代服务业示范区。

加快改造提升传统产业。分行业研究传统产业提升的主攻方向和政策措施，加快传统产业转型升级。坚持信息化与工业化两化融合，积极运用信息技术提升传统产业。大力实施"百项千亿"技术改造工程，发挥好专项资金的引导作用，力争技改投资增长17%以上。积极实施品牌战略，不断提高品牌经济比重。支持优势企业开展兼并重组，提高产业集中度和综合竞争力。

加快人才队伍建设。践行科学人才观，坚持把人才作为创新发展的第一资源，加快推进人才国际化。深入实施"十大人才工程"，创新人才培养和引进模式，统筹抓好以高层次人才和高技能人才为重点的各类人才队伍建设。在全球范围引进更多的领军人才和创新团队，加快培养培训企业急需、社会紧缺的技能型人才。进一步强化尊重人才、支持创业、鼓励创新的浓厚氛围，创新人才政策，充分激发各类人才创造活力，加快创建"人才特区"。

## （三）浙江省

以调整经济结构为主攻方向，强化创新驱动、内需拉动、项目带动，扎实推进"四大建设"，促进工

业化与信息化深度融合，推动经济在转型升级的基础上实现平稳较快发展。

促进投资消费稳定增长。着眼于增强核心竞争力和长远发展后劲，深入实施“三个千亿”工程，狠抓一批对发展起支撑带动作用的重点项目，推动投资结构优化和有效投资增长。加强省级产业集聚区建设，注重产业布局统筹和项目准入管理，高标准构建产业投资发展平台。综合运用政策措施，引导支持企业加大产业转型升级投资，积极面向省外浙商、世界500强、央企和其他优势企业招商引资。加强基础设施建设，重点抓好在建、续建项目。围绕健全综合交通网，力争杭甬、宁杭客运专线和杭长高速二期、杭州萧山机场二期等工程建成，抓好杭长客运专线、金温铁路扩能改造、绍嘉通道、钱江通道、杭新景高速公路等项目实施，加大杭金衢高速公路拓宽、甬台温高速公路复线、龙浦高速公路、京杭运河等项目推进力度。围绕健全能源保障网，抓好苍南电厂、皖电东送特高压、甬台温输气管道等项目实施，抢建一批天然气热电联产项目，加快推进金丽温输气管道、台州第二电厂、华能长兴电厂等项目前期工作。围绕健全水利设施网，实施水资源保障百亿工程，基本建成浙东引水萧山枢纽、永嘉楠溪江供水等工程，抓好舟山大陆引水二期、钱塘江和瓯江治理、太湖流域水环境治理、钦寸水库等项目实施，加快千岛湖引水工程前期研究。围绕健全高速信息网，开展“智慧城市”建设试点，促进“三网”融合发展，加快推进产业集聚区、开发区(园区)宽带和IP骨干网扩容工程。实施促进居民消费的政策，努力提高居民消费能力，拓宽和开发消费领域，积极鼓励文化、旅游、健身、养老、家政等服务消费，加强城乡市场流通体系建设，推进“农超对接”，降低物流成本，切实改善城乡消费环境。

积极发展现代农业。按照工业化、城市化和农业现代化同步推进的要求，加大强农惠农富农政策力度，加快转变农业发展方式，提高农业综合生产能力，确保主要农产品供给和质量安全。一是抓好农业特别是粮食生产。多渠道增加农业投入，完善补贴机制，稳步提高粮食最低收购价，稳定粮食种植面积，切实保护农民生产积极性。坚持最严格的耕地保护制度，落实“米袋子”、“菜篮子”行政首长负责制，推进农业结构调整和农作制度创新，着力提高单产水平。二是加强农业基础设施建设。深化粮食生产功能区和现代农业园区建设，实施标准农田质量提升工程。新建粮食生产功能区100万亩，建成省级主导产业示范区30个。大力兴修农田水利，提高基层水利服务能力，新增旱涝保收面积52万亩。三是加快农业科技进步。推进农科教紧密结合，完善农技推广、动植物疫病防控等公共服务体系，加强基层农业公共服务中心建设，着力发展设施农业。实施现代种业发展工程，做大做强种子种苗产业。积极发展生态循环农业。四是培育现代农业经营主体。扶持一批农业龙头企业、专业大户和农民专业合作社，促进农业规模化、标准化、生态化经营。加快培育现代农业经营人才，鼓励大专院校毕业生从事现代农业，培养造就新型农民。

推进工业转型升级。坚持培育战略性新兴产业与改造提升传统产业两手抓，大力发展高端产业，抢占产业竞争制高点。加快推进项目建设，结合实施重点产业转型升级规划，抓好技术改造“双千工程”和战略性新兴产业“千百十培育工程”，广泛应用信息技术提升制造业，力争在物联网、新能源、新材料、高端装备制造等新兴产业领域取得重点突破。积极培育龙头企业，制定实施“五型企业”三年行动计划，推动企业做强做大做久。加强中小微企业扶持，引导向“专、精、特、优”发展，形成一批科技型、成长型企业。大力提升块状经济，深化现代产业集群示范区建设，开展工业大县转型升级试点，抓好特色工业设计基地建设。积极发展现代建筑业。加强政策导向和依法监管，坚决淘汰重污染高耗能行业落后产能，为产业转型升级腾出空间。

加快发展服务业。把推动服务业大发展作为调整产业结构的重点，强化目标责任制，提高服务业比重和发展水平。一是提升重点行业。加快发展生产性服务业和新兴高端服务业，统筹发展生活性服务业和公共服务业，推动金融、物流、会展、科技服务、文化创意、服务外包等成为支柱产业。深化旅游综合改革试点，促进旅游业提升发展。大力发展现代商贸业，加快商品市场转型升级。加强电子商务产业扶持，建设国际电子商务中心。二是培育产业载体。深化现代服务业集聚示范区建设，构建产业集群公共服务平台和特色产业基地，抓好服务业重大项目，积极培育重点企业和行业品牌。三是创新政策机制。实施服务业综合改革试点，放宽市场准入。完善财税、投融资、用地、用海等政策措施，为服务业发展提供有力支持。

增强自主创新能力。围绕推进科技与经济紧密结合，明确政策扶持重点，加快国家技术创新工程试点省建设，增强科技对发展的支撑引领作用。紧扣经济转型升级需求，加大科技投入，设立创新强省专项资金，促进科技资源优化配置。建立和巩固产学研联盟，推进重大科技专项，努力突破共性核心技术，加强科技基础研究，提高原始创新能力和成果产业化水平。完善以企业为主体的区域创新体系，加快青山湖科技城、未来科技城和高新技术开发区建设，争创杭州国家自主创新示范区，大力发展创新载体、基地和成果交易平台，推进创新型城市、创新型企业建设。深入实施知识产权战略、品牌战略和标准化战略，积极鼓励发明创造，严厉打击侵犯知识产权行为，表彰对科技创新和成果产业化有突出贡献的人员。加强科普工作，提高全民科学素质。以高层次、高技能人才为重点，统筹推进人才队伍建设，优化引才聚才兴才环境，着力打造创新创业的“人才高地”。

加强节约环保和生态建设。牢固树立绿色、低碳发展理念，深入开展“811”生态文明建设推进行动，切实保护好全省人民生态家园。一是打好节能减排攻坚战。建立单位生产总值能耗和能源消费总量双控管理机制，加强主要污染物排放总量控制，抓好节能减排重点工程，严格新上项目能效和环保标准。加强建筑、交通运输和公共机构节能。二是强化节地节水节材。实施“365”节约集约用地行动计划，探索建设用地投入产出考核机制，加快低效建设用地二次开发。完善水资源管理体制，落实水资源开发、用水效率控制红线，推进节水示范工程。加强重点行业原材料消耗管理。三是深化循环经济试点省建设。实施循环经济“991”行动计划，加强示范企业、示范园区建设，推行清洁生产。抓好杭州国家低碳城市试点，开展新能源汽车推广应用。四是加强环境保护和污染治理。狠抓清洁水源、清洁空气、清洁土壤专项行动，完善环境执法监管机制，健全水污染区域联防联控机制，切实维护环境安全。加强重点生态功能区建设，注重海域、海岛及海岸带环境保护。推进水土流失治理，加快生态公益林、沿海防护林和碳汇林业建设。深入开展生态文明创建活动，营造共建生态省良好局面。

# 二　长三角地区产业布局

## 一、长三角地区产业布局总体概况

### （一）三次产业布局

2012 年，长三角两省一市 GDP 达 108905.27 亿元，占同期我国经济总量的 21.0%，比 2011 年水平下降了 0.3 个百分点。其中，第一产业增加值为 5213.97 亿元，占全国的比重为 10.0%，与 2011 年持平；第二产业增加值为 52293.04 亿元，占全国的比重为 22.2%，比 2011 年水平下降了 0.3 个百分点；第三产业增加值为 51398.26 亿元，占全国的比重为 22.2%，比 2011 年水平上下降 0.5 个百分点。

**表 1　2012 年长三角地区及两省一市三次产业占全国的比重**　亿元，%

| | 国内生产总值 | | 第一产业 | | 第二产业 | | 第三产业 | |
|---|---|---|---|---|---|---|---|---|
| | 数额 | 占全国的比重 | 数额 | 占全国的比重 | 数额 | 占全国的比重 | 数额 | 占全国的比重 |
| 上海市 | 20181.72 | 3.9 | 127.80 | 0.2 | 7854.77 | 3.3 | 12199.15 | 5.3 |
| 江苏省 | 54058.22 | 10.4 | 3418.29 | 6.5 | 27121.95 | 11.5 | 23517.98 | 10.2 |
| 浙江省 | 34665.33 | 6.7 | 1667.88 | 3.2 | 17316.32 | 7.4 | 15681.13 | 6.8 |
| 长三角 | 108905.27 | 21.0 | 5213.97 | 10.0 | 52293.04 | 22.2 | 51398.26 | 22.2 |

数据来源：2013 年上海市、江苏省、浙江省统计年鉴，2012 年中华人民共和国国民经济和社会发展统计公报

### （二）第一产业布局

2012 年，长三角第一产业总产值 8789.20 亿元，以当年价计算，增长 8.7%。从第一产业总产值的区域分布情况来看，上海市第一产业总产值为 321.73 亿元，占长三角第一产业总产值的比重为 3.7%；江苏省第一产业总产值为 5808.81 亿元，占长三角第一产业总产值的比重为 66.1%；浙江省第一产业总产值为 2658.66 亿元，占长三角第一产业总产值的比重为 30.2%。

对第一产业总产值的内部结构进行分析，2012 年，上海市农业总产值 171.48 亿元，占上海市第一产业总产值的比重为 53.3%；林业总产值 9.55 亿元，占第一产业总产值的比重为 3.0%；畜牧业总产值 72.59 亿元，占第一产业总产值的比重为 22.6%；渔业总产值 57.45 亿元，占第一产业总产值的比重为 17.9%；农林牧渔服务业总产值 10.66 亿元，占第一产业总产值的比重为 3.3%。

2012 年，江苏省农业总产值 2966.72 亿元，占江苏省第一产业总产值的比重为 51.1%；林业总产值 99.74 亿元，占第一产业总产值的比重为 1.7%；畜牧业总产值 1226.18 亿元，占第一产业总产值的比重为 21.1%；渔业总产值 1235.40 亿元，占第一产业总产值的比重为 21.3%；农林牧渔服务业总产值 280.77 亿元，占第一产业总产值的比重为 4.8%。

2012 年，浙江省农业总产值 1229.36 亿元，占浙江省第一产业总产值的比重为 46.2%；林业总产值 142.14 亿元，占第一产业总产值的比重为 5.3%；畜牧业总产值 549.04 亿元，占第一产业总产值的比重为 20.7%；渔业总产值 687.05 亿元，占第一产业总产值的比重为 25.8%；农林牧渔服务业总产

值51.08亿元，占第一产业总产值的比重为1.9%。

表2　2012年长三角地区第一产业布局基本情况

亿元，%

| | 上海市 | | 江苏省 | | 浙江省 | | 长三角 | |
|---|---|---|---|---|---|---|---|---|
| | 总产值 | 结构 | 总产值 | 结构 | 总产值 | 结构 | 总产值 | 结构 |
| 第一产业产值 | 321.73 | 100.0 | 5808.81 | 100.0 | 2658.66 | 100.0 | 8789.20 | 100.0 |
| 农业 | 171.48 | 53.3 | 2966.72 | 51.1 | 1229.36 | 46.2 | 4367.56 | 49.7 |
| 林业 | 9.55 | 3.0 | 99.74 | 1.7 | 142.14 | 5.3 | 251.43 | 2.9 |
| 畜牧业 | 72.59 | 22.6 | 1226.18 | 21.1 | 549.04 | 20.7 | 1847.81 | 21.0 |
| 渔业 | 57.45 | 17.9 | 1235.40 | 21.3 | 687.05 | 25.8 | 1979.90 | 22.5 |
| 农林牧渔服务业 | 10.66 | 3.3 | 280.77 | 4.8 | 51.08 | 1.9 | 342.51 | 3.9 |

数据来源：2013年上海市、江苏省、浙江省统计年鉴

## （三）第二产业布局

### 1. 工业布局

工业是长三角地区重要支柱产业。2012年长三角地区工业增加值为46344.25亿元，占全国工业增加值的比重为23.2%，比2011年下降0.2个百分点。

分工业行业来看，上海市工业总产值前十大工业行业分别是：计算机、通信和其他电子设备制造业，汽车制造业，化学原料和化学制品制造业，通用设备制造业，电气机械和器材制造业，电力、热力生产和供应业，石油加工、炼焦和核燃料加工业，黑色金属冶炼和压延加工业，专用设备制造业和金属制品业。上海市十大工业行业总产值占规模以上工业总产值的比重分别为18.0%、13.5%、8.0%、7.7%、6.7%、5.1%、5.0%、5.0%、3.4%和3.0%。2012年，上海市前十大工业行业总产值合计占工业总产值的比重为75.4%，比2011年上升了0.8个百分点。

江苏省工业总产值前十大工业行业分别是：计算机、通信和其他电子设备制造业，化学原料和化学制品制造业，电气机械和器材制造业，黑色金属冶炼和压延加工业，通用设备制造业，纺织业，金属制品业，汽车制造业，专用设备制造业和电力、热力的生产和供应业。江苏省十大工业行业总产值占规模以上工业总产值的比重分别为13.5%、11.0%、10.6%、7.9%、5.5%、5.0%、4.0%、3.8%、3.7%和3.4%。2012年，江苏省前十大工业行业总产值合计占规模以上工业总产值的比重为68.2%，比2011年下降了4.4个百分点。

浙江省工业总产值前十大工业行业分别是：纺织业，电气机械和器材制造业，化学原料和化学制品制造业，电力、热力的生产和供应业，通用设备制造业，汽车制造业，橡胶和塑料制品业，化学纤维制造业，黑色金属冶炼和压延加工业和金属制品业。浙江省十大工业行业总产值占规模以上工业总产值的比重分别为9.2%、9.0%、8.4%、6.8%、6.5%、4.9%、4.4%、4.3%、4.2%和4.0%。2012年，浙江省前十大工业行业总产值合计占规模以上工业总产值的比重为61.4%，比2011年下降了2.6个百分点。

表3　2012年上海市、江苏省和浙江省前十大工业行业及占工业总产值的比重　%

| 排名 | 上海市 | | 江苏省 | | 浙江省 | |
|---|---|---|---|---|---|---|
| | 行业 | 占工业总产值比重 | 行业 | 占工业总产值比重 | 行业 | 占工业总产值比重 |
| 1 | 计算机、通信和其他电子设备制造业 | 18.0 | 计算机、通信和其他电子设备制造业 | 13.5 | 纺织业 | 9.2 |
| 2 | 汽车制造业 | 13.5 | 化学原料和化学制品制造业 | 11.0 | 电气机械和器材制造业 | 9.0 |
| 3 | 化学原料和化学制品制造业 | 8.0 | 电气机械和器材制造业 | 10.6 | 化学原料和化学制品制造业 | 8.4 |
| 4 | 通用设备制造业 | 7.7 | 黑色金属冶炼和压延加工业 | 7.9 | 电力、热力的生产和供应业 | 6.8 |
| 5 | 电气机械和器材制造业 | 6.7 | 通用设备制造业 | 5.5 | 通用设备制造业 | 6.5 |
| 6 | 电力、热力生产和供应业 | 5.1 | 纺织业 | 5.0 | 汽车制造业 | 4.9 |
| 7 | 石油加工、炼焦和核燃料加工业 | 5.0 | 金属制品业 | 4.0 | 橡胶和塑料制品业 | 4.4 |
| 8 | 黑色金属冶炼和压延加工业 | 5.0 | 汽车制造业 | 3.8 | 化学纤维制造业 | 4.3 |
| 9 | 专用设备制造业 | 3.4 | 专用设备制造业 | 3.7 | 黑色金属冶炼和压延加工业 | 4.2 |
| 10 | 金属制品业 | 3.0 | 电力、热力的生产和供应业 | 3.4 | 金属制品业 | 4.0 |

数据来源：2013年上海市、江苏省、浙江省统计年鉴

## 2. 建筑业布局

2012年，长三角建筑业增加值5948.79亿元，占全国建筑业增加值的比重为16.8%，比2011年减少0.4个百分点。从建筑业的区域分布情况来看，上海市建筑业增加值为757.01亿元，占长三角建筑业增加值的比重为12.9%，占全国建筑业增加值的比重为2.1%；江苏省建筑业增加值为3213.48亿元，占长三角建筑业增加值的比重为54.9%，占全国建筑业增加值的比重为9.1%；浙江省建筑业增加值为1978.30亿元，占长三角建筑业增加值的比重为33.3%，占全国建筑业增加值的比重为5.6%。

表4　2012年长三角地区及两省一市建筑业布局　亿元，%

| | 建筑业增加值 | 占长三角建筑业增加值的比重 | 占全国建筑业增加值的比重 |
|---|---|---|---|
| 上海市 | 757.01 | 12.9 | 2.1 |

(续表)

| | | | |
|---|---|---|---|
| 江苏省 | 3213.48 | 54.9 | 9.1 |
| 浙江省 | 1978.30 | 33.3 | 5.6 |
| 长三角 | 5948.79 | — | 16.8 |
| 全 国 | 35459.00 | — | — |

数据来源:2013年上海市、江苏省、浙江省统计年鉴,2012年中华人民共和国国民经济和社会发展统计公报

### (四)第三产业布局

2012年,长三角第三产业增加值为51398.26亿元,占全国第三产业增加值的比重为22.2%,比2011年下降0.5个百分点。从第三产业的区域分布情况来看,上海市第三产业增加值为12199.15亿元,占长三角第三产业增加值的比重为23.7%,占全国第三产业增加值的比重为5.3%;江苏省第三产业增加值为23517.98亿元,占长三角第三产业增加值的比重为45.8%,占全国第三产业增加值的比重为10.2%;浙江省第三产业增加值为15681.13亿元,占长三角第三产业增加值的比重为30.5%,占全国第三产业增加值的比重为6.8%。

**表5 2012年长三角地区及两省一市第三产业布局** 亿元,%

| | 第三产业增加值 | 占长三角第三产业增加值的比重 | 占全国第三产业增加值的比重 |
|---|---|---|---|
| 上海市 | 12199.15 | 23.7 | 5.3 |
| 江苏省 | 23517.98 | 45.8 | 10.2 |
| 浙江省 | 15681.13 | 30.5 | 6.8 |
| 长三角 | 51398.26 | — | 22.2 |
| 全 国 | 231626.00 | — | — |

数据来源:2013年上海市、江苏省、浙江省统计年鉴,2012年中华人民共和国国民经济和社会发展统计公报

## 二、上海市产业布局基本情况

2012年,上海"三环"(内环、外环以及内外环之间)产业布局进一步优化发展;电子信息产品制造业、汽车制造业、石油化工及精细化工制造业、精品钢材制造业、成套设备制造业和生物医药制造业等六个重点发展的工业行业继续保持增长;国家级、市级工业园区稳步增长,15个国家级开发区和23个市级工业园区进一步推进了全市工业的集聚集约发展。

### (一)"三环"产业布局

#### 1. 内环线以内

以都市型先进制造业园区(楼宇)为基本载体,发展以产品设计开发、技术服务、经营管理和高增值、低消耗、少污染生产为主体的都市型先进制造业,形成新的产业业态,如服装设计制造业、信息加工制造业、软件业、钟表设计装配业、钻石设计加工贸易业、工艺美术旅游品开发制造业、绿色包装产品设计与现代精美印刷业、玩具设计制造业,以及其他具有上述特征的新兴行业等。

**2. 内外环线之间**

重点发展都市型先进制造业和高科技产业，以及与支柱先进制造业相配套的产品。鼓励向高科技产业和都市型先进制造业“转型”发展。

**3. 外环线以外**

新增大型先进制造业项目向市级以上开发区集中，并按各先进制造业区产业功能定位导向布局，同时鼓励围绕“1个中心城9个新城”建设进行产业配套。

## （二）六个重点发展工业行业

2012年，上海市电子信息产品制造业、汽车制造业、石油化工及精细化工制造业、精品钢材制造业、成套设备制造业、生物医药制造业等六个重点发展工业行业完成工业总产值21063.56亿元，按当年价计算，比2011年下降2.5%，占全市规模以上工业总产值的比重为66.0%，比2011年减少0.6个百分点。

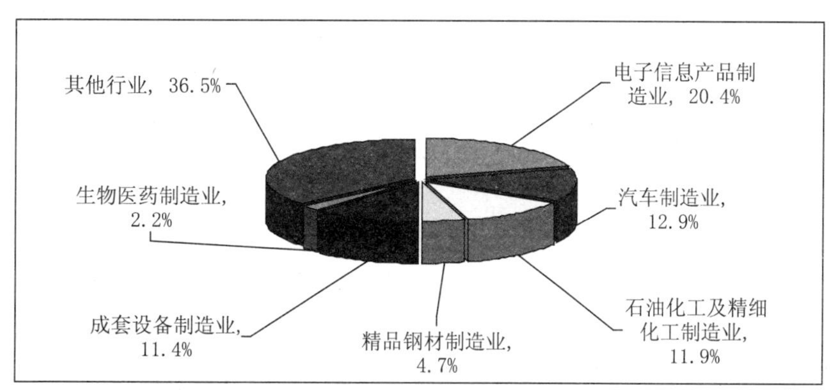


**图2　2012年上海市六个重点发展工业行业占工业总产值的比重**

**1. 电子信息产品制造业**

2012年，上海拥有电子信息产品制造企业1062家，比2011年减少22家；从业人员数58.40万人，比2011年减少1.53万人；完成工业总产值6755.12亿元，比2011年下降5.7%；完成主营业务收入6872.97亿元，比2011年下降4.9%；创造利润155.51亿元，比2011年下降9.9%；上缴税金总额42.78亿元，较2011年增长18.4%。

**2. 汽车制造业**

2012年，上海汽车制造业拥有汽车制造企业552家，比2011年增加30家，从业人员数22.69万人，比2011年增加0.72万人；完成工业总产值4296.82亿元，比2011年增长5.1%，完成主营业务收入5360.56亿元，比2011年增长5.4%；创造利润769.13亿元，比2011年下降3.3%；上缴税金总额303.47亿元，比2011年下降0.9%。2012年上汽集团整车销售突破449万辆，合资品牌乘用车企业业绩优异。上海通用整车销售139万辆，同比增长13.1%，连续第三年坐上中国乘用车年销量冠军宝座，且再次刷新了国内单一车企年销量纪录；上海大众整车销售128万辆，同比增长9.8%；上汽通用五菱整车销售145.8万辆，同比增长12.1%，继续稳坐交叉型乘用车年销量冠军。这三大乘用车企业的强势发展，也带动了上海汽车市场产业链的发展。

### 3. 石油化工及精细化工制造业

2012年,上海拥有石油化工及精细化工制造企业679家,比2011年增加19家,从业人员数12.41万人,比2011年减少0.15万人;完成工业总产值3944.10亿元,比2011年下降0.3%;完成主营业务收入4027.93亿元,比2011年下降0.2%;利润85.35亿元,比2011年下降27.0%,上缴税金总额231.48亿元,较2011年下降6.2%。

### 4. 精品钢材制造业

2012年,上海拥有精品钢材制造企业101家,比2011年增加11家;从业人员数3.90万人,比2011年增加1.47万人;完成工业总产值1548.32亿元,比2011年下降14.6%;完成主营业务收入2000.99亿元,比2011年下降10.5%;创造利润126.58亿元,比2011年增长105.7%;上缴税金总额18.94亿元,比2011年下降33.2%。

### 5. 成套设备制造业

2012年,上海拥有成套设备制造企业1398家,比2011年增加1家,从业人员数34.82万人,比2011年减少0.15万人;完成工业总产值3773.28亿元,比2011年下降3.0%;完成主营业务收入3758.23亿元,比2011年下降2.5%;创造利润151.50亿元,比2011年下降44.6%,上缴税金总额102.89亿元,比2011年增长0.2%。

### 6. 生物医药制造业

2012年,上海拥有生物医药制造企业368家,比2011年增加39家,从业人员数9.53万人,比2011年增加1.10万人;完成工业总产值745.93亿元,比2011年增长16.4%;完成主营业务收入760.32亿元,比2011年增长18.1%;创造利润95.62亿元,比2011年增长23.5%;上缴税金总额43.58亿元,比2011年增长24.0%。

**表6　2012年上海市六个重点发展工业行业主要指标**

| 行　业 | 单位数（个） | 平均从业人员（万人） | 工业总产值（亿元） | 主营业务收入（亿元） | 利润总额（亿元） | 税金总额（亿元） |
|---|---|---|---|---|---|---|
| 总　计 | 4160 | 141.75 | 21063.56 | 22781.00 | 1383.78 | 743.11 |
| 电子信息产品制造业 | 1062 | 58.40 | 6755.12 | 6872.97 | 155.51 | 42.78 |
| 汽车制造业 | 552 | 22.69 | 4296.82 | 5360.56 | 769.13 | 303.47 |
| 石油化工及精细化工制造业 | 679 | 12.41 | 3944.10 | 4027.93 | 85.35 | 231.48 |
| 精品钢材制造业 | 101 | 3.90 | 1548.32 | 2000.99 | 126.58 | 18.94 |
| 成套设备制造业 | 1398 | 34.82 | 3773.28 | 3758.23 | 151.50 | 102.89 |
| 生物医药制造业 | 368 | 9.53 | 745.93 | 760.32 | 95.62 | 43.58 |
| 六个重点发展工业行业占全市比重(%) | 42.6 | 53.5 | 66.0 | 66.8 | 64.4 | 44.8 |

数据来源:《上海市统计年鉴》(2013)

### （三）工业园区

2012年，上海市拥有15个国家级开发区，比2011年增加1个。15个国家级开发区拥有企业1301家，比2011年增加531家；从业人员为64.56万人，比2011年增加了16.81万人；工业总产值为8707.12亿元，同比增长14.2%；出口交货值为3791.96亿元，同比下降0.6%；全年实现利润总额689.49亿元，同比下降0.3%；税金总额245.41亿元，同比增长7.5%。

2012年，上海市拥有23个市级工业园区，与2011年相比减少2个。23个市级工业园区拥有企业2946家，比2011年减少818家；从业人员为79.88万人，比2011年减少19.64万人；工业总产值为7672.32亿元，同比下降19.5%；出口交货值为2450.25亿元，同比下降9.6%；利润总额为482.35亿元，同比下降19.5%；税金总额为186.45亿元，同比下降11.2%。

## 三、江苏省产业布局基本情况

2012年，江苏省"沿江、沿沪宁线、沿东陇海线、沿海"的"四沿"经济空间布局进一步优化，逐步成为江苏省生产力总体布局的主骨架。

### （一）沿沪宁线产业带

沿沪宁线产业带包括南京市区、镇江市区、句容、丹阳、常州市区、无锡市区、苏州市区、昆山市等地，土地面积1.59万平方公里。2012年，沿沪宁线产业带拥有户籍人口1670.95万人。全年实现的地区生产总值22856.55亿元，占全省的比重为42.3%。其中，第一产业增加值428.19亿元，占全省的比重为12.5%；第二产业增加值11364.92亿元，占全省的比重为41.9%；第三产业增加值11063.44亿元，占全省的比重为47.0%。随着服务业的大力发展，对国民经济的贡献也在不断提高。2012年沿沪宁线产业带服务业比2011年增长22.60%，高于同期GDP增速1.75个百分点，占沿沪宁线产业带GDP的比重由2011年的47.71%提高到48.40%。

### （二）沿江产业带

沿江开发区域包括南京、镇江、常州、扬州、泰州、南通6个市的市区和句容、扬中、丹阳、江阴、张家港、常熟、太仓、仪征、泰兴、靖江、如皋、海门、启东13个县(市)，土地面积2.54万平方公里，2012年，沿江产业带拥有户籍人口2544.38万人。全年实现的地区生产总值为27386.39亿元，占全省的比重为50.66%。其中，第一产业增加值832.59亿元，占全省的比重为24.36%；第二产业增加值14233.41亿元，占全省的比重为52.48%；第三产业增加值12320.40亿元，占全省的比重为52.39%。

### （三）沿东陇海线产业带

沿东陇海线产业带包括徐州、连云港两个市区和邳州、新沂、东海3个县(市)，土地面积9933平方公里。2012年，沿东陇海地区拥有户籍人口822.54万。2012年实现地区生产总值4107.88亿元，占全省的比重为7.60%。其中，第一产业增加值277.73亿元，占全省的比重为8.12%；第二产业增加值2093.87亿元，占全省的比重为7.72%；第三产业增加值1736.28亿元，占全省的比重为7.38%。

### （四）沿海产业带

江苏沿海地区包括南通、盐城、连云港三个市的市区和所辖的13个县(市)，土地面积2.85万平方公里，2012年年末总人口1764.80万人。2012年沿海产业带完成地区生产总值8096.43亿元，占全省的比重为14.98%。其中,第一产业增加值856.88亿元,占全省的比重为25.07%;第二产业增加值4142.99亿元,占全省的重为15.28%;第三产业增加值3096.56亿元,占全省的比重为13.17%。

表7 2012年江苏省"四沿"产业带主要经济指标及占全省的比重 亿元,%

| 指标 | 全省总计 | 沿沪宁线产业带 | | 沿江产业带 | | 沿东陇海线产业带 | | 沿海产业带 | |
|---|---|---|---|---|---|---|---|---|---|
| | | 数额 | 比重 | 数额 | 比重 | 数额 | 比重 | 数额 | 比重 |
| 地区生产总值的增加值 | 54058.22 | 22856.55 | 42.3 | 27386.39 | 50.7 | 4107.88 | 7.6 | 8096.43 | 15.0 |
| 第一产业增加值 | 3418.29 | 428.19 | 12.5 | 832.59 | 24.4 | 277.73 | 8.1 | 856.88 | 25.1 |
| 第二产业增加值 | 27121.95 | 11364.92 | 41.9 | 14233.41 | 52.5 | 2093.87 | 7.7 | 4142.99 | 15.3 |
| 其中:工业增加值 | 23908.47 | 10280.08 | 43.0 | 12881.20 | 53.9 | 1827.76 | 7.6 | 3453.05 | 14.4 |
| 第三产业增加值 | 23517.98 | 11063.44 | 47.0 | 12320.40 | 52.4 | 1736.28 | 7.4 | 3096.56 | 13.2 |

注:沿沪宁产业带和沿江产业带,沿东陇海产业带和沿海产业带所覆盖的区域有重叠。

数据来源:《江苏省统计年鉴》(2013)

## 四、浙江省产业布局基本情况

2012年,浙江省"四圈三带"("四圈"是指杭州、宁波、温台、浙中城市四大都市圈;"三带"是指环杭州湾、温台沿海、金衢丽高速公路沿线三大产业带)各项经济指标在2012年基础上进一步优化发展,产业空间布局进一步优化。

### (一)四大都市圈

#### 1. 杭州都市圈

杭州都市经济圈涵盖杭州、嘉兴、湖州、绍兴四市全境的区域,土地总面积34562平方公里。2012年末,杭州都市经济圈总人口数为1747.26万人。2012年,杭州都市圈实现地区生产总值16015.07亿元,占全省的比重为46.2%。其中,第一产业增加值713.93亿元,占全省的比重为42.8%;第二产业增加值8029.38亿元,占全省的比重为46.4%;第三产业增加值7271.75亿元,占全省的比重为46.4%。

#### 2. 宁波都市圈

宁波都市圈包含宁波全境的行政区域,土地面积9817平方公里。2012年末,宁波市总人口数为577.71万人。2012年,宁波市完成地区生产总值6582.21亿元,占全省的比重为19.0%。其中,第一产业增加值268.52亿元,占全省的比重为16.1%;第二产业增加值3516.84亿元,占全省的比重为20.3%;第三产业增加值2796.85亿元,占全省的比重为17.8%。

#### 3. 温台都市圈

温台都市圈包括温州和台州两个地级市,土地面积21195平方公里。2012年末,温台都市圈总人口数为1391.16万人。2012年,温台都市圈实现地区生产总值6580.44亿元,占全省的比重为19.0%。其中,第一产业增加值315.13亿元,占全省的比重为18.9%;第二产业增加值3272.46亿元,占全省的比重为18.9%;第三产业增加值2992.85亿元,占全省的比重为19.1%。

#### 4. 浙中城市群

"浙中城市群"由金华市本级、义乌、兰溪、永康、东阳四个县级市和武义、浦江、磐安三个县组成,

土地面积 10941 平方公里。2012 年末，浙中城市群人口数为 470.63 万人。2012 年浙中城市群实现地区生产总值 2710.77 亿元，占全省的比重为 7.8%。其中，第一产业增加值 134.46 亿元，占全省的比重为 8.1%；第二产业增加值 1344.69 亿元，占全省的比重为 7.8%；第三产业增加值 1231.62 亿元，占全省的比重为 7.9%。

**表 8　2012 年浙江省四大都市圈主要经济指标及占全省的比重**　　亿元，%

| 指　标 | 杭州都市圈 | | 宁波都市圈 | | 温台都市圈 | | 浙中城市群 | |
|---|---|---|---|---|---|---|---|---|
| | 数额 | 比重 | 数额 | 比重 | 数额 | 比重 | 数额 | 比重 |
| 地区生产总值的增加值 | 16015.07 | 46.2 | 6582.21 | 19.0 | 6580.44 | 19.0 | 2710.77 | 7.8 |
| 第一产业增加值 | 713.93 | 42.8 | 268.52 | 16.1 | 315.13 | 18.9 | 134.46 | 8.1 |
| 第二产业增加值 | 8029.38 | 46.4 | 3516.84 | 20.3 | 3272.46 | 18.9 | 1344.69 | 7.8 |
| 其中：工业增加值 | 7165.16 | 46.7 | 3170.07 | 20.7 | 2898.64 | 18.9 | 1164.53 | 7.6 |
| 第三产业增加值 | 7271.75 | 46.4 | 2796.85 | 17.8 | 2992.85 | 19.1 | 1231.62 | 7.9 |

数据来源：《浙江省统计年鉴》(2013)

## （二）三大产业带

### 1. 环杭州湾产业带

环杭州湾产业带包括杭州市、宁波市、绍兴市、嘉兴市、湖州市和舟山市，土地面积 45834 平方公里。2012 年末，环杭州湾产业带人口数为 2422.14 万人。2012 年，环杭州湾产业带完成地区生产总值 23446.30 亿元，占全省的比重为 67.6%。其中，第一产业增加值 1065.52 亿元，占全省的比重为 63.9%；第二产业增加值 11924.32 亿元，占全省的比重为 68.9%；第三产业增加值 10456.46 亿元，占全省的比重为 66.7%。

环杭州湾产业带产业发展的重点是电子信息、现代医药、石化、纺织、服装五大标志性产业集群，以及交通运输设备、先进装备制造、新型金属材料及制品、造纸业及纸制品、家用电器及设备和食品加工制造六大成长性产业集群。该产业带区位条件优越、经济资源富集、综合实力较强，是浙江现代化进程最快的区域。

### 2. 温台沿海产业带

温台沿海产业带包括温州和台州两个地级市，土地面积 21195 平方公里。2012 年末，温台都市圈总人口数为 1391.16 万人。2012 年，温台沿海产业带实现地区生产总值 6580.44 亿元，占全省的比重为 19.0%。其中，第一产业增加值 315.13 亿元，占全省的比重为 18.9%；第二产业增加值 3272.46 亿元，占全省的比重为 18.9%；第三产业增加值 2992.85 亿元，占全省的比重为 19.1%。

温台沿海产业带市场化水平较高，民营经济活跃，块状经济发达，民间资金充裕，是著名的“温台模式”发源地。温台沿海产业带汇集了一系列在全国具有较强竞争优势的特色产业集群。主要包括：汽车摩托车及零配件、医药化工、模具塑料、服装机械、水泵阀门、工艺美术、家用电器、绿色农产品和水产品加工、鞋帽服装、日用品加工等。

### 3. 金衢丽产业带

金衢丽产业带包括金华、衢州、丽水 3 个地级市，土地面积 37080 平方公里。2012 年末，金衢丽产业带人口数为 986.05 万人。2012 年，金衢丽产业带实现地区生产总值 4577.12 亿元，占全省的比重为13.2%。其中,第一产业增加值293.58亿元,占全省的比重为17.6%;第二产业增加值2310.53亿元,占全省的比重为13.3%;第三产业增加值1973.01亿元,占全省的比重为12.6%。

金衢丽产业带产业发展的重点是:①金华市:重点打造汽车制造、日用小商品、五金机械、现代医药、食品加工、电子产业、建材产业七大产业集群。②衢州市:重点发展氟化工、新型干法水泥、矿山机械、高档纸制品、输变电设备、轻工制品等六大特色制造业基地。③丽水市:重点培育日用化工、特种材料、五金机电、羽绒制鞋、现代中医药等五大特色制造业基地。

**表9 2012年浙江省三大产业带主要经济指标及占全省的比重** 亿元,%

| 指标 | 环杭州湾产业带 | | 温台沿海产业带 | | 金衢丽产业带 | |
|---|---|---|---|---|---|---|
| | 数额 | 比重 | 数额 | 比重 | 数额 | 比重 |
| 地区生产总值的增加值 | 23446.30 | 67.6 | 6580.44 | 19.0 | 4577.12 | 13.2 |
| 第一产业增加值 | 1065.52 | 63.9 | 315.13 | 18.9 | 293.58 | 17.6 |
| 第二产业增加值 | 11924.32 | 68.9 | 3272.46 | 18.9 | 2310.53 | 13.3 |
| 其中:工业增加值 | 10626.19 | 69.3 | 2898.64 | 18.9 | 1991.59 | 13.0 |
| 第三产业增加值 | 10456.46 | 66.7 | 2992.85 | 19.1 | 1973.01 | 12.6 |

数据来源:《浙江省统计年鉴》(2013)

# 三　长三角地区第一产业

## 一、长三角地区第一产业总体特征

2012年,长三角两省一市的国内生产总值合计为108905.27亿元。其中,第一产业增加值5213.97亿元,按当年价计算,同比增长8.2%,第一产业增加值占长三角地区生产总值比重为4.8%。其中,江苏省第一产业增加值一直在两省一市中位居第一位,2012年达到3418.29亿元,其次是浙江省,为1667.88亿元,再次是上海市,为127.80亿元;按照第一产业在地区总产值中的构成比重排列,江苏省以6.3%排在第一,浙江省以4.8%排在第二,上海市第一产业比重最低,只占0.6%。

**表10　2008—2012年长三角及二省一市第一产业指标对比**　　亿元,%

| 地　区 | 指　标 | 2008年 | 2009年 | 2010年 | 2011年 | 2012年 |
|---|---|---|---|---|---|---|
| 上海市 | 地区生产总值 | 14069.87 | 15046.45 | 17165.98 | 19195.69 | 20181.72 |
| | 第一产业总产值的增加值 | 111.80 | 113.82 | 114.15 | 124.94 | 127.80 |
| | 一产产值占GDP比重 | 0.79 | 0.76 | 0.66 | 0.65 | 0.63 |
| | 一产产值增长率 | 9.78 | 1.81 | 0.29 | 9.45 | 2.29 |
| 江苏省 | 地区生产总值 | 30981.98 | 34457.30 | 41425.48 | 49110.27 | 54058.22 |
| | 第一产业总产值的增加值 | 2100.11 | 2261.86 | 2540.10 | 3064.78 | 3418.29 |
| | 一产产值占GDP比重 | 6.78 | 6.56 | 6.13 | 6.24 | 6.32 |
| | 一产产值增长率 | 15.63 | 7.70 | 12.30 | 20.66 | 11.53 |
| 浙江省 | 地区生产总值 | 21462.69 | 22990.35 | 27722.31 | 32318.85 | 34665.33 |
| | 第一产业总产值的增加值 | 1095.96 | 1163.08 | 1360.56 | 1583.04 | 1667.88 |
| | 一产产值占GDP比重 | 5.11 | 5.06 | 4.91 | 4.90 | 4.81 |
| | 一产产值增长率 | 11.15 | 6.12 | 16.98 | 16.20 | 5.36 |
| 长三角 | 地区生产总值 | 66514.54 | 72494.10 | 86313.77 | 100624.81 | 108905.27 |
| | 第一产业总产值的增加值 | 3307.87 | 3538.76 | 4014.81 | 4772.76 | 5213.97 |
| | 一产产值占GDP比重 | 4.97 | 4.88 | 4.65 | 4.74 | 4.79 |
| | 一产产值增长率 | 13.90 | 6.98 | 13.45 | 18.82 | 9.24 |

资料来源:历年上海市、江苏省、浙江省统计年鉴

## 二、两省一市第一产业的具体情况

### (一)上海市

#### 1. 基本情况

2012年,上海市全年完成农业总产值321.73亿元,按可比价格计算(下同),比上年增长0.4%,

其中种植业产值171.48亿元，比上年增长0.3%；林业产值为9.55亿元，比上年增长4.8%；畜牧业产值72.59亿元，比上年下降0.7%；渔业产值57.45亿元，比上年增长1.5%；农林牧渔服务业10.66亿元，比上年增长2.5%。上海市域外市属农场实现农业总产值16.08亿元，比上年增长17.7%。至2012年末上海市有543家企业、3300个产品获得农产品质量认证。其中，无公害农产品生产企业420家、无公害农产品3106个；绿色食品生产企业116家、绿色食品170个。至2012年末，建成设施粮田8.65万公顷，蔬菜标准园60家，标准化畜牧养殖场270家，标准化水产养殖场293家。至年末，上海市有各类农民专业合作社3177家，农业产业化龙头企业388家。

**表11 2012年上海市及域外主要农副产品产量**

| 产品名称 | 单位 | 全市产量 | 比上年增长(%) | 域外产量 | 比上年增长(%) |
|---|---|---|---|---|---|
| 粮食 | 万吨 | 122.39 | 0.4 | 17.50 | -2.5 |
| 蔬菜 | 万吨 | 406.93 | -0.3 | — | — |
| 生猪出栏 | 万头 | 241.64 | -9.5 | 30.70 | 21.3 |
| 牛奶 | 万吨 | 26.31 | -9.5 | 5.66 | 1.5 |
| 家禽出栏 | 万羽 | 3650.38 | -15.1 | — | — |
| 水产品 | 万吨 | 27.21 | -4.1 | 2.65 | 15.3 |

数据来源：《上海市统计年鉴》(2013)

### 2. 粮食生产

上海市连续9年实现粮食丰收，2012年粮食总产量为122.39万吨，比上年增长0.4%；粮食种植面积达到18.76万公顷，占总播种面积的48.1%；水稻良种覆盖率达99.8%。

### 3. 林业

2012年，上海市林业实现产值9.55亿元，按可比价格计算，比上年增长4.8%，主要原因是生态环境持续改善促进林业的可持续发展。上海市加大投入保持了林地面积的增长，全年造林面积1168公顷，森林覆盖率达到12.58%。

### 4. 畜牧业

2012年，上海市认真贯彻落实各项强农惠农政策，积极推进畜禽标准化生态养殖基地建设，全面落实畜产品最低保有量工作，牧业生产保持基本稳定。但受生猪、禽蛋价格下降和饲料成本上涨影响，畜牧养殖效益有所下降。通过加大对域外市属农场扶持力度，域外牧业生产发展迅速，有效弥补了上海市畜产品市场供应。

**(1) 畜牧业经济规模基本稳定，结构布局进一步优化**

① 牧业经济总量基本稳定，牛奶比重有所上升

2012年，上海市实现畜牧业总产值72.59亿元，按可比价格计算，比上年下降0.7%。在农业内部结构中，牧业占农业总产值的比重为22.6%，仅次于种植业，比上年下降2.0个百分点。在牧业产值中，生猪、牛奶、肉禽、禽蛋等主要产品产值占92.0%。其中，生猪产值比重为52.9%，下降2.1个百分点；牛奶产值比重为17.9%，提高2.1个百分点；肉禽和鲜蛋比重分别下降1.4个和0.6个百分点。

② 产业布局进一步优化，区域集中度有所提高

从产业布局看，上海市牧业生产主要集中在浦东新区、奉贤、金山、崇明等区县和市属光明农场

(市内)。以上区县、农场2012年牧业产值合计占上海市牧业总产值的81.9%,比上年提高2.4个百分点。其中,浦东新区牧业产值为15.65亿元,占全市的21.5%,在各区县(农场)中保持第一。

**(2) 养殖效益较上年下降,生猪产量维持基本稳定**

① 生猪生产价格下降超一成,价格走势变数大

2012年,上海市受全国市场供大于求影响,生猪生产价格比上年下降11.9%。从走势情况看,年初生猪生产价格继续保持上年底高位水平,从2月末开始回落,3月中旬已快速回落到上年同期水平。6月生猪收购价仅为13.79元每千克,较年初下降两成。3季度和4季度持续低位运行,直至12月初才有所回升。

② 生猪饲养成本上涨,养殖效益下降

2012年,上海市生猪生产价格比上年下降一成,主要饲料粮价格上涨7%—15%,生猪养殖场效益普遍下降,养殖户多处于微利状态。据生猪生产效益情况监测,全年平均出售一头生猪盈利在200元左右,比上年下降5成以上。其中1季度平均出售一头生猪盈利在390元左右,2季度在120元左右;3季度和4季度出售一头生猪盈亏基本平衡。

③ 家禽生产以增为主

2012年,上海市生猪价格一路走低,养殖效益下降明显,养殖户积极性普遍受影响。但受到上年末母猪存栏增加较快影响,本年仔猪补栏量较大。年末生猪存栏172.71万头,比上年增长8.8%。其中,生产母猪存栏15.47万头,比上年持平略增。全年生猪出栏241.64万头,与上年基本持平。受价格低迷影响,压栏现象比较普遍,肉猪出栏累计平均头重达108.78千克,比上年增加2.96千克,增长2.8%。

**(3) 牛奶产业保持盈利,本市奶业生产多创新高**

① 收购价进一步提高,牛奶生产价格上涨

2012年,上海市继续推行奶价调节机制,进一步提高牛奶收购基价,牛奶生产价格随养殖成本提高同步上涨。全年牛奶生产价格比上年上涨4.8%。其中,1季度上涨3.8%,2季度上涨2.1%,3季度上涨5.2%,4季度上涨7.3%。

② 牛奶生产保持盈利,奶农利益得到保障

在饲料粮价格和劳动力成本持续高位运行的情况下,牛奶实际交售价也随之提高,全年牛奶生产在保本基础上保持盈利。经测算,年产奶5吨的奶牛年平均利润稳定在2100元左右,奶农养殖收益得到基本保障。

③ 肉鸭拉动肉禽生产价格走高

通过近几年全面推行奶价调节机制,奶牛养殖效益持续向好。2012年,上海市奶牛生产势头良好。年末奶牛存栏5.98万头,比上年增长3.6%。其中,成乳牛存栏3.18万头,增长0.9%,为近14年之最。成乳牛良种率达到100%,全年平均每头健康成乳牛产奶量达8.38吨,创历史最高水平。由于成乳牛数量增加,且单产水平明显提高,全年牛奶产量达26.31万吨,比上年增长8%,为9年来最高水平。

**(4) 禽蛋生产保本微利,家禽产量降幅较大**

① 肉禽生产价格有所上涨,禽蛋生产价格低位运行

2012年,在饲料粮价格和劳动力成本上涨拉动下,上海市肉禽生产价格较上年上涨3%。其中,1季度上涨3.5%,2季度上涨3.9%,3季度上涨1.1%,4季度上涨3.3%。受全国禽蛋价格下降影响,上海市禽蛋生产价格2012年大部分时间处于低位。全年禽蛋生产价格比上年下降5.8%。其中,鸡蛋价格下降7.5%,鸭蛋价格下降4.2%。从走势看,1月春节后禽蛋价格大幅下挫,2季度达到最低

点，3季度禽蛋价格出现逐月回升态势，至4季度禽蛋生产价格涨回到上年同期水平。

② 肉鸡盈利好于肉鸭，禽蛋生产保本微利

2012年，上海市肉禽生产略有盈利，主要品种中肉鸡盈利好于肉鸭。受供需情况影响，肉鸡生产价格比上年上涨5.9%，平均为17.36元/千克，扣除生产成本上涨因素后略有盈利。受饲料价格持续走高和劳动力上涨影响，肉鸭生产成本提高较快，而生产价格仅微幅上涨，肉鸭养殖场全年基本维持保本微利状态。由于禽蛋价格走势低迷，加上饲料成本高涨，禽蛋养殖效益普遍较低。据鸡蛋生产效益情况监测，上半年鸡蛋平均价格仅7元/千克，平均每只蛋鸡扣除生产成本亏损7～9元；3季度价格有所回升，4季度达到9元/千克，下半年平均每只蛋鸡扣除生产成本盈利10元左右。鸭蛋盈利情况与鸡蛋相似。总体看，禽蛋养殖场全年普遍处于保本或保本微利状态。

③ 家禽产量降幅较大，规范养殖是主因

2012年，上海市家禽生产比上年降幅较大。经测算，浦东新区、奉贤区家禽存栏减少造成全市家禽存栏下降19.4个百分点，其它区县(农场)家禽存栏增加使得全市家禽存栏增长2.7个百分点。两者相抵，年末上海市家禽存栏1183.22万只，比上年下降16.7%。其中，肉用禽存栏696.45万只，下降21.5%；蛋鸡存栏311.47万只，增长5.7%；蛋鸭存栏175.3万只，下降23.3%。全年肉禽出栏3650.38万只，比上年下降15.1%。其中，肉鸡出栏2904.08万只，下降16.9%；肉鸭出栏697.52万只，下降9.5%；肉鹅出栏48.78万只，增长2.5%。全年禽蛋产量5.9万吨，比上年下降6.4%。其中，鸡蛋产量3.42万吨，与上年持平；鸭蛋产量2.48万吨，下降10.4%。

**(5) 域外牧业生产规模快速发展，有效弥补上海市市场供应**

近几年，根据市政府加大域外农业发展的战略规划，域外市属农场牧业生产规模快速发展，对保障上海市畜产品市场供应的作用越来越明显。2012年，域外牧业产值7.15亿元，比上年增长17.9%，相当于上海市牧业产值的9.8%，同比提高1.6个百分点。从主要产品生产看，域外生猪出栏30.7万头，增长21.3%，相当于上海市出栏量的12.7%；牛奶产量5.66万吨，增长1.5%，相当于上海市产量的21.5%。

### 5. 渔业

2012年，长三角地区干旱、洪涝、台风等灾害及日本地震和核泄漏事故，对上海市渔业发展影响有限，全年渔业生产呈现趋稳、有序，价格呈明显上涨态势。产品产量有所下降，生产结构基本稳定。2012年，上海市渔业产品总产量为27.21万吨，比上年减少4.1%。其中，海水产品13.21万吨，比上年增长11.9%；淡水产品14.00万吨，比上年减少15.5%。海水、淡水产品占总产量的比重分别为48.5%和51.5%。全年实现渔业商品产值55.23亿元，比上年增长8.5%。其中，海水产品产值17.69亿元，占渔业产值的32.0%，比上年提高1.2个百分点；淡水产品产值37.54亿元，占渔业产值的68.0%。

### 6. 农业科技

2012年度上海市科技奖励大会在上海友谊会堂隆重召开。上海市农科院完成的5项科技创新成果被授予市科学技术奖。其中，“广适、高效‘申香16’等香菇新品种的选育及配套栽培技术”成果荣获2012年度市科技进步一等奖，该成果在香菇育种理论与技术方面取得了重要进展，培育的优质、高效系列香菇新品种在产量、品质、抗逆性与适应性等方面有新的重要改良，新品种及配套高产栽培技术在上海市、浙江省、云南省、辽宁省、湖北省、河南省、福建省及河北省等地推广应用，覆盖了我国80%以上的香菇主产区，累计超1亿棒，产值超5亿元。这些创新成果的取得进一步丰富和提升了我国食用菌育种理论与技术水平，为我国从世界香菇生产大国向强国转变提供了重要的技术支撑。该获奖成果也是市农科院近20年来获得的第20个上海市科学技术一等奖。2012年度，市农科院同时获奖

的成果还有:“夏秋青菜抗逆种质创制与新品种选育”获得上海市科技进步二等奖;“水稻非生物胁迫抗性基因分离和功能挖掘关键技术”、“林地复合经营关键技术与集成应用”获得上海市科技进步三等奖;“十字花科蔬菜种子丸粒化及引发技术”获得上海市技术发明三等奖。

### 7. 农田水利

2012年,上海市水利建设总投入72.7亿元,比2011年增长1.4%。其中政府投资71.3亿元,比上年增长10.0%。主要包括太湖流域水环境综合治理、重点泵闸、河道整治、农田水利配套设施、农村生活污水处理和郊区集约化供水等工程项目。

### 8. 农业机械

2012年底,上海市农业机械总动力为112.72万千瓦,拥有大中型拖拉机6431台,联合收割机2557台,新增大马力拖拉机370多台,新增新型带粮仓的联合收割机200多台,机耕率达到99.0%,粮食机种率27.5%,粮食机收率达到94.4%,水稻机械化种植率也已达到35.5%。为提高水稻机械化种植水平,松江区农机管理所会同向明农机厂突击改造了40多台水稻直播机,大大提高了水稻机直播的速度和质量。

上海市继续安排闵行区、嘉定区、宝山区、浦东新区、奉贤区、松江区、金山区、青浦区和崇明县9个区县及光明集团、上实公司等为2012年中央财政资金补贴购置农机具的项目实施单位。2012年中央财政安排上海市第一批农业机械购置补贴资金5000万元。拟安排闵行区150万元、嘉定区250万元、宝山区150万元、浦东新区700万元、奉贤区600万元、松江区400万元、金山区800万元、青浦区500万元、崇明县800万元、市农场局和上实集团的农场650万元。

## (二)江苏省

### 1. 基本情况

2012年,江苏省完成农林牧渔业总产值5808.81亿元,按可比价格计算(下同),比上年增长4.8%,其中农业产值2966.72亿元,比上年增长4.5%;林业产值为99.74亿元,比上年增长2.8%;畜牧业产值1226.18亿元,比上年增长5.3%;渔业产值1235.40亿元,比上年增长4.4%;农林牧渔服务业280.77亿元,比上年增长7.8%。

2012年,江苏省加快推进农业现代化工程,大力发展现代高效农业,农业综合生产能力稳步提高。粮食连续9年增产,全年总产量达3372.5万吨,比上年增产64.7万吨,增长2%。棉花面积17.1万公顷,减少6.9万公顷;油料面积52.8万公顷,减少2.5万公顷;蔬菜面积132.3万公顷,增加6.3万公顷。现代农业发展势头良好。全省设施农业面积64.0万公顷,新增设施农业面积6.6万公顷,新增设施渔业面积5.2万公顷。

林牧渔业发展稳定。全年成片造林面积5.7万公顷;猪牛羊禽肉产量386.0万吨,增长5.6%;禽蛋总产量197.2万吨,增长1.2%;牛奶总产量61.3万吨,增长3.6%;水产品总产量493.7万吨,增长3.7%,其中淡水产品345.3万吨,海水产品148.4万吨,分别增长3.4%和4.5%。

农村生产条件显著改善。全省农田有效灌溉面积达387.9万公顷,新增有效灌溉面积6.1万公顷,新增节水灌溉面积14.8万公顷;年末农业机械总动力4214.6万千瓦,比上年末增长2.6%。

**表12　2008—2012年江苏省主要农产品产量**　　万吨,%

| 产品名称 | 2008年 | 2009年 | 2010年 | 2011年 | 2012年 | 比2011年增长 |
|---|---|---|---|---|---|---|
| 粮食 | 3175.5 | 3230.1 | 3235.1 | 3307.8 | 3372.5 | 2.0 |

（续表）

| | | | | | | |
|---|---|---|---|---|---|---|
| 棉花 | 32.6 | 25.6 | 26.1 | 24.7 | 22.0 | －10.7 |
| 油料 | 150.3 | 162.2 | 152.0 | 144.1 | 147.0 | 2.0 |
| ＃油菜籽 | 112.8 | 121.7 | 112.4 | 105.3 | 109.1 | 3.7 |
| 花生 | 35.6 | 38.7 | 37.7 | 37.0 | 36.0 | －2.6 |
| 蔬菜 | 3544.7 | 3837.8 | 4234.0 | 4586.9 | 4984.6 | 8.7 |
| 蚕茧 | 9.9 | 7.9 | 7.9 | 7.1 | 6.8 | －3.4 |
| 茶叶 | 1.6 | 1.6 | 1.5 | 1.4 | 1.5 | 6.9 |
| 水果(含瓜果类) | 667.4 | 731.0 | 725.2 | 745.3 | 800.2 | 7.4 |
| 猪牛羊禽肉 | 327.6 | 344.4 | 366.64 | 375.92 | 396.52 | 5.5 |
| 水产品 | 425.0 | 443.2 | 460.4 | 476.0 | 493.7 | 3.7 |

数据来源：历年江苏省统计年鉴。

**表 13　2008—2012 年江苏省各市农林牧渔业总产值**　　亿元

| 地　区 | 2008 年 | 2009 年 | 2010 年 | 2011 年 | 2012 年 |
|---|---|---|---|---|---|
| 江苏省 | 3590.64 | 3816.02 | 4297.14 | 5237.45 | 5808.81 |
| 南京市 | 194.01 | 223.66 | 244.75 | 283.50 | 318.54 |
| 无锡市 | 124.47 | 152.70 | 171.01 | 202.02 | 224.15 |
| 徐州市 | 420.65 | 457.49 | 514.73 | 618.34 | 712.55 |
| 常州市 | 124.80 | 160.77 | 174.08 | 194.68 | 219.58 |
| 苏州市 | 199.55 | 248.93 | 271.29 | 309.86 | 337.72 |
| 南通市 | 371.46 | 420.58 | 463.31 | 502.27 | 548.86 |
| 连云港市 | 230.54 | 284.16 | 322.80 | 376.53 | 426.24 |
| 淮安市 | 280.97 | 314.63 | 349.46 | 411.74 | 456.18 |
| 盐城市 | 658.25 | 693.80 | 759.21 | 849.70 | 925.20 |
| 扬州市 | 230.70 | 256.42 | 285.89 | 330.31 | 369.08 |
| 镇江市 | 92.09 | 113.22 | 122.72 | 153.25 | 176.49 |
| 泰州市 | 203.23 | 223.36 | 247.76 | 294.28 | 322.11 |
| 宿迁市 | 253.38 | 287.54 | 325.91 | 379.09 | 415.98 |

数据来源：历年江苏省统计年鉴。

### 2. 粮食生产

2012 年，江苏省粮食总产量实现连续 9 年增产，综合每公顷产量创历史最高水平。全省粮食播种面积为 5336.6 千公顷，比去年增加 17.4 千公顷，比去年增长 0.3%；每公顷产量为 6320 千克，比去年增加 101 千克/公顷，比去年增长 1.6%，创历史最高水平。夏秋两季均出现面积、单产、总产三增局面。分季看，夏粮播种面积达 2377.2 千公顷，比去年增加 15.7 千公顷，比去年增长 0.7%；夏粮每公顷产量为 4810 千克，比去年增加 79 千克/公顷，比去年增长 1.7%；夏粮总产量 1143.5 万吨，比去年增加 26.3 万吨，比去年增长 2.4%，总产为"九连增"。秋粮播种面积为 2959.4 千公顷，比去年增加 1.7 千公顷，比去年增长 0.1%；秋粮每公顷产量为 7532 千克，比去年增加 126 千克/公顷，比去年增长 1.7%；秋粮总产量为 2229.0 万吨，比去年增加 38.4 万吨，比去年增长 1.8%。从秋粮种植结构看，稻谷、玉米、薯类面积继续增加，秋收大豆面积减少。稻谷播种面积已连续 9 年增加，2012 年播种面积为 2254.2 千公顷，比去年增加 5.6 千公顷，增长 0.2%；每公顷产量为 8429 千克，比去年增加 139 千克/公顷，产量已连续 5 年增加。稻谷总产量为 1900.1 万吨，比去年增加 35.9 万吨，增长 1.9%，总产量为 2000 年以来最高水平。

**表 14　2008—2012 年江苏省各市粮食产量**　　万吨

| 地区 | 2008 年 | 2009 年 | 2010 年 | 2011 年 | 2012 年 |
|---|---|---|---|---|---|
| 江苏省 | 3175.49 | 3230.10 | 3235.10 | 3307.76 | 3372.48 |
| 南京市 | 114.43 | 110.69 | 110.64 | 112.06 | 117.50 |
| 无锡市 | 79.94 | 80.51 | 80.44 | 82.22 | 81.65 |
| 徐州市 | 389.34 | 427.67 | 440.20 | 455.30 | 471.73 |
| 常州市 | 113.35 | 114.18 | 115.16 | 115.19 | 114.80 |
| 苏州市 | 113.22 | 112.94 | 114.43 | 115.00 | 116.46 |
| 南通市 | 319.12 | 320.62 | 324.94 | 329.12 | 332.97 |
| 连云港市 | 320.12 | 334.54 | 339.36 | 345.99 | 361.35 |
| 淮安市 | 424.74 | 440.70 | 445.74 | 453.42 | 456.11 |
| 盐城市 | 603.03 | 622.90 | 651.66 | 661.79 | 672.71 |
| 扬州市 | 269.42 | 282.35 | 287.09 | 305.68 | 308.35 |
| 镇江市 | 112.42 | 117.87 | 119.56 | 121.89 | 125.66 |
| 泰州市 | 300.62 | 310.22 | 314.40 | 321.26 | 323.77 |
| 宿迁市 | 352.46 | 358.99 | 365.55 | 368.54 | 388.75 |

数据来源：历年江苏省统计年鉴。

### 3. 林业

2012 年，江苏省大力实施杨树等板纸一体化、茶果等特色林产品综合利用、林木种苗花卉、竹业、森林旅游等一批重点林业产业工程，林业产业快速发展，经济效益进一步提升，不仅为经济社会发展提供了木材、纸张、经济林果等丰富的可再生物质产品，而且成为部分县域的重要支柱产业，为区域经济发展和农民增收致富作出重要贡献。

2012 年江苏省林业产值达 3099 亿元，同比上年增长 30%以上，位居全国前 5 位，以占全国 0.7%的林地创造了占全国 7%的林业产值。杨树总蓄积量 7265 万立方米，年产原木近 700 万立方米，生产量居全国第一；人造板产量 4053 万立方米，居全国第二；木竹地板产量 2.4 亿平方米，居全国第一；干鲜果品等特色经济林产品产量达342.6万吨。出台《江苏省省级林业产业龙头企业认定和管理办法》，积极培育龙头企业，促进林业产业持续、健康发展。

野生动植物产业持续发展，2012年江苏省新增野生动物驯养繁殖单位70家，批准的驯养繁殖单位达500余家，从业人员18000余人，年产值达80亿元。全省河麂、梅花鹿、鳄鱼、实验动物、红豆杉、兰花等特色养殖或培植业规模日益扩展，全省野生动植物进出口贸易额达1500万美元。在财政投入的示范带动下，各类社会资本加快向林业聚集，非公有制投资林业产业的积极性越来越高。

积极搭建林业产业平台，组织相关企业参加“2012中国中部首届绿色家居博览会”、“第六届国际地板博览会”、“全国林业产业座谈会”、“全国林业产业诚信联盟会”、“山东菏泽中国林产品交易会”、“第五届森博会”等活动。建立健全全省林产品质量检验检测体系，2012年在常州市设立江苏省林产品质量检验检测中心。

### 4. 畜牧业

2012年，江苏省共出栏生猪3043.1万头，同比增长5.7%；猪肉产量228.8万吨，同比增长6.0%。2012年末，全省生猪存栏1775.2万头，同比增长1.7%。生猪存、出栏量持续增加，生猪产能逐步恢复。全省禽肉和禽蛋产量分别达到146.1万吨和197.2万吨，分别增长5.2%和1.2%。全省累计出栏牛18.8万头，同比减少3.1%；牛肉产量3.5万吨，同比减少3.1%；年末牛存栏32.1万头，同比下降5.9%；牛奶产量61.3万吨，同比增长3.5%。全省累计出栏羊688.0万头，同比增长3.7%；羊肉产量7.6万吨，同比增长4.1%；年末羊存栏400.6万只，同比减少3.6%。

### 5. 渔业

2012年江苏海洋与渔业经济实现产销两旺。江苏省海洋生产总值为4700亿元，同比增长13%左右。全省水产品总产量为493.7万吨，渔业产值达到1100亿元，同比分别增长3.9%和10%，继续位居全国前列，渔业经济总产值实现1800亿元。全省渔民人均纯收入超过1.57万元，同比增长20%，是近年来增幅最大的一年。

江苏省新增高效渔业面积超过7.3万公顷，高效设施渔业面积近3.5万公顷，占水产养殖总面积的比重分别达到68.9%和17.5%。全省新建改建标准化池塘4.5万公顷。新认定了一批省级水产良种场、繁育场。5个内陆渔港启动建设。更新改造标准化渔船155艘。外向型渔业取得突破，建造远洋渔船19艘，南通大型鱿鱼钓船首航东南太平洋，新注册3家远洋渔业企业。水产品出口量5.4万吨，出口额3.3亿美元。

江苏省新增省级现代渔业产业园区6家，认定了一批省级现代渔业精品园、示范场、示范村、全国休闲渔业示范基地。国家和省级渔业产业化龙头企业达74个。渔民专业合作组织总数近3000个。新建农业部水产健康养殖示范场110家。全省水产品抽检综合合格率达到97.7%，其中产地水产品抽检合格率达98.8%，没有发生水产品重大质量安全事件。推进渔业标准化生产和品牌创建，新增一批地理标志产品及证明商标、江苏名牌农产品、江苏名牌产品。

### 6. 农业科技

江苏省围绕高效设施农业强省目标，以农业现代化工程建设为抓手，以设施园艺高效创建为重点，加快推进农业转型升级、提质增效，促进了全省现代农业发展和农民就业增收。2012年江苏省累计高效设施农业面积64万公顷，占耕地面积比重13.9%，较2011年提高1.1个百分点，占比继续保持全国第一。

省级高效设施农业专项共扶持480个项目，投入省财政资金5.7亿元，比上年新增2.2亿元，集中力量建设了一批规模较大、标准较高的设施园艺基地，补助资金150万元以上的单体项目达120

个。各地增加财政配套资金，13 个省辖市市级财政合计安排资金约 3.5 亿元，其中南京、泰州、苏州居前三位，分别达 9237.1 万元、5000 万元和 3600 万元。

江苏省新增高效设施农业面积 6.6 万公顷，完成全年目标任务的 123.5%，各市均超额完成目标任务。盐城市新增设施农业面积最多，达 0.9 万公顷；无锡市设施农业占比提高最快，达 2.4 个百分点。高效设施农业面积占比前三位的市是徐州、常州、南京，徐州占比最高，达 18.6%。海门、沛县、东台、铜山、昆山、新沂、扬中、太仓等 8 个县（市、区）高效设施农业面积占比超 20%，启东等 34 个县（市、区）高于全省平均水平。

全面开展设施园艺高效创建活动，实施设施蔬菜“十吨工程”和园艺作物标准园建设，全年鉴定 66 个省级园艺作物新品种，认定 78 个“江苏省园艺作物标准园”，标准园总数达到 233 个，促进了园艺生产技术推广应用。徐州市新建设施日光温室占四成，宿迁市苏式日光温室和标准钢架大棚在新建基地中占比达 75%以上。

各级召开现场推进会 247 场次，培训合作社、农民 22 万人次，探索推广了一批设施农业新模式，提高了生产经营效益。如泰兴市新街镇白马村种植“茄子—大白菜”模式，每公顷产量达 156 吨；常州市高效创建钢架大棚每公顷净效益 18 万元，智能温室每公顷净效益 195 万元。2012 年，全省设施蔬菜平均每公顷产 52.5 吨，每公顷产值 14.6 万元，实现园艺业总产值 1705.7 亿元，为农民增收人均贡献 406.8 元。

### 7. 农业机械

2012 年，江苏省根据高效农业快速发展的新形势，一手抓主要农作物生产机械化，一手抓高效农业生产机械化，以示范基地建设为切入点，积极拓展农机化发展的新空间。2012 年，江苏省新增高效农业机械超过 6 万台套，到 2012 年末农业机械总动力 4214.6 万千瓦，比上年末增长 2.6%。农业生产综合机械化水平达 76%，高效设施农业机械化水平将达 45%。全省特色农机补贴投入超过了 1 亿元。坚持补贴成为推动设施农业机械化迅速发展的重要原因。

江苏省按照重点突破、分步推进的要求，围绕各地主导产业和优势高效农业发展，积极开展特色农机的试验、示范和推广工作。2012 年，通过农机科技入户项目等载体，加强农机示范户的培育，全省共培育农机新技术示范户 2 万多个，辐射带动农机户 20 多万个。各地依托农业示范园区，积极加强农机示范基地建设，做到农机化示范与园区建设同步推进，先后建立了 60 个省级、100 多个市县级高效农业装备示范园（区），示范推广 20 多项农机化新技术、新机具，总结形成了 10 多项技术规范，其中有 3 项上升为省级地方标准。2012 年，全省农机示范基地新增新技术、新机具推广应用面积超过 40 万公顷，发挥了很好的示范带动作用。

### 8. 农田水利

2012 年，江苏省水利重点工程安排投资 118 亿元，同比增长 19.7%，农村水利安排投资 90 亿元，增长 50.0%。在农村水利建设上，江苏省解决了 280 万农村居民饮水安全问题，新增旱涝保收高标准农田 4 万公顷，围绕高标准农田建设，实施 69 个小型农田水利重点县项目。实施 221 万农村居民饮水安全工程，基本完成列入国家规划的江苏省农村饮水安全工程项目。整个“十二五”期间，江苏省水利投资规模将达 1000 亿元，投入的重点是新一轮治淮、南水北调、太湖水环境治理、农村水利改善民生工程等八方面。

## （三）浙江省

### 1. 基本情况

2012 年，浙江省农林牧渔业总产值 2658.66 亿元，按可比价计算，比上年增长 1.8%。其中农业

1229.36,比上年增长 2.8%;牧业 549.04 亿元,比上年增长 2.3%;林业 142.14 亿元,比上年增长 2.8%;渔业 687.05 亿元,比上年增长 2.7%,农林牧渔服务业 51.08 亿元,比上年增长 7.0%。

油料播种面积 189.4 千公顷,比上年减少 3.4%,其中,油菜籽 165.6 千公顷,比上年减少 3.5%;蔬菜 623.3 千公顷,比上年减少 0.2%;棉花 20.9 千公顷,比上年减少 3.8%;花卉苗木 126.3 千公顷,比上年增长 5.9%;药材 31.2 千公顷,比上年减少 1.2%;甘蔗 11.0 千公顷,比上年减少 2.9%;果用瓜 101.4 千公顷,比上年减少 4.3%。

2012 年末生猪年存栏 1338.3 万头,年内出栏 1934.4 万头,分别比上年增长 4.4%和 0.2%。肉类总产量 180.8 万吨,比上年增长 2.8%。水产品总产量 541.9 万吨,比上年增长 5.1%,其中,海水产品产量 433.5 万吨,淡水产品产量 108.4 万吨,分别增长 5.5%和 3.4%。

2012 年新建成 11 个省级现代农业综合区,41 个省级主导产业示范区,122 个省级特色农业精品园。新增育秧中心、烘干中心、维修中心等农机化服务中心 311 个;新增插秧机 1319 台,推广水稻机插面积 16.1 万公顷;新增油菜收获机械 297 台,油菜机收面积 16.6 千公顷;新增粮食烘干机械 1049 台(套),新增粮食烘干能力 50 余万吨;全年农业机械总动力 2587.9 万千瓦,比上年增长 1.8%。

**表 15 2008—2012 年浙江省主要农产品产量**

万吨

| 指　标 | 2008 年 | 2009 年 | 2010 年 | 2011 年 | 2012 年 |
|---|---|---|---|---|---|
| 粮食作物 | 775.55 | 789.15 | 770.67 | 781.60 | 769.80 |
| 春粮 | 54.75 | 58.53 | 59.07 | 64.82 | 62.50 |
| 早稻 | 59.36 | 67.87 | 63.44 | 68.30 | 66.82 |
| 秋粮 | 661.44 | 662.75 | 648.16 | 648.48 | 640.48 |
| 油料 | 41.27 | 4243. | 39.47 | 39.85 | 38.30 |
| 花生 | 5.20 | 5.39 | 5.37 | 5.36 | 5.34 |
| 油菜籽 | 35.34 | 37.02 | 33.26 | 33.59 | 32.09 |
| 棉花 | 2.82 | 2.81 | 2.94 | 3.24 | 2.99 |
| 糖料 | 85.45 | 81.36 | 74.29 | 71.11 | 70.14 |
| 茶叶 | 16.23 | 16.74 | 16.27 | 16.97 | 17.48 |
| 水果 | 747.92 | 712.41 | 701.31 | 712.36 | 703.50 |
| 蔬菜 | 1725.90 | 1764.76 | 1788.81 | 1815.61 | 1819.81 |

数据来源:历年浙江省统计年鉴

**表 16 2008—2012 年浙江省各市农林牧渔增加值**

亿元

| 地区 | 2008 年 | 2009 年 | 2010 年 | 2011 年 | 2012 年 |
|---|---|---|---|---|---|
| 杭州市 | 179.83 | 190.51 | 208.41 | 236.77 | 255.11 |
| 宁波市 | 166.85 | 183.54 | 219.13 | 255.23 | 268.52 |
| 嘉兴市 | 105.52 | 107.51 | 127.00 | 142.80 | 151.39 |
| 湖州市 | 84.83 | 90.26 | 104.22 | 116.22 | 122.65 |

（续表）

| | | | | | |
|---|---|---|---|---|---|
| 绍兴市 | 116.19 | 124.46 | 149.67 | 172.10 | 184.80 |
| 舟山市 | 49.71 | 52.24 | 62.02 | 76.04 | 83.06 |
| 温州市 | 75.54 | 80.31 | 93.69 | 107.88 | 114.22 |
| 金华市 | 87.01 | 91.53 | 108.03 | 125.43 | 134.46 |
| 衢州市 | 56.86 | 59.62 | 64.68 | 76.15 | 79.75 |
| 台州市 | 122.95 | 132.22 | 160.42 | 189.25 | 200.91 |
| 丽水市 | 55.38 | 58.78 | 62.93 | 72.62 | 79.37 |

数据来源：历年浙江省统计年鉴

## 2. 粮食生产

2012 年浙江省粮食播种面积 1251.55 千公顷，比上年下降 0.2%；粮食总产量 769.80 万吨，比上年下降 1.5%。

粮食高产创建成效显著。全省共建设 92 个部级粮食高产创建万亩示范片和 8 个整建制高产创建乡镇，示范面积 67.85 千公顷。共建设省级水稻高产创建千亩示范片 300 个，示范面积 26.6 千公顷。示范片全面推广应用高产品种和集成高产技术，取得了显著的增产效果。全省各地还涌现了一大批水稻超高产攻关田和示范方。据不完全统计，全省有 62 个单季晚稻百亩核心方每公顷产超过 1.2 万千克(8 个超 1.35 万千克)，其中宁波市鄞州区洞桥镇百梁桥村 7.0 公顷单季晚稻“甬优 12”百亩核心方，平均每公顷产 14454.8 千克，打破了浙江省单季晚稻百亩方的单产记录，更是刷新了全国超级稻百亩方的最高单产纪录。全省有 50 块高产攻关田每公顷产量超过 1.35 万千克，其中有 5 块攻关田每公顷产量超过 1.5 万千克。标志着浙江省水稻高产攻关再次取得了历史性突破，高产创建取得了卓著成效。

全面推进粮食生产功能区建设。2012 年，浙江省建成粮食生产功能区 1330 个，面积 74 千公顷，累计建成粮食生产功能区 3645 个，面积 237.9 千公顷。其中，经过验收认定的省级粮食生产功能区 128 个，面积 14.8 千公顷。

**表 17　2008—2012 年浙江省各市粮食产量**　　万吨

| 地　区 | 2008 年 | 2009 年 | 2010 年 | 2011 年 | 2012 年 |
|---|---|---|---|---|---|
| 浙江省 | 775.55 | 789.15 | 770.67 | 781.60 | 769.80 |
| 杭州市 | 110.16 | 107.24 | 100.25 | 97.81 | 96.88 |
| 宁波市 | 88.42 | 86.32 | 87.13 | 90.14 | 86.57 |
| 嘉兴市 | 133.09 | 135.86 | 134.44 | 135.38 | 138.43 |
| 湖州市 | 92.68 | 91.42 | 90.20 | 90.29 | 89.94 |
| 绍兴市 | 113.86 | 118.37 | 116.32 | 118.31 | 120.06 |
| 舟山市 | 5.42 | 5.93 | 5.24 | 5.06 | 5.22 |
| 温州市 | 89.42 | 93.85 | 87.56 | 93.10 | 92.71 |

（续表）

| | | | | | |
|---|---|---|---|---|---|
| 金华市 | 87.66 | 90.19 | 89.42 | 89.09 | 89.78 |
| 衢州市 | 72.93 | 76.10 | 76.15 | 79.36 | 79.69 |
| 台州市 | 93.47 | 84.60 | 82.75 | 78.93 | 79.19 |
| 丽水市 | 62.28 | 56.37 | 53.14 | 52.90 | 52.37 |

数据来源：历年浙江省统计年鉴

### 3. 林业

2012年全省林业产业总产值3576.0亿元，比去年增加421.3亿元，比去年增长13.4%。其中：第一产业产值732.5亿元，比去年增加75.2亿元，比去年增长11.4%，第二产业产值2139.3亿元，比去年增加238.6亿元，比去年增长12.6%，第三产业产值704.2亿元，比去年增加107.5亿元，增长18.0%。

2012年对林业产业总产值的贡献较大的行业（林业支柱行业）是木竹浆造纸业、木竹材加工及木竹藤棕制品业、木竹藤家具及工艺品制造业、经济林产品的采集、森林旅游业、花卉苗木业、森林食品加工业，产值分别为837.9亿元、651.3亿元、435.1亿元、406.2亿元、376.4亿元、206.6亿元、194.0亿元，分别占林业产业总产值的23.4%、18.2%、12.2%、11.4%、10.5%、5.8%、5.4%，七项合计占全行业总产值的86.9%。

### 4. 畜牧业

畜牧业生产总体保持稳定。2012年浙江省畜牧业总产值549.04亿元，按可比价计算，比上年增长1.9%，占农林牧渔业总产值的20.7%。肉类总产量180.80万吨，比上年增长2.8%。其中猪肉产量139.71万吨，增长2.9%；禽肉产量37.00万吨，增长2.9%；牛肉产量1.15万吨，与上年持平；羊肉产量1.67万吨，下降9.2%。禽蛋产量48.14万吨，增长2.1%。奶类（牛奶）产量19.27万吨，减少3.2%。

主要畜禽存、出栏增减不一。2012年浙江省生猪饲养量3272.71万头，比上年增长1.9%。其中生猪存栏量1338.30万头，比上年增长4.4%；生猪出栏量1934.41万头，比上年增长0.2%。家禽存栏量11446.07万只，比上年下降7.8%；出栏量25151.23万只，比上年增长3.4%。牛存栏量17.70万头，比上年下降7.5%（其中奶牛存栏6.47万头，增长6.4%）；出栏量8.48万头，比上年增长6.0%。羊存栏量107.18万只，比上年下降2.1%；出栏量103.35万只，比上年下降7.4%。

主要畜禽规模化程度进一步提高。据业务统计，浙江省蛋鸡规模养殖比例达94.07%，比上年提高0.09个百分点。生猪规模养殖比例为81.13%，比上年下降1.22个百分点；其中年出栏500头以上养猪场出栏数占总出栏的51.31%，比上年提高1.35个百分点。肉鸡规模养殖比例为88.41%，比上年下降0.71个百分点；其中年出栏10000只以上肉鸡场出栏数占总出栏的77.35%，比上年提高0.40个百分点。奶牛规模养殖比例为95.35%，比上年下降0.66个百分点；其中存栏50头以上奶牛场存栏数占总存栏的72.41%，比上年提高0.61个百分点。

养殖普遍盈利。据调查，2012年浙江省肉猪头均盈利30～80元，每千克鸡蛋、蛋鸭分别盈利0.4元左右，快速型肉鸡保本微利，优质鸡只均盈利0～3元，樱桃谷肉鸭和绍兴麻鸭雄肉鸭只均分别盈利0～3元和0～5元，湖羊和山羊只均分别盈利530元和600元，每千克兔毛盈利80～90元。

### 5. 渔业

2012年，浙江省渔业生产稳步增长，全省水产品总产量539.58万吨（含远洋），比上年增

长4.6%。

海水产品产量431.24万吨，比上年增长4.9%。按生产性质分，海洋捕捞(含远洋)345.11万吨，海水养殖86.14万吨，分别比上年增长5.7%和2.0%；按类别分，鱼类216.75万吨，虾蟹类94.12万吨，贝类69.99万吨，藻类4.96万吨，头足类41.27万吨，其他海水产品4.16万吨。海水养殖面积90.84千公顷。

淡水产品产量108.34万吨，比上年增长3.3%。按生产性质分，天然生产9.96万吨，淡水养殖98.38万吨，分别比上年增长1.1%和3.6%；按类别分，鱼类70.25万吨，虾蟹类15.61万吨，贝类4.12万吨，其他类18.36万吨。淡水养殖面积213.17千公顷。

### 6. 农业机械

2012年浙江省农业机械总动力2587.92万千瓦，比上年增长1.8%。耕作机械动力211.74万千瓦，比上年增长3.2%，其中大中型拖拉机10742台，比上年增长12.1%。收获机械动力237.40万千瓦，比上年下降2.8%，其中联合收割机18797台，比上年增长2.2%。2012年浙江省机耕面积为1008.82千公顷，比上年增长1.7%；机械收获面积为910.38千公顷，比上年下降3.5%。

### 7. 农田水利

贯彻落实《中共中央国务院关于加快水利改革发展的决定》和省委、省政府《关于加快水利改革发展的实施意见》精神，继续实施重点县建设，开展农村河塘清淤整治试点。突出支持服务农业“两区”建设，大力发展高效节水灌溉，继续支持山塘综合整治、灌区改造等山丘区“五小水利”工程建设；发挥重点县建设平台作用，积极推动农田水利资金整合，落实好“从土地出让收益中提取10%用于农田水利建设”的政策，整合和统筹资金支持农田水利建设；推进小型农田水利设施运行管护机制改革，支持基层水利服务体系建设和农民用水合作组织发展；加强输水管网、服务网络和信息网络建设，提高小型农田水利建设管理水平。

# 四 长三角地区第二产业

## 一、长三角地区第二产业基本情况

2012年长三角二省一市第二产业实现增加值52293.04亿元，按现行价计算，增幅为5.2%，比上年下降9.6个百分点。第二产业增加值占地区生产总值比重为48.02%，占比比上年减少了1.35个百分点。

分区域来看，在第二产业的增长方面，江苏地区的第二产业增长领先于上海和浙江两地，江苏第二产业产值占地区生产比重最高，相比而言，上海地区的第二产业产值比重较小。主要因为江苏省历年来都是长三角制造业大省，制造业在江苏省的主导地位比较稳固。

表18 长三角及两省一市第二产业总体概况 亿元，%

| | 指 标 | 2008年 | 2009年 | 2010年 | 2011年 | 2012年 |
|---|---|---|---|---|---|---|
| 上海市 | 地区生产总值 | 13698.15 | 15046.45 | 17165.98 | 19195.69 | 20181.72 |
| | 第二产业增加值 | 6235.92 | 6001.78 | 7218.32 | 7927.89 | 7854.77 |
| | 二产增加值占GDP比重 | 45.52 | 39.89 | 42.05 | 41.31 | 38.92 |
| | 二产增加值增长 | 9.8 | −3.7 | 16.8 | 9.8 | −0.9 |
| 江苏省 | 地区生产总值 | 30312.61 | 34061.20 | 41425.48 | 49110.27 | 54058.22 |
| | 第二产业增加值 | 16663.81 | 18416.10 | 21753.93 | 25203.28 | 27121.95 |
| | 二产增加值占GDP比重 | 54.97 | 56.59 | 53.20 | 51.32 | 50.17 |
| | 二产增加值增长 | 16.5 | 10.5 | 13.0 | 15.9 | 7.6 |
| 浙江省 | 地区生产总值 | 21486.92 | 22832.00 | 27722.31 | 32318.85 | 34665.33 |
| | 第二产业增加值 | 11580.33 | 11843.00 | 14297.93 | 16555.58 | 17316.32 |
| | 二产增加值占GDP比重 | 53.89 | 51.87 | 51.90 | 51.23 | 49.95 |
| | 二产增加值增长 | 14.4 | 22.2 | 12.3 | 15.8 | 4.6 |
| 长三角 | 地区生产总值 | 65497.68 | 71939.65 | 86313.77 | 100624.81 | 108905.27 |
| | 第二产业增加值 | 34480.06 | 36260.88 | 43270.18 | 49686.75 | 52293.04 |
| | 二产增加值占GDP比重 | 52.64 | 50.40 | 50.13 | 49.37 | 48.02 |
| | 二产增加值增长 | 14.2 | 5.2 | 19.3 | 14.8 | 5.2 |

数据来源：历年上海市、江苏省、浙江省统计年鉴

## 二、上海市第二产业发展总体情况

2012年上海市全年实现工业增加值7097.76亿元，按可比价计算，比上年增长2.8%。其中，规模以上工业增加值6446.14亿元，比上年增长2.9%。在规模以上工业增加值中，轻工业2078.10亿

元，比上年增长 4.7%；重工业 4368.04 亿元，比上年增长 2.0%。全年工业总产值 33186.41 亿元，比上年下降 0.3%。其中，规模以上工业总产值 31896.88 亿元，比上年下降 0.4%。

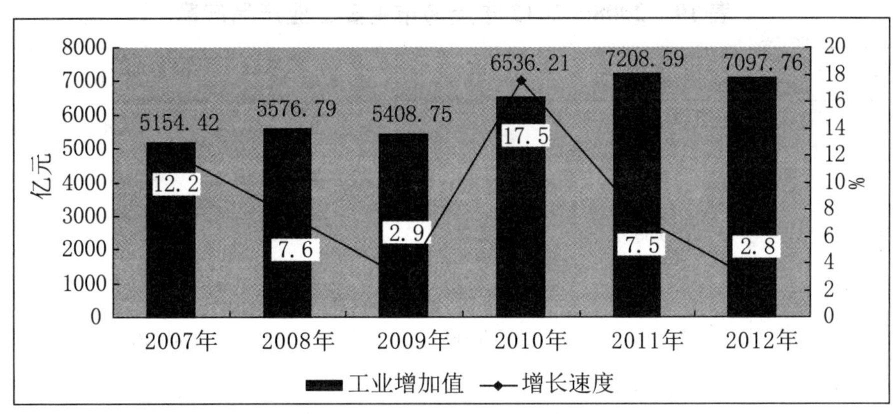


**图 3　2007—2012 年上海市工业增加值与增长速度**

电子信息产品制造业、汽车制造业、石油化工及精细化工制造业、精品钢材制造业、成套设备制造业和生物医药制造业等六个重点工业行业完成工业总产值 21063.56 亿元，比上年下降 0.3%，占上海市规模以上工业总产值的比重为 66.0%。

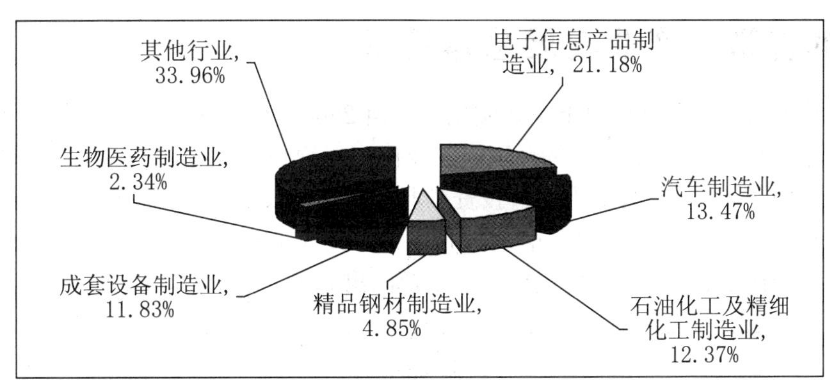


**图 4　2012 年上海市六个重点发展工业行业占规模以上工业总产值的比重**

战略性新兴产业总产出 10089.44 亿元，按现行价计算，比上年下降 1.4%。其中，制造业部分实现工业总产值 7580.99 亿元，比上年下降 4.1%；服务业部分实现总产出 2508.45 亿元，比上年增长 7.5%。

黑色金属冶炼和压延加工业，石油加工、炼焦和核燃料加工业，化学原料和化学制品制造业，电力、热力生产和供应业和非金属矿物制品业等五大高载能行业工业总产值 7883.5 亿元，比上年增长 0.6%。

规模以上工业企业实现利润总额 2149.42 亿元，比上年下降 2.8%；实现税金总额 1660.52 亿元，比上年增长 6.0%。其中，国有控股工业企业实现利润 1120.05 亿元，比上年增长 3.2%；实现税金 1202.54 亿元，比上年增长 4.8%，占税金总额的比重为 73.4%。规模以上工业产品销售率达到 99.3%。工业企业亏损面为 22%。

建筑业实现总产值 4843.44 亿元，比上年增长 5.6%；房屋建筑施工面积 27961.55 万平方米，增长 12.4%;竣工面积 6476.07 万平方米,增长 8.2%。建筑企业按总产值计算的全员劳动生产率达到人均 45.16 万元,比上年提高 25.7%。

表 19　2008—2012 年上海市主要工业产品产量

| 产品 | 2008 年 | 2009 年 | 2010 年 | 2011 年 | 2012 年 |
|---|---|---|---|---|---|
| 化学纤维(万吨) | 43.00 | 37.91 | 49.00 | 51.34 | 48.24 |
| 食用植物油(万吨) | 96.88 | 92.27 | 85.31 | 84.56 | 101.70 |
| 成品钢材(万吨) | 2074.95 | 2181.37 | 2475.95 | 2482.81 | 2340.76 |
| 发电设备(万千瓦) | 2831.10 | 2440.70 | 2555.60 | 2889.59 | 2886.30 |
| 金属切削机床(台) | 16430.00 | 5641.00 | 13386.00 | 14813.00 | 29012.00 |
| 微型计算机设备(万部) | 5767.97 | 7320.15 | 9388.44 | 10162.53 | 9804.83 |
| 集成电路(万块) | 830487.00 | 722883.00 | 1134629.00 | 1663142.57 | 1602978.00 |
| 汽车(万辆) | 80.65 | 125.03 | 169.89 | 191.57 | 202.43 |
| #轿车 | 80.00 | 122.46 | 159.77 | 174.20 | 180.68 |

数据来源:历年上海市统计年鉴

## 三、江苏省第二产业发展总体情况

工业生产稳步增长。全年规模以上工业实现增加值 26606.10 亿元,比上年增长 12.6%,其中轻、重工业分别比上年增长 12.8%和 12.5%。国有工业比上年增长 7.1%,集体工业比上年增长 6.0%,股份制工业比上年增长 16.7%,外商港澳台投资工业比上年增长 7.9%。在规模以上工业中,国有控股工业比上年增长 8.3%,私营工业比上年增长 18.6%。民营工业拉动明显,规模以上民营工业增加值 13448.60 亿元,同比增长 17.7%,比规模以上工业高出 5.1 个百分点。

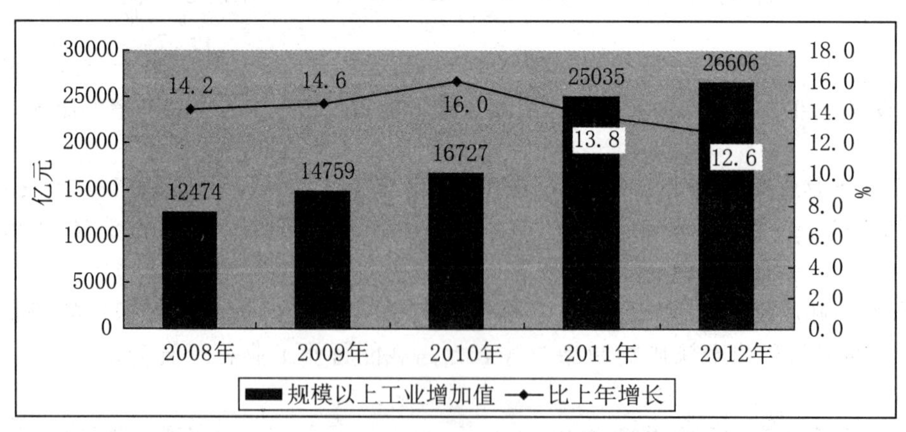


图 5　2008—2012 年江苏省规模以上工业增加值与增长速度

企业效益平稳增长。规模以上工业企业实现主营业务收入 119286.78 亿元,按当年价计算,比上年增长 11.5%;实现利税 11934.34 亿元,比上年增长 8.1%;实现利润 7250.20 亿元,比上年增长 2.5%。在 40 个工业大类行业中,29 个行业利润同比增长,11 个行业利润同比下降。企业亏损面

13.1%，比上年末提高3.5个百分点；亏损企业亏损额524.20亿元，增长46.8%。工业经济效益综合指数为267.3%，比上年提高6.5个百分点。

先进制造业较快发展。在规模以上工业中，汽车制造业产值4570.51亿元，按当年价计算，比上年增长19.1%；医药制造业产值2293.68亿元，比上年增长25.2%；专用设备制造业产值4447.23亿元，比上年增长15.0%；电气机械及器材制造业产值12716.06亿元，比上年增长8.2%；通用设备制造业产值6565.67亿元，比上年增长15.1%；计算机、通信和其他电子设备制造业产值16176.85亿元，比上年增长9.9%。产品结构继续优化，实现工业新产品产值17954.94亿元，比上年增长30.5%。

建筑业快速发展。2012年共完成建筑业总产值18423.55亿元，按当年价计算，比上年增长21.8%；竣工产值13857.12亿元，比上年增长23.4%，竣工率达73.4%；全省建筑企业实现利税总额1297.41亿元，比上年增长22.3%。建筑业劳动生产率为26.28万元/人，比上年增长5.6%。建筑业企业房屋建筑施工面积166779.12万平方米，比上年增长14.7%；竣工面积61241.69万平方米，比上年增长12.1%，其中住宅竣工面积41007.0万平方米，比上年增长9.2%。

**表20 2008—2012年江苏省主要工业产品产量**

| 产品 | 2008年 | 2009年 | 2010年 | 2011年 | 2012年 |
|---|---|---|---|---|---|
| 化学纤维(万吨) | 790.67 | 894.5 | 1027.19 | 1123.8 | 1274.95 |
| 纱(万吨) | 378.87 | 401.93 | 434.58 | 411.2 | 451.31 |
| 布(亿米) | 74.55 | 78.97 | 88.46 | 67.73 | 80.34 |
| 硫酸(折100%)(万吨) | 366.73 | 362.88 | 441.11 | 488.07 | 397.27 |
| 碳酸钠(纯碱)(万吨) | 299.95 | 273.99 | 267.19 | 318.94 | 338.34 |
| 农用化学肥料(折纯)(万吨) | 255.83 | 317.34 | 241.96 | 243.7 | 267.15 |
| 乙烯(万吨) | 134.78 | 141.6 | 121.65 | 153.9 | 132.51 |
| 水泥(万吨) | 12683.21 | 14434.14 | 15647.46 | 14899.69 | 16777.87 |
| 粗钢(万吨) | 4863.97 | 5489.88 | 6242.75 | 6838.77 | 7419.7 |
| 钢材(万吨) | 7364.13 | 7859.69 | 9122.95 | 9994.01 | 10989.18 |
| 十种有色金属(万吨) | 40.99 | 55.56 | 57.32 | 69.25 | 57.65 |
| 金属切削机床(万台) | 8.51 | 9.14 | 7.7 | 7.55 | 8.57 |
| #数控机床 | 1.26 | 2.36 | 2.3 | 2.66 | 2.44 |
| 汽车(万辆) | 33.03 | 50.62 | 72.87 | 80.38 | 88.7 |
| #轿车 | 5.45 | 21.47 | 31.38 | 38.35 | 45.54 |
| 房间空气调节器(万台) | 702.19 | 331.15 | 538.79 | 509.49 | 495.95 |
| 程控交换机(万线) | 13.55 | 4.74 | 5 | 6.11 | 4.64 |
| 微型电子计算机(万台) | 6038.19 | 8180.94 | 9364.56 | 9916.19 | 8862.07 |
| 集成电路(亿块) | 145.15 | 165.23 | 223.21 | 224.83 | 292.59 |

数据来源：历年江苏省统计年鉴

# 四、浙江省第二产业发展总体情况

2012年，浙江省实现工业增加值为15338.02亿元，比上年增长7.4%。其中规模以上工业增加值10875亿元，比上年增长7.1%，轻、重工业增加值分别为4705和6170亿元，分别增长8.0%和6.6%。其中，国有及国有控股工业企业增加值1854亿元，增长2.6%。规模以上工业销售产值56903亿元，增长5.9%。规模以上工业企业完成出口交货值10967.93亿元，1.3%；出口交货值占销售产值的比重为19.4%，比上年下降0.9个百分点。

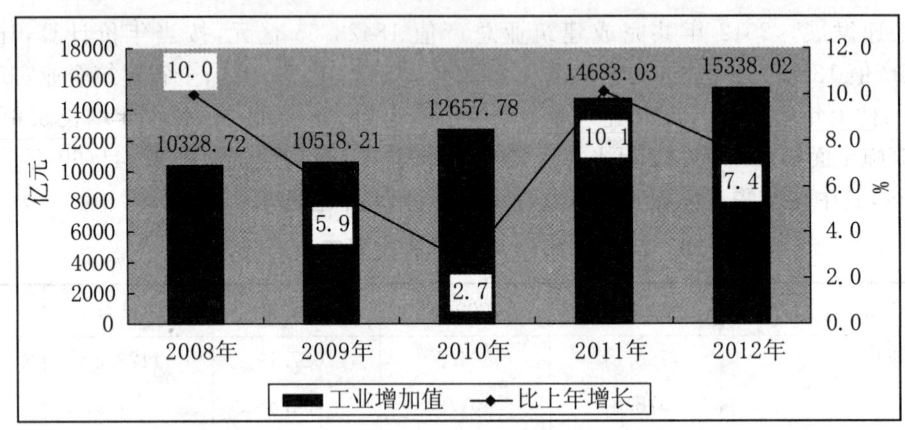


图6　2008—2012年浙江省工业增加值及增长速度

规模以上工业新产品产值13460亿元，比上年增长13.1%，高于工业总产值增幅6.5个百分点；新产品产值率23.0%，比上年提高1.3个百分点。制造业中，高新技术产业增加值2626亿元，增长9.9%，占规模以上工业的比重为24.1%，比上年提高0.3个百分点。汽车产量为33.0万辆，增长7.7%，其中轿车产量为26.5万辆，下降2.3%。

全年规模以上工业企业实现利润3112.65亿元，比上年下降6.5%。其中，国有及国有控股企业453亿元，下降2.9%；股份制企业313亿元，下降17.7%；外商及港澳台投资企业834亿元，下降12.4%；私营企业1060亿元，下降1.8%。工业企业产品销售率97.5%，比上年下降0.5个百分点。

全年建筑业增加值1978.30亿元，比上年增长5.6%。资质以上建筑企业利润总额481亿元，增长16.9%；税金总额531亿元，增长22.6%。

表21　浙江省主要工业产品产量(2012年)

| 产品 | 2008年 | 2009年 | 2010年 | 2011年 | 2012年 |
|---|---|---|---|---|---|
| 纱(万吨) | 166.6 | 195.6 | 214.9 | 198.8 | 231.2 |
| 布(亿米) | 124.5 | 139.2 | 159.0 | 146.1 | 143.2 |
| 化学纤维(万吨) | 1057.8 | 1207.2 | 1366.1 | 1505.5 | 1677.3 |
| 卷烟(万箱) | 761.0 | 804.2 | 851.0 | 885.2 | 901.1 |
| 纯碱(万吨) | 15.2 | 14.9 | 11.9 | 24.4 | 22.2 |
| 水泥(万吨) | 10210.9 | 10796.5 | 11275.3 | 12122.3 | 11539.6 |

（续表）

| | | | | | |
|---|---|---|---|---|---|
| 成品钢材(万吨) | 1766.4 | 2359.4 | 2832.6 | 3141.0 | 3361.3 |
| 内燃机(万千瓦) | 910.9 | 2294.4 | 4456.6 | 3182.4 | 2807.0 |
| 发电量(亿千瓦小时) | 2065.8 | 2193.3 | 2496.2 | 2774.2 | 2717.3 |
| 房间空气调节器(万台) | 451.7 | 303.1 | 510.8 | 469.5 | 509.5 |
| 汽车(万辆) | 22.6 | 28.17 | 31.9 | 30.6 | 33.0 |
| ＃轿车(万辆) | 19.3 | 22.4 | 27.4 | 30.1 | 26.5 |
| 集成电路(亿块) | 17.2 | 21.4 | 30.4 | 46.8 | 44.4 |
| 电子元件(亿只) | —— | 339.7 | 476.8 | 616.7 | 846.4 |
| 微型电子计算机(万台) | 105.6 | 89.2 | 157.3 | 154.9 | 161.8 |

数据来源:历年浙江省统计年鉴

## 五、长三角地区第二产业发展策略

### （一）上海市

#### 1. 优化提升先进制造业

着力提高产业自主创新能力和国际竞争力，提升自主品牌价值，积极推动产业向绿色低碳、清洁安全方向发展。

提高汽车、船舶产业核心竞争力。着力突破整车、关键零部件等核心技术，形成自主品牌汽车研发创新与制造体系，加快发展汽车服务业。增强自主设计能力，大力发展液化天然气船、科学考察船等高技术船舶及其关键系统和配套设备，形成一批具有国际竞争力的自主品牌船型，加快建立现代造船模式，优化船舶产业链。

促进电子信息制造业转型升级。加快推动一般加工型电子信息制造企业提高研发和设计能力，提升产品附加值。着力吸引电子信息制造企业的研发设计中心、区域总部等功能性机构，形成以设计为核心、制造为基础、关键元器件配套能力较强的发展格局。

优化钢铁、石化产业。优化产品结构，聚焦精品钢材，加快推进钢铁新材料产业化，推动石化产品精细化、高端化和集约化，延长产业链。促进与周边地区协调发展，着力提高钢铁、石化等基础产业的资源节约、环境友好和安全生产水平，深入推进节能减排，全面实施清洁生产和循环经济，控制高耗能产业产能。

提升都市工业能级。鼓励企业在设计、市场营销等环节融入科技、创意、时尚和环保元素，大力发展高附加值、个性化、节能环保型产品。聚焦绿色食品、智能轻工、高档纺织等领域，加大自主品牌建设力度，重塑和提升以品牌为核心的轻纺产业竞争力，打造符合国际大都市特点的现代都市工业体系。

#### 2. 培育发展战略性新兴产业

坚持市场主导、企业主体、创新驱动、重点突破、引领发展的原则，以提高自主创新能力为核心，以深入推进国家科技重大专项为契机，主动作为，有舍有取，深度对接国家战略性新兴产业规划和政策，大力推进高新技术产业化，力争成为国家战略性新兴产业的创新引领区。

重点发展新一代信息技术、高端装备制造、生物、新能源、新材料等主导产业。坚持信息产业优先发展，以自主发展、促进应用为重点，推动新一代信息技术的研发应用及产业化。着力提升先进重大装备自主设计、制造、总包能力，重点发展干支线飞机、商用飞机发动机、机载系统设备及零部件等民用航空产业，促进卫星及应用等航天产业发展，加快发展高效清洁煤发电、先进燃机、特高压、轨道交通、精密仪器仪表、数控机床等智能制造设备，积极发展海洋油气开采、特种工程船等海洋工程装备及关键配套系统。面向健康生活重大需求，大力发展创新药物、新型疫苗、诊断试剂、现代中药、医疗器械和绿色农用生物产品。落实国家能源战略，聚焦核电、风电、太阳能、智能电网，推进新一代核能技术和先进反应堆、大功率海上风电机组、太阳能核心设备、电力储能设备等新能源高端装备的研制和产业化。加快推进关键新材料的技术攻关和产业化，提升碳纤维、芳纶、超高分子量聚乙烯纤维等高性能纤维及其复合材料发展水平。

积极培育节能环保、新能源汽车等先导产业。开发推广高效节能、先进环保技术装备及产品，积极推进煤碳清洁利用、海水综合利用和污水处理、固废处理、大气环境治理等技术应用，大力发展节能服务业。重点发展纯电动和混合动力等新能源汽车，着力突破电池、电机、电控等关键核心技术，继续开展燃料电池汽车技术研发和标准制定。

实施一批专项工程。围绕战略性新兴产业发展重点，抓紧实施民用航空、海洋工程装备、云计算、物联网、智能电网、大规模集成电路、半导体照明、新能源高端装备、生物制品与医疗器械等一批具有引领带动作用的专项工程。坚持以示范应用带动产业发展，加快培育一批行业龙头企业。

### 3. 调整优化产业布局

发挥国家新型工业化产业示范基地的带动作用，推进国家微电子产业基地、精品钢铁基地、海洋装备基地、国际汽车城、临港装备产业基地、化学工业园区等重大产业基地建设。推动战略性新兴产业集聚发展，着力打造若干战略性新兴产业示范区。加快工业向产业基地和各类国家级、市级开发区集聚，加快推进规划工业区块外现状工业用地的调整转型。

## （二）江苏省

坚持发展高新技术产业与发展战略性新兴产业相结合，推动高新技术产业做强做大，向价值链高端攀升，向研发设计和销售服务两端延伸，提高产品附加值。

### 1. 大力发展战略性新兴产业

加强规划引导，深入实施新兴产业倍增计划，重点发展新能源、新材料、生物技术和新医药、节能环保、软件和服务外包、物联网和新一代信息技术等六大新兴产业，同时大力发展高端装备制造、光电、智能电网等新兴产业，形成江苏经济新的支柱产业和重要增长点。

新能源产业：重点发展太阳能光伏、风电装备、生物质能装备、核电装备产业及高效低成本晶硅电池、薄膜电池、集成系统与设备、大功率风力发电机组、生物质能发电机组和核电装备关键零部件、新能源汽车，建设在国内外具有重要地位和较强竞争力的新能源产业研发、制造和应用示范基地。

新材料产业：重点发展纳米材料、微电子材料、光电子材料、新型显示材料、高性能纤维复合材料、新型化工材料、新能源材料、功能陶瓷材料、新型金属材料和新型建筑材料等10类材料，加快建设一批国家级战略性产品基地和一批省级特色产业基地，确保在全国处于领先地位。

生物技术和新医药产业：重点培育生物技术药、现代中药、新型化学药、生物试剂、医用材料、医疗器械、生物制造、生物农业、生物环保和生物能源等十大产品集群，努力成为全球生物技术和新医药创新及产业化最活跃的地区之一。

节能环保产业。重点发展节能环保装备制造、资源循环利用、节能服务和环保服务及环保工程设计等产业，建成全国重要的节能环保产业基地。

软件和服务外包产业：重点发展基础软件、数据库、应用软件、数字内容等产品，加快发展研发设计、生物医药、动漫创意、金融服务、供应链管理等外包服务。

物联网和新一代信息技术产业。集中建设经济领域、公共管理领域和公众服务领域十大物联网示范工程，加快培育与物联网产业链紧密关联的硬件、软件、系统集成及运营服务四大核心产业，支持无锡国家传感网创新示范区和国家云计算创新服务城市建设，打造成为全球有影响力的物联网研发、生产和应用先行区。加快建设宽带、泛在、融合、安全的信息网络基础设施及高端服务器等核心基础产业。

高端装备制造业：重点发展电控装备、高档数控机床、航空装备、轨道交通和海洋工程装备、大吨位工程机械等，加快提高装备的智能化、自动化水平，向大型化、成套化方向发展。

光电产业：重点开发新型光纤光缆和光电器件，加快新型半导体光电材料和有机光电材料的研发和推广应用，积极发展新一代显示技术。

智能电网产业：重点发展风电、太阳能等可再生能源接入及控制技术，大规模储能设备，特高压和超高压输电设备，智能输变电、配电二次控制检测设备和智能电网调度系统。

### 2. 全面提升主导产业

加快提升装备制造、电子信息、石油化工等主导产业发展水平，全面推进实现高端化发展，提升产业层次和核心竞争力。加强企业自主创新和技术改造，加快培育形成一批千亿元级、百亿元级品牌企业和十亿元级品牌产品。围绕区域布局优化和产业结构升级，加大有效投入，积极推进有市场前景、有技术含量、有辐射带动效应的项目建设，实现产业特色化、集聚化发展。

装备制造业：以机械、汽车、船舶为重点，着力打造工程机械、汽车及关键零部件、船舶制造、新型电力装备、机床等产业链。

电子信息业：重点打造集成电路、计算机及网络设备、通信等产业链。

石油化工业：大力发展精细化工产品，重点改造提升盐化工、煤化工、海洋化工和农用化学品，提高产品的精细化率，以炼油为基础，以乙烯为重点，建设大型乙烯生产基地，打造大石化产业链。

### 3. 改造提升传统产业

深入实施传统产业升级计划，推进纺织、冶金、轻工、建材等四大传统优势产业转型升级，围绕创新能力建设、技术装备升级、品牌质量提升，积极推进企业技术改造。加大对重点产业链、重点产业集群的技改投入和技术设备的投资力度，提高产业技术含量和装备技术水平。推进建筑业转型升级，加快建筑工业化和住宅产业化，力争在建筑业前沿技术和应用技术领域取得新突破，提升产业国际竞争力。

### 4. 淘汰落后产能

发挥市场机制作用，综合运用法律、经济、技术及必要的行政手段，以冶金、建材、轻工、纺织、化工等行业为重点，依法关停淘汰能耗高、污染重、安全隐患多的落后产能。结合江苏实际和产业转型升级要求，主动和提前淘汰相对落后产能和低端产品制造能力。继续推进新一轮化工生产企业专项整治，提高产业集中度、集约化发展水平和环保、安全水平。对未按期完成淘汰落后产能任务的地区实行项目“区域限批”。

纺织行业：重点发展新型纺织材料及应用、品牌服装、高档绿色家纺产品、功能性产业用纺织品、新型纺织机械和关键零部件制造。

冶金行业：重点发展板管带材、优质钢、特殊钢、高档金属制品等特色短缺产品和有色金属深加工产品，推进城市特别是苏南人口密集地区城市钢铁企业跨市搬迁，开展沿海现代钢铁基地建设前期工作。

轻工行业：支持鼓励食品、家电、塑料、五金等行业向精深加工、新型智能方向发展，推进“名、优、特、新”产品升级换代。

建材行业：重点发展新型轻质墙体材料、高效绝热隔热材料、新型管材管件等节能、环保、附加值高的建材产品。

## （三）浙江省

### 1. 改造提升传统优势产业

发展壮大优势产业。大力发展汽车、装备、医药等资金和技术密集型产业，择优发展石化、船舶、钢铁等现代临港工业，着力引进和组织实施一批投资规模大、产业关联强、附加值高的重大项目。有选择地改造提升纺织、轻工、建材、有色金属等传统行业，坚决淘汰落后产能，加快转移过度依赖资源环境的加工制造环节。推广应用集成制造、柔性制造、精密制造、清洁生产、虚拟制造等先进制造模式，不断提升全省制造业在全球产业价值链中的地位。运用新材料、新结构、新技术、新设备，提升建筑企业技术水平，促进建筑业转型升级，推动浙江省由建筑大省向建筑强省跨越。

加快培育现代产业集群。实施集群化发展战略，深入推进块状经济转型升级“六六工程”，促进块状经济产业链纵向延伸和横向拓展，加快块状经济向现代产业集群转型升级。以产业集聚区、开发区（园区）和乡镇功能区为主要依托，加快完善研发、物流、检测、信息、培训等生产性公共服务平台，强化专业化配套协作，完善创新体系，提升集群品牌，形成若干个在国内外具有重要影响力的现代产业集群。

制造业转型升级 11 个重点产业。

汽车行业。重点发展轿车、豪华大客车、微型车、运动型多功能车、皮卡车等五大系列整车产品和纯电动、混合动力等新能源汽车产品，以及配套的动力、制动、转向、电子等关键零部件产品。

船舶行业。重点发展散货船、油船、集装箱船等高附加值大型船舶以及船用主（辅）机、动力装置、甲板机械等配套设备，做强特种船舶和远洋渔船，积极发展海洋工程装备产品和中高档游艇，提升发展船舶修理业。

钢铁行业。规划建设宁波临港钢铁基地，加快杭钢转型升级，积极发展优特钢及深加工，做强做精不锈钢产业，推进钢铁企业联合重组。

石化行业。推进炼化一体化项目，延伸发展合成树脂、合成橡胶、聚酯、聚氨酯、特种纤维、聚碳酸酯、有机化工原料等七大产业链，提升发展精细化工、化工新材料、化学原材料、基础化工原料、农用化学品五类产品。

装备制造。重点突破重大成套设备、数控机床、现代仪器仪表、新型纺织机械、高性能轻工机械、新能源关键设备、轨道交通及民用飞机配套设备、工程机械、环保设备、机械基础件和特色产品等十大领域。

电子信息。重点发展专用集成电路和关键器件，第三、第四代移动通信技术网络设备和终端产品及宽带无线等通信网络产品，高端服务器等计算机产品，新型显示与光电子产品，数字音视频产品，新型电子元器件及材料，半导体照明，以及云计算、“三网”融合、应用电子等新一代信息技术产品。

有色金属。巩固提升铜铝加工制造业，着力发展铜铝精深加工产品，积极拓展钛合金、镁合金等新品种加工材料，规范发展再生金属业，调整提升有色金属冶炼业。

轻工行业。提升食品、家电、造纸、皮革、塑料制品、照明电器、家具、日用化工等行业的竞争优势，

发展印刷、包装、文体用品和工艺美术产业，推进亚洲包装中心建设。

纺织行业。加快调整化纤产品结构，提升纱线及纺织面料的生产技术水平，大力发展产业用纺织品，推动印染业发展与清洁生产相融合，创建丝绸行业新优势，以设计和品牌推进服装服饰及家纺产品升级。

建材行业。推动水泥行业开展节能减排技术改造，支持发展特种优质浮法玻璃、优质高档建筑卫生陶瓷、新型装饰陶瓷和新型节水卫浴五金产品等高附加值产品，积极拓展玻璃和玻璃纤维深加工，鼓励发展高性能化学建材、新型墙材、高档装饰装修木制品等新型建材产品。

医药行业。大力促进原料药产业转型发展，做强医药制剂，推进中药现代化，加快新型医疗器械及关键制药设备等领域的突破。

### 2. 培育发展战略性新兴产业

明确战略性新兴产业发展重点。以重大技术突破和重大发展需求为基础，继续做大做强高技术产业，重点培育发展生物、物联网、新能源、新材料、节能环保、高端装备制造、海洋新兴、新能源汽车和核电关联等战略性新兴产业。引导人才、技术、资金、土地等资源向战略性新兴产业领域集聚，实施一批重大产业创新发展工程，建设一批国家级产业基地，形成若干个千亿产值规模的战略性新兴产业。

加大战略性新兴产业扶持力度。强化政府引导和扶持，组织实施若干重大应用示范工程，加强重点创新产品推广应用，建立战略性新兴产业与省内重点项目、重大工程对接机制。推动金融机构建立促进战略性新兴产业发展合作联盟，设立若干战略性新兴产业投资基金。构建民营企业公平进入战略性新兴产业的市场环境。

### 3. 合理布局产业集聚区。

在提升发展环杭州湾、温台沿海、金衢丽高速公路沿线三大产业带的基础上，加快建设杭州大江东、杭州城西科创、宁波杭州湾、宁波梅山国际物流、温州瓯江口、湖州南太湖、嘉兴现代服务业、绍兴滨海、金华新兴产业、衢州绿色产业、舟山海洋产业、台州湾循环经济、丽水生态产业、义乌商贸服务业等产业集聚区，加强统筹规划和综合协调，使之成为集产业、科技、人才为一体，一、二、三产业相融合，人与自然相协调，新型工业化与新型城市化相结合的示范区和经济转型升级的先行区。

# 五　长三角地区服务业

现代服务业的发达程度是衡量区域综合竞争力的重要标志。面对国际服务业向我国转移步伐加快的新机遇，面对全国现代服务业加速发展的新态势，长三角地区应科学地制定发展现代服务业的战略目标，这是提高长三角地区综合竞争力的必然选择，是增强长三角地区可持续发展能力的关键举措，也是争创长三角地区发展新优势的紧迫要求。

2012年长江三角洲地区经济发展速度快，实现地区生产总值108905.27亿元。从三次产业情况看，第一产业实现增加值5213.97亿元，第二产业实现增加值52293.04亿元，第三产业实现增加值51398.26亿元，比上年增加5232.96亿元，比上年增长11.3%(按现行价计算)。三次产业结构调整为4.8∶48.0∶47.2。

上海市的情况，国民经济保持平稳较快发展。2012年上海市实现生产总值20181.72亿元，按可比价格计算，比2011年增长7.5%。其中，第一产业增加值127.80亿元，增长0.5%；第二产业增加值7854.77亿元，增长3.1%；第三产业增加值12199.15亿元，增长10.6%。第三产业增加值占全市生产总值的比重为60.4%，比上年增加2.4个百分点。

江苏省的情况，经济在转型升级中保持平稳较快增长。2012年江苏省实现生产总值54058.22亿元，按可比价格计算，比上年增长10.1%。其中，第一产业增加值3418.29亿元，增长4.6%；第二产业增加值27121.95亿元，增长11.1%；第三产业增加值23517.98亿元，增长9.7%。第三产业增加值占全省生产总值的比重为43.5%，比上年增加1.1个百分点。

浙江省的情况，初步核算，2012年全省生产总值为34665.33亿元，按可比价格计算，比上年增长8.0%。其中，第一产业增加值1667.88亿元，增长2.0%；第二产业增加值17316.32亿元，增长7.3%；第三产业增加值15681.13亿元，增长9.4%。第三产业增加值占全省生产总值的比重为45.2%，比上年增加1.3个百分点。

**表22　2008—2012年长三角及两省一市服务业发展情况**

| | 指　标 | 2008年 | 2009年 | 2010年 | 2011年 | 2012年 |
|---|---|---|---|---|---|---|
| 上海市 | 地区生产总值(亿元) | 13698.15 | 14900.93 | 16872.42 | 19195.69 | 20181.72 |
| | 服务业增加值(亿元) | 7350.43 | 8847.15 | 9618.31 | 11142.86 | 12199.15 |
| | 服务业比重(%) | 56.0 | 59.4 | 57.3 | 58.0 | 60.4 |
| | 服务业增长率(%) | 11.7 | 12.2 | 5.7 | 9.6 | 10.6 |
| 江苏省 | 地区生产总值(亿元) | 30000.00 | 34061.20 | 40903.30 | 49110.27 | 54058.22 |
| | 服务业增加值(亿元) | 11656.00 | 13443.40 | 16609.80 | 20842.21 | 23517.98 |
| | 服务业比重(%) | 38.4 | 39.6 | 41.4 | 42.4 | 43.5 |
| | 服务业增长率(%) | 13.4 | 13.6 | 13.3 | 11.1 | 9.7 |

（续表）

| | | | | | | |
|---|---|---|---|---|---|---|
| 浙江省 | 地区生产总值(亿元) | 21486.92 | 22832.00 | 27227.00 | 32318.85 | 34665.33 |
| | 服务业增加值(亿元) | 8811.16 | 9827.00 | 11745.00 | 14180.23 | 15681.13 |
| | 服务业比重(%) | 41.0 | 43.1 | 43.5 | 43.9 | 45.2 |
| | 服务业增长率(%) | 11.7 | 12.5 | 12.3 | 9.5 | 9.4 |
| 长三角 | 地区生产总值(亿元) | 65185.07 | 71794.13 | 85002.72 | 100624.81 | 108905.27 |
| | 服务业增加值(亿元) | 27817.59 | 32117.55 | 37973.11 | 46165.30 | 51398.26 |
| | 服务业比重(%) | 42.2 | 42.9 | 44.8 | 45.9 | 47.2 |
| | 服务业增长率(%) | 17.5 | 15.5 | 18.2 | 21.6 | 11.3 |
| 全国 | 地区生产总值(亿元) | 300670.00 | 335353.00 | 397983.00 | 471564.00 | 519322.00 |
| | 服务业增加值(亿元) | 120487.00 | 142918.00 | 171005.00 | 203260.00 | 231626.00 |
| | 服务业比重(%) | 40.1 | 42.6 | 43.0 | 43.1 | 44.6 |
| | 服务业增长率(%) | 9.5 | 8.9 | 9.5 | 8.9 | 8.1 |

注:上海市、江苏省、浙江省和全国的服务业增长率按可比价计算,长三角服务业增长率按现行价计算

数据来源:历年上海市、江苏省和浙江省统计年鉴,2012年中华人民共和国国民经济和社会发展统计公报

## 一、长三角地区两省一市服务业发展特点

### (一)上海服务业发展特点

**1. 金融业快速发展**。2012年上海市实现金融业增加值2450.36亿元,比2011增长12.6%。至2012年末,上海市中外资金融机构本外币各项存款余额63555.25亿元,比2011年增长9.2%;贷款余额40982.48亿元,增长10.2%。2012年通过上海证券市场筹资5489.75亿元,比2011年下降27.6%。其中,发行新股筹资333.57亿元,比上年下降67.1%;再次发行(增发、配股、权证行权)和可转债转股筹资2556.74亿元,比上年增长17.0%;发行债券1974.2亿元,比上年下降13.9%。至2012年末,上海证券市场上市证券数2098只。其中,股票998只,比2011年增加23只。2012年上海证券交易所各类有价证券成交金额54.75万亿元,比2011年增长20.4%。其中,股票成交金额16.45万亿元,下降30.7%。2012年上海期货交易所各品种总成交金额89.2万亿元,比2011年增长2.6%。中国金融期货交易所总成交金额75.84万亿元,比2011年增长73.3%。全国银行间货币和债券市场成交金额263.63万亿元,比2011年增长34.1%。上海黄金交易所总成交金额3.53万亿元,比2011年下降20.5%。2012年中资保险公司保险保费收入820.64亿元,比2011年增长9.0%。其中,财产险公司原保险保费收入256.38亿元,增长9.9%;寿险公司原保险保费收入564.26亿元,增长8.6%。2012年保险赔付支出255.79亿元,比2011年下降1.9%。其中,财产险赔款支出138.63亿元,比2011年增长32.9%;寿险给付87.99亿元,比2011年下降4.4%;健康险赔款给付25.14亿元,比2011年下降58.6%;意外险赔款支出4.04亿元,比2011年增长11.3%。

表 23　2012 年中外资金融机构本外币存贷款情况

| 指标 | 绝对值(亿元) | 比年初增减额(亿元) |
| --- | --- | --- |
| 各项存款余额 | 63555.25 | 5379.24 |
| #单位存款 | 37555.71 | 2539.04 |
| 个人存款 | 21512.01 | 2587.29 |
| 各项贷款余额 | 40982.48 | 3818.26 |
| #短期贷款 | 12990.02 | 1792.47 |
| 中长期贷款 | 23595.68 | 757.76 |
| #中外资金融机构人民币个人消费贷款 | 6341.38 | 426.90 |
| #个人住房贷款 | 4925.98 | 171.99 |
| 汽车消费贷款 | 822.05 | 159.40 |

数据来源:2012 年上海市国民经济和社会发展统计公报,《上海市统计年鉴》(2013)

**2. 旅游业稳步增长**。2012 年实现旅游产业增加值 1497.68 亿元,比上年增长 4.9%。至 2012 年末,上海已有星级宾馆 278 家,旅行社 1183 家,A 级旅游景区(点)82 个,红色旅游基地 34 个。2012 年上海市接待国际旅游入境人数 800.40 万人次,比上年下降 2.1%。其中,入境外国人 633.03 万人次,比上年下降 2.4%;港、澳、台同胞 167.37 万人次,比上年下降 1.1%。在国际旅游入境人数中,过夜旅游人数 651.23 万人次,比上年下降 2.6%。2012 年国际旅游外汇收入 55.82 亿美元,比上年下降 4.3%。2012 年上海市接待国内旅游者 25093.69 万人次,比上年增长 8.7%。其中,外省市来沪旅游者 11495.91 万人次,比上年增长 5.7%。2012 年国内旅游收入 3224.39 亿元,比上年增长 15.7%。

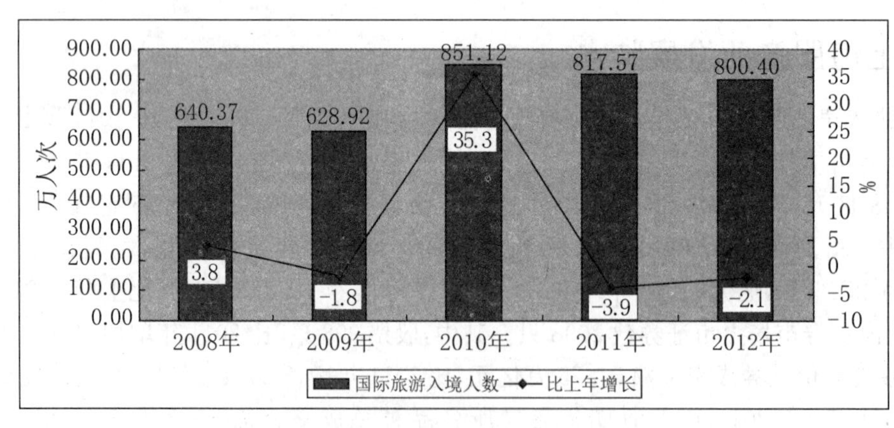


图 7　2008—2012 年国际旅游入境人数及增长情况

**3. 商贸流通业较快增长**。2012 年,批发和零售业实现增加值 3291.93 亿元,比 2011 年增长 11.5%。实现商品销售总额 5.38 万亿元,比 2011 年增长 16.8%。其中,批发销售额 4.72 万亿元,增长 17.8%。2012 年实现社会消费品零售总额 7412.30 亿元,比 2011 年增长 8.8%。其中,限额以上消费品零售额 5293.24 亿元,增长 7.5%。在限额以上零售企业中,网上商店实现零售额 238.59 亿元,增长 75.5%。至 2012 年末,上海市连锁商业网点达到 13942 家。其中,连锁超市门店 2443 家,便

利店 5178 家。2012 年连锁商业销售额 2202.63 亿元，比 2011 年下降 4.6%。

**表 24　2012 年社会消费品零售总额及其增长速度**

| 指标 | 绝对值(亿元) | 比上年增长(%) |
|---|---|---|
| 社会消费品零售总额 | 7412.30 | 8.8 |
| ＃限额以上消费品零售额 | 5293.24 | 7.5 |
| ＃批发零售贸易业 | 4843.26 | 7.9 |
| 住宿餐饮业 | 449.98 | 3.4 |
| ＃国　有 | 391.61 | 6.3 |
| 私　营 | 1258.43 | 4.4 |
| 外商投资 | 984.07 | 8.0 |
| ＃吃的商品 | 1222.61 | 3.7 |
| 穿的商品 | 702.87 | 13.3 |
| 用的商品 | 2915.40 | 8.0 |
| 烧的商品 | 452.36 | 6.2 |

数据来源：2012 年上海市国民经济和社会发展统计公报，《上海市统计年鉴》(2013)

**4. 交通运输、仓储和邮政业稳步发展**。2012 年实现交通运输、仓储和邮政业增加值 895.31 亿元，比 2011 年增长 5.0%。2012 年各种运输方式完成货物运输总量 94376.25 万吨，比 2011 年增长 1.1%。旅客发送总量 14546.55 万人次，比 2011 年增长 7.6%。2012 年上海港口货物吞吐量达到 7.36 亿吨，比 2011 年增长 1.1%。2012 年港口集装箱吞吐量 3252.94 万国际标准箱，比 2011 年增长 2.5%。集装箱水水中转比例达到 42.8%，比 2011 年提高 1.7 个百分点。上海浦东、虹桥两大国际机场全年共起降航班 59.67 万架次，比 2011 年增长 4.0%；进出港旅客达到 7870.84 万人次，增长 5.6%。其中，国内航线进出港旅客 5473.74 万人次，增长 4.7%；国际及地区航线进出港旅客 2397.09 万人次，增长 7.6%。至 2012 年末，上海市轨道交通运营线路达到 13 条，运营线路长度达到 468.19 公里(含磁浮线路 29.11 公里)。2012 全年优化调整公交线路 262 条。其中，新辟 81 条。至 2012 年末，公交专用道路达到 161.8 公里。公交运营车辆 1.67 万辆，运营出租车 5.07 万辆。2012 年市内公共交通客运量 62.27 亿人次，比上年增长 2.2%。其中，轨道交通客运量 22.76 亿人次，增长 8.3%；公共汽电车客运量 28.04 亿人次，下降 0.3%。日均公交优惠换乘和老年人免费乘车分别达到 254.35 万人次和 64.26 万人次。至 2012 年末，上海市拥有各类民用汽车 212.86 万辆，增长 9.2%。其中，私人汽车 141.32 万辆，比上年增长 17.8%。2012 年上海市完成邮政业务总量 52.61 亿元，比上年增长 3.2%。电信业务总量(按 2010 年不变单价计算)447.4 亿元，增长 9.2%。至 2012 年末，上海市固定电话用户 902.9 万户。其中，住宅电话 538.5 万户。移动电话用户 3008.3 万户，比上年末增加 387.7 万户。其中，第三代移动通信技术(3G)用户 748.2 万户，增加 283.5 万户。

## (二) 江苏服务业发展特点

**1. 金融市场规模进一步扩大**。2012 年，江苏省实现金融业增加值 3136.51 亿元。2012 年末江苏省金融机构人民币存款余额 75481.51 亿元，比年初增加 9757.95 亿元，比上年多增 3018.53 亿元。

其中,储蓄存款增加4142.45亿元,比上年多增1525.31亿元;单位存款增加4852.67亿元,比上年多增1547.71亿元。2012年末金融机构人民币贷款余额54412.30亿元,比年初增加6544.00亿元,比上年多增796.74亿元。其中,短期贷款增加3993.72亿元,比上年多增344.49亿元。证券交易市场趋于稳定。2012年末江苏省境内上市公司由上年末的214家增加到236家,在上海、深圳证券交易所筹集资金343.60亿元,其中首发融资135.10亿元,再融资208.50亿元,分别比上年减少341.80亿元和增加15.20亿元。2012全年证券经营机构股票交易额41877.20亿元,比上年下降28.7%;期货经营机构代理交易额17920.30亿元,比上年增长10.5%。江苏企业境内上市公司总股本1260.8亿股,比上年末增长10.8%;市价总值11394.30亿元,比上年末上升8.4%。2012年末共有证券公司6家,证券营业部365家;期货公司11家,期货营业部101家,证券投资咨询机构2家。保险业稳步健康发展。2012年保费收入1301.28亿元,比上年增长8.4%。其中,财产险收入440.92亿元,比上年增长16.1%;寿险收入765.87亿元,比上年增长3.3%;健康险和意外伤害险收入94.49亿元,比上年增长19.6%。赔付额386.97亿元,比上年增长19.3%。其中财产险赔付240.08亿元,比上年增长34.5%;寿险赔付119.03亿元,比上年增长0.7%;健康险和意外伤害险赔付27.87亿元,比上年下降24.6%。

**表25 2012年末金融机构人民币存贷款情况**

| 指 标 | 绝对数(亿元) | 比年初增加(亿元) | 比上年末增长(%) |
|---|---|---|---|
| 各项存款余额 | 75481.51 | 9757.95 | 14.813 |
| #单位存款 | 42152.63 | 4852.67 | 13.0 |
| 储蓄存款 | 30057.19 | 4142.45 | 16.0 |
| 各项贷款余额 | 54412.30 | 6544.00 | 13.7 |
| #短期贷款 | 25331.98 | 3993.72 | 18.7 |
| 中长期贷款 | 27062.90 | 1995.53 | 8.0 |
| #消费贷款 | 8016.66 | 908.55 | 12.9 |
| #个人住房贷款 | 7473.00 | 908.30 | 13.9 |

数据来源:2012年江苏省国民经济和社会发展统计公报,《江苏省统计年鉴》(2013)

**2. 旅游业发展加快**。2012年江苏省接待国内旅游人数4.64亿人次,比上年增长12.8%;实现国内旅游收入6055.80亿元,增长17.3%。2012年入境旅游人数791.54万人次,比上年增长7.4%。其中,外国人575.22万人次,增长6.9%;港澳台同胞216.32万人次,增长8.5%。国际旅游外汇收入63.00亿美元,增长11.4%。旅行社组织公民自费出境旅游90.7万人次,增长43.1%。

**3. 消费品市场增势稳定**。2012年江苏省批发和零售业实现增加值5704.66亿元。全年实现社会消费品零售总额18331.30亿元,比上年增长14.7%。按经营单位所在地分,城镇消费品市场实现零售额16373.30亿元,比上年增长15.1%;乡村消费品市场实现零售额1842.00亿元,比上年增长13.8%。按消费形态分,批发和零售业零售额16448.83亿元,比上年增长14.9%;住宿和餐饮业零售额1766.50亿元,比上年增长16.1%。部分消费热点保持活跃。在限额以上批发和零售企业的消费品中,汽车零售额2389.50亿元,比上年增长11.7%;石油及制品零售额956.20亿元,比上年增长12.1%;通讯器材零售额150.40亿元,比上年增长33.6%;金银珠宝零售额237.10亿元,比上年增长14.3%;服装、鞋帽、针纺织品零售额841.60亿元,比上年增长17.6%;中西药品零售额489.90亿元,

比上年增长22.9%；家用电器和音像器材零售额580.30亿元，与上年持平；食品、饮料、烟酒零售额1134.10亿元，比上年增长20.1%。

**4. 交通运输、仓储和邮政业发展较快**。2012年江苏省实现交通运输、仓储和邮政业增加值2352.40亿元。交通运输能力稳步提升。2012年完成旅客运输量、货物运输量分别比上年增长8.5%和8.8%，旅客周转量、货物周转量分别增长9.7%和12.8%。完成港口货物吞吐量19.54亿吨，增长8.2%，其中外贸货物吞吐量3.10亿吨，增长10.9%。港口货物吞吐量中，集装箱吞吐量达1600万标准集装箱，增长12.8%。2012年末全省公路里程15.41万公里，新增1871公里，其中高速公路里程4371公里，新增249公里。铁路营业里程2348公里，铁路正线延展长度3725公里。2012年末民用汽车保有量813.1万辆，净增124.7万辆，分别增长18.1%和3.3%。年末私人汽车保有量657.3万辆，净增115.6万辆，分别增长21.3%和7.9%。其中，私人轿车保有量455.9万辆，净增86.3万辆，分别增长23.3%和6.4%。邮政电信业较快发展。2012年邮政电信业务总量1120.37亿元，增长13.8%。其中，邮政业务总量205.75亿元，电信业务总量914.62亿元，分别增长26.0%和10.4%。邮政电信业务收入1000.48亿元，增长12.5%。其中，邮政业务收入178.75亿元，电信业务收入821.73亿元，分别增长27.0%和9.6%。2012年末局用交换机总容量7638.4万门。2012年末固定电话用户2387.2万户，比上年末增加16.3万户。其中，城市电话用户1341.0万户，乡村电话用户1046.2万户。2012年末移动电话用户7471.4万户，比上年末净增786.6万户。2012年末电话普及率达125部/百人，比上年末增加10部/百人。长途光缆线路总长度3.66万公里，新增0.36万公里。2012年末互联网用户1400.7万户，新增179.5万户。

**表26　2012年江苏省各种运输方式完成运输量及增长情况**

| 运输方式 | 货物周转量 | | 货运量 | | 旅客周转量 | | 客运量 | |
|---|---|---|---|---|---|---|---|---|
| | 绝对数（亿吨公里） | 比上年增长（%） | 绝对数（万吨） | 比上年增长（%） | 绝对数（亿人公里） | 比上年增长（%） | 绝对数（万人） | 比上年增长（%） |
| 总计 | 8474.63 | 12.8 | 231295 | 8.8 | 1949.80 | 9.7 | 268371 | 8.5 |
| 铁路 | 391.53 | −1.8 | 7223 | −0.8 | 446.40 | 12.1 | 11757 | 10.9 |
| 公路 | 1452.45 | 10.4 | 153696 | 9.2 | 1418.40 | 8.5 | 255358 | 8.4 |
| 水路 | 6052.95 | 15.6 | 58639 | 8.6 | 1.40 | −9.5 | 594 | −2.6 |
| 民航 | 0.9 | 7.5 | 7 | 10.0 | 83.60 | 17.8 | 662 | 19.3 |
| 管道 | 576.8 | 2.6 | 11730 | 11.8 | — | — | — | — |

数据来源：2012年江苏省国民经济和社会发展统计公报，《江苏省统计年鉴》（2013）

## （三）浙江服务业发展特点

**1. 金融服务业发展势头良好**。2012全年实现金融业增加值2762.24亿元，按现行价计算，比2011增长1.2%。2012年末全部金融机构本外币各项存款余额66679.08亿元，比年初增加5785.94亿元，比上年末增长9.5%，其中人民币存款余额64886.28亿元，比年初增加5158.37亿元，比上年末增长8.6%。全部金融机构本外币各项贷款余额59509.12亿元，比年初增加6269.78亿元，比上年末增长11.8%，其中人民币贷款余额增长11.1%。年末个人本外币储蓄存款余额26955.13亿元，比上年末增长12.3%。2012年新增境内上市公司20家，年末共有境内上市公司246家，累计融资2786.0

亿元。其中，中小板上市公司119家，占全国中小板上市公司总数的17.0%；创业板上市公司36家，占全国创业板上市公司总数的10.1%。2012年保险业实现保费收入984.58亿元，比上年增长12.0%。其中，财产险保费收入444.45亿元，增长14.7%；人身险保费收入540.13亿元，增长9.9%。支付各类赔款及给付342.63亿元，比上年增长33.7%。其中，财产险赔付支出250.87亿元，人身险赔付支出91.76亿元。

**表27　2012年全部金融机构本外币存贷款**

| 指标 | 年末数(亿元) | 比上年增长(%) |
|---|---|---|
| 各项存款余额 | 66679.08 | 9.5 |
| 其中：单位存款 | 34697.37 | 7.2 |
| 个人储蓄存款 | 26955.13 | 12.4 |
| 各项贷款余额 | 59509.12 | 11.8 |
| 其中：短期贷款 | 34864.43 | 14.0 |
| 中长期贷款 | 20347.65 | 5.1 |

数据来源：2012年浙江省国民经济和社会发展统计公报，《浙江省统计年鉴》(2013)

**2. 旅游业增长喜人**。2012年实现旅游总收入4801.2亿元，比上年增长17.7%。其中，接待国内旅游者3.91亿人次，增长14.1%，实现国内旅游收入4475.8亿元，增长18.2%；接待入境旅游者865.9万人次，增长11.9%，实现旅游外汇收入51.5亿美元，增长13.4%。

**3. 商贸流通业较快增长，消费热点突出**。2012年，批发和零售业实现增加值3684.34亿元，按现行价计算，比2011年增长12.0%。实现社会消费品零售总额13588.34亿元，比上年增长13.0%，扣除价格因素，实际增长11.4%。其中，城镇消费品零售额11450.68亿元，比上年增长13.8%；乡村消费品零售额2137.66亿元，比上年增长12.2%。分行业看，批发零售贸易业零售额12101.15亿元，比上年增长13.3%；住宿餐饮业零售额1445.19亿元，比上年增长15.6%。在限额以上批发零售贸易业销售额中，汽车类零售额比上年增长7.3%，石油及制品类增长17.6%，食品饮料烟酒类增长16.4%，服装、鞋帽、针纺织品类增长20.9%，中西药品类增长20.9%，日用品类增长10.4%，金银珠宝类增长24.8%，通讯器材类增长29.6%，家具类增长77.0%。2012年末全省有商品交易市场4297家，全年有形市场成交额1.58万亿元，比上年增长9%。年成交额超亿元的市场745个，其中，年交易额十至百亿元市场199家，超百亿元的市场31个。

**4. 交通运输业和邮政通讯业增长较快**。2012年，交通运输、仓储和邮政业增加值为1278.91亿元，按现行价计算，比2011年增长6.0%。2012年铁路、公路和水运完成货物周转量9183.30亿吨公里，比上年增长6.4%；旅客周转量1317.58亿人公里，增长1.6%。港口完成货物吞吐量13.19亿吨，增长7.8%，其中，沿海港口完成9.27亿吨，内河港口完成3.92亿吨，分别增长6.9%和9.8%。2012年邮电业务总量1024.02亿元，比上年增长14.0%。其中，邮政业务总量215.2亿元，电信业务总量808.8亿元。2012年年末本地电话交换机容量2791万门，比上年减少195万门；移动电话交换机容量9685万户，比上年增加80万户。本地电话用户1882万户，比上年减少66万户，普及率34.2线/百人；移动电话用户6443万户，比上年增加687万户，普及率117.2部/百人。2012年年末全省互联网用户数5887万户，其中(固定)互联网宽带接入用户1153万户。

表 28　2012 年浙江省铁路、公路、水路完成运输量

| | 单　位 | 绝对数 | 比上年增长(%) |
|---|---|---|---|
| 货物周转量 | 亿吨公里 | 9183.30 | 6.4 |
| 铁路 | 亿吨公里 | 291.26 | −6.7 |
| 公路 | 亿吨公里 | 1525.59 | 6.3 |
| 水运 | 亿吨公里 | 7366.45 | 7.0 |
| 旅客周转量 | 亿人公里 | 1317.58 | 1.6 |
| 铁路 | 亿人公里 | 390.25 | 2.2 |
| 公路 | 亿人公里 | 921.18 | 1.4 |
| 水运 | 亿人公里 | 6.16 | −4.3 |
| 沿海港口货物吞吐量 | 亿吨 | 9.27 | 6.9 |

数据来源：2012 年浙江省国民经济和社会发展统计公报，《浙江省统计年鉴》(2013)

## 二、长三角地区主要城市的服务业发展情况比较

表 29　2012 年长三角主要城市的服务业发展指标分析

| 城　市 | 地区生产总值(亿元) | 服务业增加值(亿元) | 服务业增速(%) | 服务业增加值占 GDP 比重(%) | 金融机构存款余额(亿元) | 金融机构贷款余额(亿元) |
|---|---|---|---|---|---|---|
| 上海 | 20181.72 | 12199.15 | 10.6 | 60.5 | 63555.25 | 40982.48 |
| 南京市 | 7201.57 | 3845.73 | 11.8 | 53.4 | 16131.41 | 12314.41 |
| 无锡市 | 7568.15 | 3418.90 | — | 45.2 | 10293.40 | 7467.03 |
| 徐州市 | 4016.58 | 1665.60 | 13.4 | 41.5 | 3364.47 | 2047.23 |
| 常州市 | 3969.87 | 1742.74 | 11.6 | 43.9 | 5604.90 | 3832.80 |
| 苏州市 | 12011.65 | 5314.32 | — | 44.2 | 17663.50 | 13626.86 |
| 南通市 | 4558.67 | 1825.47 | 12.3 | 40.0 | 6297.19 | 3832.14 |
| 连云港市 | 1603.42 | 634.88 | 13.3 | 39.6 | 1503.66 | 1196.58 |
| 淮安市 | 1920.91 | 783.73 | 13.2 | 40.8 | 1502.79 | 1173.18 |
| 盐城市 | 3120.00 | 1191.00 | — | 38.2 | 2699.33 | 1831.44 |
| 扬州市 | 2933.20 | 1173.55 | 12.1 | 40.0 | 3310.84 | 2006.50 |
| 镇江市 | 2630.42 | 1095.11 | 13.0 | 41.6 | 2850.51 | 2073.29 |
| 泰州市 | 2701.67 | 1075.39 | 13.0 | 39.8 | 3032.63 | 2007.97 |
| 宿迁市 | 1522.03 | 578.38 | 12.0 | 38.0 | 1226.87 | 1002.86 |

（续表）

| 杭州市 | 7802.01 | 3974.27 | 10.1 | 50.2 | 20148.77 | 18090.80 |
|---|---|---|---|---|---|---|
| 宁波市 | 6582.21 | 2796.85 | 10.9 | 42.0 | 11980.50 | 11961.02 |
| 嘉兴市 | 2890.57 | 1136.10 | 10.2 | 38.6 | 4597.34 | 3670.52 |
| 湖州市 | 1664.30 | 655.24 | 9.6 | 39.1 | 2285.66 | 1912.40 |
| 绍兴市 | 3654.03 | 1506.82 | 10.7 | 38.3 | 5923.60 | 5129.15 |
| 舟山市 | 853.18 | 387.18 | 9.1 | 45.0 | 1389.97 | 1295.83 |
| 温州市 | 3669.18 | 1701.98 | 8.0 | 46.4 | 7744.94 | 7013.00 |
| 金华市 | 2710.77 | 1231.62 | 10.9 | 45.2 | 5324.39 | 4346.85 |
| 衢州市 | 972.25 | 376.16 | 10.0 | 37.8 | 1299.52 | 1078.53 |
| 台州市 | 2911.26 | 1290.87 | 8.6 | 44.1 | 4509.17 | 3893.16 |
| 丽水市 | 894.10 | 365.23 | 9.6 | 40.6 | 1475.23 | 1117.86 |

数据来源：长三角各市国民经济和社会发展统计公报，2013年上海市、江苏省、浙江省统计年鉴

## 三、长三角地区服务业发展策略

## 上海市

### （一）大力发展支柱服务业

落实建设“四个中心”战略，推进金融服务、航运物流、现代商贸、信息服务和旅游会展等服务业重点领域发展，夯实服务业发展基础，提升服务业整体竞争力。

#### 1. 金融服务业

提升金融市场功能。强化上海证券市场全国主板市场地位，支持上海期货交易所成为具有重要国际影响的大宗商品定价中心，支持中国金融期货交易所逐步成为具有全球影响力的风险管理中心，支持货币市场和外汇市场增强服务功能，保持现货黄金场内交易国际领先地位，加快建设全国性贷款转让和票据交易中心，健全上海股权托管交易中心制度框架并启动市场交易。

丰富金融产品和工具。推动股票、债券等基础性金融产品加快发展，支持上海证券交易所挂牌交易国内跨市场指数基金等基金产品，促进集合票据、外币债券等加快发展。开展房地产信托投资基金等资产证券化产品试点。有序推出新的能源和金属类大宗商品期货，稳步发展金融衍生产品，适时开展结构性衍生产品试点。

集聚各类金融机构。加强陆家嘴—外滩金融集聚区建设，优化金融集聚区功能布局。培育和发展与金融市场相关的功能性金融机构。发展创业投资企业、股权投资企业、融资租赁公司、融资性担保公司、小额贷款公司等新型金融机构。吸引和培育具有国际竞争力的金融机构。

培育新兴金融服务业。推动金融机构设立专业化财富与资产管理机构，加快发展证券投资基金、对冲基金等专业机构。支持开展船舶（飞机）融资租赁、海上货运险、保赔保险、资金结算等航运金融服务。大力发展消费金融，加快发展非金融机构支付产业，培育一批可参与国际竞争的金融资讯服

务商。

提高金融国际化水平。加快构建人民币跨境投融资中心，积极推进上海证券市场国际板建设，支持符合条件的在沪合资证券公司扩大业务范围，积极推动合格境外有限合伙人和机构投资者投资境内金融市场。提升金融机构全球服务能力，深化沪港人民币国际化和资本市场产品领域合作，加快发展跨境贸易人民币结算业务。

### 2. 航运物流业

提升航运基础服务业。依托国际航运发展综合试验区建设，增强区域保税联动功能。吸引国际知名船舶管理公司，完善全国船舶交易平台，规范国际货运代理市场秩序。集聚船舶检验机构，加强海事安全与技术服务，推动船舶、飞机修理服务业务发展。集聚国际知名航空公司，优化国内外航线，强化航空枢纽地位。

培育航运衍生服务业。加快航运信息化建设，推广电子标签技术应用，完善中国船舶交易信息平台，开发中国航运数据库。促进海事法律、仲裁服务机构的发展，制定并推广以上海为仲裁地的航运交易推荐格式合同，完善海事仲裁制度。积极发展航运金融服务，鼓励发展航运咨询，培育发展航运经纪、公估等航运中介服务业。

加快发展邮轮产业。推进建设国际邮轮母港，优化邮轮通关环境，强化邮轮补给、口岸查验、海事救助、船舶维护、引航等服务功能。加快发展境内外邮轮旅游，鼓励世界知名邮轮公司来沪设立经营性机构，开展经批准的国际航线邮轮业务，鼓励境外大型邮轮公司挂靠上海，支持组建本土邮轮船队。

深化发展物流业。大力发展国际采购分拨、水水中转集拼、铁水联运、保税物流联动等口岸物流。加快发展汽车、化工、钢铁、装备制造、船舶、电子信息等制造业物流。积极发展商业连锁、医药、农产品、危险品、应急物流等城市配送物流，促进快递业规范化、规模化和智能化转型升级，着力培育电子商务物流。

### 3. 现代商贸业

加快培育商贸新业态。积极探索贸易全程便利化措施，引进国外新型商贸业态和经营模式，扩大新型国际贸易结算规模，推动建立离岸贸易中心。推进网络销售等无店铺销售发展，大力发展电子商务等新型流通模式，积极引进体验式消费等新兴消费方式，推广和应用基于新一代信息技术的“智能商店”和“数字商业”。

创新发展批发业。拓展品牌代理、总经销和特许经营业务。鼓励发展大规模、跨地区的连锁批零结合型企业。提升大型农副产品批发市场体系。吸引国内外企业来沪设立采购中心、分销中心、结算中心和区域中转物流中心。发展集商品展示、价格形成和物流仓储功能于一体的新型专业贸易中心，推动商品批发网上交易。

提升发展零售业。进一步扩大连锁经营领域和范围。引进国际知名连锁百货店，建设主题特色鲜明、综合配套齐全的大型购物中心，鼓励发展特色百货店。引导大型综合超市向新兴大型社区拓展，鼓励标准超市向精品标准超市、生鲜超市转型。鼓励专业专卖店向品牌旗舰店、体验店等发展。积极支持城市综合体等新业态发展。

推动贸易促进平台建设。建设中国技术进出口促进中心，加快技术贸易发展。建设国家级产品设计与贸易促进中心，带动自主品牌商品发展和出口产品附加值提升。建设有影响力的商贸信息及贸易促进综合服务门户网站，构筑国际贸易中心网上载体。建设国际贸易机构集聚平台，提升贸易辐射效应和商务活动枢纽功能。

构建现代商品流通体系。建设若干具有市场资源配置能力、服务增值能力和价格发现能力的国际性或区域性大宗商品交易中心，培育保税交易市场。继续建设钢铁、汽车及零部件等专业性商品交易平台，调整提升有色金属、精细化工等生产资料集散中心。优化发展危险化学品、环保节能设备等专业市场。提升农产品流通效率。

**4. 信息服务业**

提升发展软件业。发展具有自主知识产权的操作系统、数据库、中间件和办公软件，推动国产基础软件在医疗卫生、教育、社区服务、电子政务等行业的规模应用。大力发展面向钢铁、船舶、金融等领域的行业应用软件。加快发展自主可控的信息安全软件。

创新发展消费型信息服务业。以“三网融合”为契机，推动互动娱乐产业发展。研发具有自主知识产权的社交网络平台，培养电子竞技产业链。促进视频分享、视频门户等网络视听业共同发展，加快基于3G、移动多媒体广播等新传输方式的网络视听内容开发。

融合发展生产型信息服务业。大力发展工业软件、嵌入式系统等。推进工业软件在研发设计、测试验证、生产制造等环节应用，聚焦民用航空、海洋工程和轨道交通装备等领域。研发汽车电子及各类智能终端设备等嵌入式系统，建设核心嵌入式软件研发平台。

深入发展专业信息服务业。发展具有行业影响力的专业信息资讯交互平台，形成一批互联互通、信息资源共享的金融信息专业数据库。推动第三方贸易信息服务平台发展。提高信息技术在电子通关、政府监管、物流信息等方面的应用水平。

培育新兴信息服务业。加快发展云计算、物联网信息服务、移动互联网和车载信息服务等新兴服务业。推动云计算技术研发，实施“云海计划”。加快物联网传感网络软件、嵌入式软件等研发，培育物联网专业技术服务企业。支持建立移动互联网业务创新平台。

**5. 旅游会展业**

提升传统旅游业。提高旅行社服务专业化水平，加快标准化建设。优化旅馆业结构，加强与国际知名酒店集团合作，发展会议型、度假型、精品型旅馆，打造品牌旅行社和饭店集团。振兴旅游餐饮品牌，引进国际品牌旗舰店，加强旅游纪念品开发。

培育新兴旅游业。利用大型制造业企业集聚的优势，大力发展工业旅游。借助国际知名的演出、节庆和赛事活动，积极发展文化体育旅游。利用丰富的教育和医疗资源，加快发展求修学和医疗旅游。加快发展邮轮和养生度假旅游，大力发展生态休闲和农业旅游。

做大做强会展业。通过培育本市大型会展、引进国际知名会展，形成一批品牌、专业会展。积极发展常年展，形成常年展与短期展共同繁荣的格局。结合国际贸易中心建设，打造全国领先、功能齐全、服务一流的网上会展。培育具有国际竞争力的大型会展企业。

强化旅游会展公共服务。构建覆盖全市、互动长三角、服务全国的旅游信息平台，构建健全、规范的都市自助旅游公共服务设施体系，制定旅游公共服务规范和标准，推进旅游集散中心、咨询服务中心的服务能力建设。推进会展业公共服务平台建设。

## （二）积极培育新兴服务业

顺应经济全球化、社会网络化和分工专业化的新趋势，推动新技术应用和商业模式创新，引导和满足多样化市场新需求，积极培育科技服务、设计产业、电子商务等新兴服务业，进一步增强服务业发展后劲。

**1. 科技服务业**

加快发展研发服务。围绕战略性新兴产业重点领域和核心关键技术开展研发。鼓励各类企业集团在沪设立研发中心，推动跨国公司与本地企业开展研发合作。扶持中小企业发展细分领域专业化

研发服务，形成龙头企业和中小企业共同活跃的研发体系。

加快发展检验检测服务。发展分析测试、检验认证、计量溯源等技术服务，重点发展新能源汽车、智能电网、风电设备等领域的检验检测服务，提升涉及社会公共安全类产品领域的质检能力，建设一体化检验检测公共服务平台。

加快发展知识产权服务。大力发展知识产权咨询、检索、培训、评估、交易、代理、托管、质押融资、司法鉴定和法律援助等服务。构建主体多元化的服务体系，完善知识产权信息公共服务平台，建设国家知识产权局区域专利信息服务中心和知识产权交易机构。

加快发展科技成果转化服务。推进科技成果转化平台建设，探索建立科技成果转化的有效模式和机制，积极培育壮大科技成果转化的中介服务体系，实现规模化、专业化、规范化发展，不断完善支持科技成果转化的服务链条。

加快建设技术创新服务平台体系。建设上海技术交易中心，促进技术交易经常化和规范化。推进建设共性技术研发公共服务平台，建立技术成果对接网络，提供科技资源配送服务。完善科技资源共享体系，优化重点实验室、工程技术（研究）中心等研发基地布局。

**2. 设计产业**

大力发展工业设计。围绕新能源汽车、大型客机及支线飞机、高端船舶和海洋工程装备等机械及装备领域，加强产品和关键零部件外观、结构、功能等设计。鼓励大型企业集团建立工业设计中心，加快虚拟仿真、数字模型、协同设计等先进工业设计技术的应用。

加快发展时尚设计。围绕提升城市形象和生活品质，大力发展服装服饰、日化用品、珠宝首饰、居家用品、时尚数码消费品等的时尚设计。吸引和培育国内外知名设计师，支持企业加大原创设计力度，创建自主品牌，提升产品附加值，增强龙头企业核心竞争力。

提升发展建筑设计。围绕城市规划设计、建筑设计、室内装饰设计、工程勘察设计等领域，大力发展规划咨询、概念设计等产业链价值高端环节业务，开拓国际国内高端建筑设计市场，打造具有国际知名度的建筑设计行业领军企业和领军人才。

着力发展多媒体设计。加强多媒体视频、音频、图像、声音的处理、存储、传输和应用技术的开发。加强基于移动通信平台的动漫产品的设计，鼓励单机版和基于3G网络的移动终端游戏设计。支持三维动画技术的设计运用，提升平面设计和影视后期制作水平。

**3. 电子商务**

促进电子商务应用拓展。积极推动电子商务在金融、航运、商贸、文化创意等重点领域和供应链管理中的应用。建立和完善电子商务市场体系，促进大宗商品市场和专业市场的电子商务应用。鼓励中小企业应用第三方电子商务平台。

创新电子商务发展模式。积极创建国家电子商务示范城市，鼓励电子商务技术、模式和管理创新。重点推进云计算、物联网、移动通信、射频技术、地理信息系统和商品服务追溯系统等技术在电子商务领域的广泛应用。

推进电子商务平台建设。建设一批有影响力的电子商务交易平台、专业服务平台和公共服务平台。建设具有信息展示、电子交易、电子结算、贸易融资和通关物流等功能的电子商务贸易平台。建设中国上海国际贸易中心平台，实现贸易全环节信息服务功能。

完善电子商务支撑体系。完善电子商务支付和物流服务，健全区域物流分拨网络，合理布局公共配送中心，完善城市末端配送网点。健全电子商务信用和安全服务，推行电子商务交易实名登记制度，完善数字认证、数字签名、密钥管理等安全服务功能。

### （三）着力发展社会服务业

坚持“以人为本”，在提高基本公共服务保障能力和均等化水平的基础上，用市场力量促进与民生密切相关的非基本公共服务发展壮大，大力发展教育与培训、医疗保健、体育和家庭服务等服务业，满足群众多样化的社会服务需求。

### （四）优化服务业空间布局

进一步加强服务业规划布局，聚焦重点行业，促进产业集聚发展，积极打造体现上海城市功能和形象的标志性区域，加快形成全市服务业协调发展格局。

**1. 提升中心城区服务业发展能级**

依托中心城区服务业集聚发展基础，以现代商务楼宇为主要载体，推进以陆家嘴—外滩为核心，涵盖北外滩、南外滩在内的中央商务区发展，发挥南京路、淮海路、环人民广场等高端商务商业功能，重点打造东西轴线、黄浦江和中环现代服务业集聚带，构建点面结合、纵横交汇的“田字型”中心城区服务业布局。

**2. 构建郊区服务业发展新格局**

推动郊区服务业规模化、特色化发展，逐步提升郊区服务业总体发展水平。依托新城和若干有条件的小城镇，加快推进产城融合，建设一批各具特色的现代服务业集聚区；依托产业基地、功能性基础设施等，推动部分有条件的开发区和规划产业区块以外的现状工业用地，转型发展建设一批各具特色、以生产性服务业为主的功能区；依托现代农业园区和农场，发展农业休闲旅游、农业科技服务等农业服务业。

**3. 建设服务业发展标志性新区域**

加快各类大型功能性项目建设，提升现代服务业集聚区、文化创意产业园区和生产性服务业功能区等各类服务业集聚区能级，着力新建上海服务业发展的标志性区域，推进服务业组团式发展，使之成为集功能和形象于一体的现代服务业亮点和城市地标。

## 江苏省

### （一）加快重点产业发展，提升服务业整体实力

重点推动金融、现代物流、软件和信息服务、商贸流通等重点产业提速发展，加快实现全省服务业规模化，提升服务业发展的整体实力。

**1. 金融业**

深入推进金融业改革开放，做大做强地方法人金融机构，构建“省、市、县、乡镇”四级金融组织体系；鼓励和引导境内外银行、证券和保险企业在江苏省设立总部或分支机构；培育发展城市商业银行、农村合作金融机构以及各类非银行金融机构；支持各类金融机构在江苏省设立数据呼叫中心、数据灾备中心等。积极构建现代金融市场体系，规范发展产权交易、大宗商品中远期电子交易市场；完善拟上市企业备案管理制度，支持企业通过上市、发行债券扩大直接融资规模；鼓励发展股权投资基金、产业基金；推动优质企业发行直接债务融资工具；支持中小企业发行集合票据、集合债券。着力增强金融服务实体经济的能力，引导金融机构加大有效信贷投放，重点增加新兴产业、中小企业金融服务，加快推进金融与科技的结合。建立完善农村金融服务体系，加快发展村镇银行、农村小额贷款公司，支

持有条件的地区规范发展农民资金互助组织，完善农业担保、再担保体系，扩大政策性农业保险覆盖面。持续优化金融生态环境，探索地方政府金融管理体制改革，深入开展金融生态县创建工作；加强地方政府融资平台、民间借贷等重点领域金融监管，打击非法集资，建立金融风险预警与防范机制，维护金融安全稳定运行。加快建设南京区域性金融中心、苏锡常功能性金融中心和连云港金融创新区。

### 2. 现代物流业

抓住机场、高铁、深水航道建设等重点工程实施的机遇，加快建设南京、徐州、连云港三大国家级区域性物流枢纽城市和苏锡常、南通两大省级区域性物流枢纽城市(群)。依托资源禀赋，在发展沿沪宁线、沿江、沿海、沿东陇海线、沿运河五大物流带的基础上，重点布局宁镇扬、苏锡常、通泰盐连、徐宿淮等四大物流空间区域。加快物流信息化步伐，加强物流新技术开发利用，推进电子口岸和大通关建设，提升货运组织和信息化水平。推进省级重点物流基地(园区)建设，做大做强一批省级重点物流企业，大力发展综合物流中心、专业物流中心和配送中心，积极发展第三方、第四方物流，加快发展现代运输业，推进综合保税区等海关特殊监管区的功能拓展，努力形成接轨国际、服务全国、辐射周边的现代物流产业高地。

### 3. 软件和信息服务业

巩固发展软件服务、行业应用软件、嵌入式软件、系统集成等优势产品，加快高水平的“宽带、融合、安全、泛在、智能”的信息通信基础设施建设，大力发展基于互联网的信息和数字内容服务，推动互联网接入服务、互联网内容服务、网络应用服务等增值业务发展，培育发展移动网游、移动商务、移动支付和位置服务等新型移动互联网信息服务，突出发展行业应用软件、嵌入式软件、软件技术服务、集成电路设计和系统集成等优势产业。打造一批具有国际影响力的江苏现代软件业品牌，培育壮大一批具有较强竞争力和自主创新能力的龙头企业，建成一批国内一流软件园区，重点推进南京软件名城建设，努力打造软件和信息服务强省。

### 4. 商贸流通业

大力拓展新型流通业态，建设一批面向全国乃至国际的具有物流集散、批发交易、信息发布、电子商务等综合功能的现货与电子交易相结合、有形与无形相结合的现代产品交易市场。加快现代商贸流通体系建设，大力发展购物中心、超市、便利店和社区商业，完善多层次流通网络，构筑便利实惠的居民商贸服务体系。推进中心商务区、特色商业街、社区商贸中心建设，优化大型交易市场布局，集中力量在商品生产地或集散地扶持发展一批面向全国的大型专业批发市场，创建国家级综合性流通中心。根据全省区域市场需求特点，促进南京商圈高端化、品牌化发展，推进苏锡常商业带现代化、特色化发展，推动徐州商圈健全服务功能、提升发展水平。加大农村市场开拓力度，建设农村消费品、农业生产资料和农产品流通网络，促进城市商业向农村延伸，全面推进农村市场体系建设。

## (二) 大力拓展新领域，抢抓服务业发展先机

顺应信息化发展的新趋势，适应消费结构升级新需求，结合国际服务业空间转移的大环境，集中优势资源，重点突破电子商务、云计算服务、物联网服务、数字文化、工业设计、环境服务 6 个现代服务业新兴产业。

### 1. 电子商务

依托雄厚的制造业基础，着力构建行业领先的 B2B、B2C 等第三方专业化电子商务平台及开放式移动电子商务平台，积极发展基于网络的消费者网上购物、商户网上交易、电子在线支付和各种商务交易活动的综合网络信息服务平台，支持有条件的省内电子商务企业做强做大。发挥中国制造网等

一批有潜力、有优势的电子商务网络作用，搭建工业产品的展示和交易平台，争取上升为国家级平台。发挥苏宁、东方丝绸市场等大型流通企业和市场自身营销网络优势，推动业务模式转型，尽快发展成为在国内外市场具有较强影响力和竞争力的大型电子商务企业。加快电子商务产业园等特色载体建设。加强信用服务、安全认证、标准规范、在线支付、现代物流等支撑体系建设，将电子商务的产业规模和发展水平迅速提升到全国领先地位。

**2. 云计算服务**

规划实施“江苏腾云计划”，加快发展云产业。整合资源、顶层设计、整体布局，突破核心技术，集聚应用需求，营造培育国产云产业的生态环境。重点突破海量信息处理、存储服务、数据挖掘、建模融合等一批云计算关键核心技术，打造包括芯片、硬件、终端、网络、云中心建设运营、云应用在内的完整产业链。重点支持无锡国家云计算服务创新发展试点，支持国家三大通信公司在江苏建设全国或区域性数据中心。加快建设云计算重点实验室、工程技术平台、公共服务体系和云计算中心，以服务需求引导云应用下游产业健康发展，鼓励在政府公共服务、城市管理、电信等领域开展示范应用，迅速拓展云服务市场，打造全国领先的云计算、云存储、云安全、云应用服务中心。

**3. 物联网服务**

以无锡等国家物联网产业基地为依托，着力突破物联网关键技术，支持物联网信息采集、传输、存储、处理等相关软件技术和产品研发，拓展物联网运营服务和增值服务，加快培育物联网信息服务新模式。建立行业和应用标准，大力推进公共交通、环境监测、医疗卫生等领域的物联网应用服务，重点实施智能农业、智能交通物流、智能节能环保、智能家居安防、智能医护、智能矿山等物联网应用示范工程，加快无锡国家传感网创新示范区、南京物联网软件产业基地和苏州物联网产品制造基地等重点产业基地建设，培育形成一批物联网软件、系统集成和运营服务重点企业，将江苏省建成物联网应用示范先行区。

**4. 数字文化**

推进文化创意和数字技术的融合，加快发展数字动漫、数字影视、数字出版等数字文化产业。突出发展互联网信息服务、无线网络服务和动漫、网络游戏，努力打造环球动漫嬉戏谷、江苏游戏基地等一批国内领先的数字娱乐和动漫游戏产业中心；提高省广电集团、省有线网络集团数字影视制作能力和服务水平，加快江苏（国家）未来影视文化创意产业园、无锡（国家）数字电影产业园建设，形成一批融入全球电影产业链的数字影视产业基地；推动凤凰出版传媒集团、新华日报报业集团等一批数字文化产业骨干企业发展，积极推进国家级数字出版基地建设，构建以南京为中心，苏锡常、扬州为两翼的数字出版产业群。

**5. 工业设计**

坚持设计创新和技术创新相结合，大力发展装备制造、交通工具、电子信息、服装服饰、日用消费品、医疗器械等工业产品设计，重点提升 IC 设计、外观设计、功能结构设计、自动控制系统设计、包装设计、汽车设计、创意设计等环节设计水平。南京、无锡重点发展汽车、集成电路和电子设计产业集群，徐州、盐城、常州发展工程机械、轨道交通设计产业集群，南通、扬州、泰州发展船舶、港口机械设计产业集群，苏州、镇江发展消费电子、医疗器械设计产业集群，做大做强无锡（国家）工业设计园、太仓 LOFT 工业设计园和武进工业设计园等重点园区，加快形成具有江苏特点的工业设计创新体系和全国一流的工业设计中心。

**6. 环境服务**

按照发展循环经济和低碳技术的要求，着力发展清洁生产审核、环境规划咨询等环境咨询服务，重点发展环境工程设计、总承包服务、污染治理设施运营服务等环境技术服务，鼓励发展提供环境咨询、工程、投资、装备集成等系统解决方案的综合环境服务。加快推进合同能源管理服务，积极探索合同环境服务等新型模式。依托南京、无锡、苏州、盐城、宜兴5个节能环保产业集聚区和常州环保产业园，打造各具特色的节能环保服务基地，建成国际环保技术合作与学术交流、环保创业服务、节能技术服务等一批具有国际水平的节能环保服务平台。鼓励有条件的地区建设节能环保产业集聚区和产业联盟，建立具有国际竞争力的环境服务体系。

### （三）强化民生导向，推进服务业统筹发展

按照全省推进"两个率先"和保障民生优先的总体要求，以满足城乡居民日益增长的多层次公共服务需求为基础，重点发展教育培训、医疗（保健）、家庭服务业和农村服务业等服务领域，推进服务业统筹发展。

## 浙江省

现代商贸。加快推进流通现代化，构筑通畅高效的现代生产性商贸服务体系、便利实惠的居民商贸服务体系、便利通畅的农村商贸服务体系，提升商贸流通业竞争力，建立健全监测预警和行业监管机制。

金融服务。加强金融体制、组织、产品和服务创新，拓宽多元化融资渠道，完善多层次金融市场，构建银行信托、证券期货、保险和其他金融业并举的"大金融"服务体系，维护金融稳定和安全，建成金融改革先行区、金融发展繁荣区、金融生态优质区和金融运行安全区。

现代物流。以港口物流、专业市场和产业集群物流、城乡配送、快递服务为发展重点，大力发展第三方物流，拓展物流增值服务，推广供应链管理，调整优化物流业空间布局，培育壮大市场主体，构建现代物流产业体系。

信息服务。完善信息基础设施，加强现代信息技术研发与推广应用，加强信息资源开发利用，推进"三网"融合，发展电子商务和电子政务，建设软件和信息服务业强省。

科技服务。以研究与开发服务、工业设计服务、技术中介及推广服务、专业技术服务为重点发展领域，加快科技服务业集聚区建设，提升发展重大科技创新平台，培育壮大一批科技服务业主体。

商务服务。规范提升会计、审计、税务、资产评估、检验检测等行业，扶持发展法律咨询、工程咨询、管理咨询、信用评估、认证认可、品牌营销、广告会展等行业，制定和完善行业标准，培育知名品牌和规模企业。

旅游。拓宽旅游发展空间，丰富旅游产品供给，优化旅游空间布局，完善旅游公共服务，扩大旅游消费市场，提升旅游产业素质，把旅游业培育成为浙江省国民经济的战略性支柱产业，率先建成旅游经济强省。

文化服务。推进文化体制改革，发展文化创意产业和新兴业态，加强原创作品研发，开拓文化市场，培育一批文化服务业集聚区、跨国文化企业和知名文化品牌，促进文化繁荣，建设文化大省。

# 六 长三角地区装备制造业

装备制造业是为国民经济各部门简单再生产和扩大再生产提供技术装备的各制造工业的总称，它的发展水平反映出一个国家或地区在科学技术、工艺设计、材料、加工制造等方面的综合配套能力。包括七大类，即：金属制品业，通用设备制造业，专用设备制造业，交通运输设备制造业，电气机械及器材制造业，通信设备、计算机及其他电子设备制造业，仪器仪表及文化、办公用机械制造业。

## 一、长三角地区装备制造业基本情况

### （一）规模以上企业情况

2012 年，长三角共有 38292 家规模以上装备制造业企业；吸纳从业人员 1026.45 万人；拥有总资产 75592.49 亿元；实现工业总产值 93246.15 亿元；主营业务收入 93101.95 亿元；主营业务成本 81563.50 亿元；利润总额 5945.83 亿元；利税总额 7587.39 亿元。

表 30 2012 年长三角地区装备制造业规模以上企业指标

| 指标 | 单位数（个） | 从业人员（万人） | 工业总产值 | 资产总计 | 主营业务收入 | 主营业务成本 | 利润总额 | 税金总额 |
|---|---|---|---|---|---|---|---|---|
| 金属制品业 | 6009 | 104.72 | 8064.92 | 6056.15 | 7907.28 | 6907.57 | 477.03 | 680.12 |
| 通用设备制造业 | 8590 | 159.20 | 12839.17 | 12623.71 | 12673.32 | 10814.88 | 883.57 | 1174.96 |
| 专用设备制造业 | 4699 | 88.86 | 6944.37 | 6802.07 | 6800.81 | 5741.15 | 502.25 | 668.74 |
| 汽车制造业 | 3264 | 92.22 | 11765.86 | 10124.38 | 12711.68 | 10901.98 | 1310.15 | 1164.68 |
| 铁路、船舶、航空航天和其他运输设备制造业 | 1693 | 62.72 | 5716.98 | 6186.33 | 5310.12 | 4683.23 | 318.81 | 506.31 |
| 电气机械和器材制造业 | 8218 | 205.08 | 20132.06 | 16195.67 | 20000.78 | 17323.83 | 1185.76 | 1733.37 |
| 计算机、通信和其他电子设备制造业 | 4156 | 271.24 | 24184.88 | 14581.72 | 24161.78 | 22262.48 | 974.84 | 1252.43 |
| 仪器仪表制造业 | 1663 | 42.41 | 3597.91 | 3022.46 | 3536.18 | 2928.38 | 293.42 | 406.78 |
| 装备制造业合计 | 38292 | 1026.45 | 93246.15 | 75592.49 | 93101.95 | 81563.50 | 5945.83 | 7587.39 |

数据来源：2013 年上海市、江苏省、浙江省统计年鉴

### （二）大中型企业情况

2012 年，长三角地区共有 6700 家大中型装备制造业企业；吸纳从业人员 666.05 万人；拥有总资产 52802.71 亿元；实现主营业务收入 65016.44 亿元；主营业务成本 57258.57 亿元；利润总额 4317.28 亿元；利税总额 5162.63 亿元。

表 31 2012 年长三角地区装备制造业大中型企业指标

| 指　标 | 单位数 | 从业人员 | 资产总计 | 主营业务收入 | 主营业务成本 | 利润总额 | 税金总额 |
|---|---|---|---|---|---|---|---|

（续表）

| | | | | | | | |
|---|---|---|---|---|---|---|---|
| 金属制品业 | 633 | 47.66 | 2851.64 | 3413.29 | 2952.23 | 234.03 | 318.96 |
| 通用设备制造业 | 1068 | 76.38 | 7722.35 | 7026.32 | 5957.29 | 543.18 | 681.61 |
| 专用设备制造业 | 664 | 44.02 | 3916.16 | 3622.75 | 3053.44 | 299.42 | 372.76 |
| 汽车制造业 | 690 | 60.51 | 8126.52 | 10097.3 | 8720.34 | 1099.96 | 855.05 |
| 铁路、船舶、航空航天和其他运输设备制造业 | 350 | 46.42 | 5099.55 | 4150.38 | 3672.88 | 259.06 | 408.77 |
| 电气机械和器材制造业 | 1492 | 129.57 | 10734.1 | 12917 | 11074.5 | 844.23 | 1202.78 |
| 计算机、通信和其他电子设备制造业 | 1452 | 234.89 | 12373.1 | 21571.3 | 20011.3 | 839.38 | 1050.74 |
| 仪器仪表制造业 | 351 | 26.6 | 1979.25 | 2218.07 | 1816.61 | 198.02 | 271.96 |
| 装备制造业（合计） | 6700 | 666.05 | 52802.71 | 65016.44 | 57258.57 | 4317.28 | 5162.63 |

数据来源：2013年上海市、江苏省、浙江省统计年鉴

## 二、上海市装备制造业基本情况

### （一）规模以上企业情况

2012年，上海市规模以上装备制造业企业共有4992家，吸纳从业人员157.44万人，拥有总资产16622.77亿元，实现工业总产值17749.17亿元，主营业务收入19057.87亿元，成本费用总额17962.75亿元，利润总额1290.62亿元，税金总额535.34亿元。分行业来看：

#### 1. 金属制品业

共有规模以上企业780家，从业人员16.37万人，拥有总资产899.18亿元，实现工业总产值968.42亿元，主营业务收入995.72亿元，成本费用总额940.67亿元，利润总额66.14亿元，税金总额26.28亿元。

#### 2. 通用设备制造业

共有规模以上企业1228家，从业人员24.05万人，拥有总资产2948.36亿元，实现工业总产值2455.61亿元，主营业务收入2511.62亿元，成本费用总额2369.37亿元，利润总额158.96亿元，税金总额85.76亿元。

#### 3. 专用设备制造业

共有规模以上企业643家，从业人员12.75万人，拥有总资产1469.45亿元，实现工业总产值1099.96亿元，主营业务收入1105.05亿元，成本费用总额1041.68亿元，利润总额73.03亿元，税金总额29.72亿元。

#### 4. 汽车制造业

共有规模以上企业552家，从业人员22.78万人，拥有总资产4419.99亿元，实现工业总产值4296.82亿元，主营业务收入5360.56亿元，成本费用总额4745.05亿元，利润总额769.18亿元，税金总额303.47亿元。

### 5. 铁路、船舶、航空航天和其他运输设备制造业

共有规模以上企业156家，从业人员6.91万人，拥有总资产1233.82亿元，实现工业总产值761.51亿元，主营业务收入738.34亿元，成本费用总额714.74亿元，利润总额-7.95亿元，税金总额10.84亿元。

### 6. 电气机械和器材制造业

共有规模以上企业933家，从业人员23.52万人，拥有总资产1961.36亿元，实现工业总产值2122.80亿元，主营业务收入2184.17亿元，成本费用总额2092.64亿元，利润总额103.74亿元，税金总额47.35亿元。

### 7. 计算机、通信和其他电子设备制造业

共有规模以上企业500家，从业人员46.77万人，拥有总资产3389.09亿元，实现工业总产值5745.38亿元，主营业务收入5842.41亿元，成本费用总额5764.88亿元，利润总额97.96亿元，税金总额23.39亿元。

### 8. 仪器仪表制造业

共有规模以上企业200家，从业人员4.29万人，拥有总资产301.52亿元，实现工业总产值298.67亿元，主营业务收入320.00亿元，成本费用总额293.72亿元，利润总额29.56亿元，税金总额8.53亿元。

**表32 2012年上海市装备制造业规模以上企业主要指标**

亿元

| 指标 | 单位数（个） | 从业人员（万人） | 工业总产值 | 资产总计 | 主营业务收入 | 利润总额 | 税金总额 | 成本费用总额 |
|---|---|---|---|---|---|---|---|---|
| 金属制品业 | 780 | 16.37 | 968.42 | 899.18 | 995.72 | 66.14 | 26.28 | 940.67 |
| 通用设备制造业 | 1228 | 24.05 | 2455.61 | 2948.36 | 2511.62 | 158.96 | 85.76 | 2369.37 |
| 专用设备制造业 | 643 | 12.75 | 1099.96 | 1469.45 | 1105.05 | 73.03 | 29.72 | 1041.68 |
| 汽车制造业 | 552 | 22.78 | 4296.82 | 4419.99 | 5360.56 | 769.18 | 303.47 | 4745.05 |
| 铁路、船舶、航空航天和其他运输设备制造业 | 156 | 6.91 | 761.51 | 1233.82 | 738.34 | -7.95 | 10.84 | 714.74 |
| 电气机械和器材制造业 | 933 | 23.52 | 2122.80 | 1961.36 | 2184.17 | 103.74 | 47.35 | 2092.64 |
| 计算机、通信和其他电子设备制造业 | 500 | 46.77 | 5745.38 | 3389.09 | 5842.41 | 97.96 | 23.39 | 5764.88 |
| 仪器仪表制造业 | 200 | 4.29 | 298.67 | 301.52 | 320.00 | 29.56 | 8.53 | 293.72 |
| 装备制造业（合计） | 4992 | 157.44 | 17749.17 | 16622.77 | 19057.87 | 1290.62 | 535.34 | 17962.75 |

数据来源：《上海市统计年鉴》（2013）

## （二）大中型企业情况

2012年，上海市共有大中型装备制造业企业1021家，从业人员112.58万人，拥有总资产13056.07亿元，实现工业总产值14423.04亿元，主营业务收入15637.27亿元，成本费用总额14698.03亿元，利润总额1103.00亿元，税金总额440.79亿元。

表 33　2012 年上海市装备制造业大中型企业主要指标　　亿元

| 指标 | 单位数（个） | 从业人员（万人） | 工业总产值 | 资产总计 | 主营业务收入 | 利润总额 | 税金总额 | 成本费用总额 |
|---|---|---|---|---|---|---|---|---|
| 金属制品业 | 103 | 8.71 | 445.92 | 425.27 | 458.89 | 38.92 | 11.78 | 426.89 |
| 通用设备制造业 | 157 | 12.61 | 1612.20 | 2017.06 | 1652.45 | 108.92 | 60.32 | 1551.99 |
| 专用设备制造业 | 114 | 7.10 | 692.39 | 958.10 | 688.27 | 46.48 | 16.94 | 644.50 |
| 汽车制造业 | 174 | 17.59 | 3856.80 | 4034.32 | 4894.80 | 742.17 | 291.29 | 4302.09 |
| 铁路、船舶、航空航天和其他运输设备制造业 | 35 | 5.49 | 663.91 | 1125.54 | 641.72 | −13.13 | 7.58 | 621.92 |
| 电气机械和器材制造业 | 197 | 15.54 | 1472.44 | 1222.06 | 1517.14 | 79.38 | 31.04 | 1447.87 |
| 计算机、通信和其他电子设备制造业 | 210 | 43.15 | 5502.73 | 3103.71 | 5593.90 | 82.66 | 17.78 | 5527.91 |
| 仪器仪表制造业 | 31 | 2.39 | 176.65 | 170.01 | 190.10 | 17.60 | 4.06 | 174.86 |
| 装备制造业（合计） | 1021 | 112.58 | 14423.04 | 13056.07 | 15637.27 | 1103.00 | 440.79 | 14698.03 |

数据来源：《上海市统计年鉴》(2013)

## （三）主要产品产量

2012 年，上海市装备制造业主要产品中，发电设备 2886.30 万千瓦，比上年微减 0.1%；内燃机 18078.59 万千瓦，比上年增长 10.6%；金属切削机床 29012 台，比上年增长 95.9%，其中数控机床 4066 台，比上年减少 42.3%；程控交换机 121.90 万线，比上年减少 25.7%；微型电子计算机 9804.83 万部，比上年减少 3.5%；移动通信基站设备 148.75 万信道，比上年减少 69.7%；集成电路 1602978.00 万块，比上年减少 3.6%；汽车 202.43 万辆，比上年增长 5.7%。

表 34　2008—2012 年上海市装备制造业主要产品产量

| 指标 | 发电设备（万千瓦） | 内燃机（万千瓦） | 金属切削机床（台） | #数控机床 | 程控交换机（万线） | 微型电子计算机（万部） | 移动通信基站设备（万信道） | 集成电路（万块） | 汽车（万辆） |
|---|---|---|---|---|---|---|---|---|---|
| 2008 年 | 2831.10 | 8295.67 | 16430 | 4785 | 465.14 | 5767.97 | 343.58 | 830487.00 | 80.65 |
| 2009 年 | 2440.70 | 10905.21 | 5641 | 1392 | 387.00 | 7320.15 | 198.76 | 722883.00 | 125.03 |
| 2010 年 | 2555.60 | 14330.35 | 13386 | 6136 | 247.03 | 9388.44 | 299.44 | 1134629.00 | 169.89 |
| 2011 年 | 2889.59 | 16348.87 | 14813 | 7041 | 164.00 | 10162.53 | 490.40 | 1663142.57 | 191.57 |
| 2012 年 | 2886.30 | 18078.59 | 29012 | 4066 | 121.90 | 9804.83 | 148.75 | 1602978.00 | 202.43 |

# 三、江苏省装备制造业基本情况

## （一）规模以上企业情况

2012年，江苏省共有19006家规模以上装备制造业企业，比2011年增长6.7%；吸纳从业人员573.33万人，同比增长4.3%；拥有总资产38638.48亿元，同比增长11.4%；实现工业总产值55556.15亿元，同比增长11.2%；主营业务收入54797.23亿元，同比增长11.0%；主营业务成本47364.41亿元，同比增长11.3%；利润总额3472.75亿元，同比增长3.6%；利税总额5301.13亿元，增长10.3%。分行业来看：

### 1. 金属制品业

共有规模以上企业3023家，比2011年增长5.1%；拥有总资产3031.64亿元，同比增长10.7%；实现工业总产值4753.78亿元，同比增长14.3%；主营业务收入4688.80亿元，同比增长15.1%；主营业务成本4053.08亿元，同比增长15.0%；利润总额293.59亿元，同比增长9.8%；利税总额472.48亿元，同比增长13.3%；全部从业人员50.50万人，同比增长2.4%。企业亏损面11.08%；产值利税率9.94%；销售利税率10.08%；资金利税率17.63%；资产负债率56.30%；流动资产周转次数2.50次/年；成本费用率6.72%；产品销售率98.47%；总资产贡献率17.22%。

### 2. 通用设备制造业

共有规模以上企业3887家，同比增长6.9%；拥有总资产5659.97亿元，同比增长24.4%；实现工业总产值6565.67亿元，同比增长15.1%；主营业务收入6463.48亿元，同比增长11.5%；主营业务成本5385.01亿元，同比增长14.9%；利润总额466.28亿元，同比增长2.5%；利税总额707.94亿元，同比增长9.4%；全部从业人员74.33万人，同比增长9.4%。企业亏损面11.81%；产值利税率10.78%；销售利税率10.95%；资金利税率14.26%；资产负债率54.80%；流动资产周转次数1.80次/年；成本费用率7.78%；产品销售率98.53%；总资产贡献率13.52%。

### 3. 专用设备制造业

共有规模以上企业2653家，同比增长9.1%；拥有总资产3784.08亿元，同比增长26.1%；实现工业总产值4447.23亿元，同比增长15.0%；主营业务收入4353.12亿元，同比增长14.8%；主营业务成本3608.11亿元，同比增长15.2%；利润总额330.10亿元，同比增长3.9%；利税总额495.61亿元，同比增长10.3%；全部从业人员53.58万人，同比增长10.2%。企业亏损面11.99%；产值利税率11.14%；销售利税率11.39%；资金利税率14.67%；资产负债率55.30%；流动资产周转次数1.80次/年；成本费用率8.22%；产品销售率98.22%；总资产贡献率14.23%。

### 4. 汽车制造业

共有规模以上企业1277家，同比增长9.3%；拥有总资产2929.15亿元，同比增长11.5%；实现工业总产值4570.51亿元，同比增长19.1%；主营业务收入4504.27亿元，同比增长16.7%；主营业务成本3701.31亿元，同比增长16.0%；利润总额372.85亿元，同比增长18.2%；利税总额610.23亿元，同比增长20.3%；全部从业人员36.56万人，同比增长8.7%。企业亏损面13.78%；产值利税率13.35%；销售利税率13.55%；资金利税率23.58%；资产负债率58.10%；流动资产周转次数2.60次/年；成本费用率9.26%；产品销售率98.74%；总资产贡献率21.63%。

### 5. 铁路、船舶、航空航天和其他运输设备制造业

共有规模以上企业937家，同比增长4.1%；拥有总资产3363.58亿元，同比下降7.4%；实现工业总产值3732.05亿元，同比下降0.7%；主营业务收入3547.12亿元，同比下降2.1%；主营业务成本3044.94亿元，同比下降0.5%；利润总额306.37亿元，同比下降22.6%；利税总额454.05亿元，同比

下降15.4%；全部从业人员41.95万人，同比下降0.8%。企业亏损面13.02%；产值利税率12.17%；销售利税率12.80%；资金利税率15.51%；资产负债率61.10%；流动资产周转次数1.80次/年；成本费用率9.41%；产品销售率98.85%；总资产贡献率14.22%。

### 6. 电气机械和器材制造业

共有规模以上企业3745家，同比增长5.2%；拥有总资产8961.80亿元，同比增长12.8%；实现工业总产值12716.06亿元，同比增长8.2%；主营业务收入12547.72亿元，同比增长8.4%；主营业务成本10744.77亿元，同比增长8.4%；利润总额810.03亿元，同比增长5.7%；利税总额1269.86亿元，同比增长11.8%；全部从业人员103.23万人，同比增长3.7%。企业亏损面13.03%；产值利税率9.99%；销售利税率10.12%；资金利税率16.22%；资产负债率57.00%；流动资产周转次数2.20次/年；成本费用率6.94%；产品销售率98.45%；总资产贡献率15.56%。

### 7. 计算机、通信和其他电子设备制造业

共有规模以上企业2594家，同比增长7.7%；拥有总资产8982.02亿元，同比增长5.4%；实现工业总产值16176.85亿元，同比增长9.9%；主营业务收入16141.30亿元，同比增长9.8%；主营业务成本14703.44亿元，同比增长10.2%；利润总额688.75亿元，同比增长7.4%；利税总额979.20亿元，同比增长16.9%；全部从业人员188.42万人，同比增长1.8%。企业亏损面23.21%；产值利税率6.05%；销售利税率6.07%；资金利税率11.76%；资产负债率53.90%；流动资产周转次数3.00次/年；成本费用率4.48%；产品销售率99.21%；总资产贡献率11.36%。

### 8. 仪器仪表制造业

共有规模以上企业890家，同比增长5.6%；拥有总资产1926.24亿元，同比增长15.5%；实现工业总产值2594.00亿元，同比增长20.0%；主营业务收入2551.42亿元，同比增长21.7%；主营业务成本2123.75亿元，同比增长23.4%；利润总额204.78亿元，同比增长6.7%；利税总额311.76亿元，同比增长12.8%；全部从业人员24.76万人，同比增长5.3%。企业亏损面8.88%；产值利税率12.02%；销售利税率12.22%；资金利税率18.37%；资产负债率49.90%；流动资产周转次数2.20次/年；成本费用率8.77%；产品销售率98.63%；总资产贡献率16.98%。

**表35　2011—2012年江苏省装备制造业规模以上企业主要指标**　　亿元

| 指标 | 年份 | 单位数（个） | 工业总产值 | 资产总计 | 主营业务收入 | 主营业务成本 | 利润总额 | 利税总额 | 从业人员数（万人） |
|---|---|---|---|---|---|---|---|---|---|
| 金属制品业 | 2011 | 2875 | 4159.99 | 2738.57 | 4073.14 | 3524.21 | 267.44 | 417.00 | 49.30 |
| | 2012 | 3023 | 4753.78 | 3031.64 | 4688.80 | 4053.08 | 293.59 | 472.48 | 50.50 |
| 通用设备制造业 | 2011 | 3635 | 5706.05 | 4548.63 | 5645.74 | 4686.78 | 454.72 | 647.23 | 67.96 |
| | 2012 | 3887 | 6565.67 | 5659.97 | 6463.48 | 5385.01 | 466.28 | 707.94 | 74.33 |
| 专用设备制造业 | 2011 | 2431 | 3867.51 | 3000.25 | 3791.34 | 3131.48 | 317.75 | 449.49 | 48.64 |
| | 2012 | 2653 | 4447.23 | 3784.08 | 4353.12 | 3608.11 | 330.10 | 495.61 | 53.58 |
| 汽车制造业 | 2011 | 1168 | 3836.99 | 2626.84 | 3858.98 | 3189.46 | 315.51 | 507.38 | 33.64 |
| | 2012 | 1277 | 4570.51 | 2929.15 | 4504.27 | 3701.31 | 372.85 | 610.23 | 36.56 |

（续表）

| | | | | | | | | | |
|---|---|---|---|---|---|---|---|---|---|
| 铁路、船舶、航空航天和其他运输设备制造业 | 2011 | 900 | 3757.59 | 3634.13 | 3623.60 | 3059.64 | 395.79 | 536.57 | 42.28 |
| | 2012 | 937 | 3732.05 | 3363.58 | 3547.12 | 3044.94 | 306.37 | 454.05 | 41.95 |
| 电气机械和器材制造业 | 2011 | 3559 | 11753.47 | 7944.95 | 11575.17 | 9913.79 | 766.21 | 1135.51 | 99.52 |
| | 2012 | 3745 | 12716.06 | 8961.80 | 12547.72 | 10744.77 | 810.03 | 1269.86 | 103.23 |
| 计算机、通信和其他电子设备制造业 | 2011 | 2409 | 14714.02 | 8518.99 | 14700.52 | 13339.28 | 641.39 | 837.74 | 185.03 |
| | 2012 | 2594 | 16176.85 | 8982.02 | 16141.30 | 14703.44 | 688.75 | 979.20 | 188.42 |
| 仪器仪表制造业 | 2011 | 843 | 2161.80 | 1666.89 | 2097.25 | 1721.62 | 191.88 | 276.49 | 23.52 |
| | 2012 | 890 | 2594.00 | 1926.24 | 2551.42 | 2123.75 | 204.78 | 311.76 | 24.76 |
| 装备制造业（合计） | 2011 | 17820 | 49957.42 | 34679.25 | 49365.74 | 42566.26 | 3350.69 | 4807.41 | 549.89 |
| | 2012 | 19006 | 55556.15 | 38638.48 | 54797.23 | 47364.41 | 3472.75 | 5301.13 | 573.33 |

注：数据按新行业标准统计

数据来源：《江苏省统计年鉴》（2012）、（2013）

**表 36　2011—2012 年江苏装备制造业规模以上企业经济效益指标**　%

| 指　标 | 年份 | 企业亏损面 | 产值利税率 | 销售利税率 | 资金利税率 | 资产负债率 | 流动资产周转次数（次/年） | 成本费用率 | 产品销售率 | 总资产贡献率 |
|---|---|---|---|---|---|---|---|---|---|---|
| 金属制品业 | 2011 | 8.52 | 10.02 | 10.24 | 17.00 | 58.46 | 2.35 | 7.06 | 98.28 | 16.66 |
| | 2012 | 11.08 | 9.94 | 10.08 | 17.63 | 56.3 | 2.5 | 6.72 | 98.47 | 17.22 |
| 通用设备制造业 | 2011 | 6.74 | 11.34 | 11.46 | 15.92 | 54.71 | 1.93 | 8.80 | 98.30 | 15.09 |
| | 2012 | 11.81 | 10.78 | 10.95 | 14.26 | 54.8 | 1.8 | 7.78 | 98.53 | 13.52 |
| 专用设备制造业 | 2011 | 8.14 | 11.62 | 11.86 | 16.50 | 54.78 | 1.90 | 9.19 | 98.42 | 15.91 |
| | 2012 | 11.99 | 11.14 | 11.39 | 14.67 | 55.3 | 1.8 | 8.22 | 98.22 | 14.23 |
| 汽车制造业 | 2011 | 10.53 | 13.22 | 13.15 | 21.61 | 59.96 | 2.43 | 9.06 | 99.69 | 20.06 |
| | 2012 | 13.78 | 13.35 | 13.55 | 23.58 | 58.1 | 2.6 | 9.26 | 98.74 | 21.63 |
| 铁路、船舶、航空航天和其他运输设备制造业 | 2011 | 7.89 | 14.28 | 14.81 | 16.90 | 62.79 | 1.57 | 12.13 | 98.89 | 15.44 |
| | 2012 | 13.02 | 12.17 | 12.8 | 15.51 | 61.1 | 1.8 | 9.41 | 98.85 | 14.22 |
| 电气机械和器材制造业 | 2011 | 9.86 | 9.66 | 9.81 | 16.20 | 56.93 | 2.20 | 7.14 | 98.05 | 15.46 |
| | 2012 | 13.03 | 9.99 | 10.12 | 16.22 | 57 | 2.2 | 6.94 | 98.45 | 15.56 |

（续表）

| | | | | | | | | | |
|---|---|---|---|---|---|---|---|---|---|
| 计算机、通信和其他电子设备制造业 | 2011 | 20.30 | 5.69 | 5.70 | 10.56 | 55.62 | 2.84 | 4.61 | 99.08 | 10.22 |
| | 2012 | 23.21 | 6.05 | 6.07 | 11.76 | 53.9 | 3 | 4.48 | 99.21 | 11.36 |
| 仪器仪表制造业 | 2011 | 6.41 | 12.79 | 13.18 | 18.78 | 51.26 | 1.99 | 10.14 | 97.87 | 17.35 |
| | 2012 | 8.88 | 12.02 | 12.22 | 18.37 | 49.9 | 2.2 | 8.77 | 98.63 | 16.98 |

注：数据按新行业标准统计

数据来源：《江苏省统计年鉴》(2012)、(2013)

## （二）大中型企业情况

2012年，江苏省共有3537家大中型装备制造业企业，比2011年增长3.1%；吸纳从业人员395.66万人，同比增长2.9%；拥有总资产27567.65亿元，同比增长8.2%；实现主营业务收入37753.37亿元，同比增长8.8%；主营业务成本32767.73亿元，同比增长9.4%；利润总额2427.76亿元，同比下降0.9%；利税总额3599.51亿元，同比增长6.0%。

**表37 2011—2012年江苏省装备制造业大中型企业主要指标** 亿元

| 指标 | 年份 | 单位数（个） | 资产总计 | 主营业务收入 | 主营业务成本 | 利润总额 | 利税总额 | 从业人员数（万人） |
|---|---|---|---|---|---|---|---|---|
| 金属制品业 | 2011 | 301 | 1365.63 | 1745.66 | 1491.91 | 131.70 | 201.47 | 22.65 |
| | 2012 | 296 | 1433.12 | 1981.03 | 1692.84 | 139.72 | 220.89 | 22.39 |
| 通用设备制造业 | 2011 | 443 | 2757.73 | 2979.08 | 2428.39 | 277.62 | 371.49 | 32.32 |
| | 2012 | 482 | 3587.51 | 3456.39 | 2839.72 | 275.31 | 395.71 | 36.68 |
| 专用设备制造业 | 2011 | 365 | 1728.85 | 2002.87 | 1635.80 | 193.78 | 255.16 | 25.25 |
| | 2012 | 399 | 2237.69 | 2300.87 | 1893.00 | 196.97 | 280.30 | 28.02 |
| 汽车制造业 | 2011 | 268 | 2001.51 | 2914.17 | 2384.28 | 249.05 | 405.99 | 22.50 |
| | 2012 | 288 | 2054.70 | 3025.91 | 2522.03 | 225.60 | 369.45 | 24.41 |
| 铁路、船舶、航空航天和其他运输设备制造业 | 2011 | 205 | 3168.75 | 2943.77 | 2469.91 | 356.19 | 472.29 | 33.38 |
| | 2012 | 213 | 2875.26 | 2816.19 | 2419.78 | 259.07 | 376.85 | 33.07 |
| 电气机械和器材制造业 | 2011 | 663 | 5760.44 | 7619.89 | 6438.92 | 551.70 | 793.51 | 66.98 |
| | 2012 | 669 | 6329.89 | 8208.19 | 6932.39 | 585.48 | 905.26 | 68.84 |
| 计算机、通信和其他电子设备制造业 | 2011 | 1004 | 7492.31 | 13178.31 | 12019.45 | 560.32 | 712.55 | 166.08 |
| | 2012 | 991 | 7730.65 | 14351.53 | 13140.97 | 605.65 | 840.84 | 165.86 |

（续表）

| | | | | | | | | |
|---|---|---|---|---|---|---|---|---|
| 仪器仪表制造业 | 2011 | 182 | 1201.11 | 1325.27 | 1076.83 | 128.85 | 182.89 | 15.47 |
| | 2012 | 199 | 1318.83 | 1613.26 | 1327.00 | 139.96 | 210.21 | 16.39 |
| 装备制造业（合计） | 2011 | 3431 | 25476.33 | 34709.02 | 29945.49 | 2449.21 | 3395.35 | 384.63 |
| | 2012 | 3537 | 27567.65 | 37753.37 | 32767.73 | 2427.76 | 3599.51 | 395.66 |

注：数据按新行业标准统计

数据来源：《江苏省统计年鉴》(2012)、(2013)

### 表 38　2011—2012 年江苏省装备制造业大中型企业经济效益指标

%

| 指　标 | 年份 | 企业亏损面 | 产值利税率 | 销售利税率 | 资金利税率 | 资产负债率 | 流动资产周转次数(次/年) | 成本费用率 | 产品销售率 | 总资产贡献率 |
|---|---|---|---|---|---|---|---|---|---|---|
| 金属制品业 | 2011 | 9.63 | 11.31 | 11.54 | 16.91 | 58.89 | 2.05 | 8.18 | 98.36 | 16.13 |
| | 2012 | 10.14 | 10.99 | 11.15 | 17.62 | 55.04 | 2.32 | 7.64 | 98.62 | 17.01 |
| 通用设备制造业 | 2011 | 6.32 | 12.49 | 12.47 | 15.30 | 55.40 | 1.65 | 10.29 | 98.66 | 14.21 |
| | 2012 | 10.58 | 11.30 | 11.45 | 12.76 | 56.27 | 1.52 | 8.64 | 98.63 | 11.93 |
| 专用设备制造业 | 2011 | 7.95 | 12.57 | 12.74 | 16.07 | 56.49 | 1.69 | 10.76 | 99.01 | 15.59 |
| | 2012 | 10.28 | 11.89 | 12.18 | 14.00 | 57.17 | 1.55 | 9.36 | 97.98 | 13.63 |
| 汽车制造业 | 2011 | 10.82 | 14.11 | 13.93 | 22.78 | 60.57 | 2.42 | 9.55 | 100.05 | 20.93 |
| | 2012 | 13.54 | 12.51 | 12.21 | 20.24 | 59.64 | 2.44 | 8.18 | 98.55 | 18.70 |
| 铁路、船舶、航空航天和其他运输设备制造业 | 2011 | 8.29 | 15.42 | 16.04 | 17.15 | 63.33 | 1.46 | 13.56 | 98.97 | 15.55 |
| | 2012 | 9.86 | 12.69 | 13.38 | 15.11 | 61.45 | 1.63 | 10.06 | 98.92 | 13.74 |
| 电气机械和器材制造业 | 2011 | 10.41 | 10.29 | 10.41 | 15.78 | 57.66 | 2.03 | 7.86 | 97.74 | 14.93 |
| | 2012 | 11.66 | 10.92 | 11.03 | 16.53 | 57.79 | 2.04 | 7.72 | 98.39 | 15.65 |
| 计算机、通信和其他电子设备制造业 | 2011 | 23.01 | 5.41 | 5.41 | 10.19 | 56.32 | 2.90 | 4.49 | 99.16 | 9.84 |
| | 2012 | 24.12 | 5.86 | 5.86 | 11.70 | 54.17 | 3.14 | 4.43 | 99.29 | 11.25 |
| 仪器仪表制造业 | 2011 | 4.40 | 13.40 | 13.80 | 17.50 | 51.65 | 1.76 | 10.85 | 97.76 | 15.97 |
| | 2012 | 6.03 | 12.80 | 13.03 | 17.76 | 49.00 | 1.96 | 9.56 | 98.57 | 16.71 |

注：数据按新行业标准统计

数据来源：《江苏省统计年鉴》(2012)、(2013)

## （三）主要产品产量

2012年，江苏省装备制造业主要产品中，金属切削机床8.57万台，比2011年增长13.5%，其中数控机床2.44万台，同比下降8.3%；大中型拖拉机8.66万台，同比下降7.1%；汽车88.70万辆，同比增长10.4%；数字程控交换机4.64万线，同比下降24.1%；微型电子计算机8862.07万台，同比下降10.6%，其中笔记本计算机7487.47万台，同比下降15.9%；集成电路292.59亿块，同比增长30.1%。

**表39　2008—2012年江苏省装备制造业主要产品产量**

| 指　标 | 金属切削机床（万台） | #数控机床 | 大中型拖拉机（万台） | 汽车（万辆） | 数字程控交换机（万线） | 微型电子计算机（万台） | #笔记本计算机 | 集成电路（亿块） |
|---|---|---|---|---|---|---|---|---|
| 2008年 | 8.51 | 1.26 | 5.26 | 33.03 | 13.47 | 6038.19 | 4479.35 | 145.15 |
| 2009年 | 9.14 | 2.36 | 9.36 | 50.62 | 4.71 | 8180.94 | 7018.43 | 165.23 |
| 2010年 | 7.70 | 2.30 | 7.95 | 72.87 | 5.00 | 9364.56 | 8426.09 | 223.21 |
| 2011年 | 7.55 | 2.66 | 9.32 | 80.38 | 6.11 | 9916.19 | 8907.33 | 224.83 |
| 2012年 | 8.57 | 2.44 | 8.66 | 88.70 | 4.64 | 8862.07 | 7487.47 | 292.59 |

注：表中数据的统计范围是规模以上工业企业

数据来源：历年江苏省统计年鉴

# 四、浙江省装备制造业基本情况

## （一）规模以上企业情况

2012年，浙江省共有规模以上装备制造业企业14294家，吸纳从业人员295.68万人，拥有总资产20331.24亿元，实现工业总产值19940.83亿元，主营业务收入19246.85亿元，主营业务成本16236.34亿元，利润总额1182.46亿元，利税总额1750.92亿元。分行业来看：

### 1. 金属制品业

共有规模以上企业2206家；吸纳从业人员37.85万人；拥有总资产2125.33亿元；实现工业总产值2342.72亿元；主营业务收入2222.76亿元；主营业务成本1913.82亿元；利润总额117.30亿元；利税总额181.36亿元。每百元固定资产原值实现利税28.75元；每百元主营业务收入实现利税8.16元；产品销售率96.52%；出口交货值占销售产值比重26.20%；新产品产值率21.86%。

### 2. 通用设备制造业

共有规模以上企业3475家；吸纳从业人员60.82万人；拥有总资产4015.38亿元；实现工业总产值3817.89亿元；主营业务收入3698.22亿元；主营业务成本3060.50亿元；利润总额258.33亿元；利税总额381.26亿元。每百元固定资产原值实现利税32.62元；每百元主营业务收入实现利税10.31元；产品销售率96.96%；出口交货值占销售产值比重24.05%；新产品产值率30.92%。

### 3. 专用设备制造业

共有规模以上企业1403家；吸纳从业人员22.53万人；拥有总资产1548.54亿元；实现工业总产值1397.18亿元；主营业务收入1342.64亿元；主营业务成本1091.36亿元；利润总额99.12亿元；利税总额143.41亿元。每百元固定资产原值实现利税29.90元；每百元主营业务收入实现利税10.68元；产品销售率96.54％；出口交货值占销售产值比重21.40％；新产品产值率35.08％。

### 4. 汽车制造业

共有规模以上企业1435家；吸纳从业人员32.88万人；拥有总资产2775.24亿元；实现工业总产值2898.53亿元；主营业务收入2846.85亿元；主营业务成本2455.62亿元；利润总额168.12亿元；利税总额250.98亿元。每百元固定资产原值实现利税32.75元；每百元主营业务收入实现利税8.82元；产品销售率97.77％；出口交货值占销售产值比重18.51％；新产品产值率35.00％。

### 5. 铁路、船舶、航空航天和其他运输设备制造业

共有规模以上企业600家；吸纳从业人员13.86万人；拥有总资产1588.93亿元；实现工业总产值1223.42亿元；主营业务收入1024.66亿元；主营业务成本923.55亿元；利润总额20.39亿元；利税总额41.42亿元。每百元固定资产原值实现利税7.83元；每百元主营业务收入实现利税4.04元；产品销售率96.05％；出口交货值占销售产值比重48.00％；新产品产值率23.40％。

### 6. 电气机械和器材制造业

共有规模以上企业3540家；吸纳从业人员78.33万人；拥有总资产5272.51亿元；实现工业总产值5293.20亿元；主营业务收入5268.89亿元；主营业务成本4486.42亿元；利润总额271.99亿元；利税总额416.16亿元。每百元固定资产原值实现利税31.63元；每百元主营业务收入实现利税7.90元；产品销售率97.38％；出口交货值占销售产值比重26.01％；新产品产值率33.89％。

### 7. 计算机、通信和其他电子设备制造业

共有规模以上企业1062家；吸纳从业人员36.05万人；拥有总资产2210.61亿元；实现工业总产值2262.65亿元；主营业务收入2178.07亿元；主营业务成本1794.16亿元；利润总额188.13亿元；利税总额249.84亿元。每百元固定资产原值实现利税36.08元；每百元主营业务收入实现利税11.47元；产品销售率94.74％；出口交货值占销售产值比重39.87％；新产品产值率38.36％。

### 8. 仪器仪表制造业

共有规模以上企业573家；吸纳从业人员13.36万人；拥有总资产794.70亿元；实现工业总产值705.24亿元；主营业务收入664.76亿元；主营业务成本510.91亿元；利润总额59.08亿元；利税总额86.49亿元。每百元固定资产原值实现利税39.68元；每百元主营业务收入实现利税13.01元；产品销售率96.27％；出口交货值占销售产值比重22.57％；新产品产值率43.10％。

**表40　2012年浙江省装备制造业规模以上企业主要指标**　　亿元

| 指　标 | 企业数（个） | 工业总产值 | 资产总计 | 主营业务收入 | 主营业务成本 | 利润总额 | 利税总额 | 从业人员数（万人） |
|---|---|---|---|---|---|---|---|---|
| 金属制品业 | 2206 | 2342.72 | 2125.33 | 2222.76 | 1913.82 | 117.30 | 181.36 | 37.85 |
| 通用设备制造业 | 3475 | 3817.89 | 4015.38 | 3698.22 | 3060.50 | 258.33 | 381.26 | 60.82 |

（续表）

| | | | | | | | | |
|---|---|---|---|---|---|---|---|---|
| 专用设备制造业 | 1403 | 1397.18 | 1548.54 | 1342.64 | 1091.36 | 99.12 | 143.41 | 22.53 |
| 汽车制造业 | 1435 | 2898.53 | 2775.24 | 2846.85 | 2455.62 | 168.12 | 250.98 | 32.88 |
| 铁路、船舶、航空航天和其他运输设备制造业 | 600 | 1223.42 | 1588.93 | 1024.66 | 923.55 | 20.39 | 41.42 | 13.86 |
| 电气机械和器材制造业 | 3540 | 5293.20 | 5272.51 | 5268.89 | 4486.42 | 271.99 | 416.16 | 78.33 |
| 计算机、通信和其他电子设备制造业 | 1062 | 2262.65 | 2210.61 | 2178.07 | 1794.16 | 188.13 | 249.84 | 36.05 |
| 仪器仪表制造业 | 573 | 705.24 | 794.70 | 664.76 | 510.91 | 59.08 | 86.49 | 13.36 |
| 装备制造业（合计） | 14294 | 19940.83 | 20331.24 | 19246.85 | 16236.34 | 1182.46 | 1750.92 | 295.68 |

数据来源：《浙江省统计年鉴》(2013)

**表41 2012年浙江省装备制造业规模以上企业经济效益指标**

| 指标 | 每百元固定资产原值实现利税（元） | 每百元主营业务收入实现利税（元） | 产品销售率（%） | 出口交货值占工业销售（%） | 新产品产值率（%） |
|---|---|---|---|---|---|
| 金属制品业 | 28.75 | 8.16 | 96.52 | 26.20 | 21.86 |
| 通用设备制造业 | 32.62 | 10.31 | 96.96 | 24.05 | 30.92 |
| 专用设备制造业 | 29.90 | 10.68 | 96.54 | 21.40 | 35.08 |
| 汽车制造业 | 32.75 | 8.82 | 97.77 | 18.51 | 35.00 |
| 铁路、船舶、航空航天和其他运输设备制造业 | 7.83 | 4.04 | 96.05 | 48.00 | 23.40 |
| 电气机械和器材制造业 | 31.63 | 7.90 | 97.38 | 26.01 | 33.89 |
| 计算机、通信和其他电子设备制造业 | 36.08 | 11.47 | 94.74 | 39.87 | 38.36 |
| 仪器仪表制造业 | 39.68 | 13.01 | 96.27 | 22.57 | 43.10 |

数据来源：《浙江省统计年鉴》(2013)

## （二）大中型企业情况

2012年，浙江省共有2142家大中型装备制造业企业；吸纳从业人员157.81万人；拥有总资产12178.99亿元；实现工业总产值11996.70亿元；主营业务收入11625.80亿元；主营业务成本9792.81亿元；利润总额786.52亿元；利税总额1122.33亿元。

**表 42 2012 年浙江省装备制造业大中型企业主要指标**

亿元

| 指 标 | 企业数（个） | 工业总产值 | 资产总计 | 主营业务收入 | 主营业务成本 | 利润总额 | 利税总额 | 从业人员数（万人） |
|---|---|---|---|---|---|---|---|---|
| 金属制品业 | 234 | 1051.46 | 993.25 | 973.37 | 832.50 | 55.39 | 86.29 | 16.56 |
| 通用设备制造业 | 429 | 1965.48 | 2117.78 | 1917.48 | 1565.58 | 158.95 | 225.58 | 27.09 |
| 专用设备制造业 | 151 | 652.91 | 720.37 | 633.61 | 515.94 | 55.97 | 75.52 | 8.90 |
| 汽车制造业 | 228 | 2193.51 | 2037.50 | 2176.62 | 1896.22 | 132.19 | 194.31 | 18.51 |
| 铁路、船舶、航空航天和其他运输设备制造业 | 102 | 846.60 | 1098.75 | 692.47 | 631.18 | 13.12 | 24.34 | 7.86 |
| 电气机械和器材制造业 | 626 | 3147.82 | 3182.15 | 3191.67 | 2694.24 | 179.37 | 266.48 | 45.19 |
| 计算机、通信和其他电子设备制造业 | 251 | 1696.48 | 1538.78 | 1625.87 | 1342.40 | 151.07 | 192.12 | 25.88 |
| 仪器仪表制造业 | 121 | 442.44 | 490.41 | 414.71 | 314.75 | 40.46 | 57.69 | 7.82 |
| 装备制造业（合计） | 2142 | 11996.70 | 12178.99 | 11625.80 | 9792.81 | 786.52 | 1122.33 | 157.81 |

数据来源：《浙江省统计年鉴》（2013）

**表 43 2012 年浙江省装备制造业大中型企业经济效益指标**

| 指标 | 每百元固定资产原值实现利税（元） | 每百元主营业务收入实现利税（元） | 产品销售率（%） | 出口交货值占工业销售（%） | 新产品产值率（%） |
|---|---|---|---|---|---|
| 金属制品业 | 32.20 | 8.87 | 95.95 | 28.41 | 32.36 |
| 通用设备制造业 | 39.06 | 11.76 | 97.41 | 24.93 | 40.82 |
| 专用设备制造业 | 34.91 | 11.92 | 96.56 | 24.69 | 44.31 |
| 汽车制造业 | 37.98 | 8.93 | 98.23 | 18.62 | 39.48 |
| 铁路、船舶、航空航天和其他运输设备制造业 | 6.35 | 3.51 | 95.41 | 60.60 | 26.52 |
| 电气机械和器材制造业 | 33.43 | 8.35 | 97.45 | 28.86 | 42.30 |
| 计算机、通信和其他电子设备制造业 | 37.48 | 11.82 | 94.09 | 45.31 | 42.19 |
| 仪器仪表制造业 | 42.18 | 13.91 | 96.19 | 25.15 | 49.11 |

数据来源：《浙江省统计年鉴》（2013）

## （三）主要产品产量

2012 年，浙江省装备制造业主要产品中，内燃机 2807.03 万千瓦，比 2011 年减少 11.8%；数控机床 45707 台，同比下降 32.0%；大中型拖拉机 33153 台，同比下降 32.4%；汽车 329819 辆，同比增长

7.7%；发电设备460.82万千瓦，同比下降4.7%；交流电动机4204.93万千瓦，同比增长16.1%；变压器8397.44万千伏安，同比下降4.8%；房间空气调节器509.49万台，同比增长8.5%。

**表44　2008—2012年浙江省装备制造业主要产品产量**

| 指　标 | 内燃机（万千瓦） | #数控机床 | 大中型拖拉机（万台） | 汽车（万辆） | 发电设备（万千瓦） | 交流电动机（万千瓦） | 变压器（万千伏安） | 房间空气调节器（万台） |
|---|---|---|---|---|---|---|---|---|
| 2008年 | 3397.12 | 29404 | 20352 | 245350 | 622.73 | 2761.89 | 6692.90 | 451.65 |
| 2009年 | 2294.39 | 36634 | 30654 | 281749 | 487.29 | 1503.23 | 7120.44 | 303.09 |
| 2010年 | 4456.57 | 65456 | 36935 | 319117 | 544.42 | 2097.86 | 8320.02 | 510.81 |
| 2011年 | 3182.40 | 67237 | 49073 | 306300 | 483.44 | 3620.48 | 8818.31 | 469.50 |
| 2012年 | 2807.03 | 45707 | 33153 | 329819 | 460.82 | 4204.93 | 8397.44 | 509.49 |

注：表中数据的统计范围是规模以上工业企业

数据来源：历年浙江省统计年鉴

# 七 长三角地区汽车产业

## 一、长三角地区汽车产业基本情况

汽车产业是国民经济的重要支柱产业，是一个技术密集、高度竞争、必须不断自主创新的产业。凭借优越的地理位置、良好的工业基础、强大的经济实力和灵活的民间资本，长三角已成为中国国内最大的汽车产业集群，集聚了全国最多的汽车整车、零部件和研发等服务企业。

### （一）总体情况

从总量上看，2007—2012年长三角汽车产量始终保持稳定的增长态势。2012年，长三角汽车产业延续了上年发展态势，汽车产量达到324.11万辆，比2011年增加21.19万辆，同比增长7.0%，创出6年来汽车产量的最高峰。

**表45 2007—2012年长三角汽车产量** 万辆

| 年份 | 2007年 | 2008年 | 2009年 | 2010年 | 2011年 | 2012年 |
|---|---|---|---|---|---|---|
| 汽车 | 129.84 | 138.22 | 203.82 | 274.67 | 302.92 | 324.11 |

从增长情况看，2012年长三角汽车产量比2011年增长7.0%，增速有所减缓，但远高于全国的平均增长速度。

**表46 2007—2012年长三角汽车产量增长率** %

| 年份 | 2007年 | 2008年 | 2009年 | 2010年 | 2011年 | 2012年 |
|---|---|---|---|---|---|---|
| 长三角 | 17.42 | 6.45 | 47.46 | 34.76 | 10.29 | 7.00 |
| 全　国 | 22.12 | 5.14 | 47.57 | 32.44 | 0.80 | 4.60 |

### （二）占比情况

2012年长三角汽车产量占全国的16.82%，比2011年提高了0.37个百分点，成为2007年以来占比最高的一年。

**表47 2007—2011年长三角汽车产量占全国比重**

| 年份 | 2007年 | 2008年 | 2009年 | 2010年 | 2011年 | 2012年 |
|---|---|---|---|---|---|---|
| 长三角产量(万辆) | 129.84 | 138.22 | 203.82 | 274.67 | 302.92 | 324.11 |
| 全国产量(万辆) | 888.89 | 934.55 | 1379.10 | 1826.47 | 1841.89 | 1927.18 |
| 比重(%) | 14.61 | 14.79 | 14.78 | 15.04 | 16.45 | 16.82 |

### （三）两省一市情况

2007—2012年期间上海市汽车产量始终占据了长三角汽车总产量的半壁江山以上，2012年上海

市汽车产量占长三角汽车总产量的比重为 62.5%，比 2011 年下降 0.9 个百分点。江苏省汽车产量在长三角中的比重位居第二，多年来发展平稳，除 2007 年比重下降到 20.75%，其余年份均在 26%左右上下波动，2012 年比重上升至 27.4%，比 2011 年上升 0.8 个百分点。浙江省汽车产量在长三角中比重最小，2012 年浙江省汽车产量占长三角汽车总产量的比重为 10.2%，比 2011 年上升 0.1 个百分点。

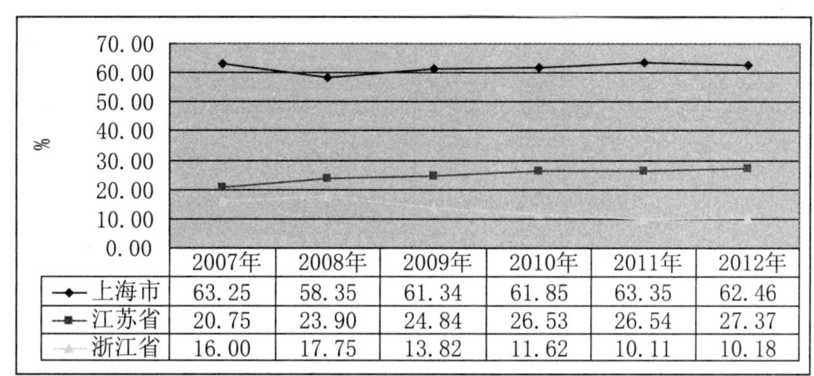


| | 2007年 | 2008年 | 2009年 | 2010年 | 2011年 | 2012年 |
|---|---|---|---|---|---|---|
| 上海市 | 63.25 | 58.35 | 61.34 | 61.85 | 63.35 | 62.46 |
| 江苏省 | 20.75 | 23.90 | 24.84 | 26.53 | 26.54 | 27.37 |
| 浙江省 | 16.00 | 17.75 | 13.82 | 11.62 | 10.11 | 10.18 |

**图 8　2007—2012 年两省一市汽车产量占长三角的比例**

# 二、上海市汽车产业基本情况

## （一）总体情况

### 1. 汽车生产与销售

2012 年，上海汽车行业继续保持较高增长幅度，产、销量分别为 202.43 万辆和 206.12 万辆（不含上汽外地产），同比分别上升 5.5%和 8.4%，其中乘用车销售 184.35 万辆，同比下降 2.8%，占整车总量的 89.4%；与全国市场销售增幅比较，上海市高于全国市场超过 4.1 个百分点。需要说明的是上海华普汽车由于整体搬迁，自 8 月份以后即全线停产，使得上海市汽车产、销量及增长幅度有所偏低。

**表 48　2007—2012 年上海市汽车产、销量**　万辆

| 指标 | | 2007 年 | 2008 年 | 2009 年 | 2010 年 | 2011 年 | 2012 年 |
|---|---|---|---|---|---|---|---|
| 产量 | 汽车 | 82.12 | 80.65 | 125.03 | 169.89 | 191.91 | 202.43 |
| | ＃轿车 | 81.15 | 80.00 | 122.46 | 159.77 | 174.20 | 180.68 |
| 销量 | 汽车 | 81.92 | 80.16 | 123.98 | 168.94 | 190.12 | 206.12 |
| | ＃轿车 | 81.04 | 80.09 | 121.36 | 158.75 | 172.59 | 184.35 |

数据来源：历年上海市统计年鉴

### 2. 行业经济总量及效益

汽车产业是上海市的六大重点发展工业行业之一，也是上海着力发展的优势产业。2012 年上海共有汽车制造业单位 552 个，比 2011 年减少 5.7%；从业人员 22.69 万人，同比增长 3.3%；完成工业生产总值 4296.82 亿元，同比增长 4.0%，占全市规模以上工业总产值的比重达 13.5%，同比增加 0.3

个百分点；实现销售产值4323.11亿元，同比增长5.7%；年末资产总计4419.99亿元，同比增长12.4%；主营业务收入5360.56亿元，同比增长5.4%；实现利润总额769.13亿元，同比下降3.3%；实现利税总额303.47亿元，同比下降0.9%。

表49　2007—2012年上海市汽车行业主要指标

| 指标 | 2007年 | 2008年 | 2009年 | 2010年 | 2011年 | 2012年 |
|---|---|---|---|---|---|---|
| 单位数(个) | 469 | 687 | 677 | 659 | 522 | 552 |
| 从业人员(万人) | 14.43 | 17.69 | 18.18 | 20.77 | 21.97 | 22.69 |
| 工业总产值(亿元) | 1807.52 | 1851.27 | 2566.79 | 3626.46 | 4129.58 | 4296.82 |
| 工业销售产值(亿元) | 1775.57 | 1856.31 | 2531.18 | 3604.18 | 4090.26 | 4323.11 |
| 年末资产总计(亿元) | 1816.64 | 1960.05 | 2514.50 | 3366.28 | 3933.24 | 4419.99 |
| 主营业务收入(亿元) | 2114.45 | 2249.74 | 3141.82 | 4603.17 | 5086.12 | 5360.56 |
| 利润总额(亿元) | 185.61 | 157.53 | 351.72 | 634.42 | 795.49 | 769.13 |
| 税金总额(亿元) | 130.47 | 103.96 | 197.24 | 259.66 | 306.09 | 303.47 |

数据来源：历年上海市统计年鉴

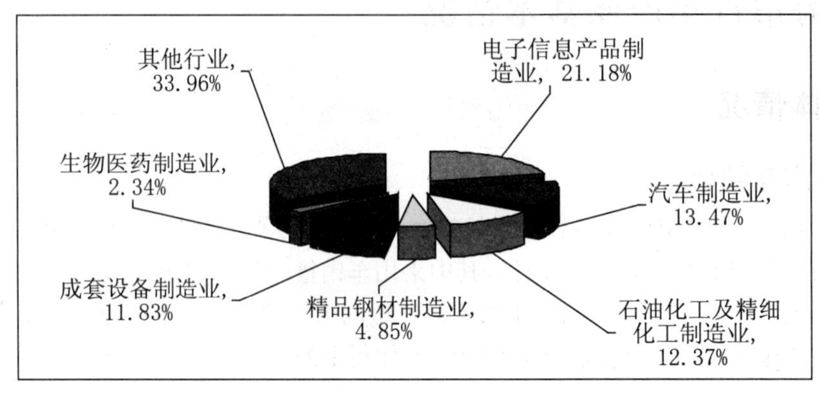


图9　2012年上海市六个重点发展工业行业占规模以上工业总产值的比重

## （二）汽车生产企业(集团)情况

2012年上汽集团整车销售449万辆，继续保持国内市场领先地位，同比增长12.0%，其中，乘用车298.3万辆，同比增长12.5%；商用车150.7万辆，同比增长10.8%。公司旗下合资整车企业继续发挥龙头作用，上海通用、上海大众整车年销量分别位居全国乘用车企业销量第一位和第三位，上汽通用五菱继续保持微车市场领先地位。根据中国汽车工业协会公布的数据，2012年上海通用、上海大众、上海汽车三大乘用车企业累计分别销售136.4万辆、128.0万辆、20.0万辆乘用车，同比累计分别增长15.0%、9.8%、23.5%，继续保持较快增长，其中自主品牌乘用车销售突破了20万辆。

## （三）上海市汽车行业经济运行情况

1. 2012年经济运行增速明显放缓，上海汽车行业协会纳入统计范围的138家企业，实现工业总产

值3520.11亿，同比上升1.9%；主营业务收入4843.24亿元，同比上升4.5%；与上半年比较，总产值增幅明显缩小。利润总额(截至11月)721.78亿元，同比上升17.7%，从业人员13.14万，同比上升1.8%。另外，中汽协公布了1—11月份全国17家重点企业经济效益情况分析，上海在一些指标的增幅上已无优势。

2. 尽管上海汽车行业经济运行主要指标稳定增长，但在协会统计两大板块中，上汽集团外的企业经济运行形势就不很乐观。据对上汽外62家企业的统计，2012年工业总产值192.33亿元、主营业务收入193.49亿元，同比分别下降了2.6%、4.4%，而盈利能力则大幅下降，利润总额9.4亿元，同比下降了38.0%，主要是应付薪酬上升(数据不完整)，经营成本提高，产值、主营收入下降、而从业人员2.71万人，却上升2.5%，三项费用占销售收入比重12.9%，同比增加了1.7个百分点，其中利息支出增加了48.4%等各种因素。

3. 具体分析上汽外62家企业。

——工业总产值，其中零部件157.26亿元，同比上升5.4%；改装车35.07亿元，同比下降27.1%。在62家企业中总产值同比下降有25家，占总数的40.3%，在下降的企业中，属于改装车的10家，占下降总数的40.0%，其中降幅大于30%的为8家，另有3家超过50%。

——利润总额下降的企业30家，占总数的48.4%，其中改装车企业11家，占下降企业数36.7%，占改装车企业数的73.3%；利润总额亏损的企业13家，占总数的21.0%，亏损总额3.03亿元，亏损额与上年同比上升23.9%；在亏损企业中改装车企业9家，占亏损企业数的69.2%，占列入统计范围的改装车企业60%。

——其他指标：

应收帐款43.81亿元，上升10.7%；存货41.07亿元，上升10.6%；产成品存货20.67亿元，上升14.5%；流动资产总计143.57亿元，上升4.7%；资产总计241.24亿元，上升9.8%；负债总计11.23亿元，下降2.2%；应交增值税4.61亿元，下降9.6%。

### (三)汽车产业发展的主要特点

上海市汽车产业的总体规模较大，处于国内同行业第一阵营的位置，已经形成了若干实力较强的优势企业，如全国三大汽车集团之一的上汽集团、中德合资企业上海大众、中美合资企业上海通用，其中上汽集团2004年就已成为我国第一家进入全球500强的汽车集团；产品结构以乘用车为主，以轿车为重点，商用车发展相对滞后；产业体系比较完整，整车、零部件、技术开发和服务贸易并举发展；特别是依托优越的区域条件，汽车服务贸易发展较快。上海汽车研发发展迅速，在国内也处于领先地位，但研发投入仍远远落后于世界知名汽车企业，研发投入的不足必定带来研发能力的不足。未来上海汽车产业需进一步加大研发投入，努力提升自身的研发能力，从而加强国内和国际竞争力。

## 三、江苏省汽车产业基本情况

### (一)总体情况

#### 1. 汽车生产、销售和库存

2012年，江苏省年初库存汽车3.24万辆，本年生产88.70万辆，本年销售87.96万辆，年末库存3.98万辆，比2011年分别增长42.1%、10.4%、10.7%和23.6%。

表 50 2007—2012 年江苏省规模以上工业企业汽车生产、销售、库存 万辆

| 指标 | 2007 年 | 2008 年 | 2009 年 | 2010 年 | 2011 年 | 2012 年 |
| --- | --- | --- | --- | --- | --- | --- |
| 年初库存 | 1.10 | 1.55 | 1.10 | 1.72 | 2.28 | 3.24 |
| 本年生产 | 26.94 | 33.03 | 50.62 | 72.87 | 80.38 | 88.70 |
| 本年销售 | 26.44 | 33.47 | 49.92 | 72.31 | 79.43 | 87.96 |
| 年末库存 | 1.59 | 1.11 | 1.80 | 2.28 | 3.22 | 3.98 |

数据来源：历年江苏省统计年鉴

### 2. 载货汽车生产、销售和库存

2012 年，江苏省年初库存载货汽车 0.48 万辆，本年生产 10.9 万辆，本年销售 10.60 万辆，年末库存 0.79 万辆，比 2011 年分别增长 41.2%、61.7%、60.6%和 64.6%。

表 51 2007—2012 年江苏省规模以上工业企业载货汽车生产、销售、库存 万辆

| 指标 | 2007 年 | 2008 年 | 2009 年 | 2010 年 | 2011 年 | 2012 年 |
| --- | --- | --- | --- | --- | --- | --- |
| 年初库存 | 0.22 | 0.30 | 0.31 | 0.48 | 0.34 | 0.48 |
| 本年生产 | 6.78 | 5.45 | 5.87 | 8.14 | 6.74 | 10.90 |
| 本年销售 | 6.77 | 5.45 | 5.70 | 8.16 | 6.60 | 10.60 |
| 年末库存 | 0.22 | 0.31 | 0.48 | 0.47 | 0.48 | 0.79 |

数据来源：历年江苏省统计年鉴

### 3. 轿车生产、销售和库存

2012 年，江苏省年初库存轿车 0.65 万辆，比 2011 年下降 30.9%；本年生产 45.54 万辆，本年销售 44.70 万辆，年末库存 1.48 万辆，比 2011 年分别增长 18.7%、15.7%和 127.7%。

表 52 2007—2012 年江苏省规模以上工业企业轿车生产、销售、库存 万辆

| 指标 | 2007 年 | 2008 年 | 2009 年 | 2010 年 | 2011 年 | 2012 年 |
| --- | --- | --- | --- | --- | --- | --- |
| 年初库存 | 0.34 | 0.82 | 0.31 | 0.52 | 0.94 | 0.65 |
| 本年生产 | 12.53 | 18.66 | 21.47 | 31.38 | 38.35 | 45.54 |
| 本年销售 | 12.05 | 19.01 | 21.27 | 30.96 | 38.64 | 44.70 |
| 年末库存 | 0.82 | 0.47 | 0.52 | 0.94 | 0.65 | 1.48 |

数据来源：历年江苏省统计年鉴

## （二）区域情况

江苏省南汽、苏州金龙、东风悦达起亚等骨干企业已经具备了一定的规模和较强的市场竞争力，江苏省汽车产业的集中度大幅提升。

南汽集团依托上汽集团综合优势，着力打造 MG 名爵自主品牌，加快实施具有自主知识产权的乘用车和小型发动机项目。

金龙联合汽车工业(苏州)有限公司现拥有总资产49亿元,员工6000余人,其中各类专业技术人员1100多人,具有年产35000台大中型客车等整车及底盘的能力,2012年海格客车销量25041台,销售额88.6亿元。海格客车荣获"中国名牌","国家出口免验产品"等称号,以131.62亿元的品牌价值跻身"中国500最具价值品牌"榜,成为中国客车行业发展最快的企业、国家汽车整车出口基地企业、中国企业信息化100强。

2011年,东风悦达起亚逆势崛起,以远超行业平均增长率的30.3%的同比增幅完成43.3万辆的年度目标,全系销量已接近突破盐城一、二工厂加起来43万辆总产能。2012年更是定下了48万辆的销售目标。对于处于车型投放密集期的东风悦达起亚来说,产能已经成为制约东风悦达起亚下一步发展的关键瓶颈,第三工厂的建设的确迫在眉睫。东风悦达起亚第三工厂将与第一、第二工厂一样落户盐城,并于2012年6月正式启动。按计划,新工厂的投资预算将高达8.14亿美元(含年产20万台发动机及技术中心),2014年正式投产后,最大产能预计将突破100万台。东风悦达起亚第三工厂还将投产新能源和合资自主车型。

### (三)汽车产业发展的主要特点

江苏省汽车产业发展的总体特点是:产品领域包括轿车、载货车、大中轻型客车、专用车、农用运输车及汽车零部件;有南京菲亚特、上汽仪征、扬州亚星,盐城东风悦达起亚、苏州金龙等数家独具各自优势的企业;在专用车制造方面具有较强的市场竞争力;轿车领域以经济车型为主,中高档轿车起步较晚。2012年,江苏省汽车产量实现了数量的飞跃,也实现了结构的提升,产品结构从以载货车为主转变为以乘用车为主,乘用车占比达88%。

## 四、浙江省汽车产业基本情况

### (一)总体情况

浙江汽车产业起步晚,特别是整车产业相对较薄弱,汽车产量与上海和江苏相比有一定的差距。2012年汽车产量为32.98万辆,比2011年增加2.35万辆,同比增长7.7%,其中载货汽车产量为1.88万辆,比2011年增加0.40万辆,同比增长27.03%。

**表53　2007—2012年浙江省汽车产量**　　万辆

| 指标 | 2007年 | 2008年 | 2009年 | 2010年 | 2011年 | 2012年 |
|---|---|---|---|---|---|---|
| 汽车 | 20.78 | 24.54 | 28.17 | 31.91 | 30.63 | 32.98 |
| #载货汽车 | 1.96 | 3.28 | 2.30 | 3.19 | 1.48 | 1.88 |

### (二)区域情况

2012年浙江省汽车行业经济运行形势良好,呈现平稳发展态势。全省累计完成汽车产销量为72.48万辆,约占全国市场份额的3.8%,同比提高0.3个百分点。其中轿车销量比上年同期增长15.8%,SUV销量比上年同期增长156.9%,豪华大客车、皮卡、面包车、低速车等产销均低于上年同期水平。改装车产销分别同比下降0.7%和2.4%。全省汽车整车及改装车企业实现销售收入470.08亿元,同比增长17.1%,实现利税69.64亿元,同比增长43.2%;实现利润25.09亿元,同比增长33.4%。

吉利汽车全年累计实现销售49万辆，同比增长14%，位居全国轿车企业第七；实现销售收入256亿元，同比增长12%；实现利税近50亿元，同比增长38%。首次跻身世界500强（排名475位），成为浙江省首家、全国第五家进入世界500强的民营企业。

2012年青年汽车共开发20个全新客车整车产品，其中4个新能源汽车、7个旅游车、8个公交车和1个专用车，共完成整车销售收入27.49亿元，销售车辆3773台，同比增长12.4%。整车产品批量出口至美国、欧洲、俄罗斯、韩国、日本、新加坡、中东等众多国家和地区。2012年共实现海外销售车辆432台，同比增长198.6%，实现创汇4559.67万美元，同比增长141.5%，提升了青年汽车在国际市场上的品牌知名度，树立高端产品形象。

众泰汽车紧抓主导产品Z300、008系列生产营销和江南TT纯电动汽车、M300纯电动汽车及T平台（T200、T600）系列新产品研发与规模化生产准备工作。2012年主导产品共实现整车产销12.22万辆，销售收入59.4亿元，配件收入11.4亿元。Z300系列轿车自5月份投入市场，产销两旺。

东风裕隆汽车全年纳智捷大7SUV实现销量3.1万辆，市场累计保有量近4万辆，实现销售收入64.85亿元。在平均售价20万以上的SUV细分市场中成功跻身销量前10名。

## （三）汽车产业发展的主要特点

2012年，浙江省汽车产业的发展势头良好，竞争力也处在上升阶段，具有较大的发展空间。其产业特色突出地体现在三个方面：一是以民营经济为主，民营企业的迅速崛起是浙江汽车及零部件产业快速发展的重要原因。如吉利汽车集团是国内最早获得轿车生产资格的民营企业，其生产的经济型轿车已在国内汽车市场占据一席之地。二是产业的集群化发展。块状经济发达是浙江经济快速发展的主要特色之一，其汽车产业的发展同样秉承这种特色。杭州、宁波、台洲等地都已形成了汽车及零部件生产的产业集群，并成为支撑当地经济发展的主要产业。汽车零部件及相关产品涵盖整车制造的五大类零部件系列，汽车零部件及相关产品大量占领国内的售后市场，并已进入一汽集团、二汽集团、上海大众、上海通用、一汽丰田、北汽集团、广汽集团、东南汽车集团、长安汽车集团等国内主要主机厂的配套体系，同时还大量进入国际市场的配套体系以及维修和售后服务市场。三是新能源汽车产业链初步形成。继众泰、青年、康迪为代表的新能源汽车研发、生产、试运行不断取得成功的同时，涌现出一大批以电机、电控、电池三大核心技术为研发目标的零部件企业，这些企业有生产锂离子动力电池、电机、电控等关键零部件的万向电动汽车有限公司；专业生产动力电池的赛恩斯能源科技有限公司、浙江佳贝思绿色能源有限公司、杭州万好万家新能源集团有限公司；致力于电池控制系统研发生产的纽贝耳汽车（杭州）有限公司和杭州高特电子设备有限公司；专业从事电机系统集成技术研发生产的浙江方正电机股份有限公司和富生电器等。上述企业研发的产品越来越成熟，与新能源汽车生产公司的合作也越来越紧密，形成了比较完整的新能源汽车产业链。

# 八 长三角地区纺织服装业

## 一、长三角地区纺织服装业发展总体概况

2012年全年对于服装行业都是“冬季”，而这个冬季其实从去年秋冬就开始了。自2011年四季度开始，服装企业生存环境遭受到了很大考验，就当前服装行业整体而言，由于人民币升值，原材料价格上涨、劳动力成本上升，缺少外贸和内需的拉动，诸多不利因素进一步压缩纺织服装业本来就微薄的利润，且库存积压现象严重。国家统计局数据显示，中国服装行业规模以上企业2012年前三季度产成品存货达2569.66亿元。

长三角作为国内纺织服装业最活跃的区域之一，已形成了多个服装服饰产业集聚地，如宁波和温州的男正装、常熟的羽绒服、杭州的女装、海宁的皮装、桐乡的羊毛衫、织里的童装等。长三角区域的服装产业具有产品种类齐全、生产规模大、产品档次清晰等优势。并且，和珠三角地区承接“洋品牌”加工不同，作为我国传统纺织服装生产基地，长三角是乡镇企业和民营经济焕发出生机的产物，产生了许多本土品牌。像一些被消费者熟知的品牌：杉杉、雅戈尔、红豆、波司登等都在长三角地区。

2012年，长三角地区拥有规模以上纺织服装、服饰企业5470家，完成工业总产值6129.22亿元，实现主营业务收入6073.01亿元，全年创造利润总额387.68亿元，实现利税总额585.84亿元，年末资产总额为4542.28亿元。

**表54 2007—2012长三角地区规模以上纺织服装、服饰业发展情况** 个，亿元，%

| 指标 | 企业单位数 | | 工业总产值 | | 利润总额 | | 利税总额 | | 主营业务收入 | | 资产总计 | |
|---|---|---|---|---|---|---|---|---|---|---|---|---|
| | 数额 | 增加数 | 数额 | 增速 | 数额 | 增速 | 数额 | 增速 | 数额 | 增速 | 数额 | 增速 |
| 2007年 | 6644 | 730 | 3462.00 | 18.12 | 165.98 | 14.05 | 272.46 | 19.96 | 3382.30 | 18.36 | 2221.29 | 17.20 |
| 2008年 | 7173 | 529 | 3826.97 | 10.54 | 176.29 | 6.21 | 302.05 | 10.86 | 3724.68 | 10.12 | 2513.47 | 13.15 |
| 2009年 | 8107 | 934 | 4162.00 | 8.75 | 219.00 | 24.23 | 355.11 | 17.57 | 4043.97 | 8.57 | 2747.01 | 9.29 |
| 2010年 | 8045 | −62 | 4739.16 | 13.87 | 289.93 | 32.39 | 460.02 | 29.54 | 4677.35 | 15.66 | 3287.61 | 19.68 |
| 2011年 | 4162 | −3883 | 4712.27 | −0.57 | 352.69 | 21.65 | 491.81 | 6.91 | 4652.13 | −0.54 | 3576.54 | 8.79 |
| 2012年 | 5470 | —— | 6129.22 | —— | 387.68 | —— | 585.84 | —— | 6073.01 | —— | 4542.28 | —— |

注：2012年数据按新行业标准统计，与2011年（含）以前数据不可比较

数据来源：历年上海市、江苏省、浙江省统计年鉴

### （一）资产运营情况

从资产运营情况来看，2012年长三角规模以上纺织服装、服饰业资产总额为4542.28亿元，负债总额为2566.44亿元，资产负债率为56.50%。分省市来看，上海市规模以上纺织服装、服饰业资产运营情况最好，2012年上海市规模以上纺织服装、服饰业资产负债率为52.94%；江苏省规模以上纺织服装、服饰业资产负债率为55.82%；浙江省规模以上纺织服装、服饰业资产负债率为58.03%，为两省一市最高。

## （二）重点纺织服装企业发展情况

### 1. 雅戈尔集团

雅戈尔集团创建于1979年，总部位于中国浙江宁波。经过33年的发展，逐步确立了以品牌服装、地产开发、金融投资三大产业为主体的经营格局。旗下的雅戈尔集团股份有限公司为上市公司，股票代码600177。雅戈尔集团旗下的雅戈尔服饰公司在全国拥有100余家分公司，400多家自营专卖店，共2000多个商业网点。

2012年雅戈尔集团股份有限公司实现主营业务收入107.33亿元，同比下降7.0%；利润总额22.17亿元，同比下降15.4%；资产总额为498.60亿元，同比增长1.9%；负债总额为355.58亿元，与上年基本持平。品牌服装营业收入同比增长7.1%，占主营业务收入的比重为38.0%，同比上升5.0个百分点。

### 2. 杉杉集团

杉杉集团创立于1989年，经历20余年的发展，已在全国形成跨地域、跨行业的102家具有独立法人资格的下属企业。杉杉集团产业涉及时尚产业、新能源新材料、投资、园区开发、国际贸易、文化产业六大板块，旗下拥有杉杉股份和中科英华两家上市公司。杉杉作为中国服装的龙头企业，引领中国服装业的产业方向。并成为第一家上市的服装企业和国家扶植的520家重点企业之一，股票代码600884。

2012年宁波杉杉股份有限公司实现主营业务收入37.56亿元，同比增长25.1%；利润总额1.78亿元，同比下降8.9%；资产总额为76.24亿元，同比增长15.0%；负债总额为40.44亿元，同比增长21.2%。服装行业营业收入同比增长6.3%，占主营业务收入的比重为48.0%，同比下降8.5个百分点。

### 3. 美特斯邦威集团

美特斯邦威集团公司于1995年创建于中国浙江省温州市，主要研发、生产、销售美特斯·邦威品牌休闲系列服饰。2005年创办了上海美特斯邦威服饰博物馆，是国内目前规模最大的服饰博物馆。2008年美特斯·邦威正式收购流行服装衣之纯品牌和雷迈服饰有限公司主打系列服装“LEIMAI”。同年，美特斯邦威公司A股在深交所挂牌上市，股票代码002269。

2012年上海美特斯邦威服饰股份有限公司实现主营业务收入95.10亿元，同比下降4.4%；利润总额11.03亿元，同比下降30.0%；资产总额为70.06亿元，同比下降21.1%；负债总额为28.74亿元，同比下降39.6%。

### 4. 黑牡丹集团

黑牡丹(集团)股份有限公司是一家集牛仔面料、服装、色织布等制造业和城市综合功能开发、创新产业投资新型业务为一体的国有控股型上市公司。公司始建于1940年，“黑牡丹”商标1979年获准注册，并通过马德里国际商标注册延伸至70余个国家。2002年上海证券交易所A股上市，股票代码600510。2005年荣获“中国驰名商标”，“中国名牌产品”，国内牛仔布行业第一家“出口免验企业”，并且被商务部列为国家重点培育和发展的出口名牌。2009年以非公开定向增发的形式进行重大资产重组，注入城市综合功能开发业务。

2012年黑牡丹(集团)股份有限公司实现主营业务收入36.77亿元，同比增长9.3%；利润总额5.22亿元，同比增长23.7%；资产总额为114.33亿元，同比增长14.4%；负债总额为69.60亿元，同比增长19.3%。纺织服装营业收入同比增长42.3%，占主营业务收入的比重为35.8%，同比上升8.3

个百分点。

### 5. 报喜鸟集团

报喜鸟集团有限公司组建于1996年，是一家以服装为主业，涉足地产和投资领域的综合性现代化企业集团。集团下属一家服饰上市公司、两家地产开发公司和两家创业投资公司，拥有7个自主服饰品牌、5个国际代理品牌、3个服装生产基地及两千多家销售网点。目前，集团员工一万多人，连续16年进入全国服装行业销售收入及利税双百强前列。集团核心子公司浙江报喜鸟服饰股份有限公司于2007年8月在深交所成功上市，成为温州地区第一家国内上市的鞋服企业，股票代码002154。

2012年浙江报喜鸟服饰股份有限公司实现主营业务收入22.54亿元，同比增长11.1%；利润总额4.95亿元，同比增长14.3%；资产总额为47.70亿元，同比增长16.7%；负债总额为21.34亿元，同比增长12.3%。纺织服装营业收入同比增长10.1%，占主营业务收入的比重为95.0%，同比下降0.9个百分点。

### 6. 红豆集团

红豆集团是江苏省重点企业集团，国务院120家深化改革试点企业之一。“红豆”商标于1997年被国家工商局认定为中国驰名商标，“千里马”商标于2012年获中国驰名商标荣誉，是全国较少拥有两个驰名商标的公司；同时，企业通过ISO9001:2008质量体系认证，拥有多个“中国名牌”产品。多年来，红豆以优异的销售业绩稳居中国服装业百强亚军。红豆集团大力推进品牌建设，实现转型升级：由生产经营型向创造运营型转变，由资产经营型向产融结合型转变，由国内企业向跨国企业转变，产业升级及竞争力升级。企业的产品也从最初的针织内衣，发展到服装、橡胶轮胎、生物制药、地产四大领域。2001年1月，“红豆股份”在上交所交易，股票代码600400。

2012年江苏红豆实业股份有限公司实现主营业务收入16.07亿元，同比下降9.0%；利润总额0.50亿元，同比下降32.9%；资产总额为68.31亿元，同比增长12.3%；负债总额为51.75亿元，同比增长16.2%。服装行业营业收入同比增长14.6%，占主营业务收入的比重为58.1%，同比上升11.9个百分点。

## 二、上海市纺织服装、服饰业基本情况

### （一）行业经济总量

2012年，上海市拥有规模以上纺织服装、服饰业537家，吸纳从业人员13.69万人，实现工业总产值542.80亿元，实现主营业务收入558.44亿元，创造利润总额33.86亿元，实现税金总额21.82亿元，成本费用总额529.57亿元。截至2012年底，上海市纺织服装、服饰业资产总额为502.78亿元。

**表55　2007—2012年上海市规模以上纺织服装、服饰业指标**

| 指标 | 单位数（个） | 从业人员（万人） | 工业总产值（亿元） | 资产总计（亿元） | 主营业务收入（亿元） | 利润总额（亿元） | 税金总额（亿元） |
|---|---|---|---|---|---|---|---|
| 2007年 | 1039 | 22.25 | 434.31 | 298.38 | 424.14 | 22.29 | 13.14 |
| 2008年 | 1228 | 22.83 | 471.64 | 357.35 | 472.55 | 19.83 | 16.42 |
| 2009年 | 1159 | 22.25 | 467.14 | 382.81 | 459.87 | 28.63 | 13.54 |
| 2010年 | 957 | 17.16 | 463.41 | 413.31 | 470.64 | 38.87 | 18.04 |

（续表）

| | | | | | | | |
|---|---|---|---|---|---|---|---|
| 2011 年 | 430 | 11.50 | 440.35 | 395.67 | 462.11 | 44.44 | 18.73 |
| 2012 年 | 537 | 13.69 | 542.80 | 502.78 | 558.44 | 33.86 | 21.82 |

注：2012 年数据按新行业标准统计，与 2011 年（含）以前数据不可比较

数据来源：历年上海市统计年鉴

### （二）行业经济效益

2012 年，上海市规模以上纺织服装、服饰业实现利润总额为 33.86 亿元，税金总额为 21.82 亿元。

## 三、江苏省纺织服装、服饰业基本情况

### （一）行业经济总量

2012 年，江苏省拥有规模以上纺织服装、服饰企业 2579 家，比 2011 年增加 39 家，同比增长 1.5%；全年共实现工业总产值 3396.48 亿元，同比增长 10.3%；实现主营业务收入 3399.14 亿元，同比增长 12.0%；年末资产总额 1983.00 亿元，同比增长 12.5%；实现利润总额 231.37 亿元，同比增长 10.6%；实现利税总额 363.35 亿元，同比增长 16.0%。

**表 56　2007—2012 年江苏省规模以上纺织服装、服饰业主要经济指标**

| 指标 | 单位数（个） | 从业人员（万人） | 工业总产值（亿元） | 资产总计（亿元） | 主营业务收入（亿元） | 利润总额（亿元） | 税金总额（亿元） |
|---|---|---|---|---|---|---|---|
| 2007 年 | 2649 | 70.93 | 1710.97 | 915.21 | 1676.28 | 76.53 | 127.21 |
| 2008 年 | 2717 | 71.22 | 1909.62 | 1009.79 | 1869.05 | 85.09 | 140.97 |
| 2009 年 | 3715 | 82.22 | 2303.53 | 1182.66 | 2232.46 | 111.40 | 185.52 |
| 2010 年 | 3755 | 82.63 | 2622.80 | 1432.51 | 2591.43 | 147.78 | 237.81 |
| 2011 年 | 2540 | 77.44 | 3080.68 | 1763.00 | 3033.92 | 209.16 | 313.22 |
| 2012 年 | 2579 | 75.56 | 3396.48 | 1983.00 | 3399.14 | 231.37 | 363.35 |

注：2011 年（含）以后数据按新行业标准统计

数据来源：历年江苏省统计年鉴

### （二）行业经济效益

#### 1. 企业亏损面上升

2012 年，江苏省规模以上纺织服装、服饰业亏损率达到 11.7%，比 2011 年上升 3.91 个百分点。

#### 2. 三项利税指标稳步提升

2012 年，江苏省规模以上纺织服装、服饰业产值利税率、销售利税率和资金利税率分别达到 10.70%、10.69%和 22.16%。与 2011 年相比，2012 年三项利税率指标均上升，上升幅度分别为 0.53 个百分点、0.37 个百分点和 0.80 个百分点。

### 3. 产品销售率微降

2012 年，江苏省规模以上纺织服装、服饰业产品销售率为 98.86%，比 2011 年水平下降 0.02 个百分点。

### 4. 资产负债率有所下降

2012 年，江苏省规模以上纺织服装、服饰业资产负债率为 55.82%，比 2011 年下降 0.70 个百分点。

### 5. 企业流动资产周转次数加快

2012 年，江苏省规模以上纺织服装、服饰业流动资产周转次数为 3.03 次/年，比 2011 年水平上升 0.12 次/年。

**表 57　2007—2012 年江苏省规模以上纺织服装、服饰业主要经济效益指标**

| 指标 | 2007 年 | 2008 年 | 2009 年 | 2010 年 | 2011 年 | 2012 年 |
|---|---|---|---|---|---|---|
| 企业亏损面(%) | 12.80 | 15.57 | 12.30 | 9.96 | 7.80 | 11.71 |
| 产值利税率(%) | 7.43 | 7.38 | 8.06 | 9.07 | 10.17 | 10.70 |
| 销售利税率(%) | 7.61 | 7.60 | 8.31 | 9.18 | 10.32 | 10.69 |
| 资金利税率(%) | 16.36 | 20.02 | 18.49 | 20.12 | 21.36 | 22.16 |
| 成本费用利润率(%) | 4.83 | 4.85 | 5.30 | 6.10 | 7.43 | 7.34 |
| 资产负债率(%) | 54.36 | 55.05 | 54.61 | 53.99 | 56.52 | 55.82 |
| 流动资产周转次数(次/年) | 3.04 | 3.11 | 3.12 | 3.08 | 2.91 | 3.03 |
| 产品销售率(%) | 97.97 | 97.88 | 98.24 | 98.29 | 98.88 | 98.86 |

注：2011 年(含)以后数据按新行业标准统计

数据来源：历年江苏省统计年鉴

## 四、浙江省纺织服装业基本情况

### (一) 行业经济总量

2012 年，浙江省拥有规模以上纺织服装、服饰企业 2354 家，完成工业总产值，2189.94 亿元，主营业务收入达到 2115.43 亿元，年末资产总额达到 2056.50 亿元，创造利润总额为 122.45 亿元，实现利税总额为 200.67 亿元。

**表 58　2007—2012 年浙江省规模以上纺织服装、服饰业主要经济指标**

| 指标 | 单位数(个) | 从业人员(万人) | 工业总产值(亿元) | 资产总计(亿元) | 主营业务收入(亿元) | 利润总额(亿元) | 税金总额(亿元) |
|---|---|---|---|---|---|---|---|
| 2007 年 | 2956 | —— | 1317.04 | 1007.7 | 1286.74 | 67.16 | 109.82 |
| 2008 年 | 3228 | —— | 1445.71 | 1146.33 | 1397.34 | 71.37 | 124.83 |
| 2009 年 | 3233 | 66.08 | 1392.76 | 1181.54 | 1351.64 | 78.85 | 127.42 |

（续表）

| | | | | | | | |
|---|---|---|---|---|---|---|---|
| 2010 年 | 3333 | 65.78 | 1652.95 | 1441.79 | 1615.28 | 103.28 | 165.30 |
| 2011 年 | 1499 | 47.25 | 1468.37 | 1417.87 | 1156.10 | 99.09 | 159.86 |
| 2012 年 | 2354 | 62.81 | 2189.94 | 2056.50 | 2115.43 | 122.45 | 200.67 |

注：2012 年数据按新行业标准统计，与 2011 年（含）以前数据不可比较

数据来源：历年浙江省统计年鉴

## （二）行业经济效益

### 1. 行业利税率总体下降

2012 年，浙江省规模以上纺织服装、服饰业“每百元固定资产原值实现利税”和“每百元销售收入实现利税”分别为 32.32 元和 9.49 元。与 2011 年相比，“每百元固定资产原值实现利税”和“每百元销售收入实现利税”分别下降 5.38 元和 1.76 元。

### 2. 产品销售率有所上升

2012 年，浙江省规模以上纺织服装、服饰业产品销售率为 97.48%，较 2011 年上升 0.39 个百分点。

### 3. 出口交货值占工业销售产值比重上升

2012 年，浙江省规模以上纺织服装、服饰业出口交货值占工业销售产值比重为 46.06%，较 2011 年上升 3.40 个百分点。一改近几年浙江省规模以上纺织服装、服饰业出口交货值占工业销售产值比重下降的趋势。

### 4. 新产品产值率稳步上升

2012 年，浙江省规模以上纺织服装、服饰业新产品产值率在 2011 年的基础上进一步上升，为 20.92%，比 2011 年上升 5.06 个百分点。

**表 59　2007—2012 年浙江省规模以上纺织服装、服饰业主要经济效益指标**

| 指标 | 2007 年 | 2008 年 | 2009 年 | 2010 年 | 2011 年 | 2012 年 |
|---|---|---|---|---|---|---|
| 每百元固定资产原值实现利税（元） | 31.88 | 31.34 | 31.53 | 36.40 | 37.70 | 32.32 |
| 每百元主营业务收入实现利税（元） | 8.53 | 8.93 | 9.43 | 10.23 | 11.25 | 9.49 |
| 产品销售率（%） | 98.37 | 96.93 | 97.69 | 97.66 | 97.09 | 97.48 |
| 出口交货值占工业销售产值比重（%） | —— | —— | 45.62 | 44.01 | 42.66 | 46.06 |
| 新产品产值率（%） | —— | —— | 11.90 | 13.32 | 15.86 | 20.92 |

注：2012 年数据按新行业标准统计

数据来源：历年浙江省统计年鉴

# 九　长三角地区交通运输业

## 一、长三角地区交通运输业基本情况

### （一）交通运输基础设施

在构建现代化综合交通运输体系思想指导下，长三角地区各种交通运输方式加快发展。2012 年，长三角地区公路通车总里程达 28.02 万千米，同比增长 1.5%；其中高速公路总里程达 0.88 万千米，同比增长 4.4%。长三角地区内河航道总里程 3.61 万千米，同比增长 0.1%。长三角地区港口吞吐量为 40.09 万吨，同比增长 6.7%。

表 60　2012 年长三角地区及两省一市运输线路和港口吞吐量

| 指标 | 上海市 | 江苏省 | 浙江省 | 长三角 |
|---|---|---|---|---|
| 铁路营业里程（千米） | 457.00 | 2348.00 | 1765.00 | 4570.00 |
| 公路通车里程（千米） | 12541.00 | 154118.00 | 113550.00 | 280209.00 |
| 高速公路 | 806.00 | 4371.00 | 3618.00 | 8795.00 |
| 水运通航里程（千米） | 2074.00 | 24280.00 | 9750.00 | 36104.00 |
| 港口吞吐量（亿吨） | 7.36 | 19.54 | 13.19 | 40.09 |

数据来源：2013 年上海市、江苏省、浙江省统计年鉴

### （二）交通运输服务能力

2012 年，长三角地区共完成客运周转量 4490.43 亿人千米，同比增长 2.5%，占全国客运周转量的 13.5%。其中，公路完成 2452.30 亿人千米，同比增长 5.6%，占全国公路客运周转量的 13.3%；铁路完成 905.13 亿人千米，同比增长 7.4%，占全国铁路客运周转量的 9.2%；水运完成 8.55 亿人千米，同比下降 4.6%，占全国水路客运周转量的 11.0%。

2012 年，长三角地区共完成货运周转量 38084.93 亿吨千米，同比增长 4.3%，占全国货运周转量的 22.0%。其中，铁路完成 700.79 亿吨千米，同比下降 4.2%，占全国铁路货运周转量的 2.4%；公路完成 3266.04 亿吨千米，同比增长 7.6%，占全国公路货运周转量的 5.4%；水运完成 33486.40 亿吨千米，同比增长 4.2%，占全国水路货运周转量的 41.5%。

表 61　2012 年长三角地区及两省一市运输能力与全国对比

| 指标 | 上海市 | 江苏省 | 浙江省 | 长三角 | 全国 |
|---|---|---|---|---|---|
| 客运周转量（亿人千米） | 1223.05 | 1949.80 | 1317.58 | 4490.43 | 33368.80 |
| 铁路 | 68.38 | 446.40 | 390.35 | 905.13 | 9812.30 |
| 公路 | 112.72 | 1418.40 | 921.18 | 2452.30 | 18468.40 |
| 水运 | 0.99 | 1.40 | 6.16 | 8.55 | 77.40 |

（续表）

| | | | | | |
|---|---|---|---|---|---|
| 货运周转量(亿吨千米) | 20427.00 | 8474.63 | 9183.30 | 38084.93 | 173145.10 |
| 铁路 | 18.00 | 391.53 | 291.26 | 700.79 | 29187.10 |
| 公路 | 288.00 | 1452.45 | 1525.59 | 3266.04 | 59992.00 |
| 水运 | 20067.00 | 6052.95 | 7366.45 | 33486.40 | 80654.50 |

数据来源：2013年上海市、江苏省、浙江省统计年鉴

### （三）综合交通运输结构

从各种运输方式的特性及国外交通运输发展经验来看，现代公路由于突出的优越性——机动、灵活、迅速、方便、直达，将是客运的主导交通方式；而在货运方面，由于水路交通运载能力大、投资少、能耗低、单位运输成本低等优越性，将成为货物运输的主要方式。

在综合交通运输网络逐步完善的同时，交通运输结构趋于优化。2012年，长三角地区共完成客运周转量4490.43亿人千米，其中公路完成2452.30亿人千米，占客运周转量的54.6%；铁路完成905.13亿人千米，占客运周转量的20.7%；完成货运周转量38084.93亿吨千米，其中水运完成33486.40亿吨千米，占客运周转量的87.9%。

**表62　2012年长三角地区及两省一市交通运输结构**　　%

| 指标 | 长三角 | 上海市 | 江苏省 | 浙江省 |
|---|---|---|---|---|
| 客运周转量 | 100.0 | 100.0 | 100.0 | 100.0 |
| 铁路 | 20.2 | 5.6 | 22.9 | 29.6 |
| 公路 | 54.6 | 9.2 | 72.7 | 69.9 |
| 水运 | 0.2 | 0.1 | 0.1 | 0.5 |
| 货运周转量 | 100.00 | 100.00 | 100.00 | 100.00 |
| 铁路 | 1.8 | 0.1 | 4.6 | 3.2 |
| 公路 | 8.6 | 1.4 | 17.1 | 16.6 |
| 水运 | 87.9 | 98.2 | 71.4 | 80.2 |

## 二、上海市交通运输业基本情况

2012年上海市各种运输方式完成货物运输总量94376.25万吨，比上年增长1.1%。旅客发送总量14546.55万人次，增长7.6%。

2012年上海港口货物吞吐量达到7.36亿吨，比上年增长1.1%。港口集装箱吞吐量3252.94万国际标准箱，增长2.5%。集装箱水水中转比例达到42.8%，比上年提高1.7个百分点。

2012年，上海浦东、虹桥两大国际机场全年共起降航班59.67万架次，增长4.0%；进出港旅客达到7870.84万人次，增长5.6%。其中，国内航线进出港旅客5473.74万人次，增长4.7%；国际及地区航线进出港旅客2397.09万人次，增长7.6%。

2012年上海港接待邮轮靠泊180艘次，比上年增加67艘次。其中，以上海为母港的邮轮128艘

次，增加 47 艘次。邮轮旅客吞吐量 35.03 万人次，增长 71.4%。

至 2012 年末，全市轨道交通运营线路达到 13 条，运营线路长度达到 468.19 千米(含磁浮线路 29.11 千米)。全年优化调整公交线路 262 条。其中，新辟 81 条。至年末，公交专用道路达到 161.8 千米。公交运营车辆 1.67 万辆，运营出租车 5.07 万辆。全年市内公共交通客运量 62.27 亿人次，比上年增长 2.2%。其中，轨道交通客运量 22.76 亿人次，增长 8.3%；公共汽电车客运量 28.04 亿人次，下降 0.3%。日均公交优惠换乘和老年人免费乘车分别达到 254.35 万人次和 64.26 万人次。

至 2012 年末，全市拥有各类民用汽车 212.86 万辆，比上年增长 9.2%。其中，私人汽车 141.32 万辆，增长 17.8%。

**表 63 2007—2012 年上海市交通运输业基本情况**

| 指标 | 2008 年 | 2009 年 | 2010 年 | 2011 年 | 2012 年 |
|---|---|---|---|---|---|
| 铁路营业里程(千米) | 307 | 309 | 414 | 453 | 457 |
| 公路通车里程(千米) | 11497 | 11671 | 11974 | 12084 | 12541 |
| 高速公路 | 637 | 768 | 775 | 806 | 806 |
| 内河航道里程(千米) | 2138 | 2138 | 2110 | 2037 | 2074 |
| 客运量总计(万人) | 10927 | 11136 | 13456 | 13519 | 14547 |
| 铁路 | 5343 | 5161 | 6095 | 6198 | 6758 |
| 公路 | 2934 | 2995 | 3634 | 3477 | 3748 |
| 港口 | 89 | 90 | 85 | 78 | 66 |
| 民用航空 | 2565 | 2890 | 3642 | 3766 | 3974 |
| 旅客周转量(亿人千米) | 869 | 1003 | 1214 | 1308 | 1223 |
| 货运量总计(万吨) | 84347 | 76967 | 81023 | 93318 | 94376 |
| 铁路 | 1012 | 941 | 959 | 888 | 825 |
| 公路 | 40328 | 37745 | 40890 | 42685 | 42911 |
| 水运 | 42729 | 37983 | 38803 | 49389 | 50302 |
| 货物周转量(亿吨千米) | 16031 | 14436 | 16173 | 20367 | 20427 |
| 港口货物吞吐量(万吨) | 58170 | 59205 | 65339 | 72758 | 73559 |

数据来源：历年江苏省统计年鉴

2012 年，上海市继续推进优化港口航空枢纽集疏运系统；继续强化城市公交优先战略，完善轨道交通；均衡发展辐射长三角的城际交通通道；提升综合交通智能水平，推动交通业持续、健康发展。

### 1. 优化港口航空枢纽集疏运系统

以深水港和航空港为核心，兼顾功能开发和规模扩大，强化国际和国内的双向辐射，共同构筑辐射全球与全国的设施齐全、服务一流和管理高效的国际海空枢纽。

提升航运国际服务功能。以资源配置型国际航运中心为目标，着力提升航运服务功能，完善现代航运集疏运体系，营造便捷、高效、安全、法治的口岸环境和服务环境，努力提高国际航运资源的配置能力。一是加快完善现代航运服务体系。优化航运服务产业链，发展船舶交易、船舶管理、船舶检验、船舶供应、船员服务、航运经纪、航运咨询、海事法律和仲裁等各类航运服务。完善航运金融服务体系,促进船舶融资、船舶保险、航运保险等高端服务发展,积极培育航运再保险市场,加快开发航运运价指数衍生品。提高航运信息化水平,推广应用集装箱电子标签技术,建设国际航运中心综合信息平台。进一步拓展上海航运交易所服务功能。加快发展北外滩、陆家嘴、临港等航运服务集聚区。加强政府服务和管理,完善航运发展相关的法规规章体系,营造有利于航运业发展的法制环境。二是优化现代航运集疏运体系。加快建设以上海为中心、以江浙为两翼、以长江流域为腹地的国际航运枢纽港。依托长江黄金水道,推动集装箱江海直达。推进外高桥港区、洋山深水港区建设和功能提升,提高港口综合保障服务能力。大力发展水水中转,推进内河航道建设。完善货运道路网络,积极推进海铁联运。加快建设国际邮轮母港,优化邮轮通关便利措施,促进邮轮产业发展。

提升航空枢纽能力。一是优化调整上海地区空域结构,提升枢纽空域容量。努力解决军用机场与民用机场之间的结构性矛盾,探讨军民航联合空管运行机制试点,改革空域管理模式,使上海地区空域资源由军民混用改为侧重民用,有效解决上海地区空域问题,满足航空客货运输需要。二是加快上海终端管制中心建设,切实改善空中交通保障能力。优化上海地区空域结构、改变空域管理模式的同时,构筑起以上海为中心的中枢航线网络。发挥上海一市两场的作用,为长三角地区航空运输市场的可持续发展,使之有效融入国际航空运输网络奠定良好基础。三是基地航空公司加快向枢纽网络型航空公司转型。浦东机场定位为大型国际客货枢纽机场,全力建设以中枢辐射航班波为基础的全网络服务,虹桥机场主要服务于国内重点城市,辐射长三角地区。四是加快航空货运物流业发展,巩固货运枢纽地位。以便捷的口岸流程、整合的信息系统为货运航空公司高效运营服务,力争浦东机场世界第一的货运枢纽地位。五是构建以轨道交通为主的上海机场地面综合交通体系。上海航空枢纽是一个空中航线网络和地面集散体系有机构成的综合系统,在建设航空枢纽的同时,加快公路交通、轨道交通、铁路交通等多层次、全方位的综合交通系统建设,实现上海机场与上海市区、上海机场与长三角的紧密联系。

### 2. 继续强化城市公交优先,完善轨道交通

建成以公共交通为主体、有序的机动车交通和安全的慢行交通相协调、各类设施结构完善、各种网络布局合理、各种方式衔接紧密、各种服务高质多样的畅达全市的集约型交通体系。

进一步优化公共汽(电)车网络。围绕大型对外客运枢纽、轨道交通站点,有序推进地面公交线网的优化调整,全面形成骨干线、区域线、接驳线等功能清晰的网络。适度扩大路网容量,建设重点是次、支路。为适应机动车的增长趋势,远期仍有必要扩大干道网络容量,而有限土地资源决定了可增的道路容量只能是有限的。在提高交通管理水平、加快智能交通建设同时,加强次干路建设。结合需求分布特征,完善路网整体布局。内外环之间的外围区适度加密干道系统;区分服务功能,增加越江设施通道。

继续完善轨道交通网络。在轨道 4 号线合围的约 60 平方千米的核心区范围内建设完善"五横五纵"的轨道交通网络,形成以轨道交通为绝对主导的公交优势区域;在外环以内(4 号线合围地区以外)约 600 平方千米中心城范围内继续保留加密轨道交通网络的可能性,弥补现有规划的覆盖空白。

提高公交服务效率与水平。提高轨道交通的发车密度,从路权上保障地面公交优先通行,提高出租车的服务品质,提高公共交通的效率和舒适度;以需求为引导,有条件地发展水上公交巴士、BRT、有轨电车等多样化公交体系。

### 3. 协调发展郊区新城交通,完善国省干线网络建设

以市郊铁路和连接郊区的轨道交通、干线公路为核心,兼顾城乡交通需求与引导区域开发、兼顾通达效率与服务范围,形成功能协调的城乡交通网络。优化普通国道网,形成与高速公路网功能互补

的普通国省干线网。增加郊区南北方向的国道辐射面，提高国省干线对于郊区发展和城市物流的服务能力，加密国省干线越江通道。促进郊区新城路网系统建设。加强新城与中心城以及虹桥枢纽的交通联系，形成郊区新城之间多层次路网。结合新城总体规划，加快形成新城内部骨架网络构建新城道路体系。加强区与区之间通道联系，解决相临各区之间连接不畅问题。

**4. 均衡发展辐射长三角的城际交通**

从既有公路、铁路基础出发，大力发展铁路客货运系统，加密完善对外公路通道，建成公铁均衡的功能清晰、节点连通、线路复合、网络一体的连接长三角地区的快速通道。

加快形成多层次、多功能的铁路网络。通过调整普速铁路的功能，新建铁路客运专线和城际铁路，打造适应区域客运快速化、货运物流化要求，功能清晰、运行有序的铁路网络，远期形成"五个方向、九个通道"，即南通、南京、湖州、杭州、乍浦五个方向，沪通铁路、京沪高速铁路、沪宁城际铁路、沪宁普速铁路、沪苏湖铁路、沪杭普速铁路、沪杭城际铁路、沪杭客运专线、沪乍铁路九个通道；形成一环多射的铁路枢纽网络。

完善城际公路网络。按照国家高速公路网建设规划，加快建设沿海沿江高速公路通道；加快国省干线功能提升，主动对接江浙两省，促进长三角区域联动发展，改善城际公路服务水平，形成多层次、多功能公路通道。

调整并完善货运枢纽功能布局。规划布局承担多种货运方式和市内外货物集散、衔接和转运的综合货运枢纽，与各级工业开发区布局相配套的区域性货运站，服务于城市物流配送货物的货运集散中心。

## 三、江苏省交通运输业基本情况

2012年，江苏省完成旅客运输量、货物运输量分别为268371万人和231295万吨，分别比上年增长8.5%和8.8%；旅客周转量、货物周转量分别为1949.80亿人千米和8474.63亿吨千米，分别比上年增长9.7%和12.8%。完成港口货物吞吐量19.5亿吨，增长8.2%，其中外贸货物吞吐量3.1亿吨，增长10.9%。港口货物吞吐量中，集装箱吞吐量达1600万标准集装箱，增长12.8%。2012年末全省公路里程15.4万千米，新增1871千米，其中高速公路里程4371千米，新增249千米。铁路营业里程2348.0千米，铁路正线延展长度3724.6千米。年末民用汽车保有量813.1万辆，净增124.7万辆，分别增长18.1%和3.3%。年末私人汽车保有量657.3万辆，净增115.6万辆，分别增长21.3%和7.9%。其中，私人轿车保有量455.9万辆，净增86.3万辆，分别增长23.3%和6.4%。

**表64　2008—2012年江苏省交通运输业基本情况**

| 指　标 | 2008年 | 2009年 | 2010年 | 2011年 | 2012年 |
|---|---|---|---|---|---|
| 铁路营业里程(千米) | 1643 | 1642 | 1908 | 2348 | 2348 |
| 公路通车里程(千米) | 140930 | 143803 | 150307 | 152247 | 154118 |
| #高速公路 | 3725 | 3755 | 4059 | 4122 | 4371 |
| 内河航道里程(千米) | 24638 | 31779 | 24248 | 24272 | 24280 |
| 客运量总计(万人) | 208237 | 201262 | 226627 | 247405 | 268371 |
| 铁路 | 8846 | 9167 | 9711 | 10598 | 11757 |
| 公路 | 199008 | 191001 | 215850 | 235673 | 255358 |

（续表）

| | | | | | |
|---|---|---|---|---|---|
| 水运 | 32 | 686 | 590 | 579 | 594 |
| 民用航空 | 351 | 408 | 476 | 555 | 662 |
| 旅客周转量(亿人千米) | 1766.00 | 1423.33 | 1604.00 | 1778.00 | 1949.80 |
| 货运量总计(万吨) | 166322 | 160966 | 188565 | 212594 | 231295 |
| 铁路 | 5118 | 6137 | 6374 | 7282 | 7223 |
| 公路 | 110302 | 104002 | 123500 | 140803 | 153696 |
| 水运 | 42799 | 42016 | 48702 | 54012 | 58639 |
| 货物周转量(亿吨千米) | 4707.50 | 5154.46 | 6111.57 | 7514.00 | 8474.63 |
| 港口货物吞吐量(万吨) | 116305 | 132787 | 158977 | 180683 | 195417 |

资料来源：历年江苏省统计年鉴

江苏交通运输行业紧紧围绕全省“两个率先”的目标，紧密呼应沿海开发和长三角一体化重大战略，全面推动率先发展、科学发展、和谐发展。在积极推进公路率先实现基本现代化的同时，加大对航道、港口发展的倾斜力度，努力实现公路水路协调发展。

**1. 基础设施建设成绩显著，公、铁、水、空全面推进**

2012 年江苏省交通系统完成交通建设投资 677.3 亿元，保障重点工程项目建设顺利推进。

积极推进省际高速公路建设和集疏运高速公路建设，进一步完善网络。泰州大桥、南京四桥、江六、宿新等高速公路建成通车，交通基础设施能力进一步提升。2012 年末江苏省高速公路通车里程达到 4371 千米，新增高速公路 294 千米，密度居全国各省区首位。

铁路进入骨干网络全面建设的新阶段。宁杭铁路江苏段提前完成建设任务，加快推进宿淮铁路、丰沛铁路。2012 年全省铁路运营里程达到 2348 千米，较“十一五”末增长 23.1%。

水运建设显著加快，重大项目建设亮点纷呈。其中包括连云港港 30 万吨级航道一期提前完成建设任务。新增集装箱近洋航线 5 条。深入实施沿海开发五年推进计划，构建内河干线航道网络和港口体系，继续推进长江南京以下 12.5 米深水航道一期工程建设。

枢纽机场能力提升与新机场建设齐头并进。扬州泰州机场建成通航，标志着江苏省规划的“7＋2”空港布局全面落地。全省 7 个机场都进行了改造或扩建，航空运输保障能力进一步提升。加快推进南京禄口机场二期工程、苏南硕放机场 T2 航站楼工程及南通兴东机场飞行区及航站楼扩建工程。

**2. 客货运输增长迅速，服务水平明显提升**

经济社会快速发展对运输的需求不断增加，客货运输量再创新高。2012 年完成客运量 26.8 亿人，旅客周转量 1949.8 亿人千米，货运量 23.1 亿吨，货物周转量 8474.6 亿吨千米，全省港口总吞吐量达 19.5 亿吨。2012 年苏州港完成货物吞吐量 4.3 亿吨，位列全球主要港口第七；同比增长 12.6%，增速位列全球主要港口第二；苏州港、南京港、南通港、江阴港、镇江港五大港口进入全国亿吨大港行列。苏锡常地区实现镇村公交全覆盖。“江苏快客”、“江苏快货”服务网络覆盖近 200 个城市，全省培育农村物流示范点 30 个。

**3. 信息化和节能减排工作成效显著**

信息化建设加快推进。组织完成了综合交通运输规划决策支持系统总体框架、多式联运信息化总体技术架构、铁水联运信息服务平台建设方案编制以及软件功能研发。与江苏出入境检验检疫局、

江苏海事局共同推进港口电子口岸信息平台建设及试点应用。高速公路ETC与浙江并网运行,“苏通卡”畅行华东五省一市近18000千米高速公路。

节能减排工作扎实有效。制定出台全省公路水路交通运输节能减排考核办法,建立了交通能耗评价和调查监测体系。无锡市被交通运输部列为低碳交通运输体系建设首批试点城市。苏州市列入全球环境基金“缓解大城市拥堵、减少碳排放”项目。强化节能减排科技创新和示范推广,太仓港三期“两型”港口建设工程、连云港港口船用岸电项目分别被交通运输部列为“十二五”水运结构调整示范项目和节能减排重点推广项目。

**4. 法制建设与行业管理不断加强**

基本形成了科学合理的交通运输规划体系。正式颁布《江苏省公路条例》(修正案)、《江苏省内河交通管理条例》(修正案)、《江苏省机动车驾驶人培训管理办法》、《江苏省高速公路沿线广告设施管理办法》。配合省人大完成《江苏省道路运输市场管理条例》立法后评估工作,有效开展了《行政强制法》和《公路安全保护条例》的宣传贯彻。省政府与交通运输部签署《共同推进江苏交通运输现代化建设会谈备忘录》。出台了沿海地区交通发展规划、民航发展规划、高速公路网规划等专项规划和建设创新型交通行业等专项实施方案。制订了铁路发展规划、南京禄口国际机场集疏运规划、苏北地区综合交通规划等专项规划。组织完成全省综合交通运输发展战略和规划研究并取得丰硕成果,在全国各省区率先完成了省级交通运输发展的顶层设计。

## 四、浙江省交通运输业基本情况

2012年浙江省完成旅客运输量、货物运输量分别为234366万人和191057万吨分别比2011年增长1.1%和2.9%;铁路、公路和水运完成货物周转量9183.30亿吨千米,同比增长6.4%;旅客周转量1317.58亿人千米,同比增长1.6%。港口完成货物吞吐量13.19亿吨,同比增长7.8%。其中,沿海港口完成9.28亿吨,内河港口完成3.92亿吨,分别增长7.0%和9.8%。

**表65 2008—2012年浙江省交通运输业基本情况**

| 指 标 | 2008年 | 2009年 | 2010年 | 2011年 | 2012年 |
|---|---|---|---|---|---|
| 运输线路长度(千米) | | | | | |
| 铁路营业里程 | 1306 | 1665 | 1761 | 1765 | 1765 |
| 公路通车里程 | 103652 | 106942 | 110177 | 111776 | 113550 |
| #高速公路 | 3073 | 3298 | 3383 | 3500 | 3618 |
| 内河航道里程 | 9695 | 9704 | 9704 | 9750 | 9750 |
| 客运量总计(万人) | 217209 | 222130 | 228017 | 231900 | 234366 |
| 铁路 | 6448 | 6508 | 7634 | 8439 | 8725 |
| 公路 | 206111 | 210584 | 215708 | 218415 | 220517 |
| 水运 | 3494 | 3680 | 3155 | 3466 | 3454 |
| 民用航空 | 1156 | 1358 | 1520 | 1580 | 1670 |
| 旅客周转量(亿人千米) | 1118.62 | 1152.38 | 1250.74 | 1296.25 | 1317.58 |

（续表）

| 货运量总计（万吨） | 146637 | 151239 | 170540 | 185692 | 191057 |
|---|---|---|---|---|---|
| 铁路 | 3398 | 3435 | 3888 | 4166 | 3847 |
| 公路 | 91625 | 95802 | 103394 | 108654 | 113393 |
| 水运 | 51614 | 52002 | 63258 | 72872 | 73817 |
| 货物周转量（亿吨千米） | 5476.25 | 5659.78 | 7117.04 | 8634.82 | 9183.30 |
| 港口货物吞吐量（万吨） | 95638 | 103744 | 112787 | 122373 | 131931 |

数据来源：历年浙江省统计年鉴

浙江省交通运输在全省推进统筹城乡发展中发挥先导作用，全面推进“大港口、大路网、大航空、大水运、大物流”五大建设，为全省经济社会发展提供强有力的交通运输支撑和保障。主要有以下特点：

## （一）交通投资

2012年浙江省共完成交通建设投资805亿元，超年度计划近五成，有力促进经济平稳较快增长。全省共争取到交通运输部承诺补助资金113亿元，是前6年补助额度总和，加强与银监会、金融办及相关金融机构的沟通，积极新增融资渠道，，在2012年全省发行的地方债券中共争取到42％的债券额度用于交通建设，同比增长254％。

## （二）交通设施建设

### 1. 铁路实现了跨越式发展

根据国家中长期铁路网规划，浙江基本编制完成了铁路网规划，进一步明确了功能定位、线路走向和技术标准，优化规划布局。重点推进铁路“七线两枢纽”项目建设，取得了重大成果。铁路杭州东站扩建，杭甬客专、宁杭和杭长客专浙江段，宁波枢纽等铁路工程在建项目顺利推进。至2012年末，全省铁路营业里程达到1765千米，其中复线1185千米。

### 2. 公路网络进一步完善，公路结构不断优化

杭长高速二期、宁波象山港大桥及接线、杭新景延伸线之江大桥建成通车，龙浦高速公路开工建设。全面完成普通国省道14项257千米改建任务，建成农村联网公路1386千米。积极开展干线公路养护质量年、农村公路管理养护年活动，全面启动205国道浙江段改造示范工程。

截至2012年底，全省公路总里程为113550千米，其中按行政等级分，国道4205千米，省道6245千米，县道27782千米，乡道18740千米，专用道694千米，村道55884千米；按技术等级分，高速公路3618千米，一级公路4903千米，二级公路9447千米，三级公路7836千米，四级公路55151千米，准四级公路29069千米，等外路3527千米。全省公路密度为111.54千米/百平方千米。乡镇公路通达通畅率均为100％，行政村公路通达率为99.6％。全省二级以上公路占公路总里程的15.8％，有铺装路面、简易铺装路面（高级、次高级路面）占公路总里程的97.1％。

### 3. 港航强省建设成绩斐然

浙江省政府颁布《浙江省内河水运复兴行动计划（2011—2015年）》。启动杭平申线（浙江段）航道改造工程，正式开建富春江船闸扩建工程；长湖申线、湖嘉申线嘉兴段一期、衢州红船豆航电枢纽等项

目进展顺利;有序推进京杭运河等一批内河高等级航道项目前期工作。建成宁波一舟山港穿山港区中宅煤码头等12个万吨级以上泊位和东霍山锚地,宁波—舟山港黄泽山石油中转储运项目和乐清湾进港航道等项目前期工作进展顺利。至2012年底,全省沿海拥有港口泊位1065个,其中万吨级以上泊位185个。

全省内河航道通航里程达9750千米,四级及以上高等级航道1386千米。现有杭州港、湖州港、嘉兴内河港、绍兴港、宁波内河港、金华兰溪港、丽水青田港等7个内河重点港口,综合通过能力3.8亿吨。大力发展内河集装箱运输,成功开辟上海、太仓等内河集装箱航线,内河集装箱吞吐量突破14万标箱,同比增长179%。

**4. 实施建设大航空战略,着力打造航空强省**

2012年,浙江实施省政府与民航局战略合作协议,成为全国通用航空综合试点省、低空空域管理改革试点区,完成并发布《浙江建设大航空战略研究》课题;建成并正式启用杭州机场二期工程;着手编制通用机场发展规划,开工建设东阳横店通用机场。至2012年末,浙江拥有杭州、宁波、温州三个国际机场和义乌、台州、舟山、衢州四个支线机场,以及东阳横店、建德千岛湖两个通用机场,共开通国内外航线210条,其中国内160条,国际及地区50条。

## (三) 运输生产

2012年,全省铁路、公路、水路完成客运量23.3亿人,比2011年增长1.0%;完成旅客周转量1317.6亿人千米,同比增长1.6%。公路运输是客运的主体,完成客运量22.1亿人,占94.8%,完成旅客周转量921.2亿人千米,占69.9%。铁路运输凭借高铁优势,客运量增速加快,2012年完成客运量8725万人,同比增长3.4%。

2012年,全省完成货物运输量19.1亿吨,比2011年增长3.2%。其中,公路完成11.3亿吨,同比增长4.4%,占货物运输总量的59.3%;水路完成7.4亿吨,同比增长1.2%,占货物运输总量的38.6%。全省完成货物周转量9183.3亿吨千米,同比增长6.4%。其中,水路完成7366.5亿吨千米,同比增长7.0%,占货物周转总量的80.2%,是拉动总周转量增长的主要因素。

2012年,全省民航旅客吞吐量3201.0万人,比上年增长6.5%,其中出港旅客1670.0万人,增长5.7%;全省民航货邮吞吐量45.8万吨,增长7.9%。其中出港货物27.4万吨,增长8.7%。

2011年,全省港口完成货物吞吐量13.2亿吨,比2011年增长7.8%。沿海港口吞吐量达到9.3亿吨,同比增长6.9%。其中宁波—舟山港完成货物吞吐量7.4亿吨,同比增长7.2%,占沿海港口吞吐量的80.2%。内河港口完成货物吞吐量3.9亿吨,同比增长9.8%。全省完成集装箱吞吐量1759.0万TEU,其中,宁波—舟山港完成集装箱吞吐量1618.0万TEU,占集装箱吞吐总量92.0%。

## (四) 城乡交通

加快推进城乡客运一体化,实现城乡交通统筹发展。以中心镇、中心村为重点,加快农村联网公路建设;推进农村运输站场建设,继续提高农村客运通达率,积极发展农村物流配送。按照"一级网络公交化、二级网络一体化、三级网络多样化"的要求,统筹城乡客运的发展。大力发展城市公共交通,提高城市公共交通的快捷和便利程度。落实公交优先发展战略,保障城市公共交通的道路使用权,及时根据城市格局变化新设、延伸、改造常规公交线路,增加公交班次和中心城区300米范围公交站点的覆盖面。加大城市综合换乘枢纽停车系统建设,优化换乘组织,推进"公交都市"示范城市建设。

# 十 长三角地区房地产业

## 一、全国房地产业发展情况综述

2012年3月5日，十一届全国人大五次会议召开，会上温家宝表示，要严格执行并逐步完善抑制投机、投资性需求的政策措施，进一步巩固调控成果，促进房价合理回归。国土资源部表示，将认真贯彻落实中央经济工作会议精神，继续坚持房地产调控政策不动摇，保持从严从紧调控基调；住房和城乡建设部明确表示，将继续严格执行限购、差别化住房信贷、税收政策，并配合有关部门继续加快推进房产税改革试点扩大工作。在宏观调控政策的影响下，我国房地产市场较上年出现了许多新的变化，整体市场基本保持了理性回归态势。

### （一）房地产开发投资完成情况

2012年，全国房地产开发投资71804亿元，比上年名义增长16.2%（扣除价格因素实际增长14.9%），增速比1—11月份回落0.5个百分点，比2011年回落11.9个百分点。其中，住宅投资49374亿元，增长11.4%，增速比1—11月份回落0.5个百分点，占房地产开发投资的比重为68.8%。

2012年，房地产开发企业房屋施工面积573418万平方米，比上年增长13.2%，增速比1—11月份回落0.1个百分点；其中，住宅施工面积428964万平方米，增长10.6%。房屋新开工面积177334万平方米，下降7.3%，降幅比1—11月份扩大0.1个百分点；其中，住宅新开工面积130695万平方米，下降11.2%。房屋竣工面积99425万平方米，增长7.3%，增速比1—11月份回落6.8个百分点；其中，住宅竣工面积79043万平方米，增长6.4%。

2012年，房地产开发企业土地购置面积35667万平方米，比上年下降19.5%，降幅比1—11月份扩大4.7个百分点；土地成交价款7410亿元，下降16.7%，降幅扩大6.4个百分点。

### （二）商品房销售情况

2012年，全国商品房销售面积111304万平方米，比上年增长1.8%，增幅比1—11月份回落0.6个百分点，比2011年回落2.6个百分点；其中，住宅销售面积增长2%，办公楼销售面积增长12.4%，商业营业用房销售面积下降1.4%。商品房销售额64456亿元，增长10%，增速比1—11月份提高0.9个百分点，比2011年回落1.1个百分点；其中，住宅销售额增长10.9%，办公楼销售额增长12.2%，商业营业用房销售额增长4.8%。

### （三）房地产开发企业到位资金情况

2012年，房地产开发企业本年到位资金96538亿元，比上年增长12.7%，增速比1—11月份回落1.4个百分点，比2011年回落4.8个百分点。其中，国内贷款14778亿元，增长13.2%；利用外资402亿元，下降48.8%；自筹资金39083亿元，增长11.7%；其他资金42275亿元，增长14.7%。在其他资金中，定金及预收款26558亿元，增长18.2%；个人按揭贷款10524亿元，增长21.3%。

## 二、长三角房地产市场发展情况

2012年，长三角两省一市累计完成房地产开发投资额13813.73亿元，同比增长13.1%，增速较

2011 年下降 18.1 个百分点；房屋施工面积 91770.48 万平方米，同比增长 10.0%；房屋竣工面积 16446.40 万平方米，同比增长 8.1%；商品房销售面积 14922.93 万平方米，同比增长 12.4%。2012 年，长三角房地产开发投资额占全国地产开发投资额的比重为 19.2%，占比比 2011 年下降 0.6 个百分点；长三角房屋施工面积占全国的比重为 16.0%，占比同比下降 0.4 个百分点；房屋竣工面积占全国的比重为 16.5%，占比同比下降 0.6 个百分点；商品房销售面积占全国的比重为 13.4%，占比同比上升 1.9 个百分点。

**表 66　2007—2012 长三角房地产业发展情况**　　亿元，万平方米，%

| 指标 | 房地产开发投资 | | 房屋施工面积 | | 房屋竣工面积 | | 商品房销售面积 | |
|---|---|---|---|---|---|---|---|---|
| | 绝对额 | 增速 | 绝对额 | 增速 | 绝对额 | 增速 | 绝对额 | 增速 |
| 2007 年 | 5645.11 | 18.68 | 52358.42 | 11.36 | 13821.00 | 5.62 | 15835.28 | 24.97 |
| 2008 年 | 6454.45 | 14.34 | 57852.14 | 10.49 | 13637.80 | −1.33 | 10700.58 | −32.43 |
| 2009 年 | 7056.95 | 9.33 | 59848.18 | 3.45 | 14391.60 | 5.53 | 19158.78 | 79.04 |
| 2010 年 | 9305.49 | 31.86 | 70183.79 | 17.27 | 14753.36 | 2.51 | 16357.53 | −14.62 |
| 2011 年 | 12212.60 | 31.24 | 83410.98 | 18.85 | 15217.45 | 3.15 | 13273.15 | −18.86 |
| 2012 年 | 13813.73 | 13.11 | 91770.48 | 10.02 | 16446.40 | 8.08 | 14922.93 | 12.43 |

数据来源：历年上海市、江苏省、浙江省统计年鉴

从被纳入国家统计范畴的 9 个长三角城市的新建商品房价格增长情况看，2012 年 1—5 月份，9 市新建商品住宅价格指数总体呈现下滑的态势；6—12 月份，上海、南京、杭州、无锡、扬州和徐州价格指数震荡走高；宁波和温州新建商品房价格指数全年呈下滑趋势。

**表 67　2012 年长三角主要城市新建商品住宅价格指数(环比，以上月为 100)**

| | 1 月份 | 2 月份 | 3 月份 | 4 月份 | 5 月份 | 6 月份 | 7 月份 | 8 月份 | 9 月份 | 10 月份 | 11 月份 | 12 月份 |
|---|---|---|---|---|---|---|---|---|---|---|---|---|
| 上海 | 99.8 | 99.8 | 99.7 | 99.8 | 99.8 | 100.2 | 100.1 | 100.0 | 100.0 | 100.0 | 100.2 | 100.7 |
| 南京 | 99.5 | 99.8 | 99.7 | 99.8 | 100.0 | 100.3 | 100.5 | 100.3 | 100.2 | 100.2 | 100.3 | 100.8 |
| 杭州 | 99.9 | 99.7 | 95.4 | 96.5 | 99.4 | 100.6 | 100.3 | 100.4 | 100.3 | 99.7 | 99.9 | 100.3 |
| 宁波 | 99.8 | 99.9 | 98.3 | 97.8 | 98.3 | 99.7 | 99.4 | 99.6 | 99.8 | 99.7 | 100.0 | 100.0 |
| 无锡 | 99.8 | 99.9 | 99.7 | 100.0 | 100.0 | 100.0 | 100.4 | 100.6 | 100.0 | 99.9 | 100.1 | 99.9 |
| 扬州 | 99.8 | 99.9 | 99.9 | 100.0 | 99.9 | 100.0 | 100.1 | 100.0 | 99.9 | 100.0 | 99.9 | 100.7 |
| 徐州 | 99.9 | 99.9 | 99.6 | 99.9 | 99.9 | 100.0 | 100.3 | 99.9 | 99.9 | 99.9 | 100.3 | 100.0 |
| 温州 | 99.3 | 99.5 | 98.9 | 96.1 | 98.1 | 99.4 | 99.2 | 99.6 | 99.2 | 99.6 | 99.2 | 100.0 |
| 金华 | 99.8 | 99.9 | 95.4 | 99.5 | 99.7 | 99.5 | 100.0 | 99.0 | 99.7 | 100.0 | 100.3 | 100.9 |

数据来源：国家统计局

从房地产开发企业融资渠道来看，2012 年房地产开发企业资金来源结构出现的最大特点是其他资金占房地产开发资金的比重出现反弹上升，而国内贷款和利用外资所占比重仍延续上年的势头保持下降，自筹资金所占比重回落。2012 年长三角其他资金占房地产开发资金的比重为 47.2%，比重

比 2011 年上升了 0.7 个百分点。究其原因，主要是因为商品房的销售面积出现大幅增长，商品房销量的上升，导致以“住房按揭贷款”为主要组成部分的其他资金出现增长。

**表 68 2007—2012 年长三角房地产开发企业资金来源** 亿元，%

| 指标 | 资金来源小计 | | 国内贷款 | | 利用外资 | | 自筹资金 | | 其他资金 |
|---|---|---|---|---|---|---|---|---|---|
| | 数额 | 数额 | 比重 | 数额 | 比重 | 数额 | 比重 | 数额 | 比重 |
| 2007 年 | 9639.81 | 1940.58 | 20.13 | 195.34 | 2.03 | 2210.66 | 22.93 | 5293.23 | 54.91 |
| 2008 年 | 9275.49 | 2143.39 | 23.11 | 202.09 | 2.18 | 2671.81 | 28.81 | 4258.22 | 45.91 |
| 2009 年 | 13936.68 | 2719.75 | 19.52 | 96.40 | 0.69 | 2778.26 | 19.93 | 8342.28 | 59.86 |
| 2010 年 | 16703.23 | 3358.83 | 20.11 | 212.77 | 1.27 | 4391.15 | 26.29 | 8740.48 | 52.33 |
| 2011 年 | 17680.90 | 3502.76 | 19.81 | 167.80 | 0.95 | 5791.72 | 32.76 | 8218.61 | 46.48 |
| 2012 年 | 20356.25 | 3991.97 | 19.61 | 103.69 | 0.51 | 6652.05 | 32.68 | 9608.55 | 47.20 |

数据来源：历年上海市、江苏省、浙江省统计年鉴

## 三、长三角地区两省一市房地产业发展基本情况

### （一）上海市

2012 年，上海市对房地产调控力度不减，政策不变，房地产市场上投资投机性购房需求基本得到抑制，房地产市场调控取得了较为明显的成果。

#### 1. 房地产开发情况

（1）房地产开发投资稳步增长。

2012 年，上海市房地产开发完成投资 2381.36 亿元，比 2011 年增长 9.7%，房地产开发投资占全社会固定资产投资的 45.3%，占比比上年上升 2.5 个百分点。

**表 69 2007—2012 年上海市房地产业发展情况** 亿元，万平方米，%

| 指标 | 房地产开发投资 | | 商品房施工面积 | | 商品房竣工面积 | | 商品房销售面积 | |
|---|---|---|---|---|---|---|---|---|
| | 绝对额 | 增速 | 绝对额 | 增速 | 绝对额 | 增速 | 绝对额 | 增速 |
| 2007 年 | 1307.53 | 2.50 | 10766.72 | −1.57 | 3380.12 | 3.23 | 3694.96 | 22.13 |
| 2008 年 | 1366.87 | 4.54 | 10390.67 | −3.49 | 2475.04 | −26.78 | 2296.12 | −37.86 |
| 2009 年 | 1464.18 | 7.12 | 9961.60 | −4.13 | 2104.98 | −14.95 | 3372.45 | 46.88 |
| 2010 年 | 1980.68 | 35.28 | 11295.03 | 13.39 | 1941.25 | −7.78 | 2055.53 | −39.05 |
| 2011 年 | 2170.31 | 9.57 | 12983.32 | 14.95 | 2240.62 | 15.42 | 1771.30 | −13.83 |
| 2012 年 | 2381.36 | 9.72 | 13249.97 | 2.05 | 2305.06 | 2.88 | 1898.46 | 7.18 |

数据来源：历年上海市统计年鉴

从商品房类型看，商品住宅投资 1451.94 亿元，比上年增长 3.8%，占开发投资总额的 61.0%；办公楼投资 262.85 亿元，比上年增长 13.7%，占开发投资总额的 11.0%；商业营业用房投资 293.75 亿

元，比上年增长 24.4%，占开发投资总额的 12.3%。

受保障性住房建设力度加大的影响，商品住宅中“90 平方米以下住宅”完成投资 632.67 亿元，比上年增长 24.7%，占住宅投资总额的 43.6%，比上年提高 7.3 个百分点。

(2) 房地产在建规模略有扩大，但新开工面积下降。

2012 年，上海市商品房施工面积 13249.97 万平方米，比上年增长 2.1%。其中商品住宅施工面积 8315.68 万平方米，比上年下降 0.8%。

但受前两年房地产市场销售低迷、土地市场不景气的影响，2012 年，上海市商品房新开工面积 2724.05 万平方米，比上年下降 25.2%。其中商品住宅新开工面积 1563.39 万平方米，比上年下降 36.8%。

商品房竣工面积小幅增长。2012 年，上海市商品房竣工面积 2305.06 万平方米，比上年增长 2.9%。其中商品住宅竣工面积 1609.13 万平方米，比上年增长 3.8%。

(3) 项目建设资金到位情况良好。

在央行年内 2 次下调存款准备金率各 0.5 个百分点和 2 次下调存贷款基准利率等政策影响下，房地产开发企业 2012 年到位资金规模较大，整体资金到位情况良好。但由于前 2 年上海商品房销售面积持续下降，房地产开发企业上年末结余资金仍呈下降态势。2012 年，上海市房地产开发企业到位资金合计 5316.93 亿元，比上年增长 14.9%，到位资金规模是房地产开发投资的 2 倍多。其中，上年末结余资金 1348.42 亿元，比上年下降 5.1%；本年到位资金 3968.51 亿元，比上年增长 23.7%。

**表 70　2012 年上海市房地产企业到位资金情况**

| 指标 | 本年到位资金(亿元) | 增长(%) | 比重(%) |
|---|---|---|---|
| 本年资金来源小计 | 3968.51 | 23.7 | 100.0 |
| 国内贷款 | 975.78 | 31.7 | 24.6 |
| 利用外资 | 26.12 | −40.0 | 0.7 |
| 自筹投资 | 1385.96 | 16.2 | 34.9 |
| 其他资金 | 1580.66 | 28.6 | 39.8 |
| 定金及预付款 | 1064.68 | 36.6 | 26.8 |
| 个人按揭贷款 | 236.13 | 35.1 | 6.0 |

数据来源：《上海市统计年鉴》(2013)

## 2. 商品房销售情况

2012 年，上海市为巩固房地产市场调控成果，保持房地产价格合理稳定，分别于 7 月底和 9 月中旬重申严格执行限购令，稳定市场预期。在各项政策措施的作用下，上海房地产市场上的投机投资需求得到有效遏制，但在供应增加、开发商“以价换量”、及央行货币信贷政策调整等因素的作用下，自住性和改善性住房需求入市加快，全年商品房销售面积有所回升。

(1) 新建商品房销售面积增长趋稳。

在一系列房地产调控政策的作用下，2012 年前几个月商品房销售面积持续下降。但随着房地产价格企稳，供应增加，购房需求逐步释放，自 5 月份起，上海市商品房当月销售量有所回升，10 月份开始扭转了累计销售面积同比下降态势。2012 年，上海市商品房销售面积 1898.46 万平方米，比上年增长7.2%，增幅逐步趋稳，其中商品住宅销售面积1592.63万平方米，比上年增长8.1%。

(2) 存量房成交面积由降转升。

自年初以来，上海市存量房成交面积呈连续下降态势，但下降幅度不断收窄，并于年底扭转了下降态势。据市房地产交易中心统计，2012年，上海市存量房交易面积1446.77万平方米，比上年增长3.4%。其中，存量住宅交易面积1136.17万平方米，比上年增长7.3%。

表71 2012年上海市新建及存量商品房、商品住宅销售情况万平方米，%

| 指标 | 新建商品房 | | 存量房 | | 新建商品住宅 | | 存量住宅 | |
|---|---|---|---|---|---|---|---|---|
| | 销售面积 | 增长 | 交易面积 | 增长 | 销售面积 | 增长 | 交易面积 | 增长 |
| 1—2月 | 202.99 | −13.9 | 107.09 | −66.4 | 178.27 | −8.4 | 74.39 | −69.0 |
| 1—3月 | 316.47 | −14.8 | 181.42 | −58.9 | 275.20 | −9.9 | 124.09 | −63.7 |
| 1—4月 | 442.58 | −15.9 | 268.63 | −50.5 | 392.70 | −8.0 | 191.65 | −54.1 |
| 1—5月 | 624.63 | −10.7 | 404.34 | −37.5 | 556.67 | −0.9 | 286.83 | −42.5 |
| 1—6月 | 793.66 | −8.8 | 529.47 | −31.1 | 702.87 | −1.2 | 378.33 | −35.7 |
| 1—7月 | 953.98 | −7.8 | 667.70 | −25.1 | 844.24 | −1.6 | 493.99 | −27.6 |
| 1—8月 | 1093.31 | −7.8 | 821.23 | −19.6 | 962.89 | −0.8 | 629.56 | −19.9 |
| 1—9月 | 1229.94 | −5.9 | 976.59 | −12.4 | 1083.91 | 2.0 | 756.33 | −12.2 |
| 1—10月 | 1426.30 | 0.6 | 1107.60 | −7.8 | 1213.28 | 6.0 | 866.30 | −6.2 |
| 1—11月 | 1609.58 | 7.5 | 1280.59 | −2.3 | 1368.68 | 13.0 | 999.51 | −0.1 |
| 1—12月 | 1898.46 | 7.2 | 1446.77 | 3.4 | 1592.63 | 8.1 | 1136.17 | 7.3 |

数据来源：上海市统计局

(3) 新建商品住宅平均销售价格情况

2012年，上海市新建商品住宅平均销售价格13870元/平方米。从区域分布看，全市新建商品住宅中，内环线以内区域销售面积35.19万平方米，占全市新建商品住宅的2.2%；内外环线之间区域销售面积338.28万平方米，占全市新建商品住宅的21.2%；外环线以外区域销售面积1219.16万平方米，占全市新建商品住宅的76.6%。全年各环线区域新建商品住宅平均销售价格分别为：内环线以内为55518元/平方米，内外环线之间为20667元/平方米，外环线以外为10782元/平方米。

从剔除共有产权住房和动迁安置住房等保障性住房后的市场化新建商品住宅的区域分布看，内环线以内区域销售面积35.19万平方米，占全市市场化新建商品住宅的4.3%；内外环线之间区域销售面积205.15万平方米，占全市市场化新建商品住宅的25.1%；外环线以外区域销售面积577.82万平方米，占全市市场化新建商品住宅的70.6%。全年各环线市场化新建商品住宅平均销售价格分别为：内环线以内为55518元/平方米，内外环线之间为29281元/平方米，外环线以外为16541元/平方米。

## （二）江苏省

### 1. 房地产开发情况

(1) 房地产开发投资仍然保持较快增长。

2010年以来，虽然国家实施了一系列房地产调控政策，江苏省房地产开发投资依然保持了两位数

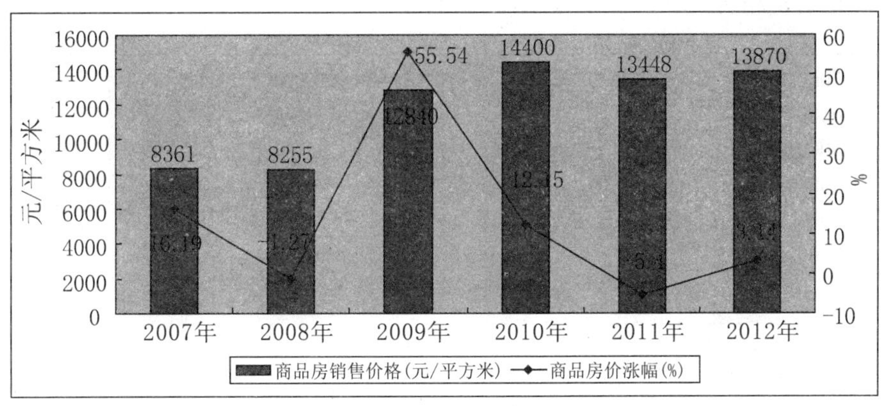


**图 10　2007—2012 年上海市商品房销售价格增长情况**

增长态势，但增幅有所回落。2012 年江苏省房地产开发投资额为 6206.10 亿元，比上年增长 11.5%，增幅比上年回落 18.0 个百分点，房地产开发投资占固定资产投资总额的 19.6%，占比比上年回落 1.6 个百分点。

**表 72　2007—2012 年江苏省房地产业发展情况**　　亿元，万平方米，%

| 指标 | 房地产开发投资 | | 商品房施工面积 | | 商品房竣工面积 | | 商品房销售面积 | |
|---|---|---|---|---|---|---|---|---|
| | 数额 | 增速 | 数额 | 增速 | 数额 | 增速 | 数额 | 增速 |
| 2007 年 | 2515.91 | 31.95 | 23221.55 | 21.53 | 6340.75 | 6.86 | 7598.35 | 24.54 |
| 2008 年 | 3064.46 | 21.80 | 28188.14 | 21.39 | 6704.50 | 5.74 | 5412.26 | −28.77 |
| 2009 年 | 3338.50 | 8.94 | 29953.89 | 6.26 | 8442.80 | 25.93 | 10248.20 | 89.35 |
| 2010 年 | 4299.38 | 28.78 | 35106.90 | 17.20 | 8696.28 | 3.00 | 9485.47 | −7.44 |
| 2011 年 | 5567.94 | 29.51 | 40500.27 | 15.36 | 8448.24 | −2.85 | 7970.49 | −15.97 |
| 2012 年 | 6206.10 | 11.46 | 45097.54 | 11.35 | 9848.40 | 16.57 | 9019.18 | 13.16 |

数据来源：历年江苏省统计年鉴

从商品房类型看，商品住宅投资 4354.63 亿元，比 2011 年增长 6.4%，占开发投资总额的 70.2%；办公楼投资 260.10 亿元，比上年增长 27.1%，占开发投资总额的 4.2%；商业营业用房投资 976.08 亿元，比上年增长 32.4%，占开发投资总额的 15.7%。

(2) 商品房施工面积平稳增长，竣工面积快速增长。

2012 年，江苏省商品房施工面积为 45097.54 万平方米，比 2011 年增长 11.4%，其中住宅施工面积 33412.17 万平方米，比上年增长 10.4%。2012 年，江苏省商品房竣工面积为 9848.40 万平方米，比上年增长 16.6%，其中住宅竣工面积 7687.13 万平方米，比上年增长 18.7%。

### 2. 商品房销售情况

(1) 商品房成交量回升，商品房销售价格继续上涨。

2012 年，全省商品房销售面积 9019.18 万平方米，比上年增长 13.2%，其中商品住宅销售面积 7923.37 万平方米，比上年增长 17.1%。从商品房(含保障性房)销售价格的增长情况来看，2012 年江苏省商品房平均销售价格为6158元/平方米，同比上涨1.3%。

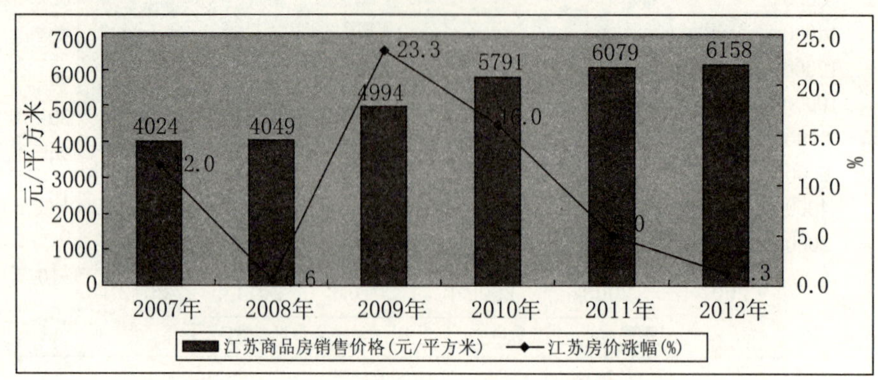


**图11 2007—2012年江苏省省商品房销售价格增长情况**

(2) 受保障性住房建设力度加大的影响，中小户型房投资比重及销售面积有所上升。

从投资结构来看，2012年江苏省住宅开发投资总额为4354.63亿元。其中，90平方米以下的中小户型住宅投资1009.50亿元，占住宅开发投资总额的比重为23.2%，比上年上升1.0个百分点；144平方米以上大户型住宅投资1047.26亿元，占住宅开发投资总额的比重为24.0%，比上年回落6.1个百分点。从销售结构来看，2012年，江苏省住宅销售面积为7923.37万平方米。其中90平方米以下的中小户型住宅销售面积为1578.85万平方米，比上年增长19.5%，占全部住宅销售面积的比重为19.9%；144平方米以上大户型住宅销售面积为1267.87万平方米，比上年下降7.1%，占全部住宅销售面积的比重为16.0%。两相比较，中小户型住宅销售面积占比高于大户型住宅3.9个百分点。

## （三）浙江省

### 1. 房地产开发情况

(1) 房地产开发投资继续增长，增幅回落。

2012年，浙江省完成房地产投资额5226.27亿元，比2011年增长16.8%，增幅比上年回落31.1个百分点，房地产开发投资占固定资产投资的30.6%，占比比上年回落1.2个百分点。

从投资结构来看，2012年，全省住宅投资额为3436.74亿元，比上年增长16.7%，占开发投资总额的65.8%；办公楼投资额为305.85亿元，比上年增长4.1%，占开发投资总额的5.9%；商业营业用房投资额为584.99亿元，比上年增长9.9%，占开发投资总额的11.2%；其他房屋投资额为898.68亿元，比上年增长27.6%，占开发投资总额的17.2%。数据表明，在严厉的调控政策下，房地产投资转向了不受限制的其他房屋，使得其他房屋的投资额快速增长。

从区域上来看，杭州、宁波、温州三个城市的房地产开发投资规模最大，三者占到了60.6%的比重。2012年温州房地产完成投资额同比增速最低，只有1.0%，表明温州楼市中的投资、投机需求正被挤出，市场向理性有序回归。丽水的房地产完成额同比增速最高，为55.5%；金华、舟山的房地产投资同比增速次之，分别为40.1%、36.1%，这些城市的房地产投资正逐渐从2010年以来严厉的宏观调控中得到恢复。

表 73　2007—2011 年浙江省房地产业发展情况　　亿元,万平方米,%

| 指标 | 房地产开发投资 | | 商品房施工面积 | | 商品房竣工面积 | | 商品房销售面积 | |
|---|---|---|---|---|---|---|---|---|
| | 绝对额 | 增速 | 绝对额 | 增速 | 绝对额 | 增速 | 绝对额 | 增速 |
| 2007 年 | 1821.67 | 15.71 | 18370.15 | 8.25 | 4100.13 | 5.74 | 4541.97 | 28.12 |
| 2008 年 | 2023.12 | 11.06 | 19273.33 | 4.92 | 4458.26 | 8.73 | 2992.20 | −34.12 |
| 2009 年 | 2254.27 | 11.43 | 19932.69 | 3.42 | 3843.82 | −13.78 | 5538.13 | 85.09 |
| 2010 年 | 3025.43 | 34.21 | 23781.86 | 19.31 | 4115.83 | 7.08 | 4816.53 | −13.03 |
| 2011 年 | 4474.35 | 47.89 | 29927.39 | 25.84 | 4528.59 | 10.03 | 3531.36 | −26.68 |
| 2012 年 | 5226.27 | 16.81 | 33422.97 | 11.68 | 4292.94 | −5.20 | 4005.29 | 13.42 |

资料来源:历年浙江省统计年鉴

(2) 房地产开发规模扩大,结构有所调整。

2012 年,浙江省商品房施工面积 33422.97 万平方米,比 2011 年增长 11.7%;新开工商品房面积 7816.80 万平方米,比上年下降 23.4%。其中,住宅施工面积 21656.38 万平方米,比上年增长 10.0%;住宅新开工面积 4946.83 万平方米,比上年下降 25.6%。办公楼施工面积 2099.17 万平方米,比上年增长 7.8%;办公楼新开工施工面积 413.88 万平方米,比上年下降 30.5%。商业营业用房施工面积 3642.28 万平方米,比上年增长 14.3%;商业营业用房新开工施工面积 911.76 万平方米,比上年下降 13.0%。

商品房竣工面积 4292.94 万平方米,比上年下降 5.2%。其中,住宅竣工面积 2917.26 万平方米,比上年下降 4.5%;办公楼竣工面积 218.35 万平方米,比上年下降 28.0%;商业营业用房竣工面积 453.11 万平方米,比上年下降 6.9%。数据表明,国家限购政策制约了开发商的开发进度,商品房新开工面积和竣工面积均呈下降趋势。

### 2. 商品房销售情况

(1) 商品房销售规模上升,房地产市场回暖迹象明显。

2012 年浙江省新建商品房成交量回升明显。全省新建商品房销售面积 4005.29 万平方米,比上年增长 13.4%,其中商品住宅销售面积 3316.23 万平方米,比上年增长 20.3%。从新建商品房销售额来看,2012 年全省新建商品房销售额为 4262.66 亿元,比上年增长 22.7%,其中商品住宅销售额为 3541.63 亿元,比上年增长 31.1%。总体来看,浙江省新建商品房销售规模上升比较明显,房地产市场开始回暖。

从各个市来看,浙江省 11 个省辖市中商品住宅成交量上升的有 7 个。温州市新建商品住宅成交面积为 181.9 万平方米,比上年增长 60.7%;杭州市新建商品住宅成交面积为 920.3 万平方米,比上年增长 54.0%;衢州市新建商品住宅成交面积为 83.4 万平方米,比上年增长 41.1%;宁波市新建商品住宅成交面积为 458.7 万平方米,比上年增长 33.8%;嘉兴市新建商品住宅成交面积为 368.5 万平方米,比上年增长 26.9%;金华市新建商品住宅成交面积为 279.5 万平方米,比上年增长 11.0%;绍兴市新建商品住宅成交面积为 394.1 万平方米,比上年增长 8.2%;舟山市、丽水市、湖州市和台州市商品住宅成交量保持下降,分别比上年下降 53.3%、13.6%、12.9%和 0.9%。

(2) 四城市新建商品房价格下滑明显。

从 2010 年开始,国家采取限购限贷等严厉调控措施抑制房价过快上涨,促进房价合理回归。从

2011年下半年开始，开发商降价促销力度不断加大，商品房价格明显回落，在2012年一季度达到阶段性底部。

2012年，杭州、宁波、温州、金华四个城市的新建商品住宅价格总体均表现出明显的同比下降趋势，其中温州降幅最大，而金华的新建商品房住宅价格指数仅在1月和2月同比有所升高，其余月份均同比下降。

从月度变化趋势来看，浙江省房价上涨压力依然存在。2012年杭州新建商品住宅价格指数在1—5月期间持续下滑，6—9月逐月回升，10、11月随着国家多次强调坚持房地产市场调控不动摇，房价回升势头得到抑制，12月房价则出现了年底的小阳春，环比小幅上涨。而金华则在1—9月保持稳中有降的调整，10—12月随着楼市销售回升，房价有所上浮。二手住宅的价格月度指数也表明，2012年下半年房价指数环比上涨，反弹迹象明显。

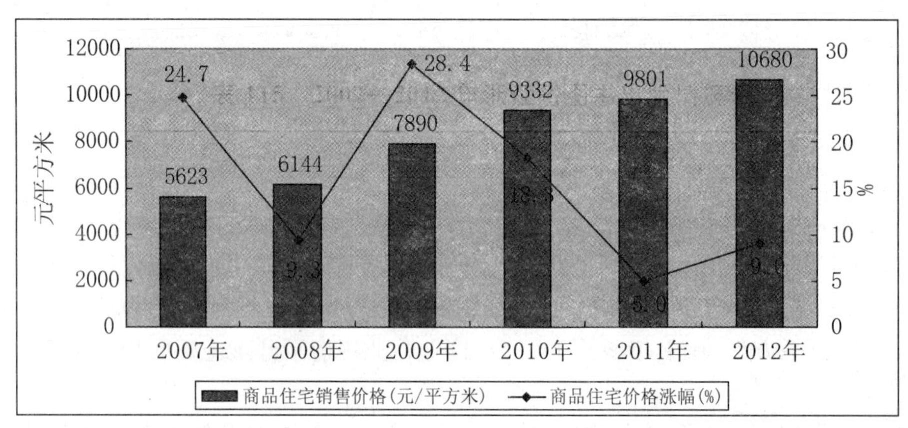


**图12　2007—2012年浙江省商品住宅销售价格及增长**

(3) 土地购置规模大幅下降。

2012年，浙江省房地产企业资金来源共计8985.2亿元，比上年下降了13.3%。银行贷款收紧，国内贷款占房企资金来源的比重逐步降低，房企开始寻求多元化的融资方式，如境外证券市场融资、打造海外融资平台、私募房地产投资基金等。

在筹资困难加大和资金成本上升的背景下，2012年浙江省房地产企业购置土地价款同比大幅下挫。其中，土地购置面积为1256.1万平方米，比上年下降42.6%，同比成交额650.0亿元，同比下降37.9%。这一数据，均大于全国的19.5%和16.7%的降幅。

待开发土地面积回落。2012年底，浙江省房企的待开发土地面积为1909.0万平方米，同比下降27.0%。

# 十一　长三角地区 IT 产业

## 一、长三角地区 IT 产业基本情况

电子信息产业具有集聚创新资源与要素的特征，仍是当前全球创新最活跃、带动性最强、渗透性最广的领域。新一代信息技术正在步入加速成长期，带动产业格局深刻变革。金融危机以来，不仅美国、日本、欧盟等主要发达国家和地区纷纷将发展电子信息产业提升到国家战略高度，以抢占未来技术和产业竞争制高点，巴西、俄罗斯、印度等国也着力发展电子信息产业，其增长尤为迅速，产业竞争在全球范围更加激烈。

长三角地区信息化整体水平已经处于国内领先地位，但与发达国家城市地区相比，仍然存在较大差距，区域内在信息基础网络设施、信息技术应用、信息产业发展等领域的数字鸿沟依然存在，区域信息化合作的深度和广度都还有较大的拓展空间。

## 二、上海市 IT 产业情况

### （一）总体情况

2012 年，上海市信息产品制造业实现工业总产值 6755.12 亿元，信息产业总收入近 9500 亿元。电子商务发展已经渗透到上海国民经济各领域和社会生活各方面，成为促进上海产业结构调整，助推经济社会发展，提升上海企业辐射力和竞争力的重要力量。2012 年上海市经济信息化委员会继续从上海信息化发展专项资金中安排 1000 万资金用于“双推”工程，在 56 项申报平台中遴选出 11 家电子商务“双推”平台企业，涉及供应链管理、文化创意、研发设计、医疗器械、五金交易、商旅服务、金融服务、科技创新产品营销等服务领域，9000 家中小企业获得“双推”专项资金资助

**表 74　2009—2012 年上海市信息服务业经营情况**

| 指标 | 2009 年 | 2010 年 | 2011 年 | 2012 年 |
|---|---|---|---|---|
| 信息服务业经营收入（亿元） | 1700.03 | 1978.51 | 2251.63 | 2593.95 |
| ＃软件和信息技术服务业 | 965.77 | 1145.10 | 1302.89 | 1571.46 |
| 信息服务业从业人员（万人） | 29.42 | 31.20 | 33.51 | 39.36 |
| ＃软件和信息技术服务业 | 21.84 | 23.25 | 25.31 | 30.18 |

数据来源：《上海市统计年鉴》（2013）

**表 75　2012 年信息产品制造业主要指标**　　亿元

| 指标 | 工业总产值 | 工业销售产值 | 年末资产总计 | 主营业务收入 | 利润总额 | 税金总额 |
|---|---|---|---|---|---|---|
| 总　计 | 6755.12 | 6637.41 | 4298.50 | 6872.97 | 155.51 | 42.78 |
| 通信设备制造 | 723.43 | 708.45 | 554.95 | 715.09 | 13.46 | 2.42 |
| 雷达及配套产品制造 | 1.02 | 1.02 | 0.94 | 1.02 | 0.06 | 0.08 |

（续表）

| | | | | | | |
|---|---|---|---|---|---|---|
| 广播电视设备制造 | 12.66 | 12.71 | 10.86 | 12.84 | 0.35 | 0.26 |
| 电子计算机制造 | 3513.57 | 3463.42 | 1244.60 | 3607.63 | 18.43 | 8.63 |
| 家用视听设备制造 | 199.13 | 197.44 | 95.24 | 202.60 | 2.75 | 0.79 |
| 电子测量仪器制造 | 153.68 | 152.53 | 146.25 | 161.53 | 18.31 | 4.26 |
| 电子专用设备制造 | 240.98 | 235.78 | 225.85 | 240.46 | 12.35 | 4.88 |
| 电子元件制造 | 663.70 | 656.22 | 631.92 | 663.93 | 30.75 | 8.99 |
| 电子器件制造 | 635.94 | 622.61 | 901.49 | 642.06 | 30.98 | 3.96 |
| ♯集成电路制造 | 326.16 | 323.95 | 569.03 | 326.04 | 19.20 | 2.34 |
| 电子机电产品制造 | 581.87 | 558.73 | 445.60 | 597.28 | 26.96 | 8.04 |
| 电子专用材料制造 | 29.14 | 28.52 | 40.78 | 28.52 | 0.94 | 0.46 |

数据来源:《上海市统计年鉴》(2013)

**表 76　2008—2012 年上海市规模以上计算机、通信和其他电子设备制造业主要指**　亿元

| 指　标 | 单位数（个） | 从业人员（万人） | 工业总产值 | 出口交货值 | 资产总计 | 负债合计 | 主营业务收入 | 利润总额 | 税金总额 |
|---|---|---|---|---|---|---|---|---|---|
| 2008 年 | 830 | 36.45 | 5266.68 | 4229.97 | 2685.35 | 1699.49 | 5421.55 | 44.93 | 18.68 |
| 2009 年 | 798 | 37.10 | 4844.88 | 3739.07 | 2811.72 | 1881.13 | 5055.94 | −9.31 | 15.41 |
| 2010 年 | 719 | 40.73 | 6026.91 | 4763.57 | 3004.65 | 1971.27 | 6132.25 | 142.68 | 18.29 |
| 2011 年 | 499 | 43.40 | 6085.22 | 4686.43 | 3317.39 | 2171.17 | 6111.58 | 119.43 | 17.19 |
| 2012 年 | 500 | 46.77 | 5745.38 | 4346.99 | 3389.09 | 2141.67 | 5842.41 | 97.96 | 23.39 |

注:2012 年数据按新行业标准统计,与 2011 年(含)以前数据不可比较

数据来源:历年上海市统计年鉴

## （二）产业发展方向

### 1.软件产业

面向汽车电子、轨道交通、终端设备领域,大力发展嵌入式软件和信息服务;聚焦“两化融合”,加快工业软件的研发和应用;推进基础软件的研发和产业化应用,初步实现具有自主知识产权的基础软件和嵌入式软件产品链,形成面向重点行业的完整软件产品体系;依托人才和产业优势,发展高端信息服务外包,提升软件产业能级,形成全面支撑上海经济和社会发展的服务能力,成为现代服务业的新亮点。

### 2.电子商务

通过专项资金、融资担保等政策突破,聚焦先进制造业、现代服务业的重点领域,推动面向行业、区域、中小企业的第三方电子商务平台发展。加快推进信用、认证、标准、支付和现代物流等电子商务支撑体系建设,优化应用发展环境。完善电子商务投诉调解、法律服务等服务机制建设。深入开展电

子商务进社区、进校园推广实践活动，进一步提高公众对电子商务的认知，加强电子商务人才培养。

### 3.金融信息服务业

完善银行卡业务领域应用系统，发挥跨行交易清算系统在银行卡产业中的核心、枢纽作用，不断扩大 POS 系统的应用范围和领域。以证券和保险领域应用软件为切入点，重点加快研发面向证券和保险机构客户的实时交易及信息服务软件。提高互联网技术在金融数据服务中的应用水平，面向不同细分领域和客户，支持金融信息服务的模式创新、业务拓展和市场竞争力的提高。

### 4.航运信息服务业

提高信息技术在电子通关、政府监管、电子支付、物流信息等方面的应用水平，形成一批专业信息服务系统。完成适用于物流供应链管理的电子标签装备技术开发，逐步实现产品产业化、规模化。建立航运综合信息共享平台，形成港口、航运、物流、监管等信息共享和应用体系，推动长三角、长江流域航运市场联动发展。建立以港口为核心的公共信息服务平台，实现各单位之间信息的交换和共享。建立面向航运产业链中小企业客户的公共信息服务平台。推动平台与国际、国内相关平台的对接，实现信息资源的互联互通。

### 5.数字出版产业

推动数字出版产业公共服务平台建设，整合行业资源，有效降低创新创业成本。支持建立大型数字出版数据库，通过对传统出版内容的数据处理、整合、分类及管理和应用，实现内容资源的充分共享和利用最大化。以项目驱动为主要抓手，鼓励数字出版企业研发原创内容产品，创新商业经营模式。借鉴国外数字阅读终端推广模式，整合上海数字阅读终端研发与生产企业、国家数字出版基地资源、3G 移动运营及互动娱乐企业等，在上海建立完整的数字阅读器产业链。

### 6.网络视听产业

鼓励网络视听企业通过上市、兼并重组等方式，扩大发展规模；支持企业探索新的业务形态和经营模式。加快在上海建设国家级电信视讯中心和移动视频产品创新基地，带动内容创作、视频技术开发、新媒体研发等网络视听产业链发展。大力发展基于 3G、下一代广播电视网(NGB)和中国移动多媒体广播(CMMB)等新传输方式的内容产业链。加快开发无线视频、有线视频和各种终端多媒体等业务，依托电信运营商和信息服务提供商，开发 3G、NGB 和 CMMB 网络增值业务和应用服务系统，带动应用产业

## （三）推进产业发展的政策措施

(1) 加强统筹规划，形成产业发展合力。按照《国务院关于加快发展服务业的若干意见》精神，抓紧制定促进信息服务业发展的意见。将市软件产业联席会议调整为市软件和信息服务业联席会议，成员单位包括市经济信息化委、市发展改革委、市商务委、市教委、市科委、市财政局、市建设交通委、市文广影视局、市税务局、市质量技监局、市新闻出版局、市知识产权局、市交通港口局、市旅游局、市金融办、市通信管理局等部门，负责全市信息服务业发展的规划计划，制定相关政策，协调推进重大项目实施。

(2) 聚焦重点领域，加强产业引导和培育。设立的自主创新和高新技术产业发展重大项目专项资金、服务业引导资金、软件和集成电路产业发展专项资金、文化产业发展专项资金、信息化发展专项资金等，聚焦支持信息服务业发展，重点支持重大项目研发、技术成果转让和产业化；支持产业关键共性技术、服务产品的开发及产业化；支持产业基地、园区和公共技术服务平台建设；支持国家和市级重大项目建设；支持品牌培育、商业模式创新、标准研究制定等产业环境建设。

(3) 加强行业共性技术研究，提高产业自主创新能力。面向大规模信息服务需求，建立以企业为主体，市场为导向，产学研用相结合的技术创新体系，支持企业在云计算、虚拟化、高性能计算、海量数据存储和管理、系统安全等前沿技术领域开展创新型研究，突破远程信息服务，信息获取等关键技术，探索信息服务新模式。支持公共技术服务平台建设，有效减低企业研发成本，推动产业技术升级，提升产业自主创新水平。

(4) 加快产业基地和产业园区建设，促进产业集聚发展。以浦东综合配套改革为契机，加快国家软件产业基地、国家软件出口基地建设。在国家认可的开发区内，加快建设网络游戏、网络视听、数字出版、电子商务等相关产业基地。有条件的区县，建设具有特色的信息服务业专业园区。鼓励电信运营企业为园区提供优质低价的电信网络服务。支持园区为入驻企业提供机房、培训中心等公共基础设施服务。

(5) 支持企业上市融资，鼓励企业做大做强。出台支持企业上市融资的专项政策，对符合条件的企业在境内外上市融资，按照筹备上市进程，在改制、申报和上市发行三个阶段，分别给予资金补贴。出台支持企业兼并重组专项政策，支持企业通过兼并、收购、重组等方式进行产业链上下游整合，对完成兼并重组非关联企业，年销售额达到一定规模的企业，给予相应的资金补贴，对符合国家规定的可享受软件企业相关税收优惠政策。

(6) 加强公共服务体系建设，支撑、服务产业发展。坚持“政府引导、企业主体、市场运作”原则，依托产业基地、产业园区、中介机构和龙头企业，建设一批面向行业的公共技术服务平台。建立完善信息服务业统计和评估体系，建立健全信息服务业发展监测、预警、预测制度，密切跟踪、及时反映国内外信息服务业发展最新动态与趋势。

(7) 构建信息服务业多元化投融资体系，形成良性发展机制。建立健全以政府投入为导向、企业投入为主体、社会投入和外资投入为重要渠道，与市场经济及国际惯例接轨的多元化投融资体系，鼓励民间资本、社会资本和外资投入信息服务业领域。完善风险投资机制，鼓励股权投资基金和风险投资基金加大对信息服务业的投资力度。鼓励金融机构创新体制机制、拓宽服务领域，加大对信息服务业的金融支持。积极推动具备条件的企业上市。

(8) 加快标准体系建设和知识产权保护，规范产业发展软环境。鼓励企业参与信息服务业领域相关国家标准乃至国际标准的制订、修订；加快面向产业链和核心产品的标准体系研究，支持企业建立以技术标准为主体、管理标准和工作标准相协调的标准体系。引导企业加大知识产权投入，申请国内外专利；鼓励企业依法组建知识产权保护联盟，提高知识产权保护能力和水平；鼓励企业在国内外注册商标、创建品牌；鼓励企业登记软件和其他各类作品的著作权；加大知识产权保护执法力度，严厉打击各种侵权、盗版、制假、贩假等违法行为。

(9) 加强信息服务业招商引资和国际交流，拓展提升软件和信息服务业新业态、新领域。按照政府推动、市场运作的方式，搭建信息服务业招商引资和国际合作交流平台。加大引进世界500强企业中的信息服务业企业力度，鼓励企业将总部、地区总部、采购中心、研发中心、数据中心、呼叫中心等落户上海。支持企业走向国际市场，进行境外战略性投资，或在境外建立国际营销渠道。不断提升上海动漫产业等数字内容相关产业的发展水平，积极培育和拓展即时通信、社交网络、博客、对等网络等新兴信息服务业业务在上海的发展，促进形成产业规模。

(10) 实施国产基础软件和工业软件振兴计划。在电子政务建设中应采购国产基础软件，逐步实现国产基础软件的替代应用。支持构建上海国产软件应用推进联盟，建设一批具有典型带动作用的示范项目。构建产学研用相结合的工业软件联盟，支持钢铁、石化、船舶、汽车、轨道交通、电站设备、航空航天等领域的工业软件研发设计和应用实施，促进信息化与工业化融合。

## 三、江苏省IT产业情况

### （一）总体情况分析

2012年，江苏省电子信息产品制造业受复杂多变的国内外经济环境影响，呈现小幅波动、震荡上行的发展态势。全年全行业共实现主营业务收入25535亿元，同比增长11.3%，增速比1—11月份提高0.3个百分点，其中12月当月实现主营业务收入2288亿元，同比增长13.7%。主要呈现以下特点：

(1) 内资企业产值增速高于三资企业。内资企业的产值增幅明显快于常年占据电子信息行业半壁江山的外商及港澳台企业：内资企业实现产值8502亿元，同比增长20.1%，占全行业的比重由2011年的29.9%提高到2012年的32.3%；三资企业实现产值17822亿元，同比增长7.5%，其中外资企业实现产值13081亿元，同比增长5.8%，港澳台资企业实现产值4741亿元，同比增长12.5%。

(2) 内销增速稳步提高。2012年，江苏省电子信息产品制造业实现内销产值13186亿元，同比增长15.0%，内销对全行业增长贡献率为70.9%；实现出口交货值12605亿元，同比增长5.9%，出口交货值增速始终低于全行业增速。全行业出口依存度为48.9%，比去年同期降低2个百分点。

(3) 苏中、苏北占比进一步提高。2012年全年苏北地区产业发展增速始终高于苏南和苏中，苏北5市共实现主营业务收入2102亿元，同比增长40.3%，占江苏省产业比重由去年的6.5%提高到8.2%；苏中地区实现主营业务收入4014亿元，同比增长16.7%，占江苏省产业比重由去年的15%提高到15.7%；苏南地区实现主营业务收入19419亿元，同比增长7.8%。

(4) 重点产品产量5升3降。重点监测的8种电子信息产品中，产量同比下降的产品为3种，整机产品增速总体高于电子元器件。2012年，集成电路产量为293亿块，同比增长14.5%；光缆产量为6271万芯千米，同比增长33.2%；半导体分立器件产量为1498亿只，同比增长32.7%；显示器产量为3246万台，同比增长18.1%；微机产量为8862万台，同比增长2.0%，其中笔记本电脑产量为7487万台，同比下降3.3%；彩电产量为1432万台，同比下降17.9%；数码相机产量为2713万台，同比下降7.0%。

**表77 江苏省规模以上计算机、通信和其他电子设备制造业主要经济指标（一）** 亿元

| 指标 | 单位数（个） | 工业总产值 | 工业销售产值 | 出口交货值 | 主营业务收入 | 主营业务成本 | 利润总额 | 利税总额 | 从业人员数（万人） |
|---|---|---|---|---|---|---|---|---|---|
| 2008年 | 2062 | 9679.44 | 9710.01 | 7090.57 | 9733.70 | 8803.48 | 501.28 | 647.27 | 165.78 |
| 2009年 | 2806 | 10457.08 | 10305.71 | 7189.35 | 10243.61 | 9306.76 | 455.66 | 612.03 | 156.82 |
| 2010年 | 2983 | 12932.00 | 12856.41 | 9076.26 | 12859.82 | 11645.60 | 639.82 | 835.64 | 184.68 |
| 2011年 | 2409 | 14714.02 | 14578.72 | 10115.62 | 14700.52 | 13339.28 | 641.39 | 837.74 | 185.03 |
| 2012年 | 2594 | 16176.85 | 16049.59 | 11458.94 | 16141.30 | 14703.44 | 688.75 | 979.20 | 188.42 |

注：2011年数据按新行业标准统计，与2010年（含）以前数据不可比较

数据来源：历年江苏省统计年鉴

表78 江苏省规模以上计算机、通信和其他电子设备制造业主要经济效益指标(二)

| 指标 | 企业亏损面(%) | 产值利税率(%) | 销售利税率(%) | 资金利税率(%) | 资产负债率(%) | 流动资产周转次数(次/年) | 成本费用利润率(%) | 产品销售率(%) | 总资产贡献率(%) |
|---|---|---|---|---|---|---|---|---|---|
| 2008年 | 21.27 | 6.52 | 6.65 | 11.70 | 55.52 | 2.99 | 5.43 | 97.81 | 11.40 |
| 2009年 | 20.35 | 5.85 | 5.97 | 10.15 | 55.19 | 2.72 | 4.67 | 98.55 | 9.85 |
| 2010年 | 15.49 | 6.46 | 6.50 | 11.46 | 54.47 | 2.72 | 5.25 | 99.42 | 11.05 |
| 2011年 | 20.30 | 5.69 | 5.70 | 10.56 | 55.62 | 2.84 | 4.61 | 99.08 | 10.22 |
| 2012年 | 23.21 | 6.05 | 6.07 | 11.76 | 53.93 | 3.01 | 4.48 | 99.21 | 11.36 |

数据来源:历年江苏省统计年鉴

## (二)产业发展方向

### 1.集成电路产业

依托骨干企业,推进重点项目建设,提高芯片制造工艺水平。重点支持先进工艺技术、关键材料、关键装备的研发以及技术路线图的编制和重要技术标准的制订。发展重点整机产品所需要的集成电路、国内优势电子产业所需的集成电路、已实现应用的通用芯片产品。鼓励和支持掌握核心技术和先进制造能力的跨国集成电路制造企业加大在江苏省的投资,增设生产基地和研发中心。完善集成电路设计的支撑服务体系,引导芯片设计企业与整机制造企业加强战略合作,推进国家级微电子产业基地建设,进一步建设集成电路公共技术服务平台。

### 2.新型平板显示产业

大力支持TFT-LCD(薄膜晶体管液晶显示)产业发展,重点推动液晶显示上下游配套产业发展,进一步促进产业集聚。支持重点骨干企业建设6代及以上高世代TFT-LCD面板生产线,鼓励引进配套液晶电视、液晶显示器等整机生产企业,推动液晶电视向3D(三维)化、网络化发展。积极支持彩色滤光片、玻璃基板、偏光片、发光二极管(LED)背光源、液晶材料等高端材料和专用设备的开发和产业化,提高配套能力。着力推进OLED(有机发光显示)产品的生产及应用,以中小尺寸OLED显示屏为重点,大力发展主动式OLED显示器件,加快装备、材料等产业链配套的布局。积极关注激光等投影显示技术的产业化。

### 3.现代通信和网络

以国家建设新一代宽带无线移动通信网、下一代互联网和NGB(下一代广播电视网)为契机,发挥江苏省创新优势,加快开发适应新一代基础网络的新业务,支持开发基于先进技术的系统设备和应用终端,加快光纤接入网络建设。大力推进以IPv6(下一代互联网协议)、IMS(交互式多媒体)为核心的多媒体业务网技术、高性能多业务承载网技术以及端到端网络保障技术等领域的研发和产业化,普及IPTV(交互式网络电视)、手机电视等新技术应用,带动系统和终端产品的升级换代。结合"新一代宽带无线移动通信网"重大专项的实施,大力推进TD-LTE(TD长期演进)相关标准的制定,努力突破关键技术,加快产业化进程。吸引大型通信企业的研发机构落户江苏省。

### 4.计算机产业

推动笔记本计算机、高性能服务器、海量存储设备、工业控制计算机等产品的研发和产业化,由台式计算机向便携式计算机、低成本计算机、一体机等多样化产品形态发展。重点突破笔记本计算机设计制造的关键技术，加快建立笔记本计算机设计研发中心，实现笔记本计算机的自主设计和制造，突破计算机产业发展的瓶颈。支持研发笔记本计算机的系统设计、主板设计、结构设计、散热设计以及配套所需高集成度板卡、超薄高效电源、硬盘驱动器、固态盘、高容量电池等零组件的研发和制造生产，形成以设计为核心、制造为基础、品牌为目标以及关键零部件为配套的自主可控发展的计算机产业体系。大力推动基于"龙芯"、"众志"等国产CPU(中央处理器)的高性能计算机和低成本计算机的研发，支持税控机、打印机、存储设备等自主知识产权产品的研发与产业化。

**5.物联网产业**

在射频识别与传感节点技术、组网与协同处理、系统集成、应用抽象及标准化、共性支撑等领域攻克一批制约物联网产业发展和应用推广的核心关键技术，推动应用创新及产业化。着力打造传感器与传感节点、射频识别设备、物联网芯片、中间件、系统集成、网络与内容服务、智能控制系统及设备等产业。支持发展微纳器件、集成电路、网络与通信设备、微能源、新材料、计算机等与物联网相关的支撑产业。利用物联网大规模产业化和应用对传统产业的重大影响，重点推进带动效应明显的关联产业发展。

**6.电子装备产业**

加强技术研发和国际合作，推动电子专用装备的研发以及生产企业与下游用户的合作，加强设备开发与产品工艺配合，形成产用互动的良性发展机制。重点围绕集成电路、平板显示器件、太阳能电池、整机加工等领域，实现制造装备与成套工艺的重点突破和产业化，形成配套能力。支持利用信息技术和产品对数控机床、轻工机械、纺织装备、工控设备、仪器仪表等装备制造业进行技术改造升级，鼓励冶金、石化、煤炭等行业应用信息技术进行工艺流程改造。

## （三）推进产业发展的政策措施

(1) 加强规划宣贯引导。加强对规划的宣贯，对规划中明确的重点领域和重点任务进行目标任务分解，做好规划落实工作。支持和鼓励省内各地区紧密结合实际，研究制订各地电子信息产业"十二五"发展规划或行动计划，引导产业健康发展。密切跟踪国内外电子信息产业发展的态势，及时组织开展对产业发展中出现的全局性、战略性、政策性重大问题的研究。组织对规划实施情况进行中期评估，根据评估结果及时对规划进行调整修订。

(2) 加大财税金融支持。认贯彻落实《进一步鼓励软件产业和集成电路产业发展的若干政策》(国发[2011]4号)等支持电子信息产业发展的各项政策措施，统筹运用省各类支持电子信息产业发展的专项资金对重要产业链发展、重大项目建设、核心关键技术研发及人才培养引进等给予重点支持。建立政府与金融机构沟通协调机制，搭建银企对接合作平台，向银行、创业投资机构、基金等金融机构推荐重点发展的电子信息产业项目。鼓励担保机构为中小电子信息企业提供信用担保和融资服务。

(3) 推动集约集聚发展。加强电子信息产业基地及园区的建设，对重点项目建设加大支持力度，加快产业结构调整和优化升级，发挥产业聚集、辐射与带动效应。以基地园区为载体，鼓励和支持各地吸引更多创新水平高、产业带动性强的重大项目落户，促进国内外先进技术加快向江苏省转移和转化。进一步加强电子信息产业及战略性新兴产业示范区、示范工程的建设和推广应用。鼓励企业通过改组、联合、兼并以及上市等多种方式实现规模扩张，做大做强，形成一批具有行业特色、产业优势、规模效应和品牌的龙头企业。

(4) 支持技术进步投入。引导和鼓励企业加大技术创新和技术改造投入，在新一代移动通信、物联网、新型显示、集成电路、新型元器件等领域建设一批国家和省级企业技术中心。鼓励和支持企业申报和参与国家科技重大专项等重点项目，推动企业自主创新能力提升。对参与国际标准、国家标准、行业标准制定的主要单位，予以重点支持。鼓励对行业关键共性技术的攻关，支持和推动具有自主知识产权、技术示范和推广效应显著、市场发展前景良好的技术成果产业化。

(5) 加强人才培养引进。积极开展分层次、分类别的人才教育和培训，满足产业不断发展的需要。支持高等院校设立信息技术相关专业，培养产业发展急需的高层次人才和应用型人才。按照引进海外高层次人才的有关要求，做好人才引进工作，落实好相关政策。制订和落实优惠政策，吸引有技术、资本以及管理才能的海外留学人员来江苏省创新创业。充分利用国际培训基地，积极开辟国外培训渠道。

(6) 提高行业服务水平。完善行业运行监测体系，抓好对重点产业链、重点产品、重点企业和重点项目的跟踪和监测，定期发布行业统计信息。进一步创新行业管理的方式方法，为产业发展营造良好的生态环境。充分发挥行业协会和产业联盟的桥梁和纽带作用，搭建产业发展与交流平台，促进企业之间的交流与合作。

## 四、浙江省 IT 产业情况

### (一) 总体情况

2012 年浙江省电子信息产业发展实现新跨越，规模首次突破万亿元，主营业务收入达到 10388.0 亿元，同比增长 13.7%。其中软件产业实现业务收入 1411.0 亿元，同比增长 31.9%；完成增加值 2013.0 亿元，同比增长 8.1%；实现利税总额 1007.0 亿元，同比增长 13.1%，其中实现利润总额 745.0 亿元，同比增长 13.4%；完成出口交货值 2313.0 亿元，同比下降 2.5%；从业人员达到 102.7 万人。形成通信和计算机网络、软件与信息服务业、电子信息机电和电子元器件及材料等超千亿产业集群 4 个，分别实现主营业务收入 1586.0 亿元、2327.0 亿元、2033.0 亿元和 1916.0 亿元；超百亿元园区(基地)8 家，各基地(园区)集聚效应明显，发展态势良好，产业链日趋完善，有力地促进了区域电子信息产业发展。主要呈现以下特点：

(1) 生产增速继续加快，产业规模实现新跨越。2012 年浙江省电子信息产业总体呈现稳中有升的发展态势，全行业实现增加值 2013.0 亿元，突破两千亿元大关，同比增长 8.1%。其中全省规模以上电子信息制造业增加值 1001.1 亿元，同比增长 6.4%，占全省规模以上工业增加值比重为 9.2%；软件和信息服务业增加值同比增长 34.3%，成为带动全省电子信息产业稳步增长的重要力量。产业规模实现新跨越，2012 年全省电子信息产业全行业规模首次突破万亿元，主营业务收入达到 10388.0 亿元，超额完成万亿目标任务。2012 年全行业增加值占全省 GDP 比重为 5.82%。

(2) 内销驱动增速明显，出口持续回暖趋好。2012 年全省规模以上电子信息制造业完成内销产值 3905.2 亿元，同比增长 6.8%，内销增速高出同期出口交货值增幅 12.4 个百分点。内销产值比重持续上升，达到了 70.0%，比去年同期提高 2.6 个百分点，内销对全行业增长贡献突出，已成为拉动行业增长的主要动力。电子信息制造业完成出口交货值 1670.7 亿元，同比下降 5.6%，低于全省规模以上工业出口增幅 6.9 个百分点。

(3) 效益质量持续改善，盈利水平好于全国平均水平。2012 年浙江省规模以上电子信息制造业实现利税总额 478.2 亿元，同比下降 1.4%，其中实现利润总额 335.0 亿元，同比下降 4.6%，上交税金 143.2 亿元，同比增长 7.1%。经济发展质量和水平明显好于全国电子行业和全省工业平均水平。

(4) 主导产业引领增长，产业集聚发展加快。2012 年浙江省通信及计算机网络、广播电视、信息家电、电子元件、电子信息机电和应用电子等行业产值占全行业比重达 85.0%，其中通信及计算机网络、广播电视、信息家电和电子信息机电等主要行业产值分别增长 7.5%、31.9%、9.5%和 7.1%，对行业贡献继续增强。主要产品增长较快，高端服务器、液晶电视机、笔记本计算机、半导体分立器件、晶圆片和发光二极管(LED)增速明显，分别增长 76.9%、15.8%、3.9%、7.7%、66.6%和 12.4%。产业集聚发展加快，2012 年全省形成了通信和计算机网络、软件与信息服务业、电子信息机电和电子元器件及材料等超千亿产业集群 4 个；超百亿元园区(基地)8 家，各基地(园区)集聚效应明显，发展态势良好，产业链日趋完善，有力地促进了区域电子信息产业发展。

**表 79　2008—2012 年浙江省规模以上计算机、通信和其他电子设备制造业**　亿元

| 指标 | 单位数(个) | 工业总产值 | 出口交货值 | 资产总计 | 主营业务收入 | 利润总额 | 利税总额 | 从业人员(万人) |
|---|---|---|---|---|---|---|---|---|
| 2008 年 | 1584 | 1705.58 | —— | 1322.45 | 1658.90 | 88.49 | 119.64 | —— |
| 2009 年 | 1627 | 1496.57 | 743.24 | 1396.30 | 1457.60 | 78.77 | 111.82 | 31.04 |
| 2010 年 | 1757 | 1965.09 | 913.67 | 1755.63 | 1937.53 | 145.32 | 186.29 | 36.82 |
| 2011 年 | 981 | 2156.41 | 892.10 | 1916.83 | 2103.54 | 173.78 | 223.40 | 35.00 |
| 2012 年 | 1062 | 2262.65 | 854.72 | 2210.61 | 2178.07 | 188.13 | 249.84 | 36.05 |

注：2012 年数据按新行业标准统计，与 2011 年(含)以前数据不可比较

数据来源：历年浙江省统计年鉴

## （二）产业发展方向

### 1. 集成电路产业

以专用芯片设计为突破口，重点支持电子整机与装备产品专用芯片的设计和应用。继续引导和支持国内外芯片制造骨干企业加大在浙江省投资力度，建设集成电路生产制造基地和研发中心。积极推进集成电路设计服务平台建设，不断完善公共技术服务、人才培训、专业孵化和综合服务等功能，推动资源共享，促进产业集聚，打造完整的集成电路产业链。

### 2. 软件与信息服务业

着力推进行业应用软件技术创新和产业升级，大力发展经济和社会领域的行业应用软件、系统集成和整体解决方案。优先发展支撑“两化”深度融合的工业软件、控制软件及其嵌入式软件；积极创新软件与信息服务模式，大力发展电子商务、信息技术增值服务、网络增值服务、数字内容等信息服务业；努力推进在岸和离岸信息服务外包，积极培育和拓展外包服务市场；加快信息安全技术产品的培育发展，提升信息安全产品的产业化程度和服务保障能力；创新服务模式和商业模式，积极培育新的软件和信息服务业态，以满足日益个性和多样化的需求。

### 3. 通信与网络产业

积极发展高端通信制造业，打造具有浙江特色优势的通信与物联网产业。大力发展新一代宽带光通信、移动通信、数字集群、宽带无线接入、专用特种通信和物联网等通信系统设备及关键零部件，以及多功能、多模式的有线、无线个人智能信息终端产品。面向下一代网络、多网融合的发展需求，重点支持发展高性能路由器、Tbit(兆兆位)以上大容量交换设备、智能网关、网络安全等网络关键设备。

围绕物联网应用，研发相应的信息感知、采集、传输、处理、反馈控制系统设备。

**4. 计算机产业**

大力发展具有自主知识产权、掌握核心技术的计算机产业，重点发展高端容错计算机、工业控制计算机、嵌入式计算机以及海量存储设备等产品。结合互联网、移动互联网和消费市场发展趋势，优先发展便携式、低功耗笔记本计算机，以及大尺寸、高性能、触摸型一体式平板计算机，积极培育终端、内容、服务一体化产业链。以云计算应用需求为牵引，重点突破虚拟化、海量存储、负载均衡、并行处理等云计算核心技术，支持低功耗、高可靠、高性能、多核服务器设备，云存储系统、云服务终端等云计算关键产品的研发与产业化。

**5. 新型显示与光电子产业**

大力发展液晶(TFT—LCD)、等离子(PDP)、有机电致发光显示器件(OLED)、3D显示、电子纸等新型显示技术产品，加快推进显示材料、面板、驱动电路及模组、触摸屏等产品的研发及产业化；加快发展发光二极管(LED)产业，重点发展LED外延、衬底、芯片、封装测试及集成应用；大力推进光有源/无源器件、光交换器件、光集成器件、大功率激光器，以及光存储、微光机电系统等光电子产品的研发与产业化。

**6. 新型电子元器件及材料产业**

按照片式化、微型化、高频化、集成化、绿色化、高端化的发展方向，重点支持平板显示、半导体照明、太阳能光伏、通信网络、数字音视频、集成电路、应用电子等领域的新型关键元器件及材料的研发与产业化，重点突破高端配套应用市场和本地化配套能力，提高产品附加值和技术含量，支撑下游产业跨越式发展。

## （三）推进产业发展的政策措施

(1) 加大规划引导和政策落实，加强信息产业的扶持力度。推进落实《浙江省电子信息产业"十二五"发展规划》。继续深入贯彻落实《进一步鼓励软件产业和集成电路产业发展若干政策》(国发〔2011〕4号)有关内容，组织实施软件企业、国家规划布局内重点软件企业、集成电路设计企业等的资质认定和高新技术企业认定，全面落实相关税收政策。

(2) 加快推进国家和省重大专项，集中力量突破行业核心技术。积极组织实施国家"核高基"(核心器件、高端芯片和基础软件)和"新一代宽带无线移动通信网"，以及国家电子发展基金项目、国家集成电路研发专项等，支持电子信息前沿核心技术攻关。继续组织实施省电子信息转型升级专项，突破一批对全省经济发展方式转变和信息产业优化升级有积极推动作用的关键技术。加大在集成电路、软件与信息服务、新一代移动通信、平板显示、半导体照明、物联网等新一代信息技术产业的技术创新投入，进一步优化全省电子信息产业结构，不断增强行业发展后劲和竞争力。

(3) 着力培育优势企业，促进行业块状经济向现代产业集群发展。继续鼓励企业做大做强，通过环境营造、机制创新、项目支持等方式，鼓励有实力的大公司大集团以收购、兼并、参股等多种方式进行重组，推动行业整合。重点支持全省行业内全国百强企业(电子信息百强、软件百强、电子元件百强)和全省"50强"重点优势企业(电子制造30强、出口10强、软件10强)的发展。加强对已认定为全省块状经济向现代产业集群转型升级示范区的指导、服务和支持力度，加强与市、县的联动，合力推进块状经济向现代产业集群转型升级。继续推进和强化国家级电子信息产业基地(园区)和省级信息产业特色基地(园区)的基础设施、公共服务平台建设，做好省级信息产业基地(园区)的复核工作。围绕电子信息产业发展重点和热点行业，组织相关企业、院校等单位，建立产业联盟，加强区域产业协作配

套能力和分工体系建设。

(4) 加强产业统计和经济运行监测分析,完善标准化和质量工作体系。加强全行业统计、经济形势分析、信息发布和重点企业发展情况的监测预警工作,加强对行业出现的新情况、新问题跟踪研究,提高行业发展趋势预测和指导能力。加强行业标准化技术组织的管理,引导省内电子信息企业单位牵头或参与国家和行业标准的制定,完善电子信息行业质量管理体系。围绕电子信息产业发展重点和热点行业,组织相关企业、院校等单位,建立产业联盟,加强区域产业协作配套能力和分工体系建设,努力打造自主品牌。

(5) 积极实施“引进来”和“走出去”战略,鼓励外资、民资进入电子信息产业。加大吸引国际高端电子信息产业向浙江省转移的力度,对符合条件的电子信息跨国公司地区总部落户给予政策支持;支持企业开展与跨国公司的研发合作,设立联合研发中心,促进国际间的技术和产业转移;鼓励企业“走出去”,支持企业建立海外研发基地和海外分支机构,对外进行并购重组。贯彻落实《浙江省关于鼓励和引导民间投资健康发展的实施意见》,进一步鼓励和引导民间投资进入新一代信息技术产业。

(6) 加强人才队伍建设,提高产业支撑能力。创新人才培养机制,大力培养专业技术人才,重点培养高水平复合型人才;推进校企合作办学,建立人才培养和实训基地,鼓励采用“订单式”教育、“定制式”培养等方式,培养适应市场需求的实用型人才;实施企业家培育工程,加强对企业特别是中小企业经营管理者培训,提高企业经营管理者队伍整体素质和水平。优化人才发展环境,完善人才激励机制,大力引进海内外高端人才和行业发展的领军型人才;鼓励各地政府制定并落实优惠政策,在住房保障、子女就学、户籍迁移、社会保障等方面给予支持,营造良好的人才创新创业和留住人才的环境与氛围。

# 十二　长三角地区旅游业[①]

旅游业是战略性产业，资源消耗低，带动系数大，就业机会多，综合效益好。改革开放以来，我国旅游业快速发展，产业规模不断扩大，产业体系日趋完善。当前我国正处于工业化、城镇化快速发展时期，日益增长的大众化、多样化消费需求为旅游业发展提供了新的机遇。同时，旅游业在保增长、扩内需、调结构等方面也发挥着积极作用。

## 一、长三角地区旅游业基本情况

国际旅游方面，2012 年，长三角地区共接待入境游客 2457.87 万人次，比 2011 增长 5.6%，增幅同比下降 0.8 个百分点；其中外国游客 1778.76 万人次，增长 4.6%，增幅同比下降 2.6 个百分点；旅游创汇 170.34 亿美元，增长 6.3%，增幅同比上升 0.3 个百分点。

国内旅游方面，2012 年，长三角地区共接待国内游客 11.06 亿人次，比 2011 年增长 12.2%，增幅同比下降 1.8 个百分点；实现国内旅游收入 13756.19 亿元，增长 17.2%，增幅同比下降 1.8 个百分点。

表 80　2008—2012 年长三角地区旅游业基本情况

| 指标 | 国际旅游业 | | | 国内旅游业 | |
|---|---|---|---|---|---|
| | 接待入境旅游人数（万人次） | 其中：外国人 | 国际旅游外汇收入（亿美元） | 接待国内旅游人数（亿人次） | 国内旅游收入（亿元） |
| 2008 年 | 1724.34 | 1269.64 | 119.31 | 5.80 | 6585.59 |
| 2009 年 | 1756.38 | 1263.41 | 120.36 | 6.65 | 7786.98 |
| 2010 年 | 2189.38 | 1586.54 | 151.18 | 8.65 | 9855.76 |
| 2011 年 | 2328.59 | 1701.26 | 160.30 | 9.86 | 11733.01 |
| 2012 年 | 2457.87 | 1778.76 | 170.34 | 11.06 | 13756.19 |

## 二、上海市旅游业基本情况

### （一）国际旅游情况

上海市入境旅游人数出现小幅下降，其中，东南亚、欧美主要客源国游客明显减少。2012 年，上海市接待入境游客 800.40 万人次，比去年下降 2.1%；其中外国人 633.03 万人次，比去年下降 2.4%；入境游客平均逗留时间 3.34 天/人，比去年略降 0.08 天/人；旅游创汇 55.82 亿美元，比去年下降 4.3%。从外国游客的国别来看，日本仍是上海市的第一大客源国，2012 接待日本游客 136.05 万人次，比 2011 年下降了 8.0%，占外国人总数的 21.5%；第二大客源国是美国，2012 年接待美国游客

① 注：如无特别说明，原始数据皆来自于相关年份的《中国统计年鉴》、《上海统计年鉴》、《江苏统计年鉴》和《浙江统计年鉴》。

80.48万人次，比2011年下降2.1%，占外国人总数的12.7%。2012年来上海市旅游的港澳同胞为63.33万人次，比2011年下降4.5%；来上海市旅游的台湾同胞为104.04万人次，比2011年增长1.1%。

**表81　2008—2012年上海市国际旅游入境人数**

| 指标 | 2008年 | 2009年 | 2010年 | 2011年 | 2012年 |
|---|---|---|---|---|---|
| 国际旅游入境人数(万人次) | 640.37 | 628.92 | 851.12 | 817.57 | 800.40 |
| #外国人 | 507.40 | 489.74 | 665.63 | 648.31 | 633.03 |
| #日本 | 121.55 | 124.38 | 152.47 | 147.94 | 136.05 |
| 新加坡 | 18.43 | 18.43 | 23.5 | 22.79 | 21.19 |
| 德国 | 24.73 | 23.11 | 29.52 | 30.33 | 30.63 |
| 法国 | 17.98 | 16.41 | 24.86 | 21.21 | 21.46 |
| 英国 | 19.09 | 17.54 | 20.94 | 21.43 | 21.57 |
| 意大利 | 8.84 | 8.23 | 11.49 | 10.99 | 11.73 |
| 加拿大 | 11.59 | 12.37 | 20.97 | 18.69 | 19.52 |
| 美国 | 62.98 | 59.17 | 80.79 | 82.17 | 80.48 |
| 澳大利亚 | 14.57 | 14.08 | 21.33 | 21.52 | 21.47 |
| 港澳同胞 | 52.38 | 54.05 | 77.47 | 66.34 | 63.33 |
| 台湾同胞 | 80.59 | 85.13 | 108.02 | 102.92 | 104.04 |
| 平均每天来沪旅游人数(人次/天) | 17544 | 17231 | 23382 | 22399 | 21929 |
| 来沪旅游者平均逗留天数(天/人) | 3.72 | 3.60 | 3.51 | 3.42 | 3.34 |
| 国际旅游(外汇)收入(亿美元) | 50.27 | 47.96 | 64.05 | 58.35 | 55.82 |

## （二）国内旅游情况

上海市国内旅游市场的稳定增长确保了旅游产业继续保持增长态势。2012年上海市共接待国内游客25093.69万人次，比上年增长8.7%。全年实现国内旅游收入3224.39亿元，比上年增长15.7%。国内旅游者的人均旅游消费总支出为1284.94元，比上年增加77.56元，国内游客在沪平均逗留天数为4.1天。

**表82　2008—2012年上海市国内旅游发展人数和人均消费支出**

| 指　　标 | 2008年 | 2009年 | 2010年 | 2011年 | 2012年 |
|---|---|---|---|---|---|
| 国内旅游者来沪人数(万人次) | 11006 | 12361 | 21463 | 23079 | 25094 |
| 外省市来沪旅游人数(万人次) | 7842 | 8484 | 11255 | 10877 | 11496 |
| 本市市民在本地旅游人数(万人次) | 3164 | 3877 | 10208 | 12202 | 13598 |

（续表）

| | | | | | |
|---|---|---|---|---|---|
| 国内旅游者人均消费支出(元) | 1465 | 1548 | 1175 | 1207 | 1285 |
| ＃长途交通费 | 156 | 168 | 139 | 128 | 133 |
| 住宿费 | 206 | 224 | 168 | 137 | 145 |
| 餐饮费 | 212 | 235 | 153 | 146 | 150 |
| 购物费 | 609 | 596 | 453 | 519 | 572 |
| 门票费 | 99 | 112 | 131 | 123 | 144 |
| 娱乐费 | 42 | 57 | 42 | 34 | 38 |
| 市内交通费 | 81 | 81 | 53 | 47 | 48 |
| 邮电通信费 | 31 | 27 | 14 | 8 | 8 |
| 国内旅游收入(亿元) | 1612.38 | 1913.48 | 2521.90 | 2786.54 | 3224.39 |

## （三）旅行社接待经营情况

2012年，上海市旅行社共接待入境旅游者1018.27万人次，比去年增长5.8%；接待国内游客925.42万人次，比去年增长6.4%；组织出境游175.40万人次，比去年增长32.4%。实现营业收入574.28亿元，比去年增长32.4%；实现利润总额8.34亿元，比去年增长30.5%。

**表83 2008—2012年上海市旅行社接待经营情况**

| 指标 | 2008年 | 2009年 | 2010年 | 2011年 | 2012年 |
|---|---|---|---|---|---|
| 接待境内外来沪旅游者(万人次) | 853.95 | 885.92 | 1239.28 | 962.88 | 1018.27 |
| 境外旅游者 | 90.21 | 88.44 | 158.325 | 93.02 | 92.85 |
| ＃外国人 | 88.26 | 86.52 | 147.79 | 81.88 | 80.68 |
| 中国香港 | 1.10 | 0.66 | 4.47 | 5.10 | 4.44 |
| 中国澳门 | 0.01 | 0.01 | 0.08 | 2.01 | 2.26 |
| 中国台湾 | 0.84 | 1.25 | 5.91 | 4.03 | 5.47 |
| 境内旅游者 | 763.75 | 797.48 | 1081.03 | 869.86 | 925.42 |
| 出境旅游者(万人次) | 73.83 | 86.04 | 116.86 | 132.44 | 175.40 |
| 经营和财务状况 | | | | | |
| 营业收入(亿元) | 234.52 | 247.57 | 341.88 | 433.78 | 574.28 |
| 利润总额(亿元) | 1.70 | 1.95 | 4.02 | 6.39 | 8.34 |

## （四）住宿业接待经营情况

2012年，上海市共有旅游星级饭店278家，比上年少19家；客房6.49万间，比上年少0.22万间；床位9.99万张，比上年少0.35；客房平均出租率为56.9%，比上年增长1.8个百分点；营业收入

180.89 亿元，比上年增长 2.8%。

**表 84　2008—2012 年上海市旅游饭店及五星饭店基本情况**

| 指标 | 合计 | | | | | 其中：五星级饭店 | | | | |
|---|---|---|---|---|---|---|---|---|---|---|
| | 饭店数（个） | 客房数（万间） | 床位数（万张） | 客房平均出租率（%） | 营业收入（亿元） | 饭店数（个） | 客房数（万间） | 床位数（万张） | 客房平均出租率（%） | 营业收入（亿元） |
| 2008 年 | 310 | 6.13 | 9.82 | 55.4 | 154.59 | 37 | 1.62 | 2.27 | 59.9 | 79.59 |
| 2009 年 | 298 | 6.13 | 9.70 | 50.2 | 131.53 | 38 | 1.64 | 2.32 | 53.5 | 66.86 |
| 2010 年 | 298 | 6.51 | 10.10 | 65.7 | 190.52 | 44 | 1.96 | 2.69 | 68.0 | 98.28 |
| 2011 年 | 297 | 6.71 | 10.34 | 55.1 | 175.98 | 53 | 2.35 | 3.28 | 58.3 | 97.70 |
| 2012 年 | 278 | 6.49 | 9.99 | 56.9 | 180.89 | 55 | 2.43 | 3.38 | 59.1 | 101.59 |

## 三、江苏省旅游业基本情况

### （一）国际旅游情况

2012，江苏省年接待入境游客 791.54 万人次，比上年增长 7.4%；其中接待外国人 575.21 万人次，增长 6.9%。旅游创汇 63.00 亿美元，增长 11.4%。

**表 85　2008—2012 年江苏省接待海外旅游者人数和收入**

| 指标 | 2008 年 | 2009 年 | 2010 年 | 2011 年 | 2012 年 |
|---|---|---|---|---|---|
| 接待人数（万人次） | 544.30 | 556.83 | 653.55 | 737.33 | 791.54 |
| 外国人 | 396.11 | 396.07 | 473.50 | 537.91 | 575.21 |
| 香港同胞 | 49.75 | 54.04 | 56.96 | 65.60 | 71.51 |
| 澳门同胞 | 5.47 | 7.04 | 7.17 | 7.45 | 8.14 |
| 台湾同胞 | 92.97 | 99.68 | 115.93 | 126.37 | 136.67 |
| 旅游外汇收入（亿美元） | 38.80 | 40.16 | 47.83 | 56.53 | 63.00 |

从外国游客的洲际市场来看，2012 年江苏省共接待亚洲外国游客 300.37 万人次，比上年增长 3.4%；接待美洲游客 105.04 万人次，比上年增长 11.2%；接待欧洲游客 127.77 万人次，比上年增长 10.1%；接待大洋洲游客 30.14 万人次，比上年增长 14.4%；接待非洲及其他游客 11.9 万人次，比上年增长 12.8%。从外国游客的国别来看，日本、美国、韩国仍是江苏的三大主要客源国，2012 年江苏接待日本游客 121.93 万人次，比上年减少 2.4%；美国游客 65.15 万人，比去年增长 6.9%；韩国游客 64.94 万人次，增长 1.9%。三者合计共占外国游客市场的 43.8%。

**表 86　2008—2012 年江苏省接待外国游客数**

人次

| 指标 | 2008 年 | 2009 年 | 2010 年 | 2011 年 | 2012 年 |
|---|---|---|---|---|---|
| 外国人 | 3961095 | 3960676 | 4734996 | 5379065 | 5752148 |
| 亚洲 | 2123574 | 2124613 | 2624108 | 2904932 | 3003718 |
| 日本 | 989335 | 952862 | 1129775 | 1249206 | 1219303 |
| 菲律宾 | 24064 | 31910 | 38971 | 41954 | 45548 |
| 新加坡 | 201321 | 181930 | 218380 | 239092 | 270166 |
| 泰国 | 46216 | 58558 | 85253 | 84927 | 99093 |
| 印度尼西亚 | 37925 | 44152 | 64835 | 78389 | 95112 |
| 马来西亚 | 197997 | 168749 | 235926 | 231752 | 267864 |
| 韩国 | 484170 | 448502 | 553331 | 637006 | 649399 |
| 其他 | 142546 | 237950 | 297637 | 342606 | 357233 |
| 美洲 | 673974 | 645669 | 827525 | 944871 | 1050400 |
| 美国 | 511889 | 439504 | 548192 | 609512 | 651505 |
| 加拿大 | 111716 | 112212 | 171362 | 197170 | 247105 |
| 其他 | 50369 | 93953 | 107971 | 138189 | 151790 |
| 欧洲 | 890486 | 867613 | 967371 | 1160257 | 1277659 |
| 英国 | 172862 | 159865 | 182089 | 205710 | 230102 |
| 法国 | 139084 | 111939 | 122234 | 142915 | 159688 |
| 德国 | 218528 | 211819 | 244057 | 312351 | 347216 |
| 意大利 | 75716 | 63242 | 73654 | 100078 | 115336 |
| 瑞士 | 21201 | 19026 | 24371 | 32177 | 32419 |
| 瑞典 | 27687 | 24176 | 29155 | 31235 | 36151 |
| 俄罗斯 | 74025 | 51224 | 45431 | 52231 | 54369 |
| 西班牙 | 28992 | 29808 | 30800 | 32082 | 36986 |
| 其他 | 132391 | 196514 | 215580 | 251478 | 265392 |
| 大洋洲 | 174775 | 198173 | 214226 | 263499 | 301358 |
| 澳大利亚 | 131449 | 134114 | 158935 | 188832 | 212149 |
| 其他 | 43326 | 64059 | 55291 | 74667 | 89209 |
| 非洲及其他 | 98286 | 124608 | 101766 | 105506 | 119013 |

## （二）国内旅游情况

2012 年，江苏省接待国内游客 4.64 亿人次，比上年增长 12.6%；实现国内旅游收入 6055.80 亿元，增长 17.3%。

表 87　2000—2011 年江苏省国内旅游业发展情况

| 指标 | 2008 年 | 2009 年 | 2010 年 | 2011 年 | 2012 年 |
|---|---|---|---|---|---|
| 接待人数(亿人次) | 2.61 | 2.97 | 3.55 | 4.11 | 4.64 |
| 国内旅游收入(亿元) | 2933.21 | 3449.50 | 4287.86 | 5161.47 | 6055.80 |

## （三）各市旅游业发展情况

### 1. 各市国际旅游发展情况

2012 年，接待入境游客数最多的三个市分别是：苏州市，249.22 万人次，比上年增长 7.1%；南京市，162.71 万人次，比上年增长 8.0%；无锡市，98.19 万人次，增长 8.1%。有 10 个市旅游创汇超亿元，其中旅游创汇最多的三个市是：苏州市，16.47 亿美元，比上年增长 12.0%；南京市，13.62 亿美元，比上年增长 13.5%；无锡市，6.81 亿美元，增长比上年 13.9%。

表 88　2008—2012 年江苏省各市接待海外旅游者人数和收入

| 项目 | 2008 年 | 2009 年 | 2010 年 | 2011 年 | 2012 年 |
|---|---|---|---|---|---|
| 接待人数(人次) | | | | | |
| 南京市 | 1191813 | 1134515 | 1308791 | 1506642 | 1627142 |
| 无锡市 | 611325 | 629500 | 791592 | 908324 | 981947 |
| 徐州市 | 132128 | 139147 | 158277 | 182180 | 199488 |
| 常州市 | 294181 | 305581 | 359067 | 413101 | 455706 |
| 苏州市 | 1682267 | 1695126 | 2075299 | 2326318 | 2492157 |
| 南通市 | 280037 | 299866 | 355133 | 404852 | 440788 |
| 连云港市 | 90922 | 100076 | 116663 | 132289 | 144684 |
| 淮安市 | 26422 | 26264 | 28313 | 32328 | 34699 |
| 盐城市 | 50704 | 54938 | 62100 | 72008 | 80077 |
| 扬州市 | 463557 | 500251 | 560113 | 622012 | 660160 |
| 镇江市 | 535508 | 588935 | 613277 | 650074 | 663075 |
| 泰州市 | 60087 | 68151 | 79016 | 91632 | 101323 |
| 宿迁市 | 24071 | 25907 | 27857 | 31506 | 34120 |
| 旅游外汇收入(万美元) | | | | | |
| 南京市 | 87174 | 83728 | 98062 | 119960 | 136216 |

（续表）

| | | | | | |
|---|---|---|---|---|---|
| 无锡市 | 33518 | 34889 | 48146 | 59839 | 68138 |
| 徐州市 | 12296 | 13194 | 15287 | 18694 | 21045 |
| 常州市 | 27599 | 29398 | 34707 | 42138 | 47439 |
| 苏州市 | 99547 | 99725 | 125059 | 146998 | 164723 |
| 南通市 | 28368 | 30933 | 36066 | 39916 | 42995 |
| 连云港市 | 7959 | 9173 | 10747 | 12869 | 14434 |
| 淮安市 | 2076 | 2090 | 2475 | 2703 | 3056 |
| 盐城市 | 3490 | 3903 | 4535 | 5556 | 6477 |
| 扬州市 | 35942 | 40131 | 45988 | 52348 | 55921 |
| 镇江市 | 42070 | 45435 | 46966 | 52181 | 55819 |
| 泰州市 | 6102 | 6872 | 7931 | 9440 | 10855 |
| 宿迁市 | 1879 | 2130 | 2375 | 2655 | 2854 |

## 2. 各市国内旅游发展情况

2012 年，江苏省接待国内游客人数最多的三个市分别是：苏州市，8624.43 万人次，比上年增长 10.9%；南京市，7950.45 万人次，比上年增长 10.7%；无锡市，6365.25 万人次，比上年增长 11.2%。国内旅游收入最高的三个市分别是：苏州市，1254.38 亿元，比上年增长 15.6%；南京市，1169.01 亿元，比上年增长 15.4%；无锡市，974.92 亿元，比上年增长 15.4%。

**表 89　2008—2012 年江苏省各市国内旅游人数和收入**

| 项目 | 2008 年 | 2009 年 | 2010 年 | 2011 年 | 2012 年 |
|---|---|---|---|---|---|
| 接待人数（万人次） | | | | | |
| 南京市 | 4970.16 | 5519.91 | 6365.50 | 7180.54 | 7950.45 |
| 无锡市 | 3682.44 | 4310.48 | 5067.27 | 5725.23 | 6365.25 |
| 徐州市 | 1538.29 | 1790.91 | 2049.40 | 2457.31 | 2752.56 |
| 常州市 | 2037.05 | 2342.81 | 2802.43 | 3360.88 | 3958.27 |
| 苏州市 | 5286.88 | 5869.67 | 7004.88 | 7775.38 | 8624.43 |
| 南通市 | 1275.31 | 1483.26 | 1756.79 | 2108.97 | 2407.46 |
| 连云港市 | 1065.07 | 1210.28 | 1392.73 | 1655.93 | 1894.27 |
| 淮安市 | 854.74 | 1010.03 | 1156.29 | 1398.21 | 1610.73 |
| 盐城市 | 805.77 | 961.75 | 1105.39 | 1325.07 | 1536.80 |
| 扬州市 | 1844.24 | 2265.50 | 2647.22 | 3166.65 | 3572.47 |
| 镇江市 | 1904.23 | 2242.37 | 2607.45 | 3100.83 | 3502.86 |

（续表）

| | | | | | |
|---|---|---|---|---|---|
| 泰州市 | 786.06 | 933.24 | 1072.83 | 1284.66 | 1457.04 |
| 宿迁市 | 370.88 | 427.74 | 490.42 | 610.35 | 804.82 |
| 国内旅游收入(亿元) | | | | | |
| 南京市 | 620.58 | 720.24 | 852.41 | 1013.43 | 1169.01 |
| 无锡市 | 496.84 | 595.12 | 703.92 | 844.83 | 974.92 |
| 徐州市 | 151.99 | 183.97 | 215.84 | 264.83 | 311.82 |
| 常州市 | 214.91 | 262.29 | 320.75 | 391.66 | 481.96 |
| 苏州市 | 665.38 | 772.79 | 917.76 | 1084.82 | 1254.38 |
| 南通市 | 130.62 | 162.17 | 202.26 | 252.20 | 299.29 |
| 连云港市 | 111.07 | 128.31 | 153.58 | 188.32 | 221.59 |
| 淮安市 | 77.52 | 99.52 | 118.59 | 146.17 | 172.65 |
| 盐城市 | 67.49 | 83.05 | 99.10 | 120.34 | 142.79 |
| 扬州市 | 176.26 | 225.93 | 271.84 | 330.23 | 392.50 |
| 镇江市 | 185.07 | 234.30 | 285.59 | 345.63 | 410.14 |
| 泰州市 | 75.55 | 94.90 | 113.34 | 136.91 | 160.88 |
| 宿迁市 | 23.50 | 27.71 | 32.88 | 42.12 | 63.85 |

## 四、浙江省旅游业基本情况

### （一）国际旅游情况

2012年主要客源国经济环境难言乐观，美国经济面临高失业率以及财政悬崖的挑战，欧洲主权债务危机难以在短时间内解决，日本经济持续低迷以及政局不稳，巴西、南非等新兴经济体经济增速有所回落。在这种背景下，浙江省入境旅游市场保持平稳增长，同比增速小幅回落。2012年，浙江省接待入境游客865.93万人次，比2011年增长11.9%，较上年同期回落1.1个百分点；其中，接待外国人570.51万人次，比上年增长10.8%；接待港澳同胞133.40万人次，比上年增长13.7%；接待台湾同胞162.02万人次，比上年增长14.7%。旅游创汇51.52亿美元，比上年增长13.4%，较上年同期回落2.2个百分点。

**表90　2008—2012年浙江省国际旅游业发展情况**

| 指标 | 2008年 | 2009年 | 2010年 | 2011年 | 2012年 |
|---|---|---|---|---|---|
| 入境旅游人数合计(人次) | 5396682 | 5706385 | 6847102 | 7736908 | 8659290 |
| 外国人 | 3661293 | 3776024 | 4474054 | 5150408 | 5705072 |
| 港澳同胞 | 820554 | 906547 | 1085362 | 1173701 | 1334035 |

（续表）

| | | | | | |
|---|---|---|---|---|---|
| 台湾同胞 | 914835 | 1023814 | 1287686 | 1412899 | 1620183 |
| 创汇收入（万美元） | 302408 | 322358 | 393020 | 454173 | 515174 |

2012 年浙江省入境外国游客按各大洲的分布情况是：亚洲游客 290.5 万人次，同比增长 5.1%；欧洲游客 135.3 万人次，同比增长 14.1%；美洲游客 78.2 万人次，同比增长 19.2%；大洋洲游客 23.5 万人次，同比增长 8.9%；非洲游客 17.7 万人次，同比增长 36.4%。

从外国游客的国别来看，排名前十名的入境客源国分别为韩国、日本、美国、马来西亚、意大利、新加坡、德国、英国、泰国和法国。2012 年，浙江省共接待韩国游客 83.85 万人次，比 2011 年增长 6.0%，占全省外国游客总数的 14.7%；接待日本游客 71.71 万人次，比上年下降 7.2%，占全省外国游客总数的 12.7%；接待美国、马来西亚和意大利的游客数分别为 41.96 万人次、26.39 万人次和 19.40 万人次，分别增长 8.1%、1.8% 和 24.2%，分别占 7.4%、4.6% 和 3.4%。

**表 91　2008—2012 年浙江省接待外国游客人数**

人次

| 指标 | 2008 年 | 2009 年 | 2010 年 | 2011 年 | 2012 年 |
|---|---|---|---|---|---|
| 外国人 | 3661293 | 3776024 | 4474054 | 5150408 | 5705072 |
| 日本 | 661465 | 655722 | 708286 | 773145 | 717114 |
| 韩国 | 661668 | 623905 | 714301 | 790920 | 838539 |
| 马来西亚 | 177103 | 197084 | 238386 | 259275 | 263866 |
| 美国 | 272776 | 270430 | 338155 | 388266 | 419638 |
| 新加坡 | 135770 | 128438 | 160493 | 167125 | 168995 |
| 泰国 | 103423 | 100083 | 104606 | 113853 | 125147 |
| 德国 | 111433 | 117846 | 136780 | 161516 | 158434 |
| 意大利 | 96407 | 103074 | 124211 | 156184 | 194011 |
| 法国 | 94438 | 95883 | 120369 | 140761 | 123699 |
| 印度尼西亚 | 62860 | 62639 | 79815 | 83225 | 85869 |
| 澳大利亚 | 77793 | 73816 | 93118 | 102934 | 115200 |
| 英国 | 81024 | 83805 | 107092 | 124179 | 135582 |
| 印度 | 61419 | 70565 | 85319 | 91729 | 110701 |
| 菲律宾 | 42903 | 46148 | 51418 | 55099 | 61038 |
| 加拿大 | 78835 | 75366 | 102507 | 110807 | 121858 |
| 西班牙 | 69117 | 68112 | 76984 | 92656 | 121332 |
| 荷兰 | 49240 | 46033 | 53506 | 63018 | 19878 |
| 俄罗斯 | 61761 | 81844 | 93631 | 113778 | 62749 |
| 瑞典 | 25380 | 25704 | 27929 | 28657 | 8052 |
| 瑞士 | 22486 | 23136 | 26721 | 26026 | 28171 |

（续表）

| 新西兰 | 19165 | 21757 | 25126 | 32411 | 35208 |
|---|---|---|---|---|---|

## （二）国内旅游情况

2012 年，浙江省接待国内游客 3.91 亿人次，比上年增长 14.1%；实现国内旅游收入 4476.0 亿元，比上年增长 18.3%。

**表 92　2008—2012 年浙江省国内旅游业发展情况**

| 指标 | 2008 年 | 2009 年 | 2010 年 | 2011 年 | 2012 年 |
|---|---|---|---|---|---|
| 国内旅游人数（万人次） | 20900 | 24410 | 29500 | 34295 | 39124 |
| 国内旅游收入（亿元） | 2040 | 2424 | 3046 | 3785 | 4476 |

## （三）各市国际旅游发展情况

2012 年，杭州市接待入境游客数仍遥遥领先其他各市，达到 331.12 万人次，比 2011 年增长 8.1%；其次是宁波市，接待人数为 116.21 万人次，比上年增长 8.2%；再次是嘉兴市，接待人数为 78.19 万人次，比上年增长 8.4%。国际旅游收入最高的是杭州市，为 22.02 亿美元，比 2011 年增长 10.8%；其次是宁波市，国际旅游收入 7.34 亿美元，比上年增长 12.1%；再次是丽水市，国际旅游收入 4.69 亿美元，比上年增长 39.6%，丽水入境旅游收入能排第三名，主要是丽水青田华侨回乡探亲所致，华侨入境游客通常停留时间较长，加总起来花费较多。

从增速来看，接待入境旅游人次同比增速超过 20%的城市有丽水和台州和温州，入境旅游收入同比增速超过 20%的城市也是丽水、台州、温州。

**表 93　2008—2012 年浙江省各市海外游客人数及国际旅游收入**

| 年份 | 2008 | 2009 | 2010 | 2011 | 2012 年 |
|---|---|---|---|---|---|
| 接待人数（人次） | | | | | |
| 杭州市 | 2213319 | 2304045 | 2757147 | 3063140 | 3311225 |
| 宁波市 | 756776 | 800548 | 951680 | 1073872 | 1162088 |
| 嘉兴市 | 539600 | 556708 | 664063 | 721407 | 781860 |
| 湖州市 | 243656 | 282690 | 331650 | 398313 | 473020 |
| 绍兴市 | 398811 | 431713 | 522841 | 603505 | 686757 |
| 舟山市 | 211965 | 223482 | 256790 | 277468 | 310468 |
| 温州市 | 318230 | 329764 | 391587 | 470504 | 575397 |
| 金华市 | 489478 | 531852 | 627437 | 727280 | 776994 |
| 衢州市 | 73152 | 85262 | 98826 | 116136 | 135657 |
| 台州市 | 103820 | 86514 | 102947 | 123382 | 240042 |

（续表）

| | | | | | |
|---|---|---|---|---|---|
| 丽水市 | 94692 | 105068 | 129155 | 161901 | 205909 |
| 旅游外汇收入（万美元） | | | | | |
| 杭州市 | 129610 | 137995 | 169008 | 198710 | 220165 |
| 宁波市 | 46874 | 48650 | 59066 | 65472 | 73428 |
| 嘉兴市 | 18917 | 19182 | 22643 | 25857 | 27658 |
| 湖州市 | 8688 | 10286 | 12585 | 14768 | 17323 |
| 绍兴市 | 13644 | 14818 | 18478 | 22010 | 24128 |
| 舟山市 | 11212 | 11378 | 13094 | 14137 | 15865 |
| 温州市 | 16109 | 17797 | 21115 | 25602 | 31887 |
| 金华市 | 29057 | 30423 | 37670 | 41661 | 42451 |
| 衢州市 | 3664 | 4231 | 5123 | 5991 | 6659 |
| 台州市 | 7046 | 4964 | 5629 | 6334 | 8726 |
| 丽水市 | 20899 | 23011 | 28608 | 33631 | 46884 |

## 五、长三角地区旅游业发展

### （一）上海市

#### 1. 推出三大旅游项目

中国邮轮旅游发展实验区揭牌 2012 年 9 月 15 日，“中国邮轮旅游发展实验区”在宝山吴淞口国际邮轮港揭牌。这是国家旅游局正式批准设立的我国第一个国家级邮轮旅游实验区，标志着上海邮轮旅游经济发展进入新阶段，明确了上海国际邮轮母港、长三角组合邮轮母港、中国水上旅游门户的国家战略地位。2012 年，随着吴淞国际邮轮码头、上海国际客运中心同时运营，上海港邮轮客流量大幅增长，全年共出入境（港）各类邮轮 247 艘次，同比增长 4%；旅客船员 50.3 万余人次，同比增长 52%。与此同时，上海市内水上旅游发展不断提速。6 月 15 日，上海授牌首条“四星级游览船”——长江轮船公司“船长 8 号”游船。苏州河游线复航，新游线横跨上海六区，线路扩展到 21 公里；苏州河水上旅游码头布局规划基本完成，苏州河自西向东将设置 15 处旅游码头。松江水上旅游一期项目有序推进，有望于 2013 年前通航。

长三角房车旅游发展大纲出炉 2012 年 11 月 9 日，沪苏浙皖旅游部门在长三角旅游合作联席会议上联合发布《长三角房车旅游发展大纲》，其中结合沪苏浙皖范围内极富特色和代表性的精品景区（点），规划了 55 个重点房车营地项目，并推出长三角房车旅游的 5 条主干线和 2 条示范线路。

继长三角城市群世博主题体验之旅、长三角城市群茶香文化体验之旅后，2012 年 12 月初，长三角城市群第三个区域旅游产品深度合作项目——研发和推广长三角城市群“心醉夜色”体验之旅产品全面启动。长三角“游邮联合”活动也正式启动，“惠游长三角”优惠旅游联票明信片首发，这是首次长三角四省（市）跨地区、跨行业的邮游合作。长三角城市群年度区域专项旅游产品“最受欢迎 2010 奖”、“长三角十大古镇”评选相继揭晓，标志着长三角旅游区域合作长效工作机制取得实质性进展。

### 2. 政策、资金、信息服务全方位支持

政策引导——2012年，上海旅游部门加强与文化、体育、气象等相关部门合作，制定了《关于加快发展旅游业促进上海国际文化大都市建设的意见》、《上海文化旅游合作发展三年推进计划(2013—2015)》、《关于促进体育旅游融合发展的意见》，签署实施《关于加强旅游气象工作的合作协议》，上海国际旅游度假区、佘山国家旅游度假区被确定为全国旅游气象服务示范区首批创建单位。

专项资金支持——2012年，上海设立旅游发展专项资金，对纳入上海"十二五"旅游发展规划的重点领域、重大任务和重要创新等，对上海建设世界著名旅游城市有成效或有突出贡献的基础性、公益性、功能性项目，给予重点支持。世博园区旅游设施综合改造项目、上海迪士尼乐园配套项目、枫泾古镇南镇景区旅游基础设施项目、欢乐谷二期等首批24个旅游项目共获得3423万元资金支持，涉及促进旅游产业发展项目、城市形象宣传项目、旅游公益设施建设项目和重大旅游活动组织项目四个方面。随着旅游发展专项资金政策的出台，旅游基本建设项目和旅游活动项目都将有实质性的支持，对促进上海旅游业转型、推动旅游业发展具有重大意义。

信息服务——旅游信息进社区作为2012年上海市政府的实事项目之一，上海市首批选择100个社区文化活动中心，建设旅游信息服务点，安装上海旅游e点通触摸屏，其运行的旅游信息查询系统为社区居民提供包括沪上景点、美食、交通及周边旅游线路等旅游服务信息，推进上海旅游公共服务向更高层次发展。全市45个旅游咨询中心共接待中外游客约325万人次，发放各类旅游宣传资料约670万册。积极推进景区(点)、三星级以上宾馆的无线网络覆盖工程，更新推出新版“itrav－el”手机导游，进一步丰富旅游信息服务手段。旅游公共服务设施建设和服务能力的不断提升，对于改善上海旅游环境、推动旅游市场的规范化和标准化发展具有重要意义。

## （二）江苏省

打造“三圈、三带、三轴”覆盖全省域的新江苏旅游总体布局。

三大区域开放旅游圈。融入全省经济社会发展总体格局，优化配置旅游要素，突出区域旅游特色，加强与杭州湾地区、长江中上游地区、皖南地区以及淮海经济圈的旅游联动，重点打造苏锡常旅游圈、宁镇扬旅游圈和徐宿淮旅游圈三大区域开放旅游圈。

三条区域精品旅游带。配合长三角区域一体化进程、响应江苏沿海开发战略，对接中国京杭大运河、中国长江中下游、中国滨海度假等国家旅游线路，精心打造具有大区域和全国性影响的古运河风情文化旅游带、长江风光旅游带和沿海海韵旅游带三条区域精品旅游带。

三条省域特色旅游轴。依托高速公路、高速铁路、城际轨道等快速交通网络，融入区域一体化发展，重点建设三条宁沪城市复合旅游轴、宁杭山水田园旅游轴和东陇海山海古韵旅游轴三条省域特色旅游轴。

## （三）浙江省

### 1. 旅游投资引产业升级

截止2012年底，浙江省纳入统计的在建旅游项目759个，签约总投资额为4913亿元，投资超额完成年度计划的45.36%，其中投资超10亿元的项目120个，占在建旅游项目总数的15.8%，超100亿元的也有7个。浙江省全年计划投资509亿元，实际完成投入581亿元，投资到位率达到114%，其中超10亿元项目实际完成投资261亿元，占实际完成投资总额的44.9%。旅游大项目投资呈现进度快、规模大、业态新、机制活的特点，日渐成为浙江省旅游经济提档升级、提高竞争力的主要推动力。

2012年，浙江省竣工旅游项目85个，开工项目251个，开工项目中，除杭甬温三市以外的湖州、嘉兴、绍兴、金华、台州、舟山、丽水、衢州等市共151个，占开工项目总数的0.2%，开工项目的计划投资额占全部开工项目计划投资总额的63.1%，今年新增旅游投资项目的地域分布呈现均衡发展的势头，对不断改善浙江省旅游经济的地区差异起到良好的促进作用。

### 2. 融合发展促产业拓展

2012年，在旅游消费逆势增长、旅游投资持续升温的催化下，旅游业继续发力，与农业、工业、林业、文化、体育、海洋、卫生、养老等产业加快融合，滑雪、海钓、游艇、滑翔伞、高尔夫等运动休闲旅游，温泉、禅修、中医药等养生旅游，宋成千古情、吴越千古情、印象西湖、梦幻太极等文化演艺旅游，以及绿道、邮轮、汽车旅馆等一批旅游新业态、新产品得到加速发展。

乡村旅游在农家乐的基础上得到进一步提升发展。德清莫干山镇三九坞"洋家乐"，投资者分别来自南非、法国、英国、比利时、韩国等十多个国家，目标客源定位清晰，游客每天人均消费1200元左右，以全新的产品理念和经营模式，成功带动乡村旅游升级转型。

一批传统工业企业通过融合发展旅游业实现了企业的升级转型。如新昌达利丝绸(浙江)有限公司2011年成功创建国家4A级旅游景区，通过工业旅游直接带动工业产品销售达到2.4亿元。

文化旅游得到大力发展。盐官古城保护与开发、千岛湖旅游文化影视项目、南浔古镇保护及修复、西塘古镇旅游综合开发、开化根艺美术博览园等一批文化旅游项目被列入浙江省重大旅游项目而得到加快推进；一批高等级景区纷纷创新演出形式，涌现出"宋城千古情"、"印象普陀"等一批在全国有影响力的演艺节目；加强对非物质文化遗产的挖掘，2012年省旅游局与省文化厅公布了建德新叶村、桐庐荻浦村、淳安富泽村等35家非物质文化遗产民俗文化旅游村，促进了历史文化村落的非遗保护，有效推进了农村经济社会发展。

运动休闲旅游翻开新篇章。2012年浙江省旅游局与省体育局签署战略合作框架协议，五年内联合建设10个以上以县(市、区)为评选单位的省级运动休闲基地、推出10条以上以运动休闲旅游项目群为评选单位的省级运动休闲旅游精品路线、打造30个以上以单个运动休闲旅游项目为评选单位的省级运动休闲旅游优秀项目。

一批重大海洋旅游项目相继启动。嵊泗徐公岛旅游综合体、奉化市阳光海湾、普陀旅游金三角旅游综合体等项目为海洋旅游的发展注入了新的活力。宁波市编制了杭州湾滨海休闲、海钓产业、游艇码头等的规划；温州市启动了《温州海洋旅游发展规划》等；舟山推出"海"、"佛"主题，加快推进和提升大众海钓游、海鲜美食游、度假会展游、海洋文化游、舟山群岛海上游、渔农家乐游、禅修体验游、佛教文化旅游等海洋"八大游"项目建设。

### 3. 智慧品牌开辟产业"蓝海"

成功举办2012中国(浙江)国际旅行商大会、赴澳新日韩和英国南非促销、中国旅游电子商务大会暨智慧旅游高峰论坛等一系列有国际影响力的活动让"诗画江南山水浙江"的旅游品牌在国际、国内得到更好的体现。与此同时，省旅游局官方微博、旅游标准化、智慧旅游试点、游客满意度等一些依托现代科技和创新营销手段的工作，也在为浙江旅游的产业发展开辟出一片"蓝海"。

湖州市升级为省级乡村旅游提升发展专项改革试点市、桐庐县富春江(芦茨)区块开展省乡村慢生活体验区试点、桐乡市(乌镇)省级旅游改革实验区的设立，全省形成了"1+6+X"的试点格局。这些试点的设立，为浙江旅游品牌的打造有着非常重要的战略意义。

率先在全国建设旅游智慧门户，开通旅游官方微信，实施12301旅游咨询服务热线大联网。"虚拟实景定位技术的人话旅游支撑系统"成功申报成为十二五国家科技支撑计划国家文化科技创新项目。杭州、宁波、温州被国家旅游局确定为"全国智慧旅游试点城市"。西溪湿地、雪窦山景区被确定为全国智慧旅游示范景区。舟山市、象山县等27家单位被确定为首批"浙江智慧旅游试点单位"。

# 十三 长三角地区海洋经济

2012年,面对复杂严峻的国际国内经济形势,长三角沿海各地区认真落实党中央、国务院发展海洋经济的战略部署,以科学发展为主题,加快推进经济发展方式转变,海洋经济继续保持平稳增长的良好势头。

## 一、长三角地区海洋经济发展情况

据初步核算,2012年全国海洋生产总值50087亿元,比上年增长7.9%。海洋生产总值占国内生产总值的9.6%。其中,海洋产业增加值29397亿元,海洋相关产业增加值20690亿元。海洋第一产业增加值2683亿元,第二产业增加值22982亿元,第三产业增加值24422亿元,海洋第一、二、三产业增加值占海洋生产总值的比重分别为5.3%、45.9%和48.8%。

2012年,长三角洲地区海洋生产总值15440亿元,占全国海洋生产总值的比重为30.8%,比上年回落了1.0个百分点。

**表94 2012年海洋生产总值及增长情况**

| 指标 | 总量(亿元) | 增速(%) |
|---|---|---|
| 海洋生产总值 | 50087 | 7.9 |
| 海洋产业 | 29397 | 6.6 |
| 主要海洋产业 | 20575 | 6.2 |
| 海洋渔业 | 3652 | 6.4 |
| 海洋油气业 | 1570 | −8.7 |
| 海洋矿业 | 61 | 17.9 |
| 海洋盐业 | 74 | −7.3 |
| 海洋化工业 | 784 | 17.4 |
| 海洋生物医药业 | 172 | 13.8 |
| 海洋电力业 | 70 | 14.3 |
| 海水利用业 | 11 | 4.0 |
| 海洋船舶工业 | 1331 | −1.1 |
| 海洋工程建筑业 | 1075 | 12.7 |
| 海洋交通运输业 | 4802 | 6.5 |
| 滨海旅游业 | 6972 | 9.5 |
| 海洋科研教育管理服务业 | 8822 | 7.3 |
| 海洋相关产业 | 20690 | — |

数据来源:2012年中国海洋经济统计公报

表 95 2012 年全国区域海洋经济发展情况一览表

| 地区 | 海洋生产总值(亿元) | 占全国海洋生产总值的比重(%) |
|---|---|---|
| 长江三角洲经济区 | 15440 | 30.8 |
| 环渤海经济区 | 18078 | 36.1 |
| 珠江三角洲经济区 | 10028 | 20.0 |

数据来源:2012 年中国海洋经济统计公报

表 96 2012 年长三角海洋经济发展情况一览表

| 省份 | 海域面积(万平方千米) | 大陆海岸线和海岛岸线(千米) | 海岛(个) | 滩涂面积(万公顷) | 海洋生产总值(亿元) |
|---|---|---|---|---|---|
| 上海 | 1.00 | 518 | 23 | 8.40 | 5819 |
| 江苏 | 3.75 | 954 | 16 | 68.93 | 4800 |
| 浙江 | 26.00 | 6696 | 2878 | 26.67 | 4850 |

## (一)上海市海洋经济发展情况

上海市位于我国大陆海岸线中部,长江入海口和东海交汇处,海域面积约 10000 平方千米,岸线总长约 518 千米(不含无居民岛),其中大陆岸线总长 211 千米。共有崇明岛、长兴岛、横沙岛 3 个有居民岛屿,大金山岛、佘山岛、九段沙等 23 个无居民岛屿(沙洲)。拥有港口航道、滩涂湿地、渔业、滨海旅游、风能和潮汐能等多种海洋资源。

2012 年,上海市海洋生产总值 5819 亿元,占全市生产总值的 28.9%,成为支撑上海市经济发展转型的重要力量。上海市港口货物吞吐量达到 7.36 亿吨,比上年增长 1.1%。港口集装箱吞吐量 3252.94 万国际标准箱,比上年增长 2.5%。集装箱水水中转比例达到 42.8%,比上年提高 1.7 个百分点。2012 年 11 月 1 日,国务院正式批复《上海市海洋功能区划(2011—2020 年)》,为上海市海域使用管理和海洋环境保护工作提供了科学依据,为国民经济和社会发展提供了用海保障,为海洋综合管理科学化、规范化和法制化提供了引领,标志着上海市海洋经济正步入提速发展的新阶段。

## (二)江苏省海洋经济发展情况

江苏省海域面积 3.75 万平方千米,拥有丰富的滩涂资源、生物资源、港口资源和海洋能资源。自 2002 年 1 月《海域使用管理法》颁布实施以来,江苏省已经实施两轮为期各五年海洋功能区划。已形成新城区建设、港口运输业、临港产业、新能源产业和现代渔业齐头并进的沿海产业带。海洋生产总值平均年增长率为 24.5%,增长速度快于全省同期 GDP 平均水平,2012 年江苏省海洋生产总值已达 4800 亿元,占全省 GDP 的 8.9%。为了达到 2015 年实现 6000 亿元海洋产值的目标,除了要对海洋交通运输、船舶制造、渔业等传统产业进行巩固和产业升级外,还必须大力扶持新兴产业的发展壮大。作为新兴产业的江苏省海洋工程装备制造业,已经占据了全国三分之一的市场;风电产业在江苏省也有极大的发展潜力;海洋生物医药产业也在为江苏省海洋经济的发展贡献更大的推动力,这三大新兴产业将成为江苏省海洋经济新的增长点。

沿海开发步伐进一步加快。连云港 30 万吨航道一期工程、条子泥围垦一期工程等重点工程有序

推进。新确权用海 297 宗，省级征收海域使用金 8.65 亿元。建立海域使用权抵押贷款和招标、拍卖制度，全省新增海域使用权抵押 35 宗，抵押融资 27 亿元，累计超过 120 亿元。2012 年 10 月经国务院批准了《江苏省海洋功能区划(2011—2020)》，此次海洋功能区划将全省管理海域划为连云港海域、废黄河三角洲海域、辐射沙洲海域和长江口北部海域 4 个重点区域，区划总面积 34766.15 平方千米。该区划重点是保护、修复、合理开发海洋资源，确保可持续发展。

### （三）浙江省海洋经济发展情况

浙江省海洋资源十分丰富，拥有海域面积约 26 万平方千米，海岸线和海岛岸线达 6696 千米，全国第一；近岸海域内，陆地面积超过 500 平方米的海岛 2878 个；近海渔场 22.27 万平方千米，可捕捞量全国第一；规划可建万吨级以上泊位的深水岸线 506 千米，占全国的 30.7%。浙江省北承长江三角洲，南接海峡西岸经济区，东濒太平洋，西连长江流域和内陆地区，不仅区域内外交通便利，且紧邻国际航运战略通道，具有深化国内外区域合作的有利条件。

浙江省海洋开发战略的深入推进，海洋经济发展示范区和舟山群岛新区建设上升为国家战略，必然带动浙江省海洋事业跨越发展，海洋资源开发利用、海洋生态环境保护、海洋公共服务体系等将得到有效加强，从而形成对海洋经济发展的强力支撑。2012 年浙江省海洋生产总值达 4850 亿元，比上年增长 9%，较全国海洋生产总值增速高出 1.1 个百分点；全省海洋生产总值占 GDP 比重达 14%，高出全国占比水平 4.4 个百分点。

## 二、长三角地区海洋经济发展的机遇和挑战

21 世纪是海洋世纪，是世界沿海国家全面开发利用海洋的一个新的时期。在这个阶段，海洋经济已经成为沿海国家国民经济新的增长点和新的经济形态、新的领域。不少国家早已把海洋经济纳入了强国战略。在过去这二三十年的时间里，越来越多的国家多方位谋求利用海洋，拓宽发展空间。因此，沿海各国纷纷发展海洋高新技术，调整海洋产业的政策，力图抢占先机。

上海市海洋发展“十二五”规划正式出台，成为上海市航洋经济发展的指导思想，为未来的 5 年规划出了宏伟蓝图。在此之前，上海临近的江苏和浙江等省加快了海洋经济发展步伐，《江苏省沿海开发总体规划》、《浙江海洋经济发展示范区规划》等规划都已上升为国家战略。长三角的海洋经济一触即发。

长三角沿海地区之间海洋资源既存在互补性，也存在一定的相似性，这为长三角海洋经济整合提供了有利条件，但也由于长三角海洋经济各自为政，其发展产生了诸多问题，长三角一体化进程并没有想象中的顺利。海洋产业又是一个新兴产业，三省市在市场争夺上会更加激烈，形势也会更加复杂。在行政区划难以统一的情况下，长三角海洋经济一体化，可以设立必要的协同管理模式。协同管理机制要求有定期的碰头工作日期，或者定期举行海洋工作会议，以布置三地海洋分工及目标。三地打破行政区划，根据地区资源禀赋差异建立多个海洋经济专属区，成立专门的海洋经济管理委员会，对岸线资源和海洋经济园区进行统一管理。

### （一）上海市海洋经济发展的机遇和挑战

(1) 加快海洋经济发展面临建设“四个中心”，率先转变经济发展方式的难得机遇。大力建设“四个中心”、率先实现经济发展方式转变是党中央、国务院对上海市发展的殷切期望，是提高国家整体竞争力的重大战略举措。加快上海市海洋经济发展，充分发挥上海市黄金海岸与黄金水道交汇的区位优势，优化调整海洋产业布局，转变海洋经济发展方式，提高海洋经济内在质量，是促进上海市经济社

会又好又快发展的重要举措。

(2) 加强海洋环境保护面临推进节能减排、保障生态安全的更高要求。上海市地处流域下游，东海之滨。海域环境受长江来水、钱塘江来水、苏北沿岸流和沿岸排水的共同影响，影响因素多，保护难度大。随着长江流域和长三角地区经济社会快速发展和人口集聚，入海污染物排放将会进一步增加，要达到国家更高减排目标，保障河口海洋生态安全，控制削减入海污染物排放面临更大压力。

(3) 推进海洋科技创新面临进一步提高核心竞争力、加快成果转化的更大挑战。上海市海洋科技力量雄厚，在高技术、高附加值的海洋产业领域有条件形成较强的竞争力，需要紧密围绕"科教兴市"战略，坚持"需求牵引，推进创新"原则，进一步整合平台、共享资源，完善海洋科技创新体系，增强海洋基础科学研究能力，提高海洋核心技术自主研发水平，加快海洋科技创新成果应用和产业化，更好地发挥海洋科技对海洋经济、海洋管理、防灾减灾和海洋安全的支撑和引领作用。

(4) 强化海洋综合管理面临加强统筹协调、提升服务能力的更重任务。为了全面履行海洋综合管理新职能，推进海域与陆域联动发展、河口与海洋共同保护，需要坚持立足自身、依托各方，进一步完善市海洋经济发展联席会议制度，强化涉海部门间的协调配合；需要坚持夯实基础、稳步推进，进一步健全海洋管理机构，加快海洋基础设施建设，提高海洋管理和服务保障能力。

## （二）江苏省海洋经济发展的机遇和挑战

江苏省海洋经济面临前所未有的重大发展机遇。党中央、国务院对海洋经济发展高度重视，明确作出发展海洋经济的总体部署，为深入实施海洋强国战略、依托海洋经济促进区域经济发展指明了方向；国家区域发展总体战略深入推进，江苏省沿海地区发展、长江三角洲地区一体化发展等国家战略的叠加效应，成为推动江苏省海洋经济发展的重要引擎；经济全球化和区域一体化深入发展，将进一步促进生产要素合理流动和优化配置，江苏省沿海地区面临承接国际产业转移的新机遇；江苏省沿海大规模的基础设施网络和创新型省份建设，将进一步夯实江苏省海洋经济发展的支撑能力，为海洋经济又好又快发展提供了有利条件和广阔空间。

同时，江苏省加快海洋经济发展面临前所未有的压力和挑战。全国沿海各地尤其是国家海洋经济发展试点地区掀起新一轮海洋开发热潮，"百舸争流、竞相发展"，江苏省海洋经济实现"洼地崛起"的紧迫感进一步增强；江苏省近岸海域生态脆弱，海洋资源开发利用方式粗放，海洋环境压力大；海洋经济总体规模小，海洋产业结构趋同，空间布局不够合理；海洋科技投入不足，科技研发及成果转化能力较弱；陆海统筹发展的体制机制亟待完善。这些都给江苏省海洋经济进一步发展带来严峻的挑战。

## （三）浙江省海洋经济发展的机遇和挑战

浙江省海洋经济发展示范区是浙江省海洋经济发展的重要机遇，浙江全省上下认真贯彻、狠抓落实，全力推动浙江省海洋经济发展示范区建设，取得了初步成效。但是随着浙江省海洋经济发展示范区建设向纵深推进，一些困难和问题也逐渐显现。

(1) 要素保障还需进一步加强。用地、用海、资金、水资源、电力、环境容量等要素制约逐步显现，要素成本逐步提高，海洋经济发展重大项目的实施建设需要进一步加强要素保障。

(2) 海洋产业的层次还需进一步提升。海洋工程装备和高端船舶、海水淡化和综合利用、海洋医药和生物制品、海洋清洁能源、海洋勘探开发服务等海洋新兴产业还处于起步阶段，临港制造业、海洋渔业等传统产业需要转型升级，海洋经济的核心竞争力还要加快培育。

(3) 科教支撑还需进一步增强。与其他试点省份相比，浙江省的海洋科技力量还比较薄弱，能够转化的科技成果还不多。涉海优秀人才还比较缺乏，海洋教育、海洋人才对海洋经济发展的支撑作用还需进一步增强。

(4) 海洋开发与保护还需进一步协调。海域、海岛、海岸线是不可多得的空间资源,海洋生物资源和海洋生态也有自身的生长和运行规律,不合理的开发利用,将对海洋生态环境带来负面影响。海洋资源开发利用的合理性、时序性和集约性还有待加强。

## 三、长三角地区海洋经济发展对策

### (一) 上海市海洋经济发展对策

(1) 以优化布局、调整结构为重点,促进海洋经济持续发展。围绕国家战略,结合本市"十二五"新型产业体系布局,上海市要加快构建以现代服务业为主、战略性新兴产业引领、先进制造业支撑的新型海洋产业体系。海洋现代服务业聚焦发展海洋金融服务、现代商贸、旅游会展、信息服务及航运物流等;战略性新兴产业聚焦发展海洋新能源、海洋生物医药等;海洋先进制造业聚焦发展高技术和高附加值船舶、海洋工程装备。通过海洋产业结构优化升级,形成"一带三圈七片"的海洋产业布局,促进海洋经济持续发展。

(2) 以源头控制、生态修复为重点,加强海洋生态环境保护。围绕国家节能减排要求和上海市基本生态网络建设目标,根据上海市河口海洋环境特点,重点实施"健康海洋上海行动计划",主要开展海洋生态环境污染控制行动、生态修复行动和环境保护行动,进一步改善河口海洋生态环境,保障海洋生态安全。

(3) 以集聚力量、科技创新为重点,推进海洋科技成果转化。围绕科技兴海战略,整合海洋科技资源,集聚海洋科技力量,以增强海洋经济高新技术和海洋综合管理关键技术自主创新能力为重点,加快海洋科技创新成果应用和产业化,发挥科技引领和支撑作用。

(4) 以夯实基础、强化服务为重点,提高海洋综合管理水平。围绕转变政府职能和强化海洋公共服务,以加强海洋法规和规划、海洋执法、海洋应急、海域行政许可、海洋信息化等五项管理为重点,夯实基础、提升能力,进一步提高海洋综合管理水平。

### (二) 江苏省海洋经济发展对策

(1) 正确把握海洋经济与国民经济的关系。海洋经济具有增长快、效益好、市场占有率高、产业关联性大等特点。依托海洋经济,可带动内陆腹地经济,进而促进整个国民经济快速发展。江苏省沿海地区海洋资源丰富,具有港口交通便利、土地供应充裕等优势,为壮大新兴产业和发达地区产业转移提供了重要契机。为了实现"十二五"末海洋经济占全省国民经济比重再增加两个百分点的目标,必须把海洋经济作为重点来扶持,科学开发利用海洋资源,加大各项政策支持力度,促进海洋经济总量快速提升,为江苏省特别是沿海地区国民经济增长做出更大贡献。

(2) 正确把握海洋经济与新兴产业的关系。新兴产业以新的科研成果和新的技术发明为基础,知识技术密集、成长潜力大,对经济社会全局和长远发展具有引领带动作用。江苏省海洋新兴产业起步时间晚,发展速度快,促进了海洋经济结构调整.优化。当前,江苏省海洋经济总量和质量双提升任务艰巨,大力发展新兴产业无疑是关键。在巩固提升传统产业的同时,必须高度重视海洋工程装备、海洋新能源、海洋生物医药、现代港口物流等新兴产业发展,充分发挥江苏省海洋装备产业技术合作联盟作用,加快筹组海洋生物医药、海上风电等产业联盟,强化产学研合作,完善技术创新和人才政策,营造良好的市场环境,至2015年力争实现海洋新兴产业增加值占主要海洋产业的比重提高至20%以上,进一步推动江苏省海洋经济转型升级。

（3）正确把握发展海洋经济与保护生态环境的关系。随着沿海开发步伐不断加快，江苏省海洋生态环境保护压力日益增大。为了促使海洋经济发展与生态环境保护更加协调，必须坚持在开发中保护，在保护中开发，兼顾眼前利益和长远利益。严格建设项目环境准入条件，强化陆源污染防治，推进建立入海污染物排放总量控制制度。在重点开发区域周围建设生态隔离带，在潮间带留有环境调节区，在城镇、产业园区建设污染集中治理区，避免或减轻对生态环境的破坏。加强近海海域水生资源的保护和生态修复，确保海洋生物资源可持续利用。加强苏北浅滩生态系统的保护，尽快建立沿海湿地管理信息系统。“十二五”末，努力实现近岸海域海洋功能区水质达标率升至80%，陆源直排口废水排放达标率升至100%，海洋生态环境得到有效保护与修复。

（4）正确把握发展海洋经济与保障民生的关系。随着海洋经济发展和沿海工业化、城镇化的推进，第一产业与第二产业、第三产业在用地用海方面的矛盾开始显现，经常出现渔业用海让位于第二、三产业的现象。为此，江苏省及时出台了《江苏省国有渔业水域占用补偿暂行办法》和《江苏省国有渔业水域占用补偿标准基数和等级系数（试行）》。为了实现海洋经济和谐发展和可持续发展，必须建立渔业用海保护制度，完善渔业用海占用补偿机制，切实维护沿海渔民的合法权益；必须加强海域使用论证和海洋环境影响评价制度，降低涉海工程建设项目对海洋生态环境的影响，确保沿海群众环境安全；必须健全基本公共服务体系，切实解决好沿海群众就业、就医、就学等具体问题，让沿海地区广大人民群众共享海洋经济发展成果。

## （三）浙江省海洋经济发展对策

（1）陆海统筹，科学规划海洋经济发展。陆海统筹是在陆地与海洋两个不同的地理单元之间建立一种协调的关系和发展模式，要求更注重区域比较优势和资源特色，围绕沿海社会和经济的发展，建立统一、协调的规划体系和政策体系。一要统筹海洋经济发展与产业结构调整，加快培育和发展战略性海洋新兴产业。二要统筹临港产业和园区建设布局，避免产业同构、园区建设雷同和恶性竞争，推进区域海洋产业集群化和规模化。三要统筹近海开发与远海空间拓展，既着力于沿海，也要注重远海，及早谋划和制定浙江省面向太平洋的“东海战略”。四要统筹海洋资源的时序利用，海洋不仅是重要的自然资源，也是其他资源的重要载体，对海洋的利用应做到取之有时、用之有度。五要统筹海洋经济发展和生态环境保护，充分考虑海洋生态环境的承载力，既要发挥环境对经济发展的支撑作用，又要兼顾经济发展对环境的保护作用。

（2）优化结构，着力构建现代海洋产业体系。加快发展现代海洋产业，既是浙江省海洋经济发展示范区建设的重点，也是构建浙江省现代产业体系的一个重要突破口。要充分利用“渔、港、景、油、涂”等优势资源，合理开发和利用，促进海洋产业协调发展，提升浙江省海洋经济的整体竞争力。第一，要积极做强海洋优势产业。一是优先发展新型环保临港产业。重点瞄准世界级石化基地、船舶基地目标，抓好现代产业园区和科研创新平台建设，促进产业向高附加值环节延伸，形成具有国际竞争力的现代产业体系。二是积极发展生态精品渔业。优化海洋捕捞结构，科学控制近海捕捞总量和强度，保障近海渔业资源休养生息；积极稳妥发展远洋渔业，增强获取国际渔业资源能力，建设全国领先的综合性现代远洋渔业基地；优先发展高效生态海水养殖，建设生态型水产养殖园区，减少养殖污染，提升产品品质。三是加快发展滨海旅游休闲业。以舟山群岛海洋旅游试验区建设为重点，着力构建甬舟、温台、杭州湾三大海洋旅游区，大力深化海洋旅游管理体制改革，培育引进知名旅游企业，建成我国海洋文化和休闲旅游目的地。第二，要培育壮大海洋新兴产业。一是升级扩大海洋工程装备业。依托骨干科研机构与企业，加强研发，重点发展钻井平台、海上浮式生产储卸油装置、深水作业工程船、海洋石油平台辅助船、海上风机安装船等海洋工程装备，突破关键技术，形成系列化自主开发能力

和品牌产品。二是大力发展海水利用业。针对制约海水利用业发展的自主关键配套设备及材料、大型化成套装备和产业配套政策等，积极开展关键材料、产业化成套技术与装备自主研发，力争在海洋精细化工研发领域取得突破，加快形成产业集群。三是培育发展海洋生物医药业。加快搭建和完善全省海洋医药和生物制品公共研发平台，培育引进高科技企业，争取一批海洋医药和生物制品的科研成果转化项目列入国家重点；开发具有资源特色的海洋药物，逐步形成和发展海洋药物产业。

(3) 科技兴海，完善创新和人才培养机制。海洋产业是高投入、高风险、高收益的产业，需要高技术的支撑。应继续深入实施“科技兴海”战略，依靠科技进步，加快海洋资源的开发利用，使海洋资源优势转化为经济优势。首先，构建海洋科技创新研发体系，加强产学研合作。整合科技资源，集聚创新要素，加快构建以企业为主体、以资产为纽带、产学研相结合的海洋科技创新体系。充分发挥高校和科研院所的技术优势，参与企业技术改造和技术开发，为提升海洋传统产业提供技术支撑。其次，构建海洋科技创新服务体系，推进海洋科技成果产业化。对海洋产业的高新技术研究成果，要从科学上的可行性，工艺、设备、技术和开发的可行性，经济效益的可行性等方面进行研究分析。积极培育信息、代理、风险投资和知识产权保护等中介机构，提供产业发展和产品开发的技术支撑，促进科技成果产业化、商品化、市场化。第三，构建海洋科技创新人才体系，提供智力支撑。引导涉海高校整合教育资源，调整学科结构，加快海洋科技人才尤其是学术带头人和技术带头人的培养，使更多的高科技领军人才脱颖而出，加快海洋人才队伍的培养和建设，不断提高浙江省海洋经济发展水平。

(4) 加大投入，制定完善配套扶持政策。一要制定完善海洋经济发展的财政投入政策。加大政府引导性投入，重点投向船舶制造、海洋装备制造、远洋渔业、现代养殖业、港口运输、海洋生物医药、海水综合利用、海洋能源、海洋精细化工等高技术含量、资金密集型海洋产业领域，支持涉海基础设施建设等公益性项目的发展。二要制定完善海洋经济发展的税收优惠政策。制订海洋优先发展产业目录，对海洋油气开发、港口码头、跨海大桥、仓储物流、海洋生物制药、海洋能源、海洋新材料、海水综合利用等高端海洋产业开发项目，以及国家鼓励优先发展的海洋产业领域项目实行税收减免等优惠政策。放宽对海洋高新技术企业的税收征缴条件，充分调动涉海企业的积极性。三要制定完善海洋经济发展的金融扶持政策。完善信贷担保体系，加大信贷投入力度，努力消除在融资方面的制约瓶颈。鼓励银行、保险和担保机构对高风险的海洋产业提供相应的贷款、保险和担保等金融服务，支持符合上市条件的涉海重点企业通过上市、发行企业债券等形式直接融资。引导和鼓励社会资本参与海洋经济开发，积极争取世界银行等国际金融组织贷款以及其他国外资金，扩大利用外资规模。逐步建立起以政府投入为引导、企业投入为主体、外资投入为补充、民间资本积极参与的多元化的投入体系，多渠道解决涉海企业融资难的问题。

(5) 保护生态，保障海洋资源永续利用。人海和谐、可持续发展是海洋经济的根脉，发展海洋经济既要“海里淘金”，更要生态文明。一方面要坚持科学发展，树立绿色和低碳的海洋经济发展理念。坚定不移地走海洋生态保护与海洋开发并重的发展道路，强化海洋资源有序开发、生态利用和有效保护，合理开发岸线资源和海岛资源，把有条件的大中岛屿建设成为港口物流岛、清洁能源岛、国际旅游岛，大力发展低碳技术和循环经济，切实提高海洋经济可持续发展能力。另一方面要加强陆海污染综合防治和海洋环境保护。建立完善海洋环境监测网络系统，加强对各种海洋开发活动的环境跟踪监测，以及海域油污染的监控与整治。对入海排污实施总量限定，推行海域使用许可制度和有偿使用制度，建立海洋生态补偿机制，使生态补偿逐步制度化和规范化。建立各级政府海洋环境保护目标责任制，依法对海洋工程、海岸工程进行环境影响评价论证，严格规范审批各项海洋开发程序，根据生态环境的特性和承载力，科学确定开发强度和规模。

# 十四 长三角地区大众传媒产业

## 一、长三角地区大众传媒产业基本情况

长三角地区在国内的强势经济地位与发展活力，为当地传媒产业的发展提供了肥沃土壤和发展的动力，发展水平在全国处于较高的层次。2012年长三角共出版报刊314种，比2011年增加1种；总印数78.19亿册，比2011年减少1.79亿册，同比下降2.24%；总印张数371.41亿印张，比2011年减少10.79亿印张，同比下降2.82%。出版期刊1289种，比2011年减少4种；总印数3.85亿册，比2011年增加0.07亿册，同比增长1.85%；总印张数18.74亿印张，比2011年增加1.04亿印张，同比增长5.88%。出版图书55524种，比2011年增加6213种；总印数12.27亿册，比2011年增加0.64亿册，同比增长5.50%；总印张数90.41亿印张，比2011年增加4.52亿印张，同比增长5.26%。

**表97 2007—2012年长三角报刊、期刊、图书出版情况**

| 指标 | | 2007年 | 2008年 | 2009年 | 2010年 | 2011年 | 2012年 |
|---|---|---|---|---|---|---|---|
| 报刊 | 种类(种) | 314 | 313 | 312 | 312 | 313 | 314 |
| | 总印数(亿册) | 74.17 | 75.05 | 74.23 | 75.53 | 79.98 | 78.19 |
| | 总印张数(亿印张) | 324.88 | 327.53 | 327.25 | 359.98 | 382.20 | 371.41 |
| 期刊 | 种类(种) | 1281 | 1281 | 1278 | 1290 | 1293 | 1289 |
| | 总印数(亿册) | 3.51 | 3.61 | 3.51 | 3.54 | 3.78 | 3.85 |
| | 总印张数(亿印张) | 46.40 | 15.75 | 16.00 | 16.05 | 17.70 | 18.74 |
| 图书 | 种类(种) | 34537 | 36253 | 39295 | 41851 | 49311 | 55524 |
| | 总印数(亿册) | 9.88 | 10.66 | 10.81 | 10.88 | 11.63 | 12.27 |
| | 总印张数(亿印张) | 71.81 | 77.81 | 76.35 | 78.39 | 85.89 | 90.41 |

## 二、上海市大众传媒产业基本情况

### (一)总体情况

#### 1. 电视台情况

2012年上海市电视台共有节目25套；公共节目播出时间180644小时，比2011年增长1.92%，其中市级电视台126424小时，区县级电视台50816小时，比2011年分别增长2.29%和1.00%；全年制作节目时间53274小时，比2011年增长24.78%。

**表 98　2007—2012 年上海市电视台情况**

| 指　标 | 2007 年 | 2008 年 | 2009 年 | 2010 年 | 2011 年 | 2012 年 |
|---|---|---|---|---|---|---|
| 节目套数(套) | 25 | 25 | 25 | 25 | 25 | 25 |
| 公共节目播出时间(小时) | 172278 | 171730 | 173742 | 175304 | 177240 | 180644 |
| 全年制作节目时间(小时) | 61275 | 53358 | 63401 | 49507 | 42695 | 53274 |

数据来源:历年上海市统计年鉴

### 2. 广播电台情况

2012 年上海市广播电台共有节目 21 套;公共节目播出时间 138385 小时,其中市级广播电台 81821 小时,区县级广播电台 56564 小时,比 2011 年分别增长 0.27%、0.33%和 0.19%;全年制作节目时间 83309 小时,比 2011 年增长 15.16%。

**表 99　2007—2012 年上海市广播电台情况**

| 指　标 | 2007 年 | 2008 年 | 2009 年 | 2010 年 | 2011 年 | 2012 年 |
|---|---|---|---|---|---|---|
| 节目套数(套) | 21 | 21 | 21 | 21 | 21 | 21 |
| 公共节目播出时间(小时) | 130511 | 131854 | 131467 | 131433 | 138010 | 138385 |
| 全年制作节目时间(小时) | 86733 | 86466 | 91660 | 85262 | 72344 | 83309 |

数据来源:历年上海市统计年鉴

### 3. 有线电视情况

2012 年,上海有线电视总用户数为 648.00 万户,比 2011 年增加了 20.82 万户,增长 3.32%;有线电视入户率为 124.13%,比 2011 年上升 3.35 个百分点;有线广播电视传输网络干线总长 39805 千米,比 2011 年增长 6.22%。

**表 100　2007—2012 年上海市有线电视基本情况**

| 指　标 | 2007 年 | 2008 年 | 2009 年 | 2010 年 | 2011 年 | 2012 年 |
|---|---|---|---|---|---|---|
| 有线电视总用户数(万户) | 499.30 | 527.20 | 553.30 | 573.00 | 627.18 | 648.00 |
| 有线电视入户率(%) | 99.94 | 104.76 | 109.21 | 112.36 | 120.78 | 124.13 |
| 有线广播电视传输网络干线总长(千米) | 30201 | 33696 | 35387 | 36211 | 37475 | 39805 |

数据来源:历年上海市统计年鉴

### 4. 报刊出版情况

2012 年上海市共出版报刊 100 种,其中综合报 12 种,专业报 88 种,均与 2011 年相同;报刊期数为 11362 期,比 2011 年增加 89 期,增长 0.79%;每期平均印数 685.51 万份,比 2011 年减少 48.82 万份,下降 6.65%;总印数为 14.54 亿册,比 2011 年减少 1.07 亿册,下降 6.85%;总印张数为 68.03 亿印张,比 2011 年减少 11.35 亿印张,下降 14.30%。

**表 101　2007—2012 年上海市报刊出版情况**

| 指标 | | 2007 年 | 2008 年 | 2009 年 | 2010 年 | 2011 年 | 2012 年 |
|---|---|---|---|---|---|---|---|
| 种类(种) | 总计 | 101 | 100 | 100 | 100 | 100 | 100 |
| | 综合报 | 18 | 12 | 12 | 12 | 12 | 12 |
| | 专业报 | 83 | 88 | 88 | 88 | 88 | 88 |
| 期数(期) | | 10894 | 11034 | 11178 | 11013 | 11273 | 11362 |
| 每期平均印数(万份) | | 815 | 787 | 741 | 752.18 | 734.33 | 685.51 |
| 总印数(亿份) | | 17.04 | 17.24 | 16.33 | 15.90 | 15.61 | 14.54 |
| 总印张数(亿印张) | | 86.75 | 88.29 | 77.94 | 78.65 | 79.38 | 68.03 |

数据来源:历年上海市统计年鉴

### 5. 期刊出版情况

2012 年上海市共出版期刊 626 种,比 2011 年减少 6 种;出版期数为 6303 期,比 2011 年增加了 250 期,增长 4.13%;每期平均印数 938 万份,比 2011 年减少 85 万份,减少 8.31%;总印数为 1.76 亿册,比 2011 年减少 0.06 亿册,减少 3.30%;总印张数为 9.67 亿印张,比 2011 年增加 0.25 亿印张,增长 2.65%。

**表 102　2007—2012 年上海市期刊出版情况**

| 指标 | 2007 年 | 2008 年 | 2009 年 | 2010 年 | 2011 年 | 2012 年 |
|---|---|---|---|---|---|---|
| 种类(种) | 624 | 623 | 621 | 632 | 632 | 626 |
| 出版期数(期) | 5540 | 5910 | 5907 | 5983 | 6053 | 6303 |
| 每期平均印数(万册、万份) | 1117 | 1105 | 1039 | 1019 | 1023 | 938 |
| 总印数(亿册) | 1.83 | 1.90 | 1.79 | 1.77 | 1.82 | 1.76 |
| 总印张数(亿印张) | 8.75 | 9.27 | 9.02 | 9.04 | 9.42 | 9.67 |

数据来源:历年上海市统计年鉴

### 6. 图书出版情况

2012 年上海市共出版图书 23792 种,比 2011 年增加 1736 种,增长 7.87%;总印数为 3.35 亿册,比 2011 年增加 0.46 亿册,增长 15.92%;总印张数为 31.35 亿印张,比 2011 年增加 3.98 亿印张,增长 14.54%。

**表 103　2007—2012 年上海市图书出版情况**

| 指标 | 2007 年 | 2008 年 | 2009 年 | 2010 年 | 2011 年 | 2012 年 |
|---|---|---|---|---|---|---|
| 种类(种) | 16958 | 17780 | 18873 | 19519 | 22056 | 23792 |
| 总印数(亿册) | 2.40 | 2.64 | 2.74 | 2.89 | 2.89 | 3.35 |
| 总印张数(亿印张) | 24.05 | 24.97 | 25.46 | 26.34 | 27.37 | 31.35 |

数据来源:历年上海市统计年鉴

## （二）占比情况

2007—2012 年上海市报刊种类和总印量在长三角的比重并不大，平均在 1/3 以下，2012 年上海报刊种类、总印数、总印张数分别占长三角的 31.85%、18.60%和 18.32%；期刊和图书发展相当繁荣，出版种类在长三角的比重接近一半，显示出绝对主力地位，2012 年上海期刊种类、总印数、总印张数分别占长三角的 48.56%、45.71%和 51.60%；图书种类、总印数、总印张分别占长三角的 42.85%、27.30%和 34.68%。

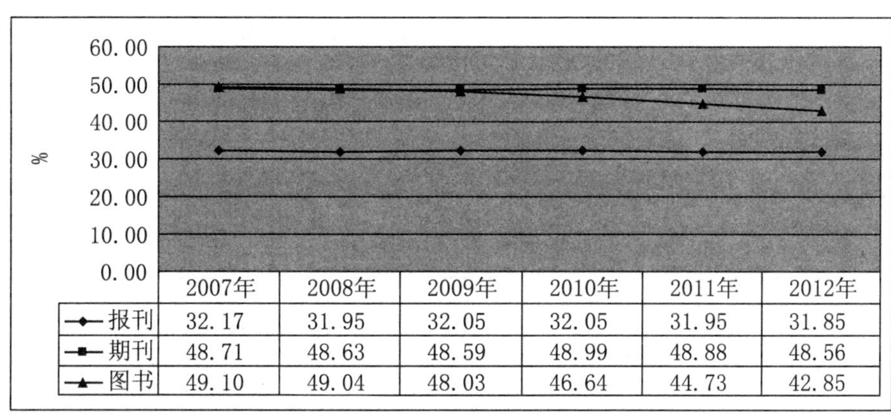


**图 13　2007—2012 年上海市报刊、期刊、图书出版种类占长三角的比重**

**表 104　2007—2012 年上海市报刊、期刊、图书出版占长三角比重**　　%

| 指标 | | 2007 年 | 2008 年 | 2009 年 | 2010 年 | 2011 年 | 2012 年 |
| --- | --- | --- | --- | --- | --- | --- | --- |
| 报刊 | 总印数 | 22.97 | 22.97 | 22.00 | 21.05 | 19.52 | 18.60 |
| | 总印张数 | 26.70 | 26.96 | 23.82 | 21.85 | 20.77 | 18.32 |
| 期刊 | 总印数 | 52.17 | 52.63 | 51.00 | 50.03 | 48.15 | 45.71 |
| | 总印张数 | 18.86 | 58.86 | 56.38 | 56.34 | 53.22 | 51.60 |
| 图书 | 总印数 | 24.28 | 24.77 | 25.35 | 26.57 | 24.85 | 27.30 |
| | 总印张数 | 33.49 | 32.09 | 33.35 | 33.60 | 31.87 | 34.68 |

# 三、江苏省大众传媒产业基本情况

## （一）总体情况

### 1. 电视台情况

2012 年，江苏省共有电视台 14 座；电视发射及转播台 83 座；发射机功率为 520 千瓦；电视人口覆盖率为 99.9%；有线电视用户 2178 万户，比 2011 年增加 190 万户，增长 9.56%；数字电视用户 1450

万户，比2011年增加254万户，增长21.24%；有线电视入户率89.8%，比2011年上升了7.6个百分点；节目制作时间为205738小时，比2011年增长7.68%。

表105　2007—2012年江苏省电视台情况

| 指标 | 2007年 | 2008年 | 2009年 | 2010年 | 2011年 | 2012年 |
| --- | --- | --- | --- | --- | --- | --- |
| 电视台(座) | 14 | 14 | 14 | 14 | 14 | 14 |
| 电视发射及转播台(座) | 116 | 116 | 116 | 96 | 83 | 83 |
| 发射机功率(千瓦) | 487 | 492 | 505 | 520 | 520 | 520 |
| 电视人口覆盖率(%) | 99.9 | 99.9 | 99.9 | 99.9 | 99.9 | 99.9 |
| 有线电视用户数(万户) | 1451 | 1569 | 1724 | 1886 | 1988 | 2178 |
| 数字电视用户数(万户) | 323 | 556 | 730 | 1008 | 1196 | 1450 |
| 有线电视入户率(%) | 62.4 | 65.8 | 72.2 | 78.5 | 82.2 | 89.8 |
| 节目制作时间(小时) | 156840 | 156853 | 162649 | 226743 | 191070 | 205738 |

数据来源：历年江苏省统计年鉴

### 2. 广播电台情况

2012年，江苏省共有广播电台14座，中短波发射台及转播台21座；中短波发射机功率为618千瓦，比2011年减少93千瓦，下降13.08%；广播人口覆盖率为100.0%；节目制作时间为582066小时，比2011年增长0.22%。

表106　2007—2012年江苏省广播电台情况

| 指标 | 2007年 | 2008年 | 2009年 | 2010年 | 2011年 | 2012年 |
| --- | --- | --- | --- | --- | --- | --- |
| 广播电台(座) | 14 | 14 | 14 | 14 | 14 | 14 |
| 中短波发射台及转播台(座) | 21 | 21 | 21 | 21 | 21 | 21 |
| 中短波发射机功率(千瓦) | 755 | 755 | 795 | 718 | 711 | 618 |
| 广播人口覆盖率(%) | 99.9 | 99.9 | 100.0 | 100.0 | 100.0 | 100.0 |
| 节目制作时间(小时) | 528823 | 578674 | 571053 | 569636 | 580799 | 582066 |

数据来源：历年江苏省统计年鉴

### 3. 报刊出版情况

2012年江苏省共有报纸143种，比2011年增加1种；总印数为289408万册(万份)，同比增加4800万册(万份)，增长1.69%；总印张数为1405435万印张，比2011年减少17284万印张，下降1.21%。

表107　2007—2012年江苏省报纸出版情况

| 指标 | 2007年 | 2008年 | 2009年 | 2010年 | 2011年 | 2012年 |
| --- | --- | --- | --- | --- | --- | --- |
| 种数(种) | 143 | 143 | 142 | 142 | 142 | 143 |

（续表）

| | | | | | | |
|---|---|---|---|---|---|---|
| 总印数(万册、万份) | 280300 | 279400 | 264971 | 271213 | 284608 | 289408 |
| 总印张(万印张) | 1089560 | 1194731 | 1134141 | 1339891 | 1422719 | 1405435 |

数据来源:历年江苏省统计年鉴

### 4. 期刊出版情况

2012 年江苏省共出版期刊 441 种;总印数为 12559 万册(万份),比 2011 年增加 958 万册(万份),增长 8.26%;总印张数为 47836 万印张,比 2011 年增加 3068 万印张,增长 6.85%。

**表 108　2007—2012 年江苏省期刊出版情况**

| 指标 | 2007 年 | 2008 年 | 2009 年 | 2010 年 | 2011 年 | 2012 年 |
|---|---|---|---|---|---|---|
| 种数(种) | 439 | 439 | 439 | 440 | 441 | 441 |
| 总印数(万册、万份) | 8696 | 9652 | 9578 | 10475 | 11601 | 12559 |
| 总印张(万印张) | 34370 | 34782 | 38683 | 42321 | 44768 | 47836 |

数据来源:历年江苏省统计年鉴

### 5. 图书出版情况

2012 年江苏省共出版图书 20254 种,比 2011 年增加 2491 种,增长 14.02%;总印数为 51851 万册(万份),比 2011 年减少 2969 万册(万份),下降 5.42%;总印张数为 354397 万印张,比 2011 年减少 20144 万印张,下降 5.38%。

**表 109　2007—2012 年江苏省图书出版情况**

| 指标 | 2007 年 | 2008 年 | 2009 年 | 2010 年 | 2011 年 | 2012 年 |
|---|---|---|---|---|---|---|
| 种数(种) | 10593 | 11191 | 12587 | 14248 | 17763 | 20254 |
| 总印数(万册、万份) | 49189 | 50641 | 49486 | 51695 | 54820 | 51851 |
| 总印张(万印张) | 314262 | 346561 | 303010 | 329825 | 374541 | 354397 |

数据来源:历年江苏省统计年鉴

## （二）占比情况

2007—2012 年江苏省报刊种类在长三角中比重最大,平均超过 45%。2012 年江苏省报刊种类、总印数、总印张数在长三角中占比分别为 45.54%、37.01%和 37.84%,与 2011 年相比均有不同幅度的上升。期刊种类在长三角的比重较大,平均超过 34%,总印数所占比重却相对偏小,2011 年江苏省期刊种类、总印数、总印张数分别占长三角的 34.21%、32.73%和 25.51%,与 2011 年相比均有不同幅度的上升。2012 年江苏省图书种类、总印数、总印张数分别占长三角的 36.48%、42.30%和 39.20%;与 2011 年相比,图书种类占比上升 0.46 个百分点,总印数占比下降 4.82 个百分点,总印张数占比下降 4.40 个百分点,总印数和总印张数占比降幅较大。

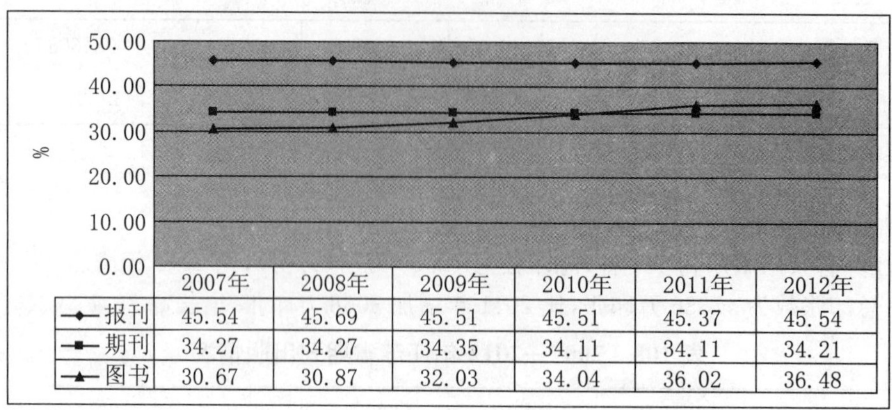


图 14　2007—2012 年江苏省报刊、期刊、图书出版种类占长三角的比重

表 110　2007—2012 年江苏省报刊、期刊、图书出版占长三角比重　%

| 指标 | | 2007 年 | 2008 年 | 2009 年 | 2010 年 | 2011 年 | 2012 年 |
|---|---|---|---|---|---|---|---|
| 报刊 | 总印数 | 37.79 | 37.23 | 35.70 | 35.91 | 35.58 | 37.01 |
| | 总印张数 | 33.54 | 36.48 | 34.66 | 37.22 | 37.22 | 37.84 |
| 期刊 | 总印数 | 24.79 | 26.87 | 27.35 | 29.61 | 30.69 | 32.73 |
| | 总印张数 | 74.07 | 22.10 | 24.19 | 26.38 | 25.31 | 25.51 |
| 图书 | 总印数 | 49.76 | 47.47 | 45.79 | 47.53 | 47.12 | 42.30 |
| | 总印张数 | 43.76 | 44.54 | 39.69 | 42.07 | 43.60 | 39.20 |

## 四、浙江省大众传媒产业基本情况

### （一）总体情况

#### 1. 电视台情况

2012 年，浙江省共有省市级电视台 12 座；电视节目套数 116 套；电视发射台及转播台 97 座；播出时间为 733784 小时，同比增长了 1.63%；电视人口覆盖率为 99.60%，同比增加 0.22 个百分点；有线电视入户率 83.89%，同比增加 1.11 个百分点。

表 111　2007—2012 年浙江省电视节目制作情况

| 指标 | 2007 年 | 2008 年 | 2009 年 | 2010 年 | 2011 年 | 2012 年 |
|---|---|---|---|---|---|---|
| 省市级电视台(座) | 12 | 12 | 12 | 12 | 12 | 12 |
| 电视节目套数(套) | 114 | 114 | 114 | 115 | 116 | 116 |
| 电视发射台及转播台(座) | 117 | 110 | 104 | 98 | 97 | 97 |
| 播出时间(小时) | 659073 | 679332 | 700188 | 712130 | 722035 | 733784 |

（续表）

| 电视人口覆盖率(%) | 99.07 | 99.13 | 99.27 | 99.35 | 99.38 | 99.60 |
|---|---|---|---|---|---|---|
| 有线电视入户率(%) | 66.69 | 66.93 | 69.61 | 74.13 | 82.78 | 83.89 |

数据来源：历年浙江省统计年鉴

## 2. 广播电台情况

2012年，浙江省共有省市级广播电台12座；广播节目套数108套，比2011年增加1套；中短波广播发射台和转播台36座，比2011年减少1座；县级广播电视台66个；广播人口综合覆盖率为99.54%，同比增加0.34个百分点；全年公共广播节目播出时间714622小时，同比增长0.20%。

**表112　2007—2012年浙江省广播节目制作情况**

| 指标 | 2007年 | 2008年 | 2009年 | 2010年 | 2011年 | 2012年 |
|---|---|---|---|---|---|---|
| 省市级广播电台(座) | 12 | 12 | 12 | 12 | 12 | 12 |
| 广播节目套数(套) | 106 | 106 | 106 | 107 | 107 | 108 |
| 中短波广播发射台和转播台(座) | 36 | 36 | 37 | 37 | 37 | 36 |
| 县级广播电视台(个) | 66 | 66 | 66 | 66 | 66 | 66 |
| 广播人口综合覆盖率(%) | 98.73 | 98.92 | 99.09 | 99.17 | 99.20 | 99.54 |
| 全年公共广播节目播出时间(小时) | 672587 | 687024 | 694857 | 709854 | 713198 | 714622 |

数据来源：历年浙江省统计年鉴

## 3. 报纸出版情况

2012年浙江省共出版报纸71种，其中综合报44种，专业报27种；总印量为347100万册(万份)，比2011年减少11990万册(万份)，下降3.34%；总印张为16283603千印张，比2011年增加228116千印张，增长1.42%。

**表113　2007—2012年浙江省报纸出版情况**

| 指标 | | 2007年 | 2008年 | 2009年 | 2010年 | 2011年 | 2012年 |
|---|---|---|---|---|---|---|---|
| 种类(种) | 总计 | 70 | 70 | 70 | 70 | 71 | 71 |
| | 综合报 | 47 | 47 | 44 | 41 | 42 | 44 |
| | 专业报 | 23 | 23 | 26 | 29 | 29 | 27 |
| 总印量(万册、万份) | | 291048 | 298677 | 314033 | 325048 | 359090 | 347100 |
| 总印张(千印张) | | 12917060 | 11977337 | 13589502 | 14734582 | 16055487 | 16283603 |

数据来源：历年浙江省统计年鉴

## 4. 杂志出版情况

2012年浙江省共出版杂志222种，比2011年增加2种；总印量为8312万册(万份)，比2011年增加311万册(万份)，增长3.89%；总印张为429265千印张，比2011年增加48824千印张，增长12.83%。

**表 114　2007—2012 年浙江省杂志出版情况**

| 指标 | 2007 年 | 2008 年 | 2009 年 | 2010 年 | 2011 年 | 2012 年 |
|---|---|---|---|---|---|---|
| 种数(种) | 218 | 219 | 218 | 218 | 220 | 222 |
| 总印量(万册、万份) | 8082 | 7407 | 7596 | 7201 | 8001 | 8312 |
| 总印张(千印张) | 327935 | 299882 | 310658 | 277291 | 380441 | 429265 |

数据来源:历年浙江省统计年鉴

### 5. 图书出版情况

2012 年浙江省共出版本版图书 11478 种,比 2011 年增加 1986 种,增长 20.92%;总印量为 37250 万册(万份),比 2011 年增加 4642 万册(万份),增长 14.24%;总印张为 2361735 千印张,比 2011 年增加 255268 千印张,增长 12.12%。

**表 115　2007—2012 年浙江省图书出版情况**

| 指标 | 2007 年 | 2008 年 | 2009 年 | 2010 年 | 2011 年 | 2012 年 |
|---|---|---|---|---|---|---|
| 本版图书种数(种) | 6986 | 7282 | 7835 | 8084 | 9492 | 11478 |
| 总印量(万册、万份) | 25656 | 29564 | 31221 | 28179 | 32608 | 37250 |
| 总印张(千印张) | 1633112 | 1818335 | 2059221 | 1907000 | 2106467 | 2361735 |

数据来源:历年浙江省统计年鉴

## (二)占比情况

2007—2012 年浙江省大众传媒产业有了突飞猛进的发展,其中报刊发行成绩最为显著,2012 年浙江虽然报刊种类占长三角的比例最低,只有 22.61%,但总印数和总印张的比例却最高,均高于 40%,分别达到 44.39%和 43.84%。期刊种类占长三角的比重是最低的,其比重只有 17.00%左右,总印数占比基本在 21%左右上下波动,2012 年浙江省期刊种类、总印数、总印张数分别占长三角的 17.22%、21.56%和 22.89%,比重均有不同程度上升。2012 年浙江省图书种类、总印数、总印张数分别占长三角的 20.67%、30.40%和 26.13%,与 2011 年相比,图书种类占比上升 1.42 个百分点,总印数占比上升 2.37 个百分点,总印张数占比上升 1.60 个百分点。

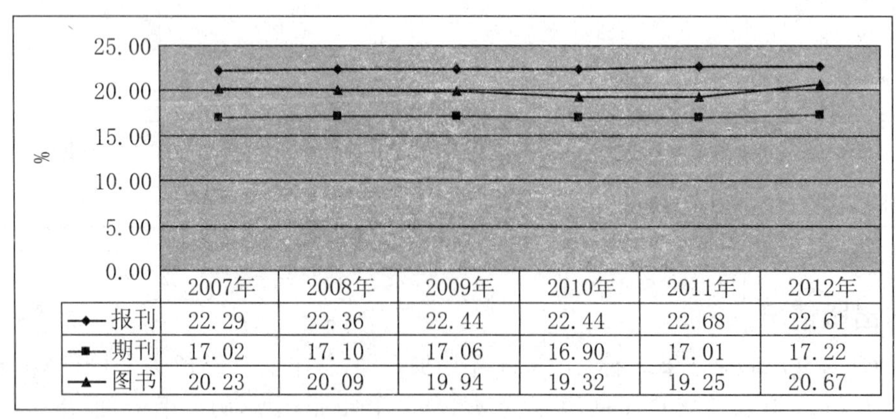


**图 15　2007—2012 年浙江省报刊、期刊、图书出版种类占长三角的比重**

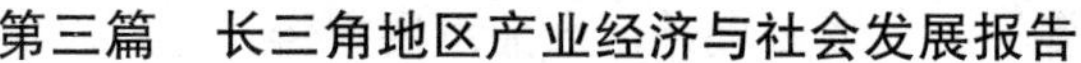

**表 116　2007—2012 年浙江省报刊、期刊、图书出版占长三角比重**

%

| 指标 | | 2007 年 | 2008 年 | 2009 年 | 2010 年 | 2011 年 | 2012 年 |
|---|---|---|---|---|---|---|---|
| 报刊 | 总印数 | 39.24 | 39.80 | 42.30 | 43.04 | 44.90 | 44.39 |
| | 总印张数 | 39.76 | 36.57 | 41.53 | 40.93 | 42.01 | 43.84 |
| 期刊 | 总印数 | 23.04 | 20.50 | 21.65 | 20.36 | 21.16 | 21.56 |
| | 总印张数 | 7.07 | 19.05 | 19.44 | 17.28 | 21.47 | 22.89 |
| 图书 | 总印数 | 25.96 | 27.77 | 28.86 | 25.91 | 28.03 | 30.40 |
| | 总印张数 | 22.74 | 23.36 | 26.97 | 24.33 | 24.53 | 26.13 |

# 十五 长三角地区文化发展

## 一、基层文化与基础设施建设

近年来上海市因地制宜,结合实际,对接需求,基本实现公共文化服务全覆盖。截至2012年末,全市共建成公共文化设施:美术馆32家、公共图书馆238家;博物馆、纪念馆、陈列馆120座;区级文化馆26家、社区文化活动中心203家、村(居委)综合文化活动室5245家;工人文化宫(俱乐部)19家;青少年活动中心、少年宫、少科站、活动营地36所;可容纳200至1500人以上公共文化活动广场百余座;全市公共文化设施总面积约300万平方米;基本实现"十一五"提出的打造"15分钟公共文化服务圈"的目标。上海将进一步优化网络设施功能布局,力争在人均文化设施享有面积等指标上趋近国际文化大都市标准。上海市从2011年开始创建国家和市级公共文化服务体系示范区(项目)。2012年嘉定区和松江区作为市级示范区和项目分别通过验收。徐汇区作为国家级示范区建设也已完成各项指标,文化部将于明年对其进行验收。在创建国家和市级公共文化服务体系示范区(项目)的带动下,有力推动了上海各区县公共文化服务体系体制机制的创新。

2012年江苏省覆盖城乡的五级公共文化设施网络体系基本形成,全省公共文化设施的数量和质量领先全国。苏州、无锡2个省辖市、10个县(市、区)和107个乡镇(街道)被命名为首批省公共文化服务体系示范区;张家港"网格化管理"经验为转型中国的公共文化服务体系建设提供了经验;实现了城市社区基层服务点全覆盖;文化先进县创建向纵深发展;全省所有公共图书馆、文化馆、美术馆和乡镇文化站全部实现免费开放,文化系统博物馆、纪念馆免费开放率达到92.6%;文化惠民活动持续开展。

为全面了解掌握全省各地基层公共文化服务情况,整体推进公共文化服务体系建设,浙江省文化厅组织人员对"2012年浙江省基层公共文化服务评估指标体系"数据进行了调查与采集,并对全省90个县(市、区)公共文化服务情况进行了评估与排名。根据评估结果,鄞州区、桐庐县、北仑区、余杭区、绍兴县、江干区、长兴县、富阳市、萧山区、海宁市依次名列前十。从评估报告来看,在文化强省建设热潮的推动下,浙江省基层公共文化服务的覆盖面进一步扩大,公共文化服务资源进一步丰富,呈现持续推进、整体改善的良好态势。

## 二、公共图书馆

2012年,上海市有公共图书馆25个,从业人员2089人。图书总藏量7202.43万册(件),本年新购藏量305.17万册(件)。公共图书馆建筑面积38.67万平方米,阅览座位21594个。图书借阅总人次为580.01万人次。计算机5885台,电子阅览室终端数1816个。为读者组织各类讲座次数1795次,其中市级213次,区县级1582次,参加人次共25.97万人次,其中市级6.24万人次,区县级19.73万人次。2012年,市各级图书馆已实现免费开放、基本项目免费服务。数字图书馆建设全面展开。根据国家对数字图书馆的技术支撑环境要求,上海今年已全面完成包括网络与安全建设、自动化系统扩充、存储扩充、RFID接入等市区两级数字图书馆硬件升级配置。开展了数字图书馆课题调研,并制定数字图书馆虚拟网建设方案,推进多层次、多样化、个性化的数字图书馆服务平台建设,建立本市数字图书馆资源库群共建共享机制。建成后的数字图书馆将拓展传统图书馆的内涵和外延,提升多样化的用户体验。

2012年江苏有公共图书馆111个，从业人员2901人，比2011年减少31人。图书馆总藏量6705.96万册，其中省级公共图书馆1092.32万册，县区级公共图书馆3245.28万册。为读者服务举办各种活动，组织各类讲座2556次，参加人数52.14万人次，举办展览787个，参观人次148.20万人次，举办培训班1955个，培训人次14.23万人次，总支出61977万元。2012年新购藏量874万册(件、种)、全国排名第一。发放借书证291万个、全国排名第二。为读者举办各类活动5298次、受众达2667万人次，分别比上年增长20.1%、24.9%。全省书刊文献外借共计2040万人次、3430万册次。全省公共图书馆共有计算机9289台，电子阅览室终端数4509个。阅览室坐席共计42085个、全国排名第二，其中少儿阅览室坐席11751个、盲人阅览室坐席1119个。

2012年浙江有公共图书馆97个，与2011年持平，从业人员3096人，比2011年增加5人。图书馆藏书5344万册，经费总支出734462万元，固定资产原值167655万元，建筑面积69万平方米，阅览室坐席数4.0万个。

## 三、博物馆、纪念馆

2012年，上海市博物馆、纪念馆总计109个，比2011年减少11个，馆内藏品实际数量共314.49万件，其中一至三级藏品26.44万件；举办展览活动326个，参观人次1521万人次。综合性博物馆纪念馆14个，馆内藏品实际数量10.36万件，其中一至三级藏品3.57万件；举办展览活动82个，参观人次395万人次。历史类博物馆纪念馆20个，馆内藏品实际数量17.85万件，其中一至三级藏品3.41万件；举办展览活动63个，参观人次248万人次。艺术类博物馆纪念馆8个，馆内藏品实际数量103.59万件，其中一至三级藏品14.27万件；举办展览活动24个，参观人次205万人次。科学类博物馆纪念馆2个，馆内藏品实际数量28.11万件，其中一至三级藏品0.45万件；举办展览活动8个，参观人次345万人次。人物类博物馆纪念馆17个，馆内藏品实际数量8.88万件，其中一至三级藏品2.33万件；举办展览活动39个，参观人次65万人次。行业类博物馆纪念馆22个，馆内藏品实际数量134.11万件，其中一至三级藏品0.77万件；举办展览活动64个，参观人次173万人次。高校类博物馆纪念馆10个，馆内藏品实际数量6.23万件，举办展览活动22个，参观人次19万人次。其他类博物纪念馆16个，馆内藏品实际数量5.38万件，其中一至三级藏品1.62万件；举办展览活动24个，参观人次72万人次。2012年，上海市120家博物馆、纪念馆和陈列馆中，有80多家实现长期免费开放。上海形成了市区两级专项资金投入和管理的长效机制，并设置奖励资金促进免费开放后的服务提升。上海通过"民办博物馆扶持资金"，紧紧围绕"扩大宣传普及"和"业务能力提升"两大核心内容，加大对民办博物馆的扶持力度。2012年，上海积极引导各公共文化场所贴近观众的文化需求，精心策划更多更好的服务项目、引入更多更新的服务样式进一步健全规章制度、明晰服务内容，形成与免费开放相适应的运营管理机制。市文物局通过对"上海博物馆对口帮扶上海琉璃艺术博物馆"试点项目的案例分析，积极探索支持民办博物馆发展的可持续发展模式和长效服务机制。

2012年江苏省有博物馆266个。2008—2012年，江苏博物馆不断增多，社会服务能力上升，博物馆建筑面积由76万平方米增至145万平方米、增长90.19%，举办陈列展览数由984个增至1992个、增长102.44%，参观人数由3220万人次增至5500万人次、增长70.81%，其中未成年参观人数由838.4万人次增至1331.9万人次、增长58.86%，博物馆的建筑面积、陈列展览数、参观总人数和未成年参观人数，均升至全国第一位。由于国办博物馆基本实施免费开放，门票销售总额增幅小，由9615.3万元增至10553.7万元、增长9.76%。2012年全省博物馆接待外宾96.12万人次。

2012年浙江省有博物馆103个。馆内藏品723413件，其中一级品2011件。举办陈列、展览活动1025次，参观人数2716万人次。

## 四、文物保护维修

2012年，上海市有文物保护机构115个，比2011年减少6个。文物保护机构从业人员数3292人，比2011年增加629人。文物保护维修项目38个，其中国家级7个，市级17个。维修面积4.74万平方米，项目总预算11538万元，专项补助1439万元，当年保护维修支出5606万元。2012年上海市文物局根据《文物保护法》的相关规定，组织广富林遗址抢救性考古发掘工作，上海博物馆、宁波市文物考古研究所、山东大学、南京大学、复旦大学和上海大学等6家考古单位将陆续进场开展发掘工作。2012年计划进行抢救性考古发掘区域的面积为15000平方米，是上海建国以来年度发掘面积最大、参加单位最多的一次。随着考古工作的稳步推进，已经发现大量的新石器时代、周代、汉代、宋元、明清等历史时期的考古遗迹，其中有101座水井、102个灰坑和古河道，并发掘出土了一些纹饰精美、造型独特的文物，包括玉器、石器、陶器、瓷器和铜器等。这些新发现的遗迹和遗物，对研究上海历史和广富林遗址的沿革具有重要的学术意义。2012年6月，上海市文物局和上海市海洋局举行上海市管辖海域内文化遗产联合执法专项行动，行动的主要内容为打击周边海域内的水下文物偷盗事件，查处文物违法犯罪行为，保护管辖海域内的水下文化遗产，由海监、文物、渔政、海事、海警、水上城管、航政、长江公安等单位组成的执法队伍，前往重点海域开展水下文化遗产执法巡航。

2012年，江苏有文物机构总数347个，比2011年增加19个；从业人员5764人，比2011年增加428人。其中文物保护管理机构58个，比2011年减少1个；从业人员397人，比2011年增加41人；文物科研及其他文物机构15个，比2011年减少1个；从业人员171个，比2011年增加18个。2012年，江苏省有全国重点文物保护单位维修项目33个、维修面积252.6万平方米(含大运河故道及鸿山大遗址本体保护)。累计拨入经费17025万元。本年经费来源11907.8万元中：其他资金300万元、占2.5%，财政拨款11607.8万元、占97.5%。财政拨款中：中央补助7745.3万元、占66.7%，省级补助991.1万元、占8.5%，市县两级拨款2871.4万元、占24.7%。市县两级财政拨款的来源分布：南京2715万元、无锡111万元、苏州394万元、扬州60万。全省有省级文物保护单位维修项目31个、维修面积137.78万平方米(含黄泗浦遗址保护)。累计拨入经费7949.6万元。本年经费来源5483.9万元中：其他资金2221.3万元、占40.5%，财政拨款3262.6万元、占59.5%。财政拨款中：省级补助755万元、占23.1%，市县两级拨款2507.6万元、占76.9%。市县两级财政拨款的来源分布：南京1013万元、无锡241万元、常州695万元、苏州299万元、镇江70万元、泰州130万元、宿迁240万元。全省市、县级文物保护单位有维修项目36个、维修面积2.49万平方米。累计拨入经费3090万元。本年经费来源2309.6万元中：其他资金329万元、占14.2%，财政拨款1980.6万元、占85.8%。财政拨款中：省级补助420万元、占21.2%，市县两级拨款1560.6万元、占78.8%。市县两级财政拨款的来源分布：南京289.8万元、无锡16万元、常州722.8万元、苏州364.3元、镇江167.7万元。

2012年，浙江省有文物保护机构89个，比2011年减少2个，。2012年浙江省做好重要濒危文保单位保护工作，提请省政府批准公布了5项国保单位保护规划和27处省级以上文保单位保护范围及建设控制地带，上报了111处省级以上文保单位保护区划划定方案，论证、审查了通济堰、衢州府城墙等国保单位保护规划和一批省级以上文保单位保护范围、建设控制地带内建设项目方案。深入实施文物保护工程，加强文物保护工程的中期管理，上报国保单位保护工程立项9项，审批省级以上文保单位保护工程设计与施工方案99项，竣工验收省级以上文保单位维修工程近20处。开展资质单位年检工作，报请国家文物局批准施工一级资质单位3家，授予文物保护工程资质单位11家。

## 五、群众艺术馆和文化馆(站)

2012年,上海市有群众文化活动机构240个,比2011年减少增加1个;从业人员4775人,比2011年减少81人。群众艺术馆和文化馆(站)组织活动共32342次,举办展览2754个,举办训练班31682次,结业173.23万人次。

2012年,江苏有群众文化服务机构共1419个,比2011年减少10个;从业人员6775人,比2011年增加218人。其中群众艺术馆文化馆119个,比2011年增加2个;从业人员2005人,比2011年增加15人;文化站1300个,比2011年减少12个;从业人员4770,比2011年增加203人。群众艺术馆文化馆举办展览1157个,组织文艺活动8257次,举办训练班5242次,结业29万人次。馆办文艺团体337个,馆办老年大学41个,群众业余文艺团队2571个,总支出41845万元。文化站举办展览6151个,组织文艺活动31095次,举办训练班13774次,结业121万人次,群众业余文艺团队13172个,总支出56688万元。

2012年,浙江省有群艺(文化)馆、文化站1447个,比2011年减少2个。举办展览7053个,组织文艺活动40738次,举办培训班25300次,结业人次1498千人次,群众业余演出团队30441个。

## 六、广播电视

2012年,上海市全市共有公共广播节目21套,公共电视节目25套。有线电视用户648.0万户,有线数字电视用户409.03万户。下一代广播电视示范网建设成果显著。市政府积极推动郊县有线电视数字化整体转换等重大项目的立项。该项目作为部市合作项目,年内已完成郊区100万户有线电视数字化整体转换,市郊各100万用户NGB建设,示范网逐步拓展至闵行、浦东、松江、宝山、青浦、嘉定等区,形成全市400万户NGB用户规模。NGB网络的建成将成为新媒体时代上海市公共文化服务体系建设的有力载体,从而进一步深化公共文化服务数字化、信息化发展。

2012年,江苏共有广播电台14座,中短波广播发射台和转播台21座,电视台14座,广播综合人口覆盖率和电视综合人口覆盖率分别达100.0%和99.9%。有线电视用户2178万户,比2011年增长9.56%。数字电视用户1450万户,比2011年增长21.24%。有线电视入户率89.8%。2012年江苏省66个县(市、区)中有20个已提前实现了有线电视户户通,有22个实现或基本实现了数字化整体转换。苏州、南通等地率先完成数字电视整转,实现了城乡一体化。江苏省着手制定全省地面数字电视覆盖网规划,稳步实施省级地面数字电视单频网项目建设,已建成13个地级市无线发射平台,实现了省级公共服务电视节目对全省地市级的覆盖。积极推动直播卫星公共服务系统建设试点,逐步消灭广播电视覆盖盲点。

2012年,浙江有省市级广播电台、电视台各12座,县级广播电视台66家。有线电视用户1384.6万户,比上年增长4.7%;广播、电视综合覆盖率分别为99.5%和99.6%。全省市、县两级广播电视播出机构均自办对农或涉农节目,广播电视栏目分别达到每周3档以上,开办总数达到870档以上。利用有线、直播卫星等多种传输方式,开展海岛、林场、偏远山区广播电视全覆盖工作,农村有线电视实际入户率达到91%。启动全省"十二五"广播电视"户户通"工程建设,采用有线联网和直播卫星方式,解决20户以下通电自然村农民群众听广播看电视的问题,31个县(市、区)全部完成了直播卫星安装任务,安装直播卫星4800台。沿海有关市县已安装5000多艘渔船,超额完成全年安装任务,全省1.2万艘远洋渔船已有8300多艘通上广播电视。在海宁市开展农村应急广播试点工作。建立健全广播"村村响"维护管理长效机制,全省3万多个行政村已安装室内外各类调频音箱和高音喇叭近200万只,有线广播农村覆盖人口超过80%,发挥了广播在农村宣传和公共应急工作中的重要作用。"广电低保”已经让近40万户城乡“低保户”免费看上了有线电视，占有线电视通达地区城乡低保户的98%以上，其中38.2万城乡“低保户”免费看上了有线数字电视，为总计划数的90%以上。

## 七、文化产业

上海持续推动文化产业与科技、金融、贸易等行业的深度融合，推动了文化产业的转型升级，为文化产业注入了新的动力，提升了文化产业的竞争能力。2012年，国家对外文化贸易联席会议及办公室正式成立，正式发布《国家对外文化贸易基地(上海)发展三年行动计划》。全国首家国家对外文化贸易基地发展良好，推动了艺术品保税展示交易、文化设备保税租赁、文化服务外包等文化贸易新业态的探索发展。2012年基地前三季度年贸易总额达12亿元，前三季度税收贡献达6800万元。目前，上海已在新闻出版、广播影视、文化艺术、数字娱乐等领域集聚了一批具有较强“走出去”能力的文化企业。此外，上海文化产业与旅游、会展等领域的融合也日趋紧密，其带动酒店、餐饮、零售等服务业发展的作用也日益显著。文化产业的发展，丰富了人们的休闲娱乐生活方式，加速上海城市文化氛围的形成，不断提升上海作为国际文化大都市的魅力。2012年，在继续提升电影、数字出版、动漫游戏、网络视听、民营院团等领域专项资金的扶持效益基础上，上海在全国率先出台出版物发行网点建设扶持资金，对全市首批35家中小微、专精特实体书店资助500万元，扶持鼓励更多出版物发行企业走品质化、专业化、特色化之路。上海制定了《上海市促进文化创意产业发展财政扶持资金实施办法(试行)》，并于5月发布《2012年上海市促进文化创意产业发展财政扶持资金申报指南》。接受信息类、贸易类、技术类、版权/产权交易类和数字出版类等五个类型的产业公共服务平台申请资助，全市共有511个项目申报资助，经过评审程序最终133个项目获得资助，资助总金额约为2.95亿元。一批优秀项目脱颖而出，带动社会资本总计约为13.38亿元投入。各区县积极响应，纷纷出台了一系列配套资金政策和举措，市区两级产业推进工作得以全面推动，全市文化产业迎来良好发展机遇。

2012年，江苏省文化产业呈现快速发展新态势，新创建3个国家文化产业示范基地，1个国家级文化和科技融合示范基地。重大项目带动战略资助项目达214个，总额2.254亿元。9部动漫作品入选“中国文化艺术政府奖首届动漫奖”和“国家动漫精品工程”，1个品牌和3个创意项目入选“2012·国家动漫品牌建设和保护计划”。47家企业、4个项目入选2011—2012年度国家文化出口“双重点”，入选数居全国第二。

2012年，浙江省文化及相关产业实现增加值1581.72亿元，占GDP的比重为4.56%。其中，文化产品制造业实现增加值706.30亿元，占44.7%；文化产品批发零售业增加值160.73亿元，占10.2%；文化服务业增加值714.69亿元，占45.2%。 从各市看，杭州市文化及相关产业增加值最大，达483.58亿元，占全省总量的30.6%；其次为宁波市和金华市，实现增加值分别为273.95亿元和162.88亿元，三市合计实现增加值占全省的58%。文化及相关产业增加值占GDP的比重最高的地区为杭州市，占比达6.20%；其次为金华市，占比为6.01%；其余九个市占比全部在全省平均水平以下。

### 1. 演出业

2012年，上海市有艺术表演团体共138个，从业人员总数8524人，国内演出27977场，观众1247万人次。其中市级剧团18个，从业人员3043人，国内演出9344场，观众374万人次；区级剧团118个，从业人员5447人，国内演出18464场，观众869万人次；县级剧团2个，从业人员34人，国内演出169场，观众4万人次。艺术表演机构111个，从业人员2751人，座席123611个，演(映)出场次81879场，其中艺术演出场次11401场；观众979.45万人次。市级艺术表演场所13个，从业人员709人，座席44342个，演(映)出场次3309场，观众246.22万人次。区级艺术表演场所97个，从业人员2031

人，座席78225个，演（映）出场次77290场，观众721.80万人次。县级艺术表演场所1个，从业人员11人，座席1044个，演（映）出场次1280场，观众11.43万人次。

江苏省2012年艺术创作机构56个，比2011年减少8个，从业人员335人，比2011年减少64人；艺术表演团体116个，比2011年减少254个；从业人员5768人，比2011年减少3391人；艺术表演场馆112个，比2011年增加2个；从业人员5815人，比2011年增加2948人。

**2. 出版业**

2012年，上海市有图书出版机构40个，与2011年持平。图书出版从业人员3829人，比2011年减少170人；书刊印刷机构4571个，比2011年减少59个，从业人员16.69万人，比2011年增加0.28万人；图书发行机构8526个，比2011年减少456个，从业人员3.03万人，比2011年减少0.05万人。出版图书23792种，比2011年增加1736种。总印数33479.24万册，比2011年增加4598.54万册；总印张数为313483.57万印张，比2011年增加39750.57万印张。出版期刊626种，比2011年减少6种。总印数17631.68万册，比2011年减少553.18万册。总印张数为96733.21万印张，比2011年增加2499.19万印张。出版报纸100种，与2011年持平，每期平均印数为685.51万份，比2011年减少48.82万份。总印数为145390.17万份，比2011年减少10691.41万份。总印张数为680278.63万印张，比2011年减少113487.93万印张。

2012年江苏图书出版20254种，比2011年增加2491种，共51851.23万册，比2011年减少2968.57万册；报纸143种，总印数289408万份，比2011年增加4800万份，总印张数为1405435万印张，比2011年减少17284万印张；出版期刊441种，与2011年持平，总印数12559万册，比2011年增加958万册，总印张数为47836万印张，比2011年增加3068万印张。

2012年浙江省共出版图书11478种，总印量37250万份，总印张2361735千印张；全省公开发行的报纸有71种，总印量347100万份，总印张16283603千印张；出版杂志222种，总印量8312万份，总印张429265千印张。

**3. 娱乐业**

2012年，上海市文化娱乐机构从业人员64644人，主营业务收入2112155.8万元，主营业务利润615814.6万元，房屋建筑面积283.6万平方米；歌舞娱乐场所从业人员30456人，主营业务收入269240.5万元，主营业务利润33098.6万元，房屋建筑面积108.0万平方米；游戏电子游艺经营场所从业人员6171人，主营业务收入67097.6万元，主营业务利润21263.0万元，房屋建筑面积90.6万平方米；其他娱乐场所从业人员6073人，主营业务收入82015.3万元，主营业务利润15989.5万元，房屋建筑面积20.4万平方米；网吧从业人员7601人，主营业务收入53364.8万元，主营业务利润15576.7万元，房屋建筑面积45.6万平方米；经营性互联网文化单位从业人员14343人，主营业务收入1640437.6万元，主营业务利润529886.8万元，房屋建筑面积19.0万平方米。

2012年，江苏省共有娱乐场所7412个，比2011年增加580个，从业人员51682人，同比增长16.3%，经营面积339.05万平方米，同比增长18.5%。资产总计808983.2万元、营业收入500436.7万元、利润总额191867.8万元，分别同比增长13.9%、8.8%、17%。随着行业的深入发展和经营管理水平的提高，全省娱乐市场经营效益得到提升。

**4. 影视业**

2012年，上海市有影剧院140个，比2011年减少6个。摄制故事片22部，比2011年减少3部；译制影片24本，比2011年减少334本。放映电影96万场，比2011年增加20万场；观众3154万人次，比2011年增加362万人次。

2012年，江苏省有剧场、影剧院92个，比2011年增加4个；从业人员4853人，比2011年增加3053人。在中国国际动漫节上，江苏省有64家动漫机构组团参展，有55个重点动画项目参加展示、洽谈、交流和交易，有11部完成交易或达成交易意向，涉及金额达3000万元。3月21至30日，组织了由16家动漫企业组成的动漫代表团赴日本、韩国参加东京国际动漫展、举办对接交流和拜访活动；在东京展会期间，江苏展位共接待来访代表约650人次，参展效果明显。

2012年，浙江省城市影院共放映电影151万场，观众3440万人次，票房收入13.75亿元，比2011年分别增长39.81%、31.10%和41.03%。2012年横店影视文化产业实验区新增入区企业52家，累计达到487家，实现营业收入78.11亿元，同比增长146.5%。积极争取国家广电总局批复同意在杭州、海宁毗邻区块设立中国（浙江）影视产业国际合作实验区，中国国际广播电台译制中心落户该影视基地。第八届杭州中国国际动漫节共吸引61个国家和地区的461家动画企业和机构参展，会展总成交额达146亿元，继续保持了全国影视动画交易流通的重要平台。全年全省影视产品国内销售额29.53亿元，同比增长180%；据初步统计，影视产品出口额为1721.9万元。认真贯彻落实省政府《加快电影产业繁荣发展的实施意见》等文件精神，大力推动全省电影业繁荣发展，全省累计建成数字多厅影院165家1069个放映厅，已有72个县（市、区）城市建有数字多厅影院，城乡群众观影条件大为改善。

# 第二章　长三角地区财政金融与外向型经济

## 一　长三角地区财政

2012 年，长三角地区一般预算收入为 13045.63 亿元，按现行价计算，比 2011 年增长 11.2%，比 2011 年同期增长速度下降 11.5 个百分点。其中，江苏省一般预算收入在长三角中占比最高，为 44.9%，其次为上海市 28.7%，浙江省为 26.4%。2012 年，长三角地区一般预算支出为 15373.57 亿元，同比增长 10.0%，比 2011 年同期增长速度下降 12.4 个百分点。其中，江苏省一般预算支出在长三角中占比最高，为 45.7%，其次为上海市 27.2%，浙江省为 27.1%。如图所示：2008 年至 2012 年，长三角地区一般预算收入与支出呈稳定增长的趋势。上海、江苏和浙江一般预算收入与支出也呈稳定增长的趋势。

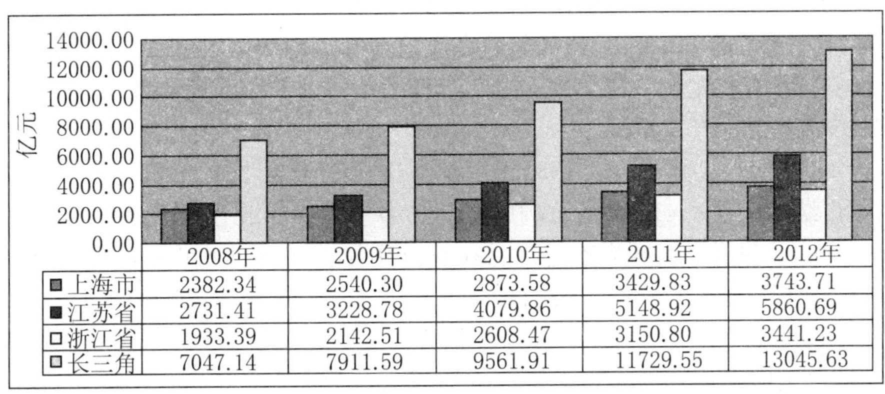


| | 2008年 | 2009年 | 2010年 | 2011年 | 2012年 |
|---|---|---|---|---|---|
| 上海市 | 2382.34 | 2540.30 | 2873.58 | 3429.83 | 3743.71 |
| 江苏省 | 2731.41 | 3228.78 | 4079.86 | 5148.92 | 5860.69 |
| 浙江省 | 1933.39 | 2142.51 | 2608.47 | 3150.80 | 3441.23 |
| 长三角 | 7047.14 | 7911.59 | 9561.91 | 11729.55 | 13045.63 |

**图 1　2008—2012 年长三角地方一般预算收入图及附表（亿元）**

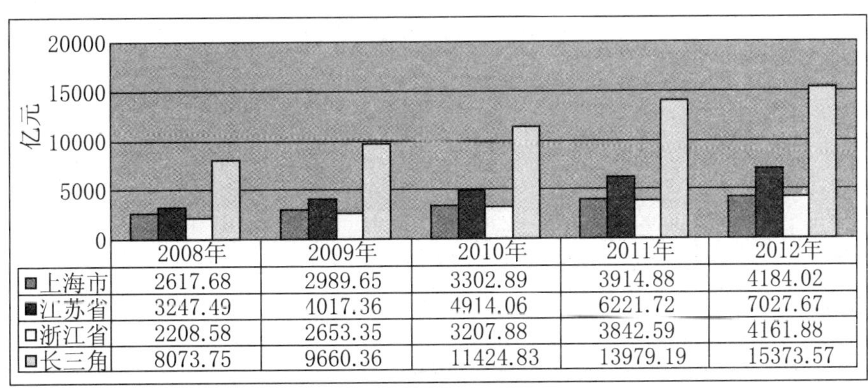


| | 2008年 | 2009年 | 2010年 | 2011年 | 2012年 |
|---|---|---|---|---|---|
| 上海市 | 2617.68 | 2989.65 | 3302.89 | 3914.88 | 4184.02 |
| 江苏省 | 3247.49 | 4017.36 | 4914.06 | 6221.72 | 7027.67 |
| 浙江省 | 2208.58 | 2653.35 | 3207.88 | 3842.59 | 4161.88 |
| 长三角 | 8073.75 | 9660.36 | 11424.83 | 13979.19 | 15373.57 |

**图 2　2008—2012 年长三角地方一般预算支出图及附表（亿元）**

# 一、上海市财政

2012 年是全面实施“十二五”规划承上启下的重要一年，也是上海市深入推动“创新驱动、转型发展”的关键一年。面对严峻复杂的外部环境和改革发展稳定的繁重任务，上海市深入贯彻落实党的十八大和市第十次党代会精神，坚持稳中求进的工作总基调，统筹兼顾、聚焦突破，扎实推进稳增长、调结构、促改革、惠民生的各项工作，经济社会发展呈现稳中有进的良好态势。与此同时，上海市各级财政部门按照市委、市政府提出的“五个更加注重”要求，把稳增长放在更加重要的位置，继续实施积极的财政政策，进一步加大重要领域和关键环节的财政改革创新力度，着力强化财政收入管理，切实优化财政支出结构，财政收入任务圆满完成，财政支出突出“三个聚焦”，全市的财政预算执行情况总体良好，有力地支持和促进了上海的“创新驱动、转型发展”。

## （一）上海市地方一般预算收入收支执行情况

2012 年，全市地方公共财政收入 3743.71 亿元，比 2011 年增长 9.2%，完成预算的 101%，加上中央财政与本市结算净收入 415.1 亿元，中央财政专款上年结转收入、调入资金、调入预算稳定调节基金、动用历年结余等 106.1 亿元，以及本市地方政府债券收入 89.0 亿元；减去调出资金 25.9 亿元，全市可以安排使用的地方公共财政收入总计 4328 亿元。全市地方公共财政支出 4184.02 亿元，比 2011 年增长 6.9%，完成调整预算的 103.4%，加上地方政府债券还本 76.0 亿元、中央财政专款结转下年支出 44.7 亿元、安排预算稳定调节基金 15.4 亿元，全市地方公共财政支出总计 4320.1 亿元。全市地方公共财政收支执行结余 7.9 亿元。

2012 年，上海市本级公共财政收入 1831.64 亿元，比 2011 年增长 9.3%，完成预算的 100.3%，加上中央财政与本市结算净收入 415.1 亿元，中央财政专款上年结转收入、调入资金等 80.5 亿元，以及本市地方政府债券收入 89 亿元；减去市对区县税收返还和转移支付 696.8 亿元，调出资金 13.9 亿元，市本级可以安排使用的公共财政收入总计 1705.5 亿元。市本级公共财政支出 1524.84 亿元，比 2011 年增长 1.1%，完成调整预算的 104.9%，加上地方政府债券还本 76.0 亿元、转贷区县地方政府债券支出 60.0 亿元、中央财政专款结转下年支出 44.7 亿元，市本级公共财政支出总计 1705.5 亿元。市本级公共财政收支执行基本平衡。

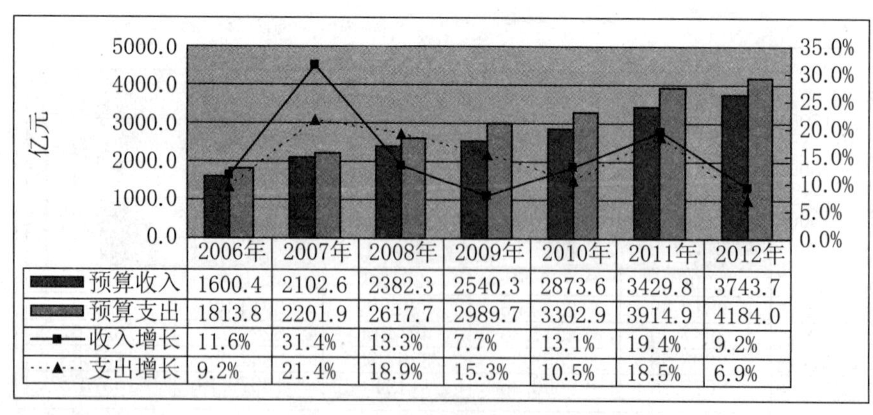


| | 2006年 | 2007年 | 2008年 | 2009年 | 2010年 | 2011年 | 2012年 |
|---|---|---|---|---|---|---|---|
| 预算收入 | 1600.4 | 2102.6 | 2382.3 | 2540.3 | 2873.6 | 3429.8 | 3743.7 |
| 预算支出 | 1813.8 | 2201.9 | 2617.7 | 2989.7 | 3302.9 | 3914.9 | 4184.0 |
| 收入增长 | 11.6% | 31.4% | 13.3% | 7.7% | 13.1% | 19.4% | 9.2% |
| 支出增长 | 9.2% | 21.4% | 18.9% | 15.3% | 10.5% | 18.5% | 6.9% |

**图 3　上海地方一般预算收支趋势图**

## （二）上海市财政预算执行与工作特点

### 1. 推进实施“营改增”改革试点

上海市重点推进五方面的工作：一是将推进实施“营改增”改革试点列为2012年全市全力以赴重点推进的首要改革工作，着力构建中央部委、市、区县政府三级联动的“营改增”改革试点工作合力推进机制，不断强化对改革试点工作的指导推进和统筹协调。二是细化完善“营改增”改革试点具体操作办法，加快建立完善的财税管理制度体系。三是根据国家明确的“改革试点行业总体税负不增加或略有下降”的原则和要求，及时制定和实施过渡性财政扶持政策，有效平衡试点企业税负。四是深入开展“营改增”改革试点情况的跟踪分析和专题调研，及时研究和解决改革试点中遇到的各种矛盾和问题。五是对试点企业开展全方位政策宣传、大规模业务培训和“点对点”操作辅导，有效地调动广大试点企业的积极性。试点工作总体平稳有序，成功实现了“1＋6”行业试点企业新老税制的顺利转换，从制度上突破了制约现代服务业发展的税制瓶颈，基本解决了货物与劳务税制不统一和营业税重复征税的问题；试点企业户数逐月上升，纳税申报平稳有序，2012年上海市共有15.9万户企业纳入“营改增”改革试点范围，本市区域内的试点企业和原增值税一般纳税人因实行“营改增”试点减税约166亿元（其中，小微企业税负降幅达到40％左右，成为本次试点改革的最大受益者），中央和地方两级财政减少税收收入、增加财政支出（包括免抵退税、出口免税以及对部分税负增加企业的财政扶持支出），结构性减税的政策效应充分体现；试点企业的创新转型机制进一步完善，各类投资和生产要素加速集聚，国际性跨国公司落户上海的意愿明显增强，本市试点行业特别是文化创意产业和信息传输、软件及信息技术服务业增长较快，有效地推动了现代服务业的加快发展，并为在全国范围扩大试点积累了经验。

### 2. 加大对“稳增长、转方式、调结构”的财政支持力度

上海市各级财政部门以扩大内需、优化结构、稳定出口和风险防范为重点，不断强化对新情况新问题的动态跟踪、预案研究和政策储备，实施了一系列针对性强、成效明显的财政政策措施，着力增强市场信心，财政经济运行的协调性和可持续性进一步增强。一是支持现代服务业加快发展。结合推进国家现代服务业综合试点，认真落实地方配套资金，设立创意设计产业发展专项资金，发挥服务业发展引导资金作用，进一步加大对薄弱环节、关键领域和新兴行业的政策支持和资金保障力度。二是支持战略性新兴产业加快发展。进一步深化推进财政科技投入机制改革，突出财政支持科技创新、成果转化和产业转型发展的政策聚焦重点，建立战略性新兴产业发展专项资金，支持本市战略性新兴产业加快发展。三是支持小微企业健康发展。在2011年已经推出以“三个10亿元”为主要内容的财政政策措施的基础上，2012年通过实施“两个增加”，进一步扩大政策实施覆盖面，建立健全为中小微企业融资服务的商业性融资担保机构投资参股机制、信贷风险分担机制和小微企业银行信贷考核奖励机制；进一步创新区县小微企业融资服务体系建设，鼓励和引导商业银行扩大对本市小微企业的信贷投入，本市中小微企业特别是科技型中小微企业的融资环境进一步优化和完善。四是支持扩大消费和外贸出口。认真落实国家和本市扩大消费需求的财政政策措施，进一步支持和扩大节能家电等产品的消费；认真落实国家出台的促进外贸稳定增长的政策措施，进一步优化完善出口信用保险扶持政策，启动实施启运港退税政策试点，帮助企业用足用好国家有关促进服务贸易出口的免税和零税率政策，服务贸易出口进一步扩大。五是支持区县经济安全平稳运行。进一步从财政体制上引导、鼓励和支持区县加快转变经济发展方式，并通过加强分类指导和加大地方政府债券区县转贷力度等一系列政策措施，着力完善区县政府性债务还本付息机制，有力地确保了区县经济的平稳健康发展。

**3. 加大公共财政民生投入保障力度，着力支持以改善民生为重点的社会建设**

上海市各级财政部门坚持民生优先导向，将政策支持和财力保障的重点不断向基本公共服务和重要民生项目聚焦，保障和改善民生取得有效进展。一是支持教育优先发展。围绕实现国家下达本市财政教育支出占地方公共财政支出15%的比例目标要求，全面深化财政教育投入机制改革，统筹分解落实各区县财政教育支出比例目标，统筹安排市对区县财政教育转移支付，统筹个别教育生均经费较高区的部分财政教育资金，区县间的生均经费差距进一步缩小，有力地支持和促进了城乡一体的基础教育均衡发展。二是支持就业与社会保障体系建设。围绕促进创业带动就业，进一步加大市级就业专项资金投入，完善小额担保贷款对自主创业的扶持办法；实现新型农村社会养老保险和城镇居民社会养老保险制度全覆盖，各类退休人员的养老保障水平进一步提高。三是支持深化医药卫生体制改革。进一步完善专业公共卫生机构经费保障机制，积极探索建立与公立医院改革相配套的政府卫生投入补偿机制。四是支持保障性住房体系建设。进一步加大财税支持力度，综合运用财政专项资金补贴、贷款利息补助和税费优惠等多种财税支持方式，着力支持和促进以公共租赁住房为重点的保障性住房体系建设。五是支持文化事业发展。不断加大文化财政投入，大力发展公益性文化事业，重点推进文化体制改革，与建设上海文化大都市要求相适应的公共财政保障机制进一步完善。六是支持公共安全体系建设。进一步完善财力保障机制，重点支持城市公共消防安全、企业安全生产、食品药品安全专项整治、突发事件应急体系建设，有力地保障了城市公共安全。七是推进基本公共服务均等化。结合深化市与区县财政管理体制改革和推进社会管理创新，进一步建立健全与推进实现社区基本公共服务均等化相适应的财政经费保障机制，加大市对人口导入区、财力困难区县的转移支付力度，着力增强公共服务供给能力，全市的基本公共服务水平进一步提升。

**4. 深化推进财政预算管理制度改革，促进提高财政科学化精细化管理水平**

上海市各级财政部门围绕推进实施财政科学化精细化管理，不断加大财政改革力度，着力推进财政管理创新。一是健全政府预算制度体系。在进一步完善公共财政预算、细化政府性基金预算、继续扩大国有资本经营预算实施范围的基础上，结合编制2013年社会保险基金预算，研究制定了《上海市社会保险基金预算管理试行办法》，进一步深化推进本市社会保险基金预算试编工作。二是完善部门预算管理制度。围绕深化部门综合预算管理，逐步建立健全本市政府购买公共服务制度，优化完善预算管理机制，着力提高预算编制的完整性、科学性和准确性。三是推进实施部门决算批复制度。将事业单位年度财务报表和部门决算报表注册会计师审计制度的试点实施范围，从教育、卫生系统的市级事业单位扩大到所有使用财政性资金的市级事业单位，对全部市级预算单位实施部门决算批复制度。四是深化国库管理制度改革。在认真总结市级预算单位和浦东、宝山、松江等3个区改革试点经验的基础上，逐步将国库单一账户体系改革和公务卡制度改革的试点范围推广扩大到市和区县的所有预算单位。五是深化政府采购改革。按照“统一规划，稳步推进，试点先行，分步实施”的原则，在选择黄浦、金山等2个区开展试点的基础上，在全市17个区县的集中采购项目中推广应用电子招投标系统，并探索建立政府采购第三方价格评估机制。六是加强乡镇财政性资金管理。在全面推广应用乡镇财政性资金信息管理系统的基础上，推动各区县选择部分乡镇试点建立“四项制度”(即：部门预算责任制度、国库集中支付制度、财政资金监督制度、绩效评价和信息公开制度)，切实加强乡镇财政性资金的规范化管理。七是试编政府综合财务报告。完成本市市级政府2011年度权责发生制政府综合财务报告和政府资产负债表的试编工作。

**5. 加大财政监督、绩效评价和信息公开力度，提高财政运行的公开性和透明度**

上海市各级财政部门在进一步深化财政预算管理制度改革的同时，着力完善财政监督、绩效评价

和信息公开机制。一是强化财政监督。委托会计师事务所重点对34个市级财政专项资金、681家市级事业单位开展审计检查；对全市2011年度中央财政专项补助资金实施检查；对155家企事业单位开展会计监督，对85家会计师事务所实施执业质量检查。二是深化财政支出绩效评价。重点选择教育、科技、卫生、住房保障等领域中涉及重大民生、重点建设和经济结构调整的9个专项资金项目实施财政支出绩效评价；扩大绩效目标项目编报范围；推动43家预算主管部门对84个专项资金项目开展绩效自评价；组织开展对68个专项资金项目的绩效目标跟踪评价；实施绩效评价结果应用，财政支出的绩效评价机制进一步完善。三是推进财政信息公开。将市本级支出科目细化公开到"款"级，并将其中教育、科技、农林水事务等重点支出科目细化公开到"项"级；将市级部门预算和"三公经费"预算的公开范围分别扩大到2012年的94家和90家；向社会公开了2011年64家市级部门决算和61家"三公经费"决算；推动64个市级财政专项资金的信息公开，向社会公开了35个财政专项资金项目的绩效评价结果。

2012年，上海市各项财政改革稳步推进，财政运行规范有序，预算完成情况总体较好。但财政运行和预算执行中还存在一些亟待进一步研究解决的问题。主要表现在：一是受经济下行压力的影响，全年地方公共财政收入增幅比上年有所回落，财政收入持续稳定增长的难度不断加大；二是区县之间特别是城乡之间的基本公共服务保障水平仍然存在一定的差异，对公共服务领域的财政保障力度有待进一步增强；三是财政政策的创新力度还需进一步加大，财政在支持和促进"稳增长、转方式、调结构"中的功能作用有待进一步拓展和发挥；四是预算支出管理特别是项目支出的标准体系还需健全，财政资金的使用效益有待进一步提高。对于这些困难和问题，市政府高度重视。上海市将进一步解放思想、深化改革，着力加大体制机制、政策制度和管理方式的创新力度，采取切实有效措施，认真加以解决。

## 二、江苏省财政

2012年，江苏省各级财政部门全面贯彻落实科学发展观，牢牢把握主题主线和稳中求进的工作总基调，在复杂严峻的经济形势下保持了财政运行的稳健态势，财政收入质量不断提高，"八项工程"等重点支出得到有效保障，财政改革稳步推进，较好完成了省十一届人大五次会议确定的预算任务。

### （一）江苏省地方财政一般预算收支执行情况

江苏省公共财政收入5860.69亿元，比2011年增加711.77亿元，比2011年增长13.8%。其中，税收收入4782.59亿元，比2011年增长16.0%，占公共财政收入的81.6%。全省公共财政支出7027.67亿元，比2011年增加805.95亿元，比2011年增长13.0%。

江苏省公共财政总收入8121.85亿元。其中，全省公共财政收入5860.69亿元；中央税收返还及转移支付收入、地方政府债券收入等2261.16亿元。全省公共财政总支出7313.46亿元。其中，全省公共财政支出6996.59亿元；上解中央支出、地方政府债还本支出等316.87亿元。收支相抵，预计年终结余及结转808.39亿元。

江苏省级公共财政总收入3029.08亿元。其中，省级征收的公共财政收入522.28亿元；中央税收返还及转移支付收入、下级上解收入、地方政府债券收入等2506.80亿元。省级公共财政总支出2943.61亿元。其中，省本级支出842.14亿元；上解中央支出、对市县税收返还及转移支付支出、转贷地方政府债券支出、地方政府债券还本支出等2101.47亿元。收支相抵，预计年终结余及结转85.47亿元，其中，未完事项结转下年支出84.46亿元，年终结余资金1.01亿元。

受土地出让收入下降影响，江苏省基金收入3612.38亿元，比2011年减少457.22亿元，比2011

年下降11.2%；支出3540.04亿元，比2011年减少478.20亿元，比2011年下降11.9%。省级基金收入155.60亿元，比2011年增加28.88亿元，比2011年增长22.8%；剔除补助市县支出，省级基金支出67.14亿元，比2011年增加8.89亿元，比2011年增长15.3%。

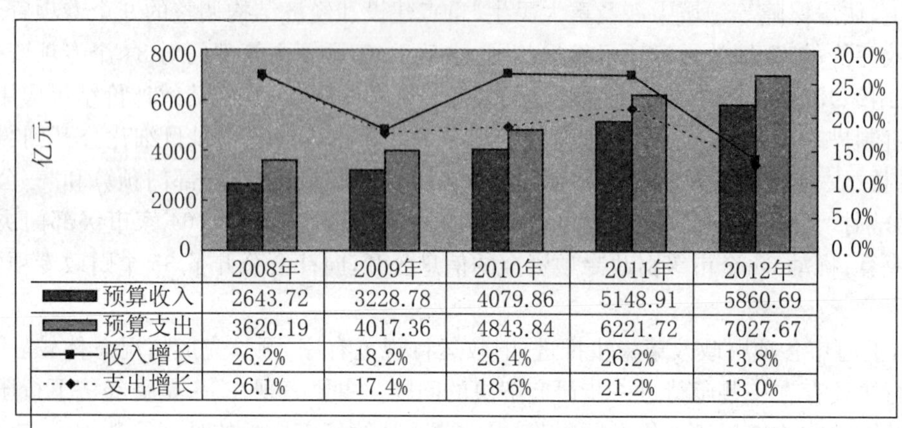


| | 2008年 | 2009年 | 2010年 | 2011年 | 2012年 |
|---|---|---|---|---|---|
| 预算收入 | 2643.72 | 3228.78 | 4079.86 | 5148.91 | 5860.69 |
| 预算支出 | 3620.19 | 4017.36 | 4843.84 | 6221.72 | 7027.67 |
| 收入增长 | 26.2% | 18.2% | 26.4% | 26.2% | 13.8% |
| 支出增长 | 26.1% | 17.4% | 18.6% | 21.2% | 13.0% |

**图4　江苏地方一般预算收支趋势图**

## （二）江苏省财政预算执行与工作特点

### 1. 发挥宏观调控职能，促进经济在加快转型升级中实现平稳较快发展

一是大力实施积极的财政政策。适度扩大财政支出规模，支持投资消费出口协同拉动经济增长。江苏省公共财政支出增长12.5%。发行地方政府债券110亿元，比2011年增长23.6%。争取中央财政各类转移支付814亿元，比2011年增长15.6%。二是支持加快转变经济发展方式。江苏省科技、节能环保和交通运输支出分别比2011年增长16.6%、9.6%和14.7%。三是提高区域发展的协调性。江苏省对市县各类转移支付补助1351.97亿元，比2011年增加138.92亿元，比2011年增长11.5%。其中，对苏北地区转移支付补助760亿元，占补助总额的56.3%。

### 2. 调整财政支出结构，保障“八项工程”深入推进

各级财政坚持有保有压、统筹兼顾、突出重点，严格控制行政经费等一般性支出，努力压缩行政成本，确保“八项工程”支出需要。其中，江苏省财政用于“八项工程”资金670亿元，比2011年增长14.1%。注重抓支出促项目，制定“八项工程”财政支出考核制度，推动省级“八项工程”全年支出进度达98.9%，较上年提高1.5个百分点。

### 3. 保障和改善民生，推动社会事业不断进步

全力保障民生幸福工程“六大体系”建设，江苏省财政安排资金357.61亿元，比2011年增长12.8%。江苏省公共财政用在与人民群众生活直接相关的教育、医疗卫生、社会保障和就业、住房保障、文化方面的支出共计2577.59亿元，比2011年增长19.3%，高于支出平均增幅6.8个百分点。其他与民生密切相关的农业水利等支出也大幅度增加，其中，农林水事务支出比2011年增长21.9%，有力促进了城乡统筹发展。2012年，江苏省民生支出占公共财政支出比重超过四分之三。

### 4. 加快重点领域和关键环节改革，促进公共财政体系更趋完善

一是收入质量管理明显加强。江苏省财政通过强化税收占比考核、规范非税收入管理、完善财政体制和转移支付制度、建立激励约束机制等措施，促进了财政收入质量的稳步提高。2012年江苏省税

收占比比上年提高了1.5个百分点。二是专项支出改革继续推进。将涉及农村环境治理的12项省级专项资金进行整合，大力支持村庄环境整治。将部分专项资金通过因素法进行分配后改由结算下达，一般性转移支付比重比上年提高6.8个百分点。列入绩效目标管理的省级财政专项资金已占专项资金总额的60%左右。三是营业税改征增值税试点工作平稳推进。2012年四季度，共计减少试点纳税人负担约33亿元，试点纳税人减税面超过95%。改革的结构性减税效应初步显现，对推动江苏省服务业发展、经济结构调整优化和发展方式转变产生积极影响。四是财政立法取得新进展。《江苏省非税收入管理条例》获得省人大常委会审议通过，促进了依法理财、依法行政。五是预决算公开进一步推进。省级部门预算公开全面推开，部门决算和"三公"经费决算公开开始试点，民生专项支出公开范围不断拓宽。

过去的5年，江苏省财政发展和改革取得了新的进展。一是综合实力不断增强。2008—2012年，江苏省公共财政收入累计2.1万亿元，比上个5年增加1.4万亿元，年均增长21.2%。公共财政支出累计2.5万亿元，比上个5年增加1.7万亿元，年均增长22.3%。二是财政宏观调控作用有效发挥。各级财政主动作为，大力支持扩内需保增长、惠民生保稳定，有效应对了国际金融危机冲击，促进了江苏经济的率先复苏，为长远可持续发展奠定了坚实基础。三是集中财力办成了一批大事难事。初步建立了适应江苏发展水平的县级基本财力保障机制，全省基本公共服务水平和均等化程度不断提高。财政"三农"投入逐年加大，推动全省粮食生产实现"九连增"，农民收入增幅连续三年超过城镇居民，城乡一体化水平较大提高。更大力度扶持苏北发展，苏北地区主要经济指标增速连续多年高于全省平均水平，区域发展更趋协调。城乡免费义务教育全面实现，全省财政教育支出比重超过中央考核要求。城乡基本养老和医疗保险制度全面建立，新型社会救助体系基本形成，社会保障体系实现城乡全覆盖，保障水平显著提高。四是财政改革不断推进。初步建立了适应科学发展要求的财政体制，加大财力下倾，促进经济发展方式转变。预算编制、预算执行、绩效管理、财政监督"四位一体"的财政管理体系基本形成。预算外资金全面取消。各项税制改革稳步推进。财政立法工作取得新进展。科学化精细化管理深入推进，财政监督更加强化，管理绩效不断提升。

2012年，江苏省各项财政改革稳步推进，财政运行规范有序，预算完成情况总体较好。但财政运行和预算执行中还存在一些亟待进一步研究解决的问题，主要是：财政收入增幅放缓与财政刚性支出加大的矛盾较为突出；财政促进经济发展方式转变与调节收入分配等方面的职能作用有待加强；财政收入质量尚需提升，财政支出结构需继续加大调整力度，资金使用效益有待提高；少数地区偿债压力较大，财政潜在风险不容忽视。对此，应采取切实有效措施，努力加以解决。

## 三、浙江省财政

2012年，面对世界经济复苏明显放缓和国内经济下行压力不断加大的严峻形势，浙江省以"促进发展、保障民生、科学理财、加强监管"的理财原则，依法组织收入，优化支出结构，深化管理改革，全省财政预算运行和执行情况良好，财税职能作用进一步发挥，推动经济社会发展的协调性、普惠性和可持续性不断增强。

### （一）浙江省地方一般预算收入收支执行情况

2012年浙江省地方财政收入汇总预算为3420.00亿元，执行数为3441.23亿元，完成预算的100.6%，比上年增长9.2%。浙江省地方财政收入主要项目完成情况为：税收收入3227.77亿元，完成预算的100.6%，比上年增长9.3%；非税收入213.46亿元，完成预算的100.3%，比上年增长7.4%。2012年浙江省财政支出汇总预算为4063.00亿元，执行数为4161.88亿元，完成预算的

102.4%，比上年增长8.3%。浙江省财政重点支出完成情况为：农林水事务408.21亿元，完成预算的102.6%，比上年增长9.3%；教育877.86亿元，完成预算的108.5%，比上年增长16.8%；科学技术165.98亿元，完成预算的105.2%，增长比上年15.3%；文化体育与传媒94.17亿元，完成预算的107.2%，比上年增长10.7%；医疗卫生305.91亿元，完成预算的102.2%，比上年增长9.7%；社会保障和就业345.44亿元，完成预算的109.2%，比上年增长18.4%。按照现行分税制财政体制和国家有关政策规定计算，预计2012年全省公共财政预算收支平衡。

2012年浙江省级地方财政收入预算为293.50亿元，执行数为255.16亿元，完成预算的86.9%，比上年下降6.1%，加上新一轮财政体制调整，省级电力生产企业增值税、省级金融企业和电力生产企业所得税、金融业营业税收入下放因素，完成预算的100.1%，比上年增长8.1%。省级地方财政收入主要项目完成情况为：税收收入233.35亿元，完成预算的90.5%，比上年下降1.9%；非税收入21.81亿元，完成预算的61.4%，比上年下降35.6%，主要是落实国家"清费减负"政策，免征小型微型企业部分行政事业性收费，以及部分收入按规定纳入政府性基金预算管理。2012年浙江省级财政支出预算为422.00亿元，执行数为430.51亿元，完成预算的102.0%，比上年增长7.7%。省级财政重点支出完成情况为：农林水事务40.78亿元，完成预算的100.3%，比上年下降5.2%，支出下降，主要是2012年起扶贫资金按中央规定改列市县支出，剔除扶贫资金后，可比增长8.8%；教育80.73亿元，完成预算的104.5%，比上年增长13.4%；科学技术27.00亿元，完成预算的102.5%，比上年增长11.8%；文化体育与传媒15.44亿元，完成预算的102.7%，比上年增长10.4%；医疗卫生34.71亿元，完成预算的100.5%，比上年增长8.0%；社会保障和就业16.53亿元，完成预算的101.1%，比上年增长8.7%。按照现行分税制财政体制和国家有关政策规定计算，预计2012年省级公共财政预算收支平衡。

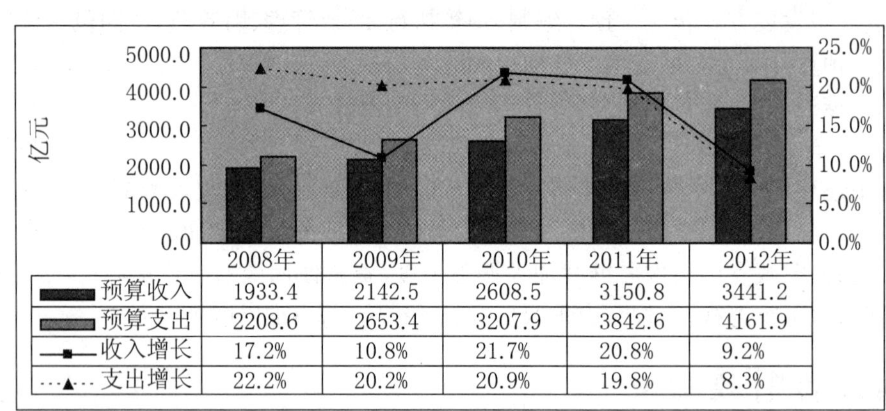


| | 2008年 | 2009年 | 2010年 | 2011年 | 2012年 |
|---|---|---|---|---|---|
| 预算收入 | 1933.4 | 2142.5 | 2608.5 | 3150.8 | 3441.2 |
| 预算支出 | 2208.6 | 2653.4 | 3207.9 | 3842.6 | 4161.9 |
| 收入增长 | 17.2% | 10.8% | 21.7% | 20.8% | 9.2% |
| 支出增长 | 22.2% | 20.2% | 20.9% | 19.8% | 8.3% |

**图5　浙江地方一般预算收支趋势图**

## （二）浙江省财政预算执行与工作特点

### 1. 做好增收节支工作，财政运行态势总体稳健

确保收入平稳增长。密切关注国家财税体制改革动向，切实做好"营改增"试点工作，测算对地方收入的影响，及时做好企业税负变化的应对预案。根据形势变化指导各地各部门做好增收节支保平衡工作。在不折不扣落实减免税费政策的基础上，依法加强税收征管，规范政府非税收入管理，增强政府调控能力，确保收入平稳有序均衡入库，并继续保持较好的收入结构。全省地方财政收入占财政总收入的比重为53.7%，税收收入占地方财政收入的比重为93.8%。

严格支出管理。坚持有保有压、统筹兼顾，严格控制一般性支出，确保促进发展、改善民生等各项重点支出需要。全省财政用于民生方面的支出增长10.3%。严格项目支出，除中央和省委、省政府确定的重大支出以及农业、教育、科技、文化等重点支出外，其他项目支出预算原则上按照“零增长”控制。加强“三公”经费管理，严格按中央要求控制因公出国(境)经费、公务用车购置及运行费、公务接待费支出。严格预算执行，从严控制预算追加。对省级预算单位财政性资金实施动态监控，完善支出进度考核办法，抓好预算支出执行进度。

### 2. 财政职能作用有效发挥，经济转型升级步伐不断加快

推进重大战略实施。争取中央基建投资资金58亿元，省财政安排建设资金126亿元，自行发行地方政府债券87亿元，支持重点项目和“三个千亿工程”建设，发挥投资对经济发展的持续拉动作用。积极向中央争取优惠政策，支持实施四大国家战略举措、“四大建设”、浙商回归、中心镇建设等。筹措落实海洋经济发展、小城市培育试点专项资金各10亿元，并对在吸引浙商回归、加快“腾笼换鸟”、促进有效投资工作中考核优秀的市、县(市)实施奖励补助。支持温州金融综合改革，组建浙江省金融控股有限责任公司，增强地方金融支持经济发展的能力。

促进经济平稳增长。落实家电下乡和以旧换新财政补贴配套资金2.4亿元，进一步扩大内需。省财政安排外贸发展资金4.6亿元，促进外贸稳定增长。落实结构性减税和“清费减负”政策，实施中小微工业企业养老保险费临时性减缓征政策，减免涉企行政事业性收费和政府性基金，减轻企业负担超244亿元。做好小微企业贷款风险补偿，开展政府采购支持中小企业信用融资试点，规范省中小企业再担保有限公司运作，全省有27家担保机构纳入再担保体系，再担保余额近40亿元，有效缓解企业融资难。

加快经济结构战略性调整。加大财政科技投入，新设立50亿元创新强省专项资金(2012—2015年分年到位)，2012年已安排10亿元，加大对科教、人才与产业化的支持力度；加快实施海外高层次人才引进工程，支持实施高技能人才三年行动计划，推进“人才强省”建设。筹措落实战略性新兴产业和工业转型升级专项资金10亿元，完善促进服务业发展的财政政策措施，落实服务业引导资金1亿元。加大财政支农惠农投入和政策实施力度，重点支持现代农业园区、粮食生产功能区和农田水利建设。增加生态环保投入，完善生态环保财力转移支付政策，推动排污权有偿使用和交易试点，加快实施新安江流域生态补偿试点、农村环境连片整治示范等国家示范试点项目建设，加大节能减排和淘汰落后产能扶持力度，大力推进“生态浙江”建设。

### 3. 财政保障民生工作更加扎实，城乡居民生活显著改善

推进社会事业发展。加强“三农”投入，全省各级财政用于“三农”资金增长16.6%。落实财政教育投入各项政策，2012年教育投入达到中央考核目标比例；大力支持学前教育，提高普惠性民办幼儿园奖补标准，推动乡镇中心幼儿园建设；启动实施农村义务教育学生营养改善计划，义务教育化债工作顺利通过国家验收；落实中职学生生均经费标准和生均拨款制度，推动职业教育发展。加强财政文化投入，完善基本公共文化服务体系，支持重大文化设施项目建设；支持推进国有经营性文化单位转企改制，发展壮大新兴文化产业；建立政府购买服务机制，鼓励社会力量投资兴办公益性文化事业。

完善社会保障体系。落实积极就业政策，全省安排促进就业资金35亿元。完善覆盖城乡的社会保险体系，城乡居民社会养老保险基础养老金最低标准提高至80元，企业退休人员养老金提高至2091元。健全社保资金多渠道筹措机制，确保社保资金保值增值。城乡居民基本医疗保险补助标准提高到人均250元以上，人均筹资标准达到360元以上。加快推进养老服务体系建设，建立养老服务政府补贴制度和无固定收入残疾人生活补贴制度，支持构建新型社会福利体系。支持保障性安居工程建设，扩大政策性农村住房保险覆盖面，加大对农村困难群众住房救助。

加强社会管理和区域统筹。建立健全政法业务装备配备标准，完善政法经费保障体制，支持公正执法、创新社会管理、化解社会矛盾，深化“平安浙江”建设。支持标准化建设、科技创新平台和实验室建设，完善质量技术支撑体系。支持千村示范和万村整治及美丽乡村建设，全面开展村级公益事业建设、一事一议财政奖补工作，完善村级组织运转经费保障政策，切实加强基层政权组织建设，维护社会和谐稳定。筹措26.8亿元资金，对欠发达地区尤其是重点欠发达县和贫困集中区域分类实施扶持。筹集拨付对口支援新疆、西藏、青海建设资金，推进对口援建工作。

#### 4. 科学化精细化管理深入推进，公共财政管理体系不断完善

创新财政体制。完善金融保险业和电力生产企业税收收入预算分配管理体制；出台区域统筹发展激励奖补政策，省奖补资金与各设区市对所辖县(市)年度财政补助资金挂钩；建立地方财政税收收入增长奖补机制。通过收入下沉，充分发挥财政体制的导向和激励作用，更好地调动省和市、县(市)的发展积极性。大力推进省级专项性一般转移支付管理改革，整合和规范专项转移支付资金，实施“因素法”分配，提高财政资金使用效益。

推进相关配套改革。出台《关于全面推进预算绩效管理的意见》，将省直属单位的预算绩效管理工作纳入省政府目标责任制考核；实现项目绩效目标设置全覆盖，开展60多家二级单位部门决算审计试点和项目绩效跟踪试点。深化国库集中支付和公务卡改革，实施乡镇国库集中支付制度改革试点；扩大公务卡结算范围，提高预算单位公务卡使用率。完善数字财政建设规划，加强对数据的共享及深度开发利用。加强政府采购项目管理，建立对民生项目和重大采购项目的联系机制；积极推进政府采购诚信体系建设，完善政府采购支持中小企业发展措施。

加强财政监督管理。稳步推进预算信息公开，69个省级部门预算提交人大审查。推进省级部门预算公开，公开范围进一步扩大，公开内容进一步细化。深化“三位一体”组织体系改革，加快构建财政“大监督”体系。大力推进乡镇财政建设，实现财政资金就地就近监管，选择16个县(市、区)开展乡镇公共财政服务平台建设试点。完善行政事业单位资产管理制度，探索资产配置与预算编制相结合的管理模式。加强地方金融企业国有资产和财务监管，规范省级金融企业负责人薪酬管理，完善省级金融企业激励约束机制。设立省文化企业国有资产管理办公室，加强对省级文化企业资产的监督管理。做好地方政府性债务风险预警分析和考核，实现政府性债务动态监控和融资平台公司债务全口径监管，切实防范财政风险。

2012年，浙江省财政运行不断规范，预算完成情况总体较好。但财政运行和预算执行中还存在一些亟待解决的问题：一是各方面事业发展对财政投入的需求越来越高，增收及优化财政支出结构难度较大；二是部分单位支出进度偏慢，财政资金使用效益不高和浪费现象时有发生，需要进一步强化绩效目标管理；三是财税管理智能化水平尚需提高，科学管理和深度利用财税数据信息的能力有待进一步提升；四是基层财政组织建设和管理职能有待强化，涉农财政资金大规模增加，与乡镇财政监管力量薄弱的矛盾日益突出，需要加强力量进一步强化乡镇财政管理规范化建设和创新乡镇公共服务管理模式。对此，应高度重视这些问题，通过深化改革、创新机制、严格管理等措施逐步加以解决。

# 二 长三角地区固定资产投资

固定资产投资是社会固定资产再生产的主要手段。通过建造和购置固定资产的活动，国民经济不断采用先进技术装备，建立新兴部门，进一步调整经济结构和生产力的地区分布，增强经济实力，为改善人民物质文化生活创造物质条件。这对我国的社会主义现代化建设具有重要意义。固定资产投资在整个社会投资中占据主导地位。

## 一、长三角地区固定资产投资基本情况

2012 年长三角固定资产投资总额 54056.92 亿元，比 2011 年增长 18.9%，增幅比上年上升 0.6 个百分点，低于全国增速 1.7 个百分点。其中，上海市固定资产投资总额为 5254.38 亿元，比上年增长 3.7%，占长三角投资总额的 9.7%；江苏省固定资产投资总额为 31706.58 亿元，比上年增长 20.5%，占长三角投资总额的 58.7%；浙江省固定资产投资总额为 17095.96 亿元，比上年增长 21.4%，占长三角投资总额的 31.6%。

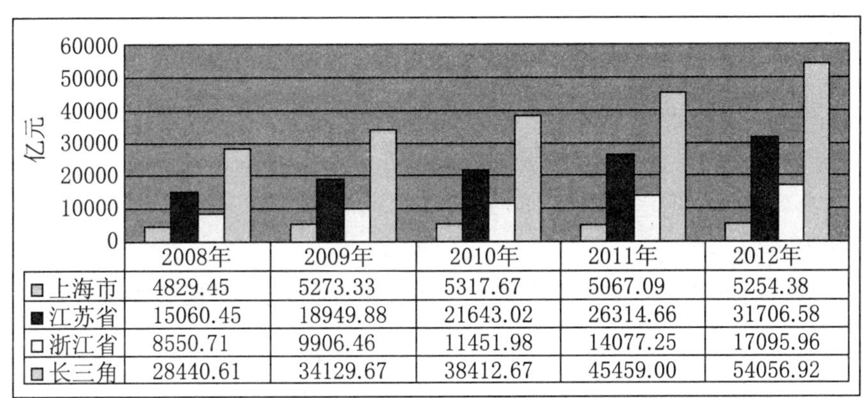


| | 2008年 | 2009年 | 2010年 | 2011年 | 2012年 |
|---|---|---|---|---|---|
| 上海市 | 4829.45 | 5273.33 | 5317.67 | 5067.09 | 5254.38 |
| 江苏省 | 15060.45 | 18949.88 | 21643.02 | 26314.66 | 31706.58 |
| 浙江省 | 8550.71 | 9906.46 | 11451.98 | 14077.25 | 17095.96 |
| 长三角 | 28440.61 | 34129.67 | 38412.67 | 45459.00 | 54056.92 |

**图 6 2008—2012 年长三角及两省一市固定资产投资（亿元）**

注：上海市从 2011 年始固定资产投资统计起点为 500 万元及以上项目（下同），江苏省从 2010 年开始，投资总额中不含农户投资（下同），浙江省固定资产投资口径范围为计划总投资 500 万元及以上的投资项目和全部房地产开发投资（下同）

数据来源：历年上海市、江苏省、浙江省统计年鉴，2012 年国民经济和社会发展统计公报

## 二、上海市固定资产投资基本情况

### （一）总体情况

2012 年，上海市全社会固定资产投资总额 5254.38 亿元，比 2011 年增长 3.7%。全社会固定资产投资保持“三、二、一”的产业结构特征，第三产业投资 3949.04 亿元，比上年增长 5.1%，占投资总额的 75.2%；第二产业投资 1294.14 亿元，比上年增长 0.3%，占投资总额的 24.6%；第一产业投资 11.20 亿元，比上年下降 37.7%，占投资总额的 0.2%。

表1　2008—2012年上海市全社会固定资产投资总体情况　亿元,%

| 指　　标 | 2008年 | 2009年 | 2010年 | 2011年 | 2012年 |
|---|---|---|---|---|---|
| 投资总额 | 4829.45 | 5273.33 | 5317.67 | 5067.09 | 5254.38 |
| 第一产业 | 8.40 | 11.41 | 16.40 | 18.62 | 11.20 |
| 第二产业 | 1420.82 | 1427.50 | 1435.37 | 1295.83 | 1294.14 |
| 第三产业 | 3400.23 | 3834.42 | 3865.90 | 3752.64 | 3949.04 |
| 三次产业构成 | | | | | |
| 第一产业 | 0.17 | 0.22 | 0.31 | 0.37 | 0.21 |
| 第二产业 | 29.42 | 27.07 | 26.99 | 25.57 | 24.63 |
| 第三产业 | 70.41 | 72.71 | 72.70 | 74.06 | 75.16 |

数据来源:历年上海市统计年鉴

## （二）经济类型

2012年,上海市全社会固定资产投资中的国有经济投资1855.24亿元,比上年下降1.1%,占投资总额的35.3%;非国有经济投资3399.14亿元,比上年增长6.5%,占投资总额的64.7%,比重比上年增加1.7个百分点。非国有经济中,股份制经济、私营经济和外商经济投资比重靠前,分别投资1417.80亿元、1090.09亿元和528.06亿元,分别增长5.0%、15.2%和11.6%,分别占投资总额的27.0%、20.8%和10.1%。

表2　2008—2012年上海市全社会固定资产投资(按经济类型分)　亿元,%

| 指　　标 | 2008年 | 2009年 | 2010年 | 2011年 | 2012年 |
|---|---|---|---|---|---|
| 国有经济 | 2295.74 | 2618.61 | 2234.12 | 1875.48 | 1855.24 |
| 非国有经济 | 2533.71 | 2654.72 | 3083.55 | 3191.61 | 3399.14 |
| 集体经济 | 104.86 | 132.30 | 183.07 | 133.33 | 112.41 |
| 私营经济 | 612.13 | 701.93 | 992.16 | 946.02 | 1090.09 |
| 联营经济 | 31.86 | 14.93 | 11.52 | 10.62 | 8.99 |
| 股份制经济 | 1026.67 | 1174.81 | 1200.26 | 1349.65 | 1417.80 |
| 外商经济 | 541.06 | 423.69 | 439.28 | 473.28 | 528.06 |
| 港澳台经济 | 207.08 | 194.24 | 247.67 | 253.29 | 230.02 |
| 其他经济 | 10.05 | 12.85 | 9.58 | 25.42 | 11.77 |
| 构成 | | | | | |
| 国有经济 | 47.54 | 49.66 | 42.01 | 37.01 | 35.31 |
| 非国有经济 | 52.46 | 50.34 | 57.99 | 62.99 | 64.69 |

（续表）

| | | | | | |
|---|---|---|---|---|---|
| 集体经济 | 2.17 | 2.51 | 3.44 | 2.63 | 2.14 |
| 私营经济 | 12.67 | 13.31 | 18.66 | 18.67 | 20.75 |
| 联营经济 | 0.66 | 0.28 | 0.22 | 0.21 | 0.17 |
| 股份制经济 | 21.26 | 22.28 | 22.57 | 26.64 | 26.98 |
| 外商经济 | 11.20 | 8.03 | 8.26 | 9.34 | 10.05 |
| 港澳台经济 | 4.29 | 3.68 | 4.66 | 5.00 | 4.38 |
| 其他经济 | 0.21 | 0.24 | 0.18 | 0.50 | 0.22 |

数据来源：历年上海市统计年鉴

## （三）资金来源

2012年，上海市全社会固定资产投资资金来源合计7113.77亿元，比2011年增长13.1%。资金来源主要依靠自筹，自筹资金总额为3348.77亿元，比上年下降0.1%，占资金来源的比重为47.1%，所占比重比去年下降6.2个百分点。国家预算内资金增长速度最快，2012年国家预算内资金金额为406.08亿元，是上年的5.4倍，所占比重比去年提高4.5个百分点。

**表3　2008—2012年上海市全社会固定资产投资（按资金来源分）**　　亿元

| 指标 | 2008年 | 2009年 | 2010年 | 2011年 | 2012年 |
|---|---|---|---|---|---|
| 资金来源合计 | 5609.92 | 6658.51 | 6557.05 | 6289.54 | 7113.77 |
| 国家预算内资金 | 83.68 | 90.26 | 116.71 | 75.89 | 406.08 |
| 国内贷款 | 1469.43 | 1522.44 | 1568.79 | 1330.99 | 1554.53 |
| 债券 | 26.02 | 65.35 | 10.06 | 3.47 | |
| 利用外资 | 264.67 | 176.15 | 239.18 | 158.31 | 165.89 |
| 自筹资金 | 2774.73 | 3003.22 | 3273.11 | 3352.48 | 3348.77 |
| 其他资金 | 991.39 | 1801.09 | 1349.21 | 1368.40 | 1638.50 |
| 构成 | | | | | |
| 国家预算内资金 | 1.49 | 1.36 | 1.78 | 1.21 | 5.71 |
| 国内贷款 | 26.19 | 22.86 | 23.93 | 21.16 | 21.85 |
| 债券 | 0.46 | 0.98 | 0.15 | 0.05 | |
| 利用外资 | 4.72 | 2.65 | 3.65 | 2.52 | 2.33 |
| 自筹资金 | 49.46 | 45.10 | 49.92 | 53.30 | 47.07 |
| 其他资金 | 17.67 | 27.05 | 20.58 | 21.76 | 23.03 |

数据来源：历年上海市统计年鉴

### （四）主要特点

(1) 从产业投向看，第三产业仍是重中之重。2012 年，上海市第三产业投资 3949.04 亿元，比上年增长 5.1%，所占比重为 75.2%。第一产业投资 11.20 亿元，比上年下降 37.7%，占全社会固定资产投资总额的比重为 0.2%；第二产业投资 1294.14 亿元，比上年增长 0.3%，所占比重为 24.6%，其中工业投资 1292.61 亿元，比上年增长 0.8%；

(2) 从投资主体看，民间投资增幅回升。2012 年，国有经济投资 1855.24 亿元，比上年下降 1.1%，降幅减缓。非国有制经济中民间投资 2641.06 亿元，比上年增长 7.1%，增幅回升 4.2 个百分点，所占比重也回升 1.7 个百分点。

(3) 从三大投资领域来看，呈现“一降一平一升”的趋势。

“一降”是城市基础设施投资下降。2012 年城市基础设施投资 1038.61 亿元，比 2011 年减少 10.3%，占全社会固定资产投资总额的比重为 19.8%，所占比重比上年下降 3.0 个百分点。其中，电力建设投资 110.06 亿元，比上年下降 7.4%；运输邮电投资 570.37，比上年下降 14.7%；共用设施投资 358.18 亿元，比上年下降 3.2%。

“一平”是工业投资与上年基本持平。2012 年工业投资 1292.61 亿元，比上年略增 0.8%。其中，六大重点发展工业行业投资 740.35 亿元，比上年增长 4.8%。具体来看，六大行业呈“三升三降”的格局。生物医药制造业投资增长最快，投资 65.33 亿元，比上年增长 35.7%；石油化工及精细化工制造业投资 95.46 亿元，比上年增长 28.3%；汽车制造业投资 134.02 亿元，比上年增长 26.2%；电子信息产品制造业、精品钢材制造业和成套设备制造业分别投资 207.29 亿元、62.16 亿元和 176.86 亿元，比上年分别下降 13.3%、0.6%和 0.1%。

“一升”是房地产开发投资上升。2012 年房地产开发投资 2381.36 亿元，比上年增长 9.7%。其中，住宅投资 1451.94 亿元，比上年增长 3.8%；办公楼投资 262.85 亿元，比上年增长 13.7%；商业营业用房投资 293.75 亿元，比上年增长 24.4%。全年商品房施工面积 13249.97 万平方米，比上年增长 2.1%；商品房竣工 2305.06 万平方米，比上年增长 2.9%。商品房销售面积 1898.46 万平方米，比上年增长 7.2%，其中商品住宅销售面积 1592.63 万平方米，比上年增长 8.1%。全年商品房销售额 2669.49 亿元，比上年增长 3.9%，其中商品住宅销售额 2208.96 亿元，比上年增长 11.5%。

## 三、江苏省固定资产投资基本情况

### （一）总体情况

2012 年，江苏省固定资产投资总额 31706.58 亿元，比 2011 年增长 20.5%。江苏省固定资产投资依然保持“二、三、一”的产业结构特征。第二产业投资总额 16631.07 亿元，比上年增长 19.4%，占江苏省固定资产投资总额的比重为 52.4%；第三产业投资总额 14870.28 亿元，比上年增长 21.6%，占江苏省固定资产投资总额的比重为 46.9%，；第一产业投资总额 205.23 亿元，比上年增长 32.2%，占江苏省固定资产投资总额的比重为 0.7%。

**表 4　2008—2012 年江苏省固定资产投资(按产业分)**　　亿元，%

| 指标 | 2008 年 | 2009 年 | 2010 年 | 2011 年 | 2012 年 |
|---|---|---|---|---|---|
| 投资总额 | 15060.45 | 18949.88 | 21643.02 | 26314.66 | 31706.58 |

（续表）

| | | | | | |
|---|---|---|---|---|---|
| 第一产业 | 111.8 | 177.14 | 131.79 | 155.20 | 205.23 |
| 第二产业 | 8342.42 | 10304.60 | 11518.55 | 13927.20 | 16631.07 |
| 第三产业 | 6606.23 | 8468.14 | 9992.68 | 12232.25 | 14870.28 |
| 三次产业构成 | | | | | |
| 第一产业 | 0.74 | 0.93 | 0.61 | 0.59 | 0.65 |
| 第二产业 | 55.39 | 54.38 | 53.22 | 52.93 | 52.45 |
| 第三产业 | 43.86 | 44.69 | 46.17 | 46.48 | 46.90 |

注：从2010年开始，投资总额中不含农户投资（下同）

数据来源：历年江苏省统计年鉴

## （二）经济类型

2012年，江苏省固定资产投资中的国有经济投资总额为6022.51亿元，比上年增长20.3%，占固定资产投资总额的19.0%；非国有经济投资总额为25684.07亿元，比上年增长20.5%，占固定资产投资总额的81.0%。其中，私营个体经济投资比重最大，2012年投资总额为12074.90亿元，比上年增长24.5%，占固定资产投资总额的38.1%；其次是有限责任公司，投资总额为5738.63亿元，比上年增长10.6%，占固定资产投资总额的18.1%；再次是外商投资经济，投资总额为2218.49亿元，比上年增长14.7%，占固定资产投资总额的7.0%，占比连续5年下降。

**表5　2008—2012年江苏省固定资产投资（按经济类型分）**　　亿元，%

| 指标 | 2008年 | 2009年 | 2010年 | 2011年 | 2012年 |
|---|---|---|---|---|---|
| 投资总额 | 15060.45 | 18949.88 | 21643.02 | 26314.66 | 31706.58 |
| 国有经济 | 2494.77 | 3677.11 | 4348.46 | 5004.82 | 6022.51 |
| 集体经济 | 539.99 | 753.73 | 902.96 | 1132.95 | 1393.13 |
| 私营个体经济 | 5268.79 | 6872.67 | 7778.02 | 9696.87 | 12074.90 |
| 联营经济 | 22.97 | 18.62 | 11.83 | 58.12 | 74.66 |
| 股份制经济 | 542.61 | 829.39 | 934.63 | 1305.12 | 1645.86 |
| 有限责任公司 | 2839.34 | 3493.96 | 4215.32 | 5187.19 | 5738.63 |
| 港澳台投资经济 | 1083.62 | 1004.92 | 1263.87 | 1368.34 | 1599.75 |
| 外商投资经济 | 1754.81 | 1676.85 | 1706.07 | 1935.06 | 2218.49 |
| 其他经济 | 513.55 | 622.65 | 481.86 | 626.18 | 938.66 |
| 构成 | | | | | |
| 国有经济 | 16.57 | 19.40 | 20.09 | 19.02 | 18.99 |
| 集体经济 | 3.59 | 3.98 | 4.17 | 4.31 | 4.39 |

（续表）

| | | | | | |
|---|---|---|---|---|---|
| 私营个体经济 | 34.98 | 36.27 | 35.94 | 36.85 | 38.08 |
| 联营经济 | 0.15 | 0.10 | 0.05 | 0.22 | 0.24 |
| 股份制经济 | 3.60 | 4.38 | 4.32 | 4.96 | 5.19 |
| 有限责任公司 | 18.85 | 18.44 | 19.48 | 19.71 | 18.10 |
| 港澳台投资经济 | 7.20 | 5.30 | 5.84 | 5.20 | 5.05 |
| 外商投资经济 | 11.65 | 8.85 | 7.88 | 7.35 | 7.00 |
| 其他经济 | 3.41 | 3.29 | 2.23 | 2.38 | 2.96 |

数据来源：历年江苏省统计年鉴。

## （三）资金来源

2012年，江苏省固定资产投资资金来源合计37409.97亿元，比上年增长23.1%。资金来源主要依靠自筹，自筹资金总额为25824.05亿元，比上年增长25.0%，占资金来源的比重为68.0%，占比比去年增加了14.7个百分点。

**表6 2008—2012年江苏省固定资产投资（按资金来源分）** 亿元，%

| 指标 | 2008年 | 2009年 | 2010年 | 2011年 | 2012年 |
|---|---|---|---|---|---|
| 资金来源合计 | 16201.68 | 22583.11 | 25666.16 | 30384.52 | 37409.97 |
| 国家预算内资金 | 153.86 | 278.79 | 273.00 | 344.87 | 448.05 |
| 国内贷款 | 1818.06 | 2774.45 | 3231.05 | 3751.24 | 4658.42 |
| 利用外资 | 1394.98 | 1114.78 | 1135.69 | 1241.65 | 1216.78 |
| 自筹资金 | 10624.51 | 14064.93 | 16186.61 | 20652.57 | 25824.05 |
| 其他资金来源 | 2210.27 | 4350.16 | 4839.81 | 4394.19 | 5262.67 |
| 资金来源构成 | | | | | |
| 国家预算内资金 | 0.9 | 1.2 | 1.1 | 0.9 | 1.1 |
| 国内贷款 | 11.2 | 12.3 | 12.6 | 10.6 | 12.3 |
| 利用外资 | 8.6 | 4.9 | 4.4 | 3.7 | 4.1 |
| 自筹资金 | 65.6 | 62.3 | 63.1 | 53.3 | 68.0 |
| 其他资金来源 | 13.6 | 19.3 | 18.9 | 15.9 | 14.5 |

注：2010（含）以后数据按新口径统计

数据来源：历年江苏省统计年鉴

## （四）行业分布

从江苏省固定资产投资的行业分布来看，制造业和房地产业仍是投资的重中之重。2012年，制造业固定资产投资15597.56亿元，比上年增长19.3%，占江苏省固定资产投资的49.2%，；房地产业投

资 7604.09 亿元，比上年增长 15.4%，占江苏省固定资产投资的 24.0%。

**表 7　2007—2012 年江苏省固定资产投资(按行业分)**

亿元，%

| 指标 | 2007 年 | | 2008 年 | | 2009 年 | |
|---|---|---|---|---|---|---|
| | 投资额 | 构成 | 投资额 | 构成 | 投资额 | 构成 |
| 总　　计 | 9161.40 | 100.00 | 11369.61 | 100.00 | 14266.82 | 100.00 |
| 农、林、牧、渔业 | 19.61 | 0.21 | 25.60 | 0.23 | 45.43 | 0.32 |
| 采矿业 | 22.20 | 0.24 | 51.09 | 0.45 | 55.41 | 0.39 |
| 制造业 | 3882.80 | 42.38 | 4915.35 | 43.23 | 6081.36 | 42.63 |
| 电力、燃气及水的生产和供应业 | 350.06 | 3.82 | 441.32 | 3.88 | 556.65 | 3.91 |
| 建筑业 | 58.17 | 0.63 | 64.39 | 0.57 | 85.74 | 0.60 |
| 交通运输、仓储和邮政业 | 578.49 | 6.31 | 643.33 | 5.66 | 886.66 | 6.21 |
| 信息传输、计算机服务和软件业 | 52.74 | 0.58 | 61.36 | 0.54 | 137.94 | 0.97 |
| 批发和零售业 | 214.13 | 2.34 | 267.16 | 2.35 | 365.41 | 2.56 |
| 住宿和餐饮业 | 109.17 | 1.19 | 151.83 | 1.34 | 197.64 | 1.39 |
| 金融业 | 1.58 | 0.02 | 3.11 | 0.03 | 14.39 | 0.10 |
| 房地产业 | 2689.49 | 29.36 | 3318.28 | 29.19 | 3735.04 | 26.18 |
| 租赁和商务服务业 | 99.54 | 1.09 | 146.75 | 1.29 | 203.16 | 1.42 |
| 科学研究、技术服务和地质勘查业 | 39.38 | 0.43 | 59.06 | 0.52 | 98.65 | 0.69 |
| 水利、环境和公共设施管理业 | 681.92 | 7.44 | 788.01 | 6.93 | 1210.76 | 8.49 |
| 居民服务和其他服务业 | 19.03 | 0.21 | 31.99 | 0.28 | 40.72 | 0.29 |
| 教育 | 134.56 | 1.47 | 162.36 | 1.43 | 201.54 | 1.41 |
| 卫生、社会保障和社会福利业 | 52.88 | 0.58 | 67.18 | 0.59 | 77.77 | 0.55 |
| 文化、体育和娱乐业 | 70.02 | 0.76 | 80.31 | 0.71 | 124.25 | 0.87 |
| 公共管理和社会组织 | 85.60 | 0.93 | 91.13 | 0.80 | 148.3 | 1.04 |

| 指标 | 2010 年 | | 2011 年 | | 2012 年 | |
|---|---|---|---|---|---|---|
| | 投资额 | 构成 | 投资额 | 构成 | 投资额 | 构成 |
| 总　　计 | 17416.49 | 100.00 | 26314.66 | 100.00 | 31706.58 | 100.00 |
| 农、林、牧、渔业 | 55.20 | 0.32 | 155.20 | 0.59 | 205.23 | 0.65 |
| 采矿业 | 63.71 | 0.37 | 68.02 | 0.26 | 87.75 | 0.28 |
| 制造业 | 7648.64 | 43.92 | 13073.81 | 49.68 | 15597.56 | 49.19 |
| 电力、燃气及水的生产和供应业 | 485.18 | 2.79 | 629.30 | 2.39 | 858.71 | 2.71 |
| 建筑业 | 59.72 | 0.34 | 156.08 | 0.59 | 87.04 | 0.27 |

（续表）

| | | | | | | |
|---|---|---|---|---|---|---|
| 交通运输、仓储和邮政业 | 996.53 | 5.72 | 1190.32 | 4.52 | 1383.00 | 4.36 |
| 信息传输、计算机服务和软件业 | 152.65 | 0.88 | 180.43 | 0.69 | 271.23 | 0.86 |
| 批发和零售业 | 442.46 | 2.54 | 588.04 | 2.23 | 727.03 | 2.29 |
| 住宿和餐饮业 | 223.29 | 1.28 | 335.50 | 1.27 | 494.92 | 1.56 |
| 金融业 | 38.79 | 0.22 | 55.41 | 0.21 | 97.85 | 0.31 |
| 房地产业 | 4751.64 | 27.28 | 6587.09 | 25.03 | 7604.09 | 23.98 |
| 租赁和商务服务业 | 268.97 | 1.54 | 394.19 | 1.50 | 690.13 | 2.18 |
| 科学研究、技术服务和地质勘查业 | 114.30 | 0.66 | 226.12 | 0.86 | 337.97 | 1.07 |
| 水利、环境和公共设施管理业 | 1439.69 | 8.27 | 1737.39 | 6.60 | 2014.32 | 6.35 |
| 居民服务和其他服务业 | 58.48 | 0.34 | 105.34 | 0.40 | 113.81 | 0.36 |
| 教育 | 185.94 | 1.07 | 218.82 | 0.83 | 326.90 | 1.03 |
| 卫生、社会保障和社会福利业 | 96.25 | 0.55 | 145.66 | 0.55 | 166.04 | 0.52 |
| 文化、体育和娱乐业 | 158.88 | 0.91 | 209.76 | 0.80 | 343.42 | 1.08 |
| 公共管理和社会组织 | 176.17 | 1.01 | 258.19 | 0.98 | 299.58 | 0.94 |

资料来源：历年江苏省统计年鉴

## （五）各市固定资产投资情况

2012年江苏省各市固定资产投资均保持了2位数的增长，但区域不平衡现象依然很显著。投资额最多的前三位城市均在苏南，分别是：苏州市（5142.51亿元）、南京市（4558.49亿元）和无锡市（3618.07亿元）；但苏中苏北投资增速较快，位列增速前三位的是：宿迁市（26.3%）、盐城市（22.3%）和连云港市（22.3%）。

**表8　2008—2012年江苏省各市会固定资产投资**　　亿元

| 地　区 | 2008年 | 2009年 | 2010年 | 2011年 | 2012年 |
|---|---|---|---|---|---|
| 南京市 | 2154.17 | 2668.03 | 3306.05 | 4010.03 | 4558.49 |
| 无锡市 | 1877.02 | 2387.56 | 2985.65 | 3169.18 | 3618.07 |
| 徐州市 | 1250.66 | 1624.57 | 2049.26 | 2200.99 | 2685.89 |
| 常州市 | 1448.20 | 1704.80 | 2103.60 | 2338.90 | 2621.56 |
| 苏州市 | 2611.16 | 2967.35 | 3617.82 | 4502.00 | 5142.51 |
| 南通市 | 1505.41 | 1802.38 | 2168.38 | 2378.36 | 2886.47 |
| 连云港市 | 777.68 | 1000.10 | 1234.25 | 1240.93 | 1280.88 |
| 淮安市 | 563.25 * | 745.58 | 921.01 | 1009.99 | 1247.99 |
| 盐城市 | 1120.00 | 1500.30 | 1891.05 | 1586.98 | 1940.89 |

（续表）

| | | | | | |
|---|---|---|---|---|---|
| 扬州市 | 950.00 | 1063.90 | 1331.85 | 1476.18 | 1783.65 |
| 镇江市 | 718.50 | 1010.57 | 1327.08 | 1223.45 | 1500.67 |
| 泰州市 | 900.52 | 1166.20 | 1538.03 | 1197.65 | 1454.59 |
| 宿迁市 | 605.00 | 798.60 | 1010.00 | 787.64 | 1025.56 |

注：* 为规模以上固定资产投资
数据来源：历年江苏省统计年鉴

### （六）主要特点

(1) 工业投资领先增长，比重提升。2012 年，江苏省固定资产投资中工业投资完成 16544.02 亿元，比 2011 年增长 20.1%，占江苏省固定资产投资的比重由上年的 52.3%下降到 52.2%。其中：先进制造业发展步伐加快，装备制造业投资继续保持较高增速。2012 年工业投资中化学原料及化学制品制造业、电气机械及器材制造业、专用设备制造业、通用设备制造业和计算机、通信和其他电子设备制造业分别完成投资 1641.42 亿元、1560.06 亿元、1499.92 亿元、1496.75 亿元和 1430.01 亿元，大大高于其他行业的投资额。

(2) 国有经济投资增长加快，民间投资比重得到进一步提高。2012 年，在江苏各级政府加大对公共基础设施建设投入的带动下，国有经济投资增长加快，全年国有及国有经济投资 6022.51 亿元，比 2011 年增长 20.3%，增速提高 5.2 个百分点。与此同时，民间投资继续保持较快的增长，作为民间投资第一主体的私营个体投资完成 12074.90 亿元，增长 24.5%，占江苏省固定资产投资的比重为 38.1%，比 2011 年提高 1.2 个百分点。

(3) 重大项目建设加快推进，基础设施项目建设得到加强。200 个省级重点项目进展顺利，交通、能源等一批重大基础设施项目相继建成运营，为经济社会发展提供有力支撑，对优化投资结构，起着重要的支撑作用。泰州长江公路大桥、南京长江四桥、宿迁至新沂高速公路等建成通车。宁杭铁路客运专线基本建成，宁安城际铁路、宿淮铁路、宁启铁路复线电气化改造工程等项目加快建设，徐宿淮盐铁路取得重要进展。苏州市轨道交通 1 号线工程、扬州泰州机场、连云港港 30 万吨级航道一期工程等建成投运。龙源如东海上风电、华能启东二期陆上风电、中粮东台沼气发电等一批新能源项目建成投运。全年电力装机容量达到 7668 万千瓦，由全国第三跃居第二位。

## 四、浙江省固定资产投资基本情况

### （一）总体情况

2012 年，浙江省固定资产投资总额 17095.96 亿元，比 2011 年增长 21.4%。从投资的产业结构来看，依然保持“三、二、一”的特征。其中，第三产业投资 10844.02 亿元，比上年增长 23.8%，占固定资产投资总额的比重为 63.4%；第二产业投资 6093.53 亿元，比上年增长 16.7%，占固定资产投资总额的比重为 35.6%；第一产业投资 158.41 亿元，比上年增长 63.7%，占固定资产投资总额的比重为 0.9%。第三产业的投资比重稳步上升，所占比重由 2008 年的 53.5%上升到 2012 年的 63.4%；第二产业的投资比重持续下降，所占比重由 2008 年的 46.1%下降到 2012 年的 35.6%。

表 9 2008—2012 年浙江省固定资产投资(按产业分) 亿元,%

| 指 标 | 2008 年 | 2009 年 | 2010 年 | 2011 年 | 2012 年 |
|---|---|---|---|---|---|
| 投资总额 | 8550.71 | 9906.46 | 11451.98 | 14077.25 | 17095.96 |
| 第一产业 | 36.07 | 57.21 | 60.12 | 96.77 | 158.41 |
| 第二产业 | 3938.96 | 4286.86 | 4656.38 | 5223.11 | 6093.53 |
| 第三产业 | 4575.68 | 5562.39 | 6735.47 | 8757.37 | 10844.02 |
| 三次产业构成 | | | | | |
| 第一产业 | 0.42 | 0.58 | 0.52 | 0.69 | 0.93 |
| 第二产业 | 46.07 | 43.27 | 40.66 | 37.10 | 35.63 |
| 第三产业 | 53.51 | 56.15 | 58.81 | 62.21 | 63.43 |

注:固定资产投资口径范围为计划总投资 500 万元及以上的投资项目和全部房地产开发投资

数据来源:历年浙江省统计年鉴

## (二)经济类型

2012 年,浙江省固定资产投资 17095.96 亿元。从内外资来看,内资投资 15618.02 亿元,比上年增长 21.9%,占固定资产投资总额的 91.4%;港澳台商投资 817.74 亿元,比上年增长 21.0%,占固定资产投资总额的 4.8%;外商投资 605.28 亿元,比上年增长 7.3%,占固定资产投资总额的 3.5%;个体经营投资 54.92 亿元,比上年增长 108.3%,占固定资产投资总额的 0.3%。内资中占固定资产投资总额比重的前三位分别是:其他有限责任公司投资 5017.24 亿元,比上年增长 17.9%,占固定资产投资总额的 29.3%;私营投资 4601.30 亿元,比上年增长 22.7%,占固定资产投资总额的 26.9%;国有投资 4032.47 亿元,比上年增长 25.5%,占固定资产投资总额的 23.6%。

从国有及非国有情况来看,国有及国有控股企业投资 5367.92 亿元,比上年增长 20.7%,占固定资产投资总额的 31.4%,比重比上年减少 0.2 个百分点;非国有投资 11728.04 亿元,比上年增长 21.8%,占固定资产投资总额的 68.6%,其中民间投资 10564.74 亿元,比上年增长 24.1%,占固定资产投资总额的 61.8%,比重比上年增加 1.3 个百分点。

表 10 2008—2012 年浙江省固定资产投资(按经济类型分) 亿元

| 指 标 | 2008 年 | 2009 年 | 2010 年 | 2011 年 | 2012 年 |
|---|---|---|---|---|---|
| 投资额 | 8550.71 | 9906.46 | 11451.98 | 14077.25 | 17095.96 |
| 内资 | 7375.65 | 8788.49 | 10295.10 | 12811.07 | 15618.02 |
| 国有 | 1981.56 | 2509.01 | 2763.02 | 3213.47 | 4032.47 |
| 集体 | 156.72 | 244.92 | 277.75 | 339.82 | 556.62 |
| 股份合作 | 26.55 | 36.15 | 33.83 | 35.53 | 48.25 |
| 国有联营 | 23.38 | 31.52 | 40.32 | 60.23 | 12.31 |
| 集体联营 | 0.82 | 2.96 | 1.38 | 1.17 | 1.18 |

（续表）

| | | | | | |
|---|---|---|---|---|---|
| 国有与集体联营 | 3.91 | 7.48 | 7.87 | 7.38 | 8.03 |
| 其他联营 | 0.51 | 0.10 | 0.88 | 8.06 | 0.51 |
| 国有独资公司 | 195.45 | 300.24 | 344.91 | 434.60 | 505.78 |
| 其他有限责任公司 | 2525.53 | 2692.36 | 3317.85 | 4255.88 | 5017.24 |
| 股份有限公司 | 358.19 | 480.64 | 417.66 | 489.60 | 598.59 |
| 私营 | 1960.50 | 2348.97 | 2898.29 | 3751.26 | 4601.30 |
| 其他 | 142.54 | 134.14 | 191.35 | 214.08 | 235.73 |
| 港澳台商投资 | 574.82 | 559.82 | 578.75 | 675.61 | 817.74 |
| 外商投资 | 583.57 | 525.72 | 548.67 | 564.20 | 605.28 |
| 个体经营 | 16.67 | 32.43 | 29.46 | 26.36 | 54.92 |
| 按国有及非国有情况分 | | | | | |
| 国有及国有控股企业投资 | 2898.75 | 3644.04 | 3887.77 | 4448.67 | 5367.92 |
| 非国有投资 | 5651.96 | 6262.42 | 7564.20 | 9628.58 | 11728.04 |
| 民间投资 | 4660.49 | 5298.43 | 6568.65 | 8512.83 | 10564.74 |

注：固定资产投资口径范围为计划总投资500万元及以上的投资项目和全部房地产开发投资

数据来源：《浙江省统计年鉴》(2013)

## （三）资金来源

2012年浙江省固定资产投资资金来源18695.17亿元，比2011年增长16.8%。资金来源主要依靠自筹，自筹资金总额为10996.38亿元，比上年增长22.9%，占当年资金来源总额的58.8%，比重比上年增加2.9个百分点。

**表11　2008—2012年浙江省固定资产投资（按资金来源分）**　亿元，%

| 指标 | 2008年 | 2009年 | 2010年 | 2011年 | 2012年 |
|---|---|---|---|---|---|
| 资金来源 | 9666.96 | 12266.08 | 14061.52 | 16008.22 | 18695.17 |
| 国家预算内资金 | 328.74 | 442.89 | 458.60 | 690.89 | 929.30 |
| 国内贷款 | 1806.43 | 2155.35 | 2442.76 | 2607.13 | 2769.03 |
| 债券 | 0.74 | 7.20 | 1.91 | 9.84 | 22.15 |
| 利用外资 | 299.56 | 242.82 | 238.77 | 271.34 | 211.66 |
| 自筹资金 | 5464.16 | 6236.08 | 7421.94 | 8944.00 | 10996.38 |
| 其他资金 | 1767.32 | 3181.74 | 3497.54 | 3485.04 | 3766.66 |
| 资金来源构成 | | | | | |
| 国家预算内资金 | 3.40 | 3.61 | 3.26 | 4.32 | 4.97 |

（续表）

| | | | | | |
|---|---|---|---|---|---|
| 国内贷款 | 18.69 | 17.57 | 17.37 | 16.29 | 14.81 |
| 债券 | 0.01 | 0.06 | 0.01 | 0.06 | 0.12 |
| 利用外资 | 3.10 | 1.98 | 1.70 | 1.70 | 1.13 |
| 自筹资金 | 56.52 | 50.84 | 52.78 | 55.87 | 58.82 |
| 其他资金 | 18.28 | 25.94 | 24.87 | 21.77 | 20.15 |

数据来源：《浙江省统计年鉴》(2013)

## （四）产业分布

从浙江省固定资产投资的行业分布来看，房地产业和制造业仍是投资重点。2012年浙江省固定资产投资中，房地产业投资6330.45亿元，比上年增长22.1%，占投资总额的37.0%；制造业投资5305.38亿元，比上年增长16.9%，占投资总额的31.0%。近几年，房地产业投资所占比重逐年上升，制造业投资所占比重逐年下降。此外，投资较多的是水利、环境和公共设施管理业，交通运输、仓储和邮政业，电力、燃气及水的生产和供应业等生产性服务业，投资额分别为1383.57亿元、1330.30亿元和727.92亿元，所占比重分别为8.1%、7.8%和4.3%。

**表12　2007—2012年浙江省固定资产投资(按行业分)**　　亿元，%

| 指标 | 2007年 | | 2008年 | | 2009年 | |
|---|---|---|---|---|---|---|
| | 投资额 | 构成 | 投资额 | 构成 | 投资额 | 构成 |
| 总　计 | 7704.90 | 100.00 | 8550.71 | 100.00 | 9906.46 | 100.00 |
| 农林牧渔业 | 33.02 | 0.43 | 36.07 | 0.42 | 57.21 | 0.58 |
| 采矿业 | 10.12 | 0.13 | 9.17 | 0.11 | 17.56 | 0.18 |
| 制造业 | 3025.92 | 39.27 | 3402.71 | 39.79 | 3655.91 | 36.90 |
| 电力、燃气及水的生产和供应业 | 568.29 | 7.38 | 501.74 | 5.87 | 579.61 | 5.85 |
| 建筑业 | 14.26 | 0.19 | 25.34 | 0.30 | 33.78 | 0.34 |
| 交通运输、仓储和邮政业 | 721.95 | 9.37 | 740.80 | 8.66 | 979.63 | 9.89 |
| 信息传输、计算机服务和软件业 | 125.35 | 1.63 | 134.58 | 1.57 | 157.59 | 1.59 |
| 批发和零售业 | 140.58 | 1.82 | 150.68 | 1.76 | 161.57 | 1.63 |
| 住宿和餐饮业 | 98.41 | 1.28 | 80.62 | 0.94 | 121.08 | 1.22 |
| 金融业 | 9.44 | 0.12 | 19.18 | 0.22 | 21.58 | 0.22 |
| 房地产业 | 1978.37 | 25.68 | 2228.50 | 26.06 | 2640.75 | 26.66 |
| 租赁和商务服务业 | 82.89 | 1.08 | 92.99 | 1.09 | 117.44 | 1.19 |
| 科学研究、技术服务和地质勘查业 | 12.04 | 0.16 | 24.07 | 0.28 | 31.07 | 0.31 |
| 水利、环境和公共设施管理业 | 643.73 | 8.35 | 816.69 | 9.55 | 952.06 | 9.61 |

（续表）

| | | | | | | |
|---|---|---|---|---|---|---|
| 居民服务和其他服务业 | 4.97 | 0.06 | 3.58 | 0.04 | 8.99 | 0.09 |
| 教育 | 93.29 | 1.21 | 101.54 | 1.19 | 120.72 | 1.22 |
| 卫生、社会工作 | 49.27 | 0.64 | 55.95 | 0.65 | 75.93 | 0.77 |
| 文化、体育和娱乐业 | 34.74 | 0.45 | 43.95 | 0.51 | 80.38 | 0.81 |
| 公共管理、社会保障和社会组织 | 58.26 | 0.76 | 82.54 | 0.97 | 93.60 | 0.94 |

| 指标 | 2010年 | | 2011年 | | 2012年 | |
|---|---|---|---|---|---|---|
| | 投资额 | 构成 | 投资额 | 构成 | 投资额 | 构成 |
| 总　计 | 11451.98 | 100.00 | 14077.25 | 100.00 | 17095.96 | 100.00 |
| 农林牧渔业 | 60.12 | 0.52 | 96.77 | 0.69 | 158.41 | 0.93 |
| 采矿业 | 19.31 | 0.17 | 25.29 | 0.18 | 33.03 | 0.19 |
| 制造业 | 4007.99 | 35.00 | 4538.67 | 32.24 | 5305.38 | 31.03 |
| 电力、燃气及水的生产和供应业 | 585.25 | 5.11 | 620.38 | 4.41 | 727.92 | 4.26 |
| 建筑业 | 43.85 | 0.38 | 38.77 | 0.28 | 27.20 | 0.16 |
| 交通运输、仓储和邮政业 | 1040.68 | 9.09 | 1102.93 | 7.83 | 1330.30 | 7.78 |
| 信息传输、计算机服务和软件业 | 158.32 | 1.38 | 138.43 | 0.98 | 111.02 | 0.65 |
| 批发和零售业 | 200.23 | 1.75 | 226.03 | 1.61 | 320.65 | 1.88 |
| 住宿和餐饮业 | 141.01 | 1.23 | 164.11 | 1.17 | 212.87 | 1.25 |
| 金融业 | 36.04 | 0.31 | 25.43 | 0.18 | 92.86 | 0.54 |
| 房地产业 | 3574.49 | 31.21 | 5183.90 | 36.82 | 6330.45 | 37.03 |
| 租赁和商务服务业 | 128.97 | 1.13 | 120.32 | 0.85 | 222.05 | 1.30 |
| 科学研究、技术服务和地质勘查业 | 37.78 | 0.33 | 49.81 | 0.35 | 58.89 | 0.34 |
| 水利、环境和公共设施管理业 | 1020.94 | 8.91 | 1193.45 | 8.48 | 1383.57 | 8.09 |
| 居民服务和其他服务业 | 11.05 | 0.10 | 22.68 | 0.16 | 31.27 | 0.18 |
| 教育 | 123.00 | 1.07 | 150.06 | 1.07 | 199.83 | 1.17 |
| 卫生、社会工作 | 80.46 | 0.70 | 95.00 | 0.67 | 125.23 | 0.73 |
| 文化、体育和娱乐业 | 72.14 | 0.63 | 115.48 | 0.82 | 207.74 | 1.22 |
| 公共管理、社会保障和社会组织 | 110.35 | 0.96 | 169.75 | 1.21 | 217.29 | 1.27 |

注：固定资产投资口径范围为计划总投资500万元及以上的投资项目和全部房地产开发投资

数据来源：历年浙江省统计年鉴

## （五）各市固定资产投资情况

2012年，浙江省11个省辖市中社会固定资产投资数额的前三位的是：杭州市（3722.75亿元）、宁波市(2901.43 亿元)和温州市(2110.34 亿元);增速最快的前三位是温州市(37.0%)、丽水市(31.7%)和金华市(30.6%)。

**表 13　2007—2012 年浙江省各市全社会固定资产投资**　　亿元

| 地　区 | 2007 年 | 2008 年 | 2009 年 | 2010 年 | 2011 年 | 2012 年 |
|---|---|---|---|---|---|---|
| 杭州市 | 1684.13 | 1961.72 | 2291.65 | 2753.13 | 3100.02 | 3722.75 |
| 宁波市 | 1597.54 | 1728.24 | 2004.22 | 2193.28 | 2385.51 | 2901.43 |
| 温州市 | 737.03 | 758.44 | 837.78 | 925.98 | 1540.31 | 2110.34 |
| 嘉兴市 | 900.01 | 1006.69 | 1233.41 | 1488.26 | 1488.27 | 1642.31 |
| 湖州市 | 458.34 | 525.24 | 638.69 | 719.98 | 804.67 | 970.73 |
| 绍兴市 | 843.37 | 915.75 | 1055.03 | 1245.56 | 1426.26 | 1722.56 |
| 金华市 | 540.95 | 586.93 | 635.16 | 722.80 | 862.83 | 1126.80 |
| 衢州市 | 317.00 | 361.17 | 415.40 | 481.80 | 504.63 | 566.13 |
| 舟山市 | 279.64 | 339.43 | 400.66 | 413.84 | 476.09 | 570.60 |
| 台州市 | 727.64 | 759.58 | 834.10 | 950.24 | 1007.81 | 1242.56 |
| 丽水市 | 237.26 | 248.85 | 279.19 | 320.38 | 358.47 | 471.98 |

注:固定资产投资口径范围为计划总投资 500 万元及以上的投资项目和全部房地产开发投资

数据来源:历年浙江省统计年鉴

## (六)主要特点

2012 年浙江省投资结构进一步优化。从三大投资组成情况看,制造业投资延续上年以来的平稳增长势头,基础设施投资增幅明显回升,而近两年持续高增长的房地产投资增幅出现明显回落态势;从第二产业投资内部情况看,大部分装备制造业和与人民生活息息相关的部分制造业投资保持了较快的增长态势;从服务业投资内部情况看,房地产开发投资增幅明显回落,而其他部分服务业行业投资增速明显加快。

(1) 制造业投资平稳增长。2012 年浙江省第二产业投资 6093.53 亿元,比上年增长 16.7%,增幅高于上年 4.5 个百分点。制造业投资 5305.38 亿元,比上年增长 16.9%,增幅高于上年 3.7 个百分点。装备制造业投资 2490.56 亿元,比上年增长 13.5%。装备制造业中专用设备制造业、计算机通信和其他电子设备制造业、仪器仪表制造业、通用设备制造业等行业投资增长较快,分别增长 42.1%、23.9%、14.9%和 14.8%,而电气机械及器材制造业投资同比下降 0.7%。食品制造业、酒饮料和精制茶制造业、农副食品加工业等和人民生活息息相关的行业投资保持快速增长,分别增长 66.0%、41.5%和 40.4%。部分涉及"两高"行业投资增长也相对较快,如有色金属冶炼及压延加工业、黑色金属冶炼及压延加工业、化学原料及化学制品制造业等行业分别增长 50.1%、46.7%和 29.4%。

(2) 第三产业投资较快增长。2012 年浙江省第三产业投资 10844.02 亿元,比上年增长 23.8%,占固定资产投资总额的比重为 63.4%,所占比重比上年增加 1.2 个百分点。扣除房地产开发投资外的第三产业项目投资增长 31.2%,比上年提高 15.8 个百分点。其中,金融业、租赁和商务服务业、文化体育和娱乐业、批发和零售业、居民服务和其他服务业、教育等行业投资在第三产业中增幅居前,分

别增长 265.2%、84.5%、79.9%、41.9%、37.9%和 33.2%。部分行业投资出现负增长，如信息传输、计算机服务和软件业同比下降 19.8%。

(3) 基础设施投资增幅回升明显。2012 年，浙江省基础设施投资 3963.35 亿元，比上年增长 18.0%，增幅与 2011 年相比提高 7.5 个百分点。其中，政府重点扶持的水利、环境和公共设施投资 1383.57 亿元，增长 15.9%；占比较大的交通运输仓储和邮政业、电力燃气及水的生产供应业投资同比分别增长 20.6%和 17.3%；卫生设施、教育设施投资总量不大但保持快速增长，分别增长 29.5%和 33.2%；邮电通信投资大幅缩减，同比下降−52.8%。

(4) 房地产开发投资增幅大幅回落。2012 年，浙江省房地产开发投资 5226.27 亿元，比上年增长 16.8%，增幅比上年回落 31.1 个百分点。其中住宅、办公楼、商业营业用房等三类物业投资分别为 3436.74 亿元、305.85 亿元和 584.99 亿元，分别增长 16.7%、4.1%和 9.9%。土地购置费 1948.75 亿元，比上年增长 13.5%，增幅比上年回落 37.4 个百分点，占房地产开发投资比重达 37.3%；扣除土地购置费后的房地产开发投资 3277.52 亿元，同比增长 18.9%。

5.区域投资发展仍不平衡。2012 年，浙江省 11 个省辖市固定资产投资均保持两位数增长，但增幅差距较大。增长最快的是温州市，增幅为 37.0%，增幅高于全省平均水平的还有丽水市、金华市和宁波市，其他 7 市增幅均低于全省平均水平，增幅最高与最低市相差 26.6 个百分点。从投资额来看，最多的为杭州市，投资额为 3722.75 亿元；最低的为丽水市，投资额为 471.98 亿元。投资额最低的市与最高的市相差 6.9 倍，差距很大。

# 三　长三角地区金融业

## 一、长三角地区金融运行总体情况

2012 年末，长三角地区金融机构本外币存款总额为 208343.33 亿元，比 2011 年末增加 21624.96 亿元，同比增长 11.6%，存款总额占全国比重为 22.1%。贷款发放量增长平稳，长三角地区金融机构本外币贷款总额为 158144.44 亿元，比 2011 年末增加 17424.79 亿元，同比增长 12.4%，贷款总额占全国比重为 23.5%。

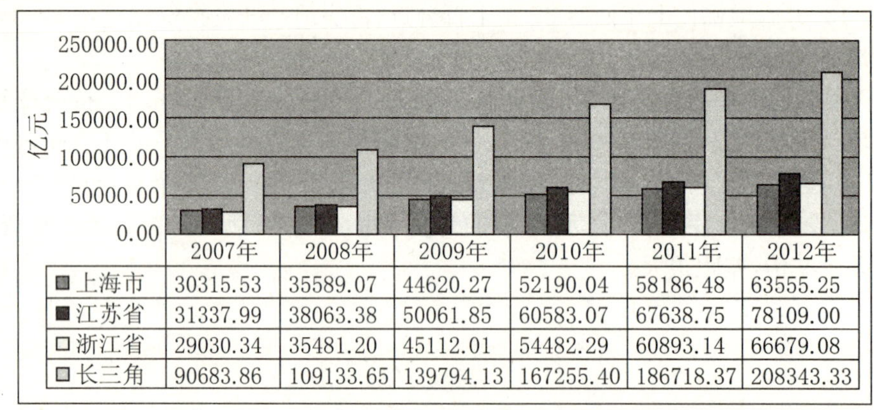



| | 2007年 | 2008年 | 2009年 | 2010年 | 2011年 | 2012年 |
|---|---|---|---|---|---|---|
| 上海市 | 30315.53 | 35589.07 | 44620.27 | 52190.04 | 58186.48 | 63555.25 |
| 江苏省 | 31337.99 | 38063.38 | 50061.85 | 60583.07 | 67638.75 | 78109.00 |
| 浙江省 | 29030.34 | 35481.20 | 45112.01 | 54482.29 | 60893.14 | 66679.08 |
| 长三角 | 90683.86 | 109133.65 | 139794.13 | 167255.40 | 186718.37 | 208343.33 |

**图 7　2007—2012 年长三角金融机构本外币存款余额**

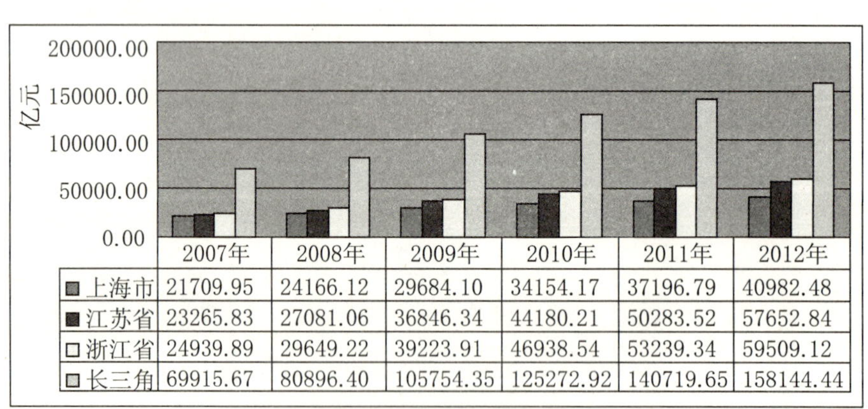



| | 2007年 | 2008年 | 2009年 | 2010年 | 2011年 | 2012年 |
|---|---|---|---|---|---|---|
| 上海市 | 21709.95 | 24166.12 | 29684.10 | 34154.17 | 37196.79 | 40982.48 |
| 江苏省 | 23265.83 | 27081.06 | 36846.34 | 44180.21 | 50283.52 | 57652.84 |
| 浙江省 | 24939.89 | 29649.22 | 39223.91 | 46938.54 | 53239.34 | 59509.12 |
| 长三角 | 69915.67 | 80896.40 | 105754.35 | 125272.92 | 140719.65 | 158144.44 |

**图 8　2007—2012 年长三角金融机构本外币贷款余额**

2012 年，长三角地区保险业平稳发展。如图所示，两省一市 2012 年保费收入总额 3106.50 亿元，比 2011 年增长 9.7%，占全国比重为 20.1%。上海市，江苏省和浙江省保费收入均有所上涨，其中，江苏省保险机构实现保费收入

1301.28 亿元，依然为长三角之首，占据长三角保费收入 41.9%的份额。上海市和浙江省分别实现保费收入 820.64 亿元、984.58 亿元。从增幅来看，浙江省增长较快，同比增长 12.0%。

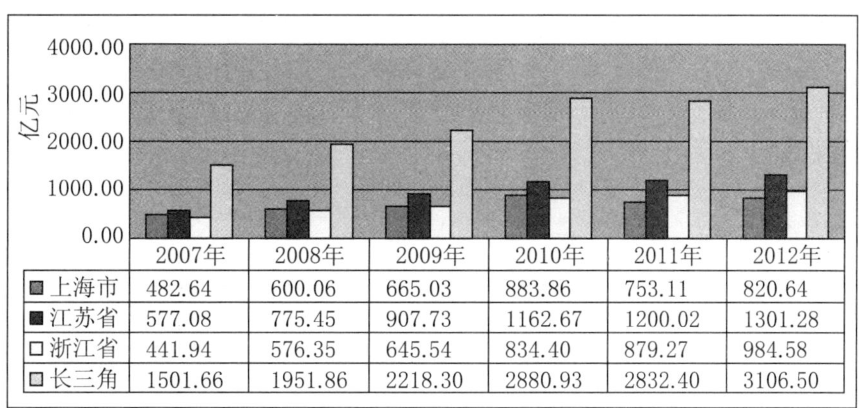


**图 9　2007—2012 年长三角保险机构保费收入**

## 二、上海市金融运行情况

2012 年，人民银行上海总部和上海市各金融机构继续认真贯彻落实稳健货币政策，按照“稳中求进”的总基调，配合推进上海国际金融中心建设，不断优化金融资源配置，着力增强对实体经济的支持力度，有效缓解信贷资金供求结构性矛盾，为上海创新驱动、经济转型发展创造了适宜的货币金融环境。

### （一）各项存款平稳增长，贷款增速企稳回升

2012 年，上海市中外资金融机构本外币资产总额 9.1 万亿元，同比增长 14.8%；各项存款余额 6.4 万亿元，同比增长 9.2%；各项贷款余额 4.1 万亿元，同比增长 10.2%。实现净利润 1018.5 亿元，同比增长 6.7%。全市金融机构不良贷款率 0.66%，同比上升 0.06 个百分点。

#### 1. 银行业金融机构平稳发展

2012 年末，上海市共有中资银行法人 4 家，村镇银行法人 9 家，银行业金融机构从业人员 10.6 万人；外资银行法人 22 家，外资银行本外币存贷款规模占全国外资银行的 40.0%。

**表 14　2012 年上海市银行业金融机构情况**

| 机构类别 | 营业网点 | | | 法人机构（个） |
|---|---|---|---|---|
| | 机构个数（个） | 从业人员（人） | 资产总额（亿元） | |
| 一、大型商业银行 | 1548 | 43425 | 32815 | 0 |
| 二、国家开发银行和政策性银行 | 14 | 531 | 2940 | 0 |
| 三、股份制商业银行 | 619 | 23642 | 24696 | 2 |
| 四、城市商业银行 | 307 | 10670 | 9169 | 1 |
| 五、农村商业银行 | 370 | 5654 | 3562 | 1 |
| 六、财务公司 | 15 | 1023 | 2248 | 15 |
| 七、信托公司 | 7 | 1008 | 218 | 7 |

（续表）

| | | | | |
|---|---|---|---|---|
| 八、邮政储蓄银行 | 460 | 3063 | 1320 | 0 |
| 九、外资银行 | 200 | 17400 | 10860 | 22 |
| 十、新型农村金融机构 | 9 | —— | 134 | 9 |
| 十一、其他 | 12 | —— | 2341 | 12 |
| 合　计 | 3561 | 106416 | 90304 | 69 |

注：大型商业银行包括中国工商银行、中国农业银行、中国银行、中国建设银行和交通银行；新型农村金融机构包括村镇银行、贷款公司和农村资金互助社；“其他”包含金融租赁公司、汽车金融公司、货币金融公司、消费金融公司等。

数据来源：中国人民银行上海总部

#### 2. 各项存款平稳增长

2012 年，上海市本外币各项存款增加 5379.2 亿元。从存款期限结构看，受通胀预期减弱、降息预期增强等因素影响，存款定期化趋势明显。2012 年上海市本外币单位和个人定期存款与活期存款分别增加 4324.6 亿元和 801.7 亿元，占单位和个人新增存款的比例分别为 84.4%和 15.6%。

3. 贷款增速企稳回升，贷款结构持续优化。2012 年，上海市中外资金融机构本外币各项贷款增加 3818.3 亿元，同比多增 163.9 亿元。2012 年，上海市新增的本外币企业贷款（不含票据融资）中，投向第三产业的贷款占全部境内企业贷款（不含票据融资）增量的 61.2%。各商业银行继续加大对中小型企业的信贷倾斜力度。2012 年，上海市中外资银行投放大、中、小和微型企业本外币贷款分别增加 396.8 亿元、929.9 亿元、266.6 亿元和 54.4 亿元；中小微企业贷款余额占比由年初的 63.3%上升至年末的 64.1%。

### （二）证券机构运行平稳，盈利水平下降

#### 1. 证券机构运行平稳

2012 年末，上海市证券公司总资产 3884.2 亿元、净资产

1592.5 亿元、净资本 1139.9 亿元，分别较年初增长 18.3%、16.0%和 14.5%。期货公司客户权益达 438.5 亿元，占全国的 24.8%；代理交易额 79.2 万亿元，占全国的 23.2%，市场份额较上年同期所有提高。2012 年，发行新基金 117 只，募集资金 2598 亿元，分别占全国的 54%和 39%；管理公募基金 524 只，占全国的 44.5%，总净值占全国的 31.8%，占比较上年末略有提高。

#### 2. 证券公司和期货公司盈利水平出现分化

证券公司盈利水平下降。2012 年，上海市证券公司累计实现营业收入 259.2 亿元，净利润 82.8 亿元，较上年同期有所下降。从收入结构看，经纪和投资银行业务的收入占比分别为 37.7%和 11.4%，较上年同期分别下降 9.3 个和 2.8 个百分点。期货公司盈利能力显著提升。2012 年，期货公司累计实现手续费收入 24.2 亿元、净利润 7 亿元，同比分别增长 37.8%和 58.5%。

#### 3. 债券市场融资功能有效发挥

2012 年，上海市非金融企业累计发行各类债务融资工具筹资净额（发行额减去兑付额）764.3 亿元，较上年大幅增长 37.1%。股票市场融资额有所下降。2012 年，上海市非金融企业股票（A 股）融资总额为 139.5 亿元，较上年减少 32.3 亿元。

**表 15　2012 年上海市证券业基本情况表**

| 项　　目 | 数　　量 |
|---|---|
| 总部设在辖内的证券公司数(家) | 20 |
| 总部设在辖内的基金公司数(家) | 37 |
| 总部设在辖内的期货公司数(家) | 30 |
| 年末国内上市公司数(家) | 203 |
| 当年国内股票(A 股)筹资(亿元) | 139.5 |
| 当年发行 H 股筹资(亿元) | 501.0 |
| 当年国内债券筹资(亿元) | 1432.5 |
| 其中:短期融资券筹资额(亿元) | 466.5 |
| 中期票据筹资额(亿元) | 507.2 |

数据来源:上海证监局

## (三)保险市场平稳发展,为实体经济发展提供保障

### 1. 保险市场平稳发展

2012 年末,上海市共有保险公司 122 家,比年初增加 7 家。2012 年,上海市保险保费累计收入 820.6 亿元,同比增长 9.0%。其中,财产险公司保费收入 271.7 亿元,人身险公司保费收入 548.9 亿元,同比分别增长 11.1%和 7.9%。保险赔付支出累计 255.8 亿元,同比下降 1.9%。其中,财产险赔付支出 138.6 亿元,人身险赔付支出 88.0 亿元,健康险赔付支出 25.1 亿元,意外险赔付支出 4.0 亿元。

**表 16　2012 年上海市保险业基本情况表**

| 项　　目 | 数　　量 |
|---|---|
| 总部设在辖内的保险公司数(家) | 49 |
| 其中:财产险经营主体(家) | 18 |
| 人身险经营主体(家) | 22 |
| 保险公司分支机构(家) | 79 |
| 其中:财产险公司分支机构(家) | 39 |
| 人身险公司分支机构(家) | 38 |
| 保费收入(中外资,亿元) | 820.6 |
| 其中:财产险保费收入(中外资,亿元) | 271.7 |
| 人身险保费收入(中外资,亿元) | 548.9 |
| 各类赔款给付(中外资,亿元) | 255.8 |

（续表）

| | |
|---|---|
| 保险密度（元/人） | 3447.3 |
| 保险深度（%） | 4.1 |

数据来源：上海证监局

### 2. 保险业大力支持农业、中小企业和对外贸易发展

“夏淡”绿叶菜综合成本价格保险工作取得成效，2012年累计承保蔬菜面积12.9万亩，保险保障金额1.2亿元，已支付赔款17.6万元。积极发展短期贷款履约保证保险，自2010年以来累计为各类科技型中小企业提供约4.8亿元贷款保障。出口信用保险服务上海外贸发展成效提升，2012年出口信用保险的出口渗透率（承保额占出口额的比重）达10.6%，同比提高2.9个百分点；企业覆盖率（支持服务企业数占全市出口企业数的比重）达4.7%，同比提高1.3个百分点。

## （四）社会融资结构继续改善

2012年，上海市非金融机构部门贷款、债券和股票融资共5223.0亿元，比上年多融资706.0亿元。其中，本外币贷款3818.0亿元，比上年增加164.0亿元。从结构看，2012年，上海市债券、股票融资占总融资量的26.9%，比上年提高7.8个百分点。

表17 2008—2012年上海市非金融机构部门融资结构表

| 指标 | 融资量（亿元人民币） | 比重（%） | | |
|---|---|---|---|---|
| | | 贷款 | 债券（含可转债） | 股票 |
| 2008年 | 3411.5 | 75.1 | 17.2 | 7.6 |
| 2009年 | 6746.2 | 71.4 | 15.7 | 13.0 |
| 2010年 | 5432.4 | 82.7 | 6.7 | 10.5 |
| 2011年 | 4517.4 | 80.9 | 12.3 | 6.8 |
| 2012年 | 5223.0 | 73.1 | 14.6 | 12.3 |

数据来源：中国人民银行上海总部

## （五）金融市场体系建设稳步推进，国际金融中心建设不断推进

金融市场体系日益健全。上海市张江高新区企业进入全国中小企业股份转让系统取得突破（试点扩大后首批企业中有2家在张江挂牌），上海股权托管交易中心正式开业运营，为中小企业提供了融资新渠道。截至2012年末，上海股权托管交易中心挂牌企业达到48家。功能性金融机构加快聚集。保险交易所筹建工作稳步推进。中国银行上海人民币交易业务总部、韩国央行上海代表处、银联国际有限公司、台湾银行上海分行、中国信托商业银行上海分行、浦发硅谷银行正式在沪成立。截至2012年末，在沪的银行类功能性总部持牌专营机构总计七大类12家，非持牌专营机构34家；证券类功能性总部58家，保险类功能性总部14家。新型金融机构加快集聚，2012年末，上海市有51家企业获得第三方支付牌照，位列全国首位；5家独立基金销售机构获批，超过全国半数。

# 三、江苏省金融运行情况

2012年，江苏省金融业认真贯彻落实稳健货币政策，金融运行总体良好，融资结构继续改善，金融

服务水平明显提升。金融市场交易活跃，各项改革持续推进，金融服务地方经济发展的能力继续增强。

## （一）银行业运行稳健，存贷款增长适度

### 1. 银行业规模稳步增长，总体运行稳健

截至2012年末，全省金融机构资产总额达9.7万亿元，同比增长18.0%。年末金融机构本外币存贷款余额分别达到7.8万亿元和5.8万亿元。盈利水平稳步提升，利润总额同比增长7.6%。受经济下行压力影响，不良贷款率略有上升，2012年末，江苏省金融机构不良贷款率为1.09%，比年初提高0.15个百分点，不良贷款率总体仍处低位。

表18　2012年江苏省银行业金融机构基本情况

| 机构类别 | 营业网点 | | | 法人机构(个) |
|---|---|---|---|---|
| | 机构个数(个) | 从业人员(人) | 资产总额(亿元) | |
| 一、大型商业银行 | 4768 | 99346 | 43760.7 | 0 |
| 二、国家开发银行和政策性银行 | 93 | 2254 | 4136.5 | 0 |
| 三、股份制商业银行 | 832 | 30973 | 18519.5 | 0 |
| 四、城市商业银行 | 707 | 19359 | 11638.2 | 4 |
| 五、小型农村金融机构 | 3032 | 41498 | 12881.2 | 62 |
| 六、财务公司 | 9 | 227 | 371.1 | 7 |
| 七、信托公司 | 4 | 285 | 118.1 | 4 |
| 八、邮政储蓄银行 | 2499 | 8418 | 3899.0 | 0 |
| 九、外资银行 | 52 | 1832 | 726.3 | 1 |
| 十、新型农村金融机构 | 81 | 1813 | 386.1 | 52 |
| 十一、其他 | 1 | 112 | 145.8 | 1 |
| 合　计 | 12078 | 206117 | 96582.5 | 136 |

注：①营业网点不包括总部；②小型农村金融机构含农信社、农村合作银行及农村商业银行；③新型农村金融机构包括村镇银行、贷款公司和农村资金互助社三类机构；④"其他"包含金融租赁公司、汽车金融公司、货币金融公司、消费金融公司等。

数据来源：中国人民银行南京分行，江苏银监局

### 2. 人民币存款恢复增长

存款在经历201年大幅缓增后，2012年重新恢复增势。2012年末，全省金融机构人民币存款余额75481.5亿元，同比增长14.9%，增速较上年末提高3.4个百分点；比年初增加9761.8亿元，同比多增3031.0亿元，较2007—2011年年均增量多1796.2亿元。

### 3. 贷款增长合理适度，贷款结构持续优化

2012年末，全省人民币贷款余额5.4万亿元，同比增长13.7%，增速较上年同期回落0.1个百分点。全年新增人民币贷款6550.7亿元，同比多增759.1亿元。贷款节奏均衡。1—4季度人民币新增贷款分别占全年新增贷款的32.0%、28.0%、23.0%、18.0%。贷款期限以短期为主，短期贷款和票据

融资占贷款新增额的68.4%,中长期贷款占贷款新增额的30.2%。

**4. 银行业改革扎实推进**

大型银行改革进一步深化,国家开发银行江苏省分行深入推进信贷结构调整,充分发挥"投、贷、债、租、证"综合金融服务优势,积极向省内重点建设项目、社会民生、外汇及"走出去"等领域提供融资支持。工商银行江苏省分行全面完成授信审批集中改革,有效统一风险偏好。坚持大户分析制度,建立大额贷款到期预警机制,高度重视并妥善处置表外垫款、欠息等苗头性问题。在系统内率先实施违约贷款集中催收和不良贷款集中管理。农村金融改革稳步推进。江苏省农村信用社系统继续加快改制进程,股权结构更趋合理。

2012年全省有11家农信社、农合行改制为农商行,通过增资、改制,农信社资本实力增强,股权结构得到优化。新型农村金融组织稳步扩展,农村金融服务主体进一步增加。截至2012年末,江苏省累计成立村镇银行52家,累计成立小额贷款公司485家,从全国范围看,除从业人员外,江苏省小贷公司的机构数量、实收资本金和贷款余额均跃居全国第一。

## (二)证券业运营平稳,经营结构逐步优化

**1. 证券业总体实力进一步增强**

2012年末,全省共有6家法人证券公司,证券营业部365家,营业部同比增长5.0%,保持了稳步扩张的态势。受二级市场持续低迷的影响,证券公司经营业绩同比有所下滑。在传统业务利润空间逐步减小的背景下,全省证券公司加快了业务创新步伐,在中小企业私募债等新业务领域进行突破,传统经纪业务占比减少,经营结构逐步优化。

**2. 股票融资有所放缓**

受市场低迷影响,2012年全省股票融资同比减少。2012年,全省共有22家公司实现首发,首发融资额135.1亿元,同比下降71.7%;再融资208.5亿元,同比增长6.0%。全年新增上市公司总数位列全国第三,首发募集资金额位列全国第四。年末,全省上市公司总数已达到236家。

**3. 期货业发展较快**

2012年末,全省共有期货公司11家,营业部101家,营业部同比增长16%,进入快速发展阶段。2012年,全省有3家期货公司增加注册资本,1家期货公司获得资产管理业务资格,市场主体资本实力和抗风险能力进一步提升。期货公司通过积极开展投资咨询、资产管理等各类创新业务,保持业绩的快速增长,全年11家期货公司利润总额同比增长48.6%。

**表19　2012年江苏省证券业基本情况表**

| 项　目 | 数　量 |
|---|---|
| 总部设在辖内的证券公司数(家) | 6 |
| 总部设在辖内的基金公司数(家) | 0 |
| 总部设在辖内的期货公司数(家) | 11 |
| 年末国内上市公司数(家) | 236 |
| 当年国内股票(A股)筹资(亿元) | 343.6 |
| 当年发行H股筹资(亿元) | 0 |

（续表）

| | |
|---|---|
| 当年国内债券筹资（亿元） | 2287.3 |
| 其中：短期融资券筹资额（亿元） | 542.8 |
| 中期票据筹资额（亿元） | 452.7 |

数据来源：江苏证监局、江苏省金融办、中国人民银行南京分行

## （三）保险业稳步发展，机构实力不断增强

### 1. 市场主体进一步充实

2012 年，江苏省新开业一家法人保险公司，截至年末，省内拥有紫金产险、乐爱金产险、利安人寿、东吴人寿等四家法人保险机构。

### 2. 各项业务平稳增长

保费规模在全国各省（市）中列第二位，2012 年，全省累计实现保费收入 1301.3 亿元，同比增长 8.4%。其中，财产险保费收入 440.9 亿元，同比增长 16.1%，人身险保费收入 860.1 亿元，同比增长 4.9%。

### 3. 农业保险发展较快

2012 年，全省农险保收入及农险基金共计 23.1 亿元，为全省农户提供 468 亿元的农业生产风险保障。全年全省支付各类农险赔款 10.3 亿元，397 万户次农民从中受益。

**表 20　2012 年江苏省保险业基本情况表**

| 项　　目 | 数　　量 |
|---|---|
| 总部设在辖内的保险公司数（家） | 4 |
| 其中：财产险经营主体（家） | 2 |
| 人身险经营主体（家） | 2 |
| 保险公司分支机构（家） | 90 |
| 其中：财产险公司分支机构（家） | 39 |
| 人身险公司分支机构（家） | 51 |
| 保费收入（中外资，亿元） | 1301.3 |
| 其中：财产险保费收入（中外资，亿元） | 440.9 |
| 人身险保费收入（中外资，亿元） | 860.4 |
| 各类赔款给付（中外资，亿元） | 387.0 |
| 保险密度（元/人） | 1643.0 |
| 保险深度（%） | 2.4 |

数据来源：江苏保监局

## （四）直接融资占比稳步提高，融资结构继续改善

2012 年，随着银行间债务融资工具发行量的提速，江苏省直接融资占比进一步提高，融资结构明显改善。

### 1. 银行间市场直接债务融资工具加快发展

2012年,江苏省抓住债务融资工具市场加快发展的契机,实施推进2012年江苏省"债务融资工具双速计划"。截至年底,取得了"百企融资超千亿元"的历史性突破,全省132家企业累计发行各类债务融资工具1280.5亿元,剔除央企后发行企业家数和发行金额分别跃居全国第一、第二位。直接债务融资工具存续余额达到1745.8亿元,是2011年末的2.2倍,连续第二年实现余额翻番。

### 2. 直接融资比例进一步提升

2012年,江苏省累计发行各类债券2287.3亿元,占全部融资量的22.9%,比重较2011年提高10.1个百分点;累计从股票市场融资343.6亿元,占全部融资量的3.4%;两者合计占融资总量的26.3%,同比提高5.1个百分点。

**表21　2008—2012年江苏省非金融机构部门融资结构表**

| 指标 | 融资量(亿元人民币) | 比重(%) | | |
|---|---|---|---|---|
| | | 贷款 | 债券(含可转债) | 股票 |
| 2008年 | 4448.3 | 91.5 | 6.2 | 2.3 |
| 2009年 | 10610.7 | 92.0 | 5.4 | 2.5 |
| 2010年 | 8787.0 | 83.5 | 7.8 | 8.7 |
| 2011年 | 7804.6 | 78.8 | 12.8 | 8.4 |
| 2012年 | 10006.9 | 73.7 | 22.9 | 3.4 |

数据来源:中国人民银行南京分行,江苏省发展改革委员会,江苏证监局

**3. 金融创新有效推进**。因应实体经济融资需求,全省金融机构在产品、流程、机制等方面加大创新力度,加强对科技型企业、小微企业的金融支持。一批具有富有特色的中小微企业金融产品和服务模式影响力不断扩大。"金融顾问"、"金融帮办"、"金融走访"、"金融超市"等特色金融服务深入县域。知识产权质押、股权质押、应收账款质押、订单融资等抵押担保方式在多个地市进一步推广。

## (五)金融生态环境建设深入推进,金融基础设施不断改善

金融生态建设扎实推进。进一步强化金融生态考核工作,引入金融生态县动态管理机制,首次将2个金融生态示范县降格为金融生态达标县,并对2个金融生态达标县提出警示,大大促进了金融生态县的长效建设。金融消费者权益保护工作深入推进,在全国较早地对银行业金融机构客户个人金融信息保护、消费者现金业务权益保护、储蓄国债业务权益保护等方面予以系统规范,进一步提升了消费者金融权益保护工作层次。金融基础设施建设和服务水平有了新的提升,对实体经济的支持作用,对社会民生的改善效果大大增强。支付结算服务加速向农村覆盖,农村地区支付"快通工程"步伐加快,银行卡助农取款服务在江苏辖区覆盖所有行政村,昆山成为全国首个ATM机具"村村通"的县级市。人民币流通满意工程深入推进,启动商业银行代理发行库试点,江苏辖区在全国率先实现100%自动柜员机支付纸币冠字号码记录存储功能全覆盖,网点柜面也已经实现87%的覆盖面,大大增强了反假币能力。中小企业和农村信用体系建设深入推进,江苏辖区为117万户企业和93万户农村青年建立了信用档案。

# 四、浙江省金融运行情况

2012年，浙江省金融业运行平稳，融资结构持续改善，各项改革深入推进，金融对实体经济发展和转型升级的支持力度不断加大。

## （一）银行业总体稳健，货币信贷运行平稳

全省银行业按照宏观调控要求，认真落实稳健货币政策，改革发展各项工作有效推进。信贷总量适度增长，结构不断优化，银行业改革稳步推进。

### 1. 银行业规模稳步扩大，经营效益有所下滑

2012年，银行业金融机构资产总额8.5万亿，同比增长11.2%，全年新设7家法人金融机构。银行业经营效益有所下滑，全年累计实现税后利润1193.1亿元，同比下降13.8%。

表22　2012年浙江省银行业金融机构基本情况

| 机构类别 | 营业网点 | | | 法人机构（个） |
|---|---|---|---|---|
| | 机构个数（个） | 从业人员（人） | 资产总额（亿元） | |
| 一、大型商业银行 | 3866 | 91029 | 34632.8 | 0 |
| 二、国家开发银行和政策性银行 | 60 | 2097 | 3765.4 | 0 |
| 三、股份制商业银行 | 623 | 27289 | 18578.7 | 1 |
| 四、城市商业银行 | 727 | 30006 | 11627.6 | 13 |
| 五、小型农村金融机构 | 4179 | 47750 | 12554.6 | 82 |
| 六、财务公司 | 5 | 164 | 288.2 | 4 |
| 七、信托公司 | 5 | 398 | 113.2 | 5 |
| 八、邮政储蓄银行 | 1645 | 7454 | 2122.4 | 0 |
| 九、外资银行 | 33 | 1180 | 308.2 | 2 |
| 十、新型农村金融机构 | 113 | 2687 | 445.9 | 57 |
| 十一、其他 | 3 | 166 | 531.6 | 1 |
| 合　计 | 11259 | 210220 | 84969.0 | 165 |

注：①营业网点不包括总部；②小型农村金融机构含农信社、农村合作银行及农村商业银行；③新型农村金融机构包括村镇银行、贷款公司和农村资金互助社三类机构；④“其他”包含金融租赁公司、汽车金融公司、货币金融公司、消费金融公司等。

数据来源：中国人民银行杭州分行，浙江银监局

### 2. 存款增长放缓，贷款增长合理适度

2012年末，全省金融机构本外币各项存款余额同比增长9.5%，增速较上年回落2.5个百分点。单位存款较上年少增574.5亿元，占存款少增额的80%。2012年，全省本外币各项贷款比年初新增6266.7亿元，余额增速比上年降低2.1个百分点。

### 3. 银行业改革稳步推进，农村金融机构改革成效显著

大型商业银行在浙江的分支机构改革创新工作有序推进，经营业绩稳步提高。邮储银行改革持

续深化，36家二类支行启动改革，正式开业12家。宁波市象山绿叶城市信用社成功改制为宁波东海银行。农村金融机构改革取得新成果，8家农村商业银行开业，超过1/3农村金融机构已经启动或完成股份制改革。外资银行地域布局不断优化，澳新、华侨两家外资银行分别在杭州、绍兴设立分行。浙江省工商信托完成重新登记，浙江省交通投资集团财务公司获批成立。

#### 4. 跨境人民币业务发展迅速，率先试点个人跨境人民币业务

2012年全省跨境人民币累计结算量4766亿元，同比增长124%。全省累计有43家银行、7623家企业与165个国家和地区开展跨境人民币业务，参与主体范围和地区分布更加广泛。跨境人民币贸易累计融入资金690亿元，有效满足了出口企业的融资需求。义乌市率先开展个人跨境人民币结算试点。

### （二）证券业稳步发展，市场交易有所萎缩

2012年，受国内资本市场环境影响，浙江省证券市场交易萎缩。期货经营机构业务发展总体平稳，证券机构创新发展取得成效，公司债融资较为活跃。

#### 1.证券期货业稳步发展

2012年末，全省法人证券公司3家，证券营业部385家，证券投资咨询机构4家。证券经营机构全年累计代理交易额8.9万亿元，实现利润16.3亿元。各法人证券公司继续推动证券经纪业务转型和产品创新。期货业发展总体平稳，期货经营机构代理交易额39.2万亿元，实现利润8.0亿元，同比增长22.4%。

#### 2.上市公司融资有所萎缩

2012年末，全省共有境内上市公司246家，居全国第二位。其中，中小板块上市公司119家，创业板上市公司36家。资本市场累计融资338.2亿元，较上年减少220.4亿元。其中，IPO融资142.2亿元，较上年减少206亿元。上市公司治理机制更趋完善。资本市场体系不断丰富，浙江省股权交易中心挂牌成立。

**表23　2012年浙江省证券业基本情况**

| 项　目 | 数　量 |
|---|---|
| 总部设在辖内的证券公司数(家) | 3 |
| 总部设在辖内的基金公司数(家) | 1 |
| 总部设在辖内的期货公司数(家) | 11 |
| 年末境内上市公司数(家) | 246 |
| 当年国内股票(A股)筹资(亿元) | 237 |
| 当年发行H股筹资(亿元) | 0 |
| 当年国内债券筹资(亿元) | 1368 |
| 其中：短期融资券筹资额(亿元) | 453 |
| 　　中期票据筹资额(亿元) | 317 |

数据来源：中国人民银行杭州中心支行、浙江证监局

### （三）保险业健康发展，市场体系日益完善

2012年，浙江省保险业积极推进改革创新，市场体系日益完善，资产规模稳步增长，服务领域继续

拓宽，经济补偿和风险保障功能有效发挥。

### 1. 市场体系日益完善

截至2012年末，全省共有各类保险机构112家，行业从业人员18.7万人，新增保险市场主体3家。保险机构、中介机构、行业社团共同发展的市场格局更趋成熟。

### 2. 规模和效益平稳增长

2012年，全省保险公司资产规模同比增长15.5%，保费收入同比增长12.0%。其中，财产险保费收入增长14.8%，人身险保费收入增长9.7%。保险业经营效益继续保持平稳较快增长，财产险公司利润总额23.5亿元，居全国第三位。法人机构偿付能力有所改善，投资收益情况良好。

### 3. 保障功能有效发挥

政策性农业保险平稳推进，参保规模提升，新险种开发加快，全年共为211万户参保农户提供319亿元的农业自然灾害风险保障。政策性农房保险实现承保全覆盖，参保率98.5%，1.9万户农户获得赔款6735万元。出口信用保险保障作用有效发挥，企业通过保险追偿、赔付挽回损失1.9亿美元。小额贷款保证保险工作不断扩面。

**表24　2012年浙江省保险业基本情况表**

| 项　目 | 数　量 |
|---|---|
| 总部设在辖内的保险公司数(家) | 3 |
| 其中:财产险经营主体(家) | 1 |
| 人身险经营主体(家) | 2 |
| 保险公司分支机构(家) | 112 |
| 其中:财产险公司分支机构(家) | 58 |
| 人身险公司分支机构(家) | 54 |
| 保费收入(中外资,亿元) | 984.6 |
| 其中:财产险保费收入(中外资,亿元) | 444.5 |
| 人身险保费收入(中外资,亿元) | 540.1 |
| 各类赔款给付(中外资,亿元) | 342.6 |
| 保险密度(元/人) | 1797.7 |
| 保险深度(%) | 2.8 |

数据来源:浙江保监局

## (四)市场融资不断扩大，融资机构继续优化

2012年，金融市场继续保持平稳健康发展态势，融资规模扩大，金融资源配置继续优化。直接融资比例继续提高，融资渠道不断拓宽。全省非金融部门以贷款、债券、股票三种方式融入资金总额的占比分别为79.6∶17.4∶3.0。贷款融资占比下降3.7个百分点，债券融资占比上升7.9个百分点，带动直接融资比例提高至20.4%。企业债务融资工具发行836.2亿元，同比增长近1倍。

## (五)信用建设不断深化，金融生态持续改善

2012年，浙江省以机构信用代码推广应用为重点，完善征信系统建设和管理，深化中小企业和农

村信用体系建设，推动浙江金融生态环境持续改善。

**1.征信系统建设不断深化，服务范围日益拓展**

全年开通查询用户3.5万个，系统月均查询量376.4万次，同比增长35.1%，征信系统成为金融机构风险管理的重要基础设施。全省依托征信系统为153.6万个有经济活动的组织配发了机构信用代码，为金融机构增添了识别客户身份的新手段。村镇银行和小额贷款公司等机构陆续接入征信系统，法院、环保、社保、公积金等各类非银行信息相继采集入库，征信系统信息增量扩面，服务范围不断扩大，服务功能有效提升。

**2.中小企业和农村信用体系建设加速推进，融资环境继续改善**

2012年，浙江省继续深化中小企业信用体系试验区建设，结合中小微企业信用评价、征信宣传等措施促进银企对接，加大信用建设成果的转化力度。全省累计为18.5万户中小企业建立了信用档案，其中约4.3万户企业获得了银行贷款。创新推动农村信用体系建设，全省累计为712万农户建立了信用档案，共有355万农户获得银行贷款10185亿元。

# 四　长三角地区开发区建设

## 一、长三角地区开发区情况

2012年全年长三角共有16家省级开发区升级为国家级开发区，其中上海市有2家，江苏省有10家，浙江省有4家。其中，长三角有14家开发区升级为国家级经济技术开发区，上市海2家，江苏省8家，浙江省4家；长三角有2家开发区（江苏省）升级为高新技术产业开发区。至2012年底，长三角共有国家级经济技术开发区48家，国家级高新技术产业开发区14家。

**表25　长三角两省一市国家级开发区一览**

| | 国家级经济技术开发区 | 国家级保税区 | 国家级高新技术产业开发区 |
|---|---|---|---|
| 上海市 | 金桥出口加工区<br>漕河泾新兴技术开发区<br>闵行经济技术开发区<br>虹桥经济技术开发区<br>上海化学工业经济技术开发区<br>上海松江经济技术开发区 | 外高桥保税区 | 张江高科技园区<br>上海紫竹高新技术产业开发区 |
| 江苏省 | 苏州工业园区<br>南通经济技术开发区<br>连云港经济技术开发区<br>昆山经济技术开发区<br>南京经济技术开发区<br>镇江经济技术开发区<br>扬州经济技术开发区<br>徐州经济技术开发区<br>淮安经济技术开发区<br>盐城经济技术开发区<br>江宁经济技术开发区<br>常熟经济技术开发区<br>吴江经济技术开发区<br>太仓港经济技术开发区<br>锡山经济技术开发区<br>张家港经济技术开发区<br>海安经济技术开发区<br>宿迁经济技术开发区<br>宜兴经济技术开发区<br>吴中经济技术开发区 | 张家港保税区 | 南京高新技术产业开发区<br>常州高新技术产业开发区<br>苏州高新技术产业开发区<br>无锡高新技术产业开发区<br>泰州医药高新技术产业开发区<br>昆山高新技术产业开发区<br>江阴高新技术产业开发区<br>武进高新技术产业开发区<br>徐州高新技术产业开发区 2 |

（续表）

| | | | |
|---|---|---|---|
| | 苏州浒墅关经济技术开发区<br>海门经济技术开发区<br>如皋经济技术开发区<br>靖江经济技术开发区 | | |
| 浙江省 | 杭州经济技术开发区<br>萧山经济技术开发区<br>宁波经济技术开发区<br>宁波大榭开发区<br>温州经济技术开发区<br>绍兴袍江经济技术开发区<br>嘉兴经济技术开发区<br>湖州经济技术开发区<br>金华经济技术开发区<br>长兴经济技术开发区<br>衢州经济技术开发区<br>宁波石化经济技术开发区<br>嘉善经济技术开发区<br>义乌经济技术开发区<br>余杭经济技术开发区<br>富阳济技术开发区<br>柯桥济技术开发区<br>平湖济技术开发区 | 宁波保税区 | 杭州高新技术产业开发区<br>宁波高新技术产业开发区<br>绍兴高新技术产业开发区 |
| 长三角开发区小计 | 48 | 3 | 14 |

资料来源：国家开发区网

## 二、上海市开发区情况[①]

### （一）开发区的总体情况

2012年，上海全市开发区规模以上企业实现工业总产值23606.68亿元，按可比价计算，比2011年下降1.8%。全市工业向开发区的集中度进一步提高，全市开发区规模以上工业企业工业总产值占全市比重从2011年72.6%提高到2012年74.8%，提高2.2个百分点。

2012年，上海市开发区产业结构调整取得一定成效。上海市第二、三产业营业收入超千亿元以上的开发区（产业基地）有11个，上海市综合保税区超万亿元，国际汽车城超过5000亿元，金桥出口加工区超过4500亿元，成为上海市开发区的经济规模前三位。漕河泾新兴技术开发区和松江工业区规

① 本专题所指上海开发区为市级以上工业开发区

模超 3000 亿元，张江高科技园区、嘉定工业区、康桥工业区、莘庄工业区、宝山钢铁基地和青浦工业园区等超 1000 亿元，成为本市开发区经济能级持续提升的龙头和重要引擎。

**表 26 2007—2012 年上海市开发区总体情况**

| 指标 | 2007 年 | 2008 年 | 2009 年 | 2010 年 | 2011 年 | 2012 年 |
|---|---|---|---|---|---|---|
| 单位数(个) | 4651 | 5821 | 5662 | 5733 | 4534 | 4247 |
| 从业人员(万人) | 122.60 | 126.76 | 129.60 | 140.24 | 147.27 | 144.44 |
| 工业总产值(亿元) | 11392.93 | 12626.56 | 12309.50 | 15491.26 | 17157.36 | 16379.44 |
| 出口交货值(亿元) | 5326.97 | 5812.54 | 5247.53 | 6285.23 | 6526.92 | 6242.21 |
| 利润总额(亿元) | 612.27 | 523.79 | 706.27 | 1249.58 | 1290.67 | 1171.84 |
| 税金总额(亿元) | 281.11 | 292.09 | 329.66 | 394.43 | 438.09 | 431.86 |

数据来源：历年上海市统计年鉴

## （二）国家级开发区情况

2012 年，上海市国家级开发区共有 1301 个单位，比 2011 年增加 531 个，增长 69.0%；从业人员为 64.56 万人，比上年增加了 16.81 万人，增长 35.2%；工业总产值为 8707.12 亿元，比上年增长 14.2%；出口交货值为 3791.96 亿元，比上年下降 0.6%；利润总额为 689.49 亿元，比上年下降 0.3%；税金总额为 245.41 亿元，比上年增长 7.5%。

**表 27 2008—2012 年上海市国家级开发区总体情况**

| 指标 | 2008 年 | 2009 年 | 2010 年 | 2011 年 | 2012 年 |
|---|---|---|---|---|---|
| 单位数(个) | 1026 | 943 | 941 | 770 | 1301 |
| 从业人员(万人) | 40.86 | 42.61 | 45.30 | 47.75 | 64.56 |
| 工业总产值(亿元) | 6335.32 | 6061.96 | 7549.93 | 7627.52 | 8707.12 |
| 出口交货值(亿元) | 4005.15 | 3365.23 | 4157.38 | 3816.38 | 3791.96 |
| 主营业务收入(亿元) | 6826.86 | 6742.59 | 8425.53 | 8582.63 | 9856.08 |
| 利润总额(亿元) | 245.70 | 347.30 | 631.53 | 691.26 | 689.49 |
| 税金总额(亿元) | 120.10 | 165.20 | 206.62 | 228.24 | 245.41 |

资料来源：《上海市统计年鉴》(2013)

## （三）市级开发区情况

2012 年，上海市市级开发区共有 2946 个单位，比 2011 年减少 818 个，下降 21.7%；从业人员为 79.88 万人，比上年减少 19.64 万人，下降 19.7%；工业总产值和出口交货值分别为 7672.32 亿元和 2450.25 亿元，分别比上年下降 19.5%和 9.6%；利润总额和税金总额分别为 482.35 亿元和 186.45 亿元，分别比上年下降 19.5%和 11.2%。

表 28 2008—2012 年上海市市级开发区总体情况

| 指标 | 2008 年 | 2009 年 | 2010 年 | 2011 年 | 2012 年 |
|---|---|---|---|---|---|
| 单位数(个) | 4795 | 4719 | 4792 | 3764 | 2946 |
| 从业人员(万人) | 85.90 | 86.99 | 94.94 | 99.52 | 79.88 |
| 工业总产值(亿元) | 6291.24 | 6247.54 | 7941.33 | 9529.84 | 7672.32 |
| 出口交货值(亿元) | 1807.39 | 1882.30 | 2127.85 | 2710.54 | 2450.25 |
| 主营业务收入(亿元) | 6353.77 | 6271.10 | 8189.66 | 9741.98 | 7909.75 |
| 利润总额(亿元) | 278.09 | 358.97 | 618.05 | 599.41 | 482.35 |
| 税金总额(亿元) | 171.99 | 164.46 | 187.81 | 209.85 | 186.45 |

资料来源:《上海市统计年鉴》(2013)

## (四)2012 年上海市开发区发展特点

2012 年,上海市共有 15 个国家级工业园区和 23 个市级工业园区,其余为区级配套工业区。

表 29 2012 年上海市工业园区主要经济指标

| 指 标 | 工业总产值(亿元) | 出口交货值(亿元) | 主营业务收入(亿元) | 利润总额(亿元) | 税金总额(亿元) |
|---|---|---|---|---|---|
| 总计 | 16379.44 | 6442.21 | 17765.83 | 1171.84 | 431.86 |
| 国家级开发区 | 8707.12 | 3791.96 | 9856.08 | 689.49 | 245.41 |
| 外高桥保税区 | 726.48 | 166.08 | 750.54 | 27.96 | 5.26 |
| 金桥出口加工区 | 1924.87 | 332.90 | 2904.48 | 255.80 | 124.14 |
| 张江高科技园区 | 609.55 | 220.04 | 687.29 | 211.52 | 25.71 |
| 漕河泾新兴技术开发区 | 350.40 | 118.03 | 371.63 | 42.23 | 10.48 |
| 漕河泾出口加工区 | 678.80 | 660.62 | 679.69 | 4.74 | 0.01 |
| 闵行经济技术开发区 | 473.71 | 80.88 | 480.45 | 43.87 | 24.78 |
| 松江出口加工区 | 1611.32 | 1572.70 | 1575.14 | 6.65 | —— |
| 闵行出口加工区 | 96.91 | 90.55 | 91.48 | 3.69 | 0.02 |
| 青浦出口加工区 | 49.17 | 44.37 | 46.03 | 1.56 | 0.01 |
| 陆家嘴金融贸易区 | 152.91 | 2.86 | 159.61 | 6.68 | 4.98 |
| 虹桥经济技术开发区 | 1.04 | 0.63 | 1.04 | 0.11 | 0.02 |
| 佘山国家旅游度假区 | 2.60 | 0.34 | 2.66 | 0.03 | 0.02 |
| 上海紫竹高新技术产业园区 | 118.54 | 23.95 | 123.02 | 3.27 | 6.89 |
| 上海化学工业经济技术开发区 | 715.90 | 66.81 | 743.06 | 16.27 | 15.95 |
| 上海松江经济技术开发区 | 1194.93 | 411.19 | 1239.98 | 72.50 | 27.13 |

（续表）

| | | | | | |
|---|---|---|---|---|---|
| 市级开发区 | 7672.32 | 2450.25 | 7909.75 | 482.35 | 186.45 |
| 宝山工业园区 | 304.46 | 56.87 | 333.31 | 24.49 | 10.57 |
| 月杨工业园区 | 200.50 | 12.56 | 234.98 | 11.19 | 4.40 |
| 富盛经济开发区 | 0.91 | 0.34 | 0.78 | 0.05 | 0.02 |
| 浦东空港工业园区 | 198.86 | 41.76 | 187.49 | 9.80 | 6.00 |
| 嘉定工业园区 | 1128.15 | 317.91 | 1162.82 | 91.59 | 21.21 |
| 嘉定汽车产业园区 | 664.07 | 67.76 | 681.71 | 52.59 | 15.62 |
| 莘庄工业区 | 927.04 | 269.02 | 974.52 | 81.21 | 30.18 |
| 青浦工业园区 | 735.83 | 144.77 | 707.66 | 49.51 | 26.80 |
| 西郊工业园区 | 209.08 | 76.29 | 216.19 | 7.33 | 7.47 |
| 松江经济开发区 | 137.31 | 27.66 | 135.13 | 9.39 | 3.92 |
| 奉贤经济开发区 | 330.74 | 84.66 | 349.88 | 24.96 | 11.48 |
| 金山工业园区 | 359.25 | 58.69 | 380.79 | 13.33 | 6.88 |
| 枫泾工业园区 | 121.46 | 10.13 | 119.75 | 7.58 | 3.96 |
| 朱泾工业园区 | 66.03 | 9.23 | 65.30 | 0.03 | 1.02 |
| 市北高新技术服务园区 | 36.22 | 6.73 | 40.01 | 0.60 | 1.87 |
| 崇明工业园区 | 11.36 | 0.23 | 11.09 | 0.43 | 0.45 |
| 星火工业园区 | 209.02 | 36.90 | 205.86 | 0.64 | 2.11 |
| 浦东康桥工业园区 | 1683.39 | 1137.49 | 1756.30 | 70.26 | 24.94 |
| 新杨工业园区 | 23.91 | 0.54 | 25.01 | 2.47 | 0.95 |
| 浦东合庆工业园区 | 138.07 | 40.52 | 137.18 | 15.53 | 2.33 |
| 南汇工业园区 | 113.21 | 37.11 | 112.25 | 3.62 | 2.06 |
| 奉城工业园区 | 35.83 | 6.78 | 35.41 | 0.44 | 0.80 |
| 未来岛高新技术产业园区 | 37.62 | 6.28 | 36.33 | 5.33 | 1.41 |

资料来源：《上海市统计年鉴》(2013)

2012年上海市开发区（按104个产业区块口径，下同）经济运行呈现以下主要特点：

（1）开发区经济规模超5万亿元，规模能级持续提升。2012年，上海市开发区实现第二、三产业营业总收入51039.7亿元，增长11.2%，其中工业企业实现主营业务收入27063.4亿元，同比下降0.3%，第三产业实现营业收入23976.2亿元，同比增长27.7%。开发区经济规模从2010年3万亿到2011年的4万亿，再到2012年5万亿，实现三连跳，是上海市经济发展的最重要区域。

（2）开发区产业结构调整取得一定成效，市级以上开发区第三产也规模首超第二产业。2012年上海市开发区第二、三产业营业收入之比为53.0∶47.0，产业结构中第三产业所占比重比2011年提高8.6个百分点，产业结构更趋合理。其中，市级以上开发区二、三产营业收入之比为46.6∶53.4，第三产业营业收入首次超过第二产业。

（3）工业生产总体平稳，工业集中度进一步提高。2012年上海市开发区完成工业总产值25727

亿元，占全市工业总产值77.6%，同比下降1.6%，全年工业生产总体平稳。2012年上海市工业向开发区的集中度进一步提高，全市开发区工业总产值占全市比重从2011年74.7%提高到2012年的77.6%，提高2.9个百分点。

(4) 招商引资形势较好。2012年上海市开发区累计引进外资项目1475个，同比增长5.5%，占全市外资项目数的36.1%，其中，市级以上开发区累计引进外资项目1255个。上海市开发区累计吸引合同外资金额106.8亿美元，同比增长19.9%，占全市合同外资金额的47.8%。

(5) 上海市固定资产投资实现增长，工业投资占全市80%以上。2012年全市开发区完成固定资产投资金额为1697.9亿元，同比增长13.4%，市级以上开发区完成1178.1亿元，同比增长11.3%，其中国家级开发区投资增长9.3%。2012年上海市开发区累计完成工业固定资产投资1041.5亿元，同比增长8.5%，占全市工业投资的80.6%。市级以上开发区完成工业固定资产投资金额675.8亿元，同比增长6.0%。产业基地工业投资为276.3亿元，同比增长18.5%。

(6) 上缴税金增长平稳，第三产业税收大幅增长。2012年上海市开发区上缴税金3855.3亿元，同比增长10.6%，占全市税收的37.0%，市级以上开发区上缴税收3260.1亿元，同比增长11.8%。从上海市开发区上缴税金组成分析，工业企业上缴税金2012年为1430.8亿元，同比增长0.77%，第三产业上缴税金为1777.1亿元，同比增长58.7%。

## 三、江苏省开发区情况①

### 1. 开发区的总体情况

2012年江苏省共有开发区135家，比去年增加4家。其中国家级开发区37家，比去年增加10家，约占全省开发区总数的1/4，包括23家经济技术开发区，9家高新技术产业开发区，1家保税港区，2家旅游度假区，1家环保科技园，1家工业园区。国家级海关特殊功能区建设成果丰硕，是全国海关特殊监管区域数量最多、功能最全、建设水平最高的省份。此外，江苏省还有98家省级开发区。全省基本形成了以经济技术开发区为基础，以高新技术产业开发区为先导，以出口加工区等特殊功能区为支撑，苏南、苏中、苏北开发区互促互动、错位发展的良好格局。

2012年，江苏省开发区业务再创新高，总收入达到151790.33亿元，比上年增长23.8%；进出口总额在经历了2010年反弹之后，达到2008年以来的最高峰，为43437968万美元，比上年增长6.3%，其中出口额为25450537万美元，增幅为9.6%。

**表30 2008—2012年江苏省开发区总体情况**

| 指标 | 2008年 | 2009年 | 2010年 | 2011年 | 2012年 |
|---|---|---|---|---|---|
| 业务总收入(亿元) | 56761.29 | 70681.21 | 92701.08 | 122594.41 | 151790.33 |
| 进出口总额(万美元) | 28976810 | 26006292 | 35868205 | 40875429 | 43437968 |
| #出口额(万美元) | 16657481 | 14776250 | 20272496 | 23222185 | 25450537 |

### 2. 开发区的增长情况

2008—2012年，江苏省开发区业务总收入、进出口总额、出口额增长最快的年份均为2010年，增幅均超过30%；最慢的年份均为受金融危机影响最大的2009年，除业务总收入保持增长外，进出口总

① 本专题所指江苏省开发区为省级以上开发区

额和出口额均下降。2012年江苏省开发区业务总收入、进出口总额、出口额增幅均有所回落，分别增长23.82%、6.27%和9.60%。增幅分别比去年下降了8.43个百分点、7.69个百分点和4.95个百分点。

**表31 2008—2012年江苏省开发区增长情况** %

| 指标 | 2008年 | 2009年 | 2010年 | 2011年 | 2012年 |
|---|---|---|---|---|---|
| 业务总收入 | 29.85 | 24.52 | 31.15 | 32.25 | 23.82 |
| 进出口总额 | 14.42 | −10.25 | 37.92 | 13.96 | 6.27 |
| #出口额 | 17.44 | −11.29 | 37.20 | 14.55 | 9.60 |

### 3. 2012年发展的主要特点

2012年，江苏省开发区在省委、省政府的领导下，不断深入落实科学发展观，大力推动转型升级，加快转变经济发展方式，各项主要经济指标保持较快增长，运行质量和效益进一步提高，科学发展买上了新的台阶。

(1) 业务总收入保持高位运行。2012年，江苏省省级以上开发区业务总收入首次突破15万亿元达到151790.33亿元，同比增长23.82%，增幅与2011年相比下降了8.43个百分点。其中国家级开发区完成业务总收入89969.78亿元，同比增长41.88%，增幅与2011年相比上升了2.79个百分点。

(2) 地方一般预算收入保持较高增速。2012年，江苏省完成地方一般预算收入5860.69亿元，同比增长13.82%，其中江苏省省级以上开发区完成2854.28亿元，同比增长30.55%，占江苏省开发区完成地方一般财政收入的48.70%，占比下降了2.35个百分点。

(3) 招商引资成效显著。江苏省开发区积极营造良好的投资环境，不断创新招商方式，投资结构进一步改善。2012年全省实际外商直接投资额280.36亿美元，同比增长15.24%，占全省总量的78.40%，比重同比上升2.68个百分点。

(4) 进出口高于全省平均水平。江苏省开发区充分发挥对外开放窗口的示范作用，不断拓宽渠道，进出口总额继续保持较快增长。2012年，江苏省开发区完成进出口总额4343.80亿美元，比上年增长6.27%，占全省总量的79.25%，增幅高于江苏省4.73个百分点，占比上升了3.52个百分点；其中出口额2545.05亿美元，比上年增长9.60%，占全省出口总量的74.28%，增幅高于江苏省4.51个百分点，占比上升了3.19个百分点。

## 四、浙江省开发区情况①

### 1. 开发区基本建设情况

2012年，浙江省开发区(园区)深入贯彻落实科学发展观，面对严峻复杂的外部环境和困难挑战，充分利用整合提升后的有利空间条件，进一步发挥优势，探索创新，做大做强经济规模，提升发展质量和综合效益，对全省经济的贡献进一步增大。

2012年，浙江省开发区全年引进入园企业14253家，比2011年增长3.95%。其中工业企业5275家，比上年增长1.70%；外资及港澳台企业606家，比上年减少19.74%；高新技术企业132家，比上年减少18.01%；投产企业7330家，比上年减少8.05%。实际到位外资72.9亿美元，比上年下降

① 本专题所指浙江省开发区为省级以上开发区

1.09%，占全省的44.94%，比上年减少2.92个百分点。相应的基础设施投入和拆迁成本也随之上升，基础建设投入1078.4亿元，拆迁安置补偿款199.7亿元，入园企业投资额4566.6亿元，同比分别增长27.32%、21.99%和13.24%。

**表32　2009—2012年浙江省开发区(园区)基本建设情况**

| 指标 | 2009年 | 2010年 | 2011年 | 2012年 | 至2012年累计 |
|---|---|---|---|---|---|
| 引进项目(个) | | | | | |
| 入园企业 | 7989 | 13298 | 13712 | 14253 | 136966 |
| #工业企业 | 3265 | 5594 | 5187 | 5275 | 81205 |
| 外资及港澳台 | 684 | 928 | 755 | 606 | 11687 |
| 高新技术企业 | 171 | 162 | 161 | 132 | 2904 |
| 投产企业 | 5610 | 8317 | 7972 | 7330 | 107218 |
| 引进外资(亿美元) | | | | | |
| 实际到位外资 | 62.4 | 67.1 | 73.7 | 72.9 | 689.9 |
| 投资(亿元) | | | | | |
| 基础建设投入 | 545.1 | 713.0 | 847.0 | 1078.4 | 6664.8 |
| 拆迁安置补偿款 | 128.1 | 173.5 | 163.7 | 199.7 | 1461.7 |
| 入园企业投资额 | 2230.0 | 3532.5 | 4032.7 | 4566.6 | 33376.8 |

资料来源：历年浙江省统计年鉴

从单个开发区来看，实际利用外资前三位的开发区分别是宁波经济技术开发区、杭州经济技术开发区和萧山经济技术开发区，利用外资额分别为8.1亿美元、6.7亿美元和3.6亿美元；进出口总额前三位的开发区分别是宁波经济技术开发区、杭州经济技术开发区和宁波保税区，进出口总额分别为174亿美元、133亿美元和133亿美元。

分地区来看，开发区实际利用外资前三位的市分别是杭州市、宁波市和嘉兴市，利用外资额分别为18.9亿美元、14.7亿美元和13.2亿美元；开发区进出口总额前三位的市分别是宁波市、杭州市和嘉兴市，进出口总额分别为485.2亿美元、228.4亿美元和192.7亿美元。

### 2. 开发区经济效益情况

2012年浙江省开发区实现工业总产值36952.9亿元，比2011年增长7.41%；营业收入35286.6亿元，比上年增长6.12%，其中新产品销售收入8307.7亿元，比上年增长11.58%，增速比全部产品销售收入高5.46个百分点，收入占全省开发区(园区)产品销售收入的23.54%，比重比上年同期提高1.15个百分点；出口交货值6538.2亿元，比上年增长0.98%；实现利税总额3022.0亿元，利润总额1763.3亿元，比上年分别下降0.29%和4.53%。

表 33 开发区(园区)主要经济指标(一)

| 指标 | 2010 年 | 2011 年 | 2012 年 | 比上年增长(%) |
|---|---|---|---|---|
| 工业总产值(亿元) | 27983.6 | 34403.6 | 36952.9 | 7.41 |
| 营业收入(亿元) | 26752.0 | 33251.2 | 35286.6 | 6.12 |
| #新产品销售收入 | 5874.1 | 7445.2 | 8307.7 | 11.58 |
| 出口交货值(亿元) | 5740.6 | 6474.5 | 6538.2 | 0.98 |
| 利税总额(亿元) | 2758.3 | 3030.8 | 3022.0 | −0.29 |
| #利润总额 | 1706.9 | 1846.9 | 1763.3 | −4.53 |

资料来源:历年浙江省统计年鉴

从单个开发区来看,规模以上工业总产值前三位的开发区分别是杭州经济技术开发区、宁波经济技术开发区和宁波石化经济技术开发区,规模以上工业总产值分别为 1955 亿元、1800 亿元和 1634 亿元;分地区来看,开发区规模以上工业总产值前三位的市分别是宁波市、杭州市和嘉兴市,规模以上工业总产值分别为 6690.1 亿元、4999.6 亿元和 4004.3 亿元。

### 3. 开发区(园区)自主创新情况

企业研发机构增多,创新队伍进一步扩大,创新服务平台不断完善,创新产出成果喜人。2012 年,全省开发区(园区)企业研究开发费用投入 452.7 亿元,比 2011 增长 20.11%,其中高新技术企业研发费用投入 312.7 亿元,比上年增长 15.01%。截至 2012 年底,开发区的企业研发中心拥有大专及以上学历或高中级技术职称人员已达 106.0 万人,直接从事研究开发人员 19.0 万人,分别占全部从业人员的 20.41%和 3.66%,比重比上年同期分别提高 1.76 个百分点和 0.17 个百分点。

表 34 开发区(园区)主要经济指标(二)

| 指标 | 2010 年 | 2011 年 | 2012 年 | 比上年增长(%) |
|---|---|---|---|---|
| 研究开发费用(亿元) | 301.0 | 376.9 | 452.7 | 20.11 |
| #高新技术企业 | 205.0 | 271.9 | 312.7 | 15.01 |
| 技术成果引进费用(亿元) | 75.2 | 89.0 | 86.7 | −2.58 |
| 从业人员年末人数(万人) | 462.0 | 509.9 | 519.4 | 1.86 |
| # 直接从事研究开发人员 | 15.5 | 17.8 | 19.0 | 6.74 |
| 大专及以上学历或高中级技术职称人员 | 82.5 | 95.1 | 106.0 | 11.46 |

资料来源:历年浙江省统计年鉴

# 五 长三角地区对外经济

## 一、长三角地区对外经济总体情况

随着全国经济国际化的深化，长三角地区对外经济迅猛发展，规模继续居于全国前列，全年对外承包工程及对外劳务合作完成营业额178.84亿美元，比上年增长13.9%，占到全国总量的15.3%。对外投资方面，长三角地区中方对外投资额为121.77亿美元，同比增长25.4%，占到全国总量的15.8%。

表35 2012年长三角及两省一市外经情况

| 指标 | 对外承包工程与劳务合作完成营业额(亿美元) | 比上年增长(%) | 中方对外投资额(亿美元) | 比上年增长(%) |
|---|---|---|---|---|
| 上海市 | 68.12 | 14.7 | 32.40 | 21.9 |
| 江苏省 | 72.42 | 7.6 | 50.45 | 40.1 |
| 浙江省 | 38.30 | 26.4 | 38.92 | 12.8 |
| 长三角 | 178.84 | 13.9 | 121.77 | 25.4 |

数据来源：2013年上海市、江苏省、浙江省统计年鉴

## 二、两省一市对外经济情况

### （一）上海市

2012年新批对外投资项目249项，比上年增长8.7%；投资总额32.4亿美元，比上年增长21.9%。签订对外承包工程合同金额103.11亿美元，比上年下降16.5%；实际完成营业额68.12亿美元，比上年增长14.7%；派出人员3477人次，比上年下降37.5%。对外劳务合作派出人员17767人次，比上年增长1倍。至2012年末，上海对外承包工程和劳务合作涉及的国家和地区已达178个。

表36 上海市主要年份对外经济合作情况

| 指 标 | 2008年 | 2009年 | 2010年 | 2011年 | 2012年 |
|---|---|---|---|---|---|
| 对外承包工程 | | | | | |
| 签订合同金额(万美元) | 1045972 | 1193790 | 1010276 | 1234673 | 1031056 |
| 实际营业额(万美元) | 490707 | 665664 | 689616 | 594113 | 681188 |
| 派出人员(人次) | 7270 | 8178 | 9430 | 5559 | 3477 |
| 对外劳务合作 | | | | | |
| 派出人员(人次) | 20165 | 18072 | 17417 | 8749 | 17767 |

资料来源：历年上海市统计年鉴

**表 37　上海市海外企业情况(2009—2012 年)**

| 指　标 | 2010 年新增 | 至 2010 年底累计 | 2011 年新增 | 至 2011 年底累计 | 2012 年新增 | 至 2012 年底累计 |
|---|---|---|---|---|---|---|
| 企业数(个) | 179 | 1508 | 172 | 1680 | 249 | 1929 |
| 投资额(万美元) | 242029 | 768295 | 265824 | 1034119 | 324335 | 1358454 |

资料来源:历年上海市统计年鉴

## (二)江苏省

2012 年,江苏省对外投资增势迅猛。新批境外投资项目 572 个,比上年增长 13.3%;中方协议投资 50.5 亿美元,增长 40.1%。对外经济合作合同金额 78.2 亿美元,完成营业额 72.4 亿美元。

据江苏省商务厅统计,1—9 月份,江苏企业在亚洲投资项目 217 个,中方协议投资额达 22.9 亿美元,同比增长 57.2%,其中,过半数项目集中在香港,中方协议投资额占在亚洲投资额的 2/3。

江苏企业赴北美洲、欧洲和大洋洲等较发达区域的意愿和能力明显增强。1—9 月份,投资项目和中方协议投资额分别占全省的 39.3%和 29.9%,其中,赴北美洲、大洋洲投资额增长较快,同比分别增长 89.0%和 97.0%,在非洲投资额也达 2.5 亿美元。对外承包工程业务主要分布在亚洲和非洲,尼日利亚、蒙古、伊拉克、孟加拉、安哥拉、赞比亚、埃塞俄比亚、沙特阿拉伯、美国、越南位居新签合同额前 10 位,合同规模占全省的 62.6%。江苏省对外劳务合作在非洲新签劳务人员合同工资总额同比增长 48.0%,占全省总额的 29.1%,劳务人员实际收入总额近 2.0 亿美元。

江苏省的民营企业成为“走出去”的主力军。1—9 月份,江苏省民营企业对外投资项目和中方协议投资同比分别增长 6.9%和 46.1%,占全省的 67.3%和 65.2%。苏南地区企业中方境外协议投资额同比增长 32.9%,占全省的 62.9%;苏中和苏北地区企业中方境外协议投资额同比增长 95.7%,占全省 33.8%,较去年同期提高近 8 个百分点。其中,苏州市对外投资项目数和中方协议投资额分别超过全省的 1/3 和 1/5,居全省首位;徐州市和盐城市对外投资中方协议额同比分别增长 6.3 倍和 3.2 倍,成为全省对外投资增速最快的地区。

从规模上来看,1—9 月份,全省境外投资千万美元以上项目 71 个,中方协议投资额达 31.2 亿美元,同比分别同比增长 65.1%、69.5%。

从江苏企业境外投资的领域来看,1—9 月份,以商务服务、批发和房地产业为主的第三产业对外投资项目 276 个,中方协议投资 22.6 亿美元,同比增长 34.0%,占全省的 55.4%。以加工制造、采矿和光伏产业为主的第二产业对外投资项目 146 个,中方协议投资 15.9 亿美元,同比增长 66.0%,占全省的 39.1%。

**表 38　2008—2012 年江苏省对外经济合作情况**

| 指标 | 合同数(份) | 合同金额(万美元) | 实际完成营业额(万美元) | 年末在外人数(人) |
|---|---|---|---|---|
| 2008 年 | 1256 | 488804 | 459893 | 101185 |
| 2009 年 | 2352 | 503389 | 507804 | 99784 |
| 2010 年 | 2023 | 620766 | 596702 | 95765 |
| 2011 年 | —— | 659792 | 672761 | 89348 |
| 2012 年 | —— | 781865 | 724193 | 86849 |

（续表）

| | | | | |
|---|---|---|---|---|
| 对外承包工程 | | | | |
| 2008年 | 791 | 432043 | 388434 | 34945 |
| 2009年 | 727 | 449596 | 433249 | 36739 |
| 2010年 | 968 | 544726 | 519838 | 35987 |
| 2011年 | 891 | 594909 | 599171 | 35484 |
| 2012年 | 1009 | 719844 | 646755 | 35615 |
| 对外劳务合作 | | | | |
| 2008年 | 461 | 56072 | 71304 | 66240 |
| 2009年 | 1625 | 53793 | 74555 | 63045 |
| 2010年 | 1055 | 76040 | 76864 | 59778 |
| 2011年 | —— | 64883 | 73590 | 53864 |
| 2012年 | —— | 62021 | 77438 | 51234 |

资料来源：《江苏省统计年鉴》(2013)

**表39 2008—2012年江苏省境外投资情况**

| 指 标 | 2008年 | 2009年 | 2010年 | 2011年 | 2012年 |
|---|---|---|---|---|---|
| 新批项目数(个) | 232 | 332 | 408 | 505 | 572 |
| ＃企业 | 187 | 298 | 360 | 443 | 528 |
| ＃子公司 | 164 | 265 | 326 | 410 | 501 |
| 独资子公司 | 134 | 214 | 269 | 343 | 390 |
| 合资子公司 | 30 | 51 | 57 | 67 | 111 |
| 联营公司 | 23 | 33 | 34 | 33 | 27 |
| ＃国有及国有控股企业 | 41 | 36 | 39 | 34 | 60 |
| 集体企业 | 1 | 3 | 5 | 3 | 4 |
| 民营企业 | 138 | 200 | 269 | 369 | 383 |
| 外资企业 | 52 | 93 | 95 | 99 | 125 |
| 机构 | 45 | 34 | 48 | 62 | 44 |
| ＃参股并购类项目 | 28 | 31 | 47 | 64 | 83 |
| 风险投资类项目 | 10 | 2 | 2 | 9 | 13 |
| ＃贸易型项目 | 96 | 126 | 162 | 213 | 243 |
| 非贸易型项目 | 136 | 206 | 246 | 292 | 329 |

（续表）

| | | | | | |
|---|---|---|---|---|---|
| #境外加工贸易项目 | 37 | 36 | 41 | 32 | 33 |
| 境外资源开发项目 | 11 | 18 | 7 | 18 | 33 |
| 中方协议金额(万美元) | 63459.49 | 106347 | 217613 | 360154 | 504547 |
| #企业 | 61988.69 | 105972 | 216646 | 359239 | 504089 |
| #子公司 | 53333.51 | 99553 | 211877 | 351789 | 491387 |
| 独资子公司 | 44192.70 | 72455 | 191032 | 315587 | 393106 |
| 合资子公司 | 9140.81 | 27098 | 20846 | 36202 | 98281 |
| 联营公司 | 8655.19 | 6419 | 4769 | 7450 | 12702 |
| #国有及国有控股企业 | 11884.37 | 15132 | 39 | 27271 | 84488 |
| 集体企业 | 160 | 590 | 5 | 1495 | 2185 |
| 民营企业 | 43760.62 | 73254 | 269 | 251638 | 320725 |
| 外资企业 | 7654.50 | 17371 | 95 | 79750 | 97149 |
| 机构 | 1470.80 | 375 | 967 | 915 | 458 |
| #参股并购类项目 | 11818.35 | 9546 | 46726 | 49129 | 99294 |
| 风险投资类项目 | 1883.12 | 603 | 137 | 8899 | 13522 |
| #贸易型项目 | 8573.05 | 14443 | 61064 | 101672 | 154336 |
| 非贸易型项目 | 54886.44 | 91904 | 156549 | 258483 | 350210 |
| #境外加工贸易项目 | 10721.52 | 10669 | 30787 | 14760 | 34988 |
| 境外资源开发项目 | 12267.28 | 19738 | 3202 | 39067 | 61756 |

资料来源:《江苏统计年鉴》(2013)

2012年江苏省各市对外经济情况:

南京市对外承包劳务合作合同金额为16.1亿美元,比上年增长29.7%;实际完成对外承包劳务营业额22.34亿美元。2012年末在外劳务人数达11643人,比上年末增长94.3%。

无锡市对外经济合作增势强劲。全年完成境外投资项目85个,中方投资额突破9亿美元,达到9.2亿美元,比上年增长42.1%,其中200万美元以上项目53个。服务外包产业快速发展。全市服务外包产业接包合同总额64.4亿美元,比上年增长43.5%,执行金额51.2亿美元,比上年增长40.4%;离岸合同总额42.3亿美元,比上年增长42.7%,离岸执行金额33.5亿美元,比上年增长40.3%。离岸外包业务全省第一。

徐州市"走出去"步伐继续加快。新批境外投资项目19个,比上年增长90%。中方协议投资6.09亿美元,增长403.2%,对外承包工程新签合同额为5.91亿美元,增长308.5%,完成营业额2.08亿美元,增长27.2%。新签劳务人员合同工资总额700万美元,劳务人员实际收入总额430万美元。

常州市对外合作不断深化。新签外经合同额6.0亿美元,比上年增长3.2%;完成外经营业额5.4亿美元,比上年增长9.1%。截至2012年底,常州市拥有服务外包企业405家,从业人员近3万人,完成服务外包合同额3.4亿美元,比上年增长24.1%,执行额2.9亿美元,增长16.1%;完成服务外包离岸合同额2.6亿美元,增长15.9%,离岸执行额2.2亿美元,增长10.7%。

苏州市新批境外投资中方协议投资额12.22亿美元,比上年增长74.4%,规模实现全省九连冠。新签对外劳务承包合同额10.26亿美元,完成营业额8.37亿美元,分别比上年增长7.9%和8.9%。2012年末境外投资涉及的国家和地区达到80多个。

南通市新批设立境外企业54家,中方协议投资额8.0亿美元。新签对外承包劳务合同额9.0亿美元,下降7.0%;完成对外承包劳务营业额16.8亿美元,增长15.5%;新派劳务人员1.0万人次,增长11.2%;年末在外劳务人员2.0万人,下降13.0%。

扬州市完成外经营业额41800万美元,增长20%。期末在外人数6647人,下降21%。新批境外投资项目14个,中方协议投资额1773万美元。

镇江市拥有境外投资企业121家,中方实际投资3.6亿美元,其中当年新批23家,中方实际投资5300万美元。服务外包执行额5.9亿美元,比上年增长76.1%。

泰州市企业"走出去"步伐加快,支持重点企业开展境外资本运营,开辟国际化经营新空间。新签劳务承包合同额5.84亿美元,下降23.8%;完成外经营业额7.55亿美元,增长10.9%。

宿迁市新批外商投资企业68家,新批协议外资7.21亿美元;实际到账外资4.52亿美元,比上年增长1.38倍。

## (三)浙江省

浙江省对外承包工程完成营业额38.3亿美元,比上年增长26.4%;新签合同额36.1亿美元,增长22.4%。经审批和核准的境外投资企业和机构共计634家,比上年增加66家;投资总额47.5亿美元,增长27.2%,其中中方投资38.9亿美元,增长12.9%。2012年实际对外直接投资24.0亿美元,比上年增长13.8%。

**表40 2009—2012年浙江省对外经济合作情况**

| 项目 | | 2009年 | 2010年 | 2011年 | 2012年 |
|---|---|---|---|---|---|
| 新签对外承包工程和劳务合作合同额 | (万美元) | 247103 | 246106 | 295438 | 361220 |
| 对外承包工程和劳务合作营业额 | (万美元) | 239345 | 291076 | 302693 | 382974 |
| 对外承包工程和劳务合作在年底在外人数 | (人) | 23504 | 26261 | 17836 | 27149 |
| 境外投资企业数 | (个) | 475 | 630 | 568 | 634 |
| 境外企业中方投资额 | (万美元) | 123491 | 336008 | 344551 | 389236 |

资料来源:《浙江省统计年鉴》(2013)

2012年浙江省各市外经完成情况:

杭州市至2012年末,累计设立各类境外投资企业(机构)838个,其中非贸易企业254个。2012年境外协议出资7.21亿美元,其中非贸易性投资5.48亿美元。完成对外承包工程和劳务合作营业额5.49亿美元,增长22.8%。离岸服务外包合同执行额29.68亿美元,增长45.9%。

温州市新批设立境外机构47家,中方境外投资额14103万美元。新签对外承包工程和劳务合作营业额4455.57万美元。

宁波市2012年新批境外投资企业和机构205家,核准中方投资额13.1亿美元,比上年增长18.3%,实际中方投资额6.1亿美元。完成境外承包工程劳务合作营业额12.4亿美元,增长12.2%。2012年宁波市完成服务外包合同额114.6亿元,执行额84.6亿元,比上年分别增长33.8%和

34.1%；离岸服务外包合同额5.3亿美元，执行额4.1亿美元，分别增长39.8%和46.4%。2012年末全市服务外包企业达723家，从业人员2.9万人。

嘉兴市新办境外企业44家，投资总额达32999万美元，下降12.4%。

绍兴市新批境外投资企业65家（增资企业13家）。境外投资企业总投资额28987万美元，其中中方投资额25854万美元，同比下降62.8%。新签承包工程合同额65474万美元，增长80.9%；完成营业额43827万美元，下降4.1%。其中实际境外工程营业额10598万美元，下降2.0%。

金华市2012年新批境外投资企业（机构）46家，境外投资总额41675.56万美元，比上年增长180.2%；其中中方投资27200.48万美元，比上年增长171.4%。对外承包工程劳务合作营业额25774万美元，比上年增长9.0%。境外营销网络建设成效显现。2012年在美国、英国、加拿大、澳大利亚、俄罗斯和香港等国家和地区设立境外营销网络（贸易公司、办事处等）29家，占全市项目总数的63%。对外投资前五位的国家和地区分别是中国香港、瑞典、俄罗斯、荷兰、美国。2012年金华市在商务部服务外包业务管理和统计系统中注册的企业共有153家，从业人员超1.8万人，离岸合同签约金额17016万美元，比上年增长68%，离岸合同执行金额13106.45万美元，达历史最高水平，比上年增长39.1%。

台州市新批境外投资项目38个，中方投资额8216万美元，比上年增长28.9%。台州市累计境外投资项目446个，中方累计投资额5.14亿美元。服务外包发展良好。新注册服务外包企业13家，台州市累计已注册服务外包企业50家。服务外包离岸合同额3073万美元，比上年增长38.6%；离岸合同执行额2857万美元，增长19.6%。

舟山市新批境外中方投资额0.34亿美元，下降73.3%；境外承包工程劳务合作营业额1.64亿美元，增长4.9倍。

# 六　长三角地区对外贸易

## 一、长三角地区对外贸易总体情况

2012 年长三角对外贸易进出口总值达 12972.54 亿美元，比上年（下同）增长 0.8%，占全国外贸比重 33.5%。其中，出口额 7598.64 亿美元，同比上升 2.9%，占全国出口比重 37.1%；进口额 5373.90 亿美元，同比下降 1.9%，占全国出口比重 29.6%；贸易顺差 2224.74 亿美元。进出口总值增长率、出口额增长率和进口额增长率分别低于全国水平 5.4、5.0 和 6.2 个百分点。

**表 41　2012 年长三角及两省一市外贸与全国对比**

| 指　标 | 进出口总额（亿美元） | 比上年增长（%） | 出口额（亿美元） | 比上年增长（%） | 进口额（亿美元） | 比上年增长（%） |
|---|---|---|---|---|---|---|
| 上海市 | 4367.58 | −0.2 | 2068.07 | −1.4 | 2299.51 | 1.0 |
| 江苏省 | 5480.93 | 1.5 | 3285.38 | 5.1 | 2195.55 | −3.3 |
| 浙江省 | 3124.03 | 1.0 | 2245.19 | 3.8 | 878.84 | −5.5 |
| 长三角 | 12972.54 | 0.8 | 7598.64 | 2.9 | 5373.90 | −1.9 |
| 全　国 | 38688.00 | 6.2 | 20489.00 | 7.9 | 18178 | 4.3 |

资料来源：2013 年上海市、江苏省、浙江省统计年鉴，2012 年国民经济和社会发展统计公报

## 二、两省一市对外贸易进展与特点

### （一）上海市

2012 年，上海市关区进出口总额 8013.1 亿美元，比上年下降 1.4%。其中，进口 3101.54 亿美元，比上年下降 0.7%；出口 4911.56 亿美元，比上年下降 1.8%。

2012 年上海市进出口总额 4367.58 亿美元，比上年下降 0.2%。其中，进口总额 2299.51 亿美元，比上年增长 1.0%；出口总额 2068.07 亿美元，比上年下降 1.4%。

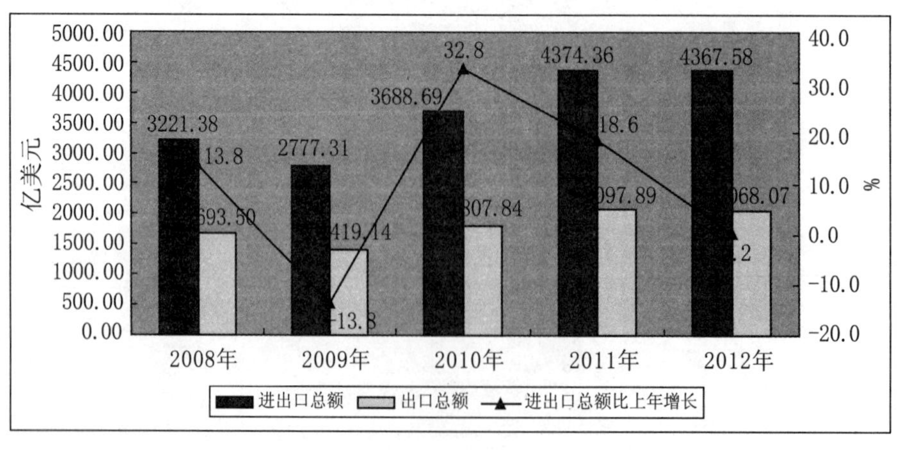


**图 10　2008—2012 年上海市进出口总额与增长速度**

全年国有企业出口324.81亿美元，比上年下降6.8%；外商投资企业出口1387.67亿美元，比上年下降2.6%；私营企业出口339.45亿美元，比上年增长10.2%。在上海市出口总额中，高新技术产品出口906.64亿美元，比上年下降2.8%；机电产品出口1454.37亿美元，比上年下降2.0%；一般贸易出口789.29亿美元，比上年增长2.3%，加工贸易出口1015.29亿美元，比上年下降6.9%。

**表42　2012年上海市进、出口总额及其增长速度**

| 指　标 | 绝对值（亿美元） | 比上年增长（%） | 指　标 | 绝对值（亿美元） | 比上年增长（%） |
|---|---|---|---|---|---|
| 上海市进口总额 | 2299.51 | 1.0 | 上海市出口总额 | 2068.07 | －1.4 |
| ＃国有企业 | 455.71 | －7.2 | ＃国有企业 | 324.81 | －6.8 |
| 外商投资企业 | 1512.02 | 0.8 | 外商投资企业 | 1387.67 | －2.6 |
| 私营企业 | 300.37 | 12.1 | 私营企业 | 339.45 | 10.2 |
| ＃一般贸易 | 1052.26 | －2.4 | ＃一般贸易 | 789.29 | 2.3 |
| 加工贸易 | 372.12 | －12.1 | 加工贸易 | 1015.29 | －6.9 |
| ＃机电产品 | 1296.91 | 1.2 | ＃机电产品 | 1454.37 | －2.0 |
| ＃高新技术产品 | 824.60 | 9.8 | ＃高新技术产品 | 906.64 | －2.8 |

数据来源：《上海市统计年鉴》(2013)

按出口市场分，对日本出口249.62亿美元，比上年增长4.1%；对欧盟出口391.07亿美元，比上年下降10.3%；对美国出口501.59亿美元，比上年增长3.6%。

**表43　2012年上海主要国家和地区进出口总额及其增长速度**

| 指　标 | 出口额(亿美元) | 比上年增长(%) | 进口额(亿美元) | 比上年增长(%) |
|---|---|---|---|---|
| 欧盟 | 391.07 | －10.3 | 510.79 | 9.6 |
| 美国 | 501.59 | 3.6 | 200.19 | －5.8 |
| 中国香港 | 159.69 | －1.1 | 8.54 | －18.4 |
| 东盟 | 209.17 | 2.7 | 361.09 | 8.0 |
| 中东 | 73.08 | 7.1 | 41.60 | －0.9 |
| 日本 | 249.62 | 4.1 | 323.49 | －6.7 |
| 韩国 | 69.45 | －6.4 | 175.08 | －5.4 |
| 俄罗斯 | 32.63 | 27.8 | 20.05 | －13.3 |
| 中国台湾 | 57.01 | －7.9 | 145.26 | －3.2 |

数据来源：《上海市统计年鉴》(2013)

## （二）江苏省

2012年，江苏省外贸进出口总额小幅增长，进出口总额5480.9亿美元，比2011年增长1.5%。其中，出口3285.4亿美元，比上年增长5.1%；进口2195.6亿美元，比上年下降3.3%。

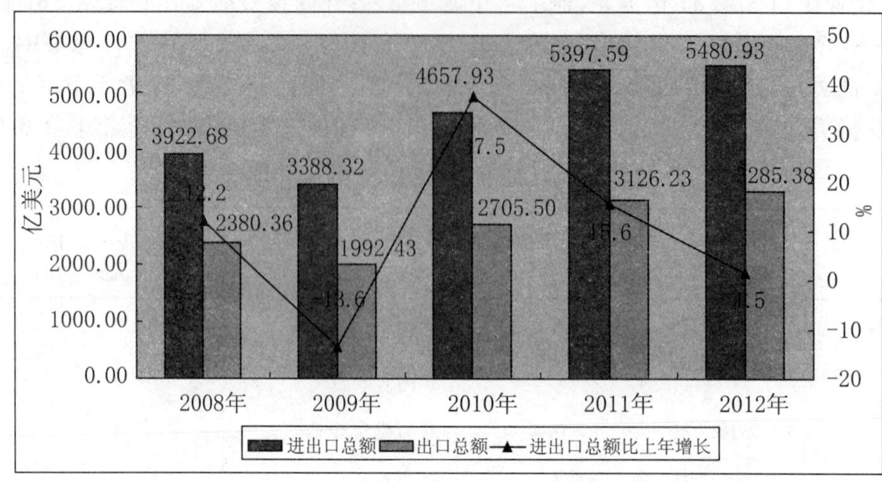


**图 11 2008—2012 年江苏省进出口总额与增长速度**

出口结构进一步优化。一般贸易出口额 1395.5 亿美元，比上年增长 10.5%；加工贸易出口额 1602.0 亿美元，下降 6.9%，一般贸易增速比加工贸易快 17.4 个百分点。机电产品、高新技术产品出口额 2175.0 亿美元和 1315.6 亿美元，分别占出口总额的 66.2%和 40.0%。其中，计算机与通信技术产品出口 737.7 亿美元，占高新技术产品出口额的 56.1%。外商投资企业出口额 2046.8 亿美元，下降 4.9%，占出口总额的 62.3%。私营企业出口额 890.8 亿美元，增长 38%，占出口总额的 27.1%。

**表 44 2012 年江苏省进出口贸易主要分类情况**

| 指　　标 | 绝对数(亿美元) | 比上年增长(%) |
| --- | --- | --- |
| 出口总额 | 3285.4 | 5.1 |
| #一般贸易 | 1395.5 | 10.5 |
| 加工贸易 | 1602.0 | −6.9 |
| #工业制成品 | 3189.6 | 4.1 |
| 初级产品 | 54.9 | −10.5 |
| #机电产品 | 2175.0 | 4.7 |
| #高新技术产品 | 1315.6 | 1.6 |
| #外商投资企业 | 2046.8 | −4.9 |
| 国有企业 | 275.9 | 4.1 |
| 进口总额 | 2195.6 | −3.3 |
| #一般贸易 | 797.3 | −9.5 |
| 加工贸易 | 861.4 | −8.6 |
| #工业制成品 | 1816.9 | −4.1 |
| 初级产品 | 329.8 | −12.7 |

（续表）

| | | |
|---|---|---|
| #机电产品 | 1288.8 | −2.4 |
| #高新技术产品 | 921.7 | 1.2 |
| #外商投资企业 | 1532.1 | −10.0 |

资料来源：2012年江苏省国民经济和社会发展统计公报

对欧盟、美国、日本、香港特别行政区出口额分别为630.5亿美元、637.6亿美元、308.2亿美元和337.2亿美元，比上年分别增长−12.2%、2.9%、0.7%和43.2%；对东盟、韩国、台湾省出口额分别为307.0亿美元、163.9亿美元和105.7亿美元，分别增长17.6%、−1.6%和28%；对拉丁美洲、非洲、俄罗斯出口额分别为219.4亿美元、98.9亿美元和54.7亿美元，分别增长13.3%、22.6%和13.6%。

**表45 2012年江苏省进出口商品主要国家和地区** 亿美元

| 指标 | 2011年 | | 2012年 | |
|---|---|---|---|---|
| | 进出口额 | 出口额 | 进出口额 | 出口额 |
| 中国香港 | 244.02 | 235.52 | 343.48 | 337.23 |
| 中国台湾 | 393.38 | 82.56 | 409.23 | 105.67 |
| 韩国 | 566.42 | 166.63 | 548.93 | 163.94 |
| 日本 | 669.01 | 306.22 | 631.66 | 308.22 |
| 俄罗斯 | 60.94 | 48.15 | 64.23 | 54.72 |
| 美国 | 772.22 | 619.85 | 781.42 | 637.60 |
| 东盟 | 570.13 | 261.09 | 578.80 | 306.95 |
| 欧盟 | 961.19 | 718.37 | 862.22 | 630.48 |
| 非洲 | 98.45 | 80.62 | 116.62 | 98.88 |
| 拉丁美洲 | 282.21 | 193.53 | 304.74 | 219.35 |

数据来源：《江苏省统计年鉴》(2013)

2012年江苏省各市外贸情况：

苏州市对外贸易实现恢复性增长。实现进出口总额3056.92亿美元，其中出口1746.89亿美元，分别比上年增长1.6%和4.5%，增幅分别比上年回落8.2和4.7个百分点。外资企业进出口2273.51亿美元，比上年下降7.5%。积极推进加工贸易转型升级，大力发展一般贸易、保税物流贸易和服务贸易，外贸方式加快转变。加工贸易增值率由上年的77.2%提升至85.7%。一般贸易出口占出口总额的比重达25.3%，比上年提高1.6个百分点。保税物流贸易进出口增长54.16%。新兴市场增势强劲。对东盟、非洲和俄罗斯的出口额分别比上年增长13.8%、14.0%和10.7%。成功举办第一届中国国际进口产品博览会。

无锡市对外贸易结构优化。实现外贸进出口总额707.75亿美元，比上年下降2.3%。其中，进口总额294.61亿美元，比上年下降2.3%；出口总额413.14亿美元，比上年下降2.4%。出口结构持续优化，一般贸易出口比重上升，实现出口额205.15亿美元，总量占比达49.7%，同比提高0.1个百分点。

**表 46　2012 年无锡市对主要国家和地区进口、出口总额及其增长速度**

| 出口国家和地区 | 亿美元 | 增长(%) | 进口国家和地区 | 亿美元 | 增长(%) |
|---|---|---|---|---|---|
| 美国 | 62.2 | －0.9 | 日本 | 71.54 | －4.1 |
| 日本 | 46.43 | 9.3 | 韩国 | 49.04 | 12.6 |
| 香港 | 40.22 | 14 | 美国 | 17.17 | －10.7 |
| 韩国 | 39.26 | －3.8 | 台湾 | 16.63 | 2.2 |
| 荷兰 | 19.62 | －4.1 | 德国 | 13.3 | －14.2 |

资料来源:2012 年无锡市统计公报

南京市完成进出口总额 552.35 亿美元,比上年下降 3.7%。其中,出口总额 319.01 亿美元,增长 3.4%。从出口商品市场看,对亚洲、欧洲、北美洲三大主体市场全年完成出口额 260.65 亿美元,比上年下降 1.9%,占全市出口总额比重为 81.7%。从出口商品构成看,高新技术产品出口 79.77 亿美元,比上年下降 2.8%,占全市出口总额比重为 25.0%。机电产品出口完成 168.87 亿美元,比上年增长 2.4%,占全市出口总额比重为 52.9%。

**表 47　2012 年南京市对主要国家和地区货物出口额及其增长速度**

| 国别和地区 | 出口额(亿美元) | 比上年增长(%) |
|---|---|---|
| 合计 | 319.01 | 3.4 |
| 亚洲 | 127.36 | 1.5 |
| #东南亚国家联盟 | 33.59 | 13.2 |
| 非洲 | 21.53 | 31.8 |
| 欧洲 | 82.08 | －8.8 |
| #欧洲联盟 | 74.45 | －11.3 |
| 拉丁美洲 | 27.44 | 38.9 |
| 北美洲 | 51.21 | 2 |
| 美国 | 45.51 | 3.5 |
| 大洋洲 | 9.39 | 36.6 |
| 澳大利亚 | 5.9 | 9.8 |

资料来源:南京市 2012 年国民经济和社会发展统计公报

**表 48　2012 年南京市出口贸易主要分类情况**

| 指　标 | 绝对量(亿美元) | 比上年增长(%) |
|---|---|---|
| 出口总额 | 319.01 | 3.4 |
| 其中:一般贸易 | 194.03 | 0 |
| 加工贸易 | 118.95 | 8.7 |

（续表）

| | | |
|---|---|---|
| 其中：机电产品 | 168.87 | 2.4 |
| 高新技术产品 | 79.77 | －2.8 |
| 其中：国有企业 | 110.6 | －9.3 |
| 外商投资企业 | 109.62 | 1.8 |
| 民营企业 | 97.79 | 25.6 |

资料来源：南京市2012年国民经济和社会发展统计公报

常州市对外贸易克难求进。实现进出口贸易总额290.3亿美元，比上年增长1.4%，其中出口199.6亿美元，增长3.1%；进口90.7亿美元，下降2.2%。机电产品出口105.5亿美元，增长2.1%；高新技术产品出口39.7亿美元，下降3.2%，其中光伏产品出口比上年减少14.8亿美元。新兴国家和地区出口比重有所上升，全市对东盟、拉美、俄罗斯、非洲等新兴市场出口分别增长19.5%、17.3%、12.1%和7.1%。

南通市实现进出口贸易总值263.2亿美元，增长2.0%。其中，出口总值187.9亿美元，增长4.3%；进口总值75.3亿美元，下降3.2%。到2012年末与南通市建立进出口贸易关系的国家和地区197个，全市有进出口业绩的企业4357家，增加6.6%。

**表49　2012年南通市进出口贸易方式及出口地分类情况**

| 指标 | 总量(亿美元) | 比上年增长(%) |
|---|---|---|
| 进出口总值 | 263.25 | 1.9 |
| 进口 | 75.32 | －3.6 |
| 出口 | 187.94 | 4.2 |
| ＃三资企业 | 108.88 | －3.3 |
| 私营企业 | 69.37 | 20.2 |
| ＃一般贸易 | 114.46 | 10.0 |
| 加工贸易 | 67.86 | －1.8 |
| ＃机电产品 | 78.55 | －2.6 |
| 高新技术产品 | 22.04 | －18.7 |
| 农产品 | 3.94 | 25.9 |
| ＃亚洲 | 88.99 | 4.1 |
| ＃东盟 | 25.37 | 15.1 |
| 日本 | 35.59 | 4.2 |
| 欧洲 | 34.94 | －14.6 |
| ＃欧盟 | 30.18 | －19.9 |
| 北美洲 | 26.46 | －4.0 |

（续表）

| | | |
|---|---|---|
| #美国 | 24.32 | -1.4 |
| 拉丁美洲 | 24.33 | 48.9 |

资料来源：南通市2012年国民经济和社会发展统计公报

泰州市对外贸易增速放缓。完成进出口总额103.70亿美元，比上年下降6.5%；出口69.47亿美元，下降7.1%；进口34.23亿美元，下降5.2%。出口按贸易方式分，一般贸易出口35.13亿美元，增长7.8%；加工贸易出口33.77亿美元，下降19.6%。出口按企业性质分，外商投资企业出口47.57亿美元，下降11.0%；私营企业出口20.09亿美元，增长20.2%。出口按商品类别分，机电产品出口40.09亿美元，下降16.2%，其中车辆航空器船舶及运输设备出口22.18亿元，下降25.8%。出口按国别地区分，对亚洲出口31.0亿美元，增长18.2%，其中对东盟组织出口9.06亿美元，增长39.7%；对欧洲出口16.61亿美元，下降26.0%。其中对欧盟组织出口15.46亿美元，下降23.0%；对美国出口8.44亿美元，增长18.2%。

扬州市实现进出口总额102.02亿美元，增长0.3%。其中，出口81.72亿美元，增长11.6%；进口20.3亿美元，下降29.1%。从贸易结构看，一般贸易出口58.31亿美元，增长38.5%，占全市出口总额的71.4%；加工贸易出口22.71亿美元，下降22.4%，占全市出口总额的27.8%。从出口产品结构看，出口额居前的五大类商品为化学化工制品、纺织原料与纺织制品、船舶、液晶显示面板与电子纸、钢管，分别达8.20亿美元、7.01亿美元、6.30亿美元、4.62亿美元和3.66亿美元，合计占全市出口总额的68.81%。主要出口贸易伙伴中，欧盟出口19.34亿美元，增长24%；美国出口14.84亿美元，增长22.2%；对非洲、韩国和东盟出口大幅增长，出口增幅分别达到171.5%、30.0%和28.9%。

镇江市完成进出口总额114.1亿美元，比上年增长13.3%，其中：进口总额36.8亿美元，比上年下降17.4%；出口总额77.4亿美元，比上年增长37.7%。出口按贸易方式分：一般贸易完成60亿美元，比上年增长59.2%；加工贸易完成17.2亿美元，比上年下降7.1%。出口按企业类型分：外商投资企业完成31.4亿美元，比上年增长2.4%；内资企业完成45.9亿美元，比上年增长93.4%。出口按国别地区分，对亚洲出口36.4亿美元，增长36.3%，其中对东盟组织出口10.1亿美元，增长23.3%；对欧洲出口14.5亿美元，增长32.6%。其中对欧盟组织出口11.6亿美元，增长39.4%；对美国出口13.1亿美元，增长49%。

徐州市进出口规模继续扩大。实现进出口总额83.27亿美元，比上年增长32.0%。其中，出口62.88亿美元，增长51.2%；进口20.39亿美元，下降5.2%。新批外商直接投资企业211家，新批协议外资24.39亿美元；实际到账注册外资17亿美元，比上年增长16.0%。省级以上开发区完成进出口总额57.07亿美元，其中出口总额39.62亿美元，分别比上年增长28.0%和61.7%；实际到账注册外资13.30亿美元，增长21.7%。

盐城市对外贸易稳步增长。完成进出口总额57.54亿美元，增长9.7%，其中，出口34.65亿美元，增长16.3%，进口22.89亿美元，增长1%。

淮安市对外贸易逆势上扬。累计进出口总额42.4亿美元，比上年增长48.6%；其中出口33.7亿美元，增长83%。累计进出口超5000万美元、1000万美元、500万美元企业分别为28户、64户、107户，比上年分别增加10户、22户、24户。韩泰轮胎、富士康、理士电池等5户企业进出口额超亿美元。完成外经营业额1.37亿美元，增长16.3%；实现中方协议投资额2304万美元，增长282.7%，投资区域拓展到30多个国家和地区。淮安出口加工区获批为国家级综合保税区，通过国家封关验收。

宿迁市对外贸易快速增长。实现进出口总额27.93亿美元，比上年增长34.9%。其中出口

23.18 亿美元，增长 35.3%；进口 4.75 亿美元，增长 32.9%。出入境检验检疫 27039 批次，比上年增长 24.0%；出入境检验检疫金额达 11.43 亿美元，比上年增长 6.3%。

## （三）浙江省

2012 年，浙江省进出口总额 3124.0 亿美元，比上年增长 1.0%。其中，进口 878.8 亿美元，下降 5.5%；出口 2245.2 亿美元，增长 3.8%。月均出口 187.1 亿美元，其中 9 月份出口 211.5 亿美元，创历史新高。民营企业出口 1403.2 亿美元，比上年增长 8.5%，高于浙江省出口平均增速 4.7 个百分点，占浙江省出口总值的 62.5%，比上年提高 2.7 个百分点；对浙江省出口增长的贡献率为 133.3%。对欧洲市场出口增速持续下滑，对北美市场出口保持稳定增长，对新兴市场出口快速增长。

**表 50　2012 年浙江省进出口主要分类情况**

| 指标 | 绝对数(亿美元) | 比上年增长(%) |
|---|---|---|
| 进出口总额 | 3122.4 | 1.0 |
| 出口额 | 2245.7 | 3.8 |
| ＃一般贸易 | 1796.8 | 1.8 |
| 加工贸易 | 347.0 | −3.7 |
| ＃机电产品 | 959.1 | 3.8 |
| ＃高新技术产品 | 148.0 | −3.5 |
| 进口额 | 876.7 | −5.5 |
| ＃一般贸易 | 624.4 | −4.4 |
| 加工贸易 | 152.7 | −11.2 |
| ＃机电产品 | 159.2 | −11.7 |

资料来源：浙江省 2012 年国民经济和社会发展统计公报

**表 51　2012 年浙江省对主要市场进出口情况**

| 国家或地区 | 出口额(亿美元) | 比上年增长(%) | 进口额(亿美元) | 比上年增长(%) |
|---|---|---|---|---|
| 欧盟 | 505.6 | −9.3 | 103.1 | −7.8 |
| 东盟 | 169.6 | 15.1 | 113.4 | 6.5 |
| 美国 | 381.7 | 9.3 | 72.1 | −7.3 |
| 日本 | 134.5 | 0.8 | 112.6 | −4.9 |
| 俄罗斯 | 79.8 | 13.9 | 16.5 | −9.8 |
| 韩国 | 55.7 | 2.1 | 84.0 | −3.7 |
| 中国香港 | 66.3 | 11.6 | 2.9 | −12.9 |
| 中国台湾 | 23.3 | −1.6 | 108.8 | −3.1 |

资料来源：《浙江省统计年鉴》(2013)

2012年浙江省各市外贸完成情况：

宁波市完成口岸进出口总额1975.8亿美元，比上年下降1.4%。完成外贸自营进出口总额965.7亿美元，下降1.6%。其中，出口614.5亿美元，增长1.0%；进口351.3亿美元，下降5.9%。新增对外贸易经营备案登记企业2520家，累计达19763家，有进出口实绩企业12928家。私营企业完成出口305.5亿美元，增长8.8%，占宁波市自营出口额的比重达49.7%，同比提高3.5个百分点。机电产品出口和进口分别增长1.7%和3.6%。一般贸易出口占宁波市出口总额的比重为80.0%，进口占全市进口总额的比重为69.8%，同比分别提高1.4和1.7个百分点。

杭州市完成外贸进出口总额616.83亿美元，比上年下降3.6%。其中进口总额204.22亿美元，下降9.0%；出口总额412.62亿美元，下降0.6%（不含省属出口348.05亿美元，增长1.1%）。出口总额中，机电产品出口159.41亿美元，下降0.1%；高新技术产品出口47.27亿美元，下降4.1%。按贸易方式分，一般贸易出口332.4亿美元，比上年增长0.7%；加工贸易出口79.0亿美元，下降6.1%。出口市场中，对美国出口增长2.6%；对欧盟市场出口下降11.7%；对东盟、拉美、非洲和俄罗斯等新兴及周边市场出口保持较快增长，共计出口总额96.9亿美元，增长9.8%，占出口总额的比重由上年的21.3%提高至23.5%。

绍兴市完成进出口总额320.98亿美元，比上年下降4.2%。其中，进口65.41亿美元，下降13.0%；出口255.57亿美元，下降1.7%。有进出口国家和地区205个，其中出口超1000万美元的国家和地区111个，比上年增加4个。美国、阿联酋、巴西分别居出口额前3位国家，出口额分别为33.24亿美元、14.27亿美元和12.36亿美元。机电产品出口41.48亿美元，下降10.1%；化工产品出口15.80亿美元，增长4.1%；高新技术产品出口9.81亿美元，下降17.3%；纺织品及服装出口171.97亿美元，下降0.6%。新登记备案企业1656家，累计获进出口经营权企业13934家。绍兴市出口超1000万美元企业578家，同比减少1家。

**表52　2012年绍兴市进出口主要分类情况**

| 指标 | 绝对数（亿美元） | 比上年增长（%） |
|---|---|---|
| 进出口总额 | 320.98 | −4.2 |
| 出口额 | 255.57 | −1.7 |
| #一般贸易 | 231.15 | −0.7 |
| 加工贸易 | 24.38 | −9.9 |
| #机电产品 | 41.48 | −10.1 |
| #高新技术产品 | 9.81 | −17.3 |
| #纺织及服装 | 171.97 | −0.6 |
| 进口额 | 65.41 | −13.0 |
| #一般贸易 | 52.72 | −12.3 |
| 加工贸易 | 12.04 | −11.1 |
| #机电产品 | 41.48 | −10.1 |

资料来源：绍兴市2012年国民经济和社会发展统计公报

嘉兴市完成进出口总额287.44亿美元，比上年增长0.9%，其中出口总值196.03亿美元，增长

1.7%，进口总值91.41亿美元，下降0.8%。机电、服装及纺织类产品等居出口主导地位，机电产品出口64.36亿美元，增长3.8%，占嘉兴市出口总额的32.8%；服装类产品出口39.09亿美元，下降5.0%，占19.9%；纺织类产品出口33.45亿美元，增长1.8%，占17.1%。经济外向度保持较高水平，进出口总额占嘉兴市生产总值的比例62.9%(按当年汇率计算)，其中出口额占比为42.9%。

温州市外贸进出口总额204.38亿美元，比上年下降5.3%。其中进口总额27.42亿美元，下降19.6%；出口总额176.96亿美元，下降2.6%。外贸依存度为35.3%，其中出口依存度为30.6%，分别比上年降低6.3和4.4个百分点。至2012年末，与温州市建立出口和进口贸易关系的国家和地区共计205个，拥有进出口经营权企业9247家。

**表53　2012年温州市外贸出口分类情况**

| 指标 | 亿美元 | 比上年增长(%) |
|---|---|---|
| 出口总额 | 176.96 | −2.6 |
| #一般贸易 | 167.05 | −0.8 |
| 加工贸易 | 9.83 | −25.9 |
| #鞋类 | 46.58 | −1.4 |
| 服装 | 18.62 | −11.2 |
| 合成革 | 4.70 | −11.0 |
| 眼镜 | 7.55 | 0.5 |
| 打火机 | 0.47 | −1.8 |
| 机电类 | 73.10 | −1.0 |

资料来源：温州市2012年国民经济和社会发展统计公报

**表54　2012年温州市主要市场出口情况**

| 地区 | 亿美元 | 比上年增长(%) |
|---|---|---|
| 欧洲 | 67.82 | −8.1 |
| 亚洲 | 48.33 | −3.9 |
| 北美洲 | 26.01 | 12.2 |
| 拉丁美洲 | 19.01 | 5.2 |
| 非洲 | 12.76 | −1.5 |
| 大洋洲 | 2.86 | −9.0 |

资料来源：温州市2012年国民经济和社会发展统计公报

台州市对外贸易微幅增长。2012年外贸进出口总额206.22亿美元，比上年增长0.6%。其中出口总额172.39亿美元，增长1.2%，进口总额33.83亿美元，下降2.5%。2012年外贸企业出口24.92亿美元，下降4.2%；三资企业出口25.33亿美元，下降6.4%；生产企业出口122.14亿美元，增长4.2%。在出口总额中，一般贸易出口156.78亿美元，增长1.9%；加工贸易出口15.49亿美元，下降6.0%。2012年家用电器、汽摩及部件、医化产品出口分别增长10.7%、4.8%和16.3%。2012年台州市有进出口实绩企业4409家，比上年增加273家，其中进出口超1000万美元企业有440家，比上年增加11家。出口国家和地区已达211个。

金华市完成进出口总额227.39亿美元，比上年增长38.4%。其中，出口总额213.13亿美元，比上年增长40.7%；进口总额14.26亿美元，比上年增长10.6%。进出口、出口和进口总额三项指标均创历史新高。其中，出口总额首超200亿美元，排名从上年的全省第七位上升至全省第四位。出口有效主体增加。2012年新增备案企业1534家，全年有出口实绩企业5059家，比上年净增632家；其中出口超1000万美元企业481家，比上年净增132家。出口市场结构优化。金华市与223个国家和地区建立了贸易关系，其中出口超1亿美元的国家和地区51个，比上年增加12个。

舟山市外贸进出口总额(含保税仓库货物)153.56亿美元，比上年增长15.8%。其中，进口总额61.32亿美元，增长5.9%；出口总额92.24亿美元，增长23.4%。全年初级产品出口额41.34亿美元，比上年增长35.7%，其中，水产品出口额7.55亿美元，增长0.5%。工业制成品出口额50.90亿美元，增长15.0%，其中，船舶出口额45.09亿美元，增长17.9%。舟山口岸进出口货运量8206万吨，比上年增长2.4%，其中，进口货运量7405万吨，下降0.2%；出口货运量801万吨，增长35.7%。全市进出口货运总值376.05亿美元，比上年增长3.3%，其中，进口货运值303.01亿美元，下降0.3%；出口货运值73.04亿美元，增长21.5%。

湖州市外贸进出口总额87.36亿美元，比上年增长0.9%。其中，出口73.96亿美元，增长0.6%；进口13.40亿美元，增长2.5%。按出口贸易方式分，一般贸易出口67.03亿美元，下降0.6%；加工贸易出口6.93亿美元，增长12.6%。按出口企业性质分，生产企业出口38.23亿美元，增长1.7%；流通企业出口11.09亿美元，下降0.7%；外资企业出口24.64亿美元，下降0.5%。按主要出口产品分，纺织原料及纺织制品出口24.45亿美元，下降8.3%；机电产品出口22.40亿美元，增长0.9%。从出口市场分，东盟、俄罗斯、澳大利亚、智利等新兴市场分别增长11.7%、20.4%、21.0%和68.7%，传统市场日本和美国分别增长3.8%和10.7%。

衢州市实现进出口总额30.18亿美元，比上年增长12.3%。其中：出口额18.59亿美元，增长5.6%；进口额11.59亿美元，增长25.1%。全衢州市有出口实绩的企业616家，比上年增加66家，其中当年新启动出口业务企业132家，增加15家。全年出口额在100万美元以上企业251家，其中1000万美元以上的企业42家，增加2家。全衢州市出口排前三位的市场依次是：欧盟、东盟、美国。对欧盟出口3.03亿美元，下降7.9%；对东盟出口2.34亿美元，增长52.7%；对美国出口2.15亿美元，下降8.3%。对这三大主要市场出口额合计占全市出口总额的40.5%。在主要商品出口中：机电产品出口5.34亿美元，增长26.1%；高新技术产品出口0.76亿美元，下降36.8%；化工医药产品出口4.5亿美元，下降34.2%；服装、纺织品出口2.21亿美元，增长1.2%；农产品及其加工产品1.7亿美元，增长19.6%。

丽水市实现进出口总额22.29亿美元，比上年增长4.9%。其中，出口19.76亿美元，增长8.9%，进口2.53亿美元，同比下降18.6%。亚洲和欧洲仍是丽水市产品出口的主要市场，出口额比重达到68.9%，对北美洲和拉丁美洲市场保持较快增长。

**表55　丽水市进出口主要分类情况(2012年)**

| 指标 | 绝对数(亿美元) | 比上年增长(%) |
|---|---|---|
| 进出口总额 | 22.29 | 4.9 |
| 出口额 | 19.76 | 8.9 |

（续表）

| | | |
|---|---|---|
| #一般贸易 | 19.62 | 9.8 |
| 加工贸易 | 0.14 | −49.2 |
| #机械产品 | 11.75 | 9.7 |
| 轻工工艺 | 4.16 | 5.6 |
| 纺织服装 | 2.59 | 6.1 |
| 进口额 | 2.53 | −18.6 |

**表 56　丽水市对主要市场出口情况（2012 年）**

| 国（地区）别 | 出口额（亿美元） | 比上年增长（%） |
|---|---|---|
| 欧洲 | 6.60 | 4.0 |
| #欧盟 | 3.85 | −0.1 |
| 亚洲 | 7.02 | 4.6 |
| #东盟 | 1.93 | 9.3 |
| #日本 | 0.34 | 10.8 |
| #香港 | 0.28 | −1.1 |
| 北美洲 | 3.29 | 18.4 |
| #美国 | 3.03 | 18.6 |
| 非洲 | 1.00 | 8.6 |
| 拉丁美洲 | 1.63 | 39.9 |
| 大洋洲 | 0.22 | 2.9 |

资料来源：丽水市 2012 年国民经济和社会发展统计公报

# 七　长三角地区外资

## 一、长三角地区利用外资总体情况

2012年长三角实际利用外资总额达671.68亿美元，比上年（下同）增长11.70%，占全国实际利用外资总额的比重为60.13%，比上年增加8.29个百分点，总体情况好于全国。其中，江苏省仍然是长三角地区的引资主力，实际利用外资357.60亿美元，比上年增长11.29%，分别占长三角地区和全国实际利用外资总额的53.24%和32.01%。浙江省实际利用外资增速减缓，实际利用外资162.23亿美元，增长5.36%，占长三角地区实际利用外资总额的24.15%，占全国比重14.52%。上海市实际利用外资增速最快，实际利用外资151.85亿美元，增长20.51%，占长三角地区实际利用外资总额的22.61%，占全国比重13.59%。

**表57　2012年长三角两省一市利用外资额及增长与全国对**　　亿美元，%

| 指标 | 实际利用外资额 | | 比2011年增长 |
|---|---|---|---|
| | 2011年 | 2012年 | |
| 上海市 | 126.01 | 151.85 | 20.51 |
| 江苏省 | 321.32 | 357.60 | 11.29 |
| 南京市 | 35.66 | 41.30 | 15.82 |
| 无锡市 | 35.05 | 40.10 | 14.41 |
| 徐州市 | 14.66 | 17.00 | 15.96 |
| 常州市 | 30.50 | 33.61 | 10.12 |
| 苏州市 | 89.1 | 91.65 | 1.65 |
| 南通市 | 21.66 | 22.05 | 1.80 |
| 连云港市 | 6.10 | 7.34 | 20.33 |
| 淮安市 | 16.10 | 21.21 | 30.93 |
| 盐城市 | 16.88 | 21.11 | 25.06 |
| 扬州市 | 22.48 | 21.38 | 1.66 |
| 镇江市 | 18.08 | 22.14 | 22.46 |
| 泰州市 | 14.17 | 14.50 | 2.33 |
| 宿迁市 | 1.90 | 4.52 | 137.89 |
| 浙江省 | 153.98 | 162.23 | 5.36 |
| 杭州市 | 47.22 | 49.61 | 5.06 |
| 宁波市 | 28.10 | 28.53 | 1.53 |

（续表）

| | | | |
|---|---|---|---|
| 嘉兴市 | 17.21 | 17.82 | 3.54 |
| 湖州市 | 9.40 | 10.26 | 9.15 |
| 绍兴市 | 8.05 | 9.54 | 18.51 |
| 舟山市 | 1.08 | 1.83 | 69.44 |
| 温州市 | 1.02 | 3.98 | 290.20 |
| 金华市 | 2.33 | 2.83 | 21.46 |
| 衢州市 | 0.45 | 0.51 | 13.33 |
| 台州市 | 1.43 | 4.75 | 232.17 |
| 丽水市 | 0.44 | 1.04 | 136.36 |
| 长三角 | 601.31 | 671.68 | 11.70 |
| 全国 | 1160 | 1117.00 | −3.71 |

## 二、两省一市利用外资进展与特点

### （一）上海市

2012年批准外商直接投资合同项目4043项，比上年下降6.6%；合同金额223.38亿美元，比上年增长11.1%；实际到位金额151.85亿美元，增长20.5%。全年第三产业实际到位金额126.79亿美元，增长21.6%，占全市实际利用外资的比重达到83.5%；工业实到外资24.55亿美元，增长16.5%。全年批准总投资在一千万美元以上的外商直接投资项目286项，合同金额194.49亿美元。至2012年末，在上海投资的国家和地区已达154个。2012年新增跨国公司地区总部50家，投资性公司25家，外资研发中心17家。至2012年末，在上海落户的跨国公司地区总部达到403家，投资性公司265家，外资研发中心351家。

**表58 2008—2012年上海市直接吸收外资情况**

| 指标 | 2008年 | 2009年 | 2010年 | 2011年 | 2012年 |
|---|---|---|---|---|---|
| 签订合同项目(个) | 3748 | 3090 | 3906 | 4329 | 4043 |
| #合资经营 | 360 | 361 | 445 | 511 | 592 |
| 合作经营 | 23 | 7 | 14 | 13 | 8 |
| 独资经营 | 3364 | 2721 | 3443 | 3801 | 3437 |
| 签订合同金额(亿美元) | 171.12 | 133.01 | 153.07 | 201.03 | 223.38 |
| #合资经营 | 24.11 | 17.40 | 21.54 | 23.85 | 39.76 |
| 合作经营 | 3.25 | 3.73 | 1.11 | 14.85 | 7.29 |
| 独资经营 | 142.89 | 109.23 | 128.17 | 160.22 | 172.16 |

（续表）

| 实际吸收外资金额(亿美元) | 100.84 | 105.38 | 111.21 | 126.01 | 151.85 |
|---|---|---|---|---|---|
| #合资经营 | 19.66 | 16.16 | 17.84 | 19.87 | 27.18 |
| 合作经营 | 2.23 | 2.04 | 1.69 | 2.58 | 5.76 |
| 独资经营 | 78.33 | 87.18 | 90.71 | 102.07 | 118.29 |

资料来源：历年上海统计年鉴。

### 表59　2012年上海市外商直接投资合同项目和金额

| 类　别 | 签订合同项目(个) | | 签订合同金额(亿美元) | | 实际吸收外资金额(亿美元) | |
|---|---|---|---|---|---|---|
| | 2012年 | 至2012年底累计 | 2012年 | 至2012年底累计 | 2012年 | 至2012年底累计 |
| 总　计 | 4043 | 67869 | 223.38 | 2175.65 | 151.85 | 1342.13 |
| #1000万美元以上项目 | 286 | | 194.49 | | | |
| #工　业 | 33 | | 31.31 | | | |
| 按投资方式分 | | | | | | |
| #合资经营 | 592 | 17686 | 39.76 | 478.77 | 27.18 | 362.97 |
| 合作经营 | 8 | 5112 | 7.29 | 158.47 | 5.76 | 100.17 |
| 独资经营 | 3437 | 44982 | 172.16 | 1489.68 | 118.29 | 848.16 |
| 按产业分 | | | | | | |
| 第一产业 | 4 | 304 | 0.39 | 5.32 | 0.17 | 3.94 |
| 第二产业 | 221 | 26127 | 35.86 | 868.44 | 24.89 | 491.46 |
| #工　业 | 206 | 25216 | 35.32 | 848.99 | 24.55 | 485.06 |
| 第三产业 | 3818 | 41438 | 187.13 | 1301.89 | 126.79 | 846.73 |
| 按主要国别(地区)分 | | | | | | |
| 中国香港 | 1436 | 20618 | 120.65 | 814.91 | 68.43 | 436.05 |
| 中国澳门 | 8 | 261 | 0.69 | 4.80 | 0.04 | 1.69 |
| 中国台湾 | 328 | 7278 | 3.65 | 62.01 | 4.34 | 42.88 |
| 日　本 | 536 | 9336 | 25.05 | 224.08 | 18.10 | 161.93 |
| 韩　国 | 192 | 2480 | 1.97 | 29.28 | 2.05 | 17.35 |
| 新加坡 | 203 | 3481 | 13.86 | 134.11 | 9.75 | 76.77 |
| 泰　国 | 11 | 250 | 0.09 | 2.92 | 0.08 | 2.70 |
| 德　国 | 157 | 1671 | 3.24 | 76.67 | 2.53 | 55.39 |
| 英　国 | 81 | 1128 | 0.94 | 28.69 | 0.79 | 23.12 |

（续表）

| | | | | | | |
|---|---|---|---|---|---|---|
| 法　国 | 46 | 714 | 1.77 | 29.54 | 2.84 | 19.81 |
| 意大利 | 72 | 792 | 0.65 | 8.68 | 0.68 | 4.76 |
| 美　国 | 279 | 7219 | 13.21 | 161.57 | 7.02 | 99.43 |
| 加拿大 | 48 | 1101 | 0.30 | 9.72 | 0.14 | 5.14 |
| 澳大利亚 | 62 | 1198 | 0.41 | 12.33 | 0.25 | 6.38 |

资料来源：《上海统计年鉴》（2013）

## （二）江苏省

吸引外资规模继续保持全国领先。2012 年新批外商投资企业 4156 家，新批协议外资 571.4 亿美元；实际到账外资 357.6 亿美元，比上年增长 11.3%。新批及净增资九千万美元以上的大项目 245 个。开发区继续在开放型经济中发挥主导作用。开发区完成进出口总额 4343.8 亿美元，其中出口总额 2545.1 亿美元，分别增长 6.9%和 10.1%，占全省总量的 79.3%和 77.5%；实际到账外资 280.4 亿美元，增长 15.2%，占全省总量的 78.4%。

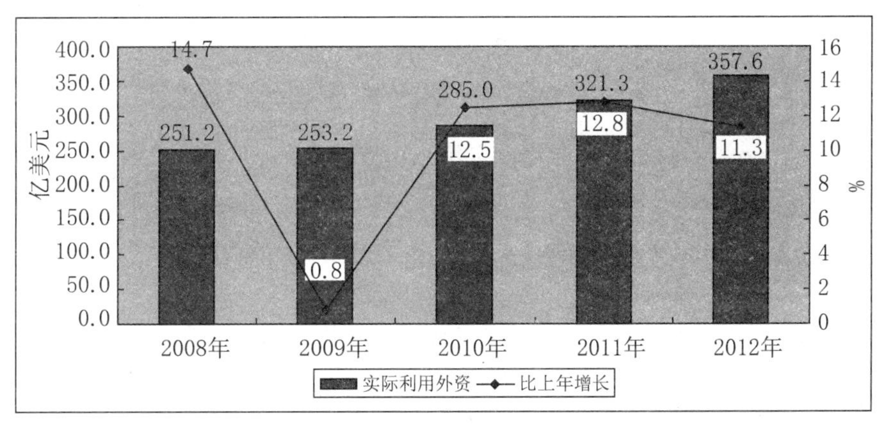


**图 12　2008—2012 年江苏省实际利用外资与增长速度**

**表 60　2008—2012 年江苏省外商投资况状况**

| 指标 | 2008 年 | 2009 年 | 2010 年 | 2011 年 | 2012 年 |
|---|---|---|---|---|---|
| 签订合同项目（个） | 4236 | 4219 | 4661 | 4496 | 4156 |
| ＃合资经营 | 787 | 847 | 934 | 932 | 721 |
| 合作经营 | 41 | 39 | 26 | 29 | 15 |
| 独资经营 | 3406 | 3332 | 3696 | 3531 | 3414 |
| 外商投资股份制企业 | 2 | 1 | 5 | 4 | 6 |
| 合同外商直接投资金额（万美元） | 5072643 | 5098075 | 5683321 | 5955372 | 5714109 |
| ＃合资经营 | 608941 | 669283 | 801993 | 980904 | 743004 |

（续表）

| | | | | | |
|---|---|---|---|---|---|
| 合作经营 | 75091 | 73626 | 65786 | 34123 | 32100 |
| 独资经营 | 4372834 | 4273011 | 4764618 | 4889203 | 4869617 |
| 外商投资股份制企业 | 15777 | 82155 | 50924 | 51142 | 69388 |
| 实际外商直接投资金额(万美元) | 2512001 | 2532298 | 2849777 | 3213173 | 3575956 |
| ＃合资经营 | 435198 | 404788 | 47435 | 597420 | 577193 |
| 合作经营 | 20293 | 36554 | 24697 | 25950 | 19118 |
| 独资经营 | 2048174 | 2030215 | 2283780 | 2554283 | 2887099 |
| 外商投资股份制企业 | 8336 | 60741 | 66950 | 35520 | 92546 |

资料来源:历年江苏统计年鉴。

**表 61　2012 年江苏省按行业划分外商直接投资**

| 行　业 | 项目(个) | 合同外资(万美元) | 实际投资(万美元) |
|---|---|---|---|
| 总　计 | 4156 | 5714109 | 3575956 |
| 农、林、牧、渔业 | 282 | 274033 | 148365 |
| 采矿业 | 3 | 6524 | 6385 |
| 制造业 | 2246 | 3759928 | 2232844 |
| 纺织服装、鞋、帽制造业 | 190 | 146701 | 94034 |
| 化学原料及化学制品制造业 | 75 | 236001 | 227889 |
| 医药制造业 | 26 | 66153 | 45349 |
| 非金属矿物制品业 | 69 | 118245 | 92595 |
| 金属制品业 | 112 | 204083 | 102202 |
| 通用设备制造业 | 444 | 668949 | 320504 |
| 专用设备制造业 | 238 | 337113 | 174091 |
| 交通运输设备制造业 | 157 | 383211 | 229967 |
| 电气机械及器材制造业 | 245 | 520077 | 290337 |
| 通信设备、计算机及其他电子设备制造业 | 276 | 435418 | 247752 |
| 仪器仪表及文化、办公用机械制造业 | 36 | 49848 | 19449 |
| 电力、燃气及水的生产和供应业 | 15 | 36909 | 25110 |
| 建筑业 | 56 | 100351 | 45601 |
| 交通运输、仓储和邮政业 | 61 | 160497 | 67549 |
| 信息传输、计算机服务和软件业 | 182 | 77052 | 27212 |

（续表）

| | | | |
|---|---|---|---|
| 批发和零售业 | 627 | 333207 | 174639 |
| 住宿和餐饮业 | 61 | 23745 | 16215 |
| 金融业 | 35 | 44535 | 41749 |
| 房地产业 | 83 | 488599 | 587029 |
| 租赁和商务服务业 | 236 | 234658 | 111921 |
| 科学研究、技术服务和地质勘查业 | 178 | 52400 | 37013 |
| 水利、环境和公共设施管理业 | 48 | 81552 | 41606 |
| 教育 | 2 | 82 | 8 |
| 卫生、社会保障和社会福利业 | 3 | 13061 | 113 |

资料来源：《江苏统计年鉴》(2013)

2012年江苏省各市利用外资情况：

南京市新批外商投资企业461个，比上年增长37.2%。新批注册合同外资金额61.15亿美元，比上年下降0.8%。实际使用外资41.30亿美元，比上年增长18.0%。其中，第二产业实际使用外资19.90亿美元，比上年增长26.3%；第三产业实际使用外资21.33亿美元，比上年增长8.1%。

无锡市利用外资再创新高。新批外资项目442个，协议注册外资43.31亿美元，到位注册外资为40.10亿美元，比上年增长14.4%，总量再创历史新高。服务业利用外资占到位注册外资比重达到38.3%，十大重点产业到位注册外资占制造业比重达到45.8%。完成协议注册外资超3000万美元的重大外资项目54个。至2012年底全球财富500强企业中有87家在无锡市投资兴办了157家外资企业。服务外包产业快速发展。无锡市服务外包产业接包合同总额64.4亿美元，比上年增长43.5%，执行金额51.2亿美元，比上年增长40.4%；离岸合同总额42.3亿美元，比上年增长42.7%，离岸执行金额33.5亿美元，比上年增长40.3%。离岸外包业务全省第一。

徐州市新批外商直接投资企业211家，新批协议外资24.39亿美元；实际到账注册外资17亿美元，比上年增长16.0%。省级以上开发区完成进出口总额57.07亿美元，其中出口总额39.62亿美元，分别比上年增长28.0%和61.7%；实际到账注册外资13.30亿美元，比上年增长21.7%。

常州市外资引进质量提高。2012年注册外资实际到帐33.6亿美元，比上年增长10.1%；新增工商登记注册外资54.2亿美元，比上年增长0.2%。外资大项目有所增加，新增工商登记注册外资超3000万美元项目44个(其中制造业项目28个)，比上年度增加1个，其中超亿美元项目4个，比上年度增加2个。全市新增世界500强企业投资项目6个，其中德国蒂森克虏伯、瑞士ABB首次在常州市投资。博世力士乐、普利司通自行车等6家世界500强企业年内实现增资。投资性公司和功能性机构建设有所突破，香港瑞声集团在常州市投资设立的瑞声(中国)投资有限公司注册资本达1亿美元，成为继光宝科技之后落户常州市的第二家投资性公司。

苏州市积极推进高端引资，鼓励企业增资扩股，推动利用外资稳量提质。2012年实际利用外资91.65亿美元，比上年增长2.8%，其中服务业利用外资30.24亿美元，比上年增长3.1%，占实际利用外资比重达33%。新兴产业和高新技术项目利用外资35.14亿美元，占实际利用外资的比重达38.3%。新增外资地区性总部及功能性总部机构45家，累计达180家。43家企业被认定为首批省级跨国公司地区总部和功能性机构。世界500强企业中有145家落户苏州。

南通市新批外商投资项目349个，比上年下降6.7%；新批协议注册外资45.6亿美元，比上年增长 0.4%；实际到账注册外资 22.1 亿美元，比上年增长 1.8%。

连云港市高标准举办连云港之夏旅游节暨沿海开发经贸洽谈会、首届东中西区域合作论坛暨西游记文化节等经贸活动，吸引 16 个国家和地区的 400 多家客商、37 家世界 500 强企业来连投资洽谈。以更大的步伐“走出去”，设立 5 个境外招商机构，在韩国、新加坡、香港、台湾等国家和地区高质量举办大型经贸招商活动，港口、物流、旅游等 49 个项目成功签约，71 个重大招商引资项目有序推进。直接利用外资 7.34 亿美元，比上年增长 20.3%。内联客方到位资金 611 亿元，比上年增长 15.9%。

淮安市外资规模不断扩大。2012 年新批外资项目 344 个，比上年增加 27 个，其中总投资超 3000 万美元以上项目 40 个，比上年增加 7 个。协议外资 30.7 亿美元，实际到账 21.2 亿美元，分别比上年增长 9.6%、31.7%。工业到账外资 18.4 亿美元，占全部到账外资的 86.8%；新批台资项目 152 个，比上年增长 39.4%；到账台资 12.02 亿美元，比上年增长 32.1%。江苏顺泰包装成功在香港上市。淮安市继连续四年被台湾电电公会评为台商投资“值得推荐城市”之后，首次跻身“极力推荐城市”行列。

盐城市新批外商投资项目 332 个，其中，3000 万美元以上项目 39 个，比上年增长 2.6%。注册外资实际到帐 21.11 亿美元，比上年增长 25.1%。

扬州市实际利用外资到帐 21.38 亿美元，比上年增长 1.7%。其中，第一产业到资 1.49 亿美元，比上年增长 77.8%；第二产业到资 13.23 亿美元，比上年下降 9.7%；第三产业到资 6.65 亿美元，比上年增长 18.7%。新批外资项目 413 个，协议注册外资 42.64 亿美元。其中，新批项目 267 个，协议外资 37.64 亿美元。新批准 1000 万美元以上项目 66 个，其中，亿美元以上项目 15 个，比上年增加 3 个；投资总额 17.07 亿美元，比上年增长 2.8%；注册外资 8.26 亿美元，比上年增长 8.4%。新引进世界 500 强企业 10 家。

镇江市新批外商投资企业 142 家，比上年增加 18 个，其中 3000 万美元以上 36 家。完成协议利用外资 25.6 亿美元，比上年增长 16.1%；实际利用外资 22.1 亿美元，比上年增长 22.5%。

泰州市开放型经济稳步提高。2012 年注册协议外资 40.14 亿美元，比上年下降 15.8%；实际利用外资 14.50 亿美元，比上年增长 2.3%。加强优质高端项目招引实施。新批总投资

1000 万美元以上项目 129 个，新引进世界 500 强企业 2 家，央企项目计划投资额 850 亿元。

宿迁市新批外商投资企业 68 家，新批协议外资 7.21 亿美元；实际到账外资 4.52 亿美元，比上年增长 1.38 倍。

## （三）浙江省

浙江省新批外商直接投资项目 1597 个，比上年减少 94 个；合同外资 210.72 亿美元，实际到位外资 130.69 亿美元，分别比上年增长 2.4%和 12.0%。第三产业利用外资继续保持良好势头，合同外资 107.11 亿美元，实际利用外资 64.64 亿美元，分别比上年增长 13.6%和 19.7%，分别占外资总额的 50.8%和 49.5%，比上年分别提高 5.0 和 3.2 个百分点。

**表 62　实际利用外资金额**　　万美元

| 指标 | 合计 | 对外借款 | 外商直接投资 | 其他投资 |
|---|---|---|---|---|
| 2008 年 | 1244995 | 192632 | 1007294 | 45069 |
| 2009 年 | 1087685 | 74715 | 993974 | 18996 |
| 2010 年 | 1322584 | 172425 | 1100175 | 49984 |
| 2011 年 | 1539807 | 353257 | 1166601 | 19949 |

（续表）

| 2012 年 | 1622327 | 287791 | 1306926 | 27610 |
|---|---|---|---|---|

资料来源：《浙江统计年鉴》(2013)

**表 63　按行业分的外商直接投资**

| 指标 | 项目(个) | | 合同外资(万美元) | | 实际利用外资(万美元) | |
|---|---|---|---|---|---|---|
| | 2011 年 | 2012 年 | 2011 年 | 2012 年 | 2011 年 | 2012 年 |
| 总计 | 1691 | 1597 | 2058393 | 2107213 | 1166601 | 1306926 |
| 第一产业 | 18 | 29 | 5265 | 11125 | 18021 | 8303 |
| 第二产业 | 785 | 658 | 1110404 | 1025012 | 608628 | 652212 |
| 制造业 | 772 | 640 | 1090435 | 977586 | 598206 | 640577 |
| 医药制造业 | 10 | 15 | 13921 | 26666 | 42125 | 12655 |
| 通用设备制造业 | 100 | 82 | 145620 | 112056 | 59060 | 68419 |
| 专用设备制造业 | 66 | 62 | 55478 | 54595 | 26923 | 35432 |
| 通信设备、计算机及其他电子设备制造业 | 90 | 64 | 146098 | 109568 | 48203 | 47781 |
| 第三产业 | 888 | 910 | 942724 | 1071076 | 539952 | 646411 |
| 交通运输、仓储和邮政业 | 16 | 11 | 49032 | 59244 | 16064 | 64255 |
| 信息传输、计算机服务和软件业 | 81 | 94 | 102735 | 125269 | 31748 | 35207 |
| 批发和零售业 | 464 | 438 | 160356 | 198327 | 86541 | 124649 |
| 住宿和餐饮业 | 21 | 24 | 3090 | 17948 | 6125 | 13385 |
| 金融业 | 1 | 7 | 2757 | 10401 | 1911 | 5421 |
| 房地产业 | 39 | 36 | 344312 | 254732 | 289477 | 262629 |
| 租赁和商务服务业 | 124 | 130 | 135482 | 143832 | 67721 | 76895 |
| 科学研究、技术服务和地质勘查业 | 120 | 154 | 126099 | 238553 | 35252 | 59173 |
| 水利、环境和公共设施管理业 | 9 | 5 | 11943 | 6159 | 1435 | 1249 |

资料来源：《浙江省统计年鉴》(2013)

2012 年浙江省各市利用外资情况：

杭州市批准外商直接投资 510 项，合同利用外资 82.65 亿美元，比上年增长 1.2%；实际到位外资 49.61 亿美元，增长 5.1%。全市新批总投资 3000 万美元以上项目 138 个，总投资 105.6 亿美元，占新批外商项目总投资的 78.7%。引进世界 500 强投资项目 12 个，至 2012 年末，共有 97 家世界 500 强企业来杭投资 152 个项目。

温州市新签外资项目 29 项，比上年增长 70.6%，实际利用外资 3.98 亿美元，增长 290.0%。

宁波市新批外商投资项目 437 个，合同利用外资 53.1 亿美元，增长 5.9%，实际利用外资 28.5 亿美元，增长 1.5%。其中制造业实际利用外资 12.8 亿美元，增长 8.4%；批发和零售业实际利用外资 5.2 亿美元，增长 96.1%。引进世界 500 强工作初见成效，法国标致、美国康德乐等先后落户甬城，使全市引进的世界500强公司达38家。至2012年末，这38家公司已在宁波投资兴办94家企业，总投资达92亿美元。

嘉兴市新批外商投资企业234家，比上年减少26家；合同利用外资28.14亿美元，同比下降9.6%；实际利用外资17.86亿美元，增长3.5%。

湖州市新批准及增减资利用外资项目192个，其中新批外商投资企业108家，批准增资项目54个。合同外资16.87亿美元，比上年下降21.2%。实到外资10.26亿美元，增长9.1%。其中，第一产业3565万美元，增长1.5倍；第二产业6.45亿美元，下降5.1%；第三产业3.45亿美元，增长40.2%。批准总投资千万美元以上项目80个，合同外资13.66亿美元，占全部合同外资的81.0%，其中新批总投资千万美元以上企业62家，合同外资11.38亿美元，占全部合同外资的67.5%。

绍兴市利用外资形势严峻。新批外资项目134只，比上年减少61只。引进合同外资8.32亿美元，比上年下降28.0%；实到外资9.54亿美元，增长18.6%。新增项目平均投资规模1153.7万美元，同比增长6.9%；引进千万美元以上大项目48只，比上年减少22只。

金华市新批外商投资企业88家(不含外商投资合伙企业)，比上年下降21.4%，合同利用外资34929万美元，比上年增长7.7%，实际利用外资28314万美元，比上年增长21.4%。工业利用外资继续占主导地位。新批工业制造业外资项目26个，其中总投资1000万美元以上项目10个，实到外资占全市总额的80.1%。外商投资大项目主体作用有所增强。新设立总投资1000万美元以上项目12个，其中总投资3000万美元以上的项目3个，合计合同利用外资占全市总数的62.6%。第三产业外商投资项目占比较高。新设立第三产业外资项目60个，占新批项目数的68.2%。外商投资合伙企业异军突起，截至2012年底全市累计登记注册外商合伙企业1345家。

衢州市新批外商投资企业14家，比上年减少10家；合同利用外资0.46亿美元，下降61.9%；实际利用外资0.51亿美元，增长11.6%。

丽水市新批准设立外商直接投资企业17个，比上年增加8个；外商直接总投资1.95亿美元，增长50%；合同利用外资金额1.49亿美元，增长65.1%；实际利用外资金额1.04亿美元，增长134.4%。

舟山市新批设立外商投资项目10个，投资总额9.28亿美元，合同外资金额1.75亿美元，比上年下降27.8%；实际使用外资金额1.83亿美元，增长70.0%。

台州市新批外商投资企业25家，合同利用外资7.85亿美元，实际利用外资4.75亿美元，比上年增长2.3倍。

# 第三章　长三角地区基础设施与生态建设

## 一　长三角地区信息化

信息化是推动经济社会变革的重要力量。对于长三角而言，信息化不仅可以更新和节约区域发展的资源要素，减轻实物型资源和距离摩擦作用对区域发展的制约作用，拓宽区域发展的空间，而且可以提高区域的科技水平，优化区域的产业结构，促进区域经济增长方式的集约化。因此，信息化是长三角地区发展的战略选择，2012 年，长三角地区通过推进信息化，促进经济发展方式的转变，取得了显著成效。

### 一、长三角地区信息化

作为中国经济最发达、开放度最高、最具发展潜力的地区，2012 年，长三角的信息化建设顺利，成果颇丰。长三角地区充分利用空间上的整体性、文化上的同源性、资源上的互补性，在推进信息一体化的过程中，加大信息化和工业化融合的深度与广度，使得长三角地区生产装备数字化和过程控制自动化水平不断提高，部分重点行业信息管理和决策系统进入应用集成阶段，对三网融合、移动互联网、物联网、云计算等新兴信息技术也开始逐步应用，电子商务等新兴产业迅速兴起，经济社会信息化水平显著提升。

**表 1　2012 年长三角地区的总体情况**

| 指标 | 上海市 | 江苏省 | 浙江省 | 长三角地区 |
|---|---|---|---|---|
| 计算机及电子设备制造业工业总产值(亿元) | 6755.12 | 16176.85 | 2262.65 | 25194.62 |
| 信息服务业、计算机服务业及软件业生产总值(亿元) | 918.83 | 1103.84 | 918.63 | 2941.30 |
| 邮电业务总量(亿元) | 638.18 | 1120.37 | 1024.02 | 2782.57 |
| 固定电话用户(万户) | 902.90 | 2387.20 | 1882.49 | 5172.59 |
| 移动电话用户(万户) | 3008.30 | 7471.40 | 6443.00 | 16922.70 |
| 国际互联网用户(万人) | 1750.00 | 1406.40 | 5887.00 | 9043.40 |

数据来源：2013 年上海市、江苏省、浙江省统计年鉴

2012 年，中国信息化研究与促进网联合工业和信息化部电子科学技术情报研究所等支持单位组织开展了中国优秀政府网站推荐及综合影响力的评估，采取单位自荐、专家推荐和综合评估等三种主要方法，通过自下而上的测评，评选出中国政府网站领先奖，长三角地区政府网站建设表现突出。

**表 2　2012 年度“中国政府网站领先奖”**

| | |
|---|---|
| 部委网站 | 商务部、国土资源部、科技部、农业部、监察部、工业和信息化部、质检总局、交通运输部、环保部、国资委、水利部、文化部 |

（续表）

| | |
|---|---|
| 省级网站 | 中国上海、中国广东、中国四川、首都之窗、中国福建、中国广西 |
| 计划单列市及省会城市网站 | 中国成都、中国宁波、中国广州、中国青岛、中国长沙、中国杭州 |
| 省市级委办厅局、区域合作、精神文明、科研院所网站 | 首都文明网、安徽省公安厅、广东应急办、四川文明网、深圳市场监督管理局、厦门地税局、北京市工商局、上海人力和社会保障网、辽宁民心网、北京市公安局、上海住房公积金网、江苏人力和社会保障网、重庆地税局、广西住房和城乡建设厅、上海财政局、北京经信委、河北地税、山西阳光农廉网、江苏商务厅、杭州人大、安徽农网、广西地方税务局、大连市公安局、北京地税局 |
| 地市网站 | 江苏无锡、广东珠海、湖南衡阳、江苏镇江、福建南平、广东东莞、浙江温州、江苏宿迁、福建泉州、广西柳州、江苏泰州、内蒙古鄂尔多斯 |
| 直辖市、计划单列与副省级城市区县网站 | 北京朝阳区、上海黄浦区、厦门思明区、上海徐汇区、宁波余姚市、重庆璧山县、深圳罗湖区、杭州拱墅区、天津滨海新区、厦门同安区、成都温江区、青岛胶州市 |
| 区县级网站 | 浙江义乌市、江苏仪征市、江苏昆山市、山东滕州市、广东顺德区、安徽颍上县、湖南长沙县、河南新郑市、江苏邳州市、安徽包河区、江苏江阴市、陕西吴起县 |
| 国家级高新技术开发区网站 | 中关村国家自主创新示范区、宁波高新技术产业开发区、成都高新技术产业开发区、长沙高新技术开发区、杨凌农业高新技术产业示范区、青岛高新技术产业开发区、襄阳高新技术产业开发区、哈尔滨高新技术产业开发区、武汉东湖高新技术开发区、杭州高新技术产业开发区 |
| 国家级经济技术开发区 | 北京经济技术开发区、广州经济技术开发区、杭州经济技术开发区、大连经济技术开发区、苏州工业园 |

## （一）上海市信息化

2012年上海市实现信息产业增加值2030.24亿元，比上年增长12.4%。其中，信息服务业增加值1233.79亿元，增长17.5%。上海市软件产业全年实现经营收入2085.76亿元，电信传输服务业662.89亿元，互联网信息服务业642.85亿元。累计有222家企业获得计算机信息系统资质认证，其中1级12家。新增认定软件企业490家，登记软件产品3822个，信息服务业上市企业45家，经营收入超亿元的软件企业248家。全年完成电子商务交易额7815亿元，比上年增长41.9%。口岸税费电子支付系统入网企业累计29876家，全年电子单证传输量为17874.45万张，实现电子支付金额9947.56亿元，增长9.2%。全年推广电子账单163.78万份；发放社会保障卡87.92万张。中国上海门户网站首页浏览量2169万次，总页面浏览量46526万次。

至2012年末，集约化信息管线累计敷设6900沟千米，比上年末增加650沟千米；新增移动通信宏基站1000个，室内覆盖站点1000个；新增光纤到户能力覆盖家庭数超过280万户，实际光纤用户超过250万户；下一代广播电视网（NGB）覆盖家庭400万户，增加200万户；互联网用户达1750万人，普及率为73.5%；无线局域网场点达到17000个，增加5000个；国际、国内互联网出口带宽分别达到550Gbps、2400Gbps；数字电视用户达386万户，增加120万户；交互式网络电视（IPTV）用户达178万户，增加25万户。全年在300个主要公共场所开通i—Shanghai免费上网服务试运行。

2012年，上海市信息产品制造业的从业人数为58.40万，比去年减少2.6%；工业总产值为

6755.12亿元，比去年减少5.7%；工业销售产值为6637.41亿元，比去年减少6.2%；利润总额为155.51亿元，比去年减少9.9%；年末资产总计4298.50亿元，比去年增长0.1%。信息服务业从业人员为39.36万人，比去年增长17.5%，其中计算机服务及软件业从业人员为30.18万人，比去年增长19.2%；信息服务业经营收入为2593.95亿元，比去年增长15.2%，其中计算机服务及软件业经营收入为1571.46亿元，比去年增长20.6%。由以上数据可以看出，近两年上海市电子信息产品制造业从业人员及经营收入呈下降趋势，而信息服务业从业人员及经营收入呈上升趋势。说明电子信息产业结构进一步优化，由制造业进一步向服务业转变。

**表3　2008—2012年上海市电子信息产品制造业主要指标**

| 指标 | 2008年 | 2009年 | 2010年 | 2011年 | 2012年 |
|---|---|---|---|---|---|
| 单位数(个) | 1954 | 1846 | 1717 | 1084 | 1062 |
| 平均从业人员(万人) | 54.55 | 48.87 | 55.33 | 59.93 | 58.40 |
| 工业总产值(亿元) | 6127.85 | 5598.16 | 7022.46 | 7166.68 | 6755.12 |
| 工业销售产值(亿元) | 6006.38 | 5515.16 | 6953.06 | 7076.71 | 6637.41 |
| 年末资产总计(亿元) | 3376.72 | 3532.08 | 3902.88 | 4292.62 | 4298.50 |
| 主营业务收入(亿元) | 6282.82 | 5812.62 | 7168.66 | 7223.97 | 6872.97 |
| 利润总额(亿元) | 90.43 | 37.92 | 209.22 | 172.53 | 155.51 |
| 税金总额(亿元) | 26.01 | 31.47 | 28.25 | 36.13 | 42.78 |

数据来源：历年上海市统计年鉴

**表4　2008—2012年上海市信息化发展状况**

| 指　　标 | 2008年 | 2009年 | 2010年 | 2011年 | 2012年 |
|---|---|---|---|---|---|
| 电信业务总量(亿元) | 776.1 | 806.86 | 966.96 | 415.00 | 447.35 |
| 年末固定电话用户(万户) | 1015.4 | 935.48 | 935.91 | 926.43 | 902.90 |
| 移动电话用户(万户) | 1880.9 | 2106.32 | 2361.55 | 2620.61 | 3008.30 |
| 全年长途通话时长(亿分钟) | 194.2 | 190.86 | 205.77 | 244.26 | 261.83 |
| 移动电话通话时长(亿分钟) | 783.2 | 877.89 | 1012.39 | 1097.64 | 1280.87 |
| 国际互联网用户(万人) | 1160 | 1250 | 1560 | 1691 | 1750 |
| 互联网用户普及率(%) | 61.4 | 65.1 | 68.1 | 72.0 | 73.5 |
| 家庭宽带接入用户(万户) | 376.7 | 423.28 | 440 | 455.00 | 626.82 |
| 家庭宽带接入用户普及率(%) | 53.9 | 60.6 | 61.8 | 52.3 | 476.74 |
| 信息通信管线长度(沟千米) | 4007 | 5354 | 5821 | 6258 | 7003 |
| 函件(亿件) | 12.03 | 12.98 | 11.66 | 13.04 | 13.47 |

数据来源：历年上海市统计年鉴

## （二）江苏省信息化

2012年，江苏省邮政电信业务总量1120.37亿元，比上年增长15.0%，其中邮政业务总量205.75亿元，电信业务总量914.62亿元，分别比上年增长41.4%和10.4%。邮政电信业务收入1000.48亿元，比上年增长13.4%，其中邮政业务收入178.75亿元，电信业务收入821.73亿元，分别比上年增长34.3%和9.6%。2012年末局用交换机总容量3768.00万门，比上年增长71.4%。2012年末江苏省固定电话用户2387.20万户，比上年增加16.26万户，城市电话用户1341.00万户，乡村电话用户1046.20万户，住宅电话用户1574.00万户，比上年减少84.28万户。2012年末江苏省移动电话用户7471.40万户，比上年增加786.57万户。电话普及率达125.00部/百人，比上年增加9.92部/百人。年末互联网用户1406.40万户，比上年增加185.21万户。

2012年，江苏省电子信息产品制造业共实现主营业务收入25535亿元，同比增长11.3%，发展特点为：第一，重点产品产量5升3降。集成电路产量为293亿块，同比增长14.5%；光缆产量为6271万芯千米，同比增长33.2%；半导体分立器件产量为1498亿只，同比增长32.7%；显示器产量为3246万台，同比增长18.1%；微机产量为8862万台，同比增长2.0%。其中笔记本电脑产量为7487万台，同比下降3.3%；彩电产量为1432万台，同比下降17.9%；数码相机产量为2713万台，同比下降7.0%。第二，内销增速稳步提高。2011年全行业实现内销产值13186亿元，同比增长15%，对全行业增长贡献率达70.9%；实现出口交货值12605亿元，同比增长5.9%，全行业出口依存度为48.9%，比去年同期降低2.0个百分点。第三，内资企业增速高于三资企业。2012年全行业内资企业实现产值8502亿元，同比增长20.1%，占全行业比重为32.3%，比去年同期提高2.4个百分点；三资企业实现产值17822亿元，同比增长7.5%，其中外资企业实现产值13081亿元，同比增长5.8%，港澳台资企业实现产值4741亿元，同比增长12.5%。

2012年，江苏省软件与信息服务业保持较快增长，累计完成业务收入4305.6亿元，同比增长34.6%，业务总量实现新的突破，跃居全国第一，占全国17.2%，比广东省高81.6亿元，比北京高693.6亿元。发展特征为：第一，产业结构进一步优化，软件产品收入实现1122亿元，占26.0%，同比增长39.0%，比全省平均增速高4.4个百分点；实现服务收入1547.0亿元，占35.9%，特别是数据处理和运营服务收入发展迅速，实现收入539.0亿元，同比增长34.2%；与工业相关的业务收入实现1636.0亿元，占38.0%，其中，嵌入式系统软件完成收入1372.0亿元，同比增长43.4%。第二，重点企业平稳发展，江苏省8家企业入选2012中国软件收入百强企业名单，其中联创集团、南瑞集团携手进入前十强，8家软件百强企业实现软件收入超240亿元，同比增长22.6%，其中联创、南瑞集团2家企业软件业务收入超70亿元。第三，企业创新成效显著，新认定软件企业技术中心18个，新登记软件产品4979个。第四，产业基础更加巩固，2012年省内有润和软件、东华测试、光一科技等三家软件企业成功上市。新认定3家省级示范性软件园和4家优秀软件园。全省新增软件产业发展载体面积200万平方米以上。第五，产业发展高度集中，2012年，苏南5市完成软件业务收入占全省软件业务收入总量的九成以上，其中，南京市完成软件业务收入2076亿元，同比增长36.6%，苏州市完成业务收入1050亿元，同比增长29.2%，无锡市软件业务收入900亿元，同比增长32.3%，分别位居全省前三名。

**表5　2008—2012年江苏省邮电业务**

| 指标 | 2008年 | 2009年 | 2010年 | 2011年 | 2012年 |
|---|---|---|---|---|---|
| 函件(亿件) | 8.82 | 9.51 | 9.36 | 9.45 | 8.95 |

（续表）

| | | | | | |
|---|---|---|---|---|---|
| 国际互联网用户（万户） | 771.65 | 960.95 | 1062.20 | 1221.19 | 1406.40 |
| 移动电话用户（万户） | 3957.00 | 4940.30 | 5923.10 | 6684.83 | 7471.40 |
| 移动电话普及率（部/百人） | 50.90 | 65.00 | 76.68 | 84.95 | 95.00 |
| 固定电话用户（万户） | 2968.30 | 2662.40 | 2498.80 | 2370.94 | 2387.20 |
| 固定电话普及率（部/百人） | 38.20 | 33.80 | 32.35 | 30.13 | 30.00 |
| 邮电业务总量（亿元） | 1584.13 | 1812.40 | 2194.60 | 974.30 | 1120.37 |
| 电信业务总量（亿元） | 1456.10 | 1658.76 | 2006.33 | 828.80 | 914.62 |

数据来源：历年江苏省统计年鉴

## （三）浙江省信息化

2012年浙江省电子信息产业在省委省政府“工业强省”建设战略的带动下，重点围绕发展新一代信息技术产业，加快推动“两化”深度融合和“智慧浙江”建设。全年实现邮电业务总量1024.02亿元，比2011年增长14.0%。全年本地电话交换机容量2791.00万门，比上年减少195.00万门。移动电话交换机容量9685.00万户，比上年增加80.00万户。年末本地电话用户1882.49万户，其中城市电话用户1127.44万户，农村电话用户755.05万户；移动电话用户6443.00万户，全年新增687.00万户。年末全省互联网用户数为5887.00万户，固定互联网宽带接入用户数为1153万户。在全力打造“数字浙江”的征途中，信息产业已经成为浙江经济的先导产业、基础产业和支柱产业之一。2012年，浙江省通信设备、计算机及其他电子设备制造业实现总产值2262.65亿元；信息传输、计算机服务和软件业实现生产总值918.63亿元，比上年增长21.5%。从发展的趋势来看，信息产业明显超过传统产业的发展势头，在第三产业中的地位越来越重要。2012年第三产业增加值指数为258.5，同期信息传输和计算机服务业增加值指数为336.8(以2004年为100)。产业集聚发展加快，2012年全省形成了通信和计算机网络、软件与信息服务业、电子信息机电和电子元器件及材料等超千亿产业集群4个，分别实现主营业务收入1586亿元、2327亿元、2033亿元和1916亿元；超百亿元园区（基地）8家，各基地（园区）集聚效应明显，发展态势良好，产业链日趋完善，有力地促进了区域电子信息产业发展。

**表6　2008—2012年浙江省信息化发展状况**

| 指标 | 2008年 | 2009年 | 2010年 | 2011年 | 2012年 |
|---|---|---|---|---|---|
| 邮电业务总量（亿元） | 1945.80 | 1666.30 | 1971.96 | 897.97 | 1024.02 |
| 计算机、通信和其他电子设备制造业工业总产值（亿元） | 1705.58 | 1496.57 | 1965.09 | 2156.41 | 2262.65 |
| 信息传输、计算机服务和软件业生产总值（亿元） | 463.37 | 515.40 | 594.55 | 756.10 | 918.63 |
| 长途光缆线路长度（千米） | 24145.00 | 23235.00 | 23269.00 | 23792.00 | 25001.00 |
| 市话年末户数（万户） | 1482.39 | 1313.77 | 1213.09 | 1168.22 | 1127.44 |
| 移动电话普及率（部/百人） | 77.70 | 85.60 | 93.30 | 105.20 | 117.20 |

（续表）

| | | | | | |
|---|---|---|---|---|---|
| 固定电话普及率（部/百人） | 44.90 | 40.90 | 36.90 | 35.60 | 34.20 |
| 互联网用户（万户） | 805.00 | 891.00 | 3970.00 | 4944.00 | 5887.00 |
| 宽带用户（万户） | 692.00 | 821.00 | 868.00 | 1020.00 | 1153.00 |
| 人均邮政、电信费用支出（元/人） | 1185.00 | 1220.00 | 1301.00 | 1463.00 | 1637.00 |
| 电视人口覆盖率（%） | 99.13 | 99.30 | 99.35 | 99.38 | 99.60 |
| 有线电视入户率（%） | 66.93 | 70.60 | 74.13 | 82.78 | 83.89 |

数据来源：历年浙江省统计年鉴

## 二、长三角地区信息化的最新进展

随着科技的发展与社会的进步，信息化不断被赋予新的内涵和外延。2012 年，长三角信息化建设也在不断开拓、引进、研发新技术和新产品，用最新的科技和智慧，提升区域信息化水平，取得具有标准性意义的成果。

### （一）上海市

#### 1. 信息基础设施建设建设步伐明显加快，信息通信环境不断优化

信息基础设施能级显著提升，可概括为“四个第一”：光纤到户覆盖能力和用户规模全国第一，截至 2012 年 9 月，上海光纤到户已基本覆盖城镇化地区，基本达到“百兆进户、千兆进楼”的网络覆盖能力，提前一年多完成三年行动计划目标任务。实际使用光纤上网家庭用户占全市家庭宽带用户数接近 40%。WLAN 覆盖密度国内城市第一，截至 2012 年 9 月，已累计建成 WLAN 接入场点 13500 个（约 10 万个 AP），在全市 30 个主要公共场所开通 i－shanghai 免费上网服务，年底将增加到 300 处，2013 年底将覆盖全市 450 处主要公共场所。城域网出口带宽全国第一，加强国际、国内通信系统建设，大幅提高城市网络出口能力，率先实现 T 级出口，继续保持城域网出口带宽国内最大。高清片源和高清电视、高清 IPTV 用户数全国第一，上海市高清电视和高清 IPTV 用户已达约 45 万户，能提供高清直播、点播、回看等交互节目，高清 IPTV 直播频道已达 11 路，点播片源超过 3 万小时，高清电视开通了 18 个频道。上海市 IDC 机架数达到 17000 个，比 2010 年年底增加 44%。经过一年多努力，各项指标均处于国内领先水平，基本完成智慧城市三年行动计划提出的各项目标进度。

#### 2. 信息技术应用的覆盖面、渗透率明显提高，对各领域运行和发展的支撑作用进一步显现

重点推进“五大行动”：一是“智能城管”行动。适应上海特大型城市数字化、智能化、精细化管理的需求，聚焦交通、规划土地、环保等领域，全面提升城市运行服务水平和应急处置能力。深化拓展城市网格化管理平台，在中心城区全覆盖的基础上，进一步向郊区延伸，到 2012 年底，将完成 400 平方千米的郊区城市化区域网格化管理拓展，闵行、长宁、嘉定、奉贤等区进一步拓宽应用领域和功能，与区域社会管理相联动。进一步扩大高速公路不停车收费系统（ETC）的覆盖面，完成所有收费匝口 ETC 车道部署，实现主线收费匝口 ETC 车道三进三出的规模。2012 年 8 月 2 日起，泛长三角区域“沪、苏、浙、皖、赣、闽”五省一市实现了高速公路 ETC 互联互通。二是“数字惠民”行动。围绕与市民生活密切相关领域，通过数字教育、数字健康、数字社区、文化信息化和涉农信息化等工程的建设，改善市民生活质量。基于市民电子健康档案的卫生信息化工程，涵盖个人基本信息和主要卫生服务记

录，实现自动建档更新。截至2012年6月底，已完成市级平台与医联平台，以及长宁、闵行、闸北等6个试点区县平台的互联互通，下一步将在全市范围内实施。三是"电子政务"行动。深化政府信息公开和网上行政审批，加强信息有序开放利用，推进电子政务协同应用系统建设，促进政府行政效率和公共服务水平提升。四是"电子商务"行动。积极拓展电子商务应用的广度与深度，促进商流、物流、资金流、信息流的"四流一体"，推动网络经济与实体经济的深度融合，支撑本市"四个中心"建设及战略性新兴产业、高端服务业的发展。五是"融合强业"行动。从信息化技术驱动、工业化需求牵引两个角度，推动信息化与工业化深度融合，推进虚拟制造、敏捷制造和高端制造，促进传统产业转型升级。加强研发设计数字化，如中国商飞通过建设全球协同研制平台，向网络化协同设计转变，促进产业链上下游企业信息化应用，带动了整体竞争力的提升。推动生产制造智能化，如上海电气围绕核心产品部署全生命周期管理系统，通过信息技术促进自主研发制造，提高装备智能化水平，推动科技创新。通过信息化技术促进节能减排，如利用物联网、计算机仿真等技术，对本市高耗能高污染行业的能耗和污染排放进行实时监控，实现了对全市700家5000吨标煤以上重点用能单位能效水平的监控和管理，提高了能效监测效率。

**3. 信息技术创新能力和产业能级不断提升，为深化信息技术应用创造了有利条件**

2012年，信息服务业实现经营收入2593.95亿元，同比增长15.2%。信息服务业实现增加值1233.79亿元，同比增长9.9%，占第三产业比重达到10.1%，占全市国内生产总值的比重达到6.1%。从信息产业整体上看，规模稳中求进，能级逐步提升，结构不断优化。聚焦重点专项。重点实施大规模集成电路、云计算、物联网、下一代网络、新能源汽车与汽车电子、卫星导航等7个重点专项，为智慧城市建设奠定坚实的产业基础。聚焦重要园区和产业基地。上海新一代信息技术产业在空间布局上已形成以国家级产业基地园区为引领的产业格局，是国家软件名城，国家微电子、平板显示、半导体照明、软件等产业基地。当前，正在大力推进洋山云海数据中心建设，集聚金融服务、研发设计、咨询服务等高端数据中心，形成具有国际竞争优势的数据资源集聚区；建设崇明智慧岛数据产业园，发展高端数据服务业，成为本市"十二五"信息服务业规划发展和智慧城市建设的核心载体之一。聚焦关键技术。在积极承接国家科技重大专项研发任务同时，聚焦突破高带宽网络、智能分析决策等共性技术，加强传感器、海量数据处理、信息安全等的关键技术研发。聚焦政策突破。制定出台落实国务院《进一步鼓励软件产业和集成电路产业发展若干政策》的地方配套政策和实施细则，加快软件和集成电路产业发展；以营改增政策试点为契机，制定落实鼓励生产性服务业从制造业剥离的相关政策，促进信息服务业加快发展。

**4. 信息安全保障能力不断提高，为城市信息安全总体可控提供坚实防护**

城市信息安全态势总体可控。·方面，身份识别、容灾备份、网络监控、安全软件等信息安全基础建设和产业发展取得新进展，信息安全测评数字认证、应急防范等功能性服务平台进一步拓展。另一方面，城市综合信息安全监管水平进一步提升，建设互联网安全监察支持系统等技术设施，提升本市监测互联网有害信息和打击网络犯罪的能力，强化信息安全等级保护、安全测评、综合检查等监管制度。

## （二）江苏省

**1. 现代信息服务业发展迅速**

电子商务蓬勃发展，电子支付和结算广泛应用，2012年上半年，南京市电子商务交易额达到2100亿元，同比增长30%以上；网络购物超过130亿元，同比增长超过65%。数据显示，南京网络购物平台企业30多个，团购网站10个，交易规模亿元以上的企业超过10家，交易规模千万元以上的电子商务企业近30家，涌现出一批具有较大影响力的电子商务网站。信息服务平台建设应用取得长足进展，口岸、铁路、公路、航空、航运等物流信息化水平大幅提升，一批面向节能环保、船舶海工、纺织服装、工程机械等产业集群和电子信息、光电等产业链的专业化信息服务平台投入应用。金融领域信息化应用成效显著，建立了中小企业信用信息共享体系和出口退税联网，银行卡消费额占全社会消费品零售总额的比重近30%。

**2. 电子政务成为政府履职的重要手段**

电子政务基础设施逐步完善，省、市、县三级纵横贯通的电子政务网络平台基本建成并向街道、乡镇延伸。以"中国江苏"为龙头的省、市、县三级政府网站全部建成，政府信息公开体系初步建立，在线办事服务基本全覆盖，网上互动形式丰富。统一规范的行政权力网上公开透明运行系统基本实现县级以上行政机关、所有行政权力事项、网上行政监察全覆盖。以"金"字工程为代表的行业重点应用和应急指挥、公共信用等重要业务系统应用成效显著。省级地理信息、人口、法人等基础数据库初步建成运行，跨地区、跨部门公文无纸化传输、协同办公等业务系统综合应用扎实推进。

**3. 社会信息化水平全面提升**

全省高等院校实现了教育与科研计算机网全覆盖，基础设施条件达到发达国家水平；全面推行计算机等级考试，信息化相关学科建设不断加强。中小学全面普及信息技术课程，实现了"校校通"工程发展目标；省级数字化教学资源库初步建成应用。公共卫生信息服务体系初步形成，突发公共卫生事件全部实现网络直报；医疗信息化取得明显进展，大中型医院基本普及医院信息系统，全省新型农村合作医疗信息平台全面建成并投入运行，在全国率先完成异地就医实时结算。"金保"工程一期建设任务全面完成，人力资源社会保障业务应用成效显著，公共服务信息化手段不断创新。交通出行综合信息服务体系基本建成。计划生育、劳动就业、社区服务等领域信息化步伐不断加快。

**4. 信息基础设施逐步完善**

全省电信业固定资产投资持续增长，长途光缆线路长度达3.3万千米。宽带网络和新一代移动通信网络基本覆盖所有村镇和社区。全省固定宽带接入用户1406.4万户，电话普及率125.0%（其中，移动电话普及率95.0%），城镇居民计算机普及率100.3台/百人，互联网网民3306万人。在全国率先完成有线电视网络整合，基本实现全省一网；广播电视综合覆盖率100%、有线电视入户率89.8%，其中，数字电视用户1450万户，规模居全国第一位。省级三网融合工作体系初步建立，南京成为国家首批三网融合试点城市。

**5. 信息安全保障体系初步建立**

建立了省、市两级网络和信息安全协调工作机制。大力推行信息安全等级保护、风险评估制度，定期开展党政机关保密检查、政务信息系统安全检查，信息系统安全保障能力整体提升。建成了省级电子政务内网监管、信息安全攻防实验室、容灾备份中心等信息安全基础设施，安全监管和应急保障能力不断增强。全省网络与信息安全事件应急处置体系基本形成。网络信任体系基础设施基本建成，数字证书应用推广迅速，应用规模居全国前列。信息安全产业发展迅速，安全技术研发和产业化有序推进，企业数量、产品种类、销售额居全国前列。公务人员信息安全和保密培训普遍开展，安全意识不断提高。

**6. 地方信息化发展各具特色**

南京"中国软件名城"建设和国家级两化融合试验区建设、无锡国家传感网创新示范区和云计算服务创新试点示范建设、扬州国家信息化试点等成效明显。苏州IP融合通信产业基地建设、徐州大

企业两化融合和以“感知矿山”为支撑的物联网产业、常州和淮安信息基础设施集约化建设和管理、南通船舶海工产业信息技术转型升级、盐城汽车电子发展、镇江市民卡创新应用、泰州中小企业公共信息服务平台建设、连云港“大通关”电子口岸建设、宿迁重点骨干企业两化融合应用示范等都取得了可喜成绩。在全国政府网站年度绩效评估中，多个市、县政府网站持续位居前列。经济社会各领域信息化推进各展所长、精彩纷呈。苏州、无锡、南京、常州地区信息化发展指数超过全省平均水平。

### 7. 信息化发展环境不断优化

信息化管理体制逐步健全，地方工作机构和职能得到加强。信息化法制建设取得积极进展，《江苏省软件产业促进条例》已于2007年7月1日施行，《江苏省信息化条例》于2012年1月1日起施行，先后出台了进一步加快国民经济和社会信息化的意见、电子政务建设指导意见、企业信息化与电子商务实施意见、实施农业信息服务工程意见、省级机关电子政务项目管理暂行办法、社区信息化工作的指导意见等一批法规政策，在地区信息化、社区信息化、电子政务、信息安全和两化融合示范等方面建立了一批地方标准、应用规范和评价指标体系。信息化知识和技能普及日益广泛。

## （三）浙江省

### 1. 经济信息化深入发展，助推产业转型升级

浙江省从企业、行业、产业集群三个层面稳步推进信息化与工业化融合（以下称两化融合），取得了明显成效，有效促进了经济的转型升级。装备制造、石化、医药等重点行业信息化整体应用和集成应用有了新突破。绍兴印染、富阳造纸等产业集群两化融合实验区建设，为块状经济向现代产业集群转型升级积累了经验。信息技术在研发、生产、装备改造、能耗和排放监控、管理、销售、品牌建设和商业模式创新等各个方面发挥了重要作用。

信息化对全省服务业发展产生了深刻影响，特别是促进了电子商务的蓬勃发展和商业模式的创新，形成了领先全国的电子商务服务业产业集群。中小企业上网率、电子商务网站数量、企业间电子商务（B2B）和个人间电子商务（C2C）平台交易额均居全国前列。全省交通物流数据交换平台初步建成，宁波第四方物流信息平台投入使用，梅山保税港物流园区、义乌物流园区等五大物流基地信息化建设逐步推进，电子口岸“大通关”信息系统广泛应用。信息技术在港口生产、管理、商贸、物流等环节的应用不断深化，铁路、公路、航空、航运等信息化管理水平大幅提高。

### 2. 社会信息化成效显著，信息服务惠及全民

电子政务在改善公共服务、加强社会管理、强化综合监管、完善宏观调控等发面发挥了重要作用，促进了政府职能转变。建成了全省统一的电子政务网络，省市县三级政府网站开通率达100%，政府门户网站成为信息公开、网上办事和政民互动的重要窗口，并实现与电子监察系统对接。宏观经济管理、财政管理、经济运行管理等宏观调控信息系统在有效应对国际金融危机冲击、保持经济平稳较快发展方面发挥了重要作用。“金”字工程等一批电子政务重要业务系统建设扎实推进，食品药品安全、社会治安、安全生产、环境保护、城市管理、质量监管、人口和法人管理等方面电子政务的有效应用，提升了社会管理能力和水平。

社会和公共事业信息化发展迅速，教育、医疗、社会保障、文化等民生重点领域信息化取得显著进展。各市、县全部建成教育城域网，80%以上的中小学校拥有校园网。医疗卫生信息化水平全国领先，县级以上医院全部实现信息化管理，“居民健康电子档案系统”已在全省多个县级示范区投入使用。城乡居民社会养老保险、劳动力市场等信息系统普及应用。建成文化信息共享工程，形成了覆盖全省乡镇、行政村的文化信息服务网络。形成了以浙江在线新闻网站为龙头，杭州网、宁波网、温州网

为骨干,其它各网络媒体优势互补的网络新闻传播体系。

### 3. 城乡信息化统筹推进,促进基本公共服务均等化

实施城乡统筹信息化发展行动计划。基本建成覆盖城乡的医疗卫生、教育文化、人力资源和社会保障等社会信息化服务体系。全省66个县(市、区)建成并运行“数字城管”,实现“第一时间发现、第一时间处置、第一时间解决”,城市管理中的民生问题得到实时处理,难点问题得到有效控制。公安视频系统、环卫监控、城区防汛指挥系统和桥梁在线监测等城市管理网络资源进一步得到共享,提升了政府应对突发事件的预警和处置能力。市民综合生活服务平台、办事服务平台和社区服务平台基本建立。杭州、宁波等城市“市民卡”集成应用不断深化,城市信息化建设走在全国前列。

### 4. 网络普及率大幅提升,应用水平全国领先

信息网络成为经济社会发展的重要基础设施,网络应用水平不断提高。2012年,全省完成电信业务总量1024亿元,电话用户总数达8325万户,其中固定电话1882万户,移动电话6443万户。农村通信完成了行政村通电话、自然村通电话、行政村通宽带“三级跳”。第三代移动通信技术(3G)网络建设实现省内乡镇以上城镇、高速公路、铁路、港口和重点旅游景点等重要地段全覆盖。全省互联网用户总数达5887万户,其中固定互联网宽带用户达到1153万户。应急通信在处置突发事件、应对自然灾害及保障重大活动中经受住了考验,发挥了关键作用。建成了广播电视并重,农村城市并举,无线、有线、卫星、微波等多种技术手段并用的广播电视网络覆盖体系。全省广播、电视综合人口覆盖率均超过99%。杭州被列为“三网融合”首批试点城市,广电运营商与电信运营商多层次、多角度探索合作模式,已试点开展手机电视、交互式网络电视(IPTV)等新业务。

### 5. 信息产业快速发展,规模位居全国前列

浙江省电子信息产业持续快速增长,已成为重要的支柱性、战略性产业和国民经济发展的重要增长点。2012年全省电子信息产业发展实现新跨越,规模首次突破万亿元,达到10388亿元,超额完成万亿目标任务。电子行业主导产业引领增长,通信及计算机网络、广播电视、信息家电和电子信息机电等主要行业分别增长7.5%、31.9%、9.5%和7.1%,对行业贡献继续增强。

### 6. 信息化基础不断夯实,发展环境得到优化

信息化政策体系不断完善。制定了电子政务、农村信息化、中小企业信息化、电子商务、信息安全等一系列政策措施,颁布实施了《浙江省信息化促进条例》、《浙江省信息安全等级保护管理办法》、《浙江省地理空间数据交换和共享管理办法》等地方法规和规章,政府对信息化的科学引领和统筹进一步增强。信息安全保障体系逐步建立,应急处置、等级保护、风险评估、安全检查、互联网净化、电子认证等基础工作扎实推进。吸引、培养了一批高级信息技术人才,形成了一支专业技术队伍。

# 二　长三角地区基础设施建设

## 一、长三角地区基础设施建设的基本情况

加强长江三角洲重大基础设施建设，构建网络化、开放式的基础设施体系，是营造一体化发展的基础条件，这有利于增强区域整体吸引力，更好地吸引人才和资源；有利于优势互补，实现资源共享，提高投资的总体效率；有利于抓住世界制造业转移的机遇，促进长江三角洲地区成为世界制造业转移的承接基地，构筑现代工业走廊，提高核心竞争力和综合实力。随着各地区城市化进程的不断发展，长三角地区两省一市的基础设施建设取得了较快发展，城市道路建设和供电、供水、供气能力大幅度提高，服务水平不断上升，同时，长三角地区很多城市正在积极建设生态园林城市，城市生态基础设施建设也取得了快速发展。

**表 7　2008—2012 年长三角地区基础设施建设情况**

| 指标 | 2008 年 | 2009 年 | 2010 年 | 2011 年 | 2012 年 |
|---|---|---|---|---|---|
| 自来水供水量(亿吨) | 95.40 | 106.30 | 106.20 | 106.20 | 108.37 |
| 液化石油气供气量(万吨) | 235.44 | 234.39 | 175.02 | 167.12 | 167.20 |
| 年末实有道路面积(万平方米) | 105482 | 110791 | 109711 | 116579 | 122826 |
| 城市排水管道长度(千米) | 74271 | 82311 | 84717 | 97437 | 104864 |
| 公共车辆总数(辆) | 50709 | 66593 | 67720 | 69489 | 74599 |
| 公园绿地面积(公顷) | 62304 | 71021 | 69728 | 73560 | 78337 |

数据来源：历年上海市、江苏省、浙江省统计年鉴

## 二、上海市基础设施建设的主要进展

2012 年，上海市完成城市基础设施建设投资 1038.61 亿元，比上年下降 9.8%，占固定资产投资总额的比重为 19.8%，比上年降低了 3.0 个百分点。其中，电力建设投资 110.06 亿元，比上年下降 6.8%；交通运输投资 473.43 亿元，比上年下降 20.5%；邮电通信投资 96.94 亿元，比上年增长 34.2%；市政建设投资 301.74 亿元，比上年下降 4.0%；公用事业投资 56.45 亿元，比上年增长 9.4%。年内京沪高速铁路上海段、崇启通道、军工路越江隧道、虹桥机场迎宾隧道、林海公路建成通车，长江西路越江隧道和 S26、S6 高速公路建设加快。全市高速公路网通车里程达到 806 千米。

**表 8　2008—2012 年上海市城市基础设施投资额**　　亿元

| 指标 | 2008 年 | 2009 年 | 2010 年 | 2011 年 | 2012 年 |
|---|---|---|---|---|---|
| 基础设施投资额 | 1733.18 | 2113.45 | 1497.46 | 1157.34 | 1038.61 |
| 电力建设 | 129.53 | 253.39 | 148.50 | 118.81 | 110.06 |
| 交通运输 | 838.91 | 978.24 | 754.66 | 595.75 | 473.43 |

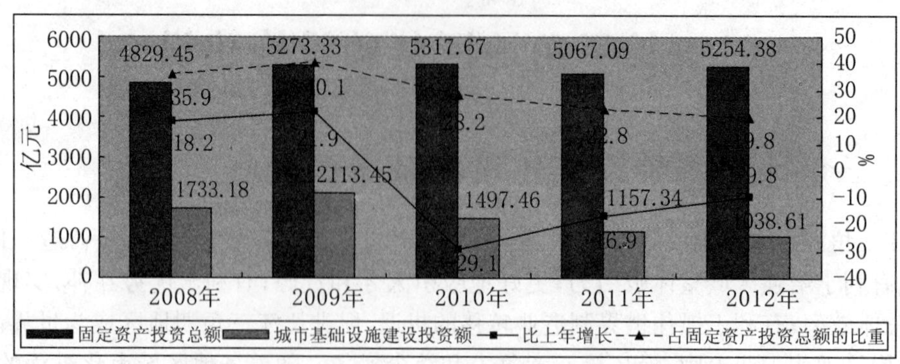


**图 1　2008—2012 年上海城市基础设施建设投资情况(亿元)**

(续表)

| | | | | | |
|---|---|---|---|---|---|
| 邮电通信 | 108.59 | 122.66 | 111.54 | 72.76 | 96.94 |
| 公用事业 | 112.81 | 135.95 | 86.58 | 54.22 | 56.45 |
| 市政建设 | 543.34 | 623.21 | 396.18 | 315.8 | 301.74 |

注:2011 年始,投资统计起点为 500 万元以上(含 500 万元)项目

数据来源:《上海市统计年鉴》(2013)

公用事业服务水平不断提升。2012 年上海全市自来水日供水能力达到 1145 万立方米,比 2011 年下降 0.5%。青草沙水源地原水工程全面投入运行,受益市民超过 800 万。全年全市用电量 1353.45 亿千瓦小时,比上年增长 1.0%。至 2012 年末,全市家庭人工煤气用户 75.7 万户,家庭液化气用户 328.2 万户,家庭天然气用户达到 502.8 万户。

**表 9　2012 年上海公用事业主要指标及其增长速度**

| 指标 | 单位 | 绝对值 | 比上年增长(%) |
|---|---|---|---|
| 自来水日供水能力 | 万立方米 | 1145.00 | −0.5 |
| 自来水售水总量 | 亿立方米 | 24.35 | −0.2 |
| #生活用水 | 亿立方米 | 19.17 | 1.9 |
| 工业用水 | 亿立方米 | 5.18 | −7.3 |
| 用电量 | 亿千瓦小时 | 1353.45 | 1.0 |
| #城乡居民生活用电 | 亿千瓦小时 | 187.38 | 6.9 |
| 煤气销售总量 | 亿立方米 | 8.18 | −24.4 |
| 液化气销售总量 | 万吨 | 39.33 | −0.8 |
| 天然气销售总量 | 亿立方米 | 60.01 | 16.6 |

数据来源:《上海市统计年鉴》(2013)

2012 年,上海市城市生态环境明显改善。生活垃圾无害化处理率达到 91.4%,比上年提高 3.8 个百分点,年内新增 1050 个垃圾分类收集处置试点场所。年内老港综合填埋场(一期)建成,金山区

永久生活垃圾综合处理厂试运行。全年新建绿地1037.9公顷。其中，公共绿地513.35公顷。至2012年末，城市建成区绿化覆盖率达到38.3%。年内创建53条林荫道。

## 三、江苏省基础设施建设的主要进展

2012年，江苏省重点项目建设加快推进。全年新开工项目29654个，其中亿元项目4332个，完成投资7931.5亿元，比上年分别增长12.4%、25.3%和36.7%。200个省级重点项目进展顺利，交通、能源等一批重大基础设施项目相继建成运营，为经济社会发展提供有力支撑。泰州长江公路大桥、南京长江四桥、宿迁至新沂高速公路等建成通车。宁杭铁路客运专线基本建成，宁安城际铁路、宿淮铁路、宁启铁路复线电气化改造工程等项目加快建设，徐宿淮盐铁路取得重要进展。苏州市轨道交通1号线工程、扬州泰州机场、连云港港30万吨级航道一期工程等建成投运。龙源如东海上风电、华能启东二期陆上风电、中粮东台沼气发电等一批新能源项目建成投运。全年电力装机容量达到7668万千瓦，由全国第三跃居第二位。深入实施"清水蓝天"工程，污水日处理总能力已突破1300万吨，太湖水质进一步改善，大气污染防治取得积极进展。组织实施美好城乡建设行动，大力推进村庄环境整治，城乡人居环境继续改善。扎实推进绿色江苏建设，森林覆盖率提高到21.6%，国家生态市(县、区)达到22个，比上年末新增5个。

2012年江苏省各市基础设施建设情况：

苏州市基础设施建设全面提速。2012年完成基础设施投资908亿元，比上年增长18.8%。轨道交通1号线建成投运，苏州成为国内首个运营轨道交通的地级市。轨道交通2号线实现"轨通"，4号线及支线、2号线延伸段、太仓港疏港高速公路、常嘉高速公路昆山至吴江段开工建设。苏虞张快速通道北段改建完成通车。中环快速路工程全面启动，东环、南环快速路延伸加快建设。±800千伏锦苏特高压输电线路及同里换流站、胥门变电站建成启用。新增人防设施72万平方米。多元化公共交通服务得到新提升。市区新辟公交线路20条，2012年末市区营运车辆达到3826辆，营运线路285条，线路总长达到6488千米；市区公交运客总量6.26亿人次，比上年增长10.6%。年末城市轨道交通运营里程25.2千米。轨道1号线自开通运营到年底，运客量达到2595万人次。新增电调专用出租车300辆，市区年末营运出租汽车4303辆。市区新购公交车506辆，国Ⅲ以上排放标准的公交车比例达到91.7%。新建公共自行车网点151个。新增农村客运(公交)班线19条，行政村农村客运班车通达率保持100%，城乡客运一体化覆盖率达到90%。市区管道天然气供气总量7.43亿立方米，人工煤气供气总量4449万立方米。城乡居民生活用电86.49亿千瓦时，比上年增长12.1%。新、扩建城镇污水处理厂22座，建设配套截污管网798.74千米，新增污水日处理能力(含扩建)20.75万吨。市区新增绿地450万平方米，市区人均公共绿地面积14.94平方米，市区建成区绿化覆盖率42.4%。

常州市2012年完成交通建设投资74.3亿元，年内新增高速公路里程20.2千米，改扩建国省公路41千米，新改建农村公路210千米、桥梁111座；完成各类水利建设土方1497.1万立方米，恢复治理水土流失面积25平方千米；完成农村水利建设投资4.3亿元。泰州大桥南接线工程建成通车，常溧高速公路启动建设，"三纵三横"路网建设进度加快，大明路、劳动东路东段等已完成通车，龙城大道隧道、玉龙路等建设工程加快实施。江边污水厂三期扩建、魏村自来水厂装机备用工程完工投运。花博会主场馆及配套设施建设、现代传媒中心建设、青果巷改造工程等重大公共基础设施建设项目顺利推进。城市轨道交通建设规划获国家批准。新城建设加快实施，凤凰新城、钟楼新城等城市新片区建设全面推进，东大门建设工程顺利推进。截至2012年底，市区公交线路197条，公交营运车辆2590辆。金坛、武进19个镇的镇村公交顺利开通，"镇村公交"线路累计达到213条，实现镇村公交全覆盖。全年全社会用电量351.5亿千瓦时，比上年增长6%，其中城乡居民生活用电32.2亿千瓦时，增长14.8%。城区供水总量2.74亿立方米,其中居民生活用水1.2亿立方米,供水普及率100%。年末市区天然气用户达63.8万户,比上年末增长28.4%,城市供气气化率达99.2%。城区生活污水日处理能力64.5万吨,生活污水处理率达95.5%。年底城市路灯总数17.3万盏,比上年末增长5.9%。全年生活垃圾清运量91.4万吨,生活垃圾无害化处理率达100%。

南京市围绕提升城市功能品质,增强城市承载能力和服务功能,实施"三个提升"计划和河西新城等十大功能板块建设。纬七路过江隧道、南京长江四桥、绕越高速等一批引导支撑城市发展的重大交通项目相继建成。京沪高铁、沪宁城际、南京南站建成运营,纬三路过江隧道、宁杭和宁安城际铁路、禄口机场二期工程、红花机场迁建等项目有序推进。地铁3号线、10号线一期、4号线一期、宁高一期等轨道交通线全面开工建设。老城南文化街区保护、下关滨江旧区改造、燕子矶化工区整治、浦口新城和麒麟生态科技园开发逐步推进。全市公路通车里程达11060千米,其中高速公路550千米。轨道交通运营里程85千米。实施"动迁拆违、治乱整破"专项行动,全年完成16条主次干道环境综合整治、500条街巷和40个老旧小区500幢老旧房屋整治出新。新改建道路长度176千米,新增道路面积522万平方米。新改建垃圾中转站6座,新建垃圾中转站4座。公共供水日供水能力为241.8万吨。城市燃气居民用户为209.67万户。按照"区区县县通轻轨、干线公路连街镇、区域供水全覆盖、城乡公交一体化、水利能力大提升"和建设郊区县先进制造业基地目标,扎实推进城乡规划、产业发展、要素配置、基础设施和公共服务一体化。江北大道、宁高新通道、122省道等三条城乡动脉建设全面实施。新改建四级以上农村公路300千米。镇村公交开通率达90%。市域范围内出租车和城乡公交车实现刷卡付费,公交车IC卡覆盖率达100%。优化调整34条公交线路,新辟7条公交专用道,总长度142.8千米,新辟11条公交线路,延长38条公交线路服务时间,完成1000辆公交车的招标采购。完成出租车更新411辆,出租车总数达10643辆。全市公共交通车辆运营数达到9386标台,其中地铁1200标台。

徐州市基础设施建设加快推进。全市基础设施建设完成投资450.83亿元,增长27.6%,占固定资产投资总额的16.8%。年末市区建成区面积达到249平方千米。年末城市人均拥有道路面积21.45平方米,用水和燃气普及率分别为98.1%和99.3%。天然气供气总量23270万立方米。深入实施"清水蓝天"工程,空气良好天气天数达337天,市区污水集中处理能力49.7万吨/天,污水集中处理率达到90.2%。全市森林覆盖率31.8%,绿化覆盖率42.7%,环境质量综合指数88.4分;集中式饮用水源地水质达标率达到100%。

常州市基础设施建设不断推进。2012年完成交通建设投资74.3亿元,年内新增高速公路里程20.2千米,改扩建国省公路41千米,新改建农村公路210千米、桥梁111座。泰州大桥南接线工程建成通车,常溧高速公路启动建设,"三纵三横"路网建设进度加快,大明路、劳动东路东段等已完成通车,龙城大道隧道、玉龙路等建设工程加快实施。江边污水厂三期扩建、魏村自来水厂装机备用工程完工投运。花博会主场馆及配套设施建设、现代传媒中心建设、青果巷改造工程等重大公共基础设施建设项目顺利推进。城市轨道交通建设规划获国家批准。新城建设加快实施,凤凰新城、钟楼新城等城市新片区建设全面推进,东大门建设工程顺利推进。截至2012年底,市区公交线路197条,公交营运车辆2590辆。市区新增、更新公交车辆200辆,新增、优化线路47条。金坛、武进19个镇的镇村公交顺利开通,"镇村公交"线路累计达到213条,实现镇村公交全覆盖。全年全社会用电量351.5亿千瓦时,比上年增长6.0%,其中城乡居民生活用电32.2亿千瓦时,增长14.8%。城区供水总量2.74亿立方米,其中居民生活用水1.2亿立方米,供水普及率100%。年末市区天然气用户达63.8万户,比上年末增长28.4%,城市供气气化率达99.2%。城区生活污水日处理能力64.5万吨,生活污水处理率达95.5%。年底城市路灯总数17.3万盏,比上年末增长5.9%。全年生活垃圾清运量91.4万吨,

生活垃圾无害化处理率达100%。年末建成区绿地面积达7072公顷，其中公园绿地面积1758公顷，分别比上年末增长6.4%和3.3%；城区人均公园绿地达到12.5平方米；建成区绿化覆盖率达42.2%，比上年提高0.09个百分点，建成区绿地率38.6%，比上年提高0.5个百分点。荷园廉政文化主题公园建设工程年内完工，武进中国花博会主展区常州园建设工程进场施工，丁塘河湿地公园、凤凰公园、新区新龙国家森林公园建设顺利推进。建成国家级生态镇13个，生态街道2个、生态村4个。

连云港市以城市组团开发为主线、以重点工程推进为突破、以完善城市功能为重点，强化城市品质提升、注重海滨特色彰显。实施城建项目906个，年内完成投资556亿元。其中，市区计划实施城建项目402个，年内完成投资248亿元。建成区面积扩大到140平方千米。"一体两翼"组合大港加速形成。主体港区成为全国低碳试点港和科技示范港。集疏运体系逐步完善。旗台作业区铁路专用线主体完工，矿石带式输送机工程有序推进。北疏港公路、徐圩港前大道、徐新公路、242省道、310国道加快建设，临海高等级公路埒子口至青口段简易通车。全长120千米的港产城联动发展交通大动脉海滨大道开工建设。连盐铁路建设前期工作积极推进。全长33.1千米BRT一号线工程建成运营；新增城市道路54万平方米。实施供水、污水、天然气等公用事业重大项目6项，城市供水普及率达100%，城市污水处理率达82%。城市饮用水源安全保障作稳步推进，沙板桥污水泵站及配套污水管道已建成运行；新建改建供水管网25千米，新建污水管网46千米；新增小区管道燃气用户共11000户，完成海宁东路、汇海路、纵五路等城市中压燃气管道约28千米。投入7.3亿元重点实施小型农田水利建设、灌区节水改造、农村饮水安全、农村河道疏浚整治、农村小型桥梁工程、基层服务体系建设等农村水利基础设施建设。全面推进国家园林城市创建工作，全年投资9.2亿元实施111个园林绿化项目，新增绿地380多公顷。东盐河景观绿化工程、朝阳桥游园等绿化工程已经竣工；孔望山公园、中华楹联园、新浦公园、北崮山生态公园等公园绿地等重要河滨绿化进一步完善实施；建设东路、红砂路等道路绿化工程付诸实施；动物园、园博园、大型公园稳步推进。

镇江市全年市区城建项目开工177项，完成投资524亿元，比上年增长20.8%。完成金融集聚区、国际会议中心、花鸟公园(市场)、南门夜市搬迁等市重大规划项目的前期规划。岗子下路、百花路、象山路等8条道路建成通车；南徐新城核心区路网基本建成；润江路、天桥路、中山西路改造等道路工程竣工交付。体育会展中心综合馆、会展馆，商务办公A区建设年内完工；商务B区江苏银行大楼主体封顶。加快打造西津渡文化旅游和古渡文化旅游项目，完成云台阁主体建设，北固山复建北固楼、移建多景楼，修缮古甘露寺建筑群。金山水厂深度处理工程正式供水，完成区域供水管网改造100千米，区域供水覆盖率100%。建设、改造和拓展燃气主管网83千米，新老小区燃气配套发展民用客户2.1万户。全市新建保障性安居工程17979套、拆迁安置房219万平方米。城东垃圾填埋场完成氧化塘覆膜工程和整场雨污分流工程。推进大港核心区瑞湖、新区南湖、润江路绿化、古运河中段景观、学府路绿化提升和长江路、中山北路绿化改造等项目，年末建成区绿化覆盖率42.3%，人均公共绿地16.6平方米。通过省城市管理优秀城市创建考核验收，并通过国家生态市考核验收。

扬州市实施沿江地区融合发展行动计划，优化重大基础设施和产业布局，推进沿江各市(区)组团之间及沿江各区域内部的融合。新城西区城市副中心功能进一步完善。推进瘦西湖隧道等重大基础设施建设，友谊路拓宽改造竣工通车，文昌路东延及广陵大桥、仙女大桥建成。推进"清水活水、不淹不涝"城市建设，完成河道生态清淤6条，整治积水路段14个。推进古城保护，东关历史文化街区通过4A级景区验收。国展中心二期建成，西部客运枢纽开工。开发利用地热资源，被国土部命名为"中国温泉之城"。城镇化工作稳步推进，全市城镇化率58.8%。市区建成区面积128平方千米。全市人均城市道路面积19.05平方米。人均公共绿地面积14.55平方米。

泰州市城乡基础设施建设成效明显。宁启铁路复线电气化改造稳步推进，泰镇高速泰州段获批，阜兴泰高速泰州段立项，引江河二期工程开工建设，卤汀河拓浚、泰东河整治和中小河流治理等工程实施进度加快，电力、邮政、通信等基础设施建设有力推进。中心城市功能和形象进一步提升。调整完善市区城建体制，加快十大重点工程建设，市区城建投入 190 亿元。积极实施"畅通工程"，推进城区路网贯通，迎春路东延、凤凰西路西延、育才路等建成通车。市博物馆、图书馆新馆、美术馆、规划展示馆建成开放，市档案馆建成国家二级档案馆，稻河古街区、海军文化公园建设完成序时进度，泰州师专新校区暨高教园区中心共享区、金融服务区、三水湾二期等工程启动建设。城区水生态环境控制工程竣工，城南第一污水处理厂改扩建建成运营，垃圾焚烧发电厂开工建设。深入开展园林绿化工作，全市林木覆盖率 20.7%。

## 四、浙江省基础设施建设的主要进展

2012 年，浙江省完成基础设施建设投资 3963.35 亿元，比上年增长 18.0%，增幅上升了 7.5 个百分点；占固定资产投资总额的比重为 23.2%，比上年降低了 0.7 个百分点。

表 10　2008—2012 年浙江省基础设施投资

| 指标 | 2008 年 | 2009 年 | 2010 年 | 2011 年 | 2012 年 |
|---|---|---|---|---|---|
| 基础设施投资额 | 2373.06 | 2894.97 | 3038.58 | 3359.09 | 3963.35 |
| 水利、环境和公共设施 | 816.69 | 952.06 | 1020.94 | 1193.45 | 1383.57 |
| 电力、燃气及水的生产供应业 | 501.74 | 579.61 | 585.25 | 620.38 | 727.92 |
| 交通运输 | 740.80 | 979.63 | 1040.68 | 1102.93 | 1330.30 |
| 邮电通信 | 125.91 | 139.63 | 144.58 | 123.31 | 58.22 |
| 教育设施 | 101.54 | 120.72 | 123.00 | 150.06 | 199.83 |
| 卫生设施 | 49.38 | 63.17 | 72.48 | 79.19 | 102.52 |

数据来源：《浙江省统计年鉴》(2013)

浙江省的基础设施建设中，交通基础设施建设仍然是主要内容之一。除了继续推进航道、港口、公路和铁路建设以外，浙江省生态文明建设成效显著，生态示范创建活动继续推进。2012 年，累计建成国家级生态县 6 个、国家环境保护模范城市 7 个、国家级生态示范区 45 个、全国环境优美乡镇 374 个，省级生态县 49 个、省级环保模范城市 7 个、省级生态乡镇 979 个。累计建成国家级绿色学校 49 所、国家级绿色社区 27 个，以及一批省级绿色学校、绿色家庭、绿色饭店、绿色医院、绿色企业等。建设绿色通道 4960 千米，清水河道岸绿工程 7500 千米。2012 年全省森林资源监测结果，森林覆盖率为 60.97%(含灌木林)。城市污水处理率 87.9%，比上年提高 2.8 个百分点；城市用水普及率 99.5%；生活垃圾无害化处理率 97.4%，提高 0.95 个百分点。城市燃气普及率 98.9%；人均公园绿地面积 12.4 平方米，比上年增长 5.5%。完成环境整治村 3600 个，启动培育建设中心村 377 个，受益农户 120 万户。全省 93%行政村实现生活垃圾集中收集处理，60%以上村庄开展了生活污水治理，89%的村庄环境得到较好的整治。

2012 年浙江省各市基础设施建设情况：

杭州市完成基础设施投资 778.52 亿元，增长 20.9%。地铁 1 号线建成运营，地铁 2 号线东南段工程已完成 13 座车站的主体结构，杭州步入"地铁时代"。萧山国际机场航站楼和第二跑道建成使

用。杭宁高铁、铁路东站枢纽基本建成。杭长高速杭州段、之江大桥顺利竣工,临金高速、千黄高速、绕城西复线等项目积极推进。市区道路交通建设"攻坚年"成效明显,建成快速路 19.18 千米。秋石快速路(二期)高架主线、九堡大桥等建成通车;钱江通道及接线等 32 个在建项目抓紧推进;闲林水库、三堡排涝等重点水利工程进展顺利;七格污水处理厂三期工程建成启用。杭州电网建设投入 38.65 亿元。新开工 110 千伏及以上输电工程 41 项,容量 305 万千伏安,线路 328 千米。全市用电量达到 591.72 亿千瓦时,比上年增长 2.9%,其中城乡居民生活用电 79.32 亿千瓦时,增长 14.5%。市区自来水日供水能力达到 320 万立方米。年末市区居民家庭天然气用户 80.59 万户,比上年末增长 11.4%。主城区调整公交线路 29 条,新辟线路 14 条,新增更新公交车辆 386 辆。新增停车泊位 52000 个,其中公共停车泊位 8700 个。新增免费单车布点 288 个,累计建成运行公共自行车租赁点 2962 个,投入公共自行车 6.8 万辆。至年末,市区人均公园绿地面积达 15.5 平方米,建成区绿化覆盖率为 40.1%。

宁波市中心城区功能提升渐显成效,东部新城、南部商务区、铁路宁波站(南站)综合客运枢纽等 33 个区块完成投资 871 亿元。城乡环境更新改造稳步实施,"三江六岸"滨江休闲带工程总体方案基本完成。综合交通网络构建日臻完善,轨道交通一号线一期工程隧道已贯通,二号线一期工程地下站已全面开工建设;南、北环快速路进行柱墩和现浇箱梁主体结构施工;年内计划打通的 21 条"断头路"已全部贯通,完成 18 个支路卡口项目;全市共新建公共停车泊位 4996 个。公共交通体系进一步优化,年内新辟、优化调整公交线路 108 条,共有 66 条公交线路实行早班提前晚班延时服务;更新、投放公交车 1220 辆,其中天然气公交车 520 辆,是前两年总和的 1.5 倍,运力总规模超过 6 千标台,市区公交车中天然气公交车、空调车的比例分别达到 21%和 98%;更新和新增油气两用出租汽车 1200 辆,已有 5 座加气站可以向出租车提供加气服务,年末共有出租车 5834 辆。交通基础设施建设投资完成 181.5 亿元。象山港大桥及接线建成通车,标志宁波市"一环六射"高速公路网络正式建成,全市进入"一小时交通圈"。铁路建设难中求进,完成投资 32.5 亿元,铁路宁波站改建、货运北环线和北站迁建主体工程均全面展开,杭甬客专宁波段进入联调联试阶段。国际强港建设加快推进,建成北仑港区五期集装箱码头 10#和 11#泊位、穿山港区中宅煤炭码头工程、镇海港区通用散货码头等万吨级以上泊位 7 个,新增货物吞吐能力 3738 万吨,集装箱吞吐能力 100 万标箱。

温州市基础设施投资增势强劲。2012 年限额以上基础设施投资额完成 628.65 亿元,比上年增长 48.3%。其中电力、交通、电信、体育等基础设施保持较快增长,分别增长 63.3%、82.1%、387.2%和 120.3%。限额以上投资施工项目 6966 个,比上年增加 3096 个,其中新开工项目 4394 个,比上年增加 2497 个。新开工项目完成投资额 789.39 亿元,增长 81.4%。全年实施重点工程项目 244 项,完成投资额 563.49 亿元,增长 16.1%。年内已建成项目 26 个,完成投资额 52.97 亿元。主要有温州市西向排洪工程、龙湾区海滨围垦、瑞安市城市防洪三期工程、灵昆标准堤北段标二期工程、楠溪江引供水乐清引水工程、珊溪水利枢纽平苍引水工程、温州医学院附一院迁建、杨府山城市公园一期建设工程、七都大桥、瓯海大道西段快速路工程等。

嘉兴市重点工程建设项目 139 项,列入考核的实施项目 77 项,年度计划投资总额 129.95 亿元,实际完成投资总额 131.75 亿元,完成计划投资目标 101.39%。嘉绍通道、钱江通道北接线、杭平申线航道改造等项目进展顺利,贯泾港水厂二期、何家桥线内河航道改造等工程基本建成。,新建改建城市道路 55 千米。市区调整优化公交线路 35 条,新增公共自行车服务网点 100 个。

湖州市继续推进城市建设。衣裳街历史文化街区全面开街,仁皇山公园青少年拓展园、文化创意园、民俗文化街基本完成土建施工,环城南路道路改造基本完成,外环线、奥体公园、梁希森林公园、市陌地块道路改造、南皋桥古镇改造、阿拉伯会所、罗马会所等一批提升城市品质的重点项目和完善城市功能的基础设施项目全面推进。保障性安居工程扎实开展。省政府下达的69个保障房项目全面开工，开工率达到100%，按时保质完成了省定目标任务。全市城市化率达到60.3%，比上年提高0.8个百分点；年末中心城市建成区面积达到92平方千米，比上年扩大2.0平方千米。

金华市重点工程进展顺利。2012年全市共有省重点项目115项，其中列入省考核项目有88项；全年计划投资51.3亿元，完成投资76.44亿元，为年度计划的149.0%；开工建设项目102项，开工率为85.2%；竣工投产项目17项。列入市重点建设计划的项目275项，其中列入考核的实施类项目239项，全年计划投资222.69亿元，完成投资278.37亿元，为年度计划的125.0%；开工建设项目218个，开工率为91.2%。中国婺剧院、金华市体育中心主体建设、浙中信息产业园科技创新大厦、义乌机场国际航站楼工程、东阳市人民医院医疗综合大楼、磐安尖山污水处理厂主体工程等已完成；金华市区李渔路（双龙南街—八一南街）工程、金东区供电城网改造工程、浦江至义乌公路等项目已投入使用。全市森林覆盖率60.4%。全市共建成国家级生态县（市）2个，省级生态县（市）1个，国家环保模范城市1个，全国环境优美乡镇26个，省级生态乡镇92个，市级生态乡镇119个。

衢州市完成基础设施投资127.27亿元，比上年增长26%。其中：水利、环境和公共设施管理投资54.5亿元，增长4.6%；交通运输、仓储和邮政业投资30.09亿元，增长13.1%；电力、燃气及水的生产供应业投资28.15亿元，增长208.7%；教育设施投资4.81亿元，增长25%；卫生设施投资2.97亿元，下降1%；电信及信息传输业投资3.63亿元，增长25.3%。组织实施重点项目266个，完成投资278.3亿元，其中：本年新开工项目155个，建成项目61个。2012年末全市城区面积730.25平方千米，其中建成区面积110.38平方千米，城区人口75.12万人。新增道路面积84.53万平方米。日供水能力120.53万立方米（含企业自备水），全年供水总量11468万立方米（其中公共供水7240万立方米）。全市用气人口69.12万人，燃气普及率92.01（按城区人口计算），其中：液化气供气量29628吨，人工煤气供气量490万立方米，天然气供气量3295万立方米。全市共有污水处理厂8座（含企业），日处理能力18.2万立方米，城市污水处理率83.04%。生活垃圾处理率100%。全年新增园林绿地面积84公顷（城区范围），建成区绿地率40.61%，人均公园绿地面积11.81平方米（城区范围）。

舟山市2012年末建成区面积66.09平方千米，实有城市道路面积958.73万平方米，建成区绿化覆盖率38.86%，建成区绿地率34.35%，人均公园绿地面积15.28平方米，城市污水处理率84.62%，城市生活垃圾无害化处理率100%。全年城区排水管道长度992.86千米，供水总量5182.47万立方米，液化石油气供气总量2.84万吨，天然气供气总量2223.52万立方米。

台州市重点工程建设进展良好。全年省、市218个重点项目完成投资311.40亿元，完成年度计划的111.2%。三门核电一期1号机组、椒江十一塘、玉环漩门三期、临海南洋涂等工程基本建成，81省道松门过境段、83省道临海城关至杜桥段、62省道天台段建成通车，仙居抽水蓄能电站、椒江二桥、台州恩泽医疗中心、台州市教师公寓等工程进展顺利，台州植物（雕塑）园、台州经济开发区文华小学、市区内环路等工程开工建设。公共文化基础设施日趋完善，市青少年活动中心正式启用，市博物馆、市科技馆主体建成。

丽水市2012年投资项目1876个，比上年增加91个，其中，新开工项目892个。丽水市绕城公路（一环）、53省道龙泉至八都公路工程二期、接官亭农民安置房（二期）、南城沙溪亭公寓项目（一期）、丽水中波转播台迁建工程、南城供水加压工程、浙江元一科技有限公司年产16000吨平板闸阀等一批重点建设项目基本完工。建有市级以上森林公园11个、湿地公园2个。全市园林绿地面积3849公顷，其中公园绿地面积1110公顷，建成区绿化覆盖率37.41%，人均公园绿地面积12.11平方米。

# 三　长三角地区科技进步与创新

## 一、长三角地区科技进步与创新基本情况

2012 年，长三角地区 R&D 支出总额为 2689.90 亿元，比 2011 年增长 17.8%。其中上海 679.29 亿元，同比增长 13.6%；江苏 1288.02 亿元，同比增长 20.2%；浙江 722.59 亿元，同比增长 17.9%。

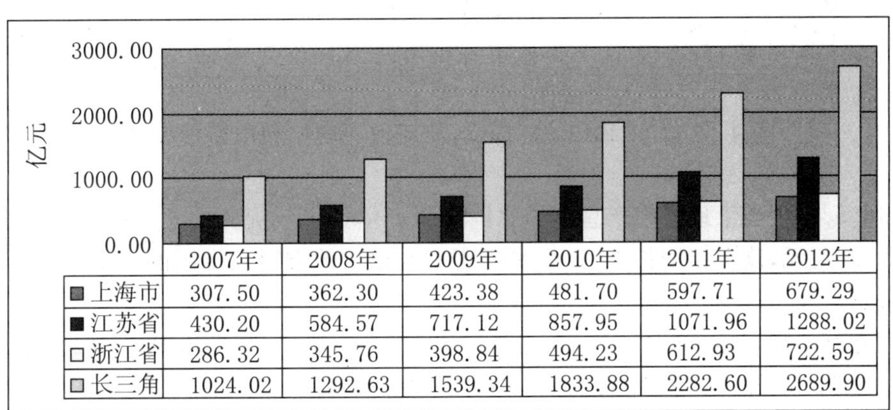


| | 2007年 | 2008年 | 2009年 | 2010年 | 2011年 | 2012年 |
|---|---|---|---|---|---|---|
| 上海市 | 307.50 | 362.30 | 423.38 | 481.70 | 597.71 | 679.29 |
| 江苏省 | 430.20 | 584.57 | 717.12 | 857.95 | 1071.96 | 1288.02 |
| 浙江省 | 286.32 | 345.76 | 398.84 | 494.23 | 612.93 | 722.59 |
| 长三角 | 1024.02 | 1292.63 | 1539.34 | 1833.88 | 2282.60 | 2689.90 |

**图 2　2007—2012 年长三角及两省一市 R&D 支出**

2012 年长三角地区专利申请受理量为 80.47 万件，比 2011 年增长 32.9%。其中上海 8.27 万件，同比增长 3.1%；江苏 47.27 万件，同比增长 35.7%；浙江 24.94 万件，同比增长 40.8%。

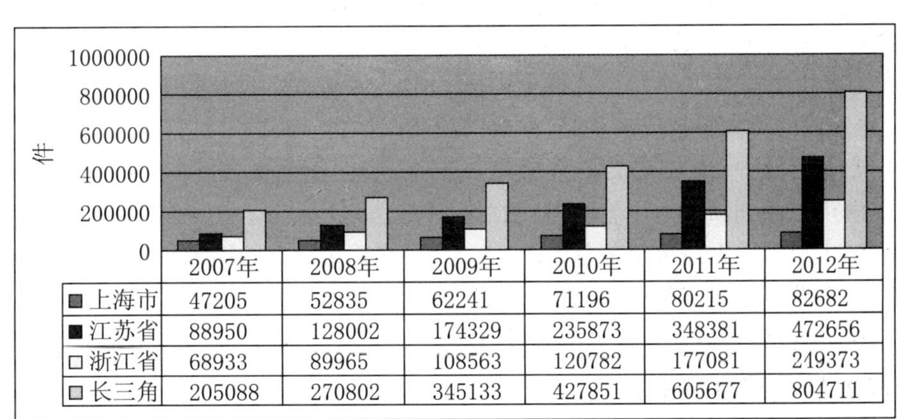


| | 2007年 | 2008年 | 2009年 | 2010年 | 2011年 | 2012年 |
|---|---|---|---|---|---|---|
| 上海市 | 47205 | 52835 | 62241 | 71196 | 80215 | 82682 |
| 江苏省 | 88950 | 128002 | 174329 | 235873 | 348381 | 472656 |
| 浙江省 | 68933 | 89965 | 108563 | 120782 | 177081 | 249373 |
| 长三角 | 205088 | 270802 | 345133 | 427851 | 605677 | 804711 |

**图 3　2007—2012 年长三角及两省一市专利申请受理量**

2012 年长三角地区专利申请授权量为 50.99 万件，比 2011 年增长 34.9%。其中上海 5.15 万件，同比增长 7.4%；江苏 26.99 万件，同比增长 35.1%；浙江 18.84 万件，同比增长 44.7%。

## 二、上海市科技进步与创新基本情况

2012 年，上海市科技进步工作成绩显著。研究和试验发展(R&D)经费内部支出 679.29 亿元，比

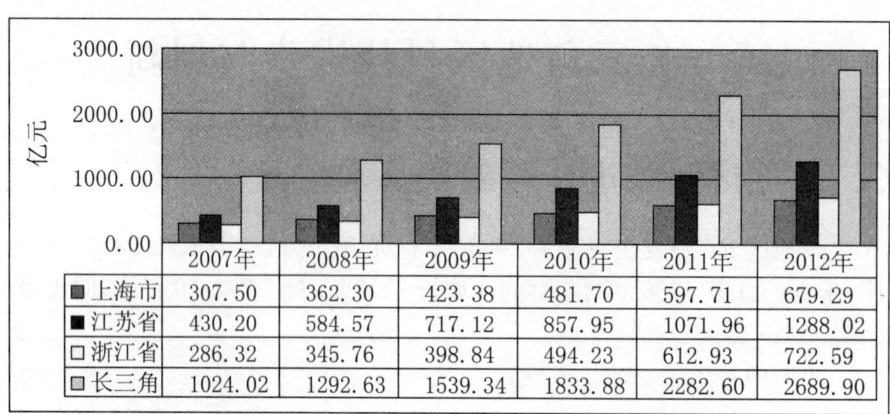


| | 2007年 | 2008年 | 2009年 | 2010年 | 2011年 | 2012年 |
|---|---|---|---|---|---|---|
| 上海市 | 307.50 | 362.30 | 423.38 | 481.70 | 597.71 | 679.29 |
| 江苏省 | 430.20 | 584.57 | 717.12 | 857.95 | 1071.96 | 1288.02 |
| 浙江省 | 286.32 | 345.76 | 398.84 | 494.23 | 612.93 | 722.59 |
| 长三角 | 1024.02 | 1292.63 | 1539.34 | 1833.88 | 2282.60 | 2689.90 |

**图4 2007—2012年长三角及两省一市专利申请授权量**

2011年增长13.6%，相当于地区生产总值的比例为3.4%，比上年提高0.3个百分点。地方财政科技经费支出245.43亿元，比上年增长12.3%，科技经费支出占地方财政支出的比重为5.9%，比上年提高0.3个百分点。

全年受理专利申请量82682件，比2011年增长3.1%。其中，发明专利37139件，增长15.5%。全年专利授权量51508件，比上年增长7.4%。其中，发明专利11379件，增长24.2%。全市国家级创新型企业达到15家，国家级创新型试点企业19家，市级创新型企业达到500家。科技小巨人企业和小巨人培育企业共878家，高新技术企业4312家，技术先进型服务企业281家。全市年内认定和复审高新技术企业1442家。至2012年末，全市共认定高新技术成果转化项目8545项。其中，年内认定714项。在年内认定的高新技术成果转化项目中，电子信息、生物医药、新材料等重点领域项目占87.7%；拥有自主知识产权的项目占100%。全年经认定登记的各类技术交易合同2.8万件，比上年下降4.4%；合同金额588.52亿元，比上年增长6.9%。

2012年度国家科学技术奖励大会共授予国家科学技术奖337项(人)。其中，上海市共有51项(人)牵头和合作完成的重大科技成果获奖，占全国获奖总数的15.1%，已连续11年保持两位数的占比。在上海市获奖项目中，高校获奖科技成果占本市获奖比例为49%，企业占31%，研究院所占20%，体现出上海市企业创新能力显著增强，创新主体地位逐步显现。21项惠及民生的重大科技成果也是上海市获奖“大户”，占上海市获奖总数的41.2%。在首次设立的国家科技进步奖创新团队奖中，上海东方肝胆医院“肝癌临床与基础集成化研究创新团队”获此殊荣。

上海市在推动科技创新方面采取的措施及进展：

### 1. 培育和发展战略性新兴产业

推进重大任务研发。发挥重大项目建设指挥部办公室组织协调作用，动员区县力量，承接和实施国家战略任务，加快推进极大规模集成电路制造装备及成套工艺、重大新药创制等专项的阶段性创新成果产出和转化。围绕新兴产业培育工程重大任务，布局实施新一代信息技术、高端装备制造、生物医药、新能源、新材料、节能环保、新能源汽车等产业领域8—10个重大任务，突破一批产业核心技术，打造新兴产业自主技术体系。促进海洋科技发展，加快海洋仪器、作业装备和公益技术的研发与应用。

实施科技示范工程，促进技术应用和转移。加快崇明生态岛低碳可持续发展，推动全岛智能电网示范和秸秆综合利用，建设国家设施农业工程中心崇明基地和东滩生态农业示范区。深化虹桥商务

区低碳示范，开展低碳和物联网关键技术集成应用。加快推进上海国际电动汽车示范城市建设，支撑世博园区低碳、生态示范园区建设。开展钠硫电池兆瓦级等关键技术集成应用。大力发展民生科技，加强城市公共安全与防灾减灾、城市交通、生态环境改善和医疗健康、食品安全、农业农村等领域的科技攻关和应用。

加快生物医药产业发展。落实产业发展三年行动计划，推进上药集团张江园区、复星医药浦东和金山基地等重大项目建设。实施医疗器械产品应用示范工程，在品质相当、性价比高、可替代进口的前提下，鼓励医院购置使用上海市医疗器械产品。鼓励上药集团、复星医药等上海市重点企业兼并、收购、控股外省市优质企业和医药销售公司，拓展外地市场份额。服务区县招商引资，重点引进符合园区特色、能够引领产业集聚的高端项目，促进创新成果在园区落地和产业化。完善并推广"上药专项"模式，引导促进产学研医合作。

引领现代服务业发展。全面推进国家现代服务业创新发展示范城市建设，着力提高服务科技应用创新能力，推动服务业与制造业融合，推进服务外包和服务集群发展，催生服务新业务新模式，培育形成服务新业态。通过实施数字文化、城市移动生活和产业集群规模服务等现代服务业示范工程，加快培育一批现代服务业示范园区和示范企业。通过新一代信息技术的研发与应用，促进三网融合与TD—LTE的试商用，构建智能交通、智慧医疗、智慧港口和导航、通信位置服务平台，支撑引领智慧城市建设。加快发展技术市场，制定技术经纪人促进资金管理办法和上海技术交易中心建设方案，培育技术转移、专业技术和研发外包等服务机构。

### 2. 全面建设张江国家自主创新示范区

健全张江工作推进机制。加强高新区管委会的职能建设，建立健全管委会工作机制。完善高新区管理体制，加强与各委办局的沟通，建立与区县、分园的合作对接机制，充分发挥各区县的积极性和重要作用。引导园内企事业单位和社会组织参与高新区的建设与管理。

拓展张江创新资源布局。培育和发展创新集群，推动创新要素向高新区汇聚，做大做强园区特色产业。聚焦核心园，发挥引领示范和先行先试作用。推进扩区工作，加强"一区十二园"的建设指导和发展考核，推进紫竹国家高新区完善城市功能、推动产业转型、健全区域创新体系、集聚高端创新人才。加强与长三角其他园区的合作，探索建设创新联动区和产业承接区。制定张江品牌发展战略，加快拓展张江的影响力和辐射力

优化张江创新创业环境。研究编制2011—2020年发展规划。细化并落实示范区建设若干意见，启动股权和分红激励试点，研究制定人才特区建设和市级高新技术企业培育政策，加快制定地方性法规。用好张江专项资金，重点支持示范区优化综合创新创业环境、培育战略性新兴产业和创新型企业、培养和集聚创新创业领军人才、提升示范区辐射带动能力。推动张江高新区进入代办股份转让系统扩大试点范围。加强张江城区功能建设，完善中介服务体系。

实施区县"创新热点"计划。建立健全市区联动机制，探索设立"1＋1"联动专项资金，加快实施"创新热点"计划，推进区县特色创新集群(一区一特)建设。继续推进闸北区轨道交通运行控制系统创新热点建设，并与有关区就共同培育新兴产业形成并实施热点培育计划，其中包括浦东工业物联网、徐汇医药临床研究服务业与移动互联、杨浦绿色土木、嘉定新能源汽车等。进一步推进杨浦创新型城区建设和浦东、闵行国家科技进步示范区建设，加强和推进区县科技进步工作。

### 3. 持续提升基础能力

加强前沿基础研究。调整优化基础研究投入结构，鼓励和支持科研人员，特别是中青年科研人员开展自由探索，继续探索完善非共识项目的立项机制。选择具有重大突破潜力、兼具科技制高点和重大应用前景的方向，部署实施若干重大和重点科学研究任务。

加强创新人才培养。贯彻落实“十二五”科技人才规划，完善科技人才培养计划体系，重点培育高层次创新型科技人才、青年科技人才、战略性新兴产业技术人才和科技保障人才。支持企业创新人才队伍建设，促进科技人才在高校、科研院所和企业之间的流动与双向兼职。积极组织“千人计划”、“科学家工作室”、“杰出青年科学基金”、“杰出工程师工作室”等国家级人才计划的申报推荐，做好配套落实。

加强研发基地建设。优化研发基地的布局和管理，建立健全要素齐全、布局合理、合作开放、运行高效、区域特色鲜明的研发基地体系。推进建设建筑节能、智能电网用户端等企业国家重点实验室，筹建卫生信息化、超级电容、乳业生物技术等国家工程技术研究中心。继续推进生物样本库、国家蛋白质科学设施建设，研究论证上海光源后续工程等大科学工程和重大科学基础设施的建设方案。加强企业研发基地建设，建设一批重点工程技术研究中心和产业共性技术研发基地。

### 4. 深入实施技术创新工程

优化科技创新创业服务体系。大力扶持企业技术创新，深入实施科技小巨人工程，推广实施“加速企业创新计划”，支持企业研发机构、研发队伍建设和创新管理能力提升。强化创新型企业培育和考核，培育民营科技企业。大力引导科技创新创业，进一步优化科技企业孵化服务链，积极引导民营科技企业孵化器建设，深化探索持股孵化。大力强化科技政策服务，完善科技企业服务通道，提升区县科技行政“一门式”服务功能。

建立健全应用技术创新体系。深化上科院等应用型科研院所的改革与发展，组建开发、联合、柔性、没有围墙的上海产业技术研究院，推进战略性新兴产业的行业共性技术和成套技术研发，加强标准、检测等公益性服务，实现产业链上下游的联动与协同。稳步推进转制科研院所的改革发展，鼓励具有突出共性技术研发能力和显著行业技术服务能力的转制院所开展“新型科研院所”改革试点。发展创新联盟，围绕重点产业特别是战略性新兴产业创新链构建产业技术创新联盟。调动区县力量，推动中央在沪科研院所融入区域创新体系，全面推进中国科学院浦东科技园建设。

建设完善研发公共服务平台。深化以“科技资源集散中心”和“一站式科技创新服务平台”为核心的科技 114 工程。提升平台服务能力，打造 5－6 项核心服务产品。启动科技企业服务“万户工程”，通过与企业定向签约“科技创新服务专家”服务，提供个性化 VIP 服务；完善研发平台用户关系系统，建立与企业用户的互动服务通道；打造一站式科技资源信息检索服务。探索完善科技资源共享法律法规，启动上海市科研项目成果数据汇交试点，制定技术创新服务平台和专业技术服务平台的考核办法。

加快科技与金融的结合。全面实施国家科技金融结合上海试点，加快构建科技金融信息服务平台，加大对金融机构的服务，促进科技和金融部门的人员交流。加强与风险投资、天使投资机构的合作。鼓励和支持商业银行聚焦张江高新区、大学科技园等设立专营服务机构建设，促进投贷联动、信用互助等试点，加快发展科技保险、融资担保。加大对科技型企业上市的服务和支持力度。

营造良好的社会创新氛围。大力弘扬科学精神、宣传科学思想、传播科学方法。进一步加强科普工作，继续办好科技活动周、科技节等重大科普活动，着力提升市民科技素养。继续办好浦江创新论坛。加强科技宣传，打造科技新闻中心。进一步加强国内外科技创新合作，深化长三角创新体系建设，实施区域科技攻关，促进产业联动。实施科技合作致富示范项目，深化科技帮扶工作。拓展国际合作交流渠道，深化地区间国际合作，鼓励外资研发机构在沪发展。与联合国环境署深化崇明生态岛建设合作。

### 5. 改革完善科技管理体制机制

深化财政科技投入改革。认真落实财政科技投入改革方案，按照分类管理的原则，进一步建立和

完善项目发现机制、链式支持方式和科技金融结合，重点推动科技成果转化和产业化。研究建立项目库，加强与产业部门的对接和协同。通过政府购买服务方式，引入第三方机制，依托一流研究机构或咨询公司，全过程评估科研计划财政投入。发挥政府资助科技和产业化项目信息共享平台作用，促进信息共享，提高财政投入效率。

改革完善科技计划体系。按照科技创新规律和创新管理的要求，进一步梳理和调整各类计划、专项，研究制订更加科学有效的实施办法和管理制度。进一步完善自然基金评审系统改革，探索基础研究项目绩效评估和持续支持机制。探索依托产业技术创新战略联盟，组织实施产学研合作重大任务，形成利益共享、风险共担的持续发展机制。

## 三、江苏省科技进步与创新基本情况

2012年，江苏省加快确立科技创新在发展全局中的核心地位，深入实施创新驱动战略，全面推进科技创新工程，创新型省份建设取得了重大进展。

科技产出水平提升。江苏省科技进步贡献率达56.5%。2012年授权专利27.0万件，比上年增长35.1%，其中发明专利1.6万件，增长45.5%。2012年共签订各类技术合同3万项，技术合同成交额达532.0亿元，比上年增长14.9%。企业专利产出大幅提高，全省企业共申请专利30.9万件，授权专利18.6万件，分别比上年增长57.7%和56.3%。

高新技术产业保持强劲发展势头。2012年江苏省高新技术产业产值突破4.5万亿元，增长17.4%，占规模以上工业总产值比重达37.5%。组织实施省重大科技成果转化专项资金项目135项，总投入135.7亿元。全省按国家新标准认定高新技术企业累计达5100家。当年认定省级高新技术产品7671项，国家重点新产品144项。已建国家级高新技术特色产业基地103个。江苏省国家级和省级高新技术产业开发区实现技工贸总收入达38500亿元，比上年增长10.5%。

江苏省区域创新能力连续第四年居全国第一。科技研发投入比重稳步提升，全社会研究与发展(R&D)活动经费1288.02亿元，占地区生产总值的2.3%，比上年提高0.1个百分点。全省从事科技活动人员98.23万人，其中研究与发展(R&D)人员52.22万人。全省拥有中国科学院和中国工程院院士90人。全省拥有各类科学研究与技术开发机构中政府部门属独立研究与开发机构达148个。已建国家和省级重点实验室105个，科技服务平台296个，工程技术研究中心2141个，企业院士工作站326个，经国家认定的技术中心67家。2012年江苏省共有49个通用项目获得国家科学技术奖，获奖总数位居全国省份第一，其中获自然科学奖2项，技术发明奖10项，科技进步奖37项；由江苏省主持完成的21项、参与完成的28项。

江苏省在推动科技创新方面，采取的措施和取得的进展：

### 1. 强化企业主体地位，增强企业创新能力

设立5000万元省级科技上市企业培育专项资金，对进入上市辅导阶段的科技企业关键研发项目给予专项支持。推进高新技术企业认定，在全国率先启动培育计划，组建了涵盖3851家企业的培育库。扶持民营科技企业加快发展，全省经确认备案的省级民营科技企业超过5万家。开展一对一帮扶，组织对四千多名企业家和技术负责人开展业务培训。下达各省辖市企业研发机构建设推进经费1亿元，新建企业研发机构2279家。

### 2. 加强关键核心技术突破，推动产业高端化发展

实施高技术攀登计划，加强100项关键核心技术攻关。瞄准自主核心装备MOCVD、超大型盾构机、T800碳纤维、OLED照明等战略产品，组织实施135个重大科技成果转化新上项目，累计达839

个，总投入1088亿元，预计达产后实现销售收入4630亿元，利税720亿元。启动建设苏州纳米技术、泰州生物医药、南京通信与网络三个科教结合产业创新基地，率先开展科教协同创新试点。累计建立国家级高新技术特色产业基地94家，居全国第一，其中千亿级2家、百亿级64家，建设省级科技产业园136家。加强新技术新产品推广应用，设立3亿元专项资金，重点支持超低温特钢、新型氟橡胶、蓝宝石生长炉、大功率IGBT、智能化装备线等一批产业化前景良好的新技术新产品开拓市场。

**3. 深化科技体制改革，促进科技经济紧密结合**

开展"千人万企"行动，实行科技政策落实情况与科技计划项目立项、厅市会商和科技进步考核"三挂钩"，建立科技政策辅导员、科技政策助理员、科技政策宣讲团、科技政策咨询团等"两员两团"工作机制，下派136个政策宣讲团，组织1631名政策辅导员对口服务一万九千多家企业，落实科技税收减免金额首次突破200亿元。启动建设15个省级科技金融合作创新示范区，新建26个科技支行和科技小贷公司。联合省财政厅从省科技成果转化专项资金有偿使用回收资金中安排2亿元，设立省天使投资引导资金，新增省成果转化风险补偿专项资金1亿元，目前规模已达2亿元。支持创业投资发展，全省创投机构数超450家，管理资金规模1200亿元，均居全国第一位。支持南京深入开展国家科技体制综合改革试点工作，制定出台"科技九条"，进一步鼓励和支持科教资源释放。

**4. 优化创新布局，完善区域创新体系**

国务院批准武进、徐州高新区为国家级高新区，省政府批准建设9个省级高新区，苏州工业园、昆山高新区列为国家科技服务体系试点园区。江苏拥有省级以上高新区已达23家，其中国家级10家。新建创新型县(市)超过19个、创新型乡镇37个。新建昆山、江宁等省级大学科技园5家，全省省级以上大学科技园达29家，其中国家级大学科技园11家，位居全国省份第一。建有各类科技企业孵化器431家，孵化场地面积达到2156万平方米。

**5. 培养青年人才，构筑江苏人才高地**

设立青年科学基金和杰出青年科学基金两个专项，首批组织遴选50名江苏省杰出青年科技人才和450名青年科技人才予以重点支持。加快项目、人才、载体和基地的"四位一体"联动，鼓励高端人才到江苏创新创业。新入选74名国家千人计划人才，至2012年末江苏省国家千人计划人才总数达320名，其中创业类154名，占全国29.7%。实施"科技镇长团"行动，先后选派五批1176人，到苏南、苏中、苏北52个县(市、区)的414个乡镇、街道、开发区任职，占全省县(市、区)的近一半，成为引领县域经济转型和创新发展的重要生力军。深入推进"校企联盟"建设，"校企联盟"总数达7216个。成功举办"中国·江苏第三届国际产学研合作论坛暨跨国技术转移大会"，对接洽谈形成初步合作意向300余项，在海内外产生广泛影响。

**6. 发展民生科技，促进科技惠民富民**

推进粮食丰产科技工程和优良品种培育工程，选育主要农作物、设施园艺、畜禽、水产等新品种(组合)40多个，稻麦新品种、新技术示范推广面积累计达193.6万公顷次，为江苏农业"九连增"发挥了重要科技支撑作用。加强科技服务超市建设，建设总店1家、分店和便利店214家、示范分店17家、科技特派员工作站196家，实现省辖市全覆盖，成为农村科技服务的新品牌。设立临床医学生命健康科技专项，首批启动建设12个临床医学研究中心，组织实施20项重点病种的规范化诊疗技术和40项新型临床诊疗技术攻关项目，大幅提升基础医学研究成果向临床应用转化能力。

## 四、浙江省科技进步与创新基本情况

2012年，浙江省全社会科技活动经费支出1143.83亿元，比2011年增长14.0%，相当于地区生

产总值的3.3%。研究和发展(R&D)经费支出722.59亿元，比上年增长17.9%，相当于地区生产总值的比例为2.1%，比上年提高0.2个百分点。2012年，浙江省R&D经费绝对值在各省市区中居第5位，位次与2011年持平，R&D经费投入强度超过全国平均水平0.1个百分点，位次由2011年第8位上升到第6位。

至2012年末，浙江省有国家认定的企业技术中心60家。2012年浙江省新认定高新技术企业540家，至2012年末浙江省高新技术企业累计4500家。2012年浙江省新培育省级创新型试点企业54家，示范企业45家，至2012年末累计分别为363家和194家。2012全年专利申请量、授权量分别为24.9万件和18.8万件，分别比上年增长40.7%和44.6%。

2012年浙江省共有31项科技成果获得国家科学技术奖，其中为主完成的11项，参与完成的20项。浙江省获奖的项目中，有1项获国家科技进步一等奖，22项获国家科技进步二等奖，2项获国家自然科学二等奖，6项获国家技术发明二等奖。

浙江省在推动科技创新方面，采取的措施和取得的进展：

### 1. 全面开展新兴产业技术创新综合试点，加快以企业为主体并由企业主导的产业技术创新体系建设

创新驱动发展就是要解决经济和科技融合问题，围绕发展去创新。建设以企业为主体，市场为导向，产学研结合的技术创新体系，发展新兴产业及新兴产业技术创新综合试点。在纯电动汽车、现代医药、船舶装备、纺织印染装备、光伏发电装备、氟硅新材料、现代农业装备、大型专用软件产业及试点的工业强县(市、区)主导产业，依托具有较强创新能力的企业布局建设了67家省级重点企业研究院，省、市、县三级共同支持并由企业主持进行重大技术联合攻关，启动青年科学家培养计划，实施“三位一体”的改革举措与支持技术创新体系建设的政策措施。在深化落实已经部署的新兴产业技术创新综合试点的基础上，启动现代物流装备等新兴产业技术创新综合试点。新兴产业技术创新综合试点的实践表明，重点企业研究院正日益成为以企业为主体，市场为导向，产学研相结合的技术创新体系的有力推动者，成为新兴产业技术创新的有力实践者。

### 2. 发挥高新园区的核心载体作用，积极谋划新兴产业、先进装备制造业发展的新布局

经济开发区完成了全省四成以上的工业增加值，高新园区新兴产业发展势头总体上好于区外。借助产业集聚区创建高新区、原有高新区转型升级的机遇，充分发挥高新区的核心载体作用，积极谋划全省新兴产业、先进装备制造业发展的新布局。通过建设已初步形成了杭州市和金华市新能源汽车制造产业、嘉兴市光伏发电与用能装备产业、舟山市船舶装备产业、绍兴市纺织新材料产业、绍兴县和新昌县智能纺织印染装备、衢州市氟硅新材料产业、金华永康现代农业装备产业、湖州市现代物流装备产业，形成主攻方向明确、错位发展的创建10个平方千米以上面积的高新区布局。同时，按照党的十八大关于工业化、信息化、城镇化、农业现代化同步发展的要求，编制完善高新区新兴产业发展规划，打造装备产业技术创新基地、装备工业设计基地、新兴产业制造基地、创业基地、专门的人才集聚基地布局，努力实现高新区的集群发展，打造创新高地、人才高地、高端产业园区和科技新城区。

### 3. 培育和规范浙江网上技术市场，发挥市场配置科技资源、促进科技成果转化的基础性作用

中国浙江网上技术市场已成为长三角地区乃至全国具有重要影响力的技术供求双方对接、深化产学研用合作的科技服务平台。2012年网上技术市场活动周期间，浙江省大胆尝试，成功举办了首届科技成果竞价(拍卖)会，参加竞价(拍卖)的科技成果共有18项，成交价达2115万元。浙江省落实培育和规范网上技术市场的政策措施，培育市场主体，健全市场体系，强化市场功能，规范市场交易，把浙江网上技术市场建设成为全国集聚各类市场主体最多、技术交易规模最大、交易机制最为完善的技

术市场和技术转移、成果转化产业化的重要平台，努力打造成为浙江集聚科技成果的“洼地”、科技成果交易的品牌“高地”和科技成果产业化提速的“福地”。

**4. 推进智慧城市建设试点，进一步抓好信息产业发展和信息技术应用**

信息技术是新科技革命中影响力最强、带动力最大、渗透性最广的技术。加快信息产业发展与信息技术的推广应用，要作为科技与经信工作的重点。按照党的十八大关于工业化、信息化、城镇化、农业现代化“四化同步”的部署，启动智慧城市大型应用软件与智能装备控制软件的信息产业技术创新综合试点；以错位布局的新兴产业高新区创建为依托，加快各类装备电子产业基地建设，抓好汽车电子、船舶电子、智能纺织装备电子、光伏发电装备电子、现代物流装备电子等电子基地建设，促进电子与装备产业发展的结合，提高各类装备的智能化、自动化水平；逐级开展总部企业信息化经营管理的试点；加快电子商务、现代物流等与行业、产业相结合的信息化的推广应用工作；继续扎实推进“智慧城市”的试点，为市民提供更便利、更优质的公共服务；加快宽带城市、无线城市建设，加强网络秩序与安全的保障。

**5. 完善人才发展机制，激发科技人员积极性创造性**

加大科技人才引进和培养力度，加快形成不拘一格的用才观，鼓励各类创新人才特别是中青年人才直面经济和社会发展主战场，潜心研究，强化应用，加快转化，为经济转型升级提供源源不断的智力支持。选择10家左右省级科研院所和独立运作的企业研究院开展现代研究院制度建设的示范试点，加快科研院所科研体制改革与机制创新，建立以市场为导向，面向产业的科技评价和科技服务体系，提高服务经济社会发展的能力和水平。引导和鼓励高校、科研院所科技人员面向市场、服务企业，支持他们走出高校科研院所去创新创业，特别是创办科技型中小企业。强化人才评价的产业化导向，创新团队的培养、“千人计划”人才评审、职称评聘方面要向从事产业化的人才倾斜。组织实施青年科学家培养计划，加大对青年科技人才的培养力度。

# 四　长三角地区教育发展

## 一、长三角地区教育发展总体情况

2012年末长三角两省一市共有普通中等学校、小学和特殊教育学校合计14882所，比2011年减少402所，下降2.6%。其中普通中等学校6080所，同比减少79所，下降1.3%；小学8587所，同比减少323所，下降3.6%；特殊学校215所，与2011年相比保持不变。

2012年末长三角两省一市共有专任教师104.97万人，比2011年增加0.9万人，增长0.9%。其中普通中等学校专任教师56.33万人，同比减少0.07万人，下降0.1%；小学专任教师48.02万人，同比增加0.95万人，增长2.0%；特殊学校专任教师0.62万人，同比增加0.02万人，增长3.3%。

2012年末长三角两省一市在校学生数1559.00万人，比2011年减少14.37万人，下降0.9%。其中普通中等学校在校学生数709.07万人，同比减少33.19万人，下降4.5%；小学在校学生数845.53万人，同比增加18.76万人，增长2.3%；特殊学校在校学生数4.40万人，同比增加0.06万人，增长1.4%。

**表11　长三角教育发展历年概况**

所，万人

| 指　标 | 2006年 | 2007年 | 2008年 | 2009年 | 2010年 | 2011年 | 2012年 |
|---|---|---|---|---|---|---|---|
| 学校数 | 19166 | 18029 | 17095 | 17137 | 16261 | 15284 | 14882 |
| 普通中等学校 | 6902 | 6748 | 6567 | 7020 | 6800 | 6159 | 6080 |
| 小　学 | 12066 | 11083 | 10322 | 9911 | 9253 | 8910 | 8587 |
| 特殊教育 | 198 | 198 | 206 | 206 | 208 | 215 | 215 |
| 专任教师数 | 105.07 | 102.47 | 103.15 | 108.33 | 108.27 | 104.07 | 104.97 |
| 普通中等学校 | 55.01 | 55.72 | 56.26 | 60.87 | 61.03 | 56.40 | 56.33 |
| 小　学 | 46.18 | 46.24 | 46.35 | 46.91 | 46.67 | 47.07 | 48.02 |
| 特殊教育 | 0.50 | 0.51 | 0.54 | 0.55 | 0.57 | 0.60 | 0.62 |
| 在校学生数 | 1793.01 | 1739.69 | 1689.90 | 1732.44 | 1703.49 | 1573.37 | 1559.00 |
| 普通中等学校 | 939.74 | 916.88 | 885.68 | 939.34 | 896.45 | 742.26 | 709.07 |
| 小　学 | 848.55 | 817.97 | 799.41 | 788.28 | 802.27 | 826.77 | 845.53 |
| 特殊教育 | 4.72 | 4.84 | 4.81 | 4.82 | 4.77 | 4.34 | 4.40 |

数据来源：上海市、江苏省、浙江省统计年鉴。

## 二、上海市教育发展基本情况

### （一）总体情况

2012年上海市共有各类学校（全日制学校，含高等学校）1728所，与2011年持平，在校学生数

200.80 万人，比 2011 年增加 0.97%，招生数 57.07 万人，比 2011 年增加 8.83%；教职工总数 21.38 万人，比 2011 年减少了 0.09%。各类普通高等学校、普通中等学校数量均比 2011 年有所增长，普通高等学校比 2011 年增加了 1 所，普通中等学校比 2011 年增加了 2 所，特殊教育学校数量与 2011 年持平，普通小学数量则比 2011 年减少了 3 所。各级各类学校总教职工数量继续下降，但值得注意的是专任教师数量则增加了 1.97%，这意味着这些学校的专任教师在教职工中所占比例得到了提高。

**表 12　2012 年上海市教育发展概况**

所，万人，%

| 指　标 | 2000 年 | 2010 年 | 2011 年 | 2012 年 | 变动率 |
|---|---|---|---|---|---|
| 学校数 | 2225 | 1730 | 1728 | 1728 | 0.00 |
| 　普通高等学校 | 37 | 66 | 66 | 67 | 1.52 |
| 　普通中等学校 | 1133 | 869 | 869 | 871 | 0.23 |
| 中等专业学校 | 84 | 65 | 64 | 61 | −4.69 |
| 职业中学 | 60 | 26 | 28 | 28 | 0.00 |
| 技工学校 | 115 | 10 | 10 | 9 | −10.00 |
| 普通中学 | 861 | 755 | 754 | 760 | 0.80 |
| 工读学校 | 13 | 13 | 13 | 13 | 0.00 |
| 　普通小学 | 1021 | 766 | 764 | 761 | −0.39 |
| 　特殊教育学校 | 34 | 29 | 29 | 29 | 0.00 |
| 教职工数 | 22.73 | 21.42 | 21.40 | 21.38 | −0.09 |
| 　普通高等学校 | 6.01 | 7.42 | 7.41 | 7.33 | −1.08 |
| 　普通中等学校 | 10.43 | 8.26 | 9.02 | 8.99 | −0.33 |
| 中等专业学校 | 1.27 | 0.91 | 0.89 | 0.85 | −4.49 |
| 职业中学 | 0.66 | 0.43 | 0.42 | 0.40 | −4,76 |
| 技工学校 | 0.77 | 0.13 | 0.13 | 0.11 | −15.38 |
| 普通中学 | 7.66 | 6.73 | 7.52 | 7.58 | 0.80 |
| 工读学校 | 0.07 | 0.06 | 0.05 | 0.05 | 0.00 |
| 　普通小学 | 6.13 | 5.58 | 4.81 | 4.90 | 1.87 |
| 　特殊教育学校 | 0.16 | 0.16 | 0.16 | 0.16 | 0.00 |
| 专任教师 | 12.83 | 14.52 | 14.70 | 14.99 | 1.97 |
| 　普通高等学校 | 2.05 | 3.92 | 3.96 | 4.01 | 1.26 |
| 　普通中等学校 | 6.26 | 5.97 | 6.00 | 6.05 | 0.83 |
| 中等专业学校 | 0.53 | 0.50 | 0.50 | 0.48 | −0.04 |
| 职业中学 | 0.39 | 0.29 | 0.29 | 0.28 | −3.45 |

（续表）

| | | | | | |
|---|---|---|---|---|---|
| 技工学校 | 0.30 | 0.07 | 0.06 | 0.07 | 16.67 |
| 普通中学 | 5.01 | 5.07 | 5.11 | 5.18 | 1.37 |
| 高　中 | 1.42 | 1.67 | 1.66 | 1.66 | 0.00 |
| 初　中 | 3.59 | 3.40 | 3.45 | 3.52 | 2.03 |
| 工读学校 | 0.03 | 0.04 | 0.04 | 0.04 | 0.00 |
| 普通小学 | 4.43 | 4.52 | 4.62 | 4.81 | 4.11 |
| 特殊教育学校 | 0.09 | 0.11 | 0.12 | 0.12 | 0.00 |
| 毕业生数 | 55.67 | 46.77 | 47.33 | 49.26 | 4.08 |
| 普通高等学校 | 4.09 | 13.37 | 13.90 | 17.13 | 23.24 |
| 普通中等学校 | 32.76 | 22.63 | 20.25 | 19.09 | −5.73 |
| 中等专业学校 | 3.86 | 3.34 | 3.13 | 2.77 | −11.50 |
| 职业中学 | 3.99 | 1.38 | 1.23 | 1.04 | −15.45 |
| 技工学校 | 1.86 | 0.31 | 0.32 | 0.30 | −6.25 |
| 普通中学 | 22.92 | 16.13 | 15.48 | 14.91 | −3.68 |
| 高　中 | 7.18 | 6.24 | 5.85 | 5.44 | −7.01 |
| 初　中 | 15.74 | 9.89 | 9.63 | 9.47 | −1.66 |
| 工读学校 | 0.13 | 0.08 | 0.07 | 0.07 | 0.00 |
| 普通小学 | 18.73 | 12.44 | 13.09 | 12.95 | −1.07 |
| 特殊教育学校 | 0.09 | 0.09 | 0.09 | 0.09 | 0.00 |
| 招生数 | 52.23 | 50.66 | 52.44 | 57.07 | 8.83 |
| 普通高等学校 | 8.13 | 14.46 | 14.11 | 18.41 | 30.47 |
| 普通中等学校 | 33.71 | 21.07 | 21.32 | 21.35 | 0.14 |
| 中等专业学校 | 3.00 | 2.99 | 2.78 | 2.76 | −0.72 |
| 职业中学 | 2.44 | 1.23 | 1.23 | 1.23 | 0.00 |
| 技工学校 | 1.68 | 0.42 | 0.38 | 0.30 | −21.05 |
| 普通中学 | 26.46 | 16.33 | 16.84 | 17.00 | 0.95 |
| 高　中 | 7.84 | 5.39 | 5.22 | 5.25 | 0.57 |
| 初　中 | 18.62 | 10.94 | 11.62 | 11.75 | 1.12 |
| 工读学校 | 0.13 | 0.10 | 0.08 | 0.06 | −25.00 |
| 普通小学 | 10.28 | 15.05 | 16.94 | 17.23 | 1.71 |
| 特殊教育学校 | 0.11 | 0.08 | 0.07 | 0.08 | 14.29 |

（续表）

| 在校学生 | 207.61 | 197.70 | 198.87 | 200.80 | 0.97 |
|---|---|---|---|---|---|
| 普通高等学校 | 22.68 | 51.57 | 51.13 | 50.66 | －0.92 |
| 普通中等学校 | 105.53 | 75.47 | 74.14 | 73.61 | －0.71 |
| 中等专业学校 | 11.89 | 10.91 | 10.22 | 9.88 | －3.33 |
| 职业中学 | 8.48 | 3.77 | 3.51 | 3.55 | 1.14 |
| 技工学校 | 5.37 | 1.08 | 1.05 | 0.98 | －6.67 |
| 普通中学 | 79.54 | 59.44 | 59.16 | 59.04 | －0.20 |
| 高　中 | 23.94 | 16.89 | 16.11 | 15.77 | －2.11 |
| 初　中 | 55.60 | 42.55 | 43.06 | 43.27 | 0.49 |
| 工读学校 | 0.25 | 0.27 | 0.18 | 0.16 | －11.11 |
| 普通小学 | 78.86 | 70.16 | 73.11 | 76.04 | 4.01 |
| 特殊教育学校 | 0.54 | 0.50 | 0.49 | 0.49 | 0.00 |

注：普通中学学校数中，完全中学 94 所，高级中学 134 所，初级中学 358 所，九年一贯制学校 149 所，十二年一贯制学校 19 所

数据来源：《上海市统计年鉴》(2013)

## （二）历史情况

2006 年至 2007 年，上海市各类学校总数持续减少，包括普通高等学校在内的各类学校总数从 1672 所下降到了 1640 所，减幅 1.9%。但这一趋势在 2008 年出现逆转，2008 年各类学校总数回升到 1678 所，比 2007 年增加了 2.32%。2010 年各类学校总数 1730 所，与 2009 年保持一致，2012 年各类学校总数 1728 所，与 2011 年持平，比 2010 年减少 2 所。从细化数据中，可以看出，2006 年至 2012 年普通小学数量在增加，由 2006 年的 626 所增加到 2012 年的 761 所，增长 21.6%；2006 年至 2012 年普通中等学校数量在减少，由 2006 年的 958 所减少到 2012 年的 871 所，减幅为 9.1%，普通中学的数量也由 2006 年的 794 所减少到 2012 年的 760 所，减幅 4.3%；普通高等学校的数量由 2006 年的 60 所增加到 2012 年的 67 所，增长 11.7%；2006 年至 2012 年，特殊教育学校的数量基本没变化。

与 2006 年相比，2012 年教职工数增长主要集中在普通高等学校和普通中学方面，增幅分别为 2.2%和 3.4%，小学教职工微增 0.8%，特殊教育学校持平，其他各类学校教职工数都在减少；而专任教师数增长主要集中在普通高等学校和普通小学，增幅分别为 18.3%和 28.3%。可以看出这些学校的专任教师在教职工中所占比例得到了增长。

在校学生数经历了 2007 年的低谷开始反弹，连续 5 年增长，2012 年在校学生数为 200.80 万人，比 2007 年增长 6.9%。与 2006 年相比，学生增加人数主要集中在普通高等学校和普通小学，其他各类学生数都在减少。

**表 13　上海市教育发展主要年份历史情况**

所，万人

| 指　标 | 2006 年 | 2007 年 | 2008 年 | 2009 年 | 2010 年 | 2011 年 | 2012 年 |
|---|---|---|---|---|---|---|---|
| 学校数 | 1672 | 1640 | 1678 | 1730 | 1730 | 1728 | 1728 |

（续表）

| | | | | | | | |
|---|---|---|---|---|---|---|---|
| 普通高等学校 | 60 | 60 | 61 | 66 | 66 | 66 | 67 |
| 普通中等学校 | 958 | 937 | 916 | 884 | 869 | 869 | 871 |
| 中等专业学校 | 81 | 76 | 73 | 70 | 65 | 64 | 61 |
| 职业中学 | 37 | 32 | 28 | 26 | 26 | 28 | 28 |
| 技工学校 | 33 | 30 | 28 | 13 | 10 | 10 | 9 |
| 普通中学 | 794 | 786 | 774 | 762 | 755 | 754 | 760 |
| 工读学校 | 13 | 13 | 13 | 13 | 13 | 13 | 13 |
| 普通小学 | 626 | 615 | 672 | 751 | 766 | 764 | 761 |
| 特殊教育学校 | 28 | 28 | 29 | 29 | 29 | 29 | 29 |
| 教职工数 | 21.35 | 21.03 | 21.15 | 21.44 | 21.42 | 21.40 | 21.38 |
| 普通高等学校 | 7.17 | 7.18 | 7.31 | 7.45 | 7.42 | 7.41 | 7.33 |
| 普通中等学校 | 9.16 | 8.85 | 8.58 | 8.35 | 8.26 | 9.02 | 8.99 |
| 中等专业学校 | 1.06 | 1.00 | 0.97 | 0.94 | 0.91 | 0.89 | 0.85 |
| 职业中学 | 0.50 | 0.48 | 0.45 | 0.44 | 0.43 | 0.42 | 0.40 |
| 技工学校 | 0.21 | 0.20 | 0.21 | 0.15 | 0.13 | 0.13 | 0.11 |
| 普通中学 | 7.33 | 7.11 | 6.89 | 6.76 | 6.73 | 7.52 | 7.58 |
| 工读学校 | 0.06 | 0.06 | 0.06 | 0.06 | 0.06 | 0.05 | 0.05 |
| 普通小学 | 4.86 | 4.84 | 5.10 | 5.48 | 5.58 | 4.81 | 4.90 |
| 特殊教育学校 | 0.16 | 0.16 | 0.16 | 0.16 | 0.16 | 0.16 | 0.16 |
| 专任教师 | 13.36 | 13.59 | 13.02 | 14.29 | 14.52 | 14.70 | 14.99 |
| 普通高等学校 | 3.39 | 3.55 | 3.69 | 3.81 | 3.92 | 3.96 | 4.01 |
| 普通中等学校 | 6.12 | 6.08 | 5.98 | 5.94 | 5.97 | 6.00 | 6.05 |
| 中等专业学校 | 0.52 | 0.51 | 0.51 | 0.49 | 0.50 | 0.50 | 0.48 |
| 职业中学 | 0.30 | 0.29 | 0.29 | 0.29 | 0.29 | 0.29 | 0.28 |
| 技工学校 | 0.12 | 0.11 | 0.11 | 0.07 | 0.07 | 0.06 | 0.07 |
| 普通中学 | 5.14 | 5.13 | 5.03 | 5.05 | 5.07 | 5.11 | 5.18 |
| 高　中 | 1.80 | 1.79 | 1.72 | 1.69 | 1.67 | 1.66 | 1.66 |
| 初　中 | 3.34 | 3.34 | 3.31 | 3.36 | 3.40 | 3.45 | 3.52 |
| 工读学校 | 0.04 | 0.04 | 0.04 | 0.04 | 0.04 | 0.04 | 0.04 |
| 普通小学 | 3.75 | 3.85 | 4.10 | 4.43 | 4.52 | 4.62 | 4.81 |
| 特殊教育学校 | 0.10 | 0.11 | 0.11 | 0.11 | 0.11 | 0.12 | 0.12 |

（续表）

| | | | | | | | |
|---|---|---|---|---|---|---|---|
| 在校学生 | 193.04 | 187.79 | 190.15 | 196.29 | 197.70 | 198.87 | 200.80 |
| 普通高等学校 | 46.63 | 48.49 | 50.29 | 51.28 | 51.57 | 51.13 | 50.66 |
| 普通中等学校 | 92.54 | 85.47 | 80.29 | 77.39 | 75.47 | 74.14 | 73.61 |
| 中等专业学校 | 13.70 | 12.81 | 12.08 | 11.50 | 10.91 | 10.22 | 9.88 |
| 职业中学 | 5.33 | 5.20 | 4.80 | 4.14 | 3.77 | 3.51 | 3.55 |
| 技工学校 | 2.05 | 1.56 | 1.32 | 1.06 | 1.08 | 1.05 | 0.98 |
| 普通中学 | 71.17 | 65.60 | 61.77 | 60.37 | 59.44 | 59.16 | 59.04 |
| 高　中 | 27.17 | 22.90 | 19.26 | 17.16 | 16.89 | 16.11 | 15.77 |
| 初　中 | 44.00 | 42.70 | 42.51 | 42.61 | 42.55 | 43.06 | 43.27 |
| 工读学校 | 0.29 | 0.30 | 0.32 | 0.32 | 0.27 | 0.18 | 0.16 |
| 普通小学 | 53.37 | 53.33 | 59.06 | 67.12 | 70.16 | 73.11 | 76.04 |
| 特殊教育学校 | 0.50 | 0.50 | 0.51 | 0.50 | 0.50 | 0.49 | 0.49 |

数据来源：上海市历年统计年鉴

## （三）各区域教育发展基本情况

2012 年上海市各区、县共有普通中学 760 所，招生 169986 人，毕业生 149061 人，在校学生 590395 人，教职员工 75758 人，其中专任教师 51790 人。浦东新区的普通中学在各项指标上均居全市之首。

**表 14　2012 年上海市各区、县普通中学基本情况**　　所，人

| 地　区 | 学　校 | 毕业生数 | 招生数 | 在校学生 | 教职员工 | #专任教师 |
|---|---|---|---|---|---|---|
| 总　计 | 760 | 149061 | 169986 | 590395 | 75758 | 51790 |
| 浦东新区 | 149 | 34535 | 40958 | 139828 | 15165 | 11329 |
| 黄浦区 | 36 | 6789 | 6974 | 24822 | 3576 | 2453 |
| 徐汇区 | 38 | 9887 | 10352 | 36677 | 4382 | 3401 |
| 长宁区 | 27 | 5085 | 5420 | 19264 | 2866 | 1831 |
| 静安区 | 15 | 3240 | 3386 | 12335 | 1717 | 1121 |
| 普陀区 | 49 | 7402 | 8034 | 28487 | 4537 | 2740 |
| 闸北区 | 36 | 6792 | 6720 | 24568 | 3235 | 2203 |
| 虹口区 | 41 | 6985 | 6690 | 24698 | 3327 | 2515 |
| 杨浦区 | 53 | 9174 | 9068 | 33502 | 4352 | 3185 |
| 闵行区 | 63 | 10265 | 13903 | 45219 | 6513 | 4141 |
| 宝山区 | 56 | 9679 | 12202 | 41504 | 4993 | 3485 |

（续表）

| | | | | | | |
|---|---|---|---|---|---|---|
| 嘉定区 | 36 | 5587 | 8184 | 26041 | 3124 | 2140 |
| 金山区 | 29 | 6431 | 6825 | 23490 | 2939 | 2144 |
| 松江区 | 33 | 7630 | 8855 | 32529 | 4542 | 2448 |
| 青浦区 | 24 | 6033 | 7191 | 25635 | 3043 | 2120 |
| 奉贤区 | 38 | 6782 | 9911 | 31128 | 4085 | 2255 |
| 崇明县 | 37 | 6765 | 5313 | 20668 | 3362 | 2279 |

数据来源:《上海市统计年鉴》(2013)

2012 年上海市各区、县共有普通小学 761 所，招生 172297 人，毕业生 129542 人，在校学生 760377 人，教职员工 48936 人，其中专任教师 48066 人。浦东新区的普通小学在各项指标上均居全市之首。

**表 15　2012 年上海市各区、县普通小学基本情况**　　所，人

| 地　区 | 学　校 | 毕业生数 | 招生数 | 在校学生 | 教职员工 | #专任教师 |
|---|---|---|---|---|---|---|
| 总　计 | 761 | 129542 | 172297 | 760377 | 48936 | 48066 |
| 浦东新区 | 165 | 31230 | 42718 | 183060 | 10502 | 10755 |
| 黄浦区 | 30 | 3523 | 3979 | 17897 | 2057 | 1664 |
| 徐汇区 | 43 | 6081 | 6958 | 31490 | 2581 | 2232 |
| 长宁区 | 24 | 3546 | 4090 | 18668 | 1652 | 1456 |
| 静安区 | 12 | 1809 | 1955 | 9067 | 986 | 717 |
| 普陀区 | 26 | 5589 | 6663 | 29068 | 1589 | 2093 |
| 闸北区 | 34 | 4083 | 4778 | 21520 | 1939 | 1547 |
| 虹口区 | 34 | 3984 | 4656 | 21293 | 1852 | 1806 |
| 杨浦区 | 44 | 5359 | 5899 | 27176 | 2372 | 2265 |
| 闵行区 | 62 | 13021 | 19019 | 81309 | 4567 | 4562 |
| 宝山区 | 73 | 11196 | 14661 | 63313 | 3912 | 4124 |
| 嘉定区 | 39 | 7129 | 10988 | 48995 | 2612 | 2504 |
| 金山区 | 31 | 5035 | 5864 | 28509 | 2162 | 1850 |
| 松江区 | 33 | 8822 | 13368 | 60390 | 2621 | 3125 |
| 青浦区 | 45 | 7017 | 11166 | 48952 | 3094 | 2888 |
| 奉贤区 | 34 | 8508 | 11102 | 50529 | 2077 | 2544 |
| 崇明县 | 32 | 3610 | 4433 | 19141 | 2361 | 1934 |

数据来源:《上海市统计年鉴》(2013)

## （四）2012 年上海市教育发展的主要特点

2012 年与 2011 年相比，除中等专业学校和职业中学外，各类普通学校的专任教师数继续保持增长，其中普通小学增加专任教师数最多；普通中等学校和普通高等学校的学校数微增，普通小学的学校数微减；普通中等学校和普通高等学校的教职工数下降，普通小学的教职工数增加 1.9%。普通中等学校和普通高等学校在校生数出现下降，而普通小学在校生已连续 5 年增长。普通小学专任教师数的增加，不仅是提高学校教学水平需要，也是在校学生数增长的需求。

# 三、江苏省教育发展基本情况

## （一）总体情况

2012 年，江苏省各类学校数量总体呈下滑趋势。江苏省各类学校中，普通高等教育学校 128 所，比 2011 年增加所；普通中学 2660 所、小学 4128 所，分别比 2011 年又减少了 61 所和 200 所；特殊教育学校 107 所，比 2011 年减少了 1 所；普通中等专业学校比 2011 年减少了 1 所，职业高中比 2011 年减少了 10 所。

普通中等专业学校的教职工与专任教师人数都有所增加，分别比 2011 年增长 1.9%和 3.5%；普通中学的教职工和专任教师人数分别比 2011 年下降 0.4%和 1.0%；小学教职工人数，比 2011 年下降 0.6%，而小学专任教师人数却比 2011 年增长 1.0%。

**表 16 2012 年江苏省各级各类教育事业**

所，人

| 指　标 | 学校数 | 毕业生数 | 招生数 | 在校学生数 | 教职工数 | #专任教师 |
|---|---|---|---|---|---|---|
| 普通高等教育 | 128 | 508606 | 481106 | 1810702 | 163592 | 106023 |
| 研究生 | —— | 38352 | 46214 | 139529 | —— | —— |
| 本专科学生 | —— | 470254 | 434892 | 1671173 | —— | —— |
| 普通中等专业学校 | 168 | 154510 | 197037 | 631204 | 34919 | 28049 |
| 普通中学 | 2660 | 1196948 | 1017248 | 3178866 | 349851 | 279454 |
| 高　中 | 594 | 444765 | 376936 | 1208697 | | 97223 |
| 初　中 | 2066 | 752183 | 640312 | 1970169 | | 182231 |
| 职业高中 | 75 | 65269 | 49498 | 175718 | 14239 | 11912 |
| 技工学校 | 126 | 86911 | 105525 | 280292 | | 12955 |
| 小　学 | 4128 | 645061 | 794802 | 4227557 | 252300 | 252580 |
| 特殊教育学校 | 107 | 3271 | 3534 | 24702 | 3911 | 3124 |
| 幼儿园 | 4392 | 725378 | 793156 | 2204476 | 152982 | 94680 |
| 成人高等教育 | 12 | 196579 | 118090 | 276700 | 2408 | 1401 |
| #广播电视大学 | 2 | 3246 | 3019 | 6588 | 493 | 239 |
| 管理干部学院 | 3 | 2943 | 2460 | 6354 | 818 | 543 |

（续表）

| | | | | | | |
|---|---|---|---|---|---|---|
| 职工高等学校 | 5 | 1289 | 556 | 1366 | 313 | 187 |
| 教育学院 | 2 | 6329 | 6876 | 7634 | 784 | 432 |
| 成人中等专业学校 | 42 | 28864 | 28690 | 77627 | 3192 | 1900 |
| 成人中学 | 527 | 30377 | | 19542 | 1660 | 1200 |
| 网络教育 | 3 | 12899 | 22606 | 45524 | —— | —— |

数据来源：《江苏省统计年鉴》(2013)

## （二）历史情况

2000 年以来，江苏省的普通中等学校、小学和特殊教育学校三类学校合计数呈逐年递减的趋势，而普通高等学校数量逐年递增。2012 年与 2000 年相比，普通中等学校、小学和特殊教育学校这三类学校合计数减少 62.4％，其中普通中等学校减少了 27.6％，特殊教育学校也减少了 13.0％，小学数量的减幅则高达 78.4％。与此相反，普通中等学校专任教师总数则总体呈增长的态势，尽管 31.94 万人的总数低于 2011 年的该项指标，但仍然比 2000 年增长 27.7％，其中普通中学的专任教师数量增长 29.5％。在招生数方面，普通中等学校的招生数自 2005 年以来持续减少，2012 年普通中学招生数仅为 2005 年招生数的 64.1％。在校生自 2005 年以来逐年递减，2012 年普通中学在校生数仅为 2005 年的 67.2％。毕业生数 2005 年以来逐年递减，2012 年普通中学毕业生数仅为 2005 年的 73.4％。

**表 17　江苏省普通中等学校、小学、特殊教育学校主要年份历史变化情况**　所，万人，％

| 指　标 | 2000 年 | 2005 年 | 2010 年 | 2011 年 | 2012 年 | 变动率 |
|---|---|---|---|---|---|---|
| 学校数 | 28607 | 14394 | 11503 | 11132 | 10763 | －3.31 |
| 普通高等学校 | 71 | 115 | 124 | 126 | 128 | 1.59 |
| 普通中等学校 | 4222 | 3530 | 3058 | 2975 | 2903 | －2.42 |
| 中等专业学校 | 185 | 150 | 160 | 169 | 168 | －0.59 |
| 普通中学 | 3675 | 3141 | 2776 | 2721 | 2660 | －2.24 |
| ＃高中 | 859 | 849 | 653 | 620 | 594 | －4.19 |
| 职业高中 | 362 | 239 | 122 | 85 | 75 | －11.76 |
| 小学 | 19110 | 6261 | 4498 | 4328 | 4128 | －4.62 |
| 特殊教育 | 123 | 109 | 112 | 108 | 107 | －0.93 |
| 专任教师 | 87.98 | 104.28 | 110.00 | 109.70 | 109.77 | 0.06 |
| 普通高等学校 | 3.31 | 6.73 | 10.20 | 10.40 | 10.60 | 1.92 |
| 普通中等学校 | 25.02 | 31.13 | 32.36 | 32.14 | 31.94 | －0.62 |
| 中等专业学校 | 1.37 | 1.42 | 2.43 | 2.71 | 2.80 | 3.32 |
| 普通中学 | 21.59 | 27.98 | 28.46 | 28.23 | 27.95 | －0.99 |

（续表）

| | | | | | | |
|---|---|---|---|---|---|---|
| ♯高中 | 5.46 | 8.88 | 9.82 | 9.71 | 9.72 | 0.10 |
| 职业高中 | 2.06 | 1.73 | 1.47 | 1.20 | 1.19 | −0.83 |
| 小学 | 28.90 | 26.16 | 24.96 | 25.01 | 25.26 | 1.00 |
| 特殊教育 | 0.27 | 0.25 | 0.30 | 0.30 | 0.31 | 3.33 |
| 招生数 | 478.17 | 587.00 | 508.02 | 479.15 | 466.51 | −2.64 |
| 普通高等教育 | 18.22 | 39.02 | 47.52 | 48.03 | 48.13 | 0.21 |
| 研究生 | 0.97 | 2.87 | 4.25 | 4.42 | 4.62 | 4.52 |
| 本专科生 | 17.25 | 36.15 | 43.27 | 43.61 | 43.50 | −0.25 |
| 普通中等学校 | 157.94 | 197.19 | 147.67 | 132.83 | 126.37 | −4.86 |
| 中等专业学校 | 10.64 | 24.45 | 22.78 | 20.61 | 19.70 | −4.42 |
| 普通中学 | 141.44 | 157.55 | 115.07 | 105.84 | 101.72 | −3.89 |
| ♯高中 | 29.93 | 52.25 | 44.03 | 40.88 | 37.69 | −7.80 |
| 职业高中 | 5.86 | 15.19 | 9.82 | 6.38 | 4.95 | −22.41 |
| 小学 | 95.53 | 61.93 | 73.13 | 76.18 | 79.48 | 4.33 |
| 特殊教育 | 0.39 | 0.40 | 0.48 | 0.37 | 0.35 | −5.41 |
| 在校学生 | 1765.22 | 2067.42 | 1817.97 | 1746.85 | 1705.40 | −2.37 |
| 普通高等教育 | 47.48 | 123.77 | 177.49 | 179.38 | 181.07 | 0.94 |
| 研究生 | 2.29 | 7.79 | 12.55 | 13.44 | 13.95 | −3.79 |
| 本专科生 | 45.19 | 115.98 | 164.94 | 165.94 | 167.12 | 0.71 |
| 普通中等学校 | 433.97 | 592.97 | 462.79 | 423.62 | 398.58 | −5.91 |
| 中等专业学校 | 43.62 | 66.10 | 68.30 | 63.59 | 63.12 | −0.74 |
| 普通中学 | 373.64 | 491.56 | 368.61 | 339.82 | 317.89 | −6.45 |
| ♯高中 | 80.18 | 145.34 | 135.66 | 128.70 | 120.87 | −6.08 |
| 职业高中 | 16.71 | 35.31 | 25.88 | 20.21 | 17.57 | −13.06 |
| 小学 | 718.55 | 485.53 | 398.78 | 409.60 | 422.76 | 3.21 |
| 特殊教育 | 3.59 | 3.07 | 2.97 | 2.55 | 2.47 | −3.14 |
| 毕业生数 | 389.63 | 559.50 | 554.50 | 528.87 | 494.39 | −6.52 |
| 普通高等教育 | 8.01 | 24.46 | 50.88 | 51.05 | 50.86 | −0.37 |
| 研究生 | 0.44 | 1.49 | 2.99 | 3.34 | 3.84 | 14.97 |
| 本专科生 | 7.57 | 22.97 | 47.89 | 47.71 | 47.03 | −1.43 |
| 普通中等学校 | 117.74 | 180.99 | 166.50 | 157.43 | 141.67 | −10.01 |

（续表）

| | | | | | | |
|---|---|---|---|---|---|---|
| 中等专业学校 | 14.49 | 10.90 | 16.73 | 19.59 | 15.45 | −21.13 |
| 普通中学 | 96.00 | 162.98 | 140.04 | 130.44 | 119.69 | −8.24 |
| #高中 | 22.99 | 42.65 | 48.64 | 46.61 | 44.48 | −4.57 |
| 职业高中 | 7.25 | 7.11 | 9.73 | 7.40 | 6.53 | −11.76 |
| 小学 | 114.78 | 105.52 | 70.58 | 64.97 | 64.51 | −0.71 |
| 特殊教育 | 0.36 | 0.43 | 0.52 | 0.33 | 0.33 | 0.00 |

数据来源：江苏省历年统计年鉴。

## （三）各省辖市教育发展基本情况

2012年江苏省13个省辖市普通中等专业学校、普通中学、小学等三类学校共有在校学生总数1060.85万人，比2011年增长0.2%。其中普通中学317.89万人，比2011年下降6.4%；小学422.77万人，比2011年增长3.2%。专任教师总数为77.33万人，比2011年增长11.9%。普通中学和小学在校生数最多的市为徐州市，分别占全省总数的13.4%和14.9%；南京市的在校学生总数居全省第一，占全省总数的13.7%；专任教师总数最多的市为扬州市，占全省总数的15.2%。

**表18　2012年江苏省省辖市教育情况**　　万人

| 指标 | 在校学生总数 | #普通中学 | #小学 | 专任教师总数 |
|---|---|---|---|---|
| 合计 | 1060.85 | 317.89 | 422.77 | 77.33 |
| 南京市 | 145.10 | 23.07 | 30.72 | 10.01 |
| 无锡市 | 72.29 | 21.05 | 31.94 | 4.96 |
| 徐州市 | 127.24 | 42.61 | 62.85 | 8.54 |
| 常州市 | 59.69 | 16.91 | 23.43 | 3.48 |
| 苏州市 | 98.84 | 26.18 | 44.04 | 6.84 |
| 南通市 | 77.86 | 27.96 | 31.76 | 5.44 |
| 连云港市 | 72.56 | 26.85 | 35.00 | 4.79 |
| 淮安市 | 72.98 | 24.21 | 31.19 | 4.52 |
| 盐城市 | 83.55 | 29.99 | 38.37 | 5.93 |
| 扬州市 | 84.85 | 19.79 | 22.44 | 11.74 |
| 镇江市 | 36.38 | 10.46 | 13.19 | 2.65 |
| 泰州市 | 51.28 | 19.62 | 22.20 | 3.93 |
| 宿迁市 | 78.23 | 29.19 | 35.64 | 4.50 |

数据来源：《江苏省统计年鉴》(2013)

### （四）2012年江苏省教育发展的主要特点

2012年江苏省普通中等学校、小学等主要教育机构延续了2000年以来的减少趋势，其中小学数量减幅明显，2012年与2000年相比，小学数量减少78.4%。在专任教师、招生数和在校生数等其他重要指标上，则保持了“小增中减”的态势，即普通中等学校的各项指标总体保持小幅下降的趋势，而小学的各项指标则持续走高。

## 四、浙江省教育发展基本情况

### （一）总体情况

2012年浙江省共有普通中学2306所，小学3698所，幼儿园9573所，普通中学、小学和幼儿园数量分别比2011年减少8所、120所和76所。普通中学、小学、幼儿园的专任教师数量均比2011年有所增加，分别达到18.34万人、17.95万人、10.73万人。普通中学在校生236.88万人，比2011年减少7.62万人；小学在校生346.73万人，比2011年增加2.67万人。

**表19　2012年浙江省各级各类教育事业基本情况**　　所，人

| 指标 | 学校数 | 毕业生数 | 招生数 | 在校生数 | 教职工数 | 专任教师数 |
|---|---|---|---|---|---|---|
| 一、基础教育 | | | | | | |
| 1. 普通中学 | 2306 | 811475 | 788513 | 2368787 | 211509 | 183361 |
| 高　　中 | 571 | 297101 | 277919 | 875802 | | 64506 |
| 其中：民办 | 164 | 60023 | 58645 | 183501 | | 11036 |
| 初　　中 | 1735 | 514374 | 510594 | 1492985 | | 118855 |
| 其中：民办 | 211 | 56123 | 69097 | 190846 | | 11151 |
| 2. 小　学 | 3698 | 538276 | 607186 | 3467269 | 190330 | 179473 |
| 其中：民办 | 197 | 49570 | 83646 | 390444 | | 14727 |
| 3. 幼儿园 | 9573 | 601833 | 594778 | 1886304 | 180518 | 107289 |
| 其中：民办 | 7466 | 383228 | 364206 | 1214811 | 115625 | 67129 |
| 4. 特殊教育学校 | 79 | 1550 | 2741 | 14425 | 2185 | 1915 |
| 5. 工读学校 | 1 | 60 | 65 | 130 | 58 | 46 |
| 二、中等职业教育 | | | | | | |
| 1. 职业高中 | 273 | 155128 | 154777 | 475054 | 29102 | 24868 |
| 2. 普通中等专业学校 | 46 | 35471 | 34103 | 108901 | 6701 | 5482 |
| 3. 技工学校 | 66 | 26618 | 35537 | 106085 | 8431 | |
| 三、普通高等教育 | | | | | | |
| 1. 研究生 | —— | 15112 | 18748 | 54369 | —— | —— |

（续表）

| | | | | | | |
|---|---|---|---|---|---|---|
| 博士生 | —— | 1456 | 2262 | 9485 | —— | —— |
| 硕士生 | —— | 13656 | 16486 | 44884 | —— | —— |
| 2. 普通本专科(含筹) | 105 | 247537 | 280824 | 932292 | 83843 | 54154 |
| 普通本科 | 56 | 126222 | 153236 | 569188 | 60511 | 38666 |
| 其中:民办本科 | 25 | 52387 | 64008 | 236251 | 15714 | 11746 |
| 其中:独立学院 | 22 | 41044 | 45131 | 172757 | 10896 | 8469 |
| 高职(高专) | 49 | 121315 | 127588 | 363104 | 23332 | 15488 |
| 其中:民办 | 10 | 23595 | 22187 | 65221 | 3844 | 2573 |
| 四、成人教育 | | | | | | |
| 1. 成人高等学历教育 | 9 | 97530 | 121384 | 263158 | 1631 | 1045 |
| 2. 远程教育本专科 | | 15003 | 18456 | 51839 | | |
| 3. 成人中等专业教育 | 39 | 12860 | 14340 | 34642 | 1630 | 1061 |
| 4. 成人中学 | 343 | 133668 | | 143096 | 1756 | 1337 |
| 5. 成人技术培训学校 | 4599 | 3191994 | | 3047893 | 21033 | 13858 |
| 6. 成人初等学校 | 18 | 2524 | | 769 | 58 | 44 |

注:1. 特殊教育学生数中包括普通中小学随班就读的学生。
2. 本表数据转自浙江省教育厅。

## （二）各省辖市教育发展基本情况

2012年浙江省共有中等职业学校在校生651952人，其中53.3%在浙东北地区，杭州市在校生数100515人，占全省总数的15.4%。普通中学在校生236.90万人，其中52.1%在浙东北地区，47.9%在浙西南地区，温州市在校生数37.92万人，占全省总数的16.0%。小学在校生346.72万人，其中浙东北地区占48.7%，浙西南地区占51.3%，温州市在校生人数60.25万人，占全省总数的17.38%。

**表20　浙江省各市中等职业学校、普通中学、小学在校学生数(2012年)**

| 城市 | 中等职业学校(人) | 普通中学(万人) | 小学(万人) |
|---|---|---|---|
| 浙东北 | 347387 | 123.51 | 168.83 |
| 杭州市 | 100515 | 33.14 | 47.26 |
| 宁波市 | 80294 | 29.52 | 47.88 |
| 嘉兴市 | 59968 | 18.34 | 23.10 |
| 湖州市 | 33590 | 13.14 | 15.69 |
| 绍兴市 | 64422 | 25.83 | 30.24 |
| 舟山市 | 8598 | 3.54 | 4.66 |

（续表）

| | | | |
|---|---|---|---|
| 浙西南 | 304565 | 113.39 | 177.89 |
| 温州市 | 71517 | 37.92 | 60.25 |
| 金华市 | 82155 | 24.42 | 39.64 |
| 衢州市 | 34412 | 11.57 | 14.56 |
| 台州市 | 82928 | 28.11 | 47.32 |
| 丽水市 | 33553 | 11.37 | 16.12 |
| 合计 | 651952 | 236.90 | 346.72 |

数据来源:《江苏省统计年鉴》(2013)

### （三）2012 年浙江省教育发展的主要特点

2012 年,浙江省普通中学数量延续了自 2000 年以来的下降趋势,专任教师人数比 2011 年微增 0.4%,招生数延续自 2008 年以来的下降趋势,比 2011 年下降 1.5%。普通小学数量继续减少,比 2011 年减少 8 所,专任教师数人数持续增加,比 2011 年增长 2.9%,招生数则比 2011 年减少 3.4%。在三类教育机构占比方面,小学数占比继续下降,比 2011 年下降了 0.6 个百分点,普通中学则从 2011 年的 60.8%上升到 61.5%。特殊学校各项指标变化不大。

## 五、长三角地区教育发展政策分析

### （一）上海市

上海教育发展坚持"为了每一个学生的终身发展"的核心理念,以全面实施素质教育为战略主题,以提高教育质量为核心任务,加强内涵建设,推动各级各类教育全面、协调、可持续发展。

#### 1. 推动基础教育均衡、多样、优质发展,促进城乡教育一体化

(1) 调整学校布局结构。配合郊区新城和大型居住社区建设,新建约 710 所公建配套中小学、幼儿园,在公建配套覆盖不到但入学矛盾突出的区域增建约 150 所中小学、幼儿园,形成与人口分布相协调的学校布局结构。在 200 所普通义务教育阶段学校,开展随班就读资源教室建设。实施特殊教育学校达标建设,完成 3 所特殊教育学校的扩建、迁建,新建一批学前特殊教育班,改善特殊教育办学条件。

(2) 完善学前教育公共服务体系。实施学前教育"三百计划",加大学前教育财政经费的投入,逐步提高托幼机构生均公用经费标准,加大对家庭经济困难儿童接受学前教育的资助力度。编制上海市学前教育机构保教服务标准,定期对各类幼儿园的保育、教育质量和管理水平进行督导。健全民办三级幼儿园与来沪从业人员随迁子女看护点审批制度,妥善解决来沪从业人员随迁子女接受学前教育与看护的难题。

(3) 优化义务教育资源配置。加强市、区优质教育资源向郊区的辐射力度,探索多样化的城郊对口支援制度,完善优质教育机构托管薄弱学校的机制。完善义务教育均衡发展督导和评估机制,定期对区(县)内义务教育均衡发展的状况进行监测和督导评估,推进义务教育学校办学条件、办学经费、师资数量及结构等方面的均衡配置。推进义务教育骨干校长和教师在区(县)内合理流动。

(4) 推动高中教育优质特色多样发展。制订并完善普通高中多样化发展指导意见。以高中学生创新素养培育为抓手，以创新课程内容与改变学生学习方式为重点，推进高中学校内涵发展。积极探索普职融合的高中办学多样化模式，建立普通高中教育与职业教育互相沟通与发展的新渠道。

**2. 加强师德师风建设和创新素质培养，造就高水平师资队伍**

进一步加强师德师风建设，提高教师职业道德水平，强化教师爱岗敬业和教书育人意识；加强教师创新素质培养，着力提高教师的教书育人能力，使教师真正成为学生全面发展的高素质的指导者和引路人。

(1) 加强师德师风建设。表彰在教书育人中辛勤耕耘、为人师表、关爱学生、无私奉献的杰出教师。健全德育骨干教师的专业化培养机制，加强学科教师育德能力培养，建立若干优秀德育教师工作室和研修基地。健全师德规范，加强考核管理，加大对师德失范和学术腐败行为的教育和惩戒力度。

(2) 改革教师培养培训模式。创建一批覆盖全市各区县的教师专业发展学校暨师范生学习基地，建设若干所区(县)示范性教师培训机构，建设若干个市级校长、骨干教师研修基地，设立特殊教育、民族教育、艺术教育类教师研修基地，为所有中小学教师创造适合专业发展的在职培训机会。建立境外教师培训基地，创设有利于教师出国(境)培训的机制，加大骨干教师出国(境)培训力度。创新免费师范生培养模式，提高免费师范生培养质量。继续推进“双名工程”，选拔、培养500名名师、名校长后备人选。

(3) 建立区域内教师合理流动机制。坚持政府主导、区域统筹、分类实施、有序推进的原则，构建基础教育人力资源优化配置、激励保障的机制，引导区域内教师合理流动，促进全市基础教育均衡发展，进一步扩大教育公平。

(4) 提高教师队伍的国际化程度。完善教师境外交流访学制度，逐步提高教师海外进修与培训的比例，鼓励中青年教师赴境外进修培训和参与国际学术活动，倡导现有高层次人才到国际学术组织任职。加大外籍教师聘任力度，积极吸纳海外高层次人才，集聚一批具有国际竞争力的学术大师和优秀领军人才。

**3. 创新教育合作与交流机制，建设国际教育交流中心城市**

加强国际理解教育，增强学生国际交流、理解、合作和竞争的能力。创新中外合作办学机制，提高国际合作与交流的水平和层次，促进上海教育的改革和发展，为把上海建设成为国际教育交流中心城市奠定基础。

(1) 开展中小学国际理解教育。研究编制中小学“国际理解”系列课程教材，在部分区县和学校试点开展国际理解教育活动。鼓励有条件的学校在中外课程融合、中外教师交流、中外学生互动等方面积极探索，在部分高中开设拓展性国际课程。加强中小学多语种教学改革，提升学生的国际意识、国际交往和国际理解能力。

(2) 引进世界一流大学合作办学。适应上海建设国际化大都市的需要，创新中外合作办学机制，吸引世界知名高校，合作举办一批高水平教育机构或项目，提高上海教育的国际化水平。

(3) 建立中外合作办学质量保障机制。发挥行业组织作用，建立和完善中外合作办学认证制度，促进国际和校际间的学分转换和学历互认，提高中外合作办学质量。

(4) 提高上海教育的国际竞争力。积极引进海外教师、专家、管理人员和其他优质资源，开展联合科学研究，提高教学、科研和管理水平。实施走出去战略，鼓励各级各类高水平特色学校到国外办分校，鼓励上海高校参与和组建国际学术和教育组织。加快孔子学院、孔子课堂建设，发展中医药、体育、音乐等专业性孔子学院。

#### 4. 构筑实用便捷和服务改革的信息化环境，提高教育现代化水平

按照“面向一线、提升服务、加强统筹、优化基础”的原则，以提升网络宽带化和应用水平为核心，建设全覆盖、全领域的教育信息化基础设施，完善高效、可靠的教育公共应用服务体系，为每一个受教育者提供时时处处的个性化服务。

(1) 优化教育信息化基础设施环境。以上海教科网和“校校通”网络系统为基础，加强各级各类教育机构的信息化环境建设，建设高速可靠、开放共享、持续发展的教育系统网络基础设施。到2015年，基本实现光纤网络覆盖，上海教育城域网主干带宽达到十万兆，对所有高校校园网具有万兆接入能力，对全市区县级“校校通”网络实现万兆接入，室内公共服务区域的无线局域网(WLAN)覆盖率达到90%以上。

(2) 构建优质教育资源共建共享机制。以“上海学习网”和上海教育资源库的建设为基础，构筑各级各类教育机构共建共享优质资源的新机制，建立基于跨校认证体系和信息化标准体系的资源共建共享联盟。

(3) 推进教育教学手段和模式的创新。以数字化学习环境建设和学习方式变革试验为基础，探索具有信息化特质的教育教学手段和模式。

(4) 提升师生的信息化素养和应用能力。以信息化技能、信息化学习和信息化生存为基础，加强教师信息技术应用培训，引导学生运用信息技术开展学习活动。到2015年，95%以上的教师能熟练运用信息技术开展教育教学，90%的学生能运用信息技术进行自主学习、探索研究并解决学习和生活中的问题。

(5) 提高教育管理信息化的公共服务水平。以建设教育管理公共服务平台为基础，规范教育信息化的管理体制与机制，整合各级各类教育管理资源，全面提升管理水平和服务质量。

### (二) 江苏省

#### 1. 高水平普及基础教育

促进义务教育优质均衡发展，强化对农村地区、经济欠发达地区的支持，合理配置教育资源，有效减少择校现象，确保义务教育高水平、全覆盖。推动普通高中优质特色发展，开展高中课程基地建设，鼓励学校加强自身文化建设，形成教育教学特色，开展自主性、合作性、探究性学习、社区服务和社会实践。切实加强学前教育，普及科学保教方法，建立政府主导、社会参与、公办民办并举的办园体制，基本普及三年学前教育。强化基础教育公平，完善助学体系，建立学前教育资助制度，保障残疾儿童少年、家庭经济困难学生、进城务工人员随迁子女等平等接受教育权利，加强对留守儿童的教育和服务。

#### 2. 提升高等教育办学水平

推动高等教育内涵发展，着力提高教学质量，创新人才培养模式，优化学科专业结构，强化实践教学环节，加强创业教育和指导，扩大高层次创新型人才和应用型、复合型、技能型人才培养规模。加快高水平大学建设，大力支持“985工程”高校创建世界一流大学，推进“211工程”高校建设，提升地方高校建设水平。实施江苏高校优势学科建设工程，形成基础学科、应用学科、新兴交叉学科等多类重点学科以及各类优势学科协调发展的学科体系，进一步增强高校的科技创新能力。加强创新教育，提升大学生实践创新能力。发挥高水平高校的辐射作用，加大对苏中、苏北高校和高职院校的对口支援力度。

#### 3. 创新发展职业教育

把发展职业教育放在更加突出位置，以服务为宗旨、就业为导向，统筹发展中等职业教育与高等

职业教育，协调推进学历教育与职业培训。加强职业教育改革创新，深化课程改革，调整优化职业教育布局，提高服务区域发展能力。发展示范性职业院校，推进职业教育实训基地、师资队伍、品牌特色专业和精品课程建设，完善产教结合、校企合作制度，健全和规范校企办学，全面推行工学结合、校企合作、顶岗实习的人才培养模式。

### 4. 加大教育改革力度

全面实施国家教育体制改革试点项目，加快教育管理创新，推进政校分开、管办分离，建立依法办学、自主管理、民主监督、社会参与的现代学校制度。全面实施素质教育，加快教育教学模式创新。积极稳步推进中等、高等学校考试招生制度改革，扩大招生自主权。深化高等教育管理体制改革，积极建设综合改革试验区，增强高校办学自主权。深化办学体制改革，积极鼓励支持社会力量通过公办民助、委托管理、合作办学等方式参与举办非义务教育公办学校，大力发展民办教育，不断满足人民群众多层次多样化的教育需求。扩大国际交流合作，加大引进海外优质资源力度，提高教育发展国际化水平。加大教育投入，完善投入管理机制，确保财政教育支出增长高于财政经常性收入增长，财政教育支出占一般预算支出比例高于中央核定的比例，全社会教育投入增长高于地区生产总值增长。

## （三）浙江省

### 1. 实现学前教育上等级

在巩固提高普及率的同时，以建设等级幼儿园为主要载体，着力解决优质学前教育资源不足、“入园贵”等问题。遵循幼儿身心发展规律，坚持科学保教方法、切实保障幼儿快乐健康成长。

加强学前教育布局规划。把学前教育纳入经济社会发展规划，完善适应城市化和新农村建设需要的区域幼儿园布局体系。在城镇推进公建配套幼儿园建设，在农村有计划地利用中小学布局调整富余的校舍和教室举办幼儿园（班），重点建设乡镇中心幼儿园，发挥指导示范作用。加快以乡镇中心幼儿园为骨干的农村学前教育网络体系构建。到 2015 年，每个乡镇至少建成一所达到等级标准的中心幼儿园，财政要切实加大对中心幼儿园的投入。

提高保教质量。加强对幼儿园保教质量的管理和评价，鼓励幼儿园以儿童生活为基础，以游戏为基本形式，开展学前教育活动。切实落实保教人员持证上岗制度，严格执行幼儿园教师资格标准，健全和规范保健教师、保育员、营养员的培养和培训机制，努力提高学前教育保教队伍整体素质。

强化政府的学前教育公共服务职能。保护和调动社会力量发展学前教育的积极性。健全学前教育公共财政保障机制，依法落实幼儿教师的各项政策和待遇。建立成本合理分担机制，切实规范幼儿园收费行为，建立贫困家庭学前儿童资助体系。

### 2. 实现义务教育高水平均衡发展

建立健全义务教育均衡发展和城乡一体化义务教育保障机制，优化学校布局，加强义务教育学校标准化建设，均衡配置师资、设备、图书、校舍等资源，加快实现以县域为单位的义务教育高水平均衡，推动有条件的地方实现更大范围内的义务教育高水平均衡。加大财政转移支付力度，完善发达地区对口支援欠发达地区制度，重点帮助偏远山区、海岛地区、少数民族地区和革命老区的义务教育发展水平。

加快改造薄弱学校。建立健全中小学校长和教师在县域内合理有序流动机制，鼓励支持骨干教师到薄弱学校特别是农村学校任教。增加薄弱学校特别是农村学校教师的培训机会。积极推广“名校集团化”、“城乡学校共同体”、乡（镇）中心学校带村校等组织方式，改进和加强薄弱学校内部管理，扩大优质教育资源覆盖面；完善优质普通高中和中等职业学校招生名额分配到区域内初中的办法，努力减少各类择校现象。

全面提高教育质量。严格执行义务教育国家课程标准,教师资格标准,建立健全义务教育质量监测制度。重点关注学习有困难学生,完善帮扶机制,落实任课教师的帮扶责任。不断适应推进城市化和农村劳动力转移的需要,坚持以输入地政府管理为主、全日制公办学校为主,合理规划流入地区学校建设,帮助符合办学条件的外来务工人员子女学校提高教学质量和加强内部管理,确保外来务工人员子女在流入地平等接受义务教育;办好农村寄宿制学校,保证农村留守儿童就近接受良好教育。

### 3. 实现普通高中教育多样化发展

努力提高普通高中学生综合素质。优化课程设置,增加学生的选修课程。加强人文教育、科学教育、实践教育,注重帮助学生开展研究性学习和参与社区服务、社会实践。完善学生学业水平考试和综合素质评价,促进各类学生全面发展。开展对特殊潜质学生的个性化培养,建立学生发展指导制度。

加强优质特色普通高中建设。支持普通高中学校立足自身资源优势,针对学生特点,开展多样化特色办学,自觉克服应试教育倾向。把职业教育作为选修课程,适当引入普通高中教育,充分利用职业教育学校的实训基地和师资,培养普通高中学生的职业技能,探索融合职业教育的综合高中发展模式。

完善普通高中布局,适度控制学校规模,解决一些地方存在的班级过大的问题。逐步取消公办普通高中"三限生"招生。建立完善家庭经济困难普通高中学生资助制度

### 4. 提高职业教育发展水平

促进职业教育规模、专业设置与经济社会发展需求相适应。以服务为宗旨,以就业为导向,以质量为核心,探索建立职业学校人才需求预测与专业设置调整联动机制,促进专业设置、人才培养与行业企业发展更好衔接。全面建立以设区市为区域的专业布局和招生机制,努力克服低水平重复建设,逐步形成优势突出、特色鲜明的专业结构。推动中等职业学校整合资源,优化布局,加强专业建设。到 2015 年重点培育一批国家、省级改革示范学校。重点建设一批特色专业、新兴专业和骨干专业;实现职业学校规模化、专门化、特色化发展,提高办学质量和效益。

### 5. 提高高等教育办学水平和竞争力

科学分类,合理定位。鼓励和支持各类高校从自身条件出发,突出优势,在各自领域与层次办出特色和水平,克服同质化倾向。加强重点高校建设,支持浙江大学、中国美术学院加快建成世界一流大学,浙江工业大学等若干所具有较强综合实力的大学成为国内知名高水平教学研究型大学,若干所特色教学型本科院校进入全国同类院校前列,一批国家级示范高职院校成为国内一流以至具有一定国际影响力的院校,全面强化浙江省高校教学、科研、服务能力,使浙江省在全国成为高等教育水平和竞争力提升最快的地区之一。

# 五　长三角地区医疗卫生

## 一、长三角地区的医疗卫生

### （一）总体情况

2012年长三角地区卫生机构数共计64786个，比2011年下降1.17%，其中医院2525个，增长8.74%；卫生技术人员87.09万人，比上年增长9.34%，其中医生34.22万人，增长9.93%；卫生机构床位数65.60万张，比上年增长9.64%，其中医院病床数52.66万张，增长11.54%。

**表21　2012年长三角医疗卫生事业概况**

| 指标 | 卫生机构数(个) | #医院 | 卫生技术人员(万人) | #医生 | 卫生机构床位数(万张) | #医院 | 每万人口医生数(人) | 每万人口医院床位数(张) |
|---|---|---|---|---|---|---|---|---|
| 上海市 | 3465 | 317 | 14.61 | 5.42 | 10.96 | 9.00 | 23.0 | 38.0 |
| 江苏省 | 31054 | 1426 | 39.61 | 15.80 | 33.31 | 25.59 | 19.9 | 38.8 |
| 浙江省 | 30267 | 782 | 32.87 | 13.00 | 21.33 | 18.07 | 23.7 | 38.9 |
| 长三角合计 | 64786 | 2525 | 87.09 | 34.22 | 65.60 | 52.66 | —— | —— |
| 全国 | 950297 | 23170 | 667.90 | 261.60 | 572.50 | 416.10 | 19.4 | 42.4 |

数据来源：2013年上海市、江苏省、浙江省统计年鉴，2012年中华人民共和国卫生和计划生育事业发展统计公报

总体来看，2012年长三角地区卫生机构数量比去年减少767家，而医院数量比去年增加203家，医生人数比去年增加3.09万人。说明长三角地区的卫生资源日益整合优化，特别是医院日益规模化和集中化，医生数量不断上升。对比“每万人口医生数”，长三角两省一市的数据均好于全国的平均水平；对比“每万人口医院床位数”，长三角两省一市的数据均低于全国平均水平。浙江省在这两项指标高于上海市和江苏省，江苏省的数值相对较低，医疗资源有待提高。

### （二）增长情况

**表22　长三角医疗机构和人员增长情况**

| 指标 | 卫生机构数(个) | #医院 | 卫生技术人员(万人) | #医生 | 卫生机构床位数(万张) | #医院 |
|---|---|---|---|---|---|---|
| 2008年 | 31551 | 2029 | 66.21 | 27.28 | 49.41 | 37.14 |
| 2009年 | 32019 | 2060 | 69.74 | 28.22 | 52.14 | 39.46 |
| 2010年 | 64172 | 2150 | 74.60 | 29.48 | 55.89 | 43.13 |
| 2011年 | 65553 | 2322 | 79.65 | 31.13 | 59.83 | 47.21 |
| 2012年 | 64786 | 2525 | 87.09 | 34.22 | 65.60 | 52.66 |

数据来源：历年上海市、江苏省、浙江省统计年鉴

通过上表，可以看到长三角两省一市2008年到2012年医院、卫生技术人员、医生以及病床位数

的增长状况。2009年至2010年,长三角卫生机数量构翻一番,是由于统计口径变化导致的。通过对比数据,可以看到2008—2012年长三角地区医生平均增长速度为5.8%,而卫生技术人员的平均增长速度为7.1%,医生的增速小于卫生技术人员的增速,说明医生比重在下降。2008—2012年长三角卫生机构床位增加了16.50万张,医院床位增加了15.52万张,就是说近几年增加的床位94.1%在医院,说明长三角地区的医疗卫生资源更加优化和集中,更加方便群众看病。

### (三)比较情况

**表23 长三角两省一市卫生医疗机构、人员和床位比重对比** %

| 指标 | 卫生机构 | ＃医院 | 卫生技术人员 | ＃医生 | 卫生机构床位 | ＃医院 |
|---|---|---|---|---|---|---|
| 长三角 | 100.00 | 100.00 | 100.00 | 100.00 | 100.00 | 100.00 |
| 上海市 | 5.35 | 12.55 | 16.78 | 15.84 | 16.71 | 17.09 |
| 江苏省 | 47.93 | 56.48 | 45.48 | 46.17 | 50.78 | 48.59 |
| 浙江省 | 46.72 | 30.97 | 37.74 | 37.99 | 32.52 | 34.31 |

通过上表所反映的数据,可以看到在长三角地区上海市的医疗卫生资源分布更加集中和集约,上海市卫生机构数只占到长三角卫生机构数的5.35%,但却占到了长三角医院数量的12.55%,这说明上海的卫生资源质量更高。通过卫生技术人员和医生的占比数据分析可以看到,两项数据基本持平,这说明三地在卫生人力资源的配置上具有较大的相似性。

## 二、上海市的医疗卫生

### (一)总体情况

#### 1. 医疗卫生机构

2012年末,上海全市共有卫生机构数3465个,其中医院317个,疾病预防控制中心20个,卫生监督所18个,其他卫生机构45个,医疗机构合计3369个,在医疗机构当中占数目最多的是"诊所、卫生所、医务室",共计1469个。上海市医疗机构合计共有病床109612张,在医疗机构当中医院有病床89971张。2012年,上海市每万人口医院床位数为38张。

**表24 2010—2012年上海市年卫生机构数及床位数**

| 指标 | 机构数(个) | | | 床位数(张) | | |
|---|---|---|---|---|---|---|
| | 2010年 | 2011年 | 2012年 | 2010年 | 2011年 | 2012年 |
| 卫生机构总计 | 3270 | 3358 | 3465 | 105083 | 107130 | 109612 |
| 医疗机构合计 | 3182 | 3266 | 3369 | 105083 | 106865 | 109612 |
| 医院 | 306 | 308 | 317 | 84825 | 87548 | 89971 |
| ＃综合医院 | 185 | 180 | 184 | 52335 | 53910 | 54829 |
| 中医医院 | 17 | 17 | 17 | 4987 | 5199 | 5222 |

（续表）

| | | | | | | |
|---|---|---|---|---|---|---|
| 专科医院 | 85 | 91 | 92 | 22324 | 23018 | 23228 |
| 基层医疗卫生机构 | 2823 | 2907 | 3004 | 18630 | 17955 | 17397 |
| 社区卫生服务中心(站) | 931 | 971 | 1002 | 18618 | 17932 | 17286 |
| 门诊部 | 429 | 470 | 533 | 12 | 23 | 111 |
| 诊所、卫生所、医务室 | 1463 | 1466 | 1469 | —— | —— | —— |
| 专业公共卫生机构 | 100 | 101 | 99 | 1363 | 1362 | 1482 |
| 疾病预防控制中心 | 21 | 21 | 20 | —— | —— | —— |
| 专科疾病防治院(所、站) | 19 | 19 | 19 | 168 | 160 | 160 |
| 妇幼保健院(所、站) | 21 | 21 | 21 | 1195 | 1202 | 1322 |
| 卫生监督所(中心) | 20 | 19 | 18 | —— | —— | —— |
| 其他卫生机构 | 30 | 42 | 45 | —— | 265 | —— |

数据来源:历年上海市统计年鉴。

## 2. 医疗卫生人员

2012 年,上海全市共有卫生工作人员 182104 人,其中卫生技术人员 146148 人,卫生技术人员当中医生 54218 人,护师、护士 63229 人。各类医疗机构共有卫生工作人员 173407 人。各类医院共有卫生工作人员 122417 人,其中卫生技术人员 100061 人,卫生技术人员当中医生 32901 人,护师、护士 48591 人。2012 年上海市每万人口医生数为 23 人。

**表 25 2008—2012 年上海市卫生人员总数变动情况**

人

| 指标 | 2008 年 | 2009 年 | 2010 年 | 2011 年 | 2012 年 |
|---|---|---|---|---|---|
| 从业人员 | 162508 | 166062 | 169985 | 173980 | 182104 |
| ＃医院 | 110046 | 112888 | 115316 | 117251 | 122417 |
| 卫生技术人员 | 127687 | 130891 | 135411 | 139063 | 146148 |
| ＃医院 | 87036 | 89841 | 93566 | 95198 | 100061 |
| 医师 | 51165 | 51101 | 51278 | 52067 | 54218 |
| ＃医院 | 30644 | 31489 | 31694 | 31728 | 32901 |
| 护师、护士 | 48823 | 52255 | 55871 | 58892 | 63229 |
| ＃医院 | 38071 | 40571 | 43426 | 45401 | 48591 |
| 每万人口医生数 | 27 | 27 | 22 | 22 | 23 |

数据来源:历年上海市统计年鉴。

### 3. 医疗卫生使用

表26 2012年上海市医疗机构诊疗人次和入院人数

| 机构类别 | 诊疗人次(万人次) | 其中门、急诊 | 入院人数(万人) | 每百诊次的入院人数(人) |
| --- | --- | --- | --- | --- |
| 总　计 | 21402.13 | 21114.29 | 298.80 | 1.40 |
| 医院 | 12942.58 | 12882.47 | 272.45 | 2.11 |
| 综合医院 | 9534.38 | 9481.96 | 204.63 | 2.15 |
| 中(西)医医院 | 1838.79 | 1838.09 | 23.05 | 1.25 |
| 传染病医院 | 48.15 | 48.15 | 1.42 | 2.95 |
| 精神病医院 | 126.72 | 125.15 | 1.18 | 0.93 |
| 结核病医院 | 71.99 | 71.99 | 5.07 | 7.04 |
| 肿瘤医院 | 96.46 | 96.45 | 4.71 | 4.88 |
| 儿童医院 | 488.76 | 488.76 | 8.23 | 1.68 |
| 其他专科医院 | 709.59 | 704.18 | 23.15 | 3.26 |
| 护理院 | 27.74 | 27.74 | 1.01 | 3.64 |
| 社区卫生服务中心 | 7544.16 | 7331.92 | 10.14 | 0.13 |
| 妇幼保健院(所、站) | 253.02 | 242.68 | 8.35 | 3.30 |
| 其他医疗机构 | 662.37 | 657.22 | 7.86 | 1.19 |

数据来源:2013年上海市统计年鉴。

2012年,上海市全市诊疗人次达到21402.13万人次,其中门、急诊21114.29万人次,入院人数298.80万人,每百诊次的入院人数为1.40人。通过上表可以看出综合性医院和社区卫生服务中心承担了最主要的诊疗任务,综合性医院承担了大部分的住院治疗任务。通过对比,可以看到社区卫生服务中心的门、急诊人次已经非常接近综合医院的门、急诊人次,这说明上海市近年来随着社区卫生服务事业的不断发展,卫生资源不断"下沉",有层次的医疗卫生资源分配格局和就医格局正在逐步形成当中。

## (二)增长情况

表27 2008—2012年上海市卫生机构与人员增长情况

| 指标 | 卫生机构数(个) | #医院 | 卫生技术人员(万人) | #医生 | 卫生机构床位数(万张) | #医院 | 每万人口医生数(人) | 每万人口医院床位数(张) |
| --- | --- | --- | --- | --- | --- | --- | --- | --- |
| 2008年 | 2809 | 301 | 12.77 | 5.12 | 9.78 | 7.78 | 27 | 41 |
| 2009年 | 3013 | 296 | 13.09 | 5.11 | 9.97 | 7.95 | 27 | 41 |
| 2010年 | 3270 | 306 | 13.54 | 5.13 | 10.51 | 8.48 | 22 | 37 |
| 2011年 | 3358 | 308 | 13.91 | 5.21 | 10.71 | 8.75 | 22 | 37 |

（续表）

| | | | | | | | | |
|---|---|---|---|---|---|---|---|---|
| 2012年 | 3465 | 317 | 14.61 | 5.42 | 10.96 | 9.00 | 23 | 38 |

数据来源：历年上海市统计年鉴。

上表表明，近几年来卫生技术人员人数稳步增长，使得前几年一直存在的每万人口医生数下降和停滞的趋势出现了改变，“每万人口医生数”开始出现了增长。卫生技术人员不断增长的同时，卫生机构中病床数量也在不断增长，由于统计口径的变化，因此医院的病床位数出现了下降的趋势，相应的“每万人口医院床位数”较之以前也出现了一定的下降，但这并不代表上海的卫生硬件水平的下降，而仅仅是机构改革带来的统计口径的变化所致。总体而言，上海市医疗机构通过职能的改革和重组，其定位更加明确，更加有利于发挥医疗卫生资源的效用，有利于满足人民群众日益增长的医疗卫生需求。

## 三、江苏省的医疗卫生

### （一）总体情况

#### 1. 医疗卫生机构

2012年末，江苏省医疗卫生机构总数31054个（含诊所、医务室、卫生所、社区卫生服务站、村卫生室），比上年减少626个。机构减少主要是由于宿迁市全面推行乡村一体化管理，原来每个自然村设一个村卫生室调整为每个行政村设一个村卫生室。其中，医疗机构30543个（包括医院，疗养院，社区卫生服务中心、站，卫生院，门诊部，诊所、卫生所、医务室，村卫生室，急救中心、站，妇幼保健院、所、站，专科疾病防治院、所、站，临床检验中心、所、站）。

医疗机构中，非营利性医疗机构25079个，占医疗机构总数的82.11%；营利性医疗机构5464个，占医疗机构总数的17.89%。医疗机构按经济类型分，国有3546个，占11.61%；集体17806个，占58.30%；联营952个，占3.12%；私营医疗机构6337个，占20.75%；其他机构1902个，占6.23%。医疗机构中，公立医疗机构21352个，占69.91%；民营医疗机构9191个，占30.09%。

医疗机构中，医院1426个（内：公立医院525个，民营医院901个），比上年增加143个；卫生院1117个，比上年减少106个（部分转制为民营医院）；门诊部813个，比上年增加105个；专科疾病防治院（所、站）48个，比上年减少5个；妇幼保健院（所、站）110个，比上年增加4个；社区卫生服务中心（站）2613个，比上年增加62个；诊所、卫生所、医务室、护理站8508个，比上年增加25个。

2012年末，江苏省医疗机构床位333135张，其中：医院床位255888张（内：公立医院195819张，民营医院床位数60069张），卫生院床位51795张，社区卫生服务中心床位16739张。与上年比较，医疗机构床位增加36745张，增长12.40%，其中：医院床位增加34214张，卫生院床位增加463张，社区卫生服务中心床位增加1036张。全省每千人口医疗卫生机构床位数由2011年的3.75张提高到2012年的4.21张。

**表28　2010—2012年江苏省卫生机构数及床位数**

| 指标 | 机构数（个） | | | 床位数（张） | | |
|---|---|---|---|---|---|---|
| | 2010年 | 2011年 | 2012年 | 2010年 | 2011年 | 2012年 |
| 总计 | 30961 | 31680 | 31054 | 269670 | 296390 | 333135 |

（续表）

| | | | | | | |
|---|---|---|---|---|---|---|
| 医院 | 1157 | 1283 | 1426 | 195460 | 221674 | 255888 |
| 综合医院 | 754 | 849 | 964 | 131649 | 149049 | 171030 |
| 中医医院 | 86 | 86 | 89 | 23325 | 27187 | 31864 |
| 专科医院 | 286 | 308 | 321 | 35133 | 38967 | 43809 |
| 基层医疗卫生机构 | 29098 | 29659 | 28886 | 68616 | 68097 | 69513 |
| 社区卫生服务中心(站) | 2180 | 2551 | 2613 | 16468 | 16431 | 17371 |
| 卫生院 | 1276 | 1223 | 1117 | 51956 | 51332 | 51795 |
| ＃乡镇卫生院 | 1268 | 1220 | 1115 | 51771 | 51247 | 51760 |
| 门诊部 | 535 | 708 | 813 | 86 | 228 | 241 |
| 诊所(卫生所、医务室、护理站) | 7980 | 8483 | 8508 | 106 | 106 | 106 |
| 村卫生室 | 17127 | 16694 | 15835 | —— | —— | 0 |
| 采供血机构 | 30 | 30 | 30 | —— | —— | 0 |
| 妇幼保健院(所、站) | 103 | 106 | 110 | 2510 | 2956 | 3636 |
| 卫生监督所(中心) | 109 | 111 | 120 | —— | —— | 0 |
| 疾病预防控制中心 | 130 | 129 | 128 | —— | —— | 0 |
| 专科疾病防治院(所、站) | 46 | 53 | 48 | 910 | 1067 | 1303 |
| 其他卫生机构 | 288 | 309 | 306 | 2174 | 2596 | 2795 |

注：本表含村卫生室

数据来源：历年江苏省统计年鉴

### 2. 医疗卫生人员

2012年末，全省卫生人员总数520234人（包括村卫生室，下同），与上年比较，增加38416人（增长7.97%），其中乡村医生和卫生员数45255人，与上年比较，减少9744人（减少17.73%）。卫生人员中：卫生技术人员396071人，其他技术人员16621人，管理人员21275人，工勤技能人员41012人。与上年比较，卫生技术人员增加45527人（增长12.99%），其他技术人员增加374人，管理人员减少1693人，工勤技能人员增加3952人。卫生技术人员中：在岗执业（助理）医师157960人（其中执业医师134799人），较上年增加23277人（增长17.28%，增长较多主要是由于在岗乡村医生通过中专学历补偿教育，参加国家乡镇执业助理医师资格考试并取得乡镇执业助理医师资格），在岗注册护士155267人，较上年增加19665人（增长14.50%），全省每千人口执业（助理）医师数由2011年1.71人增加到2012年1.99人，每千人口注册护士数由1.72人增加到1.96人。

2012年末，医疗机构卫生人员501804人，其中卫生技术人员382779人，内：执业（助理）医师153340人、注册护士153962人。疾病预防控制中心卫生人员8117人，其中卫生技术人员6208人。

**表 29 2008—2012 年江苏省卫生人员总数变动情况** 万人

| 指标 | 2008 年 | 2009 年 | 2010 年 | 2011 年 | 2012 年 |
|---|---|---|---|---|---|
| 总计 | 44.08 | 43.69 | 45.93 | 48.18 | 52.02 |
| 卫生技术人员 | 29.16 | 30.88 | 32.84 | 35.05 | 39.61 |
| ＃执业(助理)医师 | 11.97 | 12.51 | 12.90 | 13.47 | 15.80 |
| 内:执业医师 | 10.60 | 11.12 | 11.54 | 12.04 | 13.48 |
| 注册护士 | 10.09 | 11.10 | 12.26 | 13.56 | 15.53 |
| 药师(士) | 2.01 | 2.05 | 2.14 | 2.21 | 2.33 |
| 技师(士) | 1.34 | 1.86 | 1.93 | 2.00 | 2.09 |
| 其他技术人员 | 1.35 | 1.41 | 1.51 | 1.62 | 1.66 |
| 管理人员 | 2.30 | 2.30 | 2.30 | 2.30 | 2.13 |
| 工勤技能人员 | 3.32 | 3.41 | 3.53 | 3.71 | 4.10 |
| 乡村医生和卫生员 | 7.95 | 5.68 | 5.75 | 5.50 | 4.53 |

数据来源:历年江苏省统计年鉴

### 3. 医疗卫生使用

(1) 医疗机构门诊服务量继续增加。2012 年,江苏省医疗机构(包括诊所、卫生所、医务室和村卫生室,下同)诊疗人次数为 45288.91 万次,其中:医院 19370.37 万次,占 42.77%;卫生院 7384.93 万次,占 16.31%;社区卫生服务中心(站)6194.74 万次,占 13.68%;其他医疗机构 12338.87 万次,占 27.24%。与上年比较,医疗机构诊疗人次数增加 4595.41 万次,增长 11.38%,其中,医院增加 2668.05 万次,卫生院增加 355.99 万次,社区卫生服务中心(站)增加 743.28 万次。

(2) 医疗机构住院服务快速增长。2012 年,全省医疗卫生机构入院人数 952.52 万人,其中:医院 759.92 万人,占 79.78%;卫生院 139.48 万人,占 14.64%;社区卫生服务中心(站)27.96 万人,占 2.94%;其他机构 25.14 万人,占 2.64%。与上年比较,医疗机构入院人数增加 122.13 万人,增长 14.71%,其中,医院增加 116.54 万人,卫生院减少 1.66 万人,社区卫生服务中心(站)增加 0.92 万人。

**表 30 2008—2012 年江苏省医疗机构工作量及入院情况**

| 指标 | 诊疗人次数(万次) | | | | | 入院人数(万人) | | | | |
|---|---|---|---|---|---|---|---|---|---|---|
| 年份 | 2008 | 2009 | 2010 | 2011 | 2012 | 2008 | 2009 | 2010 | 2011 | 2012 |
| 总计 | 25660.15 | 28572.88 | 38527.32 | 40693.50 | 45288.91 | 620.19 | 680.48 | 741.06 | 830.39 | 952.52 |
| ＃医院 | 12828.22 | 14184.01 | 15045.90 | 16702.32 | 19370.37 | 438.56 | 489.34 | 557.21 | 643.38 | 759.92 |
| 内:综合医院 | 8846.97 | 9734.23 | 10313.65 | 11536.08 | 13518.92 | 322.08 | 356.39 | 408.46 | 474.82 | 559.37 |
| 中医医院 | 2164.13 | 2443.61 | 2614.00 | 2899.07 | 3243.54 | 58.72 | 67.26 | 74.24 | 85.20 | 101.53 |
| 专科医院 | 1605.04 | 1774.90 | 1867.89 | 2015.02 | 2300.33 | 51.68 | 59.34 | 67.34 | 75.21 | 88.37 |

（续表）

| | | | | | | | | | | |
|---|---|---|---|---|---|---|---|---|---|---|
| 社区卫生服务中心（站） | 2768.80 | 3645.33 | 5416.69 | 5451.46 | 6194.74 | 14.06 | 18.79 | 28.98 | 27.04 | 27.96 |
| 卫生院 | 7161.28 | 7464.07 | 6496.40 | 7028.94 | 7384.93 | 150.94 | 159.89 | 139.97 | 141.14 | 139.48 |
| 妇幼保健院（所、站） | 477.52 | 528.52 | 606.21 | 722.89 | 846.09 | 8.00 | 9.28 | 10.22 | 13.25 | 17.21 |
| 专科疾病防治院（所．站） | 92.04 | 94.95 | 115.45 | 130.45 | 132.08 | 0.38 | 0.37 | 0.57 | 0.73 | 0.81 |
| 其他医疗机构 | 5670.25 | 3279.45 | 10846.67 | 10657.44 | 11360.69 | 30.69 | 12.46 | 4.11 | 4.85 | 7.13 |

数据来源：历年江苏省统计年鉴

（3）医院机构病床使用率略有下降。2012年，江苏省医疗机构病床使用率为84.08%，其中：医院91.88%，卫生院58.09%，社区卫生服务中心48.91%。与上年比较，医疗机构病床使用率降低0.08个百分点，医院降低1.04个百分点，卫生院降低0.65个百分点，社区卫生服务中心降低0.98个百分点。2012年，医疗机构出院者平均住院日为9.9日，其中：医院10.5日，卫生院6.9日，社区卫生服务中心9.5日。与上年比较，医疗机构出院者平均住院日比去年少0.2日，医院比去年少0.3日，卫生院比去年少0.2日，社区卫生服务中心多0.1日。

**表31 2010—2012年江苏省医疗机构病床使用情况**

| 指标 | 病床使用率(%) | | | 出院者平均住院日 | | |
|---|---|---|---|---|---|---|
| | 2010年 | 2011年 | 2012年 | 2010年 | 2011年 | 2012年 |
| 总计 | 83.81 | 84.16 | 84.08 | 10.3 | 10.1 | 9.9 |
| 医院 | 94.40 | 92.92 | 91.88 | 11.3 | 10.8 | 10.5 |
| #综合医院 | 95.00 | 93.18 | 92.65 | 10.5 | 10.1 | 9.8 |
| 中医医院 | 99.38 | 96.72 | 93.41 | 11.9 | 10.4 | 10.2 |
| 专科医院 | 89.82 | 91.06 | 90.68 | 15.1 | 15.3 | 14.7 |
| 社区卫生服务中心 | 48.44 | 49.89 | 48.91 | 8.5 | 9.4 | 9.5 |
| 卫生院 | 56.99 | 58.74 | 58.09 | 6.9 | 7.1 | 6.9 |
| 妇幼保健院(所、站) | 87.39 | 92.29 | 97.34 | 7.6 | 7.3 | 7.3 |
| 专科疾病防治院(所．站) | 47.73 | 62.94 | 58.61 | 21.4 | 24.4 | 24.0 |

数据来源：历年江苏省统计年鉴

## （二）增长情况

表 32　2007—2012 年江苏省医疗机构、人员增长情况

| 指标 | 卫生机构数(个) | 其中医院 | 卫生技术人员(万人) | 其中医生 | 卫生机构床位数(万张) | 其中医院 | 每万人口医生数(人) | 每万人口医院床位数(张) |
|---|---|---|---|---|---|---|---|---|
| 2007 年 | 19129 | 1087 | 28.62 | 11.88 | 21.99 | 15.15 | 16.1 | 27.8 |
| 2008 年 | 13451 | 1093 | 29.15 | 11.97 | 23.51 | 16.38 | 15.6 | 28.8 |
| 2009 年 | 13388 | | 30.65 | 12.32 | 25.15 | 17.76 | 15.9 | 30.4 |
| 2010 年 | 30961 | 1157 | 32.84 | 12.90 | 26.97 | 19.55 | 16.4 | 31.5 |
| 2011 年 | 31680 | 1283 | 35.05 | 13.47 | 29.64 | 22.17 | 17.1 | 34.6 |
| 2012 年 | 31054 | 1426 | 39.61 | 15.80 | 33.31 | 25.59 | 19.9 | 38.8 |

数据来源：历年江苏省统计年鉴

通过上表数据可以看到：从 2007 年到 2008 年江苏卫生机构数量下降了三分之一；2009 年到 2010 年卫生机构增长了 1.3 倍。这可能与统计口径的调整有关，因为可以看出 2007 年到 2008 年虽然卫生机构数量在下降，同时医院的数量仍然处于增长之中；2009 年到 2010 年卫生机构虽然增加了 1.3 倍，但是医院和卫生技术人员只是微增。但是值得注意的是 2007 年到 2008 年卫生技术人员数量的增长缓慢，增长幅度不到 15%，医生数量增长更慢，基本上没有太大变动，这也导致江苏省在 3 年间“每万人口医生数”一直停滞不前，2008 年甚至出现了较大幅度的下降。从 2009 年开始，医生数量以每年接近 5 个百分点递增，特别是 2012 年，医生数量的增幅达到 17.3%，使得 2012 年每万人口医生数增加到 19.9 人。2007 年到 2012 年江苏卫生机构床位数的增长基本上由医院床位数的增长带动，使得江苏省“每万人口医院床位数”增长幅度较大，特别是 2012 年“每万人口医院床位数”增幅达到 12.1 个百分点，是 2007 年以来增幅最大的一年。

# 四、浙江省的医疗卫生

## （一）总体情况

### 1. 医疗卫生机构

2012 年，浙江省共有卫生机构数 30267 个，其中医院 782 个，卫生院 1151，社区服务中心（站）6622 个，诊所医务室卫生所 7253 个，疾病预防控制中心 99 个，卫生监督所 100 个，医学科学研究机构 7 个，其他卫生机构 173 个。浙江省医疗卫生机构共有床位 213267 张，其中医院床位 180722 张，卫生院床位 14893 张。

表 33　2010—2012 年浙江省卫生机构数及床位数

| 指标 | 机构数(个) | | | 床位数(张) | | |
|---|---|---|---|---|---|---|
| | 2010 年 | 2011 年 | 2012 年 | 2010 年 | 2011 年 | 2012 年 |
| 总计 | 16298 | 30515 | 30267 | 184097 | 194759 | 213267 |

（续表）

| | | | | | | |
|---|---|---|---|---|---|---|
| 医院 | 687 | 731 | 782 | 150986 | 162905 | 180722 |
| ＃综合医院 | 354 | 368 | 392 | 105367 | 112954 | 124294 |
| 中医医院 | 109 | 113 | 122 | 21687 | 23699 | 26207 |
| 专科医院 | 208 | 230 | 248 | 21327 | 23481 | 27382 |
| 基层医疗卫生机构 | —— | 29207 | 28939 | —— | 23967 | 23852 |
| 社区卫生服务中心(站) | 6105 | 6526 | 6622 | 6219 | 9425 | 8463 |
| 卫生院 | 1550 | 1205 | 1151 | 18339 | 14274 | 14893 |
| ＃乡镇卫生院 | 1508 | 1197 | 1144 | 18009 | 14159 | 14781 |
| 村卫生室 | —— | 13851 | 13091 | —— | 0 | 0 |
| 门诊部 | 712 | 746 | 822 | 495 | 268 | 496 |
| 诊所、卫生所、医务室 | 6634 | 6879 | 7253 | 0 | 0 | 0 |
| 疾病预防控制中心 | 101 | 100 | 99 | 0 | 0 | 0 |
| 专科疾病防治院(所、站) | 25 | 25 | 22 | 722 | 610 | 634 |
| 妇幼保健院(所、站) | 87 | 85 | 86 | 5491 | 5845 | 6568 |
| 采供血机构 | 21 | 21 | 22 | 0 | 0 | 0 |
| 卫生监督所(中心) | 100 | 100 | 100 | 0 | 0 | 0 |
| 其他卫生机构 | 178 | 205 | 173 | 1641 | 1413 | 1491 |

数据来源：历年浙江省统计年鉴

## 2. 医疗卫生人员

2012年，浙江省共有卫生人员399930人，其中卫生技术人员328660人，卫生技术人员中执业医师129998人，执业助理医师20514人，注册护士121313人，药剂人员21613人。其他技术人员16068人，管理人员和工勤人员45424人。2012年浙江省平均每千人口拥有医生数2.71人。

**表34　2008—2012年浙江省卫生人员总数变动情况**

人

| 指标 | 2008年 | 2009年 | 2010年 | 2011年 | 2012年 |
|---|---|---|---|---|---|
| 总　计 | 288344 | 309451 | 335552 | 374157 | 399930 |
| 卫生技术人员 | 242912 | 260028 | 282155 | 306922 | 328660 |
| ＃执业(助理)医师 | 101897 | 107930 | 114450 | 124497 | 129998 |
| 内：执业医师 | 83387 | 89712 | 96443 | 103554 | 109484 |
| 注册护士 | 78284 | 87843 | 99273 | 109275 | 121313 |
| 药师(士) | 17212 | 17996 | 19168 | 20339 | 21613 |
| 技师(士) | 13837 | 14440 | 15614 | 16126 | 16950 |

（续表）

| | | | | | |
|---|---|---|---|---|---|
| 其他技术人员 | 11927 | 12683 | 13856 | 15014 | 16068 |
| 管理人员 | 13127 | 13660 | 14492 | 14015 | 13599 |
| 工勤技能人员 | 20378 | 23080 | 25049 | 27373 | 31825 |
| 乡村医生和卫生员 | —— | —— | —— | 10833 | 9778 |

数据来源：历年浙江省统计年鉴

### 3. 医疗卫生使用

**表35　2012年浙江省医院诊疗次数和入院人数**

| 类别 | 机构数（个） | 诊疗人次数（万人次） | 其中门、急诊（万人次） | 入院人数（万人） | 每百门急诊次入院人数（人） |
|---|---|---|---|---|---|
| 医院合计 | 782 | 20643.9 | 20498.7 | 562.9 | 2.75 |
| 综合医院 | 392 | 14562.5 | 14471.1 | 431.5 | 2.98 |
| 中医医院 | 122 | 3999.0 | 3962.7 | 74.3 | 1.88 |
| 中西医结合医院 | 16 | 344.6 | 334.5 | 6.0 | 1.77 |
| 专科医院 | 248 | 1736.5 | 1729.1 | 51.1 | 2.95 |
| 传染病院 | 3 | 41.5 | 41.5 | 2.3 | 5.55 |
| 精神病院 | 41 | 316.3 | 313.4 | 7.1 | 2.28 |
| 肿瘤医院 | 4 | 64.3 | 64.3 | 7.1 | 10.96 |
| 眼科医院 | 13 | 119.5 | 119.1 | 2.8 | 2.37 |
| 妇幼保健院 | 57 | 1415.9 | 1379.8 | 36.3 | 2.63 |
| 社区卫生服务中心 | 483 | 8168.2 | 7864.1 | 8.6 | 0.11 |
| 卫生院 | 1151 | 7581.1 | 7399.8 | 19.6 | 0.27 |
| 门诊部 | 822 | 889.8 | 841.1 | 2.2 | —— |

数据来源：历年浙江省统计年鉴

2012年，浙江省医院诊疗人次达到20643.9万人次，和2011年相比有所增长；其中门、急诊20498.7万人次，入院人数562.9万人，每百门急诊次入院人数2.7人。通过上表可以看到综合性医院和卫生院承担了最主要的诊疗任务，综合性医院承担了大部分的住院治疗任务。同时，社区卫生服务中心较之2011年减少了25个，但是从门、急诊就诊人次来看，社区卫生服务中心的诊疗量有所增长，说明浙江省社区卫生服务中心的诊疗服务水平在不断提升过程中。

## （二）增长情况

表 36 2008—2012 年浙江省医疗机构、人员增长情况

| 指标 | 卫生机构数(个) | 其中医院 | 卫生技术人员(万人) | 其中医生 | 床位数(万张) | 其中医院 | 每万人口医生数(人) | 每千人口床位数(张) |
|---|---|---|---|---|---|---|---|---|
| 2008 年 | 15291 | 635 | 24.29 | 10.19 | 16.12 | 12.98 | 19.5 | 30.9 |
| 2009 年 | 15618 | 652 | 26.00 | 10.79 | 17.02 | 13.75 | 20.5 | 32.3 |
| 2010 年 | 29941 | 687 | 28.22 | 11.45 | 18.41 | 15.10 | 22.1 | 33.8 |
| 2011 年 | 30515 | 731 | 30.69 | 12.45 | 19.48 | 16.29 | 22.8 | 35.7 |
| 2012 年 | 30267 | 782 | 32.87 | 13.00 | 21.33 | 18.07 | 23.7 | 38.9 |

数据来源：历年浙江省统计年鉴

从上表中，可以看出 2009 年至 2010 年，卫生机构数量暴增接近一倍，而医生数量和床位数量只是少增，由此可以看出卫生机构统计数据和统计口径调整有关。近五年浙江省医疗卫生资源布局趋于合理，优势互补，并形成了多层次、多形式的医疗卫生服务机构，同时卫生机构中医院的数量稳步增长，社区服务中心增长较快，从 2008 年至 2012 年增加了 1431 家，能够满足浙江省居民多层次的医疗卫生服务需求。2007 年以来，卫生技术人员在不断增长，医生人数也在稳步增长，但医生的增长速度落后卫生技术人员 7.9 个百分点，医生的比例还有待提高。卫生机构的床位数量也在逐年增长。说明浙江省卫生事业的硬件设施投入和人才建设方面都取得了一定的发展，进一步增强了医疗卫生服务的积极性。

# 六　长三角地区居民收入与消费

## 一、长三角地区居民收入与消费基本情况

近年来，长三角地区居民收入水平和消费水平稳步提高。2012年长三角地区城镇居民可支配收入为32776元，比2011年增加3475元，比2011年增长11.9%；城镇居民消费支出为20770元，比2011年增加1584元，增长8.3%。2012年长三角地区农村居民人均纯收入为13281元，比2011年增加1442元，增长12.2%；农村居民生活消费支出为9369元，比2011年增加802元，增长9.4%。城镇在职职工年平均工资2012年为52738元，比2011年增加4416元，增长9.1%。

**表37　2008—2012年长三角居民收入与消费整体情况**　　元

| 指标 | 2008年 | 2009年 | 2010年 | 2011年 | 2012年 |
|---|---|---|---|---|---|
| 城镇居民人均可支配收入 | 21265 | 23159 | 25714 | 29301 | 32776 |
| 城镇居民生活消费支出 | 14174 | 15524 | 16793 | 19186 | 20770 |
| 农村居民人均纯收入 | 8177 | 8885 | 10108 | 11839 | 13281 |
| 农村居民生活消费支出 | 6083 | 6513 | 7373 | 8567 | 9369 |
| 职工年平均工资 | 35105 | 38768 | 42659 | 48322 | 52738 |

**表38　2008—2012年长三角居民收入与消费增长情况**　　%

| 指标 | 2008年 | 2009年 | 2010年 | 2011年 | 2012年 |
|---|---|---|---|---|---|
| 城镇居民人均可支配收入 | 12.4 | 8.9 | 11.0 | 13.9 | 11.9 |
| 城镇居民生活消费支出 | 10.7 | 9.5 | 8.2 | 14.2 | 8.3 |
| 农村居民人均纯收入 | 11.8 | 8.7 | 13.8 | 17.1 | 12.2 |
| 农村居民生活消费支出 | 7.2 | 7.1 | 13.2 | 16.2 | 9.4 |
| 职工年平均工资 | 13.3 | 10.4 | 10.0 | 13.3 | 9.1 |

注：2008年以后职工年平均工资为城镇在职职工年平均工资

数据来源：历年上海市、江苏省、浙江省统计年鉴

2008年到2011年，长三角地区居民收入增长速度较高，2008年城镇居民人均可支配收入同比增长12.4%，但2009年回落到8.9%，2010年开始反弹，2011年镇居民人均可支配收入同比增长13.9%，2012年同比增幅回落到11.9%。农村居民纯收入也保持较快的增长速度，2008年农村居民收入同比增长11.8%，2009年增速同比下降了3.1个百分点，但2010年增速同比上升了5.1个百分点，2011年农村居民纯收入同比增长17.1%，2012年同比增幅回落到12.2%。

从消费方面看，城镇居民生活消费支出2008年比2007年增长10.7%，2009年同比增长9.5%，2010年最低，同比只增长8.2%，2011年由于受到国内通货膨胀的影响，城镇居民生活消费支出同比增长14.2%，2012年同比增幅回落到8.3%。2012年农村居民消费支出比2011年增长9.4%，增幅回落了6.8个百分点。职工年平均工资一直在稳步上升，2012年城镇在职职工年平均工资比上年增

长 9.1%，增幅为 2008 年以来最低。

## 二、上海市

### （一）上海市居民收入消费整体情况

据抽样调查，2012 年，城市居民家庭人均年可支配收入 40188 元，比上年增长 10.9%（按当年价格计算），扣除价格因素，实际增长 7.9%；农村居民家庭人均年可支配收入 17401 元，比上年增长 11.2%（按当年价格计算），扣除价格因素，实际增长 8.2%。城市居民人均消费支出 26253 元，比上年增长 4.6%（按当年价格计算）。其中，服务性消费支出 7955 元，比上年增长 3.0%（按当年价格计算），占消费支出的比重为 30.3%。农村居民人均生活消费支出 12096 元，比上年增长 7.3%（按当年价格计算）。其中，服务性消费支出 3551 元，比上年增长 6.0%（按当年价格计算），占消费支出的比重为 29.4%。

**表 39　2008—2012 年上海市居民收支及职工年均工资**

元

| 指标 | 2008 年 | 2009 年 | 2010 年 | 2011 年 | 2012 年 |
|---|---|---|---|---|---|
| 城镇居民人均可支配收入 | 26675 | 28838 | 31838 | 36230 | 40188 |
| 城镇居民生活消费支出 | 19398 | 20992 | 23200 | 25102 | 26253 |
| 农村居民人均可支配收入 | 11385 | 12324 | 13746 | 15644 | 17401 |
| 农村居民生活消费支出 | 9115 | 9804 | 10225 | 11272 | 12096 |
| 职工年平均工资 | 39502 | 42789 | 46757 | 51968 | 56300 |

数据来源：历年上海统计年鉴

**表 40　2008—2012 年上海市居民收支及职工年均工资增长**

%

| 指标 | 2008 年 | 2009 年 | 2010 年 | 2011 年 | 2012 年 |
|---|---|---|---|---|---|
| 城镇居民人均可支配收入 | 12.9 | 8.0 | 10.4 | 13.8 | 10.9 |
| 城镇居民生活消费支出 | 12.6 | 8.2 | 10.5 | 8.2 | 4.6 |
| 农村居民人均可支配收入 | 11.4 | 8.2 | 11.5 | 13.8 | 11.2 |
| 农村居民生活消费支出 | 3.1 | 7.5 | 4.2 | 10.2 | 7.3 |
| 职工年平均工资 | 13.8 | 8.3 | 11.6 | 11.1 | 8.3 |

数据来源：历年上海统计年鉴

据抽样调查，至 2012 年末，平均每百户城市居民家庭耐用消费品拥有量：家用轿车 20 辆，家用空调 207 台，移动电话 239 部，家用电脑 144 台。平均每百户农村居民家庭耐用消费品拥有量：家用汽车 14 辆，彩电 190 台，洗衣机 90 台，移动电话 200 部，家用空调 136 台，家用电脑 49 台。

至 2012 年末，全市储蓄存款余额 20247.24 亿元，当年新增 2289.02 亿元，人均储蓄存款余额 85057 元。

### （二）上海市居民消费品价格变化情况

2012 年上海全年居民消费价格比上年上涨 2.8%，其中服务项目价格上涨 3.0%。八大类价格同

比涨幅呈现"七涨一跌"格局。其中，食品类价格上涨5.8%；家庭设备用品及维修服务类价格上涨3.5%；衣着价格上涨3.0%；居住类价格上涨2.8%；烟酒类价格上涨1.4%；交通和通信价格上涨0.8%；医疗保健和个人用品价格上涨0.6%；娱乐教育文化用品及服务价格下降0.7%。

**表41　2008—2012年上海市城乡居民消费价格指数（以上年价格为100）**

| 指标 | 2008年 | 2009年 | 2010年 | 2011年 | 2012年 |
|---|---|---|---|---|---|
| 居民消费价格指数 | 105.8 | 99.6 | 103.1 | 105.2 | 102.8 |
| 食品 | 115.3 | 102.1 | 107.7 | 110.8 | 105.8 |
| #粮　食 | 107.3 | 103.7 | 112.0 | 113.5 | 102.9 |
| 烟酒 | 101.7 | 100.8 | 101.1 | 101.3 | 101.4 |
| 衣着 | 101.6 | 99.3 | 98.6 | 104.3 | 103.0 |
| 家庭设备用品及维修服务 | 108.3 | 101.5 | 101.1 | 107.1 | 103.5 |
| 医疗保健和个人用品 | 103.1 | 99.4 | 103.7 | 104.1 | 100.6 |
| 交通和通信 | 97.5 | 97.5 | 97.4 | 100.2 | 100.8 |
| 娱乐教育文化用品及服务 | 98.2 | 98.0 | 100.9 | 99.2 | 99.3 |
| 居住 | 102.5 | 96.6 | 103.5 | 105.4 | 102.8 |

数据来源：2012年上海市国民经济和社会发展统计公报

## （三）上海市居民收入特点

2012年上海市城乡居民家庭人均可支配收入呈现"两个高于"的特点，即城市和农村居民家庭人均可支配收入扣除物价因素后的增幅略高于上海市7.5%的GDP增幅；农村居民家庭人均可支配收入增幅高于城市居民家庭人均可支配收入增幅。2012年上海城市和农村居民家庭人均可支配收入分别为40188元和17401元，分别比上年增长10.9%和11.2%。其中工资性收入分别为26752元和11496元，分别比上年增长9.4%和9.6%；转移性收入分别为10593元和3618元，分别比上年增长15.8%和19.4%。

**表42　2008—2012年上海市城市居民家庭人均可支配收入**　　元

| 指标 | 2008年 | 2009年 | 2010年 | 2011年 | 2012年 |
|---|---|---|---|---|---|
| 人均可支配收入 | 26675 | 28838 | 31838 | 36230 | 40188 |
| 工资性收入 | 18909 | 19811 | 21745 | 24454 | 26752 |
| 经营性收入 | 1399 | 1435 | 1628 | 1994 | 2267 |
| 财产性收入 | 369 | 474 | 511 | 633 | 576 |
| 转移性收入 | 5998 | 7118 | 7954 | 9149 | 10593 |

数据来源：历年上海统计年鉴

表 43　2008—2012 年上海市农村居民家庭人均可支配收入　　元

| 指标 | 2008 年 | 2009 年 | 2010 年 | 2011 年 | 2012 年 |
|---|---|---|---|---|---|
| 人均可支配收入 | 11385 | 12324 | 13746 | 15644 | 17401 |
| 工资性收入 | 8182 | 8721 | 9606 | 10493 | 11496 |
| 家庭经营纯收入 | 711 | 590 | 589 | 877 | 905 |
| #农业纯收入 | 491 | 423 | 364 | 510 | 436 |
| 财产性收入 | 837 | 932 | 970 | 1243 | 1382 |
| 转移性收入 | 1655 | 2081 | 2581 | 3031 | 3618 |

数据来源:历年上海统计年鉴

政策性因素对于促进居民工资性收入增长起到非常积极的作用。2012 年上海出台一系列政策保障居民工资增长,包括将最低工资标准上调到每月 1450 元,上调幅度达 13.3%;个人所得税起征点上调,对于职工税负有明显降低作用。城镇最低生活保障标准上调到 570 元,提高幅度达到 12.9%;农村最低生活保障标准从每人每年 4320 元提高到 5160 元,提高幅度达到 19.4%。2012 年上海市各级政府支出城镇居民最低生活保障金 13.57 亿元,农村居民最低生活保障金 1.42 亿元。

居民转移性收入主要包括养老金、退休金以及各种补贴,这类收入的增长主要得益于政府保障水平的不断提高。2012 年城镇企业退休人员,养老金增长幅度按照上年度企业退休人员平均月养老金的 15%左右安排,人均月 300 元左右;"镇保"按月领取养老金人员,每人每月增加养老金 130 元;"新农保"按月领取养老金人员,对缴费年满 15 年的人员,每人每月增加 70 元;对缴费不满 15 年的人员,每人每月增加 45 元。全年向城乡低收入困难群众发放临时救助 44.68 万人次,支出资金 2.76 亿元;发放临时价格补贴 80 万人次,支出资金 0.7 亿元;粮油帮困资金 0.69 亿元。这些举措带动了收入的增长。

### (四)上海市居民消费特点

居民消费价格增速减缓。2012 年,上海市居民消费价格比上年上涨 2.8%。从走势看,由于 2011 年居民消费价格的高位运行,2012 年 1 月份居民消费价格同比涨幅为 4.9%,然后逐月回落至 12 月份的 2.2%。从环比看,居民消费价格自去年 12 月份以来连续 5 个月环比上涨后,5 月和 6 月连续 2 个月环比下降,7 月份和 11 月份持平,8 月份、9 月份、10 月份和 12 月份略有上涨。分类别看,食品类价格上涨 5.8%;家庭设备用品及维修服务类价格上涨 3.5%;衣着价格上涨 3.0%;居住类价格上涨 2.8%;烟酒类价格上涨 1.4%;交通和通信价格上涨 0.8%;医疗保健和个人用品价格上涨 0.6%;娱乐教育文化用品及服务价格下降 0.7%。

从需求结构看,扩大消费难度依然较大。2012 年,城市居民家庭人均消费支出仅增长 4.6%,城市居民平均消费倾向为 65.3%,比上年下降 4.0 个百分点。消费者信心指数回升,但是物价的上涨使居民实际消费水平受到抑制。

## 三、江苏省

### (一)江苏省居民收入消费总体情况

根据对城镇住户的抽样调查,2012 年江苏省城镇居民人均可支配收入达 29676.97 元,比上年增

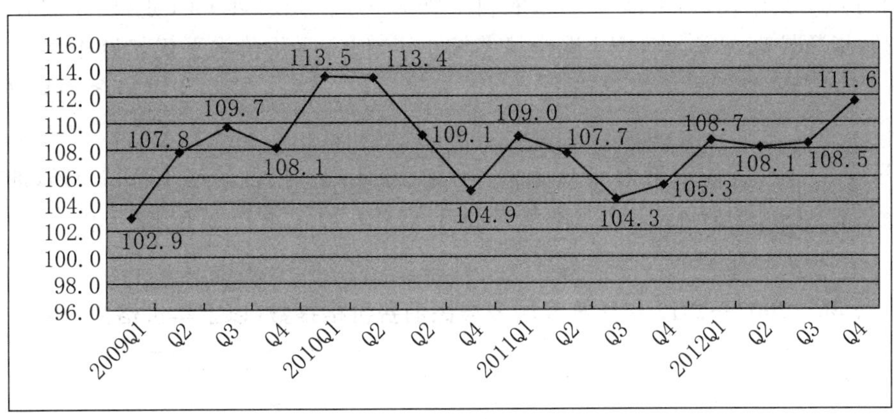


**图 5　2009—2012 年各季度上海消费者信心指数**

长 12.7%，扣除物价上涨因素，实际增长 9.9%；人均消费性支出 18825.28 元，增长 12.2%，其中食品支出占人均消费性支出的比重为 35.4%。根据对农村住户的抽样调查，全年农村居民人均纯收入达 12202.00 元，比上年增长 12.9%，扣除物价上涨因素，实际增长 10.1%；人均生活消费支出 8655.00 元，增长 12.5%，其中食品支出占人均生活消费支出的比重为 37.4%。

**表 44　2008—2012 年江苏省居民收支及职工年平均工资**　　元

| 指标 | 2008 年 | 2009 年 | 2010 年 | 2011 年 | 2012 年 |
|---|---|---|---|---|---|
| 城镇居民人均可支配收入 | 18680 | 20522 | 22944 | 26341 | 29677 |
| 城镇居民生活消费支出 | 11978 | 13153 | 14357 | 16782 | 18825 |
| 农村居民人均纯收入 | 7357 | 8004 | 9118 | 10805 | 12202 |
| 农村居民生活消费支出 | 5328 | 5804 | 6543 | 7693 | 8655 |
| 职工年平均工资 | 31667 | 35890 | 40505 | 45987 | 51279 |

数据来源：历年江苏统计年鉴

**表 45　2008—2012 年江苏省居民收支及职工年平均工资增长**　　%

| 指标 | 2008 年 | 2009 年 | 2010 年 | 2011 年 | 2012 年 |
|---|---|---|---|---|---|
| 城镇居民人均可支配收入 | 14.1 | 10.0 | 11.6 | 14.8 | 12.7 |
| 城镇居民生活消费支出 | 11.8 | 9.8 | 9.2 | 16.9 | 12.2 |
| 农村居民人均纯收入 | 12.1 | 8.5 | 13.9 | 18.5 | 12.9 |
| 农村居民生活消费支出 | 11.2 | 8.9 | 12.7 | 17.6 | 12.5 |
| 职工年平均工资 | 15.7 | 13.3 | 12.9 | 13.5 | 11.5 |

数据来源：历年江苏统计年鉴

## （二）江苏省城乡居民消费价格变化

2012 年在水电气价格纷纷上调的背景下，江苏省居民消费价格水平比上年上涨 2.6%，涨幅同比回落 2.7 个百分点。其中，城市上涨 2.6%，农村上涨 2.6%。2012 年 CPI 走低，主要还是因为 2011 年同比涨 5.3%指数较高，2012 年 CPI 涨幅虽然缩小了，但实际物价水平仍然处于高位。分类别看，食品类价格上涨 4.7%，烟酒类价格上涨 3.9%，衣着类价格上涨 3.6%，家庭设备用品及维修服务价格上涨 3.6%，医疗保健和个人用品价格上涨 1.3%，交通和通信价格下跌 0.2%，娱乐教育文化用品及服务价格下跌 0.1%，居住价格上涨 2.4%。在食品价格中，粮食价格上涨 2.3%，油脂价格上涨 4.2%，肉禽及其制品价格上涨 2.5%，鲜菜价格上涨 10.1%，水产品价格上涨 8.4%，蛋价格下跌 3.0%。

**表 46 2008—2012 年江苏省城乡居民消费价格指数(以上年价格为 100)**

| 指标 | 2008 年 | 2009 年 | 2010 年 | 2011 年 | 2012 年 |
|---|---|---|---|---|---|
| 居民消费价格指数 | 105.4 | 99.6 | 103.8 | 105.3 | 102.6 |
| 食品 | 113.0 | 100.9 | 107.4 | 111.8 | 104.7 |
| #粮　食 | 106.1 | 104.4 | 115.2 | 111.1 | 102.3 |
| 烟酒 | 102.9 | 101.7 | 102.4 | 104.0 | 103.9 |
| 衣着 | 100.5 | 99.0 | 100.7 | 103.4 | 103.6 |
| 家庭设备用品及维修服务 | 104.1 | 101.3 | 100.1 | 104.4 | 103.6 |
| 医疗保健和个人用品 | 102.5 | 100.7 | 102.9 | 103.1 | 101.3 |
| 交通和通信 | 98.6 | 96.7 | 99.8 | 100.8 | 99.8 |
| 娱乐教育文化用品及服务 | 99.0 | 99.9 | 101.6 | 100.6 | 99.9 |
| 居住 | 104.2 | 97.5 | 105.0 | 104.1 | 102.4 |

数据来源：历年江苏统计年鉴

## （三）江苏省居民收入特点

城乡居民收入相对差距继续缩小。2012 年，江苏省城镇居民人均可支配收入 29677 元，同比增长 12.7%，农村居民人均纯收入 12202 元，同比增长 12.9%，农民收入增幅快于城镇居民 0.2 个百分点。城乡居民收入比由上年同期的 2.44∶1 下降到 2.43∶1，为近年来同期最低，城乡收入相对差距自 2009 年以来连续三年呈缩小态势。

城镇低收入群体收入增长较快。据城镇住户抽样调查资料，按照人均可支配收入五等份分组，2012 年城镇低收入组、中低收入组、中等收入组、中高收入组及高收入组人均可支配收入分别为 12362 元、19404 元、25402 元、34220 元和 59319 元，增速分别为 16.5%、14.3%、13.0%、12.6%和 9.9%。由低收入组和中低收入组组成的低收入群体收入增速相对较快。高低收入比由 2009 的 5.8∶1 持续缩小到 2012 年的 4.8∶1。

## （四）江苏省居民消费特点

抽样调查资料显示，2012 年，江苏省城乡居民消费平稳增长，全年城镇居民人均消费支出 18825 元，比上年增加 2043 元，增长 12.2%；农村居民人均生活消费支出 8655 元，比上年增加 926 元，增长 12.5%。

表 47　2008—2012 年江苏省城镇居民消费支出变化　元,%

| 指标 | 2008 年 | 2009 年 | 2010 年 | 2011 年 | 2012 年 | 比上年增长 |
|---|---|---|---|---|---|---|
| 可支配收入 | 18680 | 20552 | 22944 | 26341 | 29677 | 12.7 |
| 消费支出 | 11978 | 13153 | 14357 | 16782 | 18825 | 12.2 |
| 消费倾向 | 64.1 | 54.0 | 62.6 | 63.7 | 63.4 | —— |
| 食品 | 4545 | 4774 | 5243 | 6061 | 6658 | 9.8 |
| 衣着 | 1167 | 1298 | 1466 | 1772 | 1916 | 8.1 |
| 居住 | 1042 | 1149 | 1234 | 1188 | 1437 | 21.0 |
| 家庭设备 | 813 | 923 | 1026 | 1194 | 1288 | 7.9 |
| 医疗保健 | 795 | 808 | 806 | 962 | 1058 | 10.0 |
| 交通通讯 | 1358 | 1722 | 1935 | 2262 | 2690 | 18.9 |
| 教育文化娱乐 | 1800 | 1968 | 2133 | 2696 | 3078 | 14.2 |
| 其他商品和服务 | 458 | 511 | 514 | 647 | 700 | 8.2 |

数据来源:历年江苏统计年鉴

### 1. 食品消费质量提高,恩格尔系数下降

2012 年,江苏省城镇居民人均食品类支出 6658 元,比上年增长 9.8%,恩格尔系数为 35.4%,比上年下降 0.7 个百分点。同期食品消费价格指数为 104.9,食品价格上涨使城镇居民每人多支出 311 元。在城镇居民食品消费中占比前三位的是肉类、蔬菜类和水产品类,占比分别为 14.1%、10.0% 和 8.2%。

### 2. 衣着支出持续增长

2012 年江苏省城镇居民衣着人均消费支出 1916 元,比 2011 年增长 8.1%;占消费支出比重为 10.2%,比上年下降了 0.4 个百分点;人均服装支出占衣着消费的比重由去年的 75.6% 下降到 75.1%。

### 3. 居住环境改善,居住类支出增速迅猛

2012 年在水电气价格纷纷上调的背景下,江苏省城镇居民人均居住类支出 1437 元,比上年增长 21.0%,占消费支出的比重为 7.6%,比上年增加了 0.5 个百分点。其中,租赁房房租涨幅最高,达到 30.7%,电费涨幅达到 18.3%,水费涨幅达到 17.0%。

### 4. 家庭设备用品消费结构升级

2012 年,江苏省城镇居民人均家庭设备用品及服务类支出 1288 元,比上年增长 7.9%,占消费支出的比重为 6.8%,比上年减少了 0.3 个百分点。其中家庭耐用品人均消费为 487 元,增长 2.5%;家庭日用杂品人均消费 534 元,增长 10.1%。

### 5. 居民保健意识增强,保健支出稳步增长

2012 年,江苏省城镇居民人均医疗保健支出 1058 元,比上年增长 10.0%,占消费支出的比重比去年减少 0.1 个百分点。其中医疗费由去年的人均 289 元增加到 369 元,比去年增长 27.7%。

### 6. 交通和通讯支出稳步增长,汽车消费成热点

2012 年,江苏省城镇居民人均交通和通讯支出 2690 元,比上年增长 18.9%,其中人均电信费达到 599 元,比上年增长 21.7%;每百户拥有家用汽车 26.2 辆,每百户拥有家用汽车比去年增加 2.3 辆;每百户拥有移动电话 215.7 部,家用电脑 100.3 部,分别比上年增长 2.3%和 3.5%。

### 7. 教育文化娱乐服务支出平稳增长

2012 年,江苏省城镇居民人均教育文化娱乐服务支出 3078 元,比上年增长 14.2%,占消费支出的比重比去年增加 0.3 个百分点;人均文化娱乐用品支出 671 元,比上年增长 2.3%;人均文化娱乐服务支出 1296 元,比上年增长 25.3%;人均教育支出 1112 元,比上年增长 10.6%。

### 8. 城镇居民网络消费持续升温

随着网络的普及和电子商务的迅速发展,方便快捷的网络购物成为人们日益青睐的消费方式。2012 年末,江苏省城镇居民家庭每百户家用电脑拥有量 100.3 台,其中接入互联网的每百户有 78.8 台;每百户家庭接入互联网的移动电话 41.9 部。2012 年,城镇居民网络消费支出在上年快速增长的形势下继续升温,全年人均通过互联网购买的商品及服务支出 121 元,比上年增加 51 元,增长 71.6%。

## 四、浙江省

### (一) 浙江省居民收入消费总体情况

据对城乡住户抽样调查,2012 年浙江省城镇居民人均可支配收入 34550 元,农村居民人均纯收入 14552 元,扣除价格因素,分别比上年增长 9.2%和 8.8%。城镇居民人均可支配收入连续 12 年居全国第三位,农村居民人均纯收入连续 28 年列各省(自治区)第 1 位。城镇居民人均消费支出 21545 元,比上年增长 5.4%,扣除价格因素,实际增长 3.1%。;农村居民人均生活消费支出 10208 元,比上年增长 5.9%,扣除价格因素,实际增长 3.5%。城镇居民家庭恩格尔系数为 35.1%,比上年上升 0.5 个百分点;农村居民家庭恩格尔系数为 37.7%,比上年上升 0.1 个百分点。

**表 48 2008 年—2012 年浙江省居民收支情况** 元

| 收入与支出 | 2008 年 | 2009 年 | 2010 年 | 2011 年 | 2012 年 |
|---|---|---|---|---|---|
| 城镇居民人均可支配收入 | 22727 | 24611 | 27359 | 30971 | 34550 |
| 城镇居民生活消费支出 | 15158 | 16683 | 17858 | 20437 | 21545 |
| 农村居民人均纯收入 | 9258 | 10007 | 11303 | 13071 | 14552 |
| 农村居民生活消费支出 | 7072 | 7375 | 8390 | 9644 | 10208 |
| 职工年平均工资 | 34146 | 37395 | 41505 | 46660 | 50813 |

数据来源:历年浙江省统计年鉴

**表 49 2008—2012 年浙江省居民收入和消费增长情况** %

| 收入与支出 | 2008 年 | 2009 年 | 2010 年 | 2011 年 | 2012 年 |
|---|---|---|---|---|---|
| 城镇居民人均可支配收入 | 10.46 | 8.29 | 11.10 | 13.20 | 11.56 |

（续表）

| | | | | | |
|---|---|---|---|---|---|
| 城镇居民生活消费支出 | 7.57 | 10.06 | 7.04 | 14.44 | 5.42 |
| 农村居民人均纯收入 | 12.01 | 8.09 | 12.90 | 15.64 | 11.33 |
| 农村居民生活消费支出 | 9.78 | 4.28 | 13.80 | 14.95 | 5.85 |
| 职工年平均工资 | 10.67 | 9.70 | 10.99 | 12.42 | 8.90 |

数据来源：历年浙江省统计年鉴

## （二）浙江省居民消费品价格变化情况

2012年，浙江全省居民消费价格比上年上涨2.2%，其中居住类上涨1.6%，食品类上涨5.3%；商品零售价格上涨1.9%，农业生产资料价格上涨4.2%，工业生产者出厂价格下降2.7%，工业生产者购进价格下降3.3%；固定资产投资价格下降0.8%。

**表50　2012年浙江省居民消费价格变动情况（上年＝100）**

| 指标 | 全　省 | 城　市 | 农　村 |
|---|---|---|---|
| 居民消费价格总指数 | 102.2 | 102.2 | 102.3 |
| 食品 | 105.3 | 105.4 | 105.1 |
| ＃粮食 | 103.7 | 103.7 | 103.6 |
| 烟酒及用品 | 101.5 | 101.7 | 101.1 |
| 衣着 | 101.3 | 101.4 | 101.3 |
| 家庭设备用品及服务 | 102.5 | 102.4 | 102.8 |
| 医疗保健及个人用品 | 101.3 | 101.3 | 101.1 |
| 交通和通信 | 99.7 | 99.7 | 99.8 |
| 娱乐教育文化用品及服务 | 99.4 | 99.0 | 100.8 |
| 居住 | 101.6 | 101.8 | 101.2 |

资料来源：2012年浙江省国民经济和社会发展统计公报

## （三）浙江省居民收入的特点

### 1. 城镇居民人均可支配收入实际增长9.2%

2012年，浙江城镇居民人均可支配收入34550元，比2011年增长11.6%，扣除价格因素，实际年均增长9.2%。城镇居民人均可支配收入已经连续12年居全国31个省（市、区）第3位，省区第1位。浙江城镇居民人均可支配收入的中位数为30613元，比上年增长12.2%。人均可支配收入的中位数比人均可支配收入低3937元。

表 51 2011—2012 年浙江省城镇居民人均收入对比

| 指 标 | 数量(元) | | 2012 比 2011 增减 | |
|---|---|---|---|---|
| | 2011 年 | 2012 年 | 绝对值 | % |
| 家庭总收入 | 34264.38 | 37994.83 | 3730.45 | 10.9 |
| #可支配收入 | 30970.68 | 34550.30 | 3579.62 | 11.6 |
| 工资性收入 | 20334.25 | 22385.09 | 2050.84 | 10.1 |
| 经营净收入 | 4383.89 | 4694.40 | 310.51 | 7.1 |
| 财产性收入 | 1572.34 | 1465.32 | −107.02 | −6.8 |
| 转移性收入 | 7973.91 | 9450.02 | 1476.11 | 18.5 |

数据来源:国家统计局浙江调查总队

(1)工资性收入保持平稳增长。2012 年,浙江省城镇居民人均工资性收入 22385 元,比 2011 年增长 10.1%,占家庭总收入的比重为 58.9%,是城镇居民收入的主要来源,但工资外收入的较快增长,使工资性收入占家庭总收入的比重有所降低,2012 年比 2011 年降低了 0.4 个百分点。

(2)经营收入和财产性收入比重降低。2012 年,浙江省城镇居民人均经营净收入 4694 元,比 2011 年增长 7.1%,比 2011 年增长 7.1%,2012 年,浙江城镇居民人均财产性收入 1465 元,比 2011 年降低 6.8%,占家庭总收入的比重由 2011 年的 4.6%下降到 2012 年的 3.9%。

(3)转移性收入增长加快。2012 年,浙江省城镇居民人均转移性收 9450 元,比 2011 年增长 18.5%,占家庭总收入的比重由 2011 年的 23.3%上升到 2012 年的 24.9%,成为城镇居民增收的又一推动力。

### 2. 农村居民收入年均实际增长 8.8%

2012 年,浙江省农村居民人均纯收入 14552 元,比 2011 年增长 11.3%,扣除价格因素,年均实际增长 8.8%。农村居民人均纯收入水平自 1985 年开始已连续 28 年居全国各省区首位。2012 年,浙江农村居民人均纯收入比全国平均水平高出 83.8%。

表 52 2011—2012 年浙江省农村居民人均收入对比

| 指 标 | 数量(元) | | 2012 比 2011 增减 | |
|---|---|---|---|---|
| | 2011 年 | 2012 年 | 绝对值 | % |
| 人均纯收入 | 13070.69 | 14551.92 | 1481.23 | 11.3 |
| 扣除物价因素后 | 13070.69 | 14224.75 | 1154.06 | 8.8 |
| 工资性收入 | 6878.47 | 7859.93 | 981.46 | 14.3 |
| 家庭经营收入 | 4872.40 | 5189.98 | 317.58 | 6.5 |
| 财产性、转移性纯收入 | 1319.81 | 1502.01 | 182.20 | 13.8 |

数据来源:国家统计局浙江调查总队

(1) 工资性收入是推动农村居民收入增长的主要动力。2012 年,浙江省农村居民在各类企事业中从业或从事其他各种劳务活动获得的工资性收入人均 7860 元,比 2011 年增长 14.3%。2012 年,

工资性收入占全部纯收入的比重为54.0%，比2011年提高1.4个百分点，工资性收入对纯收入的增长贡献率为66.3%，工资性收入是浙江农村居民收入的主要来源，更是收入增长的主要推动力。

(2) 家庭经营二、三产业收入较快增长。2012年，农村居民来自家庭经营的二、三产业收入人均3044元，比2011年增长13.2%。受外部环境的影响，农村家庭工业经历了考验，但伴随着宏观经济的好转，家庭二、三产业收入稳步增长。

(3) 非经营收入增长13.8%。2012年，浙江农村居民获得的转移性和财产性等非经营性收入人均1502元，比2011年增长13.8%，主要是房屋租金、离退休金和养老金收入的较快增长。

## (四) 浙江省居民消费特征

### 1. 城镇居民消费特征

2012年，浙江城镇居民人均消费支出21545元，比2011年增长5.4%，扣除价格上涨因素，实际年均增长3.1%。从城镇居民八大类消费支出的增长看，城镇居民增长最快的前三类分别是：交通和通讯支出、食品支出和教育文化娱乐服务支出，分别增长10.9%、6.9%和6.4%。

**表53　2011—2012年浙江省城镇居民人均消费支出对比**

| 指标 | 数量(元) | | 2012比2011增减 | |
|---|---|---|---|---|
| | 2011年 | 2012年 | 绝对值 | % |
| 消费支出 | 20437.45 | 21545.18 | 1107.73 | 5.4 |
| #服务性消费支出 | 5639.43 | 5929.20 | 289.77 | 5.1 |
| 食品 | 7066.22 | 7552.02 | 485.80 | 6.9 |
| 衣着 | 2138.99 | 2109.58 | −29.41 | −1.4 |
| 居住 | 1518.06 | 1551.69 | 33.63 | 2.2 |
| 家庭设备用品及服务 | 1109.42 | 1161.39 | 51.97 | 4.7 |
| 医疗保健 | 1248.90 | 1228.02 | −20.88 | −1.7 |
| 交通和通讯 | 3728.23 | 4133.50 | 405.27 | 10.9 |
| 教育文化娱乐服务 | 2816.12 | 2996.59 | 180.47 | 6.4 |
| 其它商品和服务 | 811.51 | 812.39 | 0.88 | 0.1 |

数据来源：国家统计局浙江调查总队

(1) 食品价格上涨带动食品支出增长。

2012年，浙江省城镇居民人均食品支出为7552元，比2011年增长6.9%。由于近几年食品价格上涨较快，恩格尔系数(食品支出占消费总支出的比重)反弹。2012年城镇居民恩格尔系数为35.1%，比2011年高0.5个百分点。

(2) 设备用品、居住、交通通讯和娱乐文教等支出全面增长。

2012年，浙江省城镇居民人均设备用品及服务支出1161元，居住支出1552元，交通通讯支出4134元，娱乐教育文化消费支出2997元，与2011年相比，年均分别增长4.7%、2.2%、10.9%和6.4%。

(3) 服务性消费快速增长。

2012年，浙江城镇居民文教娱乐、休闲旅游、医疗保健等服务性消费支出人均5929元，比2011年增长5.1%。在服务性消费中，家政服务支出比2011年增长14.0%，居住服务支出比2011年下降7.5%，表明家庭服务社会化趋势日益明显。在外饮食支出比2011年增长6.5%，交通费支出比2011年增长11.8%，文化娱乐服务支出比2011年增长10.1%，。

## 2. 农村居民消费特征

2012年，浙江省农村居民人均消费支出10208元，比2011年增加564元，增长5.8%。从农村居民八大类消费支出的增长看，农村居民增长最快的前三类分别是：交通和通讯支出、衣着支出和居住支出，分别增长15.5%、7.7%和7.1%。

表54 2011—2012年浙江省农村居民人均消费支出对比

| 指标 | 数量(元) | | 2012比2011增减 | |
|---|---|---|---|---|
| | 2011年 | 2012年 | 绝对值 | % |
| 生活消费支出 | 9644.41 | 10208.21 | 563.80 | 5.8 |
| #服务性消费支出 | 2774.98 | 2925.50 | 150.52 | 5.4 |
| 食品消费支出 | 3629.22 | 3843.55 | 214.33 | 5.9 |
| 衣着消费支出 | 669.33 | 720.63 | 51.30 | 7.7 |
| 居住消费支出 | 1651.17 | 1768.21 | 117.04 | 7.1 |
| 家庭设备、用品消费支出 | 528.24 | 559.71 | 31.47 | 6.0 |
| 交通和通讯消费支出 | 1261.68 | 1457.04 | 195.36 | 15.5 |
| 文化教育．娱乐消费支出 | 830.86 | 880.70 | 49.84 | 6.0 |
| 医疗保健消费支出 | 850.66 | 739.30 | －111.36 | －13.1 |
| 其他商品和服务消费支出 | 223.26 | 239.07 | 15.81 | 7.1 |

数据来源：国家统计局浙江调查总队

(1) 食品支出增长。

2012年，浙江省农村居民食品支出为3844元，比2011年增加214元，增长5.9%。其中在外饮食551元，比上年增长6.2%。由于近几年食品价格上涨较快，恩格尔系数(食品支出占消费总支出的比重)反弹。2012年城镇居民恩格尔系数为37.7%，比2011年高0.1个百分点。

(2) 居住条件明显改善。

2012年，农村居民用于居住的支出人均1768元，比2011年增长7.1%。2006年以来，浙江新农村建设带动的农村住房改造，使农村居民的居住条件大为改善。2012年末，农村居民人均居住面积为61.5平方米，其中98.2%都是钢筋混泥土和砖木结构的住房。住房人均支出1246元，比上年增长3.7%；电费人均支出277元，比上年增长14.5%；燃料费人均支出181元，比上年增长14.6%。

(3) 家庭高档耐用品拥有量不断增多。

随着农村居住条件的改善，以及农村居民生活水平的提高，农村居民耐用品普及率继续提高。2012年末，平均每百户家庭拥有空调、电冰箱和彩色电视机分别为99.9台、95.3台和171.7台，分别比2011年增长5.8%、2.5%和1.9%。农村居民消费需求还日益呈现多样化和层次化，抽油烟机、微波炉等新兴家电在农村居民家庭中的拥有量稳步上升。

(4) 交通通讯支出快速增长，汽车成为农村居民消费热点。

随着居民收入的提高，道路交通条件的改善，农村居民对出行、交流的要求不断提升，推动了交通通讯支出的快速增长。2012 年，农村居民人均交通通讯费支出 1457 元，比 2011 年增长 15.5%，其中购买交通工具支出 624 元，比 2011 年增长 14.7%。2012 年末，农村居民家庭每百户家用汽车拥有量 15.2 辆，比 2011 年增长 13.4%，汽车消费成为农村居民消费的热点。2012 年，人均交通消费服务支出 448 元，比 2011 年增长 1.85 倍。

(5) 衣着、设备用品、文教娱乐支出稳步增长，医疗保健支出大幅下降。

2012 年，浙江省农村居民人均衣着支出 721 元，设备用品支出 560 元，文教娱乐支出 881 元，比 2011 年分别增长 7.1%、6.0%和 6.0%。农村居民人均医疗保健支出 739 元，比上年下降 13.1%。

(6) 消费领域不断拓宽，文化教育、旅游娱乐支出增加。

富裕起来的农民，在旅游、休闲娱乐方面的消费也逐渐增多。2012 年，农村居民旅游休闲娱乐服务消费支出人均 157 元，比 2011 年增长 25.6%，大大超过农村居民人均纯收入的增幅。教育服务消费支出人均 465 元，比 2011 年增长 4.3%。

# 七 长三角地区生态环境

长江三角洲(下称"长三角")是我国人口集聚度最高、城市化发展最快、经济活力最强的区域,也是"中国综合实力最强的区域",在社会主义现代化建设全局中具有重要战略地位和带动作用。2012年是上海落实与推进"十二五"环保规划和污染减排任务的关键年,也是第五轮环保三年行动计划的启动年。围绕"创新驱动,转型发展",把环境保护作为突破资源环境约束、加快转变发展方式的重要抓手,全面推进污染减排和环保三年行动计划,细化分解责任,制定落实政策,强化综合防治,着力解决影响群众健康和城市长远发展的突出环境问题,取得了较好的工作成效。2012年,江苏省深入贯彻落实"五位一体"精神,切实加大污染减排力度,加快推进碧水蓝天工程,持续加强环境执法监管,集中整治群众反映强烈的突出环境问题,不断深化环保领域改革创新。全省年度减排任务顺利完成,环境质量总体保持稳定,生态文明建设工程取得积极进展,为全面建成小康社会、开启基本现代化建设奠定了良好环境基础。2012年浙江省全省深入实施"八八战略"和"两创"总战略,围绕建设"两富"现代化浙江的目标,坚持调结构促转型谋发展,坚持生态立省方略,扎实推进生态文明建设,全力维护生态环境安全,加快实施三大清洁行动(清洁水源、清洁空气、清洁土壤)计划,生态环境状况指数继续位居全国前列。

## 一、长三角地区生态环境基本状况

### (一)水环境

2012年,江苏省继续扎实推进太湖、淮河、长江等重点流域的水环境综合整治,加大力度保护和整治通榆河、南水北调东线两条"清水廊道",全省水环境质量基本保持稳定。江苏省地表水质总体处于轻度污染。列入国家地表水环境质量监测网83个国控断面中,Ⅰ～Ⅲ类水质断面占43.4%,Ⅳ～Ⅴ类水质断面占54.2%,劣Ⅴ类水质断面占2.4%。太湖湖体综合营养状态指数为56.5,同比下降0.8,总体处于轻度富营养状态。15条主要入湖河流中,有4条河流水质优于或达到Ⅲ类,11条河流水质处于Ⅳ类和Ⅴ类。与2011年相比,水质达到或优于Ⅲ类的河流数保持稳定。对太湖流域5市65个重点断面水质进行目标考核,有29个达标,达标率为44.6%,与2011年相比保持稳定。江苏省淮河干流水质较好,4个断面水质均符合Ⅲ类标准,主要支流水质总体处于轻度污染。与2011年相比,淮河干流水质保持稳定,支流水质略有好转,Ⅰ～Ⅲ类断面比例提高9.4个百分点。列入国家《重点流域水污染防治规划(2011—2015年)》的淮河流域23个水质考核断面中,有22个水质达到考核目标要求,达标率为95.7%。其中,南水北调东线江苏段15个控制断面水质年均浓度均达标。江苏省长江干流水质较好,10个例行监测断面水质全部达到地表水Ⅲ类标准,与2011年相比水质保持稳定。列入国家《长江中下游流域水污染防治规划(2011—2015年)》的长江流域9个考核及评估断面中,有7个年均浓度达到考核目标要求。2012年江苏省废水排放总量约58.84亿吨,废水中化学需氧量排放总量为119.70万吨,废水中氨氮排放总量为15.31万吨。与2011年相比,全省化学需氧量排放总量减少4.9万吨,氨氮排放总量减少0.4万吨。

浙江省江河干流总体水质基本良好,但省内部分河流的支流,流经城镇的局部河段仍存在不同程度污染。鳌江、运河、平原河网和城市内河污染依然严重。部分湖泊存在一定程度富营养化现象,水库以中营养为主。大部分城市的主要饮用水水源地水质良好。浙江省221个省控断面监测结果统计显示,水质达到或优于地表水环境质量Ⅲ类标准的断面占64.3%(其中Ⅰ类6.8%、Ⅱ类27.6%、Ⅲ类

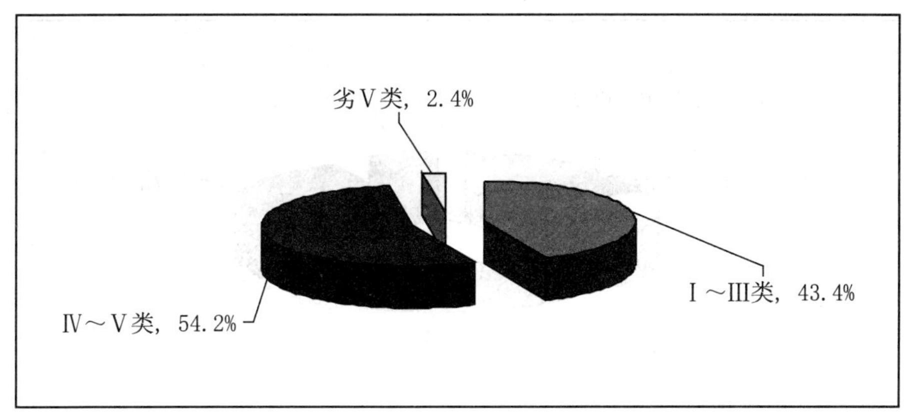


**图 6 2012 年江苏省地表水水质状况**

29.9%)，Ⅳ类占 17.2%，Ⅴ类和劣Ⅴ类占 18.5%(其中Ⅴ类 4.0%、劣Ⅴ类 14.5%)。浙江八大水系和运河按水质达到或优于Ⅲ类标准的断面数百分比由大到小顺序排列依次为：瓯江、飞云江、苕溪、曹娥江、钱塘江、甬江、运河、椒江、鳌江。浙江的母亲河钱塘江水系有 76.6%的河段水质在一类到三类之间，主要污染河段为金华江、东阳江、南江、武义江和浦阳江浦江段。

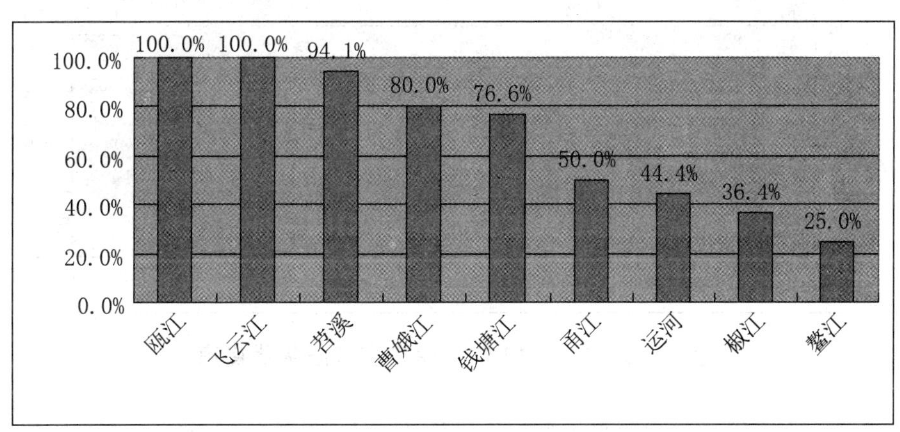


**图 7 2012 年浙江省江河水系水质达到或优于Ⅲ类标准情况**

2012 年，上海市水环境质量总体与 2011 年基本持平。其中，黄浦江、长江口、区县考核河道总体水质状况基本持平，苏州河总体水质状况略有好转。

## （二）空气环境

2012 年是新老国家环境空气质量标准实施的交错年，为了完整、科学地评价本市环境空气质量，在进行全年优良天数和优良率评价时仍采用原国家环境空气质量标准(GB3095—1996)，但在进行分项目评价时，可吸入颗粒物、二氧化硫、二氧化氮等三项污染物同时采用新老国家环境空气质量标准评价，细颗粒物、臭氧、一氧化碳等三项污染物采用新国家环境空气质量标准(GB3095—2012)评价。2012 年，上海市环境空气质量优良天数为 343 天，较 2011 年增加 6 天；空气污染指数(API)优良率为 93.7%，较 2011 年上升 1.4 个百分点。全年首要污染物为可吸入颗粒物的有 361 天，占总数的 98.6%；首要污染物为二氧化硫的有 2 天，占总数的 0.5%；首要污染物为二氧化氮的有 3 天，占总数

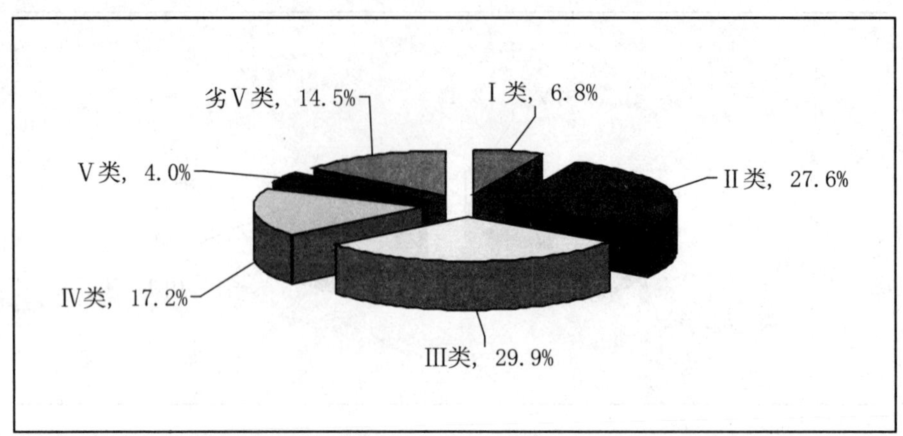


图8 2012年浙江省地表水水质状况

的0.8%。近5年(2008—2012年)的监测数据表明，上海市环境空气质量API优良率总体呈上升趋势，已连续四年高于90%。

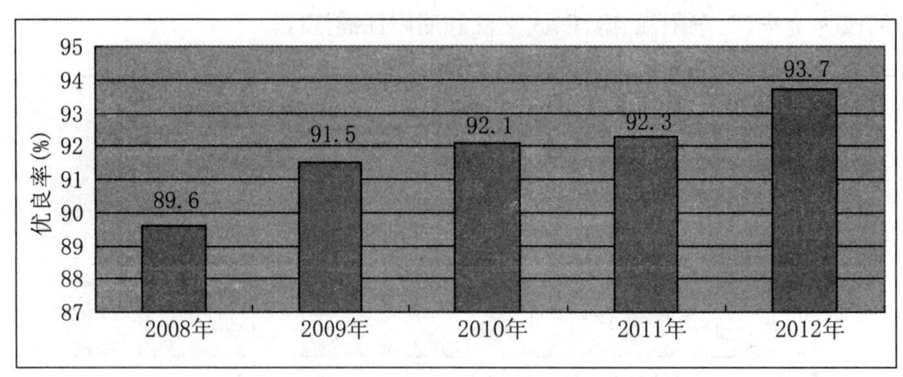


图9 2008—2012年上海市空气质量优良率

2012年，江苏全省环境空气中可吸入颗粒物平均浓度为92微克/立方米、二氧化硫34微克/立方米、二氧化氮37微克/立方米。根据国家关于环境空气质量新老标准执行过渡期的相关要求，以三项主要污染物、按照《环境空气质量标准》(GB3095—2012)评价，13个省辖城市环境空气质量均未达到二级标准。与2011年相比，全省环境空气中可吸入颗粒物和二氧化硫年均浓度分别下降1.1%、2.9%，二氧化氮年均浓度上升12.1%。

浙江全省城市环境空气质量总体良好，在69个县级以上城市中，98.6%的城市达到国家二级标准。对城市空气质量影响最大的仍为可吸入颗粒物，其次是二氧化硫和二氧化氮。2012年浙江省11个设区城市全年的Ⅰ—Ⅱ级空气质量天数比例均达到85%以上，除湖州和绍兴外其余各市均达到90%以上。

## （三）声环境

2012年，上海市区域环境噪声达到相应功能的标准要求，但道路交通噪声夜间时段未能达到相应功能的标准要求。上海市区域环境噪声昼间时段的平均等效声级为54.7dB(A)，较2011年下降0.3dB(A)；夜间时段的平均等效声级为48.2dB(A)，较2010年上升0.2dB(A)。近5年(2008—2012

年)的监测数据表明,上海市区域环境噪声在55dB(A)左右,均达到相应功能的标准要求,总体保持稳定。上海市道路交通噪声昼间时段的平均等效声级为69.3dB(A),较2011年下降0.7dB(A);夜间时段的平均等效声级为64.4dB(A),较2011年下降0.1dB(A)。近5年(2008—2012年)的监测数据表明,上海市道路交通噪声夜间时段未能达到相应功能的标准要求;2008年上海市道路交通噪声昼间时段未能达到相应功能的标准要求,2009年起达到相应功能的标准要求,总体呈下降趋势。

**表55　2012年上海市网格环境噪声声级分布**

| 测点数(个) | 1 | 3 | 15 | 103 | 87 | 40 |
|---|---|---|---|---|---|---|
| 噪声范围 dB(A) | >70 | 65—70 | 60—65 | 55—60 | 50—55 | ≤50 |

江苏全省城市区域声环境质量总体达到二级水平(较好等级)。区域声环境质量平均等效声级为54.8分贝(A),达到城市区域环境噪声二级水平。影响声环境质量的主要声源依然为社会生活噪声,所占比例为56.4%;其次为工业噪声、交通噪声和施工噪声,所占比例分别为20.9%、18.8%和3.9%。13个省辖城市区域噪声平均等效声级分布在52.4～59.0分贝(A)之间,其中南京、无锡、盐城、镇江和宿迁5市噪声水平为三级(一般),其余各市均处于二级水平(较好)。全省功能区声环境质量总体稳定,平均等效声级昼夜变化分明,超标主要出现在夜间4a类功能区(既有铁路干线两侧区域)全省各类功能区噪声昼夜变化分明。受城市日常生产生活的作息时间规律影响,夜间平均等效声级明显低于昼间,一般在夜间1～3时达到谷底,昼间8～9时和16～18时达到峰值。道路交通声环境质量基本保持稳定,平均车流量略有下降。13个省辖城市道路交通昼间声环境质量总体评价为好,平均等效声级为66.5分贝(A),达到道路交通噪声强度等级一级。平均等效声级分布范围为63.2～68.7分贝(A),除无锡市外全部达到道路交通噪声强度一级水平。全省监测道路总长2906.4千米,全省超过70分贝(A)(国家标准限值)的路段长度占监测道路总长的11.0%,与去年持平。

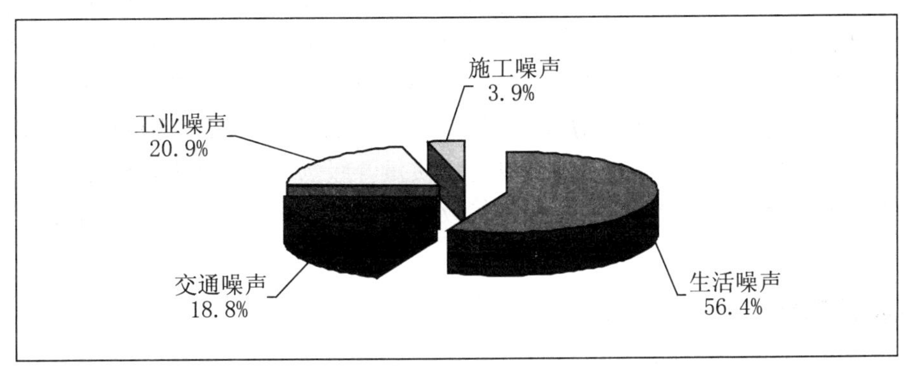


**图10　2012年江苏省噪声源类型及所占比例**

浙江城市总体声环境质量处于较好至轻度污染水平,区域环境噪声平均值为54.6分贝,较2011年下降0.2分贝;城市道路交通噪声平均为68.1分贝,较2011年上升0.3分贝。在影响城市声环境的各类噪声源中,生活噪声源占46.9%,交通噪声源占31.7%,工业噪声源占6.4%,建筑施工噪声源占4.2%,其他噪声源占10.8%。生活噪声源和交通噪声源仍是主要噪声源,交通、施工和工业噪声平均声级相对较高。11个设区城市区域环境噪声平均等效声级范围为51.9—56.8分贝,相对较低的城市为衢州市和舟山市。城市道路交通噪声平均等效声级在65.9—69.6分贝之间,均在70分贝的控制值内。

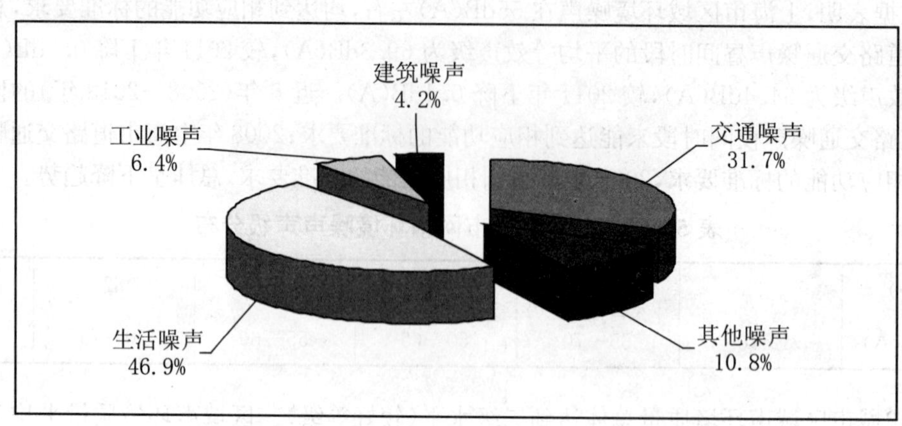


**图 11　2012 年浙江省噪声源类型及所占比例**

## （四）生物环境

江苏在长江、京杭大运河、太湖等主要水体开展了水生生物多样性调查监测，共布设河流断面 66 个、湖泊测点 51 个。主要河流底栖动物物种多样性评价等级为丰富的断面占 3.0%、较丰富等级断面占 31.9%、一般等级断面占 33.3%、贫乏等级断面占 13.6%、极贫乏等级占 4.6%、未采集到底栖动物物种的断面占 13.6%；主要湖泊底栖动物多样性状况好于河流，物种丰富的测点占 5.9%、较丰富的测点占 58.8%、一般等级的测点占 31.4%、贫乏等级的测点占 3.9%。与 2011 年相比，水生生物物种多样性保持稳定，底栖动物物种丰富和较丰富断面比例基本持平。

2012 年，浙江省近岸海域生物多样性种类较单一，且区域差异较明显，尤其是沿海城市近岸海域中的嘉兴、舟山及重要海湾中的杭州湾明显劣于其他区域。浮游植物和浮游动物生境质量等级均为一般，分别以硅藻、桡足类为优势种群，群落结构相对稳定；底栖生物种类生境质量等级为差，以多毛类为优势种群，群落结构较脆弱。与 2011 年相比，浮游动、植物和底栖生物优势种类、生物种群变化不大，生存环境无明显改善迹象，其中浮游动、植物环境质量等级基本一致，底栖生物生境质量等级由一般下降到差。2012 年浙江省潮间带湿地生物生境质量等级为差，生物种类相对贫乏，群落结构简单，多样性指数较低。与 2011 年相比，生境质量等级保持不变，但潮间带生物平均栖息密度和生物量均有所下降。

## （五）辐射环境

2012 年度上海市辐射环境质量总体情况良好。环境天然放射性水平方面，通过对 g 辐射空气吸收剂量率、g 辐射累积剂量的监测及气溶胶、雨水沉降物、水汽、地表水、地下水、海水、土壤等样品的分析可知，本市大气、水体、土壤等介质中的放射性核素浓度处于正常水平，上海市各监测点的 γ 辐射空气吸收剂量率与历年的监测结果相当。核与辐射技术应用方面，通过对全市Ⅰ～Ⅴ类放射源及Ⅰ～Ⅲ类射线装置使用场所周围环境辐射水平的监测结果表明，核与辐射技术应用场所周围环境中的 γ 辐射水平符合我国国家标准《电离辐射防护与辐射源安全基本标准》(GB18871—2002)中的年累积剂量限值规定。与历年相比，上海市电磁辐射环境背景水平无明显变化。

2012 年江苏省辐射环境 28 个国控点和 272 个省控点监测结果表明，辐射环境质量保持在天然放射性本底水平范围内。长江、淮河、太湖等重点流域水体中天然及人工放射性核素含量均在本底范围内；重点饮用水源地取水口水中放射性指标符合《生活饮用水卫生标准》(GB5749—2006)要求；环境

中电磁辐射监测结果均低于《电磁辐射防护规定》(GB8702—1988)中公众导出限值的要求。田湾核电站外围辐射环境监控系统正常运行,6个实时在线自动监测站监测结果,以及核电站外围30千米范围内陆地环境和海洋环境介质样品监测结果表明,核电站周围陆地伽马辐射空气吸收剂量率、环境中放射性核素含量均在本底水平统计涨落范围内。稀土冶炼加工及核技术应用等重点污染源企业周围辐射环境质量在江苏省天然本底水平范围内;广播电视发射台、移动通信基站、高压输变电工程等重点设施周围环境监测点电磁辐射水平满足相应环境标准的要求。

2012年浙江省辐射环境质量总体良好。环境电离辐射水平保持在天然本底涨落范围内,核设施、核技术利用项目周围环境电离辐射水平总体未见明显变化。环境电磁辐射水平总体情况较好,电磁辐射发射设施周围环境电磁辐射水平总体未见明显变化。

### (六)固体废物

2012年,上海继续推进危险废物处理处置能力建设和提升环境监督管理能力,进一步加强危险废物环境无害化管理,确保城市环境安全。截至2012年年底,上海市共有33家危险废物经营许可证单位,按照危险废物经营许可证类型区分,其中2家为危险废物收集经营许可证单位,31家为危险废物综合经营许可证单位。2012年,上海市危险废物处理处置能力为48.06万吨。纳入上海市危险废物管理备案企业共计4623家。2012年危险废物(不含医疗废物)市内转移处置28.71万吨;危险废物跨省市转移7.62万吨;医疗废物产生量为2.66万吨,医疗废物无害化集中处置率达到100%。

2012年江苏省一般工业固体废物产生量10189.4万吨,综合利用量9081.1万吨,处置量860.9万吨,贮存量302.9万吨。危险废物产生量208.8万吨,综合利用量110.0万吨,处置量97.8万吨,贮存量2.8万吨。江苏省共有污水处理厂454座,日产生污泥量7126吨。全省污泥规范化处置率由2011年的85.3%上升至89.6%。其中焚烧处置方式占52.8%,比2011年增长29.5%;填埋处置方式比例下降明显,由2011年的20.7%降低至9.5%;建材综合利用、堆肥、土地利用处置方式分别占25.0%、8.2%、0.7%。2012年底,江苏省危险废物经营单位共有314家,现有综合利用能力345万吨/年,焚烧处置能力19万吨/年,填埋处置能力6.36万吨/年。全省共建成危险废物集中处置设施36座,其中焚烧处置设施32座,填埋设施4座。基本建成了危险废物综合利用、处理处置网络。2012年全年共审批危险废物跨省转移252项,其中:移入128项,转移废物9.4万吨;移出124项,转移废物13.7万吨。全省废弃电器电子产品处理企业共接收废弃电器电子产品87.1万台,拆解69.3万台。

2012年浙江全省工业固体废物产量为4534万吨,比上年增长0.13%。工业固体废物综合利用率达到90.43%。浙江全省已建成医疗废物集中处置设施12座,建成工业危险废物综合集中处置设施12家,规范的综合利用单位达到61家,全省危险废物年回收处理能力216万吨。全省共有生活垃圾无害化处理设施89座,全年累计处理垃圾1312万吨;全省累计建成污泥处理设施59座,全年累计处理污泥349万吨。

## 二、环境保护工程

### (一)主要污染物减排

2012年,上海市出台了脱硝电价、跨区处置生活垃圾环境补偿办法、燃煤(重油)锅炉清洁能源替代、产业结构调整专项补助、黄标车淘汰补贴、超量减排奖励、电厂脱硝工程建设补贴等政策以促进减排。经环境保护部核定,上海市化学需氧量、氨氮、二氧化硫和氮氧化物排放量在2011年基础上分别削减了2.57%、5.86%、4.94%和7.75%,均超额完成了年度减排目标。

2012年江苏省出台《关于进一步加强建制镇污水处理设施建设的意见》、《关于进一步加强农业源污染减排工作的意见》和《关于切实做好老旧机动车淘汰报废工作的通知》，加快推动污水处理设施由城市向农村地区延伸，突出农业、机动车等新的减排领域。全省化学需氧量、氨氮、二氧化硫和氮氧化物分别较上年同比削减3.94%、2.56%、5.86%和3.66%，均超额完成年度减排目标任务。全年累计淘汰落后电石产能1.5万吨、铅冶炼3万吨、水泥1812万吨、造纸12.8万吨、酒精9.5万吨、制革70万标张、印染2.67亿米、化纤6.8万吨、纺织6165万米、铅蓄电池546万千伏安时。全省新增污水管网2500千米，新增污水日处理能力80万吨，提标改造能力29万吨/日，尾水再生利用能力19.5万吨/日，污水日处理总能力已突破1300万吨，全年实际处理污水量达到35亿立方米以上。完成规模畜禽养殖粪污综合治理及循环利用项目567个、生态发酵床项目14个、规模畜禽养殖场沼气工程项目264个。电力行业建成脱硝机组31台，全省脱硝机组装机容量达3000万千瓦，占到总装机容量的52%。14个烧结脱硫项目和8个干法水泥窑脱硝改造项目顺利实施。继续落实火电企业脱硫电价补贴，开展脱硝电价补贴试点，全年仅脱硝就向电力企业兑现补贴7亿多元。严格建设项目环评审批制度，全省共审批建设项目环境影响报告书（表）31006个，总投资27838.7亿元；共劝退否决247个不符合环保要求的项目，涉及投资超过100亿元。出台《关于切实加强建设项目环境保护公众参与的意见》、《关于加强建设项目环境监理机构与从业人员管理的通知》等，从源头有效防范环境污染。

2012年，浙江省狠抓减排重点工程项目建设。将“七厂一车”（污水处理厂、印染、造纸、电力、钢铁、水泥、畜禽养殖、机动车）减排项目列入省政府2012年度减排计划，重点推进。全年建成污水管网1750千米。加大结构减排力度，重点对富阳、绍兴等行业聚集地区开展集中整治提升，全省整治和淘汰造纸、印染落后企业130家，减少排放化学需氧量1.6万吨，氨氮1191吨。全省已建成投运脱硝机组27台，装机容量1663万千瓦，占省统调机组总容量的51%；41台其他火电和热电机组完成低氮燃烧和烟气脱硝改造，17台火电机组脱硫设施已取消旁路。省级财政追加1500万元资金用于补助水泥脱硝，完成11条水泥熟料生产线低氮燃烧和脱硝改造。实行畜禽养殖区域和污染物排放量“双控”制度，倡导种养结合的生态养殖模式。制定国Ⅳ标准油品升级方案，2012年率先在杭州、宁波主城区公交车辆供国Ⅳ柴油。全省各地按照省政府的整治工作要求，根据“三个一批”的整治思路，对电镀行业进行整治升级。至2012年底，全省取缔无证无照电镀企业803家，注册登记的1542家企业中，关停185家，原地整治提升188家，搬入园区621家，停产整治548家，达到了预期的工作目标。

## （二）流域区域污染防治

2012年上海市继青草沙水源地顺利建成后，另一个位于长江口的水源地工程—东风西沙水库已开工建设，计划于2014年1月完工。东风西沙水库是长江口第二座江心蓄淡避咸型水库，也是黄浦江上游、长江口陈行、青草沙、东风西沙四大水源地工程的收尾工程。2012年饮用水源保护工作紧密围绕风险控制、加强监测、完善补偿等重点内容，在青草沙、陈行、黄浦江上游设立警示标志80余块，加强对风险企业的监控，提升水源地预警监测能力，对已实施三年的生态补偿政策进行评估完善，有效提高了水源地安全保障水平。

2012年，江苏省深入推进太湖、长江、淮河等重点流域水污染防治，南水北调沿线水质基本达到国家通水要求，顺利通过国家淮河、长江流域水污染防治规划年度实施情况考核。狠抓太湖水污染防控，强化监测预警、应急执法、调水捞藻和治污工程建设，划定太湖流域一、二、三级保护区范围，并由省政府公布施行。推进太湖一级保护区环境综合整治和重点断面水质达标整治工作，太湖流域65个重点断面建立“断面长制”，由各县（市、区）党委政府负责同志担任断面长。国家《太湖流域水环境综合治理总体方案》中662个项目，已完成568个，完成率达85.8%；省实施方案要求到2020年完成的

1602个项目，已完成1388项，完成率达86.6%。流域水质和藻情总体向好，连续第五年实现国家确定的“两个确保”治太目标。省政府召开全省淮河流域暨南水北调水污染防治工作会议，省政府与沿淮八市政府签订“十二五”治污目标责任书，全面部署淮河、南水北调、通榆河治污工作。在淮河流域23个考核断面建立“断面长制”，由地方政府负责同志担任断面长，进一步落实治污责任。列入规划的208项工程，已完成57项、调试6项、在建82项、前期29项。省政府召开南水北调治污工作现场会，加快推进复新河沙庄桥等重点断面整治；全面清理关闭南水北调输水干线排污口，对沿线控制断面开展监督性监测并通报地方政府，基本建成南水北调断面水环境监控系统。省人大出台《江苏省通榆河水污染防治条例》，首次对通榆河水污染防治规划实施情况进行考核评估，继续实施通榆河水环境质量区域补偿工作，落实地方政府水质交接责任。国家长江规划37项骨干工程中，已完成19项、调试5项、在建6项，超过规划序时进度。省环保厅会同江苏海事局等8个部门，联合开展了沿江危险化学品生产储运环境隐患专项整治行动，共排查危化品生产企业826家、危化品运输码头117个、运输船只2174艘次，整治企业排污口237个，改造应急池92个，关停搬迁高危企业49家。实施国家城市饮用水环境保护规划，组织开展城市集中式饮用水源地水质状况评估和乡镇、农村水源地环境基础信息调查，启动第二批乡镇饮用水源地保护区划分工作。认真实施国家地下水污染防治规划，制定全省地下水环境状况调查评估方案，省级地下水试点调查工作顺利通过国家验收。制订蓝天工程年度目标任务，分解下达六大类800个大气污染防治项目，实际完成1069项；深入开展工业废气治理，按国家要求实施火电、钢铁等行业排放标准，开展全省锅炉大气污染防治现状调查和烟尘治理方案编制；开展全省化工园区有机废气排放调查，启动治理档案和重点监管企业名录编制，制订挥发性有机物污染防治指导意见，选择南京化学工业园、常州新北工业园等5个园区进行整治试点。共建成机动车环保检验机构134家、简易稳态工况检测线300条，2012年共核发环保检验合格标志500余万张。2012年起，各市对新登记注册和转入的轻型汽油车执行国Ⅳ标准，2012年底实现沿江8市全面使用国Ⅳ标准车用汽油，全省供应国Ⅲ标准车用柴油。对2260个加油站、40座储油库、854辆油罐车实施油气回收治理改造，分别占全省总数的55%、58%、80%。全面开展扬尘污染防治工作，环保与住建部门多次联合开展建筑扬尘控制专项检查。完成重金属污染源治理项目99项，其中完成国家规划项目7项，国家规划项目累计完成率达到70%。制定《江苏省重金属污染综合防治“十二五”规划实施考核办法》，组织开展全省重金属污染防治专项督查，以及铅蓄电池和再生铅企业的环保核查工作，对50多家涉铅企业申报材料进行严格审查。会同省经信委联合下发《太湖流域电镀企业环保整治计划》，开展太湖流域电镀行业专项整治。

2012年，浙江省加强太湖流域水污染防治。杭嘉湖地区进一步完善城镇配套管网建设和设施改造，太湖流域新增城镇污水配套管网560.85千米。2012年，太湖流域已运行的城镇污水处理厂54座，累计处理污水总量10.72亿吨，年平均运行负荷率81.59%。截止到2012年底，杭州、嘉兴和湖州市本级污水处理率分别达95.49%、90.12%和90.12%。2012年，杭嘉湖地区共关停工艺落后和污染严重的企业233家，整治160家。完成太湖流域清水河道建设585千米，推广测土配方施肥72.4万公顷，实施农药减量控害增效工程面积21.7万公顷。开展以城市为中心、沿海平原和金衢盆地为重点的地下水环境监测，监测网控制范围为杭嘉湖、宁奉、温黄、温瑞等沿海平原及金衢盆地东部地区，面积11395平方千米。2012年，有各类监测点406个，其中国家级28个、省级94个、地区级284个。

## （三）城乡环境综合整治

2012年江苏省国家级农村环境连片整治总投资达到7.5亿元，示范片区总面积5000多平方千米，受益人口300多万人，共涉及20个县(市、区)的93个建制镇、1134个行政村。共建成农村分散式

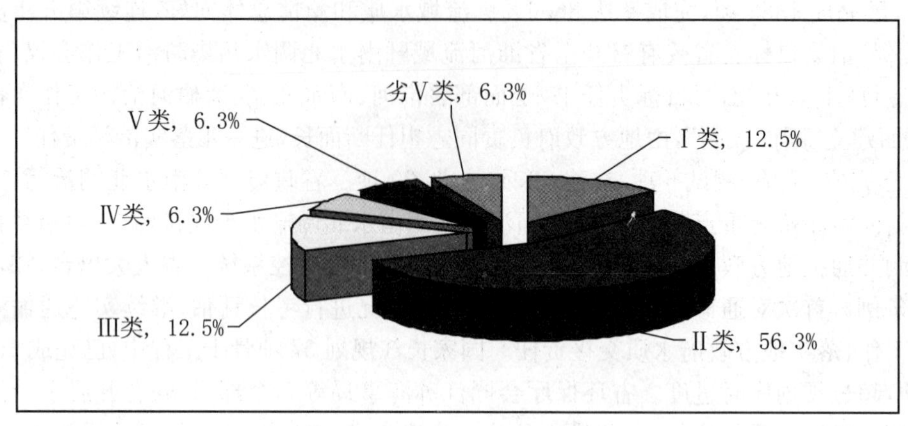


**图 12 2012 年浙江湖泊水库水质状况**

污水处理设施 266 套，铺设污水收集管网 1500 多千米，建成垃圾转运站 41 座，非规模化畜禽养殖污染处置中心 3 座。编制完成全省国家级"十二五"后三年农村环境连片整治实施方案，预计总投资 50 多个亿，覆盖全省 58 个涉农县（市、区），受益人口 1200 多万人。太湖一、二级保护区范围内全面启动省级农村环境连片整治，8 个县（市、区）、38 个建制镇（街道）编制了连片整治实施方案（2012—2015 年），预计投入资金 18 亿元，计划到 2015 年底实现太湖流域农村环境连片整治全覆盖。加强生态空间管控，严守"生态红线"。完成《江苏省生物多样性保护战略与行动计划（2011—2030 年）》和《江苏省"十二五"生物物种资源保护与利用规划》编制。积极创新生态保护融资渠道，实施总投资 4.87 亿元的亚行贷款盐城湿地保护项目。盐城保护区调整获国务院批复。2012 年，句容市成为国家环境保护模范城市，全省总数达到 21 个，占全国总数的 1/4，居全国首位。南京等 16 个原国家环境保护模范城市通过国家现场考核，丹阳市通过国家环保模范城市创建技术评估和现场考核，如皋、启东市通过国家技术评估，宿迁市正在按照创模规划推进创建工作，靖江市创模规划顺利通过国家评审。江苏省政府召开生态创建推进会，推动苏中苏北地区生态创建工作。姜堰市通过省级生态市考核验收，淮安市清浦区、金湖县通过省级生态县（区）考核验收。新增 16 个地区达到国家生态市县标准，新增 100 个国家级生态乡镇、148 个省级生态乡镇、236 个省级以上生态村，新增 7 个地区生态文明建设规划通过论证，常州、苏州生态文明规划实现全覆盖。

2012 年浙江省政府在桐庐召开全省农村环境连片整治工作现场会，全面部署农村环境连片政治工作。加强农村生活污水、生活垃圾污染治理，因地制宜选取不同类型农村污染治理模式，推广和应用了一批实用、高效的农村环保适用技术。印发《浙江省农村生活污水处理技术规范》、《浙江省农村环境保护实用技术选编》等资料手册。加强畜禽养殖污染整治，深化畜禽养殖业污染防治试点，加强嘉兴市生态养殖及畜禽养殖业污染整治工作督查力度，健全畜禽养殖"双控"等长效监管机制，加快推进《浙江省畜禽养殖污染防治管理条例》立法工作。以"两区"为重点深入开展农村环境监测。对 31 个粮食生产功能区、33 个现代农业示范园区开展了土壤环境监测，继续在全省范围开展了"菜篮子"种植基地和农村土壤、水、空气等检测盒基地背景情况调查工作。新建成国家有机食品基地 11 个，总数位居全国第一。

上海市着力缩小城乡环境差异和缓解重点区域污染矛盾。城市化地区基本消除污水收集管网盲区，优化调蓄池和雨、污水泵站运行，继续加强噪声、扬尘和机动车污染控制。农村地区要继续推进以生活污水、垃圾处理和河道整治为主的村庄整治，改善农村人居环境。稳步推进集约化供水管网建设，累计关闭了 19 个中小水厂，松江区率先实施斜塘一级水源保护区清拆；白龙港污水厂扩建二期工

程和白龙港污泥预处理应急工程建成，东风西沙水库、竹园污泥处理等工程在建；未纳管污染源截污纳管改造工程全面启动，2 个雨水泵站完成污水截流设施建设及改造工程；河道整治类项目完成 10 条/段。

## （四）政策科技改革创新

2012 年，上海市围绕“十二五”环境保护和环保三年行动计划等重点工作，开展了“长江口突发污染事故应急响应系统”、“黄浦江上游水源保护区农业面源污染防控关键技术集成与示范”、“上海市重点区域环境风险评估防控对策和技术要求”、“城市水系沉积物重金属污染特征、风险评估方法及治理技术体系研究”、“上海市工业场地中挥发及半挥发性有机污染物的风险控制及规范”、“模块化脱氮除磷技术在分散式生活污水处理中的应用研究和示范”、“上海市“十二五”燃煤电厂大气环境影响研究”等科研项目。其中“重金属污染土壤的稳定化修复技术研究及其推广应用”项目获 2012 年环境保护科学技术三等奖，“崇明岛生态环境预警监测评估体系研究”项目获第八届上海市决策咨询研究成果一等奖。市上海环保局发布了上海市地方污染物排放标准《铅蓄电池行业大气污染物排放标准》(DB31/603—2012)，自 2012 年 8 月 1 日起实施。上海市环保局、市经济信息化委联合公布本市 2012 年度重点企业清洁生产审核单位名单，共 204 家。截至 2012 年底，全市共有 565 家重点企业列入了环境保护部发布的实施清洁生产审核并通过评估验收的重点企业名单公告。

2012 年 4 月 1 日起江苏省施行《江苏省通榆河水污染防治条例》。向省人大常委会提出《江苏省机动车排气污染防治条例》(修订)、《江苏省大气污染防治条例》等 6 部立法规划建议项目。组织开展《江苏省大气颗粒物污染防治管理办法》、《江苏省南水北调东线工程沿线区域水污染防治管理办法》等立法工作。制定《江苏省环保信用体系建设试点实施方案》，会同省信用办出台了《江苏省企业环保信用评价及信用管理暂行办法》，研发了江苏省企业环保信用管理系统。向省信用办和省公共信用信息中心推送 10 大类共 3197 条综合信息，信息准确率和完整率均达 100%。在常州、南通及江阴市开展环保信用体系建设试点，制定社会类机动车尾气检验机构的环保信用评级标准及管理办法。2300 多家环境风险较大的企业和 3800 多艘船舶投保环境污染责任险，承保金额分别达 21 亿元和 190 多亿元。21351 家企业参加环境行为评价，同比增长 5.4%，评价结果向社会发布并通报银行征信系统和有关部门。开展环境污染损害鉴定评估试点工作。国家重大科技水专项江苏项目顺利实施。对 78 项示范工程进行第三方评估，对 15 个课题进行监督评估，7 个课题通过国家验收。下达 1600 万元经费资助 89 项省级环保科研项目。2 项成果获国家环境保护科学技术奖二等奖，2 项获三等奖，30 项成果获江苏环境保护科学技术奖。开展《江苏省锅炉大气污染物排放标准》和《江苏省表面涂装(汽车制造业)挥发有机物排放标准》等 2 项地方污染物排放标准的技术研究工作。严格资质证书审批、操作人员培训考核和日常监督，共有 268 家单位获得环境污染治理设施运营资质证书。把环境保护和生态建设作为公共财政支出的重点，省级财政用于环境保护和生态建设的直接投入达 75 亿元，首次安排专项资金支持省管电厂脱硝工程、城市燃煤锅炉烟尘治理工程以及重金属污染重点防控区污染防治工程。落实环境监管能力建设资金 2.4 亿元，建设省环境空气自动监测站网(PM2.5)、南水北调东线水质自动监测站、重金属监测等能力建设项目。

## （五）环境监测与信息

2012 年，上海市继续围绕“十二五”环保规划和环境监测规划的实施，围绕市民关心的热点环境问题，大力推进以 PM2.5 监测网为代表的环境质量监测预警体系和主要污染物总量减排监测体系建设，加强监测能力建设、监测队伍建设和监测质量管理，提升上海市环境监测综合实力。作为 2012 年第一批实施新环境空气质量标准的城市之一，本市将新环境空气质量标准监测发布作为2012年环境监测“一号工程”，加强组织领导，抓紧落实资金，至2012年5月，10个国控点全部配齐了符合国家规范要求的PM2.5等基本项目的监测仪器，提前完成国控点监测能力建设任务。6月27日起实时发布了10个国控点的PM2.5试点监测数据，11月16日与江苏省13个城市、浙江省11个城市率先按照新环境空气质量标准同步试点发布了空气质量指数(AQI)，并于12月1日正式发布。加强减排监测体系建设，2012年启动了区县污染源监控平台建设验收工作，松江区和金山区的污染源监控平台通过验收。进一步规范污染源自动监测设备维护的第三方管理，确保设备正常运行。有序开展在线监测系统比对监测和有效性审核工作，每季度在网站上公布国控企业主要污染物监督性监测结果。对照国家和本市的环境监测站标准，继续推进区县环境监测站能力建设达标验收工作。2012年完成了普陀、徐汇两个区监测站的国家标准和上海标准“双达标”验收，以及已通过上海标准验收的嘉定、宝山、浦东、闵行、青浦、松江、虹口等七个区监测站的国家标准验收。按照年度监测工作计划有序开展环境质量监测工作。全年共获地表水、空气、噪声、生物和辐射等环境要素监测数据978.21万个。其中，自动监测数据952.39万个，手工监测数据25.82万个。继续开展重点污染源监督性监测工作。对48家国控废水重点污染企业、47家国控污水处理厂、26家国控废气重点污染企业、24家一般废气污染企业、13家生活垃圾及危险废物焚烧企业和一批辐射污染源实施了监督性监测，共获得重点污染源监督性监测数据6.49万个。其中，废水监测数据5.50万个，工业炉窑、废气监测数据0.81万个，辐射污染监测数据0.18万个。

2012年，江苏省顺利完成贯彻空气质量新标准第一阶段能力建设目标，72个国控点全面形成新六项指标监测能力，建成省级质控中心和多参数站，实时发布72个国控站点PM2.5等监测信息。江苏省环保厅与江苏省气象局签订合作协议，建立大气污染预报预警联合会商制度。环保部卫星环境应用中心在江苏省环境监测中心设立“太湖遥感应用基地”。启动江苏省生态环境十年变化遥感调查与评估项目，顺利完成第一阶段任务。筛选确定了江苏省基本现代化环保指标中环境质量指标监测考核断面(点位)，制定基本现代化环境质量指标考核办法和监测实施方案。“国家环境保护地表水环境有机污染物监测分析重点实验室”得到环保部正式授牌。苏州、南通和镇江市分别开展空气复合污染监测、环境激素和有机物重点实验室建设。探索企业自测自报试点和环境监测社会化监管工作，开展了江苏省社会化环境监(检)测机构摸底调查，对40家社会化监(检)测机构进行了现场核查，组织12家拟试点机构的技术人员进行了理论考试。社会环境检测机构监管工作被环保部列为试点省份。总量减排监测体系建设与运行管理考核位列全国第一。成立省级生态环境监控中心，开展江苏省生态环境监控系统工程建设，初步建成全省生态环境监控平台，集成全省国控重点污染源、水质自动站、空气自动站、辐射监控点、尾气检测站、应急风险源、水质例行监测、开发区和环境功能分区等相关监测和业务信息，完成交换数据量8487万条。开展生态环境在线值守和安全监控工作，对异常状态进行通报和预警，编制生态环境监控日报、月报和通报达306份。深化江苏环保网站信息公开，推动环保行政权力在阳光下运行，网上办件总数为1287件，数据交换量总计4677件，被评为“2012年度环境信息化应用优秀单位”。

2012年，浙江省按照环境保护部提前实施新的环境空气质量标准的要求，在全国率先开展PM2.5监测和信息发布工作。3月25日在省环保厅门户网站，以试报的方式发布了环杭州湾6个城市各一个监测点位的PM2.5日均数据；11月16日，在省环保厅和各设区市门户网站按照新的环境空气质量标准(AQI)试发布了全省53个点位的监测数据。全面完成了全省饮用水源地水质自动监测系统项目建设并投入运用。在全省81个饮用水源地建设完成了88套水质自动监测系统，对全省县级以上主要饮用水源地环境质量实施24小时实时动态监控。机动车环保定期检验机构委托工作取

得新进展，累计委托机构数已达78家，实现11个设区市环检机构委托的全覆盖。全面完成减排监测体系年度建设任务。2012年省环保厅在门户网站“公共服务”栏新增了“浙江省污染源在线监测日报”专栏，公众可根据污染源类型、所属市级行政区划以及所属县级行政区划，查询前一日国控企业相关污染物在线监测的日均值；增设环境空气质量指数（AQI）专栏，公布53个点位6项检测指标的日报和实时数据。

## （六）环境执法监督管理

2012年，《上海市社会生活噪声污染防治办法》经市政府第157次常务会议审议通过，以市政府令第94号发布，自2013年3月1日起施行。《办法》对公园等公共场所健身娱乐活动噪声、住宅小区公用设施噪声、装修噪声、车辆防盗报警装置噪声等方面作出了较为全面的规范。为深入推进在线监测数据用于执法工作，出台了《上海市污染源自动监控设施运行监管和自动监测数据执法应用的试行规定》，自2013年1月1日起实施。上海市实施《〈固体废物污染环境防治法〉办法》的立法工作在梳理归纳固体废物管理中存在的重点问题的基础上，完善了制度设计，形成了征求意见稿。根据国务院部际联席会议的要求，上海市环保局会同市发展改革委等11个有关部门联合发布了《2012年上海市整治违法排污企业保障群众健康环保专项行动实施方案》，明确了重金属污染物排放整治、危险废物监管、污染减排重点行业监管等任务。组织开展环保督查工作，围绕存在较大环境安全隐患企业的排查和整改落实情况、重大信访（投诉）案件的整改落实情况、未批先建、久拖不验且存在较大环境安全隐患项目的处置情况、环保专项行动的开展情况、重金属污染整治情况、危险废物污染整治情况、饮用水源环境安全保障的情况、污染减排和环保三年行动计划的推进情况等内容展开督查，做到重点突出，确保环境安全。2012年，全市环保系统共出动执法人员20766批次、64600人次，现场监察企事业单位49420户次；检查废水处理设施17804套、废气烟尘治理设施28189套、噪声治理设施3170套、固废治理装置6845套、现场监督检查建设项目5089户次；开征排污费26806户次，共征收1.96亿元。全市环保系统共实施行政处罚1217件，处罚金额4766万元。突出了重点区域、重点行业和重点污染源的执法监管，发现并查处了一批重大案件，解决了一批群众反映强烈、举报和投诉集中的难点、热点环境问题，保障了污染减排等重点工作的顺利实施。

2012年，江苏省为推动全省环境监察机构标准化建设达标工作，南京、无锡、苏州、南通和泰州市开展执法绩效评估试点工作。共出动人员61.58万人次，检查企业23.67万厂次，立案查处3587家违法企业，挂牌督办重点案件504件。继续深入开展突出环境问题集中整治工作，组织开展两轮危险废物专项执法行动，省厅检查企业560家；开展涉重企业专项整治行动，检查企业957家，依法取缔关闭6家，停产整治17家；开展全省36家苯酐及富马酸生产企业专项检查，关闭取缔2家，停产整改10家，行政处罚5家；对全省72个湖库型集中式饮用水源地开展自查自纠。下发《江苏省秸秆禁烧工作考核及奖励办法》，累计出动秸秆禁烧巡查人员近万人次，秸秆焚烧火点同比减少。深入开展环境安全百日大检查，排查企业4091家、化工园区58个、县级以上集中式饮用水源地107个及尾矿库12个，整改重大环境风险隐患9个。江苏13个省辖市及26个县（区）获得编办批复成立环境应急机构，全省专职应急人员编制204名。联合省有关部门组织开展了“长安1号”长江饮用水源地突发环境污染事件综合演练，各地组织开展实战型环境应急演练20余次，桌面推演10余次。组织召开长三角地区突发环境污染事件应急联动工作会议，建立健全次生环境污染事件的联合处置和信息共享机制，联合省安监局、省公安厅下发《关于进一步做好生产安全事故次生环境污染应急处置工作的通知》和《关于进一步加强江苏省高速公路危险化学品运输车辆交通事故次生环境污染应急处置工作的通知》。在无锡建立首个省级环境应急物资储备基地。江苏省及13个省辖市均建成污染源监控中心，并与环保部联网运行。836家国控重点企业安装污染源自动监测设施，安装率为99.5%；835家完成了验收，验收率98.4%。组织开展氮氧化物排污费征收专项稽查，对全省30万千瓦以上电力企业及部分重点企业进行稽查。全年征收排污费21.36亿元，其中省级核定征收40家30万千瓦以上电力企业二氧化硫排污费1.13亿元。接报环境突发事件信息77起，由于应对及时，均未造成重大环境影响。省厅领导24人次参加接访，接待群众33批100人次，涉及34件环境信访问题；带案下访193人次，涉及187家企业220个问题。117个市、县(市、区)环保局领导1287人次参加接访，涉及781件环境信访问题；带案下访1341人次，涉及1399件环境问题，解决了一批久拖不决的环境信访问题。全省环保部门共受理群众环境诉求77209件/次，排查出547件环境矛盾纠纷，已化解507件。

2012年，浙江省继续深入开展"整治违法排污企业保障群众健康"环保专项活动。全省各级环保部门共查处环境违法案件10272件，办结案件9743件，其中责令停产停业4809件，罚没款总额3.83亿元、个案处罚额3.93万元。罚没款总额、个案处罚额与2011年相比分别下降了4.4%、7.3%。各级环保部门共依法取缔、关闭企业4194家，限期治理企业1184家，共对28336家企业征收排污费95212.04万元，比2011年下降5.5%，其中入库86262.09万元。2012年，全省各级环保部门收到行政许可申请64700件，其中受理63223件，不予受理1477件，准予许可61922件，不予许可1301件。2012年，浙江省共发生突发环境事件23件，均为一般突发环境事件，比2011年下降25.81%。组织开展了环境安全百日大检查活动，全省饮用水水源安全隐患专项排查整治工作。制定实施《浙江省应急专家管理办法》、《浙江省企事业单位突发环境事件应急预案管理办法》和《浙江省突发环境事件应急预案编制导则》，进一步规范环境应急管理。完善跨界污染纠纷调处机制建设，会同沪苏皖三地环保厅局召开了3次跨界联席会议，建立长三角地区应急救援物资数据库。

# 八　长三角地区城市化与城市现代化

城市化是由农业为主的传统乡村社会向以工业和服务业为主的现代城市社会逐渐转变的历史过程。城市化水平，或城市化率，是衡量城市化发展程度的数量指标，一般用一定地域内城市人口占总人口比例来表示。城市现代化是城市素质的综合反映，具体体现在城市发展水平的方方面面，包括经济结构现代化水平、基础设施现代化水平、人的现代化水平。由于长三角地区是我国经济最为发达的地区，一些测量城市化和城市现代化的指标已提前数年实现，比如城市初中生入学率，长三角地区已连续多年基本实现100%的入学率，不再予以考察。因此，这里把人口城市化、人均国内生产总值、城市第三产业占国内生产总值比重、城市人均道路铺装长度、城市用自来水普及率、城市人均住房面积、万人拥有医生数、人均公共绿地面积作为考量长三角城市化水平的要素。

## 一、长三角地区城市化指标

### （一）人口城市化

中国的城市化水平在这五年中以年均接近1.5个百分点的速度提高，于2011年第一次超过了50%，引起世界瞩目，2012年中国的城市化水平达到52.6%，尤其是长三角地区，是全国城市化程度最高、城镇分布最密集、经济发展水平最高的地区。

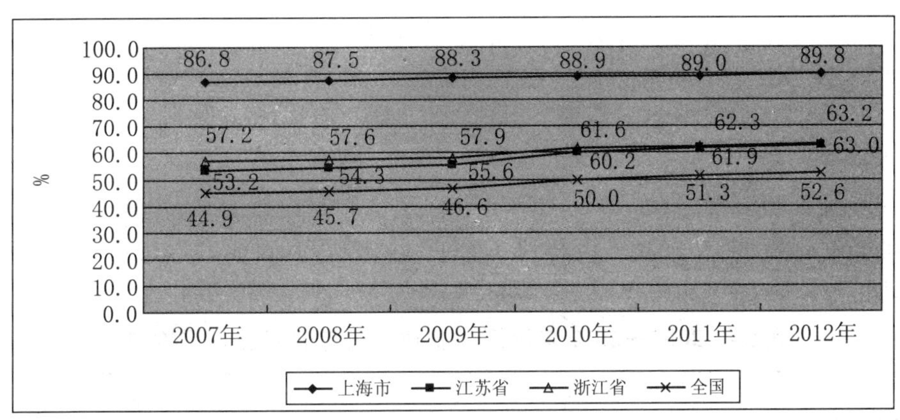


**图13　2007—2012年长三角两省一市城市化水平与全国对比**

毫无疑问，无论是在国内还是国际，上海市城市化水平都位于前列。从户籍人口变化情况来看，2007年，上海市农业人口比重就下降到13.2%，2012年则下降到10.2%，非农业口的比重则由86.8%上升至89.8%。

**表56　2007—2012年上海市户籍人口变化情况**

| 指标 | 总人口(万人) | 农业人口 | | 非农业人口 | |
|---|---|---|---|---|---|
| | | 人口数(万人) | 比重(%) | 人口数(万人) | 比重(%) |
| 2007年 | 1378.86 | 181.92 | 13.19 | 1196.94 | 86.81 |

（续表）

| | | | | | |
|---|---|---|---|---|---|
| 2008 年 | 1391.04 | 174.48 | 12.54 | 1216.56 | 87.46 |
| 2009 年 | 1400.70 | 164.54 | 11.75 | 1236.16 | 88.25 |
| 2010 年 | 1412.32 | 157.37 | 11.14 | 1254.95 | 88.86 |
| 2011 年 | 1419.36 | 151.60 | 10.68 | 1267.76 | 89.32 |
| 2012 年 | 1426.93 | 146.11 | 10.24 | 1280.82 | 89.76 |

数据来源：《上海市统计年鉴》(2013)

江苏省的城市化水平也高于全国平均水平。2007 年以来，江苏城市化水平大幅度提高。2012 年，江苏省常住人口中城镇人口达 4990.09 万人，城市化率为 63.0%。与 2011 年相比，城镇人口增加 100.73 万人，城镇人口比重上升 1.1 个百分点。

**表 57　2007—2012 年江苏省常住人口变化及城市化水平**

| 指标 | 总人口数(万人) | 城镇人口(万人) | 农村人口(万人) | 城市化水平(%) |
|---|---|---|---|---|
| 2007 年 | 7723.13 | 4108.70 | 3614.43 | 53.2 |
| 2008 年 | 7762.48 | 4215.17 | 3547.31 | 54.3 |
| 2009 年 | 7810.27 | 4342.51 | 3467.76 | 55.6 |
| 2010 年 | 7869.34 | 4767.63 | 3101.71 | 60.2 |
| 2011 年 | 7898.80 | 4889.36 | 3009.44 | 61.9 |
| 2012 年 | 7919.98 | 4990.09 | 2929.89 | 63.0 |

数据来源：《江苏省统计年鉴》(2013)

二、三产业的发展和从业人员的增长，提高了浙江省人口城市化的水平，浙江省非农业人口在总人口中所占比重由 2007 年的 29.0%提高到 2012 年的 31.7%；农业人口比重则从 77.9%下降到 68.3%。在城市化水平方面，2007 年，浙江城市化水平为 57.2%，2012 年上升至 63.2%。

**表 58　2007—2012 年浙江省农业人口与非农业人口构成**

| 指标 | 总人口数(万人) | 农业人口 | | 非农业人口 | |
|---|---|---|---|---|---|
| | | 人口数(万人) | 比重(%) | 人口数(万人) | 比重(%) |
| 2007 年 | 4659.34 | 3308.21 | 71.00 | 1351.13 | 29.00 |
| 2008 年 | 4687.85 | 3292.37 | 70.23 | 1395.48 | 29.77 |
| 2009 年 | 4716.18 | 3282.23 | 69.60 | 1433.95 | 30.40 |
| 2010 年 | 4747.95 | 3279.06 | 69.06 | 1468.90 | 30.94 |
| 2011 年 | 4781.31 | 3279.43 | 68.59 | 1501.88 | 31.41 |
| 2012 年 | 4799.34 | 3277.74 | 68.30 | 1521.61 | 31.70 |

数据来源：《浙江省统计年鉴》(2013)

表 59　2007—2012 年浙江省常住人口变化及城市化水平

| 指标 | 人口总数(万人) | 农村人口(万人) | 城镇人口(万人) | 城市化水平(%) |
|---|---|---|---|---|
| 2007 年 | 5060.0 | 2165.7 | 2894.3 | 57.2 |
| 2008 年 | 5120.0 | 2170.9 | 2949.1 | 57.6 |
| 2009 年 | 5275.5 | 2221.0 | 3054.5 | 57.9 |
| 2010 年 | 5446.5 | 2090.4 | 3356.1 | 61.6 |
| 2011 年 | 5463.0 | 2059.6 | 3403.4 | 62.3 |
| 2012 年 | 5477.0 | 2034.5 | 3442.5 | 63.2 |

数据来源:《浙江省统计年鉴》(2013)

## (二) 人均国内生产总值与第三产业生产总值所占比重

长三角地区经济发展的综合实力一直位于全国前列。2012 年,长三角地区国内生产总值合计为 108905.27 亿元,第三产业为 51398.26 亿元,均占到全国的五分之一以上。

2012 年上海市国内生产总值达到 20181.72 亿元,是 2007 年国内生产总值的 1.7 倍。人均国内生产总值也相应从 2007 年的 62041 元攀升至 2012 年的 85373 元,增长 37.6%。

表 60　上海市(人均)地区生产总值与第三产业生产总值比重

| 指标 | 国内生产总值(亿元) | 人均国内生产总值(元) | 第三产业所占比重(%) |
|---|---|---|---|
| 2007 年 | 12188.85 | 62041 | 54.60 |
| 2008 年 | 13698.15 | 66932 | 55.95 |
| 2009 年 | 15046.45 | 69164 | 59.36 |
| 2010 年 | 17165.98 | 76074 | 57.28 |
| 2011 年 | 19195.69 | 82560 | 57.88 |
| 2012 年 | 20181.72 | 85373 | 60.45 |

数据来源:《上海市统计年鉴》(2013)

2009 年,江苏省人均国内生产总值首次超越浙江。2012 年江苏省国内生产总值为 54058.22 亿元,是上海市生产总值的 2.7 倍,但人均地区生产总值是 68347 元,才及上海 4/5。尤其是第三产业,虽然比重逐年上升,但远未达到上海的水平,仍有很大提升空间。

表 61　江苏(人均)地区生产总值与第三产业生产总值比重

| 指标 | 国内生产总值(亿元) | 人均国内生产总值(元) | 第三产业所占比重(%) |
|---|---|---|---|
| 2007 年 | 26018.48 | 33837 | 37.40 |
| 2008 年 | 30981.98 | 40014 | 38.37 |
| 2009 年 | 34457.30 | 44253 | 39.55 |
| 2010 年 | 41425.48 | 52840 | 41.35 |

（续表）

| | | | |
|---|---|---|---|
| 2011 年 | 49110.27 | 62290 | 42.44 |
| 2012 年 | 54058.22 | 68347 | 43.50 |

数据来源：《江苏省统计年鉴》(2013)

2012 年浙江省国内生产总值为 34665.33 亿元，。浙江省人均国内生产总值为 63374 元，少于江苏 4973 元。浙江省第三产业发展好于江苏，2012 年第三产业已占到地区生产总值的 45.2%。

**表 62 浙江省(人均)地区生产总值与第三产业生产总值比重**

| 指标 | 国内生产总值(亿元) | 人均国内生产总值(元) | 第三产业所占比重(%) |
|---|---|---|---|
| 2007 年 | 18753.73 | 36676 | 40.60 |
| 2008 年 | 21462.69 | 41405 | 41.01 |
| 2009 年 | 22990.35 | 43842 | 43.14 |
| 2010 年 | 27722.31 | 51711 | 43.52 |
| 2011 年 | 32318.85 | 59249 | 43.88 |
| 2012 年 | 34665.33 | 63374 | 45.24 |

数据来源：《浙江省统计年鉴》(2013)

## （三）道路铺设长度(面积)

长三角地区有着丰富的交通运输网络。城市道路的建设既为长三角各地之间的互动带来了便利，推进了长三角一体化的进程，也为人员的流动创造了良好的条件，加快了城市化的步伐。

2012 年，上海市共铺设道路 17316 千米，比上年增长 3.1%；道路面积为 26813 万平方米，比上年增长 2.4%；平均每万人拥有铺路面积 18.88 万平方米，比上年增长 2.4%。

2012 年，江苏省共铺设道路 34966 千米，比上年增长 7.6%，道路面积为 62438 万平方米，比上年增长 6.9%，平均每万人拥有铺路面积 22.35 万平方米，比上年增长 2.2%。

2012 年，浙江省道路面积为 33575 万平方米，比上年增长 4.9%，平均每万人拥有铺路面积 17.88 万平方米，比上年增长 2.3%。

**表 63 上海市、江苏省、浙江省道路面积及每万人拥有道路面积万平方米**

| 指标 | | 2007 年 | 2008 年 | 2009 年 | 2010 年 | 2011 年 | 2012 年 |
|---|---|---|---|---|---|---|---|
| 上海 | 道路面积 | 22579 | 23149 | 24566 | 25607 | 26176 | 26813 |
| | 万人拥有道路面积 | 16.4 | 16.6 | 17.5 | 18.1 | 18.4 | 18.9 |
| 江苏 | 道路面积 | 44595 | 47330 | 50075 | 53723 | 58405 | 62438 |
| | 万人拥有道路面积 | 19.3 | 20.3 | 20.4 | 21.3 | 21.9 | 22.4 |
| 浙江 | 道路面积 | 25534 | 26736 | 28244 | 30381 | 31998 | 33575 |
| | 万人拥有道路面积 | 14.6 | 15.2 | 16.0 | 16.7 | 17.5 | 17.9 |

数据来源：历年上海市、江苏省、浙江省统计年鉴

## （四）人均住房面积

就住房面积而言，无疑人口密度最高的上海市城市人均住房面积最小，2012 年才达到人均 17.30 平米，浙江省城市人均住房面积为 37.10 平方米，为三地最高，江苏省城市人均住房面积为 26.37 平方米。浙江省农村人均住房面积最高，2012 年为 61.50 平方米，若是三口之家，这几乎达到 200 平米，江苏省相对较低，为 49.86 平方米。

目前来看，长三角主要城市房价都居高不下，为进一步提升城市化水平，长三角各主要城市需要在住房保障方面做好工作，以便容纳更多人口。

**表 64　2007—2012 年长三角两省一市人均住房面积　　平方米**

| 指标 | | 2007 年 | 2008 年 | 2009 年 | 2010 年 | 2011 年 | 2012 年 |
|---|---|---|---|---|---|---|---|
| 上海市 | 城镇 | 15.50 | 15.90 | 16.50 | 16.70 | 17.00 | 17.30 |
| | 农村 | 61.22 | 62.30 | 60.18 | 59.68 | 58.90 | 60.42 |
| 江苏省 | 城镇 | 23.18 | 24.31 | 24.66 | 25.05 | 26.05 | 26.37 |
| | 农村 | 42.90 | 44.10 | 45.20 | 46.30 | 48.60 | 49.86 |
| 浙江省 | 城镇 | 34.72 | 34.33 | 35.10 | 35.29 | 36.85 | 37.10 |
| | 农村 | 57.06 | 58.50 | 59.29 | 58.53 | 60.80 | 61.50 |

## （五）人均公共绿地面积

2012 年，江苏省城市人均公共绿地面积最多，为 13.63 平方米；上海市城市人均公共绿地面积为 13.29 平方米；浙江省城市人均公共绿地面积最少，为 12.47 平方米。2007 年以来，城市人均公共绿地面积增幅最大的为浙江省，比 2007 年增长 41.9%；其次为上海市，比 2007 年增长 10.7%；最小为江苏省，比 2007 年增长 0.9%。城市公共绿地面积是一个城市现代化的重要标志，对外来投资、高层次人才吸引有着重要的影响，因此，在未来城市现代化水平的提升上，应注重这方面的工作。

**表 65　2007—2012 年长三角两省一市城市人均公共绿地面积**　　平方米

| 指标 | 2007 年 | 2008 年 | 2009 年 | 2010 年 | 2011 年 | 2012 年 |
|---|---|---|---|---|---|---|
| 上海市 | 12.01 | 12.51 | 12.80 | 13.00 | 13.10 | 13.29 |
| 江苏省 | 12.60 | 13.10 | 13.21 | 13.29 | 13.34 | 13.63 |
| 浙江省 | 8.79 | 9.60 | 10.76 | 11.05 | 11.77 | 12.47 |

## （六）自来水普及率

2012 年，上海市自来水普及率仍维持在 99.99%，日供水能力 1145 万立方米，高居全国各大城市之首。江苏和浙江城市居民的自来水用水普及率分别为 99.70%和 99.88%。

**表 66　2007—2012 年上海市、江苏省和浙江省城市居民自来水用水普及率**　　%

| 指标 | 2007 年 | 2008 年 | 2009 年 | 2010 年 | 2011 年 | 2012 年 |
|---|---|---|---|---|---|---|

（续表）

| 上海市 | 99.99 | 99.99 | 99.99 | 99.99 | 99.99 | 99.99 |
|---|---|---|---|---|---|---|
| 江苏省 | 99.50 | 99.90 | 99.70 | 99.60 | 99.60 | 99.70 |
| 浙江省 | 99.58 | 99.70 | 99.81 | 99.79 | 99.84 | 99.88 |

## （七）万人口拥有医院、卫生院床位数和万人医生数

我们可以看到2012年浙江省这两项指标都好于上海市和江苏省。对比"每万人口医生数"，长三角两省一市的数据均好于全国的平均水平，但在长三角地区江苏省的数值相对较低；对比"每万人口医院床位数"，长三角两省一市的数据均低于全国平均水平，医疗资源有待提高。

**表67 2007—2012年上海、江苏和浙江每万人口拥有床位数与医生数** 张，人

| 年 份 | | 2007年 | 2008年 | 2009年 | 2010年 | 2011年 | 2012年 |
|---|---|---|---|---|---|---|---|
| 上海市 | 万人床位数 | 37.0 | 36.0 | 36.0 | 37.0 | 37.0 | 38.0 |
| | 万人医生数 | 24.0 | 24.0 | 23.0 | 22.0 | 22.0 | 23.0 |
| 江苏省 | 万人床位数 | 27.8 | 28.8 | 30.4 | 31.5 | 34.6 | 38.8 |
| | 万人医生数 | 16.1 | 15.6 | 15.9 | 16.4 | 17.1 | 19.9 |
| 浙江省 | 万人床位数 | 30.2 | 30.9 | 32.3 | 33.8 | 35.7 | 38.9 |
| | 万人医生数 | 19.5 | 19.5 | 20.5 | 22.1 | 22.8 | 23.7 |

从上述7个指标来看，长三角各地城市化和城市现代化水平都达到较高的水平。其中上海的城市化和现代化水平最高。江苏和浙江在多数指标上表现突出，但在有些指标上仍需进一步提升。

# 二、长三角地区未来城市化和城市现代化的举措

## （一）上海市

### 1. 以集疏运体系为重点，推进上海国际航运中心建设

完善港口集疏运体系，推动长江"黄金水道"和内河航道的建设，大力发展以长江运输为重点的江轮直达和江海转运，提高水水中转比例，逐步推进海铁联运，形成国际集装箱枢纽港；加快航运服务业体系建设，拓展航运服务链，推动"三港三区"联动发展，有序推进黄浦江沿岸港区功能调整；深化落实《上海航空枢纽战略规划》，发展中远程航空运输。

### 2. 以郊区新城为重点，突破城市空间布局瓶颈

中心城区和郊区统筹发展，优化城市空间布局，促进经济发展方式转变；严格控制中心城区高强度再开发，稳妥推进世博园区后续开发利用和黄浦江两岸综合开发等区域性建设；以嘉定、青浦、奉贤南桥、松江、南汇等新城为重点，形成产业配套、设施完善、适宜居住，与中心城区功能互补、层次各异的新城体系；加快新城对外交通网建设，完善郊区公路对外衔接网络，使新城尽快融入长三角区域的都市圈。

**3. 城乡一体化发展是上海转变发展方式的重要途径**

上海正处在发展转型的关键阶段，要坚定不移地把推进经济结构调整和发展方式转变作为主攻方向。推进城乡一体化发展正是上海实现调结构、转方式的重要途径。城乡一体化发展有利于加速城市化进程，通过有效启动内需，实现投资、出口、消费“三驾马车”协调拉动；城乡一体化发展有利于增强郊区新城的节点功能，形成一核多心、梯度合理的城市框架体系，有效破解中心城区单核强势发展的城市发展模式。为此，着眼于推动发展转型，上海必须按照城乡一体化发展的要求，全面加快城乡互动的新型城市化进程，进一步加大城乡统筹的力度，优化城乡空间布局，引导资源要素向郊区农村集聚，加快基础设施和公共服务向郊区延伸，不断提升郊区农村在上海新一轮发展中的地位，实现城乡共同推动上海经济社会发展转型的良好格局。城乡一体化发展是上海实现率先发展的必然要求。作为我国最具影响力的城市之一，努力在形成城乡经济社会发展一体化新格局方面走在前列，是上海的历史使命，与上海建设“四个中心”和社会主义现代化国际大都市的要求相匹配。

**4. 以节能减排为重点，建设绿色上海**

以建设“绿色上海”为目标，重点聚焦建筑节能、交通节能两大领域，通过推动新兴产业和推广新技术，转变建设交通行业发展模式，实现行业可持续发展的目标；依托科技进步与管理创新，促进市政公用行业结构转型，形成网络化、集约化规划建设和维护管理机制，逐步减轻资源环境负荷，推动资源节约型示范城市建设；提高建筑节能标准，推广天然气和新能源的应用，推进节能省地型住宅建设；基本建成以公共交通为主体，机动车、慢行交通、货运交通平衡发展的城市交通系统。

**5. 以宜居环境为重点，构筑和谐城市**

加快固废、污水、污泥处理基础设施建设，促进减排和循环经济发展，初步建成城乡一体的生态环境基础设施体系；统筹考虑加快发展和改善民生，推进旧区改造新机制，加强既有建筑综合改造和历史风貌保护，坚持以人为本、和谐发展；加大保障性住房建设力度，进一步扩大中低收入住房困难家庭的受益面；结合城市空间结构和布局调整，加强新城和新农村人居环境及生态环境建设，加强绿地和林地的生态功能，加快推进绿地和林地向市民开放。

**6. 以转变管理理念为重点，强化城市管理职能**

建设与管理统筹发展，进一步发挥“二级政府、三级管理、四级网络”的体制优势；实现城市网格化管理信息系统的有效覆盖和城市管理全面覆盖，推进城市管理数字化、精细化、法制化发展；加强城市安全运行管理和应急体系建设，在保障常态管理落实的基础上，全面提升上海应对重大灾害的应急、防御、处置能力。

**7. 以激发创新活力为重点，提高行业创新水平**

以完善需求为导向、企业为主体、产学研更紧密结合的技术创新体系为突破口，深化科技体制改革；加大激励政策实施力度，合理统筹科技资源，进一步有效激发建设交通行业科技主体持续创新的活力和能力；紧密联系创新与管理，提升创新成果应用成效；通过大力培养、积极引进、合理使用，形成可持续的创新人才催生机制。

## （二）江苏省

对于未来城市化发展模式的选择，应着眼于江苏实情、因地制宜、多管齐下，把相对集中和适度分散相结合，走大中小城市和农村协调发展的城乡一体化、可持续的城市化发展模式。

**1.有序推进符合条件农民转为城镇居民**

把符合落户条件的农业转移人口逐步转为城镇居民作为推进城市化的重要任务。以在城镇有稳定工作、居住达到一定年限、参加社会保障达到一定年限的农村人口为重点，放开中小城市和小城镇的户籍限制，放宽大城市对农民工和其他外来人口的落户条件，在充分尊重本人意愿基础上，推动符合条件的农民有序转变为市民。高度重视已落户城镇的农业转移人口以及农民工特别是新生代农民工的生产生活，注重从制度和政策上解决好社会保障、子女就学、医疗、住房租购等现实问题。

### 2. 促进城乡一体化的发展

推进城乡规划、产业布局、基础设施、公共服务、劳动就业"五个一体化"，促进公共资源在城乡之间均衡配置、生产要素在城乡之间自由流动。以县域为主体，统筹城乡规划编制，实现城乡建设、土地利用、产业发展、生态建设等规划有机融合和衔接，推动集约宜居型城镇和村庄的规划建设。逐步建立城乡平等的要素交换关系，构建有利于土地增值收益和农村存款主要用于农业农村的机制。继续推动工业向园区集中、人口向城镇集中、居住向社区集中、土地向适度规模经营集中。加快建立城乡均等的公共就业服务制度，鼓励有条件的地区探索农村养老保险与城镇职工养老保险接轨，加快新型农村合作医疗与城镇居民医疗保险衔接，探索在同一县(市)范围内实行城乡最低生活保障同一标准，推进城乡社会保障制度的逐步接轨。有序扩大城乡发展一体化综合改革试点，积极探索统筹城乡发展的有效路径。

### 3. 提升城市现代化水平

强化城市综合服务功能。实施公共交通优先发展战略，大力发展城市公共交通系统，重点建设城市轨道交通和快速公交，加强交通枢纽建设，形成多种交通方式快速衔接，到 2015 年每万人公交车拥有量达到 15 标台。加快城市教育、卫生、文化、体育、社会救助、公共安全、灾害防控以及其他公用设施建设，促进市政公用设施协调发展，继续完善城市道路、供水、燃气、垃圾处理、污水处理、园林绿化、邮政等基础设施，提高城市饮用水安全保供能力，进一步提升城市公共服务功能。着力解决城市交通拥堵和环境污染问题，有效预防和治理"城市病"。支持南京市举办 2014 年第二届青年奥林匹克运动会，加快现代化国际性城市建设步伐。

塑造城市独特风貌。更加注重以人为本、节地节能、生态环保、安全实用、保护文化和自然遗产，全面提高城市规划、建设和管理水平，强化规划约束力，合理确定城市开发边界，科学利用城市地下空间，有效引导城市有序发展。提升城市设计与建筑设计水平，塑造与城市生态文化特色相协调的建筑文化、园林艺术和特色空间体系，不断提升城市空间品质。提升城市街景容貌，加快背街小巷和老旧小区改造，加强城市水体生态修复。提升城市人文特色，促进城市建设与历史文化遗产保护相结合，有效保护历史文化街区。

加强城市管理现代化建设。推进城市管理网络化、精细化，充分发挥街道、社区在城市管理中的作用。加快城市建设和管理信息化步伐，完善城市地理信息、智能交通、社会治安、市容管理、灾害应急处置等智能化信息系统。

### 4. 优化城镇空间布局

提升发展长三角(北翼)核心区城市群。走以城乡发展一体化为导向、包括城市带和都市圈在内的城市群为主体形态、大中小城市和小城镇协调发展的新型城市化道路。认真实施省域城镇体系规划，加快城市带和都市圈建设步伐。按照统筹规划、合理布局、完善功能、以大带小的原则，以特大城市、大城市为依托，以中小城市为重点，形成辐射作用大的城市群，完善城市化布局和形态。推进南京都市圈建设，全面提升城市建设水平、综合承载服务功能和辐射带动力，促进宁镇扬"同城化"，打造集聚要素、资源共享、互动发展的新的经济板块，把南京建设成为联结泛长三角地区和长三角辐射带动中西部地区发展的重要门户。加强苏锡常都市圈要素整合、协调发展，全面提升与上海的对接与互动

水平。推进南通、泰州等沿江城市跨江联动发展，推进要素流动的有效衔接和协调发展。

加快沿海、沿东陇海线城镇带建设。增强南通作为长三角北翼中心城市的地位，发挥盐城区域性中心城市的作用，加快沿海城镇带建设，有效沟通长三角和环渤海之间的联系。加快徐州都市圈建设，发挥淮海经济区核心城市徐州和新亚欧大陆桥东方桥头堡连云港的龙头和带动作用，推进沿东陇海线城镇带建设，提高对中西部地区的影响力。积极推进淮海经济区区域规划的编制工作。加快淮安苏北腹地中心城市建设，壮大宿迁城市发展实力。

有序加快小城镇建设发展。重视小城镇建设，发挥连接城乡的纽带作用。择优培育，合理撤并，着力完善省级重点中心镇，重点发展沿海地区临港城镇，形成一批具有鲜明产业、文化、资源特点的特色小城镇。提升城镇功能，改善人居环境和公共服务，增强综合承载能力和农村人口吸纳能力，形成农村地区经济发展和公共服务供给中心。

#### 5. 维持城市的可持续发展

城市可持续发展，主要包括生态可持续发展、经济可持续发展和社会可持续发展，这就要求正确处理好人口、资源和环境几方面的关系。(1)生态可持续发展包括资源的可持续利用和环境的可持续发展。(2)经济的可持续发展体现在提高经济活动的环境效率，降低每个单位经济活动环境成本。发展可持续的工业，实现生产活动与环境的协调发展；发展高新技术产业和第三产业，促使城市职能更新，提高城市经济的活力；发展绿化经济，发展环境保护产业，为居民增加就业机会。(3)社会可持续发展旨在各个阶层的人都有就业、受教育、发展的机会。

### （三）浙江省

以县(市)区域为基本单元，以县城和中心镇建设为重点，以加快农民转移转化为主要途径，以促进县域经济向城市经济转型发展为主要目标，积极推进县(市)城市化，推动形成“一城数镇”的县域城镇新格局，促进人口和产业向县城和中心镇集聚，把县城与中心镇培育成为与大中城市互为补充、有效带动社会主义新农村建设的城市化发展新平台。

#### 1. 引导有条件的县城加快建设成为中等城市

“十二五”时期，要统筹城乡空间布局、基础设施建设、资源配置及综合配套改革，加快推进城乡一体化发展。加快县城人口集聚、产业集中和功能集成，完善省管县财政体制，进一步加强县(市)政府的社会管理和公共服务职能。全面推进扩权强县改革，提高县城集聚和辐射能力，推动县域经济向城市经济转变。继续加强县城建设，积极推进市政基础设施、环保基础设施、教育医疗设施、文化体育设施和商贸综合设施建设，着力提高综合承载能力和城市品位，鼓励有条件的县城发展成为中等城市乃至大城市。杭州、宁波、温州和金华—义乌四大都市区内的县市，要加强与大都市和区域中心城市的融合互动，主动承接大中城市产业转移，因地制宜发展高新技术产业和战略性新兴产业，着力推进特色产业集群发展，并按照城市经济的特点，大力发展现代物流、商务、金融等生产性服务业，积极发展旅游、商贸、文化娱乐等面向民生的服务业，进一步增强县城产业和人口集聚能力。全省生态屏障区域内的山区、海岛县市，要积极实施“小县大城”战略，把县城建设与下山脱贫致富、村庄布局调整有机结合起来，进一步加强县城基础设施、公共服务体系和人居环境建设，引导人口和产业向县城集聚。都市区之间或都市区与生态屏障之间的县市，要因地制宜加强县城建设，走特色发展之路，不断增强县城集聚和辐射能力。

#### 2. 加快培育中心镇

“十二五”时期，要把培育发展中心镇作为推进新型城市化、促进城乡一体化发展的重要战略支点和节点，以促进中心镇转型升级为目标，以改革创新为动力，坚持分类指导、突出重点、梯度发展的原则，分类引导和培育现代小城市、都市卫星城、专业特色镇和综合小城镇。着眼于形成“一城数镇”县域城镇新格局，综合考虑各县市的发展基础、区位条件和资源禀赋，加强分类指导，培育发展一批户籍人口5万以上的中心镇。人口较多的经济强县，规划建设“一城五六镇”；人口相对较少的经济强县，规划建设“一城三四镇”；户籍人口30万以下的小县以及经济发展相对落后的山区、海岛县，规划建设“一城两镇”或“一城一镇”。进一步加大中心镇培育建设力度，扩大中心镇管理权限，推动中心镇加快发展。按照“宜工则工、宜农则农、宜商则商”的要求，做大做强中心镇特色产业，促进中心镇产业集聚发展。探索建立按居住地登记的户籍管理制度，引导人口向中心镇集聚。加强中心镇社区建设，强化社区服务功能，推动形成基本公共服务、居民互助服务、市场有偿服务、居家养老服务相结合的社区服务体系。积极推进道路交通、水电气、污水与垃圾处理、广播电视通讯等基础设施建设，大力发展中心镇社会事业，加快建设上接县城、下联中心村的综合服务平台，全面增强中心镇的综合承载、集聚辐射和公共服务能力。更加注重省际边界县市发展，形成一批省际边界重镇。力争到2015年，将全省200个中心镇培育成为县域人口集中的新主体、产业集聚的新高地、功能集成的新平台、要素集约的新载体，成为经济特色鲜明、社会事业进步、生态环境优良、功能设施完善的县域中心或副中心。力争100个左右中心镇的建成区户籍人口达到5万人或常住人口达到8万人以上，建成区户籍人口集聚率达到45%以上，工业功能区增加值占全镇工业增加值的比重达到70%以上，第三产业增加值占生产总值的比重达到35%以上，年财政总收入达到4亿元以上。

**3. 积极开展小城市培育试点**

在全省范围内选择一批人口数量多、产业基础好、发展潜力大、区位条件优、带动能力强的中心镇，积极开展小城市培育试点，以加快推进人口集中、产业集聚、功能集成、要素集约为着力点，加大改革创新力度，加快培育一批经济繁荣、社会进步、功能完备、生态文明、宜居宜业、社会和谐的小城市，构筑集聚能力强、带动效应好、体制机制活、管理水平高的城市化发展新平台，走出一条具有浙江特色的城乡一体化发展新路子。按照彰显特色、集聚发展的要求，制订完善小城市规划，大力推进基础设施和服务平台建设，着力提升小城市功能。按照城市经济的特点，大力发展小城市经济。努力改善居民生产生活条件，大力推进小城市社区建设，加快集聚小城市人口。按照城市管理职能和小城市建设发展的需要，全面提升小城市管理水平。到2015年，将27个小城市培育试点镇建设成为经济繁荣、社会进步、功能完备、生态文明、宜居宜业、社会和谐的小城市。其中，在建设规模方面，各小城市建成区面积达到8平方公里以上，建成区户籍人口6万人以上或常住人口10万人以上，建成区户籍人口集聚率达到60%以上；在经济实力方面，各小城市年财政总收入达到10亿元以上，农村居民人均纯收入达到2万元以上，工业功能区工业增加值占全镇工业增加值达到80%以上，第三产业增加值占GDP比重达到40%以上，二、三产业从业人员比重达到90%以上；在服务水平方面，科技教育、文化体育、卫生计生等设施比较完备，商业、金融等服务业网点布局合理，社会保障水平较高，便民利民的社区服务网络进一步健全；在管理体制方面，建立与小城市发展相适应、权责一致、运作顺畅、便民高效的行政管理体制，形成民主自治、管理有序、服务完善、治安良好、环境优美、文明祥和的社区管理服务体系。

# 九　长三角地区社会保障

## 一、长三角地区社会保障的总体情况

### （一）社会保障总体情况

#### 1. 社会保险

表 68　2012 年长三角及两省一市社会保险参保人数　　万人，%

| 地　区 | 养老保险 | 医疗保险 | 失业保险 | 工伤保险 | 生育保险 |
|---|---|---|---|---|---|
| 上海市 | 1326.38 | 1375.98 | 617.35 | 898.94 | 711.53 |
| 江苏省 | 2308.10 | 2155.47 | 1332.18 | 1420.74 | 1276.25 |
| 浙江省 | 2083.30 | 1670.97 | 1065.56 | 1731.68 | 1084.78 |
| 长三角合计 | 5717.78 | 5202.42 | 3015.09 | 4051.36 | 3072.56 |
| 全国 | 30379.00 | 26467.00 | 15225.00 | 18993.00 | 15445.00 |
| 长三角占比 | 18.8 | 19.7 | 19.8 | 21.3 | 19.9 |

数据来源：2013 年上海市、江苏省、浙江省统计年鉴，2012 年全国国民经济和社会发展统计公报

2012 年全国大陆就业人员 76704 万人，其中城镇就业人员 37102 万人。2012 年江苏省城乡从业人员 4759.53 万人，上海市城乡从业人员 1115.50 万人，浙江省城乡从业人员 3691.24 万人；整个长三角地区城乡从业人员约为 9566.27 万人，占全国的比例约为 12.5%。根据上表，可以看到，长三角的社会保险各个项目的参保人数占全国社会保险各个项目参保人数的比重都超过了 12.5%，特别是在工伤保险这项上面，长三角地区的参保人数占全国参保人数的比重要远远超过 12.5%，另外长三角地区养老保险、医疗保险、失业保险和生育保险参保人数占全国总参保人数的比重也远超 12.5%，这说明长三角地区在经济发展的同时能切实保护劳动者的基本权益。

#### 2. 社会福利

表 69　2012 年长三角及两省一市社会福利现状

| 地　区 | 收养性社会福利单位(个) | 床位数(万张) | 收养人数(万人) |
|---|---|---|---|
| 上海 | 641 | 10.95 | 7.15 |
| 江苏 | 2671 | 36.21 | 23.17 |
| 浙江 | 1979 | 24.92 | 12.70 |
| 长三角合计 | 5291 | 72.08 | 43.02 |
| 全国 |  | 429.80 | 296.70 |
| 长三角占比(%) |  | 16.77 | 14.50 |

数据来源：2013 两省一市统计年鉴、2012 年国民经济和社会发展统计公报

2012年全国大陆人口总数135404万人，上海市常住人口2380.43万人，江苏省常住人口7919.98万人，浙江省常住人口5477.00万人，长三角地区常住人口总数为15777.41万人，长三角地区常住人口约占全国人口总数的11.7%。长三角地区收养性社会福利单位的床位数和收养人数所占全国比重，则远高于长三角人口总数占全国人口总数的比重11.7%，从数据上可以看出随着区域经济水平的提高，全社会对弱势群体的关爱更加突出，更加突出"以人为本"的施政理念。

## （二）社会保障增长情况

### 1. 社会保险

表70　长三角地区社会保险参保人数增长情况

万人

| 项目 | 养老保险 | 医疗保险 | 失业保险 | 工伤保险 | 生育保险 |
|---|---|---|---|---|---|
| 2007年 | 3454.97 | 3040.51 | 2044.77 | 2474.63 | 1891.03 |
| 2008年 | 3847.95 | 3432.16 | 2295.17 | 2885.03 | 2207.1 |
| 2009年 | 4144.89 | 3826.06 | 2387.13 | 3004.81 | 2338.27 |
| 2010年 | 4518.93 | 4192.42 | 2584.93 | 3236.74 | 2607.47 |
| 2011年 | 5223.14 | 4868.85 | 2822.97 | 3817.97 | 2882.07 |
| 2012年 | 5717.78 | 5202.42 | 3015.09 | 4051.36 | 3072.56 |

数据来源：历年上海市、江苏省、浙江省统计年鉴

从上表可以看到，长三角地区的各项社会保险参保人数在2007年到2012年之间都在不断增长，而且增长的幅度越来越大，这说明长三角地区社会保障覆盖面在不断增长。值得注意的是养老保险、医疗保险、工伤保险和生育保险四项增长速度很快，增长都超过60%，这说明长三角的社会保障建设在扩面的同时，也不断提高保障的水平和项目。

### 2. 社会福利

表71　长三角地区社会福利增长状况

| 项目 | 2007年 | 2008年 | 2009年 | 2010年 | 2011年 | 2012年 |
|---|---|---|---|---|---|---|
| 收养性社会福利单位(个) | 4257 | 4218 | 4304 | 4366 | 4644 | 5291 |
| 床位数(万张) | 37.86 | 45.1 | 50.56 | 55.11 | 60.72 | 72.08 |
| 收养人数(万人) | 27.42 | 31.84 | 34.89 | 37.36 | 38.89 | 43.02 |

数据来源：历年上海市、江苏省、浙江省统计年鉴

收养性社会福利单位由2007年的4257个增加到2012年的5291个，增长24.3%；床位数由2007年的37.86万张增加到2012年的72.08万张，增长90.4%；收养人数由2007年的27.42万人增加到2012年的43.02万人，增长56.9%。可以看出：床位的增长速度远远大于收养性社会福利单位的增长速度，说明长三角收养性社会福利单位更加注重规模效应；床位数、收养人数都在不断增长，说明了长三角地区通过发展社会福利事业来拉动消费和就业，同时也说明长三角地区更加注重保护弱势群体的生存和发展权，更加注重社会的和谐、进步。

## （三）社会保障比较情况

### 1. 社会保险

表72　2012年长三角地区两省一市社会保险参保人数比重对比

| 地　区 | 养老保险 | 医疗保险 | 失业保险 | 工伤保险 | 生育保险 |
|---|---|---|---|---|---|
| 长三角合计(万人) | 5717.78 | 5202.42 | 3015.09 | 4051.36 | 3072.56 |
| 上海市(万人) | 1326.38 | 1375.98 | 617.35 | 898.94 | 711.53 |
| 上海市占比(%) | 23.20 | 26.45 | 20.48 | 22.19 | 23.16 |
| 江苏省(万人) | 2308.10 | 2155.47 | 1332.18 | 1420.74 | 1276.25 |
| 江苏省占比(%) | 40.37 | 41.43 | 44.18 | 35.07 | 41.54 |
| 浙江省(万人) | 2083.30 | 1670.97 | 1065.56 | 1731.68 | 1084.78 |
| 浙江省占比(%) | 36.44 | 32.12 | 35.34 | 42.74 | 35.31 |

资料来源:2013年上海市、江苏省、浙江省统计年鉴

长三角地区常住人口总数为15777.41万人;上海市常住人口2380.43万人,占长三角地区常住人口总数的15.1%;江苏省常住人口7919.98万人,占长三角地区常住人口总数的50.2%;浙江省常住人口5477.00万人,占长三角地区常住人口总数的34.7%。通过对比长三角地区两省一市社会保险参保人数占长三角地区参保总人数的比重,可以看到,浙江省工伤保险覆盖面最高,其他四项指标上海市覆盖工作要明显好于江苏省和浙江省,浙江省的社会保险覆盖面也高于江苏省。

### 2. 社会福利

表73　2012年长三角两省一市社会福利比重对比

| 地　区 | 收养性社会福利单位(个) | 床位数(万张) | 收养人数(万人) |
|---|---|---|---|
| 长三角合计 | 5291 | 72.08 | 43.02 |
| 上海市 | 641 | 10.95 | 7.15 |
| 上海市占比(%) | 12.11 | 15.19 | 16.62 |
| 江苏省 | 2671 | 36.21 | 23.17 |
| 江苏省占比(%) | 50.48 | 50.24 | 53.86 |
| 浙江省 | 1979 | 24.92 | 12.70 |
| 浙江省占比(%) | 37.40 | 34.57 | 29.52 |

资料来源:2013年上海市、江苏省、浙江省统计年鉴

通过对比上表数据,可以看出上海市的收养性社会福利机构的发展水平最高,浙江省其次,江苏省的发展水平要低,当然江苏由于人口基数大,内部区域发展不平衡,在社会福利事业发展上仍需要加大投入力度。

## 二、上海市的社会保障

### （一）社会保障总体情况

#### 1. 社会保险

**养老保险**

（1）城镇职工基本养老保险

截至2012年末，上海市城镇职工基本养老保险参保人数达到1326.38万人，比上年末增加35.50万人。其中参保职工947.98万人，离退休（职）人员378.40万人。其中参加城镇职工基本养老保险的农民工人数为340.81万人。

2012年，上海市城镇职工基本养老保险基金收入1328.64亿元，比上年增加303.32亿元。其中征缴收入1217.86亿元，比上年增加308.69亿元；市财政补贴收入83.59亿元，比上年减少15.97亿元；基金支出1065.03亿元，比上年增加120.80亿元；年末基金累计结存500.95亿元，其中，企业职工基本养老保险共积累个人账户基金117.10亿元。2012年，上海市城镇职工基本养老保险企业离退休人员人均月养老金2341元。

（2）城镇居民社会养老保险

截至2012年末，上海市城镇居民社会养老保险参保人数达到7.79万人，其中参保缴费人数2.72万人，领取养老金人数5.07万人。

2012年，上海市城镇居民社会养老保险基金收入5.69亿元。其中各级财政补贴收入5.20亿元；基金支出3.26亿元；年末基金累计结存3.63亿元。2012年，上海市城镇居民社会养老保险领取养老金人员人均月养老金480元。

（3）新型农村社会养老保险

截至2012年末，上海市新型农村社会养老保险参保人数达到73.04万人，其中参保缴费人数32.48万人，领取养老金人数40.56万人。

2012年，上海市新型农村社会养老保险基金收入24.95亿元。其中各级财政补贴收入18.81亿元；基金支出26.17亿元；年末基金累计结存68.69亿元，其中个人账户累计积累50.05亿元。2012年，上海市新型农村社会养老保险领取养老金人员人均月养老金499元。

**医疗保险**

（1）城镇职工基本医疗保险

截至2012年末，上海市城镇职工基本医疗保险参保人数达到1375.98万人，比上年末增加33.92万人。其中参保职工954.46万人，离退休人员421.52万人。其中参加城镇职工基本医疗保险的来沪农民工人数为281.84万人。

2012年，上海市城镇职工基本医疗保险基金收入539.67亿元（其中财政补贴收入4.75亿元），比上年增加119.97亿元，其中统筹基金收入347.60亿元，个人账户基金收入192.07亿元；基金支出363.33亿元，比上年增加36.84亿元，其中统筹基金支出271.79亿元，个人账户基金支出91.54亿元；年末基金累计结存472.98亿元，其中统筹基金累计结存79.36亿元，个人账户基金累计积累393.62亿元。

2012年，由城镇职工基本医疗保险基金支付的门诊大病和住院为412.36万人次，住院医疗费用中基金次均支付9072元，比上年增长5.12%。

（2）城镇居民基本医疗保险

截至2012年末，上海市城镇居民基本医疗保险参保人数达到262.59万人，比上年末增加12.84万人，其中大学生参保人数为68.96万人。

2012年，上海市城镇居民基本医疗保险基金收入20.88亿元，比上年减少2.04亿元。其中各级财政补贴收入18.02亿元，比上年减少1.79亿元；基金支出19.32亿元，比上年减少3.50亿元；年末基金累计结存2.80亿元。

2012年，由城镇居民基本医疗保险基金支付的门诊大病和住院为10.16万人次，住院医疗费用中基金次均支付7379元，比上年增长4.06%。

**失业保险**

截至2012年末，上海市失业保险参保人数达到617.35万人，比上年末增加13.13万人。其中参加失业保险的农民工人数为60.67万人。

2012年，上海市失业保险基金收入91.54亿元(其中财政补贴收入0.15亿元)，比上年增加9.91亿元；基金支出69.47亿元，比上年增加7.64亿元；年末基金累计结存129.22亿元。

2012年末，上海市领取失业保险金人数为10.88万人，比上年末减少0.36万人，2012年全年上海市领取失业保险金人员人均月领取失业保险金725元。

**工伤保险**

截至2012年末，上海市工伤保险参保人数达到898.94万人，比上年末增加19.19万人。其中参加工伤保险的农民工人数为339.43万人。

2012年，上海市工伤保险基金收入21.96亿元，比上年增加5.45亿元；基金支出20.94亿元，比上年增加12.83亿元；年末基金累计结存47.19亿元，其中储备金结存4.79亿元。

2012年，上海市享受工伤保险待遇人数为6.13万人，比上年增加1.13万人，人均享受工伤保险待遇34,824元。

**生育保险**

截至2012年末，上海市生育保险参保人数达到711.53万人，比上年末增加8.45万人。

2012年，上海市生育保险基金收入27.25亿元，比上年增加9.09亿元；基金支出28.88亿元，比上年增加11.91亿元；年末基金累计结存0.25亿元。

2012年，上海市享受生育保险待遇的从业妇女人数为11.67万人(另享受生育保险待遇的失业妇女1.34万人)，比上年增加2.91万人，人均享受生育保险待遇23,606元。

### 2. 社会福利

至2012年末，上海市共有各类提供住宿的收养性社会服务机构641个，床位10.95万张，收养各类人员7.16万人。其中，养老机构632家，床位10.52万张。在全市养老机构中，由社会投资开办的330家，床位5.43万张。至年末，全市有社区居家养老服务社231家，服务居家老年人27.20万人；有社区老年人日间服务中心313家，受益老人1.1万人；有社区老年人助餐服务点492个，受益老人5.4万人；获得政府补贴的老年人12.60万人。

全年各级政府支出城镇居民最低生活保障金13.57亿元，农村居民最低生活保障金1.42亿元，粮油帮困资金0.69亿元，医疗救助金2.15亿元。全年向城乡低收入困难群众发放临时救助44.68万人次，支出资金2.76亿元；发放临时价格补贴80万人次，支出资金0.7亿元。年内新办福利企业15家，新安置465名残疾人就业。

2012年上海市的保障性住房投资额达到120亿元，新开工建设保障性安居工程超过1100万平方米、竣工超过600万平方米，累计开工建设和筹措各类保障房83万套，竣工47万套，同时，大型居住社区外围市政配套取得新进展。

## （二）社会保障增长情况

### 1. 社会保险

表 74　2007—2012 年上海市社会保险增长情况

单位

| 指标 | 2007 年 | 2008 年 | 2009 年 | 2010 年 | 2011 年 | 2012 年 |
|---|---|---|---|---|---|---|
| 城镇基本养老保险 | 793.82 | 819.68 | 845.71 | 894.89 | 1290.88 | 1326.38 |
| 城镇职工 | 467.45 | 478.59 | 489.06 | 522.44 | 902.58 | 921.11 |
| 个体工商户和自由职业人员 | 16.38 | 16.67 | 17.8 | 20.43 | 24.35 | 26.87 |
| 领取养老金的离退休人员 | 309.99 | 324.42 | 338.85 | 352.02 | 363.95 | 378.40 |
| 城镇基本医疗保险 | 749.75 | 773.99 | 951.20 | 999.74 | 1342.06 | 1375.98 |
| 城镇职工 | 440.45 | 450.30 | 578.66 | 608.41 | 937.95 | 954.46 |
| 享受医保的离退休人员 | 309.30 | 323.69 | 372.54 | 391.33 | 404.11 | 421.52 |
| 城镇居民基本医疗保险 | | | | 259.17 | 249.75 | 262.59 |
| 城镇职工失业保险 | 491.54 | 511.83 | 523.53 | 556.20 | 604.22 | 617.35 |
| 城镇职工生育保险 | 591.96 | 609.89 | 625.14 | 657.30 | 703.08 | 711.53 |
| 城镇职工工伤保险 | 550.75 | 556.57 | 555.62 | 555.36 | 879.75 | 898.94 |
| 农村合作医疗 | 186.81 | 177.40 | 166.55 | 148.95 | 147.20 | 113.21 |
| 少儿住院基金 | 181.29 | 185.61 | 188.38 | 197.19 | 204.69 | 208.65 |

数据来源：历年上海市统计年鉴

通过上表，可以看到上海市各项社会保险项目的覆盖人群一直处于稳步增长阶段，值得注意的是随着上海城市化进程的不断深化，越来越多的农民被纳入到城镇社会保险当中，致使农村合作医疗人数逐年减少。另外，外来从业人员也被纳入到城镇基本养老保险当中，这体现了社会保险的全覆盖原则。

### 2. 社会福利

上海市社会福利院、儿童福利院、社会福利医院和收养性老年福利机构在 2001 年到 2012 年之间也发生了较大的变化。近几年，儿童福利院和社会福利医院的数量基本没有变动，而收养人数逐年下降，这说明这几年来社会发展稳定，经济繁荣，纯粹依靠政府收养照顾的人数不断减少。但随着上海市老龄化趋势加速，收养性老年福利机构的增长速度较快，机构数量从 2001 年的 398 个增长到 2011 年的 601 个，床位数增长 3 倍，这说明上海市随着老龄化程度的加重，社会化养老已经得到了政府和社会的重视。

表 75 2001—2012 年上海市社会福利院、儿童福利院、社会福利医院和收养性老年福利机构情况

| 年份 | 社会福利院 | | | 儿童福利院 | | | 社会福利医院 | | | 收养性老年福利机构 | | | |
|---|---|---|---|---|---|---|---|---|---|---|---|---|---|
| | 单位（个） | 床位数（张） | 收养人数（人） | 单位（个） | 床位数（张） | 收养人数（人） | 单位（个） | 床位数（张） | 收养人数（人） | 机构（个） | 床位数（张） | 收养人数（人） | 其中#老人 |
| 2001 | 26 | 5570 | 4410 | 2 | 1221 | 1221 | 3 | 1894 | 1894 | 378 | 23627 | 17363 | 16923 |
| 2002 | 27 | 5590 | 4760 | 3 | 1491 | 1429 | 3 | 1917 | 1901 | 417 | 33413 | 20900 | 20309 |
| 2003 | 26 | 5818 | 4779 | 2 | 1087 | 1512 | 3 | 1680 | 1881 | 422 | 36791 | 23451 | 22682 |
| 2004 | 26 | 5876 | 4848 | 6 | 1300 | 1893 | 3 | 1780 | 1829 | 414 | 33891 | 26993 | 25902 |
| 2005 | 23 | 5999 | 4809 | 6 | 2016 | 1986 | 3 | 1811 | 1811 | 450 | 43131 | 31301 | 30181 |
| 2006 | 25 | 6583 | 5024 | 6 | 1252 | 2142 | 3 | 1860 | 1796 | 479 | 52427 | 35946 | 34447 |
| 2007 | 24 | 6499 | 5068 | 6 | 1252 | 2341 | 3 | 1852 | 1806 | 536 | 64115 | 42665 | 40731 |
| 2008 | 26 | 6884 | 5215 | 6 | 2490 | 2454 | 3 | 1851 | 1809 | 556 | 72365 | 46107 | 44226 |
| 2009 | 26 | 7686 | 5351 | 6 | 2584 | 2552 | 3 | 1842 | 1808 | 589 | 84714 | 51974 | 49789 |
| 2010 | 25 | 7944 | 5774 | 6 | 2454 | 2423 | 3 | 1835 | 1800 | 600 | 89897 | 56860 | 55118 |
| 2011 | 29 | 8297 | 6013 | 6 | 2427 | 2336 | 3 | 1821 | 1776 | 602 | 93599 | 58660 | 57597 |
| 2012 | 30 | 8703 | 6200 | 6 | 2455 | 2289 | 3 | 1802 | 1753 | 601 | 96512 | 61268 | 59383 |

数据来源：历年上海市统计年鉴

## 三、江苏省的社会保障

### （一）社会保障总体情况

#### 1. 社会保险

2012 年，社会保障体系加快完善，覆盖面持续扩大，待遇水平稳步提高。

**养老保险**

（1）企业职工基本养老保险

2012 年末全省企业职工基本养老保险参保人数 2308.1 万人，比上年末增加 197.6 万人。其中参保在职职工 1796.7 万人，参保离退休人员 511.3 万人，分别比上年末增加 137.1 万人和 60.4 万人。2012 年末参加企业职工基本养老保险的农民工人数 431.3 万人，比上年末增加 21.5 万人。

调整全省企业退休人员基本养老金，全省企业退休人员月平均养老金达到 1815 元，比上年提高 193 元，且全部按时足额发放。2012 年末全省累计有 477.5 万人纳入社区管理，占企业退休人员总数的 95.2%；累计接收档案人数 477 万人，档案接收率 99.9%；全省 359.4 万名企业退休人员接受免费健康体检，周期体检率 100%。

2012 年全省企业职工基本养老保险基金总收入 1566.2 亿元，比上年增长 23.4%，其中基金征缴收入 1370.8 亿元，比上年增长 23%。全年基金总支出 1078.1 亿元，比上年增长 21.9%，其中基本养老金支出(含丧葬抚恤补助费)985.3亿元,比上年增长23.6%。

(2) 机关事业单位养老保险

2012年末全省机关事业单位养老保险参保人数119.5万人,比上年末增加6万人。其中参保在职职工83.8万人,参保离退休人员35.7万人,分别比上年末增加2.5万人、3.5万人。养老金社会化发放率达到99.3%。

2012年全省机关事业单位养老保险基金总收入149.2亿元,比上年增长74.3%,其中基金征缴收入120.4亿元,比上年增长55.4%。全年基金总支出149.5亿元,比上年增长77.1%。

(3) 城乡居民社会养老保险

2012年末全省城乡居民社会养老保险参保人数1479.4万人,领取基础养老金人数879.9万人。

2012年全省城乡居民社会养老保险基金总收入153.5亿元,其中个人缴费54.1亿元。全年基金总支出109.7亿元。

**医疗保险**

(1) 城镇职工基本医疗保险

2012年末全省城镇职工基本医疗保险参保人数2155.5万人,比上年末增加143万人。其中参保在职职工1646.5万人,参保退休人员508.9万人,分别比上年末增加105万人和38.1万人。2012年末参加城镇职工基本医疗保险的农民工人数460.7万人,比上年末增加42.9万人。

2012年全省城镇职工基本医疗保险基金总收入531.6亿元,比上年增长26%,其中基金征缴收入508亿元,比上年增长25.3%。全年基金总支出418.7亿元,比上年增长24%,其中基本医疗保险待遇支出410.7亿元,比上年增长23.6%。

(2) 城镇居民基本医疗保险

2012年末全省城镇居民医疗保险参保人数1123.6万人,比上年末增加31.7万人。其中,大学生参保人数147.2万人,全年享受待遇人数498.6万人。

2012年全省城镇居民基本医疗保险基金总收入52亿元,基金总支出46.7亿元。

**失业保险**

2012年末全省失业保险参保人数1332.2万人,比上年末增加94万人。年末全省领取失业保险金人数32.7万人,比上年末增加2.8万人。

2012年全省失业保险基金总收入121.6亿元,比上年增长15.1%;其中基金征缴收入114.8亿元,比上年增长18.5%。全年基金总支出57.4亿元,比上年降低23.5%。

**工伤保险**

2012年末全省工伤保险参保人数1420.7万人,比上年末增加93.3万人。全年享受工伤保险待遇12.3万人,比上年增加1.6万人。年末参加工伤保险的农民工人数544.9万人,比上年末增加53万人。

2012年全省工伤保险基金总收入43.7亿元,比上年增长36.3%,其中基金征缴收入41.2亿元,比上年增长39.2%。全年基金总支出38.7亿元,比上年增长61.3%。

**生育保险**

2012年末全省生育保险参保人数1276.3万人,其中女职工568.5万人,分别比上年末增加77万人和24.2万人。全年享受生育保险待遇55.5万人次。

2012年全省生育保险基金总收入32亿元,比上年增长24.3%,其中基金征缴收入30.5亿元,比上年增长21.6%。全年基金总支出22.2亿元,比上年增长40.5%。

**被征地农民社会保障**

2012 年末被征地农民参加城乡居民社会养老保险 20.1 万人，参加企业职工基本养老保险 232.7 万人，享受被征地农民基本生活保障 237.3 万人。

## 2. 社会福利

2012 年，江苏省实现城乡居民低保、医疗和养老保险全覆盖，社会保险主要险种覆盖率达 95%以上。城镇职工、居民医保和新农合保障水平明显提升，企业职工养老保险省级统筹和医疗、失业、工伤保险市级统筹稳步推进，养老保险、医疗保险关系实现跨地区转移接续。城乡低保标准分别增长 54%和 107%。完善社会救助和保障标准与物价上涨动态补贴联动机制，保障了困难群众基本生活。保障性住房建设取得重大进展，累计开工建设保障性住房 155.9 万套（户），新开工保障性住房 32.8 万套、竣工 15.3 万套（户），分别完成年度目标的 104.1%、117.7%。2012 年发放廉租住房租赁补贴 5.6 万户。农村年人均纯收入 2500 元以下贫困人口实现脱贫，按照 4000 元标准实施新一轮扶贫开发行动。

**表 76　2012 年江苏省收养类单位基本情况**

| 项目 | 院数（个） | 工作人员（人） | 床位（张） | 2012 年末收养人员（人） |
|---|---|---|---|---|
| 总计 | 2671 | 28885 | 362089 | 231658 |
| 工商登记 | 11 | 410 | 2668 | 1452 |
| 编制部门登记 | 258 | 6915 | 63165 | 41676 |
| 民政部门登记 | 1912 | 18921 | 253268 | 162493 |
| 未登记 | 490 | 2639 | 42988 | 26037 |
| 优抚类收养性单位 | 20 | 739 | 2408 | 1843 |
| 荣誉军人康复医院 | 1 | 173 | 140 | 106 |
| 复员军人疗养院 | 4 | 93 | 420 | 246 |
| 复退军人精神病院 | 1 | 299 | 905 | 905 |
| 光荣院 | 14 | 174 | 943 | 586 |
| 福利类收养性单位 | 2627 | 27913 | 356484 | 229109 |
| 社会福利院 | 74 | 2347 | 22989 | 11875 |
| 儿童福利院 | 14 | 500 | 2468 | 1665 |
| 社会福利医院 | 11 | 1583 | 5920 | 5379 |
| 城镇收养性老年福利机构 | 888 | 12486 | 128702 | 65837 |
| 农村五保供养服务机构 | 1640 | 10997 | 196405 | 144353 |
| 其他收养性机构 | 24 | 233 | 3197 | 706 |

数据来源：《江苏省统计年鉴》（2013）

## （二）社会保障增长情况

### 1. 社会保险

表 77 2001—2012 年江苏省社会保险基本情况

| 年份 | 失业保险 | | | 城镇职工基本医疗保险 | | 工伤保险 | | 年末参加生育保险人数（万人） |
|---|---|---|---|---|---|---|---|---|
| | 年末参保人数（万人） | 全年发放失业保险金人数(万人) | 全年发放失业保险金(亿元) | 年末参保职工人数（万人） | 年末参保退休人员（万人） | 年末参保人数(万人) | 年末享受工伤待遇的人数(万人) | |
| 2001 | 750.90 | 53.70 | 9.16 | 367.64 | 122.65 | 473.94 | 0.79 | 483.46 |
| 2002 | 733.87 | 76.71 | 13.00 | 507.69 | 183.24 | 480.00 | 1.44 | 486.06 |
| 2003 | 761.62 | 88.25 | 13.92 | 608.41 | 226.67 | 503.02 | 1.68 | 504.06 |
| 2004 | 797.09 | 85.98 | 14.73 | 715.11 | 261.62 | 577.20 | 2.28 | 552.68 |
| 2005 | 838.48 | 67.02 | 12.03 | 821.07 | 303.02 | 680.21 | 3.22 | 630.92 |
| 2006 | 901.08 | 51.63 | 9.36 | 935.77 | 338.51 | 812.69 | 5.06 | 711.49 |
| 2007 | 968.48 | 48.65 | 9.37 | 1070.34 | 365.45 | 920.98 | 5.84 | 794.11 |
| 2008 | 1052.24 | 48.83 | 11.57 | 1213.90 | 390.35 | 1055.71 | 7.90 | 907.23 |
| 2009 | 1079.14 | 49.98 | 14.17 | 1282.50 | 418.63 | 1118.10 | 9.34 | 962.46 |
| 2010 | 1153.78 | 46.51 | 13.95 | 1405.06 | 443.20 | 1205.52 | 9.79 | 1086.44 |
| 2011 | 1238.16 | 57.70 | 19.83 | 1541.55 | 470.89 | 1327.46 | 10.66 | 1199.21 |
| 2012 | 1332.18 | 64.14 | 28.73 | 1646.53 | 508.94 | 1420.74 | 12.29 | 1276.25 |

数据来源:《江苏省统计年鉴》(2013)

表 78 2007－2012 年江苏省社会保险参保人数基本情况

| 指标 | 2007 年 | 2008 年 | 2009 年 | 2010 年 | 2011 年 | 2012 年 |
|---|---|---|---|---|---|---|
| 养老保险 | 1494.05 | 1641.36 | 1771.75 | 1921.82 | 2110.50 | 2308.10 |
| 失业保险 | 968.48 | 1052.24 | 1079.14 | 1153.78 | 1238.16 | 1332.18 |
| 医疗保险 | 1435.79 | 1604.25 | 1701.13 | 1848.26 | 2012.44 | 2155.47 |
| 工伤保险 | 920.98 | 1055.71 | 1118.10 | 1205.52 | 1327.46 | 1420.74 |
| 生育保险 | 794.11 | 907.23 | 962.46 | 1086.44 | 1199.21 | 1276.25 |

注:养老保险和医疗保险数据为城镇职工数据

数据来源:历年江苏省统计年鉴

江苏省 2007 年到 2012 年之间社会保险各个保险项目的参保人数都有很大幅度的增长，特别是生育保险的参保人数增长最快，这反映了生育保险刚性需求。养老保险、工伤保险、医疗保险和生育保险参保人数实现稳步增长。

### 2. 社会福利

表 79　2007—2012 年江苏省收养类单位基本情况

| 指标 | 2007 年 | 2008 年 | 2009 年 | 2010 年 | 2011 年 | 2012 年 |
|---|---|---|---|---|---|---|
| 收养性社会福利单位(个) | 2046 | 2035 | 2046 | 2036 | 2140 | 2671 |
| 工作人员(人) | 19623 | 20770 | 20437 | 21247 | 23868 | 28885 |
| 床位数(万张) | 18.61 | 21.25 | 23.63 | 25.48 | 28.31 | 36.21 |
| 收养人数(万人) | 14.56 | 16.41 | 18.32 | 19.79 | 20.05 | 23.17 |

数据来源:历年江苏省统计年鉴

2012 年,江苏省收养性社会福利单位为 2671 个,比 2011 年增加 531 个,增长 24.8%,增幅比上年上升 19.7 个百分点;工作人员数为 28885 人,比 2011 年增加 5017 人,增长 21.0%,增幅比上年上升 8.7 个百分点;床位数为 36.21 万张,比 2011 年增加 7.90 万张,增长 27.9%,增幅比上年上升 16.8 个百分点;收养人数为 23.17 万人,比 2011 年增加 3.12 万人,增长 15.6%,增幅比上年上升 14.3 个百分点。由以上数据可以看出,2012 年江苏省加大了收养性社会福利单位的投入,所有指标同比增幅为近几年来最高。

## 四、浙江省的社会保障

## (一) 社会保障总体情况

### 1. 社会保险

(1) 社会保险

2012 年,浙江省企业基本养老保险参保人数 2083.3 万人,参加城镇职工基本医疗保险人数 1671.0 万人,参加失业保险人数 1065.4 万人,参加工伤保险人数 1731.7 万人,参加生育保险人数 1084.8 万人,分别比上年增加 261.5 万人、156.6 万人、84.8 万人、120.9 万人和 105 万人。企业退休人员基本养老金月人均水平超过 2000 元,居全国省区前列。城乡居民基础养老金最低标准提高到 80 元,失业保险金平均水平为 941 元,因工死亡职工供养亲属抚恤金月人均提高 105 元。

(2) 其他社会保险

至 2012 年末,浙江省新型农村合作医疗参合人数 2872.9 万人,参合率为 97.7%;人均筹资标准为 482.5 元,比上年增加 97.9 元,其中,财政补助 342.2 元,比上年增加 69.2 元;所有统筹地区最高支付限额全部达到当地农村居民人均纯收入 6 倍以上。新农合统筹地区政策内住院报销比例为 72.1%,比上年提高 8.7 个百分点;统筹区域内新农合定点医疗机构即时结报率达到 100%。

### 2. 社会福利

2012 年末,浙江省在册低保对象 68.56 万人,其中,城镇 7.85 万人,农村 60.71 万人;低保保障资金总额 22.19 亿元,比上年增长 16.9%;城乡低保平均标准分别为每人每月 476.78 元和 350.03 元,分别增长 8.0%和 14.0%;获得生活补助的城乡低收入家庭持证重度残疾人 7.7 万名,发放补助金额 2.3 亿元,分别增长 12.4%和 36.5%。全年共支出医疗救助资金 7.72 亿元,比上年增加 1.22 亿元。投入资金 19.7 亿元,新增各类养老机构床位数 3.12 万张,建设社区居家养老服务照料中心 1298 个。2012 年浙江省开工建设保障性住房 14.1 万套,其中公共租赁住房 5 万套。年内共发行各类福利彩票

102.4亿元，比上年增加9.7亿元，共筹集公益金29.5亿元。

## （二）社会保障增长情况

### 1. 社会保险

表80 2007—2012年浙江省社会保险参保人数 万人

| 指标 | 2007年 | 2008年 | 2009年 | 2010年 | 2011年 | 2012年 |
|---|---|---|---|---|---|---|
| 参保总人数 | 4114.68 | 5123.75 | 5567.38 | 6260.43 | 6907.29 | 7636.29 |
| 养老保险 | 1167.10 | 1386.91 | 1527.43 | 1702.22 | 1821.76 | 2083.30 |
| 失业保险 | 584.75 | 731.10 | 784.46 | 874.95 | 980.59 | 1065.56 |
| 医疗保险 | 854.97 | 1053.92 | 1173.73 | 1344.42 | 1514.39 | 1670.97 |
| 工伤保险 | 1002.90 | 1261.84 | 1331.09 | 1475.11 | 1610.76 | 1731.68 |
| 生育保险 | 504.96 | 689.98 | 750.67 | 863.73 | 979.79 | 1084.78 |

数据来源：2012年浙江省国民经济和社会发展统计公报

浙江省养老保险制度不断完善，在确保离退休养老金按时足额发放的基础上，不断提高企业离退休人员养老金水平。从2012年1月1日起，企业退休人员按月人均220元的标准增发基本养老金。此次增加基本养老金的对象是2011年12月31日前办理退休（退职）手续的企业退休人员，全省约有227万人可享受此政策，全年增加基本养老保险基金支出近62亿元。

### 2. 社会福利

2012年，浙江省现有各类收养性社会福利单位1979家，比2011年增加116家，增长6.2%；总床位24.92万张，比2011年增加3.12万张，增长14.3%；收养人数12.7万人，比2011年增加0.74万人，增长6.2%。

表81 2007—2012年浙江省社会福利事业单位基本情况

| 指标 | 2007年 | 2008年 | 2009年 | 2010年 | 2011年 | 2012年 |
|---|---|---|---|---|---|---|
| 收养性社会福利单位（个） | 1641 | 1591 | 1633 | 1695 | 1863 | 1979 |
| 床位数（万张） | 14.78 | 15.49 | 17.25 | 19.42 | 21.80 | 24.92 |
| 收养人数（万人） | 10.53 | 9.87 | 10.40 | 10.88 | 11.96 | 12.70 |
| 福利企业单位（个） | 2926 | 2771 | 2769 | 2708 | 2664 | 2574 |
| 福利企业单位全部职工人数（万人） | 25.90 | 26.67 | 26.53 | 26.71 | 27.03 | 25.64 |
| #残疾人数 | 10.04 | 10.34 | 10.00 | 10.00 | 9.88 | 9.78 |
| 殡葬事业单位 | 208 | 220 | 226 | 240 | 240 | 251 |

数据来源：历年浙江省统计年鉴

从上表可以看到，从2008年到2012年浙江省社会福利机构资源不断整合，收养性社会福利单位机构数量不断上升，床位数和收养人数不断增长，说明浙江省的社会福利事业发展的质量和水平都在稳步提升当中。2008年到2012年收养性社会福利单位逐年递增，由2008年的1591个增加到2012

年的 1979 个，增加 388 个，增长 24.4%；床位数增加 9.43 万张，增长 60.9%；收养人数增加 2.83 万人，增长 28.7%。数据表明收养性社会福利单位的整体规模不断扩大，以适应收养人数的增长。

表 82　2007—2012 年浙江省最低生活保障和救济情况

| 指标 | 2007 年 | 2008 年 | 2009 年 | 2010 年 | 2011 年 | 2012 年 |
|---|---|---|---|---|---|---|
| 最低生活保障人数(万人) | 65.16 | 70.08 | 70.40 | 70.67 | 71.09 | 68.56 |
| ＃城镇 | 9.02 | 9.28 | 9.33 | 8.98 | 8.76 | 7.85 |
| ＃农村(含五保) | 56.14 | 60.80 | 61.08 | 61.70 | 62.33 | 60.71 |
| 保障资金总额(亿元) | 7.69 | 10.68 | 12.15 | 14.71 | 18.98 | 22.19 |
| ＃城镇 | 1.97 | 2.73 | 2.97 | 3.44 | 4.17 | 4.37 |
| ＃农村(不含五保) | 5.72 | 7.95 | 9.18 | 11.27 | 14.81 | 17.82 |
| 医疗救助支出(亿元) | 3.26 | 4.19 | 5.10 | 6.03 | 6.50 | 7.72 |
| 自然灾害救济支出(亿元) | 1.97 | 1.55 | 1.28 | 1.12 | 1.73 | 2.37 |

## 五、发展政策分析

### (一) 上海市

坚持统筹研究、整体推进、分类实施、分步到位，提高各类人群的收入水平，使改革发展成果更好地惠及全体市民。加大公共财政用于分配和社会保障的支出力度。较大幅度增加退休人员收入，城保企业退休人员和镇保、新农保领取养老金人员的人均基本养老金增长 15%。建立事业单位退休人员补贴制度，提高补贴水平。推动在职人员特别是普通职工收入增长，完善国有企业领导人员收入与职工工资增长挂钩的考核激励机制，健全环卫等公共服务行业一线职工岗位补贴制度，扩大工资集体协商覆盖面，继续提高最低工资标准，积极稳妥推进事业单位实施绩效工资。保障低收入困难群众生活，落实社会救助和保障标准与物价上涨挂钩的联动机制，提高城乡居民最低生活保障标准。重视农村扶贫开发工作。加强为老服务，更加重视失能老人照护，养老床位增加到 10.6 万张，完善社区居家养老服务体系，扩大养老服务补贴受益面，为 27.2 万老年人提供社区居家养老服务。加强政策引导，促进养老产业发展，满足多层次的养老需求。推进残疾人社会保障体系和服务体系建设。大力支持和促进慈善事业发展。

加强“四位一体”住房保障体系建设，更加注重公开透明、公平分配，加快解决中低收入家庭以及青年职工、引进人才、来沪从业人员的住房困难。保障性住房投资额达到 120 亿元，新开工建设保障性安居工程超过 1100 万平方米、竣工超过 600 万平方米，累计开工建设和筹措各类保障房 83 万套，竣工 47 万套。确保廉租对象应保尽保，提高廉租住房实物配租比例。面向常住人口，积极推进公共租赁住房建设，加快实现廉租住房与公共租赁住房房源的统筹建设、有效衔接。聚焦青年职工、引进人才等群体，大幅放宽共有产权保障房准入标准，进一步加大申请审核和供应力度。大力推进旧区改造，确保动迁安置房供应，为一直住在旧区里期盼改善居住条件的市民，尽可能提供好的房源。加快推进郊区城镇棚户简屋改造，加强旧住房安全检查和房屋修缮工作。积极稳妥推进限价商品房和先租后售保障住房试点。启动第二轮大型居住社区保障性住房建设，进一步提高规划设计水平，加强市政公建与环境配套建设。贯彻落实中央关于加强房地产市场调控的政策措施，加大普通商品房供应，调整普通商品住房标准，完善个人住房房产税改革试点，促进房地产市场平稳健康发展，实现全年新建住房价格稳中有降。加快理顺物业服务价格机制，提升住宅物业管理服务水平。

坚持积极的就业政策，新增就业岗位61.4万个，及时应对就业形势变化，帮助有工作意愿、有劳动能力的劳动者尽快找到工作。实施新一轮鼓励创业带动就业三年行动计划，聚焦小型微型企业和青年群体，完善多渠道扶持创业机制，帮助1万人成功创业。重视做好高校毕业生、城镇就业困难人员、来沪从业人员等重点人群的就业服务。落实地方教育费附加专项资金用于职业培训的政策，健全面向全体劳动者的职业培训体系。更加注重促进劳动关系和谐稳定。进一步规范劳务派遣用工，推动非正规就业劳动组织转制，深入推进劳动关系和谐企业与工业园区建设。加强劳动关系的分析研判，完善劳动争议调解仲裁、应急处置、欠薪保障金垫付等机制，及时化解劳动关系矛盾。

## （二）江苏省

人民生活不断改善。五年来公共财政用于民生和社会事业支出18310亿元，占公共财政支出的72.1%；"十二五"以来安排9837亿元，占公共财政支出的74.4%。实施居民收入七年倍增计划，城乡居民收入较快增长，企业退休人员养老金每年提高10%以上，农民收入增幅连续三年超过城镇居民。就业规模不断扩大，五年新增城镇就业628万人，城镇登记失业率控制在3.3%以内，高校毕业生年末总体就业率稳定在90%以上。农村劳动力转移总量达1823万人，转移率达68.5%。城乡居民低保、医疗和养老保险实现全覆盖，社会保险主要险种覆盖率达95%以上。城镇职工、居民医保和新农合保障水平明显提升，企业职工养老保险省级统筹和医疗、失业、工伤保险市级统筹稳步推进，养老保险、医疗保险关系实现跨地区转移接续。城乡低保标准分别增长54%和107%。完善社会救助和保障标准与物价上涨动态补贴联动机制，保障了困难群众基本生活。保障性住房建设取得重大进展，累计开工建设保障性住房155.9万套（户），2012年发放廉租住房租赁补贴5.6万户。农村年人均纯收入2500元以下贫困人口实现脱贫，按照4000元标准实施新一轮扶贫开发行动。

社会事业不断进步。编制并实施中长期教育改革和发展规划纲要，优先保障教育投入，全面实现城乡免费义务教育，高中阶段毛入学率达98%，高等教育毛入学率达47%，各级各类教育发展水平明显提高。加快医疗卫生事业改革发展，政府办基层医疗卫生机构、村卫生室实现基本药物制度全覆盖，公立医院改革试点稳步推进，农村三级医疗卫生服务网络基本建成，城市社区卫生服务机构实现全覆盖，医改工作走在全国前列。

## （三）浙江省

加快实施富民惠民十大工程，推动民生事业取得新突破。完善就业政策支持体系，开展大学生创业引导和就业服务，重点帮扶人群就业援助进一步加强。城乡养老保险实现全覆盖，提高企业退休人员和城乡居民养老保险待遇标准，全面建立高龄老人生活补贴制度，有效解决一批养老保险历史遗留问题。完善最低生活保障制度，健全城乡低保标准与物价上涨联动机制。推进新型社会福利体系建设，建立孤儿和困境儿童基本生活保障制度。住房保障体系建设不断加强，累计开工建设保障性住房89.6万套、竣工55万套，改造建设农村住房153.7万户。开展13项国家级教育改革试点，推进学前教育三年行动计划和义务教育均衡发展计划，建立普通高中助学金制度，中小学校舍安全工程稳步实施，高校学科专业建设继续加强，十五年教育普及率达到97.9%，高等教育毛入学率达到49.5%。加快医疗保障制度建设，医保"一卡通"全面推行，政策范围内住院报销比例继续提高。完成医药卫生体制改革三年五项重点任务，基层医疗卫生服务体系不断健全，公立医院综合改革试点扎实推进。

# 十　长三角地区农村发展

## 一、农业生产总值

### 1. 长三角地区

2012年，长三角地区农林牧渔业生产总值达到8789.20亿元，比2011年增长8.7%，增幅同比回落11.0个百分点。其中农业总产值为4367.56亿元，比2011年增长10.3%，增幅同比回落3.9个百分点；林业总产值为251.43亿元，比2011年增长7.2%，增幅同比回落7.2个百分点；畜牧业总产值为1847.81亿元，比2011年增长1.8%，增幅同比回落24.7个百分点；渔业总产值为1979.90亿元，比2011年增长11.8%，增幅同比回落16.5个百分点；农林牧渔服务业总产值为342.51亿元，比2011年增长10.8%，增幅同比回落3.2个百分点。

从农林牧渔总产值构成看，长三角地区农业总产值占农林牧渔总产值的比重由2011年的48.9%增长到2012年的49.7%，上升了0.8个百分点；渔业、农林牧渔服务业同期比重分别上升0.6个百分点和0.1个百分点；与此相反，畜牧业比重降幅较大，由2011年的22.4%下降到2012年的21.0%，下降1.4个百分点；林业比重较上年基本没变化。

**表83　2007—2012年长三角地区农林牧渔业生产总值**　　亿元，%

| 指标 | 总产值合计 | 农业 | 林业 | 牧业 | 渔业 | 农林牧渔服务业 |
|---|---|---|---|---|---|---|
| 2007年 | 4917.85 | 2405.19 | 164.40 | 1129.98 | 1003.09 | 215.21 |
| 构成 | 100.00 | 48.91 | 3.34 | 22.98 | 20.40 | 4.37 |
| 2008年 | 5651.35 | 2695.45 | 180.99 | 1403.72 | 1130.68 | 238.17 |
| 构成 | 100.00 | 47.70 | 3.20 | 24.84 | 20.01 | 4.25 |
| 2009年 | 5972.57 | 2974.78 | 197.42 | 1343.46 | 1208.26 | 248.65 |
| 构成 | 100.00 | 49.81 | 3.31 | 22.49 | 20.23 | 4.16 |
| 2010年 | 6757.03 | 3466.13 | 205.00 | 1434.57 | 1380.05 | 271.27 |
| 构成 | 100.00 | 51.30 | 3.03 | 21.23 | 20.42 | 4.02 |
| 2011年 | 8086.93 | 3958.06 | 234.50 | 1814.27 | 1770.91 | 309.18 |
| 构成 | 100.00 | 48.94 | 2.90 | 22.43 | 21.90 | 3.83 |
| 2012年 | 8789.20 | 4367.56 | 251.43 | 1847.81 | 1979.90 | 342.51 |
| 构成 | 100.00 | 49.69 | 2.86 | 21.02 | 22.53 | 3.90 |

数据来源：历年上海市、江苏省、浙江省统计年鉴

### 2. 上海市

2012年上海市农林牧渔业总产值达到321.73亿元，比2011年增长2.3%，增幅同比回落7.3个百分点。从农林牧渔总产值构成看，除畜牧业比重同比下降外，其他产业比重都有所上升。2012年畜牧业占农林牧渔业总产值比重为22.6%，占比比2011年下降2.0个百分点；种植业、林业、渔业和农

林牧渔服务业所占比重分别为53.3%、3.0%、17.9%和3.3%，占比分别比上年上升0.8、0.5、0.5和0.2个百分点。

**表84 2007—2012年上海市农林牧渔业总产值及构成**

亿元，%

| 指标 | 农业总产值 | 其中 | | | | |
|---|---|---|---|---|---|---|
| | | 种植业 | 林业 | 畜牧业 | 渔业 | 农林牧渔服务业 |
| 2007年 | 255.98 | 126.74 | 10.05 | 58.00 | 54.19 | 7.00 |
| 构成 | 100.00 | 49.51 | 3.93 | 22.66 | 21.17 | 2.73 |
| 2008年 | 280.35 | 137.52 | 9.12 | 68.40 | 57.11 | 8.20 |
| 构成 | 100.00 | 49.05 | 3.25 | 24.40 | 20.37 | 2.93 |
| 2009年 | 283.15 | 147.53 | 8.99 | 64.61 | 53.53 | 8.49 |
| 构成 | 100.00 | 52.10 | 3.17 | 22.82 | 18.91 | 3.00 |
| 2010年 | 287.03 | 155.27 | 7.53 | 62.90 | 52.62 | 8.71 |
| 构成 | 100.00 | 54.10 | 2.62 | 21.91 | 18.33 | 3.04 |
| 2011年 | 314.58 | 165.07 | 7.62 | 77.44 | 54.72 | 9.73 |
| 构成 | 100.00 | 52.47 | 2.42 | 24.62 | 17.39 | 3.09 |
| 2012年 | 321.73 | 171.48 | 9.55 | 72.59 | 57.45 | 10.66 |
| 构成 | 100.00 | 53.30 | 2.97 | 22.56 | 17.86 | 3.31 |

数据来源：历年上海市统计年鉴

### 3. 江苏省

2012年，江苏省农林牧渔业总产值5808.81亿元，比2011年增长10.9%，增幅同比回落11.0个百分点。从农林牧渔总产值构成看，除农林牧渔服务业比重同比不变外，其他产业各有升降。2012年江苏省农业和渔业产值所占比重分别为51.1%和21.3%，占比同比分别上升0.7和1.0个百分点；林业和畜牧业产值所占比重分别为1.7%和21.1%，占比同比分别下降0.1和1.6个百分点。

**表85 2007—2012年江苏省农林牧渔业总产值及构成**

亿元，%

| 指标 | 农林牧渔总产值 | 其中 | | | | |
|---|---|---|---|---|---|---|
| | | 农业 | 林业 | 畜牧业 | 渔业 | 农林牧渔服务业 |
| 2007年 | 3064.72 | 1542.53 | 58.88 | 704.38 | 579.00 | 179.94 |
| 构成 | 100.00 | 50.33 | 1.92 | 22.98 | 18.89 | 5.87 |
| 2008年 | 3590.64 | 1746.83 | 64.92 | 916.46 | 665.75 | 196.69 |
| 构成 | 100.00 | 48.65 | 1.81 | 25.52 | 18.54 | 5.48 |
| 2009年 | 3816.02 | 1948.20 | 70.79 | 873.97 | 719.25 | 203.81 |
| 构成 | 100.00 | 51.05 | 1.86 | 22.90 | 18.85 | 5.34 |

（续表）

| | | | | | | |
|---|---|---|---|---|---|---|
| 2010 年 | 4297.14 | 2269.56 | 78.12 | 923.25 | 805.25 | 220.95 |
| 构成 | 100.00 | 52.82 | 1.82 | 21.49 | 18.74 | 5.14 |
| 2011 年 | 5237.45 | 2640.95 | 92.81 | 1190.50 | 1060.44 | 252.74 |
| 构成 | 100.00 | 50.42 | 1.77 | 22.73 | 20.25 | 4.83 |
| 2012 年 | 5808.81 | 2966.72 | 99.74 | 1226.18 | 1235.40 | 280.77 |
| 构成 | 100.00 | 51.07 | 1.72 | 21.11 | 21.27 | 4.83 |

数据来源：历年江苏省统计年鉴

### 4. 浙江省

2012 年，浙江省农林牧渔业总产值 2658.66 亿元，比 2011 年增长 4.9%，增幅同比回落 11.8 个百分点。从农林牧渔总产值构成看，渔业产值比重同比不变，农业、林业和农林牧渔服务业产值比重同比有所上升，畜牧业比重有所下降。与 2011 年相比，2012 年农业、林业和农林牧渔服务业产值比重同比分别上升 0.7、0.1 和 0.1 个百分点，畜牧业产值比重同比下降 0.9 个百分点。

**表 86　2007—2012 年浙江省农林牧渔业总产值及构成**　　亿元，%

| 指标 | 农林牧渔总产值 | 其　中 | | | | |
|---|---|---|---|---|---|---|
| | | 农业 | 林业 | 畜牧业 | 渔业 | 农林牧渔服务业 |
| 2007 年 | 1597.15 | 735.92 | 95.47 | 367.60 | 369.90 | 28.27 |
| 构成 | 100.00 | 46.08 | 5.98 | 23.02 | 23.16 | 1.77 |
| 2008 年 | 1780.01 | 813.10 | 106.95 | 418.86 | 407.82 | 33.28 |
| 构成 | 100.00 | 45.68 | 6.01 | 23.53 | 22.91 | 1.87 |
| 2009 年 | 1873.40 | 879.05 | 117.64 | 404.88 | 435.48 | 36.35 |
| 构成 | 100.00 | 46.92 | 6.28 | 21.61 | 23.26 | 1.94 |
| 2010 年 | 2172.86 | 1041.30 | 119.35 | 448.42 | 522.18 | 41.61 |
| 构成 | 100.00 | 47.92 | 5.49 | 20.64 | 24.03 | 1.92 |
| 2011 年 | 2534.90 | 1152.04 | 134.07 | 546.33 | 655.75 | 46.71 |
| 构成 | 100.00 | 45.45 | 5.29 | 21.55 | 25.87 | 1.84 |
| 2012 年 | 2658.66 | 1229.36 | 142.14 | 549.04 | 687.05 | 51.08 |
| 构成 | 100.00 | 46.24 | 5.35 | 20.65 | 25.84 | 1.92 |

数据来源：历年浙江省统计年鉴

## 二、乡镇企业发展

乡镇企业已成为农村经济的主体力量和国民经济的一大支柱，为转移农村富余劳动力，增加农民收入，增加农业投入，巩固和壮大集体经济，建设富裕、文明、繁荣的社会主义新农村做出了重大贡献；

在增加社会有效供给、促进国家工业化、提高综合国力和保障社会稳定等方面发挥了重要作用。

### 1. 江苏省

江苏苏南地区是长三角典型的乡镇企业发达地区，而且其乡镇企业的发展在江苏省各地区中占有绝对优势地位。因此，苏南地区乡镇企业的发展情况很大程度上是江苏省乃至整个长三角地区乡镇企业发展状况的反映。2012 年，江苏省乡镇企业个数为 739631 个，比 2011 年增加了 41711 个，增长 6.0%；从业人员 1722.63 万人，同比增长 5.4%；总产值 113548.99 亿元，同比增 13.0%；营业收入 111966.52 亿元，同比增 12.2%；利润总额 6630.06 亿元，同比增 13.8%；上交税金 3593.72 亿元，同比增 10.8%。

### 2. 浙江省

2012 年浙江省着力推进中小企业专业化生产、高新化创新、集约化经营、加快转型升级，使浙江由中小企业数量大省向素质强省转变，截至今年 6 月，包括个体工商户在内，浙江省各类中小微企业总数已经达到 330 多万家，占全部企业的 99.8%；吸纳就业人员 1800 多万人，占全部企业的 85%以上。

2012 年尽管浙江省各级政府采取了一系列措施帮扶中小企业，但这些政策大多数是救急不救生，治标不治本，2012 年，"两荒两高"依然悬在民营企业中小企业头上。

一是"融资荒"。全国工商联有一项调查表明，规模以下的中小企业 90%没有与金融机构发生任何的借贷关系，小微企业 95%没有从金融机构获得过贷款。2012 年以来，由于 2011 年的中小企业危机，银行更加惜贷、抽贷、压贷不时发生，中小企业普遍感到资金短缺。

二是"用工荒"。2011 年温州市经贸局对 855 家企业的调查显示，有 74%的企业用工紧张。2012 年众多媒体报道，浙江等沿海地区出现农民工"返乡潮"。企业给工人不断加薪，仍留不住工人。

三是高成本。2011 年用工成本涨了 20%—30%，2012 年涨了 10%。融资荒带来资金成本大幅度增加，今年两次降息，但银行贷款通常实行基准利率上浮 30%—50%，加上各种费用，实际贷款成本接近基准利率的一倍以上。

四是高税费。相关专家研究，我国中小企业实际税负超过了 30%，是全球税负最高的地区之一，还有各种名目的收费。中国企业联合会初步统计，目前向中小企业征收行政事业性收费的部门有 18 个，按收费的项目分类有 69 个，子项目上千个。

为帮助中小企业走出困境，要切实为中小企业减负，努力增加中小企业的收入，具体来讲要"三减"减税、减费、减息。在解决融资难方面，应建立健全融资担保机构风险控制和资金补偿、奖励机制，完善信用担保体系，大力支持民间资本参与地方金融改革，加强民间金融监管，促进民间借贷规范化。但真正走出困境，主要还是靠中小企业自身努力。首先应该加大科技投入，采用先进设备、先进工艺，以技术升级提高生产效率。其次要下大力研发产品，开拓新领域。此外，还要着力培育企业品牌。

## 三、农村劳动力转移

长三角作为我国经济最活跃的地区，农村劳动力转移有其独特的特点。

### 1. 上海市

近年来，上海的迁入人口远远大于迁出人口，这与上海市放宽了外地人口入沪的法规制度是密不可分的。2012 年，上海市迁入人口 12.96 万人，比 2011 年减少 0.19 万人，迁入率为 8.1‰，比 2011 年下降 1.2 个千分点；迁出人口为 5.89 万人，比 2011 年增加 0.56 万人，迁出率为 4.1‰，比 2011 年高出 0.4 个千分点；机械增长人口为 7.07 万人，比 2011 年减少 0.7 万人，机械增长率为 4.0‰，比 2011 年下降 1.6 个千分点。

**表 87 2007—2012 年上海市户籍人口迁移情况**

| 指标 | 迁入 | | 迁出 | | 机械增长 | |
|---|---|---|---|---|---|---|
| | 人口(万人) | 迁入率(‰) | 人口(万人) | 迁出率(‰) | 人口(万人) | 增长率(‰) |
| 2007 年 | 14.69 | 10.70 | 3.95 | 2.88 | 10.74 | 7.82 |
| 2008 年 | 17.28 | 12.48 | 4.29 | 3.10 | 12.99 | 9.38 |
| 2009 年 | 15.72 | 11.26 | 4.77 | 3.42 | 10.95 | 7.84 |
| 2010 年 | 17.22 | 12.24 | 4.97 | 3.53 | 12.25 | 8.71 |
| 2011 年 | 13.15 | 9.29 | 5.33 | 3.76 | 7.82 | 5.53 |
| 2012 年 | 12.96 | 8.11 | 5.89 | 4.14 | 7.07 | 3.97 |

数据来源:《上海市统计年鉴》(2013)

2012 年,上海市农、林、牧、渔业从业人员为 45.70 万人,比 2011 年增加 8.42 万人,增长 22.6%。从上海市新增城镇就业劳动力来源看,2012 年,城市新增劳动力就业人数为 61.38 万人,比上年减少 4.3%,其中有 11.02 万人来源于农村劳动力,占新增劳动力就业人数的比重为 18.0%,比 2011 年下降了 2.3 个百分点。

### 2. 江苏省

2012 年,江苏省共有乡村从业人员 2620.82 万人,比 2011 年减少 31.83 万人,同比下降 1.2%。其中,农村农林牧渔业从业人员 796.03 万人,同比下降 3.1%;农村工业从业人员 798.46 万人,同比上升 1.0%;农村建筑业从业人员 377.65 万人,同比上升 1.4%;农村其他行业从业人员 648.68 万人,同比下降 2.8%。

从乡村从业人员构成看,近几年,农村农林牧渔业从业人员占乡村从业人员的比重呈现明显下降趋势,工业和建筑业从业人员所占比重则逐年上升。2012 年,江苏省农村农林牧渔业从业人员占乡村从业人员的比重为 30.4%,比 2011 年下降 0.6 个百分点;农村工业从业人员所占比重为 30.5%,同比上升 0.7 个百分点;农村建筑业从业人员所占比重为 14.4%,同比上升 0.4 个百分点;农村其他行业从业人员所占比重为 24.8%,同比下降 0.4 个百分点。

**表 88 2007—2012 年江苏省农村劳动力就业构成** 万人,%

| 指标 | 乡村从业人员 | 农林牧渔业 | | 工业 | | 建筑业 | | 其他行业 | |
|---|---|---|---|---|---|---|---|---|---|
| | | 人数 | 比重 | 人数 | 比重 | 人数 | 比重 | 人数 | 比重 |
| 2007 年 | 2661.88 | 782.38 | 29.39 | 698.86 | 26.25 | 343.45 | 12.90 | 837.19 | 31.45 |
| 2008 年 | 2657.30 | 744.58 | 28.02 | 721.68 | 27.16 | 350.47 | 13.19 | 840.57 | 31.63 |
| 2009 年 | 2667.70 | 876.31 | 32.85 | 748.69 | 28.06 | 358.45 | 13.44 | 684.25 | 25.65 |
| 2010 年 | 2670.68 | 859.83 | 32.20 | 773.89 | 28.98 | 367.42 | 13.76 | 669.54 | 25.07 |
| 2011 年 | 2652.65 | 821.69 | 30.98 | 790.79 | 29.81 | 372.52 | 14.04 | 667.65 | 25.17 |
| 2012 年 | 2620.82 | 796.03 | 30.37 | 798.46 | 30.47 | 377.65 | 14.41 | 648.68 | 24.75 |

数据来源:历年江苏省统计年鉴

从江苏省各市情况看，各地加快农村劳动力转移步伐，农村农林牧渔业从业人员数量不断下降。2007—2012 年，农村农林牧渔业从业人员减幅最高的是无锡市，由 2007 年的 27.65 万人减少到 2012 年的 20.04 万人，减少了 27.5%；其次是苏州市，农村农林牧渔业从业人员比 2007 年减少了 26.5%；再次是南通市，农林牧渔业劳动力比 2007 年减少了 24.5%。

**表 89　2007—2012 年江苏省各市农林牧渔业从业人员**　　万人，%

| 指标 | 2007 年 | 2008 年 | 2009 年 | 2010 年 | 2011 年 | 2012 年 | 比 2007 年增长 |
|---|---|---|---|---|---|---|---|
| 南京市 | 34.20 | 31.77 | 30.40 | 30.05 | 28.35 | 27.28 | −20.23 |
| 无锡市 | 27.65 | 24.99 | 23.52 | 22.17 | 20.67 | 20.04 | −27.52 |
| 徐州市 | 165.28 | 160.74 | 159.18 | 159.67 | 149.58 | 144.45 | −12.60 |
| 常州市 | 29.43 | 29.03 | 28.81 | 27.39 | 26.02 | 25.36 | −13.83 |
| 苏州市 | 32.95 | 31.31 | 28.69 | 26.82 | 24.97 | 24.22 | −26.49 |
| 南通市 | 94.49 | 87.45 | 82.21 | 78.34 | 74.20 | 71.35 | −24.49 |
| 连云港市 | 91.03 | 89.43 | 91.21 | 92.02 | 87.02 | 83.79 | −7.95 |
| 淮安市 | 96.87 | 93.89 | 93.94 | 91.79 | 90.01 | 88.29 | −8.86 |
| 盐城市 | 122.78 | 121.09 | 119.47 | 120.10 | 118.57 | 115.47 | −5.95 |
| 扬州市 | 44.25 | 41.84 | 39.67 | 38.32 | 37.07 | 35.63 | −19.48 |
| 镇江市 | 29.85 | 29.13 | 28.69 | 27.47 | 25.87 | 24.85 | −16.75 |
| 泰州市 | 57.51 | 54.29 | 51.98 | 49.63 | 47.62 | 46.21 | −19.65 |
| 宿迁市 | 103.88 | 101.41 | 98.54 | 96.06 | 91.74 | 89.09 | −14.24 |

数据来源：历年江苏省统计年鉴

### 3. 浙江省

浙江发达的中小企业为农村劳动力的转移提供了广阔空间，农村劳动力转移成效显著。2012 年，浙江省农村劳动力为 2380.24 万人，比上年增加 23.99 万人，增长 1.02%，农村非农劳动力的比例上升到 74.7%，所占比重比去年上升 0.7 个百分点。

农林牧渔业劳动力进一步下降。2012 年，从事农林牧渔业的劳动力人数为 603.14 万人，比上年减少 13.62 万人，下降 2.2%，占农村劳动力比重由 2011 年的 26.0%下降到 2012 年的 25.3%，同比下降了 0.7 个百分点。

农村工业劳动力数量不断上升。2012 年农村工业劳动力人数为 959.93 万人，比上年增长 1.7%；占农村劳动力比重不断提高，由 2011 年的 39.8%上升到 2012 年的 40.3%，同比上升了 0.5 个百分点。

农村建筑业劳动力人数不断增加。2012 年农村建筑业劳动力数为 177.54 万人，比上年增长 1.6%，占农村劳动力比重由 2011 年的 7.4%上升到 2012 年的 7.5%，同比上升了 0.1 个百分点。

2012 年农村从事其他行业从业人员数为 639.63 万人，比上年增长 0.7%，占农村劳动力比重由 2011 年的 26.8%上升到 2012 年的 26.9%，同比上升 0.1 个百分点。

表 90　浙江省 2007—2012 农村劳动力就业构成　万人

| 指标 | 2007 年 | 2008 年 | 2009 年 | 2010 年 | 2011 年 | 2012 年 |
|---|---|---|---|---|---|---|
| 农村劳动力合计 | 2318.21 | 2304.33 | 2321.41 | 2346.80 | 2370.79 | 2380.24 |
| 农业 | 688.04 | 666.35 | 653.55 | 627.43 | 616.76 | 603.14 |
| 工业 | 844.90 | 849.87 | 869.20 | 905.56 | 944.17 | 959.93 |
| 建筑业 | 158.49 | 161.81 | 164.50 | 166.68 | 174.81 | 177.54 |
| 其他行业从业人员 | 626.78 | 626.30 | 634.16 | 647.13 | 635.05 | 639.63 |

数据来源：历年浙江省统计年鉴

浙江省各个地级市农村劳动力大量转向非农产业。2007—2012 年，农林牧渔业劳动力减幅最高的是湖州市，由 2007 年的 34.53 万人减少到 2012 年的 25.84 万人，减少了 25.2%；其次是嘉兴市，农林牧渔业劳动力比 2007 年减少了 17.5%；再次是杭州市，农林牧渔业劳动力比 2007 年减少了 16.2%。

表 91　2007—2012 年浙江省各市农林牧渔业从业人员　万人，%

| 地区 | 2007 年 | 2008 年 | 2009 年 | 2010 年 | 2011 年 | 2012 年 | 比 2007 年增长 |
|---|---|---|---|---|---|---|---|
| 杭州市 | 79.96 | 78.08 | 75.79 | 73.24 | 69.39 | 66.99 | −16.22 |
| 宁波市 | 65.44 | 64.14 | 62.29 | 59.17 | 58.25 | 55.31 | −15.48 |
| 嘉兴市 | 38.72 | 36.23 | 35.57 | 33.87 | 33.15 | 31.96 | −17.46 |
| 湖州市 | 34.53 | 32.13 | 30.37 | 29.22 | 28.21 | 25.84 | −25.17 |
| 绍兴市 | 52.66 | 52.61 | 52.17 | 50.66 | 50.81 | 50.54 | −4.03 |
| 舟山市 | 11.57 | 10.99 | 10.81 | 10.80 | 10.75 | 10.36 | −10.46 |
| 温州市 | 103.81 | 100.27 | 100.18 | 95.97 | 94.86 | 94.55 | −8.92 |
| 金华市 | 90.46 | 89.94 | 90.56 | 86.70 | 85.75 | 84.20 | −6.92 |
| 衢州市 | 58.64 | 57.38 | 56.10 | 54.74 | 54.24 | 53.64 | −8.53 |
| 台州市 | 87.83 | 83.00 | 77.37 | 75.25 | 74.80 | 74.62 | −15.04 |
| 丽水市 | 64.42 | 61.58 | 62.34 | 57.99 | 56.55 | 55.13 | −14.42 |

数据来源：历年浙江省统计年鉴

## 四、农村居民收入水平

2012 年，国外面对欧债危机，国内面对“两荒两高”及融资难，中小企业经营遭遇诸多困难，这些给长三角地区农民增收造成了一定的不利影响。在此背景下，长三角“二省一市”积极应对经济运行中出现的各种矛盾和问题，继续加大对“三农”的投入和扶持力度，使各地区经济总体上保持了平稳增长态势，也促进了农村居民收入稳定增长。

## 1. 上海市

长三角地区中，上海市农村居民纯收入最高。2012 年上海市农村居民纯收入达到 17401 元，比 2011 年增加 1757 元，增长 11.2%。其中，财产性和转移性收入增速较快，2012 年上海市农村居民财产性和转移性收入为 5000 元，比 2011 年增长 17.0%，增幅同比下降 3.4 个百分点，占农村居民纯收入的 28.7%，比重比上年上升 1.4 个百分点。非经营收入仍是农民收入的主要构成因素，2012 年上海市农村居民工资性收入达到 11496 元，比 2011 年增加 1003 元，增长 9.6%，占农村居民纯收入的 66.1%，比 2011 年下降 1.0 个百分点。2012 年上海市农村居民家庭经营纯收入达到 905 元，比上年增长 3.2%，占农村居民纯收入的 5.2%，比 2011 年下降 0.4 个百分点。

**表 92 2007—2012 年上海市年农村居民家庭人均可支配收入及比重** 元，%

| 指标 | 人均可支配收入 | 工资性收入 | | 家庭经营纯收入 | | 财产性和转移性收入 | |
|---|---|---|---|---|---|---|---|
| | | 数额 | 比重 | 数额 | 比重 | 数额 | 比重 |
| 2007 年 | 10222 | 7498 | 73.3 | 754 | 7.4 | 1970 | 19.3 |
| 2008 年 | 11385 | 8182 | 71.9 | 711 | 6.2 | 2492 | 21.9 |
| 2009 年 | 12324 | 8721 | 70.8 | 590 | 4.8 | 3013 | 24.4 |
| 2010 年 | 13746 | 9606 | 69.9 | 589 | 4.3 | 3551 | 25.8 |
| 2011 年 | 15644 | 10493 | 67.1 | 877 | 5.6 | 4274 | 27.3 |
| 2012 年 | 17401 | 11496 | 66.1 | 905 | 5.2 | 5000 | 28.7 |

数据来源：历年上海市统计年鉴

## 2. 江苏省

2012 年，江苏省不断加大“三农”工作力度，狠抓各项支农、扶农、富农政策落实，进一步拓宽了农民增收渠道，2012 年全省农民人均纯收入 12202 元，比上年增加 1397 元，增长 12.9%。苏北地区农民人均纯收入首次突破万元，达到 10502 元，比上年增长 13.6%；苏南、苏中地区农民人均纯收入分别为 17160 元和 12877 元。苏南、苏中地区的农民纯收入分别比上年增长 12.8%和 13.0%。

**表 93 2007—2012 年江苏省农村居民家庭人均纯收入及构成** 元

| 指 标 | 2007 年 | 2008 年 | 2009 年 | 2010 年 | 2011 年 | 2012 年 |
|---|---|---|---|---|---|---|
| 纯收入 | 6561 | 7357 | 8004 | 9118 | 10805 | 12202 |
| 工资性收入 | 3476 | 3896 | 4239 | 4896 | 5747 | 6474 |
| 在非企业组织中劳动的收入 | 437 | 481 | 499 | 569 | 603 | 668 |
| 在本乡地域内劳动得到的收入 | 1895 | 2155 | 2412 | 2775 | 3303 | 3762 |
| #在本地企业劳动得到的收入 | 1610 | 1834 | 2044 | 2350 | 2788 | 3172 |
| 外出从业得到的收入 | 1145 | 1259 | 1328 | 1552 | 1840 | 2044 |
| 家庭经营收入 | 2552 | 2812 | 2939 | 3215 | 3781 | 4181 |
| 财产性收入 | 217 | 254 | 326 | 399 | 476 | 562 |

（续表）

| | | | | | | |
|---|---|---|---|---|---|---|
| 转移性收入 | 316 | 396 | 501 | 608 | 801 | 984 |

数据来源：历年江苏省统计年鉴

工资性收入成为农民增收的主要来源。2012年，江苏省农村居民人均工资性收入为6474元，比上年增加727元，增长12.7%，农民人均工资性收入占全部纯收入的比重为53.1%，工资性收入的增加额占纯收入增加额的52.0%。其中，在本地企业中得到的收入人均3172元，增加384元，增长13.8%，占工资性收入的49.0%；农民外出从业得到的收入人均2044元，增加204元，增长11.1%，占工资性收入的31.6%；来自非企业组织劳动得到的收入人均668元，增加65元，增长10.8%，占工资性收入的10.3%。

家庭经营纯收入是农民增收的稳定基础。2012年，江苏省农民家庭经营纯收入为4181元，比上年增加400元，增长10.6%。农村居民家庭经营纯收入占纯收入的比重为34.3%，家庭经营纯收入的增长额占纯收入增长额的比重为28.6%。

财产性和转移性收入是农民增收的有力支撑。2012年，江苏省农民人均财产性和转移性收入为1546元，比上年增加269元，增长21.1%，这两项收入占农民纯收入的比重为12.7%，较上年提高0.9个百分点。

### 3. 浙江省

2012年浙江农村居民人均纯收入14552元，比2011年增加1481元，增长11.3%，连续28年全国省区居首，扣除物价上涨因素，实际收入增长8.8%。

**表94　2007—2012年浙江省农村居民家庭人均纯收入及构成**　元

| 指标 | 2007年 | 2008年 | 2009年 | 2010年 | 2011年 | 2012年 |
|---|---|---|---|---|---|---|
| 纯收入 | 8265 | 9258 | 10007 | 11303 | 13071 | 14552 |
| 工资性收入 | 4093 | 4713 | 5195 | 5950 | 6878 | 7860 |
| 在非企业组织中劳动得到 | 306 | 344 | 389 | 442 | 362 | 409 |
| 在本地劳动得到 | 3271 | 3769 | 4149 | 4736 | 5572 | 6355 |
| 常住人口外出从业得到 | 516 | 600 | 657 | 771 | 944 | 1097 |
| 家庭经营收入 | 3422 | 3654 | 3788 | 4190 | 4872 | 5190 |
| 财产性收入 | 399 | 472 | 519 | 561 | 553 | 546 |
| 转移性收入 | 351 | 420 | 506 | 602 | 767 | 956 |

数据来源：历年浙江省统计年鉴

工资性收入是推动收入增长的主要力量。2012年浙江农村居民工资性收入人均7860元，比上年增加982元，增长14.3%，占全部纯收入的比重为54.0%，比上年上升1.4个百分点。工资性收入增加额占纯收入增加额的66.3%，工资性收入直接拉动纯收入增长14.3个百分点。从工资性收入的分项来看，在本地企业中得到的收入人均6355元，同比增长14.1%，外出从业得到的收入人均1097元，同比增长16.2%，在非企业组织得到的收入人均409元，同比增长13.0%。

家庭经营收入是农村居民稳定增收的基础。2012年浙江农村居民来自家庭经营收入人均5190元，比上年增加318元，同比增长6.5%，占农村居民纯收入的35.7%，比重比上年回落1.6个百分点。

家庭经营二、三产业收入是农村居民收入的重要组成部分。2012 年浙江农村居民来自家庭经营的二、三产业收入人均 3044 元，比上年增加 354 元，同比增长 13.2%，占农村居民纯收入的 20.9%，比重比上年上升 0.3 个百分点。

非经营性收入增长较快。2012 年浙江农村居民获得的非经营性收入人均 1502 元，比上年增加 138 元，同比增长 10.5%，占农村居民纯收入的 10.3%，同比上升 0.2 个百分点。

## 五、农村居民消费水平

随着长三角地区农村居民收入水平的提高，农村居民消费水平和结构也在不断地变化着。

### 1. 上海市

2012 年，上海市农村居民家庭人均生活消费支出 12096 元，比上年增长 7.3%。八大类消费呈现“五升两降一不变”格局，其中，食品、衣着、居住、交通通信和医疗保健消费均有所增长，家庭设备用品及服务、文教娱乐用品及服务和其他商品及服务消费均有不同程度下降。其中，人均食品消费支出 4837 元，比上年增长 7.1%，增幅同比回落 11.5 个百分点；人均衣着消费支出 704 元，比上年增长 9.3%；人均居住消费支出 1834 元，比上年增长 1.65%；人均交通通信消费支出 1705 元，比上年增长 30.3%，8 大类中增幅最高；人均医疗保健消费支出 1029 元，比上年增长 13.2%；人均文教娱乐用品及服务消费支出 1088 元，比上年下降 4.5%；人均其他商品和服务消费支出 253 元，比上年下降 15.4%；人均家庭设备用品及服务消费支出 646 元，与上年相比基本没变化。

从农村居民消费结构的变化看，2012 年农村居民人均交通通信消费支出比重增幅最大，比 2011 年上升 2.5 个百分点；其次是人均医疗保健消费支出，同比上升 0.4 个百分点。人均文教娱乐用品及服务消费支出比重降幅最大，同比下降 1.1 个百分点；其次是人均居住消费支出，由于受到国家住房政策的影响，同比下降 0.8 个百分点。

**表 95　2007—2012 年上海市农村居民人均生活消费支出及构成**　　元，%

| 指标 | 生活消费支出 | 食品 | 衣着 | 居住 | 家庭设备用品及服务 | 交通和通信 | 文教娱乐用品及服务 | 医疗保健 | 其他商品和服务 |
|---|---|---|---|---|---|---|---|---|---|
| 2007 年 | 8845 | 3259 | 476 | 2097 | 452 | 884 | 857 | 571 | 249 |
| 构成 | 100.0 | 36.8 | 5.4 | 23.7 | 5.1 | 10.0 | 9.7 | 6.5 | 2.8 |
| 2008 年 | 9115 | 3732 | 467 | 1806 | 504 | 880 | 850 | 697 | 179 |
| 构成 | 100.0 | 40.9 | 5.1 | 19.8 | 5.5 | 9.7 | 9.3 | 7.7 | 2.0 |
| 2009 年 | 9804 | 3639 | 496 | 2103 | 481 | 1212 | 943 | 739 | 191 |
| 构成 | 100.0 | 37.1 | 5.1 | 21.5 | 4.9 | 12.4 | 9.6 | 7.5 | 1.9 |
| 2010 年 | 10225 | 3807 | 554 | 2070 | 528 | 1459 | 1012 | 585 | 210 |
| 构成 | 100.0 | 37.2 | 5.4 | 20.2 | 5.2 | 14.3 | 9.9 | 5.7 | 2.1 |
| 2011 年 | 11272 | 4517 | 644 | 1806 | 649 | 1309 | 1139 | 909 | 299 |
| 构成 | 100.0 | 40.1 | 5.7 | 16.0 | 5.8 | 11.6 | 10.1 | 8.1 | 2.6 |
| 2012 年 | 12096 | 4837 | 704 | 1834 | 646 | 1705 | 1088 | 1029 | 253 |

（续表）

| 构成 | 100.0 | 40.0 | 5.8 | 15.2 | 5.3 | 14.1 | 9.0 | 8.5 | 2.1 |
|---|---|---|---|---|---|---|---|---|---|

数据来源：历年上海市统计年鉴

### 2. 江苏省

2012 年，江苏省农村居民生活消费水平总体呈增长态势，各分项支出均有不同程度的增长。农村居民生活消费支出人均 8655 元，比 2011 年增加 962 元，增长 12.5%。其中，人均食品消费支出 3233 元，同比增长 9.3%，占生活消费支出的 37.4%，为生活消费支出的主体；人均衣着支出 463 元，同比增长 13.5%；人均居住支出 1481 元，同比增长 12.3%；人均家庭设备用品及服务支出 472 元，同比增长 14.6%；人均交通通讯支出 1088 元，同比增长 18.6%，八大类中增幅最高；人均文教娱乐支出 1210 元，同比增长 13.7%；人均医疗保健支出 511 元，同比增长 15.1%；人均其他商品和服务消费支出 196 元，同比增长 14.6%。

**表 96　2008—2012 年江苏省年农村居民人均生活消费支出**　　元，%

| 指标 | 2008 年 | 2009 年 | 2010 年 | 2011 年 | 2012 年 | 增幅(%) |
|---|---|---|---|---|---|---|
| 生活消费支出 | 5328 | 5805 | 6543 | 7693 | 8655 | 12.5 |
| 食品 | 2203 | 2275 | 2492 | 2958 | 3233 | 9.3 |
| 衣着 | 276 | 307 | 350 | 408 | 463 | 13.5 |
| 居住 | 860 | 970 | 1171 | 1319 | 1481 | 12.3 |
| 家庭设备用品及服务 | 250 | 286 | 328 | 412 | 472 | 14.6 |
| 交通通讯 | 614 | 692 | 786 | 917 | 1088 | 18.6 |
| 文化教育娱乐 | 713 | 819 | 908 | 1064 | 1210 | 13.7 |
| 医疗保健 | 291 | 323 | 362 | 444 | 511 | 15.1 |
| 其他商品和服务 | 121 | 133 | 147 | 171 | 196 | 14.6 |

数据来源：历年江苏省统计年鉴

### 3. 浙江省

农村居民人均生活消费支出不断提高。2012 年，农村居民人均生活消费支出为 10208 元，比 2011 年增长 5.8%。其中，人均食品消费支出 3844 元，同比增长 5.9%，占生活消费支出的 37.7%，为生活消费支出的主体；人均衣着支出 721 元，同比增长 3.1%；人均居住支出 1768 元，同比增长 7.1%；人均家庭设备用品及服务支出 560 元，同比增长 6.1%；人均交通通讯支出 1457 元，同比增长 15.5%，八大类中增幅最高；人均文教娱乐支出 881 元，同比增长 6.0%；人均医疗保健支 739 元，同比下降 13.2%；人均其他商品和服务消费支出 239 元，同比增长 7.2%。

**表 97　2007—2012 年浙江省农民人均生活消费支出**　　元，%

| 指标 | 2007 年 | 2008 年 | 2009 年 | 2010 年 | 2011 年 | 2012 年 | 增幅(%) |
|---|---|---|---|---|---|---|---|
| 生活消费支出 | 6442 | 7072 | 7375 | 8390 | 9644 | 10208 | 5.8 |
| 食品 | 2347 | 2690 | 2756 | 2977 | 3629 | 3844 | 5.9 |

（续表）

| | | | | | | | |
|---|---|---|---|---|---|---|---|
| 衣着 | 399 | 441 | 462 | 530 | 669 | 721 | 3.1 |
| 居住 | 1262 | 1425 | 1366 | 1795 | 1651 | 1768 | 7.1 |
| 家庭设备、用品及服务 | 338 | 354 | 354 | 399 | 528 | 560 | 6.1 |
| 医疗保健 | 465 | 512 | 615 | 652 | 851 | 739 | −13.2 |
| 交通和通讯 | 761 | 777 | 866 | 1067 | 1262 | 1457 | 15.5 |
| 文教娱乐用品及服务 | 736 | 733 | 803 | 800 | 831 | 881 | 6.0 |
| 其他商品和服务 | 135 | 141 | 154 | 170 | 223 | 239 | 7.2 |

数据来源：《浙江省统计年鉴》(2013)

## 六、农村公共服务

### 1. 上海市

截至2012年末，上海市已实现新型农村社会养老保险制度全覆盖，新型农村社会养老保险参保人数达到73.04万人，其中参保缴费人数32.48万人，领取养老金人数40.56万人，各级财政对“新农保”基金补贴18.81亿元，新型农村社会养老保险领取养老金人员人均月养老金499元，比2011年增加75元。上海新型农村合作医疗人均筹资达1100元，为全国最高。

市郊区乡镇、行政村新农合覆盖率继续保持100%全覆盖，农民参保率达99%，五保户、低保户和残疾人基本做到了“应保尽保”。全面实现了“新农合”经费的区级统筹。上海在“新农合”经费统筹上全面推进并实现了区(县)层面统筹。此举不仅提升了保障层次，确保“新农合”的公正性，缩小了农民之间保障差距，更使经费统筹得到了更大平台的支持和落实。农民可以跨区就医，参加“新农合”的农民如长期跨区居住的，经相关部门审批后，可在其居住地就近选择一家社区卫生服务中心作为跨区的定点医疗单位，费用按“新农合”相关规定予以实时报销。

### 2. 江苏省

公共卫生工作进一步加强。农村孕产妇住院分娩补助、补服叶酸、宫颈癌和乳腺癌检查等项目均超额完成国家下达任务。农村改厕任务完成率及农村饮水工程合格率列全国第一。建成省农民健康促进示范县(市、区)5个；完成改厕83.28万座，全省农村无害化卫生户厕普及率达73.9%；继续保持农村生活饮用水卫生监测全覆盖；开展病媒生物综合防制，建成省卫生村632个。

新型农村合作医疗制度进一步完善。全面加强新型农村合作医疗和基本药物制度建设，努力减轻群众医药费用负担。全省参合人口4254万人，平均筹资326元，其中政府补助标准人均不低于240元，新农合政策范围内报销比例达到75.3%。将容易导致农民群众“因病致贫、因病返贫”的20种疾病纳入重大疾病保障范围，实际报销比例提高到70%，全年累计补偿4.68万人次。全面推进新农合异地就医联网即时结报工作。大力开展混合支付方式改革试点，已覆盖到56个统筹地区。2012年，全省政府办基层医疗卫生机构门急诊次均费用64.62元，同比下降7.3%；住院次均费用2386.26元，同比下降4.2%；门急诊人数超过1.34亿人次，同比上升12.9%。

全面推行新型农村养老保险制度。江苏省建立新型农村社会养老保险制度，具有本省户籍，年满16周岁(不含在校学生)、未参加城镇职工基本养老保险的农村居民，均可以在户籍地参加新农保。新农保基金主要由个人缴费、集体补助、政府补贴构成。参加新农保的农村居民按规定缴纳养老保险

费。缴费标准目前设为每人每年100元、200元、300元、400元、500元、600元6个档次，鼓励有条件的地区设定更高档次的缴费标准。年满60周岁、未享受城镇职工基本养老保险待遇的本省户籍的农村居民，符合领取养老金条件的，可按月领取养老金，基础养老金标准每人每月最低为60元。

### 3. 浙江省

新型农村合作医疗制度进一步完善。至2012年末，浙江省新型农村合作医疗参合人数2872.9万人，参合率为97.7%；人均筹资标准为482.5元，比上年增加97.9元，其中，财政补助342.2元，比上年增加69.2元；所有统筹地区最高支付限额全部达到当地农村居民人均纯收入6倍以上。新农合统筹地区政策内住院报销比例为72.1%，比上年提高8.7个百分点；统筹区域内新农合定点医疗机构即时结报率达到100%。

加大对农村教育的扶持力度，改善农村学校办学条件。在巩固提高九年义务教育的基础上，促进基础教育向学前三年和高中段延伸，目前15年教育普及率已达97.9%。建立义务教育经费保障新机制，全面免除义务教育阶段学杂费、课本费和借读费，提高中小学生人均公用经费定额标准，完善家庭经济困难学生资助体系。2008年起实施农村小规模学校改造工程，2年投入11亿元，有效改善边远山区学校办学条件。实施农村中小学爱心营养餐工程，为农村中小学低收入家庭子女提供每周2—3餐荤素搭配、营养合理的营养餐。2012年，将农村中小学低收入家庭子女爱心营养餐最低标准从每生每年350元提高到750元，做到每天一餐，受益学生比例达到义务教育学生总数的7.0%。在实施第一轮农村中小学现代远程教育工程基础上，2009年起省财政投入1.5亿元，用3年时间实施第二轮“农远工程”，有效改善了农村中小学信息化水平，提升了农村教育质量。

# 第四篇

# 长三角地区经济社会发展重要指标

# 第一章 长三角地区重要经济发展指标

**表1 长三角地区国民经济和社会发展总量与速度指标(2012年)**

| 指 标 | 长三角 | 上海市 | 江苏省 | 浙江省 |
|---|---|---|---|---|
| 人口与就业 | | | | |
| 人口(万人) | | | | |
| 年末常住人口 | 15099.75 | 2380.43 | 7919.98 | 4799.34 |
| 就业(万人) | | | | |
| 就业人数 | 9566.27 | 1115.50 | 4759.53 | 3691.24 |
| 宏观经济 | | | | |
| 国民核算(亿元) | | | | |
| 地区生产总值 | 108905.3 | 20181.72 | 54058.22 | 34665.33 |
| 第一产业 | 5213.97 | 127.80 | 3418.29 | 1667.88 |
| 第二产业 | 52293.04 | 7854.77 | 27121.95 | 17316.32 |
| 第三产业 | 51398.26 | 12199.15 | 23517.98 | 15681.13 |
| 固定资产投资(亿元) | | | | |
| 全社会固定资产投资总额 | 54437.42 | 5254.38 | 32087.08 | 17095.96 |
| 财政(亿元) | | | | |
| 地方财政收入 | 13045.63 | 3743.71 | 5860.69 | 3441.23 |
| 地方财政支出 | 15373.57 | 4184.02 | 7027.67 | 4161.88 |
| 物价(上年=100) | | | | |
| 居民消费价格指数 | 307.6 | 102.8 | 102.6 | 102.2 |
| 国内商业 | | | | |
| 社会消费品零售总额(亿元) | 39331.94 | 7412.30 | 18331.30 | 13588.34 |
| 对外经济贸易和旅游 | | | | |
| 进出口总额(亿美元) | 12972.54 | 4367.58 | 5480.93 | 3124.03 |
| 出口 | 7598.64 | 2068.07 | 3285.38 | 2245.19 |

（续表）

| | | | | |
|---|---|---|---|---|
| 教育、科技、文化 | | | | |
| 教育 | | | | |
| 高等学校本专科在校学生（万人） | 316.48 | 50.66 | 167.12 | 98.7 |
| 普通中学在校学生（万人） | 613.83 | 59.04 | 317.89 | 236.9 |
| 小学在校学生（万人） | 845.5 | 76.04 | 422.76 | 346.7 |
| 文化 | | | | |
| 图书出版量（亿册） | 12.27 | 3.35 | 5.19 | 3.73 |
| 杂志出版量（万册） | 38471 | 17600 | 12559 | 8312 |
| 报纸出版量（亿份） | 78.19 | 14.54 | 28.94 | 34.71 |
| 家庭、生活、环境 | | | | |
| 家庭 | | | | |
| 生活 | | | | |
| 城镇居民人均可支配收入（元） | | 40188 | 29677 | 34550 |
| 农村居民人均纯收入（元） | | 17401 | 12202 | 14552 |

**表 2　长三角地区国民经济和社会发展结构指标（2012 年）**

| 指　标 | 上海市 | 江苏省 | 浙江省 |
|---|---|---|---|
| 人口与就业 | | | |
| 人口 | | | |
| 城乡结构 | | | |
| 城镇 | 89.8 | 63.0 | 63.2 |
| 乡村 | 10.2 | 37.0 | 36.8 |
| 性别结构 | | | |
| 男 | 49.7 | 50.35 | 51.5 |
| 女 | 50.3 | 49.65 | 48.5 |
| 就业 | | | |
| 产业结构 | | | |
| 第一产业 | 4.1 | 20.8 | 14.1 |
| 第二产业 | 39.4 | 42.7 | 51.0 |
| 第三产业 | 56.5 | 36.5 | 34.9 |

（续表）

| | | | |
|---|---|---|---|
| 宏观经济 | | | |
| 国民核算 | | | |
| 地区生产总值产业结构 | | | |
| 第一产业 | 0.6 | 6.3 | 4.8 |
| 第二产业 | 39.0 | 50.2 | 50.0 |
| 第三产业 | 60.4 | 43.5 | 45.2 |
| 产业经济 | | | |
| 工业 | | | |
| 工业产值按轻重分 | | | |
| 轻工业 | 22.6 | 25.8 | 39.3 |
| 重工业 | 77.4 | 74.2 | 60.7 |
| 运输业 | | | |
| 货运量结构 | | | |
| 铁路 | 0.9 | 3.1 | 2.0 |
| 公路 | 45.5 | 66.5 | 59.4 |
| 水运 | 53.3 | 25.4 | 38.6 |
| 对外经济贸易和国际旅游 | | | |
| 海外旅游人数结构 | | | |
| 外国人 | 79.1 | 72.7 | 65.9 |
| 港澳台同胞 | 20.9 | 27.3 | 34.1 |
| 教育、科技、文化 | | | |
| 教　育 | | | |
| 在校学生结构 | | | |
| 大学生 | 27.3 | 16.9 | 14.5 |
| 中学生 | 31.8 | 40.3 | 34.7 |
| 小学生 | 40.9 | 42.8 | 50.8 |
| 专任教师结构 | | | |
| 大学 | 26.8 | 15.6 | 13.0 |
| 中学 | 40.4 | 47.1 | 44.0 |
| 小学 | 32.1 | 37.3 | 43.0 |
| 生活、环境 | | | |

（续表）

| | | | |
|---|---|---|---|
| 生　活 | | | |
| 城镇居民消费结构 | | | |
| 食品 | 36.8 | 35.4 | 35.1 |
| 衣着 | 8.0 | 10.2 | 9.8 |
| 居住 | 4.7 | 7.6 | 7.2 |
| 其他 | 50.5 | 46.8 | 47.9 |
| 农村居民消费结构 | | | |
| 食品 | 40.0 | 37.4 | 37.7 |
| 衣着 | 5.8 | 5.3 | 7.1 |
| 居住 | 15 | 17.1 | 17.3 |
| 其他 | 79.2 | 40.2 | 37.9 |

**表3　长三角地区主要年份地区生产总值**

单位：亿元（按当年价格计算）

| 年　份 | 长三角 | 上海市 | 江苏省 | 浙江省 |
|---|---|---|---|---|
| 1978 | 645.77 | 272.81 | 249.24 | 123.72 |
| 1988 | 2627.4 | 648.3 | 1208.85 | 770.25 |
| 1998 | 16053.66 | 3801.09 | 7199.95 | 5052.62 |
| 1999 | 17330.47 | 4188.73 | 7697.82 | 5443.92 |
| 2000 | 19465.89 | 4771.17 | 8553.69 | 6141.03 |
| 2001 | 21565.3 | 5210.12 | 9456.84 | 6898.34 |
| 2002 | 24351.55 | 5741.03 | 10606.85 | 8003.67 |
| 2003 | 28842.12 | 6694.23 | 12442.87 | 9705.02 |
| 2004 | 34725.13 | 8072.83 | 15003.6 | 11648.7 |
| 2005 | 40897.69 | 9154.18 | 18305.66 | 13437.85 |
| 2006 | 47753.96 | 10366.37 | 21645.08 | 15742.51 |
| 2007 | 56710.44 | 12188.85 | 25741.15 | 18780.44 |
| 2008 | 65497.68 | 13698.15 | 30312.61 | 21486.92 |
| 2009 | 72494.1 | 15046.45 | 34457.30 | 22990.35 |
| 2010 | 86313.77 | 17165.98 | 41425.48 | 27722.31 |
| 2011 | 100624.8 | 19195.69 | 49110.27 | 32318.85 |

（续表）

| 2012 | 108905.3 | 20181.72 | 54058.22 | 34665.33 |
|---|---|---|---|---|

**表 4　长三角地区主要年份第一产业生产总值**

单位:亿元(按当年价格计算)

| 年　份 | 长三角 | 上海市 | 江苏省 | 浙江省 |
|---|---|---|---|---|
| 1978 | 126.8 | 11 | 68.71 | 47.09 |
| 1988 | 542.22 | 27.36 | 319.18 | 195.68 |
| 1998 | 1730.3 | 73.84 | 1047.16 | 609.3 |
| 1999 | 1718.17 | 74.49 | 1037.37 | 606.31 |
| 2000 | 1756 | 76.68 | 1048.34 | 630.98 |
| 2001 | 1832.26 | 78 | 1094.48 | 659.78 |
| 2002 | 1875.32 | 79.68 | 1110.44 | 685.2 |
| 2003 | 1961.32 | 81.02 | 1162.45 | 717.85 |
| 2004 | 2265.13 | 83.45 | 1367.58 | 814.1 |
| 2005 | 2434.65 | 80.34 | 1461.48 | 892.83 |
| 2006 | 2563.91 | 93.80 | 1545.01 | 925.1 |
| 2007 | 2904.1 | 101.84 | 1816.24 | 986.02 |
| 2008 | 3307.23 | 111.80 | 2100.00 | 1095.43 |
| 2009 | 3538.76 | 113.82 | 2261.86 | 1163.08 |
| 2010 | 4014.81 | 114.15 | 2540.10 | 1360.56 |
| 2011 | 4772.76 | 124.94 | 3064.78 | 1583.04 |
| 2012 | 5213.97 | 127.80 | 3418.29 | 1667.88 |

**表 5　长三角地区主要年份第二产业生产总值**

单位:亿元(按当年价格计算)

| 年　份 | 长三角 | 上海市 | 江苏省 | 浙江省 |
|---|---|---|---|---|
| 1978 | 395.66 | 211.05 | 131.09 | 53.52 |
| 1988 | 1374.26 | 433.05 | 586.82 | 354.39 |
| 1998 | 8278.94 | 1871.89 | 3640.1 | 2766.95 |

（续表）

| | | | | |
|---|---|---|---|---|
| 1999 | 8879.53 | 1984.64 | 3920.15 | 2974.74 |
| 2000 | 9917.45 | 2207.63 | 4435.89 | 3273.93 |
| 2001 | 10883.52 | 2403.18 | 4907.46 | 3572.88 |
| 2002 | 12317.42 | 2622.45 | 5604.49 | 4090.48 |
| 2003 | 15092.51 | 3209.02 | 6787.11 | 5096.38 |
| 2004 | 18580.49 | 3892.12 | 8437.99 | 6250.38 |
| 2005 | 21974.11 | 4452.92 | 10355.04 | 7166.15 |
| 2006 | 25788.78 | 5028.37 | 12250.84 | 8509.57 |
| 2007 | 30133.36 | 5678.51 | 14306.40 | 10148.45 |
| 2008 | 34480.06 | 6235.92 | 16663.81 | 11580.33 |
| 2009 | 36476.64 | 6001.78 | 18566.37 | 11908.49 |
| 2010 | 43270.18 | 7218.32 | 21753.93 | 14297.93 |
| 2011 | 49686.75 | 7927.89 | 25203.28 | 16555.58 |
| 2012 | 52293.04 | 7854.77 | 27121.95 | 17316.32 |

## 表6 长三角地区主要年份第三产业生产总值

单位：亿元（按当年价格计算）

| 年　份 | 长三角 | 上海市 | 江苏省 | 浙江省 |
|---|---|---|---|---|
| 1978 | 123.31 | 50.76 | 49.44 | 23.11 |
| 1988 | 710.92 | 187.89 | 302.85 | 220.18 |
| 1998 | 6044.43 | 1 855.36 | 2512.69 | 1676.38 |
| 1999 | 6732.77 | 2 129.60 | 2740.30 | 1862.87 |
| 2000 | 7792.44 | 2 486.86 | 3069.46 | 2236.12 |
| 2001 | 8849.52 | 2 728.94 | 3454.90 | 2665.68 |
| 2002 | 10158.81 | 3 038.90 | 3891.92 | 3227.99 |
| 2003 | 11788.29 | 3 404.19 | 4493.31 | 3890.79 |
| 2004 | 13879.51 | 4 097.26 | 5198.03 | 4584.22 |
| 2005 | 16488.93 | 4620.92 | 6489.14 | 5378.87 |
| 2006 | 19401.27 | 5244.20 | 7849.23 | 6307.84 |
| 2007 | 23672.98 | 6408.50 | 9618.51 | 7645.97 |
| 2008 | 27710.39 | 7350.43 | 11548.80 | 8811.16 |

（续表）

| | | | | |
|---|---|---|---|---|
| 2009 | 32478.7 | 8930.85 | 13629.07 | 9918.78 |
| 2010 | 39028.78 | 9833.51 | 17131.45 | 12063.82 |
| 2011 | 46165.3 | 11142.86 | 20842.21 | 14180.23 |
| 2012 | 51398.26 | 12199.15 | 23517.98 | 15681.13 |

**表 7　长三角地区主要年份工业生产总值**

单位:亿元（按当年价格计算）

| 年　份 | 长三角 | 上海市 | 江苏省 | 浙江省 |
|---|---|---|---|---|
| 1978 | 371.54 | 207.47 | 117.1 | 46.97 |
| 1988 | 1241.81 | 399.53 | 526.92 | 315.36 |
| 1998 | 7312.85 | 1670.19 | 3157.69 | 2484.97 |
| 1999 | 7855.65 | 1787.98 | 3387.99 | 2679.68 |
| 2000 | 8793.18 | 1998.96 | 3848.52 | 2945.7 |
| 2001 | 9619.57 | 2166.74 | 4270.9 | 3181.93 |
| 2002 | 10888.95 | 2368.02 | 4880.09 | 3640.84 |
| 2003 | 13408.86 | 2941.24 | 6004.65 | 4462.97 |
| 2004 | 16598.97 | 3593.25 | 7514.39 | 5491.33 |
| 2005 | 19813.56 | 4129.52 | 9334.7 | 6349.34 |
| 2006 | 23370.92 | 4670.11 | 11110.24 | 7590.57 |
| 2007 | 27410.57 | 5298.08 | 13016.84 | 9095.65 |
| 2008 | 31213.74 | 5784.99 | 15068.98 | 10359.77 |
| 2009 | 32391.9 | 5408.75 | 16464.94 | 10518.21 |
| 2010 | 38471.64 | 6536.21 | 19277.65 | 12657.78 |
| 2011 | 44172.23 | 7208.59 | 22280.61 | 14683.03 |
| 2012 | 46455.08 | 7208.59 | 23908.47 | 15338.02 |

**表 8　长三角地区主要年份建筑业生产总值**

单位:亿元(按当年价格计算)

| 年　份 | 长三角 | 上海市 | 江苏省 | 浙江省 |
|---|---|---|---|---|
| 1990 | 301.83 | 75.62 | 147.23 | 78.98 |
| 1994 | 1519.07 | 309.68 | 738.6 | 470.79 |

（续表）

| | | | | |
|---|---|---|---|---|
| 1998 | 2760.06 | 593.11 | 1224.42 | 942.53 |
| 2002 | 5304.78 | 822.27 | 2199.52 | 2282.99 |
| 2006 | 13411.23 | 2285.38 | 5424.85 | 5701.0 |
| 2007 | 16571.55 | 2524.18 | 7010.57 | 7036.8 |
| 2008 | 19648.82 | 3071.76 | 8308.46 | 8268.6 |
| 2009 | 23841.66 | 3830.53 | 10264.92 | 9746.21 |
| 2010 | 28916.99 | 4300.19 | 12405.90 | 12210.90 |
| 2011 | 34880.82 | 4586.28 | 15122.74 | 15171.80 |
| 2012 | 40922.99 | 4843.44 | 18423.55 | 17656.00 |

## 表 9　长三角地区主要年份地区生产总值中第一产业比重

单位:%(按当年价格计算)

| 年　份 | 长三角 | 上海市 | 江苏省 | 浙江省 |
|---|---|---|---|---|
| 1978 | 19.6 | 4 | 27.6 | 38.1 |
| 1988 | 20.6 | 4.2 | 26.4 | 25.4 |
| 1998 | 10.8 | 1.9 | 14.5 | 12.1 |
| 1999 | 9.9 | 1.8 | 13.5 | 11.1 |
| 2000 | 9.0 | 1.6 | 12.2 | 10.3 |
| 2001 | 8.5 | 1.5 | 11.6 | 9.6 |
| 2002 | 7.7 | 1.4 | 10.5 | 8.6 |
| 2003 | 6.8 | 1.2 | 9.3 | 7.4 |
| 2004 | 6.5 | 1 | 9.1 | 7 |
| 2005 | 6.0 | 0.9 | 8 | 6.6 |
| 2006 | 5.4 | 0.9 | 7.1 | 5.9 |
| 2007 | 5.1 | 0.8 | 7.0 | 5.3 |
| 2008 | 5.0 | 0.8 | 6.9 | 5.1 |
| 2009 | 4.9 | 0.7 | 6.5 | 5.1 |
| 2010 | 4.7 | 3.4 | 22.3 | 16.0 |
| 2011 | 4.7 | 3.4 | 21.5 | 14.6 |
| 2012 | 4.8 | 0.6 | 6.3 | 4.8 |

## 表 10　长三角地区主要年份地区生产总值中第二产业比重

单位：%（按当年价格计算）

| 年　份 | 长三角 | 上海市 | 江苏省 | 浙江省 |
| --- | --- | --- | --- | --- |
| 1978 | 61.3 | 77.4 | 52.6 | 43.3 |
| 1988 | 52.3 | 66.8 | 48.5 | 46 |
| 1998 | 51.6 | 49.3 | 50.6 | 54.8 |
| 1999 | 51.2 | 47.4 | 50.9 | 54.6 |
| 2000 | 50.9 | 46.3 | 51.9 | 53.3 |
| 2001 | 50.5 | 46.1 | 51.9 | 51.8 |
| 2002 | 50.6 | 45.7 | 52.8 | 51.1 |
| 2003 | 52.3 | 47.9 | 54.6 | 52.5 |
| 2004 | 53.5 | 48.2 | 56.3 | 53.6 |
| 2005 | 53.7 | 48.6 | 56.6 | 53.4 |
| 2006 | 53.9 | 48.5 | 56.6 | 54.0 |
| 2007 | 53.1 | 46.6 | 55.6 | 54.0 |
| 2008 | 52.6 | 45.5 | 55.0 | 53.9 |
| 2009 | 50.3 | 39.9 | 53.9 | 51.8 |
| 2010 | 50.1 | 40.7 | 42.0 | 49.8 |
| 2011 | 49.4 | 40.3 | 42.4 | 50.9 |
| 2012 | 48.0 | 39.0 | 50.2 | 50.0 |

## 表 11　长三角地区主要年份地区生产总值中第三产业比重

单位：%（按当年价格计算）

| 年　份 | 长三角 | 上海市 | 江苏省 | 浙江省 |
| --- | --- | --- | --- | --- |
| 1978 | 19.1 | 18.6 | 19.8 | 18.7 |
| 1988 | 27.1 | 29 | 25.1 | 28.6 |
| 1998 | 37.7 | 48.8 | 34.9 | 33.2 |
| 1999 | 38.8 | 50.8 | 35.6 | 34.2 |
| 2000 | 40.0 | 52.1 | 35.9 | 36.4 |
| 2001 | 41.0 | 52.4 | 36.5 | 38.6 |
| 2002 | 41.7 | 52.9 | 36.7 | 40.3 |
| 2003 | 40.9 | 50.9 | 36.1 | 40.1 |

（续表）

| | | | | |
|---|---|---|---|---|
| 2004 | 40.0 | 50.8 | 34.6 | 39.4 |
| 2005 | 40.3 | 50.5 | 35.4 | 40 |
| 2006 | 40.7 | 50.6 | 36.3 | 40.1 |
| 2007 | 41.7 | 52.6 | 37.4 | 40.7 |
| 2008 | 42.3 | 53.7 | 38.1 | 41 |
| 2009 | 44.8 | 59.4 | 39.6 | 43.1 |
| 2010 | 45.2 | 55.9 | 35.7 | 34.2 |
| 2011 | 45.9 | 56.3 | 36.1 | 34.6 |
| 2012 | 47.2 | 60.4 | 43.5 | 45.2 |

## 表 12 长三角地区主要年份地区生产总值中工业比重

单位：%（按当年价格计算）

| 年 份 | 长三角 | 上海市 | 江苏省 | 浙江省 |
|---|---|---|---|---|
| 1978 | 57.5 | 76.1 | 47 | 38 |
| 1988 | 47.3 | 61.6 | 43.6 | 40.9 |
| 1998 | 45.6 | 44 | 43.9 | 49.2 |
| 1999 | 45.3 | 42.7 | 44 | 49.2 |
| 2000 | 45.2 | 41.9 | 45 | 48 |
| 2001 | 44.6 | 41.6 | 45.2 | 46.1 |
| 2002 | 44.7 | 41.3 | 46 | 45.5 |
| 2003 | 46.5 | 43.9 | 48.3 | 46 |
| 2004 | 47.8 | 44.5 | 50.1 | 47.1 |
| 2005 | 48.4 | 45.1 | 51 | 47.2 |
| 2006 | 48.9 | 45.0 | 51.3 | 48.2 |
| 2007 | 48.3 | 43.5 | 50.6 | 48.4 |
| 2008 | 47.7 | 42.2 | 49.7 | 48.2 |
| 2009 | 44.7 | 36.0 | 47.8 | 45.8 |
| 2010 | 44.6 | 38.1 | 46.5 | 45.7 |
| 2011 | 43.9 | 37.6 | 45.4 | 45.4 |
| 2012 | 42.7 | 35.2 | 44.2 | 44.2 |

**表 13　长三角地区主要年份地区生产总值中建筑业比重**

单位:%(按当年价格计算)

| 年　份 | 长三角 | 上海市 | 江苏省 | 浙江省 |
|---|---|---|---|---|
| 1978 | 3.7 | 1.3 | 5.6 | 5.3 |
| 1988 | 5.0 | 5.2 | 5 | 5.1 |
| 1998 | 6.0 | 5.3 | 6.7 | 5.6 |
| 1999 | 5.9 | 4.7 | 6.9 | 5.4 |
| 2000 | 5.8 | 4.4 | 6.9 | 5.3 |
| 2001 | 5.9 | 4.5 | 6.7 | 5.7 |
| 2002 | 5.9 | 4.4 | 6.8 | 5.6 |
| 2003 | 5.8 | 4 | 6.3 | 6.5 |
| 2004 | 5.7 | 3.7 | 6.2 | 6.5 |
| 2005 | 5.3 | 3.5 | 5.6 | 6.1 |
| 2006 | 5.1 | 3.5 | 5.3 | 5.8 |
| 2007 | 3.8 | 3.1 | 5.3 | 5.6 |
| 2008 | 5.0 | 3.3 | 5.3 | 5.7 |
| 2009 | 5.6 | 3.9 | 6.1 | 6.0 |
| 2010 | 5.6 | 4.0 | 6.0 | 5.9 |
| 2011 | 5.5 | 3.7 | 5.9 | 5.8 |
| 2012 | 5.5 | 3.8 | 6.0 | 5.7 |

**表 14　长三角地区生产总值项目结构(增加值)(2012 年)**

单位:亿元

| 项　目 | 长三角 | 上海市 | 江苏省 | 浙江省 |
|---|---|---|---|---|
| 地区生产总值 | 108905.3 | 20181.72 | 54058.22 | 34665.33 |
| 第一产业 | 5213.97 | 127.80 | 3418.29 | 1667.88 |
| 第二产业 | 52293.04 | 7854.77 | 27121.95 | 17316.32 |
| 工业 | 46455.08 | 7208.59 | 23908.47 | 15338.02 |
| 建筑业 | 5948.79 | 757.01 | 3213.48 | 1978.30 |
| 第三产业 | 51398.26 | 12199.15 | 23517.98 | 15681.13 |
| 交通运输、仓储和邮政业 | 4526.62 | 895.31 | 2352.4 | 1278.91 |
| 信息传输、计算机服务和软件业 | 2941.3 | 918.83 | 1103.84 | 918.63 |

（续表）

| | | | | |
|---|---|---|---|---|
| 批发和零售业 | 12680.93 | 3291.93 | 5704.66 | 3684.34 |
| 住宿和餐饮业 | 1999.35 | 298.40 | 1045.21 | 655.74 |
| 金融业 | 8349.11 | 2450.36 | 3136.51 | 2762.24 |
| 房地产业 | 6067.79 | 1147.04 | 2992.82 | 1927.93 |
| 租赁和商务服务业 | 3138.36 | 1065.56 | 1415.19 | 657.61 |
| 科学研究、技术服务和地质勘查业 | 1461.49 | 503.80 | 612.53 | 345.16 |
| 水利、环境和公共设施管理业 | 543.59 | 60.00 | 321.98 | 161.61 |
| 居民服务和其他服务业 | 1380.73 | 221.88 | 685.95 | 472.9 |
| 教育 | 2760.45 | 462.34 | 1420.47 | 877.64 |
| 卫生、社会保障和社会福利业 | 1649.95 | 328.43 | 731.58 | 589.94 |
| 文化、体育和娱乐业 | 677.24 | 120.10 | 302.99 | 254.15 |
| 公共管理和社会组织 | 3221.35 | 435.17 | 1691.85 | 1094.33 |

# 第二章　长三角地区重要社会发展指标

### 表1　长三角地区主要年份总人口基本情况

单位:万人

| 年　份 | 长三角 | 上海市 | 江苏省 | 浙江省 |
|---|---|---|---|---|
| 1975 | 10327.31 | 1076.72 | 5636.12 | 3614.47 |
| 1985 | 11459.73 | 1216.69 | 6213.48 | 4029.56 |
| 1990 | 12285.16 | 1283.35 | 6766.9 | 4234.91 |
| 1995 | 12737.02 | 1301.37 | 7066.02 | 4369.63 |
| 2000 | 13150.09 | 1321.63 | 7327.24 | 4501.22 |
| 2001 | 13201.9 | 1327.14 | 7354.92 | 4519.84 |
| 2002 | 13251.18 | 1334.23 | 7380.97 | 4535.98 |
| 2003 | 13299.17 | 1341.77 | 7405.82 | 4551.58 |
| 2004 | 13362.11 | 1352.39 | 7432.5 | 4577.22 |
| 2005 | 13436.87 | 1360.26 | 7474.5 | 4602.11 |
| 2006 | 13547.01 | 1368.08 | 7549.50 | 4629.43 |
| 2007 | 13662.7 | 1378.86 | 7624.50 | 4659.34 |
| 2008 | 14252.81 | 1888.46 | 7676.50 | 4687.85 |
| 2009 | 14362 | 1921.32 | 7724.50 | 4716.18 |
| 2010 | 14919.95 | 2302.66 | 7869.34 | 4747.95 |
| 2011 | 15027.57 | 2347.46 | 7898.8 | 4781.31 |
| 2012 | 15099.75 | 2380.43 | 7919.98 | 4799.34 |

### 表2　长三角地区劳动就业基本情况(2012年)

单位:万人

| 指　标 | 长三角 | 上海市 | 江苏省 | 浙江省 |
|---|---|---|---|---|
| 从业人员合计(万人) | 9566.27 | 1115.50 | 4759.53 | 3691.24 |
| 　第一产业 | 1557.69 | 45.70 | 989.98 | 522.01 |
| 　第二产业 | 4353.2 | 439.96 | 2032.32 | 1880.92 |

（续表）

| | | | | |
|---|---|---|---|---|
| 第三产业 | 3655.38 | 629.84 | 1737.23 | 1288.31 |
| 年末城镇登记失业人数（万人） | 100.93 | 27.05 | 40.47 | 33.41 |
| 年末城镇登记失业率（%） | | 4.2 | 3.14 | 3.01 |

**表 3　长三角地区主要年份从业人员基本情况**

单位：万人

| 年　份 | 长三角 | 上海市 | 江苏省 | 浙江省 |
|---|---|---|---|---|
| 2000 | 7889.47 | 745.24 | 4418.14 | 2726.09 |
| 2004 | 8311.34 | 836.87 | 4482.52 | 2991.95 |
| 2005 | 8474.20 | 863.32 | 4510.12 | 3100.76 |
| 2006 | 8622.65 | 885.51 | 4564.76 | 3172.38 |
| 2007 | 8932.23 | 909.08 | 4618.14 | 3405.01 |
| 2008 | 9188.66 | 1053.24 | 4648.89 | 3486.53 |
| 2009 | 9331.04 | 1064.42 | 4674.64 | 3591.98 |
| 2010 | 9039.19 | 648.49 | 4754.68 | 3636.02 |
| 2011 | 9536.67 | 1104.33 | 4758.23 | 3674.11 |
| 2012 | 9566.27 | 1115.50 | 4759.53 | 3691.24 |

**表 4　长三角地区主要年份年末尚有失业人员**

单位：万人

| 年　份 | 长三角 | 上海市 | 江苏省 | 浙江省 |
|---|---|---|---|---|
| 1980 | 35.04 | 14.75 | 20.29 | 10.23 |
| 1985 | 8.35 | 1.2 | 7.15 | 3.45 |
| 1990 | 30.22 | 7.7 | 22.52 | 11.24 |
| 1995 | 34.49 | 14.36 | 20.13 | 17.72 |
| 2000 | 50.44 | 20.08 | 30.36 | 21.82 |
| 2005 | 98.1 | 27.5 | 41.63 | 28.97 |
| 2006 | 97.32 | 27.82 | 40.40 | 29.1 |
| 2007 | 94.64 | 26.78 | 39.26 | 28.6 |
| 2008 | 98.77 | 26.60 | 41.09 | 31.08 |
| 2009 | 99.29 | 27.87 | 40.74 | 30.68 |
| 2010 | 99.51 | 27.73 | 40.65 | 31.13 |

（续表）

| | | | | |
|---|---|---|---|---|
| 2011 | 100.45 | 27.33 | 41.45 | 31.67 |
| 2012 | 100.93 | 27.05 | 40.47 | 33.41 |

**表 5　长三角地区人民生活水平情况（2012 年）**

| 指　　标 | 上海市 | 江苏省 | 浙江省 |
|---|---|---|---|
| 就业 | | | |
| 城镇居民家庭每户就业人口（人） | 1.55 | 1.42 | 1.38 |
| 每一城镇就业者负担人数　（人） | 1.86 | 1.96 | 1.94 |
| 城镇登记失业率　（%） | 4.2 | 3.14 | 3.01 |
| 收入与支出 | | | |
| 城镇居民人均可支配收入（元） | 40188 | 29677 | 34550 |
| 城镇居民生活消费支出（元） | 26253 | 18825 | 21545 |
| 农村居民人均纯收入　（元） | 17401 | 12202 | 14552 |
| 农村居民生活消费支出（元） | 12096 | 8655 | 10208 |
| 职工年平均工资（元） | 56300 | 51279 | 40087 |
| 人均储蓄存款余额（元） | 85057 | 37951 | 48214 |
| 生活质量 | | | |
| 居民家庭恩格尔系数（%） | | | |
| 城镇居民 | 36.8 | 35.4 | 35.1 |
| 人均住房面积（平方米） | | | |
| 农村人均住房面积 | 60.42 | 49.86 | 61.5 |
| 城市公用事业 | | | |
| 用水普及率（%） | 99.99 | 99.7 | 99.88 |
| 人均公共绿地面积（平方米） | 13.29 | 13.6 | 12.47 |
| 文化、教育和卫生 | | | |
| 文化 | | | |
| 城镇每百户拥有彩色电视机（台） | 192 | 173.5 | 187 |
| 农村每百户拥有电视机（台） | 190 | 140.8 | 172 |
| 每百户家用电脑拥有量（台） | | | |
| 城市 | 144 | 100.3 | 106.38 |
| 居民家庭文教娱乐支出比重（%） | | | |

（续表）

| | | | |
|---|---|---|---|
| 城市 | 14.2 | 16.35 | 13.91 |
| 教育 | | | |
| 每万人口在校学生数(人) | | | |
| 大学生数 | 213 | 228.6 | 180.15 |
| 中学生数 | 248 | 401.4 | 558.49 |
| 小学生数 | 319 | 533.8 | 633.06 |
| 平均每一教师负担学生(人) | | | |
| 大学 | 13 | 17.1 | 18.22 |
| 中学 | 12 | 12.5 | 13.92 |
| 小学 | 16 | 16.7 | 19.32 |
| 卫生 | | | |
| 每万人拥有医生数(人) | 23 | 19.9 | 23.7 |
| 居民家庭医疗保健支出比重(%) | | | |
| 城市 | 3.9 | 5.62 | 5.7 |

**表 6　长三角地区主要年份农村居民家庭人均纯收入基本情况**

单位:元

| 年份 | 上海市 | 江苏省 | 浙江省 |
|---|---|---|---|
| 1990 | 1665 | 884 | 1099 |
| 1995 | 4246 | 2457 | 2966 |
| 2000 | 5565 | 3595 | 4254 |
| 2005 | 8342 | 5276 | 6660 |
| 2006 | 9213 | 5813 | 7335 |
| 2007 | 10222 | 6561 | 8265 |
| 2008 | 11385 | 7357 | 9258 |
| 2009 | 12324 | 8004 | 10007 |
| 2010 | 13746 | 9118 | 11303 |
| 2011 | 15644 | 10805 | 13071 |
| 2012 | 17401 | 12202 | 14552 |

**表7　长三角地区主要年份城镇居民家庭人均可支配收入基本情况**

单位:元

| 年份 | 上海市 | 江苏省 | 浙江省 |
|---|---|---|---|
| 1990 | 2183 | 1464 | 1932 |
| 1995 | 7172 | 4634 | 6221 |
| 2000 | 11718 | 6800 | 9279 |
| 2005 | 18645 | 12319 | 16294 |
| 2006 | 20668 | 14084 | 18265 |
| 2007 | 23623 | 16378 | 20574 |
| 2008 | 26675 | 18680 | 22727 |
| 2009 | 28838 | 20552 | 24611 |
| 2010 | 31838 | 22944 | 27359 |
| 2011 | 36230 | 26341 | 30971 |
| 2012 | 40188 | 29677 | 34550 |

**表8　长三角地区主要年份城镇居民家庭恩格尔系数**

单位:%

| 年份 | 上海市 | 江苏省 | 浙江省 |
|---|---|---|---|
| 1981 | 56.8 | 55.9 | 55.6 |
| 1985 | 52.1 | 52.5 | 51.3 |
| 1990 | 56.5 | 55.5 | 55.1 |
| 1995 | 53.4 | 51.9 | 47 |
| 2000 | 44.5 | 41.1 | 39.2 |
| 2005 | 35.9 | 37.2 | 33.8 |
| 2006 | 35.6 | 36.0 | 32.9 |
| 2007 | 35.5 | 36.7 | 34.7 |
| 2008 | 36.6 | 37.9 | 36.4 |
| 2009 | 35.0 | 36.3 | 33.6 |
| 2010 | 33.5 | 36.5 | 34.3 |
| 2011 | 35.5 | 36.1 | 34.6 |
| 2012 | 36.8 | 35.4 | 35.1 |

**表 9 长三角地区城镇居民家庭基本情况(2012 年)**

| 指 标 | 上海市 | 江苏省 | 浙江省 |
|---|---|---|---|
| 基本情况 | | | |
| 调查户数(户) | 1000 | 5100 | 4450 |
| 平均每户家庭人口(人) | 2.89 | 2.79 | 2.68 |
| 平均每户就业人口(人) | 1.55 | 1.42 | 1.38 |
| 平均每一就业人口负担人数(人) | 1.86 | 1.96 | 1.94 |
| 平均每户就业面(%) | 53.6 | 50.9 | 51.49 |
| 人均家庭总收入 | | | |
| 人均可支配收入(元) | 40188 | 29677 | 34550 |
| 人均家庭总支出 | | | |
| 人均消费性支出 | 26253 | 18825 | 21545 |
| #食品 | 9656 | 6658 | 7552 |
| 衣着 | 2111 | 1916 | 2110 |
| 家庭设备用品及服务 | 1906 | 1288 | 1161 |
| 医疗保健 | 1017 | 1058 | 1228 |
| 交通通讯 | 4564 | 2690 | 4134 |
| 娱乐教育文化服务 | 3724 | 3078 | 2997 |
| 居住 | 1790 | 1437 | 1552 |
| 借贷支出 | 8987 | 13163 | 22226 |

**表 10 长三角地区农村居民家庭基本情况(2012 年)**

| 指 标 | 上海市 | 江苏省 | 浙江省 |
|---|---|---|---|
| 调查户数(户) | 1200 | 5000 | 4700 |
| 调查户人口(人) | | | |
| 平均每户常住人口 | 2.93 | 3.42 | 3.29 |
| 平均每户整、半劳动力 | 2.06 | 2.53 | 2.40 |
| 平均每人全年收入(元) | | | |
| 总收入 | 19293 | 15069 | 17944 |
| 纯收入 | 17401 | 12202 | 14552 |
| 按人均纯收入水平分组的户数占调查总户数的比重(%) | | | |

（续表）

| | | | |
|---|---|---|---|
| 2000 元以下 | | 4.4 | |
| 2000—3000 元 | | 4.8 | |
| 3000—4000 元 | | 5.2 | |
| 4000—5000 元 | | 6.0 | |
| 5000 元以上 | | 79.6 | |
| 总支出 | 14853 | 12397 | 14637 |
| #家庭经营性费用支出 | | 2302 | 2750 |
| 购置生产性固定资产支出 | | 137 | 181 |
| 生活消费支出 | 12096 | 8263 | 10208 |

**表 11　长三角地区房地产投资主要指标(2012 年)**

| 指　标 | 长三角 | 上海市 | 江苏省 | 浙江省 |
|---|---|---|---|---|
| 房屋建筑面积(万平方米) | | | | |
| 施工面积 | 91770.48 | 13249.97 | 45097.54 | 33422.97 |
| #住宅 | 63384.23 | 8315.68 | 33412.17 | 21656.38 |
| 竣工面积 | 16446.4 | 2305.06 | 9848.40 | 4292.94 |
| #住宅 | 12213.52 | 1609.13 | 7687.13 | 2917.26 |
| 商品房销售情况 | | | | |
| 房屋销售面积(万平方米) | 14922.93 | 1898.46 | 9019.18 | 4005.29 |
| 商品房销售额(亿元) | | 2669.49 | | 3541.63 |

**表 12　长三角地区主要年份商品零售价格指数**

(1978 年＝100)

| 年份 | 上海市 | 江苏省 | 浙江省 |
|---|---|---|---|
| 1985 | 130.4 | 123.2 | 135.8 |
| 1991 | 245.9 | 220.9 | 237.2 |
| 1998 | 415.2 | 395.8 | 425.6 |
| 1999 | 404 | 383.5 | 415.8 |
| 2000 | 389.5 | 378.1 | 411.7 |
| 2001 | 384 | 373.9 | 403.9 |
| 2002 | 379 | 368 | 398.6 |

（续表）

| | | | |
|---|---|---|---|
| 2003 | 375.4 | 367.3 | 397.0 |
| 2004 | 378.8 | 375.4 | 407.7 |
| 2005 | 376.7 | 376.5 | 411.4 |
| 2006 | 377.4 | 379.5 | 414.7 |
| 2007 | 386.5 | 390.5 | 430.5 |
| 2008 | 407.1 | 409.6 | 457.6 |
| 2009 | 404.8 | 405.1 | 452.1 |
| 2010 | 411.7 | 418.1 | 469.7 |
| 2011 | 428.4 | 437.4 | 495.6 |
| 2012 | 433.7 | 446.4 | 504.7 |

**表 13 长三角地区主要年份居民消费价格指数**

（1978 年＝100）

| 年份 | 上海市 | 江苏省 | 浙江省 |
|---|---|---|---|
| 1985 | 128.2 | 123.7 | 141.9 |
| 1992 | 265 | 238.3 | 284.0 |
| 1999 | 533.7 | 438.2 | 574.9 |
| 2000 | 547 | 438.7 | 580.0 |
| 2001 | 547 | 442.2 | 577.7 |
| 2002 | 549.8 | 438.6 | 570.8 |
| 2003 | 550.3 | 443 | 573.6 |
| 2004 | 562.2 | 461.2 | 589.7 |
| 2005 | 567.6 | 470.9 | 598.5 |
| 2006 | 574.5 | 478.4 | 605.1 |
| 2007 | 592.6 | 499.0 | 628.7 |
| 2008 | 626.8 | 525.9 | 658.9 |
| 2009 | 624.3 | 523.8 | 650.3 |
| 2010 | 643.6 | 543.7 | 676.4 |
| 2011 | 677.0 | 572.7 | 712.2 |
| 2012 | 696.2 | 587.4 | 727.8 |

## 表 14　长三角地区主要年份农业总产值

单位:亿元(按当年价格计算)

| 年　份 | 长三角 | 上海市 | 江苏省 | 浙江省 |
|---|---|---|---|---|
| 1978 | 149.48 | 13.49 | 85.17 | 50.82 |
| 1988 | 495.47 | 22.47 | 310.20 | 162.80 |
| 1998 | 1708.96 | 89.10 | 1096.88 | 522.98 |
| 1999 | 1701.99 | 87.86 | 1095.13 | 519.00 |
| 2000 | 1707.14 | 89.81 | 1096.02 | 521.31 |
| 2001 | 1726.78 | 95.53 | 1142.66 | 488.59 |
| 2002 | 1774.12 | 97.21 | 1165.49 | 511.42 |
| 2003 | 1608.86 | 98.17 | 981.25 | 529.44 |
| 2004 | 1944.32 | 109.32 | 1242.41 | 592.59 |
| 2005 | 2057.12 | 111.25 | 1291.06 | 654.81 |
| 2006 | 2220.9 | 119.99 | 1416.91 | 684.00 |
| 2007 | 2405.19 | 126.74 | 1542.53 | 735.92 |
| 2008 | 2695.45 | 135.52 | 1746.83 | 813.10 |
| 2009 | 2974.78 | 147.53 | 1948.20 | 879.05 |
| 2010 | 3466.13 | 155.27 | 2269.56 | 1041.30 |
| 2011 | 3958.06 | 165.07 | 2640.95 | 1152.04 |
| 2012 | 4367.56 | 171.48 | 2966.72 | 1229.36 |

## 表 15　长三角地区主要年份林业总产值

单位:亿元(按当年价格计算)

| 年　份 | 长三角 | 上海市 | 江苏省 | 浙江省 |
|---|---|---|---|---|
| 1978 | 3.53 | 0.06 | 1.48 | 1.99 |
| 1988 | 22.14 | 0.45 | 7.29 | 14.4 |
| 1998 | 84.46 | 0.84 | 24.16 | 59.46 |
| 1999 | 89.42 | 0.98 | 26.13 | 62.31 |
| 2000 | 86.06 | 1.41 | 30.17 | 54.48 |
| 2001 | 94.48 | 3.52 | 30.76 | 60.2 |
| 2002 | 95.69 | 7.75 | 27.1 | 60.84 |
| 2003 | 110.21 | 13.05 | 31.49 | 65.67 |

（续表）

| | | | | |
|---|---|---|---|---|
| 2004 | 131.66 | 13.14 | 40.16 | 78.36 |
| 2005 | 139.89 | 11.11 | 45.27 | 83.51 |
| 2006 | 150.72 | 10.43 | 54.25 | 86.04 |
| 2007 | 164.4 | 10.05 | 58.88 | 95.47 |
| 2008 | 180.99 | 9.12 | 64.92 | 106.95 |
| 2009 | 197.42 | 8.99 | 70.79 | 117.64 |
| 2010 | 205.0 | 7.53 | 78.12 | 119.35 |
| 2011 | 234.5 | 7.62 | 92.81 | 134.07 |
| 2012 | 251.43 | 9.55 | 99.74 | 142.14 |

**表 16　长三角地区主要年份渔业总产值**

单位:亿元(按当年价格计算)

| 年　份 | 长三角 | 上海市 | 江苏省 | 浙江省 |
|---|---|---|---|---|
| 1978 | 6.78 | 0.86 | 2.44 | 3.48 |
| 1988 | 80.81 | 7.43 | 39.97 | 33.41 |
| 1998 | 577.56 | 29.54 | 292.65 | 255.37 |
| 1999 | 600.84 | 31.71 | 302.22 | 266.91 |
| 2000 | 648.29 | 37.92 | 313.01 | 297.36 |
| 2001 | 683.14 | 40.13 | 334.17 | 308.84 |
| 2002 | 715.52 | 45.13 | 345.88 | 324.51 |
| 2003 | 757.88 | 49.21 | 371.56 | 337.11 |
| 2004 | 861.36 | 49.9 | 449.47 | 361.99 |
| 2005 | 944.31 | 51.64 | 511.86 | 380.81 |
| 2006 | 954.99 | 55.25 | 552.21 | 347.53 |
| 2007 | 1003.09 | 54.19 | 579.00 | 369.90 |
| 2008 | 1130.68 | 57.11 | 665.75 | 407.82 |
| 2009 | 1208.26 | 53.53 | 719.25 | 435.48 |
| 2010 | 1380.05 | 52.62 | 805.25 | 522.18 |
| 2011 | 1770.91 | 54.72 | 1060.44 | 655.75 |
| 2012 | 1979.9 | 57.45 | 1235.40 | 687.05 |

## 表17　长三角地区主要年份畜牧业总产值

单位:亿元(按当年价格计算)

| 年　份 | 长三角 | 上海市 | 江苏省 | 浙江省 |
|---|---|---|---|---|
| 1978 | 29.87 | 3.67 | 16.78 | 9.42 |
| 1988 | 233 | 22.18 | 140.49 | 70.33 |
| 1998 | 688.63 | 87.27 | 435.51 | 165.85 |
| 1999 | 657.3 | 86.35 | 413.95 | 157 |
| 2000 | 701.82 | 87.35 | 430.53 | 183.94 |
| 2001 | 732.88 | 88.43 | 448.51 | 195.94 |
| 2002 | 715.45 | 83.48 | 426.88 | 205.09 |
| 2003 | 773.01 | 81.13 | 458.87 | 233.01 |
| 2004 | 713.1 | 70.77 | 563.44 | 78.89 |
| 2005 | 939.43 | 54.34 | 599.14 | 285.95 |
| 2006 | 869.78 | 46.29 | 544.48 | 279.01 |
| 2007 | 1129.98 | 58.00 | 704.38 | 367.60 |
| 2008 | 1403.72 | 68.40 | 916.46 | 418.86 |
| 2009 | 1343.46 | 64.61 | 873.97 | 404.88 |
| 2010 | 1434.57 | 62.90 | 923.25 | 448.42 |
| 2011 | 1814.27 | 77.44 | 1190.50 | 546.33 |
| 2012 | 1847.81 | 72.59 | 1226.18 | 549.04 |

## 表18　长三角地区主要年份粮食产量

单位:万吨

| 年　份 | 长三角 | 上海市 | 江苏省 | 浙江省 |
|---|---|---|---|---|
| 1980 | 4040.3 | 186.85 | 2417.95 | 1435.5 |
| 1990 | 5094.61 | 244.36 | 3264.15 | 1586.1 |
| 2000 | 4497.63 | 174 | 3106.63 | 1217.00 |
| 2004 | 3785.52 | 106.29 | 2829.06 | 850.17 |
| 2005 | 3770.37 | 105.36 | 2834.59 | 830.42 |
| 2006 | 3992.26 | 111.30 | 3041.44 | 839.52 |
| 2007 | 4043.11 | 109.20 | 3132.24 | 801.67 |
| 2008 | 4066.71 | 115.67 | 3175.49 | 775.55 |

（续表）

| | | | | |
|---|---|---|---|---|
| 2009 | 4140.93 | 121.68 | 3230.10 | 789.15 |
| 2010 | 4124.17 | 118.40 | 3235.10 | 770.67 |
| 2011 | 4211.31 | 121.95 | 3307.76 | 781.60 |
| 2012 | 4264.67 | 122.39 | 3372.48 | 769.80 |

**表 19 长三角地区主要年份棉花产量**

单位：万吨

| 年 份 | 长三角 | 上海市 | 江苏省 | 浙江省 |
|---|---|---|---|---|
| 1980 | 57.72 | 7.62 | 41.81 | 8.29 |
| 1990 | 54.06 | 1.22 | 46.42 | 6.42 |
| 2000 | 34.49 | 0.12 | 31.45 | 2.92 |
| 2004 | 52.74 | 0.18 | 50.28 | 2.28 |
| 2005 | 34.61 | 0.18 | 32.27 | 2.16 |
| 2006 | 40.69 | 0.20 | 38.14 | 2.35 |
| 2007 | 37.54 | 0.25 | 34.75 | 2.54 |
| 2008 | 35.74 | 0.32 | 32.60 | 2.82 |
| 2009 | 28.62 | 0.26 | 25.55 | 2.81 |
| 2010 | 29.37 | 0.35 | 26.08 | 2.94 |
| 2011 | 28.4 | 0.48 | 24.68 | 3.24 |
| 2012 | 25.41 | 0.38 | 22.04 | 2.99 |

**表 20 长三角地区主要年份油料产量**

单位：万吨

| 年 份 | 长三角 | 上海市 | 江苏省 | 浙江省 |
|---|---|---|---|---|
| 1980 | 77.1 | 9.6 | 38.64 | 28.86 |
| 1990 | 178.94 | 18.2 | 112.39 | 48.35 |
| 2000 | 299.9 | 16.37 | 225.65 | 57.88 |
| 2004 | 294.54 | 7.39 | 238.38 | 48.77 |
| 2005 | 273.07 | 6.94 | 215.99 | 50.14 |
| 2006 | 269.72 | 5.31 | 218.18 | 46.23 |

（续表）

| | | | | |
|---|---|---|---|---|
| 2007 | 192.44 | 3.62 | 145.08 | 43.74 |
| 2008 | 195.16 | 3.6 | 150.29 | 41.27 |
| 2009 | 208.86 | 3.39 | 162.23 | 43.24 |
| 2010 | 193.73 | 2.29 | 151.97 | 39.47 |
| 2011 | 185.76 | 1.86 | 144.05 | 39.85 |
| 2012 | 186.98 | 1.73 | 146.95 | 38.30 |

**表 21　长三角地区农业现代化情况（2012 年）**

| 指　标 | 长三角 | 上海市 | 江苏省 | 浙江省 |
|---|---|---|---|---|
| 农业机械化情况 | | | | |
| 机耕面积（千公顷） | 7240.59 | 386.1 | 5845.67 | 1008.82 |
| 机械收获面积（千公顷） | 5984.35 | 177.1 | 4896.87 | 910.38 |
| 农村电气化情况 | | | | |
| 农村用电量（亿千瓦小时） | 3385.99 | 819.71 | 1696.41 | 869.87 |
| 农用物资使用情况 | | | | |
| 化肥施用量（折纯量）（万吨） | 434.08 | 10.99 | 330.94 | 92.15 |
| 农用塑料薄膜使用量（万吨） | 19.42 | 1.93 | 11.26 | 6.23 |
| 农药使用量（万吨） | 15.24 | 0.58 | 8.37 | 6.29 |

**表 22　长三角地区规模以上工业企业单位数（2012 年）**

单位：个

| 项　目 | 长三角 | 上海市 | 江苏省 | 浙江省 |
|---|---|---|---|---|
| 总　计 | 92127 | 9772 | 45859 | 36496 |
| 按轻重工业分 | | | | |
| 轻工业 | 38679 | 3429 | 17263 | 17987 |
| 重工业 | 53448 | 6343 | 28596 | 18509 |
| 制造业 | | | | |
| 农副食品加工业 | 2360 | 137 | 1476 | 747 |

（续表）

| | | | | |
|---|---|---|---|---|
| 食品制造业 | 879 | 225 | 338 | 316 |
| 酒、饮料和精制茶制造业 | 448 | 44 | 185 | 219 |
| 烟草制品业 | 10 | 2 | 5 | 3 |
| 纺织业 | 9712 | 243 | 4848 | 4621 |
| 纺织服装、服饰业 | 5470 | 537 | 2579 | 2354 |
| 皮革、毛皮、羽毛及其制品和制鞋业 | 2349 | 135 | 585 | 1629 |
| 木材加工和木、竹、藤、棕、草制品业 | 1856 | 79 | 1294 | 483 |
| 家具制造业 | 1018 | 168 | 217 | 633 |
| 造纸和纸制品业 | 1737 | 208 | 632 | 897 |
| 印刷和记录媒介复制业 | 1128 | 183 | 520 | 425 |
| 文教、工美、体育和娱乐用品制造业 | 2169 | 147 | 1011 | 1011 |
| 石油加工、炼焦和核燃料加工业 | 205 | 39 | 121 | 45 |
| 化学原料和化学制品制造业 | 6077 | 754 | 3784 | 1539 |
| 医药制造业 | 1269 | 205 | 661 | 403 |
| 化学纤维制造业 | 1398 | 29 | 866 | 503 |
| 橡胶和塑料制品业 | 4744 | 735 | 1838 | 2171 |
| 非金属矿物制品业 | 4217 | 414 | 2422 | 1381 |
| 黑色金属冶炼和压延加工业 | 2717 | 142 | 1585 | 990 |
| 有色金属冶炼和压延加工业 | 1891 | 164 | 1006 | 721 |
| 金属制品业 | 6009 | 780 | 3023 | 2206 |
| 通用设备制造业 | 8590 | 1228 | 3887 | 3475 |
| 专用设备制造业 | 4699 | 643 | 2653 | 1403 |
| 汽车制造业 | 3264 | 552 | 1277 | 1435 |
| 铁路、船舶、航空航天和其他运输设备制造业 | 1693 | 156 | 937 | 600 |
| 电气机械和器材制造业 | 8218 | 933 | 3745 | 3540 |
| 计算机、通信和其他电子设备制造业 | 4156 | 500 | 2594 | 1062 |
| 仪器仪表制造业 | 1663 | 200 | 890 | 573 |
| 其他制造业 | 487 | 50 | 145 | 292 |
| 废弃资源综合利用业 | 313 | 29 | 137 | 147 |

（续表）

| | | | | |
|---|---|---|---|---|
| 金属制品、机械和设备修理业 | 112 | 34 | 30 | 48 |
| 电力、燃气及水的生产和供应业 | | | | |
| 电力、热力的生产和供应业 | 563 | 35 | 237 | 291 |
| 燃气生产和供应 | 149 | 16 | 76 | 57 |
| 水的生产和供应业 | 242 | 25 | 101 | 116 |

**表 23　长三角地区规模以上工业企业主营业务收入（2012 年）**

单位：亿元

| 项　目 | 长三角 | 上海市 | 江苏省 | 浙江省 |
|---|---|---|---|---|
| 总　计 | 211065.8 | 34096.29 | 119286.78 | 57682.73 |
| 按轻重工业分 | | | | |
| 轻工业 | 60829.49 | 7228.27 | 30877.22 | 22724.00 |
| 重工业 | 150236.3 | 26868.01 | 88409.57 | 34958.73 |
| 按行业分 | | | | |
| 农副食品加工业 | 4577.15 | 357.64 | 3272.70 | 946.81 |
| 食品制造业 | 1813.05 | 685.48 | 627.48 | 500.09 |
| 酒、饮料和精制茶制造业 | 1442.34 | 117.07 | 853.21 | 472.06 |
| 烟草制品业 | 1551.5 | 763.06 | 440.75 | 347.69 |
| 纺织业 | 11452.95 | 244.85 | 5928.34 | 5279.76 |
| 纺织服装、服饰业 | 6073.01 | 558.44 | 3399.14 | 2115.43 |
| 皮革、毛皮、羽毛及其制品和制鞋业 | 2273.14 | 161.01 | 715.37 | 1396.76 |
| 木材加工和木、竹、藤、棕、草制品业 | 2094.32 | 80.43 | 1590.35 | 423.54 |
| 家具制造业 | 1095.88 | 257.88 | 217.58 | 620.42 |
| 造纸和纸制品业 | 2682.64 | 313.11 | 1255.99 | 1113.54 |
| 印刷和记录媒介复制业 | 997.36 | 194.89 | 494.48 | 307.99 |
| 文教、工美、体育和娱乐用品制造业 | 2570 | 477.96 | 1147.86 | 944.18 |
| 石油加工、炼焦和核燃料加工业 | 5316.86 | 1613.89 | 2018.40 | 1684.57 |
| 化学原料和化学制品制造业 | 20735.32 | 2641.11 | 13128.08 | 4966.13 |
| 医药制造业 | 3735.84 | 517.04 | 2279.74 | 939.06 |

（续表）

| | | | | |
|---|---|---|---|---|
| 化学纤维制造业 | 5037.97 | 37.68 | 2499.74 | 2500.55 |
| 橡胶和塑料制品业 | 5630.2 | 881.85 | 2199.53 | 2548.82 |
| 非金属矿物制品业 | 5706.54 | 541.46 | 3531.20 | 1633.88 |
| 黑色金属冶炼和压延加工业 | 14150.55 | 2037.54 | 9693.28 | 2419.73 |
| 有色金属冶炼和压延加工业 | 5957.67 | 484.41 | 3393.56 | 2079.70 |
| 金属制品业 | 7907.28 | 995.72 | 4688.80 | 2222.76 |
| 通用设备制造业 | 12673.32 | 2511.62 | 6463.48 | 3698.22 |
| 专用设备制造业 | 6800.81 | 1105.05 | 4353.12 | 1342.64 |
| 汽车制造业 | 12711.68 | 5360.56 | 4504.27 | 2846.85 |
| 铁路、船舶、航空航天和其他运输设备制造业 | 5310.12 | 738.34 | 3547.12 | 1024.66 |
| 电气机械和器材制造业 | 20000.78 | 2184.17 | 12547.72 | 5268.89 |
| 计算机、通信和其他电子设备制造业 | 24161.78 | 5842.41 | 16141.30 | 2178.07 |
| 仪器仪表制造业 | 3536.18 | 320.00 | 2551.42 | 664.76 |
| 其他制造业 | 593.26 | 52.91 | 236.89 | 303.46 |
| 废弃资源综合利用业 | 676.48 | 35.08 | 310.32 | 331.08 |
| 金属制品、机械和设备修理业 | 167.32 | 84.67 | 31.03 | 51.62 |
| 电力、燃气及水的生产和供应业 | | | | |
| 电力、热力的生产和供应业 | 9712.66 | 1635.92 | 4080.12 | 3996.62 |
| 燃气生产和供应 | 697.75 | 195.16 | 308.53 | 194.06 |
| 水的生产和供应业 | 291.71 | 57.24 | 109.19 | 125.28 |

**表 24 长三角地区规模以上工业企业利润总额(2012 年)**

单位:亿元

| 项 目 | 长三角 | 上海市 | 江苏省 | 浙江省 |
|---|---|---|---|---|
| 总 计 | 12512.27 | 2149.42 | 7250.20 | 3112.65 |
| 按轻重工业分 | | | | |
| 轻工业 | 3932.54 | 635.36 | 2061.97 | 1235.21 |
| 重工业 | 8579.73 | 1514.06 | 5188.23 | 1877.44 |
| 按行业分 | | | | |
| 农副食品加工业 | 261.82 | 16.39 | 210.83 | 34.60 |

（续表）

| | | | | |
|---|---|---|---|---|
| 食品制造业 | 148.6 | 50.87 | 45.61 | 52.12 |
| 酒、饮料和精制茶制造业 | 208.56 | 6.02 | 153.84 | 48.70 |
| 烟草制品业 | 309.13 | 191.15 | 82.56 | 35.42 |
| 纺织业 | 559.13 | 13.18 | 310.11 | 235.84 |
| 纺织服装、服饰业 | 387.68 | 33.86 | 231.37 | 122.45 |
| 皮革、毛皮、羽毛及其制品和制鞋业 | 115.39 | 9.89 | 37.49 | 68.01 |
| 木材加工和木、竹、藤、棕、草制品业 | 163.22 | 2.78 | 137.27 | 23.17 |
| 家具制造业 | 67.04 | 28.06 | 9.07 | 29.91 |
| 造纸和纸制品业 | 142.65 | 17.84 | 72.80 | 52.01 |
| 印刷和记录媒介复制业 | 74.38 | 18.47 | 36.48 | 19.43 |
| 文教、工美、体育和娱乐用品制造业 | 141.77 | 21.67 | 68.97 | 51.13 |
| 石油加工、炼焦和核燃料加工业 | 44.08 | −25.42 | 37.30 | 32.20 |
| 化学原料和化学制品制造业 | 1190.59 | 124.56 | 797.72 | 268.31 |
| 医药制造业 | 421.81 | 67.68 | 244.06 | 110.07 |
| 化学纤维制造业 | 178.42 | 1.46 | 100.23 | 76.73 |
| 橡胶和塑料制品业 | 313.93 | 46.55 | 131.91 | 135.47 |
| 非金属矿物制品业 | 353.15 | 23.95 | 226.14 | 103.06 |
| 黑色金属冶炼和压延加工业 | 468.32 | 128.00 | 284.43 | 55.89 |
| 有色金属冶炼和压延加工业 | 229.01 | 7.69 | 151.17 | 70.15 |
| 金属制品业 | 477.03 | 66.14 | 293.59 | 117.30 |
| 通用设备制造业 | 883.57 | 158.96 | 466.28 | 258.33 |
| 专用设备制造业 | 502.25 | 73.03 | 330.10 | 99.12 |
| 汽车制造业 | 1310.15 | 769.18 | 372.85 | 168.12 |
| 铁路、船舶、航空航天和其他运输设备制造业 | 318.81 | −7.95 | 306.37 | 20.39 |
| 电气机械和器材制造业 | 1185.76 | 103.74 | 810.03 | 271.99 |
| 计算机、通信和其他电子设备制造业 | 974.84 | 97.96 | 688.75 | 188.13 |
| 仪器仪表制造业 | 293.42 | 29.56 | 204.78 | 59.08 |
| 其他制造业 | 34.61 | 4.97 | 14.50 | 15.14 |
| 废弃资源综合利用业 | 14.74 | 0.84 | 7.15 | 6.75 |
| 金属制品、机械和设备修理业 | 3.99 | 1.73 | 1.39 | 0.87 |
| 电力、燃气及水的生产和供应业 | | | | |

(续表)

| | | | | |
|---|---|---|---|---|
| 电力、热力的生产和供应业 | 591.84 | 67.35 | 274.05 | 250.44 |
| 燃气生产和供应 | 56.93 | －1.11 | 42.91 | 15.13 |
| 水的生产和供应业 | 9.52 | －2.09 | 8.33 | 3.28 |

**表 25　长三角地区规模以上工业企业利税总额(2012 年)**

单位:亿元

| 项　目 | 长三角 | 上海市 | 江苏省 | 浙江省 |
|---|---|---|---|---|
| 总　计 | 18916 | 1660.52 | 11934.34 | 5321.14 |
| 按轻重工业分 | | | | |
| 轻工业 | 6560.67 | 821.22 | 3520.60 | 2218.85 |
| 重工业 | 12355.33 | 839.30 | 8413.74 | 3102.29 |
| 按行业分 | | | | |
| 农副食品加工业 | 367 | 4.48 | 313.44 | 49.08 |
| 食品制造业 | 184.88 | 38.58 | 73.80 | 72.50 |
| 酒、饮料和精制茶制造业 | 310.7 | 8.48 | 220.43 | 81.79 |
| 烟草制品业 | 1277.84 | 586.68 | 389.72 | 301.44 |
| 纺织业 | 913.11 | 6.59 | 512.13 | 394.39 |
| 纺织服装、服饰业 | 585.84 | 21.82 | 363.35 | 200.67 |
| 皮革、毛皮、羽毛及其制品和制鞋业 | 197.31 | 6.55 | 68.64 | 122.12 |
| 木材加工和木、竹、藤、棕、草制品业 | 257.51 | 2.65 | 217.05 | 37.81 |
| 家具制造业 | 76.01 | 6.56 | 17.47 | 51.98 |
| 造纸和纸制品业 | 214.33 | 12.19 | 114.10 | 88.04 |
| 印刷和记录媒介复制业 | 94.13 | 8.65 | 54.90 | 30.58 |
| 文教、工美、体育和娱乐用品制造业 | 193.94 | 4.14 | 114.12 | 75.68 |
| 石油加工、炼焦和核燃料加工业 | 711.5 | 167.64 | 286.54 | 257.32 |
| 化学原料和化学制品制造业 | 1749.51 | 71.68 | 1275.50 | 402.33 |
| 医药制造业 | 586.56 | 36.32 | 385.71 | 164.53 |
| 化学纤维制造业 | 282.17 | 0.58 | 159.37 | 122.22 |
| 橡胶和塑料制品业 | 440.56 | 22.46 | 211.06 | 207.04 |
| 非金属矿物制品业 | 583.28 | 18.17 | 389.73 | 175.38 |
| 黑色金属冶炼和压延加工业 | 644.4 | 20.22 | 522.82 | 101.36 |

（续表）

| | | | | |
|---|---|---|---|---|
| 有色金属冶炼和压延加工业 | 336.97 | 5.84 | 228.06 | 103.07 |
| 金属制品业 | 680.12 | 26.28 | 472.48 | 181.36 |
| 通用设备制造业 | 1174.96 | 85.76 | 707.94 | 381.26 |
| 专用设备制造业 | 668.74 | 29.72 | 495.61 | 143.41 |
| 汽车制造业 | 1164.68 | 303.47 | 610.23 | 250.98 |
| 铁路、船舶、航空航天和其他运输设备制造业 | 506.31 | 10.84 | 454.05 | 41.42 |
| 电气机械和器材制造业 | 1733.37 | 47.35 | 1269.86 | 416.16 |
| 计算机、通信和其他电子设备制造业 | 1252.43 | 23.39 | 979.20 | 249.84 |
| 仪器仪表制造业 | 406.78 | 8.53 | 311.76 | 86.49 |
| 其他制造业 | 51.53 | 2.11 | 25.79 | 23.63 |
| 废弃资源综合利用业 | 30.41 | 0.64 | 16.19 | 13.58 |
| 金属制品、机械和设备修理业 | 8.44 | 2.17 | 2.79 | 3.48 |
| 电力、燃气及水的生产和供应业 | | | | |
| 电力、热力的生产和供应业 | 962.58 | 62.76 | 463.81 | 436.01 |
| 燃气生产和供应 | 73.96 | 2.83 | 51.24 | 19.89 |
| 水的生产和供应业 | 26.56 | 2.72 | 14.61 | 9.23 |

### 表 26 长三角地区交通运输基本情况（2012 年）

| 指　标 | 长三角 | 上海市 | 江苏省 | 浙江省 |
|---|---|---|---|---|
| 运输线路长度（公里） | | | | |
| 铁路营业里程 | 4570 | 457 | 2348 | 1765 |
| 公路通车里程 | 280209 | 12541 | 154118 | 113550 |
| #高速公路 | 8795 | 806 | 4371 | 3618 |
| 内河航道里程 | 36104 | 2074 | 24280 | 9750 |
| 客运量总计（万人） | 517284 | 14547 | 268371 | 234366 |
| 铁路 | 27240 | 6758 | 11757 | 8725 |
| 公路 | 479623 | 3748 | 255358 | 220517 |
| 水运 | 4114 | 66 | 594 | 3454 |
| 民用航空 | 6306 | 3974 | 662 | 1670 |
| 旅客周转量（亿人公里） | 4490.43 | 1223.05 | 1949.80 | 1317.58 |
| 货物运输量总计（万吨） | 516728 | 94376 | 231295 | 191057 |

(续表)

| | | | | |
|---|---|---|---|---|
| 铁路 | 11895 | 825 | 7223 | 3847 |
| 公路 | 310000 | 42911 | 153696 | 113393 |
| 水运 | 182758 | 50302 | 58639 | 73817 |
| 货物周转量(亿吨公里) | 38084.93 | 20427 | 8474.63 | 9183.30 |
| 民用车辆拥有量(万辆) | 3173.64 | 260.90 | 1604.18 | 1308.56 |
| #民用汽车拥有量 | 1800.89 | 212.86 | 813.12 | 774.91 |
| #载客汽车 | 1556.06 | 185.71 | 706.27 | 664.08 |
| 载货汽车 | 215.04 | 20.73 | 89.29 | 105.02 |
| #私人汽车 | 1443.24 | 141.32 | 657.27 | 644.65 |
| 港口货物吞吐量(万吨) | 400907 | 73559 | 195417 | 131931 |

## 表27 长三角地区主要年份客运量基本情况

单位:万人

| 年 份 | 长三角 | 上海市 | 江苏省 | 浙江省 |
|---|---|---|---|---|
| 1980 | 64825 | 2369 | 34002 | 28454 |
| 1985 | 110145 | 3434 | 53935 | 52776 |
| 1990 | 112521 | 3835 | 48339 | 60347 |
| 1995 | 199207 | 5265 | 84803 | 109139 |
| 2000 | 238270 | 6893 | 107244 | 124133 |
| 2005 | 315360 | 9487 | 145204 | 160669 |
| 2006 | 346256 | 10205 | 161425 | 174626 |
| 2007 | 387270 | 10371 | 187241 | 189658 |
| 2008 | 414026 | 10927 | 208237 | 194862 |
| 2009 | 434528 | 11136 | 201262 | 222130 |
| 2010 | 468076 | 13432 | 226627 | 228017 |
| 2011 | 492824 | 13519 | 247405 | 231900 |
| 2012 | 517284 | 14547 | 268371 | 234366 |

**表 28　长三角地区主要年份铁路客运量基本情况**

单位:万人

| 年　份 | 长三角 | 上海市 | 江苏省 | 浙江省 |
| --- | --- | --- | --- | --- |
| 1980 | 7477 | 1692 | 3364 | 2421 |
| 1985 | 10364 | 2320 | 4819 | 3225 |
| 1990 | 10282 | 2476 | 4788 | 3018 |
| 1995 | 11680 | 2929 | 5185 | 3566 |
| 2000 | 11780 | 2980 | 4891 | 3909 |
| 2005 | 16245 | 4313 | 6658 | 5274 |
| 2006 | 17338 | 4458 | 7292 | 5588 |
| 2007 | 18384 | 4795 | 7658 | 5931 |
| 2008 | 20633 | 5339 | 8846 | 6448 |
| 2009 | 20836 | 5161 | 9167 | 6508 |
| 2010 | 15806 | 6095 | 9711 | 7634 |
| 2011 | 25235 | 6198 | 10598 | 8439 |
| 2012 | 27240 | 6758 | 11757 | 8725 |

**表 29　长三角地区主要年份公路客运量基本情况**

单位:万人

| 年　份 | 长三角 | 上海市 | 江苏省 | 浙江省 |
| --- | --- | --- | --- | --- |
| 1980 | 45989 | 200 | 26463 | 19326 |
| 1985 | 85536 | 410 | 45751 | 39375 |
| 1990 | 93538 | 605 | 41850 | 51083 |
| 1995 | 181574 | 1257 | 78947 | 101370 |
| 2000 | 221191 | 2482 | 101713 | 116996 |
| 2005 | 292977 | 2468 | 138287 | 152222 |
| 2006 | 322050 | 2784 | 153825 | 165441 |
| 2007 | 361579 | 2872 | 179206 | 179501 |
| 2008 | 385706 | 2934 | 199008 | 183764 |
| 2009 | 404580 | 2995 | 191001 | 210584 |
| 2010 | 435192 | 3634 | 215850 | 215708 |
| 2011 | 457565 | 3477 | 235673 | 218415 |
| 2012 | 479623 | 3748 | 255358 | 220517 |

## 表 30 长三角地区主要年份水运客运量基本情况

单位:万人

| 年　份 | 长三角 | 上海市 | 江苏省 | 浙江省 |
|---|---|---|---|---|
| 1980 | 11323 | 446 | 4175 | 6702 |
| 1985 | 14150 | 622 | 3365 | 10163 |
| 1990 | 8470 | 555 | 1701 | 6214 |
| 2000 | 3991 | 539 | 514 | 2938 |
| 2005 | 3173 | 626 | 37 | 2510 |
| 2006 | 3473 | 654 | 27 | 2792 |
| 2007 | 3286 | 95 | 27 | 3164 |
| 2008 | 3615 | 89 | 32 | 3494 |
| 2009 | 4456 | 90 | 686 | 3680 |
| 2010 | 3835 | 90 | 590 | 3155 |
| 2011 | 4123 | 78 | 579 | 3466 |
| 2012 | 4114 | 66 | 594 | 3454 |

## 表 31 长三角地区主要年份民用航空客运量基本情况

单位:万人

| 年　份 | 长三角 | 上海市 | 江苏省 | 浙江省 |
|---|---|---|---|---|
| 1995 | 850 | 567 | 48 | 235 |
| 2000 | 1308 | 892 | 126 | 290 |
| 2005 | 2965 | 2080 | 222 | 663 |
| 2006 | 3394 | 2309 | 280 | 805 |
| 2007 | 4021 | 2609 | 350 | 1062 |
| 2008 | 4072 | 2565 | 351 | 1156 |
| 2009 | 4656 | 2890 | 408 | 1358 |
| 2010 | 5609 | 3613 | 476 | 1520 |
| 2011 | 5901 | 3766 | 555 | 1580 |
| 2012 | 6306 | 3974 | 662 | 1670 |

### 表 32　长三角地区主要年份货运量基本情况

单位:万吨

| 年　份 | 长三角 | 上海市 | 江苏省 | 浙江省 |
|---|---|---|---|---|
| 1980 | 46141 | 20037 | 16527 | 9577 |
| 1985 | 93470 | 24243 | 46842 | 22385 |
| 1990 | 109650 | 26777 | 49399 | 33474 |
| 1995 | 171688 | 27571 | 81830 | 62287 |
| 2000 | 217526 | 52206 | 90436 | 74884 |
| 2005 | 310389 | 71304 | 112909 | 126176 |
| 2006 | 340393 | 75184 | 125114 | 140095 |
| 2007 | 375230 | 78108 | 143804 | 153318 |
| 2008 | 409439 | 84347 | 166322 | 158770 |
| 2009 | 389172 | 76967 | 160966 | 151239 |
| 2010 | 440129 | 81024 | 188565 | 170540 |
| 2011 | 491604 | 93318 | 212594 | 185692 |
| 2012 | 516728 | 94376 | 231295 | 191057 |

### 表 33　长三角地区主要年份铁路货运量基本情况

单位:万吨

| 年　份 | 长三角 | 上海市 | 江苏省 | 浙江省 |
|---|---|---|---|---|
| 1980 | 9427 | 4484 | 3420 | 1523 |
| 1985 | 10877 | 5059 | 4037 | 1781 |
| 1990 | 7183 | 1257 | 4235 | 1691 |
| 1995 | 7433 | 1376 | 4143 | 1914 |
| 2000 | 7087 | 1055 | 4077 | 1955 |
| 2005 | 9328 | 1278 | 5090 | 2960 |
| 2006 | 9623 | 1223 | 5169 | 3231 |
| 2007 | 9767 | 1143 | 5177 | 3447 |
| 2008 | 9501 | 985 | 5118 | 3398 |
| 2009 | 10513 | 941 | 6137 | 3435 |
| 2010 | 11221 | 959 | 6374 | 3888 |
| 2011 | 12336 | 888 | 7282 | 4166 |
| 2012 | 11895 | 825 | 7223 | 3847 |

## 表 34　长三角地区主要年份公路货运量基本情况

单位:万吨

| 年　份 | 长三角 | 上海市 | 江苏省 | 浙江省 |
|---|---|---|---|---|
| 1980 | 14723 | 7284 | 4427 | 3012 |
| 1985 | 41868 | 9216 | 23255 | 9397 |
| 1990 | 59497 | 8714 | 27904 | 22879 |
| 1995 | 100903 | 6273 | 49578 | 45052 |
| 2000 | 142433 | 28369 | 59056 | 55008 |
| 2005 | 190433 | 32684 | 76301 | 81448 |
| 2006 | 207460 | 33799 | 84319 | 89342 |
| 2007 | 231850 | 35634 | 97474 | 98742 |
| 2008 | 254388 | 40328 | 110302 | 103758 |
| 2009 | 237549 | 37745 | 104002 | 95802 |
| 2010 | 164390 | 40890 | 123500 | 103394 |
| 2011 | 292142 | 42685 | 140803 | 108654 |
| 2012 | 310000 | 42911 | 153696 | 113393 |

## 表 35　长三角地区主要年份水运货运量基本情况

单位:万吨

| 年　份 | 长三角 | 上海市 | 江苏省 | 浙江省 |
|---|---|---|---|---|
| 1980 | 19791 | 8267 | 6482 | 5042 |
| 1985 | 39289 | 9965 | 18117 | 11207 |
| 1990 | 37676 | 12864 | 15908 | 8904 |
| 1995 | 57327 | 14845 | 27161 | 15321 |
| 2000 | 62265 | 18442 | 25902 | 17921 |
| 2005 | 105602 | 34557 | 29277 | 41768 |
| 2006 | 117726 | 37342 | 32862 | 47522 |
| 2007 | 130028 | 41041 | 37858 | 51129 |
| 2008 | 137142 | 42729 | 42799 | 51614 |
| 2009 | 132001 | 37983 | 42016 | 52002 |
| 2010 | 150763 | 38803 | 48702 | 63258 |
| 2011 | 176273 | 49389 | 54012 | 72872 |
| 2012 | 182758 | 50302 | 58639 | 73817 |

### 表36 长三角地区民用车辆拥有辆(2012年)

单位:万辆

| 指 标 | 长三角 | 上海市 | 江苏省 | 浙江省 |
|---|---|---|---|---|
| 合 计 | 3097.58 | 260.90 | 1528.12 | 1308.56 |
| 汽车 | 1800.89 | 212.86 | 813.12 | 774.91 |
| 载客汽车 | 1556.06 | 185.71 | 706.27 | 664.08 |
| #轿车 | 1137.88 | 140.20 | 516.84 | 480.84 |
| 载货汽车 | 215.04 | 20.73 | 89.29 | 105.02 |
| 摩托车 | 1244.12 | 42.53 | 706.45 | 495.14 |
| 拖拉机 | 111.27 | 1.09 | 76.06 | 34.12 |

### 表37 长三角地区私人车辆拥有辆(2012年)

单位:万辆

| 指 标 | 长三角 | 上海市 | 江苏省 | 浙江省 |
|---|---|---|---|---|
| 民用汽车 | 1443.24 | 141.32 | 657.27 | 644.65 |
| 载客汽车 | 1316.61 | 140.84 | 600.51 | 575.26 |
| 轿车 | 999.53 | 114.58 | 455.92 | 429.03 |
| 载货汽车 | 111.93 | 0.25 | 44.33 | 67.35 |
| 摩托车 | 1235.95 | 41.23 | 702.58 | 492.14 |

### 表38 长三角地区邮电业务基本情况(2012年)

| 指 标 | 长三角 | 上海市 | 江苏省 | 浙江省 |
|---|---|---|---|---|
| 邮电业务总量(亿元) | 2335.22 | 190.83 | 1120.37 | 1024.02 |
| 函件(亿件) | 30.19 | 13.47 | 8.95 | 7.77 |
| 特快专递(万件) | 201832.9 | 55975.40 | 63870.50 | 81987 |
| 报刊期发数(万份) | 289476 | 123700 | 1168.04 | 164608 |
| 年末市内电话(万户) | 5172.59 | 902.90 | 2387.20 | 1882.49 |
| 年末移动电话用户(万户) | 16922.7 | 3008.30 | 7471.40 | 6443 |
| 国际互联网用户(万户) | 9043.4 | 1750 | 1406.40 | 5887 |
| 邮路及农村投递路线总长度(万公里) | 254.78 | 8.66 | 33.32 | 212.80 |
| 邮电通信工具拥有量 | | | | |
| 长途光缆线路长度(公里) | 62579 | 4758 | 32820 | 25001 |

## 表39 长三角地区主要年份社会消费品零售总额

单位:亿元

| 年 份 | 长三角 | 上海市 | 江苏省 | 浙江省 |
|---|---|---|---|---|
| 1978 | 185.75 | 54.1 | 84.79 | 46.86 |
| 1983 | 374.04 | 100.68 | 169.12 | 104.24 |
| 1988 | 1093.54 | 295.83 | 471.83 | 325.88 |
| 1993 | 2415.8 | 675.92 | 967.77 | 772.11 |
| 1998 | 6113.89 | 1539.27 | 2453.84 | 2120.78 |
| 2003 | 10110.21 | 2404.45 | 4194.5 | 3511.26 |
| 2007 | 17899.91 | 3847.79 | 7838.08 | 6214.04 |
| 2008 | 21640.29 | 4537.14 | 9661.40 | 7441.75 |
| 2009 | 25279.6 | 5173.24 | 11484.10 | 8622.26 |
| 2010 | 29840.5 | 6070.5 | 13606.8 | 10163.2 |
| 2011 | 34733.78 | 6814.8 | 15988.38 | 11930.6 |
| 2012 | 39331.94 | 7412.30 | 18331.30 | 13588.34 |

## 表40 长三角地区主要年份批发和零售总额

单位:亿元

| 年 份 | 长三角 | 上海市 | 江苏省 | 浙江省 |
|---|---|---|---|---|
| 1978 | 170.3 | 47.55 | 79.18 | 43.57 |
| 1983 | 338.14 | 84.93 | 156.28 | 96.93 |
| 1992 | 1449.28 | 362.03 | 644.61 | 442.64 |
| 1997 | 5016.52 | 1173.94 | 2082.71 | 1759.87 |
| 2002 | 7672.1 | 1756.77 | 3179.23 | 2736.1 |
| 2007 | 15371.73 | 3058.25 | 6875.66 | 5437.82 |
| 2008 | 18487.0 | 3605.32 | 8360.18 | 6521.50 |
| 2009 | 22557.29 | 4575.50 | 10312.81 | 7668.98 |
| 2010 | 26704.13 | 5391.59 | 12207.18 | 9105.36 |
| 2011 | 31102.27 | 6100.99 | 14320.87 | 10680.41 |
| 2012 | 35203.08 | 6653.10 | 16448.83 | 12101.15 |

表 41　长三角地区主要年份餐饮业总额

单位:亿元

| 年　份 | 长三角 | 上海市 | 江苏省 | 浙江省 |
|---|---|---|---|---|
| 1978 | 7.47 | 2.39 | 3.24 | 1.84 |
| 1983 | 14.27 | 4.26 | 6.14 | 3.87 |
| 1992 | 84.6 | 25.92 | 33.64 | 25.04 |
| 1997 | 391.29 | 93.49 | 167.92 | 129.88 |
| 2002 | 944.85 | 193.68 | 410.83 | 340.34 |
| 2007 | 2084.4 | 556.48 | 810.56 | 717.36 |
| 2008 | 2621.95 | 669.54 | 1083.01 | 869.40 |
| 2009 | 2456.13 | 597.74 | 957.23 | 901.16 |
| 2010 | 2884.74 | 678.91 | 1147.99 | 1057.84 |
| 2011 | 3323.27 | 713.81 | 1359.27 | 1250.19 |
| 2012 | 3792.47 | 759.20 | 1588.08 | 1445.19 |

表 42　长三角地区限额以上批发和零售业法人企业数(2012 年)

单位:个

| 项　目 | 长三角 | 上海市 | 江苏省 | 浙江省 |
|---|---|---|---|---|
| 总　计 | 33190 | 6662 | 13611 | 12917 |
| #国有及国有控股 | 1753 | 312 | 757 | 684 |
| 批发业 | 22181 | 5073 | 7871 | 9237 |
| #国有及国有控股 | 1040 | 193 | 487 | 360 |
| 按登记注册类型分 | | | | |
| 内资企业 | 20342 | 3585 | 7646 | 9111 |
| 国有企业 | 655 | 193 | 315 | 147 |
| 集体企业 | 150 | 48 | 57 | 45 |
| 股份制企业 | 401 | 66 | 174 | 161 |
| 私营企业 | 15408 | 2574 | 5854 | 6980 |
| 港、澳、台商投资企业 | 571 | 403 | 106 | 62 |
| 外商投资企业 | 1268 | 1085 | 119 | 64 |
| 按行业分 | | | | |
| 农、林、牧产品批发 | 537 | 36 | 358 | 143 |

（续表）

| | | | | |
|---|---|---|---|---|
| 食品、饮料及烟草制品批发 | 1229 | 302 | 432 | 495 |
| 纺织、服装及家庭用品批发 | 4271 | 715 | 1229 | 2327 |
| 文化、体育用品及器材批发 | 528 | 135 | 140 | 253 |
| 医药及医疗器材批发 | 607 | 195 | 172 | 240 |
| 矿产品、建材及化工产品批发 | 10129 | 1984 | 4038 | 4107 |
| 机械设备、五金交电及电子产品批发 | 3345 | 1196 | 984 | 1165 |
| 贸易经纪与代理 | 447 | 194 | 106 | 147 |
| 其他批发 | 1088 | 316 | 412 | 360 |
| 零售业 | 11009 | 1589 | 5740 | 3680 |
| ＃国有及国有控股 | 713 | 119 | 270 | 324 |
| 按登记注册类型分 | | | | |
| 内资企业 | 10509 | 1380 | 5577 | 3552 |
| 国有企业 | 343 | 119 | 140 | 84 |
| 集体企业 | 225 | 45 | 119 | 61 |
| 股份制企业 | 327 | 51 | 185 | 91 |
| 私营企业 | 6903 | 654 | 3972 | 2277 |
| 港、澳、台商投资企业 | 268 | 117 | 84 | 67 |
| 外商投资企业 | 232 | 92 | 79 | 61 |
| 按行业分 | | | | |
| 综合零售 | 1480 | 249 | 799 | 432 |
| 食品、饮料及烟草制品专门零售 | 669 | 100 | 453 | 116 |
| 纺织、服装及日用品专门零售 | 661 | 173 | 330 | 158 |
| 文化、体育用品及器材专门零售 | 702 | 122 | 387 | 193 |
| 医药及医疗器材专门零售 | 603 | 84 | 329 | 190 |
| 汽车、摩托车、燃料及零配件专门零售 | 4551 | 605 | 2097 | 1849 |
| 家用电器及电子产品专门零售 | 1381 | 100 | 780 | 501 |
| 五金、家具及室内装修材料专门零售 | 539 | 80 | 367 | 92 |
| 货摊、无店铺及其他零售业 | 423 | 76 | 198 | 149 |

## 表43　长三角地区限额以上批发和零售业产业活动单位(2012年)

单位:个

| 项　目 | 长三角 | 上海市 | 江苏省 | 浙江省 |
|---|---|---|---|---|
| 总　计 | | 20209 | 24273 | |
| #国有及国有控股 | | 1040 | 4287 | |
| 批发业 | | 8246 | 11221 | |
| #国有及国有控股 | | 419 | 2920 | |
| 按登记注册类型分 | | | | |
| 内资企业 | | 5554 | 10912 | |
| 国有企业 | | 419 | 445 | |
| 集体企业 | | 67 | 66 | |
| 股份制企业 | | 765 | 2363 | |
| 私营企业 | | 2979 | 6381 | |
| 港、澳、台商投资企业 | | 837 | 158 | |
| 外商投资企业 | | 1855 | 151 | |
| 按行业分 | | | | |
| 农畜产品批发 | | 42 | 425 | |
| 食品、饮料及烟草制品批发 | | 933 | 630 | |
| 纺织、服装及日用品批发 | | 1303 | 1323 | |
| 文化、体育用品及器材批发 | | 194 | 152 | |
| 医药及医疗器材批发 | | 334 | 263 | |
| 矿产品、建材及化工产品批发 | | 2978 | 6784 | |
| 机械设备、五金交电及电子产品批发 | | 1750 | 1084 | |
| 贸易经纪与代理 | | 255 | 107 | |
| 其他批发 | | 457 | 453 | |
| 零售业 | | 11963 | 13052 | |
| #国有及国有控股 | | 621 | 1367 | |
| 按登记注册类型分 | | | | |
| 内资企业 | | 9388 | 11736 | |
| 国有企业 | | 621 | 440 | |
| 集体企业 | | 214 | 176 | |

（续表）

| | | | | |
|---|---|---|---|---|
| 股份制企业 | | 755 | 492 | |
| 私营企业 | | 2624 | 6000 | |
| 港、澳、台商投资企业 | | 933 | 239 | |
| 外商投资企业 | | 1642 | 1077 | |
| 按行业分 | | | | |
| 综合零售 | | 5709 | 3311 | |
| 食品、饮料及烟草制品专门零售 | | 1601 | 1790 | |
| 纺织、服装及日用品专门零售 | | 1601 | 437 | |
| 文化、体育用品及器材专门零售 | | 366 | 812 | |
| 医药及医疗器材专门零售 | | 1216 | 2208 | |
| 汽车、摩托车、燃料及零配件专门零售 | | 736 | 2490 | |
| 家用电器及电子产品专门零售 | | 397 | 1336 | |
| 五金、家具及室内装修材料专门零售 | | 176 | 396 | |
| 无店铺及其他零售 | | 161 | 272 | |

## 表 44　长三角地区限额以上批发和零售业从业人员（2012 年）

单位：人

| 项　目 | 长三角 | 上海市 | 江苏省 | 浙江省 |
|---|---|---|---|---|
| 总　计 | 2202352 | 698368 | 862494 | 641490 |
| ＃国有及国有控股 | 238608 | 26285 | 119670 | 92653 |
| 批发业 | 1064580 | 384765 | 347101 | 332714 |
| ＃国有及国有控股 | 154310 | 14413 | 78390 | 61507 |
| 按登记注册类型分 | | | | |
| 内资企业 | 784660 | 172460 | 290315 | 321885 |
| 国有企业 | 58892 | 14413 | 29672 | 14807 |
| 集体企业 | 5890 | 2103 | 1709 | 2078 |
| 股份制企业 | 130260 | 17048 | 55510 | 57702 |
| 私营企业 | 377302 | 82322 | 135086 | 159894 |
| 港、澳、台商投资企业 | 98141 | 69031 | 21873 | 7237 |
| 外商投资企业 | 181779 | 143274 | 34913 | 3592 |
| 按行业分 | | | | |

（续表）

| | | | | |
|---|---|---|---|---|
| 农畜产品批发 | 16702 | 1732 | 11072 | 3898 |
| 食品、饮料及烟草制品批发 | 127336 | 37349 | 41390 | 48597 |
| 纺织、服装及日用品批发 | 300388 | 113196 | 91673 | 95519 |
| 文化、体育用品及器材批发 | 29169 | 8553 | 11172 | 9444 |
| 医药及医疗器材批发 | 91347 | 37979 | 29686 | 23682 |
| 矿产品、建材及化工产品批发 | 270375 | 62028 | 107275 | 101072 |
| 机械设备、五金交电及电子产品批发 | 180804 | 96053 | 43055 | 41696 |
| 贸易经纪与代理 | 14081 | 9785 | 2193 | 2103 |
| 其他批发 | 34378 | 18090 | 9585 | 6703 |
| 零售业 | 1137772 | 313603 | 515393 | 308776 |
| ＃国有及国有控股 | 84298 | 11872 | 41280 | 31146 |
| 按登记注册类型分 | | | | |
| 内资企业 | 862499 | 201225 | 389854 | 271420 |
| 国有企业 | 31602 | 11872 | 14006 | 5724 |
| 集体企业 | 10586 | 2398 | 5350 | 2838 |
| 股份制企业 | 73694 | 16731 | 33420 | 23543 |
| 私营企业 | 396436 | 66655 | 199554 | 130227 |
| 港、澳、台商投资企业 | 136577 | 57221 | 63948 | 15408 |
| 外商投资企业 | 138696 | 55157 | 61591 | 21948 |
| 按行业分 | | | | |
| 综合零售 | 470168 | 122932 | 233284 | 113952 |
| 食品、饮料及烟草制品专门零售 | 54157 | 21120 | 23397 | 9640 |
| 纺织、服装及日用品专门零售 | 113113 | 68147 | 25081 | 19885 |
| 文化、体育用品及器材专门零售 | 50675 | 12516 | 26412 | 11747 |
| 医药及医疗器材专门零售 | 65094 | 13544 | 32371 | 19179 |
| 汽车、摩托车、燃料及零配件专门零售 | 243200 | 36279 | 104546 | 102375 |
| 家用电器及电子产品专门零售 | 90097 | 20157 | 45533 | 24407 |
| 五金、家具及室内装修材料专门零售 | 19030 | 6162 | 10251 | 2617 |
| 无店铺及其他零售 | 32238 | 12746 | 14518 | 4974 |

## 表45 长三角地区对外经济主要指标(2012年)

单位:亿美元

| 指 标 | 长三角 | 上海市 | 江苏省 | 浙江省 |
|---|---|---|---|---|
| 进出口总额 | 12972.54 | 4367.58 | 5480.93 | 3124.03 |
| 进口总额 | 5373.90 | 2299.51 | 2195.55 | 878.84 |
| 初级产品 | | | 329.81 | 274.59 |
| 工业制成品 | | | 1816.88 | 604.26 |
| 出口总额 | 7598.64 | 2068.07 | 3285.38 | 2245.19 |
| 初级产品 | | | 54.86 | 100.86 |
| 工业制成品 | | | 3189.55 | 2144.32 |
| 合同外商直接投资项目(个) | 9796 | 4043 | 4156 | 1597 |
| 合同外商直接投资 | 1061.40 | 223.38 | 571.41 | 266.61 |
| 实际外商直接投资 | 671.68 | 151.85 | 357.6 | 162.23 |
| 接待海外旅游者(万人次) | 2457.87 | 800.40 | 791.54 | 865.93 |
| 外国人 | 1778.75 | 633.03 | 575.21 | 570.51 |
| 港澳同胞 | 276.38 | 63.33 | 79.65 | 133.40 |
| 台湾同胞 | 402.73 | 104.04 | 136.67 | 162.02 |
| 旅游外汇收入(万美元) | 1703346 | 558200 | 629972 | 515174 |

## 表46 长三角地区合同外商直接投资项目(2012年)

单位:个

| 指 标 | 长三角 | 上海市 | 江苏省 | 浙江省 |
|---|---|---|---|---|
| 合 计 | 9796 | 4043 | 4156 | 1597 |
| 合资经营企业 | 1742 | 592 | 721 | 429 |
| 合作经营企业 | 29 | 8 | 15 | 6 |
| 独资经营企业 | 8008 | 3437 | 3414 | 1157 |

## 表47 长三角地区合同外商直接投资金额(2012年)

单位:万美元

| 指 标 | 长三角 | 上海市 | 江苏省 | 浙江省 |
|---|---|---|---|---|
| 合 计 | 10055122 | 2233800 | 5714109 | 2107213 |
| 合资经营企业 | 1487208 | 397600 | 743004 | 346604 |
| 合作经营企业 | 157983 | 72900 | 32100 | 52983 |
| 独资经营企业 | 8219900 | 1721600 | 4869617 | 1628683 |

**表 48　长三角地区实际外商直接投资金额(2012 年)**

单位:万美元

| 指　标 | 长三角 | 上海市 | 江苏省 | 浙江省 |
|---|---|---|---|---|
| 合　计 | 6401382 | 1518500 | 3575956 | 1306926 |
| 合资经营企业 | 1187674 | 271800 | 577193 | 338681 |
| 合作经营企业 | 96629 | 57600 | 19118 | 19911 |
| 独资经营企业 | 4955997 | 1182900 | 2887099 | 885998 |

**表 49　长三角地区接待海外旅游者人数和收入(2012 年)**

| 项　目 | 长三角 | 上海市 | 江苏省 | 浙江省 |
|---|---|---|---|---|
| 接待人数(人次) | 24578656 | 8004000 | 7915366 | 8659290 |
| 外国人 | 17787520 | 6330300 | 5752148 | 5705072 |
| 　日本 | 3296917 | 1360500 | 1219303 | 717114 |
| 　新加坡 | 651061 | 211900 | 270166 | 168995 |
| 　美国 | 1875943 | 804800 | 651505 | 419638 |
| 　加拿大 | 564163 | 195200 | 247105 | 121858 |
| 　英国 | 581384 | 215700 | 230102 | 135582 |
| 　法国 | 497987 | 214600 | 159688 | 123699 |
| 　德国 | 811950 | 306300 | 347216 | 158434 |
| 　意大利 | 426647 | 117300 | 115336 | 194011 |
| 　澳大利亚 | 542049 | 214700 | 212149 | 115200 |
| 港澳同胞 | 2763882 | 633300 | 796547 | 1334035 |
| 台湾同胞 | 4027254 | 1040400 | 1366671 | 1620183 |
| 旅游外汇收入(万美元) | 1703346 | 558200 | 629972 | 515174 |

**表 50　长三角地区国内旅游者人数**

单位:万人次

| 年　份 | 长三角 | 上海市 | 江苏省 | 浙江省 |
|---|---|---|---|---|
| 2003 | 27455.82 | 7603.00 | 11423.82 | 8429.00 |
| 2004 | 33766.80 | 8505.00 | 14661.80 | 10600.00 |
| 2005 | 39004.26 | 9012.00 | 17234.26 | 12758 |

（续表）

| | | | | |
|---|---|---|---|---|
| 2006 | 45768.89 | 9684.00 | 19935.79 | 16149.1 |
| 2007 | 52508.6 | 10210 | 23198.60 | 19100 |
| 2008 | 58027.62 | 11006 | 26121.62 | 20900 |
| 2009 | 66497.6 | 12361 | 29726.60 | 24410 |
| 2010 | 86481.6 | 21463 | 35518.60 | 29500 |
| 2011 | 98524.01 | 23079 | 41150.01 | 34295 |
| 2012 | 110655.41 | 25094 | 46437.41 | 39124 |

### 表51 长三角地区保险业务主要指标（2012年）

单位：亿元

| 指　标 | 长三角 | 上海市 | 江苏省 | 浙江省 |
|---|---|---|---|---|
| 保费收入 | 3106.50 | 820.64 | 1301.28 | 984.58 |
| 财产险 | 1141.75 | 256.38 | 440.92 | 444.45 |
| ＃机动车辆保险 | | | 328.91 | 352.81 |
| 人身意外伤害险 | | | 35.20 | 27.13 |
| 健康险 | | | 59.29 | 42.50 |
| 寿险 | | | 765.87 | 470.50 |
| 各项赔款和给付 | 985.39 | 255.79 | 386.97 | 342.63 |
| 财产险 | 629.58 | 138.63 | 240.08 | 250.87 |
| ＃机动车辆保险 | | | 191.94 | 204.41 |
| 人身意外伤害险 | | | 10.02 | 5.09 |
| 健康险 | | | 17.85 | 15.93 |
| 寿险 | | | 119.03 | 70.74 |

### 表52 长三角地区科研机构数（2012年）

单位：个

| 指　标 | 长三角 | 上海市 | 江苏省 | 浙江省 |
|---|---|---|---|---|
| 科技机构数（个） | | | 17776 | |
| ＃科研单位 | 357 | 112 | 148 | 97 |
| 大中型工业企业 | 10853 | 769 | 7395 | 2689 |
| 高等院校 | 1541 | 256 | 761 | 524 |

## 表 53　长三角地区三种专利申请受理量(2012 年)

单位:件

| 项　目 | 长三角 | 上海市 | 江苏省 | 浙江省 |
|---|---|---|---|---|
| 申请受理量合计 | 804711 | 82682 | 472656 | 249373 |
| #发　明 | 180495 | 37139 | 110091 | 33265 |
| 实用新型 | | | 107091 | 108599 |
| 外观设计 | | | 255474 | 107509 |

## 表 54　长三角地区三种专利授权量(2012 年)

单位:件

| 项　目 | 长三角 | 上海市 | 江苏省 | 浙江省 |
|---|---|---|---|---|
| 授权量合计 | 509883 | 51508 | 269944 | 188431 |
| #发　明 | 39080 | 11379 | 16242 | 11459 |
| 实用新型 | | | 77944 | 84897 |
| 外观设计 | | | 175758 | 92075 |

## 表 55　长三角地区教育事业基本情况(2012 年)

| 指　标 | 长三角 | 上海市 | 江苏省 | 浙江省 |
|---|---|---|---|---|
| 学校数(所) | | | | |
| 普通高等学校 | 300 | 67 | 128 | 105 |
| 普通中学 | 5726 | 760 | 2660 | 2306 |
| 小学 | 8589 | 761 | 4128 | 3700 |
| 特殊教育 | 215 | 29 | 107 | 79 |
| 专任教师(万人) | | | | |
| 普通高等学校 | 20.03 | 4.01 | 10.60 | 5.42 |
| 普通中学 | 51.47 | 5.18 | 27.95 | 18.34 |
| 小学 | 48.02 | 4.81 | 25.26 | 17.95 |
| 特殊教育 | 0.62 | 0.12 | 0.31 | 0.19 |
| 招生数(万人) | | | | |
| 普通高等教育 | 96.49 | 18.41 | 48.13 | 29.95 |
| 研究生 | | | 4.62 | 1.87 |
| 本专科生 | | | 43.50 | 28.08 |
| 普通中学 | 197.57 | 17.00 | 101.72 | 78.85 |

（续表）

| | | | | |
|---|---|---|---|---|
| 小学 | 157.43 | 17.23 | 79.48 | 60.72 |
| 特殊教育 | 0.7 | 0.08 | 0.35 | 0.27 |
| 在校学生(万人) | | | | |
| 普通高等教育 | 330.4 | 50.66 | 181.07 | 98.67 |
| 研究生 | | | 13.95 | 5.44 |
| 本专科生 | | | 167.12 | 93.23 |
| 普通中学 | 613.81 | 59.04 | 317.89 | 236.88 |
| 小学 | 845.53 | 76.04 | 422.76 | 346.73 |
| 特殊教育 | 4.4 | 0.49 | 2.47 | 1.44 |
| 毕业生数(万人) | | | | |
| 普通高等教育 | 94.25 | 17.13 | 50.86 | 26.26 |
| 研究生 | | | 3.84 | 1.51 |
| 本专科生 | | | 47.03 | 24.75 |
| 普通中学 | 215.75 | 14.91 | 119.69 | 81.15 |
| 小学 | 131.29 | 12.95 | 64.51 | 53.83 |
| 特殊教育 | 0.58 | 0.09 | 0.33 | 0.16 |

**表 56 长三角地区文化艺术和文物事业机构情况(2012 年)**

单位:个

| 项 目 | 长三角 | 上海市 | 江苏省 | 浙江省 |
|---|---|---|---|---|
| 总 计 | | | 19189 | |
| 艺术业 | 665 | 253 | 284 | 128 |
| #艺术表演团体 | 319 | 138 | 116 | 65 |
| 图书馆业 | 233 | 25 | 111 | 97 |
| 群众文化服务业 | 3106 | 240 | 1419 | 1447 |
| 群众艺术馆、文化馆 | 248 | 27 | 119 | 102 |
| 文化站 | 2858 | 213 | 1300 | 1345 |
| 艺术教育业 | 20 | 1 | 14 | 5 |
| 文艺科研 | 19 | 2 | 10 | 7 |
| 文物业 | 670 | 115 | 347 | 208 |
| 博物馆 | 478 | 109 | 266 | 103 |

## 表 57　长三角地区卫生事业机构数(2012 年)

单位:个

| 项　目 | 长三角 | 上海市 | 江苏省 | 浙江省 |
|---|---|---|---|---|
| 总　计 | 64786 | 3465 | 31054 | 30267 |
| 医院 | 2525 | 317 | 1426 | 782 |
| 综合医院 | 1540 | 184 | 964 | 392 |
| 中医院 | 228 | 17 | 89 | 122 |
| 中西结合医院 | 40 | 7 | 17 | 16 |
| 专科医院 | 661 | 92 | 321 | 248 |
| 疗养院 | 35 | 3 | 16 | 16 |
| 社区卫生服务中心 | 10237 | 1002 | 2613 | 6622 |
| 卫生院 | 3737 | 1469 | 1117 | 1151 |
| 门诊部 | 2168 | 533 | 813 | 822 |
| 专科疾病防治院(所、站) | 89 | 19 | 48 | 22 |
| 疾病预防控制中心(防疫站) | 247 | 20 | 128 | 99 |
| 卫生监督所 | 238 | 18 | 120 | 100 |
| 医学科学研究机构 | 24 | 9 | 8 | 7 |

# 第五篇

# 重　要　文　献

# 第一章　上海市政府相关文件

## 上海市服务业发展引导资金使用和管理办法的通知

沪府发〔2013〕3号

各区、县人民政府，市政府各委、办、局：

现将修订后的《上海市服务业发展引导资金使用和管理办法》印发给你们，请按照执行。

上海市人民政府
2013年1月8日

## 上海市服务业发展引导资金使用和管理办法

**第一条（目的和依据）**

为进一步规范服务业发展引导资金的管理和使用，提高资金效益，发挥财政资金的引导带动作用，改善服务业发展环境，引导各类社会资本加大对服务业的投入力度，根据国家有关文件精神和市委、市政府加快形成以服务经济为主产业结构的总体要求，通过修订《上海市服务业发展引导资金使用和管理办法》（沪府发〔2009〕24号），形成本办法。

**第二条（资金来源）**

服务业发展引导资金（以下简称“引导资金”）是由地方财政预算安排的专项用于全市服务业发展的补助性资金。

获得市级引导资金支持的区（县）原则上应按照不低于1∶1的比例安排配套资金；个别安排配套资金有困难的远郊区（县）可适当调整区（县）配套比例。

各区（县）应制定区（县）级配套资金管理和使用的相关规定，通过设立区（县）级服务业专项资金等形式，纳入财政年度预算安排。

**第三条（使用范围）**

引导资金主要用于服务业发展中的薄弱环节、关键领域、重点区域和新兴行业，促进服务业的国际化、市场化、社会化和规模化发展。主要用于以下方面：

（一）鼓励本市企业申请国家各类服务业引导资金，并提供配套资金。

（二）支持《上海市服务业发展“十二五”规划》明确的金融服务、航运物流、现代商贸、文化创意、信息服务、旅游会展等支柱服务业，科技服务、设计产业、电子商务、数字出版、专业服务、节能环保等新兴服务业和教育与培训、医疗保健、体育产业、家庭服务等社会服务业中发挥引领作用的重点项目。

（三）支持服务贸易、服务外包产业发展。具体支持方式，由市商务委、市发展改革委和市财政局另行制定。

（四）支持与本市服务业综合改革试点主要任务密切相关的服务业项目。

（五）支持能提供信息、技术、人才、贸易、资金等服务支撑、完善服务业发展环境的公共服务平台建设。

（六）支持具有示范带动作用的各类服务业集聚区重点项目建设，对其核心区域发展战略、产业发展、功能定位等前期规划论证给予资助。

（七）支持新兴服务业发展，对经评选认定的创新型新兴服务业企业给予一定奖励。具体支持方式，由市发展改革委、市财政局会同相关单位另行制定。

（八）经市政府批准其他需要支持的事项。

**第四条（支持对象）**

引导资金支持的对象为在本市依法登记注册、具有独立法人资格的企业、非全额拨款的事业单位，且这些企业、事业单位财务管理制度健全，会计信用、纳税信用和经济效益良好，具有较好发展前景。

**第五条（支持方式和额度）**

市级引导资金的支持，采用无偿资助或贷款贴息的方式安排使用，主要用于设备购置安装、软件开发、技术转让、人员培训、系统集成、设计咨询、研发测试、资质认证、建设期利息等。

采用无偿资助方式支持的，单个重点支持项目资金支持比例最高不超过项目总投资额或总费用的20％，金额不超过300万元；单个一般支持项目资金支持比例最高不超过项目总投资额或总费用的15％，金额不超过200万元。

采用贷款贴息方式支持的，根据项目贷款额度及人民银行公布的同期贷款法定基准利率确定，每个项目的贴息期限最高不超过2年，单个重点支持项目贴息额度不超过400万元；单个一般支持项目贴息额度不超过300万元。

对经评审小组认定的服务业重大示范项目，由评审小组研究确定具体支持方式和支持金额。

**第六条（申报和审批程序）**

由市发展改革委、市经济信息化委、市商务委、市财政局等部门组成评审小组，负责引导资金的申报受理、评估管理、审核批复、监督稽查等工作。评审小组办公室设在市发展改革委。

评审小组每年发布申报指南，明确当年的申报重点和具体申报要求。各区（县）有关部门按照本办法和申报指南等要求，负责本区（县）引导资金申报工作，并对申报项目进行初步筛选，严格把关。已经安排市级财政资金支持的项目不予受理。项目单位应对申报材料的真实性负责。

对各区（县）有关部门报送的申报材料，由评审小组负责委托中介机构通过开展专家评审等方式进行综合评估，审核评估结果，并对拟支持项目进行网上公示和征询市行业主管部门意见。对经评审小组审核同意的项目，由市发展改革委会同相关部门下达引导资金投资计划至各区（县）。

**第七条（申请提交的材料）**

申请引导资金的各区（县）有关部门须提交引导资金年度申请报告。申请报告中应承诺区（县）财政对申请市级引导资金支持的项目给予配套。同时，须提供以下主要附件：

（一）引导资金申请汇总表；

（二）项目申请表；

（三）项目单位营业执照或法人证书、税务登记证；

（四）项目的相关批准文件；

（五）申请贴息的项目，还须出具项目单位与有关金融机构签订的贷款协议或合同，提供相关

息单；

（六）规划类项目，还须提供有关合同、协议和相关支付凭证；

（七）规定报送的其他相关材料。

**第八条（使用监督和评估管理）**

市财政局对经评审小组审核同意的项目，按照财政资金预算管理的有关规定拨付资金。

各区（县）有关部门应加强引导资金的监管，推进具体项目的实施、验收等日常管理工作。如发现重大问题，应及时向评审小组反馈。区（县）有关部门作为项目验收负责部门，应制定相关验收程序和办法，并在项目完成（竣工）后的一年内进行验收。

获支持项目在实施过程中发生重大变化的，项目单位应及时向原项目批准部门提出变更申请，不得擅自变更。区（县）有关部门应将变更后的有关文件反馈至评审小组。

有下列情形之一的，视为项目发生重大变化：

（一）项目法人发生变更。

（二）建设地点发生变更。

（三）主要建设内容、建设性质发生变化。

（四）建设期发生重大变化（一般指延期1年及以上）。

（五）总投资额变化20%及以上。

（六）其他规定的重要变更事项。

项目变化导致引导资金支持金额发生变化的，由评审小组限期收回引导资金超额支持部分；项目变化导致项目无法继续实施的，由评审小组限期收回已拨付的引导资金。

评审小组会同市审计局、市行业主管部门等部门按照有关规定，对引导资金的使用情况和项目执行情况进行监督、审计和稽察，不定期地委托专业机构开展引导资金使用和管理后评估、支持项目绩效评价等工作。

各区（县）有关部门应对服务业发展情况以及引导资金使用情况、项目执行情况、配套资金到位情况、项目验收情况等进行及时总结，并形成年度引导资金使用总结报告，在次年2月底前送交评审小组。

评审小组负责对区（县）有关部门的年度引导资金使用总结报告进行综合评估，并根据评审结果，调整下一年度引导资金的安排。经考核，对表现突出的区（县），下一年度优先安排引导资金；对未达标且整改不力的区（县），暂停下一年度申请引导资金资格。

引导资金必须专款专用。凡使用引导资金的项目，不得擅自改变主要建设内容和建设标准等。对弄虚作假、截留、挪用等违反法律法规或有关纪律的行为，除按照国家规定对项目单位和有关负责人给予相关处罚外，限期收回已拨付的引导资金，并取消项目单位和有关负责人继续申报项目的资格等。

评审小组通过政府购买服务方式，委托第三方开展的引导资金项目评估考核、审计、绩效评价等相关费用，在引导资金中列支。

**第九条（附则）**

本办法由市发展改革委会同市经济信息化委、市商务委、市财政局负责解释。

本办法自印发之日起执行，有效期至2017年12月31日。《上海市服务业发展引导资金使用和管理办法》（沪府发〔2009〕24号）同时废止。

# 关于进一步促进本市企业技术改造实施意见的通知

沪府发〔2013〕59号

各区、县人民政府，市政府各委、办、局：

现将《关于进一步促进本市企业技术改造的实施意见》印发给你们，请认真按照执行。

上海市人民政府

2013年8月5日

# 关于进一步促进本市企业技术改造的实施意见

技术改造具有投资小、用地少、消耗低、工期短、见效快、效益好的特点。利用新技术、新工艺、新设备、新材料改造提升现有产业，既是促进产业能级提升、实现内涵式发展的重要手段，更是本市加快转变经济发展方式，实现"创新驱动、转型发展"的重要途径。为深入贯彻《国务院关于促进企业技术改造的指导意见》(国发〔2012〕44号)，提升产业综合竞争力，现就进一步促进本市企业技术改造，提出如下实施意见：

## 一、指导思想、基本原则和主要目标

### （一）指导思想

以邓小平理论、"三个代表"重要思想和科学发展观为指导，坚持"创新驱动、转型发展"，坚持以企业为主体、市场为导向、创新为动力、政策为保障，加大企业技术改造力度，推动产业创新发展、集聚发展、高端发展，全面优化产业结构，提升发展质量和效益，加快构建现代工业体系。

### （二）基本原则

1. 坚持对接国家战略和构建上海现代工业体系相结合。对接服务国家战略，积极承担国家技术改造重大专项和重大工程，培育发展战略性新兴产业，大力发展先进制造业，优化提升传统优势产业，加快发展生产性服务业，实现产业结构战略性调整。

2. 坚持市场主导与政府引导相结合。充分发挥市场配置资源的基础性作用，以市场需求为导向，强化企业投资主体地位。加大服务企业的力度，发挥政策的引导和支持作用，增强技术改造的针对性和有效性。

3. 坚持技术创新与技术改造相结合。支持企业技术创新体系建设，增强企业自主创新能力，鼓励和支持企业应用技术创新成果和先进适用技术改造提升产业能级，加强技术创新成果的推广和产业化，扩大创新产品的开发和应用，推动技术改造与技术创新良性互动。

4. 坚持突出重点与全面提升相结合。聚焦装备升级换代、制造流程再造、优化产品结构、提高质量效率、促进节能减排、加强安全生产等重点环节，着力推进重点产业、重点企业和重点产品实施技术改造。推动技术改造向制造全过程改造转变，增强产业的整体竞争力。

### （三）主要目标

从2013年起，每年安排实施一批重点技术改造项目，确保技术改造投资规模持续增长，推动企业

由引进使用新技术向自主研发和掌握核心技术转变，由单纯生产制造环节改造向研发、设计、营销等服务领域延伸。到2020年，全市技术改造投资占工业投资的比重明显加大，企业自主创新能力明显提升，工业新产品产值率、技术改造投入产出水平、资源能源利用效率明显提高，企业技术装备水平、节能减排水平和企业信息化水平稳步提升，企业综合竞争力显著增强，从而加快上海先进制造业改造提升、转型升级的步伐，进一步提高产业国际竞争力。

## 二、主要任务

### （一）提高企业自主创新能力，优化产品结构

鼓励和支持企业技术中心、工程实验室等创新载体改造升级，增强企业原始创新、集成创新、引进消化吸收再创新能力。聚焦关键领域和薄弱环节，实施一批重大科技成果产业化技术改造项目，突破一批共性关键技术。鼓励和支持企业加快自主创新成果应用，加速产品升级换代，提升产品质量、技术含量和附加值，提高市场占有率。推动政府投资建立的科研基地、高校和科研基础设施向企业开放，积极为企业提供服务，支持“产学研”相结合，加快推进国内外先进成果转化。

### （二）提高装备水平，促进绿色发展和安全生产

支持重点企业瞄准世界前沿技术和装备，加快装备升级改造，提升工艺水平，提高生产效率。加快淘汰落后工艺技术和设备，推广应用自动化、数字化、网络化、智能化的先进制造系统、智能化设备及大型成套技术装备。建设数字化工厂，大力发展先进制造业，改造提升传统产业。推广运用国内外先进节能、节水、节材设备及工艺和工业产品绿色设计研发系统，支持工业废弃物、废旧产品和材料回收再利用，加强重金属和危险化学品等的污染防治，提升资源能源综合利用水平，推动产业发展与环境建设相适应。引导企业加大安全生产技术改造力度，优先安排技术工艺先进、有效消除重大安全隐患的技术改造项目。积极推进食品加工安全检测能力建设，加快安全生产管理和监测预警系统、应急处理系统、危险品运输系统设施的推广与应用，全方位提高工业企业安全生产水平。

### （三）推动制造信息化服务化，促进产业融合发展

支持发展以现代传感技术、网络技术、自动化技术等为主的信息技术。深化信息技术在研发设计、生产制造、营销管理等环节的应用，加大对产品创新开发、全生命周期管理与服务等核心业务信息化平台建设的支持力度，提高企业精细化管控能力和全球化协作能力，提升本市制造业智能化、数字化、网络化水平。推动制造业向产业链两端延伸，鼓励和支持制造企业发展生产性服务业，提高本市生产性服务业的专业化、社会化、国际化水平。

### （四）推动军民结合产业发展，促进资源共享

结合本市战略性新兴产业发展重点领域，聚焦推进航天、航空、船舶与海洋工程、高端装备、电子信息、新材料、新能源等领域的军民结合产业发展。鼓励和支持军工单位以市场为导向，以成熟技术和产品为支撑，通过多种方式推进军工技术向民用产品转化。鼓励和支持国防科技工业企业应用先进成熟的民用技术装备，实现军民两用技术产业化和相互转化。

### （五）推进产业集聚发展，优化产业结构布局

围绕本市发展格局，鼓励和支持企业、项目、要素向园区和基地集中，推动龙头企业及配套企业产业链协同改造，优化产业布局。支持引导工业园区和新型工业化产业示范基地主导产业发展壮大，推动形成一批要素集约高效、产业特色鲜明、生态环境良好的产业集聚区。支持重点产业集聚区的研发设计、质量认证、试验检测、信息服务、综合利用等公共服务平台的升级改造。整合相关资源，面向重点行业建设一批产业技术创新和服务平台、质量安全技术示范平台、企业诚信信息管理平台、综合信

息服务平台。支持中小企业实施技术改造。

## 三、保障措施

### (一) 加强政策规划引导

加强本市发展规划和产业政策对技术改造工作的引导,定期制定和发布《上海市重点技术改造支持目录》,明确本市技术改造重点支持方向。鼓励企业参与制订行业技术标准,在重点行业、重点领域积极开展产品安全、能效、环保、卫生和可靠性达标等改造行动,健全本市促进企业技术改造的引导和激励机制。

### (二) 加大财政支持力度

发挥政府扶持资金对社会投资的引导和带动作用,市、区县两级财政安排专项资金,支持本市重点技术改造项目。对获得中央支持并列入本市重点技术改造项目及资金计划范围的国家重点技术改造项目,由市级财政按照有关规定予以配套支持;对纳入本市重点技术改造计划的项目,按照属地原则,由市、区县两级财政给予支持。

### (三) 落实配套支持政策

切实落实企业所得税法中技术转让减免企业所得税、高新技术企业所得税减免等各项优惠政策,鼓励企业实施技术改造。对符合本市城市总体规划、土地利用总体规划、产业发展规划、生态保护规划的重点技术改造项目,在用地、审批、报建等方面予以适当倾斜。对规划产业区块外的符合各类规划的技术改造项目,在环保基础设施完善和污染物总量控制前提下,实施目录管理,支持企业利用自有土地进行技术改造。对企业实施技术改造过程中引进的高级管理人员、高级技工,予以同等享受本市人才引进的相关政策。

### (四) 拓宽投资融资渠道

围绕国家重点产业振兴规划和技术改造重点产业领域,引导银行、股权投资企业等金融机构加大对企业技术改造的融资支持力度。探索制定支持企业通过融资租赁等方式开展技术改造的相关政策,引导和支持企业通过上市融资、发行公司债券等方式,扩大技术改造直接融资规模。积极探索引导民间资本支持企业技术改造的有效方式和政策措施。

### (五) 健全协调推进机制

进一步完善重点技术改造项目的协调推进机制。市经济信息化委负责本市重点技术改造项目的组织申报,会同市财政局下达专项资金计划,会同市发展改革委等相关部门做好项目的协调推进工作。区县政府根据本实施意见,制定具体实施细则,进一步加大对企业技术改造的支持力度,完善对技术改造企业的服务。

### (六) 强化项目监督管理

加强对技术改造项目的监督管理,优化工作流程,建立职责明确、科学高效的企业技术改造工作管理体系,提高技术改造工作管理水平。完善技术改造投资统计工作,加强对企业技术改造投资的监测、分析和信息发布。开展技术改造专项资金绩效评价,加强投资效益分析评价和政府投资项目的监督检查。

# 关于统筹优化全市工业区块布局若干意见的通知

沪府发〔2013〕33号

各区、县人民政府，市政府各委、办、局：

现将《关于统筹优化全市工业区块布局的若干意见》印发给你们，请认真按照执行。

上海市人民政府
2013年5月14日

# 关于统筹优化全市工业区块布局的若干意见

统筹优化全市工业区块布局，提升产业发展能级，关系到上海经济社会与人口资源环境的协调发展，对推进"创新驱动、转型发展"具有重要意义。为加强对工业企业的分类指导，统筹工业区块发展资源，提升工业区整体发展水平，推进工业用地节约集约利用，现就统筹优化全市工业区块布局提出如下若干意见。

## 一、明确指导思想

按照"规划导向、分类指导、资源集约、统筹优化"的原则，尊重历史，实事求是，坚持"两规合一"总体目标，支持实体经济发展，增强改革创新活力。在城市总体规划和土地利用规划的总体框架指导下，统筹优化全市工业区块布局，完善产业规划，推进工业集中、集聚、集约发展。

规划工业区块以升级为导向，重点发展战略性新兴产业和先进制造业，实施高端发展；规划工业区块外、集中建设区内的现状工业用地以转型为导向，重点发展与新城建设相融合、与产业链相配套的生产性服务业，积极引导向城市生活功能转变，实施转型发展；集中建设区外的现状工业用地以复垦为导向，重点实施生态修复和整理复垦。

## 二、对规划工业区块实施动态管理，统筹优化产业空间布局

按照规划工业区块的规划面积、功能定位和发展阶段等，实施分类指导，进一步优化用地结构。规划工业区块应以工业用地为主导，着力保障战略性新兴产业和先进制造业的发展空间。

根据上海城市发展战略和规划布局要求，结合各区块产业定位和结构变化趋势，以城市集中建设区为底线，按照土地分类管控的区域规划原则，统筹优化全市产业空间布局，推进规划工业区块有进有出、动态管理，近期总量保持稳定平衡，中长期总量规模稳中有降。

建立规划工业区块规划实施评估工作机制，由市经济信息化、规划国土资源部门会同相关部门定期对全市规划工业区块的规划实施情况进行评估。各区县要根据本地区经济社会发展现状、趋势和目标，对规划工业区块的空间布局、开发建设、土地利用、综合配套等进行分析评估，编制区县工业区块规划实施评估报告。工业区块规划实施评估报告经审定后，作为下一阶段规划编制或修编的依据，并依照相关规定开展规划调整和更新。

## 三、加快推进工业区二次开发,实施整体提升、高端发展

进一步强化规划引领,完善政策配套,调动各类主体的积极性,以先进制造业和战略性新兴产业为重点,制定行动计划,加快推进工业区整体提升和高端发展。各区县要进一步加强工业区的统筹管理,探索有利于园区二次开发的体制机制和开发模式。

支持经市政府批复同意的工业用地前期开发主体(以下简称"开发主体")开展园区新增用地的前期开发和存量用地的二次开发。相关主管部门要定期对开发主体进行后评估,不断完善相关支持政策。鼓励本市工业区实施联动发展,试点推进国家级、市级开发区与城镇工业地块、老工业点实施品牌联动。

按照国家和本市土地出让金支出管理相关办法,将开发主体实施的土地前期开发列入土地出让金支持范围。对本市规划工业区块内的工业土地由区县出资收储并实施出让的,出让收入按照规定扣除国家和本市各项计提基(资)金后,全部由区县统筹安排使用。对开发主体回购存量工业用地、实施园区联动发展的,区县可结合实际,给予一定的专项补贴。深化研究制订支持工业区二次开发的财政政策。

针对存量用地二次开发过程中的涉税事项,税务部门要搞好政策解读。土地使用者将土地使用权归还给土地所有者,经市、区县政府及规划土地主管部门出具收回土地使用权的正式文件,并加盖土地管理专用章后,税务部门可按相关规定,不征收营业税。

在规划、土地、建设等方面,支持开发主体建设高标准、专业化的定制厂房或研发楼宇。确有需要的,可通过认定开发主体、认定建设项目、认定转让对象的"三认定"程序,分割转让给战略性新兴产业、先进制造业等重点项目或相关动迁企业。

各区县可通过货币、实物、股权等不同补偿方式,积极稳妥推进企业关停退出,相关部门要在资产转让、土地供应等方面给予政策支持。环保、安全监管、规划国土资源、建设、工商、税务等部门要加强综合执法,强化业态管理,加大企业调整转型的推进力度。修订完善《上海产业用地指南》,发布容积率、固定资产投资强度、土地产出率和土地税收产出率等指导性标准。

## 四、加强对规划工业区块外工业企业的分类指导,实施目录管理,支持重点企业改造升级

加强对老工业企业关停、转移、稳定、转型、改造和土地复垦的分类指导。编制《规划工业区块外重点企业支持目录》(以下简称《目录》),并定期实施跟踪评估和动态更新。对集中建设区内列入《目录》的重点企业以及集中建设区外通过更严格标准列入《目录》的特殊企业,参照规划工业区块内的企业实施管理,可保留原工业用地性质或转为研发总部类用地,并纳入地区规划。

支持列入《目录》的重点企业向规划工业区块转移集中。充分发挥市统筹土地指标的支持引导作用,支持规划工业区块外符合产业导向、成长性好、需要快速扩张的重点工业企业转移至规划工业区块发展。

支持列入《目录》的重点企业实施技术改造。在环保基础设施完善和污染物排放总量控制的前提下,相关部门要强化政策落实,加快项目的规划土地、环境评价、工程建设等审批,积极支持企业利用自有土地实施技术改造,并保留原工业用地性质,纳入地区规划,优化容积率和建筑高度等规划参数,促进其发展为环境友好、能源节约、产出高效的企业。

支持列入《目录》的重点企业加快转型升级,培育发展总部、研发、销售等功能。优先支持"两头在沪"企业享受本市扶持品牌企业发展的相关政策,并可保留原工业用地性质或转为研发总部类用地,

纳入地区规划，优化容积率和建筑高度等规划参数，支持企业转型发展生产性服务业。

支持列入《目录》的重点企业改制上市和进行资产重组，依法稳妥处置相关土地划拨转出让、集体土地使用转征用等企业土地资产问题。

## 五、支持利用规划工业区块外、集中建设区内的现状工业用地转型发展生产性服务业

适应本市产业转型发展的需要，根据地区发展战略和功能定位，推进规划工业区块外、集中建设区内的现状工业用地向生产性服务业及城市生活功能转变，促进地区整体功能提升。

各区县要结合实际，在编制或修编相关控制性详细规划时，规划适当比例的研发总部类用地，不断创新和完善研发总部类用地的利用和管理方式，支持生产性服务业发展，大力引进“两头在沪”企业。

支持工业企业相对集中、具有一定规模的工业点，结合地区规划编制或修编，开展区域整体转型试点，发展生产性服务业。

对规划工业区块外、集中建设区内的现状工业用地符合产业发展导向和地区规划的，可予保留。对需要提高容积率的项目，在明确企业自用并符合产业发展导向、地区规划和环境保护要求且不影响相邻基地合法权益的前提下，可经相关程序认定后予以确认。

各区县要加强对利用工业用地转型发展生产性服务业的准入和业态管理，禁止利用工业用地变相发展商业及住宅房地产项目。

## 六、强化集中建设区外现状工业用地的业态管理和综合治理，加大土地整理复垦力度

各区县要根据规划要求，逐步推进现状工业用地减量化。以区县为单位，以基本农田保护区、水源保护区、城市生态网络空间以及规划郊野公园为重点，编制集中建设区外现状建设用地年度整治和复垦计划，落实减量化目标。

加大财政资金对工业用地整理复垦的支持力度，研究相关财政转移支付政策，并对工业土地整理复垦，在污染物排放总量控制指标、耕地占补平衡指标等方面给予奖励，提高区县、村镇、企业的积极性。

进一步加强对现状工业用地减量化的政策引导和支持，落实区县责任，严格加强考核，强化综合执法和业态管理，加强对集中建设区外现状工业用地的整治。

## 七、建立统筹推进工业区发展的工作机制

建立本市工业区发展联席会议（以下简称“联席会议”），研究统筹优化全市工业区块布局、推进工业区二次开发、加强工业用地节约集约利用等方面的重大问题，推进工业集中、集聚、集约发展。联席会议由市政府分管领导担任召集人，市经济信息化委、市发展改革委、市建设交通委、市国资委、市财政局、市规划国土资源局、市环保局、市住房保障房屋管理局、市地税局、市统计局等部门和相关区县政府为成员单位。联席会议下设办公室（设在市经济信息化委）。

各区县要建立相应的工业区发展推进机制，促进区县工业区块统筹开发，优化产业空间布局，落实产业发展责任，开展园区评估考核，提高工业集中度、产业集聚度和土地集约利用水平。

建立市、区县两级工业区块外项目联合会审机制。经济信息化、发展改革、规划国土资源、环保等部门对列入《目录》的重点企业实施技术改造、转移集中、转型发展、土地划拨转出让、集体土地使用转征用等事项进行联合会审，支持企业改造升级、加快发展。

本意见自印发之日起实施，有效期至 2018 年 3 月 31 日。

# 关于深化流通体制改革加快流通产业发展的实施意见

沪府发〔2013〕23 号

各区、县人民政府，市政府各委、办、局：

流通产业是国民经济的基础性和先导性产业，加快发展流通产业，是上海加快推进“四个率先”、建设“四个中心”和社会主义现代化国际大都市的重要战略举措。根据《国务院关于深化流通体制改革加快流通产业发展的意见》（国发〔2012〕39 号）、《国务院办公厅关于印发国内贸易发展“十二五”规划的通知》（国办发〔2012〕47 号）和《上海市推进国际贸易中心建设条例》，现就深化流通体制改革，加快流通产业发展，提出如下实施意见：

## 一、指导思想、总体目标和发展重点

**（一）指导思想**。以邓小平理论、“三个代表”重要思想、科学发展观为指导，坚持创新驱动、转型发展，紧紧围绕国际贸易中心建设，以引导生产发展和促进消费增长为出发点，以体制机制和流通方式创新为动力，加快推进流通产业发展方式转变，切实提高流通规模和效率，有效降低流通成本，全面提升流通现代化水平，进一步发挥流通产业对全市产业结构调整和经济发展的带动作用。

**（二）总体目标**。到 2020 年，基本建立起产业集中度高、辐射效应大、综合竞争力强，与上海“四个中心”定位和社会主义现代化国际大都市功能相匹配的现代流通体系，使流通产业对国民经济和社会发展的贡献进一步加大。

——国内外流通企业进一步集聚，上海城市繁荣繁华、百姓安居乐业、生态宜商宜居的综合优势更加凸显。商品流通质量明显提高，产业联动、内外贸联动、银商联动的综合效应充分发挥。

——现代流通技术得到广泛应用，电子商务、连锁经营、统一配送等成为主要的流通方式。流通企业后台支撑体系建设进一步增强，全市物流总费用与全市生产总值的比率明显降低。

——流通领域组织化水平和竞争力明显增强，形成一批主营业务突出、网络覆盖面广、品牌知名度高、供应链管理水平高、具有国际竞争力的现代大型流通企业。

——流通产业对内对外开放稳步提升，商流、物流、信息流、资金流等要素流动顺畅，内外贸一体化的大市场、大流通体系基本形成。

——流通产业发展的政策、市场和法制环境更加优化完善，市场运行更加平稳规范，居民消费更加便捷安全，统一、协调、通畅、高效的流通管理体制基本形成。

## 二、主要任务

**（一）着力建设交易商与服务商集聚，交易与服务完善，价格话语权、国际影响力和辐射力较强的商品交易体系**。建设培育一批辐射国内外的各类专业商品交易平台，打造若干具有全球竞争力的国际贸易平台，进一步提升市场资源配置能力、服务增值能力、价格发现能力，形成国内外大宗商品的定价中心和交易中心。完善空间布局，加快改造提升有比较优势的大宗商品交易市场，提高金属、能源、化工等大宗商品交易市场的服务总集成能力。

支持生产资料贸易商向上下游延伸，形成供应链集成服务模式，建立跨国采购和跨地区销售网络。促进工、商对接，引导消费品流通企业与生产企业建立稳定的供应链。

发挥上海综合优势，积极开展自由贸易园区试点推进工作。搭建进出口促进平台，集聚大宗商品

贸易企业，建设大宗商品采购基地以及进出口商品、设备供应基地，为国内外企业提供“一站式”服务。

**（二）着力建设商业层次分明、市场繁荣繁华、商圈特色各异、业态业种丰富的消费品零售体系。**加强规划引领，逐步形成多中心、集聚型、超广域、网络状的国际大都市商业新格局，打造世界级商业城市。市、区两级商业中心围绕体现城市繁荣繁华的要求，进一步调整结构、拓展功能、提升能级，争取到2020年，形成1—2个世界级商业街区（商圈）。市郊加快建设和完善“新城、新市镇和居民新村”商业布局，提高商业集聚度，形成上海商业发展新增长点。加快徐汇滨江、浦东前滩、世博园区、临港地区、虹桥商务区、迪士尼园区等六大重点发展区域商业建设，形成若干新兴地标性商业。

深入推进社区商业以及大型居住区商业配套建设，实现社区商业网点连锁化、品牌化发展，提高社区商业便民利民服务水平，满足市民安居乐业的需求。加快新建大型居住区商业配套，合理配置菜市场、社区菜点、大众化餐饮店、医保定点药店、家政服务、废旧商品回收公共服务平台等公益性强的业态网点。到2020年，国家级和市级社区商业示范社区总量达到60个。

发展特色商业，集聚创意设计、精细加工、展示陈列、文化传承、批发零售、要素市场、特色服务等功能，加快发展一批现代商贸功能区，吸引国内外优势产品和服务方式集聚，实现贸易倍增功能。传承城市历史文化与特色，推动商旅文结合，改造提升、调整形成50条具有较大影响力的特色商业街区。

**（三）着力建设网络健全、资源共享、便利快捷的现代物流和城市共同配送体系。**培育发展一批服务水平高、创新能力优、增值能力强、具有品牌影响力的第三方物流企业，建设汽车、钢铁、化工、医药行业物流综合服务平台。推动物流服务和电子商务的有效融合，鼓励电商企业与第三方物流企业合作，建立快递补货和区域调拨系统，加快构建与电子认证、网络交易、在线支付协同运作的物流支撑体系。

推进重点物流园区建设和发展，引导物流企业向物流园区集聚、集约发展，推动建设对接国际、连接腹地、服务全国的物流服务平台。加快港口由货物集散枢纽向物流服务枢纽转变，构建具有较强增值能力的口岸物流体系。引导先进制造业物流实现社会化和专业化，加快建立集采购、制造、销售、回收为一体的物流供应链，大力发展汽车、化工、钢铁、装备制造等专业物流。

引导和集聚全社会物流资源，搭建城市共同配送平台，完善城市公共配送中心、中转分拨场站、社区集散网点等设施布局，在社区、商务区等规划设置一批公共货物装卸点和货物集散点、货车停车泊位，充分利用现有商业零售终端网络，增强城市末端配送的装卸、分拣、暂存等服务功能，推广“网订店取”等服务模式，推动城市配送共同化、智能化、规模化、集约化发展。

**（四）着力建设过程可追溯、产销有对接、运行通畅高效的农产品流通体系。**统筹规划农产品市场流通网络布局，规划好国际农产品物流中心，建设发展好西郊国际、江桥、江杨、上农批、东方国际水产等批发市场群，形成以大型综合中心批发市场为骨干、区域批发市场为集散地、专业批发市场为补充、产地初级批发市场为基础的农副产品交易市场网络体系。支持建设和改造一批具有公益性质的农产品批发市场、农贸市场、菜市场、社区菜店，以及重要商品储备设施、大型物流配送中心、农产品冷链物流设施等流通设施。

探索电子商务服务“三农”模式，建设农产品流通公共信息平台。构建农产品产销一体化流通链条，推进农批对接、农超对接、农校对接以及农产品展销中心、直销店等产销衔接方式。加强与市内外农产品生产基地的产销对接，提高优质农产品市场份额。建立健全主副食品、酒类、农资等商品流通追溯体系。

加快构建以规模化、组织化、品牌化为特征的农村现代商品流通体系。深入推进“万村千乡市场工程”建设，到2020年，农家店商品统一配送率达到80%以上。鼓励大型流通企业向农村延伸经营网络，拓展网点服务功能。支持发展农民专业合作社，提高物流配送能力和营销服务水平。支持流通企业发展城乡一体化经营，畅通农产品进城和工业品下乡双向流通渠道。

**（五）大力提高流通现代化水平**。加快流通技术、经营和模式创新，将信息化作为发展现代流通的重要抓手，加快推动营销网、物流网、信息网的有机融合。鼓励信息技术研发和集成创新，推广应用物联网、互联网、云计算、全球定位系统、移动通信、地理信息系统、电子标签、自助式信息服务、智能货架、自助结账、移动销售、射频通道等先进技术。推广应用企业资源计划、供应链管理、客户关系管理、自动化配送等现代管理技术。加快流通企业技术进步，完善后台技术支撑体系，以技术进步和创新带动企业管理水平提高。

加快电子商务规模化、规范化发展。扩大电子商务应用，建设电子商务公共服务平台和诚信体系，支持大型企业发展以供应链协同为重点的电子商务，引导中小企业利用第三方电子商务服务平台拓展国内外市场。支持第三方电子商务与交易服务平台建设，推动网络交易与电子认证、在线支付、物流配送、报关结汇、检验检疫、信用评价等环节的集成应用。优化电子商务企业经营环境，集聚国内外知名电子商务企业。

深入发展连锁经营。进一步拓宽连锁经营的行业范围，业态经营的连锁规模，区域发展的连锁网络，提高流通产业集中度和组织化水平。到2020年，连锁商业销售比重超过35%，商品统一配送率达到80%以上。鼓励企业运用特许经营模式实现连锁化规模化经营，形成规范化、标准化、易复制、易扩张、易监管的特许经营体系。

创新商业模式，大力发展具有创意设计、展示体验等功能配套、直接采购或买断产品自营购销结合、实体商店和虚拟网店联动发展等新型经营方式。创新发展无店铺销售方式，扩大电话购物、网上购物、电视购物等销售与服务交易。到2020年，网上商店销售额占社会消费品零售额10%以上。

**（六）大力提高流通企业市场竞争力**。推动有实力的流通企业通过参股、控股、联合、兼并、合资、合作等方式，跨行业、跨地区整合资源，实现资本扩张，形成若干具有全国影响力的大型流通企业。扶持专业化、特色化中小流通企业发展，建立健全中小流通企业服务体系，扶持发展一批面向中小流通企业的公共服务平台和服务机构，为中小流通企业提供融资、市场开拓、科技应用和管理咨询等服务。鼓励流通企业实施品牌战略，建立品牌促进、评价、推广、保护等公共服务体系。鼓励中华老字号企业加强品牌保护、挖掘品牌特色、创新品牌文化、探索品牌管理、激发品牌活力。培育发展一批有实力、专业化、规模化的品牌代理商和分销商，积极拓展品牌代理和经销，提升市场竞争力。

支持符合条件的流通企业上市融资和发行债券，力争到2020年，本市新增5家以上上市流通企业。支持流通企业发展“绿色流通”，加大技术改造力度，推广运用高效节能的照明、空调、冷链设备、节油设备。严格执行《上海市促进商品包装物减量若干规定》，倡导适度包装。推进商业企业与绿色低碳商品生产企业对接，推广绿色低碳采购。培育绿色低碳市场（商店、饭店），开展绿色低碳消费宣传和信息服务，积极倡导文明、节约、绿色、低碳的科学消费理念。

**（七）大力提高市场运行保障能力**。加强市场运行保障，完善重要商品储备制度，优化储备品种和结构，健全市场应急联络协调机制，提高抵御市场波动和应对突发公共事件的能力。强化市场分析和价格预警，增强市场调控的前瞻性和预见性。

加强对关系国计民生、生命安全等商品的流通准入管理，形成覆盖准入、监管、退出的全程管理机制。充分利用社会检测资源，建立涉及人身健康与安全的商品检验检测制度。大力推进农产品质量安全产地准出和市场准入制度的实施。

依法严厉打击侵犯知识产权、制售假冒伪劣产品、商业欺诈和商业贿赂等违法行为。完善电子商务企业实名注册、依法纳税、交易信用与统计监测体系，加强网络交易的监督管理。规范零售商、供应

商交易行为，建立平等和谐的零供关系。消除行业垄断，严厉查处经营者通过垄断协议等方式排除、限制竞争的行为。加快商业诚信体系建设，完善信用信息采集、利用、查询、披露等制度。

**（八）大力提高深化流通领域改革开放水平**。改革流通管理体制，进一步强化部市合作机制，深入推进现代服务业综合试点、浦东综合配套改革试点等各类流通改革试点，建立健全分工明确、权责统一、协调高效的流通管理体制。改革行政审批制度，转变管理职能，加强规划、指导、协调和服务。改革行政管理方式，加强政策制定、执行与监督之间的相互衔接。

进一步扩大对内对外开放。支持国内外流通企业在沪发展总部机构，设立采购中心、分拨中心、营销中心、结算中心、物流中心、品牌培育中心等具有贸易营运和管理功能的贸易型总部。进一步提高流通产业利用外资的质量和水平，带动国内流通产业升级改造。支持国内外其他领域优势企业与国际商业企业开展合资合作，在上海开办新型商业企业。

打破内外贸经营在盈利模式、结算方式、风险机制等方面的差别和阻隔，培育内外贸融合的大型贸易集团。鼓励民间资本进入流通领域，保障民营企业合法权益，促进民营企业健康发展。动态调整货物贸易人民币结算重点监管企业名单，推动人民币跨境结算不断深入。

积极探索长三角流通产业公共服务体系建设，发挥流通产业在加快长三角经济融合的先导作用。支持本市大型流通企业通过新建、并购、参股、增资等方式，拓展国内市场，以及在境外建设或者参与经营展示中心、分销中心、品牌连锁网络和配送中心。支持中小流通企业采取强强联合方式共同“走出去”，拓展海外市场，提高跨国经营能力。

## 三、支持政策

**（一）加大流通网络规划和用地支持力度**。编制完善商业网点布局规划，加强各层级、各区域之间规划的衔接，将商业网点规划纳入城市总体规划和土地利用总体规划。对鼓励发展的流通设施项目，按照商业网点布局规划，在土地利用年度计划和土地供应计划中，统筹安排各类用地。对利用旧厂房、闲置仓库等，建设符合规划的流通设施，涉及原划拨土地使用权转让或租赁的，经规划土地、产业发展等主管部门会审批准后，可采取协议方式供应。对旧城区改建需搬迁的流通业用地，在收回原国有建设用地使用权后，经规划土地、产业发展主管等部门会审批准后，可采取协议出让方式，为原土地使用权人安排用地。鼓励各区县以租赁方式供应流通业用地。支持依法使用农村集体建设用地发展流通业。对纳入本市物流业发展规划的物流园区和项目用地予以重点保障。涉及农用地转用的，在区县土地利用年度计划中优先安排，由区县政府妥善解决园区用地指标问题，加大对落户重点物流园区和基地项目的支持力度。依法加强流通业用地管理，禁止以物流中心、商品集散地等名义圈占土地，防止土地闲置浪费。

各区县在编制控制性详细规划和修建性详细规划时，要充分考虑商业网点建设需求，听取同级商务部门的意见。根据全市商业发展规划和商业网点布局规划，各区县要完善本区域相关规划，并定期进行修编。市商务主管部门负责发布商业网点建设指导目录，引导社会资金投向。

**（二）加大对流通产业财政支持力度**。积极发挥中央及本市促进商贸流通服务业发展专项资金的作用，重点支持包括公益性流通设施，农产品和农村流通体系，主副食品和酒类流通安全追溯系统，流通信息化建设，公共服务和新兴业态的平台和网点建设，家政餐饮维修、医保定点药店和废旧商品回收等生活服务业建设，中小流通企业发展，流通企业技术进步，以及促进消费措施等。本市服务业发展引导、重点技术改造、信息化发展、中小企业发展、节能减排、新农村现代流通服务网络工程等专项资金，应当进一步加大对流通产业的支持力度，推动流通产业加快发展。

**（三）降低流通环节费用**。认真贯彻国务院办公厅《关于印发降低流通费用提高流通效率综合工作方案的通知》(国办发〔2013〕5号),落实国家减轻流通产业税收负担的一系列税收优惠政策,对符合条件的农产品批发市场、农贸市场使用的房产、土地,按照规定暂免征收房产税和城镇土地使用税,对符合条件的蔬菜和部分鲜活肉禽蛋产品经营免征流通环节增值税;对符合条件的家政服务业免征营业税。

按照国家统一部署,继续深化"营改增"试点。推行商业(批发零售业、餐饮业)与一般工业用电用水价格同价。对鲜活农产品运输,实行"绿色通道",对整车合法装载运输鲜活农产品车辆免缴车辆通行费,适当放宽鲜活农产品车辆通行配证比例。

**(四)支持社区商业合理配置网点**。新建大型居住区应当在总建筑面积中至少安排10%用于商业和综合服务设施配套,并在土地协议出让合同中加以明确。新建大型居住区建设基地商业设施建成后,可以由建设基地所在的区县政府或经区县政府同意的街道(镇、乡)或国资管理部门按照成本价收购,用于安排居民生活必备的商业服务网点,包括菜市场、社区菜店、大众化餐饮店、医保定点药店、家政服务点等公益性强的业态网点,并纳入国有资产管理范畴,不得擅自转让或变更用途。进一步完善社区商业服务设施配套,并由当地政府运用综合手段予以支持。

**(五)加大金融支持力度**。整合商流、物流、信息流和资金流,建立信用档案,营造流通产业信用环境。鼓励金融机构针对流通产业特点,创新金融产品和服务,开展动产、仓单、商铺经营权、租赁权的质押融资。改进信贷管理,发展融资租赁、供应链融资等业务,拓宽流通企业融资渠道。发展商业保理,建立健全商业保理监管机制。发展消费信贷,促进消费需求。规范发展电子支付,不断改善支付环境,加速资金周转和商品流通。支持符合条件的流通企业上市融资(挂牌)、设立财务公司及发行公司(企业)债券和中期票据等财务融资工具。鼓励保险公司积极开发和推广国内贸易短期信用保险、退货运费险等配套流通产业的保险产品,充分发挥保险公司的风险补偿作用。充分发挥小额贷款公司等行业对中小微企业融资的补充作用。

**(六)加大经营发展支持力度**。支持流通企业做大做强,落实总分支机构汇总纳税政策,完善在本市开设连锁分支机构的大型商业连锁企业的财力分配办法,促进连锁经营企业跨区发展。确定一批予以重点支持的贸易型总部企业,在通关流程、人才引进、资金结算、投资便利、人员出入境等方面给予政策支持。支持大型流通企业技术改造,对采用先进技术改造,并认定为先进技术型流通企业给予政策支持。支持企业加大研发投入力度,开发适销对路的新产品。保护中华老字号商标专用权和非物质文化遗产,并支持有传统优势的中小企业申请商标注册,发展国内外连锁网点。帮助和鼓励中小流通企业采用电子商务,降低市场开拓成本。

## 四、保障措施

**(一)加强组织领导**。建立由市政府分管领导召集,市商务和发展改革部门牵头的全市加快流通产业发展部门间合作协调机制,加强对流通工作的协调指导和督促检查,及时研究解决流通产业发展中的重大问题,完善配套政策和监管措施。市各相关部门抓紧落实和细化各项政策措施,确保措施有效,工作任务到位。各区县政府制定促进本区域流通产业发展的实施方案,鼓励结合实际出台相关支持政策。

**(二)完善流通领域地方性法规**。按照法定程序,加快涉及流通产业发展和管理的地方性法规建设进程。全面清理和取消妨碍公平竞争、设置行政壁垒、排斥市场竞争的规定。建立健全电子商务、社区商业网点配置等标准化体系,加大流通标准的制定、实施与宣贯力度。

**(三)健全统计和监测制度**。建立科学完善的流通业统计调查体系,健全流通业统计和信息发布制度。扩大市场监测体系覆盖面,强化城乡市场和重点领域、行业、业态的统计监测,健全商品市场信息发布机制，增强市场调控的前瞻性和预见性。

**（四）发挥行业协会作用**。完善流通行业协会的运行机制，引导行业组织制定行业规范和服务要求，加强行业自律和信用评价。支持行业协会及时反映行业诉求，维护企业合法权益。

**（五）加强人才队伍和基层机构建设**。大力培养流通产业领军人物和专业人才，加快形成高校、科研院所与部门、行业企业联合培养人才的机制，提高流通专业人才培养质量。加强干部队伍建设，提高基层干部的服务意识和监管执法能力。加强基层流通管理部门建设，充实一线力量，保证流通管理工作通畅有效。

# 第二章 江苏省政府相关文件

## 关于加快推进城乡社区信息化意见的通知

苏政办发〔2012〕212号

各市、县(市、区)人民政府,省各委办厅局,省各直属单位:

《关于加快推进城乡社区信息化的意见》已经省人民政府同意,现印发给你们,请结合实际认真组织实施。

江苏省人民政府办公厅

2012年12月17日

## 关于加快推进城乡社区信息化的意见

为深入贯彻《中共江苏省委江苏省人民政府关于加强新形势下城乡社区建设的意见》(苏发〔2011〕15号)、《中共江苏省委江苏省人民政府关于进一步加强新时期民政工作的意见》(苏发〔2012〕14号)和《江苏省政府信息化服务管理办法》(省政府令第85号),充分发挥信息化在加强城乡社区建设和社会管理创新、推进民生幸福工程实施中的重要作用,促进社会和谐稳定发展,就加快推进全省城乡社区信息化提出如下意见。

### 一、充分认识加快推进城乡社区信息化的重要意义

社区信息化是以社区为基本单元,以社区居民需求为导向,充分运用信息技术,整合、开发和利用社区信息资源,促进信息共享和业务集成,提高社区管理和服务水平的过程。近年来,各地、各有关部门努力适应政府职能转变和社区工作需要,积极探索利用现代信息技术整合社区信息资源,加强基层社区管理和服务,形成了有特色的社区信息化管理服务模式和应用示范典型,在提高社区组织工作效率、沟通社情民意、提升社区公共服务效能、增强政府科学决策能力等方面发挥了重要作用。但在工作推进中还存在社区信息化缺乏统一规划,集约化建设与共享协同水平不高;一些地区和部门重视程度不够,社区信息化发展不平衡;社区信息化人才队伍建设相对薄弱,信息化知识技能培训有待加强等问题。各地、各有关部门要从保障和改善民生、密切党群干群关系、发扬基层民主、维护社会稳定的高度出发,充分认识新形势下社区信息化工作的重要性和紧迫性,进一步明确目标、突出重点,创新思路、统筹推进,推动全省城乡社区信息化工作取得新突破,让全体居民群众分享信息化发展成果。

### 二、总体思路和主要目标

**(一)总体思路。**以服务居民为宗旨,以促进社区信息资源共享、业务协同为重点,以提高社区管理和服务效能为目标,坚持统筹协调、集约建设,政府主导、社会参与,应用导向、惠民优先,着力构建

覆盖全省、统一规范的城乡社区综合管理和服务信息平台(以下简称社区综合信息平台)，为建设管理有序、服务完善、文明祥和的社会生活共同体提供基础支撑。

**(二) 主要目标**。到 2013 年，省级社区综合信息平台建成并投入运行；省辖市社区综合信息平台建设与应用覆盖 50%以上的城乡社区；社区信息化工作体制和管理服务体系初步建立，社区信息资源共享和业务协同初步实现。到 2014 年，省辖市社区综合信息平台建设与应用覆盖 75%以上的城乡社区；社区信息化工作体制和管理服务体系不断健全，社区信息资源跨部门共享和业务协同深入推进。到 2015 年，基本建成覆盖全省城乡社区，集行政管理、社区事务与便民服务为一体，纵向贯通省、市、县(市、区)、街道(乡镇)、社区的社区综合信息平台。社区信息化工作机制普遍建立，社区信息化管理和服务体系逐步完善。资源共享、业务协同、方便快捷、惠及全民的社区信息化工作格局基本形成。

## 三、重点任务

**(一) 加快建设统一规范的社区综合信息平台**。依照江苏省地方标准《社区综合管理和服务信息平台共性技术规范》，以省辖市行政区域为主体，依托现有电子政务网络或其他网络资源，整合社区就业、社会保障、卫生、计划生育、文化、培训等公共服务信息资源，建设以社区综合数据库为支撑、集成社区各类业务的社区综合信息平台。社区综合信息平台门户应统一标识为“网上社区”，同时加注“——××市或县(市、区)××街道(乡镇)社区综合管理和服务信息平台”。

各地要按照统筹规划、集约建设、共建共享的原则，对部署在不同部门、分散孤立、用途单一的各类社区业务系统进行优化整合，在保证服务质量的前提下，向统一的社区综合信息平台对接或迁移。已建有社区综合信息平台的县(市、区)，可先按照全省社区综合信息平台建设要求，统一平台门户标识，通过升级改造实现与市级平台的系统对接，逐步将县级平台基础设施向市级平台迁移。各地可围绕本地区社区信息化建设需要，依照《社区综合管理和服务信息平台共性技术规范》自主开发平台应用软件及相关业务功能模块，也可使用现有成熟的软件产品和省统一开发的软件产品。

**(二) 统筹条线部门社区业务系统建设**。推动社区网络和信息资源整合，推进条线部门业务系统集约化建设，各条线部门向街道(乡镇)、社区延伸的业务信息系统，原则上不再直接延伸进入社区，所需数据由社区综合信息平台统一采集提供。已延伸到街道(乡镇)、社区的业务信息系统，应开放数据交换接口，支持与社区综合信息平台的信息共享。优化整合县(市、区)、街道(乡镇)、社区面向居民群众、驻区单位服务的内容和流程，及时为居民提供全方位、多层次的公共信息服务，逐步实现各条线部门社区业务“一站受理、一网协同”。

**(三) 规范社区信息资源的采集和使用**。注重社区信息资源规划，完善数据采集标准规范，明确街道(乡镇)、社区和有关部门的信息采集责任，通过社区综合信息平台统一采集各类基础信息，实现基层公共基础数据“一次采集、多方共享”。各相关部门应依据职能，对统一采集的社区信息进行审核确认，对可由 2 个以上部门进行审核确认的社区信息，由省辖市信息化主管部门协调确定 1 个部门负责审核确认，其他相关部门进行数据比对、校验，数据出现不一致时由负责审核的部门予以核准。对无明确部门进行审核确认的社区信息，由省辖市信息化主管部门协调确定 1 个部门负责审核确认。各地可通过建设社区综合共享数据库对统一采集的社区信息进行管理，也可由社区信息的审核部门分别管理，通过交换实现共享应用。

**(四) 拓展社区信息化管理和服务功能**。依托社区综合信息平台，加强对社区人口、重点人群、社区组织以及党建、民政、人力资源社会保障、教育、文化、计划生育、卫生、公安、商业、住房城乡建设、体育等社区事务的管理。充分利用社区综合信息平台促进基层政府、企业、社区组织和居民的交流互动，畅通社情民意反映渠道，加强基层民主监督，促进和谐社区建设。加强社区综合信息平台与省级相关部门业务系统的对接,促进省、市、县(市、区)、街道(乡镇)、社区居委会工作联动协同,提高社区管理工作效率。

坚持集中和分布相结合,加强多种网络接入手段间的结合和转换,深入推进基于"三网融合"的社区综合信息平台建设。通过建设和融合社区服务网站、3G应用平台、短信平台、数字电视平台、远程教育平台、网上图书馆、网上博物馆、电子阅览室、公共信息亭、信息服务自助终端等各类信息服务设施,实现社区信息化服务手段的跨网融合,进一步提升社区综合信息平台管理水平和服务功能。鼓励依托社区综合信息平台设立统一的社区服务热线,有条件的地区可建立社区服务呼叫中心,并加快建立社区老年人、残疾人呼叫保障系统,为居民提供"一网式""一站式"在线服务。鼓励依托社区综合信息平台开展社区物业管理,发展社区电子商务。

**(五)形成社区信息化建设合力**。鼓励电信运营商、广电运营商和其他信息服务企业发挥资金、技术、人才等优势,投资建设社区综合信息平台、提供信息内容保障和运营维护管理服务。各地可通过分年度租赁使用信息设施、外包运营维护服务等多种方式,减少地方财政对社区综合信息平台建设的一次性投入,提高投资效益。鼓励各类面向社区服务的社会组织通过社区综合信息平台,提供家政、缴费、配送、教育、健康、娱乐、气象、旅游等信息服务,满足社区居民多样化需求。

## 四、保障措施

**(一)加强组织领导**。进一步完善社区信息化工作协调机制,不断健全社区信息化的政策措施、标准规范,加强分类指导。各地要建立由政府分管领导负责、各相关部门参与的协调推进机制,根据全省工作目标确定本地区社区综合信息平台建设时序进度,协调解决建设中的重大问题,推动本地区社区信息化有序发展。各级信息化主管部门要统筹推进本地区社区信息化工作,加强对社区综合信息平台建设的协调指导,推动跨部门信息资源共享和业务协同,组织开展目标任务评价考核。各级民政部门要牵头做好社区综合信息平台建设和运营维护管理,充分发挥平台的综合管理和服务功能。省通信管理部门要引导推动通信运营企业积极参与社区信息化建设。各级党建、人力资源社会保障、教育、文化、计划生育、卫生、公安、商务、住房城乡建设、体育、残联等部门要加强本系统参与地方社区信息化建设的推动和指导,认真履行社区信息审核和共享职能。各街道(乡镇)、社区要重点做好社区信息采集、登录、检索和应用,通过社区综合信息平台,开展社区综合管理,为社区居民群众生活提供优质高效服务。

**(二)健全制度规范**。加强全省统一的社区信息化技术规范、管理制度建设,为社区信息资源共享和业务协同提供保障。充分利用信息化手段完善社区工作评价机制,引导社区信息化工作健康发展。今后,各条线部门社区业务台帐,凡能通过社区综合信息平台提供的,不再要求各街道(乡镇)、社区提供手写纸质台帐。

**(三)完善投入机制**。各地要把社区信息化工作经费纳入财政预算,根据本地区社区综合信息平台建设时序进度落实建设资金,并加强经费的统一管理和集约使用。为鼓励、规范各地开展社区综合信息平台建设,省民政部门会同省信息化主管部门、财政部门,在省城乡社区建设项目引导资金中安排一定经费,通过"以奖代补"对城乡社区综合信息平台建设成效突出的试点地区和经济薄弱地区给予适当奖补。鼓励开发基于社区综合信息平台的应用软件,对符合条件的,从省级现代服务业(软件产业)发展专项引导资金中给予适当支持。鼓励和推广"企业建设、政府租用、运维外包"的社区综合信息平台建设模式,由通信运营企业投资建设并提供日常运维服务,由市或县级社区信息化建设部门统一租赁使用。鼓励其他社会力量参与社区信息化建设,引入市场机制,开展增值服务。

**(四)完善社区信息设施**。坚持集约化建设方向,加强光纤宽带有线接入网、下一代移动通信网、

无线接入网、数字电视接入网等信息基础设施融合建设，积极推进社区信息基础设施共建共享，提高社区综合信息平台应用覆盖率。依托社区综合信息平台，积极探索开展智能小区、平安小区、数字家庭、虚拟养老院等社区信息设施建设。普及推广社区公共信息服务终端，为居民群众提供便捷服务。

（五）**保障信息安全**。加强社区综合信息平台等级保护、风险评估和日常安全运营维护管理，综合运用各类信息安全技术措施保障网络、应用与数据安全，加强网络安全隔离、建立健全数据安全交换策略和应急响应体系，切实做好社区综合数据库安全防护和个人信息保护工作。

（六）**开展宣传培训**。加强对街道（乡镇）干部、社区居委会工作人员信息化知识技能培训，提高操作能力和应用水平。面向社区居民群众，广泛开展宣传教育，普及社区信息化知识，提高居民的信息运用能力。充分发挥大学生“村官”、社区志愿者在社区信息化普及应用中的作用，鼓励在校学生和社区居民参与社区信息化志愿服务工作。

# 关于推动民族乡(镇)村全面建设小康社会的意见

苏政发〔2012〕170 号

各市、县(市、区)人民政府,省各委办厅局,省各直属单位:

为进一步贯彻落实党的十八大精神和中央关于民族工作的决策部署,全面落实“六个注重”,全力实施“八项工程”,又好又快推进“两个率先”,就推动我省民族乡(镇)村全面建设小康社会提出如下意见。

## 一、深刻认识推动民族乡(镇)村全面建设小康社会的重要意义

江苏是少数民族散居地区,少数民族人口总量不大,但成份齐全,呈现大分散、小聚居、快增长的特点。近年来,全省认真贯彻落实党和国家的民族政策,大力实施农村少数民族扶贫开发,努力做好少数民族流动人口服务与管理,广泛开展民族团结进步创建活动,少数民族群众生产生活条件有了明显改善,民族聚居地方基础设施建设得到进一步加强。但由于自然、历史、区位等多种原因,全省民族聚居地发展很不平衡,部分地区民族村经济社会事业发展相对滞后,少数民族群众收入相对较低,基础设施较为薄弱,加快民族乡(镇)村发展的任务依然十分繁重。“十二五”时期,是我省全面建成更高水平小康社会并向率先基本实现现代化迈进的关键时期,没有民族乡(镇)村的全面小康,就没有全省的全面小康。加快民族乡(镇)村经济社会事业发展,维护各民族大团结,不仅关系到少数民族的繁荣和幸福,而且关系到我省实现“两个率先”的全局。各地、各有关部门要充分认识推动民族乡(镇)村全面建设小康社会的重大意义,进一步增强责任感和紧迫感,采取更加有力措施,让少数民族群众共享江苏改革发展成果。

## 二、准确把握推动民族乡(镇)村全面建设小康社会的总体要求

**(一)指导思想。**坚持以邓小平理论和“三个代表”重要思想为指导,深入贯彻落实科学发展观,牢牢把握各民族“共同团结奋斗、共同繁荣发展”的主题,紧紧围绕“两个率先”的目标,全面落实第六次全省民族团结进步表彰大会暨民族工作会议精神,坚持“适度倾斜、优先发展”的原则,大力促进民族乡(镇)村经济社会事业发展,不断巩固和发展“平等、团结、互助、和谐”的社会主义民族关系,努力开创各民族和睦相处、和衷共济、和谐发展的新局面。

**(二)主要目标。**稳步推进以“经济快速发展、生活幸福宽裕、生态环境友好、民族团结和睦”为内容的社会主义新农村建设,民族乡(镇)村公共基础设施和生态环境明显改善,自我发展能力不断增强,逐步改变民族乡(镇)村经济、社会、文化落后状况,与全省同步建成更高水平小康社会。苏北、苏中地区民族村全部纳入全省经济薄弱村“整村推进”规划,到 2015 年,苏南、苏中、苏北地区民族村年集体收入分别达到 70 万元、30 万元和 15 万元以上,村级集体经济实力进一步增强,带动、服务和保障能力显著提高;少数民族村民年人均纯收入达到 8000 元以上,达到或超过所在县(市、区)农村居民收入平均水平,切实解决少数民族群众的贫困问题。教育、科技、文化、卫生、体育等社会事业加快发展,少数民族群众的生活质量和综合素质明显提高,合法权益得到切实保障,民族关系更加和谐。

## 三、全面落实推动民族乡(镇)村建设小康社会的各项任务

**(一)完善民族乡(镇)村基础设施。**加强农田水利基础设施建设,优先安排民族乡(镇)村小型农

田水利工程、沟渠清淤工程和土地综合开发整治项目;加快交通基础设施建设,按照规划,优先安排农村公路提档改善工程;加强民族乡(镇)村内集中居住点间的道路和桥梁建设;不断完善民族乡(镇)村电力、通信等公共服务基础设施,大力推进实施城乡统筹区域供水工程,推进民族乡(镇)村与城市同水源、同管网、同水质。加强可再生能源技术服务体系建设,引导民族乡(镇)村结合环境整治和秸秆回收,推进户用沼气、秸秆气化集中供气站等农村生态能源建设。

**(二) 加快产业结构调整升级**。加强农业科技推广,加大农业产业结构调整力度,加快民族乡(镇)村农业产业化发展。采取特殊优惠政策,加快培育具有鲜明民族特色和地域优势的特色产业基地、龙头企业,引导民族乡(镇)村大力发展设施农业和现代养殖业,实现"一村一品"、"一村多品"的经济发展格局。大力扶持民族乡(镇)村兴办各类企业,全面执行扶持民族贸易、少数民族特需商品和传统手工业品生产发展的税收、金融、财政等优惠政策。

**(三) 促进少数民族群众增收**。支持少数民族农户发展高效农业,鼓励引导农业产业化龙头企业到民族乡(镇)村建基地、办工厂,扶持民族乡(镇)村开展农产品加工,提高农产品附加值。积极扶持民族乡(镇)村建立农业、养殖业、服务业专业合作社,引导少数民族农户加入合作社,实现低成本创业和零风险增收。鼓励有条件的民族村和少数民族农户发展"农家乐"等休闲观光农业增加收入。推动民族乡(镇)村土地承包经营权流转机制创新,完善土地征用补偿机制,提高少数民族群众的财产性收入。有针对性地加强民族乡(镇)村就业服务体系建设,加强创业就业培训,鼓励和支持少数民族群众办企业、进工厂,扩大收入来源。

**(四) 促进基本公共服务均等化**。普及和巩固民族乡(镇)村 9 年义务教育,高中阶段教育毛入学率达 90%以上。提高学前教育普及程度,逐步改善民族中小学办学条件,推进标准化建设,增加现代化教学设施,提高民族中小学师资水平,依法保障和提高教师待遇。积极推行和完善养老保险、最低生活保障等社会保障制度,到 2015 年,基本实现人人享有社会保障。城乡居民社会养老保险参保率和被征地农民基本生活保障覆盖率稳定在 95%以上,基础养老金和基本生活保障标准稳步增加,实现"老有所养"。加强医疗卫生服务体系建设,保障少数民族群众享有基本医疗卫生服务,落实少数民族村民各项医疗保障政策,参合率稳定在 95%以上,参合人员个人自付费用比例逐步控制在 30%以内,实现"病有所医"。加快建立健全社会服务体系,改善福利设施基础条件,支持民族乡(镇)村福利机构和农村"五保"供养机构建设。加强对回民公墓的规划和管理,妥善解决墓葬用地问题。

**(五) 发展和繁荣民族文化**。完善公共文化服务体系,保护和发展少数民族优秀传统文化。以涉农信息资源建设共享与农业信息技术推广应用为重点,加强互联网公共信息服务、文化室、农家书屋等公共文化基础设施建设,2015 年,全面实现民族村通光缆、通宽带、通有线电视的"新三通"目标,百户家庭电话拥有量 200 部、电脑拥有量 40 台以上。充分利用村综合信息服务平台,帮助农民上网发布或获取相关信息。鼓励举办具有民族特色的文化展演和体育活动,支持基层开展丰富多彩的群众性民族传统节庆文化活动。保护民族文化遗产,推进民族特需商品传统工艺和技术保护。大力支持民族文化产业发展,鼓励文化产业与教育、科技、信息、体育、旅游、休闲等领域联动发展和多样化发展。发展少数民族传统体育事业,加强基层公共体育设施和少数民族传统体育项目基地建设,加强少数民族传统体育项目保护和推广力度,加强少数民族传统体育人才培养,开发传统体育表演项目。

**(六) 建设良好的人居环境**。改善民族乡(镇)村的生活环境和村容村貌,指导民族村制定特色村寨保护与发展规划,把新农村建设同少数民族特色村寨建设结合起来,突出民族特色、文化特色和地方特色,力争建成一批公共服务设施完善、特色民居保护良好、特色产业蓬勃发展、与自然环境相协调的少数民族特色村寨。全省民族村人均钢筋、砖木结构住房面积达到 40 平方米。稳步推进民族乡(镇)村环境综合整治,优先实施民族乡(镇)村清洁工程,优先在民族乡(镇)村建立"组保洁、村收集、镇(乡)转运、县(市)处理"的生活垃圾城乡统筹处理体系,大力推进民族乡(镇)村生活污水处理设施建设,以及规模化养殖场、散养密集区固体废物和污水处理设施建设。改善卫生条件和人居环境,民族乡(镇)村森林覆盖率达到20%。

## 四、着力完善推动民族乡(镇)村全面建设小康社会的保障措施

**(一) 加强组织领导**。各级党委、政府要高度重视加快民族乡(镇)村经济社会事业发展,把民族工作摆上重要位置,制定扶持政策,落实配套资金,确保如期实现全面小康指标。辖有民族乡(镇)村的市、县(市、区)党委、政府要把推进民族乡(镇)村全面建设小康社会纳入本地区经济社会发展总体规划和年度计划,实行县(市、区)、乡(镇)两级领导包村责任制,制定帮扶目标、落实帮扶措施。省民委要协调推动兼职委员单位抓好5年规划项目落实工作,确保各项扶持政策和资金项目落到实处。各兼职委员单位要切实履行民族工作职责,主动作为,密切配合,确保各项目标任务顺利完成。

**(二) 加大政策扶持力度**。省财政要不断加大对少数民族和民族聚居地方财政转移支付力度,从2013年起,按中央少数民族发展资金与省级少数民族发展资金1:1的比例,安排省少数民族发展资金。省财政厅、省民委要积极争取中央少数民族发展资金,加强对少数民族发展资金的管理,努力提高使用效益。各市、县(市、区)要根据本地区少数民族人口状况,整合财政资金,共同推动少数民族和民族聚居地区经济社会事业加快发展。省财政继续设立民族教育专项资金和清真网点建设补助资金,满足少数民族的教育和生活需求。安排民族文化专项经费,为繁荣发展少数民族文化提供保障。

**(三) 强化督查考核**。各级党委、政府要把推动全省民族乡(镇)村全面建设小康社会作为评价科学发展、考核党政领导班子和领导干部实绩的重要内容。建立年度目标责任考核机制,将政策落实、机制保障、监测指标达标及重大举措实施情况作为年度考核的重要指标。省、市、县(市、区)人民政府定期向同级人民代表大会报告工作进展情况,各市、县(市、区)人民政府每年年初向上一级人民政府报告目标任务完成情况。省政府每年组织检查评估,并向社会公布评估结果。

**(四) 大力营造良好氛围**。各地要广泛开展民族团结进步创建和民族团结进步宣传月活动,加大党的民族政策和民族团结进步创建活动宣传教育力度。深入推进"民族产业发展基地""民族团结和谐小康示范村""民族工作示范社区""民族团结进步示范社团""清真拉面示范店"等多种形式创建活动,充分发挥先进典型的示范带动作用,为推动民族乡(镇)村全面建设小康社会营造良好的社会氛围。

# 关于进一步扶持农业产业化龙头企业发展的实施意见

苏政发〔2012〕135号

各市、县(市、区)人民政府,省各委办厅局,省各直属单位:

为大力扶持农业产业化龙头企业发展,提升全省农业产业化经营水平,根据《国务院关于支持农业产业化龙头企业发展的意见》(国发〔2012〕10号),紧密结合江苏实际,现提出如下实施意见。

## 一、深刻认识支持农业龙头企业发展的重要意义

农业产业化是现代农业的发展方向,农业龙头企业作为现代农业产业体系的重要主体,是推进农业产业化经营的关键力量。近年来,全省农业龙头企业不断发展壮大,带动能力明显增强。截至2011年年底,全省县级以上农业龙头企业4977家,其中,国家级61家、省级382家,有力促进了农业增效、农民增收。当前,全省正处于转变农业发展方式、推进农业现代化建设的关键阶段,大力扶持农业龙头企业发展,有利于促进现代农业发展、带动农民增收致富、繁荣发展农村经济,是推进农业现代化建设的关键举措。各地、各有关部门要深刻认识新形势下扶持农业龙头企业发展的重要意义,采取更加有力的措施,促进农业龙头企业做大做强,不断增强农业龙头企业对生产基地和农民的辐射带动能力,充分发挥农业龙头企业在实施农业现代化工程和推进新农村建设中的带动作用。

## 二、支持农业龙头企业发展的总体要求和目标任务

**(一)总体要求**。深入贯彻落实科学发展观,坚持为农服务方向,以实施农业现代化工程为总抓手,以转变农业发展方式为主线,以增加农民收入为核心,以科技进步为支撑,以市场需求为导向,加快建设优势特色产业基地,大力发展农产品精深加工,创新农产品流通方式,推动产业集聚、企业集群,完善扶持政策,强化指导服务,鼓励自主创新,切实增强农业龙头企业市场竞争力和辐射带动能力,全面提高农业产业化经营水平。

**(二)目标任务**。全省农业生产专业化、标准化、规模化、集约化、品牌化程度显著提高,农业龙头企业集群集聚水平显著提升,品牌知名度、影响力显著扩大,规模实力、自主创新和辐射带动能力显著增强,国家和省级农业产业化示范基地、农产品加工集中区、农业龙头企业、农产品批发市场及物流中心的数量、规模位居全国前列。到2015年,全省农业龙头企业数量达到6000家,其中,国家级、省级农业龙头企业数量分别达到80家和600家,规模以上农产品加工业产值与农业总产值之比达到1.61。到2020年,全省农业龙头企业数量达到7000家,其中,国家级、省级农业龙头企业数量分别达到100家和800家,规模以上农产品加工业产值与农业总产值之比达到2.2∶1。

## 三、支持农业龙头企业发展的重点措施

**(三)发展优势特色产业基地**。引导农业龙头企业发挥资金、技术、管理优势,建设优质农产品生产基地。支持符合条件的农业龙头企业参与中低产田改造、农田水利建设、高标准农田、土地整治、粮棉油示范基地、农业标准化示范区、园艺作物标准园、畜禽养殖标准化示范场、水产健康养殖示范场、池塘生态修复、出口农产品示范基地等项目建设。鼓励农业龙头企业参与“一村一品”建设,与镇村合作发展品质优良、附加值高的优势特色产业,重点打造一批国家级和省级“一村一品”专业示范镇村。

**(四)推动农产品加工升级**。鼓励农业龙头企业引进先进适用的生产加工设备,改造升级贮藏、保

鲜、烘干、清选分级、包装等设施装备。对农业龙头企业带动农户与农民专业合作社进行产地农产品初加工的设施建设和设备购置给予扶持。支持农业龙头企业积极发展农产品产地初加工,合理发展农产品精深加工,促进农产品就地加工转化。鼓励农业龙头企业开展农林废弃物、畜禽粪便资源化利用和节能、节水等项目建设,发展循环经济。

**(五)完善农产品市场体系**。鼓励农业龙头企业通过新建或改造升级,改善农产品储藏、加工、运输、配送及冷链设施。支持农业龙头企业在农产品产地或大中城市建设农产品批发市场,在城市开设超市专卖区、连锁店、直营店、配送中心等,推进农超对接、直营直供。加快发展农产品网上交易,积极发挥江苏优质农产品营销网的作用,推进农产品网络直销。支持符合条件的省级以上农业龙头企业承担重要农产品、农业生产资料的收储业务。加快农业物联网技术研发应用,探索开展农产品拍卖、期货交易试点,支持建设大宗农产品电子交易市场。鼓励农业龙头企业利用农产品期货市场开展套期保值,有效规避经营风险。组织农业龙头企业参加中国国际农产品交易会、江苏农业国际合作洽谈会、江苏名特优农产品(上海)交易会、海峡两岸(江苏)名优农产品展销会等境内外展示展销活动,扩大企业市场影响力,促进农产品流通销售。

**(六)促进农业龙头企业集聚发展**。引导农业龙头企业完善法人治理结构,建立现代企业制度。支持农业龙头企业通过兼并、收购、联合、参股等多种形式,开展投资合作,对符合重点产业调整和振兴规划的农业龙头企业兼并重组项目,以及兼并重组企业符合国家产业政策的技术改造项目,省级促进经济转型升级等相关专项资金优先予以支持。因地制宜建设农产品加工集中区或农产品加工功能区,支持技术创新、融资担保、认证检测中心等公共服务平台建设,积极创建国家级农业产业化示范基地、省级农产品加工集中区。引导农业龙头企业入驻集中区,推动企业集群集聚发展。

**(七)强化农业龙头企业科技创新**。鼓励农业龙头企业加大科研投入,建立研发机构,建设产业研究院、院士工作站、博士后工作站、工程技术研究中心等创新平台,积极培育科技型农业龙头企业。支持农业龙头企业自主开展或与高校、科研院所联合开展农业新品种、新技术、新工艺等技术研发。鼓励农业龙头企业引进国外先进技术和设备,开展消化吸收再创新。支持农业龙头企业承担科技创新项目建设,实施各类农业技术推广项目。加强农业技术市场建设,鼓励农业龙头企业与科研教学单位紧密合作,加快农业科技成果转化应用。支持农业龙头企业建立科技服务超市,引导农业龙头企业为农民开展技术指导、技术培训等服务。加强农业龙头企业人员培训,鼓励企业引进国内外高层次人才。支持引导高校毕业生到农业龙头企业就业,对符合基层就业条件的,按规定享受学费补偿和国家助学贷款代偿等政策。

**(八)创新利益联结机制**。引导和鼓励农业龙头企业大力发展订单农业,与农户、农民专业合作社签订农产品购销合同,形成稳定的购销关系。加强对订单农业的监管与服务,规范合同文本,强化企业与农户的诚信意识,切实履行合同约定。引导农业龙头企业创办或领办各类专业合作社,支持农民专业合作社兴办农业龙头企业,支持农民专业合作社、农户入股农业龙头企业。鼓励农业龙头企业通过实行保护价收购、利润返还、信贷担保、吸收农户入股等方式,与农户建立稳定的产销关系和紧密的利益联结机制。支持农业龙头企业围绕产前、产中、产后各环节,为基地农户开展农资供应、农机作业、技术指导、疫病防治、市场信息、产品营销等服务。鼓励农业龙头企业资助订单农户参加农业保险。支持农业龙头企业与农户建立风险保障机制,对企业提取的风险保障金在实际发生支出时,依照规定在计算企业所得税前扣除。

**(九)加强自主品牌建设**。鼓励农业龙头企业大力推进标准化生产,健全投入品登记使用管理制度和生产操作规程,建立农产品质量安全全程控制和可追溯制度,保障农产品质量安全。鼓励农业龙头企业采用国际标准,积极参与相关标准制订修订,推行质量管理体系认证,促进行业健康有序发展。

支持农业龙头企业实施商标战略，全面提高商标注册、培育、运用、保护和管理能力，大力提升品牌竞争力。支持农业龙头企业申报无公害农产品、绿色食品和有机农产品，采取定量包装、标识标志、商品条码等手段加速产品标准化。鼓励农业龙头企业创建中国驰名商标、国家级和省级质量奖、江苏省名牌产品、“重合同、守信用”企业。支持农业龙头企业组建行业协会，开展地理标志商标注册，打造区域公共品牌。

**（十）提升农业龙头企业国际市场竞争力**。加大农产品外贸转型升级示范基地建设力度，鼓励农产品出口企业到境外设立办事处或分支机构，支持企业赴境外参展促销，扩大优势农产品出口。鼓励引导农业龙头企业到境外开展跨国投资和农业资源开发，对境外投资项目所需的国内生产物资和设备提供通关便利。支持农业龙头企业申请商标国际注册，积极培育出口产品品牌。加快国际农业新品种、新技术、新装备的引进，支持有实力的农业龙头企业获取境外品牌、技术和人才。完善农产品贸易摩擦应诉机制，积极应对各类贸易投资纠纷。减免出口农产品检验检疫费，继续对出口活畜、活禽、水生动物全额免收出入境检验检疫费，对其他农产品减半收取检验检疫费。

## 四、加大对农业龙头企业发展的政策扶持

**（十一）加大财政支持力度**。各级财政要积极整合项目资源，增加农业产业化发展扶持资金，加大对农业产业化龙头企业的支持力度。各级中小企业发展专项资金要将中小型龙头企业纳入重点支持范围，农业综合开发产业化经营项目要向农业龙头企业倾斜。省级农业产业化龙头企业资金要根据“强化富民作用、发展优势产业、引领科技创新、支持重点区域、坚持择优扶持”的原则，采取以奖代补、先建后补等方式，优先扶持带动能力强的国家级、省级龙头企业和以优质粮油、规模畜禽、特色水产、蔬菜园艺等为主营业务的成长型龙头企业，重点支持龙头企业开展科技研发、检验检测和信息网络系统建设，适当扶持农业产业化示范基地、农产品加工集中区、仓储设施及有关公共服务平台建设。对入选“江苏省创新团队”的省级以上农业龙头企业，由省“双创计划”专项资金给予一次性经费资助。对农业龙头企业引进国内外高层次人才并入选省“双创计划”的，省“双创计划”专项资金予以资助。

**（十二）落实税收优惠政策**。农业龙头企业从事税收政策规定可享受税收优惠的农、林、牧、渔项目的所得，按规定免征、减征企业所得税。对农业龙头企业符合条件的技术转让所得，在1个纳税年度内不超过500万元的部分免征企业所得税，超过500万元的部分减半征收企业所得税。经国家有关部门认定为高新技术企业的农业龙头企业，减按15%的税率征收企业所得税。对年度应纳税所得额不超过30万元、从业人数不超过100人、资产总额不超过3000万元、从事农产品加工的农业龙头企业，或年度应纳税所得额不超过30万元、从业人数不超过80人、资产总额不超过1000万元的其他农业龙头企业，减按20%的税率征收企业所得税。对农业龙头企业从事符合条件的环境保护、节能节水项目的，按照规定享受相关税收优惠政策。对农业龙头企业的股权转让，不征收营业税。对农业龙头企业以不动产或者无形资产投资入股，参与接受投资方利润分配，共同承担投资风险的行为，不征收营业税。对农业龙头企业从事国家鼓励发展的农产品加工项目且进口具有国际先进水平的自用设备，在现行规定范围内免征进口关税。缴纳城镇土地使用税确有困难的农业龙头企业，根据有关规定报批后，可免征或减征城镇土地使用税；缴纳房产税确有困难的农业龙头企业，可向市、县人民政府申请定期减征或免征房产税。对中小型农业龙头企业因资金周转困难等原因不能按期纳税的，按照有关规定，可申请在3个月内延期缴纳。

**（十三）优先保障发展用地**。农业龙头企业在农业项目区域内，直接用于农产品生产的设施用地和附属设施用地，按农用地管理。支持农业龙头企业承担农业综合开发土地治理项目，建设优势农产

品生产基地。对国家级、省级农业龙头企业和具有发展潜力的市、县级农业龙头企业建设用地，要优先安排、优先审批，按规定享受土地规费相关优惠政策。对符合省重大项目用地计划点供的农业龙头企业建设项目，按照规定安排用地。支持农业龙头企业合理利用农村集体土地。鼓励农业龙头企业参与农村土地复垦整理和滩涂围垦开发，整理出的土地优先用于发展农业生产。

**（十四）加强金融信贷支持**。金融机构要将符合授信条件的农业龙头企业列为优先支持对象，开发适合的贷款品种，降低准入门槛，增加贷款投放。农业发展银行、进出口银行等政策性金融机构要采取授信等多种形式，加大对农业龙头企业固定资产投资、农产品收购的支持力度。鼓励农业银行等商业性金融机构根据农业龙头企业生产经营特点，合理确定贷款期限、利率和偿还方式，扩大有效担保物范围，积极创新金融产品和服务方式，有效满足农业龙头企业的资金需求。相关金融机构对新开户的农业龙头企业要及时评定信用等级，对符合条件的农业龙头企业可一次性核定信用额度，以信用贷款方式满足企业流动资金贷款需求。对风险可控、综合回报较高的农业龙头企业季节性收购农副产品所需贷款，在授信额度基础上适当追加贷款投放量，并适当延长贷款期限。农业龙头企业按时集中还款有困难的，可向金融机构申请贷款展期。对符合贷款条件的农业龙头企业，银行业金融机构给予利率优惠，并不得与企业存款挂钩，不得强制贷款企业购买理财、保险、基金等金融产品，不得强制符合贷款条件的农业龙头企业再到相关担保机构办理担保，不得变相收取企业手续费和承诺费、资金管理费等费用。支持符合条件的农业龙头企业上市融资、发行债券。鼓励融资性担保机构积极为农业龙头企业提供担保服务，缓解农业龙头企业融资难问题。

**（十五）减轻企业规费负担**。对农业龙头企业符合条件的固定资产，按照规定缩短折旧年限或者采取加速折旧的方法折旧。对农业龙头企业从事种苗、种植、养殖业及农产品初加工的用电，执行农业生产用电价格。对省级以上农业龙头企业直接用于农业生产的种苗、种植、养殖的用水免征水资源费，其他计划内的用水减半征收水资源费。规范和降低超市及集贸市场收费，全面落实鲜活农产品运输“绿色通道”政策，降低农产品物流成本。对暂时遇到经营困难的农业龙头企业，可按国家和省有关规定，缓缴除基本医疗保险之外的社会保险费，缓缴期限最长不超过 6 个月。治理规范涉企收费项目，严格执行农业龙头企业有关规费减免政策。免除农业龙头企业人防建设费、产品质量监督抽查检验费，减半征收堤防占用费、压力容器检测费和计量器具核定费等。

## 五、强化支持农业龙头企业发展的组织保障

**（十六）强化组织领导**。各级人民政府要牢固树立扶持农业产业化就是扶持农业、扶持农业龙头企业就是扶持农民的观念，把发展农业产业化、壮大农业龙头企业作为一件大事来抓。各市、县要围绕发展优质粮油、蔬菜园艺、规模畜禽、特色水产等主导产业，因地制宜制订本地区农业产业化发展规划。强化各级农业产业化主管部门的工作职能，配强队伍，保障经费，细化措施，严格考核，确保各项工作落到实处。建立省农业产业化工作联席会议制度，研究解决农业产业化特别是农业龙头企业发展中的重大问题。各地要完善农业产业化部门协商工作机制，强化协作配合，落实责任分工，形成工作合力。

**（十七）强化服务指导**。健全农业产业化调查分析制度，建立省级以上重点农业龙头企业调查体系，加强行业发展跟踪分析。修订省级农业龙头企业认定标准，定期对农业龙头企业运行情况进行监测评估，实行动态管理、优胜劣汰，逐步形成与产业结构相协调的农业龙头企业结构。对非农化趋势明显的农业龙头企业，要及时进行调整，不再享受相关扶持政策。建立主要农产品生产信息收集发布平台，无偿为企业的生产经营提供信息服务。充分发挥农业龙头企业协会的作用，加强行业自律，规范企业行为，服务会员和农户。

（十八）**强化宣传引导**。认真总结农业龙头企业带动农户增收致富、发展现代农业、参与新农村建设的好做法、好经验，大力宣传农业产业化发展成就，宣传农业龙头企业引领产业升级、推动科技创新、带动农户增收的先进典型。对发展农业产业化成绩突出的单位和个人，按照有关规定给予表彰奖励，营造全社会关心支持农业产业化和农业龙头企业发展的良好氛围。

# 第三章 浙江省政府相关文件

## 关于加快节能与新能源汽车产业发展的实施意见

各市、县(市、区)人民政府,省政府直属各单位:

为贯彻落实《节能与新能源汽车产业发展规划(2012—2020年)》、《中共浙江省委浙江省人民政府关于加快培育发展战略性新兴产业的实施意见》(浙委〔2011〕76号)和《浙江省新能源汽车产业发展规划》,加快节能与新能源汽车产业发展,促进汽车产业技术进步和优化升级,抓住战略性新兴产业发展先机,推动经济转型升级,现提出如下实施意见:

### 一、重要意义

加快培育发展节能与新能源汽车产业,是有效缓解能源和环境压力、促进可持续发展的内在要求,是促进汽车产业技术进步和优化升级、构建竞争新优势的有效途径,是加快培育发展战略性新兴产业、促进经济发展方式转变的重要举措。我省是节能与新能源汽车研发和应用推广启动较早的地区之一,在关键技术研发、生产制造及示范应用等方面形成了一定的基础和先发优势。面对全球节能与新能源汽车技术不断突破、市场需求快速增长及国家扶持力度不断加大的良好机遇,各地、各有关部门必须充分认识加快培育发展节能与新能源汽车产业的重要意义,按照国务院的统一部署和省委、省政府的要求,强化组织领导,明确工作重点,创新体制机制,加大政策扶持,推进节能与新能源汽车产业加快发展。

### 二、指导思想和主要目标

**(一)指导思想。**

坚持以科学发展观为指导,依托现有产业基础,以纯电动汽车为主攻方向,充分发挥企业的主体和主导作用,集聚科技、人才、资金等要素资源,加大扶持力度,优化发展环境,突出整车设计、关键技术研发、生产制造和商业模式创新等重点环节,以建设省级重点企业研究院为载体构建技术协同创新体系,以培育发展骨干企业为重点促进产业做大做强,以创新商业模式为抓手加快示范推广应用,建立完善企业主导的新能源汽车产业技术创新体制机制,构建创新能力强、产业化水平高、示范应用水平走在全国前列的节能与新能源汽车产业发展体系,推动我省汽车产业转型升级。

**(二)主要目标。**

1. 产业规模位居全国前列。力争到2015年,形成年产纯电动汽车5万辆、动力电池10亿安时、电机与电控系统总成15万套的生产能力,节能与新能源汽车关键零部件形成一定规模,并初步构建以3—4家纯电动汽车整车企业为骨干,关键零部件配套企业协调发展的节能与新能源汽车产业发展体系。

2. 关键技术创新取得重大进展。力争到2015年,重点在纯电动汽车整车及电池、电机、电控等关键零部件领域取得一批重大技术突破。纯电动乘用车续驶里程不低于150公里,最高车速不低于100公里/小时;动力电池模块比能量达到150瓦时/公斤以上,成本降到2元/瓦时以下,循环使用寿命达

到2000次或10年以上。

3. 商业模式创新取得成效。积极探索整车租赁、特许经营、充换电便利服务等多种商业模式，力争到2015年，全省推广应用节能与新能源汽车3万辆以上，其中杭州市2万辆、金华市5000辆。各类节能与新能源汽车在公共服务领域得到广泛应用，纯电动汽车在公务、出租车与商业租赁领域得到大力推广，运营模式创新取得突破，并初步建立适应重点城市区域和城际间运行需要的充换电配套设施及安全服务体系。

## 三、主要任务

**（一）开展企业主导的纯电动汽车产业技术创新综合试点。**

1. 建设纯电动汽车省级重点企业研究院。依托具有一定研发基础、较强创新能力的整车和关键零部件企业，组建8—10家省级重点企业研究院，开展纯电动汽车整车及电池、电机、电控、充换电设备等关键零部件的技术研究攻关。

2. 开展纯电动汽车重大技术攻关。由省级重点企业研究院主持，编制技术创新路线图，提出需要攻关的技术难题。省、市、县（市、区）设立纯电动汽车重大技术攻关专项，实施一批技术难题攻关项目，突破一批瓶颈技术。逐步建立完善由企业研究院向企业交题、企业向科技部门结题、用户评价、政府持续支持的产业技术创新推进机制。

3. 实施青年科学家培养计划。按照个人自愿、双向选择的原则，组织省内高校、科研院所青年科技人才到省级重点企业研究院工作，工作时间原则上不少于3年，以推动纯电动汽车领域青年科学家的培养。也可根据企业与人才的需求，把专业对口的国外工程师、博士引进到相关高校、科研院所，并选送到省级重点企业研究院工作。

**（二）促进产业做大做强。**

1. 建设杭州、金华两大产业基地。以杭州大江东产业集聚区、金华经济开发区和永康经济开发区为核心，重点发展纯电动、插电式混合动力乘用车和纯电动、混合动力商用车及其关键零部件；引导研发、设计、检测、物流、金融等生产性服务机构向产业基地集聚发展，逐步形成产业集聚、产业链上下游协同、制造与服务联动的空间布局。

2. 强化重点骨干企业培育。重点扶持众泰集团、青年集团、吉利集团等骨干企业加大新能源汽车技术与产品开发力度，重点发展纯电动、插电式混合动力乘用车及纯电动、混合动力商用车，逐步提高节能与新能源汽车的比重；重点支持万向集团、超威集团、大东南集团等企业开展动力电池的研发与产业化，加快锂电池隔膜、正负极材料、电解质等关键材料的研发与生产；支持行业骨干企业加快发展电动汽车电控系统、驱动电机、电动转向、电动空调、电子制动器等关键零部件的研发和制造。

**（三）加快示范推广应用。**

1. 加大公共服务领域推广应用力度。鼓励各级行政事业单位、公共服务机构、国有企业的一般公务用车、商务用车、特定业务用车和固定区域内执勤执法用车等优先采购、使用纯电动汽车；积极倡导车改城市的公务员租用纯电动汽车；鼓励在城市公交系统大力推广应用节能与新能源汽车；支持通过增加营运权证数量、支持整车企业直接参与运营、鼓励传统汽车更新为纯电动汽车、设立区域性运营示范点等方式，加快纯电动汽车在城市出租车领域的推广。

2. 鼓励商业租赁模式创新示范。鼓励采用分时租赁与分期租赁相结合、换电与充电相结合的方式，开展纯电动汽车商业租赁模式创新，大力发展以市区短途代步出行为目的的纯电动汽车自驾租赁服务系统。

3. 积极推动纯电动汽车在景区的示范运营。围绕缓解景区交通压力、优化景区空气环境，采取逐步控制传统汽车通行、加快换乘设施建设、加大外围交通疏导工程建设等措施，积极推进纯电动公交车、乘用车等在有条件的景区的示范运营。

**（四）积极推进充换电等配套设施及安全服务体系建设。**

1. 加快充换电设施等网络建设。以杭州、金华两市为重点，根据能源供应和土地资源状况，将充换电设施等纳入城市综合交通运输体系和相关专项规划，科学确定建设地址和规模。支持国家电网公司开展纯电动汽车动力智慧服务网络建设。支持有条件的企业参与建设节能与新能源汽车运行配套服务体系。加快制定合理的收费管理方法，逐步实现充换电等设施建设和管理的市场化与社会化。

2. 加快建设纯电动汽车安全服务体系。加快车联网建设，形成基于物联网的纯电动汽车安全运营管理系统，建成覆盖所有电动汽车、充换电站、服务设备的统一服务网络，实现数据实时采集、信息交互和智慧服务。通过对车辆及电池性能的实时监测和预警，加强安全防范工作。

3. 加强动力电池梯级利用和回收管理。制定动力电池回收利用管理办法，建立动力电池梯级利用和回收管理体系。引导电池生产企业加强对废旧电池的回收利用，鼓励发展专业化的电池回收利用企业。严格设定动力电池回收利用企业的准入条件，明确动力电池收集、存储、运输、处理、再生利用及最终处置等各环节的技术标准和管理要求。

## 四、保障措施

**（一）加强组织领导。**

在省促进战略性新兴产业发展工作领导小组框架内，建立省节能与新能源汽车产业发展协调小组，统筹协调节能与新能源汽车产业发展和推广应用工作。各有关市、县（市、区）要结合当地实际，建立相应领导小组，切实抓好组织实施，确保取得实效。

**（二）推进新能源汽车推广应用示范基地建设。**

支持杭州市建设新能源汽车规模化推广应用与产业发展示范基地。支持杭州市深入开展国家新能源汽车“十城千辆”和私人购买新能源汽车补贴试点工作；支持金华市深入开展省级新能源汽车推广应用试点，并创造条件争取成为全国新能源汽车试点城市。各试点城市要制订公共交通领域节能与新能源汽车推广应用计划，每年更新的车辆中节能与新能源汽车要达到1/3以上；鼓励有条件的企业经营纯电动汽车出租公司；现有出租车更新的，纯电动汽车要达到每年更新车辆的1/3以上；公务用车、固定区域内执勤执法车有增配和更新的，纯电动汽车要达到每年增量的1/3以上；重点景区要制订新能源汽车应用计划。

**（三）加大财政扶持力度。**

从省战略性新兴产业及省财政科技资金中安排一定资金，对企业研发投入占主营业务收入的比重达到5%以上的纯电动汽车省级重点企业研究院，每家补助1000万元；对企业研发投入占主营业务收入的比重达3%至5%的，每家补助500万元；省里每年安排给纯电动汽车省级重点企业研究院主持的技术攻关课题项目每家不少于1项，每项资助金额不少于150万元，连续支持3年。有关市、县（市、区）按不低于1∶1的比例予以配套。对列入智慧城市建设示范试点的纯电动汽车动力智慧服务网络建设项目，省财政给予积极支持。省发改委、省经信委、省科技厅等部门在安排省级技术改造、技术创新、高技术产业化、重大科技创新等专项资金时，对新能源汽车及关键零部件项目要给予倾斜支持。积极争取国家各类专项资金的支持。

**（四）加大税收优惠支持力度。**

对符合条件的节能与新能源汽车及关键零部件生产企业，优先认定为高新技术企业，减按15%的税率征收企业所得税。对企业为开发新技术、新产品、新工艺发生的研究开发费用，未形成无形资产

计入当期损益的，在按照税法规定据实扣除的基础上，按照研究开发费用的50%加计扣除；形成无形资产的，按照150%摊销。

**（五）完善配套政策。**

各地、各有关部门要在车辆上牌、年检、路桥通行费及停车费等方面研究制定有利于节能与新能源汽车产业发展和推广应用的政策措施。实行限号行驶、牌照额度拍卖、购车配额指标等措施的城市，应对纯电动汽车区别对待，放宽条件。通过允许不拍号牌予以登记、免交或减半交纳出租车运营费用等措施，支持新建纯

电动出租车公司。发挥政府采购的导向作用，逐步扩大公共机构采购节能与新能源汽车的规模。各新能源汽车推广应用试点城市和纯电动汽车制造基地所在县（市、区）要率先鼓励使用纯电动汽车，并安排专项资金支持纯电动汽车的推广应用。积极探索研究纯电动出租车环保贡献补贴替代燃油补贴方案。

**（六）加快人才队伍建设。**

支持省内高校加强新能源汽车及关键零部件领域相关学科建设，培养科研人才。支持通过职业教育和岗位技能提升培训，加大工程技术人员和专业技能人才的培养力度。鼓励企业、高校和科研机构从国内外引进新能源汽车产业一流人才。省内高校、科研院所青年科技人才到省级重点企业研究院工作期间保留原单位身份、职称和待遇，并在同等条件下优先晋升专业技术职务。对组织工作成效显著的高校、科研院所及业绩突出的青年科技人才，要给予通报表彰。受表彰的青年科技人才

优先推荐列入省“千人计划”、“151”人才工程、我省培养“两院院士”计划、重点学科带头人培养计划，并争取列入国家有关人才培养计划。

# 关于加快"腾笼换鸟"促进经济转型升级的若干意见(试行)

各市、县(市、区)人民政府,省政府直属各单位:

近年来,全省各地、各部门积极开展"腾笼换鸟"工作,有力促进了产业转型升级和经济发展方式转变。为进一步加大"腾笼换鸟"力度,提高资源配置效率,扩大有效投资,促进全省经济加快发展、高质量发展,特提出如下意见:

## 一、加快"腾笼换鸟"工作的总体要求

**(一)指导思想**。深入贯彻落实科学发展观,全面实施"八八战略"和"创业富民、创新强省"总战略,以科学发展为主题,以转变发展方式为主线,紧紧围绕加快发展、高质量发展这一中心任务,着力扶优汰劣,着力挖潜资源存量,着力形成"腾笼换鸟"长效工作机制,为产业转型升级腾出新的发展空间,努力推动产业梯度转移、结构优化和竞争力提升,力争在"十二五"末资源利用效率有较大提高,有效投资较快增长。

**(二)工作目标**。土地利用效率和节能减排水平明显提高。2012年全省盘活存量土地2万亩;单位生产总值能耗达到0.667吨标煤,腾出用能空间100万吨标煤。到2015年,全省单位国内生产总值建设用地比2010年下降28%;累计腾出用能空间350万吨标煤;单位生产总值二氧化碳排放量和主要污染物排放均完成国家下达指标。

**(三)基本原则**。一是盘活存量,优化增量。坚持存量调整提升与增量优化做强相结合,为产业转型升级腾出用地、能耗、环境容量等空间。严格新上项目准入标准,加快引进和落地一批"高新优特"项目,努力扩大有效投资。二是市县主导,稳步推进。坚持以市县政府为"腾笼换鸟"工作的责任主体,明确一批重点行业、企业、园区,加强产业规划布局和行业准入管理,稳步推进"腾笼换鸟"工作。三是企业主体,集聚集约。坚持以企业为"腾笼换鸟"工作的实施主体,促进产业结构优化、生态和谐发展与资源集约利用相结合,提高资源集约利用和产业集聚水平。四是政策推动,多措并举。坚持以市场调节手段为主,经济、法律、行政手段相结合,倒逼、激励、服务措施相结合,依法淘汰、就地转型和梯度转移相结合,努力形成"腾笼换鸟"工作的长效机制。

## 二、建立健全"腾笼换鸟"的倒逼机制

**(四)严格依法处置闲置土地**。严格按照《土地管理法》、《闲置土地处置办法》等有关规定,全面落实征收土地闲置费、协商或依法收回、实施土地置换等措施,加大对闲置土地的处置力度。严格建设用地供应管理,规划、建设等部门要依法依规科学确定拟供应土地的规划建设条件,国土资源部门要全面落实建设用地使用权"净地"出让制度,严禁向淘汰类工业项目供地,从严控制限制类工业项目供地,从源头上防止产生新的土地闲置。将闲置土地处置情况纳入各级政府节约集约用地评价考核,并与年度新增建设用地计划指标分配挂钩,对闲置土地处置未达到规定要求的,相应核减下一年度新增建设用地计划指标。

**(五)加快淘汰落后产能**。各级政府要制订淘汰落后产能规划和年度实施计划,逐步提高淘汰标准。以冶炼、造纸、印染、水泥、制革、化工、化纤、电镀等高耗能高污染行业为重点,严格淘汰不符合国家产业政策、节能减排要求和安全生产条件的落后产品、技术和工艺设备,并根据区域产业结构调整的需要,逐步淘汰和转移一批不具有能源资源利用优势、产业附加值较低的相对落后产能。对不按期淘汰的企业,各地要依法予以关停、吊销生产许可证和排污许可证,并予以公布。严格行业准入管理,

加强项目的规划选址、环评、用地标准控制和安全生产评估审查，禁止投资建设各类不符合产业政策的高耗能、高污染项目以及不符合安全生产标准的项目。严格控制对“两高”行业、部分产能落后和过剩企业的贷款投放，对国家明确要求淘汰的落后产能的违规在建项目和未按规定期限淘汰落后产能的企业，金融机构不得提供任何形式的新增授信支持。

**（六）全面推行差别电价、水价政策**。继续对电解铝、铁合金、电石、烧碱、水泥、钢铁、黄磷、锌冶炼等8个行业实行差别电价政策，各地可根据有关规定和当地实际适当扩大差别电价实施的行业范围，提高加价标准。对能源消耗超过现有国家和省级单位产品能耗（电耗）限额标准的企业和产品，按《浙江省超限额标准用能电价加价管理办法》严格执行惩罚性电价政策。对医药、化工、造纸、化纤、印染、制革、冶炼等行业中的高污染、高水耗企业，抓紧研究制订差别水价和差别用能政策。

**（七）强化用能“双控”管理**。严格实施能源消费总量和能耗强度“双控”制度，建立完善分级考核的“双控”目标责任制度。制订和完善一批省、市、县三级新上项目用能强度标准，依法实行新增项目用能指标核定和能耗准入对标审查制度。逐步建立新上固定资产投资项目与用能总量指标挂钩、与淘汰落后产能相结合的用能总量动态平衡机制，探索建立区域内企业或项目用能交易制度。

**（八）加强污染物排放总量控制**。坚持减排约束性指标控制，严格主要污染物排放总量控制，严防污染产业转移。强化污染减排考核制度，严厉打击违法排污行为，依法坚决淘汰污染严重企业，切实降低污染排放强度。各地要积极开展排污权有偿使用和交易试点工作，为新建项目腾出环境容量。完善绿色信贷机制，加大对节能环保产业的信贷支持力度，积极推进排污权抵押贷款，探索CDM项目和合同能源融资，支持符合条件的节能环保产业发行短期融资券、中期票据和中小企业综合票据，扩大节能环保产业债券融资规模，促进节能环保产业发展。

## 三、建立健全“腾笼换鸟”的激励机制

**（九）鼓励开展低效利用建设用地“二次开发”**。根据企业单位用地、单位能耗、单位排放、税收贡献等指标，开展城镇土地使用税政策调整试点。对试点地区城镇土地使用税政策调整形成的地方财政收入，在当年增收省分成部分中，给予一定的奖励。对工业企业，在符合规划、满足国家标准、不改变土地用途的前提下，允许容积率适当突破原有的标准，通过适当减少绿地、压缩辅助设施用地、厂房加层改造、利用地下空间等途径提高土地容积率的，不再增收土地价款。工业企业利用现有厂房、仓储用房等存量房产，在不改变现有用地主要使用性质的前提下兴办信息服务、研发设计、创意产业等现代服务业的，其土地用途可暂不变更。

**（十）鼓励企业搬迁改造**。各地要坚持产业集聚发展，鼓励“腾笼”企业向产业园区搬迁，并优先安排用地，对搬迁企业可根据实际按机器设备等固定资产价值的一定比例予以补偿；对经认定属于产业集聚区内鼓励发展的项目，可对搬迁企业予以适当补偿；异地搬迁改造腾出的用地空间和排污指标，可按一定比例对企业给予奖励。

**（十一）鼓励企业就地转型升级**。在符合城乡规划的前提下，对“退二优二”就地转型发展企业，其土地用途不改变的，各地可按该企业当年经法定评估机构评估的生产设备净值价，给予一定比例的奖励；对腾出的排污指标，可实行有偿收储。对“退二进三”发展现代服务业的退出企业，经认定符合城乡规划、环保、产业发展等要求的，对原土地在依法补偿的基础上，可再给予一定的奖励。

**（十二）鼓励优势企业兼并重组**。按规定减免企业并购重组的相关税费，依法简化环评、能评、安评等审批手续；企业办理合并分立的，可以依法自主选择企业类型，自主约定注册资本、实收资本和出资份额。

**（十三）鼓励各地“集中收储”工业用地**。鼓励各地设立工业用地集中收储专项资金，制订工业用

地集中收储的标准、范围和年度计划。鼓励支持企业"协议退出"、"协商置换"等途径退出用地。对自退低效利用建设用地使用权的企业，在依法补偿的基础上，可再给予一定的奖励。

**（十四）鼓励省内产业梯度转移**。对"腾笼换鸟"的退出企业，凡符合产业规划布局和政策导向的，鼓励在省内梯度转移。在有条件的地区，按照共建共管共享的办法，鼓励合作共建产业园区。

**（十五）鼓励企业"走出去"**。鼓励支持企业"走出去"发展，提升资源配置能力，以资本融通、渠道创新带动要素整合和市场拓展。支持企业通过境外投资、参股、控股等方式，借力海外资源和市场做大做强。对于有利于经济转型升级、战略性新兴产业发展、产业核心竞争力提升的重大项目，予以外汇登记与汇兑管理便利。鼓励银行、保险机构加大外汇融资和避险工具的创新力度，加快发展跨境贸易人民币结算试点业务，强化汇率避险专项服务，满足国际化运作企业对融资和规避风险的需求。

## 四、建立健全"腾笼换鸟"的服务机制

**（十六）加强组织协调**。建立省"腾笼换鸟"工作协调小组，省发改委、省经信委、省财政厅、省人力社保厅、省国土资源厅、省环保厅、省建设厅、省商务厅、省地税局、省工商局、省质监局、省物价局、人行杭州中心支行、省电力公司等部门参加，重点研究协调全省推进"腾笼换鸟"工作的重大事宜，办公室设在省经信委，各成员单位要按照各自职责做好相关工作。各市、县（市、区）也要建立相应工作协调机构，明确部门责任，强化联动执法，建立健全集约促转型的共同责任和联动推进机制。

**（十七）制订配套政策**。省发改委、省经信委要研究制订重点生产力布局规划、产业结构调整指导目录等政策，省经信委、省质监局要研究制订淘汰落后产能标准，省财政厅、省地税局要研究制订城镇土地使用税政策调整试点方案，省国土资源厅要研究制订推进低效建设用地"二次开发"等政策，省环保厅要研究制订排污指标优化配置等政策。

**（十八）简化审批手续**。深化以"四减少"（减少审批部门、审批事项、审批环节和审批时间）为核心的行政审批制度改革，全面清理现行各项行政审批事项，下放管理权限，提高服务效率。凡涉及"腾笼换鸟"相关的审批事项，各部门要尽快进行梳理，对其管理权限法律、法规没有明确规定由省政府及其工作部门行使的，一律下放到市县，切实增强地方政府社会管理和公共服务能力。

**（十九）加大考核奖惩力度**。把推进"腾笼换鸟"工作纳入省政府对市县目标责任制考核。结合扩大有效投资，加大对"腾笼换鸟"工作的考核力度，完善盘活存量、亩产税收等与财政奖励、年度建设用地指标分配相挂钩的激励约束机制。继续加大财政扶持力度，进一步优化各级财政转型升级资金的使用结构，支持加快推进"腾笼换鸟"工作。

# 关于进一步加快电子商务发展的若干意见

各市、县（市、区）人民政府，省政府直属各单位：

近年来，电子商务在全球范围内正以前所未有的速度迅猛发展，并逐步向研发、生产、流通、消费等实体经济活动渗透，成为引领生产生活方式变革的重要推动力。为加大对电子商务的支持力度，营造良好的环境，推进全省电子商务加快发展，结合《浙江省电子商务产业"十二五"发展规划》，现提出如下意见：

## 一、充分认识加快电子商务发展的重要意义

**（一）电子商务有利于经济发展方式转变**。电子商务以"全天候、全方位和零距离"的特点，改变着传统经营模式和生产组织形态，影响着产业结构调整和资源配置，对促进我省产业结构调整，推动经

济增长方式转变，提高经济运行质量和效率，提升综合竞争力具有十分重要的作用。

**（二）电子商务有益于开拓国内外市场。**电子商务突破了传统的“商圈”概念，使交易和服务等经济活动像实体产品一样进行流通，有效扩大了市场空间。依托电子商务，生产商直接构建零售终端与消费者进行交易，大大缩减流通环节，进一步降低中间商、物流等交易成本，从而有力地促进商品和各种要素的流动，消除妨碍公平竞争的制约因素，降低交易成本，推动浙江企业开拓国内外市场。

**（三）电子商务有利于规范市场经济秩序。**电子商务交易记录可长期保存，具有“来源可追溯、去向可查证、风险可控制、责任可追究”的特点，是新时期实现市场有效监管和商业文明建设的重要支撑，有利于建立长效监管机制，从源头上规范市场经济秩序。此外，电子商务在品牌培育、节能减排、创造就业、支持创业等方面都发挥着重要作用。

## 二、加快构建电子商务产业体系

**（四）构建电子商务产业链。**根据我省产业特色和电子商务发展现状，巩固和提升电子商务服务平台，加快发展网络购物，不断拓展电子商务应用范围，逐步提高电子商务产业集聚度和市场辐射力，形成以网上交易活动为核心，技术、配送、支付、认证等支撑服务为外沿的重点突出、范围明晰、理念先进的电子商务产业链。

**（五）建设国际电子商务中心。**大力推进电子商务发展，强化政府在产业规划、政策引导、法规建设和市场监管等方面作用，提升电子商务产业规模和综合竞争力。推进电子商务与支撑体系同步协调发展，逐步突破物流配送、诚信机制、人才和资金短缺等制约。推动电子商务创新发展，在经营模式、技术和人才等方面达到国际先进水平，努力把浙江打造成为“国际电子商务中心”。

## 三、提升发展电子商务公共平台

**（六）巩固发展综合性电子商务平台。**支持阿里巴巴等综合性电子商务平台加快向全国中小企业提供电子商务服务，逐步向境外延伸业务，巩固全球最大企业电子商务交易平台地位。延伸电子商务平台服务功能和内容，拓展业务范围。推进综合性农产品电子商务平台建设，引导我省农产品开展电子商务交易。

**（七）提升发展行业电子商务平台。**依托块状经济、专业市场和产业集群，提升发展行业电子商务平台，推进现有行业电子商务平台由信息流服务向信息流、商流、物流和资金流综合服务发展；进一步整合行业电子商务平台的资源，重点在化工、纺织、医药、服装等领域培育一批集交易、物流、支付等服务于一体的行业电子商务平台，确保我省行业电子商务平台发展的全国领先地位。

**（八）加快建设大宗商品电子商务交易平台。**支持有条件的生产资料经营企业和专业批发市场开展大宗商品网上现货交易，在煤炭、钢铁、塑料、化工、有色金属等领域建成一批以商品交易为核心、现代物流为支撑、金融及信息等配套服务为保障的大宗商品现货交易电子商务平台；结合浙江海洋经济发展示范区的大宗商品交易中心建设，加快建设综合性大宗商品电子商务交易平台，提升我省大宗商品定价话语权。

## 四、加快发展网络零售业

**（九）稳步发展第三方网络零售平台。**扩大网络零售商品和服务种类，推动服装、家纺、电脑、家电、数码、家居、母婴用品、土特产等商品进行网上销售。支持淘宝网做强做大，巩固其全球最大第三方网络零售平台地位；培育一批新兴的第三方网络零售平台，规范发展网络团购平台。

**（十）大力发展专业化网络零售业。**在支持综合性网络零售企业发展的同时，发挥网络零售低成本快速覆盖全国市场的优势，重点支持建设销售特定商品或针对特定消费人群的专业化网络零售平台，做精做透网络零售业务，着力培育一批行业细分并辐射全国消费市场的网络零售企业。

**（十一）支持传统商贸企业发展网络零售业务。**支持传统百货、连锁超市等企业，依托原有实体网点、货源、配送等商业资源开展网络零售业务，进一步发展集电子商务、电话订购和城市配送为一体的同城购物。结合农村流通实体网点建设，探索"网上看样、实体网点提货"的经营模式，推进农村市场网络零售业发展。鼓励日用消费品交易市场经营户依托第三方零售平台开展网上销售，推进传统零售业与网络零售有机接轨。

## 五、积极利用电子商务开拓国内外市场

**（十二）普及中小企业电子商务应用。**充分发挥我省电子商务公共服务平台领先优势，鼓励我省中小企业利用第三方平台开展电子商务，积极开拓国内外市场。支持有条件的第三方电子商务平台开设"浙江专区"，对浙江企业集中进行展示、宣传和推广，打造一批特色鲜明、影响力较大的"浙江中小企业网上集聚区"。

**（十三）支持骨干企业发展供应链电子商务。**充分发挥骨干企业在采购、销售等方面的带动作用，支持一批品牌效应明显、产品标准化程度高、系列齐全的骨干企业建立企业电子商务网站，以产业链为基础，以供应链管理为重点，实现采购、生产、销售全流程电子商务。

**（十四）鼓励生产企业直接开展网络零售。**支持生产企业依托自身品牌，通过第三方零售平台开设网络旗舰店、专卖店等网络零售终端，有条件的可自建零售平台，开展网络零售、网上订货和洽谈签约等业务。支持专业化网络销售企业承接传统企业电子商务业务，培育一批网络销售领域的总代理、总经销。

**（十五）支持发展境外网络销售。**鼓励我省电子商务服务平台针对不同语言进行区域划分，加大境外电子商务市场拓展力度。加快跨境零售的报关结汇、境外配送等配套业务，鼓励我省企业依托电子商务平台开展境外批发或零售，特别是采取自主品牌方式建设境外零售终端，提升我省产品在境外市场的品牌影响力和附加值。

## 六、进一步扩大电子商务应用范围

**（十六）鼓励数字产品开展网络交易。**鼓励平面出版物和视频节目数字化，支持舞台剧目、音乐、美术、非物质文化遗产和文献资料等进行数字化转化、开发、下载和交易，规范发展网络游戏等文化服务，培育专业性文化产品交易平台。依托网络建立数字版权运营体系，探索"自助出版模式"，建设全省数字出版网上交易系统，在文化、出版等领域培育一批重点电子商务平台。

**（十七）鼓励服务产品开展网络交易。**推进金融领域电子商务应用，加快发展网络融资、理财等网络金融中介业务；加快推进电子商务在物流、旅游、会计、法律、培训等服务领域应用；鼓励票务、房产、人才等中介行业开展电子商务。积极建设社区便民服务平台，鼓励政府采购、招投标、药品采购等公共资源开展网络业务。重点在物流、金融、旅游、教育、医疗、中介等服务领域培育一批电子商务平台。

## 七、健全电子商务发展的基础保障

**（十八）加强信息网络基础建设。**加快基础通信设施、光纤宽带网和移动通信网、广电有线网络建设，推动"三网融合"，构建覆盖城乡、有线无线相结合的带宽接入网。全面推进光纤到楼、入户、进村，实现政府机关和公共事业单位光纤网络全覆盖；推进已建居住区光纤到户改造，实现新建小区光纤宽带全覆盖；推进农村地区和边远地区的宽带互联网等信息通信基础设施建设；加快推进企业信息化，

普及研发、采购、制造、营销和管理等领域信息技术应用。

**（十九）培育电子商务技术服务企业。**有效整合基础电信运营、软件供应和系统集成等基础业务，培育一批专业化电子商务服务商，为中小电子商务企业提供平台开发、信息处理、数据托管、应用系统和软件运营（SaaS）等外包服务。引进国内外知名电子商务服务企业来浙设立区域总部。

**（二十）推进电子商务应用技术创新。**加快发展云计算，建设云服务平台，完善云安全解决方案，推进海量存储、虚拟化和低功耗等云计算技术在电子商务领域应用。大力发展移动电子商务，推广手机、掌上电脑等智能移动终端的应用，支持电子商务运营商与电信运营商、增值业务服务商和金融服务机构之间开展对接，提高移动电子商务覆盖面。

**（二十一）逐步完善电子商务物流配送。**整合现有工业、商业、仓储和运输等物流信息资源，大力发展第三方物流，推进第四方物流，提高物流配送的社会化、组织化和信息化水平。推动第三方物流与电子商务平台合作，为网上交易提供快速高效的物流支撑。发展快递物流，培育一批信誉良好、服务到位、运作高效的快递物流企业；引进一批浙商投资的快递物流和国际先进快递物流到我省设立总部。支持重点电子商务企业建设物流中心。支持城市社区建设网络购物快递投送场所，新建小区应将快递投送场所纳入规划。尽快构建覆盖全省地级市，并逐步向县级城市、城镇和农村延伸，与电子商务快速发展相适应的现代物流配送体系。

**（二十二）进一步完善网络支付。**鼓励银行拓展电子银行服务业务，强化在线支付功能；加强与电子商务企业的合作，发展电子票据、移动电话支付等新型电子支付业务，推出适合电子商务特点的支付产品和服务。加强第三方支付平台建设，引导第三方支付机构在依法合规经营的基础上，加快产品和服务创新，做大做强非金融机构支付服务市场。尽快建立由网上支付、移动电话支付、固定电话支付以及其他支付渠道构成的综合支付体系，提供安全、高效的资金结算服务。

**（二十三）加强网络认证和安全建设。**推进认证平台建设，完善电子认证基础设施，加快电子认证加密技术研究。加强信息安全防范，引导电子商务企业完善数字认证、密钥管理、数字加密等安全服务功能。健全信息安全管理制度与评估机制，提高电子商务系统的应急响应、灾难备份、数据恢复、风险监控等能力。

**（二十四）加快电子商务人才培育。**鼓励省内高等院校和职业院校开设电子商务、物流配送等专业，培养多层次电子商务人才。推进中小电子商务企业、配套服务商的中高级人才学历继续教育，鼓励举办电子商务高级研修班，加强高端人才培养力度；支持有条件的电子商务企业与科研院所、高校合作建立教育实践和培训基地，支持电子商务企业开展职工培训，提高职工培训费用计入企业成本的比例，鼓励和动员社会力量开展面向农民和下岗工人的电子商务知识培训。加大省外优秀电子商务人才的引进力度，积极支持引进高端复合型电子商务人才。加快推进电子商务职业技能鉴定工作，健全电子商务人才成长促进机制。

## 八、实施电子商务示范带动工程

**（二十五）培育重点电子商务企业和平台。**结合省委、省政府提出“大平台、大产业、大项目、大企业”战略，在电子商务各领域中选出一批基础扎实、成长性好的企业、平台和项目，集中相关政策措施，进行重点支持和培育，发挥好示范带动作用，全面提升我省电子商务发展水平。

**（二十六）推进电子商务产业园建设。**支持各地按照产业链的要求建设电子商务产业园，吸引国内外电子商务企业和相关配套企业入驻，形成集商品贸易、平台建设、物流配送、融资支持等多功能、多业态的电子商务园区。推动实体交易和网上交易相结合，支持有条件的批发市场强化仓储、配送、采购等功能，发展一批以商品市场为依托的网商集聚区。开展省级重点电子商务园区认定，带动全省电子商务产业集聚发展。

**（二十七）推动电子商务示范城市建设**。支持有条件的地方积极申报国家级电子商务示范城市。同时，综合考虑电子商务应用普及、电子商务企业集聚、大型平台建设和产业园区发展等要素，认定一批省级电子商务示范县（市、区），通过区域示范，带动全省电子商务发展。

## 九、加大对电子商务产业的政策支持力度

**（二十八）加大财政专项资金支持**。自2012年开始进一步加大对电子商务的资金支持力度。重点支持中小企业利用电子商务开拓国内外市场、重点电子商务企业发展、电子商务产业园区建设及网络零售、平台提升等电子商务重点工程。对新引进的知名电子商务企业总部，依据其缴纳税收、吸纳就业和产业水平等情况，经省商务、发展改革、财政、税务、人力资源和社会保障等有关部门认定，省服务业发展引导资金给予一次性奖励。各地要结合实际落实电子商务发展专项资金，充分发挥资金的导向作用，切实提升电子商务发展水平。

**（二十九）加大税收政策的支持**。对省重点电子商务企业纳税有困难的，报经地税部门批准，酌情减免水利建设专项资金、房产税、城镇土地使用税；对新入驻省重点电子商务产业园的电子商务企业，自入驻之日起三年内，纳税有困难的，报经地税部门批准，可减免应缴的水利建设专项资金。

支持电子商务及相关服务企业参与高新技术企业和软件生产企业认定，如符合条件并通过认定的，可享受高新技术企业和技术先进型服务企业税收政策。支持国家级电子商务示范城市电子商务及相关服务企业参与技术先进型服务企业认定，如符合条件并通过认定的，可以享受技术先进型服务企业所得税优惠政策。对符合小型微利企业条件的电子商务企业按规定予以减免企业所得税。对电子商务企业交易平台的研究开发费用，未形成无形资产计入当期损益的，在按规定据实扣除的基础上，按研究开发费用的50%加计扣除；形成无形资产的，按照无形资产成本的150%摊销。积极研究解决物流企业代理采购、电子商务税收管辖、税务登记和电子发票应用等相关问题。

**（三十）加大对电子商务用地的支持**。统筹安排电子商务产业园用地空间布局，优先保障重大电子商务项目用地。对国家和省重点电子商务项目，各地应优先安排用地指标，保障项目落地。鼓励利用存量土地发展电子商务产业，在不改变用地主体、不重新开发建设等前提下，利用工业厂房、仓储用房等存量房产、土地资源兴办电子商务企业和园区，其土地用途可暂不变更。

**（三十一）加大对电子商务人才引进的支持力度**。对电子商务企业引进高端电子商务人才而产生的有关住房货币补贴、安家费、科研启动经费等费用，可列入成本核算。对一定规模省重点电子商务企业副总经理以上人员，经有关部门批准，可不受学历、资历、任职资格等限制，破格直接申报高级经济师资格。加快公共租赁住房建设，支持省重点电子商务产业园按照集约用地的原则，引导用工单位等各类投资主体建设公共租赁住房，面向区内就业人员出租。

**（三十二）加大电子商务企业金融支持**。鼓励金融机构积极探索无形资产和动产质押融资方式，扩大电子商务企业贷款抵质押品范围。积极发展小额贷款保证保险，缓解电子商务企业抵押担保难；积极探索网络联贷联保等中小企业网络融资产品，提高中小企业信贷审批和发放效率。

推动省重点电子商务企业直接融资，鼓励电子商务企业以各种方式引入风险投资、战略投资，发行中小企业集合债券，加快企业发展。支持电子商务企业通过境内外证券市场上市融资，符合条件的可作为省级重点上市培育企业，在上市申报过程中由省企业上市工作联席会议成员单位提供“绿色通道”，优先办理有关手续。探索建立以财政资金为引导，社会资本为主参与的电子商务产业投资基金。

**（三十三）其他方面政策支持**。鼓励各类资本投资电子商务产业，电子商务企业登记注册时，除法律、法规和国家已有规定外，各部门一律不得设置前置性审批事项。放宽电子商务企业出资最低限

额，除法律、法规另有规定外，允许电子商务企业注册资本分期缴付，注册资本首期缴纳 20%，其余 2 年内缴足。方便电子商务证照办理，对省重点电子商务企业的网络零售企业用于配送的小型车辆予以办理相关通行证和临时停靠证。完善价格政策，电子商务企业用水、用电、用气与工业企业同质、同量、同价。

## 十、加强电子商务管理和服务

**（三十四）加强对电子商务工作的组织领导。**切实发挥省电子商务工作领导小组职能，协调解决全省电子商务发展中的重大问题；有关部门要结合自身职能，各司其职，分工合作，形成电子商务发展合力。各级政府要加强电子商务的管理机构建设和人员配备，更好地发挥统筹规划、政策制定和综合协调作用，全面推进电子商务提升发展。

**（三十五）依法保障电子商务发展。**重点围绕消费者权益保护、商业秘密保护、网络信用管理、特殊电子商务业态的市场准入等问题，制订出台有关促进电子商务发展和管理的地方性法规。建立健全多部门联动防范机制，切实做好执法检查和日常监管，严厉打击依托网络的制售假冒伪劣商品、侵犯知识产权、传销、诈骗等行为。推进网上经营主体信息公开披露，探索建立电子商务信用管理和信息共享机制，推广信用产品在电子商务中的应用，促进全省电子商务规范有序发展。

**（三十六）积极营造良好的电子商务发展氛围。**开展电子商务发展战略和政策研究，建立完善发展评价体系，提升电子商务统计监测、分析的科学化水平。研究制订电子商务产业统计指标体系，加强电子商务企业信息统计和采集，建立电子商务运行监测系统，将网络零售额纳入社会消费品零售总额。加快研究制订电子商务相关标准，出台针对在线支付、安全认证、物流配送等支撑服务环节的行业标准和规范，大力推进国际通用商品条码、企业代码在电子商务中的应用。加强行业协会等中介组织建设，开展电子商务企业等级评定，提升行业管理和服务水平。加大电子商务宣传力度，积极营造良好的政策导向和舆论氛围。

# 关于振兴浙菜加快发展餐饮业的意见

各市、县(市、区)人民政府,省政府直属各单位:

为进一步提升浙菜品牌,弘扬浙菜文化,打造美食浙江,提高餐饮业服务质量,促进餐饮业又好又快发展,推动全省产业结构调整和经济发展方式转变,切实保障和改善民生,现就振兴浙菜加快发展餐饮业提出如下意见:

## 一、充分认识振兴浙菜加快发展餐饮业的重要性

**(一)发展现状**。改革开放30多年来,我省餐饮业经历了起步发展、数量扩张、规模连锁和品牌提升阶段,取得了长足稳定的发展。截至2011年底,全省有餐饮网点20多万个,从业人员100余万人;2011年实现零售额1070亿元,比2005年增长101%,占全省社会消费品零售额比重9%;人均年消费额达到2042元,比全国平均水平高1000元;餐饮产业规模、平均利润率、人均劳效、每平方米营业收入、每餐位营业收入等各项经济指标连续18年保持全国领先。但与周边省市的发展水平、与人民群众日益增长的消费需求相比,我省餐饮业还有较大差距,存在着浙菜品牌提升乏力、产业化程度偏低、行业整体实力不强、大众餐饮发展不快、政策法规建设滞后等一系列问题。

**(二)提高认识**。"民以食为天,生以食为本"。餐饮业是生活性服务业的重要组成部分,密切关系民生,产业前景广阔。浙菜是我国八大菜系之一。振兴浙菜加快餐饮业发展不仅对于拉动消费、扩大内需、促进相关产业发展具有十分重要作用,而且对于优化产业结构、吸纳劳动力就业、弘扬民族文化、提升城市形象、构建和谐社会有着非常重要的意义。各地、各有关部门要高度重视,切实加强领导,建立健全协调机制,统筹规划布局,加大扶持力度,为进一步振兴浙菜、加快餐饮业发展奠定坚实基础。

## 二、振兴浙菜加快发展餐饮业的指导思想和目标

**(三)指导思想**。深入贯彻落实科学发展观,以"提升浙菜品牌,弘扬浙菜文化,打造美食浙江"为主线;树立特色是发展之魂、品牌是发展之旗、创新是发展之源、管理是发展之基的理念;按照"政府引导、市场运作、企业主体、创新发展"的原则,着力提升浙菜品牌,培育餐饮龙头企业,推进餐饮产业化建设,加快发展大众化餐饮,培养浙菜烹饪和服务大师,强化餐饮行业管理,逐步形成各类业态互为补充,各种菜系相互融合,城乡餐饮互促共进的新格局,为建设物质富裕精神富有的现代化浙江作出贡献。

**(四)发展目标**。力争到2015年,全省餐饮零售额达到2200亿元,年均增长15%,占社会消费品零售总额的比重达到11%;形成一批具有浙江风味特色的浙江名菜;培育一批销售超亿元的浙菜龙头企业;推出一批浙菜烹饪(服务)大师、名师;发展一批具有地方特色、影响力大的美食文化街区,努力使浙菜影响力持续增强。

## 三、振兴浙菜加快发展餐饮业的工作重点

**(五)科学规划餐饮业发展布局。**

1. 加强餐饮网点规划。按照科学规划、合理布局,突出特色的要求,坚持与城乡经济发展相衔接,与人民群众消费需求相适应,与相关产业发展相协调,与城乡历史文化景观、民俗文化景观、农业生态景观相结合,做好餐饮网点规划并纳入各级城乡建设规划。

2. 重点建设浙菜三大特色集聚区。在杭嘉湖平原地区重点打造"杭帮菜"创新基地及世界休闲美食之都、绍兴越菜文化之城和嘉兴、湖州湖鲜风味餐饮；在甬台温沿海地区重点打造甬菜、瓯菜及岛屿海鲜菜；在金衢丽内陆地区重点开发山珍风味和民俗餐饮文化。

3. 优化餐饮业发展结构。不断完善城乡餐饮布局，中心城市着力建设商务餐饮、休闲餐饮和社区餐饮三大集聚群；在商务区建设集餐饮、娱乐、休闲于一体的大型餐饮服务实体；在流动人口集聚区建设美食街和夜市；在居民社区设置方便消费、老少皆宜的大众化餐饮网点；乡(镇)要结合新农村建设，合理设置网点布局，规范发展"农家乐"餐饮，提升农村餐饮服务质量和卫生水平。

**(六) 进一步弘扬提升浙菜品牌。**

1. 鼓励研发创新浙菜。坚持"继承、发扬、兼容、创新"，研发创新特色菜品。支持餐饮企业设立新菜研发机构，提升菜肴档次，改良饮食器皿，满足消费需求。

2. 实施"浙菜品牌提升"工程。设立浙江名菜(名料、名菜、名点、名宴)认定专家委员会，组织编写"浙菜标准"，评选认定"浙江名菜"，定期向社会公布富有浙江地方特色、体现浙菜风格、深受消费者喜欢的浙江名菜。对制作名菜的厨师、企业授予牌匾和证书，并落实奖励政策，必要时申报浙江名菜知识产权保护。

3. 加强浙菜文化研究。鼓励餐饮企业、专业院校和行业协会，成立浙菜文化研究机构，总结浙菜文化内涵，提炼浙江菜系特色，收集整理地方名菜，发掘乡村民间饮食文化和人文内涵，组织编写《浙江饮食文化史》、《中国新浙菜大典》和《中国浙江乡土菜谱》，提高浙菜文化品位。

4. 扩大浙菜知名度。鼓励餐饮企业积极参评"浙江名牌"，利用电视、网络等各种媒体，加强浙菜品牌宣传，传播浙江美食文化；支持举办"浙江国际餐饮产业博览会"，结合地方特色开展餐饮节会活动，搭建美食交流平台，形成一批特色鲜明、主题突出、有影响力的餐饮节会；加强浙菜对外交流，选择一些有代表性的国家和地区开展浙菜技艺表演和名菜展示，不断扩大浙菜影响力。

**(七) 积极推进餐饮产业化发展。**

1. 鼓励餐饮企业以产业化为方向，加快建设绿色、生态餐饮原辅料基地，培育集种养、加工、物流配送、餐饮服务于一体的企业集团，实现从田间到餐桌一体化、全产业链发展，带动我省种植业、畜牧业以及食品工业、冷链物流业的发展。

2. 建立原辅材料生产基地。省级商务主管部门会同农业、财政、税收等有关部门，培育全省性餐饮产业化基地50家，支持餐饮企业开展农餐对接，建立标准化的浙菜原辅料基地，引导水产品基地、蔬菜基地、养殖基地等与餐饮企业建立长期的契约关系，实施集中采购，降低成本，保障供应。

3. 推动加工配送中心建设。鼓励餐饮龙头企业推进中心厨房建设，建立食品安全检测、冷链配送和信息管理系统，开发海鲜食品、药膳食品、速冻蔬菜等延伸产品或深加工食品；鼓励餐饮龙头企业通过整合现有资源发展连锁网点，实现菜点成品和半成品工业化生产和连锁化供应。

**(八) 培育壮大餐饮龙头企业。**推动餐饮企业规模化发展，鼓励资本运作，支持有条件的企业通过兼并、收购、参股、控股等多种方式，组建大型餐饮集团并申报上市，加快餐饮企业集团化、规模化步伐。大力推广现代流通方式，加快发展连锁经营、统一配送、网络营销、电子点菜等现代经营方式，鼓励企业与国际知名餐饮品牌联合，加快发展加盟连锁和特许连锁；推广应用 ERP 管理系统，促进传统餐饮企业升级改造。培育扶持餐饮龙头企业，省级商务主管部门会同财政、税务、工商、金融等部门建立省级餐饮龙头企业认定办法及政策奖励机制，重点支持100家辐射面广、带动力强、以浙菜为主的餐饮龙头企业，充分发挥骨干企业在开拓市场、创新菜品、培养人才、建立品牌等方面的示范作用。振兴"老字号"餐饮企业，推动"老字号"企业按照现代企业管理要求，建立新的经营机制，创新营销方式，提高市场占有率。进一步规范餐饮企业钻级评定工作，确保品牌企业的权威性和严肃性。

**（九）大力发展大众化餐饮。**

1. 加快实施“早餐示范工程”。在中心城市先行试点，以龙头餐饮企业为依托，按照“政府推动、企业主体、规范运作、百姓共享”的原则，加大资金扶持力度，推进主食加工配送中心建设，提高早餐加工配送能力，加快固定门店式早餐网点建设，加强对现有早餐车（亭）的更新改造，逐步建立规范化生产、统一加工配送、连锁化经营和覆盖居民社区的早餐供应体系。

2. 积极引导大众化餐饮业态发展。促进早餐、快餐、正餐、特色小吃、社区餐饮、团体供膳、食街排档、“农家乐”等经营业态发展。鼓励连锁快餐企业进入社区，发展营养、卫生、美味、经济的中式快餐和风味小吃。引导餐饮企业面向社会开展配送服务，大力发展家庭送餐服务，开展居民电话点餐、网上订餐等服务。培育一批早餐、快餐、夜市等大众化骨干企业，促进中小餐饮企业发展。

**（十）加快餐饮人才队伍建设。**加强餐饮人才培养。积极开展产学结合、技术合作，发展烹饪中等职业教育和高等教育，着力培育符合餐饮行业需要的各类人才。重视人力资源管理。餐饮企业应建立职工培训制度，履行组织职工参加岗位培训和继续教育的义务，提高职工队伍综合素质；完善劳动合同制，赋予职工民主权利，稳定职工队伍。增强从业人员责任感和荣誉感。实施浙菜“名厨名师”工程，通过技能比赛、资格认定等方式，不断推出一批浙菜烹饪（服务）大师、名师，予以表彰奖励；继续办好“浙江厨师节”，每年表彰奖励一批浙菜品牌企业、浙菜金牌厨师和浙菜服务明星。

**（十一）切实保障餐饮安全卫生。**强化餐饮企业食品安全管理，严格执行《食品安全法》等法律法规，全面推行食品安全监督量化分级管理，积极实施“五常法”和 HACCP 管理体系，在食品及原辅料采购、验收、保管和食品加工制作、包装、运输、销售，以及厨房、餐具、餐厅、餐桌的清洁消毒等各个环节，建立完整的食品安全管理体系和操作规程，切实保障消费者身体健康。加强诚信体系建设，规范企业经营行为，探索建立餐厨废弃油脂回收利用方式和机制，大力发展环保型绿色餐饮消费。规范餐饮市场秩序，加快建立企业、消费者、政府部门和新闻媒体四位一体的监管体系，促进餐饮业健康有序发展。

**（十二）充分发挥行业协会作用。**进一步发挥餐饮行业协会提供服务、反映诉求、规范行为的作用，把协会真正办成会员之家。加强与政府部门的沟通协调，协助有关部门开展行业规划、标准制定、统计分析、政策研究等工作，积极开展技术交流、理论研讨和美食节庆等活动。加强协会自身建设，建立完善各项管理制度，加强信息交流，提高服务能力，建立自律性管理约束机制。

## 四、振兴浙菜加快发展餐饮业的保障措施

**（十三）强化组织领导。**各级政府要高度重视餐饮业发展，将其列入政府为民办实事工程，列入政府和相关部门年度重点目标任务考核范围，从发展战略、网点规划、人才建设、财税政策等方面给予支持。各级商务主管部门要认真负起责任，研究餐饮业发展思路和政策，搭建各类美食交流平台，大力传播浙菜文化，扩大浙菜影响力。

**（十四）制定规划标准。**建立健全餐饮业管理法规体系。各地要制订餐饮业发展规划，将其纳入服务业发展规划。加强餐饮标准体系建设，尽快制订浙菜标准和浙菜名店、名菜、名师标准。加强浙菜创新理论研究，针对行业发展面临的新问题，及时提出解决措施。

**（十五）实行税收优惠。**加大对微利、保障性的早餐、快餐的税收优惠力度。全面落实营业税起征点调高政策，自 2012 年 1 月 1 日至 2015 年 12 月 31 日，对年应纳税所得额低于 6 万元（含）的小型微利餐饮企业，其所得减按 50%计入应纳税所得额，按 20%的税率缴纳企业所得税。对经省级有关部门认定的省级餐饮产业化基地、省级餐饮龙头企业，纳税有困难的，报经地税部门批准，可酌情减免城镇土地使用税、水利建设专项资金和房产税。

**（十六）减轻企业负担**。进一步降低餐饮企业用电、用水负担。对已缴纳污水处理费和污水进入城市管网的餐饮企业，环保部门不再另征排污费。对已经按有关要求参加年度餐饮服务食品安全知识培训并在省内餐饮企业流动工作的从业人员，无需重复参加食品药品监督管理部门组织的培训。简化餐饮企业灯饰、广告设置审批手续，合理放宽对老字号、浙菜名店、美食街区的广告设置规定。对早餐、夜市的经营网点和车辆停靠，城市管理和交通管理部门要予以支持。

**（十七）给予金融支持**。积极研究落实鼓励消费者使用银行卡进行餐饮消费的有关办法。各银行业金融机构要加大对餐饮业的扶持力度，积极采用有形资产抵押、知识产权和经营权质押、融资性担保等多种方式，对企业改造经营设施、开设网点、购买生产设备、投建配送中心等所需资金提供信贷支持，并积极落实相关利率优惠政策，完善相关配套金融服务。对经认定的省级餐饮龙头企业，各银行业金融机构应给予重点支持。

**（十八）提供用地保障**。各地要在符合土地利用总体规划的前提下，合理配置土地资源，统筹安排餐饮建设项目用地。对餐饮龙头企业建设主食加工配送中心、原辅料基地的用地，要积极予以支持。

**（十九）加大资金扶持**。进一步加大对餐饮业的资金支持力度，重点支持浙菜品牌培育与推广，名菜、名店、名师认定与奖励；支持餐饮企业发展连锁经营、集中采购、统一配送等现代流通方式；支持浙菜名店在国内外开设连锁店；支持餐饮企业产业化基地、原辅料基地和人才基地建设；支持"早餐示范工程"建设，对早餐企业开展主食加工配送中心建设改造、发展早餐连锁门店给予贴息支持；支持快餐企业发展社区连锁网点；支持餐饮夜市经营环境和卫生设施改造提升；支持餐饮业标准制定、浙菜文化宣传推广、省级餐饮展会及美食交流平台。各地要结合实际，相应落实餐饮业发展扶持资金，发挥资金导向作用，促进餐饮业发展。

**（二十）完善统计体系**。制订餐饮业的统计信息管理制度，建立更翔实、更具时效性的统计指标体系，扩大数据采集渠道和覆盖面，督促餐饮企业及时、准确报送相关信息。建立省级餐饮龙头企业联系制度，跟踪分析餐饮业市场运行情况，不断完善餐饮发展的政策措施。

# 第六篇

# 大　事　记

# 大事记(2012年)

## 一月

**1日** “中国上海”门户网站开通十周年。

《松江顾绣》展览在中共一大会址纪念馆专题陈列室揭幕。

**2日** 唐代文史研究专家、南京师范大学著名教授郁贤皓学术思想研讨会在南京师范大学举行。

**3日** 浙江省温州鞋类基地、舟山海产品基地、萧山区化纤纺织基地、宁海文具基地和鄞州服装基地入选国家级外贸转型升级专业型示范基地。

**4日** 第二届上海文化发展论坛举行。

首届江苏省企业文化节闭幕，发布《江苏省企业文化白皮书》。

**5日** 上海市创面修复研究中心在瑞金医院成立。

江苏省与铁道部在北京举办推进“十二五”时期江苏铁路建设工作会谈。

**6日** 上海市技术市场管理公布：2011年全市经认定登记的技术合同交易量29332项、交易额550.32亿元，分别比2010年增长12.0%和4.7%。

上海大众浙江(宁波)项目签约仪式在杭州举行，落户宁波杭州湾新区。

浙江省义乌集贸市场2011年中国小商品城成交额515.12亿元，同比增长12.95%。连续21年勇夺全国专业市场之魁。

**7日** 浙江省公安工作会议在杭州召开。

江苏省海外联谊会四届一次理事大会在南京召开。

**8日** 我国最具规模的成品粮生产供应基地之一，中储粮(上海)米业项目投产。

浙江省慈溪市委、市政府申报的“基层组织和社会组织协同治理模式”项目荣膺“第六届中国地方政府创新奖”。

浙江省首宗文化产权交易项目——“观赏石资产包权益转让项目”完成文化创意综合开发并上市交易。

**9日** 浙江省社会科学院在杭州举行《浙江蓝皮书(2012)·经济卷》发布会。

浙江福利彩票2011年销量达到92.7亿元，在全国各省市销量排名第四。

中德政党对话在南京举行。

**10日** 中国人民政治协商会议上海市第十一届委员会第五次会议开幕。

由同济大学担任中方技术牵头单位的“中德清洁水创新研究合作项目”启动。

浙江省社会科学院在杭州举行《浙江蓝皮书(2012)》(社会卷)(文化卷)发布会。

科技部、教育部与江苏省人民政府在南京签署《关于推动科技教育与经济紧密结合支撑江苏新兴产业培育和发展的合作协议书》。

**11日** 上海市第十三届人民代表大会第五次会议开幕。

由浙江、江苏、安徽、上海等省市医疗机构共同组建的“长三角肝衰竭临床救治协作网”成立。

2012 年浙江省体育局长会议在杭州召开。

中国传媒大会 2011 年会发布“金长城传媒奖”榜单，浙报集团连续三年蝉联“中国十大传媒集团”称号。

**12 日** 中国建造出口黑山共和国的首艘大型船舶——3.5 万吨散货船“科托尔”号在上海船厂交付。

2011 年度“风云浙商”12 个奖项揭晓颁奖。

江苏省建立全省统一的股权登记托管平台和股权登记数据库。

江苏省政府发布《江苏省“十二五”培育和发展战略性新兴产业规定》。

**13 日** 浙江省政协常委、省侨商会会长、香港永新企业集团副董事长曹其镛夫妇将珍藏的 160 件（组）中国古代漆器捐赠浙江省博物馆。

江苏省 2011 年十大新闻揭晓。

江苏外贸首破 5000 亿美元。

江苏省社会科学院发布《2012 年江苏经济社会发展中重点问题解析（蓝皮书）》。

**14 日** 上海市第九届工读教育论坛举行。

江苏省档案工作暨表彰先进会议在南京举行。

**15 日** 上海海关数据显示，2011 年全年上海关区累计进出口 8123.1 亿美元，较上年增长 18.6%。

江苏省政协在南京举行《孩子你好吗》一书首发式。

**16 日** 连云港市沿海发展暨重点项目金融对接汇报会在南京举行。

**17 日** 上海市台湾研究会举办成立 20 周年纪念暨学术年会。

浙江图书馆古籍善本特藏阅览室及库房改造完成。

**18 日** 上海市绿地建筑研究院、绿地金融控股集团及绿地国际酒店管理集团成立。

上海市日本学会第六届理事会第二次会议暨新年形势研讨会在上海师范大学召开。

“江苏国际在线”及英文频道举行开通仪式。

**19 日** 凤凰卫视中国上海新闻中心揭牌仪式暨凤凰卫视与国家对外文化贸易基地战略合作签约仪式在沪举行。

**20 日** 上海市统计局公布 2011 年上海市国民经济运行情况：全年实现生产总值 19195.69 亿元，比上年增长 8.2%。

**22 日** 上海杂技团在第 36 届蒙特卡洛国际马戏节比赛中获得“金小丑”奖。

**29 日** “中国燃料电池汽车技术创新战略联盟”和“先进地面交通创新联盟”在同济大学揭牌成立。

江苏省苏州市在全市作风效能建设大会上提出“助企解忧、惠民服务、项目绩效、服务提质、品牌引领”五大行动计划。

**30 日** 浙江外贸出口跃居全国第三。

江苏省南京市会展经济年收入达 300 亿。

**31 日** 江苏省对口支援工作会议在南京召开。

江苏省苏州光电产业园举行 2012 春节重大项目联合开工仪式。

## 二月

**1 日** 江苏省召开省级机关作风建设暨深入开展“三解三促”活动大会。

**2 日** 浙江省第 16 个“世界湿地日”宣传活动启动仪式在杭州西溪国家湿地公园举行。

首届江苏省“百名美德少年”、“十大美德少年标兵”颁奖典礼在苏州举行。

江苏省渔业产值首破千亿元。

**3 日** 上海市经济和信息化召开 2012 年工作会议并透露:2011 年上海战略性新兴产业同比增长 11%左右。

加强生态文明建设专题座谈会在江苏省苏州举行。

**5 日** 全国首家儿童红斑狼疮俱乐部在复旦大学附属儿科医院成立。

**6 日** 上海市农委政务微博“上海三农”在新浪网、腾讯网、新民网、东方网四大微博平台开通上线。

江苏工业总产值首破十万亿。

**7 日** 千岛湖旅游地产发展高峰论坛举办在杭州举行。

**8 日** 中国航空研究院首家分院——中国航空研究院上海分院揭牌成立。

江苏省苏北首家燃气电项目——淮安二台 180MW 级燃气热电机组并网发电。

江苏省昆山市巴城镇、苏州市同里镇、兴化市戴南镇被命名为“国家园林城镇”。

**9 日** 上海张江国家自主创新示范区创新成果展在上海科技馆开幕。

第二届上海智慧论坛举行。

由上海社会科学院城市与区域研究中心主编的首部国际城市蓝皮书《国际城市发展报告 2012》发布。

浙江省启动医疗保障房阳光工程。

**10 日** 上海钢联电子商务股份有限公司与美国芝加哥商品交易所签订协议。

第 14 届国际泳联世界锦标赛大型回顾展在上海开幕。

文化力量与经济文明论坛在浙江省杭州举行。

国家发改委在南京召开新农村建设和城镇化专题调研座谈会。

**11 日** 上海市宝山区 2012 年首场大型公益综合性招聘专场暨春风行动举行。

上海市金山区首家村镇银行——金山惠民村镇银行开业。

中宣部、中央电视台、中国电视艺术家协会主办的《誓言今生》创作研讨会在北京举行。

江苏省兴化市戴南镇董北村党委书记张文德获“中国农村新闻人物创业富民奖”。

**12 日** 2012 上海产权经纪人论坛在沪举行。

**13 日** 2012 年上海市质量协会年会在沪召开。

浙江省文化广电新闻出版局长会议在杭州召开。

**14 日** 2012 年第一财经上海浦东新年论坛举行。

浙江省在 2011 年度国家科技奖励大会上摘得 30 项国家科技奖。

世界单体规模最大的呼叫中心——中国移动淮安呼叫中心签约仪式在南京举行。

江苏省江阴、金坛、昆山、海门、靖江五市被评为全国国土资源节约集约模范市。

第七届江苏省专利奖评选出 10 项专利项目金奖。

**15 日** 上海股权托管交易市场启动,首批 19 家企业成功在上海股权托管交易中心挂牌。

上海新国际博览中心在沪落成。

2012 年浙江省体育产业工作会议暨浙江省体育产业联合会年会和浙江省场馆协会年会在浙江省上虞召开,浙江省体育产业居国内前列。

最高人民法院和江苏省委召开盐城市中级人民法院荣立集体一等功表彰大会。

江苏省无锡市实施六大"海智计划",吸引美、欧、日多个国家海外科技项目落户。

**17 日** 江苏省委书记罗志军在美国洛杉矶会见美国商务部部长布赖森。

**18 日** 杭州著名作家李杭育的个人画展"生命史·海洋与洞穴"在上海朱屺瞻艺术馆开幕。

浙江省海宁市通过《关于加快以盐官古城为龙头的"百里钱塘国际旅游长廊开发建设"的决定》。

江苏省无锡市梅园建园一百周年庆典暨第十三届中国梅花蜡梅展览会在浒山之麓的梅园举行。

第十届中国广播电视数字新媒体高峰论坛暨高清电视纪录片创优评析赛事活动成果公布典礼在南京举行。

**19 日** 同济大学与中国建筑科学研究院"人才培养与产学研合作"框架协议在沪签订。

浙江省民间海上救助站救生员郭文标获得国际海事组织颁发的"海上特别勇敢奖",成为惟一获此殊荣的中国公民。

**20 日** 上海市统计局公布:2011 年全年全市商品房销售面积比上年下降 13.8%,新建商品住宅平均销售价格比上年下降 5.4%。

长三角高校学分互认正式启动。

国家商务部等九个部门在江苏省调研国家级经济技术开发区发展情况。

**21 日** "2011—2012 浙江省房地产总评榜"活动启动。

江苏省南通市跻身全国社会管理创新典型培育城市。

**22 日** 上海市"陆家嘴金融家沙龙"开讲。

江苏省昆山市国地税总量双双突破二百亿。

江苏省南京市定级 219 套珍贵文物。

江苏省南京市村官可成为市管后备干部。

**23 日** 上海新闻出版(版权)工作会议在上海图书馆举行。

2011 年度浙江省政府质量奖颁奖仪式在杭州举行。

**24 日** 第二届上海市工商业领军人物评选揭晓。

江苏省睢宁县脱贫攻坚暨"五方挂钩"帮扶工作汇报会在南京召开。

**25 日** 全国渔政工作会议在南京市召开。

**26 日** 国家科技支撑计划重点项目、国内首条 220 千伏光电复合交联海缆成功试运行。

南京国际旅游度假展览会闭幕。

**27 日** 上海国际贸易技术标准服务中心揭牌仪式举行。

"国家数字卫生关键技术和区域示范应用研究"项目成果介绍会在浙江省人民大会堂举行。

全国道德模范吴菊萍被浙江省政府荣记一等功,并授予省见义勇为勇士称号。

全国电子信息产业会议在南京召开。

我国建造的 38 万吨矿砂船"淡水河谷·董家口轮在江苏省南通顺利启动试航。

**28 日** 浙江省份“创先争优闪光言行之星”产生。
49 岁的中国建筑师、中国美院建筑艺术学院院长王澍荣获 2012 年普利兹克建筑奖。王澍成为中国获此殊荣的第一人，也是最年轻获奖者之一。
江苏省十八个城市荣膺全国双拥模范城。
华东最大的苏果淮安物流配送中心正式动工。

**29 日** 江苏省政府与民政部在北京举行工作会商。
中国和江苏省检察官文联举办的“以梅喻检”文化活动在南京举行。
江苏省淮安市政府与香港贸易发展局备忘录正式签署。
《中国省域竞争力蓝皮书》显示江苏、广东、上海三省市蝉联省级行政区经济综合竞争力前三甲。

## 三月

**1 日** 浙江、宁波和杭州三个交易团组团参展在上海开幕的第 22 届华交会。
浙江省电子游戏行业协会在杭州成立。
江苏省第二届“十佳女检察官”暨省“三八红旗手”颁奖典礼在南京举行。

**2 日** 浙江报业论坛在杭州举行。
浙江美术馆、安徽博物院联合主办的“彼岸潘玉良艺术展”在浙江美术馆展出。
“学习雷锋好榜样”百万志愿者集中行动在南京举行启动仪式。

**3 日** TSCU 顶级跑车联盟正式运营发布会暨 TSCU 专项基金揭牌仪式在上海市举行。
浙江大学医学院附属第一医院普通外科专科医师培训中心和泌尿外科专科医师培训中心分别通过英国爱丁堡皇家外科学院和香港外科医学院的联合认证并挂牌。
2012 中国(萧山)花木展销暨第七届中国园林绿化产业交易会在萧山区浙江花木城举行。
清华大学苏州汽车研究院启用。

**4 日** “FIRST 科技挑战赛”上海赛区决赛暨中国区总决赛在同济大学开赛。
2011 年度优秀企业评选在沪揭晓。
周恩来总理珍贵文物在诞辰 114 周年之际落户江苏省淮安的周恩来纪念馆。
江苏省生物技术创新中心实现 DHA(脑黄金)产业化技术领域重大突破。

**5 日** 江苏省全省用户满意服务明星揭晓。

**6 日** 江苏创意云中心在常州举行签约仪式。
全国首个“涉及家庭暴力婚姻案件专家委员会”在江苏省无锡市崇安区人民法院正式成立。

**7 日** 首届国际技术贸易运营师研修班在上海对外贸易学院开班。
浙江省报业协会等 6 家社会组织荣获五 A 级社会组织称号。

**8 日** 上海市报业协会三届二次会员大会暨上海报社优秀品牌活动颁奖仪式举行。
“文化同根・和谐中华——浙江省与台中市两岸女画家艺术交流展”，在西湖博物馆和恒庐美术馆同时开幕。
杭州地铁 1 号线全线洞通。

**9 日** 东方讲坛暨当代世界讲坛在上海启动。

浙江长三角石油化工交易中心在慈溪成立。

江苏省政府与卫生部在北京签署《促进江苏省卫生事业发展合作协议》。

江苏省政府与国家工商总局在北京举行工作会商。

**10日** 江苏省省长李学勇在北京分别会见中国海洋石油总公司董事长王宜林、中国国际金融公司总裁朱云来、中国华能集团公司总经理曹培玺。

**11日** 《上海推进"智慧城市"建设的瓶颈与对策研究》等18项课题开始招标。

**12日** 上海市黄浦区政府与上海世博发展集团签署世博滨江文化博览商务区开发利用战略合作协议。

**13日** 上海党史工作会议召开。

2012上海国际时尚服饰展览会开幕。

2011年杭州市组织工作创新奖评选结果揭晓,共有11个项目获奖。

浙江省三大国家战略的两大重点地区,舟山外贸增速、义乌进、出口双增长。

**14日** 2012中国科技创业计划大赛在浙江省宁波市启动。

杭州市公安局荣获2011年度"人民最满意单位",连续7次获此殊荣。

华盛顿大学中国研究院落户江苏省苏州市。

**15日** 上海市青少年足球训练基地揭牌。

江苏省确定居民食用盐的碘含量平均水平为25mg/kg。

淮安昆山工业园启动暨六家企业奠基仪式在江苏省淮安市举行。

**16日** 上海浦东新区节水型社会建设试点工作通过水利部验收。

当代艺术大师蔡国强大型个展《春》开幕仪式在浙江美术馆举行。

"赵延年先生作品捐赠签字仪式"在杭州举行。1000余件作品,无偿捐赠给湖州市博物馆永久收藏。

江苏省转型发展汇报会在北京举行。

**17日** 上海市设立教育发展基金会查理基金。

中国纺织材料交易中心在江苏省无锡市上线。

**18日** 中国商用飞机有限责任公司、上海市人保局与浦东新区教育局,在上海市成立"高技能人才培养实训基地"。

**19日** 第二届"北外滩财富与文化论坛"在上海举行。

2011年度上海文艺创作和文艺家荣誉奖评选揭晓。

中国美院主办、浙江省美协、浙江省油画家协会协办的"艺途回眸—吕洪仁油画作品回顾展"在中国美术学院美术馆举行。

南京禄口机场二期工程建设协调小组第六次会议在南京召开。

**20日** 以"聚焦国家战略、推动创新转型"为主题的上海浦东服务中央企业战略发展发布会举行。

上海公共外交协会召开一届一次会长(扩大)会议。

2012上海国际信息化博览会启幕。

国内首家面向中小企业的大型研究机构—中国中小企业研究院在杭州挂牌成立。

**21日** 上海文化产权交易所与上海国际电影节等九大文化会展承办方签署战略合作协议。

浙江省林业科技年活动启动仪式在桐庐县举行。

**22 日** 中国电信创新孵化(上海)基地在沪挂牌。
国务院在江苏省徐州召开全国春季农业生产工作会议。

**23 日** 2011 年中国优秀政府网站评选结果揭晓:上海研发公共服务平台网站荣获年度优秀奖。
浙江省第三届维护国家安全先进集体和个人表彰大会在杭州召开。

**24 日** 2012 中国城镇化高层国际论坛在上海举行。
第 28 届中国兰亭书法节在浙江省绍兴市开幕。
江苏省南京市人才办与南大—纽约大学理工分校创新创业学院签订联建科技创业家研修基地协议。

**25 日** 第八届国际新闻摄影比赛(华赛)于浙江省杭州揭晓各类奖项。
中国烹饪大师培训基地挂牌扬州大学旅游烹饪学院。

**26 日** 2012 上海世界生态城市论坛在沪举行。
江苏省苏州市、南京市、无锡市、常州市、南通市和徐州市入选中国新兴城市 50 强。

**27 日** 上海文化产权交易所北京总部在京成立。
浙江省仙居开办油菜花节。
第四届中国—兴化全国国际象棋锦标赛在江苏省兴化市开幕。

**28 日** 上海国际航运服务中心启用。
第四届中国房地产科学发展论坛在上海开幕。
全国文化市场综合执法培训基地(上海)揭牌仪式在沪举行。
上海海事大学物流工程学院与美国纽海文大学工学院签订合作办学协议。
西泠艺苑艺术品交易中心在杭州西湖文化广场开业。

**29 日** 上海新虹桥国际医学中心开工。
江苏省启动首届“生态文明号”、“生态文明使者”评选活动。
第四十七届全国工艺品交易会暨第七届精品玉石雕博览会在扬州国际展览中心开幕。
首届中国国际进口博览会在江苏省昆山举办。

**30 日** “促进上海服务业发展:机遇、挑战及对策”研讨会在上海举行。
翰逸神飞——纪念章梫诞辰 150 周年书法作品展在西湖美术馆开幕。
2012 中国(杭州)西湖国际茶文化博览会开幕式暨西湖龙井开茶活动在西湖风景名胜区举行。
浙江省宁波市鄞州区人民法院被评为“全国模范法院”。
江苏省南京市人才发展研究中心成立。

**31 日** 上海市科协九届二次全委会议举行。
第六届上海国际金融中心建设论坛举行。
2012 中国(温州)森林旅游节在浙江省永嘉楠溪江畔开幕。
青奥森林公园揭幕植树仪式暨“南京青年绿色先锋行动”启动仪式在江苏省南京举行。
江苏省文化厅、南京财经大学共同建立“江苏文化产业与市场研究中心”在南京财经大学挂牌。

## 四月

**1 日** 南京市公安英烈纪念墙暨革命烈士庞帮荣青铜雕像揭幕仪式举行。

江苏省信用再担保公司与常州产权交易所建立省首个再担保科技金融服务平台。
范曾艺术馆在江苏省南通大学开工建设。
“中华文化论坛”在江苏省南通市举办。

**2日** 首届全国(上海)消费促进月商业主题营销活动在沪拉开帷幕。
《三个新四军女兵的多彩人生》宣传推荐会在南京举行。
江苏省兴化市举行“千岛菜花”景区开园暨省四星级乡村旅游区揭牌仪式。

**4日** 江上青烈士史料陈列馆在江苏省扬州市正式揭幕。
江苏省4家省级涉农产业技术创新战略联盟挂牌成立。

**5日** 2012上海台湾名品博览会举行。
江苏省苏州市拥有国家“千人计划”专家总数81名,占江苏省三分之一,全国地级市首位。
江苏省13个省辖市200多家企业、1000多人亮相第十六届中国东西部合作与投资贸易洽谈会。

**6日** 上海文化艺术档案馆25周年庆祝活动暨上海文化艺术档案工作研讨会举行。
浙江省举行纪念李丰平同志诞辰100周年座谈会。
2012宁波·慈溪产业对接投资环境推介会在浙江省宁波举行。
全国旅游系统创先争优座谈会在南京市举行。
新一届全国高等学校体育教学指导委员会全体委员会议在南京体育学院举行。

**7日** 第五届中日ESD高峰论坛暨复旦大学附属中山医院内镜中心成立20周年纪念活动举行。
潘天寿诞辰115周年纪念大会暨第四届“潘天寿设计艺术奖”全国文具设计大赛在浙江省宁海开幕。
江苏省海门金花节引资250亿。

**8日** 上海青年文化论坛在上海图书馆启动。
上海商业发展研究院揭牌成立。
第六次中日韩外长会议8日在浙江省宁波举行。
“中国文具商品交易中心”和“中国文具创意设计中心”在浙江省宁波落成。
江苏省南京市购物节开幕。

**9日** 2012上海浦东跨国采购大会举行。
2012上海酒店用品博览会开幕。
第21届上海酒店用品博览会在上海新国际博览中心开幕。
第23届全国电动工具配套会议暨中国(武义)五金工具博览会在浙江省武义县举办。

**10日** 上海市举行2012年重大项目建设推进会暨银团贷款签约仪式,上海迪士尼项目一期获得银团贷款129.15亿元。
第三届苏浙沪文物执法培训交流会议在上海召开。
“2012年度江浙沪文物执法培训交流会议”确立江浙沪共同打造长三角文物执法联动机制。
江苏省名人馆建成并免费开放。
中国—丰县第13届梨花节在江苏省徐州市丰县开幕。
中法友好合作血液中心在南京挂牌成立。

**11 日** 上海市文化创意产业工作推进会议召开。
首届全国泰商（泰顺商人）大会在泰顺中学隆重举行，泰商慈善基金会认捐金额超亿元。
2012 中国茶叶大会暨第六届大佛龙井茶文化节在浙江省新昌开幕。
江苏天堂卡通文化传播有限公司与美国卡贝基金签约获得 1.8 亿元风险投资，成为江苏省首家获得国际风投公司注册的文化创意企业。
国际标准化江苏协作中心在南京成立。
南京大学在中国驻加拿大大使馆举行授予加拿大总督戴维·约翰斯顿名誉博士学位典礼。

**12 日** 上海市中小企业上市促进中心挂牌。
江苏代表团在第十六届中国东西部合作与投资贸易洽谈会达成合作项目 259 个，总金额 798.8 亿元。
全国民政公共服务设施建设现场会在南京召开。
江苏省高层次人才创新暨高新技术企业家培育计划专题培训班在南京开班。

**13 日** 浙江人民出版社出版的诗集《绿色情怀》出版座谈会在杭州举行。
江苏省南京市 25 家医院开通网上挂号银联在线支付。

**14 日** 2012 年全国脊髓损伤社区康复工作交流会在上海市召开。
首届世界“宁波帮”大会在浙江省宁波举行。
海峡两岸百位书法家向中山陵赠送“纪念辛亥革命 100 周年长城笔会百米长卷”。
中央音乐学院和扬州大学主办的全国高等院校区域音乐研讨会在扬州召开。

**15 日** 江苏省南京知识产权保护战略联盟正式成立。
2012 国内旅游交易会闭幕，江苏展团获三项大奖。

**16 日** 2012 年上海市民营文艺表演团体展演活动拉开帷幕。
“中国道路”国际高层论坛在沪举行。

**17 日** 浙江省委举行“浙江论坛”报告会。
国家档案局在浙江省杭州市召开档案与电子文件登记备份工作现场会。
江苏省苏州市重建全国最大规模的婚纱城。
“台湾奇美博物馆珍藏展”开展仪式在江苏省镇江博物馆举行。

**18 日** 亚洲邮轮学院在上海成立。
长三角城市经济协调会第十二次市长联席会议在浙江省台州落下帷幕。
扬州“烟花三月”国际经贸旅游节在江苏省扬州大运河畔举行盛大开幕典礼。
江苏省政协举行《孩子你好吗》专题报告会。
国家工商总局与江苏省政府在南京签署战略合作协议。
中国智能制造装备工业设计中心落户江苏省常州市创意产业基地。
江苏省扬州市被命名为“全国诗词之市”。

**19 日** 中央企业先进精神巡回报告会在沪举行。
浙江省新型畜牧产业体系建设工作会议在杭州举行。
第六届中国杭州电子信息博览会暨第六届杭州国际社会公共安全产业博览会开幕。
全国工商系统广告工作会议在江苏省南京市召开。

2012中国长三角现代渔业发展论坛在江苏省兴化市举行。

**20日** “创新驱动,服务民生——上海城市巨变大型图片展”开幕。

浙江省第五届金锤奖——浙江杰出职工评选活动启动。

浙江省绍兴市第三届越商大会召开并签约投资逾三百亿。

当代艺术大师蔡国强大型个展《春》开幕仪式在浙江美术馆举行。

2012青海绿色经济投资贸易洽谈会杭州市举行推介会。

大型文化丛书“江海文化丛书”在上海首发。

纪念毛泽东主席发布命令组建农四师暨江苏农垦创建六十周年大会在南京隆重举行。

“2012亚太地区杰出女性论坛”在江苏省镇江市举行。

**21日** 由上海市国资委主管的上海国有资本运营研究院国企治理研究中心揭牌成立。

中国文化传媒集团首个文化艺术发展基地正式落户浙江省杭州翠庄文化艺术村。

全国中小学生交通安全教育活动江苏省启动仪式在无锡市江阴举行。

海峡两岸物联网与智慧服务产业发展(金陵)论坛在南京邮电大学举行。

**22日** 上海职业青年建功行动启动仪式举行。

第二届国际税务峰会在上海市举行。

江浙两省四市“环太湖生态文明志愿服务大行动”在江苏省无锡正式启动。

2012环太湖国际马拉松赛在江苏省无锡鸣枪开赛。

**23日** 全国司法鉴定管理工作会议在杭州召开。

第八届江苏读书节、第二届江苏书展、江苏全民阅读报刊行、第二届江苏农民读书节、南京市第十七届读书节在南京召开。

国家“111计划”基地——“海岸带滩涂资源开发与安全学科创新引智基地”项目在河海大学启动。

**24日** 2012浙江(长三角地区)——湖北经贸合作洽谈会在杭州举行。

浙江省有51人获全国五一劳动奖章,13家企事业单位获全国五一劳动奖状,40个班组等集体获全国工人先锋号称号。

江苏紫金版权交易中心挂牌成立。

**25日** 武警部队军师职领导干部理论轮训班在江苏省无锡市举办。

中国当代精神文化论坛在南通大学举办。

“江苏—宁夏经贸合作推荐会暨项目签约仪式在南京市举行。

**26日** 长三角地区知识产权发展与保护状况新闻发布会在上海召开。2011年度的数据表明,长三角地区知识产权发展继续领跑全国。

为纪念张元济先生诞辰145周年,浙江省海盐县张元济纪念馆开馆,《张元济全集》出版座谈暨第四届张元济学术思想研讨会同时举行。

浙宁两省区在杭州举行经济社会发展情况交流会并签署产业合作框架协议。

第二届“周庄杯”海峡两岸象棋大师赛在江苏省周庄云海度假村拉开战幕。

**27日** 第五届中美俄大国关系研讨会在上海召开。

上海市路政局成立。

2012中国宜兴两岸素食文化暨绿色生活名品博览会在江苏省宜兴举行。

江苏省徐州软件信息研究院揭牌。

中国水浒协会、江苏省社会科学院、江苏省明清小说研究会和江苏省兴化市联合举办施耐庵文史考察纪念座谈会。

第十五届中国苏州国际旅游节开幕。

江苏省文物工作会议在苏州召开并要求推进大运河申报世界文化遗产。

**28日** 第29届上海之春国际音乐节开幕。

上海中青年知识分子联谊会举行五届五次会员大会。

浙江省政府决定授予获全国五一劳动奖章的61名同志“浙江省劳动模范”称号。

第八届中国国际动漫节在浙江省杭州市开幕。

首届中国——苏州文化创意设计产业交易博览会暨第三届中国创意策划节在苏州国际博览中心开幕。

**29日** 2012上海之春国际音乐节管乐艺术节开幕。

中国国际动漫产业博览会在浙江省杭州高新区(滨江)白马湖生态创意城启幕。

第七届中国义乌文化产品交易博览会在浙江省义乌举行。

杭州国家数字出版产业基地授牌仪式举行。

“艺无涯——陈大羽百年艺术展”在江苏省美术馆开幕。

**30日** 由学大师钱仲联先生和马亚中教授主编的《陆游全集校注》面世。

美国雅克森林大学再生医学研究所与南通大学神经再生重点实验室共同组建中美再生与转化医学研究中心在江苏省南通揭牌。

首届中国一苏州文化创意设计产业交易博览会闭幕,180多个项目签约,金额近10亿元。

“2012年土耳其中国文化年—感知江苏文化节”在土耳其伊兹密尔拉市开幕。

## 五月

**1日** 上海市徐汇区第十四届社区文化艺术节开幕。

5.1江苏省首家金融超市—银杏科技金融超市在苏州工业园区开张。

5.1第二届电影编剧高级研修班在江苏省泰州市举行。

**2日** “2011上海大学生年度人物”揭晓。

上海医药公布2012年度第一季报显示:营业收入166.6亿元,同比增长36.0%。

浙江省纪念“五·八”世界红十字日暨造血干细胞捐献十年百例巡礼活动在杭州举行。

浙江省杭州市暨拱墅区纪念第43个世界地球日活动举行。

江苏省首家农业保险公司开业。

**3日** 上海人力资源服务产业园区青年园在沪揭牌成立。

中赢国际荣获“浙江最值得期待十大综合体”。

2010—2011年度浙江省文化工作表彰会在杭州举行。

无锡市举行以“无限风光,尽在无锡”为主题的首届市民摄影节。

**4日** 上海浦东新区召开2012年精神文明建设大会,颁布“文明城区创评长效管理专项整治实施方案”。

第九届上海教育博览会开幕。

“职业女性健康素养促进行动”上海美博会特别论坛开幕。

第六届江苏省全民健身运动会在淮安市举行。

世界最大内河豪华五星级邮轮“长江黄金2号”从中国葛洲坝机械船舶有限公司码头

启航。

中国、韩国、越南、日本四国9所高校筹建东亚文化研究中心落户南通大学。

**5日** 第四次中日韩文化部长会议在上海召开。

第四届江苏省大学生机械创新设计大赛暨第五届全国大学生机械创新设计大赛江苏赛区预赛在南京林业大学开幕。

张謇教育史馆在南通大学开馆。

第六届国际徒步大会在江苏省昆山召开。

**6日** 晶澳太阳能控股有限公司与中科院上海技术物理研究所正式签署战略合作协议。

江苏省文明办等10家单位开展首届"江苏最美乡村"推选活动。

苏州大学新媒介与青年文化研究中心揭牌。

江苏省泰州市首个超百亿元的中海油气泰州一体化项目落户泰州医药高新区滨江工业园。

江苏省第七届农民运动会在泰州举行。

**7日** "2012上海宁波周"在沪启幕,项目签约总投资169.2亿元。

中国—中亚合作论坛在嘉兴桐乡市开幕。

"院士专家行"在扬州启动,结对企业120多家。

江苏省工业企业推行南通首创"首席质量官"制度。

2012年江苏省首届高等职业院校技能大赛在南京开赛。

**8日** 上海综合保税区"高端消费品进口展销服务平台"启动仪式举行。

浙江省隆重集会纪念中国共产主义青年团成立90周年。

扬州泰州机场揭牌暨首航仪式举行。

中非国家红会合作论坛暨中非国家红会能力建设研讨班在江苏省太仓启动。

**9日** 上海民航职业技术学院成立。

上海国际汽车城研发科技港开工暨首批入驻企业签约仪式举行。

江苏省首家专业的服务业综合门户网站"江苏服务网"开通。

**10日** 第十五届国际商业论坛在上海举行。

2012第十届华人企业领袖峰会在上海举行。

全国副省级市政协第二十七次工作交流会在杭州召开。

国家中医药管理局与江苏省政府在南京签署《促进江苏省中医药事业发展合作协议》。

**11日** 浦银金融租赁股份有限公司在上海开业。

第九届上海世界旅游博览会举行。

2012年上海国际茶文化旅游节开幕。

上海市科委2010年度重大科技攻关项目"MOCVD生产性样机研制"通过验收。

2012年"大丰体育"杯中国室内五人制足球国际锦标赛在浙江省杭州开赛。

总参某信息化研究所先进事迹报告会在南京军区大礼堂举行。

苏州城乡发展一体化综合配套改革联席会议在苏州举行。

"中国500强企业"雨润集团组建的雨润大学揭牌。

**12日** 复旦大学马克思主义研究院首届年度论坛开幕。

**13日** 首届上海原创动漫项目专家咨询推介会举行。

苏浙沪皖在第四届长三角教育联动发展研讨会上签订《关于建立新一轮长三角教育协作发展会商机制协议书》。

第六届“泡山节”在江苏省句容开幕。

**14 日** 上海市经济团体联合会召开“2012 年上海企业社会责任报告发布会”。

教育部、财政部、上海市人民政府在沪签署共建上海财经大学协议。

上海市陆家嘴金融城十大重点工程建设推进会举行。

全国劳动模范先进事迹报告团的首场报告会在杭州举行。

**15 日** 第三届国际职业技术教育大会“青春放歌”文艺晚会在沪举行。

江苏省妇联在南京举办“5.15 与爱同行”全省巾帼志愿服务日展示活动。

“公平正义之歌——江苏法律援助环省行电视巡礼”活动在南京举行。

**16 日** 第六届国际太阳能产业及光伏工程展览会在上海开幕。

2012 年全国林业科技周暨浙江省第九届林业科技周活动在金华市开幕。

“浙报传媒成功上市”项目荣获中国报业经营管理创新成果奖特等奖。

南京大学政产学研合作论坛在南大仙林校区举行。

“曹寅与镇江”暨《红楼梦》程乙本刊行 220 周年学术研讨会在江苏省镇江举行。

**17 日** 首届中国国际养老服务业博览会暨第七届中国国际康复护理展览会在上海开幕。

浙江省淳安县公安局荣获“全国优秀公安局”称号。

2012 首届中国苏州(平江)‘江南水城’文化旅游节开幕。

**18 日** 国内首个国际纪录电影专项大奖——“新纪录奖”在杭州签署设立。

第四届舟山国际渔博会在浙江省舟山体育(展览)中心开幕。

**19 日** 第四届中国·浙江瓜菜种业交流会在杭州开幕。

第十届徐霞客开游节暨中国旅游日庆祝活动在浙江省宁海开幕。

2012“中国旅游日”主场活动在江苏省无锡启动。

赛珍珠纪念馆在南京揭牌。

**20 日** 南京大学庆祝建校 110 周年。

国内规模最大的城市综合体——苏州中心在苏州工业园区动工。

**21 日** 江苏沿海开发三周年大型新闻行动在南京启动。

**22 日** 第 26 届 IEEE 并行与分布式计算国际会议在沪开幕。

浙江省科技厅和浙江在线新闻网站共同主办的“浙江科技新闻网”开通。

四川省浙江商会与浙江省温州市瓯海区政府签约开发总投资约 10 亿元的泽雅将军岩旅游村项目。

**23 日** 全国未成年人刑事检察工作会议在沪举行。

台湾义勇队撤离金华 70 周年暨李友邦将军牺牲 60 周年纪念会在浙江省金华举行。

首届浙江省合唱节在杭州市江干区庆春广场开幕。

首届浙江省德艺双馨中青年文艺工作者表彰大会在杭州举行。

2012 台湾．江苏周在台北开幕。

**24 日** 上海市康复医学工程研究会肿瘤临床与康复医学专业委员会成立。

全国高职高专院校电子商务专业培养模式改革论坛在上海举行。

联合国全球地理信息管理杭州论坛及亚太地区地理信息常设委员会执行局会议举行。

以“跨商会　跨区域　跨时代”为主题的 2012 商会大会在浙江省杭州市举行。

**25 日**　上海市社会建设研究会成立。

“中国杭州 iF 设计展”在浙江省杭州和达创意设计园开幕。

“2011 江苏省的大学生年度人物”颁奖典礼在南京举行。

**26 日**　2012 中美清洁能源论坛在上海举行。

第九届中国(无锡)国际工业设计博览会在江苏省无锡开幕。

**27 日**　“中共党史人物研究中心”成立。

江苏省县市区纪委书记培训班在北京中国纪检监察学院开班。

第四届“童声里的中国——我的祖国我爱您”活动在南京启动。

**28 日**　“中共上海地下组织斗争史研究中心”在上海市静安区成立。

上海浦江教育出版社成立。

浙江省德清举行省首批农村合作金融省级信用村(社区)、信用乡(镇、街道)授牌仪式。

**29 日**　首届中国国际服务贸易交易会揭幕。

2012 中国国际轨道交通展览会在上海举办。

无锡国家级数字电影产业园揭牌。

2012 台湾.江苏周在台北闭幕。

**30 日**　国内首家空气净化器行业联盟在上海成立。

浙江省公安厅新版门户网站暨“网上办事大厅”启动仪式在杭州举行。

江苏省与中国海洋石油总公司签订战略合作框架协议。

**31 日**　浙江农信史料馆在杭州开馆。

吴健雄诞辰 100 周年纪念大会在江苏省太仓举行。

## 六月

**1 日**　上海市黄浦与上海黄金交易所签订战略合作协议。

第三届长三角地区人民法院司法协作和发展论坛暨第四次长三角地区人民法院司法工作协作交流联席会议在南京举行。

江苏省启动“全民禁毒宣传月”活动。

江苏省出台十大战略性新兴产业推进方案。

**2 日**　上海交通大学医学院与上海市疾病预防控制中心签署合作协议，共建上海交通大学公共卫生学院。

共青团上海市委与市安监局联合启动 2012—2013 年度上海市“青年安全生产示范岗”创建活动。

浙江省第七届农民运动会在海宁开幕。

东南大学建校 110 周年庆祝大会在该校四牌楼校区举行。

**3 日**　中华文化促进会艺术陶瓷文化中心暨中华陶瓷大师联盟成立大会在上海举行。

“建立创先争优长效机制”理论研讨暨征文颁奖会在江苏省南通市举行。

**4 日**　全国海水淡化工作会议在浙江省杭州市召开，浙江占据全国海水淡化市场六成以上份额。

吴斌同志被追授“全国五一劳动奖章”、“浙江省五一劳动奖章”和“浙江省劳动模范”、

“杭州市杰出职工”荣誉称号。

**5日** 上海铁路法院检察院移交协议签字仪式在沪举行。

首届长三角区域环保产业文化论坛在沪启动。

**6日** 上海市文物保护研究中心举行揭牌仪式。

2012.首届苏台文创产业合作论坛在江苏省海安举办。

江苏省6位大师获“中国非物质文化遗产传承人薪传奖”。

**7日** 2012中国国际网络购物大会在上海举行。

第十四届中国浙江投资贸易洽谈会、第十一届中国国际日用消费品博览会、第五届中国开放论坛在浙江省宁波开幕。

**8日** 上海市青浦工业园区开工奠基。

上海海洋大学首个洋山港港口生态系统野外科学研究观测站揭牌启用。

浙江战略性新兴产业与世界500强对接洽谈会暨全省重大外资项目签约仪式在宁波举行。

2012年全国海洋宣传日浙江主场活动在舟山举行。

江苏省连云港港30万吨级航道一期工程通航。

首届江苏互联网大会暨省互联网协会成立十周年纪念大会在南京召开。

**9日** 第二届中、日、韩名家艺术邀请展在上海揭幕。

2012上海市创新文化节体育系列活动开幕式举行。

**10日** 上海市第一届市民运动会开幕。

上海高等研究院—德雷塞尔大学联合中心在沪成立。

浙江大学和舟山市政府签订共建浙江大学舟山校区(浙江大学海洋学院)协议。

2012中国镇江农业科技项目洽谈会开幕。

**11日** 中国气象局与上海市政府在沪召开第四届部市合作联席会议。

浙江省省暨杭州市2012年全国节能宣传周活动在杭州启动。

浙江省杭州市西湖区外桐坞村举办的2012“画外桐坞茶乡风情艺术节”正式启动。

2012年江苏省暨南京市食品安全宣传周活动启动。

**12日** 第18届上海电视节的“国际影视节目市场”和“国际新媒体与广播影视设备市场”在沪开幕。

全国第三届大学生艺术展演活动总结表彰会在杭州召开。

中国人民大学中法学院在苏州揭牌成立。

第十二届“中国·盱眙国际龙虾节”在江苏省盱眙开幕。

**13日** 首届上海国际电视电影节—上海文化产权交易所影视金融论坛举行。

2012年亚洲医药流通高峰论坛在上海举行。

全国第三届大学生艺术展演活动总结表彰会在浙江省杭州市召开。

江苏省社会信用体系建设县级地区试点工作会议在南京召开。

**14日** 上海市妇联、欧盟各国驻沪总领事馆和中国福利会共同举办了“富有创造力的孩子——中欧学前教育”论坛。

台湾民主自治同盟浙江省第四次代表大会在杭州闭幕。

中央军委追授严高鸿同志“模范理论工作者”荣誉称号命名大会在南京政治学院举行。

全国基层妇女群众工作交流会在南京召开。

**15日** 中央社会管理创新工作指导组到江苏省南通市调研指导。

第九届中国(北京)国际园林博览会江苏园举行开工典礼。

**16日** 第15届上海国际电影节拉开帷幕。

“倾听——台湾、杭州青年艺术家雕塑展”杭州市西湖当代美术馆开幕。

2012舟山群岛中国海洋文化节在浙江省舟山开幕。

全国公安厅局长座谈会在苏州召开。

全国高校学生党建工作现场会经验交流会在南京召开。

**17日** 上海市委统战部召开上海党外知识分子联谊会建设现场交流会。

**18日** “海上风韵——上海文化全国行”启动仪式在沪举行。

全球最大的临床研究服务机构昆泰公司与上海医药临床研究中心签署合作协议。

“2012.国际合作社年在江苏”活动启动仪式在南京举行。

**19日** “转变发展方式、建设生态浙江”论坛在浙江省淳安举行。

浙江省举行纪念安子介先生诞辰100周年座谈会。

浙江省临海市成为我国第一个荣登《中国宜居城市榜》的县级城市。

第五届中国国际服务外包合作大会在南京开幕。

**20日** 列入2012年国家哲学社会科学基金的4个重大项目在复旦大学开题。

南京军区“讲政治、顾大局、守纪律”师团职干部先进事迹巡回报告会在浙江省杭州市举行。

第四届海峡论坛大会确定象山县成为浙江省首个海峡两岸交流基地。

江南大学无锡医学院揭牌。

**21日** 第二届全国百家市县长与上海百家大中型企业交流见面洽谈会在沪举行。

“加强社会建设和创新社会管理”理论研讨会在上海举行。

浙江省工业设计协会在杭州成立。

浙江省第七地质大队先进事迹报告会在京举行。

南京市加快地铁建设动员大会暨宁天城际一期工程开工仪式在南京市六合举行。

**22日** 第十四届国际病毒性肝炎和肝病大会在沪召开。

上海社科院国际关系研究所揭牌成立。

**23日** 第十五届上海国际电影节中国新片电影频道传媒大奖揭晓。

中美城市经济合作和投资会议在南京闭幕。

**24日** 第三届中国国际航运文化节暨第二届世界海员日嘉年华活动在沪开幕。

**25日** 2012年中国海员大会上海召开。

“中国无线谷”在江苏省南京市江宁开发区开园。

第五届海外华侨华人专业协会会长联席会在南京举行。

**26日** 促进区域发展全国示范性劳动竞赛上海交流会在浦东新区举行。

台湾联新国际医疗集团在大陆地区的旗舰医院——上海禾新医院开业。

中国美术学院院长许江获得美国罗德岛设计学院首届“年度院长”称号。

第25个国际禁毒日南京启动“禁毒工作进社区”活动。

江苏省泰州市望海楼成为中华历史名楼保护名单上的第12位成员。

**27 日** 上海市综治办、市法学会和上海政法学院联合召开社会管理法治化理论与实践研讨会。

象山成为浙江省首个海峡两岸交流基地。

浙江省成立特种设备安全与节能协会。

江苏省兴化籍院士王振义获颁小行星命名证书。

"中非文化人士互访计划.2012 非洲客座画家来华创作"项目在南京启动。

**28 日** 中国石化炼油销售有限公司在沪揭牌。

2012 年中美临床和转化医学国际论坛在上海举行。

浙江省政府与中核集团合作共建的中国核电城在海盐奠基。

浙江省 31 个县启动公立医院改革。

浙江省杭州市山南国际创意(金融)产业园举行开园仪式。

中国南车大学在江苏省常州市成立。

**29 日** 以"金融治理改革与实体经济发展"为主题的"2012 陆家嘴论坛"在沪开幕。

上海市总工会职工援助服务中心揭牌成立。

第五届中国昆剧艺术节、中国苏州评弹艺术节在江苏昆山开幕。

**30 日** 第五届出版史国际学术研讨会在复旦大学召开。

"浙江生态日"纪念雕塑落成仪式在杭州西溪国家湿地公园举行。

## 七月

**1 日** 湖州南浔在沪签下百亿元项目。

江苏徐州至泰国曼谷国际航线开通。

《江苏省渔业安全生产管理办法》实施。

江苏昆山总投资 784 亿元、125 个项目开工开业。

第五届中国昆剧艺术节、中国苏州评弹艺术节开幕。

**2 日** 欧盟研究中心、俄罗斯研究中心、英国研究中心、国别研究培育基地落户上海外国语大学。

**3 日** 2012 海外华侨华人高层次人才江苏行在南京拉开帷幕。

**4 日** 上海市文学艺术界联合会第七次代表大会选举产生了第七届文联委员会。

第八届 CCFC 计算机法证技术峰会暨展会在上海浦东软件园举行。

2012 年江苏省青少年自行车(公路、山地)竞标赛在淮安市涟水县举行开幕式。

**5 日** 由韩国驻沪领馆和上海市商委共同主办的中韩经济合作论坛在沪举行。

**6 日** 上海国际问题研究院举办"未来 10 年亚太安全合作架构及中美日三边关系"学术研讨会。

上海工程技术大学与上海电器科学研究院签署"产学研战略框架协议"。

江苏省第三批珍贵古籍名录公布。

苏州工业园区中新联合协调理事会第十四次会议在江苏苏州召开。

**7 日** 上海昆剧团《景阳钟变》和《烂柯山》在第五届中国昆剧艺术节上获奖。

中国龙舟公开赛在江苏昆山开赛。

国家医师资格考试基地落户南京。

"沿海开发与金融创新"海州湾论坛在江苏连云港举办。

**8日** "上海市支持甘肃省定西市农村教师专业发展暨上海华信公益基金会荧光支教公益项目"签约仪式在沪举行。

2012江苏苏州国际创业周开幕。

**9日** 上海市4家企业跻身财富世界500强。

上海少儿艺术团获国际金奖。

**10日** 上海市人民政府新闻办公室官方微博"上海发布"位居全国政务微博影响力首位。

上海市社会科学界联合会举办"中国特色社会主义理论体系与科学发展"理论研讨会。

江苏省徐州市获"国家森林城市"称号。

中非民间论坛在江苏苏州开幕。

**11日** 2012上海国际印刷周在上海新国际博览中心开幕。

浙江省上半年地方财政收入1957.45亿元,完成年初预算的57.2%。

冒险清理水沟塌方,不幸遇难的龙泉公路养护工周林松被浙江省追授"浙江省五一劳动奖章"荣誉称号。

2012中国航海日大会暨中国南京郑和国际文化旅游节在南京举行。

中国国际江海航运物流发展论坛暨物流项目投资签约仪式在南京举行。

**12日** 国际动漫游戏博览会在上海市开幕。

全球领先的快递及物流公司DHL在上海启用。

**13日** 民政部发布的2011中国城市慈善榜中,南京市夺冠。

**14日** 上海市第四届鲁迅青少年文学奖颁奖典礼在沪举行。

**15日** "科学发展在江苏成就辉煌看十年1+13省市党报环省行"大型新闻行动在南京启动。

**16日** 上海海关数据显示,2012上半年,上海实现进出口3919.7亿美元,较去年同期增长2.4%。

**17日** 上海市上半年对外投资额同比增46%。

江苏作家作品馆开馆仪式在南京举行。

**18日** 上海市"城市生活门户"大申网上线。

国内首家以低碳为主题的大型科技馆——中国杭州低碳科技馆开馆。

浙江省杭州图书馆"多终端全方位数字服务平台——文澜在线"获第四届文化部创新奖。

江苏无锡市政府与美国休斯网络公司、富士康集团、协鑫集团签署合作框架协议。

**19日** 由江苏省政协举办的第31期"名人名家讲座"在南京开讲。

**20日** 城市水资源开发利用(南方)国家工程研究中心在沪成立。

上海电力学院智能电网产学研合作开发中心挂牌成立。

2012年上半年浙江省经济运行情况。生产总值15790.4亿元,按可比价格计算,同比增长7.4%。

**21日** 上海与圣彼得堡旅游合作签约。

韩国丽水世博会"浙江宁波周"开幕。

全国小轮车锦标赛在江苏宿迁开赛。

**22日** "经济学理论与实践协同创新中心"在沪揭牌。

江苏镇江经济技术开发区与瑞士清洁技术委员会签署关于中瑞镇江生态产业园的框架协议。

中国、奥地利两国生态合作项目在江苏南通落户。

**23 日** 上海市政府新闻发布会公布：2012 上半年上海市实现 GDP9552.24 亿元，同比增长 7.2%。

国务院下文批准设立江苏淮安综合保税区。

国标舞大赛在江苏太仓举行。

**24 日** 上海市学习型社会建设与终身教育推进大会在沪举行。

**25 日** 中国金融信息中心主体结构在上海浦东陆家顺利竣工，土建工程全部完成。

纪念中日邦交正常化 40 周年中日经贸论坛暨服务产业领域内中日战略性合作的可能性论坛在沪召开。

江苏省首例单基因疾病 PGD 病例宣告成功。

江苏省遂道与地下工程技术研究中心在南京成立。

我国民营造船企业建造的最大油轮，32 万吨级 VLCC 轮在江苏泰州出坞。

**26 日** 上海市国防教育协会成立。

上海市浦东创建国际展会示范区暨“海关监管指定展馆”授牌仪式在沪举行。

总投资达 91 亿元的杭州经济技术开发区(下沙)的龙湖天街、宝龙商业广场等 9 个服务业项目开工。

**27 日** 浙江省、广东省平安建设交流座谈会在浙江省杭州市举行。

浙江省 2012 年发行地方政府债券规模为 104 亿元，比上年增加 24 亿元，其中计划单列市宁波 17 亿元。

**28 日** 台湾海基会理事长江丙坤一行来江苏四市参访。

分布式能源科技园项目落户江苏泰州。

第四届江苏百姓品酒会在南京举行。

**29 日** 2012 第三届上海夏季音乐节开幕。

第十届中国国际数码互动娱乐展览会在沪落幕。

第 29 届全国青少年信息学奥林匹克赛在江苏常州开赛。

**30 日** 第 11 届“上海 IT 青年十大新锐”评选活动拉开帷幕。

浙江省安吉在上海签下总投资 80 多亿元的 10 个浙商回归项目。

**31 日** 中国摄协第七届理事会第二次会议暨 2012 全国摄影工作会在上海举行。

第十届宋庆龄奖学金颁奖典礼在沪举行。

## 八月

**1 日** 江苏泰州开建先进水上救助基地。

**2 日** 长三角高速公路 ETC 互联互通在沪、苏、浙、皖、赣、闽五省一市实现。

南京工业大学绿色建筑产业科技园开工建设。

**3 日** 第八期华侨华人专业人士回国创业研习班在沪开班。

苏州市国家知识产权局专利审查协作江苏中心挂牌仪式和一期工程奠基仪式举行。

**4 日** 上海中医大附属曙光医院成功施行无疤痕肠切除术。
“物联网技术与应用协同创新中心”在南京成立。
由苏沪浙皖四省市共同主办的“信用长三角”第三届高层研讨会在南京举行。

**5 日** 第二届 “光荣与力量——感动上海年度十大人物评选活动”启动。

**6 日** 2012 年上海国际英才创新创业活动周开幕。
东方花旗证券有限公司在沪成立。

**7 日** 2012 年全国中学生田径锦标赛在上海行知中学开幕。
上海千人计划专家联谊会会员大会暨联谊会成立。
国家电网南方客户服务项目落户签约仪式在南京举行。
江苏《扬州市地热资源勘查与开发利用规划(2012——2020 年)》获国家批准。

**8 日** “千人计划创业投资论坛”及“生命科学高层次人才上海论坛”在沪举行。
中国华电集团与江苏南通政府签署全面战略合作协议。

**9 日** 上海交通大学国际能源问题研究中心成立。
京沪高铁江苏段沿线环境整治和绿化动员大会在南京举行。

**10 日** 由上海进出口商会主办的上海外贸企业出口精品展销会举办。
2012 海峡两岸(苏州)农牧渔产业交易会在江苏苏州拉开帷幕。

**11 日** 2012 年上半年,上海软件和信息服务业经营收入达 1713.14 亿元,同比增长 17%。
2012 中国杭州工业设计产业博览会在浙江省世贸国际会展中心开幕。

**12 日** 上海市人民政府与中国远洋运输(集团)总公司签署战略合作框架协议。
2012 中国泰州梅兰芳艺术节开幕。
南京地铁宣布组建集团公司。

**13 日** 浙江省政府与上海证券交易所在杭州市举行战略合作框架协议签约。

**14 日** 上海北外滩航运服务集聚区被交通运输部命名为 “航运服务总部基地”。
上海市和河北省新闻出版合作发展备忘录签约仪式举行。
“水安全与水科学协同创新中心”在河海大学揭牌成立。

**15 日** 上海市城乡建设和交通发展研究院成立。
“微博江苏”在人民网、新华网、新浪网、腾讯网、中国江苏网五大网站正式运行。

**16 日** 全球 CEO 发展大会新闻发布会在上海举行。
在“浙商走海盐”——2012 海盐县支持浙商创业创新恳谈会签约仪式上,14 个浙商回归项目签约,总投资达到 32.4 亿元。
南京科技金融园、江苏长江三角洲技术产业交易中心、南京科技金融投贷保联盟建成。
国内首个湿地自然学校在江苏苏州揭牌。

**17 日** 圣莉雅 2012 年品牌发布会在上海举行。
总投资达 55 亿元的圆通速递全国航空总部及华东管理区总部落户浙江省杭州空港新城。
国务院批复浙江省舟山港口岸 5 个港区扩大开放,新增开放面积 109 平方公里。
江苏省政府与中国长城资产管理公司签署战略合作协议。
《伦敦奥运后中国体育的走向》学术论坛在上海大学举行。
江苏海安被国务院晋升为国家级经济技术开发区。

联合动力海上风机项目长江（江苏）有限公司在扬中揭牌。

**19 日** “中国边检　阳光国门”服务品牌上海口岸发布仪式在沪举行。

江苏省凹土产业创新联盟在盱眙揭牌成立。

**20 日** 民政部社会工作研究中心社会工作研究基地在上海闸北区揭牌。

**21 日** 上海市召开创新型企业建设推进大会，500 家企业被评为“上海市创新型企业”。

中国海洋工程装备技术论坛在上海召开。

**22 日** 上海产业技术研究院成立。

**23 日** 浙江省在杭州市举行的全省扩大有效投资推进大会上，面向民间资本招商推介 441 个重大建设项目，总投资达 11830 亿元。

中国与哈萨克斯坦经贸合作会议在江苏苏州举行。

**24 日** 上海市国际金融中心建设工作推进小组公布：上半年，上交所债券成交 15.7 万亿元，同比增长 108%，约占同期上交所证券交易总量的 60%。

上海市首家街镇免费阅读数字图书馆建成运行。

由意大利意中交流协会等主办的《大黑》中意艺术家联展在上海展出。

**25 日** 中国灯塔文化主题展天在上海开幕。

由中共江苏省委、省政府主办的“千人计划”专家太湖峰会在无锡举行。

**26 日** 《上海推进移动互联网产业发展 2012—2015 年行动计划》出台。

网络安全服务商 360 披露显示：上海地区以 6.1M 的带宽创造全国最快网速。

第一届“中国软件杯”大学生软件设计大赛决赛在南京举行。

江苏洪泽 30 亿合金铝深加工项目投产。

**27 日** 江苏省社会保障体系建设经验交流会在苏州举行。

江苏省内 7 城市入选全国七星级慈善市。

**28 日** 上海生物医药中小微企业金融服务促进会成立。

长江南京以下 12.5 米深水航道一期工程开工仪式在江苏常熟举行。

由东南大学、清华大学等 7 所高校联合培育组建的“无线通讯技术协同创新中心”揭牌。

“中国非金属矿应用技术创新发展研究中心”在江苏盱眙揭牌。

“中华文明历史题材创作工程”江苏省工作会议在南京召开。

**29 日** 上海汽车集团股份有限公司发布半年报显示：公司总营业收入达 2355.61 亿元，同比增长 10.13%。

投资达 7.6 亿美元的长安福特马自达汽车公司杭州新整车厂，在浙江省杭州经济技术开发区前进工业园开工。

“气象灾害预警预报与评估”协同创新中心在南京信息工程大学揭牌。

江苏扬州泰州机场新增扬泰至广州航线首航。

**30 日** 中国审判理论研究会“海事审判理念与海商法律发展”专题研讨会在沪召开。

“2012 上海百强企业发布会”召开。

南京市获“国家知识产权示范城市”称号。

江苏省“内河新建船舶下水试航备案制管理”工作现场会在南通召开。

江苏省 108 家民营企业入围“2012 中国民营企业 500 强”。

**31日** 国家知识产权局与上海市人民政府新一轮部市合作会商会议在沪举行。
《上海市产业技术创新“十二五”发展规划》发布。
江苏省政府召开长江渡口渡船安全管理工作会议。
江苏徐州经济开发区通过国家质检总局的“工程机械全国知名品牌示范区”创建验收。

## 九月

**1日** 上海市医药卫生发展基金会成立。
“亲情中华 海上韵律——上海侨界文化名人展演”在沪启幕。
中国企业联合会发布最新“中国企业500强”,江苏51家企业入围。

**2日** 中国林业青年学术年会在南京林业大学举行。

**3日** 上海首座绿色智能变电站投运。
“侨联五州·相约江苏——2012海外侨界社团和谐发展论坛”在南京举行。

**4日** 中国船级社江苏分社成立。

**5日** 首届中欧在职金融MBA在沪开学。
2012中国南京世界历史文化名城博览会开幕。
2012中国(江苏)国际风电产业高峰论坛在南京开幕。
《江苏省科普人才队伍建设工程方案》出台实施。

**6日** 2012年上海国际灯会拉开帷幕。
联合国人居署在第六届世界城市论坛上授予浙江省安吉县联合国人居奖。
第八届中国(南京)国际软件产品和信息服务博览会在南京举行。

**7日** 中国共产党第四次全国代表大会纪念馆在上海开馆。
浙江、安徽两省政协书画精品展在浙江美术馆开幕。
第六届中国南京文化创意产业交易会开幕。

**8日** “东方讲坛·当代国防论坛”首场演讲在沪举行。

**9日** 第一届上海海洋论坛在同济大学举行。
纪念《今日浙江》创刊20周年座谈会在浙江省杭州市举行。

**10日** 第四届苏浙沪“推动文化大发展大繁荣,促进长三角地区联动发展”论坛在沪开幕。
“廉洁城市建设的理论与实践专题研讨会暨第五届西湖廉政论坛”在杭州市举行。
文化部、国家文物局与江苏省政府签署《关于加快推进江苏文化强省建设的合作协议》。

**12日** 国际金融中心建设与上海转型发展论坛在沪举行。
上海社科院等单位联合召开“中国特色社会主义理论体系与科学发展”理论研讨会。
2011—2012年度上海十大青年经济人物评选启动。
首届长三角地区农超对接洽谈会在浙江省嘉兴召开。

**13日** 金砖国家合作与全球治理协同创新中心在复旦大学揭牌。
2012中国东部沿海首届国际汽车博览会在江苏盐城举行。

**14日** 第二届城市社会论坛在上海举行。
“二十国集团(G20)亚太核心”国际研讨会在上海国际问题研究院举行。
境外浙商回归投资重大外资项目签约仪式和2012中国浙江商务服务博览会在浙江省

杭州举行。

**15 日** 2012 上海旅游节开幕式暨"中国邮轮旅游发展实验区"揭牌仪式在沪举行。

第二届中国海洋经济投资洽谈会在浙江省宁波市国际会展中心开幕。

第七届曲艺牡丹奖颁奖晚会在南京举行。

**16 日** 第二届国际协会培训活动在沪开班。

"首届长三角十大古镇"评选结果在上海市揭晓。

第八届中国海洋论坛暨第十五届中国开渔节在浙江省象山县开幕。

**17 日** 截至 2012 年底,上海市名单制项下保障房贷款余额为 759.4 亿元,同口径较年初增加 230.5 亿元,保障房贷款增量占全部同期住房开发贷款增量的比重为 125%。

纪念"九一八"事变 81 周年学术座谈会在南京大屠杀遇难同胞纪念馆举行。

**18 日** 促进发展上海制造业创意产业会议在沪举行。

上海银行与中国上海国际艺术中心签署合作协议,"上海文化发展基金会上海银行文化艺术专项基金"同时揭牌。

江苏省首家中德合资医院在江苏江阴落户。

**19 日** 2012 第八届上海酒节开幕。

第三届海峡两岸法学院校长论坛开幕。

**20 日** 复旦大学附属华山医院西院(临床医学中心)举行奠基仪式。

中国脐带血造血干细胞移植研讨会在沪召开。

浙江省授予比利时西佛兰德省前省长保罗·拜恩"浙江荣誉公民"称号。

**21 日** 第二届上海市浦东文化艺术节举行开幕式。

第二届北外滩邮轮文化节沪拉开帷幕。

长江三角洲地区主要领导座谈会在浙江省杭州市淳安县召开。

由商务部和浙江省杭州市政府主办的 2012 中国国际丝绸博览会暨中国国际女装展览会开幕。

江苏省农业国际合作洽谈会在江苏扬州开幕。

**22 日** 上海市赵朴初研究会成立大会在上海图书馆举行。

上海市马克思主义研究论坛 2012 年第三季度论坛暨"马克思主义与中国特色社会主义道路"研讨会在沪召开。

首届中国公益事业发展论坛在南京举行。

**23 日** 华师京城、思科、华东师范大学共建的"华师教育云研究所"在上海成立。

第四届全军门诊管理专业委员会第二次大会暨门诊管理学术交流研讨会在上海举行。

**24 日** 上海 5 部文艺精品荣获第 12 届精神文明建设"五个一工程"奖。

文化自觉——当代中国文化发展的反思与前瞻论坛在上海社会科学院举行。

第二届中印合作高峰学术论坛在上海社科国际创新基地举行。

浙江省七部作品获全国"五个一工程"奖。

欧洲第一大国际性 IT 服务企业——法国源讯公司落户南京。

**25 日** 发展平台经济与促进区域合作高峰论坛在上海举行。

国家公共文化示范区创建工作现场经验交流会在江苏张家港召开。

**26 日** 2012"相聚长三角"——海外华侨华人专家上海咨询会开幕。

第21届中国金鸡百花电影节在浙江省绍兴开幕。

江苏省“转型与创新——文化产业新兴业态的培育与增长”高层论坛在南京举行。

**27日** 智慧城市与视听文化创新论坛在沪开幕。

中国·扬州世界运河名城博览会暨世界运河大会在江苏扬州开幕。

**28日** 2012年上海市品牌建设工作推进会议召开。

城市文化产业与公共政策发展研讨会在上海举行。

2012上海妇女发展国际论坛举行。

江苏发展高层论坛第30次会议在南京举行。

2012年法治江苏建设高层论坛在江苏扬州举行。

**29日** 由浙江大学台湾研究所和省海峡两岸经济文化交流发展促进会共同举办的“第六届两岸发展研讨会——亚太变局下的两岸合作”在杭州市召开。

第十一届南京国际汽车展览会在南京开幕。

**30日** 中华艺术宫、上海当代艺术博物馆开馆。

## 十月

**2日** 上海水产集团与锦江国际集团联合组建的上海水锦洋食品有限公司开张。

**6日** 2012—2013音乐季“贝多芬大全”系列9场音乐会的序幕在上海拉开。

**7日** 中国工程院化工冶金与材料工程学部第九届学术会议在江苏徐州召开。

**8日** “12345”上海市民服务热线开通。

复旦大学一洛杉矶加州大学社会生活比较研究中心揭牌。

**10日** 中国社会科学院、上海金融业联合会、黄浦区政府共同举办“金融时代”品牌开幕。

上海品牌促进中心家居品牌专业委员会宣告成立。

“中国南海研究协同创新中心”揭幕仪式在南京大学举行。

**11日** 上海摄影艺术节暨上海第十一届国际摄影艺术展览开幕。

浙江省温州高新技术产业园区获国务院批准升格为国家级高新区。

国务院批准设立浙江省舟山港综合保税区。

**12日** 上海科技大学免疫化学研究所在中国科学院浦东科技园揭牌成立。

复旦大学病理研究所揭牌成立2012中国杭州文化创意产业博览会在杭州市开幕。

**13日** 团结报全国记者站工作会议在沪召开。

上海市创新型城市发展战略研究中心揭牌仪式举行。

**14日** “上海产业园区中小企业服务中心”正式揭牌。

**15日** 第一所中美合作举办的国际化大学——上海纽约大学在上海陆家嘴宣告成立。

第十四届两岸经济系列研讨会在上海举行。

**16日** 上海市老年基金会安信信托老年基金成立。

新媒体行业第一所企业大学——百视通大学在沪成立。

上海推出十大文化主题之旅。

**17日** 第十四届中国上海国际艺术节群文开幕活动暨黄浦“都市文化行”启动。

首届环球港口领导人峰会在上海举行。

**18日** 第十四届中国上海国际艺术节揭幕。

江苏省长江以北首个国家级开发区在江苏海安挂牌。

**19 日** 中美投资论坛在复旦大学举行。

江苏无锡新区举行重大项目集中签约仪式，项目落户总数 100 个，总投资达 366 亿元。

**20 日** 江苏省教育人才工作会议在南京召开。

第三届“长江杯”江苏文学评论奖颁奖典礼在张家港举行。

**21 日** 上海钻石交易所工会联合会第一次代表大会在沪召开。

欧洲企业网中国华东中心在上海举行授牌仪式。

江苏省首条直飞澳洲南京飞悉尼航线开通。

**22 日** 首个民企投资公租房项目在沪开工。

上海市普陀区西部医疗联合体宣布成立。

林权改革国际研讨会暨联合国粮农组织 038 项目总结会在浙江省杭州召开。

全国世界遗产工作会议公布了更新的《中国世界文化遗产预备名单》，浙江省台州府城墙入选。

2012 江苏・台湾劳工一家亲——共创和谐企业文化研讨会在南京举行。

**23 日** 外滩金融・上海国际股权投资论坛召开。

沪台农业环境与食品安全合作论坛开幕。

以“长三角地区城市发展的路径选择：转型与创新”为主题的“中浦长三角论坛”在杭州开幕。

中国当代文学研究会第十七届年会在江苏徐州召开。

**24 日** 中国工程院、上海市人民政府合作委员会第九次会议在沪召开，中国工程科技发展战略研究中心（上海）同时成立。

世界酒店论坛 2012 年会暨第五届世界酒店投资峰会在南京召开。

2012 中国长三角青商论坛暨海内外杰出青年嘉年华在江苏丹阳开幕。

**25 日** 第八届“挑战杯”中国大学生创业计划竞赛终审决赛在沪拉开帷幕。

第三届长三角地区民办教育高峰论坛在沪举行。

上海商投磐石创业基金成立。

江苏省泰州长江公路大桥建成通车。

**26 日** 中国科学院上海分院人才公寓项目“科嘉人才苑”在沪开工奠基。

复旦大学与系统国家重点实验室团队成功研发 24 核“复芯”处理器。

第四届长三角社会现代化高层化论坛在江苏常州召开。

2012 长三角现代服务业合作与发展论坛在江苏无锡召开。

**27 日** 中国科学院上海高等研究院验收大会在上海召开。

世界中文报业协会第 45 届年会在南京召开。

**28 日** 2012 中国杭州国际教育创新大会（文晖论坛）开幕。

全国地方知识产权战略实施会议在南京召开。

**29 日** 第 11 届上海市社会科学普及活动周拉开帷幕。

联合国文明联盟上海会议暨亚洲南太平洋磋商会议在沪举行。

第六届中国中小企业节在浙江省义乌开幕。

第六届中国专利周暨 2012 中国（南京）专利交易会在南京开幕。

**30 日** 中美交通论坛第 5 次会议在浙江省杭州举行。
中华医学会第十二次全国胸心血管外科学术大会在南京开幕。
全国股权与创投协会联盟在南京成立。

## 十二月

**1 日** 第三届两岸关系和平发展研讨会在上海举行。
2020 年后的上海海洋新城和深水新港高层论坛在沪举行。
2012 中国职业教育与商业服务业创新发展对话活动在沪召开

**2 日** 第二届上海公益伙伴日在沪开幕。
2012 上海国际马拉松赛鸣枪起跑。
上海空气质量指数(AQI)发布。
浙江省社科联在杭州举办浙江省社会科学界首届学术年会大会。
全国三维数字化创新设计大赛在江苏常州举行。

**3 日** 2012 上海国际收藏论坛举行。
2012 上海社会建设十大创新项目评选揭晓。

**4 日** 国家历史文化名城 26 周年暨“近代上海　风云际会——历史文化名城纪念特展”在上海开幕。
高端酒店业高峰论坛在南京举办。

**5 日** 江苏省上市公司协会成立。
江苏省第二届百强民营科技企业评定揭晓。

**6 日** 第四届中国网络视听产业论坛在上海召开。
上海市企业家书法联谊会成立揭牌仪式在沪举行。
第八届制造服务外包国际论坛暨展示交流会在沪举行。
浙江省湖州市在上海举行湖沪合作暨浙(湖)商创业创新投资洽谈会。
第四届海峡两岸(江苏)名优农产品展销会在南京举行。

**7 日** 第三届中国(泰州)医药博览会在江苏泰州开幕。

**8 日** 上海律师公会成立 100 周年纪念大会举行。
“中日关系的现状与未来趋势”研讨会在复旦大学举办。

**9 日** 宪法意识与法治国家建设——纪念现行宪法 30 周年座谈会在沪举行。
第十一届中国优质稻米博览交易会在江苏淮安开幕。

**10 日** 第十四期全国女市长研究班(上海)结业典礼在上海交大举行。
第四届全国水上健身操比赛在上海浦东落下帷幕。
上海徐汇区教育局与美国休斯顿独立学区签约合作。

**11 日** 上海城市公共安全应急管理培训中心在上海行政学院宣告成立。

**12 日** 上海市台湾同胞投资企业协会第 19 次会员大会沪举行。
总投资 28 亿元的 9 个产业项目在上海奉贤区举行开工典礼。
南京举行科举博览馆奠基仪式。

**13 日** 第十届全国生活服务类报刊峰会论坛暨第三届城市周报十强荣誉盛典上海举行。
纪念九三学社复旦大学基层组织成立六十周年座谈会在复旦大学召开。

2012 中国旅游电子商务大会在江苏镇江召开。
中国智能电网产业技术创新战略联盟在南京揭牌成立。

**14 日** 上海市侨商会举行“侨商风云人物评选揭晓暨圣诞晚会”。
“中央企业·苏州市恳谈会”上，双方当场签订 39 个项目，总投资金额达 2767.7 亿元。
上海市闸北区与江苏南通市政府签约 7 个项目，总投资近 20 亿元打造高新科技城。

**15 日** 上海交大凯原法学院庆祝建院 10 周年大会透露：上海交大法学入围世界百强。
第二届江苏公共管理论坛在南京开幕。

**16 日** 美国人文艺术与科学学院迈克尔·桑德尔院士来沪演讲。

**17 日** 上海市社会文艺工作者艺术专业技术水平认定工作启动。
第八届环境与发展论坛、第五届中国(国际)建设环境友好型社会成果暨 2012 中国国际环保设备及节能产品展览会在浙江省义乌开幕。

**18 日** 台湾贸易中心上海代表处成立。
上海市城市规划展示馆和同济大学建筑与城市规划学院签约战略合作。
杭州中华文化促进会在浙江省西子湖畔成立。
江苏省首家环境能源交易机构——苏州环境能源交易中心开业。

**19 日** 2012 上海金融服务总评榜颁奖盛典在沪举行。
第十一届中国公司治理论坛在沪召开。
国家工信部评选出第二批“国家中小企业公共服务示范平台”，上海市 6 家入选。
高等教育国际化示范区落户江苏苏州。
第二届江苏省文艺评论奖颁奖会在南京举行。

**20 日** 2012 年全国文化系统对外文化贸易工作会议在上海举行。
上海市华商联合会成立。
首届两岸文创产业合作论坛在浙江省杭州举行。国内首个无人机先进技术研发平台在江苏镇江启动。
中国未来网络发展与创新论坛在南京举行。

**21 日** 上海国际战略问题研究会在上海国际问题研究院举行 2012 年年会。

**22 日** 第十一届“上海 IT 青年十大新锐”颁奖典礼举行。
总投资约 50 亿元的雨润农副产品国际物流项目签约落户江苏泰州。

**23 日** 2012 年第二届在线购物业发展论坛在沪开讲。
何水法美术馆在浙江省绍兴开馆。
江苏省再次摘取《中国区域创新能力报告 2012》桂冠。

**24 日** 2012 年上海产学研合作优秀项目奖评选揭晓。
国内第一座三跨连续悬索桥——南京长江四桥建成通车。
经国务院批准，常州市武进高新区升格为国家高新技术产业开发区。

**25 日** 浙江省举行纪念谭启龙同志诞辰 100 周年座谈会。

**26 日** 第六届上海市“五一文化奖”颁奖典礼举行。
上海市自然科学基金从 2012 年起新设青年奖金。
江苏省南钢大学、洋河大学、金螳螂商学院在南京集中揭牌。

**27 日** “非上市股份有限公司股份转让制度体系”等 46 个项目摘得 2012 年度上海金融创新

奖及提名奖。

长三角区域大通关建设协作第五次联席会议在江苏常州召开。

**28日** 上海科技大学(筹)校园建设启动。

2012沪上金融家评选揭晓。

“长卷视界——第二届杭州·中国画双年展”在浙江美术馆开幕。

江苏省第八届精神文明建设“五个一工程”奖表彰座谈会在南京举行。

**29日** 2012版《上海文化年鉴》出版发行。

浙江省宁波市象山港跨海大桥全线通车。大桥全长47公里,总投资约70亿元。

**30日** 上海市静安区、长宁区、浦东区获中央文明办公布的“全国文明城区”称号。

**31日** 2012年上海十大新闻公布。

上海元代水闸遗址博物馆建成。

江苏省盐河航道整治工程顺利建成通航。

**图书在版编目(CIP)数据**

长三角年鉴.2013/孙克强执行主编.—南京：河海大学出版社，2013.12

ISBN 978-7-5630-3539-7

Ⅰ.①长… Ⅱ.①孙… Ⅲ.①长江三角洲—2013—年鉴 Ⅳ.①Z525

中国版本图书馆 CIP 数据核字(2013)第 278006 号

---

书　　名 / **长三角年鉴**(2013)
书　　号 / ISBN 978-7-5630-3539-7/Z·65
主　　办 / 长三角联合研究中心
联　　办 / 长三角城市经济协调会办公室
执行主编 / 孙克强
通讯地址 / 南京市虎踞北路 12 号　　邮政编码:210013
编辑部电话 / (025)83750085
网　　址 / www.yangtze.org.cn

---

出　　版 / 河海大学出版社
地　　址 / 南京市西康路 1 号(邮编：210098)
电　　话 / (025)83737852(总编室)　(025)83722833(发行部)
网　　址 / http://www.hhup.com
电子信箱 / hhup@hhu.edu.cn
责任编辑 / 朱婵玲　毛积孝
责任校对 / 李元松　范　蓉
责任印刷 / 张陆海

---

总 经 销 / 河海大学出版社发行部
经　　销 / 江苏省新华发行集团有限公司
读者服务 / 邮购部(025)83722833
印　　刷 / 江苏省地质测绘院

---

开　　本 / 880 毫米×1230 毫米　1/16
印　　张 / 63.5
插　　页 / 28
字　　数 / 1780 千字
印　　数 / 1—6000 册
版　　次 / 2013 年 12 月第 1 版
印　　次 / 2013 年 12 月第 1 次印刷
定　　价 / 460.00 元(精装)